7년 연속 **전체 수석** **합격자 배출**

도승하
감정평가 및 보상법규
2차 | 개별법 사례해설

도승하 편저

동영상강의 www.pmg.co.kr

박문각

박문각 감정평가사

감정평가 및 보상법규 개별법 사례해설은 개별법 쟁점의 기본 순서대로 다양한 쟁점을 연습할 수 있도록 구성되어 있습니다. 또한 각 쟁점을 다양한 사실관계에 기초하여 여러 방향에서 분석·연습할 수 있도록 동일·유사 사례를 집중 수록하였습니다. 따라서 하나의 쟁점을 다양한 사례를 통해서 반복·연습 하면서 쟁점에 대한 이해가 자연스럽게 높아질 것입니다.

감정평가 및 보상법규 개별법 시험은 각 쟁점의 발생원인을 체크하여 이를 해결하기 위한 학설과 판례의 태도가 어떠한지를 중심으로 서술되어야 합니다. 따라서 사례문제를 공부할 때에는 어떠한 주제가 어떠한 측면에서 쟁점이 되는지를 중심으로 문제를 분석하여 주시기 바라며, 각 개별법률상 요건해석을 어떠한 취지로 하였는지도 눈여겨 봐주시기 바랍니다.

아울러, 감정평가 및 보상법규 개별법 기본이론을 토대로 개별법의 다양한 쟁점을 이해하고 실무에서 응용할 수 있는 실력을 겸비하시길 기원드립니다.

CONTENTS
이 책의 차례

사업인정

공용수용과 공공성

사례 1

공용수용과 공공성의 관계에 대해서 설명하시오. 10점

I 서

공용수용이란 사유재산권제도의 중대한 예외로서 공공성의 엄격한 판정을 통해서만 인정된다. 즉 공공성은 공용수용의 가장 중요한 요건으로서 공용수용의 요건과 절차와 효과에 반영되고 있다.

II 공공성의 개념 및 수용목적물 범위의 확대화 경향

공공필요는 대표적 불확정 개념으로 시대와 사회에 따라 달라지는 개념이다. 공익사업의 목적물은 공익사업에 필요한 최소한도의 범위에 국한하여야 함이 원칙이지만, 오히려 그 필요한 한도를 넘어서 취득하는 것이 형평의 원칙에 합치되고, 공공복리의 증진이라는 사업목적의 원활한 수행과 피수용자의 재산권 보호·조절을 위하는 경우가 있다. 따라서 종래 비대체적인 토지소유권에 한정되었던 목적물도 확대되어 왔으며 현재는 일체의 재산적 가치 있는 권리는 모두 수용목적물이 될 수 있다.

III 공공성의 지위

1. 공용수용의 요건상 공공성

헌법 제23조 제3항 규정에서도 명시되어 있으며, 공공성이 없으면 공용수용이 위법하게 된다.

2. 공용수용의 절차상 공공성

(1) 사업준비와 공공성

사업준비는 공공성 판단원칙 중 적합성 원칙 충족여부를 판단하기 위한 절차이다.

(2) 사업인정과 공공성

사업인정자체가 공공성 판단의 절차이다. 공공성이 상실되면 사업인정도 실효된다.

(3) 협의와 공공성

수용의 강제성 침해성을 완화하는 것이 협의인 바, 최소침해원칙의 달성으로 공공성을 확보하기 위한 절차이다.

(4) 재결과 공공성

공공성을 다시 한번 확인, 침해최소화를 위해 의견진술기회부여, 사업시행자가 취득하는 목적물은 필요한 최소한의 범위 이내이어야 한다.

3. 공용수용의 효과와 공공성

공용수용의 효과로서 사업시행자는 목적물을 취득하나 공공성이 상실된 경우에는 이러한 공용수용의 효과를 유지시키지 아니하고 환매권을 인정하고 있다.

Ⅳ 결

🔴 **사례 2**

사업시행자와 토지소유자의 권리와 의무를 쓰시오. 10점

Ⅰ 개설 Ⅱ 사업시행자 및 토지소유자의 권리 · 의무 　1. 사업시행자(토지보상법 제2조 제3호) 　　(1) 권리 　　(2) 의무	2. 피수용자(토지보상법 제2조 제4호) 　　(1) 권리 　　(2) 의무 Ⅲ 관련문제(권리 · 의무의 승계)

Ⅰ **개설**

공용수용의 당사자란 수용법률관계에서 권리, 의무의 귀속주체로서 수용권자와 피수용권자를 말한다.

Ⅱ **사업시행자 및 토지소유자의 권리 · 의무**

1. 사업시행자(토지보상법 제2조 제3호)

　(1) 권리

　　① 타인토지출입권(제9조), ② 장해물제거권(제12조), ③ 사업인정신청권(제20조), ④ 조서작성 시 타인토지출입권(제27조), ⑤ 협의성립확인신청권(제29조), ⑥ 재결신청권(제30조), ⑦ 대행, 대집행청구권(제44조, 제89조), ⑧ 원시취득권(제45조), ⑨ 이의신청 및 행정쟁송권(제83조, 제85조) 등이 있다.

　(2) 의무

　　① 신분증, 증표 제시의무(제13조), ② 타인토지출입 시 손실보상(제9조), ③ 사업인정실효 시 손실보상(제23조), ④ 사업의 폐지 및 변경 시 손실보상(제24조), ⑤ 재결신청청구에 응할 의무(제30조), ⑥ 위험부담(제46조), ⑦ 원상회복(제48조), ⑧ 보상금지급의무(제40조) 등이 있다.

2. 피수용자(토지보상법 제2조 제4호)

(1) 권리

① 토지출입손해 시, 장해물제거 시 손실보상청구권(제9조, 제12조), ② 재결신청 시 의견을 제시할 수 있는 권리(제31조), ③ 사업인정 시 의견제출권(제21조), ④ 조서작성 시 이의부기권(제27조), ⑤ 재결신청청구권(제30조), ⑥ 환매권(제91조), ⑦ 확장수용청구권(제72조, 제74조), ⑧ 원상회복 및 반환청구권(제48조), ⑨ 행정쟁송권(제85조)이 있다.

(2) 의무

① 토지점유자 등 인용의무(제11조), ② 토지 등의 보전의무(제25조), ③ 인도이전의무(제43조)가 있다.

Ⅲ 관련문제(권리 · 의무의 승계)

① 사업시행자 변경 시 권리와 의무는 승계된다. 이는 절차중복을 피하여 사업의 원활한 시행을 도모하고, 피수용자의 권리보호를 위한 제도적 취지가 인정된다. ② 피수용자의 권리와 의무도 승계인에게 승계되나 사업인정 고시 후의 새로운 권리는 승계대상이 아니다.

🔥 **사례 3**

공익사업을 위한 토지 등의 취득 및 보상에 관한 법률상 담보물권자의 법적 지위를 설명하시오.
20점

Ⅰ 서
Ⅱ 담보물권자의 법적 지위
  1. 개설
  2. 담보물권자의 권리
    (1) 공용수용의 절차상 권리
      1) 사업인정 및 재결절차상 의견 제출권
      2) 토지, 물건조서에 대한 이의제출권
      3) 관계인의 권리존속 청구권
      4) 재결신청청구권

    (2) 공용수용의 효과 측면의 권리
      1) 손실보상청구권
      2) 물상대위권
  3. 담보물권자의 의무
Ⅲ 담보물권자의 권리구제
Ⅳ 관련문제(전세권자의 물상대위문제)
  1. 문제점
  2. 학설 및 검토

Ⅰ 서

담보물권자란 수용 또는 사용할 목적물에 대하여 저당권, 유치권 등의 담보물권을 가지고 있는 자를 말한다. 담보물권자는 원칙적으로 관계인에 포함되는 자이나 사업인정고시가 있은 후에 새로이 저당권, 유치권 등을 설정한 담보물권자는 관계인에 포함되지 아니한다.

공용수용이란 특정 공익사업을 위하여 사인의 재산권에 침해를 가하는 제도로서 재산권에 침해를 받는 토지소유자 및 관계인에게는 사유재산권 보장 및 공평부담의 원칙에 의거하여 정당보상이 주어진다. 담보물권자도 관계인으로서 또는 관계인이 아닌 이해관계자로서 공용수용절차상 일정한 법적 지위를 가지며 권리구제를 받을 수 있다.

Ⅱ 담보물권자의 법적 지위

1. 개설

법적 지위라 함은 법률관계의 주체로서 가지는 권리와 의무가 그 내용이 된다. 따라서 어떠한 권리와 의무를 부담하는가 하는 문제와 함께 그 권리가 침해된 경우에는 어떠한 방법으로 권리구제를 받을 수 있겠는가도 중요한 문제가 된다.

2. 담보물권자의 권리

(1) 공용수용의 절차상 권리

1) 사업인정 및 재결절차상 의견 제출권

토지보상법 제21조에서는 국토교통부장관이 사업인정을 하고자 하는 때에 사업인정에 관하여 이해관계가 있는 자의 의견을 듣도록 규정하고 있다. 또한 동법 제31조 제2항은 재결신청에 따른 공고, 열람기간 내에 토지소유자 또는 관계인은 의견을 제시할 수 있다고 규정하고 있다.

2) 토지, 물건조서에 대한 이의제출권

토지보상법 제15조 제3항은 토지, 물건조서의 내용에 대하여 이의가 있는 토지소유자 및 관계인은 사업시행자에게 보상계획열람기간 내에 서면으로 이의를 제기할 수 있다고 규정하고 있다. 따라서 관계인에 해당하는 담보물권자는 이의를 제기할 수 있다.

3) 관계인의 권리존속 청구권

토지보상법 제74조 제2항에 의하여 잔여지 매수 및 수용청구가 있는 경우와 토지보상법 제72조에 의하여 사용하는 토지의 매수 및 수용청구가 있는 경우에 관계인은 그 권리의 존속을 청구할 수 있다. 따라서 관계인에 해당하는 담보물권자는 권리존속을 청구할 수 있는 권리를 가진다.

토지보상법 제74조 제2항에서는 '잔여지 및 잔여지에 있는 물건에 관하여 권리를 가진 자'라고 표현하고 있는바 잔여지 및 잔여지상의 물건은 수용목적물이 아니므로 관계인인가의 여부가 문제되지 아니한다고 판단된다. 따라서 권리존속의 청구시점에 권리자이면 가능하다고 볼 수 있을 것이다.

4) 재결신청청구권

토지보상법 제30조에서는 사업인정고시가 있은 후 협의가 성립되지 아니한 때에는 토지소유자 및 관계인은 사업시행자에게 재결을 신청할 것을 청구할 수 있다고 규정하고 있다. 따라서 관계인인 담보물권자는 재결신청청구권을 갖는다.

(2) 공용수용의 효과 측면의 권리

1) 손실보상청구권

토지보상법 제61조는 토지소유자 및 관계인이 입은 손실은 사업시행자가 보상하여야 한다고 규정하고 있다. 따라서 관계인인 담보물권자는 손실보상청구권을 갖는다.

2) 물상대위권

토지보상법 제47조는 담보물권의 목적물이 수용 또는 사용된 경우 해당 담보물권은 채무자가 받을 보상금에 대하여 행사할 수 있다고 규정하고 있다. 사업시행자는 채무자인 수용목적물의 권리자와 관계인인 담보물권자에 대하여 개인별로 각각 손실보상을 산정하여야 한다.

그러나 사업시행자가 담보물권으로 인하여 개인별로 보상액을 산정하는 것이 곤란한 경우에는 개별보상원칙의 예외로서 담보물권의 물상대위 규정을 두고 있는 것이다. 그리고 이러한 담보물권의 물상대위는 사업인정 후의 담보물권자도 적용을 받을 수 있다. 다만, 유치권자는 물상대위권이 없으므로 본조에 기한 권리구제를 도모할 수 없다는 점에 유의하여야 한다.

3. 담보물권자의 의무

토지소유자 및 관계인뿐만 아니라 제3자에게도 공용수용의 법률관계에서 일정한 의무가 부과된다. ① 토지보상법 제11조에서는 토지점유자에게 토지출입에 대한 인용의무를 부과하고 있고, ② 동법 제25조에서는 누구든지 사업인정 고시가 있은 후에 사업에 지장을 초래할 우려가 있는 행위를 하지 못하도록 하고 있고, ③ 동법 제43조에서는 토지소유자 및 관계인 그 밖에 수용 또는 사용할 토지나 그 토지상의 물건에 관하여 권리를 가진 자는 수용목적물을 인도, 이전하여야 한다고 규정하고 있다.

담보물권은 물건의 교환가치 지배권으로서 타인토지출입에 대한 수인의무나 목적물의 인도이전의무와 관련이 없어 보이나 부동산 유치권은 이에 적용을 받을 수 있다.

Ⅲ 담보물권자의 권리구제

담보물권은 교환가치 지배권이므로 사업인정에 대한 불복으로 행정심판 또는 행정소송을 제기하거나, 수용재결에 대한 불복이 가능한가는 의문이다. 담보물권자는 그를 다툴 법률상 이익을 인정받기 어렵다고 보기 때문이다. 그러나 보상재결에 대한 불복으로서 토지보상법 제83조의 이의신청 및 동법 제85조의 행정소송의 제기는 가능하다. 행정소송은 보상금증액청구소송이 될 것이다. 이때 관계인이 아닌 담보물권자도 이의신청을 제기하거나 행정소송을 제기할 수 있다고 할 것이다. 관계인이 아닌 담보물권자도 손실보상액의 과소여부에 따라서 법률상 이익을 침해받을 수 있기 때문이다. 따라서 사업인정 후에 담보물권을 설정하였다고 하여도 법률상 이익을 인정함에는 문제가 없다고 본다.

Ⅳ 관련문제(전세권자의 물상대위문제)

1. 문제점

용익물권인 전세권은 담보물권의 성격도 가지므로 물상대위가 인정되는지가 문제된다.

2. 학설 및 검토

긍정설과 부정설의 대립이 있으며 토지보상법 제47조가 담보물권자에 대해서만 한정적으로 물상대위를 인정했다고 보기 어려우므로 권리보호측면에서 용익물권인 전세권자에게도 물상대위가 인정된다고 보는 것이 타당하다.

사례 4

물상대위에 대해서 설명하고 각 설문에 대하여 답하시오. 25점

(1) 중앙토지수용위원회가 수용대상 토지의 관계인인 갑의 주소로 송달한 재결서 정본이 반송되자 담당 공무원은 갑의 실제 주소를 파악하기 위한 기본적인 조치도 없이 곧바로 공시송달의 방법으로 재결서 정본을 송달하였다. 갑은 수용대상 토지의 수용보상금 중 일부에 대하여 물상대위권을 행사할 수 있는 기회를 잃게 됨으로써 피담보채권을 우선변제받지 못하는 손해를 입었다. 중앙토지수용위원회에게 동 손해를 배상할 책임이 있는지 및 담당공무원에게 손해배상을 청구할 수 있는지 여부를 논하시오.

(2) 사업시행자와 토지소유자 사이에 협의가 이루어지지 않아 토지가 수용되고 나아가 보상금을 공탁하게 되었다. 보상금이 공탁되자 중소기업은행을 제외한 기타 관계인은 체납세금의 회수를 위하여 해당 보상금에 압류를 가하여 체납세금을 회수하였다. 이로부터 1주일 후 중소기업은행은 법원으로부터 해당 보상금 지급청구권에 관하여 채권압류 및 추심명령을 받았으나(2020.8.1.) 수용개시일까지(2020.9.30.) 보상금지급청구권에 대한 압류를 하지 않았고, 이에 토지소유자는 보상금을 수령하여 유흥비로 탕진하였다. 중소기업은행은 사업시행자가 보상협의에 관한 통지나 보상협의가 없었다는 이유로 해당 사업은 위법하며, 위법한 사업시행으로 인한 채권손실에 대해서 사업시행자에게 국가배상을 청구하려 한다. 인용 가능한가?

Ⅰ 쟁점의 정리
Ⅱ 물상대위청구권
　1. 물상대위의 의의 및 취지(토지보상법 제47조)
　2. 물상대위의 내용
　　(1) 적용요건 및 취지
　　(2) 물상대위 효력이 미치는 보상의 범위
　3. 물상대위와 불법행위 책임
Ⅲ 공무원의 위법행위로 인한 국가배상책임 및 선택적 청구
　1. 개념
　2. 국가배상책임의 성질
　　(1) 학설
　　(2) 판례
　　(3) 검토

　3. 요건(국가배상법 제2조)
　　(1) 공무원
　　(2) 직무행위
　　(3) 직무를 집행하면서(직무관련성)
　　(4) 법령위반(위법)
　　(5) 고의 또는 과실
　　(6) 손해
　　(7) 인과관계
　4. 공무원의 배상책임
　　(1) 학설
　　(2) 판례
　　(3) 검토(절충설)
Ⅳ 사안의 경우
　1. 갑의 경우
　2. 중소기업은행의 경우

I 쟁점의 정리

설문은 토지보상법상 관계인의 권리보호규정인 물상대위권에 대한 사안이다. 논의의 전제로서 물상대위권에 대해서 설명하고, 소물음 '(1)'과 '(2)'의 해결을 위하여 공무원의 과실책임에 대한 국가배상청구요건 및 선택적 청구에 대해서 검토한다.

II 물상대위청구권

1. 물상대위의 의의 및 취지(토지보상법 제47조)

물상대위란 담보물권의 목적물의 가치가 다른 형태로 바뀌는 경우에 담보권자가 이에 대하여 우선변제권을 행사하는 것을 말한다. 이는 담보물권에 대한 채권을 보전함에 취지가 인정된다.

2. 물상대위의 내용

(1) 적용요건 및 취지

보상금을 지급하기 전에 압류하여야 하며, 판례는 제3자가 압류해도 무방하다고 한다(대결 1992.7.10. 92마380). 이는 소유권자의 다른 재산과 보상액이 혼입되면 특정성을 잃기 때문이다.

(2) 물상대위의 효력이 미치는 보상의 범위

목적물에 대한 보상금(잔여지보상금 포함)에만 미치며, 일반재산에는 미치지 않는다.

3. 물상대위와 불법행위 책임

사업시행자나 중앙토지수용위원회의 귀책사유로 인하여 저당권자가 적법한 물상대위권을 행사할 기회를 상실하게 된 경우라면, 사업시행자 및 중앙토지수용위원회의 불법행위책임이 인정될 수 있다.

III 공무원의 위법행위로 인한 국가배상책임 및 선택적 청구

1. 개념

국가의 과실책임이란 공무원의 과실 있는 위법행위로 인하여 발생한 손해에 대한 배상책임을 말한다. 국가배상법 제2조에 근거규정을 둔다.

2. 국가배상책임의 성질

(1) 학설

① 대위책임설은 공무원의 위법한 행위는 국가의 행위로 볼 수 없으나 피해자보호를 위해 국가가 대신 부담한다고 하며, ② 자기책임설은 국가는 공무원을 통해 행위하므로[1] 그에 귀속되어

---

1) 공무원의 직무상 불법행위는 기관의 불법행위가 되므로 국가는 기관인 공무원의 불법행위에 대하여 직접 자기책임을 진다.

스스로 책임겨야 한다고 한다. ③ 중간설은 공무원의 불법행위가 경과실인 경우는 자기책임으로 보며, 고의·중과실인 경우에는 기관행위로서의 품격을 상실하고 공무원 개인의 불법행위로 보아야 하므로 국가의 배상책임은 대위책임이라고 한다.

(2) 판례

명시적인 입장은 보이지 않으나 "고의·중과실의 경우에도 외관상 공무집행으로 보일 때에는 국가 등이 공무원 개인과 중첩적으로 배상책임을 부담한다(대판 1996.2.15, 95다38677 순슴)"고 하여 자기책임설을 취한 것으로 보인다.

(3) 검토

국가면책특권이 헌법상 포기되면서 국가배상책임이 인정되게 되었으며, 고의·중과실에 의한 경우라도 직무상 외형을 갖춘 경우라면 피해자와의 관계에서 국가기관의 행위로 인정할 수 있으므로 자기책임설이 타당하다고 본다.

▸ 답안 배점상 "2. 국가배상책임의 성질" 내용은 생략하여도 무방합니다.

3. 요건(국가배상법 제2조)

국가배상법 제2조에 의한 국가배상책임이 성립하기 위하여는 ① 공무원이 직무를 집행하면서 타인에게 손해를 가하였을 것, ② 공무원의 가해행위는 고의 또는 과실로 법령에 위반하여 행하여졌을 것, ③ 손해가 발생하였고, 공무원의 불법한 가해행위와 손해 사이에 인과관계(상당인과관계)가 있을 것이 요구된다.

(1) 공무원

국가배상법 제2조상의 '공무원'은 국가공무원법 또는 지방공무원법상의 공무원뿐만 아니라 널리 공무를 위탁(광의의 위탁)받아 실질적으로 공무에 종사하는 자를(공무수탁사인) 말한다.

(2) 직무행위

국가배상법 제2조가 적용되는 직무행위에 관하여 판례 및 다수설은 공권력 행사 외에 비권력적 공행정작용을 포함하는 모든 공행정작용을 의미한다고 본다.

(3) 직무를 집행하면서(직무관련성)

공무원이 불법행위에 의한 국가의 배상책임은 공무원의 가해행위가 직무집행행위인 경우뿐만 아니라 그 자체는 직무집행행위가 아니더라도 직무와 일정한 관련이 있는 경우, 즉 '직무를 집행하면서' 행하여진 경우에 인정된다.

(4) 법령위반(위법)

학설은 일반적으로 국가배상법상의 '법령 위반'이 위법 일반을 의미하는 것으로 보고 있고 판례도 그러하다(대판 1973.1.30, 72다2062).

(5) 고의 또는 과실

주관설은 과실을 '해당 직무를 담당하는 평균적 공무원이 통상 갖추어야 할 주의의무를 해태한 것'으로 본다. 과실이 인정되기 위하여는 위험 및 손해 발생에 대한 예측가능성과 회피가능성 (손해방지가능성)이 있어야 한다. 이 견해가 다수설과 판례의 입장이다.

(6) 손해

공무원의 불법행위가 있더라도 손해가 발생하지 않으면 국가배상책임이 인정되지 않는다. 국가배상책임으로서의 '손해'는 민법상 불법행위책임에 있어서의 그것과 다르지 않다.

(7) 인과관계

공무원의 불법행위와 손해 사이에 인과관계가 있어야 한다. 국가배상에서의 인과관계는 민법상 불법행위책임에서의 그것과 동일하게 상당인과관계가 요구된다.

4. 공무원의 배상책임

국가 등의 배상책임 이외에 공무원 자신의 배상책임이 인정될 수 있는지의 여부가 문제된다.

(1) 학설

1) 자기책임설의 입장

논리적으로 보면 자기책임설은 가해행위는 국가의 행위인 동시에 가해공무원 자신의 행위 이기에 선택적 청구가 인정된다.

2) 대위책임설의 입장

논리적으로 보면 대위책임설은 국가배상책임이 원래 공무원의 책임이지만 국가가 이를 대신하여 부담한다고 보기에 공무원의 대외적 배상책임은 부정된다.

3) 절충설의 입장

경과실의 경우에는 국가나 지방자치단체에 대해서만, 고의, 중과실의 경우에는 공무원만 배상책임을 지지만, 후자의 경우 그 행위가 직무로서 외형을 갖춘 경우에는 피해자와의 관계에서 국가도 배상책임을 지기 때문에 이 경우 피해자는 공무원과 국가에 대해 선택적으로 청구할 수 있다.

(2) 판례

판례는 제한적 긍정설(절충설)을 취하고 있다. 국가 등이 국가배상책임을 부담하는 외에 공무원 개인도 고의 또는 중과실이 있는 경우에는 피해자에 대하여 그로 인한 손해배상책임을 부담하고, 가해공무원 개인에게 경과실만이 인정되는 경우에는 공무원 개인은 손해배상책임을 부담하지 아니한다고 보고 있다(대판 1996.2.15. 95다38677 全合).

(3) 검토(절충설)

공무원의 고의 또는 중과실로 인한 불법행위가 직무와 관련이 있는 경우에는 국가 등이 공무원 개인과 경합하여 배상책임을 부담하도록 하고, 국가 등이 배상한 경우에는 최종적 책임자인 공무원 개인에게 구상할 수 있도록 하는 것이 타당하다.

Ⅳ 사안의 경우

1. 갑의 경우

토지수용위원회가 주민등록표를 확인하는 등 통상의 조사방법에 의한 송달장소를 탐색함도 없이 단지 재결서가 반송되었다는 사유만으로 공시송달의 방법으로 재결서 정본을 송달한 것은 송달절차상의 하자로서 국가배상 책임이 인정된다고 할 것이다.

또한, 담당공무원으로서는 이러한 송달업무를 수행하기에 상당한 주의의무가 요구된다고 할 것이므로 직무상 아무런 조치 없이 공시송달을 한 것은 중대한 과실이라 할 것이다. 따라서 갑은 담당공무원을 상대로 국가배상청구를 할 수 있을 것이다.

2. 중소기업은행의 경우

중소기업은행은 보상과 관련된 통지를 받지 못하였고, 이는 토지보상법 제16조 및 제26조에 의한 협의 및 통지절차의 위반이라 할 것이다. 그러나 법원으로부터 채권압류 및 추심명령을 받았고 토지소유자가 보상금을 회수하기까지 약 1달의 시간동안 물상대위권을 행사할 수 있는 기회가 있었음에도 불구하고 보상금에 대한 압류를 행하지 않음으로써 우선변제를 받지 못한 것인바, 이러한 손해는 사업시행자가 협의나 통지를 하지 아니한 데에 그 원인이 있는 것이라 할 수 없기에 인과관계가 부정되어 국가배상청구는 부정될 것이다.

✏ 대판 2014.12.11, 2014다200237

[판시사항]

중앙토지수용위원회가 수용대상 토지의 관계인인 갑의 주소로 송달한 재결서 정본이 반송되자 갑의 실제 주소를 파악하기 위한 기본적인 조치도 없이 곧바로 공시송달의 방법으로 재결서 정본을 송달한 사안에서, 갑이 수용대상 토지의 수용보상금 중 일부에 대하여 물상대위권을 행사할 수 있는 기회를 잃게 됨으로써 피담보채권을 우선변제받지 못하는 손해를 입었다고 보아 국가배상책임을 인정한 원심판단을 수긍한 사례

✏️ 대판 2017.12.28, 2017다270565

[판시사항]

사업시행자가 수용할 토지의 저당권자에게 공익사업을 위한 토지 등의 취득 및 보상에 관한 법률 제26조 제1항, 제16조 및 같은 법 시행령 제8조 제1항에 의한 협의나 통지를 하지 않은 것이 위법한지 여부(적극) / 사업시행자와 토지소유자 사이에 협의가 이루어지지 않아 토지가 수용되고 나아가 보상금을 지급하거나 공탁하기에 이른 경우, 토지의 저당권자가 우선변제를 받을 수 있는 방법 / 토지의 저당권자가 물상대위권을 행사할 수 있는 충분한 시간적 간격을 두고 토지가 수용된 사실을 알게 되었음에도 물상대위권을 행사하지 않음으로써 우선변제를 받을 수 없게 된 경우, 저당권자가 우선변제를 받지 못한 것이 사업시행자가 협의나 통지를 하지 아니한 데에 원인이 있다고 할 수 있는지 여부(소극)

[판결요지]

공익사업을 위한 토지 등의 취득 및 보상에 관한 법률(이하 '토지보상법'이라고 한다) 제26조 제1항, 제16조 및 같은 법 시행령 제8조 제1항에 의하면, 사업인정을 받은 사업시행자는 토지 등에 대한 보상에 관하여 토지소유자 및 관계인과 성실하게 협의하여야 하고, 그 협의를 하려는 경우에는 보상협의요청서에 협의기간·협의장소 및 협의방법, 보상의 시기·방법·절차 및 금액, 계약체결에 필요한 구비서류를 적어 토지소유자 및 관계인에게 통지하여야 한다고 규정하고 있으므로, 사업시행자가 수용할 토지의 저당권자에게 위 규정에 의한 협의나 통지를 하지 않았다면 위법하다. 그러나 사업시행자와 토지소유자 사이에 협의가 이루어지지 않아 토지가 수용되고 나아가 보상금을 지급하거나 공탁하기에 이른 경우에는 토지의 저당권자는 보상금이 지급되거나 공탁금이 출급되어 토지소유자의 일반재산에 혼입되기 전까지 토지보상법 제47조의 규정에 따른 물상대위권을 행사하여 위 보상금이나 공탁금출급청구권 등을 압류함으로써 우선변제를 받을 수 있다. 그러므로 토지의 저당권자가 어떠한 경위로든 보상금이 토지소유자에게 지급되거나 공탁금이 토지소유자에 의하여 출급되어 일반재산에 혼입되기 전에 물상대위권을 행사할 수 있는 충분한 시간적 간격을 두고 토지가 수용된 사실을 알게 되었음에도 불구하고 물상대위권을 행사하여 토지소유자의 보상금이나 공탁금출급청구권을 압류하지 않음으로써 우선변제를 받을 수 없게 된 경우에는 저당권자가 보상금으로부터 우선변제를 받지 못한 것이 사업시행자가 위와 같은 협의나 통지를 하지 아니한 데에 원인이 있는 것이라고 할 수 없다.

⬥ 사례 5

주식회사 甲은 A지점에서부터 B지점에 걸쳐 경전철건설사업을 추진하면서 역세권에 택지개발사업을 함께 시행하고자 한다. 甲이 사업용 토지를 취득할 수 있는 법리에 관하여 논하고, 택지개발사업을 위한 수용에 관하여 현행 법제를 중심으로 설명하라. 20점

Ⅰ 문제의 제기

사안은 사인인 주식회사 갑이 공익사업인 경전철 사업을 추진하면서 역세권에 부대사업인 택지개발사업을 함께 시행하기 위해 토지를 취득하고자 하는 바, 사적주체의 공익사업 실시를 위한 수용의 법리 즉 사용수용 법리의 문제이다.

공용수용은 물적공용부담으로서 종래에는 엄격한 제약하에서 인정되었으나 현대에 와서는 행정기능의 확대, 복리행정 수요의 증대, 재산권개념의 확대 등에 따라 그 대상, 목적, 주체 등에서 많은 변화를 보이게 되었다. 이러한 공용수용의 확대 측면에서 논의되는 것이 사용수용으로, 사회간접자본시설에 대한 민간투자법 실시로 인하여 날로 증가하고 있다. 이하에서는 이러한 사용수용의 법리를 논하고, 부대사업인 택지개발사업에도 수용권이 부여될 수 있는지를 중심으로 설명하고자 한다.

Ⅱ 갑이 토지를 취득할 수 있는 법리

1. 사용수용 제도의 의의

사용수용이란 특정한 공익사업이나 기타 복리목적을 위해서 사적 주체가 타인의 특정 재산권을 법률의 힘에 의해서 손실보상을 조건으로 강제취득할 수 있는 제도를 말한다. 이에 비하여 공용수용이란 공적 주체가 공익상의 목적을 위해서 타인의 재산권을 보상을 전제로 강제취득할 수 있는 제도를 말한다. 양자를 비교하여 개념을 분설하면 다음과 같다.

① 사용수용 역시 공용수용과 마찬가지로 공익실현을 목적으로 하는 사업에 인정된다. ② 타인의 특정 재산권이란 토지 및 그 지상의 정착물은 물론 광업권, 어업권과 같은 권리도 포함된다. ③ 타인의 재산권을 강제로 취득하기 위해서는 법치주의원리의 내용인 법률유보의 원칙에 의하여 반드시 법률에 근거가 있어야 한다. ④ 손실보상이 반드시 전제가 되어야 한다. ⑤ 사용수용의 주체는 사인이며, 공용수용의 주체는 공적 주체인 점에서 차이가 있다.

2. 사용수용 제도의 필요성(이론적 근거) 및 법적 근거

현대 복리국가적 요청에 의해 공공복리의 증진을 위한 사업이 확대됨에 따라 첫째, 공적 주체만으로는 그 요구를 모두 감당하기 어렵게 되었고 사적 주체의 힘을 빌리지 않을 수 없게 되었다. 둘째, 공행정의 효율성 등을 높이기 위해서 민간의 활력을 도입할 필요가 대두되었다.

이러한 필요성을 반영하여 토지보상법 제4조 제5호에서는 국가나 지방자치단체가 지정한 자가 시행하는 주택의 건설 또는 택지의 조성에 관한 사업을 공익사업으로 규정하고 있다. 그리고 이외에도 '사회간접자본시설에 대한 민간투자법', '도시개발법' 등 개별법에 근거한다. 판례도 '공익사업 여부는 사업 자체의 성질, 내용에 의할 것이지 사업주체에 따라 결정될 것이 아니라' 판시하고 있다.

3. 사용수용의 법적 성격

(1) 수용행위의 측면(대리행위의 성질)

사용수용 역시 공익목적을 위한 사업에 인정된다. 그러나 공익목적을 실현하기 위한 임무는 어디까지나 전적으로 공적 주체에게 부여된 임무라고 할 것이다. 따라서 사용수용이란 공적 주체가 담당하여야 할 공익실현작용을 사적 주체가 대신하여 주는 대리행위의 성질을 가진다고 볼 수 있다.

(2) 수용권의 주체측면

사용수용에서 사업시행자가 수용권의 주체가 되는가에 대한 문제이다. 수용권의 주체에 대하여 통설과 판례의 입장인 사업시행자수용권설에 따르면 사용수용에 있어서 수용권의 주체는 사업시행자인 사적 주체가 된다.

사적 주체는 공익보다는 사익을 추구하는 주체이므로 이들에게 국가적 공권인 수용권을 부여하기 위해서는 공공성의 엄격한 판단과 함께 지속적인 공익실현을 위한 보장책이 요구된다.

4. 사용수용의 요건

(1) 개설

공익사업을 전제하는 사용수용은 공용수용의 변형에 불과하므로 일반적 요건으로서 ① 공공의 필요 ② 재산권에 대한 공권적 침해 ③ 법률의 근거 ④ 정당한 보상이 요구되며, 다만 사인에게도 공공성을 인정해 줄 수 있는지의 여부가 가장 문제시된다.

(2) 사용수용과 공공성

1) 공공성의 개념 및 판단기준

공공필요는 대표적 불확정 개념으로 가변성을 지니는바, 이에 대한 정의는 소극적으로 극히 제한적으로만 인정되었으나, 현대 복리행정국가의 이념 도입으로 인해 공공필요의 개념은 더욱 확대되고 있다. 따라서 이러한 공공성 개념의 추상성은 명확한 공공성의 원칙에 의해 판단되는 것인 바 적합성, 필요성, 상당성의 원칙에 의해 단계적으로 판단된다.

2) 사업인정에서의 공공성 판단

토지보상법의 사업인정을 통해 대상 사업의 공공성이 구체적으로 판단되고 수용권이 설정되게 되는바 형식적으로 토지보상법 제4조의 공익사업에 해당할 것과 비례의 원칙에 의한 공익 우월성이 인정되어야 한다. 단 개별법에서는 사업인정에 의제하는 각종의 절차 등을 규정하고 있는데 이는 원활한 공익사업을 위함에 있는 것이므로 일정한 사익을 추구하지만 객관적 입장에서 공공적 이익도 실현하는 사용수용의 경우 더욱 엄격한 공·사익의 형량이 요구된다.

(3) 사용수용에 있어서 계속적 공익실현을 위한 보장책

사용수용의 경우는 이윤추구를 위하여 공익사업을 포기할 가능성이 있다. 따라서 계속적인 공익실현을 위한 법적, 제도적 장치가 필요하다. 이러한 보장책으로는 사업인정의 실효제도, 환매권제도, 민간투자법에서는 사업시행자에 대한 감독명령과 처분, 위반 시 벌칙을 규정하여 계속적 공익실현을 보장하고 있다.

Ⅲ 부대사업을 위한 수용권의 인정 여부

1. 문제의 소재

부대사업이란 사업시행자가 민간투자사업과 연계하여 시행할 수 있는 일정의 사업을 의미한다. 민간투자법 제21조는 사업시행자의 투자비 보전 또는 원활한 운영 등을 도모하기 위해 부대사업을 해당 민간투자사업과 연계하여 시행하게 할 수 있다고 규정하고 있다. 이는 사회간접 자본시설의 설치사업 자체의 채산성을 보전하기 위한 것으로 사용수용이 부대사업에서도 적용될 수 있을지 의문이 제기된다.

2. 수용권 인정 여부

민간투자법이 비록 실시계획에 부대사업에 관한 사항을 포함시키고 있고 실시계획의 승인, 고시에 의해 사업인정이 의제된다 하더라도 부대사업을 위한 수용까지 허용되는 것으로 볼 수 없고 부대사업과 관련된 각종 인허가를 받은 것으로 의제하여 원활한 사업추진을 도모하게 할 따름인 것으로 보아야 할 것이다. 생각건대 부대사업은 어디까지나 사적 이윤의 동기에 의한 행위에 불과하며, 민간기업이 비록 공익사업과 함께 실시한다 하더라도 부대사업의 경우 공익보다 사익추구의 측면이 강조되는바 수용권은 허용될 수 없다고 본다.

Ⅳ 사안의 해결

수용권의 발동은 국민의 재산권 보장의 중대한 침해로서 종전에는 공적 주체에게만 이를 인정하였으나 복리행정의 수요증가로 인한 공익사업의 증대는 사적 주체에게까지 수용권을 인정할 수 있게 되었다. 따라서 갑이 사업인정을 신청하면 공·사익의 비교형량을 통해 공익 우월성이 인정될 경우 수용권을 설정받아 일정한 절차를 거쳐 사업용 토지를 수용할 수 있게 된다.

다만, 부대사업인 택지개발사업을 위한 수용은 인정될 수 없는 바, 갑은 사법상의 수단으로 임의매수 또는 토지보상법상 사업인정 전 협의 등을 통해 필요한 토지를 취득해야 한다.

사례 6

K시는 10여년 전까지 석탄산업으로 번창하던 도시였으나, 최근 석탄산업의 쇠퇴로 현저하게 인구가 줄어들고 있다. 국토교통부장관은 관광레저형 기업도시를 건설하려는 민간기업(私)인 주식회사 갑과 지역 개발을 위해 이를 유치하려는 K시장의 공동 제안에 따라 K시 외곽지역에 개발구역을 지정·고시(사업인정의제)하고 갑을 개발사업의 시행자로 지정하였다(해당 사업의 시행에 따른 이주대책은 토지보상법을 준용함). 그 후 갑은 개발사업의 시행을 위해 필요한 토지면적의 60%를 확보한 후, 해당 지역의 나머지 토지에 대한 소유권을 취득하기 위하여 토지소유자 을·병 등과 협의하였으나 협의가 성립되지 않자 중앙토지수용위원회에 수용재결을 신청하였고, 동 위원회는 수용재결을 하였다.
민간기업(私) 갑이 추진하는 관광레저형 기업도시를 건설하기 위한 토지수용에 있어서 "공공필요"를 검토하시오. 10점

Ⅰ 쟁점의 정리

공용수용은 공익사업을 위하여 타인의 재산권을 법률의 힘에 의해 강제적으로 취득하는 것을 말한다. 이는 토지 등의 재산권을 복리목적에 제공함으로써 공공복리의 증진과 사유재산권과의 조절을 도모함에 목적이 있다. 이 중 공공필요는 공용수용의 실질적 허용요건이자 본질적 제한요건이며 그 개념이 추상적인바, 이에 대한 판단이 중요하다 할 것이다. 또한 민간기업인 갑에게도 이러한 공용수용을 인정할 수 있는지도 문제된다고 할 것이다.

Ⅱ 공공적 사용수용과 공공필요

1. 공공적 사용수용의 의의 및 필요성(유형 등)

공공적 사용수용이란 사인의 의한 공용수용으로서 사인이 법률의 힘에 의해 재산권을 강제로 취득하는 것을 말한다. 이는 ① 공행정의 민간화, ② 민간활력 도입, ③ 사업의 확대(사회간접시설의 확충) 측면에서 취지가 인정된다. 이에는 가스, 전기 등 생존배려사업과 경제적 이윤추구사업이 있다.

2. 공공적 사용수용의 인정 여부

① 통설적 견해는 헌법 제23조 제3항에서는 사업의 주체를 국가로 한정하지 않으며, 토지보상법 제4조 제5호 및 민간투자법 등 개별법에서 인정하고 있다고 한다. ② 판례도 '어떤 사업이 공익사업인지 여부는 그 사업 자체의 성질, 목적에 의하여 결정할 것이고, 사업주체 여부에 의하여 정할 것은 아니다'고 하여 사인의 사용수용을 인정하고 있다.

3. 공공필요의 판단기준

공공필요는 공익이라는 개념과 비례성을 포함하는 개념으로서, 대표적 불확정 개념이다. 이는 일의적으로 해석할 수는 없으나 통상 공동체 전체를 위한 이익으로 볼 수 있다. 공공필요의 판단은 비례의 원칙에 의한다. 수용으로 인하여 달성되는 공익과 수용으로 인하여 침해되는 이익을 비교형량하여 침해되는 이익보다 달성되는 공익이 큰 경우에 한해서 인정될 수 있다. 판례도 공사익의 비교형량을 요구하며, 그 입증책임은 사업시행자에게 있다고 한다.

Ⅲ 관련문제(계속적 공익실현을 위한 보장책)

영리추구를 목적으로 하는 사기업은 자신의 수지타산에 따라 언제든지 공익사업을 포기할 가능성이 있으므로 공익사업의 계속적 보장을 위한 법적·제도적 장치가 필요하게 된다. 토지보상법 제91조에서는 환매권을 규정하고 있으며, 동법 제23조 및 제24조에서는 사업의 실효 및 폐지를 규정하고 있다. 또한, 헌법 제23조 제3항에 비추어 충분한 보장이 이루어지지 않는다면 행정쟁송을 통한 통제도 가능할 것이다.

사례 7

공용수용은 공익사업에 필요한 타인의 재산권을 법률의 힘에 의해 강제로 취득하는 것이므로, 어떤 특정 목적물이 아니면 해당 사업의 시행이 불가하거나 대체성이 없는 재산권에 한하여 수용의 목적물이 인정된다. 또한 공익사업을 위한 목적물은 해당 사업에 필요한 최소한의 범위 안의 것이어야 하는 것이 원칙이므로 공익사업의 필요성과 피수용자의 권익보호 측면에서 서로 비교형량하여 결정되어야 한다. 이와 관련하여 각 설문에 답하시오.

(1) 공공필요와 수용목적물의 관계를 설명하시오. 20점

(2) 최근 몇 해 동안 가뭄으로 인해 극심한 식수난을 겪게 되자 한국수자원공사는 식수를 확보하기 위해 남양주시 화도읍 일대에 댐을 건설하려 하는 바 주변의 적정한 부지를 물색하던 중 경기도가 하수종말처리장설치를 위해 도시계획시설로 결정해 놓은 부지가 적합하다고 판단하여 취득하고자 한다. 이에 경기도는 이미 공익을 위해 제공되고 있는 부지이므로 수용할 수 없다고 주장하고 있다. 한국수자원공사가 적법하게 화도읍 일대의 부지를 취득할 수 있는지 판단하여 보시오. 20점

(설문 1)의 해결

Ⅰ 서

Ⅱ 공공필요와 수용목적물의 의의
 1. 공공필요의 의의
  (1) 개념 및 확대화 경향
  (2) 공공필요의 판단기준
 2. 수용목적물의 의의

Ⅲ 공공필요와 목적물의 관계
 1. 공공필요 개념확장에 따른 수용목적물 범위의 확대화 경향
 2. 수용목적물의 범위제한
 3. 공공필요의 상충

Ⅳ 결

(설문 2)의 해결

Ⅰ 쟁점의 정리

Ⅱ 공익사업에 제공되고 있는 토지를 수용목적물로 삼을 수 있는지
 1. 하수종말처리장 설치를 위한 부지가 공물인지
 2. 공물이 수용대상인지 여부
  (1) 학설
   1) 긍정설
   2) 부정설
  (2) 판례
  (3) 검토

Ⅲ 한국수자원공사의 댐건설사업이 특별한 필요가 있는 경우인지
 1. 특별한 필요의 판단기준
 2. 댐건설사업이 특별한 필요가 있는지
  (1) 적합성 및 필요성의 원칙판단
  (2) 상당성의 원칙판단

Ⅳ 사안의 해결

⊕ (설문 1)의 해결

Ⅰ 서

공용수용이란 국가나 공공 단체가 공공사업이나 기타 공공 목적을 위하여 개인의 특정한 재산권을 법률에 의거하여 강제로 취득하는 것을 말하며, 헌법 제23조 제3항에서는 공용수용의 요건으로서 공공필요를 요구하고 있다. 공공필요는 공용수용을 시작할 수 있게 해주는 요건이면서 공공필요는 또한 소멸되지 않고 지속될 것이 요구된다. 공용수용의 목적물은 결국 공익사업을 위해 필요한 토지 등을 말하는 것으로 공공필요와 수용목적물은 밀접한 관련을 가지고 있다.

Ⅱ 공공필요와 수용목적물의 의의

1. 공공필요의 의의

(1) 개념 및 확대화 경향

공공필요는 대표적 불확정 개념으로 시대와 사회에 따라 달라지는 개념이다. 종래에는 그 범위가 매우 제한적이었으나 현대복리국가이념의 등장으로 행정의 기능이 확대됨에 따라서 공공필요의 개념 또한 확대되고 있다.

(2) 공공필요의 판단기준

공공필요는 불확정 개념이기 때문에 이의 자의적 해석을 방지하기 위하여 광의의 비례원칙을 기준으로 판정한다. 광의의 비례원칙의 세부원칙으로 ① 목적물을 수용할 만한 사업인가를 판단하는 적합성 원칙, ② 그러한 사업이라고 하더라도 침해를 최소화할 수 있는 범위 내일 것을 요구하는 필요성 원칙, ③ 적합성, 필요성이 충족된다고 하여도 공익과 사익의 구체적 이익형량을 통해서 판단할 때 공익이 커야 한다는 상당성 원칙이 충족되어야 한다.

2. 수용목적물의 의의

수용목적물이란 공용수용의 객체로서 토지보상법 제3조에서는 ① 토지 및 이에 관한 소유권 외의 권리, ② 입목, 건물, 그 밖에 토지에 정착한 물건 및 이에 관한 소유권 외의 권리, ③ 광업권, 어업권, 양식업권 또는 물의 사용에 관한 권리, ④ 토지에 속한 흙, 돌, 모래, 자갈에 관한 권리 등을 목적물로 규정하고 있다. 또한 각 개별법에서는 무체재산권까지도 수용목적물로 인정하는 경우도 있다.

Ⅲ 공공필요와 목적물의 관계

1. 공공필요 개념확장에 따른 수용목적물 범위의 확대화 경향

공익사업의 목적물은 공익사업에 필요한 최소한도의 범위에 국한하여야 함이 원칙이지만, 오히려 그 필요한 한도를 넘어서 취득하는 것이 형평의 원칙에 합치되고, 공공복리의 증진이라는 사업목적의 원활한 수행과 피수용자의 재산권 보호·조절을 위하는 경우가 있다. 따라서 종래 비대체적인 토지소유권에 한정되었던 목적물도 확대되어 왔으며 현재는 일체의 재산적 가치 있는 권리는 모두 수용목적물이 될 수 있다.

2. 수용목적물의 범위제한

수용목적물이 사유재산권인 경우에는 사업을 통한 공익과 침해되는 사익의 이익형량을 통해서 공공필요가 판단되고 광의의 비례원칙 중 최소침해의 원칙이 중시되며, 수용목적물은 국민의 재산권 침해를 최소화하기 위해서 가능한 비대체적인 것으로 한정되어야 한다.

3. 공공필요의 상충

수용목적물이 공물인 경우에는 기존 공익사업과 신규 공익사업 사이에서 공공필요가 상충하게 된다. 토지보상법 제19조 제2항에서는 공익사업에 수용 또는 사용되고 있는 토지 등은 특별히 필요한 경우가 아니면 이를 다른 공익사업을 위하여 수용 또는 사용할 수 없다고 규정하고 있다.

Ⅳ 결

공공필요가 있는 경우에 한하여 공익사업은 수용적격사업으로 인정되며, 해당 공익사업이 지속되는 동안 공공필요도 지속적으로 계속되어야 한다. 해당 공익사업이 지속되는 도중에 공공필요가 소멸한 경우에는 공익보다 사익침해가 큰 상황이므로 사익을 위한 조치를 강구하여야만 한다. 공용수용의 일반법적 지위에 있는 공익사업을 위한 토지 등의 취득 및 보상에 관한 법률에서는 공용수용절차 도중에 공공필요가 소멸된 경우에 사업인정의 효력이 소멸되도록 규정하고 있고, 공용수용절차 종료 후에 공공필요가 소멸된 경우에는 환매권을 인정하고 있다.

⊕ (설문 2)의 해결

① 쟁점의 정리

설문은 한국수자원공사의 댐건설과 경기도의 하수종말처리장의 공익의 충돌 사안이다. 도시계획시설로 결정해 놓은 부지가 공물인 경우라면, 이미 공익을 위해 제공되고 있는 토지가 수용의 대상이 될 수 있는지가 문제된다. 사안의 해결을 위해서 공익사업에 이미 제공되고 있는 토지를 다른 공익사업을 위해서 취득할 수 있는지 여부 및 취득 여부의 판단기준을 검토한다.

② 공익사업에 제공되고 있는 토지를 수용목적물로 삼을 수 있는지

1. 하수종말처리장 설치를 위한 부지가 공물인지

공물이란 국가·지방자치단체 등의 행정주체에 의하여 직접행정목적에 공용된 개개의 유체물을 말하며, 설문과 같이 하수종말처리장이 공물이 되기 위해서는 형체적·의사적 요건(공용개시행위)을 갖추어야 한다. 설문상 아직 처리장의 실체를 갖고 있지는 않지만 도시계획시설로 예정된 바, 향후에 처리장이 건립될 가능성이 농후하므로 이는 예정공물로서 공물에 준하여 취급하는 것이 타당하다(판례동지, 대판 1994.5.10, 93다23442).

2. 공물이 수용대상인지 여부

(1) 학설

1) 긍정설

공물을 사용하고 있는 기존의 사업의 공익성보다 해당 공물을 수용하고자 하는 사업의 공익성이 큰 경우에 해당 공물에 대한 수용이 가능해지며, '공익사업에 수용되거나 사용되고 있는 토지 등'에는 공물도 포함된다고 한다.

2) 부정설

공물은 이미 공적 목적에 제공되고 있기 때문에, 먼저 공용폐지가 되지 않는 한 수용의 대상이 될 수 없다고 한다. 또한 토지보상법 제19조 제2항에서 말하는 특별한 경우란 명문의 규정이 있는 경우라고 한다.

(2) 판례

구 토지보상법 제5조의 제한 이외의 토지에 관하여는 아무런 제한을 하지 않으므로 '지방문화재로 지정된 토지와 관련하여 수용의 대상이 된다'고 판시한 바 있다.
또한 공익사업의 시행자가 요존국유림을 그 사업에 사용할 필요가 있는 경우에 국유림법 등에서 정하는 절차와 방법에 따르지 않고, 이와 별개로 토지보상법에 의한 재결로써 요존국유림의 소유권 또는 사용권을 취득할 수는 없다고 판시한 바 있다(대판 2018.11.29, 2018두51904).

✎ 구 토지수용법 제5조(수용의 제한)

> 토지를 수용 또는 사용할 수 있는 사업에 이용되고 있는 토지는 특별한 필요가 있는 경우가 아니면 이를 수용 또는 사용할 수 없다.

(3) 검토

공물의 수용가능성을 일률적으로 부정하는 것은 실정법 제19조 제2항의 해석상 타당하지 않으므로 공물이라 하더라도 특별한 필요가 인정되는 경우에는 수용이 가능하다고 하여야 할 것이다. 실무적으로는 용도폐지 등 관련 법령의 절차에 따라 소유권을 이관하고 있다.

Ⅲ 한국수자원공사의 댐건설사업이 특별한 필요가 있는 경우인지

1. 특별한 필요의 판단기준

특별한 필요는 추상적 개념으로서 개별적, 구체적 사정의 비교형량에 의해서 판단하여야 한다. 토지이용의 공공성 정도나 효율성 정도를 고려하여 광의의 비례원칙(① 적합성의 원칙, ② 필요성의 원칙, ③ 상당성의 원칙)에 의거하여 판단한다.

2. 댐건설사업이 특별한 필요가 있는지

(1) 적합성 및 필요성의 원칙판단

① 해당 부지는 식수공급을 위한 댐건설 사업부지로 적합하다고 보이므로 적합성의 원칙은 충족된다. ② 또한 댐건설을 위해서는 수용의 수단을 취할 수밖에 없다고 판단되므로 필요성의 원칙도 충족된다.

(2) 상당성의 원칙판단

그리고 선행사업, 즉 하수종말처리장을 만듦으로써 경기도민들이 누리게 되는 공익은 깨끗한 환경에서 생활할 수 있다는 것이 대표적일 것이나, 후행 공익사업은 매년 계속되는 가뭄을 맞아 식수공급을 위해 필요한 것으로 사람의 생명과도 직접 관련될 수 있는 중대한 국가적 과제라 하지 않을 수 없을 것이다. 따라서 양자의 공익을 형량하건대 후자의 이익이 보다 크다고 할 수 있으므로 한국수자원공사의 댐건설사업은 특별한 필요가 있는 경우로 볼 수 있고, 댐건설을 위해서 하수종말처리장으로 도시계획시설결정이 되어 있는 부지의 취득이 가능할 것이다.

Ⅳ 사안의 해결

하수종말처리장으로 도시계획시설결정이 되어 있는 토지라 할지라도, 댐건설사업은 토지보상법상 특별한 필요가 있는 사업이므로 해당 댐건설사업을 위해 하수종말처리장부지를 취득하는 것이 가능하다.

사례 8

서울특별시 강남구 00동 산00 임야 100제곱미터는 갑의 소유였다. 국토교통부장관은 택지개발사업(서울수서지구)의 시행자로서 갑의 토지를 포함한 일대를 택지개발사업지구로 사업인정을 고시하였다(국토교통부고시 제1993-342호, 고시일 2012.01.01.). 국토교통부장관은 갑의 토지를 취득하기 위하여 갑과 협의하였으나 협의에 이르지 못하여 중앙토지수용위원회에 재결을 신청하였고, 토지수용위원회는 2012.12.10. 보상금 20,000,000원에 수용하도록 하는 수용재결을 하였다(재결 자체의 고유한 하자는 존재하지 아니하였다).

(1) 이에 갑은 갑의 토지는 지방문화유산으로 지정된 00대군묘역의 일부인데 문화유산법의 입법취지상 서울특별시장이 보호가치를 인정하고 지정한 문화유산이므로 이를 수용하는 것은 잘못된 것이라고 주장한다. 이와 관련하여 갑의 토지와 같이 지방문화유산으로 지정된 토지가 수용의 대상이 되는지를 설명하시오. 20점

(2) 또한 갑의 토지는 택지개발지구 내에 소재하는 000교 00종단의 종교용지에 연결되는 통로를 제공하기 위한 것이다. 2013.01.03. 갑은 상기 종교용지 인근에 위치나 형태상 갑의 토지보다 도로로 만들기 쉬운 토지가 있으므로 이를 수용하여 종교용지에 연결되는 통로로 제공하면 될 것이고 굳이 지방문화유산으로 지정된 갑의 토지를 수용할 이유가 없으며, 이러한 사업인정은 헌법 제37조 비례의 원칙에 반하는 것이므로 해당 재결은 취소되어야 한다고 주장한다. 갑 주장의 타당성을 검토하시오. 20점

(설문 1)의 해결

Ⅰ 개설

Ⅱ 이미 공익사업에 수용되거나 사용되고 있는 토지 등이 수용의 대상이 되는지 여부
  1. 수용대상의 목적물의 의의
  2. 목적물의 범위 및 제한
  3. 이미 공익사업에 제공되고 있는 토지의 수용가능성 여부
    (1) 토지보상법 제19조 제2항의 취지
    (2) 공물이 수용대상인지 여부
      1) 학설
        ① 긍정설
        ② 부정설
      2) 판례
      3) 검토
    (3) 특별한 필요판단
      1) 특별한 필요의 판단기준(비례원칙)

  2) 비례원칙의 의의 및 내용
    ① 의의 및 근거(효력)
    ② 요건(내용)

Ⅲ 결어

(설문 2)의 해결

Ⅰ 쟁점의 정리

Ⅱ 사업인정의 위법성 판단
  1. 사업인정의 의의 및 법적 성질
  2. 사업인정의 요건
    (1) 주체
    (2) 내용
      1) 공익사업에 해당할 것
      2) 사업을 시행할 공익성이 있을 것
      3) 사업시행 의사와 능력을 갖출 것
    (3) 절차 및 형식
  3. 위법성 판단(비례원칙 위반 여부)
  4. 사안의 경우(하자의 정도)

⊕ (설문 1)의 해결

Ⅰ 개설

공용수용은 공익사업에 필요한 타인의 재산권을 법률의 힘에 의해 강제로 취득하는 것이므로, 어떤 특정 목적물이 아니면 해당 사업의 시행이 불가하거나 대체성이 없는 재산권에 한하여 수용의 목적물이 인정된다. 해당 수용의 목적물이 이미 공익을 위하여 제공되고 있는 경우라면 원칙상 수용이 부정되어야 할 것이나 토지보상법 제19조 제2항에서는 '특별한 필요가 있는 경우'에는 수용을 긍정하고 있다. 이하에서 이를 설명한다.

Ⅱ 이미 공익사업에 수용되거나 사용되고 있는 토지 등이 수용의 대상이 되는지 여부

1. 수용대상의 목적물의 의의

수용목적물이란 공용수용의 객체로서 수용의 대상이 되는 토지 및 물건 등을 말한다. 공익사업을 위한 제 절차 중 사업인정의 세목고시에 의하여 수용목적물의 범위가 확정된다.

2. 목적물의 범위 및 제한

공용수용의 목적물은 헌법상 기본권인 재산권 보호 측면에서 필요최소한도 내에서 이루어져야 하며 세목고시에 기재되지 않은 토지, 사업시행자 소유토지와 치외법권이 인정되는 토지 및 이미 공익에 제공되고 있는 토지(공물을 포함한다) 등은 목적물로서 제한된다.

3. 이미 공익사업에 제공되고 있는 토지의 수용가능성 여부

(1) 토지보상법 제19조 제2항의 취지

토지보상법 제19조 제2항에서는 현재 공익사업에 이용되고 있는 토지는 가능하면 그 용도를 유지하도록 하기 위하여 수용의 목적물이 될 수 없도록 하는 것이 그 공익사업의 목적을 달성하기 위하여 합리적이라는 이유로, 보다 더 중요한 공익사업을 위하여 특별한 필요가 있는 경우에 한하여 예외적으로 수용의 목적물이 될 수 있다고 규정하고 있다. 이미 공익사업에 이용되고 있는 토지에는 국·공유재산(공물)도 포함된다고 볼 것이다.

(2) 공물이 수용대상인지 여부

1) 학설

① 긍정설

공물을 사용하고 있는 기존의 사업의 공익성보다 해당 공물을 수용하고자 하는 사업의 공익성이 큰 경우에 해당 공물에 대한 수용이 가능하다고 본다.

② 부정설

공물은 이미 공적 목적에 제공되고 있기 때문에, 먼저 공용폐지가 되지 않는 한 수용의 대상이 될 수 없다고 한다. 또한 토지보상법 제19조 제2항에서 말하는 특별한 경우란 명문의 규정이 있는 경우라고 한다.

2) 판례

구 토지보상법 제5조의 제한 이외의 토지에 관하여는 아무런 제한을 하지 않으므로 '지방문화재로 지정된 토지와 관련하여 수용의 대상이 된다'고 판시한 바 있다.

또한 공익사업의 시행자가 요존국유림을 그 사업에 사용할 필요가 있는 경우에 국유림법 등에서 정하는 절차와 방법에 따르지 않고, 이와 별개로 토지보상법에 의한 재결로써 요존국유림의 소유권 또는 사용권을 취득할 수는 없다고 판시한 바 있다(대판 2018.11.29, 2018두51904).

3) 검토

공물의 수용가능성을 일률적으로 부정하는 것은 실정법 제19조 제2항의 해석상 타당하지 않으므로 공물이라 하더라도 특별한 필요가 인정되는 경우에는 수용이 가능하다고 하여야 할 것이다. 실무적으로는 용도폐지 등 관련 법령의 절차에 따라 소유권을 이관하고 있다.

(3) 특별한 필요판단

1) 특별한 필요의 판단기준(비례원칙)

특별한 필요가 있는 경우인지 여부는 현재 토지를 이용하고 있는 수용가능사업의 공익성과 새로이 해당 토지를 이용하고자 하는 수용가능사업의 공익성을 비교형량하여 결정해야 할 것이다. 이때 특별한 필요여부는 '비례원칙'을 판단기준으로 관계 제 이익을 정당히 형량하여 새로운 공익사업의 공익성이 더 크다면 수용이 가능하다 할 것이다.

2) 비례원칙의 의의 및 내용

① 의의 및 근거(효력)

비례의 원칙이란 행정목적과 행정수단 사이에는 합리적인 비례관계가 있어야 한다는 원칙을 말한다. 헌법 제37조 제2항 및 행정기본법 제10조에 근거한다.

② 요건(내용)(행정기본법 제10조)

가. 적합성의 원칙

적합성의 원칙이란 행정은 행정목적을 달성하는 데 유효하고 적절할 것이어야 한다는 원칙이다(제1호).

나. 필요성의 원칙(최소침해의 원칙)

필요성의 원칙이란 적합한 수단이 여러 가지인 경우에 국민의 권리를 최소한으로 침해하는 수단을 선택하여야 한다는 원칙이다. 행정목적을 달성하는 데 필요한 최소한도에 그칠 것을 말한다(제2호).

다. 협의의 비례원칙(상당성의 원칙)

협의의 비례원칙이란 행정작용으로 인한 국민의 이익 침해가 그 행정작용이 의도하는 공익보다 크지 아니할 것을 말한다(제3호).

라. 3원칙의 상호관계

적합성의 원칙, 필요성의 원칙, 그리고 좁은 의미의 비례원칙은 단계구조를 이룬다. 즉, 많은 적합한 수단 중에서도 필요한 수단만이, 필요한 수단 중에서도 상당성 있는 수단만이 선택되어야 한다.

Ⅲ 결어

갑의 토지는 공공목적을 위하여 그 물건의 보존이 강제되는 공물이나, 토지보상법 제19조 제2항 규정의 취지에 따라 택지개발사업의 공익성과 해당 문화유산을 보호할 필요성을 형량하여 신규사업의 공익성이 크다고 인정될 경우에만 수용대상으로서의 목적물이 될 것이다.

⊕ (설문 2)의 해결

Ⅰ 쟁점의 정리

갑 토지의 수용을 위한 재결이 있는 경우, 해당 재결의 위법성 사유로 사업인정이 위법함을 주장할 수 있는지가 문제된다. 따라서 해당 사업인정이 위법한지와, 위법한 경우라도 하자승계가 인정되는지를 검토하여 설문을 해결한다.

Ⅱ 사업인정의 위법성 판단

1. 사업인정의 의의 및 법적 성질

사업인정이란 공익사업을 토지 등을 수용 또는 사용할 사업으로 결정하는 것을 말하며(토지보상법 제2조 제7호), 국토교통부장관이 토지보상법 제20조에 따라서 사업인정을 함으로써 수용권이 설정되므로 이는 국민의 권리에 영향을 미치는 처분이다. 판례는 일정한 절차를 거칠 것을 조건으로 수용권을 설정하는 형성행위라고 판시한 바 있다(대판 1994.11.11. 93누19375).

2. 사업인정의 요건

(1) 주체

토지보상법상 사업인정의 권한은 국토교통부장관이 갖는다. 이와 별도로 개별법에서 주된 인·허가를 받으면 사업인정이 의제되는 규정을 둔 경우에는 주된 행위의 인·허가권자에게 권한이 있다고 볼 수 있다.

(2) 내용

1) 공익사업에 해당할 것

사업인정의 목적이 구체적인 사업실행을 통한 공익실현에 있으므로 토지보상법 제4조 사업에 해당하여야 한다. 이에 각 개별법에서 사업인정을 의제하는 경우를 포함한다.

2) 사업을 시행할 공익성이 있을 것

사업인정기관으로서는 그 사업이 공용수용을 할 만한 공익성이 있는지의 여부를 그 사업의 내용과 방법에 관하여 사업인정에 관련된 자들의 이익을 공익과 사익 사이에서는 물론, 공익 상호간 및 사익 상호간에도 정당하게 비교·교량하여야 하고 그 비교·교량은 비례의 원칙에 적합하도록 하여야 한다(대판 2005.4.29. 2004두14670).

3) 사업시행 의사와 능력을 갖출 것

또한 해당 공익사업을 수행하여 공익을 실현할 의사나 능력이 없는 자에게 타인의 재산권을 공권력적·강제적으로 박탈할 수 있는 수용권을 설정하여 줄 수는 없으므로, 사업시행자에게 해당 공익사업을 수행할 의사와 능력이 있어야 한다는 것도 사업인정의 한 요건이라고 보아야 한다(대판 2011.1.27. 2009두1051).

(3) 절차 및 형식

① 사업시행자가 국토교통부장관에게 사업인정을 신청하면, ② 국토교통부장관은 관계기관 및 중앙토지수용위원회와 협의를 하고, ③ 이해관계인의 의견을 청취해야 한다. ④ 사업인정을 하는 경우에는 지체 없이 그 뜻을 사업시행자, 토지소유자 및 관계인, 관계 시·도지사에게 통지하고 관보에 고시하여야 한다.

3. 위법성 판단(비례원칙 위반 여부)

갑은 해당 토지보다 수용목적물로서 더 적합한 부지가 인근에 있음에도 불구하고, 자신의 토지를 수용하는 것은 달성되는 공익보다 침해되는 사익이 더 크다고 주장한다. 수용대상의 목적물은 필요 최소한도의 범위 내에서만 인정되어야 하므로 더 적합한 부지가 존재한다면 갑의 토지를 수용대상으로 결정한 사업인정은 비례원칙에 반하는 처분으로 볼 수 있다.

4. 사안의 경우(하자의 정도)

해당 사업인정의 과정상, 인근에 더 적합한 부지가 있음에도 이를 종합적으로 고려하지 못한 것은 내용상 중대한 하자에 해당하나, 일반인의 식견에서 외관상 명백하지 않으므로 취소사유의 하자를 구성하는 것으로 볼 수 있을 것이다.

Ⅲ 하자승계의 인정 여부

1. 의의 및 논의 배경

하자승계란 둘 이상의 행정행위가 일련의 절차를 구성하며 동일한 법률효과를 목적으로 하는 경우에 선행행위의 하자를 이유로 후행행위를 다툴 수 있는지의 문제를 말한다. 이는 법적 안정성의 요청과(불가쟁력) 국민의 권리구제의 조화문제이다.

2. 전제요건

① 선, 후행행위는 처분일 것, ② 선행행위에의 취소사유의 위법성, ③ 후행행위의 적법성, ④ 선행행위에 불가쟁력이 발생할 것(제소기간 경과, 항소 포기, 판결에 의한 확정 등)을 요건으로 한다.

3. 하자승계 해결논의

(1) 학설

1) 전통적 견해(하자승계론)

선, 후행행위가 일련의 절차를 구성하면서 동일한 법률효과, 즉 하나의 효과를 목적으로 하는 경우에는 하자승계를 인정한다.

2) 새로운 견해(구속력론)

선행행위의 불가쟁력이 대물적(목적), 대인적(수범자), 시간적(사실, 법률관계의 동일성)한 계와 예측, 수인가능성 한도 내에서는 후행행위를 구속하므로 하자승계가 부정된다.

(2) 판례

판례는 형식적 기준을 적용하여 판단하는 듯하나 별개의 법률효과를 목적으로 하는 경우에도 예측, 수인가능성이 없는 경우에 한하여 하자승계를 긍정하여 개별사안의 구체적 타당성을 고려하고 있다.

(3) 검토

전통적 견해는 형식을 강조하여 구체적 타당성을 확보하지 못하는 경우가 있을 수 있고, 새로운 견해는 ① 구속력을 판결의 기판력에서 차용하고 ② 추가적 한계는 특유의 논리가 아니라는 비판이 제기된다. 따라서 전통적 견해의 형식적 기준을 원칙으로 하되 개별 사안에서 예측, 수인가능성을 판단하여 구체적 타당성을 기함이 타당하다.

4. 사안의 경우

(1) 하자승계 요건충족 여부

사업인정과 재결은 행정소송법상 처분이며, 사업인정에는 취소사유의 절차상 하자가 존재하며 설문상 제소기간이 경과하여 불가쟁력이 발생하였다. 또한 재결 자체의 고유한 하자는 없는 것으로 보이므로 하자승계의 전제요건을 모두 충족하고 있다.

(2) 하자승계 인정 여부

① 사업인정은 목적물의 공익성 판단이고, ② 재결은 수용범위의 확인인바, 양자는 별개의 독립된 법률효과를 향유하는 것으로 보는 판례의 태도에 따를 때 하자승계는 부정될 것이다. 이에 사업인정과 재결은 결합하여 수용이라는 하나의 공통된 목적을 향유하는 것으로 본다면 하자승계를 인정할 수 있을 것이다.

Ⅳ 사안의 해결

해당 사업인정은 비례원칙에 반하는 취소사유의 절차상 하자가 존재하며, 사업인정과 재결을 하나의 법률효과를 목적으로 하는 것으로 판단할 경우 갑은 사업인정의 절차하자를 이유로 재결의 위법을 주장할 수 있을 것이다. 단, 판례는 토지수용법은 수용·사용의 일차 단계인 사업인정에 속하는 부분은 사업의 공익성 판단이고, 그 이후의 구체적인 수용·사용의 결정은 토지수용위원회에 맡기고 있는 바, 토지수용위원회는 행정쟁송에 의하여 사업인정이 취소되지 않는 한 그 기능상 사업인정 자체를 무의미하게 하는, 즉 사업의 시행이 불가능하게 되는 것과 같은 재결을 행할 수는 없다고 판시한 바 있다.

사례 9

대규모 택지개발사업을 계획하고 있는 LH공사는 사업지역 내 수용이 불가피하다고 판단하고 있다. 이 경우 국도부지의 수용가능 여부와 절차에 대하여 논하시오.

(1) 이 경우 국도부지는 수용가능한가? 20점

(2) 수용가능하다면 수용절차에 대하여 논하시오. 20점

(설문1)의 해결

Ⅰ 쟁점의 정리

Ⅱ 국도부지의 수용가능 여부
1. 목적물의 종류 및 제한
2. 국도부지가 공물인지 여부
3. 공물의 수용가능성
   (1) 학설
   (2) 판례
   (3) 검토
4. 특별한 필요의 의미와 판단기준

Ⅲ 사안의 해결

(설문2)의 해결

Ⅰ 쟁점의 정리(절차의 의의 및 취지)

Ⅱ 국도부지의 수용절차
1. 사업인정(토지보상법 제20조)
2. 토지·물건조서 작성
3. 사업인정고시 후 협의
4. 재결
5. 공용수용에 대한 불복

Ⅲ 사안의 해결(관련문제 포함)

⊕ **(설문 1)의 해결**

Ⅰ 쟁점의 정리

설문의 해결을 위해 국도부지, 즉 공물이 별도의 공용폐지 없이 바로 수용이 가능한지 여부를 토지보상법 제19조 제2항에 비추어 검토한다.

Ⅱ 국도부지의 수용가능 여부

1. 목적물의 종류 및 제한

수용목적물은 일반적으로 필요한 최소한도에서 수용됨이 타당하며, 수용목적물의 성질상 일정한 제한을 받게 된다. 사안에서 문제가 되는 것은 국도부지가 용도폐지 없이 수용의 목적물이 될 수 있는지 여부이다.

2. 국도부지가 공물인지 여부

공물이란 국가·지방자치단체 등의 행정주체에 의하여 직접 행정목적에 공용된 개개의 유체물을 말하는 것으로서 관리주체와 목적에 착안한 개념이다. 국도부지는 공적 목적에 제공되고 공법적 규제가 가해진다는 점에서 공공용물로서 공물에 해당된다.

3. 공물의 수용가능성

(1) 학설

① 부정설은 수용에 의하여 해당 공물을 다른 행정목적에 제공하는 것은 공물 본래의 목적에 배치되기 때문에 먼저 공용폐지가 선행되어야 하며, 토지보상법 제19조 제2항도 공용폐지가 선행되어야 한다는 것을 인정하는 것이라고 한다.

② 긍정설은 원칙적으로 공물은 수용의 대상이 되지 않지만, 현재의 용도보다 공익성이 큰 사업에 제공될 필요가 있는 경우 예외적으로 수용의 목적물이 된다는 견해로 토지보상법 제19조 제2항의 취지를 '특별한 필요'가 있는 경우 공용폐지가 선행되지 않고도 수용의 목적물이 될 수 있는 것으로 본다.

(2) 판례

"토지수용법은 제5조(현행 토지보상법 제19조) 규정에 의한 제한 이외에는 수용의 대상이 되는 토지에 관하여 아무런 제한을 하지 아니하고 있을 뿐만 아니라, 토지수용법 제5조, 문화유산법 관련규정에 의하여 지방문화유산으로 지정된 토지(광평대군 묘역의 일부)가 수용의 대상이 될 수 없다고 볼 수는 없다 할 것이다(대판 1996.4.26, 95누13241)."라고 판시하여 긍정설의 입장이다.

(3) 검토

공물은 이미 그 자체로서 다른 행정목적달성에 제공되고 있는 상태이므로, 바로 그 자체의 상태로서는 수용할 수 없으며, 수용을 하기 위해서는 더 큰 공익목적을 위하여 수용이 필요한가의 여부에 관한 결정절차를 거칠 필요가 있을 것이며, 실정법상 절차규정도 고려해야 할 것이다.

4. 특별한 필요의 의미와 판단기준

특별한 필요가 있는 경우인지 여부는 현재 토지를 이용하고 있는 수용가능사업의 공익성과 새로이 해당 토지를 이용하고자 하는 수용가능사업의 공익성을 비교형량하여 결정해야 할 것이다. 이때 특별한 필요여부는 '비례원칙'을 판단기준으로 관계 제 이익을 정당히 형량하여 새로운 공익사업의 공익성이 더 크다면 수용이 가능하다 할 것이다.

Ⅲ 사안의 해결

사안의 경우 적합성 원칙상 택지개발사업을 위하여 해당 토지가 적합한 것이어야 하고, 필요성 원칙상 택지개발사업을 위해서 국도를 꼭 수용해야 하는 것이어야 하며, 상당성 원칙상 공익간의 비교형량 결과 국도로의 이용보다 택지개발을 통한 공익이 더 우월해야 한다. 사안의 경우 명확하지는 아니하나 택지개발을 통한 공익이 더 우월한 것으로 판단된다면 특별한 필요가 인정된다고 본다. 또한, 실무상 관련 규정에 의한 용도폐지 등의 절차를 거쳐야 할 것이다.

✚ (설문 2)의 해결

Ⅰ 쟁점의 정리(절차의 의의 및 취지)

공용수용은 특정한 공익사업을 위하여 타인의 재산권을 강제로 취득하는 제도이므로 엄격한 절차와 요건하에서 이루어져야 한다. 이에 공용수용에 관한 일반법인 토지보상법에서는 공용수용의 절차를 엄격히 법정화하여 공익사업의 원활한 수행이라는 공익과 이로 인해 침해되는 개인의 재산권이라는 사익의 조화를 도모하고 있다.

Ⅱ 국도부지의 수용절차

현행법에 의해 인정되고 있는 공용수용의 절차는 보통절차와 일부절차를 생략한 약식절차가 있으나 택지개발사업을 위한 수용으로서 보통절차를 거쳐야 하며, 이러한 수용의 보통절차는 사업인정, 토지물건조서작성, 협의, 재결의 단계로 이루어진다.

1. 사업인정(토지보상법 제20조)

사업인정은 공익사업을 토지 등을 수용 또는 사용할 사업으로 결정하는 것을 말한다. 이는 공·사익 이익형량을 통한 공공성 판단과 사전적 권리 구제의 역할을 통해 존속보장의 이념을 실현하는 제도적 장치로서 의미를 가지며, 사업인정이 고시되면 수용권이 설정되고, 목적물의 범위가 확정되는 등 일정한 법적 효과가 발생한다.

2. 토지·물건조서 작성

토지·물건조서란 공익사업을 위하여 수용 또는 사용을 필요로 하는 토지와 그 토지상에 있는 물건의 내용을 사업시행자가 일정한 절차를 거쳐 작성하는 문서를 말하고, 이는 재결신청의 준비절차의 일종으로서, 차후 수용 또는 사용의 목적이 된 토지 및 물건에 관한 당사자 사이의 분쟁을 미연에 방지하고 재결을 신속하게 함에 그 취지가 있고, 일정한 절차를 거쳐 작성된 조서는 진실의 추정력이 인정된다.

3. 사업인정고시 후 협의

협의란 사업인정의 고시가 있은 후에 사업시행자가 수용할 토지 등에 관한 권리를 취득하거나 소멸시키기 위하여 토지소유자 및 관계인과 행하는 합의를 말한다. 토지보상법은 사업인정 전 협의를 거쳤으나 협의가 성립되지 아니한 경우로 조서의 내용에 변동이 없는 때에는 협의절차를 생략할 수 있도록 하여 신속한 공익사업의 수행을 도모하고자 하였다.

4. 재결

재결이란 협의 불성립 또는 불능의 경우 행하는 공용수용의 종국적 절차로서 사업시행자에게 부여된 수용권의 구체적인 내용을 결정하고 그 실행을 완성시키는 형성적 행정행위이다. 이는 공익사업을 위해 목적물의 권리를 강제적으로 취득하는 데 제도적 의의가 있으며, 침해되는 사익의 중대성을 감안하여 엄격한 절차와 형식을 두고 있다.

5. 공용수용에 대한 불복

공용수용은 타인의 재산권에 대한 중대한 침해이므로 토지보상법에서는 사업인정과 재결을 처분으로 구성하여 이에 대해 불복할 수 있도록 하고 있다. 사업인정에 대해서는 토지보상법에 규정이 없어 행정쟁송에 관한 일반법인 행정심판법(제3조 제1항) 및 행정소송법(제8조 제1항)에 의거 행정심판과 행정소송이 가능하고, 재결에 대해서는 토지보상법에서 이의신청 및 행정소송을 규정(법 제83조 내지 제85조)하고 있어 토지보상법의 적용을 받는다.

Ⅲ 사안의 해결(관련문제 포함)

토지보상법에서는 공·사익 및 공익 간 이해조절을 위해 공용수용의 절차를 법정하고 있는바, 국도부지를 수용하기 위해서는 사업인정, 조서작성, 협의, 재결의 절차를 거쳐야 한다. 공용수용은 재산권에 대한 중대한 침해이므로 사업인정과 재결을 처분으로 구성하여 이에 대하여 불복이 있는 경우 다툴 수 있도록 하고 있으나, 재결 단계에서 사업인정의 하자를 다툴 수 없다고 보고 있어 사후적 구제의 일정한 한계가 있으므로 사전적 구제로서 행정절차가 강조되어야 할 것이다.

◢ 사례 10

국토교통부장관은 2014.7.3. 육군참모총장이 시행하는 군사용시설부지매입사업(신청이유 : 군사력증강을 위한 국방연구소의 설치 및 전략전술상 최적의 요충지역)에 관하여 사업인정을 하고, 국토교통부고시 제1996-69호로 고시하였다. 해당 사업부지에는 강원도 고성군 현내면 206번지 임야 10,000제곱미터(갑 소유)가 포함되어 있었는데, 갑 소유의 토지는 향후 아파트 건립을 통한 생활주거지로 사용할 계획을 갖고 있었다.

(1) 갑은 자신의 토지는 향후 생활주거지로 사용할 계획이므로, 이는 이미 공익을 위하여 사용되는 것과 다름없으므로 수용대상이 아니라고 주장한다. 갑주장과 관련하여 '이미 공익사업에 수용되거나 사용되고 있는 토지 등'이 수용의 대상이 되는지를 설명하시오. 20점

(2) 갑은 자신의 토지는 향후 생활주거지로 사용할 계획이므로 이를 매도할 수 없고 다만 무상사용은 허용하겠다고 주장하였으나 육군참모총장은 해당 토지는 군사시설부지로 영구적으로 사용할 재산이므로 향후 반환이 불가능하다고 주장하여 협의가 성립되지 아니하였다. 육군참모총장은 갑과의 협의가 결렬되자 토지수용위원회에 재결신청을 하여 "수용의 개시일 2013.9.6. 및 보상금 5억원"의 재결을 받았다(재결 자체에는 아무런 하자가 존재하지 않는다). 이에 갑은 자신의 토지는 사용대차계약 또는 환매특약부매매계약에 의하더라도 사업목적을 충분히 달성할 수 있어 꼭 수용해야 할 필요성이 없고, 또한 사업인정 당시 국토교통부장관은 자신의 의견청취를 거치지 않았으므로 해당 재결은 위법하다고 주장한다. 갑주장의 타당성을 논하시오. 20점

(3) 만약 갑이 2012.7.28. 해당 사업인정의 취소를 구하는 행정심판을 제기하여 인용재결을 받은 경우라면, 육군참모총장은 무엇을 대상으로 항고소송을 제기하여야 하는가 또는 소를 제기하려고 하는 경우에 법적 근거는 무엇인가? 15점

(설문 1)의 해결

Ⅰ 개설
Ⅱ 이미 공익사업에 수용되거나 사용되고 있는 토지 등이 수용의 대상이 되는지 여부
　1. 수용대상의 목적물의 의의
　2. 목적물의 범위 및 제한
　3. 이미 공익사업에 제공되고 있는 토지의 수용가능성 여부
　　(1) 토지보상법 제19조 제2항의 취지
　　(2) 공물이 수용대상인지 여부

　　1) 학설
　　　① 긍정설
　　　② 부정설
　　2) 판례
　　3) 검토
　(3) 특별한 필요판단
　　1) 특별한 필요의 판단기준(비례원칙)
　　2) 비례원칙의 의의 및 내용
　　　① 의의 및 근거(효력)
　　　② 요건(내용)
Ⅲ 결어(갑주장의 타당성)

⊕ (설문 1)의 해결

Ⅰ 개설

공용수용은 공익사업에 필요한 타인의 재산권을 법률의 힘에 의해 강제로 취득하는 것이므로, 어떤 특정 목적물이 아니면 해당 사업의 시행이 불가하거나 대체성이 없는 재산권에 한하여 수용의 목적물이 인정된다. 해당 수용의 목적물이 이미 공익을 위하여 제공되고 있는 경우라면 원칙상 수용이 부정되어야 할 것이나 토지보상법 제19조 제2항에서는 '특별한 필요가 있는 경우'에는 수용을 긍정하고 있다. 이하에서 이를 설명한다.

II 이미 공익사업에 수용되거나 사용되고 있는 토지 등이 수용의 대상이 되는지 여부

1. 수용대상의 목적물의 의의

수용목적물이란 공용수용의 객체로서 수용의 대상이 되는 토지 및 물건 등을 말한다. 공익사업을 위한 제 절차 중 사업인정의 세목고시에 의하여 수용목적물의 범위가 확정된다.

2. 목적물의 범위 및 제한

공용수용의 목적물은 헌법상 기본권인 재산권 보호 측면에서 필요최소한도 내에서 이루어져야 하며 세목고시에 기재되지 않은 토지, 사업시행자 소유토지와 치외법권이 인정되는 토지 및 이미 공익에 제공되고 있는 토지(공물을 포함한다) 등은 목적물로서 제한된다.

3. 이미 공익사업에 제공되고 있는 토지의 수용가능성 여부

(1) 토지보상법 제19조 제2항의 취지

토지보상법 제19조 제2항에서는 현재 공익사업에 이용되고 있는 토지는 가능하면 그 용도를 유지하도록 하기 위하여 수용의 목적물이 될 수 없도록 하는 것이 그 공익사업의 목적을 달성하기 위하여 합리적이라는 이유로, 보다 더 중요한 공익사업을 위하여 특별한 필요가 있는 경우에 한하여 예외적으로 수용의 목적물이 될 수 있다고 규정하고 있다. 이미 공익사업에 이용되고 있는 토지에는 국·공유재산(공물)도 포함된다고 볼 것이다.

(2) 공물이 수용대상인지 여부

1) 학설

① 긍정설

공물을 사용하고 있는 기존의 사업의 공익성보다 해당 공물을 수용하고자 하는 사업의 공익성이 큰 경우에 해당 공물에 대한 수용이 가능하다고 본다.

② 부정설

공물은 이미 공적 목적에 제공되고 있기 때문에, 먼저 공용폐지가 되지 않는 한 수용의 대상이 될 수 없다고 한다. 또한 토지보상법 제19조 제2항에서 말하는 특별한 경우란 명문의 규정이 있는 경우라고 한다.

2) 판례

구 토지보상법 제5조의 제한 이외의 토지에 관하여는 아무런 제한을 하지 않으므로 '지방문화재로 지정된 토지와 관련하여 수용의 대상이 된다'고 판시한 바 있다.

또한 공익사업의 시행자가 요존국유림을 그 사업에 사용할 필요가 있는 경우에 국유림법 등에서 정하는 절차와 방법에 따르지 않고, 이와 별개로 토지보상법에 의한 재결로써 요존국유림의 소유권 또는 사용권을 취득할 수는 없다고 판시한 바 있다(대판 2018.11.29, 2018두51904).

3) 검토

공물의 수용가능성을 일률적으로 부정하는 것은 실정법 제19조 제2항의 해석상 타당하지 않으므로 공물이라 하더라도 특별한 필요가 인정되는 경우에는 수용이 가능하다고 하여야 할 것이다. 실무적으로는 용도폐지 등 관련 법령의 절차에 따라 소유권을 이관하고 있다.

(3) 특별한 필요판단

1) 특별한 필요의 판단기준(비례원칙)

특별한 필요가 있는 경우인지 여부는 현재 토지를 이용하고 있는 수용가능사업의 공익성과 새로이 해당 토지를 이용하고자 하는 수용가능사업의 공익성을 비교형량하여 결정해야 할 것이다. 이때 특별한 필요여부는 '비례원칙'을 판단기준으로 관계 제 이익을 정당히 형량하여 새로운 공익사업의 공익성이 더 크다면 수용이 가능하다 할 것이다.

2) 비례원칙의 의의 및 내용

① 의의 및 근거(효력)

비례의 원칙이란 행정목적과 행정수단 사이에는 합리적인 비례관계가 있어야 한다는 원칙을 말한다. 헌법 제37조 제2항 및 행정기본법 제10조에 근거한다.

② 요건(내용)(행정기본법 제10조)

가. 적합성의 원칙

적합성의 원칙이란 행정은 행정목적을 달성하는 데 유효하고 적절할 것이어야 한다는 원칙이다(제1호).

나. 필요성의 원칙(최소침해의 원칙)

필요성의 원칙이란 적합한 수단이 여러 가지인 경우에 국민의 권리를 최소한으로 침해하는 수단을 선택하여야 한다는 원칙이다. 행정목적을 달성하는 데 필요한 최소한도에 그칠 것을 말한다(제2호).

다. 협의의 비례원칙(상당성의 원칙)

협의의 비례원칙이란 행정작용으로 인한 국민의 이익 침해가 그 행정작용이 의도하는 공익보다 크지 아니할 것을 말한다(제3호).

라. 3원칙의 상호관계

적합성의 원칙, 필요성의 원칙, 그리고 좁은 의미의 비례원칙은 단계구조를 이룬다. 즉, 많은 적합한 수단 중에서도 필요한 수단만이, 필요한 수단 중에서도 상당성 있는 수단만이 선택되어야 한다.

Ⅲ 결어(갑주장의 타당성)

현재 갑소유의 토지는 임야로서, 생활주거지로서의 계획만 잡혀 있을 뿐이므로 이러한 사유만으로 이미 공익을 위하여 제공되고 있는 것으로 볼 수는 없을 것이다. 따라서 갑의 토지가 수용대상이 되는지 여부는 해당 사업으로 달성되는 공익과 침해되는 갑의 사익을 이익형량하여 결정되어야 할 것이다.

⊕ (설문 2)의 해결

Ⅰ 쟁점의 정리

갑 토지의 수용을 위한 재결이 있는 경우, 해당 재결의 위법성 사유로 사업인정이 위법함을 주장할 수 있는지가 문제된다. 따라서 해당 사업인정이 위법한지와, 위법한 경우라도 하자승계가 인정되는지를 검토하여 설문을 해결한다.

Ⅱ 사업인정의 위법성 판단

1. 사업인정의 의의 및 법적 성질

사업인정이란 공익사업을 토지 등을 수용 또는 사용할 사업으로 결정하는 것을 말하며(토지보상법 제2조 제7호), 국토교통부장관이 토지보상법 제20조에 따라서 사업인정을 함으로써 수용권이 설정되므로 이는 국민의 권리에 영향을 미치는 처분이다. 판례는 일정한 절차를 거칠 것을 조건으로 수용권을 설정하는 형성행위라고 판시한 바 있다(대판 1994.11.11, 93누19375).

2. 사업인정의 요건

(1) 주체

토지보상법상 사업인정의 권한은 국토교통부장관이 갖는다. 이와 별도로 개별법에서 주된 인·허가를 받으면 사업인정이 의제되는 규정을 둔 경우에는 주된 행위의 인·허가권자에게 권한이 있다고 볼 수 있다.

(2) 내용

1) 공익사업에 해당할 것

사업인정의 목적이 구체적인 사업실행을 통한 공익실현에 있으므로 토지보상법 제4조 사업에 해당하여야 한다. 이에 각 개별법에서 사업인정을 의제하는 경우를 포함한다.

2) 사업을 시행할 공익성이 있을 것

사업인정기관으로서는 그 사업이 공용수용을 할 만한 공익성이 있는지의 여부를 그 사업의 내용과 방법에 관하여 사업인정에 관련된 자들의 이익을 공익과 사익 사이에서는 물론, 공익 상호간 및 사익 상호간에도 정당하게 비교·교량하여야 하고 그 비교·교량은 비례의 원칙에 적합하도록 하여야 한다(대판 2005.4.29, 2004두14670).

3) 사업시행 의사와 능력을 갖출 것

또한 해당 공익사업을 수행하여 공익을 실현할 의사나 능력이 없는 자에게 타인의 재산권을 공권력적·강제적으로 박탈할 수 있는 수용권을 설정하여 줄 수는 없으므로, 사업시행자에게 해당 공익사업을 수행할 의사와 능력이 있어야 한다는 것도 사업인정의 한 요건이라고 보아야 한다(대판 2011.1.27, 2009두1051).

(3) 절차 및 형식

① 사업시행자가 국토교통부장관에게 사업인정을 신청하면, ② 국토교통부장관은 관계기관 및 중앙토지수용위원회와 협의를 하고, ③ 이해관계인의 의견을 청취해야 한다. ④ 사업인정을 하는 경우에는 지체 없이 그 뜻을 사업시행자, 토지소유자 및 관계인, 관계 시·도지사에게 통지하고 관보에 고시하여야 한다.

3. 내용상 하자 유무(비례원칙 위반 여부)

갑은 해당 토지의 사용대차계약 또는 환매특약부매매계약에 의하여도 사업목적을 달성할 수 있으므로 반드시 수용할 필요성은 없다고 주장한다. 따라서 해당 토지를 수용하는 것이 최소침해원칙에 반할 소지는 있으나, 국방·군사시설은 영구적으로 안정적인 사용이 확보되어야 할 것이므로 갑에게 반환을 전제로 소유권을 유보하고 사용권만을 취득하는 방법으로는 사업목적을 달성하는 데 충분하지 못하다고 할 것이므로 수용할 필요성이 인정된다고 본다.

또한 국방목적의 공익이 아직 구체적인 주택사업이 진행되지 않은 상태에서의 침해되는 갑의 사익보다 크다고 판단되므로 내용상 하자는 없는 것으로 판단된다.

4. 절차상 하자 유무

해당 사업인정이 적법하기 위해서는 토지소유자 갑의 의견청취를 거치도록 토지보상법 제21조에서 규정하고 있으며, 동 규정은 갑의 사익을 사전에 보호하기 위한 사전적 구제수단으로서의 의미도 갖는다. 통설 및 판례는 절차하자의 독자성을 인정하므로 이를 준수하지 않은 사업인정은 절차상 하자가 존재한다고 볼 것이다.

5. 사안의 경우(하자의 정도)

해당 사업인정의 과정상, 갑의 의견을 청취하지 않은 것은 사업인정의 절차상 하자를 구성하여 외관상 명백하지만, 국방시설의 설치를 위한 결정과정상 중대한 내용상 하자는 아니라고 사료되어 취소사유의 하자를 구성하는 것으로 볼 수 있을 것이다.

Ⅲ 하자승계의 인정 여부

1. 의의 및 논의 배경

하자승계란 둘 이상의 행정행위가 일련의 절차를 구성하며 동일한 법률효과를 목적으로 하는 경우에 선행행위의 하자를 이유로 후행행위를 다툴 수 있는지의 문제를 말한다. 이는 법적 안정성의 요청과(불가쟁력) 국민의 권리구제의 조화문제이다.

2. 전제요건

① 선, 후행행위는 처분일 것, ② 선행행위에의 취소사유의 위법성(무효사유인 경우에는 당연승계된다), ③ 후행행위의 적법성, ④ 선행행위에 불가쟁력이 발생할 것(제소기간 경과, 항소 포기, 판결에 의한 확정 등)을 요건으로 한다.

3. 하자승계 해결논의

(1) 학설

1) 전통적 견해(하자승계론)

선, 후행행위가 일련의 절차를 구성하면서 동일한 법률효과, 즉 하나의 효과를 목적으로 하는 경우에는 하자승계를 인정한다.

2) 새로운 견해(구속력론)

선행행위의 불가쟁력이 대물적(목적), 대인적(수범자), 시간적(사실, 법률관계의 동일성) 한계와 예측, 수인가능성 한도 내에서는 후행행위를 구속하므로 하자승계가 부정된다.

(2) 판례

판례는 형식적 기준을 적용하여 판단하는 듯하나 별개의 법률효과를 목적으로 하는 경우에도 예측, 수인가능성이 없는 경우에 한하여 하자승계를 긍정하여 개별사안의 구체적 타당성을 고려하고 있다.

(3) 검토

전통적 견해는 형식을 강조하여 구체적 타당성을 확보하지 못하는 경우가 있을 수 있고, 새로운 견해는 ① 구속력을 판결의 기판력에서 차용하고, ② 추가적 한계는 특유의 논리가 아니라는 비판이 제기된다. 따라서 전통적 견해의 형식적 기준을 원칙으로 하되 개별사안에서 예측, 수인가능성을 판단하여 구체적 타당성을 기함이 타당하다.

4. 사안의 경우

(1) 하자승계 요건충족 여부

사업인정과 재결은 행정소송법상 처분이며, 사업인정에는 취소사유의 절차상 하자가 존재하며 설문상 제소기간이 경과하여 불가쟁력이 발생하였다. 또한 재결 자체의 고유한 하자는 없는 것으로 보이므로 하자승계의 전제요건을 모두 충족하고 있다.

(2) 하자승계 인정 여부

① 사업인정은 목적물의 공익성 판단이고, ② 재결은 수용범위의 확인인바, 양자는 별개의 독립된 법률효과를 향유하는 것으로 보는 판례의 태도에 따를 때 하자승계는 부정될 것이다. 이에 사업인정과 재결은 결합하여 수용이라는 하나의 공통된 목적을 향유하는 것으로 본다면 하자승계를 인정할 수 있을 것이다.

Ⅳ 사안의 해결

해당 사업인정은 갑의 의견청취를 결여한 취소사유의 절차상 하자가 존재하며, 사업인정과 재결을 하나의 법률효과를 목적으로 하는 것으로 판단할 경우 갑은 사업인정의 절차하자를 이유로 재결의 위법을 주장할 수 있을 것이다. 단, 판례는 토지보상법은 수용·사용의 일차 단계인 사업인정에 속하는 부분은 사업의 공익성 판단이고, 그 이후의 구체적인 수용·사용의 결정은 토지수용위원회에 맡기고 있는 바, 토지수용위원회는 행정쟁송에 의하여 사업인정이 취소되지 않는 한 그 기능상 사업인정 자체를 무의미하게 하는, 즉 사업의 시행이 불가능하게 되는 것과 같은 재결을 행할 수는 없다고 판시한 바 있다.

⊕ (설문 3)의 해결

Ⅰ 쟁점의 정리

해당 사업인정에 대한 인용재결이 있는 경우, 인용재결에 대한 제3자인 사업시행자는 무엇을 대상으로 소를 제기하여 불복하여야 하는지가 문제된다. 원처분주의에 대한 일반논의를 검토하여 사안을 해결한다.

Ⅱ 원처분주의와 소의 대상

1. 원처분주의와 재결주의의 의의 및 취지(재결소송의 인정필요성)

원처분주의란 원처분을 취소소송의 대상으로 하고, 재결 자체의 고유한 하자가 있는 경우에는 재결을 취소소송의 대상으로 하는 것을 말한다. 재결주의는 재결을 대상으로 취소소송을 제기하는 것을 말한다. 재결소송을 인정한 것은 원처분을 다툴 필요가 없거나 다툴 수 없는 자도 재결로 인하여 다툴 필요가 생긴 경우의 권리구제를 도모하기 위함이다(판례).

2. 재결고유의 하자유형

① 주체상 하자로는 권한 없는 기관의 재결, ② 절차상 하자로는 심판절차를 준수하지 않은 경우 등, 단 행정심판법 제34조 재결기간은 훈시규정으로 해석되므로 재결기간을 넘긴 것만으로는 절차의 위법이 있다고 볼 수 없다. ③ 형식상 하자로는 서면으로 하지 않거나, 중요기재사항을 누락한 경우, ④ 내용상 하자의 경우 견해대립이 있으나 판례는 '재결청의 권한 또는 구성의 위법, 재결의 절차나 형식의 위법, 내용의 위법은 위법 부당하게 인용재결을 한 경우에 해당한다'고 판시한 바 내용상 하자를 재결고유의 하자로 인정하고 있다.

3. 원처분주의하에서의 소의 대상

(1) 학설

① 제3자효 있는 행정행위에서 인용재결로 피해를 입은 자는 재결의 고유한 하자를 주장하는 것이라는 견해와(행정소송법 제19조 단서에 의한 것으로 보는 견해), ② 해당 인용재결은 형식상으로는 재결이나 실질적으로는 제3자에 대한 별도의(새로운) 처분이므로 인용재결이 최초의 처분이라는 견해가 있다(행정소송법 제19조 본문에 의한 것으로 보는 견해).

(2) 판례

판례는 '인용재결의 취소를 구하는 것은 원처분에는 없는 고유한 하자를 주장하는 셈이어서 당연히 취소소송의 대상이 된다'고 판시한 바 있다.

(3) 검토

제3자는 인용재결로 비로소 권익을 침해받게 되는 경우는 재결고유의 하자를 주장하는 것으로 볼 수 있으므로, 행정소송법 제19조 단서에 근거하여 인용재결을 대상으로 소를 제기할 수 있을 것이다.

4. 원처분주의의 위반효과(재결의 고유한 위법 없이 소를 제기한 경우)

고유한 위법 없이 소송을 제기한 경우에는 각하판결을 해야 한다는 견해(제19조 단서를 소극적 소송요건으로 보는 견해)가 있으나, 다수의 판례는 재결 자체의 위법 여부는 본안사항이므로 기각판결을 해야 한다고 본다.

Ⅲ 사안의 해결

사업시행자는 사업인정의 취소재결로 인하여 권익침해가 발생하였으며, 이러한 권익침해는 기각 또는 각하재결이 있었더라면 발생하지 않았을 것이다. 따라서 기각 또는 각하되어야 함에도 인용재결을 한 것은 재결 고유의 하자에 해당하므로 행정소송법 제19조 단서에 근거하여 자신의 권익구제를 받을 수 있을 것이다.

◢ 사례 11

19개 필지 임야는 동부지방산림청장이 관리하는 국유림으로서, 그중 1필지(강원 평창군 진부면 거문리 산25 임야 123㎡)는 국유림법상 준보전국유림이고, 나머지 18개 필지는 국유림법상 보전국유림이다.

한국철도시설공단은 '원주 – 강릉 철도건설사업(철도건설사업실시계획 고시일 2013.6.25.)'(이하 '철도사업'이라고 한다)의 시행자로서, 위 준보전국유림 1필지를 철도사업에 사용하기 위하여 동부지방산림청장과 대부계약을 체결한 후, 2012.12.10.부터 2017.11.30.경까지 대부료를 납부하고 사용하여 왔다.

한편 한국철도시설공단은 위 보전국유림 18필지를 철도사업에 사용하기 위하여, '협의가 성립되지 아니하면 토지보상법상 재결신청을 할 것임'을 전제로 동부지방산림청장에게 협의를 요청하였으나 협의가 성립되지 아니하자, 강원도토지수용위원회에게 위와 같이 대부받아 사용하고 있던 준보전국유림 1필지를 포함하여 국유림 19필지 전부에 관하여 사용재결을 신청하였다.

강원도토지수용위원회는 한국철도시설공단의 재결신청을 받아들여, 2016.10.13. '한국철도시설공단은 철도사업을 위하여 국유림을 사용하고, 손실보상금은 474,790원으로 한다. 사용의 개시일은 2016.12.6.로 하고, 사용 기간은 사용 개시일부터 시설물 존속 시까지로 한다.'는 내용의 사용재결을 하였다.

동부지방산림청장은 사용재결에 대해서 국유림은 보존가치가 크므로 철도사업에 사용되어서는 안 된다는 이유로 중앙토지수용위원회에 이의신청을 하였으나 중앙토지수용위원회는 강원도지방토지수용위원회의 내용을 그대로 유지하여 2017.4.27. 이의신청을 기각하였다.

(1) 동부지방산림청장이 이에 대하여 불복하고자 하는 경우 소송형식에 대해서 서술하시오. 15점

(2) 국유림이 공익사업의 수용 또는 사용 대상에 해당되는지 논하시오. 15점

[국유림의 경영 및 관리에 관한 법률]
제16조(국유림의 구분)
① 산림청장은 소관 국유림을 다음 각 호의 기준에 따라 보전국유림과 준보전국유림으로 구분하고 이를 관리하여야 한다.
  1. 보전국유림
    가. 산림경영임지의 확보, 임업기술개발 및 학술연구를 위하여 보존할 필요가 있는 국유림
    나. 사적(史蹟)·성지(城址)·기념물·유형문화유산 보호, 생태계보전 및 상수원보호 등 공익상 보존할 필요가 있는 국유림
    다. 그 밖에 국유림으로 보존할 필요가 있는 것으로서 대통령령으로 정하는 국유림
  2. 준보전국유림 : 보전국유림 외의 국유림
② 준보전국유림이 다음 각 호의 산림으로 지정되는 경우에는 이를 보전국유림으로 본다.

1. 「산림자원의 조성 및 관리에 관한 법률」에 따른 채종림(採種林) 및 시험림, 「산림보호법」 제7조에 따른 산림보호구역

2. 「산림문화·휴양에 관한 법률」에 의한 자연휴양림 및 「사방사업법」에 의한 사방지

③ 제1항 제1호 및 제2항에 따른 보전국유림은 「국유재산법」 제6조 제2항에 따른 행정재산으로 보고, 제1항 제2호에 따른 준보전국유림은 「국유재산법」 제6조 제3항에 따른 일반재산으로 본다.

④ 산림청장은 소관 국유림 중 보전국유림이 다음 각 호의 어느 하나에 해당하는 경우에는 농림축산식품부령으로 정하는 재구분기준에 따라 해당 국유림을 준보전국유림으로 재구분할 수 있다.

2. 「공익사업을 위한 토지 등의 취득 및 보상에 관한 법률」에 의한 공익사업에 필요한 경우로서 대통령령으로 정하는 사업에 해당하는 경우

* 대통령령으로 정하는 사업

관계법률에 의하여 허가·인가·승인·지정 등을 받아 공익을 목적으로 시행되는 철도·도로·공항·항만·공영주차장·공영차고지·화물터미널·궤도·하천·제방·댐·운하·수도·하수도·하수종말처리·폐수처리·사방·방풍·방화·방조(防潮)·방수·저수지·용배수로·석유비축 및 송유·폐기물처리·전기·전기통신·방송·가스 및 기상관측에 관한 사업

제17조(보전국유림의 처분금지)

보전국유림은 대부·매각·교환 또는 양여하거나 사권(私權)을 설정하지 못한다.

제20조(준보전국유림의 매각 및 교환)

① 산림청장은 준보전국유림이 다음 각 호의 어느 하나에 해당하는 경우에는 이를 매각 또는 교환할 수 있다. 다만, 제2호의2 및 제2호의3 본문의 경우에는 교환만 할 수 있다.

1. 「공익사업을 위한 토지 등의 취득 및 보상에 관한 법률」에 의한 공익사업 그 밖에 다른 법률의 규정에 의한 사업에 사용하게 되어 매각 또는 교환이 필요한 경우

(설문 1)의 해결

Ⅰ 쟁점의 정리

Ⅱ 원처분주의와 재결주의

　1. 원처분주의와 재결주의

　　(1) 의의

　　(2) 현행법의 태도

　2. 재결고유의 하자유형(재결이 취소소송의 대상이 되는 경우)

　3. 원처분주의의 위반효과(재결의 고유한 위법 없이 소를 제기한 경우)

　4. 기각재결과 원처분주의

Ⅲ 사안의 해결

(설문 2)의 해결

Ⅰ 쟁점의 정리

Ⅱ 공물이 수용(사용)대상인지 여부

　1. 학설

　　(1) 긍정설

　　(2) 부정설

　2. 판례

　3. 검토

Ⅲ 특별한 필요의 판단기준

　1. 비례원칙 의의 및 근거

　2. 비례원칙의 요건

Ⅳ 사안의 해결

⊕ (설문 1)의 해결

① 쟁점의 정리

동부지방산림청장이 중앙토지수용위원회의 이의재결에 대해서 불복하고자 하는 경우, 이의재결을 대상으로 소를 제기해야 하는지 강원도토지수용위원회의 사용재결에 대해서 소를 제기해야 하는지가 문제된다. 이하 원처분주의에 대해서 검토하여 사안을 해결한다.

② 원처분주의와 재결주의

1. 원처분주의와 재결주의

(1) 의의

"원처분주의"란 원처분의 위법은 원처분에 대한 항고소송에서만 주장할 수 있고, 재결에 대한 항고소송에서는 재결 자체의 고유한 하자에 대해서만 주장할 수 있는 제도를 말한다. "재결주의"는 재결만이 행정소송의 대상이 되며, 원처분의 위법사유도 아울러 주장할 수 있는 원칙을 의미한다.

(2) 현행법의 태도

현행 행정소송법 제19조는 "취소소송의 대상은 처분 등을 대상으로 한다. 다만, 재결취소소송의 경우에는 재결 자체에 고유한 위법이 있음을 이유로 하는 경우에 한한다."라고 하여 원처분주의를 채택하고 있다.

2. 재결고유의 하자유형(재결이 취소소송의 대상이 되는 경우)

재결이 취소소송의 대상이 되는 경우는 재결 자체에 고유한 위법이 있는 경우에 한하는 바, ① 주체상 하자로는 권한 없는 기관의 재결 ② 절차상 하자로는 심판절차를 준수하지 않은 경우 등 ③ 형식상 하자로는 서면으로 하지 않거나, 중요기재사항을 누락한 경우 ④ 내용상 하자의 경우 견해 대립이 있으나 판례는 '내용의 위법은 위법 부당하게 인용재결을 한 경우에 해당한다'고 판시하여 내용상 하자를 재결고유의 하자로 인정하고 있다.

3. 원처분주의의 위반효과(재결의 고유한 위법 없이 소를 제기한 경우)

고유한 위법 없이 소송을 제기한 경우에는 각하판결을 해야 한다는 견해(제19조 단서를 소극적 소송요건으로 보는 견해)가 있으나, 다수·판례는 재결 자체의 위법 여부는 본안사항이므로 기각판결을 해야 한다고 본다.

4. 기각재결과 원처분주의

① 원처분을 유지한 것은 원처분의 하자와 동일한 하자를 주장하는 것이므로 원칙상 부정된다. 판례도 원처분과 동일한 이유로 원처분을 유지한 경우에는 고유한 하자가 존재하지 않는다고 판시한 바 있다. 따라서 이 경우에는 원처분이 소의 대상이 된다. ② 단, 원처분과 다른 사유인 경우는 고유한 하자로 볼 수 있으며 이 경우에는 재결소송의 대상이 된다. 기각재결이 재결에 고유한 하자로 인하여 취소된 경우에 행정심판 기관은 다시 재결을 하여야 한다.

Ⅲ 사안의 해결

중앙토지수용위원회는 강원도토지수용위원회의 사용재결을 그대로 인용하였기에 이는 재결고유의 하자로 볼 수 없다. 따라서 강원도토지수용위원회의 사용재결을 대상으로 취소소송 또는 무효등확인소송을 제기해야 할 것이다.

⊕ (설문 2)의 해결

Ⅰ 쟁점의 정리

보전국유림 및 준보전국유림은 국유재산으로서 이미 공익목적에 제공되고 있는 공물로서, 철도사업의 시행을 위하여 수용 또는 사용의 대상이 될 수 있는지가 문제된다. 토지보상법 제19조 제2항에서는 특별한 필요가 있는 경우에는 수용할 수 있다고 규정하고 있는바, 이하 검토한다.

Ⅱ 공물이 수용(사용)대상인지 여부

1. 학설

(1) 긍정설

공물을 사용하고 있는 기존의 사업의 공익성보다 해당 공물을 수용하고자 하는 사업의 공익성이 큰 경우에 해당 공물에 대한 수용이 가능해지며, '공익사업에 수용되거나 사용되고 있는 토지 등'에는 공물도 포함된다고 한다.

(2) 부정설

공물은 이미 공적 목적에 제공되고 있기 때문에, 먼저 공용폐지가 되지 않는 한 수용의 대상이 될 수 없다고 한다. 또한 토지보상법 제19조 제2항에서 말하는 특별한 경우란 명문의 규정이 있는 경우라고 한다.

2. 판례

① (구)토지보상법 제5조의 제한 이외의 토지에 관하여는 아무런 제한을 하지 않으므로 지방문화
재로 지정된 토지와 관련하여 수용의 대상이 된다고 판시한 바 있다(대판 1996.4.26, 95누13241).
② 공익사업의 시행자가 국유림을 철도사업 등 토지보상법에 의한 공익사업에 사용할 필요가 있는
경우에도, 국유림법에서 정하는 절차와 방법에 따라 소유권이나 사용권을 취득하려는 조치를
우선적으로 취하지 아니한 채, 토지보상법에 따른 재결을 통해 국유림의 소유권이나 사용권을
취득할 수 없다.

3. 검토

공물의 수용가능성을 일률적으로 부정하는 것은 실정법 제19조 제2항의 해석상 타당하지 않으므로
공물이라 하더라도 '특별한 필요시'가 인정되는 경우에는 수용이 가능하다고 하여야 할 것이다. 실
무상 용도폐지 선행 후 협의계약에 의한 소유권 이전이 행해지고 있다.

Ⅲ 특별한 필요의 판단기준

1. 비례원칙 의의 및 근거

비례의 원칙이란 행정작용에 있어서 행정목적과 행정수단 사이에는 합리적인 비례관계가 있어야
한다는 원칙을 말한다. 헌법 제37조 제2항 및 법치국가원칙으로부터 도출되는 법원칙이므로 헌법
적 효력을 가지며, 이에 반하는 행정권 행사는 위법하다.

2. 비례원칙의 요건

① 적합성의 원칙이란 행정은 추구하는 행정목적의 달성에 적합한 수단을 선택하여야 한다는 원칙
을 말한다. ② 필요성의 원칙이란 적합한 수단이 여러 가지인 경우에 국민의 권리를 최소한으로
침해하는 수단을 선택하여야 한다는 원칙을 말한다. ③ 협의의 비례원칙이란 행정조치를 취함에
따른 불이익이 그것에 의해 달성되는 이익보다 심히 큰 경우에는 그 행정조치를 취해서는 안 된다
는 원칙을 말하며, 각 원칙은 단계구조를 이룬다.

Ⅳ 사안의 해결

철도사업의 공익이 국유림의 보전목적보다 큰 경우에는 국유재산도 수용 또는 사용의 대상이 될
수 있다고 볼 것이다. 이 경우 관계 법령에서 규정하고 있는 절차가 있다면 그러한 절차를 거쳐
수용 또는 사용함이 합당하다 할 것이므로 보전국유림은 준보전국유림으로 전환하여 매각하는 절
차를 취하여야 할 것이다.

✏️ **대판 2018.11.29, 2018두51904[토지사용이의재결처분취소]**

[판시사항]

공익사업의 시행자가 구 국유림의 경영 및 관리에 관한 법률이 정한 요존국유림을 철도사업 등 공익사업을 위한 토지 등의 취득 및 보상에 관한 법률에 의한 공익사업에 사용할 필요가 있는 경우, 구 국유림의 경영 및 관리에 관한 법률에서 정하는 절차와 방법에 따르지 아니한 채, 공익사업을 위한 토지 등의 취득 및 보상에 관한 법률에 따른 재결을 통해 요존국유림의 소유권이나 사용권을 취득할 수 있는지 여부(소극) / 불요존국유림(부요존국유림)의 경우, 구 국유림의 경영 및 관리에 관한 법률에서 정하는 절차와 방법에 따라 소유권이나 사용권을 취득하려는 조치를 우선적으로 취하지 아니한 채, 공익사업을 위한 토지 등의 취득 및 보상에 관한 법률에 따른 재결을 통해 불요존국유림의 소유권이나 사용권을 취득할 수 있는지 여부(소극)

[판결요지]

구 국유림의 경영 및 관리에 관한 법률(2016.12.2. 법률 제14357호로 개정되기 전의 것, 이하 '국유림법'이라 한다) 제16조 제1항, 제3항, 제4항 제2호, 제17조, 제20조 제1항 제1호, 제2항, 제21조 제1항 제1호, 제2호, 국유림의 경영 및 관리에 관한 법률 시행령 제11조 제2항 제2호, 제18조 제1항 제1호의 내용과 체계 및 취지 등을 종합하면, 공익사업의 시행자가 요존국유림을 철도사업 등 공익사업을 위한 토지 등의 취득 및 보상에 관한 법률(이하 '토지보상법'이라 한다)에 의한 공익사업에 사용할 필요가 있는 경우에 국유림법에서 정하는 절차와 방법에 따르지 아니한 채, 토지보상법에 따른 재결을 통해 요존국유림의 소유권이나 사용권을 취득할 수 없다.

나아가 공익사업의 시행자가 불요존국유림을 철도사업 등 토지보상법에 의한 공익사업에 사용할 필요가 있는 경우에도, 국유림법에서 정하는 절차와 방법에 따라 소유권이나 사용권을 취득하려는 조치를 우선적으로 취하지 아니한 채, 토지보상법에 따른 재결을 통해 불요존국유림의 소유권이나 사용권을 취득할 수 없다.

사업인정과 공공성 등

▶ 사례 12

공익사업을 위한 토지 등의 취득 및 보상에 관한 법률상 사업인정과 공공성의 관계에 대해서 논술하시오. [30절]

① 서론

공익사업의 시행에 필요한 용지 등을 사법상의 방법으로 취득할 수 없는 경우에는 토지보상법에 의한 공용수용의 방법에 의하여 강제로 취득하여야 한다. 이와 같은 강제취득절차는 사업인정으로부터 시작된다. 사업인정을 하기 위해서는 해당 사업이 수용, 사용할 만한 공공성을 반드시 갖추어야 하며, 사업인정 후라도 공공성이 상실된 경우에는 사업인정의 효력이 상실되며, 공공성을 갖추지 못한 사업인정은 위법한 사업인정으로서 그에 불복하여 다툴 수 있게 되는 등 사업인정과 공공성은 밀접한 관련성을 가지고 있다.

이하에서는 사업인정과 공공성에 대하여 설명하고, 상기한 바와 같은 측면에서 양자의 관계를 고찰하기로 한다.

Ⅱ 토지보상법상 사업인정에 대한 개관

1. 의의

사업인정이라 함은 국토교통부장관이 토지를 수용하고자 하는 사업이 토지보상법 제4조에 열거되어 있는 공익사업에 해당됨을 인정하여 토지를 수용할 수 있는 권능을 부여하는 행정행위를 말한다.

2. 법적 성질

(1) 확인행위설

확인행위설은 사업인정이란 해당 사업이 토지를 수용할 수 있는 공익사업에 해당하는지 여부를 판단하고 확인하는 국가의 확인행위라는 견해이다. 이에 따르면 수용권은 재결에 의해서 비로소 직접 발생하는 것으로 이해한다. 국가의 확인행위는 권리의 설정행위가 아니며 사업시행자는 토지보상법상 제반 권리를 행사할 법적인 지위를 가지게 되나 이는 사업인정의 효과가 아니라 법규에 의해서 직접 발생하는 효과로 이해한다.

사업인정은 특정 사업이 일정한 요건을 갖추고 있는지의 여부를 형식적으로 판단하는 것이므로 기속행위로 이해한다. 왜냐하면 해당 사업을 위해 수용권을 허용할 공익상 필요가 있는지 판단할 수 없기 때문이다. 해당 사업이 토지보상법상 공익사업의 요건을 갖추고 있음에도 건설교통부장관이 사업인정을 거부하는 경우에는 기속위반으로 위법한 거부처분이 된다.

(2) 형성행위설

형성행위설은 사업인정이란 해당 사업이 공익사업에 해당하는지 여부를 판단하고 확인하는 데 그치지 아니하고 적극적으로 사업시행자에게 일정한 절차를 거칠 것을 조건으로 수용권을 설정하는 형성행위라는 견해이다.

이에 따르면 사업인정을 통해서 사업시행자에게 수용권이 설정되는 것으로 이해한다.

사업인정은 해당 사업이 공익사업에 해당하며, 또한 사업시행자에게 수용권을 부여해도 될 만한 공공성이 있는 여부를 공사익 이익형량에 의해서 판단하는 행위이므로, 재량행위로 이해한다. 따라서 공사익 이익형량 결과 공공성이 없다고 판단되면 사업인정을 하지 아니할 수도 있다.

(3) 판례 및 검토

형성행위설이 통설 및 판례의 입장이며, 타당하다고 본다.

3. 요건 및 효과

사업시행자가 사업인정을 신청하며, 사업인정권자는 국토교통부장관이다. 국토교통부장관은 관계중앙행정기관의 장 및 시, 도지사와 협의하고 중앙토지수용위원회 및 이해관계인의 의견을 듣는 절차를 거쳐 공사익 이익형량을 하여 공공성이 있는 경우에 사업인정을 하여야 한다.

사업인정고시가 있으면 수용, 사용할 목적물의 범위가 확정되고, 토지소유자 및 관계인의 범위가 확정된다. 또 토지소유자 및 관계인뿐만 아니라 누구든지 고시된 토지에 대하여 사업에 지장을 초래할 우려가 있는 형질의 변경을 할 수 없게 된다.

Ⅲ 공공성의 개관

1. 의의

사업인정을 하기 위해서는 해당 사업이 공익사업에 해당되어야 하는데, 공공성이란 추상적이고 불확정 개념이며 시대와 장소에 따라 그 내용을 달리한다. 종래에는 해당 사업이 순수한 영리목적을 위한 경우, 한정된 특정인의 이익을 위한 경우, 사업주체가 해당 토지를 직접 자기목적을 위해 쓰지 아니하는 경우 등은 공공성이 없는 것으로 보았다.

그러나 최근에는 사업시행자가 사인이 되는 아파트건설 등에도 공공성이 인정되고, 토지를 정비조성한 후 그 토지 소유권을 제3자에게 양도하여 종국적으로는 자기목적에 쓰지 아니하는 사업에 대해서도 공공성을 인정하고 있다. 이러한 공공성 개념 확대는 복리국가주의 이념에 따라 행정의 역할이 질적, 양적으로 증대됨에 따른 현상으로 불가피한 것이다.

2. 공공성의 판단기준

(1) 개설

토지보상법 제4조에 공익사업을 열거하고 있으나, 이는 일반적인 기준에 불과하고 공공성의 유무는 개별적, 구체적인 여건을 고려하여 판단하여야 한다. 이때 해당 사업의 공익성만이 강조되어서는 아니 되며, 해당 사업을 통해서 침해받는 사익 및 공익을 함께 고려하여야 하며 이것은 적합성, 필요성, 상당성 원칙으로 구성되는 광의의 비례원칙으로 판단할 수 있다. 이들 원칙이 모두 충족되어야 하며 어느 하나라도 충족되지 않을 경우에는 해당 사업은 공공성이 인정될 수 없는 것이다.

(2) 적합성 원칙

적합성의 원칙이란 행정목적 달성을 위해서 선택된 수단이 그 목적을 달성할 수 있는 객관적인 관계에 있어야 한다는 원칙이다. 또한 적합하다고 해도 보다 더 적합한 수단이 존재하면 이 요건은 충족되지 않은 것이다.

(3) 필요성 원칙

필요성의 원칙이란 행정목적 달성을 위해 선택 가능한 많은 수단들 중에서 당사자의 자유와 권리를 최소한으로 침해하는 수단을 선택하여야 한다는 원칙이다.

(4) 상당성 원칙

상당성의 원칙이란 적합성과 필요성이 인정된 경우라도 선택한 수단으로 인하여 침해되는 사익과 달성하고자 하는 공익 사이에 합리적인 비례관계가 있어야 한다는 원칙이다.

Ⓘ 사업인정과 공공성의 관계

1. 사업인정의 성립요건으로서의 공공성

(1) 개설

사업인정을 하기 위해서는 해당 사업이 토지보상법에서 정한 공익사업으로서 사업시행자에게 수용권을 인정하여 줄 만한 공공성이 있어야만 한다. 공공성이 있는지 여부는 개별, 구체적으로 광의의 비례원칙에 의거하여 판단하여야 한다.

(2) 적합성의 원칙

수용목적물이 해당 사업의 목적달성을 위해서 적합하여야 한다. 즉, 적합하지도 않은 물건을 수용목적물에 포함시킨 경우에도 사업인정을 하였다면 이는 적합성의 원칙 위반으로서 위법한 사업인정이 된다.

(3) 필요성의 원칙

해당 사업의 목적달성을 위해서 반드시 수용이라는 강제적 공권력의 발동이 필요하여야 한다. 수용보다 국민에게 침해의 정도가 적은 방법으로도 목적달성이 가능하다면 수용할 수 없기 때문이다. 또한 필요 한도 이상의 목적물을 수용목적물에 포함시키는 것도 필요성의 원칙에 반하여 위법하게 된다.

(4) 상당성의 원칙

해당 사업을 통해서 달성되는 공익과 그로 인하여 침해되는 사익을 이익형량하여 합리적인 비례관계가 있어야 한다. 해당 사업으로 얻게 되는 공익보다 침해되는 사익이 크다면 상당성 원칙에 반하여 위법하게 된다. 상당성 원칙의 판단에 있어서는 피수용자의 재산권이 어떤 목적에 사용되고 있는가 하는 점을 고려하여야 한다. 즉, 대상토지가 피수용자의 생계목적에 제공되고 있으면 그만큼 침해되는 사익이 큰 것으로 평가되어야 한다.

2. 사업인정 효력이 유지되기 위한 요건으로서의 공공성

(1) 개설

사업인정의 판단단계에서 인정된 공공성은 사업인정의 효력이 지속되는 한 공공성도 역시 지속적으로 존재하여야 한다. 해당 사업이 사업인정을 받은 이후에 공공성이 상실되었다면 그 사업인정의 효력 또한 상실되어야 한다.

토지보상법상 사업의 폐지 및 변경으로 인한 사업인정고시의 효력상실제도는 이처럼 해당 사업의 공공성 확보를 위한 수단으로서 기능한다.

(2) 사업의 폐지 및 변경제도

1) 의의

사업인정고시가 있은 후에 공익사업의 폐지 또는 변경 등으로 인하여 토지를 수용, 사용할 필요가 없게 된 경우에 시·도지사는 사업시행자의 신청 또는 직권으로 이를 고시하여야 한다. 그 고시된 내용에 따라 사업인정의 전부 또는 일부는 효력을 상실한다.

2) 법적 성질

사업의 전부 또는 일부의 폐지 변경은 성립 당시 하자가 없었으나 새로운 사유의 발생을 이유로 한다는 점, 장래에 대하여만 효력을 발생한다는 점 등을 고려할 때 학문상 철회라고 할 것이다. 다만 행정행위는 외부에 표시되어야 효력이 발생하는바, 철회의 의사표시는 사업시행자가 하지만 그의 표시는 폐지 변경의 고시를 통하여 시·도지사가 하게 된다. 변경고시로 인하여 새롭게 사업지역에 편입되는 지역이 있을 수 있을 것이다. 이 경우에 새롭게 편입되는 지역에 관한 변경고시는 새로운 사업인정행위의 성질을 갖게 된다고 할 것이다.

3) 폐지 변경으로 인한 손실보상

사업시행자는 사업의 전부 또는 일부를 폐지 변경함으로 인하여 토지소유자 또는 관계인이 입은 손실을 보상하여야 한다. 사업의 폐지 변경이 있는 경우에는 토지소유자 또는 관계인은 계획보장청구권을 행사할 수 있는지의 문제가 논란이 된다. 그러나 행정계획에 대한 존속보장은 인정되지 않는다고 보는 것이 일반적이다. 따라서 계획의 보장을 인정할 수는 없지만, 토지소유자 또는 관계인의 신뢰보호에 기초하여 손실보상청구권을 인정하고 있는 것으로 볼 수 있다.

3. 사업인정 불복요건으로서의 공공성

사업인정이 공공성을 갖추지 못한 경우에는 해당 사업인정은 비례원칙 위반으로서 위법한 사업인정이다. 그 위법이 사업인정의 효력에 미치는 효과는 통설, 판례의 입장인 중대명백설에 의거하여 판단할 수 있다.

행정법의 일반법원칙으로서 비례원칙을 위반한 것은 중대한 법규위반으로 볼 수 있으나, 공공성의 판단결과를 일반인의 시각으로 보아 명백하다고 할 수 없으므로 취소사유로 판단할 수 있다.

사업인정은 건설교통부장관의 일방적인 의사표시로서 국민에게 개별, 구체적으로 직접적인 법효과를 미치는 행정작용이므로 행정쟁송법상 처분에 해당한다. 따라서 토지보상법상 사업인정에 대한 불복규정이 따로 없음에도 불구하고 행정심판법 제3조 및 행정소송법 제8조에 의거하여 행정심판 및 행정소송을 제기하여 다툴 수 있다.

공공성이 없는 사업인정은 비례원칙 위반으로 위법하며 그 정도는 취소사유로 판단되므로 국민은 사업인정의 취소를 구하는 심판을 청구하거나 사업인정의 취소를 구하는 항고소송을 제기하여 사업인정에 불복하여 다툴 수 있다.

Ⅴ 결론

사업인정은 공용수용을 위한 첫 번째 단계로서 공공성 여부를 판단하고, 공공성을 지속적으로 유지하는 수단으로서 기능한다. 결국 양자의 관계 속에서 공익을 위한 사익의 침해를 인정하되, 필요최소한도의 침해가 되도록 하여 국민의 기본권보장 이념을 살펴볼 수 있다.

다만, 사업인정 과정에서 이익형량을 보다 충실히 할 수 있도록 국민의 참여절차가 보다 확대될 필요가 있고, 각종 개별법에 의한 사업인정의제는 문제점으로 지적될 수 있다.

사례 13

'공익사업을 위한 토지 등의 취득 및 보상에 관한 법률'에서는 토지취득 절차로서 임의취득과 강제취득 절차를 규정하고 있다. 이와 관련하여 사업인정 전 협의취득절차에 대해서 설명하시오. 20점

Ⅰ 서설	Ⅴ 협의와 계약체결
Ⅱ 토지·물건조서의 작성(제14조)	1. 의의 및 필수적 절차인지 여부
1. 의의 및 취지	2. 법적 성질
2. 작성절차	(1) 공법상 계약설
Ⅲ 보상계획의 공고 및 열람(제15조)	(2) 사법상 계약설
1. 보상계획의 공고 및 통지	(3) 판례
2. 보상계획 열람 및 조서에 대한 이의제기	(4) 검토
Ⅳ 보상액산정	3. 협의절차
1. 감정평가법인등 선정	(1) 토지·물건조서 작성
(1) 사업시행자 의뢰	(2) 보상계획의 공고·열람 등
(2) 토지소유자 추천	(3) 협의 및 계약의 체결
2. 재평가	Ⅵ 협의의 효과
(1) 해당 감정평가법인등에 의뢰하는 경우	Ⅶ 권리구제
(2) 다른 감정평가법인등에 의뢰하는 경우	Ⅷ 관련문제 : 협의취득과 정당보상
3. 보상액 결정	

Ⅰ 서설

사업인정 전 협의 취득 절차는 수용당사자간의 의사를 존중하여 최소침해 원칙을 실현하고자 함에 제도적 취지가 인정된다.

Ⅱ 토지·물건조서의 작성[제14조]

1. 의의 및 취지

조서의 작성이란 취득 목적의 토지 및 물건의 내용을 작성하는 것으로서, ① 당사자 간 분쟁을 방지하고, ② 협의절차의 신속한 진행을 도모한다.

2. 작성절차

① 대상 토지를 표시한 용지도를 작성하고, ② 소유자 및 관계인의 서명날인을 받아야 한다. ③ 소유자 및 관계인이 서명날인을 거부하거나, 알 수 없으면 그 사유를 기재해야 한다.

사업인정 전 협의취득의 경우에도 보상의 대상을 명확히 하고자 토지·물건조서 작성시 사업시행자가 서명날인하고 토지소유자와 관계인의 확인을 위하여 서명날인하도록 하였으며, 서면의 거부 또는 불능시에는 해당 조서에 기재하도록 하여 최종적으로 수용재결에서 다툴 수 있도록 하였다. 이에 종전 입회공무원의 날인제도를 폐지하여 절차의 단순화를 도모하였다.

Ⅲ 보상계획의 공고 및 열람(제15조)

1. 보상계획의 공고 및 통지

① 사업개요, 조서내용, 보상시기, 방법, 절차 등을 기재한 보상계획을 전국보급지역 일간신문에 공고하고 소유자 관계인에게 통지해야 한다. ② 단, 소유자 및 관계인이 20인 이하인 경우에는 공고를 생략할 수 있다.

2. 보상계획의 열람 및 조서에 대한 이의제기

14일 이상 열람할 수 있도록 하고 열람기간 내에 이의가 있는 자는 사업시행자에게 서면으로 이의를 제기할 수 있다.

Ⅳ 보상액산정

1. 감정평가법인등 선정

(1) 사업시행자 의뢰

사업시행자는 토지 등에 대한 보상액을 산정하려는 경우에는 감정평가법인등 3인(시·도지사와 토지소유자가 모두 감정평가법인등을 추천하지 아니하거나 시·도지사 또는 토지소유자 어느 한쪽이 감정평가법인등을 추천하지 아니하는 경우에는 2인)을 선정하여 토지 등의 평가를 의뢰하여야 한다. 다만, 사업시행자가 국토교통부령으로 정하는 기준에 따라 직접 보상액을 산정할 수 있을 때에는 그러하지 아니하다.

(2) 토지소유자 추천

토지면적의 1/2 이상, 토지소유자 과반수의 동의가 있는 경우에는 보상계획공고 열람기간 만료일 30일 이내에 감정평가법인등 1인을 추천할 수 있다.

2. 재평가

(1) 해당 감정평가법인등에게 의뢰하는 경우

관계법령에 위반하여 평가한 경우와 부당평가의 경우는 해당 업자에게 재평가를 의뢰한다.

(2) 다른 감정평가법인등에게 의뢰하는 경우

① 해당 업자에게 요구할 수 없는 특별한 사유가 있는 경우, ② 평가액의 최고·최저액이 1.1배 이상 차이가 나는 경우(지장물의 경우는 소유자별 합계액의 비교), 이 경우에는 국토교통부장관에게 통지해야 하고 국토교통부장관은 조사해야 한다. ③ 평가 후 1년 이내에 계약체결이 안 되는 경우에는 다른 업자에게 재평가를 의뢰해야 한다.

3. 보상액 결정

산술평균으로 결정한다. 종전에는 재평가액이 원평가액보다 낮아진 경우에는 종전평가액을 적용하였으나, 현재는 낮아진 경우에도 재평가액을 적용한다.

Ⅴ 협의와 계약체결

1. 의의 및 필수적 절차인지 여부

목적물 권리에 관한 쌍방의 의사의 합치이며 임의적 절차이다.

2. 법적 성질(적용법규 및 쟁송형태가 달라진다)

(1) 공법상 계약설

협의 불성립 시 차후에 수용절차가 예정되고 수용에 의한 취득과 동일한 효과가 발생하므로 공법상 계약이라고 본다.

(2) 사법상 계약설

당사자의 협의에 의하므로 사법상 매매와 다를 바 없으므로 사법상 계약이라고 본다.

(3) 판례

판례는 협의취득은 협의에 의하여 사업시행자가 토지 등을 취득하는 것으로서 그 법적 성질의 지급행위는 토지 등의 권리이전에 대한 반대급여의 교부행위에 지나지 아니하므로 그 역시 사법상의 행위라고 볼 수밖에 없다고 판시한 바 있다.

(4) 검토

협의의 원인인 공익사업의 성격상 공법적 성격을 부인할 수는 없으나 매매액, 시기 등이 당사자의 의사합치로 결정되므로 대등한 사경제지위에서 행하는 사법상 계약으로 본다(공권으로 보아도 무방하다).

3. 협의절차

(1) 토지·물건조서 작성

사업시행자는 공익사업의 수행을 위하여 사업인정 전에 협의에 의한 토지 등의 취득 또는 사용이 필요한 때에는 토지조서와 물건조서를 작성하여 서명 또는 날인을 하고 토지소유자와 관계인의 서명 또는 날인을 받아야 한다(제14조).

(2) 보상계획의 공고 · 열람 등

열람 후 토지조서 및 물건조서의 내용에 대하여 이의가 있는 토지소유자 또는 관계인은 사업시행자에게 서면으로 이의를 제기할 수 있다(제15조 제3항). 사업시행자는 해당 토지조서 및 물건조서에 제기된 이의를 부기하고 그 이의가 이유 있다고 인정할 때에는 적절한 조치를 하여야 한다(제15조 제4항).

(3) 협의 및 계약의 체결

사업시행자는 토지 등에 대한 보상에 관하여 30일 이상의 협의 기간을 두고(영 제8조), 토지소유자 및 관계인과 성실하게 협의하여야 한다(제16조). 사업시행자는 협의가 성립된 경우 토지소유자 및 관계인과 계약을 체결하여야 한다(제17조).

Ⅵ 협의의 효과

협의에 의하여 계약이 체결되면 사업시행자는 토지소유자 및 관계인에게 보상금을 지급하고 공익사업에 필요한 토지 등을 취득하게 된다. 이 경우의 취득은 승계취득으로서 등기를 요하게 된다. 또한 토지소유자는 협의취득일 이후 일정한 요건이 충족되면 환매권을 행사하여 토지소유권을 회복할 수 있다.

Ⅶ 권리구제

공익사업용 토지의 협의성립 또는 계약체결에 동기의 착오가 있다면, 중요부분의 착오에 해당함을 이유로 법률행위를 취소할 수 있다. 이 경우, 그 동기를 해당 의사표시의 내용으로 삼을 것을 상대방에게 표시하고, 의사표시의 해석상 법률행위의 내용으로 되어 있다고 인정되면 충분하고, 당사자들 사이에 별도로 그 동기를 의사표시의 내용으로 삼기로 하는 합의까지 이루어질 필요는 없지만, 일반인의 입장에서 그와 같은 의사표시를 하지 아니하였으리라고 여겨질 정도로 그 착오가 중요한 부분에 관한 것이어야 할 것이다.

> 감정평가기관의 용도지역 인정의 착오로 정당한 가격보다 과다하게 감정평가된 금액을 기준으로 협의매수한 사업시행자는 계약내용의 중요부분에 관한 착오를 이유로 공익사업용지의 매수계약을 취소할 수 있다(대판 1998.2.10, 97다44737).

Ⅷ 관련문제 : 협의취득과 정당보상

대법원은 사법상 매매인 바 손실보상기준에 의하지 않은 매매대금을 정할 수 있다고 한다. 그러나 토지보상법 제1조는 재산권의 적정한 보호를 도모함을 목적으로 하는 바 협의취득에도 정당보상이 이루어져야 한다고 본다.

사례 14

평택시는 미군부대 이전과 관련하여 기존에 있던 미군부대의 기지를 확장할 목적으로 기지 근처의 토지가 필요하게 되었다. 적합한 토지를 군 당국과 협의하여 물색하던 중 甲 등 수백여 세대가 살고 있는 지역을 최종 선정하였다. 그 후에 사업인정을 신청하여 국토교통부로부터 사업인정을 받았다. 그리고 甲 등과 손실보상에 대한 협의를 여러 차례 진행하여 공시지가보다 더 높은 평당 가격의 보상금을 지급하기로 합의하였다. 甲을 비롯한 수백여 세대가 모두 협의에 찬성하여 별다른 이의제기 없이 서명날인하여 협의가 종결되었다. 그런데 얼마 후 평택시가 협의에 따른 손실보상금을 지급하려고 하자 甲 등 일부 주민들이 보상항목에 착오가 있었으므로 다시금 협의를 하여야 한다고 주장하였다. 甲의 권리구제를 설명하시오. 20점

Ⅰ 쟁점의 정리	Ⅲ 협의에 대한 불복수단과 민법상 착오규정의 유추적용 여부
Ⅱ 사업인정 후 협의의 법적 성질	1. 협의에 대한 불복수단(공법상 당사자소송)
1. 사업인정 후 협의의 의의 및 취지	2. 공법규정 흠결 시 사법규정의 유추적용문제
2. 필수적 절차인지	(1) 문제점
3. 법적 성질	(2) 사법규정의 적용가능 여부
(1) 문제점	(3) 하자의 유형
(2) 견해의 대립	1) 무효사유 한정설(내용상 하자)
(3) 판례의 태도	2) 최소사유 포함설(의사표시상 하자)
(4) 검토	(4) 검토
	Ⅳ 사안의 해결

Ⅰ 쟁점의 정리

설문은 평택시가 갑 등의 주민들과 손실보상에 대한 보상금 협의를 하였으나, 갑 등 일부주민들이 보상항목에 착오가 있었음을 이유로 다시 협의해야 한다고 주장하고 있다. 설문의 해결을 위하여 협의의 법적 성질이 공법상 계약인지와, 공법상 계약이라면 착오를 이유로 취소할 수 있는지를 검토한다.

Ⅱ 사업인정 후 협의의 법적 성질

1. 사업인정 후 협의의 의의 및 취지

사업인정 후 협의란 사업인정 후 토지 등의 권리취득 등에 대한 양당사자의 의사의 합치로서 ① 최소침해요청과 ② 사업의 원활한 진행, ③ 피수용자의 의견존중에 취지가 있다.

2. 필수적 절차인지

사업인정 전·후 절차중복을 피하기 위해서 토지보상법 제26조 제2항에서는 사업인정 전 협의를 거치고 조서변동이 없을 시에 생략할 수 있다고 규정하고 있다.

3. 법적 성질

(1) 문제점

소송형태, 적용법규, 대집행가부와 관련(사법상 권리 시는 공법상 의무가 아니다)하여 논의의 실익이 있다.

(2) 견해의 대립

① 사업인정 후 협의는 공공기관이 사경제주체로 행하는 사법상 계약의 실질을 가지므로 사법상 법률관계라고 하는 사권설과, ② 사업인정 후 협의는 사업시행자가 수용권주체로서 행하는 공법상 계약이므로 공법상 법률관계라고 하는 공권설이 있다.

(3) 판례의 태도

판례는 "협의성립의 확인이 없는 이상, 그 취득행위는 어디까지나 사경제 주체로서 행하는 사업상의 취득"이라고 하여 사법상 계약으로 보고 있다.

(4) 검토

사업인정 후 협의는 목적물을 취득하여 사업의 진행을 도모하기 위한 것이므로, 이는 공용수용의 공법상 목적을 달성시키기 위한 절차로 볼 수 있다. 따라서 공법상 법률관계로 보는 것이 타당하다.

Ⅲ 협의에 대한 불복수단과 민법상 착오규정의 유추적용 여부

1. 협의에 대한 불복수단(공법상 당사자소송)

사업인정 후 협의는 공법상 계약의 성질을 가지므로 공법상 당사자소송을 통해서 권리구제를 도모할 수 있을 것이다. 다만 판례의 태도에 따르면 민사소송을 통해서 권리구제를 도모할 것이다.

2. 공법규정 흠결 시 사법규정의 유추적용문제

(1) 문제점

협의 내용에 착오나 의사표시에 관한 하자가 있는 경우 이를 공법상 계약의 하자로 적용할 수 있는지가 문제된다. 즉, 공법상 계약관계에는 착오에 관한 하자의 내용이 없는 바 민법규정을 유추적용할 수 있는지가 문제된다.

(2) 사법규정의 적용가능 여부

통설은 공법관계의 성질과 유추적용되는 사법규정의 성질을 고려하여 적용할 수 있다고 보나, 공공적 특성 때문에 일정한 제한을 받는다고 한다.

(3) 하자의 유형

1) 무효사유 한정설(내용상 하자)

공법상 계약은 처분이 아니므로 공정력이 인정되지 않는다. 따라서 무효의 하자유형만 인정된다고 본다.

2) 최소사유 포함설(의사표시상 하자)

공법상 계약도 대등당사자의 의사의 합치에 의하여 성립하므로 의사표시의 착오와 같은 취소사유도 인정된다고 본다.

(4) 검토

공법상 계약도 대등당사자의 의사의 합치에 의한 것이므로 착오에 의한 의사표시의 하자를 부정할 이유는 없는 것으로 보인다. 따라서 중요부분 착오가 있는 경우에는 취소할 수 있을 것이다. 단 중과실이 있는 경우에는 취소할 수 없다.

Ⅳ 사안의 해결

평택시와 갑 등의 보상금에 대한 합의는 공법상 계약이므로 민법상의 의사표시의 흠결에 대한 규정을 유추적용할 수 있을 것이며, 갑은 당사자소송을 통해서 중대한 동기상의 착오를 이유로 계약을 취소할 수 있을 것이다.

◢ 사례 **15**

사업인정의 절차를 설명하시오. 10점

Ⅰ 개설[의의 및 취지]

사업인정이란 공익사업을 토지 등을 수용 또는 사용할 사업으로 결정하는 것을 말하며(제2조 제7호), ① 사업 전의 공익성 판단, ② 사전적 권리구제(의견청취, 절차참여), ③ 수용행정의 적정화, ④ 피수용자의 권리보호에 취지가 있다.

Ⅱ 사업인정의 절차

1. 일반적인 경우

사업시행자가 국토교통부장관에게 사업인정을 신청하면 국토교통부장관은 관계기관 및 시·도지사 및 중앙토지수용위원회와 협의를 하고 이해관계인의 의견을 청취해야 한다. 사업인정을 하는 경우에는 지체 없이 그 뜻을 사업시행자, 토지소유자 및 관계인, 관계 시·도지사에게 통지하고 관보에 고시하여야 한다.

2. 의제사업의 경우

사업인정이 있는 것으로 의제되는 공익사업의 허가·인가·승인권자 등은 사업인정이 의제되는 지구지정·사업계획승인 등을 하려는 경우 중앙토지수용위원회와 협의하여야 하며, 사업인정에 이해관계가 있는 자의 의견을 들어야 한다.

3. 토지수용위원회의 협의

중앙토지수용위원회는 협의를 요청받은 경우 30일 이내에 사업인정에 이해관계가 있는 자에 대한 의견 수렴 절차 이행 여부, 허가·인가·승인대상 사업의 공공성, 수용의 필요성 및 사업수행능력 여부 등을 검토하여 의견을 제시해야 한다(30일 범위 내에서 연장 가능). 동 기간 내에 의견을 제시하지 아니하는 경우에는 협의가 완료된 것으로 본다.

4. 협의의 법적 성질

(1) 관계 중앙행정기관 장 등과의 협의의 경우

관계 중앙행정기관 장 등과의 협의를 하라고 규정한 의미는, 사업인정과 관련된 공공성 판단을 위한 자료 수집 등 해당 사업의 시행에 필요한 자문을 구하라는 것이지 그 의견에 따라 처분을 하라는 의미는 아니므로 이는 자문의 성질을 갖는다고 볼 것이다(대판 2000.10.13, 99두653; 대판 2006.6.30, 2005두14363).

(2) 중앙토지수용위원회의 협의의 경우

토지수용위원회는 해당 사업의 공공성, 수용의 필요성 및 사업시행자의 수행능력 등을 종합·검토하여 의견을 제시해야 하므로 이는 동의(승인)의 법적 성질을 갖는다고 볼 것이다.

5. 형식

행정절차법에 따라 서면으로 사업시행자, 토지소유자 및 관계인, 관계 시·도지사에게 통지하고 사업시행자의 성명이나 명칭, 사업의 종류, 사업지역 및 수용하거나 사용할 토지의 세목을 관보에 고시한다.

🔷 **사례 16**

사업인정의 절차에 대해서 설명하시오. 〔20점〕

Ⅰ 사업인정의 의의 및 법적 성질

사업인정이란 공익사업을 토지 등을 수용 또는 사용할 사업으로 결정하는 것을 말하며(토지보상법 제2조 제7호), 국토교통부장관이 토지보상법 제20조에 따라서 사업인정을 함으로써 수용권이 설정되므로 이는 국민의 권리에 영향을 미치는 처분이다. 판례는 일정한 절차를 거칠 것을 조건으로 수용권을 설정하는 형성행위라고 판시한 바 있다.

Ⅱ 사업인정의 절차

1. 사업인정의 신청(시행령 제10조)

사업인정을 받으려는 자는 사업인정신청서에 사업의 종류 및 명칭, 사업계획서, 사업예정지 및 수용 또는 사용할 토지의 세목 등을 첨부하여 시·도지사를 거쳐 국토교통부장관에게 제출하여야 한다. 사업시행자가 국가인 경우에는 해당 사업을 시행할 관계 중앙행정기관의 장이 직접 사업인정신청서를 국토교통부장관에게 제출할 수 있다.

2. 시·도지사와 협의

국토교통부장관으로부터 사업인정에 관한 협의를 요청받은 관계 중앙행정기관의 장 또는 시·도지사는 특별한 사유가 없으면 협의를 요청받은 날부터 7일 이내에 국토교통부장관에게 의견을 제시하여야 한다.

3. 중앙토지수용위원회와 협의

중앙토지수용위원회는 협의를 요청받은 경우 사업인정에 이해관계가 있는 자에 대한 의견 수렴 절차 이행 여부, 허가·인가·승인대상 사업의 공공성, 수용의 필요성 등을 검토하고 협의를 요청받은 날부터 30일 이내에 의견을 제시하여야 한다(30일 범위 내 연장가능) 기간 내에 의견을 제시하지 아니하는 경우에는 협의가 완료된 것으로 본다. 또한 필요한 경우 관계 전문기관이나 전문가에게 현지조사를 의뢰하거나 그 의견을 들을 수 있고, 관계 행정기관의 장에게 관련 자료의 제출을 요청할 수 있다.

4. 이해관계 있는 자의 의견 청취

사업시행자의 성명 또는 명칭 및 주소, 사업의 종류 및 명칭, 사업예정지를 시·군 또는 구의 게시판에 공고하고(14일 이상 열람), 그 공고의 내용과 의견이 있으면 의견서를 제출할 수 있다는 뜻을 토지소유자 및 관계인에게 통지하여야 한다. 토지소유자 및 관계인, 그 밖에 사업인정에 관하여 이해관계가 있는 자는 열람기간에 해당 시장·군수 또는 구청장에게 의견서를 제출할 수 있다.

5. 사업인정의 고시

국토교통부장관은 사업인정을 하였을 때에는 지체 없이 그 뜻을 사업시행자, 토지소유자 및 관계인, 관계 시·도지사에게 통지하고 사업시행자의 성명이나 명칭, 사업의 종류, 사업지역 및 수용하거나 사용할 토지의 세목을 관보에 고시하여야 한다. 사업인정은 고시한 날부터 그 효력이 발생한다.

Ⅲ 중앙토지수용위원회와의 협의

1. 협의의 의의(토지보상법 제21조)

협의는 행정처분의 의사결정에 필요한 관계기관의 의견을 수렴하는 절차로서 단순 자문의 성질을 갖는 경우와 단순 자문이 아닌 동의나 승인의 성질을 갖는 경우도 있다.

2. 협의의 법적 성질

의견청취 규정을 협의로 변경한 개정취지와 중앙토지수용위원회가 동의하지 않은 사업인정 등은 공익성을 보완하여 재협의를 거칠 수 있다고 규정하고 있는 점(시행규칙 제9조의3) 등에 비추어보면 중앙토지수용위원회의 협의는 단순한 자문이 아니라 '합의' 또는 '동의'에 준하는 것으로 보아야 한다. 행정실무도 이렇게 운용되고 있다.

3. 협의 절차

사업인정의 허가권자 위원회에 협의를 요청하고 위원회는 보상법상 사업에 해당하는지와 관계기관과의 협의 및 이해관계인의 의견청취 절차를 거쳤는지를 검토한다. 또한, 공익성 평가를 통해 평가 결과에 따라 협의개시 여부가 결정된다. 공익성이 높다고 평가된 사업은 협의개시 없이 동의 의견을 제시하고, 공익성이 부족한 경우 협의를 개시하며, 공익성이 결여된 경우에는 협의 개시 없이 부동의한다. 위원회는 협의의견을 인허가권자에게 통지하고, 인허가권자는 받은 협의의견을 사업시행자에게 통지하여야 한다.

Ⅳ 공익성 판단의 기준

1. 형식적 심사

토지보상법 제4조상 토지수용이 가능한 사업인지 여부, 의견수렴 및 사업시행절차의 준수여부 등 형식적 요건을 판단하고 토지수용사업에 해당하지 않는 경우에는 사업인정 신청을 반려해야 한다. 의견수렴절차와 사업시행절차를 이행하지 않은 경우에는 보완요구 또는 각하결정을 해야 한다.

2. 실질적 심사

헌법상 공공필요의 요건에 따라 토지수용사업의 공공성과 토지수용의 필요성으로 구분하여 공익성에 대한 실질적 내용을 판단한다. 사업의 공공성 심사는 ① 사업시행의 공공성, ② 사업의 공공기여도, ③ 사업시행자의 유형, ④ 사업재원의 공공성, ⑤ 사업수행능력, ⑥ 목적 및 상위계획 부합 여부, ⑦ 공익의 지속성, ⑧ 시설의 대중성을 심사한다.

3. 사업의 필요성 심사

① 피해의 최소성, ② 방법의 적절성, ③ 사업의 시급성을 평가한다.

🔹 사례 17

사업인정 전·후 협의를 비교 설명하시오. 20점

Ⅰ 서설
Ⅱ 공통점
  1. 제도적 취지
  2. 협의의 내용(보상법 제50조 재결내용 준용)
Ⅲ 차이점(① 사업인정 전 협의, ② 사업인정 후 협의)
  1. 법적 성질
  2. 절차적 차이

3. 내용상 차이
4. 효과상 차이
  (1) 성립 시 취득효과
  (2) 불성립 시
5. 권리구제 차이
Ⅳ 양자의 관계
  1. 양자의 절차상 관계
  2. 생략 가능성

Ⅰ 서설

협의란 사업시행자와 피수용자가 목적물에 대한 권리취득 및 소멸 등을 위하여 행하는 합의를 말한다. 이는 최소침해행위의 실현 및 사업의 원활한 시행에 취지가 인정된다.

Ⅱ 공통점

1. 제도적 취지

① 임의적 합의를 통한 최소침해원칙을 구현하고, ② 신속한 사업수행을 도모함에 취지가 인정된다.

2. 협의의 내용(토지보상법 제50조 재결내용 준용)

① 수용 또는 사용할 토지의 구역 및 사용방법, ② 손실의 보상, ③ 수용 또는 사용의 개시일과 기간, ④ 그 밖에 이 법 및 다른 법률에서 규정한 사항 등을 협의내용으로 한다.

Ⅲ 차이점(① 사업인정 전 협의, ② 사업인정 후 협의)

1. 법적 성질

① 사업인정 전 협의의 경우 판례 및 다수설은 사법상 매매로 보며, ② 사업인정 후 협의의 경우 판례는 사법상 매매로 보나, 다수는 공법상 계약으로 본다.

2. 절차적 차이

① 사업인정 전 협의는 임의적 절차이나, ② 사업인정 후 협의는 원칙적으로 필수이지만 사업인정 전에 협의를 거쳤으며 협의내용에 변동이 없는 경우에는 생략이 가능하다.

3. 내용상 차이

① 사업인정 전 협의의 경우에는 협의성립확인제도가 없으나, ② 사업인정 후 협의의 경우에는 협의성립확인제도가 있다.

4. 효과상 차이

(1) 성립 시 취득효과

① 사업인정 전의 경우에는 사법상 매매이므로 승계취득의 효과가 발생하나, ② 사업인정 후 협의성립확인에 의한 취득은 원시취득의 효과가 발생한다.

(2) 불성립 시

① 사업인정 전 협의가 불성립한 경우에는 국토교통부장관에게 사업인정을 신청할 수 있으나, ② 사업인정 후 협의가 불성립한 경우에는 관할 토지수용위원회에 재결을 신청할 수 있다.

5. 권리구제 차이

① 사업인정 전 협의의 법적 성질을 사법상 매매로 보면 민사소송에 의한 구제를 도모할 수 있으며, ② 사업인정 후 협의의 법적 성질을 사법상 매매로 보는 판례의 태도에 따르면 민사소송으로 권리구제를 도모해야 하나, 공법상 계약으로 보는 견해에 따르면 공법상 당사자소송으로 권리구제를 도모할 수 있을 것이다.

Ⅳ 양자의 관계

1. 양자의 절차상 관계

사업인정 전 협의내용이 사업인정 후 협의의 내용을 구속하는 것은 아니므로, 사업인정 전의 협의 당시에 요구하지 않은 사실에 대해서도 요구할 수 있다.

2. 생략 가능성

사업인정 전 협의 내용 변동 없고, 당사자가 협의요구를 안하면 사업인정 후 협의는 생략이 가능하다.

사례 18

토지보상법상 사업인정을 설명하고 권리구제에 대해 언급하시오. 40점

Ⅰ 서설(의의 및 취지)	Ⅵ 사업인정과 권리구제
Ⅱ 법적 성질	1. 개설
1. 처분성	2. 사업시행자 입장에서의 권리구제
2. 재량행위성	(1) 사업인정신청 후 거부 시 권리구제
3. 제3자효 행정행위	(2) 사업인정신청 후 부작위 시 권리구제
Ⅲ 사업인정의 요건	(3) 부관부사업인정에 대한 권리구제
1. 주체상 요건	(4) 예방적 금지소송의 가능 여부
2. 내용상 요건	3. 피수용자 입장에서의 권리구제
3. 절차상 요건	(1) 사전적 권리구제
4. 형식상 요건	(2) 사후적 권리구제
Ⅳ 사업인정의 효력	1) 사업인정이 적법할 때의 권리구제
1. 사업시행자	2) 사업인정이 위법한 경우
2. 토지소유자	4. 제3자 입장에서의 권리구제
Ⅴ 사업인정의 효력소멸	Ⅶ 결(사업인정과 재결의 관계)
1. 사업인정의 효력이 소멸되는 경우	1. 사업인정의 구속력
2. 효력소멸에 대한 권리구제	2. 하자승계
	3. 재결취소가 사업인정에 미치는 영향

Ⅰ 서설(의의 및 취지)

사업인정이란 공익사업을 토지 등을 수용 또는 사용할 사업으로 결정하는 것을 말하며(제2조 제7호), ① 사업 전의 공익성 판단, ② 사전적 권리구제(의견청취, 절차참여), ③ 수용행정의 적정화, ④ 피수용자의 권리보호에 취지가 있다.

Ⅱ 법적 성질(① 처분성, ② 형성행위, ③ 재량행위, ④ 제3자효)

1. 처분성

국토교통부장관이 토지보상법 제20조에 따라서 사업인정을 함으로써 수용권이 설정되므로 이는 국민의 권리에 영향을 미치는 처분이다(판례동지).

2. 재량행위성

국토교통부장관이 사업인정 시에 이해관계인의 의견청취를 거치고 사업과 관련된 제 이익과의 형량을 거치는바 재량행위이다(판례동지).

3. 제3자효 행정행위

사업시행자와 토지소유자에게 수익적, 침익적 효과를 동시에 발생시키는바 제3자효 행정행위이다.

Ⅲ 사업인정의 요건

1. 주체상 요건

토지보상법상 사업인정의 권한은 국토교통부장관이 갖는다. 이와 별도로 개별법에서 주된 인·허가를 받으면 사업인정이 의제되는 규정을 둔 경우에는 주된 행위의 인·허가권자에게 권한이 있다고 볼 수 있다.

2. 내용상 요건

(1) 공익사업에 해당할 것

사업인정의 목적이 구체적인 사업실행을 통한 공익실현에 있으므로 토지보상법 제4조 사업에 해당하여야 한다.

(2) 사업을 시행할 공익성이 있을 것

사업인정기관으로서는 그 사업이 공용수용을 할 만한 공익성이 있는지의 여부를 그 사업의 내용과 방법에 관하여 사업인정에 관련된 자들의 이익을 공익과 사익 사이에서는 물론, 공익 상호간 및 사익 상호간에도 정당하게 비교·교량하여야 한다.

(3) 사업시행 의사와 능력을 갖출 것

해당 공익사업을 수행하여 공익을 실현할 의사나 능력이 없는 자에게 타인의 재산권을 공권력적·강제적으로 박탈할 수 있는 수용권을 설정하여 줄 수는 없으므로, 사업시행자에게 해당 공익사업을 수행할 의사와 능력이 있어야 한다는 것도 사업인정의 한 요건이라고 보아야 한다(대판 2011.1.27, 2009두1051).

3. 절차상 요건

① 사업시행자가 국토교통부장관에게 사업인정을 신청하면, ② 국토교통부장관은 관계기관 및 중앙토지수용위원회와 협의를 하고, ③ 이해관계인의 의견을 청취해야 한다. ④ 사업인정을 하는 경우에는 지체 없이 그 뜻을 사업시행자, 토지소유자 및 관계인, 관계 시·도지사에게 통지하고 관보에 고시하여야 한다.

4. 형식상 요건

토지보상법상 명문의 규정이 없으나 행정절차법에 따라서 서면으로 함이 타당하다.

Ⅳ 사업인정의 효력

1. 사업시행자

① 수용권 설정 및 토지물건조사권(제27조), ② 협의성립확인 신청권(제29조), ③ 재결신청권(제28조) 등이 발생한다.

2. 토지소유자

① 토지 등의 보전의무(제25조), ② 재결신청청구권(제30조), ③ 손실보상액고정의 효과도 속한다는 견해도 있다(제70조 제4항). ④ 당사자의 범위가 확정된다.

Ⅴ 사업인정의 효력소멸

1. 사업인정의 효력이 소멸되는 경우

사업인정의 효력은 ① 수용절차 종결(협의, 화해, 재결), ② 하자 있는 사업인정의 소멸(취소, 무효) ③ 하자 없는 사업인정의 소멸(철회, 실효)로 효력이 소멸된다. ③은 공공성의 계속적 담보를 통한 제도이다.

2. 효력소멸에 대한 권리구제

① 실효 및 사업의 폐지·변경으로 인한 손실을 보상해야 한다. ② 실효 여부에 다툼이 있으면 실효확인소송을 제기할 수 있다.

Ⅵ 사업인정과 권리구제

1. 개설

사업인정과 관련된 권리구제를 논하기 위해서는 먼저 권리구제의 주체가 누구인지를 밝혀야 한다. 사업인정과 관련된 이해관계인으로는 먼저 사업시행자, 피수용자, 제3자로 크게 구분할 수 있다.

2. 사업시행자 입장에서의 권리구제

(1) 사업인정신청 후 거부 시 권리구제

의무이행심판, 거부처분취소소송을 제기할 수 있으며 입법론으로 의무이행소송이 있다. 단, 사업인정거부에 대한 집행정지신청에 대하여는 신청의 이익이 없으므로 일반적으로 인정되지 않는다.

(2) 사업인정신청 후 부작위 시 권리구제

의무이행심판, 부작위위법확인소송이 있으며 입법론으로 의무이행소송이 있다.

(3) 부관부사업인정에 대한 권리구제

국토교통부장관이 사업인정을 발령하면서 사업인정과 실질적 관련성이 인정되지 않는 기부채납 등의 부관을 부가한 경우에는 부관부사업인정에 대하여 행정쟁송을 제기할 수 있을 것이다.

(4) 예방적 금지소송의 가능 여부

사업시행자는 국토교통부장관이 사업인정의 요건을 모두 충족함에도 사업인정을 거부할 경우, 이로 인하여 발생되는 손해를 예방하고자 '사업인정 거부의 금지를 구하는 예방적 금지소송'을 고려할 수 있으나, 판례는 현행 행정소송법상 예방적 금지소송을 인정하고 있지 않고 있다.

3. 피수용자 입장에서의 권리구제

(1) 사전적 권리구제

토지보상법 제21조는 사업인정에 있어 미리 이해관계인의 의견을 듣도록 하여 절차적 참여를 통한 사전적 권리구제가 가능하도록 하였다. 그러나 개별법에서 사업인정의제규정을 둔 경우가 많고 이해관계인의 의견청취절차가 누락된 경우가 많다. 따라서 청문이나 공청회 등의 도입도 고려할 만하다. 기타 입법론으로 예방적부작위소송이나 가처분신청도 고려해 볼 만하다.

(2) 사후적 권리구제

1) 사업인정이 적법할 때의 권리구제

적법한 사업인정으로 인하여 당사자에게 특별한 희생이 발생한 경우에는 관계 행정청에게 (사업시행자) 손실보상을 청구할 수 있다.

2) 사업인정이 위법한 경우

① 행정쟁송

토지보상법에 사업인정불복에 관한 명문규정이 없는 바 행정심판법 제3조 및 행정소송 법 제8조에 의거하여 행정심판 및 행정소송을 제기할 수 있다. 또한 판결의 실효성확보 를 위하여 일정요건을 충족하는 경우에는 집행정지를 신청할 수 있을 것이다.

② 손해배상청구 등

위법한 사업인정으로 인해 손해를 입은 당사자는 국가배상법상에 의한 일정한 요건을 충족하는 경우에 손해배상청구가 가능할 것이다. 또한 공행정작용으로 인하여 야기된 위법한 상태가 계속되어 권익을 침해받고 있다면, 그 위법한 상태를 제거하여 침해 이전 의 상태로 회복시켜 줄 것을 청구하는 결과제거청구권의 행사도 고려할 수 있다.

4. 제3자 입장에서의 권리구제

사업인정에 대한 항고소송의 원고적격이 있는 자는 해당 수용절차에 의하여 토지 등이 수용 또는 사용될 염려가 있는 자 및 그 관계인과 간접손실을 받는 자에 한정된다.

Ⅶ 결(사업인정과 재결의 관계)

1. 사업인정의 구속력

사업인정의 판단, 즉 사업의 공공필요성 판단은 토지수용위원회를 구속한다. 따라서 토지수용위원회는 사업인정에 반하는 재결을 할 수 없다. 또한 사업인정을 무의미하게 하는, 즉 사업의 시행이 불가능하게 되는 것과 같은 재결을 행할 수는 없다.

2. 하자승계

① 사업인정은 목적물의 공익성 판단이고, ② 재결은 수용범위의 확인인 바 양자는 별개의 독립된 법률효과이다. 따라서 판례는 하자승계를 부정한다.

3. 재결취소가 사업인정에 미치는 영향

사업인정이 취소되면 수용재결은 그 효력을 상실하나, 수용재결이 취소되었다고 하여 사업인정이 취소되어야 하는 것은 아니다.

> ✎ **대판 2011.1.27, 2009두1051[토지수용재결처분취소]**
>
> [판시사항]
>
> [1] 사업인정기관이 공익사업을 위한 토지 등의 취득 및 보상에 관한 법률상의 사업인정을 하기 위한 요건
>
> [2] 사업시행자가 사업인정을 받은 후 그 사업이 공용수용을 할 만한 공익성을 상실하거나 사업인정에 관련된 자들의 이익이 현저히 비례의 원칙에 어긋나게 된 경우 또는 사업시행자가 해당 공익사업을 수행할 의사나 능력을 상실한 경우, 그 사업인정에 터잡아 수용권을 행사할 수 있는지 여부(소극)
>
> [판결요지]
>
> [1] 사업인정이란 공익사업을 토지 등을 수용 또는 사용할 사업으로 결정하는 것으로서 공익사업의 시행자에게 그 후 일정한 절차를 거칠 것을 조건으로 일정한 내용의 수용권을 설정하여 주는 형성행위이므로, 해당 사업이 외형상 토지 등을 수용 또는 사용할 수 있는 사업에 해당한다고 하더라도 사업인정기관으로서는 그 사업이 공용수용을 할 만한 공익성이 있는지의 여부와 공익성이 있는 경우에도 그 사업의 내용과 방법에 관하여 사업인정에 관련된 자들의 이익을 공익과

사익 사이에서는 물론, 공익 상호간 및 사익 상호간에도 정당하게 비교·교량하여야 하고, 그 비교·교량은 비례의 원칙에 적합하도록 하여야 한다. 그뿐만 아니라 해당 공익사업을 수행하여 공익을 실현할 의사나 능력이 없는 자에게 타인의 재산권을 공권력적·강제적으로 박탈할 수 있는 수용권을 설정하여 줄 수는 없으므로, 사업시행자에게 해당 공익사업을 수행할 의사와 능력이 있어야 한다는 것도 사업인정의 한 요건이라고 보아야 한다.

[2] 공용수용은 헌법상의 재산권 보장의 요청상 불가피한 최소한에 그쳐야 한다는 헌법 제23조의 근본취지에 비추어 볼 때, 사업시행자가 사업인정을 받은 후 그 사업이 공용수용을 할 만한 공익성을 상실하거나 사업인정에 관련된 자들의 이익이 현저히 비례의 원칙에 어긋나게 된 경우 또는 사업시행자가 해당 공익사업을 수행할 의사나 능력을 상실하였음에도 여전히 그 사업인정에 기하여 수용권을 행사하는 것은 수용권의 공익 목적에 반하는 수용권의 남용에 해당하여 허용되지 않는다.

사례 19

백제의 첫 수도인 위례성이 풍납토성 및 몽촌토성 일대일 것으로 추정되어 2000.1.1. 국가유산청장은 골재, 콘크리트, 아스콘 등 제조 및 판매 등의 사업을 영위하고 있는 갑 소유 토지를 포함한 주변 일대를 문화유산보호구역으로 지정하였다. 갑은 단순 추정만으로 문화유산보호구역을 지정하는 것은 재산권 침해에 해당하는 것으로서 이러한 지정행위는 위법하다고 주장한다. 국가유산청장은 2005.1.1. 갑 소유의 토지에 성벽 등이 존재하는 것으로 확인하고 갑 토지를 풍납토성 사적(문화유산)으로 지정·통지하고 적법한 절차를 거쳐 2010.1.1. 풍납토성 복원사업을 위한 사업인정 고시를 하였다(사업시행자인 송파구는 국가유산청 및 서울시로부터 사업비용을 지원받을 계획을 수립하고 있다).

(1) 사적지정행위는 사전유구조사를 수행하지 않은 위법한 처분(절차상 취소사유가 인정된다고 전제할 것)이므로 위법한 사적지정행위에 기한 사업인정은 취소되어야 한다고 주장한다. 갑 주장의 타당성을 논하시오. 20점

(2) 풍납토성 복원사업을 위한 풍납토성 정비사업(사업인정)이 공공성이 인정되는지와 입증책임에 대해서 검토하시오. 또한 갑은 해당 사업의 예상보상비는 1조에 달함에도 불구하고 송파구청은 해당 사업을 추진할 예산을 확보하고 있지 못하기에, 이는 사업의 실현이 불가하므로 개인 소유권을 빼앗기 위한 표적수용이라고 주장한다. 갑 주장의 타당성을 논하시오. 20점

(3) 갑이 사업인정 취소소송을 제기한 경우라면, 서울시가 소송에 참가하여 사업비 지원에 대한 의견을 개진할 수 있는가? 10점

[관련 추가문제]

(4) 갑은 문화유산보호구역의 지정해제와 더불어 사적지정 행위의 취소를 구하였으나 국가유산청장은 이를 거부하였다. 이에 대한 취소소송의 대상적격 여부를 각각 검토하시오. 15점

(5) 국가유산청장의 문화유산보호구역 지정해제 거부회신에 대하여 甲이 제기한 항고소송에서 甲이 승소하여 판결이 확정되었음에도 乙이 재차 문화유산보호구역 해제신청을 거부할 수 있을지 검토하시오. 15점

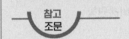

[문화유산의 보존 및 활용에 관한 법률]

제25조(사적의 지정)
① 국가유산청장은 문화유산위원회의 심의를 거쳐 기념물 중 중요한 것을 사적으로 지정할 수 있다. 〈개정 2023.3.21.〉

제27조(보호물 또는 보호구역의 지정)
① 국가유산청장은 제23조·제25조 또는 제26조에 따른 지정을 할 때 문화유산 보호를 위하여 특히 필요하면 이를 위한 보호물 또는 보호구역을 지정할 수 있다.
③ 국가유산청장은 제1항 및 제2항에 따라 보호물 또는 보호구역을 지정하거나 조정한 때에는 지정 또는

조정 후 매 10년이 되는 날 이전에 다음 각 호의 사항을 고려하여 그 지정 및 조정의 적정성을 검토하여야 한다. 다만, 특별한 사정으로 인하여 적정성을 검토하여야 할 시기에 이를 할 수 없는 경우에는 대통령령으로 정하는 기간까지 그 검토시기를 연기할 수 있다.

1. 해당 문화유산의 보존가치
2. 보호물 또는 보호구역의 지정이 재산권 행사에 미치는 영향
3. 보호물 또는 보호구역의 주변 환경

제31조(지정의 해제)

① 국가유산청장은 제23조·제25조 또는 제26조에 따라 지정된 문화유산이 국가지정문화유산으로서의 가치를 상실하거나 가치평가를 통하여 지정을 해제할 필요가 있을 때에는 문화유산위원회의 심의를 거쳐 그 지정을 해제할 수 있다.

④ 국가유산청장은 제27조 제3항에 따른 검토 결과 보호물 또는 보호구역 지정이 적정하지 아니하거나 그 밖에 특별한 사유가 있으면 보호물 또는 보호구역 지정을 해제하거나 그 범위를 조정하여야 한다. 국가지정문화유산 지정이 해제된 경우에는 지체 없이 해당 문화유산의 보호물 또는 보호구역 지정을 해제하여야 한다.

제35조(허가사항)

① 국가지정문화유산에 대하여 다음 각 호의 어느 하나에 해당하는 행위를 하려는 자는 대통령령으로 정하는 바에 따라 국가유산청장의 허가를 받아야 하며, 허가사항을 변경하려는 경우에도 국가유산청장의 허가를 받아야 한다. 다만, 국가지정문화유산 보호구역에 안내판 및 경고판을 설치하는 행위 등 대통령령으로 정하는 경미한 행위에 대해서는 특별자치시장, 특별자치도지사, 시장·군수 또는 구청장의 허가(변경허가를 포함한다)를 받아야 한다.

1. 국가지정문화유산(보호물 및 보호구역을 포함한다)의 현상을 변경하는 행위로서 대통령령으로 정하는 행위

(설문 1)의 해결

Ⅰ 쟁점의 정리

Ⅱ 사적지정행위 하자의 승계논의
　1. 의의 및 논의 배경
　2. 전제요건
　3. 하자승계의 해결논의

Ⅲ 사안의 경우
　1. 하자승계의 요건충족 여부
　2. 예측가능성 및 수인한도성

(설문 2)의 해결

Ⅰ 쟁점의 정리

Ⅱ 풍납토성 정비사업(사업인정)의 공공성 판단 및

입증책임
　1. 사업인정의 의의 및 법적 성질
　2. 공공성 판단과 비례원칙
　3. 입증책임
　4. 사안의 경우

Ⅲ 갑주장의 타당성
　1. 사업인정의 요건
　2. 송파구청의 예산 미확보가 사업능력 결여인지

Ⅳ 사안의 해결

(설문 3)의 해결

Ⅰ 쟁점의 정리

Ⅱ 행정청의 소송참가

⊕ (설문 1)의 해결

Ⅰ 쟁점의 정리

설문은 사적지정행위의 취소사유를 이유로 풍납토성 복원사업의 사업인정을 취소할 수 있는지가 문제된다. 이의 해결을 위하여 사적지정행위의 하자를 사업인정의 하자사유로 승계주장할 수 있는지를 검토한다.

Ⅱ 사적지정행위 하자의 승계논의

1. 의의 및 논의 배경

하자승계란 둘 이상의 행정행위가 일련하여 동일한 법률효과를 목적으로 하는 경우에 선행행위의 하자를 이유로 후행행위를 다툴 수 있는지의 문제를 말한다. 이는 법적 안정성의 요청(불가쟁력)과 국민의 권리구제의 조화문제이다.

2. 전제요건

① 선, 후행행위는 처분일 것, ② 선행행위의 취소사유의 위법성(무효사유인 경우에는 당연승계된다), ③ 후행행위의 적법성, ④ 선행행위에 불가쟁력이 발생할 것(제소기간 경과, 항소 포기, 판결에 의한 확정 등)을 요건으로 한다.

3. 하자승계의 해결논의

(1) 학설

1) 전통적 견해(하자승계론)

선, 후행행위가 일련의 절차를 구성하면서 동일한 법률효과, 즉 하나의 효과를 목적으로 하는 경우에는 하자승계를 인정한다.

2) 새로운 견해(구속력론)

선행행위의 불가쟁력이 대물적(목적), 대인적(수범자), 시간적(사실, 법률관계의 동일성) 한계와 예측가능성, 수인가능성 한도 내에서는 후행행위를 구속하므로 하자승계가 부정된다.

(2) 판례

판례는 형식적 기준을 적용하여 판단하는 듯하나 별개의 법률효과를 목적으로 하는 경우에도 예측가능성, 수인가능성이 없는 경우에 한하여 하자승계를 긍정하여 개별사안의 구체적 타당성을 고려하고 있다.

(3) 검토

전통적 견해의 형식적 기준을 원칙으로 하되 개별사안에서 예측가능성, 수인가능성을 판단하여 구체적 타당성을 기함이 타당하다.

Ⅲ 사안의 경우

1. 하자승계의 요건충족 여부(동일목적인지 여부)

(1) 하자승계 요건충족 여부

사적지정처분으로 인하여 재산권 행사에 제한이 가해지므로 사적지정행위는 처분이며, 취소사유의 절차상 하자가 인정되고 제소기간도 경과하였다, 설문상 사업인정은 적법한 바 하자승계 요건은 충족된 것으로 보인다.

(2) 동일 목적인지 여부

사적지정처분은 문화유산의 역사적·예술적·학술적 또는 경관적 가치가 큰 것을 보존하여 전통문화의 계승·발전시킴에 목적이 있으며, 사업인정은 해당 토지 등을 수용할 사업으로 결정하는 것으로서 별개의 목적을 취한다고 볼 것이다.

2. 예측가능성 및 수인한도성

사적지정처분의 하자가 중대하고 명백하여 당연무효인 경우에 해당하지 않으며, 사적지정처분의 불가쟁력이나 구속력이 갑에게 수인한도를 넘는 가혹함을 가져오고 그 결과가 예측 불가능한 것이라고 볼만한 사정은 없는 것으로 보인다.

따라서 갑은 사적지정행위의 하자를 이유로 사업인정의 취소를 구할 수 없을 것이다.

⊕ **(설문 2)의 해결**

Ⅰ 쟁점의 정리

설문은 풍납토성 정비사업의 공공성의 인정 여부와 입증책임 및 사업예산을 확보하지 못한 사업인정이 표적수용인지가 문제된다. 사안의 해결을 위하여 공공성 판단과 관련된 비례의 원칙과 입증책임의 일반이론을 우선 검토하고 예산관련 등 사업시행자의 시행의사와 능력을 검토하여 갑주장의 타당성을 살펴본다.

Ⅱ 풍납토성 정비사업(사업인정)의 공공성 판단 및 입증책임

1. 사업인정의 의의 및 법적 성질

사업인정이란 공익사업을 토지 등을 수용 또는 사용할 사업으로 결정하는 것을 말하며, 이는 수용권이 설정되는 형성처분으로서 사업시행자와 토지소유자에게 수익적, 침익적 효과를 동시에 발생시키는 제3자효 행정행위이다.

2. 공공성 판단과 비례원칙

공공필요의 판단은 비례의 원칙에 의한다. 수용으로 인하여 달성되는 공익과 수용으로 인하여 침해되는 이익을 비교형량하여 침해되는 이익보다 달성되는 공익이 큰 경우에 한해서 인정될 수 있다. 비례의 원칙은 적합성, 필요성 및 상당성의 원칙을 단계적으로 판단한다.

3. 입증책임

(1) 의의

입증책임이라 함은 소송상 증명을 요하는 어느 사실의 존부가 확정되지 않은 경우 해당 사실이 존재하지 않는 것으로 취급되어 불리한 법률판단을 받게 되는 당사자 일방의 위험 또는 불이익을 말한다. 판례는 행정소송에서의 입증책임도 원칙적으로 민사소송의 일반원칙(법률요건분류설)에 따라 당사자 간에 분배되어야 한다고 하면서도 항고소송의 특성도 고려하여야 하는 것으로 본다.

(2) 관련판례의 태도

공용수용은 공익사업을 위하여 타인의 특정한 재산권을 법률에 의하여 강제적으로 취득하는 것을 내용으로 하므로 그 공익사업을 위한 필요가 있어야 하고, 그 필요가 있는지에 대하여는 수용에 따른 상대방의 재산권 침해를 정당화할 만한 공익의 존재가 쌍방의 이익의 비교형량의 결과로 입증되어야 하며, 그 입증책임은 사업시행자에게 있다(대판 2005.11.10, 2003두7507 등 참조).

✍ **답안 축약 시**

> 3. 입증책임(및 관련 판례의 태도)
>
> 입증책임이라 함은 소송상 증명을 요하는 어느 사실의 존부가 확정되지 않은 경우 해당 사실이 존재하지 않는 것으로 취급되어 불리한 법률판단을 받게 되는 당사자 일방의 위험 또는 불이익을 말한다. 판례는 수용의 필요성에 대해서 수용에 따른 상대방의 재산권 침해를 정당화할 만한 공익의 존재가 쌍방의 이익의 비교형량의 결과로 입증되어야 하며, 그 입증책임은 사업시행자에게 있다고 본다.

4. 사안의 경우

사적지정처분은 전통문화의 계승·발전을 통한 문화유산보존의 공익 등이 인정되며, 풍납토성 복원사업은 성벽 또는 해자시설을 복원시키는 사업인 바, 공용사용 등의 방법으로는 사업목적을 실현시킬 수 없으므로 수용을 위한 사업인정의 방법 또한 필요성의 원칙을 충족한다. 또한 갑은 사업시행으로 영업보상 및 토지에 대한 정당한 보상금을 지급받아 재산권 보존을 도모할 수 있으므로 상당성의 원칙도 충족한다고 볼 것이다. 사업시행자는 이러한 사항을 입증하여야 할 것이다.

Ⅲ 갑주장의 타당성(풍납토성 복원사업이 표적수용인지) 여부

1. 사업인정의 요건

(1) 공익사업에 해당할 것

사업인정의 목적이 구체적인 사업실행을 통한 공익실현에 있으므로 토지보상법 제4조 사업에 해당하여야 한다. 이에 각 개별법에서 사업인정을 의제하는 경우를 포함한다.

(2) 사업을 시행할 공익성이 있을 것

사업인정기관으로서는 그 사업이 공용수용을 할 만한 공익성이 있는지의 여부를 그 사업의 내용과 방법에 관하여 사업인정에 관련된 자들의 이익을 공익과 사익 사이에서는 물론, 공익 상호 간 및 사익 상호 간에도 정당하게 비교·교량하여야 하고 그 비교·교량은 비례의 원칙에 적합하도록 하여야 한다(대판 2005.4.29, 2004두14670).

(3) 사업시행 의사와 능력을 갖출 것

또한 해당 공익사업을 수행하여 공익을 실현할 의사나 능력이 없는 자에게 타인의 재산권을 공권력적·강제적으로 박탈할 수 있는 수용권을 설정하여 줄 수는 없으므로, 사업시행자에게 해당 공익사업을 수행할 의사와 능력이 있어야 한다는 것도 사업인정의 한 요건이라고 보아야 한다(대판 2019.2.28, 2017두71031; 대판 2011.1.27, 2009두1051).

사업인정은 토지보상법 제4조 사업에 해당되어야 하며, 이 경우 사업시행을 위한 공공필요성이 인정되어야 한다. 이에 사업시행자에게 해당 공익사업을 수행할 의사와 능력이 있어야 한다는 것도 사업인정의 한 요건이라고 보아야 한다(대판 2019.2.28, 2017두71031; 대판 2011.1.27, 2009두1051).

2. 송파구청의 예산 미확보가 사업능력 결여인지

풍납토성 복원사업을 위해서는 1조의 예산이 필요하나, 현재 송파구청은 수용의 재원을 마련하지 못하고 있다. 그러나 문화유산 복원사업은 장기간의 사업기간이 필요한 점 및 국가유산청 및 서울시로부터 사업비용을 지원받을 계획을 수립하는 등으로 볼 때 적극적인 사업시행 의사와 능력이 있는 것으로 볼 수 있다.

Ⅳ 사안의 해결

사업시행자는 풍납토성 복원사업을 통한 문화유산의 보존 등 공공성을 입증하여야 하며, 현 시점에서 부족한 예산은 국가유산청 및 서울시에 지원요청하여 충당하여야 할 것이다. 따라서 풍납토성 복원사업은 실현 가능한 사업으로서 갑의 토지만을 수용하기 위한 것은 아니라고 판단된다.

⊕ (설문 3)의 해결

Ⅰ 쟁점의 정리

해당 처분의 직접 당사자가 아닌 서울시가 갑이 제기한 취소소송에 참가할 수 있는지가 문제된다.

Ⅱ 행정청의 소송참가

1. 의의

행정청의 소송참가라 함은 관계 행정청이 행정소송에 참가하는 것을 말한다.

2. 참가의 요건

① 타인 간의 취소소송 등이 계속되고 있을 것, ② 다른 행정청일 것(피고 행정청 이외의 행정청으로서 계쟁처분이나 재결에 관계있는 행정청), ③ 참가시킬 필요성이 있을 것을 요건으로 한다.

3. 참가의 절차

법원은 당사자 또는 해당 행정청의 신청 또는 직권에 의하여 결정으로써 그 행정청을 소송에 참가시킬 수 있다(행정소송법 제17조 제1항). 이 경우 당사자 및 해당 행정청의 의견을 들어야 한다(제17조 제2항).

4. 참가행정청의 지위

참가행정청은 보조참가인에 준하는 지위에서 소송수행을 한다. 따라서 참가행정청은 소송에 관하여 공격, 방어, 이의, 상소 기타 일체의 소송행위를 할 수 있지만 피참가인의 소송행위와 저촉되는 소송행위를 할 수 없다. 참가인의 소송행위가 피참가인의 소송행위와 어긋나는 때에는 그 효력이 없다(민사소송법 제76조).

Ⅲ 사안의 해결

서울시는 사업비 보조와 관련된 관계 행정청으로서, 갑의 취소소송에 있어서 피고의 보조참가인자격으로 소송에 관하여 공격, 방어 등 일체의 행위를 할 수 있을 것이다.

⊕ [관련 추가문제 (4)]의 해결

Ⅰ 쟁점의 정리

설문은 갑이 문화유산보호구역 지정 및 사적지정행위를 취소할 수 있는지가 문제된다. 사안의 해결을 위하여 거부가 처분이 되기 위한 요건으로서 갑에게 법규상·조리상 신청권이 인정되는지를 관련 규정을 통해 검토한다.

Ⅱ 거부처분

1. 거부처분의 의의 및 구별개념

거부처분이란 공권력 행사의 신청에 대해 처분의 발령을 거부하는 행정청의 의사작용으로서, 거절의사가 명확한 점에서 부작위와 구별된다.

2. 거부가 처분이 되기 위한 요건

(1) 판례의 태도

거부처분이 처분성을 갖기 위해서는 ① 공권력 행사의 거부일 것, ② 국민의 권리와 의무에 영향을 미칠 것, ③ 법규상·조리상 신청권을 가질 것을 요구한다. 이때의 신청권은 행정청의 응답을 구하는 권리(형식적 권리)이며, 신청된 대로의 처분을 구하는 권리(실체적 권리)가 아니라고 한다.

(2) 신청권 존부에 대한 견해의 대립

① 신청권의 존재는 본안문제라는 견해, ② 처분성은 소송법상 개념요소만 갖추면 된다고 하여 원고적격으로 보는 견해, ③ 신청권은 신청에 대한 응답의무에 대응하는 절차적 권리이므로 이를 대상적격의 문제로 보는 견해가 있다.

(3) 검토

판례와 같이 신청권을 일반·추상적인 응답요구권으로 보게 되면 개별·구체적 권리일 것을 요하는 원고적격과 구별되고, 이러한 신청권이 없다면 바로 각하하여 법원의 심리부담의 가중도 덜어줄 수 있으므로 대상적격의 문제로 보는 것이 타당하다.

Ⅲ 사안의 해결

문화유산법은 민족문화를 계승 및 국민의 문화적 향상을 도모함과 아울러 인류문화의 발전에 기여함을 목적으로 한다.

1. 문화유산보호구역 지정해제

문화유산법 제27조 제3항은 보호구역 지정과 관련하여 재산권 행사에 미치는 영향을 검토하도록 규정하고 있는 바, 이는 토지소유자 등으로 하여금 보호구역의 해제를 요구할 수 있는 법규상·조리상 신청권이 인정된다고 할 것이므로 문화유산보호구역 지정해제 신청에 대한 거부는 항고소송의 대상이 되는 거부처분이다.

2. 사적지정행위

사적지정행위는 문화유산위원회의 심의를 거쳐 정하도록 되어 있으며 그 해제 역시 문화유산위원회의 심의를 거쳐서 하도록 되어 있으며, 문화유산법의 목적이 민족문화를 계승시켜 인류문화의 발전을 기함에 목적이 있는바, 갑에게는 사적지적행위의 취소를 구할 법규상·조리상 신청권이 인정되지 않을 것이다.

⊕ [관련 추가문제 (5)]의 해결

Ⅰ 쟁점의 정리

설문은 문화유산보호구역 지정해제신청에 대한 거부회신이 항고소송에서 취소된 경우, 재차 거부할 수 있는지가 문제된다. 설문의 해결을 위하여 인용판결의 효력인 기속력을 검토하여 국가유산청장에게 어떠한 재처분의무가 발생하는지를 검토한다.

Ⅱ 취소판결의 효력(기속력)

1. 의의 및 취지(행정소송법 제30조)

기속력이란 행정청에 대하여 판결의 취지에 따라 행동하도록 당사자인 행정청과 그 밖의 관계행정청을 구속하는 효력을 말한다(행정소송법 제30조). 이는 인용판결의 실효성을 확보하기 위하여 인정된 제도이며 인용판결에 한하여 인정된다(기각판결에는 인용되지 않음).

2. 구별개념 및 성질

구속력의 성질을 무엇으로 볼 것인가에 대하여 기판력설과 특수효력설이 대립하고 있는데 기판력은 법적 안정성을 위하여 인정된 소송법상의 효력인데 반하여 기속력은 판결의 실효성을 확보하기 위한 실체법상의 효력이므로 기속력은 기판력과 구분되는 특수한 효력이라는 것이 다수의 견해이다.

3. 내용

① 판결의 취지에 저촉되는 처분을 해서는 안 되는 반복금지효, ② 거부처분의 취소인 경우에는 이전신청에 대한 재처분을 해야 하는 의무, ③ 처분에 의해 초래된 위법상태를 제거할 원상회복의무를 내용으로 한다.

4. 기속력의 인정범위

(1) 객관적 범위

판결의 취지는 판결의 주문과 판결이유를 말한다. 취소판결의 취지는 취소된 처분이 위법하다는 것과 취소판결의 이유가 된 위법사유를 말하므로 기속력은 판결의 주문과 이유에 적시된 개개의 위법사유에 미친다.

(2) 주관적 범위

기속력은 당사자인 행정청과 그 밖의 관계 행정청을 기속한다. 취소된 처분 등을 기초로 하여 그와 관련되는 처분이나 부수되는 행위를 할 수 있는 행정청을 총칭하는 것이라고 할 것이다.

(3) 시간적 한계

처분의 위법 여부의 판단시점은 처분시이기 때문에(통설 및 판례) 기속력은 처분 당시까지 존재하던 사유에 대하여만 미치고 그 이후에 생긴 사유에는 미치지 아니한다.

5. 기속력 위반의 효과

소송법상 기속력은 강행규정이므로 이에 대한 위반은 그 하자가 중대, 명백하여 당연무효라고 본다(대판 1990.12.11, 90누3560).

6. 실효성 확보수단(간접강제)

거부처분취소에 따른 재처분의무를 이행하지 않는 경우에, 손해배상의무를 부과하여 재처분의무를 간접적으로 강제하는 제도이다. 거부처분취소판결의 실효성을 확보함에 제도적 취지가 인정된다.

Ⅲ 사안의 해결

국가유산청장은 문화유산보호구역 지정해제 거부회신에 대한 승소판결이 있게 되면 해제신청에 대한 재처분을 하여야 한다. 국가유산청장은 승소판결의 이유와 동일한 이유로 거부하는 것은 기속력에 반하나, 승소판결의 이유가 절차상 하자를 이유로 한 것이라면 절차하자를 보완하여 다시 동일한 처분을 하여도 기속력에 반하는 처분은 아니다. 또한, 거부회신 이후의 사유로 다시 거부하는 것도 기속력에 반하지 않는다(시적 한계).

> **대판 2019.2.28, 2017두71031[사업인정고시취소]**
>
> 〈풍납토성 보존을 위한 사업인정사건〉
>
> [판시사항]
>
> [1] 사업인정의 법적 성격 및 사업인정기관이 공익사업을 위한 토지 등의 취득 및 보상에 관한 법률상의 사업인정을 하기 위한 요건
>
> [2] 문화재의 보존을 위한 사업인정 등 처분에 대하여 재량권 일탈·남용 여부를 심사하는 방법 및 이때 구체적으로 고려할 사항
>
> [3] 국가지정문화재에 대하여 관리단체로 지정된 지방자치단체의 장이 문화재보호법 제83조 제1항 및 공익사업을 위한 토지 등의 취득 및 보상에 관한 법률에 따라 국가지정문화재나 그 보호구역에 있는 토지 등을 수용할 수 있는지 여부(적극)
>
> [4] 사업시행자에게 해당 공익사업을 수행할 의사와 능력이 있어야 한다는 것이 사업인정의 한 요건인지 여부(적극)
>
> [판결요지]
>
> [1] 사업인정이란 공익사업을 토지 등을 수용 또는 사용할 사업으로 결정하는 것으로서 공익사업의 시행자에게 그 후 일정한 절차를 거칠 것을 조건으로 일정한 내용의 수용권을 설정하여 주는 형성행위이다. 그러므로 해당 사업이 외형상 토지 등을 수용 또는 사용할 수 있는 사업에 해당하더라도 사업인정기관으로서는 그 사업이 공용수용을 할 만한 공익성이 있는지 여부와 공익성이 있는 경우에도 그 사업의 내용과 방법에 관하여 사업인정에 관련된 자들의 이익을 공익과 사익 사이에서는 물론, 공익 상호 간 및 사익 상호 간에도 정당하게 비교·교량하여야 하고, 비교·교량은 비례의 원칙에 적합하도록 하여야 한다.
>
> [2] 구 문화재보호법은 관할 행정청에 문화재 보호를 위하여 일정한 행위의 금지나 제한, 시설의 설치나 장애물의 제거, 문화재 보존에 필요한 긴급한 조치 등 수용권보다 덜 침익적인 방법을

선택할 권한도 부여하고 있기는 하다. 그러나 문화재란 인위적이거나 자연적으로 형성된 국가적·민족적 또는 세계적 유산으로서 역사적·예술적·학술적 또는 경관적 가치가 큰 것을 말하는데(문화재보호법 제2조 제1항), 문화재의 보존·관리 및 활용은 원형 유지를 기본원칙으로 한다(문화재보호법 제3조). 그리고 문화재는 한번 훼손되면 회복이 곤란한 경우가 많을 뿐 아니라, 회복이 가능하더라도 막대한 비용과 시간이 소요되는 특성이 있다.

이러한 문화재의 보존을 위한 사업인정 등 처분에 대하여 재량권 일탈·남용 여부를 심사할 때에는, 위와 같은 문화재보호법의 내용 및 취지, 문화재의 특성, 사업인정 등 처분으로 인한 국민의 재산권 침해 정도 등을 종합하여 신중하게 판단하여야 한다.

구체적으로는 ① 우리 헌법이 "국가는 전통문화의 계승·발전과 민족문화의 창달에 노력하여야 한다."라고 규정하여(제9조), 국가에 전통문화 계승 등을 위하여 노력할 의무를 부여하고 있는 점, ② 문화재보호법은 이러한 헌법 이념에 근거하여 문화재의 보존·관리를 위한 국가와 지방자치단체의 책무를 구체적으로 정하는 한편, 국민에게도 문화재의 보존·관리를 위하여 국가와 지방자치단체의 시책에 적극 협조하도록 규정하고 있는 점(제4조), ③ 행정청이 문화재의 역사적·예술적·학술적 또는 경관적 가치와 원형의 보존이라는 목표를 추구하기 위하여 문화재보호법 등 관계 법령이 정하는 바에 따라 내린 전문적·기술적 판단은 특별히 다른 사정이 없는 한 이를 최대한 존중할 필요가 있는 점 등을 고려하여야 한다.

[3] 구 문화재보호법 제83조 제1항은 "문화재청장이나 지방자치단체의 장은 문화재의 보존·관리를 위하여 필요하면 지정문화재나 그 보호구역에 있는 토지, 건물, 나무, 대나무, 그 밖의 공작물을 공익사업을 위한 토지 등의 취득 및 보상에 관한 법률에 따라 수용(收用)하거나 사용할 수 있다."라고 규정하고 있다.

한편 국가는 문화재의 보존·관리 및 활용을 위한 종합적인 시책을 수립·추진하여야 하고, 지방자치단체는 국가의 시책과 지역적 특색을 고려하여 문화재의 보존·관리 및 활용을 위한 시책을 수립·추진하여야 하며(문화재보호법 제4조), 문화재청장은 국가지정문화재 관리를 위하여 지방자치단체 등을 관리단체로 지정할 수 있고(문화재보호법 제34조), 지방자치단체의 장은 국가지정문화재와 역사문화환경 보존지역의 관리·보호를 위하여 필요하다고 인정하면 일정한 행위의 금지나 제한, 시설의 설치나 장애물의 제거, 문화재 보존에 필요한 긴급한 조치 등을 명할 수 있다(문화재보호법 제42조 제1항).

이와 같이 문화재보호법은 지방자치단체 또는 지방자치단체의 장에게 시·도지정문화재뿐 아니라 국가지정문화재에 대하여도 일정한 권한 또는 책무를 부여하고 있고, 문화재보호법에 해당 문화재의 지정권자만이 토지 등을 수용할 수 있다는 등의 제한을 두고 있지 않으므로, 국가지정문화재에 대하여 관리단체로 지정된 지방자치단체의 장은 문화재보호법 제83조 제1항 및 토지보상법에 따라 국가지정문화재나 그 보호구역에 있는 토지 등을 수용할 수 있다.

[4] 공익사업을 수행하여 공익을 실현할 의사나 능력이 없는 자에게 타인의 재산권을 공권력적·강제적으로 박탈할 수 있는 수용권을 설정하여 줄 수는 없으므로, 사업시행자에게 해당 공익사업을 수행할 의사와 능력이 있어야 한다는 것도 사업인정의 한 요건이라고 보아야 한다.

🔴 **사례 20**

사업인정의 의제제도의 문제점을 설명하시오. [10점]

Ⅰ 사업인정의제제도

1. 개념 및 취지

공익사업에 관한 실시계획의 승인, 시행인가, 허가, 구역설정 등을 토지보상법상 사업인정으로 의제하는 특례로서 절차간소화를 통한 사업의 신속한 수행에 취지가 있다.

2. 문제점

개별법상 특례규정으로 제도취지가 점점 왜곡되어 토지보상법의 실효성 발휘가 제한된다.

Ⅱ 사업인정의제제도의 위헌성

① 적법절차 원칙 및 과잉금지 위반이라는 위헌설과 ② 합헌설의 대립이 있으며, ③ 헌법재판소는 전문가의 의견제출 및 소송을 통한 사후심사도 보장된 바 적법절차원칙에 위배되지 않는다고 한다.

Ⅲ 의제제도의 문제점 및 개선안

1. 공공성 판단

사업인정을 의제하는 개별법률에는 통상적으로 공익형량과정이 없는 경우가 많으므로 각 개별법에서 사업인정의 의제를 규정하는 경우에는 공·사익형량의 절차를 부여하여야 할 것이다. 이에 따라 토지보상법에서는 중앙토지수용위원회와의 협의를 통해 공공성 판단에 대한 제도적인 절차를 마련하였다.

2. 사업기간의 장기화

개별법률에서는 공사완료일까지 재결신청이 가능하도록 규정하고 있는데, 이는 수용과 관련된 법률관계의 조속한 확정을 어렵게 한다. 따라서 토지보상법에서 규정하고 있는 재결신청기간을 준용하도록 하여야 할 것이다

🔺 사례 21

전라남도 화순군수는 주식회사 좋은레저(이하 '사업시행자')를 골프장조성사업 사업자로 지정을 하였고, 사업시행자는 골프장조성사업 실시계획을 수립하였다. 그 후, 화순군수에게 실시계획승인을 신청하였고 화순군수는 실시계획승인고시(사업인정이 의제됨)를 하였다. 이에 토지소유자 갑은 당해 실시계획에는 중대한 하자가 있으므로 동 사업에 대한 실시계획승인고시는 취소되어야 한다고 주장한다. 사업시행자는 골프장조성사업 실시계획인가고시는 법률상의 효력을 완성시키는 보충적인 행위에 불과하여 실시계획의 하자를 내세워 실시계획승인처분의 취소를 구할 수 없다고 주장한다. 사업인정의제제도에 대해서 설명하고 사업시행자 주장의 타당성을 검토하시오. ⟨20점⟩

Ⅰ 쟁점의 정리

설문은 실시계획승인고시(사업인정)가 설권적 처분의 성격을 가진 독립된 행정처분인지가 문제된다. 만약, 사업시행자의 주장대로 보충적 효력을 갖는 인가처분이라면 실시계획의 하자를 이유로 실시계획승인처분의 취소를 구할 소의 이익이 부정될 것이다.

Ⅱ 사업인정의제제도

1. 사업인정의 의의 및 취지

사업인정이란 공익사업을 토지 등을 수용 또는 사용할 사업으로 결정하는 것을 말하며(제2조 제7호) 사업 전의 공익성 판단 및 피수용자의 권리보호에 취지가 있다.

2. 사업인정의제제도의 의의 및 취지

공익사업에 관한 실시계획의 승인, 시행인가, 허가, 구역설정 등을 토지보상법상 사업인정으로 의제하는 특례로서 절차간소화를 통한 사업의 신속한 수행에 취지가 있다. 설문상 실시계획을 받으면 사업인정이 의제되므로 이에 따라 토지보상법상 사업인정의 효력이 발생된다.

3. 의제의 효과

(1) 견해의 대립

① 신청된 주인·허가절차만 거치면 되고 의제되는 인·허가의 절차를 거칠 필요는 없다는 절차집중설, ② 주된 인·허가 요건에의 충족 여부만을 판단하면 된다는 실체집중설, ③ 의제되는 인·허가 절차를 모두 일일이 거칠 필요는 없고, 통합적으로 거치면 된다는 견해이다.

(2) 판례

판례는 도시계획법 제12조 등 소정의 중앙도시계획위원회의 의결이나 주민의 의견청취 등 절차를 거칠 필요는 없다고 하여 절차집중설을 취하고 있다.

(3) 결어

법치행정의 원칙에 비추어 명문의 규정이 없는 한 실체집중을 인정할 수 없으며, 의제되는 인허가와의 절차적 관계 등을 고려할 때, 제한적 절차집중설이 타당하다.

Ⅲ 실시계획승인고시(사업인정)의 법적 성질

1. 처분성

사업인정을 함으로써 수용권이 설정되므로 이는 국민의 권리에 영향을 미치는 처분이다. 판례는 일정한 절차를 거칠 것을 조건으로 수용권을 설정하는 형성행위라고 판시한 바 있다(대판 1994.11.11, 93누19375).

2. 재량행위성

판례는 '사업의 공익성 여부를 모든 사항을 참작하여 구체적으로 판단해야 하므로 행정청의 재량에 속한다'고 판시한 바 있다(대판 1992.11.13, 92누596).

3. 제3자효 행정행위

사업시행자와 토지소유자에게 수익적, 침익적 효과를 동시에 발생시키는바 제3자효 행정행위이다 (대판 2005.4.29, 2004두14670).

Ⅳ 사안의 해결

골프장조성사업 실시계획은 단순히 골프장 건설을 위한 토목 및 건축 공정에 관한 계획에 불과하여 이에 대한 실시계획승인처분은 그 자체가 행정처분의 성격을 띠는 것으로서 독립하여 행정쟁송의 대상이 된다. 따라서 사업시행자의 주장은 타당하지 않다.

🍴 **사례 22**

한국토지주택공사는 국민주택을 건설하기 위하여 국토교통부장관으로부터 주택건설사업계획승인을 받았다. 주택건설사업계획 승인을 할 대상토지에는 학교법인 甲의 수익용 기본재산으로 등록되어 있고 농과대학과 장애자를 위한 특수학교의 실습지로 이용되고 있는 토지가 포함되어 있다. 국토교통부장관은 관계기관의 장과의 협의를 거쳐 주택건설사업계획 승인을 함에 있어 "국토의 계획 및 이용에 관한 법률" 소정의 중앙도시계획위원회의 심의나 주민의 의견청취 등 절차를 거치지 아니하였다. 甲은 주택건설사업계획승인을 함에 있어 "국토의 계획 및 이용에 관한 법률" 소정의 중앙도시계획위원회의 심의나 주민의 의견청취 등 절차를 거치지 아니하였다는 사실을 주택건설사업계획승인처분의 취소사유로 주장할 수 있는가? 20점

Ⅰ 쟁점의 정리
Ⅱ 인·허가 의제제도의 효력(계획확정기관의 심사정도)
  1. 인·허가 의제제도의 의의 및 취지
  2. 학설
    (1) 관할집중설(형식적 집중설)
    (2) 절차집중설

    (3) 제한적 절차집중설
    (4) 제한적 실체집중설
    (5) 실체집중설(비제한적 실체집중설)
  3. 판례
  4. 검토
Ⅲ 사안의 해결

Ⅰ 쟁점의 정리

주택법 제17조에 따라 주택건설사업계획승인을 받으면 도시관리계획의 결정을 받은 것으로 의제된다. 이 경우 국토의 계획 및 이용에 관한 법률(이하 '국계법') 제28조 및 제30조에 규정된 '주민의 의견청취' 및 '중앙도시계획위원회의 심의' 절차를 거치지 않아도 되는지가 인·허가 의제제도의 효력과 관련하여 문제된다.

Ⅱ 인·허가 의제제도의 효력(계획확정기관의 심사정도)

1. 인·허가 의제제도의 의의 및 취지

인·허가 의제제도란 근거법상의 주된 인가, 허가, 특허 등을 받으면 그 행위에 필요한 다른 법률상의 인·허가 등을 받은 것으로 간주하는 제도를 말한다. 의제제도는 행정기관의 권한변경을 가져오므로 행정조직법정주의에 따라 개별법률에서 명시적으로 규정된 경우에만 인정될 수 있으며, 절차간소화를 통해 사업자의 부담해소 및 절차촉진에 기여함에 취지가 인정된다.

2. 학설

(1) 관할집중설(형식적 집중설)

집중효는 계획을 확정하는 행정청에 의해 대체되는 행정청의 관할만이 병합된다는 것이다. 따

라서 계획확정기관은 대체행정청이 준수해야 하는 절차적·실체적 요건을 모두 준수해야 한다는 견해이다.

(2) 절차집중설

계획확정기관은 대체행정청이 준수해야 하는 절차적 요건을 준수하지 않아도 되지만, 실체적 요건에 대해서는 대체행정청과 같이 기속된다는 견해이다.

(3) 제한적 절차집중설

법치행정에 비추어 계획확정기관도 실체적 요건은 존중해야 하지만, 절차요건은 생략될 수 있다고 본다. 다만, 이해관계 있는 제3자의 권익보호를 위한 절차는 집중되지 않는다(박윤흔)고 하거나, 집중효의 대상이 되는 인·허가의 모든 절차를 거칠 필요는 없지만 통합적인 절차를 거쳐야 한다고(박균성) 하여 제한적인 범위에서 절차집중을 인정하는 견해이다.

(4) 제한적 실체집중설

집중효는 절차의 집중 및 실체의 집중 모두를 의미하지만, 대체행정청이 준수해야 하는 실체적 요건들 중 일부가 계획확정기관에게는 완화된다는 견해이다. 따라서 계획확정기관은 집중효의 대상이 되는 인·허가 등의 절차적 요건에 구속되지 않으며, 실체적 요건에도 엄격하게 기속되지 않는다. 다만 실체적인 요건들은 계획확정기관에서 계획을 확정함에 있어서 형량의 요소로 고려될 수 있다는 것이다.

(5) 실체집중설(비제한적 실체집중설)

계획확정기관은 집중효의 대상이 되는 인·허가 등의 실체적 요건과 절차적 요건을 모두 고려함이 없이 독자적으로 판단할 수 있다는 견해이다.

3. 판례

판례는 도시계획법 제12조 등 소정의 중앙도시계획위원회의 의결이나 주민의 의견청취 등 절차를 거칠 필요는 없다고 하여 절차집중설을 취하고 있다(대판 1992.11.10, 92누1162).

4. 검토

인허가 의제제도의 취지가 절차의 간소화에 있으나, 적법절차의 원칙에 비추어 제한적 절차집중설에 따라 관련된 절차를 통합적으로 거쳐야 함이 타당하다.

Ⅲ 사안의 해결

제한적 절차집중설을 취할 경우 주택건설사업계획승인을 하면서 국계법상 의견청취 등의 절차를 거치지 않은 것은 절차적 하자(통설 및 판례의 태도에 따를 경우)를 구성하므로 갑은 이를 취소사유로 주장할 수 있다. 단, 판례의 태도를 따를 경우에는 상기 절차를 거칠 필요가 없으므로 이를 취소사유로 주장할 수 없을 것이다.

조서작성과 재결신청청구권

사례 23

토지물건 조서작성에 대해서 설명하시오. 20점

Ⅰ 개설(의의 및 취지)

조서작성이란 수용 또는 사용할 토지 및 물건의 내용을 작성하는 문서로서 ① 토지, 물건상황에 대한 분쟁예방 및 ② 토지수용위원회의 심리, 재결을 용이하게 하여 절차진행을 원활하게 함에 목적이 있다.

Ⅱ 법적 성질

① 타인토지출입은 수인의무를 부과하는 권력적 사실행위이고, ② 조서작성행위는 비권력적 사실행위이다.

Ⅲ 내용(절차)

① 사업시행자는 출입허가 없이 측량, 조사할 수 있고(제27조 제1항), ② 출입의 통지(제10조), 인용의무(제11조), 증표휴대(제13조) 규정은 준용되나 장해물제거규정(제12조)은 준용되지 않는다. ③ 사업시행자는 조서작성 후 서명, 날인을 받아야 한다. 종전 입회공무원 날인 제도를 폐지했다.

Ⅳ 토지물건조서의 효력

1. 진실의 추정력(제27조 제2항)

토지·물건조서는 토지소유자 및 관계인이 관여하여 그 진실여부를 확인하여 작성되기 때문에
① 열람기간 내에 이의를 제기한 경우와, ② 기재사항이 진실에 반함을 입증한 경우를 제외하고는
조서내용은 일응 진실한 것으로 추정된다. 이는 조서의 실효성을 담보하기 위한 수단이다.

2. 하자 있는 조서의 효력

(1) 내용상 하자 있는 조서의 효력

물적상태, 권리관계가 사실과 다를 경우 이를 입증하면 진실의 추정력이 부인된다. 입증책임은
토지소유자에게 있다.

(2) 절차상 하자 있는 조서의 효력

서명, 날인 누락 시는 조서의 효력이 생기지 않는다. 이의제기가 없었어도 이의를 제기할 수
있다. 단 피수용자 추인 시는 적법하다.

3. 하자 있는 조서가 재결에 미치는 효력(=조서의 하자가 재결의 독자적 위법사유인지)

(1) 문제점

조서 작성의 하자를 이유로 수용재결의 위법을 주장할 수 있는지가 토지·물건 조서의 구속력
과 관련하여 문제된다.

(2) 학설

① 하자 있는 조서에 기초하였으므로 재결도 위법하게 된다. ② 조서가 유일한 증거방법이 아
니고, 토지수용위원회를 내용상 구속하는 것이 아니므로 재결에 영향을 미치지 않는다.

(3) 판례

① 조서내용이 사실과 다르다는 주장에도 불구하고 이를 심리하지 않은 경우는 위법하나(내용
상 하자), ② 절차상 하자만으로는 수용재결의 당연무효사유가 될 수 없다고 한다. 조서작성에
하자가 있다 하여 그것이 곧 수용재결에 영향을 미치는 것은 아니라 할 것이므로 서명날인이
없었다는 사유만으로는 재결의 취소사유로 삼을 수 없다(절차상 하자).

> 유일한 증거수단이 아닌 이유 중 하나는 재결 시에 토지수용위원회가 소유자를 불러서 조서내
> 용을 확인할 수 있기 때문이다.

Ⅴ 권리구제

1. 조서작성행위

비권력적 사실행위인 바 다수, 판례는 처분성을 부정한다. 단 확인소송견해는 조서작성 내용이 재산권수용에 영향을 주므로 처분으로 볼 수 있다.

2. 타인토지출입행위

타인토지출입 조사행위는 권력적 사실행위이므로 소의 대상이 되지만, 조사기간이 매우 짧아서 협의소익이 없는 경우가 대부분이다. 따라서 타인토지출입허가에 대해서 소를 제기함과 동시에 집행정지를 신청해야 할 것이다.

3. 손해전보

① 위법한 조사행위로 손해가 발생한 경우라면 손해배상을 청구할 수 있을 것이며, ② 사업시행자는 타인이 점유하는 토지에 출입하여 측량·조사함으로써 발생하는 손실을 보상하여야 한다(제27조 제4항).

4. 하자 있는 조서에 기초한 재결에 대한 구제

① 내용상 하자 있다는 주장에도 불구하고 이를 심리하지 않은 내용상 하자 있는 조서에 근거한 수용재결은 위법하므로 토지소유자는 이의신청과 취소소송을 제기할 수 있다. ② 절차상 하자는 판례의 태도에 따를 경우 재결에 영향을 미치는 것이 아니므로 재결의 취소사유로 주장할 수 없을 것이다.

Ⅵ 관련문제[토지출입거부시 실력행사의 가능성]

1. 문제점

토지보상법 제97조에서는 정당한 사유 없이 토지출입을 거부하거나 방해할 시에 200만원 이하의 벌금을 부과하도록 규정하고 있는데 이러한 벌칙규정을 실력행사의 근거규정으로 볼 수 있는지가 문제된다.

2. 학설

① 긍정설은 벌칙규정은 위법을 전제하므로 비례원칙 범위 내에서 최소한의 실력행사는 가능하다고 한다. ② 부정설은 벌칙규정은 조사거부 등에 대한 실효성을 확보하기 위한 보장 규정인 바 부정한다. ③ 절충설은 원칙은 부정하되 조사의 긴급한 필요시, 다른 수단이 없는 경우, 다른 공공의 생명신체에 위험을 초래할 가능성이 많은 경우 예외적으로 실력행사가 가능하다고 한다.

3. 검토(개선안)

명문의 근거 없이 국민의 신체나 재산에 대한 실력행사를 하는 것은 법치주의 원칙에 반하는 것으로 볼 수 있으므로 부정설이 타당하다. 따라서 항공측량, 인근지역에서의 측량, 도면 이용 등을 활용해야 한다.

> ✱ 위법한 행정조사와 행정행위의 효력
>
> ### 1. 문제소재
> 내용은 정확하나 조사행위에 하자가 있는 경우 후행행위가 위법한지가 문제된다.
>
> ### 2. 학설
> ① 적법절차원리에 비추어 위법하다.
> ② 행정조사가 전제조건이 아닌 경우에는 별개 제도로 볼 수 있으므로 위법하지 않다.
> ③ 행정조사에 중대한 위법사유시만 위법하다.
>
> ### 3. 검토
> 행정조사는 처분을 위한 절차로 볼 수 있으므로 적법절차원리에 비추어 위법하다고 사료된다.

◢ 사례 24

사업시행자는 공익사업의 수행을 위하여 사업인정 전에 협의에 의한 토지 등의 취득 또는 사용이 필요할 때에는 토지조서와 물건조서를 작성하여 서명 또는 날인을 하고 토지소유자와 관계인의 서명 또는 날인을 받아야 한다. 이와 관련하여 아래 물음에 답하시오.

(1) 조사담당자는 허가증과 신분을 표시하는 증표를 제시하고 갑 소유의 토지에 출입하여 조사하고자 하였으나, 갑은 정당한 사유 없이 이를 완강히 거부하고 있다. 이에 갑은 실력으로 갑을 배제하고 출입하여 조사할 수 있는가? 10점

(2) 만약 실력으로 갑을 배제하고 조사하였다면 이에 기초한 사업인정처분 및 수용재결처분은 적법한가(조사내용에는 하자가 없다고 전제할 것, 조서작성시 서명·날인이 누락됐음)? 20점

(설문 1)의 해결

Ⅰ 쟁점의 정리

Ⅱ 타인토지 출입에 대한 실력행사 가부
  1. 타인토지 출입행위의 법적 성질
  2. 실력행사의 가부에 대한 견해대립
  3. 검토

Ⅲ 사안의 해결

(설문 2)의 해결

Ⅰ 쟁점의 정리

Ⅱ 위법한 행정조사와 행정행위의 효력
  1. 학설
  2. 판례
  3. 결어

Ⅲ 토지조서 및 물건조서의 효력

  1. 조서적성의 의의 및 취지
  2. 진실의 추정력(제27조 제3항)
  3. 하자 있는 조서의 효력
    (1) 내용상 하자 있는 조서의 효력
    (2) 절차상 하자 있는 조서의 효력

Ⅳ 하자 있는 조사와 사업인정의 효력
  1. 사업인정의 의의 및 법적 성질 등
  2. 하자 있는 조서와 사업인정의 효력

Ⅴ 하자 있는 조사와 재결의 효력
  1. 재결의 의의 및 법적 성질
  2. 하자 있는 조서와 재결의 효력
    (1) 학설 및 판례의 태도
    (2) 판례
    (3) 검토

Ⅵ 사안의 해결

⊕ (설문 1)의 해결

Ⅰ 쟁점의 정리

행정조사 방해 및 거부에 대하여 벌칙규정은 있으나(보상법 제97조 제2호) 실력행사에 대한 명문규정이 없는 경우 이를 실력으로 배제할 수 있는지가 문제된다.

Ⅱ 타인토지 출입에 대한 실력행사 가부

1. 타인토지 출입행위의 법적 성질

행정조사란 행정기관이 정책을 결정하거나 직무를 수행하는 데 필요한 정보나 자료를 수집하기 위하여 행하는 행위이며(행정조사기본법 제2조 제1호), 토지보상법상 타인토지 출입행위는 토지 및 물건 조서를 작성하기 위한 조사행위로서 행정조사이며 수인하명이 결부된 권력적 사실행위이다.

2. 실력행사의 가부에 대한 견해대립

① 긍정설은 행정조사의 거부에 대하여 비례원칙의 범위 내에서 최소한의 실력행사는 가능하다고 한다. ② 부정설은 행정조사에 거부하는 경우에는 별도의 벌칙규정이 존재하는바 실력행사를 할 수 없다고 본다. ③ 제한적 긍정설은 긴급한 조사의 필요성이나, 다른 수단이 없는 경우, 다른 공공의 생명·신체에 위험을 초래할 가능성이 많은 경우 예외적으로 실력행사가 가능하다고 한다.

3. 검토

국민의 신체 및 재산에 대한 실력행사는 법치주의 원칙에 비추어 명문의 규정이 있는 경우에만 가능하다고 보는 것이 타당하다.

Ⅲ 사안의 해결

토지보상법은 타인토지 출입에 대한 실력행사규정을 명문으로 규정하고 있지 점과 사업의 준비를 위한 단계에서는 개략적인 사업범위의 확정만으로도 사업인정을 신청할 수 있는 점 등을 고려할 때 실력행사는 부정될 것이다.

➕ (설문 2)의 해결

Ⅰ 쟁점의 정리

행정조사를 통한 내용은 정확하나 수집절차상의 하자가 있는 경우, 수집된 내용에 기초하여 행정행위를 한 경우 그 효력이 문제된다.

Ⅱ 위법한 행정조사와 행정행위의 효력

1. 학설

적법절차의 원칙에 비추어 위법한 절차에 기초한 행정행위는 위법하다는 견해와 행정조사와 행정행위는 별개의 행위이므로 행정조사의 위법이 바로 행정행위의 위법상사유가 되지 않는다는 견해가 있다. 행정조사의 목적이 행정행위를 위한 사전적인 정보수집의 목적인 경우에는 행정행위의 절차상의 하자를 구성한다는 견해도 있다.

2. 판례

판례는 부정한 목적을 위한 조사와 위법한 중복세무조사에 기초하여 이루어진 과세처분은 위법하다고 판시한 바 있다(대판 2016.12.15, 2016두47659).

3. 결어

적법절차의 원칙에 비추어 행정조사의 절차상 하자가 있는 경우에는 그에 기초한 행정행위도 위법한 것으로 보아야 할 것이다.

Ⅲ 토지조서 및 물건조서의 효력

1. 조서적성의 의의 및 취지

조서작성이란 수용 또는 사용할 토지 및 물건의 내용을 작성하는 문서로서 ① 토지, 물건상황에 대한 분쟁예방 및 ② 토지수용위원회의 심리, 재결을 용이하게 하여 절차진행을 원활하게 함에 목적이 있다(대판 1993.9.10, 93누5543).

2. 진실의 추정력(제27조 제3항)

① 열람기간 내에 이의를 제기한 경우와, ② 기재사항이 진실에 반함을 입증한 경우를 제외하고는 조서내용은 일응 진실한 것으로 추정된다.

3. 하자 있는 조서의 효력

(1) 내용상 하자 있는 조서의 효력

물적 상태, 권리관계가 사실과 다를 경우 이를 입증하면 진실의 추정력이 부인된다. 입증책임은 토지소유자에게 있다.

(2) 절차상 하자 있는 조서의 효력

서명, 날인 누락 시는 조서의 효력이 생기지 않는다. 이의제기가 없었어도 이의를 제기할 수 있다. 단 피수용자 추인 시는 적법하다.

Ⅳ 하자 있는 조사와 사업인정의 효력

1. 사업인정의 의의 및 법적 성질 등

사업인정은 해당 사업을 수용할 수 있는 공익사업으로 결정하는 것으로서 재량행위이며 공공성 및 사업시행자의 의사와 능력을 요건으로 한다.

2. 하자 있는 조사와 사업인정의 효력

하자 있는 조사에 기한 행정행위는 위법하다고 볼 것이므로 이에 근거한 사업인정도 위법하다고 할 것이다. 하자 있는 조사에 기한 사업인정은 그 하자가 명백하나 사업인정 자체에 대한 중요법규 위반은 아닌 것으로 사료되므로 취소사유로 볼 것이다.

Ⅴ 하자 있는 조서와 재결의 효력

1. 재결의 의의 및 법적 성질

재결이란 수용권을 실행하여 토지취득에 관한 법률관계를 형성하여 원활한 사업진행과 재산권 보호를 도모하는 형성행위이다.

2. 하자 있는 조서와 재결의 효력

(1) 학설 및 판례의 태도

① 하자 있는 조서에 기초하였으므로 재결도 위법한 것으로 봐야 한다는 견해가 있으나, ② 조서가 유일한 증거방법이 아니고, 토지수용위원회를 내용상 구속하는 것이 아니므로 재결에 영향을 미치지 않는다는 견해가 있다.

(2) 판례

① 조서내용이 사실과 다르다는 주장에도 불구하고 이를 심리하지 않은 경우는 위법하나(내용상 하자), ② 절차상 하자만으로는 수용재결의 당연무효사유가 될 수 없다고 한다(대판 1993.9.10, 93누5543).

(3) 검토

재결은 사업시행자가 제출한 조서를 기준하여 행해지며(조서작성은 사업인정을 위한 준비절차이다) 조서내용이 사실과 다른 경우에는 언제든지 이를 수정할 수 있으므로 조서작성상의 하자는 재결의 효력에 영향을 미치지 않는다고 볼 것이다.

Ⅵ 사안의 해결

절차상 하자 있는 조서에 기한 사업인정은 적법절차의 원칙에 비추어 하자 있는 행위로서 위법하다고 볼 것이나, 조서작성상의 하자는 재결의 효력에 영향을 미치지 않는다고 볼 것이다.

▲ 사례 25

사업인정 이후 권리의 침해를 최소화하기 위해 당사자 간의 합의에 의해 용지를 취득할 수 있도록 협의제도를 두고 있는바, 이는 대등한 계약이므로 내용의 확정을 위해 공익사업을 위한 토지 등의 취득 및 보상에 관한 법률에서 규정하고 있는 절차에 대해 설명하시오. 20점

Ⅰ 서론

토지보상법은 사업인정 고시가 있은 후에도 재결 전에 원칙적으로 수용당사자가 자율적 협의절차를 거치도록 하고 있다. 협의가 성립되면 토지취득절차가 종료하게 될 것이나, 협의 자체는 대등한 당사자 사이의 임의적 의사합치에 불과하므로 계약내용 및 계약불이행 등으로 분쟁이 발생할 수 있다. 이에 토지보상법은 확인제도를 두고 있으며, 이하 확인제도의 성질, 성립요건, 효력을 살펴보고, 그에 대한 불복방안을 설명한다.

Ⅱ 토지보상법상 협의성립 확인제도

1. 의의 및 취지(토지보상법 제29조)

협의성립 후 사업시행자는 재결신청기간 내에 토지소유자의 동의를 얻어 관할 토지수용위원회에 협의성립확인을 신청할 수 있으며, 이는 재결로 간주된다. ① 계약불이행에 따른 위험을 방지하고, ② 공익사업의 원활한 진행을 도모함에 취지가 인정된다.

2. 법적 성질

협의성립확인을 강학상 확인으로 보는 견해와 공증으로 보는 견해가 있다. 〈생각건대〉 협의성립확인은 토지수용위원회가 협의성립의 존재여부를 판단하는 행위로서 당사자의 불안정한 지위를 확고히 하여 원활한 사업의 수행을 목적으로 하고, 이를 재결로 보는 점에 비추어 확인으로 보는 것이 타당하다. 또한 확인으로 보면 확인신청에 대해 확인해야 하는 기속행위로 볼 수 있다.

3. 절차

(1) 일반적 절차(제29조 제1항)

사업시행자는 소유자 동의를 얻어 토지수용위원회에 협의성립확인을 신청한다.

(2) 공증에 의한 확인절차(제29조 제3항)

사업시행자는 공증인법에 의한 공증을 받고 토지수용위원회가 이를 수리함으로써 협의성립이 확인된 것으로 본다.

4. 협의성립확인의 효력

(1) 재결효력(제29조 제4항)

협의성립확인이 있게 되면 재결로 간주되므로 ① 목적물의 원시취득, ② 손실보상청구권, ③ 환매권, ④ 위험부담의 이전, ⑤ 담보물권자의 물상대위, ⑥ 사용기간 만료 시 반환 및 원상회복의무등 재결과 동일한 효과가 발생한다.

(2) 차단효 발생(제29조 제4항)

양 당사자는 확인된 협의의 성립이나 내용에 대하여 다툴 수 없다.

(3) 불가변력

협의성립 확인은 관할 토지수용위원회가 공권적으로 확인하는 행위로서 법원의 판결과 유사하므로 확인행위에는 불가변력이 발생한다.

(4) 확인의 실효

협의성립확인이 있으면, 재결로 간주되므로 재결실효규정(토지보상법 제42조)이 준용된다.

5. 불복절차

(1) 협의성립확인에 대한 불복

확인이 있으면 재결로 간주되므로 재결에 대한 불복규정인 이의신청(토지보상법 제83조) 및 행정소송(토지보상법 제85조)을 통하여 불복할 수 있다.

(2) 협의 자체에 대한 불복

협의성립확인의 차단효로 인해서 확인의 효력을 소멸시킨 후에 협의 자체에 대하여 다툴 수 있다. 협의를 공법상 계약으로 보면 공법상 당사자소송에 의한다.

Ⅲ 결론(문제점 및 개선방안)

피수용자는 재결의 효과가 발생하는 사실을 명확히 인식하지 못하고 동의할 수 있다. 또한 공증에 의할 경우 의견제출 기회도 부여받지 못한다. 따라서 ① 확인과정상 절차참여 방안이 모색되어야 하고 ② 동의 요구 시 확인의 효과를 고지하는 사전고지제도를 도입할 필요성이 인정된다.

🔴 사례 26

한국토지주택공사는 갑에게, 토지(선하지)가 철탑 및 고압송전선으로 사용에 제한을 받고 있는 상태대로 평가된 감정평가금액을 협의매수금액으로 제시하였고 갑은 이를 받아들여 협의취득계약을 체결하였다. 이후, 선하지의 경우 사용에 제한을 받지 않은 상태대로 평가하는 것으로 평가기준이 수정되었다. 이에 따라 갑은 목적물의 가격에 관한 착오가 있음을 이유로 성립된 협의에 대해서 다투고자 한다.

(1) 당사자 간 합의가 성립된 경우 그 합의 내용이 손실보상 기준에 맞지 않는다는 이유로 그 기준에 따른 손실보상금을 추가로 청구할 수 있는가? 동 합의의 법적 성질과 함께 논하시오. 15점

(2) 갑은 목적물의 가격에 관한 착오를 이유로 해당 협의를 다툴 수 있는가? 다툴 수 있다면 어떠한 소송형태로 다툴 수 있는가? 15점

(설문 1)의 해결	(설문 2)의 해결
Ⅰ 쟁점의 정리	Ⅰ 쟁점의 정리
Ⅱ 협의의 법적 성질 및 효력	Ⅱ 공법상 계약의 하자의 유형
1. 협의의 의의	1. 사법규정의 적용가능성
2. 법적 성질	2. 하자의 유형
(1) 공법상 계약설	(1) 무효사유 한정설(내용상 하자)
(2) 사법상 계약설	(2) 최소사유 포함설(의사표시상 하자)
(3) 판례	(3) 검토
(4) 검토	Ⅲ 사안의 해결(소송의 형태)
3. 협의의 효력	1. 착오의 하자 인정여부
Ⅲ 사안의 해결	2. 소송의 형태

⊕ (설문 1)의 해결

Ⅰ 쟁점의 정리

당사자 간 합의가 성립된 경우, 합의된 내용대로 계약이 효력이 확정되는지가 문제된다. 이의 해결의 위하여 협의의 법적 성질과 효력을 검토한다.

Ⅱ 협의의 법적 성질 및 효력

1. 협의의 의의

협의란 토지 등의 권리취득 등에 대한 양당사자의 의사의 합치로서 ① 최소침해요청과 ② 사업의 원활한 진행, ③ 피수용자의 의견존중에 취지가 있다.

2. 법적 성질

(1) 공법상 계약설

협의 불성립 시 차후에 수용절차가 예정되고 수용에 의한 취득과 동일한 효과가 발생하므로 공법상 계약이라고 본다.

(2) 사법상 계약설

당사자의 협의에 의하므로 사법상 매매와 다를 바 없으므로 사법상 계약이라고 본다.

(3) 판례

판례는 협의취득은 협의에 의하여 사업시행자가 토지 등을 취득하는 것으로서 그 법적 성질의 지급행위는 토지 등의 권리이전에 대한 반대급여의 교부행위에 지나지 아니하므로 그 역시 사법상의 행위라고 볼 수밖에 없다고 판시한 바 있다.

(4) 검토

협의는 목적물을 취득하여 공익사업의 진행을 도모하기 위한 것이므로, 이는 공용수용의 공법상 목적을 달성시키기 위한 절차로 볼 수 있다. 따라서 공법상 법률관계로 보는 것이 타당하다.

3. 협의의 효력

손실보상금에 관한 당사자 간의 합의가 성립하면 그 합의 내용대로 구속력이 있고, 당사자 간의 합의로 토지보상법 소정의 손실보상의 기준에 의하지 아니한 손실보상금을 정할 수 있다.

Ⅲ 사안의 해결

당사자 간의 합의는 공용수용의 공법상 목적을 달성시키기 위한 절차로서 공법상 계약으로 봄이 타당하며, 이는 계약의 실질을 가지므로 토지보상법이 정하는 기준에 따르지 아니하고 손실보상액에 관한 합의를 하였다고 하더라도 그 합의가 착오 등을 이유로 적법하게 취소되지 않는 한 유효하다 할 것이다.

⊕ (설문 2)의 해결

Ⅰ 쟁점의 정리

협의 내용에 착오나 의사표시에 관한 하자가 있는 경우 이를 공법상 계약의 하자로 적용할 수 있는
지가 문제된다. 즉 공법상 계약관계에는 착오에 관한 하자의 내용이 없는바 민법규정을 유추적용할
수 있는지가 문제된다.

Ⅱ 공법상 계약의 하자의 유형

1. 사법규정의 적용가능성

통설은 공법관계의 성질과 유추적용되는 사법규정의 성질을 고려하여 적용할 수 있다고 보나, 공공
적 특성 때문에 일정한 제한을 받는다고 한다.

2. 하자의 유형

(1) 무효사유 한정설(내용상 하자)

공법상 계약은 처분이 아니므로 공정력이 인정되지 않는다. 따라서 무효의 하자유형만 인정된
다고 본다.

(2) 최소사유 포함설(의사표시상 하자)

공법상 계약도 대등당사자의 의사의 합치에 의하여 성립하므로 의사표시의 착오와 같은 취소사
유도 인정된다고 본다.

(3) 검토

공법상 계약도 대등당사자의 의사의 합치에 의한 것이므로 착오에 의한 의사표시의 하자를 부
정할 이유는 없는 것으로 보인다. 따라서 중요부분 착오가 있는 경우에는 취소할 수 있을 것이
다. 단 중과실이 있는 경우에는 취소할 수 없다. 판례는 실무상 민사소송으로 다툰다.

Ⅲ 사안의 해결(소송의 형태)

1. 착오의 하자 인정여부

설문상 협의취득계약을 체결하면서, '매매대금이 착오평가 등으로 과다 또는 과소하게 책정되어 지
급되었을 때에는 과부족금액을 추가로 청구하거나 반환하여야 한다'는 취지의 약정 등이 명확하지
않은 바, 이러한 사항이 협의 성립 당시에 표시되었다면 착오를 이유로 해당 계약의 취소를 구할
수 있을 것이다.

2. 소송의 형태

협의의 법적 성질을 사법상 법률관계로 보게 되면 민사소송을 통해서 권리구제를 도모할 수 있을 것이며, 공법상 법률관계로 보면 공법상 당사자소송을 통해서 권리구제를 도모할 수 있을 것이다.

✎ **대판 2014.4.24, 2013다218620[협의수용대금등]**

[판시사항]

[1] 계약당사자 쌍방이 계약의 전제나 기초가 되는 사항에 관하여 같은 내용으로 착오를 하여 그에 관한 구체적 약정을 하지 아니한 경우, 그러한 착오가 없을 때에 약정하였을 것으로 보이는 내용으로 당사자의 의사를 보충하여 계약을 해석할 수 있는지 여부(적극) 및 여기서 '보충되는 당사자의 의사'의 의미

[2] 한국토지주택공사가 갑 등 소유의 토지에 관하여 협의매수를 추진하면서 갑 등에게 토지가 철탑 및 고압송전선으로 사용에 제한을 받고 있는 상태대로 평가된 감정평가금액을 협의매수금액으로 제시하였고 갑 등이 이를 받아들여 협의취득계약을 체결한 사안에서, 갑 등과 공사 쌍방이 감정평가가 적법하다는 착오에 빠졌다거나, 감정평가가 위법하다는 사실을 알았다면 감액되지 않은 금액을 협의매매대금으로 정하였을 것임이 명백하다고 단정할 수 없다고 한 사례

🔊 사례 27

사업인정고시 후 토지물건 조서작성 등 적법한 절차를 거쳐 피수용자와 손실보상에 관한 협의가 성립하였다. 그러나 토지소유재(甲)가 그 협의의 내용에 대해 착오를 이유로 다투려고 하는 경우 협의성립확인을 받지 않은 경우와 협의성립확인을 받은 경우에 각각 어떻게 다툴 수 있는지 논하시오. 30점

Ⅰ 쟁점의 정리

Ⅱ 협의성립확인을 받기 전인 경우

  1. 협의의 의의 및 취지

  2. 협의의 법적 성질

    (1) 학설

    (2) 판례

    (3) 검토

  3. 공법규정 흠결 시 사법규정의 적용가능성

    (1) 개설

    (2) 학설

    (3) 검토

  4. 사법규정의 유추적용의 한계

  5. 공법상 계약의 하자의 유형

  6. 사안의 경우

Ⅲ 협의성립확인을 받은 경우

  1. 협의성립확인의 개관

    (1) 의의 및 취지

    (2) 법적 성질

    (3) 확인의 효력

  2. 이의신청 및 행정소송의 제기

  3. 본안에서 이유유무

    (1) 협의 내용에 대한 착오를 주장할 수 있는지 여부

    (2) 협의성립확인 시 동의에 관한 착오를 주장할 수 있는지 여부

  4. 사안의 경우

Ⅳ 사안의 해결

Ⅰ 쟁점의 정리

1. 협의성립확인을 받기 전인 경우에는, 사업인정고시 후 협의의 법적 성질을 공법상 계약으로 볼 경우 공법에는 착오로 인한 공법행위의 경우 유추적용할 공법규정이 없어 법규정의 흠결이 발생하게 된다. 이때 민법상의 착오규정(제109조)을 적용할 수 있는지 여부가 문제된다.

2. 협의성립확인을 받은 경우에는, 협의내용에 대한 착오를 이유로 재결로 간주되는 협의성립확인(토지보상법 제29조 제4항)을 다툴 수 있는지 여부가 문제된다. 먼저 협의성립확인을 개관한 후, 쟁송 제기의 가능성 및 본안에서 인용가능한지 여부를 검토한다.

Ⅱ 협의성립확인을 받기 전인 경우

1. 협의의 의의 및 취지

협의란 사업인정고시 후 사업시행자와 피수용자가 수용목적물에 대한 권리취득 및 소멸 등을 위하

여 행하는 쌍방의 의사합치를 말한다. 토지보상법 제26조 제1항은 최소침해의 원칙에 입각하여 필수적 절차를 원칙으로 하나 제2항은 수용절차의 신속성과 효율성의 요청에서 예외를 인정하고 있다.

2. 협의의 법적 성질

(1) 학설

① 공법상 계약설은 협의는 국가적 공권의 주체로서 피수용자에게 수용권을 실행하는 방법의 하나이며, 협의 불성립 시 수용절차가 예정되어 있다는 점을 논거로 하고, ② 사법상 계약설은, 사업시행자가 토지소유자 및 관계인과 대등한 지위에서 행하는 임의적인 합의라고 본다.

(2) 판례

대법원은 협의성립의 확인이 없는 이상, 그 취득행위는 어디까지나 사경제 주체로서 행하는 사법상의 승계취득으로 보아야 할 것이고, 재결에 의한 취득과 같이 원시취득으로 볼 수 없다고 하여 사법상 계약으로 보고 있다.

(3) 검토

협의는 행정주체인 사업시행자가 사실상의 공권력의 담당자로서 우월적인 지위에서 공익을 실현하는 공용수용 절차의 하나이므로 공법상 계약으로 봄이 타당하다. 따라서 공법이 적용되며, 토지소유자는 협의에 대한 분쟁발생 시 공법상 당사자소송으로 다툴 수 있다.

3. 공법규정의 흠결 시 사법규정의 적용가능성

(1) 개설

우리 법제는 공·사법의 이원적 법체계에 입각하고 있으나, 행정법의 경우 통일된 단일의 행정법전은 존재하지 아니하고 개별법상 규정이 흠결되어 있는 경우가 많아 행정법 관계에서 사법의 적용 가능성이 문제된다.

(2) 학설

① 공법과 사법은 전혀 별개의 법체계로 보아 공법규정의 흠결이 있더라도 사법규정의 적용은 허용되지 않는다는 부정설과, ② 사법규정의 대부분은 법의 일반원리로서의 성질을 가지므로 공법영역에서도 직접적으로 적용된다고 보는 직접적용설 및 ③ 공법과 사법의 특수성을 인정하여 사법규정의 직접적 적용을 인정하지 않고 유추적용할 수 있다는 유추적용설 등이 주장되고 있다.

(3) 검토

부정설은 현재 주장되고 있지 않으며, 직접적용설은 공·사법의 이원적 법체계에서 인용될 수 없는 바, 통설인 사법규정의 성질과 공법관계의 성질을 고려하여 유추적용할 수 있다는 유추적용설이 타당하다고 본다.

4. 사법규정의 유추적용의 한계

권력관계의 경우 행정주체의 의사의 우월성이 인정되는 관계로 일반 사법관계와는 본질적으로 상이한 것이므로, 일반 법원리로서의 사법규정 이외에는 다른 사법규정이 유추적용되지 않는다고 보아야 한다. 비권력관계에서는 기본적으로 사법관계와 상이한 것이 아니기 때문에 특별한 공법적 제한이 가해지지 않는 한 사법규정이 전반적으로 유추적용될 수 있다고 본다.

5. 공법상 계약의 하자의 유형

공법상 계약은 공정력이 인정되는 행정행위가 아니므로, 행정행위의 취소에서 말하는 취소개념은 있을 수 없다고 보는 견해가 있으나, 공법상 계약도 그 기본적인 성질은 사법상 계약과 동일하므로, 성질이 허용하는 한 민법상의 계약의 법리가 적용된다고 보아야 할 것이다. 따라서 의사표시상의 하자유형은 공법상 계약상의 의사표시의 하자에서도 인정되어야 할 것이므로 공법상 계약에서도 취소의 하자유형이 인정된다고 할 수 있다.

6. 사안의 경우

사업인정고시 후 협의는 공법상 계약으로 협의 당사자의 법률관계는 공법상 비권력관계이고, 유추적용설에 의할 경우 사인 간의 이해조절적 규정인 민법 제109조의 적용이 가능하다. 또한 공법상 계약의 하자유형에는 취소사유도 포함된다고 봄이 타당하므로, 토지소유자는 중대한 과실이 없는 한 법률행위 내용에 중대한 착오가 있음을 입증하여 취소할 수 있다.

Ⅲ 협의성립확인을 받은 경우

1. 협의성립확인의 개관

(1) 의의 및 취지

협의성립확인이란 사업시행자와 피수용자 사이에 협의가 성립한 경우에 피수용자의 동의 또는 공증을 받아 사업시행자가 관할 토지수용위원회의 확인을 받음으로써 재결로 간주하는 제도를 말한다. 이는 계약의 불이행에 따른 분쟁을 방지하고 공익사업의 원활한 진행을 도모하기 위함에 그 취지가 있다.

(2) 법적 성질

확인의 법적 성질에 확인행위라는 견해와 공증이라는 견해가 있으나, 협의성립확인은 수용당사자의 불안정한 지위를 확고히 하여 원활한 사업수행을 목적으로 하는 점 등에 미루어 볼 때 강학상 확인행위에 해당한다고 본다.

(3) 확인의 효력

확인은 토지보상법에 따른 재결로 보며, 사업시행자, 토지소유자 및 관계인은 그 확인된 협의의 성립이나 내용을 다툴 수 없다. 따라서 이때의 목적물에 대한 권리의 취득은 원시취득이 된다.

2. 이의신청 및 행정소송의 제기

협의성립확인은 재결로 간주되므로 확인에 대한 다툼은 재결에 대한 다툼과 동일하다. 따라서 확인에 대하여 이의가 있는 자는 토지보상법 제83조 및 제85조에 따라 중앙토지수용위원회에 이의를 신청하거나 행정소송을 제기할 수 있다.

3. 본안에서 이유 유무

(1) 협의 내용에 대한 착오를 주장할 수 있는지 여부

협의성립확인 시 사업시행자·토지소유자 및 관계인은 그 확인된 협의의 성립이나 내용을 다툴 수 없는 바, 협의 내용에 대한 착오를 주장하는 甲의 주장은 이유 없다.

(2) 협의성립확인 시 동의에 관한 착오를 주장할 수 있는지 여부

토지보상법 제29조 제1항의 동의는 협의성립확인의 구성요건이 되는 사인의 공법행위로 착오로 인한 취소의 가능성이 문제된다. 토지보상법 제29조 제4항은 협의성립 확인시 재결로 간주하여 이를 통한 법률관계는 권력관계로 판단되는 바, 이해조절적 규정에 해당하는 민법 제109조의 유추적용은 부정될 것이다.

4. 사안의 경우

손실보상에 관한 협의에 착오가 있는 경우라도 협의성립확인을 거친 경우에는 확인된 협의의 성립이나 내용을 다툴 수 없고, 협의성립확인시에 동의 또한 착오를 이유로 취소할 수 없다. 다만, 협의성립확인 자체에 하자가 있는 경우에는 협의성립확인을 다툴 수 있고, 협의성립확인이 소멸된 경우 토지소유자는 착오를 이유로 취소할 수 있을 것이다.

Ⅳ 사안의 해결

1. 사업인정고시 후 협의는 공법상 계약으로 이의 법률관계는 공법관계 중 비권력관계이고, 유추적용설에 의할 경우 사인 간의 이해조절적 규정인 민법 제109조의 적용이 가능하다. 또한 공법상 계약의 하자유형에는 취소사유도 포함된다고 봄이 타당하므로, 토지소유자는 중대한 과실이 없는 한 법률행위 내용에 중대한 착오가 있음을 입증하여 취소할 수 있다.

2. 협의성립확인을 거친 경우에는 확인된 협의의 성립이나 내용을 다툴 수 없으므로, 확인에 대한 쟁송을 제기함에 있어 협의 내용에 대한 착오와 협의성립확인 시 동의에 대한 착오를 주장할 수 없다. 다만, 협의성립확인 자체에 하자가 있는 경우에는 협의성립확인을 다툴 수 있고, 협의성립확인이 소멸된 경우 토지소유자는 착오를 이유로 취소할 수 있다.

사례 28

협의성립확인과 사업인정 후 협의의 비교 [10점]

1. 공통점

사업인정 후 협의와 협의성립확인은 효과 면에서 손실보상, 환매권, 목적물의 권리이전, 물상대위 등 공용수용의 효과가 발생하는 공통점이 있다.

2. 차이점

(1) 취득형태

목적물의 취득 형태와 관련하여 ① 사업인정 후 협의의 법적 성질을 공법상 계약으로 보면 목적물을 원시취득하는 것으로 볼 수 있고, 사법상 계약으로 보면 승계취득하는 것으로 볼 수 있다. ② 협의성립확인이 있게 되면 재결로 간주하므로 목적물에 대한 취득은 원시취득을 하는 것으로 볼 수 있다.

(2) 권리구제방법

착오를 이유로 다툴 수 있는지에 대해 ① 사업인정 후 협의 시에는 민법규정을 유추적용하여 또는 판례에 따라 민사소송으로 다툴 수 있다. ② 협의성립확인 시에는 차단효로 인하여 협의 내용을 직접 다툴 수 없는 바, 확인에 대한 효력을 이의신청이나 소송으로 소멸시킨 후 다투어야 한다.

(3) 등기의 유형

① 협의취득의 경우 환매특약등기로서 제3자에게 대항할 수 있으나, ② 확인의 경우는 수용의 등기로서 제3자에게 대항할 수 있다.

3. 양자의 관계

협의는 계약의 성질을 가지고 효력면에서 강제력이 없으므로, 협의 효력을 재결의 효력으로 전환시키는 확인제도를 두고 있다. 따라서 협의와 협의성립확인은 당사자 간의 계약을 공법상의 처분으로 전환시키는 관계에 있다고 볼 수 있다.

사례 29

특수전사령부 및 제3공수특전여단 이전사업의 사업부지에 속하는 이천시 707번지 전 1,319㎡에 관하여는 2009.8.6. 사업시행자인 한국토지주택공사와 그 소유권보존등기 명의인인 대한민국 사이에 토지보상법에 따른 토지 취득에 관한 협의가 성립되었다.

한국토지주택공사는 토지보상법 제29조 제3항에 따라 이 사건 토지의 등기부상 소유명의인의 동의를 받고 한국토지주택공사와 대한민국 사이의 매매계약서, 협의성립확인신청 동의서, 토지조서 및 보상금지급서류 등에 공증을 받아 토지수용위원회에게 해당 토지에 관한 협의 성립의 확인을 신청하였고 토지수용위원회는 2015.3.26. 이를 수리하였다.

그런데 해당 토지는 1956년 농지개혁법에 따라 소유자가 대한민국이 된 것이었고 1994년 농지개혁법의 폐지로 인해 1998년 다시 원 소유자에게 소유권이 환원되었으나 등기부상 소유자는 여전히 대한민국으로 남아있었다.

해당 수리행위 당시 토지의 진정한 소유자가 갑이었던 사실, 갑이 2014.10.10. 서울중앙지방법원 2014가단209928호로 자신이 해당 토지의 진정한 소유자라고 주장하며 등기부상 소유자인 대한민국과 사업의 시행인 한국토지주택공사를 상대로 해당 토지의 보존등기 및 이전등기의 말소를 구하는 소를 제기한 사실이 있었다.

(1) 갑은 수리행위를 대상으로 취소소송을 제기할 수 있는가. 이 경우 사업시행자는 갑은 현재 등기부상 소유자나 관계인이 아닌 제3자이므로 취소소송을 제기할 수 없다고 주장한다. 취소소송을 제기할 수 있는지 논하시오. 20점

(2) 갑은 해당 수리행위는 위법하기 때문에 취소되어야 한다고 주장하나, 사업시행자는 수리행위는 위법하다고 하더라도 사업의 기성고가 2015.6.5.을 기준으로 95.68%에 이르고, 2015.10.1. 이천시장으로부터 해당 토지를 포함한 해당 시설에 대한 임시사용승인을 받아 해당 군부대가 해당 시설을 사용하려고 하는 상태에 있는데, 수리행위가 취소된다면 1395필지 중 해당 토지 1필지를 위하여 한국토지주택공사는 다시 수용절차를 밟아야 하고 해당 군부대가 해당 군사시설을 사용하지 못하게 되는 반면, 수리행위의 효력을 유지하더라도 해당 토지에 대한 보상금을 받는 것이 종국적인 목적인 원고에게는 큰 불이익이 되지 않는다고 주장한다. 법원은 어떠한 판결을 하여야 하는가? 20점

⊕ (설문 1)의 해결

Ⅰ 쟁점의 정리

토지수용위원회의 수리행위에 대한 취소소송을 제기할 수 있는지가 문제된다. 설문의 해결을 위하여 수리행위가 항고소송의 대상이 되는 처분에 해당하는지와, 갑에게 원고적격으로서 법률상 이익이 인정되는지를 검토한다.

Ⅱ 토지수용위원회의 수리행위가 처분인지

1. 행정소송법 제2조 처분의 개념

행정쟁송법상의 처분은 '행정청의 구체적 사실에 대한 법집행으로서의 공권력의 행사 및 그 거부'와 '이에 준하는 행정작용'을 포함한다.

2. 관련규정(토지보상법 제29조)의 검토(의의 및 취지)

(1) 의의 및 취지

협의성립의 확인이란 수용당사자 간 협의가 성립된 경우에 이를 토지수용위원회에 확인받는 것을 말한다. 협의성립 확인제도는 수용과 손실보상을 신속하게 실현시키기 위하여 도입되었다.

(2) 요건 및 효력

토지보상법 제29조 제3항에서는 공증을 받아 토지수용위원회에 협의 성립의 확인을 신청하고 토지수용위원회가 이를 수리함으로써 협의 성립이 확인된 것으로 보며, 이는 재결의 효력이 있는 것으로 규정하고 있다.

3. 토지수용위원회의 수리행위의 법적 성질

협의가 성립하였음을 확인받음으로써 재결의 효력이 발생하게 되어 수용당사자는 더 이상 협의 내용에 대해서 다툴 수 없고, 사업시행자는 토지를 원시취득하게 된다. 이처럼 확인을 받음으로써 재결의 효력이 발생되므로 토지수용위원회의 수리행위는 수용 당사자 간 재산권의 법률관계를 변동시키는 처분이라고 볼 것이다.

Ⅲ 갑에게 법률상 이익이 인정되는지 여부

1. 원고적격의 의의(행정소송법 제12조) 및 취지

원고적격이란 본안판결을 받을 수 있는 자격으로, 행정소송법 제12조에서는 "취소소송은 처분 등의 취소를 구할 법률상 이익이 있는 자가 제기할 수 있다"고 규정하고 있다. 이는 소를 제기할 수 있는 자를 규정하여 남소방지를 도모함에 취지가 인정된다.

2. 법률상 이익의 의미와 범위

견해의 대립이 있으나, 다수견해 및 판례는 처분의 근거법규 및 관계법규(취지 포함)에 의해 개별적으로 보호되는 직접적이고 구체적인 개인적 이익을 법률상 이익으로 보고 있다. 국민의 권리보호를 위해 법률상 이익의 범위를 점차 넓혀가는 경향이 있다.

3. 사안의 경우

갑은 해당 토지의 진정한 소유자였고, 협의성립 확인 신청에 대한 수리행위에 의해 재결이 있었던 것으로 간주됨에 따라 한국토지주택공사가 해당 토지를 원시취득하게 되는 결과, 갑은 해당 토지의 취득에 관한 협의 절차나 토지보상법 제29조 제1항이 정하는 토지소유자의 동의 여부에 관하여 관여할 기회조차 상실한 채 해당 토지의 소유권을 상실하게 되는 바, 갑이 해당 수리행위의 직접 상대방이 아닌 제3자라 하더라도 수리행위로 인하여 법률상 보호되는 이익을 침해당한 자로서 수리행위의 당부에 관한 판단을 받을 자격이 있다고 할 것이다.

Ⅳ 사안의 해결

토지수용위원회의 수리행위는 재결의 효력을 발생시키는 처분으로서 항고소송의 대상이 되며, 갑은 해당 수리행위를 취소시킴으로써 진정한 토지소유권을 회복시킬 법률상 이익이 인정된다. 설문상 협의소익 및 제소기간 등은 문제되지 않는 것으로 보이는 바, 갑은 수리행위의 취소를 구하는 소를 제기할 수 있을 것이다.

⊕ (설문 2)의 해결

Ⅰ 쟁점의 정리

설문은 토지수용위원회의 수리행위가 위법한지와, 위법하다면 사정판결의 가능성이 문제된다. 사안의 해결을 위하여 수리행위의 위법성과 관련하여 토지보상법 제29조 협의성립 확인의 요건을 검토하고, 법원이 사정판결을 할 수 있는지를 검토한다.

Ⅱ 토지수용위원회의 수리행위의 위법성 판단

1. 협의성립 확인의 요건 및 절차

토지보상법 제29조에서는 수용당사자 간 협의가 성립된 경우에는 ① 소유자 등의 동의를 받아 신청하거나, ② 공증을 통한 신청과 이에 대한 수리절차를 규정하고 있다.

2. 진정한 소유자의 동의가 필요한지 여부

간이한 절차만을 거치는 협의 성립의 확인에, 원시취득의 강력한 효력을 부여함과 동시에 사법상 매매계약과 달리 협의 당사자들이 사후적으로 그 성립과 내용을 다툴 수 없게 한 법적 정당성의 원천은 사업시행자와 토지소유자 등이 진정한 합의를 하였다는 데에 있다. 따라서 협의 성립의 확인 신청에 필요한 동의의 주체인 토지소유자는 협의 대상이 되는 '토지의 진정한 소유자'를 의미한다고 보아야 할 것이다.

3. 위법성 판단

사업시행자가 진정한 토지소유자의 동의를 받지 못한 채 단순히 등기부상 소유명의자의 동의만을 얻은 후 관련 사항에 대한 공증을 받아 토지보상법 제29조 제3항에 따라 협의 성립의 확인을 신청하였음에도 토지수용위원회가 신청을 수리하였다면, 수리행위는 다른 특별한 사정이 없는 한 토지보상법이 정한 소유자의 동의 요건을 갖추지 못한 것으로서 위법하다.

Ⅲ 사정판결의 가능성

1. 의의(행정소송법 제28조)

사정판결이란 취소소송에 있어서 본안심리 결과, 원고의 청구가 이유 있다고 인정하는 경우에도 공공복리를 위하여 원고의 청구를 기각하는 판결을 말한다. 이는 법치주의에 대한 중대한 예외로서 그 요건은 엄격히 해석되어야 한다.

2. 요건

① 원고의 청구가 이유 있을 것, ② 처분 등의 취소가 현저히 공공복리(위법한 처분을 취소함으로 발생하는 공익의 침해와 위법한 처분을 방치함으로써 발생되는 상대방의 불이익 간 형량)에 적합하지 않을 것, ③ 당사자의 신청이 있을 것을 요건으로 하나, 판례는 당사자의 신청이 없더라도 직권으로 사정판결을 할 수 있다고 보고 있다.

3. 인정범위(무효인 경우의 가능 여부)

견해의 대립이 있으나 판례는 "당연무효의 행정처분을 소송목적물로 하는 행정소송에서는 존치시킬 효력이 있는 행정행위가 없기 때문에 행정소송법 제28조 소정의 사정판결을 할 수 없다"고 판시한 바 있다.

4. 위법판단의 기준 시와 사정판결 필요성의 판단시점

사정판결에 있어서도 위법성 판단의 기준 시는 일반론에 따라 처분 시로 결정되어야 할 것이나, 사정판결의 필요성은 처분 후의 사정이 고려되어야 할 것이므로 변론종결시를 기준으로 판단하여야 할 것이다.

5. 사정판결의 효과

사정판결은 원고의 청구를 기각하는 판결이므로 취소소송의 대상인 처분 등은 해당 처분이 위법함에도 그 효력이 유지된다.

6. 법원의 조치(및 권리구제)

판결의 주문에 ① 처분 등의 위법을 명시하고, ② 손해의 정도와 배상방법을 조사하여야 한다. ③ 사정판결은 원고의 주장이 이유 있음에도 공익을 위해서 하는 것인 바 소송비용은 피고가 부담해야 한다. 원고는 손해배상 및 재해시설설치, 그 밖의 구제방법 등의 청구를 병합 제기할 수 있다.

7. 사안의 경우

해당 처분을 취소한다고 하여 곧바로 해당 군부대가 설치된 시설을 사용하지 못하게 된다고 보기 어려우며 즉시 진정한 소유자와의 수용절차를 통한 취득도 가능하므로 사정판결을 해야 할 특별한 사정은 인정되기 어려울 것이다.

Ⅳ 사안의 해결

토지의 진정한 소유자의 동의를 받지 아니한 채 이루어진 협의 성립 확인은 요건을 갖추지 못한 하자가 있어 위법하다. 또한 토지수용위원회의 수리행위를 취소하더라도 진정한 소유자와의 협의 및 수용절차를 통한 소유권 이전이 가능하므로 사정판결의 필요성도 없는 것으로 보인다. 따라서 법원은 인용판결을 할 것이다.

> ✱ 해당 판례 사실관계 요약
>
> 1912.3.6. 토지사정
> 1956.6.30. 대한민국 토지개혁법으로 등기
> 2009.8.6. 토지공사와 대한민국 협의 소유권이전
> 2014.10.10. 진정한 소유자 주장 등기말소청구
> 2015.3.26. 공증신청수리 협의성립 확인
> 1955.6.25. 재산상속
> 1998.12.31. 농지법 분배대상 아닌바 소유권 환원
> 진정한 소유자 아닌 대한민국과 협의한바 수리행위는 위법

📝 대판 2018.12.13, 2016두51719[협의성립확인신청수리처분취소]

[판시사항]

공익사업을 위한 토지 등의 취득 및 보상에 관한 법률 제29조 제3항에 따른 협의 성립의 확인 신청에 필요한 동의의 주체인 토지소유자는 협의 대상이 되는 '토지의 진정한 소유자'를 의미하는지 여부(적극) / 사업시행자가 진정한 토지소유자의 동의를 받지 못한 채 등기부상 소유명의자의 동의만을 얻은 후 관련 사항에 대한 공증을 받아 위 제29조 제3항에 따라 협의 성립의 확인을 신청하였으나 토지수용위원회가 신청을 수리한 경우, 수리 행위가 위법한지 여부(원칙적 적극) / 이와 같은 동의에 흠결이 있는 경우 진정한 토지소유자 확정에서 사업시행자의 과실 유무를 불문하고 수리 행위가 위법한지 여부(적극) 및 이때 진정한 토지소유자가 수리 행위의 위법함을 이유로 항고소송으로 취소를 구할 수 있는지 여부(적극)

[판결요지]

공익사업을 위한 토지 등의 취득 및 보상에 관한 법률(이하 '토지보상법'이라 한다) 제29조에서 정한 협의 성립 확인제도는 수용과 손실보상을 신속하게 실현시키기 위하여 도입되었다. 토지보상법 제29조는 이를 위한 전제조건으로 협의 성립의 확인을 신청하기 위해서는 협의취득 내지 보상협의가 성립한 데에서 더 나아가 확인 신청에 대하여도 토지소유자 등이 동의할 것을 추가적 요건으로 정하고 있다. 특히 토지보상법 제29조 제3항은, 공증을 받아 협의 성립의 확인을 신청하는 경우에 공증에 의하여 협의 당사자의 자발적 합의를 전제로 한 협의의 진정 성립이 객관적으로 인정되었다고 보아, 토지보상법상 재결절차에 따르는 공고 및 열람, 토지소유자 등의 의견진술 등의 절차 없이

관할 토지수용위원회의 수리만으로 협의 성립이 확인된 것으로 간주함으로써, 사업시행자의 원활한 공익사업 수행, 토지수용위원회의 업무 간소화, 토지소유자 등의 간편하고 신속한 이익실현을 도모하고 있다.

한편 토지보상법상 수용은 일정한 요건하에 그 소유권을 사업시행자에게 귀속시키는 행정처분으로서 이로 인한 효과는 소유자가 누구인지와 무관하게 사업시행자가 그 소유권을 취득하게 하는 원시취득이다. 반면, 토지보상법상 '협의취득'의 성격은 사법상 매매계약이므로 그 이행으로 인한 사업시행자의 소유권 취득도 승계취득이다. 그런데 토지보상법 제29조 제3항에 따른 신청이 수리됨으로써 협의 성립의 확인이 있었던 것으로 간주되면, 토지보상법 제29조 제4항에 따라 그에 관한 재결이 있었던 것으로 재차 의제되고, 그에 따라 사업시행자는 사법상 매매의 효력만을 갖는 협의취득과는 달리 확인대상 토지를 수용재결의 경우와 동일하게 원시취득하는 효과를 누리게 된다. 이처럼 간이한 절차만을 거치는 협의 성립의 확인에, 원시취득의 강력한 효력을 부여함과 동시에 사법상 매매계약과 달리 협의 당사자들이 사후적으로 그 성립과 내용을 다툴 수 없게 한 법적 정당성의 원천은 사업시행자와 토지소유자 등이 진정한 합의를 하였다는 데에 있다. 여기에 공증에 의한 협의 성립 확인 제도의 체계와 입법 취지, 그 요건 및 효과까지 보태어 보면, 토지보상법 제29조 제3항에 따른 협의 성립의 확인 신청에 필요한 동의의 주체인 토지소유자는 협의 대상이 되는 '토지의 진정한 소유자'를 의미한다. 따라서 사업시행자가 진정한 토지소유자의 동의를 받지 못한 채 단순히 등기부상 소유명의자의 동의만을 얻은 후 관련 사항에 대한 공증을 받아 토지보상법 제29조 제3항에 따라 협의 성립의 확인을 신청하였음에도 토지수용위원회가 신청을 수리하였다면, 수리 행위는 다른 특별한 사정이 없는 한 토지보상법이 정한 소유자의 동의 요건을 갖추지 못한 것으로서 위법하다. 진정한 토지소유자의 동의가 없었던 이상, 진정한 토지소유자를 확정하는 데 사업시행자의 과실이 있었는지 여부와 무관하게 그 동의의 흠결은 위 수리 행위의 위법사유가 된다. 이에 따라 진정한 토지소유자는 수리 행위가 위법함을 주장하여 항고소송으로 취소를 구할 수 있다.

◢ 사례 **30**

강원도지방토지수용위원회는 원주지방국토관리청장이 공익사업을 위하여 2013.1.18. 원고 소유인 경기도 광주시 (주소 생략) 임야 3,505㎡ 등 5필지를 수용하고, 그 손실보상금은 합계 976,261,750원으로 하며, 수용개시일은 2013.3.13.로 한다는 내용의 수용재결을 하였다. 사업시행자는 수용재결의 보상금액에 관하여 감액 청구소송을 제기할지를 검토하고 있었다. 한편 갑은 '50억 원이 넘는 대출금채무로 인해 매일 300만 원에 달하는 지연손해금 채무가 발생하고 있다'라고 언급하면서, 사업시행자에게 하루라도 빨리 토지의 손실보상금을 지급해 주고, 나아가 토지에 인접한 잔여지 6필지도 매수해 줄 것을 요청하였다. 이러한 상황에서 갑과 사업시행자는 2013.2.18. 토지에 관하여 보상금액을 943,846,800원으로, 잔여지에 관하여 보상금액을 693,573,430원으로 정한 각 '공공용지의 취득협의서'를 작성하였고, 갑이 사업시행자에게 위 각 금액을 청구하는 내용의 각 보상금청구서 및 같은 금액을 영수한다는 내용의 각 영수증을 작성·교부하였으며, 2013.2.21. 토지 및 잔여지에 관하여 '2013.2.18. 공공용지의 협의취득'을 원인으로 참가인 명의의 소유권이전등기가 마쳐졌다.

각 물음은 독립적 사안임을 전제할 것.

(1) 수용재결 이후에도 당사자 간 협의로서 소유권 이전이 가능한지 여부와 가능하다면 협의에서 수용재결에서 결정된 정당보상금과 상이한 금액으로 보상금을 결정할 수 있는지 여부를 논하시오. 20점

(2) 갑은 협의는 하였으나 이는 재결에서 정한 보상금에 미치지 못하는 금액인바, 재결에서 정해진 보상금과의 차액을 지급해줄 것을 추가로 요구하였으나 사업시행자는 이를 거부하였고 수용의 개시일이 경과되었다. 재결에 따른 보상금을 지급 또는 공탁하지 않았음을 이유로 재결무효확인소송을 제기할 수 있는가? 20점

(설문 1)의 해결

Ⅰ 쟁점의 정리

Ⅱ 수용재결 이후에 재협의로 인한 토지취득이 가능한지 여부
1. 손실보상의 의의 및 보상액 결정절차
   (1) 손실보상의 의의 및 취지
   (2) 보상액 결정절차
2. 수용재결의 의의 및 효력
   (1) 수용재결의 의의 및 취지
   (2) 재결의 효력 및 실효
   (3) 재결의 실효와 재결신청 및 사업인정의 효력과의 관계
3. 수용재결 이후에 재협의로 인한 토지취득이 가능한지 여부

Ⅲ 수용재결과 상이한 보상금액을 정할 수 있는지 여부
1. 협의의 의의 및 취지
2. 협의의 법적 성질
   (1) 견해의 대립
   (2) 판례
   (3) 검토
3. 협의취득과 정당보상
4. 수용재결과 상이한 보상금을 정할 수 있는지 여부

Ⅳ 사안의 해결

(설문 2)의 해결

Ⅰ 쟁점의 정리

Ⅱ 무효확인소송의 제기요건
  1. **무효확인소송의 의의 및 성질**
  2. **소송요건**

Ⅲ 협의의 소익
  1. **협의의 소익의 의의 및 취지**
  2. **무효등확인을 구할 법률상 이익의 의미**
    (1) 법률상 이익의 의미

(2) 확인의 이익이 요구되는지 여부
3. **무효등확인소송에서의 협의의 소익**
  (1) 처분의 효력이 소멸한 경우
  (2) 처분 후의 사정에 의해 이익침해가 해소된 경우
  (3) 원상회복이 불가능한 경우
  (4) 보다 간이한 구제방법이 있는 경우(보다 실효적인 권리구제방법이 있는 경우)

Ⅳ 사안의 해결

⊕ (설문 1)의 해결

Ⅰ 쟁점의 정리

설문은 재결 이후에도 당사자 간 협의가 가능한지와, 가능하다면 수용재결에서 결정된 보상금액과 상이한 금액으로 협의를 할 수 있는지가 문제된다. 토지 등의 취득절차를 규정하고 있는 보상절차의 취지를 검토하여 수용재결 이후에도 협의가 가능한지를 검토하고, 협의의 성질상 양 당사자 간에 보상금액을 새로이 결정할 수 있는지를 함께 살펴본다.

Ⅱ 수용재결 이후에 재협의로 인한 토지취득이 가능한지 여부

1. 손실보상의 의의 및 보상액 결정절차

(1) 손실보상의 의의 및 취지

손실보상이란 공공필요에 의한 적법한 공권력의 행사로 가하여진 개인의 특별한 재산권 침해에 대하여, 행정주체가 사유재산권 보장과 평등부담의 원칙 및 생존권 보장차원에서 행하는 조절적인 재산적 전보를 말한다.

(2) 보상액 결정절차

손실보상액은 당사자 간의 협의에 의한 협의취득과, 협의가 성립되지 않은 경우 관할 토지수용위원회의 재결에 의하는 수용취득의 절차가 있다. 수용취득의 경우에는 이의신청 및 보상금증감청구소송을 통해서 보상금액이 확정된다.

2. 수용재결의 의의 및 효력

(1) 수용재결의 의의 및 취지

수용재결이란 사업시행자에게 부여된 수용권의 구체적인 내용을 결정하고 그 실행을 완성시키는 형성적 행위로서 수용의 최종단계에서 공·사익의 조화를 도모하여 수용목적을 달성함에 제도적 의미가 인정된다.

(2) 재결의 효력 및 실효

사업시행자는 수용재결에 의한 보상금을 지급 또는 공탁하게 되면 수용의 개시일에 소유권을 취득하게 된다. 그러나 수용의 개시일까지 보상금을 지급 또는 공탁하지 못하면 해당 수용재결은 그 효력이 상실된다.

(3) 재결의 실효와 재결신청 및 사업인정의 효력과의 관계

판례는 재결이 실효되면 재결신청도 상실된다고 하였다. 다만 사업인정에 대해서는 여전히 효력이 존재하므로 재결신청기간 내이면 재차 재결신청이 가능하다고 한다.

3. 수용재결 이후에 재협의로 인한 토지취득이 가능한지 여부

토지수용위원회가 수용재결을 하였더라도 사업시행자로서는 수용 또는 사용의 개시일까지 토지수용위원회가 재결한 보상금을 지급 또는 공탁하지 아니함으로써 재결의 효력을 상실시킬 수 있는 점, 토지소유자 등은 수용재결에 대하여 이의를 신청하거나 행정소송을 제기하여 보상금의 적정 여부를 다툴 수 있는데, 그 절차에서 사업시행자와 보상금액에 관하여 임의로 합의할 수 있는 점, 공익사업의 효율적인 수행을 통하여 공공복리를 증진시키고, 재산권을 적정하게 보호하려는 토지보상법의 입법 목적(제1조)에 비추어 보더라도 수용재결이 있은 후에 사법상 계약의 실질을 가지는 협의취득 절차를 금지해야 할 별다른 필요성을 찾기 어려운 점 등을 종합해 보면, 토지수용위원회의 수용재결이 있은 후라고 하더라도 토지소유자 등과 사업시행자가 다시 협의하여 토지 등의 취득이나 사용 및 그에 대한 보상에 관하여 임의로 계약을 체결할 수 있다고 보아야 한다.

✎ 답안 축약 시

> 재결이 실효되어도 재결신청기간 내라면 언제든 사업시행자는 재결을 다시 신청할 수 있고, 재결절차 중 당사자 간의 화해의사에 따라 토지취득이 가능한 점 및 보상금증감청구소송 중에라도 임의로 합의할 수 있는 점 등에 비추어 볼 때, 수용재결이 이후라 하더라도 당사자 간 협의를 금지할 이유는 없으므로 양 당사자는 다시금 임의로 계약을 체결할 수 있다고 보아야 한다.

Ⅲ 수용재결과 상이한 보상금액을 정할 수 있는지 여부

1. 협의의 의의 및 취지

사업인정 후 협의란 사업인정 후 토지 등의 권리취득 등에 대한 양당사자의 의사의 합치로서
① 최소침해요청과 ② 사업의 원활한 진행, ③ 피수용자의 의견존중에 취지가 있다.

2. 협의의 법적 성질

(1) 견해의 대립

① 사업인정 후 협의는 공공기관이 사경제주체로 행하는 사법상 계약의 실질을 가지므로 사법
상 법률관계라고 하는 사권설과, ② 사업인정 후 협의는 사업시행자가 수용권주체로서 행하는
공법상 계약이므로 공법상 법률관계라고 하는 공권설이 있다.

(2) 판례

판례도 사경제주체로서 행하는 사법상의 법률행위로 보며, 이는 행정처분이 아니므로 행정소송
의 대상이 되지 않는다고 한다(대판 1992.10.27, 91누3871).

(3) 검토

사업인정 후 협의는 목적물을 취득하여 사업의 진행을 도모하기 위한 것이므로, 이는 공용수용
의 공법상 목적을 달성시키기 위한 절차로 볼 수 있다. 따라서 공법상 법률관계로 보는 것이
타당하다.

3. 협의취득과 정당보상

대법원은 사법상 매매인 바 손실보상기준에 의하지 않은 매매대금을 정할 수 있다고 한다. 그러나
토지보상법 제1조는 재산권의 적정한 보호를 도모함을 목적으로 하는 바 협의취득에도 정당보상이
이루어져야 한다고 본다(대판 2000.8.22, 98다60422).

4. 수용재결과 상이한 보상금을 정할 수 있는지 여부

협의는 수용당사자 간의 자유의사에 의한 소유권 이전행위로 볼 수 있다. 따라서 최소침해의 원칙
및 사업의 원활한 진행을 위해서 수용재결에 의한 보상금액과 상이한 보상금액으로 협의할 수 있을
것이다. 다만, 사업시행자가 소유자의 궁박·경솔 등의 사정을 이용하여 정당보상금액과 현저히
차이 나는 금액으로 보상액을 산정하는 것은 정당보상원칙에 비추어 허용되지 않는다 할 것이다.

Ⅳ 사안의 해결

사업시행자와 갑은 수용재결 이후에도 당사자 간의 자유의사에 따라 수용재결에서 정해진 보상금
과 상이한 금액으로 자유롭게 소유권 이전을 할 수 있다.

⊕ (설문 2)의 해결

Ⅰ 쟁점의 정리

설문은 수용재결에서 정한 보상금이 지급 또는 공탁되지 않음을 이유로, 실효된 재결에 대해서 재결무효확인소송을 제기할 수 있는지가 문제된다. 수용재결 이후 협의취득에 의한 소유권 이전이 있었는바, 재결무효확인으로 인한 소의 이익이 인정되는지를 검토하여 사안을 해결한다.

Ⅱ 무효확인소송의 제기요건

1. 무효확인소송의 의의 및 성질

무효등확인소송이란 행정청의 처분이나 재결의 효력 유무 또는 존재 여부의 확인을 구하는 소송을 말한다. 실질에 있어서는 항고소송의 성질과 확인소송의 성질도 갖는 것으로 본다.

2. 소송요건

소송요건이라 함은 본안심리를 하기 위하여 갖추어야 하는 요건을 말한다. 소송요건이 충족된 소송을 적법한 소송이라 하고 이 경우 법원은 본안심리로 넘어 간다. 소송요건으로는 대상적격, 당사자적격, 협의의 소익, 제소기간 등이 있다. 사안은 무효확인을 구할 소의 이익이 있는지가 문제된다.

Ⅲ 협의의 소익

1. 협의의 소익의 의의 및 취지

협의의 소익은 본안판결을 받을 현실적 필요성을 의미한다. 협의의 소익은 원고적격과 함께 소송요건이 되며 이는 남소방지와 충실한 본안심사를 통해 소송경제를 도모함에 취지가 인정된다.

2. 무효등확인을 구할 법률상 이익의 의미

(1) 법률상 이익의 의미

무효등확인을 구할 법률상 이익은 무효등 확인을 통하여 구제되는 기본적인 법률상 이익뿐만이 아니라 부수적인 이익도 포함된다고 보는 것이 다수 및 판례의 견해이다.

(2) 확인의 이익이 요구되는지 여부

확인의 이익이란 확인소송은 확인판결을 받는 것이 원고의 권리구제에 유효적절한 수단인 경우에만 인정된다는 것이다. 종전 판례는 확인소송의 보충성을 요구하였으나, 최근 판례는 ① 행정소송은 민사소송과 목적, 취지, 기능을 달리하고, ② 확정판결의 기속력 및 보충성에 관한 명문의 규정부재 등으로 보충성이 요구되지 않는다고 판시했다.

3. 무효등확인소송에서의 협의의 소익

(1) 처분의 효력이 소멸한 경우

처분의 효력기간의 경과 등으로 그 행정처분의 효력이 상실된 경우에도 해당 처분의 무효를 확인할 현실적 이익이 있는 경우에는 그 처분의 무효확인을 구할 소의 이익이 있다.

(2) 처분 후의 사정에 의해 이익침해가 해소된 경우

처분 후의 사정에 의하여 권리와 이익의 침해 등이 해소된 경우에는 그 처분의 무효확인을 구할 소의 이익이 없으나, 처분 후에 사정변경이 있더라도 권익침해가 해소되지 않은 경우에는 소의 이익이 있다.

(3) 원상회복이 불가능한 경우

위법한 처분의 무효확인을 하더라도 원상회복이 불가능한 경우에는 무효확인을 구할 이익이 없으나 회복되는 부수적 이익이 있는 경우에는 소의 이익이 인정된다.

(4) 보다 간이한 구제방법이 있는 경우(보다 실효적인 권리구제 방법이 있는 경우)

무효등확인소송보다 실효적인(직접적인) 권리구제절차가 있는 경우에는 소의 이익이 부정되지만, 다른 권리구제절차가 있는 경우에도 무효를 구할 현실적 이익이 있는 경우에는 소의 이익이 인정된다.

Ⅳ 사안의 해결

사업시행자와 갑은 협의계약에 의해 소유권 이전등기가 마쳐진 상태이고, 이는 수용재결의 효력이 아닌 협의계약의 이행에 따른 결과이다. 따라서 재결무효확인을 받는다고 하여 협의계약에 의한 효력이 무효가 되는 것은 아니므로 토지의 소유권을 회복시키는 것이 불가능하고, 만약 재결무효확인을 통한 손실보상을 주장한다면 이는 토지보상법 제9조 준용에 따라 당사자 간의 협의나 재결의 별도의 불복절차가 마련되어 있으므로 재결무효확인으로써 회복할 수 있는 다른 권리나 이익이 남아 있다고 볼 수 없다. 따라서 해당 무효확인소송은 소의 이익이 부정되어 각하될 것이다.

✏ 대판 2017.4.13, 2016두64241

[판시사항]

[1] 공익사업을 위한 토지 등의 취득 및 보상에 관한 법률상 토지수용위원회의 수용재결이 있은 후 토지소유자 등과 사업시행자가 다시 협의하여 토지 등의 취득이나 사용 및 그에 대한 보상에 관하여 임의로 계약을 체결할 수 있는지 여부(적극)

[2] 중앙토지수용위원회가 지방국토관리청장이 시행하는 공익사업을 위하여 갑 소유의 토지에 대

하여 수용재결을 한 후, 갑과 사업시행자가 '공공용지의 취득협의서'를 작성하고 협의취득을 원인으로 소유권이전등기를 마쳤는데, 갑이 '사업시행자가 수용개시일까지 수용재결보상금 전액을 지급·공탁하지 않아 수용재결이 실효되었다'고 주장하며 수용재결의 무효확인을 구하는 소송을 제기한 사안에서, 갑이 수용재결의 무효확인 판결을 받더라도 토지의 소유권을 회복시키는 것이 불가능하고, 무효확인으로써 회복할 수 있는 다른 권리나 이익이 남아 있다고도 볼 수 없다고 한 사례

[판결요지]

[1] 공익사업을 위한 토지 등의 취득 및 보상에 관한 법률(이하 '토지보상법'이라 한다)은 사업시행자로 하여금 우선 협의취득 절차를 거치도록 하고, 협의가 성립되지 않거나 협의를 할 수 없을 때에 수용재결취득 절차를 밟도록 예정하고 있기는 하다. 그렇지만 일단 토지수용위원회가 수용재결을 하였더라도 사업시행자로서는 수용 또는 사용의 개시일까지 토지수용위원회가 재결한 보상금을 지급 또는 공탁하지 아니함으로써 재결의 효력을 상실시킬 수 있는 점, 토지소유자 등은 수용재결에 대하여 이의를 신청하거나 행정소송을 제기하여 보상금의 적정 여부를 다툴 수 있는데, 그 절차에서 사업시행자와 보상금액에 관하여 임의로 합의할 수 있는 점, 공익사업의 효율적인 수행을 통하여 공공복리를 증진시키고, 재산권을 적정하게 보호하려는 토지보상법의 입법 목적(제1조)에 비추어 보더라도 수용재결이 있은 후에 사법상 계약의 실질을 가지는 협의취득 절차를 금지해야 할 별다른 필요성을 찾기 어려운 점 등을 종합해 보면, 토지수용위원회의 수용재결이 있은 후라고 하더라도 토지소유자 등과 사업시행자가 다시 협의하여 토지 등의 취득이나 사용 및 그에 대한 보상에 관하여 임의로 계약을 체결할 수 있다고 보아야 한다.

[2] 중앙토지수용위원회가 지방국토관리청장이 시행하는 공익사업을 위하여 갑 소유의 토지에 대하여 수용재결을 한 후, 갑과 사업시행자가 '공공용지의 취득협의서'를 작성하고 협의취득을 원인으로 소유권이전등기를 마쳤는데, 갑이 '사업시행자가 수용개시일까지 수용재결보상금 전액을 지급·공탁하지 않아 수용재결이 실효되었다'고 주장하며 수용재결의 무효확인을 구하는 소송을 제기한 사안에서, 갑과 사업시행자가 수용재결이 있은 후 토지에 관하여 보상금액을 새로 정하여 취득협의서를 작성하였고, 이를 기초로 소유권이전등기까지 마친 점 등을 종합해 보면, 갑과 사업시행자가 수용재결과는 별도로 '토지의 소유권을 이전한다는 점과 그 대가인 보상금의 액수'를 합의하는 계약을 새로 체결하였다고 볼 여지가 충분하고, 만약 이러한 별도의 협의취득 절차에 따라 토지에 관하여 소유권이전등기가 마쳐진 것이라면 설령 갑이 수용재결의 무효확인 판결을 받더라도 토지의 소유권을 회복시키는 것이 불가능하고, 나아가 무효확인으로써 회복할 수 있는 다른 권리나 이익이 남아 있다고도 볼 수 없다고 한 사례

사례 31

경기도는 남북교류협력사업이 증대할 것으로 예상하고 파주시 일대에 화물터미널을 설치하기로 계획하고 2014년 5월 16일에 사업인정을 받았다. 이와 관련하여 다음 물음에 답하시오.

(1) 토지소유자 및 관계인에게 인정되는 재결신청청구권에 대하여 설명하시오. [10점]

(2) 만일 경기도가 최근 북핵문제로 긴장이 고조되는 사정 등을 고려하여 사업추진 시기를 늦출 필요성이 있다고 판단하고 사업인정고시 후 상당한 기간이 경과하도록 협의기간을 통지하지 아니하고 있다면, 토지소유자 갑은 재결신청의 청구를 할 수 있는가? [5점]

(3) 경기도가 보상계획을 공고·열람한 후에 甲에게 협의기간을 2014년 8월 1일부터 2014년 8월 31일까지로 하여 보상협의요청서를 보내왔다. 이때 당사자 간에 협의가 성립할 가능성이 없음이 명백한 경우 甲은 협의기간 만료 전에도 재결신청의 청구를 할 수 있는가? 만약 할 수 있다면 경기도는 언제까지 재결을 신청하여야 하는가? [10점]

(물음 1) 재결신청청구권
Ⅰ 개설(의의 및 취지(토지보상법 제30조))
Ⅱ 재결신청청구의 요건, 절차 및 효력 등
　1. 성립요건
　2. 재결신청청구의 효과
Ⅲ 권리구제
　1. 사업시행자가 재결신청을 거부하거나 부작위시 소송을 통한 이행가능성
　　(1) 행정쟁송가부
　　(2) 민사소송가능여부
　2. 지연가산금에 대한 다툼
Ⅳ 관련문제(재결신청청구제도의 문제점)

(물음 2) 협의기간의 통지가 없는 경우
Ⅰ 쟁점의 정리
Ⅱ 재결신청의 청구가 가능한지 여부
　1. 관련판례의 태도
　2. 검토
Ⅲ 사안의 해결

(물음 3) 협의가 성립할 가능성이 없음이 명백한 경우
Ⅰ 쟁점의 정리
Ⅱ 재결신청의 청구 가능성
　1. 관련판례의 태도
　2. 검토
Ⅲ 60일의 기산점
　1. 관련판례의 태도
　2. 검토
Ⅳ 사안의 해결

⊕ (물음 1) 재결신청청구권

Ⅰ 개설[의의 및 취지[토지보상법 제30조]]

재결신청청구권은 사업인정 후 협의가 성립되지 않은 경우 피수용자가 사업시행자에게 서면으로 재결신청을 조속히 할 것을 청구하는 권리이다. 이는 피수용자에게는 재결신청권을 부여하지 않았으므로 ① 수용법률관계의 조속한 안정과 ② 재결신청지연으로 인한 피수용자의 불이익을 배제하기 위한 것으로 사업시행자와의 형평의 원리에 입각한 제도이다.

Ⅱ 재결신청청구의 요건, 절차 및 효력 등

1. 성립요건

토지소유자 등은 사업시행자에게 협의기간 만료일부터 재결신청을 할 수 있는 기간 만료일까지 재결을 신청(엄격한 형식을 요하지 않는 서면으로)할 것을 청구할 수 있지만, ① 협의불성립 또는 불능 시, ② 사업인정 후 상당기간이 지나도록 사업시행자의 협의통지 없는 경우, ③ 협의불성립이 명백한 경우에는 협의기간이 종료되지 않았더라도 재결신청청구가 가능하다고 본다.

2. 재결신청청구의 효과

재결신청의 청구를 받은 사업시행자는 재결신청청구가 있는 날로부터 60일 이내에 관할 토지수용위원회에 재결을 신청하여야 한다. 60일을 경과하여 신청한 경우 지연가산금을 지급해야 한다.

Ⅲ 권리구제

1. 사업시행자가 재결신청을 거부하거나 부작위 시 소송을 통한 이행가능성

(1) 행정쟁송 가부

토지수용과 관련하여 사업시행자가 손실보상의 대상이 아니라고 보아 지장물에 대한 보상협의 절차를 진행하지 아니하거나 거부하는 경우라면, 토지소유자의 입장에서는 보상의 길을 구할 방법이 없게 되는 것이므로 이에 대한 거부나 부작위 시에는 행정쟁송을 제기할 수 있을 것이다.

(2) 민사소송가능 여부

판례는 가산금제도 및 사업인정의 실효규정과 그에 따른 손실보상규정을 이유로 민사소송 등에 의한 방법으로 그 이행을 청구할 수 없다고 한다(대판 1997.11.14, 97다13016).

2. 지연가산금에 대한 다툼

판례는 지연가산금은 수용보상금과 함께 재결로 정하도록 규정하고 있으므로 지연가산금에 대한 불복은 보상금증액에 관한 소에 의하여야 한다고 한다.

Ⅳ 관련문제(재결신청청구제도의 문제점)

재결신청의무 불이행시 토지소유자의 권리보호가 우회적이므로 토지수용위원회에 재결신청이 이루어지는 효력을 부여하는 정도로 강화될 필요성이 있다.

⊕ (물음 2) 협의기간의 통지가 없는 경우

Ⅰ 쟁점의 정리

사업시행자가 사업인정고시가 있은 후에 상당한 기간이 경과하도록 협의기간의 통지가 없어 조속히 법률관계의 안정을 바라는 피수용자의 지위가 불안해지는 경우에 재결신청의 청구를 할 수 있는가 여부가 문제된다.

Ⅱ 재결신청의 청구가 가능한지 여부

1. 관련판례의 태도

판례는 도시계획사업시행자가 사업실시계획인가의 고시 후 상당한 기간이 경과하도록 협의 대상 토지소유자에게 협의기간을 통지하지 아니하였다면 토지소유자로서는 구 토지수용법 제25조의3 제1항에 따라 재결신청의 청구를 할 수 있다고 판시하였다.

2. 검토

재결신청의 청구권은 수용법률관계의 조속한 확정을 바라는 피수용자의 권익을 보호하고, 당사자 간 공평을 기하기 위해서 인정되는 점을 고려할 때 사업인정 고시 후 상당한 기간이 경과하도록 협의기간의 통지 자체가 없는 경우에 피수용자는 재결신청의 청구를 할 수 있다고 봄이 타당하다.

Ⅲ 사안의 해결

甲은 경기도에 대하여 재결신청의 청구를 할 수 있고, 경기도는 청구를 받은 때부터 60일 이내에 재결신청을 하여야 한다.

⊕ (물음 3) 협의가 성립할 가능성이 없음이 명백한 경우

Ⅰ 쟁점의 정리

사안은 협의의 통지가 있어 협의하였으나 협의성립가능성이 없음이 명백한 경우이다. 이때 피수용자가 협의기간이 만료되기 이전에도 재결신청의 청구를 할 수 있는지, 할 수 있다면 경기도는 언제까지 재결신청을 하여야 하는가의 문제이다.

Ⅱ 재결신청의 청구 가능성

1. 관련판례의 태도

판례는 수용에 관한 협의기간이 정해져 있는 경우라도 협의의 성립가능성 없음이 명백해졌을 때와 같은 경우에는 굳이 협의기간이 종료될 때까지 기다리게 하여야 할 필요성이 없는 것이므로 협의기간 종료 전이라도 기업자나 그 업무대행자에 대하여 재결신청의 청구를 할 수 있는 것으로 보아야 한다고 판시하였다.

2. 검토

토지보상법 제30조 제1항은 대통령령이 정하는 바에 따라 재결신청할 것을 청구할 수 있다고 규정하고 있고, 동법 시행령 제14조 제1항은 협의기간이 경과한 후에 청구할 수 있다고 규정하고 있다. 따라서 이러한 법령의 규정에 의하면 피수용자는 협의기간이 종료되어야 재결신청의 청구를 할 수 있는 것이 된다. 그러나 재결신청의 청구권이 피수용자의 권익을 보호하기 위한 제도임을 고려할 때 협의불성립이 명확하다면 재결신청의 청구를 할 수 있다고 봄이 타당하며 판례의 태도가 옳다고 본다.

Ⅲ 60일의 기산점

1. 관련판례의 태도

판례는 협의기간이 종료하기 전이라도 협의성립 가능성이 없음이 명백하다면 재결신청의 청구를 할 수 있다고 하면서도 그러한 경우에 사업시행자가 가산금지급 의무를 부담하게 되는 60일의 기간은 협의기간 만료일로부터 기산하여야 한다고 판시하였다.

2. 검토

토지보상법 제30조 제2항에 따르면 사업시행자는 청구가 있는 날부터 60일 이내에 재결신청을 하여야 한다고 규정하고 있다. 따라서 판례와 같이 협의기간 종료 전에 재결신청의 청구는 할 수 있지만, 60일의 기간은 협의기간이 종료된 때부터 기산한다는 태도는 타당하다고 볼 수 없다.

Ⅳ 사안의 해결

甲은 협의기간 만료일인 2014년 8월 31일 이전이라도 협의성립 가능성이 없음이 명백한 때에는 사업시행자인 경기도에 대하여 재결신청할 것을 청구할 수 있다. 또한 지연가산금을 부담하게 되는 기간인 60일은 청구일로부터 기산한다고 보는 것이 타당하다. 다만 판례의 태도에 따르면 동기간은 협의기간 만료일이 지난 2014년 9월 1일부터 기산하게 된다.

사례 32

대전지방국토관리청은 아산－천안 간 도로건설 사업의 시행자이고, 갑 소유의 아산시 ○○면 ○○리
의 토지가 위 사업의 사업구역에 편입되었다. 대전지방국토관리청은 사업인정이 고시된 이후 손실
보상협의업무를 한국부동산원에 위탁하여 그로 하여금 원고들과의 손실보상협의를 진행하도록 하
였는데, 한국부동산원 측이 토지에 대해서만 손실보상을 진행하고 토지상의 지장물에 대해서는 불
법건축물임을 이유로 보상대상에서 제외하였다. 이에 갑은 해당 지장물도 보상대상에 해당하므로
이에 대한 재결을 신청해 줄 것을 청구하였으나, 한국부동산원은 불법건축물이므로 보상대상이 아
니라고 하면서 재결신청을 거부하였다(불법건축물에 대한 협의 절차는 없었으며, 도로구역 결정고
시일 이전에 건축되었음).

(1) 사업인정 전의 불법건축물이 보상의 대상이 되는지 설명하시오. 10점

(2) 토지보상법상 사업인정 이후에 손실보상액이 결정되는 절차를 설명하고, 갑이 중앙토지수용위
원회에게 직접 한국부동산원에게 한 것과 동일한 내용의 재결을 신청할 수 있는지에 대해 논하
시오. 25점

(3) 갑이 한국부동산원의 재결신청거부에 대하여 취소소송을 제기한다면 법원은 어떠한 판결을 하
여야 하는가? 20점 － 소송요건까지 검토해야 하는 경우

(3-1) 갑은 한국부동산원의 재결신청거부에 대하여 취소소송을 제기하려고 한다. 한국부동산원의
재결신청거부행위는 적법한가? 10점 － 소송요건은 검토하지 않아도 되는 경우

(설문 1)의 해결
Ⅰ 서설
Ⅱ 무허가건축물이 보상대상인지 여부
　1. 학설
　　(1) 부정하는 견해
　　(2) 긍정하는 견해(허가의 성질과 재산권)
　2. 판례의 태도
Ⅲ 검토

(설문 2)의 해결
Ⅰ 쟁점의 정리
Ⅱ 사업인정 이후에 손실보상액이 결정되는 절차
　1. 개설
　2. 사업인정 후 보상협의(토지보상법 제26조)
　3. 재결(토지보상법 제34조)
　4. 행정쟁송

　　(1) 이의신청(토지보상법 제83조)
　　(2) 보상금증감청구소송
　5. 소결
Ⅲ 갑이 중앙토지수용위원회에게 직접 재결을 신청
　할 수 있는지 여부
　1. 문제점
　2. 토지보상법상 재결신청의 절차
　　(1) 사업시행자의 재결신청(토지보상법 제28조)
　　(2) 토지소유자의 재결신청청구(토지보상법
　　　제30조)
　　(3) 사업시행자에게만 재결신청권을 부여한
　　　것에 대한 타당성
　3. 갑이 재결신청을 할 수 있는지 여부

(설문 3)의 해결
Ⅰ 쟁점의 정리

✦ (설문 1)의 해결

Ⅰ 서설

무허가건축물이라 함은 건축법 등 관계법령에 의하여 허가를 받거나 신고를 하고 건축 또는 용도변경을 하여야 하는 건축물을 허가나 신고 없이 건축한 건축물을 말한다(시행규칙 제24조). 무허가건축물 중 특히 사업인정 이전 무허가건축물의 보상 대상 여부에 관한 명문의 법률규정이 없어 해석상 그 보상이 가능한지가 문제된다. 손실보상의 요건과 관련하여 공공필요, 적법한 침해, 특별한 희생은 문제되지 않으나, 무허가건축물이 보상의 대상이 되는 재산권에 해당하는지가 문제된다.

Ⅱ 무허가건축물이 보상대상인지 여부

1. 학설

(1) 부정하는 견해

무허가건축물은 대집행의 대상이 되므로 대집행을 실행하는 경우, 재산적 가치가 소멸하게 되므로 보상대상에서 제외된다고 한다.

(2) 긍정하는 견해(허가의 성질과 재산권)

허가란 법령에 의하여 일반적·상대적 금지를 특정한 경우에 해제하여 적법하게 일정행위를 할 수 있게 하는 행위이다. 허가를 요하는 행위를 허가 없이 행한 경우 행정상 강제집행이나 처벌의 대상이 될 수 있는 것은 별론으로 하고 행위 자체의 효력이 부인되는 것은 아니다. 따라서 허가유무에 따라 재산권의 범위가 달라질 수 없다고 한다.

2. 판례의 태도

대법원은 사업인정고시 전에 건축한 건축물은 그 건축물이 적법하게 허가를 받아 건축한 것인지, 허가를 받지 아니하고 건축한 무허가건축물인지 여부와 관계없이 손실보상의 대상이 된다고 판시하고 있다(대판 2000.3.10, 99두10896).

Ⅲ 검토

허가는 그 성질에 비추어 행위의 적법성 여부에만 관여하고 유효성 여부와는 무관하므로 사업인정 이전 건축물에 대하여는 무허가건축물도 재산권 요건을 충족하는 것으로 보아 보상의 대상이 된다고 보는 것이 타당하다.

⊕ (설문 2)의 해결

Ⅰ 쟁점의 정리

설문에서는 토지소유자 갑이 중앙토지수용위원회에게 재결을 신청할 수 있는지가 문제된다. 이와 관련하여 토지보상법상 손실보상액이 결정되는 절차를 설명하고, 이러한 제 절차의 취지를 바탕으로 갑이 중앙토지수용위원회에게 재결신청을 할 수 있는지를 재결신청제도의 취지를 검토하여 살펴본다.

Ⅱ 사업인정 이후에 손실보상액이 결정되는 절차

1. 개설

공용수용이라 함은 타인의 재산권을 법률의 힘에 의해서 강제로 취득하는 것을 말한다. 이 경우 헌법 제23조 제3항에서는 정당한 보상을 하도록 규정하고 있는데, 이러한 보상액의 결정절차를 토지보상법에서 규정하고 있는바 이하 설명한다.

2. 사업인정 후 보상협의(토지보상법 제26조)

토지보상법상 협의라 함은 수용재결신청 전에 사업시행자로 하여금 수용대상 토지에 관하여 권리를 취득하거나 소멸시키기 위하여 토지소유자 및 관계인과 교섭하도록 하는 절차이다. 단, 사업인정 이전에 협의절차를 거쳤으나 협의가 성립되지 아니하여 사업인정을 받은 사업으로서 토지조서 및 물건조서의 내용에 변동이 없는 때에는 협의절차를 거치지 아니할 수 있다.

3. 재결(토지보상법 제34조)

토지수용위원회의 재결은 사업시행자로 하여금 토지 또는 토지의 사용권을 취득하도록 하고 사업시행자가 지급하여야 하는 손실보상액을 정하는 결정을 말한다.

재결은 수용법률관계의 양 당사자 사이에 협의가 성립하지 않은 경우, 토지수용위원회가 당사자 간의 분쟁을 조정하여 원활한 사업의 진행이 가능케 하여 공사익의 조화를 도모함에 제도적 의미를 갖고 있다.

4. 행정쟁송

(1) 이의신청(토지보상법 제83조)

이의신청이란, 토지수용위원회의 위법 또는 부당한 재결처분으로 인하여 권리 또는 이익을 침해당한 자가 중앙토지수용위원회에 그 처분의 취소·변경을 구하는 쟁송을 말한다. 토지수용위원회의 보상재결에 대하여 이의가 있는 자는 재결서 정본을 받은 날로부터 30일 이내에 이의를 신청할 수 있다.

(2) 보상금증감청구소송

토지수용위원회의 보상재결에 대하여 토지소유자 및 관계인은 보상금의 증액을 청구하는 소송을 제기할 수 있고 사업시행자는 보상금의 감액을 청구하는 소송을 제기할 수 있다. 이를 보상금증감청구소송이라 한다. 종래 재결에 관한 다툼이 보상금액에 관한 것일 때에도 법원은 재결의 취소만을 행할 수 있고 직접 보상액을 증감하는 판결을 할 수 없었기 때문에, 재결의 취소를 구하고 그에 따라 보상액을 다시 재결하는 등 악순환이 반복되어 분쟁의 일회적 해결이 어려웠다. 이에 보상금만에 대한 소송을 인정함으로써 분쟁의 일회적 해결·소송경제·권리구제의 신속성·실효성 확보를 도모하게 되었다.

5. 소결

토지보상법상 손실보상액의 결정은 원칙적으로 양 당사자의 협의에 의하되, 협의가 성립되지 않는 경우에는 재결에 의하여 중앙토지수용위원회가 결정한다. 재결에 의해 결정된 손실보상액에 만족하지 않는 경우, 사업시행자와 토지소유자 등은 이의신청 및 보상금증감청구소송을 통해 다툴 수 있으며 쟁송에 의하여 보상금이 최종적으로 결정될 것이다.

Ⅲ 갑이 중앙토지수용위원회에게 직접 재결을 신청할 수 있는지 여부

1. 문제점

토지보상법에서는 갑이 중앙토지수용위원회에게 직접 재결을 신청할 수 있다는 규정이 없으므로 재결신청에 대한 제 규정을 검토하여 갑이 직접 재결을 신청할 수 있는지를 살펴본다.

2. 토지보상법상 재결신청의 절차

(1) 사업시행자의 재결신청(토지보상법 제28조)

사업인정 이후, 협의가 성립되지 아니하거나 협의를 할 수 없는 때에는 사업시행자는 사업인정 고시가 있은 날부터 1년 이내에 대통령령이 정하는 바에 따라 관할 토지수용위원회에 재결을 신청할 수 있다.

(2) 토지소유자의 재결신청 청구(토지보상법 제30조)

재결신청청구권이란, 사업인정 후 협의가 성립되지 아니한 때 토지소유자 및 관계인이 사업시행자에게 서면으로 재결신청을 조속히 할 것을 청구할 수 있는 권리를 말한다.

(3) 사업시행자에게만 재결신청권을 부여한 것에 대한 타당성

사업시행자에게만 재결신청권을 부여한 것이 평등권 침해의 논란이 있을 수 있으나, ① 수용여부 및 수용의 개시일을 선택할 수 있는 재량을 인정하여 원활한 사업시행을 보장할 수 있다는 점과, ② 재결신청청구제도가 규정된 점, ③ 사업인정 고시 후 1년 이내에 재결신청을 하지 않은 경우 실효제도를 두어 재결신청시기에 무제한재량을 부여한 것은 아니기 때문에 타당성이 인정된다고 볼 수 있다. 또한 사업인정 이후에도 사정변경 등으로 토지 등이 필요 없게 되는 경우도 발생할 수 있기 때문이다.

3. 갑이 재결신청을 할 수 있는지 여부

토지보상법상 재결신청권은 사업시행자만이 갖고 있으며, 이러한 제 규정의 타당성이 인정된다. 이에 비추어 볼 때, 중앙토지수용위원회는 사업시행자의 재결 신청이 없이는 재결절차를 진행할 수 없을 것이다. 따라서 갑은 중앙토지수용위원회에 직접 재결을 신청할 수 없을 것이다.

⊕ (설문 3)의 해결

Ⅰ 쟁점의 정리

사안은 법원의 판결을 묻고 있다. 이의 해결을 위하여 재결신청거부취소소송의 소송요건 충족 여부를 검토하고, 소송요건이 충족된다면 재결신청을 거부한 것에 대한 위법성을 살펴본다.

Ⅱ 소송요건의 충족 여부

1. 소송요건 개설

행정소송법에서는 처분(행정소송법 제19조)을 대상으로 법률상 이익(법 제12조) 있는 자가, 제소기간(법 제20조) 내에 관할법원(법 제9조)에 청구하도록 규정하고 있다. 이 경우 행정심판 임의주의가 적용된다(법 제18조).

2. 대상적격 인정 여부

(1) 거부가 처분이 되기 위한 요건

판례는 거부가 처분이 되기 위해서는 ① 법규상, 조리상 신청권이 있을 것, ② 공권력 행사의 거부일 것, ③ 국민의 권리와 의무에 영향을 미칠 것을 요구하고 있다. 신청권의 존부에 대해서는 견해의 대립이 있다.

(2) 신청권의 존부

토지보상법 제30조에서는 사업시행자에게 재결을 신청하도록 청구할 수 있는 신청권을 규정하고 있다.

(3) 공권력 행사의 거부

재결은 중앙토지수용위원회가 행하는 공권력의 행사이고, 사업시행자의 신청을 전제로 한다. 따라서 사업시행자의 재결신청이 없다면 결과적으로 재결이 이루어질 수 없으므로, 재결신청의 거부는 재결거부의 효과를 향유한다고 볼 수 있다.

재결신청거부는 국가의 특별지방행정기관인 대전지방국토관리청이 우월한 위치에서 토지보상법 제28조에 의해 부여된 재결신청권을 행사할 것을 거부하는 행위이다.

(4) 국민의 권리·의무에 영향을 미칠 것

토지보상법상 보상협의가 결렬된 경우에는 재결을 통해서 보상금이 결정되므로 재결이 진행되지 않는다면, 피수용자의 입장에서는 손실보상을 받을 길이 없게 된다. 따라서 재결신청을 거부하는 것은 피수용자의 손실보상청구의 기회를 박탈하는 영향을 미친다고 볼 수 있다.

3. 원고적격 및 협의소익 인정 여부

손실보상청구권은 헌법상 보장되는 권리로서, 행정소송법 제12조에서 규정하는 법률상 이익에 해당한다. 또한 재결신청거부를 다투어 손실보상을 받을 현실적인 필요성도 인정된다(협의소익).

4. 사안의 경우(기타 소송요건 검토)

사업시행자의 재결신청 거부는 처분이며, 갑에게는 법률상 이익이 인정된다. 또한 설문상 제소기간이나 관할의 문제는 없는 것으로 보이므로 소의 제기는 적법하다.

Ⅲ 재결신청거부의 위법성 판단

1. 재결신청거부의 위법성 유무

(1) 재결신청의 의무발생 여부

1) 문제점(재결신청청구의 요건)

토지보상법 제30조에서는 협의가 성립되지 않은 경우, 사업시행자는 피수용자의 재결신청 청구를 받은 날로부터 60일 이내에 재결을 신청하도록 의무를 부여하고 있다. 따라서 재결 신청의무가 발생하기 위해서는 협의가 성립되지 않아야 하는데, 사안에서는 보상대상에 해당하지 않는다고 하여 협의절차 자체를 진행하지 않았다. 이러한 경우도 협의가 불성립한 경우로 판단할 수 있는지가 문제된다.

2) '협의가 성립되지 아니한 때'의 의미

판례는 협의절차를 거쳤으나 협의가 성립하지 아니한 경우는 물론, 사업시행자가 보상대상이 아니라고 판단하여 협의를 거치지 않아 결국 협의가 성립하지 않은 경우도 포함된다고 한다(대판 2011.7.14, 2011두2309).

3) 사안의 경우

판례의 태도에 비추어 볼 때, 사업시행자가 보상대상이 아니라고 하여 협의 절차를 진행하지 아니한 경우도 협의가 성립하지 않은 것으로 볼 수 있으므로 사업시행자에게는 재결신청 의무가 발생한다.

(2) 사업시행자가 임의로 재결신청을 거부할 수 있는지 여부(위법성 판단)

재결은 당사자 간의 다툼을 판단하여 종결시키는 것이므로, 보상대상인지 여부 또는 보상대상 인지 여부를 다툴 실익이 있는지 여부는 사업시행의 자체적인 판단에 의할 것이 아니라 사업시행자의 재결신청에 따라서 먼저 중앙토지수용위원회가 결정하고, 이에 불복하는 경우 행정소송의 과정에서 다시 법원에 의하여 그 당부가 판단되어야 할 것이다. 따라서 사업시행자가 재결신청 의무가 있음에도 불구하고, 임의로 재결신청을 거부한 것은 재결신청청구 제도의 취지에 반하는 것으로서 위법하다고 할 것이다.

2. 위법성 정도

국민의 권리구제와 법적안정성의 조화를 도모하는 중대·명백설의 입장(통설·판례)에서 볼 때, 재결신청을 거부한 것은 재결신청청구제도의 취지에 반하는 것으로 중대한 법률요건의 위반으로 볼 수 있고, 외관상 일견 명백하다고 볼 수 있다. 따라서 무효로 판단된다.

Ⅳ 사안의 해결(법원의 판결)

사업시행자의 재결신청거부에 대한 취소소송 제기는 적법하며, 재결신청거부는 재결신청청구 제도의 취지에 반하는 것으로 무효이다. 위법한 처분에 대하여 취소소송이 제기된 경우에 법원은 해당 위법이 무효사유인 위법인지 취소사유인 위법인지 구분할 필요 없이 취소판결을 내리면 된다. 취소소송에 있어서는 해당 처분이 위법한지 아닌지가 문제이고 그 위법이 중대하고 명백한 것인지 여부는 심리대상이 되지 않기 때문이다. 실무도 이렇게 하고 있다. 따라서 법원은 무효선언적 의미의 취소판결을 하여야 할 것이다.

⊕ (설문 3-1)의 해결

Ⅰ 쟁점의 정리

토지보상법 제30조에서는 협의가 성립되지 않은 경우, 사업시행자는 피수용자의 재결신청 청구를 받은 날로부터 60일 이내에 재결을 신청하도록 의무를 부여하고 있다. 따라서 재결신청의무가 발생하기 위해서는 협의가 성립되지 않아야 하는데, 사안에서는 보상대상에 해당하지 않는다고 하여 협의절차 자체를 진행하지 않았다. 이러한 경우도 협의가 불성립한 경우로 판단할 수 있는지가 문제된다.

Ⅱ '협의가 성립되지 아니한 때'의 의미

1. 관련 판례의 태도

판례는 협의절차를 거쳤으나 협의가 성립하지 아니한 경우는 물론, 사업시행자가 보상대상이 아니라고 판단하여 협의를 거치지 않아 결국 협의가 성립하지 않은 경우도 포함된다고 한다(대판 2011.7.14, 2011두2309).

2. 사안의 경우

판례의 태도에 비추어 볼 때, 사업시행자가 보상대상이 아니라고 하여 협의 절차를 진행하지 아니한 경우도 협의가 성립하지 않은 것으로 볼 수 있으므로 사업시행자에게는 재결신청의무가 발생한다.

Ⅲ 사업시행자가 임의로 재결신청을 거부할 수 있는지 여부(위법성 판단)

1. 위법성 판단

재결은 당사자 간의 다툼을 판단하여 종결시키는 것이므로, 보상대상인지 여부 또는 보상대상인지 여부를 다툴 실익이 있는지 여부는 사업시행의 자체적인 판단에 의할 것이 아니라 사업시행자의 재결신청에 따라서 먼저 중앙토지수용위원회가 결정하고, 이에 불복하는 경우 행정소송의 과정에서 다시 법원에 의하여 그 당부가 판단되어야 할 것이다. 따라서 사업시행자가 재결신청 의무가 있음에도 불구하고, 임의로 재결신청을 거부한 것은 재결신청청구제도의 취지에 반하는 것으로서 위법하다고 할 것이다.

2. 위법성 정도

국민의 권리구제와 법적 안정성의 조화를 도모하는 중대·명백설의 입장(통설·판례)에서 볼 때, 재결신청을 거부한 것은 재결신청청구제도의 취지에 반하는 것으로 중대한 법률요건의 위반으로 볼 수 있고, 외관상 일견 명백하다고 볼 수 있다. 따라서 무효로 판단된다.

Ⅳ 사안의 해결

갑의 불법건축물이 보상대상에 해당되는지는 중앙토지수용위원회 및 법원에 의해서 결정될 사안이므로, 한국부동산원이 자의적으로 보상대상이 아니라고 판단하여 재결신청의무가 있음에도 재결신청을 거부한 것은 위법하다고 볼 수 있다.

> ✳ 재결신청거부 및 부작위의 위법 확인에 대한 판례
> (재결신청청구거부의 처분성 유무 및 재결신청청구에 대한 부작위 위법 확인)
>
> 1. 1심 : 대전지방법원 2010.9.1, 2010구합568 판결[보상제외처분취소 등]
>
> [주문]
> 1. 피고가 2010.1.6. 원고들에 대하여 한 원고들 소유의 별지 목록 물건평가조서상 일련번호 7 내지 10 기재 지장물에 관한 재결신청거부처분을 취소한다.
> 2. 피고가 원고 1 소유의 별지 목록 물건평가조서상 일련번호 17 내지 19 기재 지장물에 대하여 중앙토지수용위원회에 재결신청을 하지 않은 것은 위법임을 확인한다.
>
> [주문]
> 1. 피고의 항소를 기각한다.
> 2. 2심 : 대전고등법원 2010.12.23, 2010누2096 판결[보상제외처분취소 등]
> 3. 3심 : 대판원 2011.7.14, 2011두2309 판결[보상제외처분취소 등]

[판시사항]

[1] 공익사업을 위한 토지 등의 취득 및 보상에 관한 법률 제30조 제1항에서 정한 '협의가 성립되지 아니한 때'에, 토지소유자 등이 손실보상대상에 해당한다고 주장하며 보상을 요구하는데도 사업시행자가 손실보상대상에 해당하지 않는다며 보상대상에서 이를 제외한 채 협의를 하지 않아 결국 협의가 성립하지 않은 경우도 포함되는지 여부(적극)

[2] 도로건설 사업구역에 포함된 토지의 소유자가 토지상의 지장물에 대하여 재결신청을 청구하였으나, 그 중 일부에 대해서는 사업시행자가 손실보상대상에 해당하지 않아 재결신청대상이 아니라는 이유로 수용재결 신청을 거부하면서 보상협의를 하지 않은 사안에서, 위 처분이 위법하다고 본 원심판단을 수긍한 사례

[판결요지]

[1] 공익사업을 위한 토지 등의 취득 및 보상에 관한 법률(이하 '공익사업법'이라 한다) 제30조 제1항은 재결신청을 청구할 수 있는 경우를 사업시행자와 토지소유자 및 관계인 사이에 '협의가 성립하지 아니한 때'로 정하고 있을 뿐 손실보상대상에 관한 이견으로 협의가 성립하지 아니한 경우를 제외하는 등 그 사유를 제한하고 있지 않은 점, 위 조항이 토지소유자 등에게 재결신청 청구권을 부여한 취지는 공익사업에 필요한 토지 등을 수용에 의하여 취득하거나 사용할 때 손실보상에 관한 법률관계를 조속히 확정함으로써 공익사업을 효율적으로 수행하고 토지소유자 등의 재산권을 적정하게 보호하기 위한 것인데, 손실보상대상에 관한 이견으로 손실보상협의가 성립하지 아니한 경우에도 재결을 통해 손실보상에 관한 법률관계를 조속히 확정할 필요가 있는 점 등에 비추어 볼 때, '협의가 성립되지 아니한 때'에는 사업시행자가 토지소유자 등과 공익사업법 제26조에서 정한 협의절차를 거쳤으나 보상액 등에 관하여 협의가 성립하지 아니한 경우는 물론 토지소유자 등이 손실보상대상에 해당한다고 주장하며 보상을 요구하는데도 사업시행자가 손실보상대상에 해당하지 아니한다며 보상대상에서 이를 제외한 채 협의를 하지 않아 결국 협의가 성립하지 않은 경우도 포함된다고 보아야 한다.

[2] 아산~천안 간 도로건설 사업구역에 포함된 토지의 소유자가 토지상의 지장물에 대하여 재결신청을 청구하였으나, 그 중 일부에 대해서는 사업시행자가 손실보상대상에 해당하지 않아 재결신청대상이 아니라는 이유로 수용재결 신청을 거부하면서 보상협의를 하지 않은 사안에서, 사업시행자가 수용재결 신청을 거부하거나 보상협의를 하지 않으면서도 아무런 조치를 취하지 않은 것은 공익사업을 위한 토지 등의 취득 및 보상에 관한 법률에서 정한 재결신청청구 제도의 취지에 반하여 위법하다고 본 원심판단을 수긍한 사례

사례 33

2009년 11월 25일 국토교통부장관은 '장래 물부족과 가뭄에 대한 대처역량 강화 및 홍수에 안정한 강' 구현을 위해 국토교통부장관으로부터 낙동강살리기 16공구(밀양5·창원1지구)사업 실시계획을 고시하였다(사업시행기간 2009.12.12.~2012.12.31. / 사업시행자 : 한국수자원공사 / 국토교통부 고시 제2009-1101호). 갑은 수용대상 토지(지목 '하천', 현황 '전')의 소유자로서 한국수자원공사와 협의하여 토지보상금을 수령하였다. 그 후 2017.10.11. 갑은 농업손실보상금의 지급을 요청하였으나 사업자는 이를 거부하였고, 갑은 사업시행자에게 재결신청을 청구하였다. 2018.1.5. 사업시행자는 '재결신청 권한이 이미 시효가 만료되어 이를 수용할 수 없다'고 회신하였다.

(1) 부대적 손실보상에 대해서 설명하시오. 5점

(2-1) 갑이 농업손실보상을 실현할 수 있는 절차에 대해서 설명하시오(재결절차 없이 농업손실보상 청구가 가능한지). 10점

(2-2) 민사소송의 절차로서 농업손실보상 지급의 이행을 구할 수 있는지 논하시오. 10점

(3) 한국수자원공사는 해당 사업은 사업기간이 종료되어 실효되었기에, 재결신청을 할 법규상·조리상 신청권이 없기에 갑에 대한 회신은 항고소송의 대상이 되는 거부처분이 아니라고 한다. 또한 회신을 거부처분으로 보아 이를 취소한다고 하더라도 더 이상 재결을 신청할 수 없게 되었다는 점은 동일하므로 갑이 회신의 취소를 구할 소의 이익도 인정되지 않으므로 이에 대한 취소소송은 부적합하다고 한다. 한국수자원공사의 주장은 타당한가? 20점

(4) 갑은 재결신청 청구에 대한 거부는 농업손실보상의 기회를 박탈하는 것으로서 위법하다고 주장할 수 있는가? 10점

관련 규정

[토지보상법]

제23조(사업인정의 실효)

① 사업시행자가 제22조 제1항에 따른 사업인정의 고시(이하 "사업인정고시"라 한다)가 된 날부터 1년 이내에 제28조 제1항에 따른 재결신청을 하지 아니한 경우에는 사업인정고시가 된 날부터 1년이 되는 날의 다음 날에 사업인정은 그 효력을 상실한다.

제30조(재결 신청의 청구)

① 사업인정고시가 된 후 협의가 성립되지 아니하였을 때에는 토지소유자와 관계인은 대통령령으로 정하는 바에 따라 서면으로 사업시행자에게 재결을 신청할 것을 청구할 수 있다.

② 사업시행자는 제1항에 따른 청구를 받았을 때에는 그 청구를 받은 날부터 60일 이내에 대통령령으로 정하는 바에 따라 관할 토지수용위원회에 재결을 신청하여야 한다. 이 경우 수수료에 관하여는 제28조 제2항을 준용한다.

③ 사업시행자가 제2항에 따른 기간을 넘겨서 재결을 신청하였을 때에는 그 지연된 기간에 대하여 「소송촉진 등에 관한 특례법」 제3조에 따른 법정이율을 적용하여 산정한 금액을 관할 토지수용위원회에서 재결한 보상금에 가산(加算)하여 지급하여야 한다.

[한국수자원공사법]

제24조(토지 등의 수용·사용)

① 공사(제17조에 따라 공사로부터 사업을 위탁받은 자를 포함한다)는 사업을 수행하기 위하여 필요한 경우에는 「공익사업을 위한 토지 등의 취득 및 보상에 관한 법률」 제3조에 따른 토지·물건 또는 권리 등(이하 "토지 등"이라 한다)을 수용 또는 사용할 수 있다.

② 제10조에 따른 실시계획의 승인 및 고시가 있으면 「공익사업을 위한 토지 등의 취득 및 보상에 관한 법률」 제20조 제1항 및 같은 법 제22조에 따른 사업인정 및 사업인정의 고시가 있은 것으로 본다. 이 경우 재결신청(裁決申請)은 같은 법 제23조 제1항 및 같은 법 제28조 제1항에도 불구하고 실시계획을 승인할 때 정한 사업의 시행기간 내에 하여야 한다.

(설문 1)의 해결

Ⅰ 개설

Ⅱ 부대적 손실보상

 1. 실비변상적 보상

 2. 일실손실보상

(설문 2-1)의 해결

Ⅰ 쟁점의 정리

Ⅱ 재결절차 없이 곧바로 농업손실보상을 청구할 수 있는지 여부

 1. 보상절차 규정

 2. 보상절차의 종료

 3. 관련 판례의 태도

 4. 사안의 경우

(설문 2-2)의 해결

Ⅰ 쟁점의 정리

Ⅱ 농업손실보상 청구권의 법적 성질

 1. 견해의 대립

 2. 판례

 3. 검토

Ⅲ 사안의 해결

(설문 3)의 해결

Ⅰ 쟁점의 정리

Ⅱ 대상적격의 인정 여부

 1. 거부가 처분이 되기 위한 요건

 2. 신청권의 존부

 3. 공권력 행사의 거부

 4. 사안의 경우

Ⅲ 원고적격 및 협의소익 인정 여부

 1. 원고적격과 협의소익(제12조)

 2. 법률상 이익의 범위

 3. 협의소익이 부정되는 경우

 4. 사안의 경우

Ⅳ 사안의 해결(기타 소송요건 충족 등)

(설문 4)의 해결	Ⅲ 사안의 해결
Ⅰ 쟁점의 정리	1. 사안의 해결
Ⅲ 재결신청청구권의 요건 검토	2. 관련문제(손해배상청구)
1. 의의 및 취지(토지보상법 제30조)	
2. 재결신청청구 요건 및 효과	
(1) 재결신청청구의 요건	
(2) 재결신청청구의 효과	
3. 재결신청청구에 대한 요건충족 판단이 본	
안판단 사항인지	

⊕ (설문 1)의 해결

Ⅰ 개설

부대적 손실이란 수용, 사용의 직접적인 목적물은 아니나 목적물을 취득함으로써 필연적으로 발생하는 손실을 말하며, 실비변상적 보상과 일실손실보상이 있다.

Ⅱ 부대적 손실보상

1. 실비변상적 보상

재산권의 상실, 이전 등에 따라 비용의 지출을 요하는 경우에 그 비용을 보상하는 것을 말한다. ① 건축물 등의 이전비(토지보상법 제75조 제1항), ② 분묘이전비(토지보상법 제75조 제4항), ③ 잔여지 및 잔여건축물공사비(토지보상법 제73조 및 제75조의2) 등이 있다.

2. 일실손실보상

재산권에 대한 수용에 부수하여 사업을 폐지하거나 휴업하게 되는 경우에 발생하는 기대이익의 상실에 대한 보상을 말한다. ① 영업폐지 휴업보상(토지보상법 제77조 제1항), ② 농업손실보상(토지보상법 제77조 제2항), ③ 휴직 또는 실직보상(토지보상법 제77조 제3항), ④ 권리의 보상(광업권, 어업권, 물 등의 사용에 관한 권리, 양식업권) 등이 있다.

⊕ (설문 2-1)의 해결

Ⅰ 쟁점의 정리

설문은 재결절차 없이 곧바로 농업손실보상을 청구할 수 있는지를 묻고 있다. 토지보상법상 보상절차 규정을 검토하여 사안을 해결한다.

Ⅱ 재결절차 없이 곧바로 농업손실보상을 청구할 수 있는지 여부

1. 보상절차 규정

토지보상법 제26조에서는 당사자 간 협의를 통한 보상금 산정을 규정하고 있고 당사자 간 협의가 성립되지 않는 경우에는 동법 제28조 및 제30조에 따라 토지수용위원회에 재결을 신청할 수 있다. 또한 재결에 불복하는 경우에는 동법 제83조와 제85조에 따라서 이의신청을 하거나 보상금증감청구소송을 청구할 수 있다.

2. 보상절차의 종료(보상금의 지급, 공탁)

협의 또는 재결에서 정한 보상금의 지급일까지 보상금을 지급, 공탁함으로 손실보상의 절차가 종료된다.

3. 관련 판례의 태도

토지보상법상 재결신청과 재결 및 이에 대한 불복규정 등의 내용 및 입법취지 등을 종합하면, 공익사업으로 농업의 손실을 입게 된 자가 사업시행자로부터 토지보상법 제77조 제2항에 따라 농업손실에 대한 보상을 받기 위해서는 토지보상법 제34조, 제50조 등에 규정된 재결절차를 거친 다음 그 재결에 대하여 불복이 있는 때에 비로소 토지보상법 제83조 내지 제85조에 따라 권리구제를 받을 수 있을 뿐, 이러한 재결절차를 거치지 않은 채 곧바로 사업시행자를 상대로 손실보상을 청구하는 것은 허용되지 않는다.

4. 사안의 경우

토지보상법은 협의절차와 재결절차를 보상금결정 절차로 규정하고 있으므로 이러한 재결절차를 거치지 않고 곧바로 사업시행자를 상대로 손실보상을 청구하는 것은 허용되지 않을 것이다.

⊕ (설문 2-2)의 해결

Ⅰ 쟁점의 정리

갑이 농업손실보상금을 민사소송으로 지급청구할 수 있는지가 문제되는데, 농업손실보상청구권의 법적 성질을 검토하여 설문을 해결한다.

Ⅱ 농업손실보상 청구권의 법적 성질

1. 견해의 대립

① 공권설은 공권력 행사인 공용침해를 원인으로 하므로 공권으로 보아야 한다고 하며, ② 사권설은 손실보상청구권은 기본적으로 금전청구권(채권·채무관계)이므로 사법상의 권리라고 한다.

2. 판례

농업손실보상청구권은 '공익사업의 시행으로 발생되는 재산상의 특별한 희생이므로 이는 공평부담의 견지에서 공익사업의 주체가 그 손해를 보상하여 주는 손실보상의 일종으로, 공법상의 권리임이 분명하므로 그에 관한 쟁송은 민사소송이 아닌 행정소송절차에 의하여야 한다'고 판시한다(대판 2011.10.13, 2009다43461).

3. 검토

손실보상은 공법상 원인을 이유로 이루어지고 있는 점에 비추어 공권으로 봄이 타당하다.

Ⅲ 사안의 해결

농업손실보상청구권은 일실손실에 대한 보상으로서 공법상 권리라 볼 수 있다. 이에 대한 구제절차는 토지보상법상 협의, 재결 및 행정쟁송절차에 의하여야 할 것이다. 따라서 갑은 민사소송으로서 그 지급의 이행을 청구할 수 없을 것이다.

⊕ (설문 3)의 해결

Ⅰ 쟁점의 정리

한국수자원공사의 회신이 항고소송의 대상이 되는 처분인지와, 처분이라 하더라도 재결신청을 할 수 없으므로 소의 이익이 인정될 수 있는지가 문제된다. 이의 해결을 위하여 재결신청거부취소소송의 소송요건을 대상적격 및 협의소익을 중심으로 검토한다.

Ⅱ 대상적격의 인정 여부

1. 거부가 처분이 되기 위한 요건

판례는 거부가 처분이 되기 위해서는 ① 법규상, 조리상 신청권이 있을 것, ② 공권력 행사의 거부일 것, ③ 국민의 권리와 의무에 영향을 미칠 것을 요구하고 있다. 신청권의 존부에 대해서는 견해의 대립이 있다.

2. 신청권의 존부

토지보상법 제30조에서는 사업시행자에게 재결을 신청하도록 청구할 수 있는 신청권을 규정하고 있다.

3. 공권력 행사의 거부

재결은 중앙토지수용위원회가 행하는 공권력의 행사이고, 사업시행자의 신청을 전제로 한다. 따라서 사업시행자의 재결신청이 없다면 결과적으로 재결이 이루어질 수 없으므로, 재결신청의 거부는 재결거부의 효과를 향유한다고 볼 수 있다.

재결신청거부는 한국수자원공사가 우월한 위치에서 토지보상법 제28조에 의해 부여된 재결신청권을 행사할 것을 거부하는 행위이다.

4. 사안의 경우

토지보상법상 보상협의가 결렬된 경우에는 재결을 통해서 보상금이 결정되므로 재결이 진행되지 않는다면, 피수용자의 입장에서는 손실보상을 받을 길이 없게 된다. 따라서 재결신청을 거부하는 것은 피수용자의 손실보상청구의 기회를 박탈하는 영향을 미친다고 볼 수 있다.

Ⅲ 원고적격 및 협의소익 인정 여부

1. 원고적격과 협의소익(제12조)

원고적격이란 본안판결을 받을 수 있는 자격을 말하며, 협의의 소익이란 본안판결을 구할 현실적 필요성을 의미한다.

2. 법률상 이익의 범위

다수견해 및 판례는 법률에 의하여 보호되는 개별·직접·구체적인 이익이 있는 경우를 의미한다고 보며, 근거법률은 물론이고 관련규정까지 넓게 해석하는 것으로 보인다.

3. 협의소익이 부정되는 경우

① 처분의 효력이 소멸한 경우, ② 원상회복이 불가능한 경우, ③ 처분 후의 사정에 의해 이익침해가 해소된 경우, ④ 보다 간이한 구제방법이 있는 경우에는 소의 이익이 없는 것으로 보아야 한다.

4. 사안의 경우

손실보상청구권은 헌법상 보장되는 권리로서, 행정소송법 제12조에서 규정하는 법률상 이익에 해당한다. 또한 재결신청거부를 다투어 손실보상을 받을 현실적인 필요성도 인정되므로 협의의 소익도 인정된다.

Ⅳ 사안의 해결(기타 소송요건 충족 등)

행정소송법에서는 처분(행정소송법 제19조)을 대상으로 법률상 이익(법 제12조) 있는 자가, 제소기간(법 제20조) 내에 관할법원(법 제9조)에 청구하도록 규정하고 있다.

사업시행자의 재결신청 거부는 처분이며, 갑에게는 법률상 이익 및 협의의 소익이 인정된다. 또한 설문상 제소기간이나 관할의 문제는 없는 것으로 보이므로 갑은 재결신청거부취소소송을 제기할 수 있을 것이다.

⊕ (설문 4)의 해결

Ⅰ 쟁점의 정리

설문은 사업시행자의 재결신청 거부에 대한 위법성이 문제된다. 재결신청의무가 발생되는지가 쟁점인데 이의 해결을 위하여 토지보상법 제30조의 재결신청청구 요건을 검토한다.

Ⅱ 재결신청청구권의 요건 검토

1. 의의 및 취지(토지보상법 제30조)

재결신청청구권은 사업인정 후 협의가 성립되지 않은 경우 피수용자가 사업시행자에게 서면으로 재결신청을 조속히 할 것을 청구하는 권리이다. 수용법률관계의 조속한 안정을 도모한다.

2. 재결신청청구 요건 및 효과

(1) 재결신청청구의 요건

① 사업시행자 및 토지소유자 사이에 협의가 불성립한 경우에는 토지소유자는 사업시행자에게 조속히 재결을 신청하여 줄 것을 청구할 수 있다.

② 토지소유자 등은 사업시행자에게 협의기간 만료일부터 재결신청을 할 수 있는 기간 만료일까지 재결을 신청할 것을 청구할 수 있다.

(2) 재결신청청구의 효과

재결신청의 청구를 받은 사업시행자는 재결신청청구가 있는 날로부터 60일 이내에 관할 토지수용위원회에 재결을 신청하여야 하며 의무기간인 60일을 넘겨서 이루어진 경우에는 그 지연기간에 대하여 가산금을 지급하여야 한다.

3. 재결신청청구에 대한 요건충족 판단이 본안판단 사항인지

본안심리라 함은 요건심리의 결과 해당 소송이 소송요건을 갖춘 것으로 인정되는 경우 사건의 본안, 즉 청구의 이유 유무(취소소송에서의 처분의 위법 여부)에 대하여 실체적 심사를 행하는 것을 말한다. 따라서 위법성 판단은 서업시행자의 거부처분이 적합한가를 판단하는 단계에서 고려할 요소이지 소송요건 심사단계에서 고려할 요소가 아니다.

Ⅲ 사안의 해결

1. 사안의 해결

재결신청 청구는 사업시행기간인 2012.12.1.까지는 하여야 한다. 그러나 갑은 2017.10.11.에 이르러서야 한국수자원공사에 농업손실을 보상받기 위하여 재결신청 청구를 하였으므로, 갑의 재결신청 청구는 부적법하며, 한국수자원공사가 2018.1.5. 갑에 대하여 '이미 사업시행기간이 만료되었다.'라는 이유로 거부처분을 한 것은 적법하다고 보아야 한다.

2. 관련문제(손해배상청구)

손실보상 대상에 해당함에도 불구하고 이를 지급하지 않는 것은 헌법 제23조 재산권 보장규정을 위반하는 것으로 볼 수 있다. 따라서 손실보상을 이행하지 아니하고 진행한 사업은 위법한 사업으로 볼 수 있고 그에 따른 손해배상을 청구할 수 있을 것이다.

✳ (설문 3) 보충논의 – 처분 개념 논의에 의한 문제풀이

1. 판례요지인 '처분'이란

"행정청이 행하는 구체적 사실에 관한 법집행으로서의 공권력의 행사 또는 그 거부와 그 밖에 이에 준하는 행정작용"을 말한다(행정소송법 제2조 제1항 제1호). 행정청의 어떤 행위가 항고소송의 대상이 될 수 있는지는 추상적·일반적으로 결정할 수 없고, 관련 법령의 내용과 취지, 그 행위의 주체·내용·형식·절차, 그 행위와 상대방 등 이해관계인이 입는 불이익과의 실질적 견련성, 그리고 법치행정의 원리와 당해 행위에 관련한 행정청 및 이해관계인의 태도 등을 참작하여 개별적으로 결정하여야 한다(대판 2010.11.18, 2008두167 전원합의체 등 참조). 또한 구체적인 사안에서 행정청에 신청에 따른 처분을 할 권한이 있는지는 본안에서 당해 처분이

적법한가를 판단하는 단계에서 고려할 요소이지, 소송요건 심사단계에서 고려할 요소가 아니다."를 분설하고 판례가 말하는 처분의 개념요소를 분설하고, 사업시행자가 보상대상이 아니라고 하여 재결신청을 하지 않으면 보상받을 현실적인 방법이 없으므로 사업시행자의 재결신청청구에 대한 거부는 피수용자의 재산권에 영향을 미치는 처분이라고 포섭하면 될 것이다.

2. 판례요지에 따른 처분성 포섭

토지소유자 등의 재결신청에 대한 사업시행자의 거부는 ① 토지소유자 등은 재결절차를 거치지 아니하면 손실보상을 받을 수 없으므로, 재결신청 청구에 대한 거부는 토지소유자 등의 손실보상에 관한 권리에 직접적으로 영향을 주는 점, ② 재결신청은 사업시행자에게만 독점적으로 인정되므로 그 신청에 대한 거부는 토지수용위원회에 대해서는 별론으로 하고 적어도 토지소유자 등에 대해서는 우월적 지위에서 하는 권력작용으로 봄이 타당한 점, ③ 토지보상법에서 토지소유자 등에게는 사업시행자에 대한 재결신청청구권이, 사업시행자에게는 그 재결신청 청구에 따라 관할 토지수용위원회에 재결신청을 할 의무가 있다고 규정하고 있는 점 등을 고려할 때, 행정주체가 우월적 지위에서 행하는 항고소송의 대상인 처분으로 봄이 타당하다.

◆ **[대판 2019.8.29, 2018두57865[수용재결신청청구거부처분취소]**

[판시사항]

[1] 공익사업으로 농업의 손실을 입게 된 자가 공익사업을 위한 토지 등의 취득 및 보상에 관한 법률 제34조, 제50조 등에 규정된 재결절차를 거치지 않은 채 곧바로 사업시행자를 상대로 손실보상을 청구할 수 있는지 여부(소극)

[2] 편입토지 보상, 지장물 보상, 영업·농업 보상에 관하여 토지소유자나 관계인이 사업시행자에게 재결신청을 청구했음에도 사업시행자가 재결신청을 하지 않을 경우, 토지소유자나 관계인의 불복방법 및 이때 사업시행자에게 재결신청을 할 의무가 있는지가 소송요건 심사단계에서 고려할 요소인지 여부(소극)

[3] 한국수자원공사법에 따른 사업을 수행하기 위한 토지 등의 수용 또는 사용으로 손실을 입게 된 토지소유자나 관계인이 공익사업을 위한 토지 등의 취득 및 보상에 관한 법률 제30조에 따라 한국수자원공사에 재결신청을 청구하는 경우, 위 사업의 실시계획을 승인할 때 정한 사업시행기간 내에 해야 하는지 여부(적극)

[판결요지]

[1] 공익사업을 위한 토지 등의 취득 및 보상에 관한 법률(이하 '토지보상법'이라 한다) 제26조, 제28조, 제30조, 제34조, 제50조, 제61조, 제83조 내지 제85조의 규정 내용 및 입법 취지 등을 종합하면, 공익사업으로 농업의 손실을 입게 된 자가 사업시행자로부터 토지보상법 제77조 제2항에 따라 농업손실에 대한 보상을 받기 위해서는 토지보상법 제34조, 제50조 등에 규정된 재결절차를 거친 다음 그 재결에 대하여 불복이 있는 때에 비로소 토지보상법 제83조 내지 제85조에 따라 권리구제를 받을 수 있을 뿐, 이러한 재결절차를 거치지 않은 채 곧바로 사업시행자를 상대로 손실보상을 청구하는 것은 허용되지 않는다.

[2] 공익사업을 위한 토지 등의 취득 및 보상에 관한 법률 제28조, 제30조에 따르면, 편입토지 보상, 지장물 보상, 영업·농업 보상에 관해서는 사업시행자만이 재결을 신청할 수 있고 토지소유자와 관계인은 사업시행자에게 재결신청을 청구하도록 규정하고 있으므로, 토지소유자나 관계인의 재결신청 청구에도 사업시행자가 재결신청을 하지 않을 때 토지소유자나 관계인은 사업시행자를 상대로 거부처분 취소소송 또는 부작위 위법확인소송의 방법으로 다투어야 한다. 구체적인 사안에서 토지소유자나 관계인의 재결신청 청구가 적법하여 사업시행자가 재결신청을 할 의무가 있는지는 본안에서 사업시행자의 거부처분이나 부작위가 적법한가를 판단하는 단계에서 고려할 요소이지, 소송요건 심사단계에서 고려할 요소가 아니다.

[3] 한국수자원공사법에 따르면, 한국수자원공사는 수자원을 종합적으로 개발·관리하여 생활용수 등의 공급을 원활하게 하고 수질을 개선함으로써 국민생활의 향상과 공공복리의 증진에 이바지함을 목적으로 설립된 공법인으로서(제1조, 제2조), 사업을 수행하기 위하여 필요한 경우에는 공익사업을 위한 토지 등의 취득 및 보상에 관한 법률(이하 '토지보상법'이라 한다) 제3조에 따른 토지 등을 수용 또는 사용할 수 있고, 토지 등의 수용 또는 사용에 관하여 한국수자원공사법에 특별한 규정이 있는 경우 외에는 토지보상법을 적용한다(제24조 제1항, 제7항). 한국수자원공사법 제10조에 따른 실시계획의 승인·고시가 있으면 토지보상법 제20조 제1항 및 제22조에 따른 사업인정 및 사업인정의 고시가 있은 것으로 보고, 이 경우 재결신청은 토지보상법 제23조 제1항 및 제28조 제1항에도 불구하고 실시계획을 승인할 때 정한 사업의 시행기간 내에 하여야 한다(제24조 제2항).

위와 같은 관련 규정들의 내용과 체계, 입법 취지 등을 종합하면, 한국수자원공사가 한국수자원공사법에 따른 사업을 수행하기 위하여 토지 등을 수용 또는 사용하고자 하는 경우에 재결신청은 실시계획을 승인할 때 정한 사업의 시행기간 내에 하여야 하므로, 토지소유자나 관계인이 토지보상법 제30조에 의하여 한국수자원공사에 하는 재결신청의 청구도 위 사업시행기간 내에 하여야 한다.

◢ 사례 34

사업시행자 갑은 사업인정 이후, 토지소유자 을의 토지를 협의 취득하고자 협의통지를 하였다 (2015.1.1. ~ 2015.1.31.). 그러나 갑과 을의 보상금액 차이가 현저하여 도저히 협의점을 찾을 수 없는 상황이 되었고, 이에 을은 2015.1.15. 사업시행자에게 협의불성립이 명백하므로 토지수용위원회에게 재결신청할 것을 청구하였다. 갑은 을과의 협의 없이, 임의로 협의기간을 2015.5.31.로 연장한다는 통지를 을에게 하였으며, 협의기간이 종료된 다음날인 2015.6.1. 재결신청을 하여 2015.6.30. 수용재결이 있었다. 재결서 정본은 2015.7.10. 갑과 을에게 송달되었다. 을은 2015.1.15.에 재결신청을 청구하였음에도 60일이 경과하여 재결신청을 한 바, 그에 따른 손실을 보상받아야 한다고 주장한다.

(1) 지연가산금 지급 의무가 발생하는지 논하시오. 20점

(2) 2015.8.20. 현재 을의 권리구제 방법에 대하여 논하시오. 20점

(설문 1)의 해결

Ⅰ 쟁점의 정리

Ⅱ 지연가산금 지급의무 발생여부(재결신청청구권의 개관)
1. 재결신청청구권의 의의 및 취지(토지보상법 제30조)
2. 성립요건
   (1) 당사자 및 청구형식
   (2) 청구기간
      1) 원칙
      2) 예외
3. 재결신청청구의 효과
   (1) 재결신청의무
   (2) 지연가산금 지급의무

Ⅲ 사안의 해결(지연가산급 지급의무 발생여부)
1. 재결신청 기산점 판단(협의기간 임의 연장 가능여부)
   (1) 판례의 태도
   (2) 사안의 경우
2. 지연가산금 지급의무 발생여부

(설문 2)의 해결

Ⅰ 쟁점의 정리

Ⅱ 을의 권리구제 방안
1. 토지보상법상 권리구제 수단
2. 토지보상법 제83조 이의신청
   (1) 의의 및 성격(= 특별법상 행정심판, 임의주의)
   (2) 요건 및 효과(= 처분청 경유주의, 기간특례, 집행부정지 : 쟁송남용방지의 입법적 취지)
   (3) 재결(제84조) 및 재결의 효력(제86조)
3. 보상금증감청구소송
   (1) 의의 및 취지
   (2) 소송의 형태 및 소송의 성질
   (3) 제기요건 및 효과 (기간특례, 당사자, 원처분주의, 관할)
   (4) 심리범위
   (5) 심리방법 및 입증책임
   (6) 판결(형성력, 별도의 처분 불필요)
4. 사안의 경우

Ⅲ 사안의 해결

Ⅰ 쟁점의 정리

설문은 을의 지연가산금에 대한 권리구제 방안에 대하여 묻고 있다. 설문의 해결을 위하여 사업시행자 갑에게 언제부터 지연가산금 지급의무가 발생하는지를 살펴보고, 토지보상법상 지연가산금을 다툴 수 있는 이의신청 및 보상금증감청구소송을 검토하여 설문을 해결한다.

Ⅱ 지연가산금 지급의무 발생 여부(재결신청청구권의 개관)

1. 재결신청청구권의 의의 및 취지(토지보상법 제30조)

재결신청청구권은 사업인정 후 협의가 성립되지 않은 경우 피수용자가 사업시행자에게 서면으로 재결신청을 조속히 할 것을 청구하는 권리이다. 이는 피수용자에게는 재결신청권을 부여하지 않았으므로 ① 수용법률관계의 조속한 안정과 ② 재결신청지연으로 인한 피수용자의 불이익을 배제하기 위한 것으로 사업시행자와의 형평의 원리에 입각한 제도이다.

2. 성립요건

(1) 당사자 및 청구형식

① 청구권자는 토지소유자 및 관계인이며 피청구자는 사업시행자와 대행자이다. ② 청구형식은 엄격한 형식을 요하지 아니하는 서면행위이다. 판례는 신청서의 일부 누락도 청구의사가 명백하다면 효력이 있다고 본다.

(2) 청구기간

1) 원칙

토지소유자 등은 사업시행자에게 협의기간 만료일부터 재결신청을 할 수 있는 기간 만료일까지 재결을 신청할 것을 청구할 수 있다.

2) 예외

① 협의불성립 또는 불능 시, ② 사업인정 후 상당기간이 지나도록 사업시행자의 협의통지 없는 경우, ③ 협의불성립이 명백한 경우에는 협의기간이 종료되지 않았더라도 재결신청청구가 가능하다고 본다. 단, 협의기간이 종료되는 시점부터 60일을 기산한다.

3. 재결신청청구의 효과

(1) 재결신청의무

재결신청의 청구를 받은 사업시행자는 재결신청청구가 있는 날로부터 60일 이내에 관할 토지수용위원회에 재결을 신청하여야 한다(제30조 제2항).

(2) 지연가산금 지급의무

사업시행자의 재결신청이 의무기간인 60일을 넘겨서 이루어진 경우에는 그 지연기간에 대하여

'소송촉진 등에 관한 특례법' 규정에 의한 법정이율을 적용하여 산정한 금액을 관할 토지수용위원회에서 재결한 보상금에 가산하여 지급하여야 한다(제30조 제3항).

4. 지연가산급 지급의무 발생여부

(1) 재결신청 기산점 판단(협의기간 임의 연장 가능 여부)

1) 판례의 태도

사업인정고시가 있게 되면 토지소유자 및 관계인에 대하여 토지 등의 보전의무가 발생하고, 사업시행자에게는 토지 및 물건에 관한 조사권이 주어지게 되는 이상, 협의기간 연장을 허용하게 되면 토지소유자 및 관계인에게 위와 같은 실질적인 불이익도 연장될 우려가 있는 점, 협의기간 내에 협의가 성립되지 아니하여 토지소유자 및 관계인이 재결신청의 청구까지 한 마당에 사업시행자의 협의기간 연장을 허용하는 것은 사업시행자가 일방적으로 재결신청을 지연할 수 있도록 하는 부당한 결과를 가져올 수 있는 점 등을 종합해 보면, 사업시행자가 보상협의요청서에 기재한 협의기간을 토지소유자 및 관계인에게 통지하고, 토지소유자 및 관계인이 그 협의기간이 종료하기 전에 재결신청의 청구를 한 경우에는 사업시행자가 협의기간이 종료하기 전에 협의기간을 연장하였다고 하더라도 토지보상법 제30조에서 정한 60일의 기간은 당초의 협의기간 만료일로부터 기산하여야 한다고 보는 것이 타당하다고 판시한다(대판 2012.12.27, 2010두9457).

2) 사안의 경우

재결신청청구권의 제도적 취지 및 피수용자의 권리보호 측면에서 판례의 태도가 타당하다. 따라서 갑은 당초 협의기간이 종료된 2015.1.31.을 기준하여 60일 이내에 재결신청을 하여야 할 의무가 발생하게 된다.

(2) 지연가산금 지급의무 발생여부

협의기간이 끝난 후에 그 청구를 받은 경우에는 그 청구를 받은 날로부터 즉시 가산하나, 판례는 협의기간 중에 그 청구를 받은 경우에는 협의기간의 만료일로부터 그 청구를 받은 날이 기산된다고 판시한다(대판 1993.7.13, 93누2902). 이에 대해서 토지보상법 제30조 제2항에서는 청구가 있은 날부터 60일 이내에 재결을 신청해야 한다고 규정하고 있으므로 기간종료 후부터 기산하는 것은 타당하지 않다는 비판이 있다. 판례의 태도에 따를 때, 당초 협의기간 종료일부터 60일이 경과한 2015.4.2.부터 가산금 지급의무가 발생한다고 할 것이다.

Ⅲ 을의 권리구제 방안

1. 토지보상법상 권리구제수단

토지보상법상 재결은 수용 및 보상재결로 이원화되어 있으며, 지연가산금은 토지수용위원회의 재결로 정하도록 규정되어 있으므로 지연가산금의 다툼은 재결 중 보상재결의 다툼으로 이어질 것이다. 토지보상법 제83조 및 제85조 제2항에서는 이의신청과 보상금증감청구소송을 규정하고 있다.

2. 토지보상법 제83조 이의신청

(1) 의의 및 성격(= 특별법상 행정심판, 임의주의)

관할 토지수용위원회의 위법, 부당한 재결에 불복이 있는 토지소유자 및 사업시행자가 중앙토지수용위원회에 이의를 신청하는 것으로서 특별법상 행정심판에 해당하며 제83조에서 '할 수 있다'고 규정하여 임의주의 성격을 갖는다.

(2) 요건 및 효과(= 처분청 경유주의, 기간특례, 집행부정지 : 쟁송남용방지의 입법적 취지)

① 수용, 보상재결에 이의가 있는 경우에, 사업시행자 및 토지소유자는 재결서 정본을 받은 날로부터 30일 이내에 처분청을 경유하여 중앙토지수용위원회에 이의를 신청할 수 있다. 이 경우 판례는 30일의 기간은 전문성, 특수성을 고려하여 수용의 신속을 기하기 위한 것으로 합당하다고 한다. 또한 ② 이의신청은 사업의 진행 및 토지의 사용, 수용을 정지시키지 아니한다(제88조).

(3) 재결(제84조) 및 재결의 효력(제86조)

① 재결이 위법 또는 부당하다고 인정하는 때에는 그 재결의 전부 또는 일부를 취소하거나 보상액을 변경할 수 있다. ② 보상금 증액 시 재결서 정본을 받은 날로부터 30일 이내에 사업시행자는 증액된 보상금을 지급해야 한다. ③ 쟁송기간 경과 등으로 이의재결이 확정된 경우에는 민사소송법상의 확정판결이 있는 것으로 보고 재결서 정본은 집행력 있는 판결의 정본과 동일한 효력을 갖는 것으로 본다.

3. 보상금증감청구소송

(1) 의의 및 취지

(보상재결에 대한) 보상금의 증감에 대한 소송으로서 사업시행자, 토지소유자는 각각 피고로 제기하며(제85조 제2항), ① 보상재결의 취소 없이 보상금과 관련된 분쟁을 일회적으로 해결하여 ② 신속한 권리구제를 도모함에 취지가 있다.

(2) 소송의 형태 및 소송의 성질

종전에는 형식적 당사자소송이었는지와 관련하여 견해의 대립이 있었으나 현행 토지보상법 제85조에서는 재결청을 공동피고에서 제외하여 형식적 당사자소송임을 규정하고 있다. 판례는 해당 소송을 이의재결에서 정한 보상금이 증액, 변경될 것을 전제로 하여 기업자를 상대로 보상금의 지급을 구하는 확인·급부소송으로 보고 있다.

(3) 제기요건 및 효과(기간특례, 당사자, 원처분주의, 관할)

① 제85조에서는 제34조 재결을 규정하므로 원처분을 대상으로, ② 재결서 정본 송달일로부터

90일 또는 60일(이의재결 시) 이내에, ③ 토지소유자, 관계인 및 사업시행자는 각각을 피고로 하여, ④ 관할법원에 당사자소송을 제기할 수 있다.

(4) 심리범위

① 손실보상의 지급방법(채권보상 여부 포함)과 ② 적정 손실보상액의 범위 및 보상액과 관련한 보상면적(잔여지수용 등) 등은 심리범위에 해당한다. 판례는 ③ 지연손해금 역시 손실보상의 일부이고, ④ 잔여지수용 여부 및 ⑤ 개인별 보상으로서 과대, 과소항목의 보상항목 간 유용도 심리범위에 해당한다고 본다.

(5) 심리방법 및 입증책임

법원 감정인의 감정결과를 중심으로 적정한 보상금이 산정된다. 입증책임과 관련하여 민법상 법률요건분배설이 적용된다. 판례는 재결에서 정한 보상액보다 정당한 보상이 많다는 점에 대한 입증책임은 그것을 주장하는 원고에게 있다고 한다.

(6) 판결(형성력, 별도의 처분 불필요)

산정된 보상금액이 재결 금액보다 많으면 차액의 지급을 명하고, 법원이 직접보상금을 결정하므로 소송당사자는 판결결과에 따라 이행하여야 하며 중앙토지수용위원회는 별도의 처분을 할 필요가 없다.

4. 사안의 경우

을은 지연가산금의 다툼을 보상금에 대한 이의신청 및 보상금증감청구소송을 통해서 구제받을 수 있다. 이의신청의 경우 재결서 정본을 송달받은 날로부터 30일 내로 제기해야 하므로, 2015.8.20. 현재 송달일로부터 30일이 경과되어 이의신청의 제기는 불가할 것이다. 다만, 송달일로부터 아직 90일은 경과되지 않았으므로 을은 보상금증감청구소송을 통해서 권리구제를 받을 수 있을 것이다.

Ⅳ 사안의 해결

재결신청청구권은 불확실한 법률관계를 조속히 확정하여 피수용자의 권익을 도모함에 취지가 인정되며, 이러한 재결신청청구권의 실효성을 확보하기 위하여 지연가산금 제도를 두고 있다. 이러한 제도적 취지에 비추어 볼 때, 사업시행자는 재결신청을 늦출 의도로 임의로 협의기간을 연장하지 못할 것이며 을은 재결의 불복수단인 이의신청과 보상금증감청구소송을 통해서 권리구제를 받을 수 있을 것이다. 설문에서는 재결서 정본 송달일로부터 30일이 경과되었으므로 보상금증감청구소송만이 가능할 것이다. 또한 판례는 보상금에 대한 보상금증감청구소송을 제기한 경우라면 토지보상법 제85조에서 정한 제소기간에 구애받지 않고 그 소송절차에서 청구취지 변경 등을 통해 청구할 수 있다고 판시한 바 있다(대판 2012.12.27, 2010두9457).

◆ **[대판 2012.12.27, 2010두9457[보상금증액]**

[판시사항]

[1] 토지소유자 등이 구 공익사업을 위한 토지 등의 취득 및 보상에 관한 법률 제85조에서 정한 제소기간 내에 관할 토지수용위원회에서 재결한 보상금의 증감에 대한 소송을 제기한 경우, 같은 법 제30조 제3항에서 정한 지연가산금은 위 제85조에서 정한 제소기간에 구애받지 않고 그 소송절차에서 청구취지 변경 등을 통해 청구할 수 있는지 여부(적극)

[2] 사업시행자가 보상협의요청서에 기재한 협의기간이 종료하기 전에 토지소유자 및 관계인이 재결신청의 청구를 하였으나 사업시행자가 협의기간이 종료하기 전에 협의기간을 연장한 경우, 구 공익사업을 위한 토지 등의 취득 및 보상에 관한 법률 제30조 제2항에서 정한 60일 기간의 기산 시기(=당초의 협의기간 만료일)

[판결요지]

[1] 구 공익사업을 위한 토지 등의 취득 및 보상에 관한 법률(2011.8.4. 법률 제11017호로 개정되기 전의 것, 이하 '구 공익사업법'이라고 한다) 제84조 제1항, 제85조, 제30조 등 관계 법령의 내용, 형식 및 취지를 종합하면, 구 공익사업법 제30조 제3항에서 정한 지연가산금은, 사업시행자가 재결신청의 청구를 받은 때로부터 60일을 경과하여 재결신청을 한 경우 관할 토지수용위원회에서 재결한 보상금(이하 '재결 보상금'이라고 한다)에 가산하여 토지소유자 및 관계인에게 지급하도록 함으로써, 사업시행자로 하여금 구 공익사업법이 규정하고 있는 기간 이내에 재결신청을 하도록 간접강제함과 동시에 재결신청이 지연된 데에 따른 토지소유자 및 관계인의 손해를 보전하는 성격을 갖는 금원으로, 재결 보상금에 부수하여 구 공익사업법상 인정되는 공법상 청구권이다. 그러므로 제소기간 내에 재결 보상금의 증감에 대한 소송을 제기한 이상, 지연가산금은 구 공익사업법 제85조에서 정한 제소기간에 구애받지 않고 그 소송절차에서 청구취지 변경 등을 통해 청구할 수 있다고 보는 것이 타당하다.

[2] 공익사업을 위한 토지 등의 취득 및 보상에 관한 법률 시행령 제8조 제1항, 제14조 제1항의 내용, 형식 및 취지를 비롯하여, 토지소유자 및 관계인이 협의기간 종료 전에 사업시행자에게 재결신청의 청구를 한 경우 구 공익사업을 위한 토지 등의 취득 및 보상에 관한 법률(2011.8.4. 법률 제11017호로 개정되기 전의 것, 이하 '구 공익사업법'이라고 한다) 제30조 제2항에서 정한 60일의 기간은 협의기간 만료일로부터 기산하여야 하는 점, 사업인정고시가 있게 되면 토지소유자 및 관계인에 대하여 구 공익사업법 제25조에서 정한 토지 등의 보전의무가 발생하고, 사업시행자에게는 구 공익사업법 제27조에서 정한 토지 및 물건에 관한 조사권이 주어지게 되는 이상, 협의기간 연장을 허용하게 되면 토지소유자 및 관계인에게 위와 같은 실질적인 불이익도 연장될 우려가 있는 점, 협의기간 내에 협의가 성립되지 아니하여 토지소유자 및 관계인이 재결신청의 청구까지 한 마당에 사업시행자의 협의기간 연장을 허용하는 것은 사업시행자가 일방적으로 재결신청을 지연할 수 있도록 하는 부당한 결과를 가져올 수 있는 점 등을 종합해 보면, 사업시행자가 보상협의요청서에 기재한 협의기간을 토지소유자 및 관계인에게 통지하고, 토지소유자 및 관계인이 그 협의기간이 종료하기 전에 재결신청의 청구를 한 경우에는 사업시행자가 협의기간이 종료하기 전에 협의기간을 연장하였다고 하더라도 구 공익사업법 제30조 제2항에서 정한 60일의 기간은 당초의 협의기간 만료일로부터 기산하여야 한다고 보는 것이 타당하다.

◆ 사례 35

토지소유자 갑은 2010.1.29. 최초 사업시행자였던 더블에이치씨에 대하여 갑 소유의 토지에 관하여 수용재결 신청을 청구하였다. 이에 더블에이치씨가 재결을 신청하여 2010.8.23. 수용재결(이하 '제1차 수용재결'이라고 한다)이 이루어졌으나, 제1차 수용재결에서 정한 수용개시일(2010.9.23.)까지 재결 보상금을 지급 또는 공탁하지 못함에 따라 제1차 수용재결은 그 효력을 상실하였다. 2011.7.28.자 평택 포승2 일반산업단지 개발계획 및 실시계획 변경고시(경기도 고시 제2011-200호)에 따라 사업의 시행자가 더블에이치에서 포승산단주식회사로 변경되었다. 포승산단주식회사는 갑을 포함한 토지소유자 등에게 보상일정 안내와 감정평가법인등 추천을 요청하는 내용의 공문을 발송하였고, 2011.9.19. 해당 사업구역 내 토지소유자 등으로 구성된 '포승2산업단지 신비상대책위원회'(이하 '비대위'라고 한다)와 사이에 보상업무협약을 서면으로 체결하였다. 위 보상업무협약의 내용에 따르면 주민 대표, 평택도시공사와 포승산단주식회사가 감정평가사 1인씩을 선정하여 감정평가절차를 거치는 것으로 예정되어 있었다. 포승산단주식회사는 위 보상업무협약에 따라 세 곳의 감정평가법인에 의뢰하여 감정평가서를 제출받은 다음 협의기간을 2011.11.16.부터 2011.12.16.까지로 정하여 갑을 비롯한 토지소유자 등과 손실보상협의를 진행하였으나, 그 협의가 성립하지 않자 2012.1.30. 다시 수용재결을 신청하였다. 이에 경기도지방토지수용위원회의 2012.7.24.자 수용재결(보상금 증액)이 있었다(수용개시일 : 2012.9.21).

갑은 1차 수용재결이 실효된 날로부터 60일이 경과한 시점인 2010.11.25.부터 2012.1.29.까지 1년 2개월 5일(431일)에 해당되는 기간 동안의 재결신청 지연가산금 상당의 손실을 보상해 달라는 취지의 재결신청을 청구하였다. 포승산단주식회사는 자신은 2011.7.28.일자로 사업시행자로 지정되었고 2011.9.19.부터 2011.12.16.까지 성실히 협의절차를 이하였으나 협의가 성립되지 않아서 협의기간 종료일인 2011.12.16.일로부터 60일 이내인 2012.1.30. 재결을 신청한 바 지연가산금은 발생하지 않는다고 한다. 재결신청 청구에 대한 지연가산금이 발생되는지 논하시오. 25점

Ⓘ 쟁점의 정리

설문은 재결신청 청구에 대한 지연가산금이 발생되는지가 문제된다. ① 변경된 사업시행자가 기존 사업시행자의 권리와 의무를 승계받았는지와, ② 재결신청에 대한 의무기간 중 토지소유자와의 협의를 진행한 기간도 의무기간에 산입되는지를 검토하여 사안을 해결한다.

Ⅱ 재결신청청구권의 요건 및 효과

1. 의의 및 취지(토지보상법 제30조)

재결신청청구권은 사업인정 후 협의가 성립되지 않은 경우 피수용자가 사업시행자에게 서면으로 재결신청을 조속히 할 것을 청구하는 권리이다. 이는 수용법률관계의 조속한 안정을 도모한다.

2. 재결신청청구의 요건 및 효과

토지소유자 등은 사업시행자에게 협의기간 만료일부터 재결신청을 할 수 있는 기간 만료일까지 재결을 신청할 것을 청구할 수 있다. 청구일로부터 60일 이내에 관할 토지수용위원회에 재결을 신청하여야 하며 60일을 넘겨서 이루어진 경우에는 그 지연기간에 대하여 지연가산금을 지급하여야 한다.

Ⅲ 기존 사업시행자의 권리와 의무가 승계되는지 여부

1. 대인적 행정행위와 대물적 행정행위의 승계

대인적 행정행위는 행위의 상대방의 주관적 사정에 착안하여 행해지는 행정행위이며 그 효과는 일신전속적인 것이므로 제3자에게 승계되지 않는다. 대물적 행정행위는 행정행위의 상대방의 주관적 사정을 고려하지 않고 행위의 대상인 물건이나 시설의 객관적 사정에 착안하여 행해지는 행정행위이다.

2. 사업인정처분이 대인적 행정행위인지

사업시행자 변경 시 권리와 의무는 승계된다. 이는 절차중복을 피하고, 사업의 원활한 시행을 도모, 피수용자의 권리보호에 취지가 인정된다. 사업인정은 특정한 사업시행자에 대한 수용권 부여이기 때문에 대인적 처분의 성격을 지니는 것으로 볼 수 있다.

3. 관련규정의 검토(권리·의무의 승계)

사업인정은 대인적 처분이므로 사업의 승계가 있다고 하여 당연히 사업시행자의 권리·의무가 승계되는 것으로 볼 수 없으므로, 이를 보완하기 위해 토지보상법 제5조에서는 "권리·의무의 승계"를 규정하고 있다. 따라서 현재 및 장래의 권리자에게 대항할 수 있다.

4. 사안의 경우

사업인정은 대인적 행정행위의 성질을 가지므로 별도의 규정이 없는 한, 그 행위의 효력은 승계되지 않는다고 할 것이나, 토지보상법 제5조에서는 권리와 의무에 대한 승계규정을 두고 있으므로 종전 사업자의 재결신청 의무는 변경된 사업시행자에게 승계된 것으로 보아야 한다.

Ⅳ 재결신청기간에 협의 기간도 포함되는지 여부

1. 특별한 사정이 있는 경우에 재결신청을 지연하여도 되는지 여부

토지보상법은 재결이 실효됨으로 인하여 토지소유자 등이 입은 손실을 보상하는 규정(토지보상법 제42조 제2항, 제3항)을 지연가산금 규정과 별도로 두고 있는데, 지연가산금은 사업시행자가 정해진 기간 내에 재결신청을 하지 않고 지연한 데 대한 제재와 토지소유자 등의 손해에 대한 보전이라는 성격을 아울러 가지고 있다고 보아야 한다.

위와 같이 재결이 실효된 이후 사업시행자가 다시 재결을 신청할 경우에는 원칙적으로 다시 보상협의절차를 거칠 필요가 없으므로(대판 2015.2.26, 2012두11287 참조), 재결실효일부터 60일이 지난 다음에는 지연가산금이 발생한다는 것이 원칙이다. 그러나 사업시행자가 재결실효 후 60일 내에 재결신청을 하지 않았더라도, 재결신청을 지연하였다고 볼 수 없는 특별한 사정이 있는 경우에는 그 해당 기간 동안은 지연가산금이 발생하지 않는다고 보아야 한다. 재결실효 후 토지소유자 등과 사업시행자 사이에 보상협의절차를 다시 하기로 합의한 데 따라 그 협의가 진행된 기간은 그와 같은 경우에 속한다고 봄이 타당하다.

> ✎ **답안 축약 시**
>
> 재결실효 후 양 당사자가 보상협의를 진행하기로 합의한 경우에는 해당 협의는 수용법률관계를 조속히 종결시키고자 하는 의사가 내재된 것으로 볼 수 있다. 따라서 재결신청의무기간 중 당사자 간의 협의기간은 지연기간에서 배제하여야 할 것이다.

2. 사안의 경우

재결은 양 당사자 간의 협의가 성립되지 않은 경우에 토지 등을 취득하기 위한 절차이므로 양 당사자의 자유의사에 의한 협의기간은 재결신청기간에서 제외하여야 할 것이다.

Ⅴ 사안의 해결

변경된 사업시행자는 기존 사업시행자의 권리와 의무를 그대로 승계받을 것이다. 따라서 최초 수용재결이 실효된 다음 날부터 60일 내에 재결신청을 하여야 하나, 이를 넘긴 경우 양 당사자 간에 협의 취득을 위한 협의기간은 제외하고 지연가산금을 산정하여야 할 것이다.

✒ 대판 2017.4.7, 2016두63361[수용보상금증액등]

[판시사항]

사업시행자가 수용 개시일까지 재결보상금을 지급 또는 공탁하지 아니함으로써 재결 및 재결신청이 효력을 상실하여 다시 재결을 신청하는 경우, 재결신청 기간 및 그 기간을 넘겨서 재결신청을 하는 경우 지연가산금을 지급하여야 하는지 여부(적극) / 재결실효 후 60일 내에 재결신청을 하지 않았으나 재결신청을 지연하였다고 볼 수 없는 특별한 사정이 있는 경우, 해당 기간 지연가산금이 발생하는지 여부(소극) 및 재결실효 후 토지소유자 등과 사업시행자가 보상협의절차를 다시 하기로 합의한 데 따라 협의가 진행된 기간이 그 경우에 속하는지 여부(적극)

[판결요지]

사업시행자가 수용의 개시일까지 재결보상금을 지급 또는 공탁하지 아니한 때에는 재결은 효력을 상실하고[공익사업을 위한 토지 등의 취득 및 보상에 관한 법률(이하 '토지보상법'이라 한다) 제42조 제1항], 사업시행자의 재결신청도 효력을 상실하므로, 사업시행자는 다시 토지수용위원회에 재결을 신청하여야 한다. 그 신청은 재결실효 전에 토지소유자 및 관계인(이하 '토지소유자 등'이라 한다)이 이미 재결신청 청구를 한 바가 있을 때에는 재결실효일로부터 60일 내에 하여야 하고, 그 기간을 넘겨서 재결신청을 하면 지연된 기간에 대하여도 소송촉진 등에 관한 특례법 제3조에 따른 법정이율을 적용하여 산정한 금액(이하 '지연가산금'이라 한다)을 지급하여야 한다.

토지보상법은 재결이 실효됨으로 인하여 토지소유자 등이 입은 손실을 보상하는 규정(토지보상법 제42조 제2항, 제3항)을 지연가산금 규정과 별도로 두고 있는데, 지연가산금은 사업시행자가 정해진 기간 내에 재결신청을 하지 않고 지연한 데 대한 제재와 토지소유자 등의 손해에 대한 보전이라는 성격을 아울러 가지고 있다.

위와 같이 재결이 실효된 이후 사업시행자가 다시 재결을 신청할 경우에는 원칙적으로 다시 보상협의절차를 거칠 필요가 없으므로, 재결실효일부터 60일이 지난 다음에는 지연가산금이 발생한다는 것이 원칙이다. 그러나 사업시행자가 재결실효 후 60일 내에 재결신청을 하지 않았더라도, 재결신청을 지연하였다고 볼 수 없는 특별한 사정이 있는 경우에는 그 해당 기간 동안은 지연가산금이 발생하지 않는다. 재결실효 후 토지소유자 등과 사업시행자 사이에 보상협의절차를 다시 하기로 합의한 데 따라 협의가 진행된 기간은 그와 같은 경우에 속한다.

▲ 사례 36

다음 물음에 답하시오. 30점

(1) 피고는 2012.5.29. 안양시장으로부터 조합설립인가를 받고 안양시 동안구 (주소 생략) 일원 185,269.3㎡에서 주택재개발정비사업(이하 '이 사건 사업'이라고 한다)을 시행하는 자이다. 원고는 이 사건 사업구역 내에 부동산을 소유하여 피고의 조합원이 되었다가, 분양신청기간 (2015.7.27.~2015.9.4.) 내에 분양신청을 하지 않아 현금청산대상자가 된 사람이다(조합은 분양신청기간 내에 분양신청을 하지 않은 탈퇴조합원들에 대하여 분양신청기간 종료일의 다음 날부터 150일인 2016.2.1.까지 현금청산금을 지급할 의무가 있었으나, 실제로는 위 기한까지 현금청산금을 지급하지 못했고, 탈퇴조합원들과 종전자산을 취득하기 위한 보상협의가 성립하지 못했다).

(2) 원고는, 피고가 원고 소유의 부동산을 취득하기 위하여 수용재결을 신청하는 절차를 진행하지 않자, '법무법인 정의'를 대리인으로 선임하였다. '법무법인 정의'는 피고에게 2016.2.25, 2016. 3.4, 2016.3.14. 3차례에 걸쳐 내용증명 및 배달증명 방식의 우편물(이하 '이 사건 각 우편물'이라고 한다)을 발송하였다.

(3) 이 사건 각 우편물의 봉투 겉면의 '보내는 사람'란에는 '법무법인 정의 대표변호사 소외 1'이라고 기재되어 있었고, '받는 사람'란에는 '호원초등학교주변지구 주택재개발정비사업조합 조합장 소외 2'라고 기재되어 있었다. 이 사건 각 우편물에는 ① 법무법인 정의가 원고를 대리하여 재결신청청구서를 송부한다는 취지가 기재된 내용문서 원본, ② 원고 명의의 재결신청청구서, ③ 원고가 법무법인 정의(담당변호사 소외 1 등)에 재결신청청구에 관한 모든 권한을 위임한다는 내용의 위임장이 들어있었다. 이 사건 각 우편물은 모두 피고의 수취 거부로 반송되었다.

(4) 피고는 2017.1.25. 경기도지방토지수용위원회에 원고 소유의 부동산에 관하여 수용재결을 신청하였다.

(5) 원고는 현금청산대상자로서 재결신청 취지의 우편물을 발송한 2016.3.14.일부터 60일 이내에 재결신청의무가 발생하였음에도 불구하고 60일이 경과된 2017.1.25.가 되어서야 재결을 신청한 바, 이에 대한 지연가산금을 지급해야 한다고 주장한다. 피고는 재결신청취지의 우편물을 받은 바 없으므로 재결신청청구를 받은바가 없기에 지연가산금 지급의무도 없다고 주장한다. 피고에게 지연가산금의 지급의무가 발생하는지 논하시오.

[우편물의 도달에 관한 법리]

(1) 민법 제111조 제1항은 상대방이 있는 의사표시는 상대방에게 도달한 때에 그 효력이 생긴다고 규정하고 있다. 여기서 도달이란 사회통념상 상대방이 통지의 내용을 알 수 있는 객관적 상태에 놓여 있는 경우를 가리키는 것으로서, 상대방이 통지를 현실적으로 수령하거나 통지의 내용을 알 것까지는 필요로 하지 않는다.

(2) 우편법에 따르면, 수취인에게 배달할 수 없거나 수취인이 수취를 거부한 우편물은 발송인에게 되돌려 보낸다(제32조 제1항). 우편법령의 규정 내용과 취지에 비추어 보면, 우편물이 등기취급(내용증명우편 및 배달증명우편, 우편법 시행규칙 제25조 제1항 제1호 및 제4호 참조)의 방법으로 발송된 경우에는 반송되는 등의 특별한 사정이 없는 한 그 무렵 수취인에게 배달되었다고 보아야 한다(대판 2007.12.27, 2007다51758 등 참조).

(3) 한편 상대방이 부당하게 등기취급 우편물의 수취를 거부함으로써 그 우편물의 내용을 알 수 있는 객관적 상태의 형성을 방해한 경우 그러한 상태가 형성되지 아니하였다는 사정만으로 발송인의 의사표시의 효력을 부정하는 것은 신의성실의 원칙에 반하므로 허용되지 아니한다. 이러한 경우에는 부당한 수취 거부가 없었더라면 상대방이 우편물의 내용을 알 수 있는 객관적 상태에 놓일 수 있었던 때, 즉 수취 거부 시에 의사표시의 효력이 생긴 것으로 보아야 한다. 여기서 우편물의 수취 거부가 신의성실의 원칙에 반하는지 여부는 발송인과 상대방과의 관계, 우편물의 발송 전에 발송인과 상대방 사이에 그 우편물의 내용과 관련된 법률관계나 의사교환이 있었는지, 상대방이 발송인에 의한 우편물의 발송을 예상할 수 있었는지 등 여러 사정을 종합하여 판단하여야 한다. 이때 우편물의 수취를 거부한 것에 정당한 사유가 있는지에 관해서는 수취 거부를 한 상대방이 이를 증명할 책임이 있다.

Ⅰ 쟁점의 정리

이 사건의 쟁점은, 피고가 원고에게 원고 소유의 부동산에 관한 수용보상금 외에 토지보상법 제30조 제3항에 따른 재결신청 지연가산금을 추가로 지급할 의무가 있는지와 관련하여, 원고의 재결신청청구서가 이 사건 각 우편물을 통해 피고에게 도달한 것으로 볼 수 있는지 여부이다. 따라서 3차례나 우편물 수취를 거부한 것이 재결신청을 지연하였다고 볼 수 없는 특별한 사정에 해당되는지를 검토한다.

Ⅱ 재결신청청구권(토지보상법 제30조)

1. 의의 및 취지(토지보상법 제30조)

재결신청청구권은 사업인정 후 협의가 성립되지 않은 경우 피수용자가 사업시행자에게 서면으로 재결신청을 조속히 할 것을 청구하는 권리이다. 이는 피수용자에게는 재결신청권을 부여하지 않았으므로 ① 수용법률관계의 조속한 안정과, ② 재결신청지연으로 인한 피수용자의 불이익을 배제하기 위한 것으로 사업시행자와의 형평의 원리에 입각한 제도이다(대판 1997.10.24, 97다31175).

2. 사업시행자의 재결신청의 타당성

사업의 공익성이 사업인정에서 판단되었으므로 사업의 원활한 시행을 보장한다는 점 및 실효규정이(사업인정 실효) 있으므로 사업의 장기화를 방지하므로 재결신청권을 사업시행자에게만 부여한 것의 타당성이 인정된다(대판 1993.8.27, 93누9064).

3. 성립요건

(1) 당사자 및 청구형식

① 청구권자는 토지소유자 및 관계인이며 피청구자는 사업시행자와 대행자이다. ② 청구형식은 엄격한 형식을 요하지 아니하는 서면행위이다. 판례는 신청서의 일부 누락도 청구의사가 명백하다면 효력이 있다고 본다. 특별한 사정이 없는 한 그 업무대행자에게도 제출할 수 있다(대판 1995.10.13, 94누7232).

(2) 청구기간

원칙적으로 토지소유자 등은 사업시행자에게 협의기간 만료일부터 재결신청을 할 수 있는 기간 만료일까지 재결을 신청할 것을 청구할 수 있다(대판 1996.4.23, 95누15551).

4. 재결신청청구의 효과

(1) 재결신청의무

재결신청의 청구를 받은 사업시행자는 재결신청청구가 있는 날부터 60일 이내에 관할 토지수용위원회에 재결을 신청하여야 한다(제30조 제2항). 만약 토지소유자 등이 적법하게 재결신청청구를 하였다고 볼 수 없거나 사업시행자가 재결신청을 지연하였다고 볼 수 없는 특별한 사정이 있는 경우에는 그 해당 기간 동안은 지연가산금이 발생하지 않는다고 보아야 한다(대판 2017.4.7, 2016두63361).

(2) 지연가산금 지급의무

1) 지연가산금의 성격

토지보상법 제30조 제3항에 따른 재결신청 지연가산금은 사업시행자가 정해진 기간 내에 재결신청을 하지 않고 지연한 데 대한 제재와 토지소유자 등의 손해에 대한 보전이라는 성격을 아울러 가진다.

2) 지연가산금의 지급의무

사업시행자의 재결신청이 의무기간인 60일을 넘겨서 이루어진 경우에는 그 지연기간에 대하여 '소송촉진 등에 관한 특례법' 규정에 의한 법정이율을 적용하여 산정한 금액을 관할 토지수용위원회에서 재결한 보상금에 가산하여 지급하여야 한다(제30조 제3항).

협의기간이 끝난 후에 그 청구를 받은 경우에는 그 청구받은 날부터 즉시 기산하나, 협의기간 중에 그 청구를 받은 경우에는 협의기간의 만료일부터 그 청구를 받은 날이 기산된다(대판 1993.7.13, 93누2902).

5. 지연가산금에 대한 불복수단

지연가산금은 사업시행자가 정해진 기간 내에 재결신청을 하지 않고 지연한 데 대한 제재와 토지소유자 등의 손해에 대한 보전이라는 성격을 아울러 가지고 있다. 그 성질이 보상금에 해당한다고 봄이 타당하다(대판 2017.4.7, 2016두63361). 따라서 재결신청지연에 따른 지연가산금도 재결에 의해 결정되므로 이에 대한 불복은 보상금증감청구소송을 제기할 수 있다.

Ⅲ 우편물의 수취거부가 부당한지 여부

1. 우편물이 이 사건 각 우편물의 봉투 겉면에는 발송인이 "법무법인 정의 대표변호사 소외 1"이라고 기재되어 있어서, 봉투 겉면만으로는 재결신청청구서가 포함되어 있다는 점을 파악하기는 어려운 측면이 있다. 그러나 탈퇴조합원들과 종전자산을 취득하기 위한 보상협의가 성립하지 못했으므로, 그 무렵부터는 원고를 비롯한 탈퇴조합원들이 수용 여부 및 정당한 보상금액을 조속히 확정하기 위하여 피고에게 재결신청을 청구할 가능성이 높은 상황이었다. 또한, 이 사건 각 우편물은 발송인이 '법무법인'이고 일반우편물이 아니라 내용증명 및 배달증명 방식의 우편물이었으므로, 사회통념상 중요한 권리행사를 위한 것이었음을 넉넉히 추단할 수 있다.

2. 원고의 대리인이었던 '법무법인 정의'가 약 10일 간격으로 3차례에 걸쳐 반복적으로 동일한 내용의 우편물을 발송하였음에도 피고가 매번 수취를 거부한 점에 비추어, 피고가 이 사건 각 우편물에 재결신청청구서가 포함되어 있는지 여부를 정확히 알지는 못했다고 하더라도, 적어도 이 사건 사업의 시행에 관한 이해관계인의 정당한 권리행사를 방해하려는 목적의식을 가지고 수취를 거부한 것이라고 추단할 수 있으므로 원고의 재결신청청구서는 이 사건 각 우편물을 통해 피고에게 도달한 것으로 볼 수 있다.

Ⅳ 사안의 경우

최소한 마지막 우편물에 대한 수취 거부시점에서 알 수 있는 상태에 놓여 있다고 볼 것이므로 그때부터 재결신청의무가 발생한다고 볼 수 있다. 따라서 원고의 주장은 타당하다.

◆ [대판 2020.8.20, 2019두34630[손실보상금]

[판시사항]

[1] 공익사업을 위한 토지 등의 취득 및 보상에 관한 법률 제30조 제3항에 따른 재결신청 지연가산금의 성격 및 토지소유자 등이 적법하게 재결신청청구를 하였다고 볼 수 없거나 사업시행자가 재결신청을 지연하였다고 볼 수 없는 특별한 사정이 있는 경우, 그 해당 기간 지연가산금이 발생하는지 여부(소극)

[2] 상대방이 부당하게 등기취급 우편물의 수취를 거부함으로써 우편물의 내용을 알 수 있는 객관적 상태의 형성을 방해한 경우, 그러한 상태가 형성되지 아니하였다는 사정만으로 발송인의 의사표시 효력을 부정할 수 있는지 여부(소극) 및 이 경우 의사표시의 효력 발생 시기(=수취 거부 시) / 우편물의 수취 거부가 신의성실의 원칙에 반하는지 판단하는 방법 및 우편물의 수취를 거부한 것에 정당한 사유가 있는지에 관한 증명책임의 소재(=수취 거부를 한 상대방)

[판결요지]

[1] 공익사업을 위한 토지 등의 취득 및 보상에 관한 법률 제30조 제3항에 따른 재결신청 지연가산금은 사업시행자가 정해진 기간 내에 재결신청을 하지 않고 지연한 데 대한 제재와 토지소유자 등의 손해에 대한 보전이라는 성격을 아울러 가진다. 따라서 토지소유자 등이 적법하게 재결신청청구를 하였다고 볼 수 없거나 사업시행자가 재결신청을 지연하였다고 볼 수 없는 특별한 사정이 있는 경우에는 그 해당 기간 동안은 지연가산금이 발생하지 않는다.

[2] 상대방이 부당하게 등기취급 우편물의 수취를 거부함으로써 우편물의 내용을 알 수 있는 객관적 상태의 형성을 방해한 경우 그러한 상태가 형성되지 아니하였다는 사정만으로 발송인의 의사표시의 효력을 부정하는 것은 신의성실의 원칙에 반하므로 허용되지 아니한다. 이러한 경우에는 부당한 수취 거부가 없었더라면 상대방이 우편물의 내용을 알 수 있는 객관적 상태에 놓일 수 있었던 때, 즉 수취 거부 시에 의사표시의 효력이 생긴 것으로 보아야 한다. 여기서 우편물의 수취 거부가 신의성실의 원칙에 반하는지는 발송인과 상대방과의 관계, 우편물의 발송 전에 발송인과 상대방 사이에 우편물의 내용과 관련된 법률관계나 의사교환이 있었는지, 상대방이 발송인에 의한 우편물의 발송을 예상할 수 있었는지 등 여러 사정을 종합하여 판단하여야 한다. 이때 우편물의 수취를 거부한 것에 정당한 사유가 있는지에 관해서는 수취 거부를 한 상대방이 이를 증명할 책임이 있다.

사업인정 전후 타인토지출입 비교

사례 37

토지보상법에서는 공익사업의 준비 등을 위하여 타인이 점유하는 토지에 출입할 수 있는 규정을 두고 있다. 이때, 사업인정을 기준으로 사업인정 전 타인토지출입과 사업인정 후 타인토지출입을 비교·설명하시오. 20점

Ⅰ 서

Ⅱ 토지보상법상 타인토지출입 규정

   1. 사업의 준비를 위한 타인토지출입
     (토지보상법 제9조)

   2. 조서작성을 위한 타인토지출입
     (토지보상법 제27조)

Ⅲ 공통점

   1. 법적 성질

   2. 손실보상

   3. 절차상 공통점(토지보상법 제10조 및 제13조 준용)

   4. 수인의무 및 벌칙규정(토지보상법 제11조 및 제97조)

Ⅳ 차이점

   1. 목적

   2. 출입절차상 차이

   3. 장해물제거 및 시굴권의 유무

   4. 쟁송방법

Ⅴ 관련문제

   1. 절차간소화의 취지

   2. 토지·물건조사권의 실효성 확보수단

Ⅰ 서

타인토지출입이란 공익사업의 준비 등을 위하여 필요한 경우에 타인이 점유하는 토지에 출입하여 측량·조사하는 것으로서, 사업인정 고시 전 공익사업의 준비를 위한 출입과 고시 후 토지·물건 조서 작성 및 토지 등의 감정평가를 위한 출입으로 구분된다. 이러한 타인토지출입은 사업인정에 의한 토지·물건 조사권의 부여로 사업인정 후에는 절차를 간소화하여 공익사업의 신속한 수행을 도모하고 있는바, 이하에서는 양 출입절차를 비교·설명한다.

Ⅱ 토지보상법상 타인토지출입 규정

1. 사업의 준비를 위한 타인토지출입(토지보상법 제9조)

사업시행자가 사업의 준비를 위하여 타인이 점유하는 토지에 출입하여 측량·조사를 할 필요가 있을 때에는 시장 등의 허가를 받도록 규정하고 있으며, 출입하고자 하는 날의 5일 전까지 그 일시와 장소를 시장 등에게 통지하도록 하고 있다. 또한 동법 제12조에 의거 소유자의 동의 또는 시장 등의 허가를 얻어 장해물의 제거 등을 할 수 있다.

2. 조서작성을 위한 타인토지출입(토지보상법 제27조)

사업인정 고시 후 사업시행자는 사업의 준비나 토지·물건조서를 작성하기 위하여 필요한 경우 타인토지에 출입하여 측량·조사할 수 있으며, 토지보상법 제68조에 따라 감정평가를 의뢰받은 감정평가법인 등은 토지 등의 감정평가를 위하여 필요한 경우 타인토지에 출입하여 측량하거나 조사할 수 있다.

Ⅲ 공통점

1. 법적 성질

사업인정 전·후 타인토지출입은 사업시행자가 타인의 소유에 속하는 토지 기타 물건의 재산권에 대하여 공법상의 사용권을 설정하고, 그 사용기간 중에 그를 방해하는 권리행사를 금지하는 사용제한으로 볼 수 있으며, 또한 행정기관이 행정작용을 적정하게 실행함에 있어 필요로 하는 자료·정보 등을 수집하기 위하여 행하는 행정조사로 볼 수 있다.

2. 손실보상

토지보상법 제9조, 제12조, 제27조에서는 타인토지에 출입하여 측량·조사함으로 인한 손실을 보상하여야 한다고 규정하고 있다. 손실보상은 손실이 있음을 안 날로부터 1년, 발생한 날부터 3년 이내에 청구하여야 하며, 사업시행자와 손실을 입은 자의 협의에 의한다. 협의 불성립 시에는 토지수용위원회에 재결을 신청할 수 있다.

3. 절차상 공통점(토지보상법 제10조 및 제13조 준용)

양 절차 공히 타인이 점유하는 토지에 출입하고자 하는 자는 출입하고자 하는 날의 5일 전까지 그 일시 및 장소를 시장 등에게 통지하여야 하며(제10조 제1항), 통지 등을 받은 시장 등은 지체 없이 공고하고 점유자에게 통지하여야 한다(제10조 제2항). 일출 전이나 일몰 후에는 출입제한이 있으며(제10조 제3항), 출입 시에는 증표 및 허가증을 휴대할 의무가 있다(제13조).

4. 수인의무 및 벌칙규정(토지보상법 제11조 및 제97조)

토지점유자는 정당한 사유 없이 사업시행자 출입·측량 또는 조사하는 행위를 방해하지 못한다(제 11조). 이에 위반하는 경우에는 200만원 이하의 벌금형에 처하게 된다(제97조 제2호).

Ⅳ 차이점

1. 목적

사업인정 전 출입조사는 공익사업의 준비절차로 공익사업의 적합성을 판단하기 위한 것이다. 즉 공익사업 실시 및 수용절차 진행을 위해 사업계획을 작성하고 사업시행지를 획정하기 위함이다. 반면, 사업인정 후의 출입조사는 사업의 준비나 토지·물건조서 및 토지 등의 감정평가를 위함이 다. 토지·물건조서를 작성하는 이유는 수용절차에 있어 분쟁예방과 토지수용위원회의 심리·재결 의 신속·원활을 기하기 위한 것이다.

2. 출입절차상 차이

사업인정 고시로 인해 사업시행자에게 수용권이 설정되고, 토지·물건 조사권이 발생한다. 따라서 사업시행자는 이에 근거하여 별도의 허가 절차 없이 타인이 점유하는 토지에 출입할 수 있다. 반면, 사업인정 전 사업의 준비를 위해 타인토지에 출입하는 경우에는 시장 등의 허가가 필요하다.

3. 장해물제거 및 시굴권의 유무

사업의 준비를 위해서 사업시행자가 타인토지에 출입하여 측량·조사함에 있어 토지의 시굴·시추 또는 이에 수반하는 장해물의 제거가 부득이한 경우에 그 소유자 또는 점유자의 동의를 얻거나, 시장 등의 허가를 얻어 제거 등을 할 수 있다. 그러나 사업인정 고시 후 타인토지에 출입하는 경우 에는 장해물 제거 및 시굴권에 관한 준용규정이 없으므로 이를 행할 수 없다.

4. 쟁송방법

전자는 허가의 위법성과 조사자체의 처분성 인정을 통한 쟁송이 가능하나, 후자의 경우는 조사행위 에 대한 쟁송의 유무는 동일하다 할 것이나, 조사권을 부여하는 사업인정에 대한 쟁송이 가능하다.

Ⅴ 관련문제

1. 절차간소화의 취지

사업인정 고시 후에는 별도로 시장 등의 허가 없이 타인토지출입이 가능하도록 한 것은 ① 사업인정에 의해 해당 사업이 토지 등을 수용할 수 있는 공익사업임이 확인되어 있고, ② 사업인정에 의해 사업시행자에 대해 수용 또는 수용권이 부여되어 있으며, ③ 측량·조사할 수 있는 토지의 범위가 확정되어 있고, ④ 조사권의 내용이 장해물 제거 및 토지의 시굴 등에 의한 형상변경이 요구되지 않고 있는 점이다. 이러한 점에 근거하여 사업인정 후의 측량·조사 시에는 사업인정 전의 경우와 달리 시장 등의 허가를 거치지 않도록 절차를 간소화하여 공익사업의 원활한 수행을 도모하고 있는 것이다.

2. 토지·물건조사권의 실효성 확보수단

토지소유자 등이 사업에 반대하여 토지·물건조사권의 행사를 완강히 거부하는 경우 벌칙 규정 이외에 실력을 행사하여 강제로 출입할 수 있는지에 대해 법치행정 원리상 명문 규정이 없이 실력으로 출입을 강제하는 것은 어려울 것으로 보인다. 이러한 경우 공익사업의 계속적인 수행을 위해 입법적으로 토지보상법에 항공측량, 인근지역에서의 측량, 도면의 이용 등에 관한 규정을 마련할 필요가 있다고 보인다.

사례 38

토지보상법 제88조에서는 '동법 제83조에 따른 이의의 신청이나 제85조에 따른 행정소송의 제기는 사업의 진행 및 토지의 수용 또는 사용을 정지시키지 아니한다'고 규정하고 있다. 이에 대하여 기술하시오. 30점

Ⅰ 서설
Ⅱ 집행정지
  1. 의의 및 근거
  2. 요건
    (1) 신청요건
      1) 정지대상인 처분 등이 존재할 것
      2) 적법한 본안소송이 계속 중일 것
      3) 신청인적격 및 신청이익
    (2) 본안요건
      1) 회복하기 어려운 손해

      2) 긴급한 필요의 존재
      3) 공공복리에 중대한 영향이 없을 것
      4) 본안청구가 이유 없음이 명백하지 아니할 것
  3. 절차
  4. 내용
  5. 효력 및 시기
  6. 집행정지결정에 대한 불복과 취소
Ⅲ 결어

Ⅰ 서설

토지보상법 제88조는 이른바 집행부정지의 원칙을 명시한 것으로 볼 수 있다. 이하에서 집행정지에 대해서 기술한다.

Ⅱ 집행정지(처분이 없었던 것과 같은 상태로 만드는 소극적 성격의 구제수단)

1. 의의(집행부정지원칙과 예외적인 집행정지) 및 근거(행정소송법 제23조 제1항 및 제2항)

집행부정지 원칙은 취소소송의 제기는 처분 등의 효력이나 그 집행 또는 절차의 속행에 영향을 주지 아니함을 말한다. 단, 처분이 진행되는 등의 사정으로 회복되기 어려운 손해가 발생할 경우 예외적으로 집행정지를 인정한다.

2. 요건

(1) 신청요건(형식적 요건 : 미충족 시 각하결정)

1) 정지대상인 처분 등이 존재할 것

행정소송법상 집행정지는 종전의 상태, 즉 원상을 회복하여 유지시키는 소극적인 것이므로 침해적 처분을 대상으로 한다. 거부처분에 대하여 집행정지가 가능한지에 관하여 견해의 대립이 있다.

2) 적법한 본안소송이 계속 중일 것

행정소송법상의 집행정지는 민사소송에서의 가처분과는 달리 적법한 본안소송이 계속 중일 것을 요하며, 계속된 본안소송은 소송요건을 갖춘 적법한 것이어야 한다.

3) 신청인적격 및 신청이익

집행정지를 신청할 수 있는 자는 본안소송의 당사자이다. 신청인은 '법률상 이익'이 있는 자이어야 한다. 집행정지신청요건인 법률상 이익은 항고소송의 요건인 '법률상 이익'과 동일하다. 또한 집행정지결정의 현실적 필요성이 있어야 한다.

(2) 본안요건(실체적 요건 : 기각결정 또는 인용결정(집행정지결정))

1) 회복하기 어려운 손해

판례는 금전보상이 불가능하거나 사회통념상 참고 견디기가 현저히 곤란한 유·무형의 손해(적소는 요건 아님)와 중대한 경영상의 위기를(아람마트 사건) 회복하기 어려운 손해로 보고 있다. 이에 대한 소명책임은 신청인에게 있다.

2) 긴급한 필요의 존재

회복하기 어려운 손해의 발생이 절박하여 손해를 회피하기 위하여 본안판결을 기다릴 여유가 없을 것을 말한다(대결 1994.1.17, 93두79).

3) 공공복리에 중대한 영향이 없을 것

처분의 집행에 의해 신청인이 입을 손해와 집행정지에 의해 영향을 받을 공공복리간 이익형량을 하여 공공복리에 중대한 영향을 미칠 우려가 없어야 한다(대결 1999.12.20, 99무42).

4) 본안청구가 이유 없음이 명백하지 아니할 것

집행정지는 인용판결의 실효성을 확보하기 위하여 인정되는 것이며 행정의 원활한 수행을 보장하며 집행정지신청의 남용을 방지할 필요도 있으므로 본안청구가 이유 없음이 명백하지 아니할 것을 집행정지의 소극적 요건으로 하는 것이 타당하다는 것이 일반적 견해이며 판례도 이러한 입장을 취하고 있다(대결 1992.8.7, 92두30).

3. 절차

본안이 계속된 법원에 당사자의 신청 또는 직권에 의하여 처분 등의 효력이나 그 집행 또는 절차의 속행의 전부 또는 일부의 정지를 결정할 수 있다.

4. 내용

① 처분의 효력을 존재하지 않는 상태에 놓이게 하는 처분의 효력정지, ② 처분의 집행을 정지하는 집행정지(철거명령과 대집행의 계고), ③ 여러 단계의 절차를 통하여 행정목적이 달성되는 경우에 절차의 속행을 정지하는 절차속행의 정지(대집행 계고와 통지)를 내용으로 한다. ④ 행정소송법은 처분의 일부에 대한 집행정지도 가능하다고 규정하고 있으며, 판례는 재량행위인 과징금처분의 일부에 대한 집행정지도 가능한 것으로 보고 있다.

5. 효력 및 시기

① 처분의 효력을 잠정적으로 소멸시키는 형성력, ② 행정청은 동일한 처분을 할 수 없는 기속력(행정소송법 제30조 제1항 준용), ③ 판결주문에 정해진 시점까지 존속하는 시적효력이 있다. 집행정지간은 법원이 시기와 종기를 자유롭게 정할 수 있는데, 종기의 정함이 없으면 본안판결 확정시까지 정지의 효력이 존속한다(대결 1962.3.2, 62두1).

6. 집행정지결정에 대한 불복과 취소

집행정지의 결정 또는 기각 결정에 대하여 즉시항고를 할 수 있으나, 이 경우 집행정지의 결정에 대한 즉시항고에는 결정의 집행을 정지하는 효력이 없다(제23조 제5항). 집행정지의 결정이 확정된 후 집행정지가 공공복리에 중대한 영향을 미치거나 그 정지사유가 없어진 때에는 당사자의 신청 또는 직권에 의하여 결정으로써 집행정지의 결정을 취소할 수 있다(제24조 제1항).

Ⅲ 결어

토지보상법 제88조의 규정은 집행부정지의 원칙을 명시한 것이고, 행정소송법 제23조 제2항의 집행정지결정까지 불허한다는 취지는 아니라고 볼 것이다. 따라서 토지보상법 제83조 및 제85조에 따른 행정쟁송을 제기한 자는 집행정지의 요건이 존재하는 한 집행정지를 구할 수 있을 것이다.

02

재결

재결의 불복수단

🔺 사례 1

수용재결이란 사업시행자에게 부여된 수용권의 구체적인 내용을 결정하고 그 실행을 완성시키는 형성적 행위로서 수용의 최종단계에서 공사익조화를 도모하여 수용목적을 달성함에 제도적 의미가 인정된다. 이와 관련하여 각 물음을 설명하시오.

(1) 수용재결의 법적 성질과 효과를 설명하시오. 5점

(2) 재결의 불복수단에 대해서 설명하시오. 35점

(설문 1)의 해결

Ⅰ 개설(재결의 의의 및 취지)

Ⅱ 재결의 법적 성질 및 재결의 효력
 1. 재결의 법적 성질
 2. 재결의 효과

(설문 2)의 해결

Ⅰ 개설

Ⅱ 이의신청(제83조)
 1. 의의 및 성격(＝특별법상 행정심판, 임의주의)
 2. 요건 및 효과(처분청 경유주의, 기간특례, 집행부정지 : 쟁송남용방지의 입법적 취지)
 3. 재결(제84조) 및 재결의 효력(제86조)

Ⅲ 행정소송
 1. 의의 및 유형

 2. 제기요건 및 효과(＝ 기간특례, 원처분주의 / 집행부정지)
 (1) 요건
 (2) 효과(제88조)
 3. 심리 및 판결
 4. 판결의 효력

Ⅳ 보상금증감청구소송
 1. 의의 및 취지
 2. 소송의 형태
 3. 소송의 성질
 4. 제기요건 및 효과(기간특례, 당사자, 원처분주의, 관할)
 5. 심리범위
 6. 심리방법
 7. 입증책임
 8. 판결(형성력, 별도의 처분 불필요)

Ⅴ 관련문제(취소소송과의 병합)

⊕ **(설문 1)의 해결**

Ⅰ 개설(재결의 의의 및 취지)

수용재결이란 사업시행자에게 부여된 수용권의 구체적인 내용을 결정하고 그 실행을 완성시키는 형성적 행위로서 수용의 최종단계에서 공사익조화를 도모하여 수용목적을 달성함에 제도적 의미가 인정된다. 따라서 재결에 대한 권리구제가 중요한 위치를 차지한다. 이와 관련하여 재결의 법적 성질과 효과를 설명한다.

Ⅱ 재결의 법적 성질 및 재결의 효력

1. 재결의 법적 성질

재결신청이 형식적 요건을 충족하면 구체적으로 일정한 법률효과의 발생을 목적으로 하는 수용재결을 반드시 해야 하는 기속, 형성행위이며 양 당사자의 이해관계를 독립된 행정기관인 토지수용위원회가 판단 조정하는 점에서 준사법적인 성격을 갖는다. 또한 복효적 행정행위적 제3자효행위이며 보상액에 대하여는 증액재결을 할 수 있다.

2. 재결의 효과

사전보상 실현 및 사업의 원활한 시행을 위해서 수용재결 시와 개시일로 효력발생시기를 달리하고 있다. ① "수용재결 시"에는 손실보상청구권, 담보물권자의 물상대위권, 인도이전의무, 위험부담이전의 효과가 ② "수용개시일"에는 사업시행자에게는 목적물의 원시취득 및 대행ㆍ대집행권, 토지소유자에게는 환매권 등의 효과가 발생한다.

⊕ **(설문 2)의 해결**

Ⅰ 개설

토지보상법 제83조, 제85조의 특례규정 외에는 일반쟁송법이 적용되며 재결은 수용재결과 보상재결로 나눌 수 있다. 개정된 토지보상법은 행정심판 임의주의, 원처분주의, 보상금증감청구소송의 형태를 입법적으로 해결하였다. 이하에서 구체적으로 설명한다.

Ⅱ 이의신청(제83조)

1. 의의 및 성격(= 특별법상 행정심판, 임의주의)

관할 토지수용위원회의 위법, 부당한 재결에 불복이 있는 토지소유자 및 사업시행자가 중앙토지수용위원회에 이의를 신청하는 것으로서 특별법상 행정심판에 해당하며 제83조에서 '할 수 있다'고 규정하여 임의주의 성격을 갖는다.

2. 요건 및 효과(처분청 경유주의, 기간특례, 집행부정지 : 쟁송남용방지의 입법적 취지)

① 수용, 보상재결에 이의 시 사업시행자 및 토지소유자는 재결서 정본을 받은 날로부터 30일 이내에 처분청을 경유하여 중앙토지수용위원회에 이의를 신청할 수 있다. 이 경우 판례는 30일의 기간은 전문성, 특수성을 고려하여 수용의 신속을 기하기 위한 것으로 합당하다고 한다.

② 이의신청은 사업의 진행 및 토지의 사용, 수용을 정지시키지 아니한다(제88조).

3. 재결(제84조) 및 재결의 효력(제86조)

① 재결이 위법 또는 부당하다고 인정하는 때에는 그 재결의 전부 또는 일부를 취소하거나 보상액을 변경할 수 있다. ② 보상금 증액 시 재결서 정본을 받은 날로부터 30일 이내에 사업시행자는 증액된 보상금을 지급해야 한다. ③ 쟁송기간 경과 등으로 이의재결이 확정된 경우에는 민사소송법상의 확정판결이 있는 것으로 보고 재결서 정본은 집행력 있는 판결의 정본과 동일한 효력을 갖는 것으로 본다.

Ⅲ 행정소송

1. 의의 및 유형

① 재결에 불복하는 사업시행자 토지소유자 및 관계인은 재결취소소송을, ② 무효 또는 실효를 주장하는 경우에는 무효등확인소송을 제기할 수 있다.

2. 제기요건 및 효과(=기간특례, 원처분주의 / 집행부정지)

(1) 요건

재결서 정본을 받은 날부터 90일, 이의재결 정본을 받은 날로부터 60일 내에 각각 소송을 제기할 수 있다고 규정되므로 ① 1차 수용재결의 관할 토지수용위원회를 피고로, ② 원처분을 대상으로(제34조 재결에 대하여), ③ 부동산 및 피고 소재지의 행정법원에 소를 제기할 수 있다.

(2) 효과(제88조)

사업의 진행, 수용사용의 효과를 정지시키지 않는다.

3. 심리 및 판결

법원은 불고불리원칙에 따라 원재결의 위법을 심리하여 기각, 인용판결을 하게 되며 원고의 청구가 이유 있다고 인정되더라도 현저히 공익을 해하는 경우 사정판결을 할 수 있다.

4. 판결의 효력

인용판결이 있게 되면 소송당사자와 관할 토지수용위원회를 판결의 내용에 따라 구속하며(행정소송법 제30조) 사업시행자가 행정소송을 제기하였으나 그 소송이 각하, 기각 또는 취소된 경우에는 법정이율을 적용하여 산정한 금액을 보상금에 가산하여 지급하여야 한다(제87조)(재결서 정본을 받은 날부터 각하, 기각, 취소된 날까지).

Ⅳ 보상금증감청구소송

1. 의의 및 취지

(보상재결에 대한) 보상금의 증감에 대한 소송으로서 사업시행자, 토지소유자는 각각 피고로 제기하며(제85조 제2항), ① 보상재결의 취소 없이 보상금과 관련된 분쟁을 일회적으로 해결하여, ② 신속한 권리구제를 도모함에 취지가 있다.

2. 소송의 형태

종전에는 형식적 당사자소송이었는지와 관련하여 견해의 대립이 있었으나 현행 토지보상법 제85조에서는 재결청을 공동피고에서 제외하여 형식적 당사자소송임을 규정하고 있다.

3. 소송의 성질

① 법원이 재결을 취소하고 보상금을 결정하는 형성소송이라는 견해, ② 법원이 정당보상액을 확인하고 금전지급을 명하거나 과부된 부분을 되돌려 줄 것을 명하는 확인, 급부소송이라는 견해가 있으며, ③ 판례는 해당 소송을 이의재결에서 정한 보상금이 증액, 변경될 것을 전제로 하여 기업자를 상대로 보상금의 지급을 구하는 확인급부소송으로 보고 있다. ④ 생각건대 형성소송설은 권력분립에 반할 수 있으며 일회적인 권리구제에 비추어 확인, 급부소송설이 타당하다.

4. 제기요건 및 효과(기간특례, 당사자, 원처분주의, 관할)

① 제85조에서는 제34조 재결을 규정하므로 원처분을 대상으로, ② 재결서정본송달일로부터 90일 또는 60일(이의재결 시) 이내에, ③ 토지소유자, 관계인 및 사업시행자는 각각을 피고로 하여, ④ 관할법원에 당사자소송을 제기할 수 있다.

5. 심리범위

① 손실보상의 지급방법(채권보상여부포함)과 ② 적정손실보상액의 범위 및 보상액과 관련한 보상면적(잔여지수용 등) 등은 심리범위에 해당한다. 판례는 ③ 지연손해금 역시 손실보상의 일부이고, ④ 잔여지수용 여부, ⑤ 개인별 보상으로서 과대, 과소항목의 보상항목 간 유용도 심리범위에 해당한다고 본다.

6. 심리방법

법원 감정인의 감정결과를 중심으로 적정한 보상금이 산정된다.

7. 입증책임

입증책임과 관련하여 민법상 법률요건분배설이 적용된다. 판례는 재결에서 정한 보상액보다 정당한 보상이 많다는 점에 대한 입증책임은 그것을 주장하는 원고에게 있다고 한다.

8. 판결(형성력, 별도의 처분 불필요)

산정된 보상금액이 재결 금액보다 많으면 차액의 지급을 명하고, 법원이 직접보상금을 결정하므로 소송당사자는 판결결과에 따라 이행하여야 하며 중앙토지수용위원회는 별도의 처분을 할 필요가 없다.

Ⅴ 관련문제(취소소송과의 병합)

수용재결에 대한 취소소송에 보상금액에 대한 보상금증감청구소송을 예비적으로 병합하여 제기하는 것도 가능하다.

▲ 사례 2

갑은 대구광역시에 있는 자신의 토지가 도로부지로 수용됨에 따라 대구광역시와 손실보상액에 대한 협의를 하였으나 서로 간의 의견 차이로 협의가 결렬되었다. 이에 따라 2011.4.20. 대구광역시 토지수용위원회가 해당 토지수용에 관하여 재결을 하게 되었다. 갑은 이에 불복하고자 한다. 다음 물음에 답하시오. 50점

(1) 갑이 도로부지로의 수용에 관한 수용에 관한 결정 자체를 다투고자 하는 경우와, 손실보상금액이 적기 때문에 증액을 요구하고자 하는 경우에는 각각 어떠한 불복방법이 존재하는가? 30점

(2) 대구광역시 토지수용위원회는 2011.4.20. 재결에서 갑 소유 토지에 대해 1000원/평으로 결정하였고, 갑의 이의신청에 대해 2011.5.9 중앙토지수용위원회의 이의재결에서는 1200원/평으로 결정하였다. 만약 갑이 중앙토지수용위원회의 이의재결을 대상으로 소송을 제기하였다면 법원은 어떻게 판단하여야 하나? 15점

(3) 갑은 이의신청을 제기하여 이의재결을 받았고, 이에 불복하여 행정소송을 제기하였으나 기각되어 이의재결이 확정되었다. 확정된 이의재결에 대해 공익사업을 위한 토지 등의 취득 및 보상에 관한 법률상의 효력을 설명하고 그에 대해 비판적으로 검토하시오. 5점

Ⅰ 문제제기

Ⅱ 관련 행정작용의 검토
  1. 재결의 의의 및 취지(토지보상법 제34조)
  2. 재결의 법적 성질

Ⅲ (설문 1) 수용재결에 불복하는 방법
  1. 수용재결 자체에 불복하는 경우
    (1) 이의신청
      1) 의의 및 성격(= 특별법상 행정심판, 임의주의)
      2) 요건 및 효과(= 처분청 경유주의, 기간특례, 집행부정지 : 쟁송남용방지의 입법적 취지)
      3) 재결(제84조) 및 재결의 효력(제86조)
    (2) 행정소송
      1) 의의 및 유형
      2) 제기요건 및 효과(= 기간특례, 원처분주의 / 집행부정지)
      3) 심리 및 판결
      4) 판결의 효력

  2. 손실보상액에 대해 불복하는 경우
    (1) 이의신청
    (2) 보상금증감청구소송
      1) 의의 및 취지
      2) 소송의 형태
      3) 소송의 성질
      4) 제기요건 및 효과(기간특례, 당사자, 원처분주의, 관할)
      5) 심리범위
      6) 심리방법 및 입증책임
      7) 판결(형성력, 별도의 처분 불필요)
  3. 취소소송과 보상금증감청구소송의 병합

Ⅳ (설문 2) 보상금에 대한 불복 시 소송물은 수용재결인지 이의재결인지
  1. 개설
  2. 원처분주의와 재결주의
    (1) 의의
    (2) 행정소송법의 태도
    (3) 토지보상법의 재결주의 채택 여부

Ⅰ 문제제기

(설문 1)과 관련하여 수용에 대한 결정자체를 다투는 불복방법으로서 이의신청과 행정소송을 살펴보고, 보상금에 대한 불복으로 이의신청과 토지보상법상 보상금증감청구소송에 대해 논하겠다.

(설문 2)에서는 원처분주의와 재결주의의 논의에 대해 살펴보고, 원처분주의 하에서 소송물의 결정에 대해 설명한다.

(설문 3)에서는 확정된 이의재결의 효력으로 토지보상법 제86조가 인정하고 있는 효력에 대해 그 위헌 가능성을 검토한다.

Ⅱ 관련 행정작용의 검토

1. 재결의 의의 및 취지[토지보상법 제34조]

수용재결이란 사업시행자에게 부여된 수용권의 구체적인 내용을 결정하고 그 실행을 완성시키는 형성적 행위로서 수용의 최종 단계에서 공사익조화를 도모하여 수용목적을 달성함에 제도적 의미가 인정된다.

2. 재결의 법적 성질

재결신청이 형식적 요건을 충족하면 구체적으로 일정한 법률효과의 발생을 목적으로 하는 수용재결을 반드시 해야 하는 기속, 형성행위이며 양 당사자의 이해관계를 독립된 행정기관인 토지수용위원회가 판단, 조정하는 점에서 준사법적인 성격을 갖는다. 또한 복효적 행정행위적 제3자효 행위이며 보상액에 대하여는 증액재결을 할 수 있다.

Ⅲ [설문 1] 수용재결에 불복하는 방법

1. 수용재결 자체에 불복하는 경우

(1) 이의신청

1) 의의 및 성격(= 특별법상 행정심판, 임의주의)

관할 토지수용위원회의 위법, 부당한 재결에 불복이 있는 토지소유자 및 사업시행자가 중앙 토지수용위원회에 이의를 신청하는 것으로서 특별법상 행정심판에 해당하며 제83조에서 '할 수 있다'고 규정하여 임의주의 성격을 갖는다.

2) 요건 및 효과(= 처분청 경유주의, 기간특례, 집행부정지 : 쟁송남용방지의 입법적 취지)

① 수용, 보상 재결에 이의 시 사업시행자 및 토지소유자는 재결서 정본을 받은 날로부터 30일 이내에 처분청을 경유하여 중앙토지수용위원회에 이의를 신청할 수 있다. 이 경우 판례는 30일의 기간은 전문성, 특수성을 고려하여 수용의 신속을 기하기 위한 것으로 합당하다고 한다. ② 이의신청은 사업의 진행 및 토지의 사용, 수용을 정지시키지 아니한다 (제88조).

3) 재결(제84조) 및 재결의 효력(제86조)

① 재결이 위법 또는 부당하다고 인정하는 때에는 그 재결의 전부 또는 일부를 취소하거나 보상액을 변경할 수 있다. ② 보상금 증액 시 재결서 정본을 받은 날로부터 30일 이내에 사업시행자는 증액된 보상금을 지급해야 한다. ③ 쟁송기간 경과 등으로 이의재결이 확정된 경우에는 민사소송법상의 확정판결이 있는 것으로 보고 재결서 정본은 집행력 있는 판결의 정본과 동일한 효력을 갖는 것으로 본다.

(2) 행정소송

1) 의의 및 유형

① 재결에 불복하는 사업시행자 토지소유자 및 관계인은 재결취소소송을, ② 무효 또는 실효를 주장하는 경우에는 무효등확인소송을 제기할 수 있다.

2) 제기요건 및 효과(= 기간특례, 원처분주의 / 집행부정지)

재결서 정본을 받은 날부터 90일, 이의재결 정본을 받은 날로부터 60일 내에 각각 소송을 제기할 수 있다고 규정되므로 ① 1차 수용재결의 관할 토지수용위원회를 피고로, ② 원처분을 대상으로(제34조 재결에 대하여), ③ 부동산 및 피고 소재지의 행정법원에 소를 제기할 수 있다. ④ 또한 사업의 진행, 수용사용의 효과를 정지시키지 않는다(법 제88조).

3) 심리 및 판결

법원은 불고불리원칙에 따라 원재결의 위법을 심리하여 기각, 인용판결을 하게 되며 원고의 청구가 이유 있다고 인정되더라도 현저히 공익을 해하는 경우 사정판결을 할 수 있다.

4) 판결의 효력

인용판결이 있게 되면 소송당사자와 관할 토지수용위원회를 판결의 내용에 따라 구속하며 (행정소송법 제30조), 사업시행자가 행정소송을 제기하였으나 그 소송이 각하, 기각 또는 취소된 경우에는 법정이율을 적용하여 산정한 금액을 보상금에 가산하여 지급하여야 한다 (제87조).

2. 손실보상액에 대해 불복하는 경우

(1) 이의신청

토지수용위원회의 제34조 재결에 대하여 이의가 있는 자는 중앙토지수용위원회에 이의를 신청할 수 있다(제83조). 이의신청은 그 성격상 수용결정에 대한 이의신청과 보상금액에 대한 이의신청으로 구분된다.

(2) 보상금증감청구소송

1) 의의 및 취지

(보상재결에 대한) 보상금의 증감에 대한 소송으로서 사업시행자, 토지소유자는 각각 피고로 제기하며(제85조 제2항), ① 보상재결의 취소 없이 보상금과 관련된 분쟁을 일회적으로 해결하여, ② 신속한 권리구제를 도모함에 취지가 있다.

2) 소송의 형태

종전에는 형식적 당사자소송이었는지와 관련하여 견해의 대립이 있었으나 현행 토지보상법 제85조에서는 재결청을 공동피고에서 제외하여 형식적 당사자소송임을 규정하고 있다.

3) 소송의 성질

① 법원이 재결을 취소하고 보상금을 결정하는 〈형성소송설〉, ② 법원이 정당보상액을 확인하고 금전지급을 명하거나 과부된 부분을 되돌려 줄 것을 명하는 〈확인·급부소송설〉, ③ 〈판례〉는 해당 소송을 이의재결에서 정한 보상금이 증액, 변경될 것을 전제로 하여 기업자를 상대로 보상금의 지급을 구하는 확인·급부소송으로 보고 있다. ④ 〈생각건대〉 형성소송설은 권력분립에 반할 수 있으며 일회적인 권리구제에 비추어 확인·급부소송설이 타당하다.

4) 제기요건 및 효과(기간특례, 당사자, 원처분주의, 관할)

① 제85조에서는 제34조 재결을 규정하므로 원처분을 대상으로, ② 재결서 정본 송달일로부터 90일 또는 60일(이의재결 시) 이내에, ③ 토지소유자, 관계인 및 사업시행자는 각각을 피고로 하여, ④ 관할법원에 당사자소송을 제기할 수 있다.

5) 심리범위

① 손실보상의 지급방법(채권보상여부포함)과 ② 적정손실보상액의 범위 및 보상액과 관련한 보상면적(잔여지수용 등) 등은 심리범위에 해당한다. 판례는 ③ 지연손해금 역시 손실보

상의 일부이고, ④ 잔여지수용 여부 및 ⑤ 개인별 보상으로서 과대, 과소항목의 보상항목 간 유용도 심리범위에 해당한다고 본다.

6) 심리방법 및 입증책임

① 법원 감정인의 감정결과를 중심으로 적정한 보상금이 산정된다. ② 입증책임과 관련하여 민법상 법률요건분배설이 적용된다. 판례는 재결에서 정한 보상액보다 정당한 보상이 많다는 점에 대한 입증책임은 그것을 주장하는 원고에게 있다고 한다.

7) 판결(형성력, 별도의 처분 불필요)

산정된 보상금액이 재결 금액보다 많으면 차액의 지급을 명하고, 법원이 직접보상금을 결정하므로 소송당사자는 판결결과에 따라 이행하여야 하며 중앙토지수용위원회는 별도의 처분을 할 필요가 없다.

3. 취소소송과 보상금증감청구소송의 병합

수용재결에 대한 취소소송에 보상금액에 대한 보상금증감청구소송을 예비적으로 병합하여 제기하는 것도 가능하다.

Ⅳ [설문 2] 보상금에 대한 불복 시 소송물은 수용재결인지 이의재결인지

1. 개설

사안의 경우 원처분주의에 입각할 때 과연 소송의 대상은 무엇이며, 피고는 누구인지가 문제된다. 그리고 행정소송법 제19조 단서의 고유한 위법이 없음에도 재결을 대상으로 취소소송을 제기한 경우 법원은 청구기각을 하여야 하는가, 아니면 소각하를 하여야 하는가의 문제이다.

2. 원처분주의와 재결주의

(1) 의의

원처분주의란 원처분과 재결에 다 같이 소를 제기할 수 있으나, 원처분의 위법은 원처분에 대한 항고소송에서만 주장할 수 있고, 재결에 대한 항고소송에서는 재결 자체의 고유한 하자에 대해서만 주장할 수 있도록 하는 제도이다. 재결주의란 재결에 대한 취소소송 또는 무효등확인소송에서 재결 자체의 위법뿐만 아니라 원처분의 위법사유도 아울러 주장할 수 있도록 하는 제도를 말한다.

(2) 행정소송법의 태도

행정소송법 제19조, 제38조는 원처분과 아울러 재결에 대하여도 취소소송이나 무효등확인소송을 제기할 수 있도록 하면서 단지 재결에 대한 소송에 있어서는 원처분의 위법을 이유로 할 수 없고, 재결 자체의 고유한 위법이 있음을 이유로 한하도록 하여 원처분주의를 채택하고 있다.

(3) 토지보상법의 재결주의 채택 여부

기존의 판례는 구 토지수용법 제75조의2의 "이의신청의 재결에 대해 불복이 있을 때"라는 문언의 해석을 통해 재결주의의 입장을 취한 바 있으나, 토지보상법 제85조는 이의신청 임의주의로 변경하였고, 이에 행정소송법의 일반원칙인 원처분주의를 따름은 논리·필연적이다.

3. 수정재결과 소송의 대상

(1) 학설

① 변경처분을 재결내용의 고유한 위법이 있는 것이라고 할 수 없는 바, 원처분을 다투어야 한다는 원처분설, ② 변경처분은 원처분과 다른 새로운 처분이므로 변경처분을 다투어야 한다는 변경처분설, ③ 변경된 처분은 새로운 처분이 아니라 당초부터 유리하게 변경된 내용의 처분이라 할 것이므로 변경시킨 원처분을 다투어야 한다는 견해가 있다.

(2) 판례(당초부터 유리하게 변경된 원처분)

판례는 일부취소 또는 적극적 변경재결로 인하여 감경되고 남은 원처분을 상대로 원처분청을 피고로 하여 소송을 제기하여야 하는 것으로 보고 있다.

(3) 사안의 경우

이의재결은 원재결을 일부취소한 것이고, 원처분은 1200원으로의 보상금으로 존속하고 있다고 보아야 한다. 따라서 2011.4.20.의 1200원으로의 보상금 결정을 대상으로 소송제기하는 것이 타당하다.

4. 행정소송법 제19조 단서에 위반한 소송의 처리

(1) 본안판단사항

재결 자체에 고유한 위법이 있어야 한다는 것은 본안판단 사항이지 소송요건은 아니므로 행정소송법 제19조 단서에 반하여 재결 자체의 고유한 위법을 주장하지 않고 제기한 재결취소의 소는 부적법 각하 대상이 아니고 기각대상이라는 것이 통설이다.

(2) 사안의 경우

재결 자체의 고유한 위법이 없음에도 불구하고, 재결의 취소를 구하는 소송이어서 원고의 청구는 기각되어야 한다.

Ⅴ [설문 3] 이의재결 확정의 효력에 대한 비판적 검토

1. 문제의 소재

수용재결에 불복하여 이의재결이 있었고, 제소기간의 경과 또는 소송의 기각, 각하 등으로 인해 이의재결이 확정된 경우의 그 효력이 문제된다. 이의재결은 일반적인 행정행위로서의 효력 외에 토지보상법 제86조는 확정판결과 동일한 효력을 인정하고 있다.

2. 이의재결확정의 효력

이의신청에 대한 재결이 확정된 경우 민사소송법상 확정판결이 있는 것으로 보며, 재결서 정본은 집행력 있는 판결의 정본과 동일한 효력을 가진다(법 제86조). 이처럼 법률의 규정에 의해 행정행위에 확정판결의 효력을 부여하고 있다. 이는 행정행위의 성질상 인정되는 효력이 아니고 법률이 법적 안정성 차원에서 특별히 부여한 것이라 할 것이다. 따라서 사업시행자가 이의재결에서 정한 보상금의 지급을 이행하지 않은 경우 집행관에 의한 강제집행이 가능하여 피수용자의 권리보호에 이바지하는 측면이 있다.

3. 검토

이와 같이 이의재결에 대해 일정한 경우 확정판결의 효력을 부여한 것에 대하여 이는 행정기관의 결정과 판결의 효력을 동일하게 규정하고 있는 것으로 권력분립의 원칙에 반하며, 국민의 재판청구 권을 지나치게 봉쇄한다는 문제가 있다(김남진).

Ⅵ 문제해결

(설문 1) 수용결정 자체에 대한 불복의 경우 이의신청 내지 항고소송으로서 취소소송 내지 무효등 확인소송을 제기할 수 있고, 보상금액에 대한 불복인 경우 이의신청 내지 보상금증감청구소송을 통해 분쟁의 일회적 해결을 도모할 수 있다.

(설문 2) 행정소송법 제19조의 원처분주의에 따라 토지보상법도 원처분주의를 취한다고 볼 수 있고, 이때 수정재결이 있는 경우 수정된 원처분이 소송의 대상이 된다.

(설문 3) 확정된 이의재결에 대해 확정판결의 효력을 부여하고 있는 토지보상법 제86조는 권력분립의 원칙에 반하고, 국민의 재판받을 권리를 침해할 소지가 있다.

사례 3

경기도토지수용위원회가 갑 소유의 토지 중 일부는 수용하고 일부는 사용하는 재결을 하면서 재결서에는 수용대상(수용1 부분) 토지 외에 사용대상(수용2 부분) 토지에 관해서도 '수용'한다고만 기재하였다.

수용재결(17수용0391호)
하남시 도시계획시설사업 (사업시행자 : 하남마블링시티) 가. 사업인정 및 고시 　• 사업명: 하남시 도시계획시설사업[전기공급설비 700: 지역현안사업1지구 철탑 지중화공사] 　• 사업인정고시: 하남시 고시 제2016-82호(2016.6.21.) 　• 사업시행자: 주식회사 하남마블링시티 나. 경기도토지수용위원회의 재결 　• 재결신청인: 사업시행자 　• 재결일: 2017.2.27. 　• 수용 및 사용개시일: 2017.4.13. 　• 목적물 　　− 수용 1: 갑 소유의 하남시 300번지 임야 45,198㎡ 중 1,558㎡ 부분을 하남시 300-1번 　　　지로 분할하여 철탑설치 목적으로 수용하고, 그 지상 수목과 경계철조망도 아울러 수용 　　− 수용 2: 갑 소유의 하남시 300번지 임야 45,198㎡ 중 3,603㎡의 지상 공간 송전선 설치 　　　를 목적

(1) 공익사업을 위한 토지 등의 취득 및 보상에 관한 법률에서 수용과 사용의 개념을 엄격하게 구분하고 있는데 해당 재결에는 수용한다고만 되어 있을 뿐 사용에 대한 내용은 없으므로 해당 재결은 수용 부분에 대해서만 그 효력이 있고, 사용 부분에 대해서는 그 효력이 없다고 주장한다. 갑이 재결취소소송을 제기한 경우 인용가능한가? 인용판결이 확정되면 경기도토지수용위원회는 어떠한 조취를 취해야 하는가? 30점

(2) 사업시행자는 협의 때 산정된 보상금 2억을 기준으로 수용재결을 신청하였는데 재결을 위한 감정평가에서는 1억9천만원이 산정되었다. 경기도토지수용위원회는 보상금 1억9천만원으로 감액 재결을 할 수 있는가? 10점

(3) 해당 사업은 갑 토지 지상에 인체에 악영향을 줄 수 있는 전자기파를 방출하는 고압 송전선을 설치하고, 수목 상당수를 벌채하는 것을 예정하고 있으므로, 환경영향평가를 거친 후에 진행되어야 함에도, 재결은 관계 법령에 따른 환경영향평가를 거치지 아니한 채 이루어진 것이어서 위법하다. 토지수용위원회는 갑 소유의 임야 45,198㎡ 중 일부에 송전탑을 설치하는 것을 전제로 수용하였으나 갑 소유의 이 사건 수용 부분을 경유하지 않고 사업시행자 소유의 토지에 송전탑을 설치하는 방법으로도 얼마든지 사업을 시행할 수 있다. 따라서 재결은 사업 목적의

정당성, 침해의 최소성, 공익과 침해되는 사익과의 비교형량을 잘못한 절차상의 하자가 있으므로 취소되어야 한다고 주장한다. 2017.7.21. 시점에서 갑은 사업인정의 하자를 재결처분의 위법성 사유로 주장할 수 있는가? 20점

(4) 해당 사업으로 인해 갑 토지 지상에 송전선이 설치됨으로써 갑의 소유권이 침해되었고 이는 과도한 사익 침해로서 공공필요가 결여된 것이므로 이러한 침해행위를 용인한 재결은 수용권 행사의 남용으로서 위법하다고 주장한다. 주장의 타당성을 검토하시오. 10점

(설문 1)의 해결

Ⅰ 쟁점의 정리

Ⅱ 재결취소소송의 인용가능 여부

　1. 수용 또는 사용재결의 절차 등

　　(1) 재결의 의의 및 취지

　　(2) 재결의 절차

　　(3) 재결에 대한 권리구제

　2. 재결서 기재 내용의 정도

　　(1) 행정절차법상 이유제시

　　(2) 토지보상법 제50조

　　(3) 재결서 기재의 정도

　3. 사안의 경우(위법성 정도 등)

Ⅲ 토지수용위원회의 조치(재처분의무)

　1. 기속력 의의, 취지 및 성질

　2. 내용

　3. 기속력의 인정범위 및 위반 시 효과

　4. 사안의 경우

Ⅳ 사안의 해결

(설문 2)의 해결

Ⅰ 쟁점의 정리

Ⅱ 토지수용위원회 재결의 성질과 내용

　1. 토지수용위원회의 재결의 성질

　2. 재결의 내용 및 범위

Ⅲ 사안의 해결

(설문 3)의 해결

Ⅰ 쟁점의 정리

Ⅱ 하자승계 인정논의

　1. 의의 및 논의 배경

　2. 전제요건

　3. 하자승계 해결논의

　　(1) 학설

　　　1) 전통적 견해(하자승계론)

　　　2) 새로운 견해(구속력론)

　　(2) 판례

　　(3) 검토

Ⅲ 사안의 해결

(설문 4)의 해결

Ⅰ 쟁점의 정리

Ⅱ 수용재결의 위법성 판단

　1. 사업인정의 의의 및 요건

　2. 공공사업의 공익성 판단(비례의 원칙)

　3. 사안의 경우(수용재결의 위법성 판단)

　　(1) 권리남용금지의 원칙

　　(2) 사안의 경우

⊕ **(설문 1)의 해결**

① 쟁점의 정리

설문은 재결서 기재의 하자를 이유로 한 수용재결취소의 인용가능성과, 인용되는 경우 토지수용위원회가 어떠한 조치를 취해야 하는지를 묻고 있다.

사안의 해결을 위하여 ① 재결의 취지 및 재결서 기재의 필수 내용을 검토하고, ② 인용재결 시 토지수용위원회가 사용재결을 해야 하는지를 기속력과 관련하여 검토한다.

② 재결취소소송의 인용가능 여부

1. 수용 또는 사용재결의 절차 등

(1) 재결의 의의 및 취지(토지보상법 제34조)

재결은 사업시행자로 하여금 토지 또는 토지의 사용권을 취득하도록 하고 사업시행자가 지급하여야 하는 손실보상액을 정하는 결정을 말한다. 공익사업의 효율적인 수행을 통하여 공공복리의 증진과 재산권의 적정한 보호를 도모하는 것을 목적으로 한다.

(2) 재결의 절차

① 사업시행자는 재결신청서에 사업에 관련된 기본사항과(공익사업의 종류, 사업인정고시일 등) 수용하거나 사용할 토지의 기본사항(소재지·지번 및 수용 또는 사용의 개시예정일 등)을 적어 관할 토지수용위원회에 제출하여야 한다. ② 토지수용위원회는 열람 및 심리절차를 거쳐 서면으로 재결을 하여야 한다.

(3) 재결에 대한 권리구제(토지보상법 제83조 및 제85조)

재결에 이의가 있는 자는 중앙토지수용위원회에 이의를 신청할 수 있고, 이의신청을 거치지 않고서도 재결에 대해서 직접 불복할 수 있으며, 이 경우에는 재결을 대상으로 행정소송을 제기할 수 있다. 이의신청은 특별법상 행정심판에 해당된다.

2. 재결서 기재 내용의 정도

(1) 행정절차법상 이유제시(행정절차법 제23조)

행정청은 처분과 동시에 처분의 근거와 이유를 상대방이 이해할 수 있을 정도로 구체적으로 서면으로 하되, 이를 전혀 안 하거나 구체적이지 않은 경우 위법하게 된다(판례동지).

(2) 토지보상법 제50조

토지보상법 제50조에서는 행정절차법 내용에 따라 ① 수용하거나 사용할 토지의 구역 및 사용방법, ② 손실보상, ③ 수용 또는 사용의 개시일과 기간 등 재결처분에 대한 내용을 구체적으로 기재하도록 규정하고 있다.

(3) 재결서 기재의 정도

토지보상법령이 재결을 서면으로 하도록 하고, '사용할 토지의 구역, 사용의 방법과 기간'을 재결사항의 하나로 규정한 취지는, 재결에 의하여 설정되는 사용권의 내용을 구체적으로 특정함으로써 재결 내용의 명확성을 확보하고 재결로 인하여 제한받는 권리의 구체적인 내용이나 범위 등에 관한 다툼을 방지하기 위한 것이다.

3. 사안의 경우(위법성 정도 등)

관할 토지수용위원회가 토지에 관하여 사용재결을 하는 경우에는 그 재결서에 사용할 토지의 위치와 면적, 권리자, 손실보상액, 사용의 개시일 외에도 사용방법, 사용기간을 구체적으로 특정하여야 한다.

재결서의 주문과 이유에는 사용권이 설정될 토지의 구역 및 사용방법, 사용기간 등을 특정할 수 있는 내용이 전혀 기재되어 있지 않다. 따라서 해당 재결서만으로는 토지 중 어느 부분에 어떠한 내용의 사용제한을 언제까지 받아야 하는지를 특정할 수 없고, 재결로 인하여 토지소유자인 갑이 제한받는 권리의 구체적인 내용이나 범위 등을 알 수 없어 이에 관한 다툼을 방지하기도 어렵다.

따라서 재결 중 사용대상 토지에 관한 부분은 토지보상법 제50조에서 규정하는 사용재결의 기재사항에 관한 요건을 갖추지 못한 흠이 있다고 보아야 한다.

이는 중대한 규정 위반이며 객관적으로 명백한 하자로 볼 수 있으므로 무효사유로 판단될 것이다. 따라서 법원은 무효선언적 의미의 취소판결을 하여야 할 것이다.

답안 작성 시 축약

> 재결서에 사용할 토지의 위치와 면적, 권리자, 손실보상액, 사용 개시일 등이 구체적으로 특정되지 않았다면, 해당 재결서만으로는 재결로 인하여 토지소유자인 갑이 제한받는 권리의 구체적인 내용이나 범위 등을 알 수 없어 이에 관한 다툼을 방지하기도 어렵다. 이는 재결취지에 반하는 무효로 볼 수 있는바 법원은 취소판결을 하여야 할 것이다.

Ⅲ 토지수용위원회의 조치(재처분의무)

1. 기속력의 의의, 취지 및 성질

기속력이란 행정청에 대하여 판결의 취지에 따라 행동하도록 당사자인 행정청과 그 밖의 관계행정청을 구속하는 효력을 말한다(행정소송법 제30조). 이는 인용판결의 실효성을 확보하기 위하여 인정된 제도이며 인용판결에 한하여 인정된다(기각판결에는 인용되지 않음). 기속력은 기판력과 구분되는 특수한 효력이라는 것이 다수의 견해이다.

2. 내용

① 판결의 취지에 저촉되는 처분을 해서는 안 되는 반복금지효, ② 거부처분의 취소인 경우에는 이전신청에 대한 재처분을 해야 하는 의무, ③ 처분에 의해 초래된 위법상태를 제거할 원상회복의무를 내용으로 한다.

3. 기속력의 인정범위 및 위반 시 효과

기속력은 판결의 주문과 이유에 적시된 개개의 위법사유에 미치며 당사자인 행정청과 그 밖의 관계행정청을 기속한다. 기속력은 처분 당시까지 존재하던 사유에 대하여만 미치고 그 이후에 생긴 사유에는 미치지 아니한다. 소송법상 기속력은 강행규정이므로 이에 대한 위반은 그 하자가 중대, 명백하여 당연무효라고 본다(대판 1990.12.11, 90누3560).

4. 사안의 경우

당사자의 신청에 대한 처분이 취소된 경우에도 이전신청에 대한 재처분의무가 발생한다고 보아야 한다. 따라서 토지수용위원회는 사용부분에 대한 사용재결처분을 하여야 할 것이다.

Ⅳ 사안의 해결

갑은 수용재결에 대하여 사용대상의 구체성이 결여됐음을 이유로 취소판결을 받을 수 있으며, 토지수용위원회는 종전 재결신청에 대해서 사용재결의 재처분을 하여야 할 것이다.

⊕ (설문 2)의 해결

Ⅰ 쟁점의 정리

사업시행자가 신청한 보상금보다 적은 금액으로 수용재결을 할 수 있는지가 문제된다. 재결의 법적 성질 및 관련 규정(토지보상법 제50조)을 검토하여 사안을 해결한다.

Ⅱ 토지수용위원회 재결의 성질과 내용

1. 토지수용위원회의 재결의 성질

① 수용재결은 1차적인 처분이므로 준사법작용이 아니라는 견해가 있으나, ② 양 당사자의 이해관계를 독립된 행정기관인 토지수용위원회가 판단·조정하는 행위인 점에서 준사법작용의 성질을 갖는다는 견해가 통설적 견해이다.

2. 재결의 내용 및 범위(토지보상법 제50조 제1항)

토지수용위원회는 수용·사용할 토지의 구역 및 사용방법, 및 수용·사용의 개시일과 기간, 손실의 보상 등에 대하여 사업시행자나 토지소유자 및 관계인이 신청한 범위 안에서 재결하도록 규정하고 있다. 이는 토지수용위원회가 중립적인 위치에서 당사자 간의 분쟁을 판단하려는 취지이다.

Ⅲ 사안의 해결

토지수용위원회가 내리는 재결은 준사법적 성질을 갖는다고 볼 것이며 불고불리의 원칙 및 불이익변경 금지의 원칙이 적용될 것이다. 또한 토지보상법 제50조 제2항에서 증액재결을 할 수 있다고 규정하고 있으므로, 사업시행자가 신청한 보상금액보다 낮은 보상금액으로 수용재결을 할 수 없을 것이다.

⊕ (설문 3)의 해결

Ⅰ 쟁점의 정리

설문은 사업인정 당시의 하자를 이유로 재결취소를 주장하고 있다. 당사자가 주장하는 사유가 재결취소사유로 승계되는지를 검토한다.

Ⅱ 하자승계 인정논의

1. 의의 및 논의 배경

하자승계란 둘 이상의 행정행위가 일련하여 동일한 법률효과를 목적으로 하는 경우에 선행행위의 하자를 이유로 후행행위를 다툴 수 있는지의 문제를 말한다. 이는 법적 안정성의 요청(불가쟁력)과 국민의 권리구제의 조화문제이다.

2. 전제요건

① 선, 후행행위는 처분일 것, ② 선행행위의 취소사유의 위법성(무효사유인 경우에는 당연승계된다), ③ 후행행위의 적법성, ④ 선행행위에 불가쟁력이 발생할 것(제소기간 경과, 항소 포기, 판결에 의한 확정 등)을 요건으로 한다.

3. 하자승계 해결논의

(1) 학설

1) 전통적 견해(하자승계론)

선, 후행행위가 일련의 절차를 구성하면서 동일한 법률효과, 즉 하나의 효과를 목적으로 하는 경우에 하자승계를 인정한다.

2) 새로운 견해(구속력론)

선행행위의 불가쟁력이 대물적(목적), 대인적(수범자), 시간적(사실, 법률관계의 동일성) 한계와 예측가능성, 수인가능성 한도 내에서는 후행행위를 구속하므로 하자승계가 부정된다.

(2) 판례

판례는 형식적 기준을 적용하여 판단하는 듯하나 별개의 법률효과를 목적으로 하는 경우에도 예측가능성, 수인가능성이 없는 경우에 한하여 하자승계를 긍정하여 개별사안의 구체적 타당성을 고려하고 있다.

(3) 검토

전통적 견해는 형식을 강조하여 구체적 타당성을 확보하지 못하는 경우가 있을 수 있고, 새로운 견해는 ① 구속력을 판결의 기판력에서 차용하고, ② 대물적 한계를 너무 넓게 인정하며, ③ 추가적 한계는 특유의 논리가 아니라는 비판이 제기된다. 따라서 전통적 견해의 형식적 기준을 원칙으로 하되 개별사안에서 예측가능성, 수인가능성을 판단하여 구체적 타당성을 기함이 타당하다.

Ⅲ 사안의 해결

사업인정은 수용권을 설정하는 행위이고, 재결은 수용과 관련된 법률관계를 확정하여 수용절차를 종결시키는 종국적 행위이므로 사업인정과 재결은 별개의 목적을 추구한다. 사업인정으로 인해 당해사업의 공익성이 인정되고 보상금 협의 등 재산권 보장절차가 진행되는 점에 비추어 볼 때 사업인정의 위법사유를 재결단계에서 주장하지 못하게 된다고 하여도 이는 수인한도를 벗어나지 않을 것으로 보인다. 따라서 하자승계는 부정될 것이다.

⊕ (설문 4)의 해결

Ⅰ 쟁점의 정리

갑은 송전선이 설치됨으로 인하여 소유권이 침해되는데도 불구하고 이러한 침해행위를 용인한 재결은 위법하다고 주장한다. 재결은 공공복리의 증진과 사유재산권 보호를 도모해야 하는데, 만약 공공복리의 증진보다 사유재산권 침해가 더 큰 경우에 수용권을 행사한다는 것은 수용권 남용으로서 위법하다고 할 것이다.

Ⅱ 수용재결의 위법성 판단

1. 사업인정의 의의 및 요건

사업인정이란 수용권을 설정하는 처분으로서, 사업인정의 목적이 구체적인 사업실행을 통한 공익실현에 있으므로 토지보상법 제4조 사업에 해당하여야 하며, 사업을 시행할 공익성이 인정되어야 한다. 또한 사업시행자의 의사와 능력도 요구된다.

2. 공공사업의 공익성 판단(비례의 원칙)

사업인정기관으로서는 그 사업이 공용수용을 할 만한 공익성이 있는지의 여부를 그 사업의 내용과 방법에 관하여 사업인정에 관련된 자들의 이익을 공익과 사익 사이에서는 물론, 공익 상호간 및 사익 상호간에도 정당하게 비교·교량하여야 하고 그 비교·교량은 비례의 원칙에 적합하도록 하여야 한다.

3. 사안의 경우(수용재결의 위법성 판단)

(1) 권리남용금지의 원칙

권리남용금지의 원칙은 민법의 일반원칙이지만 행정법을 포함한 모든 법의 일반원칙이다. 행정법상 권리의 남용이란 행정기관의 권리가 법상 정해진 공익 목적에 반하여 행사되는 것을 말한다. 이에 권한의 남용을 포함한다.

(2) 사안의 경우

공용수용은 헌법상의 재산권 보장의 요청상 불가피한 최소한에 그쳐야 한다는 헌법 제23조의 근본취지에 비추어 볼 때, 공익사업이 공용수용을 할 만한 공익성을 상실하거나 사업인정에 관련된 자들의 이익이 현저히 비례의 원칙에 어긋나게 된 경우 또는 사업시행자가 해당 공익사업을 수행할 의사나 능력을 상실하였음에도 여전히 그 사업인정에 기하여 수용권을 행사하는 것은 수용권의 공익 목적에 반하는 수용권의 남용에 해당하여 허용되지 않는다.

갑의 주장대로 사익침해가 큰 경우에는 해당 사업인정은 무효로 볼 수 있고, 무효인 사업인정에 기초하여 이루어진 수용재결은 권리남용의 금지원칙에 반하는 위법한 재결이 될 것이다.

🖋 **답안 작성 시 축약**

> 공용수용은 헌법상의 재산권 보장의 요청상 불가피한 최소한에 그쳐야 한다는 헌법 제23조의 근본취지에 비추어 볼 때, 갑의 주장대로 사익침해가 큰 경우에는 해당 사업인정은 무효로 볼 수 있고, 무효인 사업인정에 기초하여 이루어진 수용재결은 권리남용의 금지원칙에 반하는 위법한 재결이 될 것이다.

◆ **대판 2019.6.13, 2018두42641[수용재결취소등]**

[판시사항]

[1] 관할 토지수용위원회가 토지에 관하여 사용재결을 하는 경우, 재결서에 사용할 토지의 위치와 면적, 권리자, 손실보상액, 사용 개시일 외에 사용방법, 사용기간을 구체적으로 특정하여야 하는 지 여부(적극)

[2] 지방토지수용위원회가 갑 소유의 토지 중 일부는 수용하고 일부는 사용하는 재결을 하면서 재결서에는 수용대상 토지 외에 사용대상 토지에 관해서도 '수용'한다고만 기재한 사안에서, 위 재결 중 사용대상 토지에 관한 부분은 공익사업을 위한 토지 등의 취득 및 보상에 관한 법률 제50조 제1항에서 정한 사용재결의 기재사항에 관한 요건을 갖추지 못한 흠이 있음에도 사용 재결로서 적법하다고 본 원심판단에 법리를 오해한 잘못이 있다고 한 사례

[판결요지]

[1] 공익사업을 위한 토지 등의 취득 및 보상에 관한 법령이 재결을 서면으로 하도록 하고, '사용할 토지의 구역, 사용의 방법과 기간'을 재결사항의 하나로 규정한 취지는, 재결에 의하여 설정되는 사용권의 내용을 구체적으로 특정함으로써 재결 내용의 명확성을 확보하고 재결로 인하여 제한 받는 권리의 구체적인 내용이나 범위 등에 관한 다툼을 방지하기 위한 것이다. 따라서 관할 토지 수용위원회가 토지에 관하여 사용재결을 하는 경우에는 재결서에 사용할 토지의 위치와 면적, 권리자, 손실보상액, 사용 개시일 외에도 사용방법, 사용기간을 구체적으로 특정하여야 한다.

[2] 지방토지수용위원회가 갑 소유의 토지 중 일부는 수용하고 일부는 사용하는 재결을 하면서 재결서에는 수용대상 토지 외에 사용대상 토지에 관해서도 '수용'한다고만 기재한 사안에서, 사용 대상 토지에 관하여는 공익사업을 위한 토지 등의 취득 및 보상에 관한 법률(이하 '토지보상법' 이라 한다)에 따라 사업시행자에게 사용권을 부여함으로써 송전선의 선하부지로 사용할 수 있 도록 하기 위한 절차가 진행되어 온 점, 재결서의 주문과 이유에는 재결에 의하여 지방토지수 용위원회에 설정하여 주고자 하는 사용권이 '구분지상권'이라거나 사용권이 설정될 토지의 구역 및 사용방법, 사용기간 등을 특정할 수 있는 내용이 전혀 기재되어 있지 않아 재결서만으로는 토지소유자인 갑이 자신의 토지 중 어느 부분에 어떠한 내용의 사용제한을 언제까지 받아야 하는지를 특정할 수 없고, 재결로 인하여 토지소유자인 갑이 제한받는 권리의 구체적인 내용이 나 범위 등을 알 수 없어 이에 관한 다툼을 방지하기도 어려운 점 등을 종합하면, 위 재결 중 사용대상 토지에 관한 부분은 토지보상법 제50조 제1항에서 정한 사용재결의 기재사항에 관한 요건을 갖추지 못한 흠이 있음에도 사용재결로서 적법하다고 본 원심판단에 법리를 오해한 잘 못이 있다고 한 사례

◢ 사례 4

2014.8.8. 사업시행자는 보상협의를 요청하였으나 갑은 잔여지에 대한 가치손실을 함께 보상해줄 것을 요청하면서 보상협의를 거부하였다. 2015.1.22. 갑은 자신의 토지 중 일부가 철도사업에 편입되어 편입되는 부분에 대한 "보상금 증액 및 잔여토지의 가치하락 손실"을 토지수용위원회에 청구하였으나 편입되는 토지에 대한 보상금은 약 5% 증액되었으나, 잔여지의 가치하락 손실에 대해서는 기각재결을 하였다. 갑은 법원에 ① 공익사업부지로 편입되어 수용되는 여러 필지들의 수용보상금과 ② 잔여지의 가격감소 손실보상금(이하 차례로 '① 부분', '② 부분'이라고 한다)의 증액을 청구하였다. ① 부분과 ② 부분에 관하여 감정을 신청하였고, 2015.12.15. 및 2016.4.11. 각 감정 결과가 제출되자, 2016.8.11. 법원에 '① 부분에 관해서는 법원감정액이 재결감정액보다 적어 이 부분의 "증액주장을 철회"하고, ② 부분에 관해서는 법원감정액만큼 청구하는 것으로 청구금액을 확장한다.'는 내용의 청구취지 및 원인 변경신청서를 제1심법원에 제출하였고, 이는 2016.8.12. 사업시행자에게 송달되었다. 이에 사업시행자는 2016.8.25. '① 부분의 청구 "철회에 부동의"하며, 법원 감정 결과에 따라 ① 부분과 ② 부분 상호 간에 보상항목 유용을 허용하여 과다 부분과 과소 부분을 합산하여 정당한 보상액을 산정하여야 한다.'는 내용의 준비서면을 제1심 법원에 제출하였고, 이는 같은 날 갑에게 송달되었다. 제1심은 ① 부분과 ② 부분 상호 간에 항목 유용을 허용하여 정당한 보상액을 산정하여, 갑의 청구 중 일부만 인용하였다. 반면 원심은 ① 부분의 청구가 취하 내지 철회된 것은 법원에 현저한 사실이라고 전제한 후, 이로써 ① 부분이 법원의 심판대상에서 제외되었으므로 ① 부분과 ② 부분 상호 간에 항목 유용은 허용되지 않는다는 이유로 원고들의 청구를 전부 인용하였다. 갑은 사업시행자의 보상항목 유용에 대해서, 사업시행자는 제소기간 내에 보상금감액청구를 하지 않은바, 더 이상 재결과에 대해서 다툴 수 없으므로 잔여지 가치손실에 대한 보상금을 지급해야 한다고 주장한다.
갑이 제기하는 소송에 대하여 대상적격, 피고적격, 제소기간에 대해서 설명하고, 갑 주장의 타당성에 대해서 논하시오. 15점

Ⅰ 쟁점의 정리

갑이 제기하는 소송은 토지보상법 제85조 제2항에서 규정하고 있는 보상금에 대한 증액청구소송이다. 보상금증액청구소송의 대상이 토지수용위원회의 재결처분인지 그에 따라 형성된 보상법률관계인지 여부와 관련규정상 피고적격 및 제소기간에 대해서 설명한다. 보상금증감청구소송의 심리범위를 고찰하여 갑 주장의 타당성을 검토한다.

Ⅱ 보상금증감청구소송의 대상적격 등

1. 보상금증감청구소송의 의의 및 취지

보상금증감청구소송은 보상재결에 대한 보상금의 증감에 대한 소송으로서 ① 보상재결의 취소 없이 보상금과 관련된 분쟁을 일회적으로 해결하여, ② 신속한 권리구제를 도모함에 취지가 있다.

2. 보상금증감청구소송의 대상적격

보상금증감청구소송은 수용재결 및 이의재결에서 정한 보상금이 증액·변경될 것을 전제로 하여 사업시행자를 상대로 보상금의 지급을 구하는 확인급부소송의 성질을 갖는다고 볼 것이다. 따라서 보상금증감청구소송의 대상은 재결로 형성된 법률관계가 될 것이다.

3. 보상금증감청구소송의 피고적격 및 제소기간

토지보상법 제75조 제2항에서는 토지소유자와 사업시행자는 각 당사자 한 쪽을 피고로 하여 보상금증감청구소송을 제기할 수 있다고 규정하고 있으며, 수용재결에 대해서는 재결서 정본을 받은 날부터 90일 이내에, 이의재결을 거친 경우에는 이의재결서 정본을 받은 날부터 60일 이내에 보상금증감청구소송을 제기할 수 있다고 규정하고 있다.

4. 보상금증감청구소송의 심리범위

① 손실보상의 지급방법(채권보상 여부 포함)과 ② 적정손실보상액의 범위 및 보상액과 관련한 보상면적(잔여지수용 등) 등은 심리범위에 해당한다. 판례는 ③ 지연손해금 역시 손실보상의 일부이고, ④ 잔여지수용 여부 및 ⑤ 개인별 보상으로서 과대, 과소항목의 보상항목 간 유용도 심리범위에 해당한다고 본다(대판 2018.5.15, 2017두41221). ⑥ 또한 보상금 산정의 세부요소를 추가로 주장할 수도 있다.

5. 보상금증감청구소송의 판결

산정된 보상금액이 재결금액보다 많으면 차액의 지급을 명하고, 법원이 직접 보상금을 결정하므로 소송당사자는 판결결과에 따라 이행하여야 하며 중앙토지수용위원회는 별도의 처분을 할 필요가 없다.

Ⅲ 사안의 해결(갑주장의 타당성)

보상금증감청구소송에서는 어느 한 쪽 당사자가 과대 또는 과소를 주장하지 않으면 다른 한 쪽 역시 그에 대한 과대 또는 과소를 주장하지 않을 것이므로, 어느 한 쪽이 보상금의 증액 또는 감액을 청구한다면 굳이 그에 대한 감액 또는 증액청구를 별도로 제기함이 없이, 증액 또는 감액결정이 나온 상태에서 그에 대한 반대의사를 표시할 수 있다고 봄이 타당하다. 이렇게 함으로써 불필요한 소송을 방지하여 보상법률관계의 일회적인 구제를 도모한다 할 것이다. 따라서 갑의 주장은 타당하지 않다.

✏ **대판 2018.5.15, 2017두41221**

[판시사항]

[1] 공익사업을 위한 토지 등의 취득 및 보상에 관한 법률상 피보상자 또는 사업시행자가 여러 보상 항목들 중 일부에 대해서만 개별적으로 불복의 사유를 주장하여 행정소송을 제기할 수 있는지 여부(적극) 및 이러한 보상금 증감 소송에서 법원의 심판 범위 / 법원이 구체적인 불복신청이 있는 보상항목들에 관해서 감정을 실시하는 등 심리한 결과, 재결에서 정한 보상금액이 일부 보상항목의 경우 과소하고 다른 보상항목의 경우 과다한 것으로 판명된 경우, 보상항목 상호 간의 유용을 허용하여 정당한 보상금을 결정할 수 있는지 여부(적극)

[2] 피보상자가 여러 보상항목들에 관해 불복하여 보상금 증액 청구소송을 제기하였으나, 그중 일부 보상항목에 관해 법원감정액이 재결감정액보다 적게 나온 경우, 피보상자는 해당 보상항목에 관해 불복신청이 이유 없음을 자인하는 진술을 하거나 불복신청을 철회함으로써 해당 보상항목을 법원의 심판범위에서 제외하여 달라는 소송상 의사표시를 할 수 있는지 여부(적극) / 사업시행자가 피보상자의 보상금 증액 청구소송을 통해 감액청구권을 실현하려는 기대에서 제소기간 내에 별도의 보상금 감액 청구소송을 제기하지 않았는데 피보상자가 위와 같은 의사표시를 하는 경우, 사업시행자는 법원 감정 결과를 적용하여 과다 부분과 과소 부분을 합산하여 처음 불복신청된 보상항목들 전부에 관하여 정당한 보상금액을 산정하여 달라는 소송상 의사표시를 할 수 있는지 여부(적극) / 이러한 법리는 정반대 상황의 경우에도 마찬가지로 적용되는지 여부(적극)

[판결요지]

[1] 하나의 재결에서 피보상자별로 여러 가지의 토지, 물건, 권리 또는 영업(이처럼 손실보상 대상에 해당하는지, 나아가 그 보상금액이 얼마인지를 심리·판단하는 기초 단위를 이하 '보상항목'이라고 한다)의 손실에 관하여 심리·판단이 이루어졌을 때, 피보상자 또는 사업시행자가 반드시 재결 전부에 관하여 불복하여야 하는 것은 아니며, 여러 보상항목들 중 일부에 관해서만 불복하는 경우에는 그 부분에 관해서만 개별적으로 불복의 사유를 주장하여 행정소송을 제기할 수 있다. 이러한 보상금 증감 소송에서 법원의 심판범위는 하나의 재결 내에서 소송당사자가 구체적으로 불복신청을 한 보상항목들로 제한된다.

법원이 구체적인 불복신청이 있는 보상항목들에 관해서 감정을 실시하는 등 심리한 결과, 재결에서 정한 보상금액이 일부 보상항목의 경우 과소하고 다른 보상항목의 경우 과다한 것으로 판명되었다면, 법원은 보상항목 상호 간의 유용을 허용하여 항목별로 과다 부분과 과소 부분을 합산하여 보상금의 합계액을 정당한 보상금으로 결정할 수 있다.

[2] 피보상자가 당초 여러 보상항목들에 관해 불복하여 보상금 증액 청구소송을 제기하였으나, 그중 일부 보상항목에 관해 법원에서 실시한 감정 결과 그 평가액이 재결에서 정한 보상금액보다 적게 나온 경우에는, 피보상자는 해당 보상항목에 관해 불복신청이 이유 없음을 자인하는 진술을 하거나 단순히 불복신청을 철회함으로써 해당 보상항목을 법원의 심판범위에서 제외하여 달라는 소송상 의사표시를 할 수 있다.

한편 사업시행자가 특정 보상항목에 관해 보상금 감액을 청구하는 권리는 공익사업을 위한 토지 등의 취득 및 보상에 관한 법률 제85조 제1항 제1문에서 정한 제소기간 내에 보상금 감액 청구소송을 제기하는 방식으로 행사함이 원칙이다. 그런데 사업시행자에 대한 위 제소기간이 지나기 전에 피보상자가 이미 위 보상항목을 포함한 여러 보상항목에 관해 불복하여 보상금 증액 청구소송을 제기한 경우에는, 사업시행자로서는 보상항목 유용 법리에 따라 위 소송에서 과다 부분과 과소 부분을 합산하는 방식으로 위 보상항목에 대한 정당한 보상금액이 얼마인지 판단받을 수 있으므로, 굳이 중복하여 동일 보상항목에 관해 불복하는 보상금 감액 청구소송을 별도로 제기하는 대신 피보상자가 제기한 보상금 증액 청구소송을 통해 자신의 감액청구권을 실현하는 것이 합리적이라고 생각할 수도 있다.

이와 같이 보상금 증감 청구소송에서 보상항목 유용을 허용하는 취지와 피보상자의 보상금 증액 청구소송을 통해 감액청구권을 실현하려는 기대에서 별도의 보상금 감액 청구소송을 제기하지 않았다가 그 제소기간이 지난 후에 특정 보상항목을 심판범위에서 제외해 달라는 피보상자의 일방적 의사표시에 의해 사업시행자가 입게 되는 불이익 등을 고려하면, 사업시행자가 위와 같은 사유로 그에 대한 제소기간 내에 별도의 보상금 감액 청구소송을 제기하지 않았는데, 피보상자가 법원에서 실시한 감정평가액이 재결절차의 그것보다 적게 나오자 그 보상항목을 법원의 심판범위에서 제외하여 달라는 소송상 의사표시를 하는 경우에는, 사업시행자는 그에 대응하여 법원이 피보상자에게 불리하게 나온 보상항목들에 관한 법원의 감정 결과가 정당하다고 인정하는 경우 이를 적용하여 과다하게 산정된 금액을 보상금액에서 공제하는 등으로 과다 부분과 과소 부분을 합산하여 당초 불복신청된 보상항목들 전부에 관하여 정당한 보상금액을 산정하여 달라는 소송상 의사표시를 할 수 있다고 봄이 타당하다.

이러한 법리는 정반대의 상황, 다시 말해 사업시행자가 여러 보상항목들에 관해 불복하여 보상금 감액 청구소송을 제기하였다가 그중 일부 보상항목에 관해 법원 감정 결과가 불리하게 나오자 해당 보상항목에 관한 불복신청을 철회하는 경우에도 마찬가지로 적용될 수 있다.

🔻 **사례 5**

토지소유자 갑의 토지는 공익사업에 편입되어 관할토지수용위원회의 재결에 의해 보상금액이 결정되었고 갑의 일반채권자인 을은 갑의 손실보상 채권을 지급 전에 압류하였다. 갑은 보상금의 증액을 청구하는 소송을 제기하였다. 보상금증감청구소송의 특수성(법적 성질 및 상대방)에 대해서 설명하시오. 20점

Ⅰ 쟁점의 정리	4. 제기요건 및 효과(기간특례, 당사자, 원처분주의, 관할)
Ⅱ 토지보상법 제85조 제2항 보상금증감청구소송	5. 심리범위
1. 의의 및 취지	6. 심리방법 및 입증책임
2. 소송의 형태	Ⅲ 사안의 해결(판결의 효력 및 취소소송과의 병합)
3. 소송의 성질	
(1) 학설	
(2) 판례	
(3) 검토	

Ⅰ 쟁점의 정리

토지보상법 제85조에서는 토지수용위원회의 재결에 대한 불복방법을 규정하고 있으며, 불복의 대상이 보상금에 관한 사항일 때에는 보상금증감청구소송을 제기하도록 규정하고 있다. 행정소송법 제8조에서는 다른 법률에 특별한 규정이 있는 경우에는 다른 법률의 내용이 우선한다고 규정하고 있는 바, 토지보상법 제85조 제2항을 기준하여 이 소송의 의의와 그 특수성을 설명한다.

Ⅱ 토지보상법 제85조 제2항 보상금증감청구소송

1. 의의 및 취지

(보상재결에 대한) 보상금의 증감에 대한 소송으로서 사업시행자, 토지소유자는 각각을 피고로 제기하며(제85조 제2항), ① 보상재결의 취소 없이 보상금과 관련된 분쟁을 일회적으로 해결하여, ② 신속한 권리구제를 도모함에 취지가 있다.

2. 소송의 형태

종전에는 형식적 당사자소송이었는지와 관련하여 견해의 대립이 있었으나, 현행 토지보상법 제85조에서는 재결청을 공동피고에서 제외하여 형식적 당사자소송임을 규정하고 있다.

3. 소송의 성질

(1) 학설

① 법원이 재결을 취소하고 보상금을 결정하는 형성소송이라는 견해, ② 법원이 정당보상액을 확인하고 금전지급을 명하거나 과부과된 부분을 되돌려 줄 것을 명하는 확인·급부소송이라는 견해가 있다.

(2) 판례

판례는 해당 소송을 이의재결에서 정한 보상금이 증액, 변경될 것을 전제로 하여 기업자를 상대로 보상금의 지급을 구하는 확인·급부소송으로 보고 있다.

(3) 검토

형성소송설은 권력분립에 반할 수 있으며, 일회적인 권리구제를 도모하기 위하여 확인·급부소송으로 보는 것이 타당하다.

4. 제기요건 및 효과(기간특례, 당사자, 원처분주의, 관할)

① 토지보상법 제85조에서는 제34조 재결을 규정하므로 원처분을 대상으로, ② 재결서를 받은 날부터 90일 또는 60일(이의재결 시) 이내에, ③ 토지소유자, 관계인 및 사업시행자는 각각을 피고로 하여, ④ 관할법원에 당사자소송을 제기할 수 있다.

5. 심리범위

① 손실보상의 지급방법(채권보상 여부 포함)과 ② 적정손실보상액의 범위 및 보상액과 관련한 보상면적(잔여지수용 등) 등은 심리범위에 해당한다. 판례는 ③ 지연손해금 역시 손실보상의 일부이고, ④ 잔여지수용 여부 및 ⑤ 개인별 보상으로서 과대, 과소항목의 보상항목 간 유용도 심리범위에 해당한다고 본다.

6. 심리방법 및 입증책임

법원 감정인의 감정결과를 중심으로 적정한 보상금이 산정된다. 입증책임과 관련하여 민법상 법률요건분배설이 적용된다. 판례는 재결에서 정한 보상액보다 정당한 보상이 많다는 점에 대한 입증책임은 그것을 주장하는 원고에게 있다고 한다.

Ⅲ 사안의 해결(판결의 효력 및 취소소송과의 병합)

산정된 보상금액이 재결금액보다 많으면 차액의 지급을 명하고, 법원이 직접 보상금을 결정하므로 소송당사자는 판결결과에 따라 이행하여야 하며 중앙토지수용위원회는 별도의 처분을 할 필요가 없다. 또한 수용재결에 대한 취소소송에 보상금액에 대한 보상금증감청구소송을 예비적으로 병합하여 제기하는 것도 가능하다.

✎ **[대법원 2022.11.24, 2018두67 全合]**

[판시사항]

공익사업을 위한 토지 등의 취득 및 보상에 관한 법률에 따른 토지소유자 또는 관계인의 사업시행자에 대한 손실보상금 채권에 관하여 압류 및 추심명령이 있는 경우, 채무자인 토지소유자 등이 보상금의 증액을 구하는 소를 제기하고 그 소송을 수행할 당사자적격을 상실하는지 여부(소극)

[판결요지]

공익사업을 위한 토지 등의 취득 및 보상에 관한 법률(이하 '토지보상법'이라 한다) 제85조 제2항에 따른 보상금의 증액을 구하는 소(이하 '보상금 증액 청구의 소'라 한다)의 성질, 토지보상법상 손실보상금 채권의 존부 및 범위를 확정하는 절차 등을 종합하면, 토지보상법에 따른 토지소유자 또는 관계인(이하 '토지소유자 등'이라 한다)의 사업시행자에 대한 손실보상금 채권에 관하여 압류 및 추심명령이 있더라도, 추심채권자가 보상금 증액 청구의 소를 제기할 수 없고, 채무자인 토지소유자 등이 보상금 증액 청구의 소를 제기하고 그 소송을 수행할 당사자적격을 상실하지 않는다고 보아야 한다. 그 상세한 이유는 다음과 같다.

① 토지보상법 제85조 제2항은 토지소유자 등이 보상금 증액 청구의 소를 제기할 때에는 사업시행자를 피고로 한다고 규정하고 있다. 위 규정에 따른 보상금 증액 청구의 소는 토지소유자 등이 사업시행자를 상대로 제기하는 당사자소송의 형식을 취하고 있지만, 토지수용위원회의 재결 중 보상금 산정에 관한 부분에 불복하여 그 증액을 구하는 소이므로 실질적으로는 재결을 다투는 항고소송의 성질을 가진다.

행정소송법 제12조 전문은 "취소소송은 처분 등의 취소를 구할 법률상 이익이 있는 자가 제기할 수 있다."라고 규정하고 있다. 앞서 본 바와 같이 보상금 증액 청구의 소는 항고소송의 성질을 가지므로, 토지소유자 등에 대하여 금전채권을 가지고 있는 제3자는 재결에 대하여 간접적이거나 사실적·경제적 이해관계를 가질 뿐 재결을 다툴 법률상의 이익이 있다고 할 수 없어 직접 또는 토지소유자 등을 대위하여 보상금 증액 청구의 소를 제기할 수 없고, 토지소유자 등의 손실보상금 채권에 관하여 압류 및 추심명령이 있더라도 추심채권자가 재결을 다툴 지위까지 취득하였다고 볼 수는 없다.

② 토지보상법 등 관계 법령에 따라 토지수용위원회의 재결을 거쳐 이루어지는 손실보상금 채권은 관계 법령상 손실보상의 요건에 해당한다는 것만으로 바로 존부 및 범위가 확정된다고 볼 수 없다. 토지소유자 등이 사업시행자로부터 손실보상을 받기 위해서는 사업시행자와 협의가 이루어지지 않으면 토지보상법 제34조, 제50조 등에 규정된 재결절차를 거친 뒤에 그 재결에 대하여 불복이 있는 때에 비로소 토지보상법 제83조 내지 제85조에 따라 이의신청 또는 행정소송을 제기할 수 있을 뿐이고, 이러한 절차를 거치지 않은 채 곧바로 사업시행자를 상대로 손실보상을 청구하는 것은 허용되지 않는다.

이와 같이 손실보상금 채권은 토지보상법에서 정한 절차로서 관할 토지수용위원회의 재결 또는 행정소송 절차를 거쳐야 비로소 구체적인 권리의 존부 및 범위가 확정된다. 아울러 토지보상법령은 토지소유자 등으로 하여금 위와 같은 손실보상금 채권의 확정을 위한 절차를 진행하도록 정하고 있다. 따라서 사업인정고시 이후 위와 같은 절차를 거쳐 장래 확정될 손실보상금 채권에 관하여 채권자가 압류 및 추심명령을 받을 수는 있지만, 그 압류 및 추심명령이 있다고 하여 추심채권자가 위와 같은 손실보상금 채권의 확정을 위한 절차에 참여할 자격까지 취득한다고 볼 수는 없다.

③ 요컨대, 토지소유자 등이 토지보상법 제85조 제2항에 따라 보상금 증액 청구의 소를 제기한 경우, 그 손실보상금 채권에 관하여 압류 및 추심명령이 있다고 하더라도 추심채권자가 그 절차에 참여할 자격을 취득하는 것은 아니므로, 보상금 증액 청구의 소를 제기한 토지소유자 등의 지위에 영향을 미친다고 볼 수 없다. 따라서 보상금 증액 청구의 소의 청구채권에 관하여 압류 및 추심명령이 있더라도 토지소유자 등이 그 소송을 수행할 당사자적격을 상실한다고 볼 것은 아니다.

[이유]
상고이유를 판단한다.

1. 사건의 개요와 쟁점

가. 원심판결 이유와 기록에 의하면 다음 사실을 알 수 있다.

1) 중앙토지수용위원회는 2012.4.6. 피고가 시행하는 이 사건 보금자리주택사업에 관하여 원고가 운영하는 공장 영업시설을 이전하게 하고 원고의 영업손실에 대한 보상금을 6,825,750,000원으로 정하는 내용의 수용재결을 하였다.

2) 원고는 위 보상금을 이의를 유보하고 수령한 뒤 2012.5.22. 보상금의 증액을 구하는 이 사건 소를 제기하였다.

3) 원고의 채권자들은 이 사건 소 제기일 이후부터 원심판결 선고일 이전까지 사이에 원고의 피고에 대한 손실보상금 채권에 관하여 압류·추심명령(이하 '이 사건 추심명령'이라 한다)을 받았다.

나. 이 사건의 주요 쟁점은 이 사건 추심명령으로 인하여 원고가 이 사건 보상금 증액 청구 소송을 수행할 당사자적격을 상실하는지 여부이다.

2. 원고의 당사자적격 상실 여부(피고의 제1상고이유)

가. 법리

「공익사업을 위한 토지 등의 취득 및 보상에 관한 법률」(이하 '토지보상법'이라 한다) 제85조 제2항에 따른 보상금의 증액을 구하는 소(이하 '보상금 증액 청구의 소'라 한다)의 성질, 토지보상법상 손실보상금 채권의 존부 및 범위를 확정하는 절차 등을 종합하여 보면, 토지보상법에 따른 토지소유자 또는 관계인(이하 '토지소유자 등'이라 한다)의 사업시행자에 대한 손실보상금 채권에 관하여 압류 및 추심명령이 있더라도, 추심채권자가 보상금 증액 청구의 소를 제기할 수 없고, 채무자인 토지소유자 등이 보상금 증액 청구의 소를 제기하고 그 소송을 수행할 당사자적격을 상실하지 않는다고 보아야 한다. 그 상세한 이유는 다음과 같다.

1) 토지보상법 제85조 제2항은 토지소유자 등이 보상금 증액 청구의 소를 제기할 때에는 사업시행자를 피고로 한다고 규정하고 있다. 위 규정에 따른 보상금 증액 청구의 소는 토지

소유자 등이 사업시행자를 상대로 제기하는 당사자소송의 형식을 취하고 있지만, 토지수용위원회의 재결 중 보상금 산정에 관한 부분에 불복하여 그 증액을 구하는 소이므로 실질적으로는 재결을 다투는 항고소송의 성질을 가진다.

행정소송법 제12조 전문은 "취소소송은 처분 등의 취소를 구할 법률상 이익이 있는 자가 제기할 수 있다."라고 규정하고 있다. 앞서 본 바와 같이 보상금 증액 청구의 소는 항고소송의 성질을 가지므로, 토지소유자 등에 대하여 금전채권을 가지고 있는 제3자는 재결에 대하여 간접적이거나 사실적·경제적 이해관계를 가질 뿐 재결을 다툴 법률상의 이익이 있다고 할 수 없어 직접 또는 토지소유자 등을 대위하여 보상금 증액 청구의 소를 제기할 수 없고, 토지소유자 등의 손실보상금 채권에 관하여 압류 및 추심명령이 있더라도 추심채권자가 재결을 다툴 지위까지 취득하였다고 볼 수는 없다.

2) 토지보상법 등 관계 법령에 따라 토지수용위원회의 재결을 거쳐 이루어지는 손실보상금 채권은 관계 법령상 손실보상의 요건에 해당한다는 것만으로 바로 존부 및 범위가 확정된다고 볼 수 없다. 토지소유자 등이 사업시행자로부터 손실보상을 받기 위해서는 사업시행자와 협의가 이루어지지 않으면 토지보상법 제34조, 제50조 등에 규정된 재결절차를 거친 뒤에 그 재결에 대하여 불복이 있는 때에 비로소 토지보상법 제83조 내지 제85조에 따라 이의신청 또는 행정소송을 제기할 수 있을 뿐이고, 이러한 절차를 거치지 않은 채 곧바로 사업시행자를 상대로 손실보상을 청구하는 것은 허용되지 않는다(대법원 2015.11.12. 선고 2015두2963 판결 등 참조).

이와 같이 손실보상금 채권은 토지보상법에서 정한 절차로서 관할 토지수용위원회의 재결 또는 행정소송 절차를 거쳐야 비로소 구체적인 권리의 존부 및 범위가 확정된다. 아울러 토지보상법령은 토지소유자 등으로 하여금 위와 같은 손실보상금 채권의 확정을 위한 절차를 진행하도록 정하고 있다. 따라서 사업인정고시 이후 위와 같은 절차를 거쳐 장래 확정될 손실보상금 채권에 관하여 채권자가 압류 및 추심명령을 받을 수는 있지만(대법원 2004.8.20. 선고 2004다24168 판결 참조), 그 압류 및 추심명령이 있다고 하여 추심채권자가 위와 같은 손실보상금 채권의 확정을 위한 절차에 참여할 자격까지 취득한다고 볼 수는 없다.

3) 요컨대, 토지소유자 등이 토지보상법 제85조 제2항에 따라 보상금 증액 청구의 소를 제기한 경우, 그 손실보상금 채권에 관하여 압류 및 추심명령이 있다고 하더라도 추심채권자가 그 절차에 참여할 자격을 취득하는 것은 아니므로, 보상금 증액 청구의 소를 제기한 토지소유자 등의 지위에 영향을 미친다고 볼 수 없다. 따라서 보상금 증액 청구의 소의 청구채권에 관하여 압류 및 추심명령이 있다고 하더라도 토지소유자 등이 그 소송을 수행할 당사자적격을 상실한다고 볼 것은 아니다.

나. 현실적인 문제 해결

1) 토지보상법 제85조 제1항은, 같은 조 제2항에 따른 보상금 증액 청구의 소는 수용재결서를 받은 날부터 90일 이내에, 이의신청을 거쳤을 때에는 이의재결서를 받은 날부터 60일

이내에 제기하여야 한다고 규정하고 있다(토지보상법이 2018.12.31. 법률 제16138호로 개정되기 전에는 이러한 제소기간을 수용재결서를 받은 날부터 60일 이내 또는 이의재결서를 받은 날부터 30일 이내로 정하고 있었다).

토지소유자 등이 보상금 증액 청구의 소를 제기하였는데 그 손실보상금 채권에 관하여 압류 및 추심명령이 있다는 이유로 원고가 소송을 수행할 당사자적격을 상실하였다고 보아 그 소를 각하하는 판결이 확정되면 제소기간의 경과로 누구도 다시 보상금 증액 청구의 소를 제기할 수 없게 되는 불합리한 결과가 발생할 수 있다.

2) 채무자인 토지소유자 등이 제3채무자인 사업시행자를 상대로 보상금 증액 청구의 소를 제기한 결과 제3채무자에게 증액되어야 할 손실보상금의 지급을 명하는 판결이 확정된다고 하더라도, 사업시행자는 토지소유자 등에게 확정된 손실보상금을 지급하여서는 아니 되지만, 민사집행법 제248조에 따라 이를 공탁함으로써 지급 의무를 면할 수 있다. 따라서 제3채무자인 사업시행자가 이중지급의 위험에서 벗어나지 못하는 등으로 부당한 상황에 놓인다고 볼 수 없다.

3) 추심채권자는 채무자인 토지소유자 등이 제기한 보상금 증액 청구 소송에 행정소송법 제44조 제1항, 제16조에 따라 소송참가를 하거나 행정소송법 제8조 제2항의 준용에 따라 민사소송법상 보조참가를 할 수 있다. 이와 같이 추심채권자가 보상금 증액 청구 소송에 관여할 수 있는 절차도 마련되어 있다.

다. 판례 변경

토지보상법상 손실보상금 채권에 관하여 압류 및 추심명령이 있는 경우 채무자가 보상금 증액 청구의 소를 제기할 당사자적격을 상실하고 그 보상금 증액 소송 계속 중 추심채권자가 압류 및 추심명령 신청의 취하 등에 따라 추심권능을 상실하게 되면 채무자는 당사자적격을 회복한다는 취지의 대법원 2013.11.14. 선고 2013두9526 판결은 이 판결의 견해에 배치되는 범위에서 이를 변경하기로 한다.

라. 이 사건에 관한 판단

원고의 채권자들이 이 사건 소 제기 이후에 장래 증액될 원고의 손실보상금 채권에 관하여 이 사건 추심명령을 받았다고 하더라도 원고가 이 사건 보상금 증액 청구 소송을 수행할 당사자적격을 상실한다고 볼 수 없다. 이와 달리 이 사건 추심명령으로 인하여 원고가 이 사건 보상금 증액 청구 소송을 수행할 당사자적격을 상실하였다는 취지의 피고의 이 부분 상고이유는 받아들일 수 없다.

3. 손실보상액 산정에 관하여(원고의 상고이유와 피고의 나머지 상고이유)

원심은 개별 평가요소별로 수용재결에서의 감정결과와 제1심 및 원심의 감정결과 중 각각 일부를 채택하여 원고의 영업시설 이전에 따른 정당한 손실보상금액을 산정하였다. 원심판결 이유를 관련 법리와 기록에 비추어 살펴보면, 원심의 이유 중 감손상당액이 '휴업기간 동안의 감손액'이라는 취지의 설시 부분은 적절하지 않지만, 원심의 판단은 수긍할 수 있고, 거기에 상고이유 주장과 같이 영업손실 보상에 관한 법리를 오해하여 필요한 심리를 다하지 아니하거나 논리와 경험칙에 반하여 자유심증주의의 한계를 벗어나는 등으로 판결에 영향을 미친 잘못이 없다.

4. 결론

그러므로 상고를 모두 기각하고, 상고비용은 패소자가 부담하기로 하여, 관여 법관의 일치된 의견으로 주문과 같이 판결한다. 이 판결에는 대법관 안철상의 보충의견이 있다.

5. 대법관 안철상의 보충의견

가. 대법원은, 민사소송의 경우 채무자의 제3채무자에 대한 채권에 관하여 압류 및 추심명령이 있으면 제3채무자에 대한 이행의 소는 추심채권자만 제기할 수 있고, 채무자에 의하여 이행의 소가 이미 제기된 경우에도 채무자는 그 소송을 수행할 당사자적격을 상실한다고 보고 있다(대법원 2000. 4. 11. 선고 99다23888 판결, 대법원 2009. 11. 12. 선고 2009다48879 판결 등 참조). 그러나 이와 같은 민사소송에 관한 판례의 법리는 그 자체도 의문이 제기되고 있지만, 앞에서 살펴본 바와 같이 행정소송인 토지보상법 제85조 제2항에 따른 보상금 증액 청구의 소에는 그대로 적용된다고 볼 수 없다.

공법관계는 사법관계와 다른 여러 가지 특수성이 있으므로, 행정소송에서는 민사소송의 법리를 그대로 적용할 것인지에 대하여 다시 한번 살펴보는 태도가 필요하다. 앞서 본 압류 및 추심명령이 있는 경우 채무자가 보상금 증액 청구의 소를 제기할 당사자적격을 상실한다는 선례는 민사법의 법리와의 통일성에 집중한 나머지 토지보상 법률관계라는 공법관계의 특수성을 잘 살피지 못한 결과라고 할 수 있다.

나. 헌법은 제23조에서 국가에게 국민의 재산권을 보장할 의무를 부여하는 한편, 국민의 재산권을 수용·사용 또는 제한하기 위해서는 공공필요에 의하여야 하고 법률로써 그에 대한 정당한 보상을 지급하여야 한다고 규정하고 있다. 이 사건과 같은 토지수용은 특정한 공적 과제의 이행을 위하여 구체적 재산권을 박탈하는 고권적 행위로서 토지보상법에서 정한 엄격한 요건과 절차에 따라 이루어진다.

토지보상법은 제85조 제2항에서 토지소유자 등이 재결에 불복하는 행정소송으로 토지수용 부분의 위법을 다투지 아니하고 보상금의 액수만 다투려는 경우에는 재결청을 상대로 재결 취소소송을 제기할 필요 없이 사업시행자를 피고로 하여 정당한 보상액과 이의재결 보상액의 차액을 당사자소송의 형식으로 구할 수 있게 하였다. 이러한 보상금 증액 청구의 소는 실질적으로는 재결청의 재결을 다투는 것이지만 형식적으로는 재결로 형성된 법률관계를 다투기 위하여 위 법률관계의 한쪽 당사자인 사업시행자를 피고로 하는 소송이고, 이를 형식적 당사자소송이라 하고 있다.

이 사건과 같은 보상금 증액 청구의 소에서는 토지소유자 등의 손실보상금 채권에 관하여 압류 및 추심명령이 있다 하더라도 토지소유자 등에게 당사자적격을 유지시켜 조속히 공법상 법률관계를 확정시킬 필요성이 크다. 압류 및 추심명령이 있었다는 사정으로 인하여 재판절차를 새로 진행하여야 하는 것은 소송경제에 반할 뿐만 아니라, 제소기간의 경과로 인하여 다시 소를 제기할 수 없는 상황이 발생하는 것은 토지보상법령을 비롯한 공법관계가 예정하고 있는 문제해결 방식이 아니다.

다. 정의의 여신상은 천으로 눈을 가리고 있다. 이는 '법 앞에 평등'을 의미하는 것으로, 소송 당사자 중 어느 한쪽에 치우치지 말고 사사로움이나 편견 없이 공평하게 심판할 것을 상징한다. 이 여신상은 대등한 당사자 관계를 전제로 한다. 그러나 오늘날 우리 사회는 대등한 관계를 갖지 못하는 법률관계가 곳곳에 존재하고 있다. 당사자가 대등하다는 전제를 갖추지 못한다면, 정의의 여신은 눈을 가려서는 안 되고 눈을 크게 떠서 구체적 개인에게 그의 지위에 상응하는 권리를 찾아주는 것이 필요하다.

공법관계도 일반적으로 대등관계가 아니다. 국가 또는 지방자치단체는 거대한 힘을 가지고 있고, 이를 상대하는 개인은 공익을 앞세워 개인의 권익을 침해하는 행정주체의 막강한 권력으로부터 보호되어야 마땅하다. 이러한 의미에서 공법관계에 관한 정의의 여신상은 눈을 부릅뜨고 있는 것이어야 한다.

현행 행정소송법은 1984.12.15. 전부 개정이 이루어진 이래 현재 46개 조문으로 된 낡은 틀을 유지하고 있다. 이는 국가 등 행정주체의 권력에 대응하여 개인의 권익을 구제하는 데 크게 부족하다. 우리 사회의 변화와 발전에 걸맞은 선진화된 행정소송법을 갖추는 것은 책임 행정에 대한 국민의 갈증을 해소하기 위한 우리의 시대적 요청이다. 행정소송법의 전면 개정이 절실하다.

사례 6

가. 피고는 서울 서대문구 (주소 생략) 일대에서 재개발정비사업의 시행을 목적으로 조합설립인가를 받은 주택재개발정비사업조합이고, 원고들은 위 정비구역 내에 있는 각 토지 및 건물을 소유하였던 사람들이다.

나. 서대문구청장은 2011.6.15. 피고가 시행하는 'ㅇㅇ제3구역 주택재개발정비사업'의 시행인가를 고시하였다(서울특별시 서대문구고시 제2011-37호). 원고들은 2012.2.21. 피고에게 「공익사업을 위한 토지 등의 취득 및 보상에 관한 법률」(이하 '토지보상법'이라고 한다) 제30조 제1항에 따라 재결 신청을 청구하였다. 이후 피고는 2015.7.8. 사업시행변경인가를 받고 기존 현금청산 대상자들을 포함한 토지 등 소유자 등을 대상으로 하여 분양신청을 받았는데, 원고들은 위 분양신청기간 동안에도 분양신청을 하지 않았다.

다. 원고들은 2016.9.28. 재차 피고에게 재결 신청을 청구하였고, 이에 피고는 2017.5.25. 서울특별시 지방토지수용위원회에 재결을 신청하였다. 위 토지수용위원회는 2017.8.25. 원고들 소유의 토지 등에 대하여 손실보상금을 정하면서, 토지 및 지장물에 대한 보상금 외에 원고 1에게 780,158,450원, 원고 2에게 1,180,433,980원, 원고 3에게 965,718,340원의 토지보상법 제30조 제3항에 따른 2012.4.24.부터 2017.5.25.까지 1,858일 동안의 지연가산금을 더하여 지급하도록 하는 내용의 수용재결(이하 '이 사건 수용재결'이라고 한다)을 하였다.

라. 피고는 2017.9.5. 이 사건 수용재결서 정본을 송달받은 다음, 2017.10.10. 이 사건 수용재결 중 지연가산금 부분에 불복하여 이의신청을 하면서, 위 각 지연가산금 상당액을 공탁하였다. 한편 원고들도 보상가액이 현저히 낮게 산정되었다는 이유로 이 사건 수용재결에 불복하여 이의신청을 하였다. 중앙토지수용위원회는 2018.6.21. 피고의 이의신청을 받아들이지 않고, 원고들의 이의신청에 따라 토지 및 지장물의 손실보상금을 증액하는 한편, 그 금액을 기초로 지연가산금을 새로 계산함으로써 지연가산금 또한 증액하는 내용의 이의재결(이하 '이 사건 이의재결'이라고 한다)을 하였다.

마. 피고는 2018.6.26. 지연가산금 중 일부의 감액을 구하는 소를 제기하면서(이하 '관련 보상금감액소송'이라고 한다), 2018.7.25. 이의재결로 증액된 보상금 전액을 각 공탁하였다. 관련 보상금감액소송의 항소심법원(서울고등법원 2019누54049)은 2020.2.4. 이의재결로 증액된 피고의 원고들에 대한 지연가산금 채무 부존재 확인 청구 부분을 각하하고, 피고의 나머지 청구를 모두 기각하는 판결을 선고하였다. 위 항소심 판결은 2020.2.21. 상고기간의 도과로 확정되었다.

바. 원고들은 이 사건 소로써 피고를 상대로 '이 사건 수용재결상의 지연가산금'에 대하여 피고가 이 사건 수용재결서 정본을 받은 날인 2017.9.5.부터 관련 보상금감액소송의 판결이 확정된 날인 2020.2.21.까지의 각 토지보상법 제87조에 따른 지연가산금의 지급을 청구할 수 있는가? 10점

Ⅰ 쟁점의 정리	Ⅲ 사안의 해결
Ⅱ 소송지연 가산금의 법적 성질 및 종류	
1. 관련규정의 검토	
2. 지연가산금의 성격	

Ⅰ 쟁점의 정리

설문에서는 수용재결과 이의재결을 모두 거친 경우로서 토지보상법 제87조 제1호가 적용되는지 제2호가 적용되는지가 문제된다. 토지보상법 제87조의 취지에 비추어 사안을 해결한다.

Ⅱ 소송지연 가산금의 법적 성질 및 종류

1. 관련규정의 검토

토지보상법 제87조는 "사업시행자는 제85조 제1항에 따라 사업시행자가 제기한 행정소송이 각하·기각 또는 취하된 경우 다음 각 호의 어느 하나에 해당하는 날부터 판결일 또는 취하일까지의 기간에 대하여 「소송촉진 등에 관한 특례법」 제3조에 따른 법정이율을 적용하여 산정한 금액을 보상금에 가산하여 지급하여야 한다."라고 규정하면서, 그 지연가산금의 기산일에 관하여 제1호에서 "재결이 있은 후 소송을 제기하였을 때에는 재결서 정본을 받은 날"로, 제2호에서 "이의신청에 대한 재결이 있은 후 소송을 제기하였을 때에는 그 재결서 정본을 받은 날"로 규정하고 있다.

2. 지연가산금의 성격

토지보상법 제87조의 취지는 사업시행자가 보상금의 지급을 지연시킬 목적으로 행정소송을 남용하는 것을 방지하고 보상금을 수령하지 못하는 기간 동안 토지소유자의 손해를 보전하여 사업시행자와 토지소유자의 형평을 도모하려는 데에 있다(대판 2019.1.17, 2018두54675).

Ⅲ 사안의 해결

사업시행자가 수용재결에 불복하여 취소소송을 제기하는 때에는 이의신청을 거친 경우에도 수용재결을 한 중앙토지수용위원회 또는 지방토지수용위원회를 피고로 하여 수용재결의 취소를 구하여야 하는 것으로, 그 불복의 대상은 원칙적으로 수용재결이고(대판 2010.1.28, 2008두1504 등 참조), 토지보상법 제87조가 지연가산금의 기산일을 '재결이 있은 후 소송을 제기하였을 때'와 '이의신청에 대한 재결이 있은 후 소송을 제기하였을 때'로 구분하여 규정하고 있는 점에 비추어 보면, 사업시행자가 수용재결에 불복하여 곧바로 행정소송을 제기하였을 때에는 제87조 제1호가, 사업시행자가 수용재결에 불복하여 이의신청을 거쳐 행정소송을 제기하였을 때에는 제87조 제2호가 각 적용되는 것으로 봄이 타당하다.

✏️ 대법원 2022.4.14, 2021두57667

[판시사항]
사업시행자가 수용재결에 불복하여 이의신청을 한 후 다시 이의재결에 불복하여 행정소송을 제기하였으나 행정소송이 각하·기각 또는 취하된 경우, 지연가산금에 관한 공익사업을 위한 토지 등의 취득 및 보상에 관한 법률 제87조 제1호가 적용되는지 문제된 사안에서, 위 경우 공익사업을 위한 토지 등의 취득 및 보상에 관한 법률 제87조 제2호가 적용되어 사업시행자는 이의재결서 정본을 받은 날부터 판결일 또는 취하일까지의 기간에 대하여 지연가산금을 지급할 의무가 있고, 위 경우에까지 공익사업을 위한 토지 등의 취득 및 보상에 관한 법률 제87조 제1호가 동시에 적용되지 않는다고 한 사례

[이유]
상고이유를 판단한다.

1. 이 사건의 개요
원심판결 이유에 의하면 다음과 같은 사정을 알 수 있다.

가. 피고는 서울 서대문구 (주소 생략) 일대에서 재개발정비사업의 시행을 목적으로 조합설립인가를 받은 주택재개발정비사업조합이고, 원고들은 위 정비구역 내에 있는 각 토지 및 건물을 소유하였던 사람들이다.

나. 서대문구청장은 2011.6.15. 피고가 시행하는 '○○제3구역 주택재개발정비사업'의 시행인가를 고시하였다(서울특별시 서대문구고시 제2011-37호). 원고들은 2012.2.21. 피고에게 「공익사업을 위한 토지 등의 취득 및 보상에 관한 법률」(이하 '토지보상법'이라고 한다) 제30조 제1항에 따라 재결 신청을 청구하였다. 이후 피고는 2015.7.8. 사업시행변경인가를 받고 기존 현금청산 대상자들을 포함한 토지 등 소유자 등을 대상으로 하여 분양신청을 받았는데, 원고들은 위 분양신청기간 동안에도 분양신청을 하지 않았다.

다. 원고들은 2016.9.28. 재차 피고에게 재결 신청을 청구하였고, 이에 피고는 2017.5.25. 서울특별시 지방토지수용위원회에 재결을 신청하였다. 위 토지수용위원회는 2017.8.25. 원고들 소유의 토지 등에 대하여 손실보상금을 정하면서, 토지 및 지장물에 대한 보상금 외에 원고 1에게 780,158,450원, 원고 2에게 1,180,433,980원, 원고 3에게 965,718,340원의 토지보상법 제30조 제3항에 따른 2012.4.24.부터 2017.5.25.까지 1,858일 동안의 지연가산금을 더하여 지급하도록 하는 내용의 수용재결(이하 '이 사건 수용재결'이라고 한다)을 하였다.

라. 피고는 2017.9.5. 이 사건 수용재결서 정본을 송달받은 다음, 2017.10.10. 이 사건 수용재결 중 지연가산금 부분에 불복하여 이의신청을 하면서, 위 각 지연가산금 상당액을 공탁하였다. 한편 원고들도 보상가액이 현저히 낮게 산정되었다는 이유로 이 사건 수용재결에 불

복하여 이의신청을 하였다. 중앙토지수용위원회는 2018.6.21. 피고의 이의신청을 받아들이지 않고, 원고들의 이의신청에 따라 토지 및 지장물의 손실보상금을 증액하는 한편, 그 금액을 기초로 지연가산금을 새로 계산함으로써 지연가산금 또한 증액하는 내용의 이의재결(이하 '이 사건 이의재결'이라고 한다)을 하였다.

마. 피고는 2018.6.26. 지연가산금 중 일부의 감액을 구하는 소를 제기하면서(이하 '관련 보상금감액소송'이라고 한다), 2018.7.25. 이의재결로 증액된 보상금 전액을 각 공탁하였다. 관련 보상금감액소송의 항소심법원(서울고등법원 2019누54049)은 2020.2.4. 이의재결로 증액된 피고의 원고들에 대한 지연가산금 채무 부존재 확인 청구 부분을 각하하고, 피고의 나머지 청구를 모두 기각하는 판결을 선고하였다. 위 항소심 판결은 2020.2.21. 상고기간의 도과로 확정되었다.

바. 원고들은 이 사건 소로써 피고를 상대로 '이 사건 수용재결상의 지연가산금'에 대하여 피고가 이 사건 수용재결서 정본을 받은 날인 2017.9.5.부터 관련 보상금감액소송의 판결이 확정된 날인 2020.2.21.까지의 각 토지보상법 제87조에 따른 지연가산금의 지급을 청구하고 있다.

2. 상고이유 제1점에 대하여

가. 토지보상법 제87조는 "사업시행자는 제85조 제1항에 따라 사업시행자가 제기한 행정소송이 각하·기각 또는 취하된 경우 다음 각 호의 어느 하나에 해당하는 날부터 판결일 또는 취하일까지의 기간에 대하여 「소송촉진 등에 관한 특례법」 제3조에 따른 법정이율을 적용하여 산정한 금액을 보상금에 가산하여 지급하여야 한다."라고 규정하면서, 그 지연가산금의 기산일에 관하여 제1호에서 "재결이 있은 후 소송을 제기하였을 때에는 재결서 정본을 받은 날"로, 제2호에서 "이의신청에 대한 재결이 있은 후 소송을 제기하였을 때에는 그 재결서 정본을 받은 날"로 규정하고 있다.

나. 원심은, 다음과 같은 이유를 들어 '사업시행자가 수용재결에 불복하여 이의신청을 한 후 다시 이의재결에 불복하여 행정소송을 제기하였으나 행정소송이 각하·기각 또는 취하된 경우'에는 토지보상법 제87조 제2호가 적용되어 사업시행자는 이의재결서 정본을 받은 날부터 판결일 또는 취하일까지의 기간에 대하여 지연가산금을 지급할 의무가 있고, 위 경우에까지 토지보상법 제87조 제1호가 동시에 적용된다고 볼 수는 없다고 판단하였다.

1) 사업시행자가 수용재결에 불복하여 취소소송을 제기하는 때에는 이의신청을 거친 경우에도 수용재결을 한 중앙토지수용위원회 또는 지방토지수용위원회를 피고로 하여 수용재결의 취소를 구하여야 하는 것으로, 그 불복의 대상은 원칙적으로 수용재결이고(대법원 2010.1.28. 선고 2008두1504 판결 등 참조), 토지보상법 제87조가 지연가산금의 기산일을 '재결이 있은 후 소송을 제기하였을 때'와 '이의신청에 대한 재결이 있은 후 소송을 제기하였을 때'로 구분하여 규정하고 있는 점에 비추어 보면, 사업시행자가 수용재결에 불복하여 곧바로 행정소송을 제기하였을 때에는 제87조 제1호가, 사업시행자가 수용재결에 불복하여 이의신청을 거쳐 행정소송을 제기하였을 때에는 제87조 제2호가 각 적용되는 것으로 봄이 타당하다.

2) 토지보상법 제87조의 취지는 사업시행자가 보상금의 지급을 지연시킬 목적으로 행정소송을 남용하는 것을 방지하고 보상금을 수령하지 못하는 기간 동안 토지소유자의 손해를 보전하여 사업시행자와 토지소유자의 형평을 도모하려는 데에 있다(대법원 2019.1.17. 선고 2018두54675 판결, 대법원 2019.1.31. 선고 2018두56510 판결 등 참조). 그러나 사업시행자가 수용재결에 불복하여 이의신청을 한 후 다시 이의재결에 불복하여 행정소송을 제기하였으나 행정소송이 각하·기각 또는 취하된 경우 토지소유자 등이 지급받지 못한 보상금 전액 중 수용재결에 정한 금액 부분에 관하여 토지보상법 제87조 제1호를, 이의재결에서 증액된 금액 부분에 관하여 같은 조 제2호를 적용하여야 한다고 해석하는 것은 토지보상법 제87조의 취지를 고려하더라도 그 규정 문언의 한계를 벗어난 해석이다.

3) 구 토지수용법(2002.2.4. 법률 제6656호로 폐지되기 전의 것, 이하 같다)은 '재결전치주의'를 정하면서 원처분인 수용재결에 대한 취소소송을 인정하지 아니하고 재결인 이의재결에 대한 취소소송을 인정하고 있었으므로, 이의재결을 거치지 아니하고 원처분인 수용재결 취소의 소를 제기할 수 없었는데, 구 토지수용법 제75조의3은 기업자가 제기한 행정소송이 각하, 기각 또는 취하된 경우 기업자는 이의신청서에 대한 재결서의 정본을 송달받은 날부터 판결일까지의 기간에 대하여 지연가산금을 지급하도록 규정하여, 수용재결서 정본을 송달받은 날부터 이의재결서의 정본을 송달받은 날 전일까지의 기간에 대하여는 지연가산금을 인정하지 않고 있었다.

   2002.2.4. 법률 제6656호로 폐지제정된 토지보상법 제85조가 이의신청의 재결을 거치지 아니하고도 행정소송을 제기할 수 있도록 함에 따라, 토지보상법 제87조는 구 토지수용법 제75조의3의 취지를 그대로 따르면서 그 지연가산금 기산일을 "재결이 있은 후 소송을 제기하였을 때에는 재결서 정본을 받은 날"(제1호)로, "이의신청에 대한 재결이 있은 후 소송을 제기하였을 때에는 그 재결서 정본을 받은 날"(제2호)로 구분하여 정하고 있을 뿐, 위 조항에 '수용재결서 정본을 받은 날부터 이의재결서 정본을 받은 전날까지'의 기간에 대하여까지 지연가산금을 보상하려는 입법 목적이 있었다고는 보이지 않는다.

4) 토지보상법은 사업시행자에 대하여 이의신청 또는 행정소송의 불복절차를 마련하면서, 어느 절차에 의하더라도 보상금을 받을 자는 그 절차가 종결될 때까지 사업시행자가 공탁한 보상금을 수령할 수 없도록 규정하고 있다(토지보상법 제40조 제4항, 제2항 제3호, 제85조 제1항). 그런데 토지보상법 제87조는 사업시행자가 제기한 행정소송이 각하·기각 또는 취하된 경우 지연가산금을 지급하도록 규정하고 있을 뿐, 사업시행자의 이의신청이 각하·기각 또는 취하된 경우의 지연가산금에 대한 규정은 두고 있지 않다. 이러한 토지보상법의 규정 체계와 내용 등에 비추어 보면, 토지보상법은 사업시행자가 수용재결에 불복하여 이의신청을 한 경우 그로 인하여 보상금을 수령하지 못하는 기간에 대하여는 지연가산금을 부과하지 않기로 정한 것이라고 봄이 타당하다.

5) 중앙토지수용위원회는 2018.6.21. 이 사건 이의재결을 하였고, 피고는 2018.7.3. 이의재결서 정본을 수령하였는데, 위 이의재결서 정본을 송달 받기 전인 2018.6.26. 원고들을 상대로 토지수용보상금 감액청구의 소를 제기하였다. 사업시행자가 수용재결에 불복하여 취소소송을 제기하는 때에는 이의신청을 거친 경우에도 그 불복의 대상은 원칙적으

로 수용재결이므로, 피고가 중앙토지수용위원회의 이 사건 이의재결 이후 토지보상금 감액 청구의 소를 제기한 이상 그 이의재결서 정본을 직접 송달받기 전에 소제기를 하였다고 하더라도 '이의신청에 대한 재결이 있은 후 소송을 제기하였을 때'에 해당하지 않는다고 볼 수는 없다.

다. 관련 법리와 기록에 비추어 살펴보면, 위와 같은 원심의 판단에 상고이유 주장과 같이 토지보상법 제87조의 해석 및 적용에 관한 법리를 오해한 잘못이 없다.

3. 상고이유 제2 내지 4점에 대하여

가. 기록에 의하면, 원고들은 소장에서 피고들이 토지보상법 제87조에 의한 지연가산금을 지급할 의무가 있다고 주장하며 수용재결서 정본을 받은 날부터 계산한 지연가산금을 청구한 사실, 소장에 첨부된 '법정이율가산금 산정 근거 표'에는 '수용재결서 정본 송달일부터 이의재결서 정본 송달일 전일(원고들은 피고가 이의재결서 정본을 송달받은 날을 2018. 7. 12.로 가정하여 계산을 하였다)'까지의 기간과 '이의재결서 정본 송달일부터 관련 보상금감액소송 판결 확정일'까지의 기간에 발생하는 각 지연가산금 금액이 나뉘어 계산되어 있는 사실, 또한 원고들은 설령 이 사건에 토지보상법 제87조 제2호가 적용되더라도 피고는 수용재결서 정본 송달일부터 이의재결서 정본을 송달받은 날까지는 최소한 민사 법정이율에 의한 지체책임을 부담하여야 한다고 주장한 사실, 한편 피고는 원고들의 청구가 이유 없다고 주장하면서도 지연가산금 지급책임이 인정된다면 그 가산금은 토지보상법 제87조 제2호에 따라 이의재결서 정본 송달일부터 발생한다는 취지로 주장한 사실을 알 수 있다.

나. 이와 같은 사정에 비추어 보면, 원고들은 피고에 대하여 토지보상법 제87조에 따른 지연가산금의 지급을 구하면서 다만 그 기산일을 원고들에게 유리하도록 같은 법 제87조 제1호에 따른 '수용재결서 정본 송달일'로 정하여야 한다고 주장하며 이를 전제로 계산한 금액을 청구하는 한편, 그 기산일에 관하여 이 사건에 토지보상법 제87조 제2호가 적용될 경우를 대비하여 이의재결서 정본 송달일부터 계산한 지연가산금 금액 또한 제시하는 등, 수용재결서 정본 송달일부터의 지연가산금이 인정되지 않는다면 적어도 토지보상법 제87조 제2호에 따른 이의재결서 정본 송달일부터의 지연가산금이라도 인용해줄 것을 구하였던 것으로 보인다.

따라서 원심으로서는 이 사건에 토지보상법 제87조 제2호가 적용되어야 하고 같은 조 제1호는 적용되지 않는다고 판단한 이상 토지보상법 제87조 제2호에 따라 이의재결서 정본 송달일부터의 지연가산금의 지급을 명하여야 하고, 만일 원고들이 토지보상법 제87조 제1호가 적용되지 않는 경우 제2호에 따라 이의재결서 정본 송달일로부터의 지연가산금의 지급이라도 구하는 것인지 분명하지 않다고 보았다면 석명권을 행사하여 원고로 하여금 그 취지를 분명히 하도록 하거나 당사자에게 이에 대한 의견진술 기회를 주었어야 할 것이다.

그럼에도 원심은 이 사건에 토지보상법 제87조 제1호가 적용되지 않는다는 이유로 원고들의 청구를 전부 배척하였다. 이와 같은 원심의 조치에는 이의재결서 정본 송달일부터의 지연가산금 지급에 대한 판단을 누락하였거나 석명권을 적정하게 행사하지 아니하고 필요한 심리를 다하지 아니하여 판결 결과에 영향을 미친 잘못이 있다. 이를 지적하는 이 부분 상고이유 주장은 이유 있다.

사례 7

> 수용재결이란 사업시행자에게 부여된 수용권의 구체적인 내용을 결정하고 그 실행을 완성시키는 형성적 행위로서 수용의 최종단계에서 공·사익의 조화를 도모하여 수용목적을 달성함에 제도적 의미가 인정된다. 이러한 재결의 실효에 대하여 설명하시오. [10점]

Ⅰ 개설(의의 및 취지)

재결의 실효란 유효하게 성립한 재결이 객관적 사실의 발생에 의해 효력이 상실되는 것을 말한다. 이는 대행·대집행에 대한 형평을 기하기 위한 피수용자의 권리구제의 방안으로 인정된다.

Ⅱ 실효의 사유

1. 보상금 지급, 공탁을 안 한 경우(토지보상법 제42조)

수용 또는 사용의 개시일까지 보상금을 지급 또는 공탁하지 않는 경우에는 재결의 효력은 상실된다. 다만, 판례는 중앙토지수용위원회의 이의재결에서 정한 보상금을 지급, 공탁하지 아니한다 하여 재결이 실효되는 것은 아니라고 한다(별개의 절차이므로).

2. 사업인정이 취소, 변경되는 경우(토지보상법 제24조)

재결 이후 수용사용의 시기 이전에 사업인정이 취소 또는 변경되면 그 고시결과에 따라서 재결의 효력은 상실된다. 그러나 보상금의 지급, 공탁이 있은 후에는 이미 수용의 효과가 발생하므로 재결의 효력에는 영향이 없다.

Ⅲ 재결실효의 효과 및 권리구제

1. 재결실효의 효과(토지보상법 제42조 제1항)

사업시행자가 수용 또는 사용의 개시일까지 관할 토지수용위원회가 재결한 보상금을 지급 또는 공탁하지 아니한 때에는 해당 토지수용위원회의 재결은 그 효력을 상실한다.

2. 권리구제(토지보상법 제42조 제2항)

사업시행자는 재결의 효력이 상실됨으로 인하여 토지소유자 또는 관계인이 입은 손실을 보상하여야 하며, 재결실효여부에 대한 다툼이 발생하는 경우에 무효등확인소송(실효확인소송)을 제기할 수 있다.

Ⅳ 관련문제

1. 재결의 실효와 재결신청 및 사업인정의 효력과의 관계

판례는 재결이 실효되면 재결신청도 상실된다고 하였다. 다만 사업인정에 대해서는 여전히 효력이 존재하므로 재결신청기간 내이면 재차 재결신청이 가능할 것이다.

2. 이의재결과의 관계

판례는 수용재결이 실효되면 이에 기초한 이의재결은 위법하지만 절대적 무효는 아니므로 이의재결의 취소 또는 무효등확인소송을 구할 이익이 있다고 한다.

3. 이의재결과의 비교

이의재결에는 실효제도가 없으며, 피수용자 보호를 위해서 이의재결은 집행력 있는 확정판결의 효력을 인정한다.

사례 8

공익사업을 위한 토지 등의 취득 및 보상에 관한 법률상 사업인정 후에 협의가 성립되었고 아직 협의성립의 확인을 받지는 아니하였다. 이때 ① 보상금 수령 전 목적물이 멸실되었을 경우, ② 사업시행자가 손실보상을 하지 아니하였을 경우, ③ 피수용자가 목적물을 인도, 이전하지 아니하였을 경우의 효과를 협의성립의 확인을 받은 경우와 대비하여 설명하시오. 25점

PART · 02

Ⅰ 문제의 제기
Ⅱ 협의와 협의성립확인의 개관
  1. 토지보상법상 협의
    (1) 의의 및 취지
    (2) 내용
  2. 협의성립확인
    (1) 의의 및 취지
    (2) 내용
Ⅲ 목적물이 멸실된 경우
  1. 협의성립확인을 받은 경우
  2. 위험부담규정을 적용할 수 있는지 여부

Ⅳ 사업시행자가 손실보상을 하지 아니한 경우
  1. 협의성립확인을 받은 경우
  2. 재결실효규정을 적용할 수 있는지 여부
Ⅴ 피수용자가 목적물을 인도, 이전하지 아니하는 경우
  1. 협의성립확인을 받은 경우
  2. 대행, 대집행규정을 적용할 수 있는지 여부
    (1) 대행규정의 적용 여부
    (2) 대집행규정의 적용 여부
     1) 문제점
     2) 검토
Ⅵ 문제해결

Ⅰ 문제의 제기

사안은 토지보상법상 사업인정 후에 성립된 협의의 내용에 다툼이 발생하게 될 경우의 처리방법으로서 재결의 효과에 관한 규정들이 적용될 수 있을 것인가의 문제이다.

목적물이 멸실되었을 경우에는 위험부담규정(토지보상법 제46조), 사업시행자가 손실보상을 하지 아니하였을 경우에는 재결실효규정(토지보상법 제42조), 피수용자가 목적물을 인도, 이전하지 아니하였을 경우에는 대행규정(토지보상법 제44조) 및 대집행규정(토지보상법 제89조) 등이 적용될 수 있는지 여부를 검토한다.

Ⅱ 협의와 협의성립확인의 개관

1. 토지보상법상 협의

(1) 의의 및 취지

협의란, 사업인정 후 토지 등의 권리취득 등에 대한 양 당사자의 의사의 합치로서 ① 최소침해 요청과 ② 사업의 원활한 진행, ③ 피수용자의 의견존중에 취지가 있다.

(2) 내용

협의 성립 시 ① 사업시행자는 권리취득(승계취득), 협의성립확인신청권, ② 피수용자는 손실 보상청구권, 재결신청청구권이 발생한다. 이를 공법상 계약으로 보면 공법상 당사자소송으로 다툴 수 있다.

2. 협의성립확인

(1) 의의 및 취지

협의성립 후 사업시행자는 재결신청기간 내에 토지소유자의 동의를 얻어 관할 토지수용위원회 에 협의성립확인을 신청할 수 있으며, 이는 재결로 간주된다. ① 계약불이행에 따른 위험을 방 지하고 ② 공익사업의 원활한 진행을 도모함에 취지가 인정된다.

(2) 내용

재결절차 또는 공증절차에 의해서 확인하며, 재결과 동일한 효과 및 차단효과(더 이상 협의를 다툴 수 없게 하는 효과)가 발생한다. 확인이 있으면 재결로 간주되므로 이의신청 및 행정소송 으로 다툴 수 있다.

Ⅲ 목적물이 멸실된 경우

1. 협의성립확인을 받은 경우

협의성립을 확인받으면 재결로 간주되므로 위험부담규정이 적용된다.

2. 협의성립확인을 받지 않은 경우(위험부담규정을 적용할 수 있는지 여부)

토지보상법 제46조상의 위험부담이전 규정은 피수용자의 권익보장을 위하여 인정된 제도이므로, 협의성립 후 확인을 받기 전이라도 귀책사유 없이 목적물이 멸실 등이 된 경우에는 본 규정이 적용 되어야 한다고 본다. 판례도 토지는 매수되고 지상입목에 대하여 적절한 보상을 하기로 특약하였다 면 지상입목이 수몰되어 멸실된 경우에도 보상을 하여야 한다고 판시한 바 있다(대판 1977.12.27, 76다 1472).

Ⅳ 사업시행자가 손실보상을 하지 아니한 경우

1. 협의성립확인을 받은 경우

확인을 받은 경우는 재결로 간주되므로 토지보상법 제42조의 재결실효규정이 적용된다.

2. 협의성립확인을 받지 않은 경우(재결실효규정을 적용할 수 있는지 여부)

현행 토지보상법상 협의의 실효에 관한 명문의 규정이 없으므로 재결실효 규정을 적용할 수 없다. 따라서 피수용자는 사업시행자가 손실보상의무를 이행하지 아니하는 경우에는 계약의 불이행에 대한 손해배상의 청구, 이행강제, 계약해제 등을 주장하여야 할 것이다. 협의는 공법상 계약으로 보는 것이 타당하므로 공법상 당사자소송에 의하면 될 것이다. 다만 판례에 의하면 민사소송으로 해결한다.

Ⅴ 피수용자가 목적물을 인도, 이전하지 아니하는 경우

1. 협의성립확인을 받은 경우

토지소유자 및 관계인이 고의나 과실 없이 그 의무를 이행할 수 없는 때에는 토지보상법 제44조상의 대행규정에 의하여 사업시행자는 시·군·구청장에게 인도 또는 이전하여 줄 것을 청구할 수 있다. 토지소유자 및 관계인이 인도 또는 이전의무를 이행하지 아니하거나, 완료하기 어려운 경우, 또는 토지소유자 및 관계인으로 하여금 의무를 이행하게 함이 현저히 공익을 해한다고 인정되는 경우에는 토지보상법 제89조의 대집행규정에 의하여 사업시행자는 시·군·구청장에게 대집행을 하여 줄 것을 신청할 수 있다.

2. 협의성립확인을 받지 않은 경우(대행, 대집행규정을 적용할 수 있는지 여부)

(1) 대행규정의 적용 여부

협의성립에 따른 의무를 피수용자가 고의, 과실 없이 이행할 수 없는 경우에는 대행규정이 적용될 수 있을 것이다. 그러나 이는 의무불이행에 고의, 과실이 없는 경우에만 해당되는 것으로 피수용자가 의무를 이행할 의사가 없는 경우는 아니다.

(2) 대집행규정의 적용 여부

1) 문제점

협의성립에 따른 피수용자의 의무를 토지보상법 제89조의 대집행 규정을 통하여 강제로 실현할 수 있는가의 문제는 다음의 두 가지 사항이 쟁점이다. 첫째, 대집행은 대체적 작위의무만을 대상으로 하는데 토지 및 물건의 인도, 이전의무가 대집행의 대상인가 하는 점에 논란이 있다. 둘째, 공법상의 계약의무를 행정상 실효성 확보수단으로 해결할 수 있는가 하는 점에 논란이 있다.

2) 검토

토지 및 물건의 인도는 명도에 해당하여 대집행의 대상이 될 수 없고, 그 발동에는 법률유
보의 원칙에 의거하여 명확한 법률의 근거가 없으면 불가능하므로 대집행규정의 적용은 불
가하다고 봄이 타당하다. 또한 협의는 공법상 계약이므로 사업시행자는 공법상 당사자소송
에 의하여 피수용자의 의무이행을 강제할 수 있을 뿐이다. 다만 판례는 협의를 사법상의
법률행위로 보고 있으므로, 민사소송을 통해서 집행력 있는 확정판결을 받고 이를 기초로
강제집행을 할 수 있다고 한다.

Ⅵ 문제해결

협의성립은 공법상 계약으로서 위험부담은 사업시행자에게로 이전된다. 다만, 재결실효 및 대행·
대집행규정 등은 적용되기 어렵다고 보이며, 당사자는 공법상의 당사자소송으로 다툼을 해결할 수
있다.

🦆 사례 9

토지보상법상 화해를 설명하시오. [10점]

Ⓘ 의의 및 취지

화해는 토지수용위원회의 재결심리 과정에서 사업시행자와 토지소유자 등이 서로 재결에 의하지 아니하고 분쟁을 해결하고자 하는 의사의 합치로 분쟁소지를 방지하여 사업의 원활한 수행을 도모하는 임의적 절차이다.

Ⓘ 법적 성질

1. 화해의 성질

화해는 공법영역에서 양 당사자가 서로 양보하여 분쟁을 해결하는 약정으로서 일종의 공법상 계약의 성질을 갖는다고 본다.

2. 화해조서의 성질

협의성립확인과 달리 재결로 본다는 규정이 없으나 재결의 효력을 인정하지 않으면 화해권고에 응할 실익이 없으므로 재결의 효력을 부여함이 타당하다고 본다. 따라서 재결과 같은 행정행위의 성질을 갖는다고 본다.

Ⓘ 화해의 절차

1. 화해의 권고

토지수용위원회는 재결 전에 위원 3인으로 구성된 소위원회로 하여금 사업시행자와 토지소유자에게 화해를 권고할 수 있다.

2. 화해조서의 작성

화해가 성립되는 경우, 토지수용위원회는 화해조서를 작성하고 참여인의 서명·날인을 받아야 한다.

Ⅳ 화해조서의 효력

1. 재결의 효력

합의가 성립된 것으로 보며 조서의 성질을 재결과 동일하게 보면 재결의 효력이 발생한다. 따라서 협의성립확인과 마찬가지로 화해에서 정하여진 시기까지 보상금의 지급을 이행하지 않은 경우라면 해당 화해의 효력은 상실되고, 토지소유자 및 관계인이 의무를 이행하지 않은 경우에는 대집행이 가능한 것으로 보아야 할 것이다.

2. 차단효발생

종전 토지보상법에서는 차단효를 구성하였으나 현행 토지보상법은 이러한 규정이 없다. 그러나 협의성립확인제도와의 균형상 차단효를 인정한다고 본다.

Ⅴ 권리구제

1. 조서작성행위 불복

조서작성행위는 확인행위로서 재결로 보기 때문에 토지보상법 제83조 및 제85조에 의한 불복이 가능하다.

2. 화해 자체 불복

차단효로 인해 화해조서의 효력을 소멸시킨 후에 화해 자체에 대하여 다투는 것이 가능하다고 본다.

3. 손실보상

화해에서 정한 시기까지 보상금을 지급하지 아니하면 재결실효규정이 적용된다고 보며 이로 인하여 손실보상청구권이 발생된다고 본다.

토지수용위원회 및 수용의 효과

사례 10

토지수용위원회에 대해서 설명하시오. [10점]

I 의의 및 성격

토지수용위원회는 사업시행자의 신청에 의해 수용재결 또는 사용재결 등을 행하는 행정기관이다. 이는 사업시행자와 피수용자 사이에 수용 또는 사용이나 손실보상에 관한 다툼을 공정하고 중립적인 입장에서 판단·결정하는 준사법적 합의제 행정기관이다.

II 종류 및 관할의 범위

1. 중앙토지수용위원회

국토교통부에 중앙토지수용위원회를 두며 ① 국가 또는 시·도가 사업시행자인 경우와 ② 수용 또는 사용할 토지가 2 이상의 시·도에 걸쳐있는 사업의 재결에 관한 사항을 관장한다.

2. 지방토지수용위원회

시·도에 지방토지수용위원회를 두며 중앙토지수용위원회 이외의 사업의 재결에 관한 사항을 관장한다.

III 재결사항(토지보상법 제50조)

1. 재결내용

① 수용 또는 사용할 토지의 구역 및 사용방법, ② 손실의 보상, ③ 수용 또는 사용의 개시일과 기간, ④ 그 밖에 이 법 및 다른 법률에서 규정한 사항을 재결내용으로 한다. 토지수용위원회는 사업시행자나 토지소유자 및 관계인이 신청한 범위 안에서 재결해야 하나 손실보상에 있어서는 증액재결을 할 수 있다.

2. 재결서의 구체성

관할 토지수용위원회가 토지에 관하여 사용재결을 하는 경우, 재결서에 사용할 토지의 위치와 면적, 권리자, 손실보상액, 사용 개시일 외에 사용방법, 사용기간을 구체적으로 특정하여야 한다(대판 2019.6.13, 2018두42641).

Ⅳ 문제점 및 개선안

지방토지수용위원회의 경우 비상설기관으로 운영되므로 전문성을 살리기 어려운 사례가 발생한다. 따라서 지방토지수용위원회도 상설사무국으로 운영할 수 있는 입법적 보완이 필요하다고 사료된다.

◢ **사례 11**

택지개발사업의 사업시행자인 한국토지주택공사가 공공용지로 협의취득한 토지 위에 있는 甲 소유의 지장물에 관하여 중앙토지수용위원회의 재결에 따라 보상금을 공탁하였는데, 위 토지에 폐합성수지를 포함한 산업쓰레기 등 폐기물이 남아 있자 甲을 상대로 폐기물 처리비용의 지급을 구하였다.

갑은 중앙토지수용위원회의 보상금 내역에는 '제품 및 원자재(재활용품)'가 포함되어 있고 그 보상액이 1원으로 되어 있는데, 이는 폐기물의 이전비가 물건의 가격을 초과하는 경우에 해당한다는 전제에서 재활용이 가능하여 가치가 있던 쓰레기와 재활용이 불가능하고 처리에 비용이 드는 쓰레기를 모두 보상 대상 지장물로 삼아 일괄하여 보상액을 정한 것으로 볼 수 있다는 이유 등을 들어, 한국토지주택공사는 자신의 비용으로 직접 폐기물을 제거할 수 있을 뿐이므로 갑 자신에게 폐기물을 이전하도록 요청하거나, 그 불이행을 이유로 처리비에 해당하는 손해배상을 청구할 수 없다고 주장한다.

공익사업의 시행자가 사업시행에 방해가 되는 지장물에 관하여 공익사업을 위한 토지 등의 취득 및 보상에 관한 법률 제75조 제1항 단서 제2호에 따라 이전에 드는 실제 비용에 못 미치는 물건의 가격으로 보상한 경우, 사업시행자가 해당 물건의 소유권을 취득하는지 여부 및 이때 지장물의 소유자에 대하여 철거 등을 요구할 수 있는지 여부에 대해서 설명하시오. 10점

[토지보상법]

제75조(건축물 등 물건에 대한 보상)

① 건축물·입목·공작물과 그 밖에 토지에 정착한 물건(이하 "건축물 등"이라 한다)에 대하여는 이전에 필요한 비용(이하 "이전비"라 한다)으로 보상하여야 한다. 다만, 다음 각 호의 어느 하나에 해당하는 경우에는 해당 물건의 가격으로 보상하여야 한다.

　1. 건축물 등을 이전하기 어렵거나 그 이전으로 인하여 건축물 등을 종래의 목적대로 사용할 수 없게 된 경우

　2. 건축물 등의 이전비가 그 물건의 가격을 넘는 경우

　3. 사업시행자가 공익사업에 직접 사용할 목적으로 취득하는 경우

⑥ 제1항부터 제4항까지의 규정에 따른 물건 및 그 밖의 물건에 대한 보상액의 구체적인 산정 및 평가방법과 보상기준은 국토교통부령으로 정한다.

[토지보상법 시행규칙]

제33조(건축물의 평가)

① 건축물(담장 및 우물 등의 부대시설을 포함한다. 이하 같다)에 대하여는 그 구조·이용상태·면적·내구연한·유용성 및 이전가능성 그 밖에 가격형성에 관련되는 제 요인을 종합적으로 고려하여 평가한다.

② 건축물의 가격은 원가법으로 평가한다. 다만, 주거용 건축물에 있어서는 거래사례비교법에 의하여 평가한 금액(공익사업의 시행에 따라 이주대책을 수립·실시하거나 주택입주권 등을 당해 건축물의 소유자에게 주는 경우 또는 개발제한구역 안에서 이전이 허용되는 경우에 있어서의 당해 사유로 인한 가격상승분은 제외

하고 평가한 금액을 말한다)이 원가법에 의하여 평가한 금액보다 큰 경우와 「집합건물의 소유 및 관리에 관한 법률」에 의한 구분소유권의 대상이 되는 건물의 가격은 거래사례비교법으로 평가한다.

③ 건축물의 사용료는 임대사례비교법으로 평가한다. 다만, 임대사례비교법으로 평가하는 것이 적정하지 아니한 경우에는 적산법으로 평가할 수 있다.

④ 물건의 가격으로 보상한 건축물의 철거비용은 사업시행자가 부담한다. 다만, 건축물의 소유자가 당해 건축물의 구성부분을 사용 또는 처분할 목적으로 철거하는 경우에는 건축물의 소유자가 부담한다.

제36조(공작물 등의 평가)

① 제33조 내지 제35조의 규정은 공작물 그 밖의 시설(이하 "공작물 등"이라 한다)의 평가에 관하여 이를 준용한다.

I 쟁점의 정리	III 사안의 해결
II 지장물 보상 규정 검토	
1. 지장물의 의의 및 보상방법	
2. 이전비 보상원칙과 소유권 이전	
3. 철거규정과 수인의무	

I 쟁점의 정리

토지보상법상 지장물 보상에 관한 규정을 검토하여 사업시행자가 지장물에 대한 소유권을 취득하는지 여부 및 지장물소유자에게 철거를 요구할 수 있는지 여부를 해결한다.

II 지장물 보상 규정 검토

1. 지장물의 의의 및 보상방법

지장물은 공익사업시행지구 내의 토지에 정착한 건축물·공작물·시설·입목·죽목 및 농작물 그 밖의 물건 중에서 해당 공익사업의 수행을 위하여 직접 필요하지 아니한 물건을 말한다.

토지보상법 제75조 제1항은 본문에서 지장물인 건축물 등에 대해서는 이전비로 보상하여야 한다는 원칙을 규정하고 있다.

2. 이전비 보상원칙과 소유권 이전

토지보상법 제75조 제1항 단서에는 ① 건축물 등의 이전이 어렵거나 그 이전으로 인하여 건축물 등을 종래의 목적대로 사용할 수 없게 된 경우, ② 건축물 등의 이전비가 그 물건의 가격을 넘는 경우, ③ 제3호로 사업시행자가 공익사업에 직접 사용할 목적으로 취득하는 경우에는 이전비가 아닌 물건의 가격으로 보상을 하도록 규정하고 있다.

토지보상법 제75조 제5항에서는 제1호 또는 제2호에 해당하는 경우에는 관할 토지수용위원회에 그 물건의 수용 재결을 신청할 수 있다고 규정하여 원칙적으로 제1호 또는 제2호의 경우에는 물건의 가격으로 보상하여도 그 물건의 수용 재결 신청이 없는 이상, 사업시행자는 소유권을 취득하지 못한다고 볼 것이다.

이러한 관계 법령의 내용을 토지보상법에 따른 지장물에 대한 수용보상의 취지와 정당한 보상 또는 적정가격 보상의 원칙에 비추어 보면, 사업시행자가 사업시행에 방해가 되는 지장물에 관하여 토지보상법 제75조 제1항 단서 제2호에 따라 이전에 드는 실제 비용에 못 미치는 물건의 가격으로 보상한 경우 사업시행자가 해당 물건을 취득하는 제3호와 달리 수용의 절차를 거치지 않은 이상 사업시행자가 그 보상만으로 해당 물건의 소유권까지 취득한다고 보기는 어렵다.

3. 철거규정과 수인의무

토지보상법 제75조 제6항의 위임에 따른 시행규칙 제33조 제4항, 제36조 제1항에서는 토지보상법 제75조 제1항 단서에 따라 물건의 가격으로 보상된 건축물과 공작물 등에 대해서는 사업시행자의 부담으로 이를 철거하도록 하되, 그 소유자가 해당 건축물 등의 구성부분을 사용 또는 처분할 목적으로 철거하는 경우에는 건축물 등의 소유자로 하여금 해당 비용을 부담하게 하고 있다.

사업시행자는 지장물의 소유자가 토지보상법 시행규칙 제33조 제4항 단서에 따라 스스로의 비용으로 철거하겠다고 하는 등의 특별한 사정이 없는 한 지장물의 소유자에 대하여 그 철거 등을 요구할 수 없고 자신의 비용으로 직접 이를 제거할 수 있을 뿐이다

Ⅲ 사안의 해결

설문에서는 지장물에 대한 소유권이전을 위한 수용 재결신청이 없었으며, 지장물 철거의무는 사업시행자에게 있으므로 갑에 대한 소유권은 인정되지만 갑에게 철거비용을 청구할 수는 없을 것이다.

✎ 대판 2021.5.7, 2018다256313

[판시사항]

[1] 공익사업의 시행자가 사업시행에 방해가 되는 지장물에 관하여 공익사업을 위한 토지 등의 취득 및 보상에 관한 법률 제75조 제1항 단서 제2호에 따라 이전에 드는 실제 비용에 못 미치는 물건의 가격으로 보상한 경우, 사업시행자가 해당 물건의 소유권을 취득하는지 여부(원칙적 소극) 및 이때 지장물의 소유자에 대하여 철거 등을 요구할 수 있는지 여부(원칙적 소극)

[2] 택지개발사업의 사업시행자인 한국토지주택공사가 공공용지로 협의취득한 토지 위에 있는 甲 소유의 지장물에 관하여 중앙토지수용위원회의 재결에 따라 보상금을 공탁하였는데, 위 토지에 폐합성수지를 포함한 산업쓰레기 등 폐기물이 남아 있자 甲을 상대로 폐기물 처리비용의 지급을 구한 사안에서, 한국토지주택공사는 甲에게 폐기물을 이전하도록 요청하거나, 그 불이행을 이유로 처리비에 해당하는 손해배상을 청구할 수 없다고 본 원심판결이 정당하다고 한 사례

[판결요지]

[1] 공익사업을 위한 토지 등의 취득 및 보상에 관한 법률(이하 '토지보상법'이라 한다) 제75조 제1항 각 호, 공익사업을 위한 토지 등의 취득 및 보상에 관한 법률 시행규칙(이하 '토지보상법 시행규칙'이라 한다) 제33조 제4항, 제36조 제1항의 내용을 토지보상법에 따른 지장물에 대한 수용보상의 취지와 정당한 보상 또는 적정가격 보상의 원칙에 비추어 보면, 사업시행자가 사업시행에 방해가 되는 지장물에 관하여 토지보상법 제75조 제1항 단서 제2호에 따라 이전에 드는 실제 비용에 못 미치는 물건의 가격으로 보상한 경우, 사업시행자가 해당 물건을 취득하는 제3호와 달리 수용의 절차를 거치지 않은 이상 사업시행자가 그 보상만으로 해당 물건의 소유권까지 취득한다고 보기는 어렵다. 또한 사업시행자는 지장물의 소유자가 토지보상법 시행규칙 제33조 제4항 단서에 따라 스스로의 비용으로 철거하겠다고 하는 등의 특별한 사정이 없는 한 지장물의 소유자에 대하여 그 철거 등을 요구할 수 없고 자신의 비용으로 직접 이를 제거할 수 있을 뿐이다.

[2] 택지개발사업의 사업시행자인 한국토지주택공사가 공공용지로 협의취득한 토지 위에 있는 甲소유의 지장물에 관하여 중앙토지수용위원회의 재결에 따라 보상금을 공탁하였는데, 위 토지에 폐합성수지를 포함한 산업쓰레기 등 폐기물이 남아 있자 甲을 상대로 폐기물 처리비용의 지급을 구한 사안에서, 중앙토지수용위원회의 보상금 내역에는 '제품 및 원자재(재활용품)'가 포함되어 있고 그 보상액이 1원으로 되어 있는데, 이는 폐기물의 이전비가 물건의 가격을 초과하는 경우에 해당한다는 전제에서 재활용이 가능하여 가치가 있던 쓰레기와 재활용이 불가능하고 처리에 비용이 드는 쓰레기를 모두 보상 대상 지장물로 삼아 일괄하여 보상액을 정한 것으로 볼 수 있다는 이유 등을 들어, 한국토지주택공사는 자신의 비용으로 직접 폐기물을 제거할 수 있을 뿐이고 甲에게 폐기물을 이전하도록 요청하거나, 그 불이행을 이유로 처리비에 해당하는 손해배상을 청구할 수 없다고 본 원심판결이 정당하다고 한 사례.

[참조조문]

[1] 공익사업을 위한 토지 등의 취득 및 보상에 관한 법률 제75조 제1항, 제6항, 공익사업을 위한 토지 등의 취득 및 보상에 관한 법률 시행규칙 제33조 제4항, 제36조 제1항

[2] 공익사업을 위한 토지 등의 취득 및 보상에 관한 법률 제75조 제1항 제2호, 제6항, 공익사업을 위한 토지 등의 취득 및 보상에 관한 법률 시행규칙 제33조 제4항, 제36조 제1항, 민법 제390조

[이유]

상고이유(상고이유서 제출기간이 지난 다음 제출된 상고이유보충서들은 이를 보충하는 범위에서)를 판단한다.

1. 사실관계

원심판결 이유에 따르면 다음 사실을 알 수 있다.

가. 원고는 인천검단지구 택지개발사업의 사업시행자로 2010.12.27. 인천 서구 (주소 생략) 답 2,764㎡(이하 '이 사건 토지'라 한다)에 관하여 공공용지의 협의취득을 원인으로 소유권이전등기를 하였다.

나. 원고는 2012.12.7. 피고 1과 이 사건 토지에 있던 피고 1 소유의 조립식 패널 건물과 재활용 선별기 등 폐기물 처리사업에 필요한 지장물에 관하여 피고 1이 철거·이전하고 원고가 보상금을 지급하는 내용으로 다음과 같이 지장물 보상합의를 하였다. 보상금 139,344,930원 중 금회 지급을 125,410,440원, 유보액을 13,934,490원으로 하고(제2조), 피고 1이 지장물을 2013.5.31.까지 완전히 철거하거나 이전하기로 하며(제5조 제1항), 제2조의 보상금 중 유보액의 경우 피고 1이 제5조에서 정한 기한 내에 지장물의 철거 또는 이전을 완료하였을 때 지급하기로 한다(특약사항 제3항).
피고 1은 2012.12.7. 원고에게 보상합의를 이행하기로 확약하는 이행동의서를 작성해 주었다. 이후 원고는 피고 1에게 보상금 139,344,930원을 모두 지급하였다.

다. 원고는 사업에 편입되는 물건 중 소유자 등과 이전협의가 이루어지지 않은 물건의 이전 등을 위하여 중앙토지수용위원회에 재결신청을 하였다. 중앙토지수용위원회는 2014.12.18. 「공익사업을 위한 토지 등의 취득 및 보상에 관한 법률」(이하 '토지보상법'이라 한다) 제75조 제1항에 따라 물건에 대한 보상금 등을 정하고 수용 개시일을 2015.2.10.로 하는 재결을 하면서 이 사건 토지에 있는 지장물의 소유자인 피고 2에게 합계 41,796,600원을 보상하기로 하였다. 그 보상금 내역에는 총 12개 항목이 있고, 4번째 항목인 '산업용 전력'의 경우 '일괄 40,300,000원'이고 그 다음으로 5번째(감유기)~12번째[제품 및 원자재(재활용품)] 항목의 경우 보상액이 모두 1원으로 되어 있다. 원고는 보상금 채권에 대한 가압류를 이유로 2015.2.9. 재결에 따른 보상금 41,796,600원을 공탁하였다.

라. 이 사건 토지에는 폐합성수지를 포함한 산업쓰레기(이하 '이 사건 폐기물'이라 한다)가 있고 이를 폐기물 처리시설에서 처리하기 위한 비용이 336,967,802원이다.

2. 폐기물관리법 등에 따른 손해배상 주장
가. 원심은 다음과 같이 판단하였다.
원고는 피고 1이 폐기물관리법 제3조의2 제4항, 토양환경보전법 제10조의3 제1항, 제10조의4 제1항 제1호, 제2호에 따라 폐기물을 처리할 의무를 위반하였으므로 손해배상책임이 있다고 주장한다. 그러나 이 사건 폐기물이 토양오염물질에 해당하고 피고 1이 소유한 지장물이 토양오염관리대상시설에 해당하며 이 사건 폐기물로 환경오염이 발생하였음을 인정하기 어려우므로 원고의 주장은 받아들이기 어렵다.

나. 원심판결 이유를 기록에 비추어 살펴보면, 원심판결에 상고이유 주장과 같이 필요한 심리를 다하지 않은 채 논리와 경험의 법칙에 반하여 자유심증주의의 한계를 벗어나거나 폐기물관리법 등에 관한 법리를 오해한 잘못이 없다.

3. 피고 1에 대한 나머지 상고이유 주장
가. 원심은 다음과 같이 판단하였다.
피고 1은 이 사건 토지를 임차하여 지장물을 설치하고 2005.8.경부터 2006.6.경까지 재활용품 수집과 판매 등을 하는 주식회사 자해자원의 대표이사로 재직하였다. 피고 2는 피고 1로부터 이 사건 토지를 전차하여 2006.10.30.경부터 재활용품 수집과 판매업을 하였다.

피고 1은 원고와 보상합의를 함에 따라 2013.1.18. 피고 2와 이 사건 토지에 관한 전대차 계약을 종료하기로 합의했고, 2013.12.9. 소외인에게 지장물을 25,000,000원에 매도하였다. 피고 1이 소외인에게 지장물을 매도할 당시 이 사건 토지에 일정한 폐기물이 있었던 것으로 보이나 그 양을 알 수 있는 자료가 없다. 피고 2의 주장에 따르면 2014. 11.경까지도 이 사건 토지에서 재활용품 사업이 이루어졌으므로 피고 1이 지장물을 이전한 후 폐기물의 양이 급속도로 증가했을 가능성을 배제할 수 없다.

원고는 피고 1에게 보상합의에서 정한 보상금을 모두 지급하였고, 피고 2의 지장물에 관하여 별도 재결을 통하여 손실보상금을 공탁하였다.

이러한 사실관계에 비추어 보면, 피고 1은 전대차계약을 종료하고 소외인에게 지장물을 이전하는 방법으로 원고와의 보상합의를 이행했고, 지장물을 이전할 무렵 원고가 주장하는 이 사건 폐기물이 이 사건 토지에 있었음을 인정하기 어려우므로 피고 1이 보상합의를 위반했다고 볼 수 없다. 설령 지장물을 이전할 무렵 일부 폐기물이 있었다고 하더라도 그 양을 확정할 수 없을 뿐 아니라 원고가 보상금을 모두 지급함으로써 피고 1이 보상합의에서 정한 의무를 이행한 것으로 인정했다고 보아야 한다.

나. 원심판결 이유를 기록에 비추어 살펴보면, 원심판결에 상고이유 주장과 같이 필요한 심리를 다하지 않은 채 논리와 경험의 법칙에 반하여 자유심증주의의 한계를 벗어난 잘못이 없다.

4. 피고 2에 대한 나머지 상고이유 주장

가. 토지보상법 제75조 제1항은 본문에서 지장물인 건축물 등에 대해서는 이전비로 보상하여야 한다는 원칙을 정하고 단서에서 다음 각 호에 해당하는 경우에는 해당 물건의 가격으로 보상하여야 한다고 정하면서, 제1호로 건축물 등의 이전이 어렵거나 그 이전으로 인하여 건축물 등을 종래의 목적대로 사용할 수 없게 된 경우, 제2호로 건축물 등의 이전비가 그 물건의 가격을 넘는 경우, 제3호로 사업시행자가 공익사업에 직접 사용할 목적으로 취득하는 경우를 들고 있다.

토지보상법 제75조 제6항의 위임에 따른 「공익사업을 위한 토지 등의 취득 및 보상에 관한 법률 시행규칙」(이하 '토지보상법 시행규칙'이라 한다) 제33조 제4항, 제36조 제1항에서는 토지보상법 제75조 제1항 단서에 따라 물건의 가격으로 보상된 건축물과 공작물 등에 대해서는 사업시행자의 부담으로 이를 철거하도록 하되, 그 소유자가 해당 건축물 등의 구성부분을 사용 또는 처분할 목적으로 철거하는 경우에는 건축물 등의 소유자로 하여금 해당 비용을 부담하게 하고 있다.

이러한 관계 법령의 내용을 토지보상법에 따른 지장물에 대한 수용보상의 취지와 정당한 보상 또는 적정가격 보상의 원칙에 비추어 보면, 사업시행자가 사업시행에 방해가 되는 지장물에 관하여 토지보상법 제75조 제1항 단서 제2호에 따라 이전에 드는 실제 비용에 못 미치는 물건의 가격으로 보상한 경우 사업시행자가 해당 물건을 취득하는 제3호와 달리 수용의 절차를 거치지 않은 이상 사업시행자가 그 보상만으로 해당 물건의 소유권까지 취득한다고 보기는 어렵다. 또한 사업시행자는 지장물의 소유자가 토지보상법 시행규칙 제33조 제4항 단서에 따라 스스로의 비용으로 철거하겠다고 하는 등의 특별한 사정이 없는 한 지장물의 소유자에 대하여 그 철거 등을 요구할 수 없고 자신의 비용으로 직접 이를 제거할 수 있을 뿐이다(대법원 2012.4.13. 선고 2010다94960 판결 참조).

나. 원심은 다음과 같은 이유 등을 들어 사업시행자인 원고는 자신의 비용으로 직접 이 사건 폐기물을 제거할 수 있을 뿐이고 피고 2에게 이 사건 폐기물을 이전하도록 요청하거나, 그 불이행을 이유로 처리비에 해당하는 손해배상을 청구할 수는 없다고 판단하였다.

중앙토지수용위원회가 피고 2에게 지급한 보상금 내역에는 '제품 및 원자재(재활용품)'가 포함되어 있고 그 보상액이 1원으로 되어 있다. 이는 이 사건 폐기물에 대하여 이전비가 물건의 가격을 초과하는 경우에 해당한다는 전제에서 재활용이 가능하여 가치가 있던 쓰레기와 재활용이 불가능하고 처리에 비용이 드는 쓰레기를 모두 보상 대상 지장물로 삼아 '산업용 전력' 이하 항목들의 보상금을 일괄하여 40,300,000원으로 정한 것으로 볼 수 있다.

다. 원심판결은 위에서 본 법리에 따른 것으로 정당하고, 상고이유 주장과 같이 필요한 심리를 다하지 않은 채 논리와 경험의 법칙에 반하여 자유심증주의의 한계를 벗어나거나 보상 범위 등에 관한 법리오해, 판단누락의 잘못이 없다.

5. 결론

원고의 상고는 이유 없어 이를 모두 기각하고 상고비용은 패소자가 부담하도록 하여, 대법관의 일치된 의견으로 주문과 같이 판결한다.

◢ 사례 12

공용수용의 효과를 설명하시오. 10점

Ⅰ 수용절차 종결 시와 수용효과발생 시기의 분리

1. 절차종결 시(재결 시)

절차종결 시의 효과로는 ① 사업시행자의 손실보상금 지급·공탁의무, ② 피수용자의 목적물 인도·이전의무, ③ 위험부담이전, 관계인에게는 물상대위권이 발생한다.

2. 효과발생일(개시일)

수용개시일에는 사업시행자는 목적물의 원시취득 및 대행·대집행권, 토지소유자에게는 환매권 등의 효과가 발생한다.

3. 분리하여 정한 취지

수용 또는 사용의 개시일까지 사전보상을 실현하고 목적물의 인도·이전을 완료하여 원활한 사업을 도모하기 위함이다.

Ⅱ 사업시행자

1. 권리

사업시행자는 수용의 개시일에 목적물을 원시취득하거나 사용의 개시일로부터 목적물을 사용할 수 있다. 토지소유자가 목적물의 인도·이전의무를 다하지 않는 경우에는 토지보상법상 대행·대집행을 신청할 수 있다.

2. 의무

사업시행자는 수용의 개시일까지 손실보상금을 지급해야 하며, 피수용자의 귀책사유 없는 목적물의 멸실 등에 대한 위험을 부담하게 된다.

3. 의무불이행 시 효과

사업시행자가 수용 또는 사용의 개시일까지 손실보상금을 지급하지 않으면 재결은 실효된다.

Ⅲ 소유자 등

1. 권리

토지소유자 등은 해당 토지가 계속하여 필요 없게 된 경우에는 환매권을 행사할 수 있으며, 관계인에게는 물상대위권이 발생한다.

2. 의무

토지소유자 등은 수용 또는 사용의 개시일까지 목적물을 인도·이전해야 하는 의무가 발생한다.

3. 의무불이행 시 효과

인도·이전의무의 불이행시에 200만원 이하의 벌금이 부과될 수 있다.

Ⅳ 대물적 효과

① 사업시행자의 권리취득(제45조), ② 위험부담이전(제46조), ③ 담보물권의 물상대위(제47조), ④ 사용기간 만료 시 반환 및 원상회복의무, ⑤ 대행·대집행청구권, ⑥ 손실보상, ⑦ 환매권, ⑧ 쟁송권 등이 발생한다.

권리구제와 대집행

사례 13

사업인정과 재결의 권리구제의 차이점을 설명하시오. 10점

Ⅰ 개설(사업인정과 재결의 의의 및 취지)

사업인정이란 공익사업을 토지 등을 수용 또는 사용할 사업으로 결정하는 것을 말하며(제2조 제7호), ① 사업 전의 공익성 판단, ② 사전적 권리구제(의견청취, 절차참여,) ③ 수용행정의 적정화, ④ 피수용자의 권리보호에 취지가 있다.

수용재결이란 사업시행자에게 부여된 수용권의 구체적인 내용을 결정하고 그 실행을 완성시키는 형성적 행위로서 수용의 최종단계에서 공·사익의 조화를 도모하여 수용목적을 달성함에 제도적 의미가 인정된다.

Ⅱ 권리구제의 차이점

1. 적용법률차이

① 사업인정은 행정쟁송법, ② 재결은 토지보상법 제83조 및 제85조가 적용된다.

2. 불복사유의 차이

① 사업인정은 실체적, 절차적 하자, ② 재결은 실체적, 절차적 하자에 보상액증감을 이유로 다툴 수 있다.

3. 행정심판의 차이

① 재결은 처분청 경유주의, ② 심판청구기간은 사업인정은 90일, 180일, 재결은 정본 도달일로부터 30일 이내에 제기가 가능하다. ③ 심판기관의 차이는 사업인정의 경우 재결청은 국토교통부장관이고 심리기관은 중앙행정심판위원회이다. 재결의 경우는 중앙토지수용위원회가 심리, 의결기관이자 재결청이다. ④ 재결은 민사소송상의 확정판결효력을 갖는다.

4. 행정소송 제소기간

① 사업인정은 90일, 1년, ② 재결은 원재결서 정본 도달일로부터 90일, 이의재결서 정본인 경우는 60일 이내에 제기할 수 있다.

5. 행정절차법 적용 여부

행정절차법 시행령 제2조 제7호에서는 재결은 행정절차법 적용대상에서 제외됨을 규정하고 있다.

6. 사전적구제의 차이

① 사업인정은 협의, 의견청취 등의 절차를 거치는 반면 ② 재결은 공고 및 문서열람, 의견진술의 절차를 거친다.

Ⅲ 결(하자승계)

① 긍정설은 수용재결은 사업인정을 전제로 이와 결합하여 구체적 효과를 발생시키는 것을 논거로 하고 ② 부정설은 사업인정은 수용권 설정행위(공익성 판단), 재결은 수용권 실행(강제취득)인 바 별개의 목적을 향유함을 논거로 한다.

사례 14

한국토지주택공사 甲이 택지개발촉진법에 의해 택지개발예정지구에서 공영개발사업을 실시하기 위하여 乙이 소유하고 있는 토지 1,500㎡와 주거용건물 120㎡ 중 토지 1,000㎡는 乙과 합의가 이루어졌으나, 나머지 토지 500㎡와 그 토지 위의 주거용건물 120㎡는 乙이 합의를 거절함에 따라 매수하지 못했다. 甲이 나머지 토지를 취득하기 위해 거쳐야 할 절차와 취해야 할 조치에 대해 설명하시오. 30점

Ⅰ 논점의 정리

사안은 甲이 공영개발사업을 실시하기 위하여 토지소유자 乙이 소유하고 있는 토지 일부를 협의절차를 거쳐 매수하였으나 나머지 토지 일부와 건물은 합의가 이루어지지 않아 매수하지 못한 상태로서, ① 甲이 사업을 시행하기 위해서는 을의 나머지 토지와 건물을 취득하여야 하며 이를 위해서는 사업시행자인 갑은 공익사업을 위한 토지 등의 취득 및 보상에 관한 법률(이하 '토지보상법')의 보통수용절차를 거쳐야 하며, ② 동시에 사업시행자인 甲은 해당 건물이 주거용 건물이므로 토지 취득 이외의 조치로서 이주대책 등을 위한 조치를 강구해야 한다.

Ⅱ 토지취득절차

1. 취득절차의 의의

공용수용은 공익사업을 위하여 상대방의 의사에 반하여 강제적으로 취득하는 제도이므로 수용자와 피수용자의 이해를 조절할 필요가 있다. 이에 토지보상법은 공용수용의 절차를 엄격히 법정화하여 공·사익간의 이해 조화를 통한 사전적 권리구제의 기능을 수행하고자 하였다.

현행법상 토지수용·사용절차는 보통절차와 특별한 경우 절차의 일부를 생략하는 약식절차로 구분되는 바, 사안에서는 사업인정전 협의취득절차를 거쳤으므로 토지보상법에 의한 보통절차를 거쳐야 한다.

2. 수용의 보통절차

(1) 사업인정

사업인정은 수용의 1단계 절차로서 사업시행자에게 일정한 절차를 거칠 것을 조건으로 수용권을 설정하는 형성처분으로서 공·사익 이익형량을 통한 공공성 판단과 사전적 권리구제의 역할을 통해 존속보장의 이념을 실현하는 제도적 장치이다.

甲이 사업인정을 받기 위해서는 사업인정신청서를 국토교통부장관에게 제출하여야 한다. 사업인정이 고시되면 그 날로부터 효력이 발생하며 토지수용권의 발생 및 수용 목적물의 확정, 관계인의 범위제한 등의 효과가 발생한다.

(2) 토지·물건조서 작성

사업인정이 고시된 후 제2단계 절차로서 수용할 토지 및 물건의 내용을 확인하기 위해 토지조서와 물건조서를 작성하여야 한다. 이를 위해 갑에게 토지물건조사권이 부여되며, 갑은 토지에 출입하여 측량조사할 수 있다. 갑이 토지조서와 물건조서를 작성하면 이에 서명날인하여야 한다. 토지물건조서는 토지수용위원회의 재결이나 당사자 사이의 분쟁시 증거방법이기 때문에 조서상의 내용은 별도 입증을 기다릴 것 없이 진실한 것으로 추정되는 효력을 지닌다.

(3) 사업인정 후 협의

1) 의의 및 제도적 취지

사업인정 후 협의는 사업시행자가 수용·사용할 토지, 물건의 범위, 시기 등과 손실보상에 대하여 소유자와 하는 교섭행위로서 수용권 발동을 자제하고 최소침해의 원칙을 구현하는 제도적 취지가 인정된다.

2) 절차중복의 방지를 통한 신속한 공익사업의 수행

종전 토지수용법에서는 사업인정 전 협의를 거쳤어도 반드시 사업인정 후 협의를 거치도록 하여 절차중복과 보상의 형평성의 사례가 제기되었다.

이에 토지보상법은 일정한 경우 사업인정 후 협의를 생략할 수 있도록 하여 이러한 절차중복의 문제를 시정하여 신속한 공익사업의 수행을 도모하고자 하였다.

(4) 재결

재결이란 공용수용의 종국적 절차로서 사업시행자에게 부여된 수용권의 구체적인 내용을 결정하고 그 실행을 완성시키는 형성처분이다. 이는 공공복리의 실현을 위해 강제적인 권력행사를 통해 수용목적을 달성하면서 침해되는 사익간의 조화를 위해 엄격한 형식과 절차를 두고 있다.

3. 공용수용에의 불복

이러한 절차를 거치면 사업시행자는 권리를 취득하고, 토지소유자 등은 손실보상, 환매권을 가지게 된다. 이러한 효과에 불복이 있는 경우에는 재결을 대상으로 이의신청, 행정소송을 제기할 수 있고, 보상금에 불복이 있는 경우에는 보상금증감청구소송을 제기할 수 있는데 토지보상법은 특례규정을 마련하여 공익사업의 신속한 수행과 피수용자의 권익보호를 도모하고 있다.

다만 사업인정도 처분성을 가지므로 사업인정에 대해 일반 행정심판법, 행정소송법에 의해 불복이 가능할 것이다. 그러나 불가쟁력이 발생한 사업인정의 위법성을 재결단계에서 다툴 수는 없다는 것이 판례의 태도이다.

Ⅲ 토지 및 건물들을 취득하기 위해 취해야 할 조치

1. 개설

갑이 나머지 토지와 건물을 취득하기 위해 취해야 할 조치로서, 주거용 건물이 편입되는 경우에는 주거의 총체적 가치보상으로서 각종 생활보상과 이주대책이 검토되어야 한다.

2. 주거의 총체적 가치보상

공익사업시행지구에 편입되는 주거용 건축물이 소유자에 대하여는 해당 건축물에 대한 보상을 하는 때에 일정한 주거이전비를 보상하여야 한다. 또한 주거용 건축물의 세입자로서 사업인정고시일 등이 있은 당시 해당 공익사업시행지구 안에서 3개월 이상 거주한 자에 대하여는 일정한 주거이전비를 보상하여야 한다.

토지 등의 취득 또는 사용에 따라 이전하여야 하는 동산에 대하여는 이전비를 보상하여야 하며, 공익사업시행지구에 편입되는 주거용 건축물의 거주자에 대하여는 일정한 이사비를 보상하여야 한다. 주거용 건축물로서 평가한 금액이 6백만원 미만인 경우 그 보상액은 6백만원으로 한다. 또한 공익사업의 시행으로 인하여 주거용 건축물에 대한 보상을 받은 자가 그 보상일부터 20년 이내에 다른 공익사업시행지구에 재편입되는 경우 당해 평가액의 30퍼센트를 가산하여 1천만원을 한도로 보상한다(규칙 제58조).

3. 이주대책

(1) 의의 및 취지

이주대책이란 공익사업의 시행으로 인하여 주거용 건축물을 제공함에 따라 생활의 근거를 상실하게 되는 자에게 이주할 택지나 주택을 공급하는 것이다.

토지보상법 제78조 제1항의 이주대책에 대하여 대법원의 다수의견은 생활보상의 일환으로 국가의 적극적이고 정책적인 배려에 의하여 마련된 제도로 보지만, 대법원의 소수의견은 생활보상의 일환으로 마련된 제도로서, 헌법 제23조 제3항이 규정하는 손실보상의 한 형태라고 보아야 한다고 주장한다.

(2) 요건 및 내용

공익사업에 필요한 주거용건물을 제공함에 따라 생활의 근거를 상실하게 되는 자를 위하여 이주대책을 수립하며, 이주대책의 내용에는 이주정착지에 대한 도로·급수시설·배수시설 그 밖의 공공시설 등 해당 지역조건에 따른 생활기본시설이 포함되어야 한다. 특히 이주대책은 이주대책 대상자 중 이주정착지에 이주를 희망하는 자가 10호 이상인 경우에 수립·실시하되, 다만 사업시행자가 택지개발촉진법등에 의해 이주대책 대상자에게 택지 또는 주택을 공급한 경우에는 이주대책을 수립·실시한 것으로 본다.

(3) 이주정착금(영 제41조 및 규칙 제53조)

이주정착금은 사업시행자가 이주대책을 수립·실시하지 못하거나 이주대책 대상자가 이주정착지가 아닌 다른 지역으로 이주하고자 하는 경우에 지급한다. 이주정착금은 보상대상인 주거용 건축물에 대한 평가액의 30%에 해당하는 금액으로 하되, 그 금액이 1천2백만원 미만인 경우에는 1천2백만원으로 하고, 2천4백만원을 초과하는 경우에는 2천4백만원으로 한다(규칙 제53조제2항).

Ⅳ 사례의 해결

1. 사안에서 갑은 나머지 토지와 건물을 취득하기 위해서는 토지보상법이 예정하고 있는 보통수용절차인 사업인정, 조서작성, 협의 및 협의성립확인, 재결 등의 절차를 거쳐야 한다.

2. 사안에서 갑은 토지취득보상 이외에 취해야 할 조치로는 주거비, 이주대책 등이 있는바, 특히 이주대책의 경우 사안은 택지개발촉진법에 의해 공영개발사업을 행하고 있는바, 이주대책 대상자에게 택지나 주택 등을 공급한 경우에는 이주대책을 수립·실시한 것으로 본다는 규정에 의해 갑은 공영개발사업지 내의 택지를 이주자에게 공급함으로써 이주대책에 갈음할 수 있다.

사례 15

주택재개발조합 갑은 재개발사업의 대상인 토지와 그 지상 건물을 매수하기 위하여 그 소유자 등과 협의를 진행하였으나 각 건물의 소유자(채무자)들과 협의가 성립되지 아니하자 서울특별시 지방토지수용위원회에 수용재결을 신청하여 수용시기를 2014.10.10.로 하는 수용재결을 받고, 채무자들을 피공탁자로 하여 위 위원회가 결정한 각 보상금을 공탁한 다음 2014.10.10. 각 건물 및 그 각 대지에 관하여 주택재개발조합 앞으로 소유권이전등기를 마쳤다. 채무자들은 각 건물부분을 점유하고 있으며, 채무자들이 소유하고 있는 건물은 채무자들의 특정 목적을 달성하기 위하여 설계된 특수한 건물로서 이전비용이 건물가액을 상회하고 있었다.

(1) 이에 채무자들은 토지보상법 제75조에서는 "건축물·입목·공작물과 그 밖에 토지에 정착한 물건에 대하여는 이전에 필요한 비용으로 보상하여야 한다"고 규정하고 있으므로, 이전비용이 아닌 취득가액으로 보상금을 산정한 재결은 위법하다고 주장한다. 이와 관련하여 확장수용을 설명하고, 채무자들의 주장이 타당한지를 검토하시오. 25점

(2) 채무자들은 재결에서 결정된 보상금액에 만족하지 못하여 각 건물부분을 점유하고 토지 및 건물의 인도·이전을 거부하고 있다. 이에 대하여 주택재개발조합 갑은 대집행으로 그 이행을 구할 수 있는지, 즉 토지 및 건물의 인도·이전의무가 대집행의 대상이 되는지를 논하시오. 15점

(설문 1)의 해결

Ⅰ 쟁점의 정리

Ⅱ 확장수용의 개관

  1. 확장수용의 의의 및 취지

  2. 확장수용의 법적 성질

  3. 확장수용의 종류

    (1) 사용하는 토지의 완전수용(법 제72조)

    (2) 잔여지수용(법 제74조)

    (3) 이전갈음수용(법 제75조)

    (4) 잔여건축물의 수용(법 제75조의2)

  4. 확장수용에 대한 권리구제

    (1) 문제점

    (2) 이의신청(법 제83조 제1항)

    (3) 행정소송(법 제85조 제2항)

    (4) 민사소송 가능여부

Ⅲ 사안의 해결(채무자들의 주장의 타당성)

(설문 2)의 해결

Ⅰ 쟁점의 정리

Ⅱ 대집행의 개관

  1. 의의(행정대집행법 제2조)

  2. 대집행의 요건

  3. 인도·이전의무가 대집행 대상인지

    (1) 문제점

    (2) 견해의 대립

    (3) 판례

    (4) 검토

Ⅲ 사안의 해결

  1. 관련 규정의 검토

  2. 사안의 해결

⊕ (설문 1)의 해결

Ⅰ 쟁점의 정리

공용수용이란 공공필요를 위하여 타인의 재산권을 강제로 취득하는 것으로서, 공용수용의 목적물은 헌법상 기본권인 재산권 보호(헌법 제23조 제1항) 측면에서 필요최소한도(헌법 제37조 제2항) 내에서 이루어져야 한다. 토지보상법 제75조에서는 토지에 정착한 물건에 대하여는 이전에 필요한 비용으로 보상하여야 한다고 규정하고 있는 동시에 취득가액으로 보상할 수 있는 예외적인 사항을 규정하고 있다. 설문의 해결을 위하여 토지보상법 제75조 이전갈음수용 등 확장수용에 대하여 설명하고, 채무자들의 주장의 타당성을 검토한다.

Ⅱ 확장수용의 개관

1. 확장수용의 의의 및 취지

확장수용이란 사업의 필요를 넘는 재산권의 수용을 말한다. 수용은 최소필요한도 원칙이나 피수용자의 권리보호 및 사업의 원활한 시행을 위하여 취지가 인정된다.

2. 확장수용의 법적 성질

확장수용은 공용수용에 있어서 하나의 특수한 예이기는 하나, 그 본질에 있어서는 일반의 공용수용과 다른 점이 없으므로 공용수용의 성질을 갖는다.

3. 확장수용의 종류

(1) 사용하는 토지의 완전수용(법 제72조)

사업인정 후 사용으로 인하여 ① 3년 이상 사용, ② 형질변경, ③ 건물이 있는 경우 토지소유자는 사업시행자에게 토지의 매수를 청구하거나 수용을 청구할 수 있다.

(2) 잔여지수용(법 제74조)

잔여지수용이란 일단의 토지의 잔여지를 매수 또는 수용청구하는 것을 말한다. 이는 손실보상책의 일환으로 부여된 것으로서 피수용자의 권리보호에 취지가 인정된다. 토지보상법 시행령 제39조에서는 ① 동일한 소유자의 토지일 것, ② 일단의 토지 중 일부가 편입될 것, ③ 잔여지를 종래의 목적으로 이용하는 것이 현저히 곤란할 것을 요건으로 규정하고 있다.

(3) 이전갈음수용(법 제75조)

건축물 등은 이전비보상이 원칙이나 ① 이전이 어렵거나 이전으로 종래의 목적으로 사용이 곤란한 경우 및 ② 이전비가 가격을 넘는 경우 사업시행자의 신청에 의해 이전에 갈음하여 수용하는 것을 말한다.

(4) 잔여건축물의 수용(법 제75조의2)

동일한 소유자에게 속하는 일단의 건축물의 일부가 협의에 의하여 매수되거나 수용됨으로 인하여 잔여 건축물을 종래의 목적에 사용하는 것이 현저히 곤란할 때에는 그 건축물소유자는 사업시행자에게 잔여 건축물을 매수하여 줄 것을 청구하는 것을 말한다.

4. 확장수용에 대한 권리구제

(1) 문제점

확장수용의 결정은 토지수용위원회의 재결에 의해서 결정되므로 재결에 대한 일반적인 불복수단이 적용될 것이다. 이 경우 토지보상법 제85조 제2항의 보상금증감청구소송의 심리범위에 손실보상의 범위가 포함되는지에 따라 실효적인 쟁송형태가 달라지게 된다.

(2) 이의신청(토지보상법 제83조 제1항)

① 재결서정본 송달 30일 이내에 중앙토지수용위원회에 신청한다. 이는 특별행정심판이며 임의적 절차에 해당된다. ② 잔여지취득의 문제는 손실보상액의 증액에 본질적인 관련이 있다고 보이므로 보상금증액청구의 성격을 갖는 것으로 보는 것이 타당하다.

(3) 행정소송(토지보상법 제85조 제2항)

보상금증감청구소송은 문언에 충실하게 '보상금액의 다과'만을 대상으로 하므로 재결에 대한 취소 내지 무효등확인소송을 제기해야 한다는 견해가 있으나, 보상금증감청구소송의 취지가 권리구제의 우회방지이고 손실보상액은 손실보상 대상의 범위에 따라 달라지므로 손실보상의 범위도 보상금증감소송의 범위에 포함된다고 본다. 따라서 확장수용의 거부에 대한 불복은 보상금증감청구소송에 의하여 제기될 수 있을 것이다.

(4) 민사소송 가능 여부

토지보상법상 보상금에 대한 불복은 보상금증액을 구하는 행정소송을 제기하도록 규정하고 있으므로, 곧바로 기업자를 상대로 민사소송을 제기할 수는 없을 것이다.

Ⅲ 사안의 해결(채무자들의 주장의 타당성)

채무자들의 건물은 토지보상법 제75조 제1항에 따라 이전에 필요한 비용으로 보상함이 원칙이다. 다만, 설문상 채무자들의 건물은 특수한 목적을 달성하기 위한 건물로서 그 이전비가 건물가액을 상회하므로 이전갈음수용의 요건을 충족시킨다. 따라서 해당 물건의 가격으로 보상액을 결정한 수용재결은 정당하며, 채무자들의 주장은 타당성이 결여된다.

⊕ (설문 2)의 해결

Ⅰ 쟁점의 정리

대집행의 대상에 명도행위가 포함되는지를 검토하여 토지 및 건물의 인도·이전의무가 대집행의
대상이 되는지를 논하고자 한다.

Ⅱ 대집행의 개관

1. 의의(행정대집행법 제2조)

대집행이란 대체적 작위의무의 불이행이 있는 경우에 해당 행정청이 의무자의 의무를 이행하고 그
비용을 징수하는 것을 말한다.

2. 대집행의 요건

행정법상의 대체적 작위의무를 의무자가 이행하지 않고 있어야 하며, 다른 수단으로써 이행을 확보
하기 곤란하고 또한 그 불이행을 방치함이 심히 공익을 해할 것으로 인정될 때'에 한하여 가능하다
(비례성 요건).

3. 인도·이전의무가 대집행 대상인지

(1) 문제점

토지 등의 인도·이전의무는 비대체적 작위의무인데 토지보상법 제89조에서는 이 법의 처분으
로 인한 의무도 대집행의 대상으로 규정하고 있는 바, 토지보상법 제89조 규정을 대집행법의
특례규정으로 보아 대집행을 실행할 수 있는지가 문제된다.

(2) 견해의 대립

① 토지보상법 제89조는 수용자 본인이 인도한 것과 같은 법적 효과 발생을 목적으로 하므로
(합리적, 합목적적 해석) 대집행을 긍정하는 견해와 ② 토지보상법 제89조의 의무도 대체적
작위의무에 한정된다고 보아 부정하는 견해가 대립된다.

(3) 판례

토지보상법 제43조의 '인도'에는 명도도 포함되는 것으로 보아야 하고, 이러한 명도의무는 그것
을 강제적으로 실현하면서 직접적인 실력행사가 필요한 것이지 대체적 작위의무라고 볼 수 없
으므로 특별한 사정이 없는 한 행정대집행법에 의한 대집행의 대상이 될 수 있는 것은 아니라
고 한다.

(4) 검토

대집행은 국민의 권익침해의 개연성이 높으므로 토지보상법 제89조의 의무를 법치행정의 원리상 명확한 근거 없이 비대체적 작위의무로까지 확대해석할 수 없다.

Ⅲ 사안의 해결

1. 관련 규정의 검토

토지보상법 제43조에서는 "토지나 물건의 인도"라는 용어를 사용하고 있으나 수용한 물건의 전 소유자 또는 점유자가 건물에 대한 점유를 계속하고 있는 경우에 기업자가 건물을 철거하는 등 목적사업에 착수하기 위해서는 그의 점유를 배제하고 점유이전을 받는 것이 필요하므로, 여기에서 "인도"는 건물의 명도를 포함하는 것으로 보아야 할 것이다.

2. 사안의 해결

따라서 그것을 강제적으로 실현함에 있어 직접적인 실력행사가 필요한 것이지 대체적 작위의무에 해당하는 것은 아니어서 직접강제의 방법에 의하는 것은 별론으로 하고 행정대집행법에 의한 대집행의 대상이 되는 것은 아니라고 보아야 할 것이다.

◢ 사례 16

사업시행자 甲은 서울시 관악구 관악산 근처에 대규모 체육공원을 건설하려고 계획하고 관련기관과 협의한 결과 사업의 필요성과 타당성에 대해 긍정적인 답변을 얻었다. 국토교통부장관은 2021년 5월 4일 甲의 체육공원 설립사업에 대하여 사업인정을 하고, 이를 공고·통지하였다. 甲은 체육공원 설립에 필요한 토지의 수용과 관련하여 해당 지역이 주민 乙 등과 보상협의에 착수하였으나 보상협의가 결렬되어 토지수용위원회에 재결을 신청하였다. 사업시행지 내에서 대규모 과수원을 운영하던 乙은(과수원의 일부만 수용되는 것으로 되어 있음) 토지수용위원회에 대하여 자신의 과수원이 수용되는 것에 반대하면서 설령 수용된다 하더라도 과수원 일부만으로는 과수를 수취할 수가 없으므로 과수원 전체가 수용되어야 한다고 주장하였다. 2021년 8월 20일 토지수용위원회는 수용재결을 하면서 원래대로 乙이 운영하는 과수원의 일부에 대해서만 수용하기로 결정하였다. 乙에게 이런 내용의 재결통지가 8월 22일에 송달되었다.

(1) 乙은 2021년 9월 27일에 수용재결에 대한 이의신청을 제기하려고 한다. 가능한가? [10점]

(2) 만약 乙이 과수원의 잔여 토지에 대해 토지수용위원회에 수용청구권을 행사할 수 있겠는가? 또한 잔여지에 대한 수용이 거부된 재결에 대해서 이를 다투고자 하는데 어떠한 소송을 제기해야 하는가? [20점]

(설문 1)의 해결

Ⅰ 쟁점의 정리

Ⅱ 토지보상법 제83조 이의신청 요건 검토
  1. 이의신청의 의의 및 성격(= 특별법상 행정심판, 임의주의)
  2. 요건 및 효과(= 처분청 경유주의, 기간특례, 집행부정지 : 쟁송남용방지의 입법적 취지)
    (1) 요건 및 효과
    (2) 청구기간에 대한 검토
  3. 재결(제84조) 및 재결의 효력(제86조)

Ⅲ 사안의 해결(보상금증감청구소송의 가능여부 등)

(설문 2)의 해결

Ⅰ 쟁점의 정리

Ⅱ 잔여지수용청구권을 행사할 수 있는지 여부
  1. 의의 및 취지(토지보상법 제74조)
  2. 법적 성질
  3. 요건 및 절차
    (1) 요건
    (2) 절차(토지보상법 제74조 제1항)
  4. 사안의 경우

Ⅲ 잔여지수용 거부에 대한 소송형태
  1. 문제점
  2. 행정소송형태
    (1) 학설
      1) 취소소송설 및 무효등확인소송설
      2) 보상금증감청구소송설
      3) 손실보상청구소송설
    (2) 판례
    (3) 검토
  3. 민사소송 가능 여부
  4. 사안의 경우

Ⅳ 사안의 해결

⊕ (설문 1)의 해결

Ⅰ 쟁점의 정리

수용재결이란 사업시행자에게 부여된 수용권의 구체적인 내용을 결정하고 그 실행을 완성시키는 형성적 행위이며, 이에 대한 불복수단으로 토지보상법 제83조에서는 이의신청을 규정하고 있다. 을은 재결서 송달일부터 36일이 경과한 9월 27일에 이의신청을 제기하려는 바, 이의신청 청구기간을 검토하여 설문을 해결한다.

Ⅱ 토지보상법 제83조 이의신청 요건 검토

1. 이의신청의 의의 및 성격(=특별법상 행정심판, 임의주의)

관할 토지수용위원회의 위법, 부당한 재결에 불복이 있는 토지소유자 및 사업시행자가 중앙토지수용위원회에 이의를 신청하는 것으로서 특별법상 행정심판에 해당하며 토지보상법 제83조에서 '할 수 있다'고 규정하여 임의주의 성격을 갖는다.

2. 요건 및 효과(=처분청 경유주의, 기간특례, 집행부정지 : 쟁송남용방지의 입법적 취지)

(1) 요건 및 효과

수용·보상 재결에 이의가 있는 경우에, 사업시행자 및 토지소유자는 재결서 정본을 받은 날로부터 30일 이내에 처분청을 경유하여 중앙토지수용위원회에 이의를 신청할 수 있다. 이의신청은 사업의 진행 및 토지의 사용·수용을 정지시키지 아니한다(제88조).

(2) 청구기간에 대한 검토

헌법재판소는 일반적으로 행정소송에 관한 절차를 어떻게 구성할 것인가, 특히 제소기간을 얼마 동안으로 할 것인가는 기본적으로 입법형성권을 가진 입법권자가 결정할 사항으로, 재판청구권 제한의 한계를 벗어난 예외적인 경우가 아니면, 구체적인 적용대상 법률관계의 성질상 이를 조속히 확정할 합리적인 필요가 있는지의 여부에 따라 상당한 범위 안에서 입법권자의 재량범위가 폭넓게 허용되어야 한다고 한다.

토지수용에 관련된 공익사업은 국민경제에 중대한 영향을 미치는 경우가 대부분이므로 수용할 토지의 구역이나 손실보상을 둘러싼 분쟁 등 토지수용에 관한 법률관계를 신속하게 확정하는 것이 공익사업을 신속·원활하게 수행하기 위하여 매우 요긴하다. 또한 토지수용절차는 사업시행자가 토지수용에 따른 보상문제 등에 관하여 미리 소유자 등과 충분한 협의를 거치고, 그 뒤에 수용재결, 이의신청, 이의재결 등의 사전구제절차를 거치도록 되어 있어 이미 오랜 시간에 걸쳐 보상 등이 적정한지에 관하여 서로 다투어 온 당사자로서는 재결의 의미와 이에 대하여 불복할 것인지 여부에 관하여 생각할 충분한 시간이 주어진 바이므로 중앙토지수용위원회의 재결에 대하여 행정소송을 제기할 것인지 여부의 결정이나 제소에 따른 준비에 많은 시간이 필요한 경우가 아닌 점에 비추어 볼 때 위 제소기간 1개월은 결코 그 기간이 지나치게 짧아 국민의 재판청구권 행사를 불가능하게 하거나 현저히 곤란하게 한다고 말할 수 없다(헌재 1996.8.29, 93헌바63).

3. 재결(제84조) 및 재결의 효력(제86조)

① 재결이 위법 또는 부당하다고 인정하는 때에는 그 재결의 전부 또는 일부를 취소하거나 보상액을 변경할 수 있다. ② 보상금 증액 시 재결서 정본을 받은 날로부터 30일 이내에 사업시행자는 증액된 보상금을 지급해야 한다. ③ 쟁송기간 경과 등으로 이의재결이 확정된 경우에는 민사소송법상의 확정판결이 있는 것으로 보고 재결서 정본은 집행력 있는 판결의 정본과 동일한 효력을 갖는 것으로 본다.

Ⅲ 사안의 해결(보상금증감청구소송의 가능여부 등)

이의신청은 특별법상 행정심판으로서 토지수용에 관한 법률관계를 신속하게 확정할 필요성이 인정되어 입법에 의해 청구기간이 30일로 제한된 것으로 볼 수 있다. 따라서 재결서 송달일로부터 30일이 경과된 시점에서는 이의신청은 불가할 것이다. 다만, 토지보상법 제85조에서는 재결서 송달일로부터 90일 이내에 행정소송을 제기할 수 있다고 규정하고 있으므로, 을은 보상금증감청구소송을 통해서 구제받을 수 있을 것이다.

⊕ (설문 2)의 해결

Ⅰ 쟁점의 정리

설문은 잔여 과수원 토지에 대한 수용청구 및 그 거부에 대한 구제수단을 묻고 있다. 설문의 해결을 위하여 토지보상법 제74조 및 동법 시행령 제39조상 요건이 충족되는지와 요건이 충족됨에도 이를 거부한 경우 보상금증감청구소송을 통해서 다툴 수 있는지를 검토한다.

Ⅱ 잔여지수용청구권을 행사할 수 있는지 여부

1. 의의 및 취지(토지보상법 제74조)

잔여지 수용이란 일단의 토지의 잔여지를 매수 또는 수용청구하는 것을 말한다. 이는 손실보상책의 일환으로 부여된 것으로서 피수용자의 권리보호에 취지가 인정된다.

2. 법적 성질

판례는 잔여지수용청구권은 그 요건을 구비한 때에는 토지수용위원회의 조치를 기다릴 것 없이, 청구에 의하여 수용의 효과가 발생하므로 이는 형성권적 성질을 갖는다고 판시한 바, 확장수용의 성질을 공용수용으로 보면 공권으로 봄이 타당하다.

3. 요건 및 절차

(1) 요건

토지보상법 시행령 제39조에서는 ① 동일한 소유자의 토지일 것, ② 일단의 토지 중 일부가 편입될 것, ③ 잔여지를 종래의 목적으로 이용하는 것이 현저히 곤란할 것을 요건으로 규정하고 있다.

(2) 절차(토지보상법 제74조 제1항)

토지소유자는 사업시행자에게 잔여지를 매수하여 줄 것을 청구할 수 있으며, 사업인정 이후에는 관할 토지수용위원회에 수용을 청구할 수 있다. 이 경우 수용의 청구는 매수에 관한 협의가 성립되지 아니한 경우에만 할 수 있으며, 사업완료일까지 하여야 한다.

4. 사안의 경우

설문상 을의 과수원의 일부만으로는 과수수취가 불가능한 것으로 보이는 등 잔여지만으로는 종래의 목적대로 이용할 수 없는 경우에 해당한다고 볼 수 있다. 따라서 사업시행자와의 매수협의가 불성립한 경우(사업시행자와의 협의를 거치지 않아도 된다는 견해 있음), 토지수용위원회에게 수용을 청구할 수 있을 것이다.

Ⅲ 잔여지수용 거부에 대한 소송형태

1. 문제점

토지보상법 제85조는 항고소송과 보상금증감청구소송의 이원적 구조를 가지고 있다. 따라서 확장수용을 거부하는 경우, 그 거부재결에 대하여 취소소송을 제기하여야 하는지, 보상금증감청구소송을 제기하여야 하는지가 문제된다. 보상금증감청구소송의 심리범위에 손실보상의 범위가 포함되는지 여부에 따라 실효적인 쟁송형태가 달라진다.

2. 행정소송형태

(1) 학설

1) 취소소송설 및 무효등확인소송설

보상금증감청구소송은 문언에 충실하게 '보상금액의 다과'만을 대상으로 하며, 확장수용은 수용의 범위 문제인바, 먼저 재결에 대해 다투어야 하므로 취소 내지 무효등확인소송을 제기해야 한다고 한다.

2) 보상금증감청구소송설

확장수용은 손실보상의 일환으로서 보상금증감청구소송의 취지가 권리구제의 우회방지이고, 손실보상액은 손실보상 대상의 범위에 따라 달라지므로 손실보상의 범위도 보상금증감소송의 범위에 포함된다고 본다.

3) 손실보상청구소송설

확장수용청구권은 형성권인 바 이에 의해 손실보상청구권이 발생하고, 확장수용청구권의 행사에 의해서 수용의 효과가 발생하므로 이를 공권으로 본다면 공법상 당사자소송으로 손실보상청구를 하여야 한다고 본다.

(2) 판례

대법원은 '잔여지수용청구권은 토지소유자에게 손실보상책의 일환으로 부여된 권리이어서 이는 수용할 토지의 범위와 그 보상액을 결정할 수 있는 토지수용위원회에 대하여 토지수용의 보상가액을 다투는 방법에 의하여도 행사할 수 있다(대판 1995.9.15, 93누20627)'고 판시한 바 있다.

(3) 검토

잔여지 보상에 관한 소송은 위법성 여부를 따지는 것이 아니라 보상금과 관련된 사항이므로 보상금증감청구소송의 제도적 취지(분쟁의 일회적 해결)와 보상의 범위에 따라 보상금액이 달라지는 점을 고려할 때 보상금증감청구소송이 보상의 범위까지 포함한다고 보는 보상금증감청구소송설이 타당하다고 판단된다.

3. 민사소송 가능 여부

보상금증액을 구하는 행정소송을 제기해야 하며 곧바로 기업자를 상대로 하여 민사소송으로 잔여지에 대한 보상금의 지급을 구할 수는 없다.

4. 사안의 경우

보상금증감청구소송의 심리범위에는 보상대상의 범위도 포함되는 것으로 보는 것이 권리구제에 유리하므로 을은 보상금증감청구소송을 통해서 잔여지에 대한 수용거부를 다툴 수 있을 것이다.

Ⅳ 사안의 해결

① 을은 관할 토지수용위원회에 본인 소유의 토지 전부를 수용해 줄 것을 청구할 수 있으며,

② 을의 수용청구에 대한 거부재결이 나온다면, 재결서 정본을 받은 날로부터 90일 이내에 보상금증감청구소송을 제기할 수 있다. 만약, 잔여지수용청구의 거부에 대한 이의신청을 제기하였으나 거부된 경우라면 이의신청에 대한 재결서 정본을 송달받은 날로부터 60일 이내에 제기할 수 있을 것이다.

사례 17

한국토지주택공사 乙은 X지구의 택지개발사업을 실시하기 위하여 갑의 토지 일부를 수용하였다. 갑은 Y시 ○○면 △△리 11번지 답 1,250㎡의 소유자인데, 위 토지 중 850㎡가 택지개발사업에 편입되었다. 갑과 乙은 토지 등의 보상과 관련하여 협의를 하였으나, 협의가 성립되지 않아 乙은 지방토지수용위원회에 수용재결을 신청하였다. 지방토지수용위원회는 "택지개발사업에 편입된 토지(850㎡)를 수용하고 손실보상금 45,000,000원을 지급하라"는 수용재결을 내렸다. 그러나 갑은 위 보상금액이 저렴하고 잔여지 가격하락에 대한 보상이 없다는 이유로 위 수용재결에 대해 불복하고 중앙토지수용위원회에 이의신청을 하였다.

(1) 갑은 중앙토지수용위원회가 내린 이의재결의 취소를 구하는 소를 제기하였다. 이 경우 수소법원의 판단은? [10점]

(2) 또한 이 경우 갑이 보상금증감소송을 제기하는 경우, 그 소송형식과 법적 성질을 검토하라. [5점]

(3) 갑은 잔여지를 종래의 목적에 사용하는 것이 곤란하다고 판단되어 乙에게 매수청구를 하지 않고 곧바로 중앙토지수용위원회에 이의신청을 하면서 잔여지 수용을 청구하였다. 그러나 중앙토지수용위원회는 잔여지수용청구의 요건이나 절차 등을 위반하였음을 이유로 기각재결을 내렸다. 이 경우 갑은 어떠한 소송형식으로 이를 다툴 수 있는가? [15점]

(4) 한편, 갑은 토지수용위원회 재결이 있기 전에 수용되고 남은 잔여지가 다른 사람의 토지로 둘러싸여 쓸모없는 맹지가 되었음을 이유로 잔여지가감가보상을 청구하려고 하였다. 이 경우 갑은 재결을 거치지 않고 곧바로 乙을 상대로 손실보상을 구하는 소를 제기할 수 있는가? [10점]

Ⅰ 논점의 정리

우선 토지수용위원회의 재결에 대한 보상금소송의 대상과 피고를 확정하는 것이 문제된다. 즉 지방토지수용위원회 또는 중앙토지수용위원회의 수용재결을 대상으로 취소소송을 해야 하는지, 아니면 중앙토지수용위원회의 이의재결을 대상으로 해야 할 것인지가 검토되어야 한다. 둘째, 보상금증감청구소송이 형식적 당사자소송인지와 확인·급부소송인지가 문제된다. 셋째, 잔여지 수용청구를 어떠한 소송형식으로 제기할 것인지가 문제된다. 넷째, 잔여지 감가보상의 경우 재결을 반드시 경유해서 항고소송을 제기해야 하는지, 아니면 곧바로 사업시행자를 상대로 당사자소송을 제기할 수 있는지가 문제된다.

Ⅱ [설문 1]의 경우

1. 원처분주의와 재결주의의 의의 및 취지(재결소송의 인정필요성)

원처분주의란 원처분을 취소소송의 대상으로 하고, 재결 자체의 고유한 하자가 있는 경우에는 재결을 취소소송의 대상으로 하는 것을 말한다. 재결주의는 재결을 대상으로 취소소송을 제기하는 것을 말한다. 재결소송을 인정한 것은 원처분을 다툴 필요가 없거나 다툴 수 없는 자도 재결로 인하여 다툴 필요가 생긴 경우의 권리구제를 도모하기 위함이다(판례).

2. 현행규정의 검토

(1) 토지보상법 제85조의 규정 검토

구 「토지수용법」에서는 "이의신청의 재결에 대하여"라고 규정하여, 이의재결에 대하여 행정소송을 제기할 수 있도록 규정하고 있었으나, 개정된 토지보상법 제85조에서는 "제34조의 규정에 의한 재결"에 대해 행정소송을 제기할 수 있다고 규정하고 있다. 이에 대해 다수설은 토지보상법 제85조 제1항의 규정이 행정소송법상 원처분주의의 입장을 따른 것으로 보고 있다. 즉 행정소송법상 원처분주의에 비추어 수용재결을 취소소송의 대상으로 보고 있다.

(2) 판례

최근 판례는 토지소유자 등이 수용재결에 불복하여 이의신청을 거친 후 취소소송을 제기하는 경우, 이러한 다수설의 입장을 반영하여 수용재결을 한 중앙토지수용위원회 또는 지방토지수용위원회를 피고로 하여 수용재결의 취소를 구하여야 한다고 판시하고 있다. 다만, 이의신청 그 재결 자체에 고유한 위법에 있음을 이유로 하는 경우에는 그 이의재결을 한 중앙토지수용위원회를 피고로 하여 이의재결의 취소를 구할 수 있다고 보고 있다.

3. 원처분주의의 위반효과(재결의 고유한 위법 없이 소를 제기한 경우)

고유한 위법 없이 소송을 제기한 경우에는 각하판결을 해야 한다는 견해(제19조 단서를 소극적 소송요건으로 보는 견해)가 있으나, 다수·판례는 재결 자체의 위법여부는 본안사항이므로 기각판결을 해야 한다고 본다.

4. 사안의 경우

갑은 원칙적으로 지방토지수용위원회를 피고로 하여 수용재결의 취소를 구하여야 한다. 다만, 중앙토지수용위원회의 이의재결 그 자체에 고유한 위법이 있는 경우에는 중앙토지수용위원회를 피고로 하여 이의재결의 취소를 구할 수도 있다. 설문상 이의재결 자체의 고유의 하자는 보이지 않으므로 수소법원은 기각판결을 할 것이다.

Ⅲ [설문 2]의 경우

1. 보상금증감청구소송의 의의 및 취지

(보상재결에 대한) 보상금의 증감에 대한 소송으로서 사업시행자, 토지소유자는 각각 상대방을 피고로 제기하며(제85조 제2항), ① 보상재결의 취소 없이 보상금과 관련된 분쟁을 일회적으로 해결하여, ② 신속한 권리구제를 도모함에 취지가 있다.

2. 소송의 형태

구 토지수용법에서는 '재결청'도 소송당사자로 포함시키고 있었다. 이와 관련하여 특수한 형태의 항고소송설, 법률이 정한 특수한 형태의 소송설, 변형된 형식적 당사자소송설 및 당사자소송과 항고소송이 절충된 형태의 소송설 등 다양한 견해가 대립하고 있었다. 그러나 현행 토지보상법 제85조 제2항에서는 보상금소송의 당사자를 사업시행자, 토지소유자 또는 관계인에 제한하고 있다. 그러한 이유에서 보상금증감소송을 형식적 당사자소송으로 보는 것이 통설적 견해이다.

3. 소송의 성질

형성소송설은 보상금을 산정한 재결의 취소·변경을 내용으로 하고 있고, 여전히 항고소송의 성격이 남아 있음을 강조하고 있다. 그러나 토지보상법 제85조 제2항의 보상금증감소송은 그 입법취지나 연혁을 고려할 때 토지소유자의 보호를 위해 둔 규정이고, 구 토지수용법과 달리 재결청을 소송당사자에서 제외하고 있다. 따라서 항고소송의 성격을 인정하기는 곤란하며, 보상금 산정에 하자가 있는 수용재결의 위법을 확인하고 보상금증액을 구한다고 보는 확인·급부소송설이 타당하다.

4. 사안의 경우

보상금증감청구소송은 정당한 보상금액을 확인하여 그 차액을 지급하도록 명하는 소송으로서 형식적 당사자소송이다. 또한 손실보상의 지급방법과 보상액과 관련한 보상면적(잔여지수용 등) 등도 심리범위에 포함된다.

Ⅳ [설문 3]의 경우

1. 잔여지수용청구의 의의 및 취지

잔여지 수용이란 일단의 토지의 잔여지를 매수 또는 수용청구하는 것을 말한다. 이는 손실보상책의 일환으로 부여된 것으로서 피수용자의 권리보호에 취지가 인정된다.

2. 잔여지수용청구의 실현가능한 소송형식

(1) 학설

1) 취소소송설 및 무효등확인소송설

보상금증감청구소송은 문언에 충실하게 '보상금액의 다과'만을 대상으로 하며, 확장수용은 수용의 범위 문제인바, 먼저 재결에 대해 다투어야 하므로 취소 내지 무효등확인소송을 제기해야 한다고 한다.

2) 보상금증감청구소송설

확장수용은 손실보상의 일환으로서 보상금증감청구소송의 취지가 권리구제의 우회방지이고, 손실보상액은 손실보상 대상의 범위에 따라 달라지므로 손실보상의 범위도 보상금증감소송의 범위에 포함된다고 본다.

3) 손실보상청구소송설

확장수용청구권은 형성권인 바 이에 의해 손실보상청구권이 발생하고, 확장수용청구권의 행사에 의해서 수용의 효과가 발생하므로 이를 공권으로 본다면 공법상 당사자소송으로 손실보상청구를 하여야 한다고 본다.

(2) 판례

대법원은 '잔여지수용청구권은 토지소유자에게 손실보상책의 일환으로 부여된 권리이어서 이는 수용할 토지의 범위와 그 보상액을 결정할 수 있는 토지수용위원회에 대하여 토지수용의 보상가액을 다투는 방법에 의하여도 행사할 수 있다(대판 1995.9.15, 93누20627)'고 판시한 바 있다.

(3) 검토

잔여지보상에 관한 소송은 위법성 여부를 따지는 것이 아니라 보상금과 관련된 사항이므로 분쟁의 일회적 해결을 위해서 보상금증감청구소송이 타당하다.

3. 민사소송 가능 여부

보상금증액을 구하는 행정소송을 제기해야 하며 곧바로 기업자를 상대로 하여 민사소송으로 잔여지에 대한 보상금의 지급을 구할 수는 없다.

4. 사안의 경우

갑은 보상재결에 대하여 재결취소(무효)소송 및 보상금증액청구소송을 제기할 수 있으나, 재결취소소송은 재결의 취소와 재보상금 결정 및 이에 대한 불복이 반복될 수 있으므로 권리구제의 일회적 해결을 위하여 보상금증액청구소송을 통하여 다툴 수 있을 것이다.

Ⅴ [설문 4]의 경우

1. 잔여지감가보상의 의의 및 특징

잔여지감가보상은 동일한 토지소유자에게 속하는 일단의 토지의 일부가 취득 또는 사용됨으로 인하여 잔여지의 가격이 감소하거나 그 밖의 손실이 있는 경우에 청구하는 보상이다(토지보상법 제73조 제1항 본문 전단부). 즉 잔여지감가보상은 사업시행에 수반하여 잔여지의 가격이 감소한 것으로서, 토지보상법 제73조의 잔여지수용청구와 같이 종래의 목적에 사용하는 것이 현저히 곤란할 정도에 이르지 않은 경우이다.

2. 잔여지감가보상의 청구절차(토지보상법 제73조 제4항)

손실의 보상은 사업시행자와 손실을 입은 자가 협의하여 결정하되, 협의가 성립되지 아니하면 사업시행자나 손실을 입은 자는 재결을 신청할 수 있다. 따라서 당사자 간 협의 및 재결을 통하여 보상액이 결정될 것이다.

3. 잔여지감가보상의 소송형식에 대한 판례의 태도

(1) 판례의 태도

잔여지감가보상에 관한 소송은 '재결'을 거치도록 하는 것이 대법원의 확고한 입장이다. 그 주요한 이유는 주거이전비보상이나 영업손실보상은 관계 법령에 의해 보상의 수준이 확정될 수 있는 반면, 잔여지감가보상은 토지보상법 제73조 및 같은 법 시행규칙 제32조 제1항 등의 관계 법령만으로 손실보상액이 확정되기가 쉽지 않다는 것에서 찾을 수 있다.

대법원이 잔여지감가보상의 경우에 재결을 거친 후 토지보상법 제83조 내지 제85조에 따라 행정소송을 제기하도록 판시한 것은 실질적 당사자소송에 따른 법원의 부담경감과 토지수용위원회의 판단존중 등의 관점에서 일응 수긍할 수 있다.

(2) 판례의 검토

그러나 잔여지감가보상은 수용재결을 구하는 것이 아니라 잔여지의 가격하락에 대한 금전적 보상을 다투는 것이 보통이다. 따라서 잔여지수용청구와 같이 수용재결을 반드시 거칠 필요가 없는 경우에도 토지수용위원회의 재결을 필수적 전치절차로 보아 항고소송 내지 형식적 당사자소송(보상금증감청구소송)의 형식으로만 소를 제기하도록 하는 것은 잔여지감가보상의 본질에 부합하지 않는다. 따라서 실질적 당사자소송의 가능성을 배제할 수 없을 것이다.

4. 사안의 경우

현행 토지보상법 제73조 및 판례의 태도에 따르면 갑은 재결을 거치지 않고 곧바로 손실보상을 구하는 소송은 제기할 수 없을 것이다.

Ⅵ 사례의 해결

1. 갑은 중앙토지수용위원회의 이의재결 그 자체에 고유한 위법이 없는 한 원칙적으로 지방토지수용위원회의 수용재결을 대상으로 취소소송을 제기하여야 한다. 따라서 중앙토지수용위원회가 내린 이의재결의 취소를 구하는 갑의 소는 기각되어야 한다.

2. 토지보상법 제85조 제2항에 규정된 보상금증감청구소송은 형식적 당사자소송이며, 수용재결의 위법을 확인하고 보상금증액을 구한다는 의미에서 확인·급부소송의 성질을 갖는다.

3. 잔여지수용청구는 대체로 수용재결의 취소보다는 보상금증액을 구하는 방식, 즉 보상금증감소송의 방식으로 실현될 수 있다. 또한 비록 활용가능성은 높지 않으나, 경우에 따라 토지수용위원회의 기각재결에 대한 취소소송이나 무효확인소송을 제기할 수도 있다.

4. 잔여지감가보상소송은 재결을 거치도록 하는 것이 판례의 입장이다. 즉 잔여지 가격하락에 대한 손실보상은 주로 보상금증액청구소송을 통해 실현되는 것이 보통이나, 실질적 당사자소송의 가능성도 열어두는 것이 바람직하다. 잔여지감가보상의 핵심은 수용재결 자체의 취소가 아니라 잔여지의 가격하락에 대한 금전적 보상을 구하는 데에 있다. 요컨대 행정소송법상의 소송형식은 매우 제한적이므로, 보상금소송의 형식을 획일화·단일화시키는 것은 국민의 권리구제를 좁힐 수 있다.

◀ 사례 **18**

사업시행자 을은 변전소 건설공사를 위한 도시계획사업의 시행자로서 그 사업시행의 허가를 받고 강남구 고시 제1991-5423호로 그 고시를 거쳤다. 이에 따라 을은 위 사업에 필요한 갑소유의 토지 1,000제곱미터 중 일부를 수용취득하였다. 갑의 잔여지는 폭 3 내지 5m, 길이 70 내지 80m 의 길쭉한 부정형의 토지로서 맹지가 되었다. 갑은 위 잔여지의 토지가격의 감소를 이유로 손실보상을 청구하려고 한다. 이 경우 잔여지의 가격감소에 대한 甲의 권리구제방법을 설명하시오. 15절 (수용청구는 논외로 함)

Ⅰ 쟁점의 정리	2. 손실보상의 청구(법 제73조 제1항)
Ⅱ 잔여지 가격감소에 대한 손실보상 청구	3. 손실보상의 청구절차(법 제73조 제4항)
1. 잔여지 가격감소에 대한 손실보상 청구의	4. 손실보상 재결에 대한 불복방법
의의 및 취지	Ⅲ 사안의 해결

Ⅰ 쟁점의 정리

갑은 잔여지의 토지가격 감소를 이유로 토지보상법 제73조에서 규정하고 있는 손실보상을 청구하려고 한다. 토지보상법 제73조에서는 손실보상청구와 관련하여 동법 제9조 제6항(협의) 및 제7항(재결)을 준용하고 있으므로 이를 검토하여 갑의 권리구제 방법을 설명한다.

Ⅱ 잔여지 가격감소에 대한 손실보상 청구

1. 잔여지 가격감소에 대한 손실보상 청구의 의의 및 취지

잔여지란 동일소유자의 일단의 토지 중, 공익사업을 위하여 취득되고 남은 잔여토지를 말하는데 잔여지는 형상, 도로접면 등의 조건 등이 일단의 토지보다 열악한 경우가 많다. 잔여지 가격감소에 대한 손실보상이란 상기 제 원인으로 인한 가격감소분을 보상하는 것을 말하며 재산권에 대한 정당보상을 실현함에 제도적 취지가 인정된다.

2. 손실보상의 청구(토지보상법 제73조 제1항)

토지보상법 제73조 제1항에서는 사업시행자는 동일한 소유자에게 속하는 일단의 토지의 일부가 취득되거나 사용됨으로 인하여 잔여지의 가격이 감소하거나 그 밖의 손실이 있을 때에는 그 손실을 보상하되, 동법 제2항에서는 손실의 보상은 해당 사업의 공사완료일부터 1년이 지난 후에는 청구할 수 없다고 규정하고 있다. 따라서 이에 근거하여 잔여지 가격감소에 대한 손실보상을 청구할 수 있을 것이다.

3. 손실보상의 청구절차(토지보상법 제73조 제4항)

토지보상법 제73조 제4항에서는 손실의 보상은 사업시행자와 손실을 입은 자가 협의하여 결정하되(토지보상법 제9조 제6항), 협의가 성립되지 아니하면 사업시행자나 손실을 입은 자는 대통령령으로 정하는 바에 따라 제51조에 따른 관할 토지수용위원회에 재결을 신청할 수 있다(제9조 제7항)고 규정하고 있다. 따라서 당사자 간 협의 및 재결을 통하여 보상액이 결정될 것이다.

4. 손실보상 재결에 대한 불복방법

재결의 내용이 수용 등을 수반하지 않는 경우에는, 보상원인이 되는 재산권 침해행위와 보상결정행위가 서로 분리하여 존재하기 때문에 그에 대한 불복도 분리하여 행하여야 한다. 따라서 보상재결의 처분성을 부정한다면 공법상 당사자소송에 의할 것이나, 처분성을 인정한다면 항고소송을 통한 구제가 이루어져야 할 것이다. 토지보상법에서는 재결에 대한 불복규정을 두고 있으므로 이에 따라 이의신청(제83조)과 행정소송(제85조 제2항)을 제기하는 것이 타당하다.

(Ⅲ) 사안의 해결

갑은 자신의 잔여지 가격감소에 대해서 사업시행자와 협의하되, 협의가 불성립할 경우에는 관할 토지수용위원회에 보상재결을 신청할 수 있을 것이다. 재결에 의한 보상금액에 불복하는 경우에는 토지보상법 제83조 및 제85조에 따라 불복이 가능하다. 잔여지의 가격 감소분이 잔여지의 가격보다 큰 경우에는 사업시행자는 그 잔여지를 매수할 수 있다.

사례 19

갑은 전라북도 완주군 소양면 황운리 904 전 705제곱미터(정방형)에 관광호텔 건물을 신축하기 위하여 부지를 조성하였는데, 암발파 및 운반비용으로 300,000,000원, 진입로 개설비용으로 36,000,000원, 옹벽공사비용으로 93,000,000원, 건축설계비용으로 85,000,000원을 지출하였다. 그러나 토지의 일부가 익산−장수 간 고속도로 공사(사업인정 고시일 : 2014.1.1)에 편입되고 잔여지(부정형)만으로는 면적이 협소하여 더 이상 관광호텔 건축사업을 진행할 수 없었다. 이에 2014.3.경 사업시행자인 도로공사에게 잔여지의 매수를 청구하는 내용의 진정서를 제출하였다가, 도로공사로부터 완주군청과 협의 후 보상 여부를 결정하겠다는 내용의 회신을 받았다(도로공사는 관할 토지수용위원회의 업무를 위임받아 수행하지는 않고 있다). 그 후 2014.6.30. 갑의 토지 중 편입되는 부분에 대한 협의가 불성립하여 재결에 의한 취득(조성된 상태 기준 : 보상금 651,000,000원)을 하고 2014.12.31. 고속도로 공사는 완료되었다. 2015.3.15. 현재 갑 잔여지에 대한 권리구제 방안을 모색하고 부지조성 및 설계비용을 별도로 보상받을 수 있는지 논하시오. 40점

Ⅰ 쟁점의 정리

Ⅱ 갑 잔여지에 대한 권리구제 방안
  1. **잔여지 수용청구권의 행사가능성**
    (1) 잔여지 수용청구의 의의 및 취지
    (2) 잔여지 수용청구권의 법적 성질
    (3) 잔여지 수용청구권의 행사요건
    (4) 잔여지 수용청구권의 행사절차
    (5) 사안의 경우
  2. **잔여지 감가보상의 청구가능성**
    (1) 잔여지 가격감소에 대한 손실보상 청구의 의의 및 취지
    (2) 잔여지 감가보상의 청구요건(토지보상법 제73조 제1항 및 제2항)
    (3) 잔여지 감가보상의 청구절차(토지보상법 제73조 제4항)
    (4) 손실보상 재결에 대한 불복방법
    (5) 사안의 경우

Ⅲ 부지조성 및 설계비용을 보상받을 수 있는지 여부
  1. **부지조성비용이 보상대상인지 여부**
    (1) 토지평가의 기준
      1) 공시지가기준보상(토지보상법 제70조 제1항)
      2) 현황평가 및 일반적 이용방법에 의한 객관적 상황기준 등(토지보상법 제70조 제2항)
      3) 개발이익 배제(토지보상법 제67조 제2항)
    (2) 사안의 경우
  2. **설계비용이 보상대상인지 여부**
    (1) 토지보상법 시행규칙 제57조
    (2) 사안의 경우

Ⅳ 사안의 해결

Ⅰ 쟁점의 정리

설문은 관광호텔을 건축하기 위한 갑 토지의 일부가 수용되어 더 이상 관광호텔 건축을 진행하지 못하게 된 경우, 이에 대한 구제수단을 묻고 있다. 이의 해결을 위하여 잔여지 수용 및 감가보상을 검토하여 잔여지에 대한 구제방안을 모색하고, 현재까지 소요된 부지조성 및 건축설계비용을 별도로 보상받을 수 있는지를 현황평가 및 사업폐지 등에 대한 보상 규정을 검토하여 해결한다.

Ⅱ 갑 잔여지에 대한 권리구제 방안

1. 잔여지 수용청구권의 행사가능성

(1) 잔여지 수용청구의 의의 및 취지

잔여지 수용이란 일단의 토지의 잔여지를 매수 또는 수용청구하는 것을 말한다. 이는 손실보상 책의 일환으로 부여된 것으로서 피수용자의 권리보호에 취지가 인정된다.

(2) 잔여지 수용청구권의 법적 성질

판례는 잔여지 수용청구 요건을 충족한 경우, 토지수용위원회의 조치를 기다릴 것 없이 수용의 효과가 발생하는 형성권으로 보고 있다. 또한 잔여지 수용청구권의 행사기간은 제척기간으로 서, 토지소유자가 그 행사기간 내에 잔여지 수용청구권을 행사하지 아니하면 그 권리는 소멸한 다고 판시한 바 있다(대판 2001.9.4, 99두11080).

(3) 잔여지 수용청구권의 행사요건

토지보상법 제74조에서는 ① 동일한 소유자의 토지일 것, ② 일단의 토지 중 일부가 편입될 것, ③ 잔여지를 종래의 목적으로 이용하는 것이 현저히 곤란할 것을 요건으로 규정하고 있다.

(4) 잔여지 수용청구권의 행사절차(토지보상법 제74조 제1항)

잔여지를 종래의 목적에 사용하는 것이 현저히 곤란할 때에는 해당 토지소유자는 사업시행자에 게 잔여지를 매수하여 줄 것을 청구할 수 있으며, 사업인정 이후에는 공사완료일 전까지 관할 토지수용위원회에 수용을 청구할 수 있다.

(5) 사안의 경우

설문상 사업시행자는 관할 토지수용위원회의 업무를 위임받아 수행하고 있지 않고 있으므로 사업시행자에게 잔여지매수를 청구한 것은 관할 토지수용위원회에 청구한 것으로 볼 수 없다. 따라서 갑은 공사완료일 전까지 관할 토지수용위원회에 수용을 청구하지 아니한 것이 되므로 재척기간이 경과되어 더 이상 잔여지 수용을 청구할 수 없을 것이다.

2. 잔여지 감가보상의 청구가능성

(1) 잔여지 가격감소에 대한 손실보상 청구의 의의 및 취지

잔여지 가격감소에 대한 손실보상이란 잔여지의 형상, 도로접면 등의 조건 등이 일단의 토지보다 열악하게 됨을 원인으로 한 가격감소분을 보상하는 것을 말하며 재산권에 대한 정당보상을 실현함에 제도적 취지가 인정된다.

(2) 잔여지 감가보상의 청구요건(토지보상법 제73조 제1항 및 제2항)

토지의 일부가 취득되거나 사용됨으로 인하여 잔여지의 가격이 감소하거나 그 밖의 손실이 있을 때에는, 손실의 보상은 해당 사업의 공사완료일부터 1년이 지나기 전에 사업시행자에게 청구할 수 있다.

(3) 잔여지 감가보상의 청구절차(토지보상법 제73조 제4항)

손실의 보상은 사업시행자와 손실을 입은 자가 협의하여 결정하되, 협의가 성립되지 아니하면 사업시행자나 손실을 입은 자는 재결을 신청할 수 있다. 따라서 당사자 간 협의 및 재결을 통하여 보상액이 결정될 것이다.

(4) 손실보상 재결에 대한 불복방법

토지보상법에서는 재결에 대한 불복규정을 두고 있으므로 이에 따라 이의신청(제83조)과 행정소송(제85조 제2항)을 제기하는 것이 타당하다.

(5) 사안의 경우

설문상 잔여지 감가보상을 청구할 수 있는 기간 내이므로, 갑은 잔여지의 형상이 정방형에서 부정형으로 불리하게 변경되었음을 이유로 하여 잔여지 가격감소에 대한 손실보상을 청구할 수 있을 것이다. 또한 잔여지에 지출된 부지조성비용은 그 토지의 가치를 증대시킨 한도 내에서 잔여지의 가격감소로 인한 손실보상액을 산정할 때에 반영될 수 있을 것이다.

Ⅲ 부지조성 및 설계비용을 보상받을 수 있는지 여부

1. 부지조성비용이 보상대상인지 여부

(1) 토지평가의 기준

1) 공시지가기준보상(토지보상법 제70조 제1항)

공시지가를 기준으로 하여 보상하되, 그 공시기준일부터 가격시점까지의 관계 법령에 따른 그 토지의 이용계획, 해당 공익사업으로 인한 지가의 영향을 받지 아니하는 지역의 대통령령으로 정하는 지가변동률, 생산자물가상승률과 그 밖에 그 토지의 위치·형상·환경·이용상황 등을 고려하여 평가한 적정가격으로 보상하여야 한다.

2) 현황평가 및 일반적 이용방법에 의한 객관적 상황기준 등(토지보상법 제70조 제2항)

토지에 대한 보상액은 가격시점에서의 현실적인 이용상황과 일반적인 이용방법에 의한 객관적 상황을 고려하여 산정하되, 일시적인 이용상황과 토지소유자나 관계인이 갖는 주관적 가치 및 특별한 용도에 사용할 것을 전제로 한 경우 등은 고려하지 아니한다. 토지에 건축물 등이 있는 때에는 그 건축물 등이 없는 상태를 상정하여 토지를 평가한다(시행규칙 제22조 제2항).

3) 개발이익 배제(토지보상법 제67조 제2항)

보상액 산정에 있어서 공시지가의 적용과 해당 공익사업으로 인한 영향이 없는 지역의 지가변동률의 적용 및 공시지가의 선택제한 등을 통하여 해당 공익사업으로 인한 개발이익을 배제하고 취득하는 토지에 대한 보상액을 산정한다.

(2) 사안의 경우

토지보상법에서는 가격시점에서의 현실적인 이용을 기준하여 보상액을 산정하도록 규정하고 있으므로, 해당 보상액은 부지조성이 완료된 상태를 기준한 것으로 볼 수 있다. 갑 토지의 부지조성에 소요된 암발파 및 운반비용, 진입로 개설비용 및 옹벽공사비용은 수용대상토지에 화체되어 일체로 평가될 뿐, 별도의 보상대상이 되는 것은 아니므로 이에 대한 비용을 별도로 보상받을 수는 없을 것이다.

2. 설계비용이 보상대상인지 여부

(1) 토지보상법 시행규칙 제57조

시행규칙 제57조에서는 공익사업의 시행으로 인하여 건축물의 건축을 위한 건축허가 등 관계법령에 의한 절차를 진행 중이던 사업 등이 폐지·변경 또는 중지되는 경우 그 사업 등에 소요된 법정수수료 그 밖의 비용 등의 손실에 대하여는 이를 보상하여야 한다고 규정하고 있다.

(2) 사안의 경우

갑의 토지는 관광호텔을 건축하기 위한 목적으로 부지조성 및 건축설계를 진행하였으나, 해당 사업의 시행으로 말미암아 관광호텔을 건축할 수 없게 되었으므로 이에 소요된 건축설계비용을 보상청구할 수 있을 것이다.

Ⅳ 사안의 해결

설문상 고속도로 공사가 완료되어 갑은 잔여지 수용청구는 할 수 없으나, 공사완료일로부터 1년이 경과하지 않았으므로 잔여지의 가격감소에 대한 손실보상을 청구할 수 있을 것이다. 이 경우 부지조성비용은 토지에 화체되어 일체로 평가되므로 별도의 손실보상 대상은 되지 않을 것이나, 잔여지의 가격감소분을 측정할 때에 고려될 수 있을 것이다. 또한 고속도로 사업의 시행으로 인하여 관광호텔 건축사업이 더 이상 진행될 수 없으므로, 이에 대한 건축설계비용도 추가로 보상되어야 할 것이다.

🔺 사례 **20**

국토교통부장관은 2008.3.28. 제이서해안고속도로 주식회사를 사업시행자로 하여 평택시 청북면 고잔리부터 시흥시 월곶동까지 42.6km 구간에 고속국도 153호선을 개설하는 평택~시흥 고속도로 민간투자사업의 실시계획을 고시하였다(국토교통부 고시 제2008-14호). 이와 별도로 국토교통부장관은 2008.5.19. 고속국도의 도로구역 경계선으로부터 20m까지를 접도구역으로 지정하고(국토교통부 고시 제2008-158호), 2009.6.6. 도로사업에 편입되는 토지의 세목을 고시하였다(국토교통부 고시 제2009-399호). 피수용자인 갑은 화성시 ◎◎면 일대에 토지를 소유하고 있었는데, 위 2009.6.26.자 고시에 따라 사업지구에 편입되었고 2009.8.10. 편입부분에 대해서는 협의계약이 체결되었고 일부 잔여지가 발생하였다. 제이서해안고속도로 주식회사는 2013.3.25. 사업을 완료한 후 준공검사를 마쳤다. 갑은 2014.3.3. 사업시행자에게 잔여지의 가격이 편입으로 인해 감소하였다는 이유로 손실보상을 청구하는 내용증명우편을 발송하였으나, 2014.3.13. 사업시행자로부터 보상할 수 없다는 회신을 받았다. 갑은 2014.4.7. 중앙토지수용위원회에 잔여지의 가격 감소에 대한 손실보상재결을 신청하였다. 그러나 중앙토지수용위원회는 2015.5.21. 잔여지의 가격이 토지 중 일부의 편입으로 인해 감소하였다고 볼 수 없다는 취지의 주식회사 A감정평가법인의 감정의견을 근거로 손실보상청구를 기각하는 재결을 하였다. 갑이 주장하는 잔여지 손실의 내용은 다음과 같다. ① 잔여지의 모양이 부정형 등으로 변해 그 이용의 효율성이 떨어졌고, 잔여지 전면에 들어선 이 사건 고속국도 때문에 진출입이 어려워지는 등 획지조건이 악화되었으며, 자동차 소음이 발생하여 환경조건이 열악해졌다(이하 '제1요인'이라고 한다). ② 잔여지 일부가 이 사건 고속국도 양쪽의 도로구역 경계선으로부터 각 20m로 지정된 접도구역에 포함되어 잔여지의 행정조건이 열악해졌다(이하 '제2요인'이라고 한다).

(1) 잔여지 가치손실의 유형에 대해서 서술하시오. 5점

(2) 사업시행자는 갑이 재결신청을 한 2014.4.7은 사업완료일로부터 1년이 경과하였기에 잔여지에 대한 감가손실을 청구할 수 없다고 한다. 가부에 대해서 논하시오. 10점

(3) 제2요인에 대하여 잔여지 가치손실로서 보상해야 하는지 검토하시오. 갑 토지의 편입부분 중 일부는 해당 사업과 무관하게 군립공원으로 지정된 부분이 있다. 자연공원법상 군립공원으로 지정된 부분의 감정평가 시에 군립공원 지정에 따른 계획제한을 제한받는 상태대로 평가하여야 하는지도 함께 논하시오. 10점

(4) 갑은 기각재결에 대해 불복하면서 잔여지 감가손실은 물론이고 협의취득 당시부터 잔여지 감가손실이 발생하게 되었는바 협의취득 당시부터 보상금이 지급되는 날까지 잔여지 감가손실 미지급에 따른 지연손해금도 보상받아야 한다고 주장한다. 갑은 지연손해금을 보상받을 수 있는가? 10점

PART · 02

도로법 제40조(접도구역의 지정 및 관리)
① 도로관리청은 도로 구조의 파손 방지, 미관(美觀)의 훼손 또는 교통에 대한 위험 방지를 위하여 필요하면 소관 도로의 경계선에서 20미터(고속국도의 경우 50미터)를 초과하지 아니하는 범위에서 대통령령으로 정하는 바에 따라 접도구역(接道區域)을 지정할 수 있다.
③ 누구든지 접도구역에서는 다음 각 호의 행위를 하여서는 아니 된다. 다만, 도로 구조의 파손, 미관의 훼손 또는 교통에 대한 위험을 가져오지 아니하는 범위에서 하는 행위로서 대통령령으로 정하는 행위는 그러하지 아니하다.
  1. 토지의 형질을 변경하는 행위
  2. 건축물, 그 밖의 공작물을 신축·개축 또는 증축하는 행위

(설문 1)의 해결
I 잔여지 가치손실의 개념
II 잔여지 손실유형

(설문 2)의 해결
I 쟁점의 정리
II 잔여지 감가보상의 청구요건(토지보상법 제73조)
  1. 잔여지의 가격이 감소하였을 것
  2. 잔여지의 가격보다 큰 경우
  3. 청구기간
III 사안의 해결

(설문 3)의 해결
I 쟁점의 정리
II 공법상 제한을 받는 토지의 평가방법
  1. 의의 및 기능

  2. 공법상 제한을 받는 토지의 평가기준
    (1) 일반적 제한
    (2) 개별적 제한
    (3) 해당 사업으로 인한 용도지역 변경
III 사안의 해결
  1. 접도구역 부분
  2. 군립공원 부분

(설문 4)의 해결
I 쟁점의 정리
II 잔여지 가치손실에 대한 보상청구권의 발생시기 및 지급시기
  1. 잔여지 손실의 발생시점
  2. 지급의무 발생시점
III 잔여지 가치손실보상금 미지급에 따른 지연손해금 지급의무 발생시점
IV 사안의 해결

⊕ **(설문 1)의 해결**

① 잔여지 가치손실의 개념

잔여지 가치손실이란 사업시행자가 동일한 소유자에게 속하는 일단의 토지의 일부를 취득하거나 사용함으로서 발생되는 손실을 말한다. 그러나 잔여지에 항상 손실이 발생하는 것은 아니다. 경우에 따라서는 일단의 토지 일부가 수용되어 개발됨으로써 그에 인접한 잔여지의 가치가 상승하는 상황이 있을 수 있다.

② 잔여지 손실유형

① 토지 일부의 취득 또는 사용으로 그 획지조건(획지조건)이나 접근조건 등의 가격형성요인이 변동함에 따라 발생하는 손실, ② 그 취득 또는 사용목적사업의 시행으로 설치되는 시설의 형태·구조·사용 등에 기인하여 발생하는 손실과 ③ 수용재결 당시의 현실적 이용상황의 변경 외 장래의 이용가능성이나 거래의 용이성 등에 따른 사용가치와 교환가치의 하락이 포함된다. 따라서 손실보상대상이 되는 잔여지의 손실은 그 발생원인이 매우 다양하다.

⊕ **(설문 2)의 해결**

① 쟁점의 정리

사업완료일로부터 1년이 경과된 시점에서 잔여지 수용청구를 한 것이 인용될 수 있는 것인지, 잔여지 감가손실보상의 청구요건을 검토하여 설문을 해결한다.

② 잔여지 감가보상의 청구요건[토지보상법 제73조]

1. 잔여지의 가격이 감소하였을 것

잔여지 감가보상을 청구하기 위해서는 잔여지의 가격감소가 발생하여야 한다. 잔여지 매수청구와 달리 종래의 목적대로 이용이 가능한 경우에도 잔여지 가격감소가 발생하였거나 잔여지에 통로·도랑·담장 등의 신설이나 그 밖의 공사가 필요할 때에는 그 손실이나 공사의 비용을 보상하여야 한다.

2. 잔여지의 가격보다 큰 경우

잔여지의 가격 감소분과 잔여지에 대한 공사의 비용을 합한 금액이 잔여지의 가격보다 큰 경우에는 사업시행자는 그 잔여지를 매수할 수 있다.

3. 청구기간

(1) 사업완료일로부터 1년 이내에 청구할 것

토지보상법 제73조 제2항에서는 잔여지의 손실 또는 비용의 보상은 관계 법률에 따라 사업이 완료된 날 또는 사업완료의 고시가 있은 날(사업완료일)부터 1년이 지난 후에는 청구할 수 없다고 규정하고 있다.

(2) 청구의 의미

잔여지의 가격손실에 관하여는 사업시행자와 손실을 입은 자가 협의하여 결정하되 협의가 성립되지 않으면 사업시행자나 손실을 입은 자는 관할 토지수용위원회에 재결을 신청할 수 있다고 규정하고 있다. 따라서 토지보상법 제73조 제2항의 '청구'가 관할 토지수용위원회에 대한 재결의 '신청'을 뜻한다고 보기보다는 사업시행자에게 협의요청을 한 경우라고 보아야 할 것이다.

Ⅲ 사안의 해결

잔여지 가격 감소를 이유로 한 손실보상청구의 의사표시가 기재된 갑의 2014.3.3.자 내용증명이 늦어도 2014.3.13. 사업시행자에게 도달되었다고 할 것이므로, 갑은 사업완료일인 2013.3.25.부터 1년이 경과하기 전에 사업시행자에게 손실보상을 청구하였다고 할 것이다.

⊕ (설문 3)의 해결

Ⅰ 쟁점의 정리

잔여지에 설정된 접도구역 지정행위가 해당 사업을 위한 목적으로 시행된 경우라면 접도구역 지정에 따른 제한은 잔여지의 가치손실로 볼 수 있을 것이다. 접도구역 지정행위가 해당 사업을 직접 목적으로 설정된 것인지를 검토한다.

Ⅱ 공법상 제한을 받는 토지의 평가방법

1. 의의 및 기능

공법상 제한받는 토지라 함은 관계법령에 의해 가해지는 토지이용규제나 제한을 받는 토지로서, 이는 국토공간의 효율적 이용을 통해 공공복리를 증진시키는 수단으로 기능한다.

2. 공법상 제한을 받는 토지의 평가기준(토지보상법 시행규칙 제23조)

(1) 일반적 제한

제한 그 자체로 목적이 완성되고 구체적 사업의 시행이 필요하지 않은 경우로 그 제한받는 상태대로 평가한다(대판 1997.6.24, 96누1313). 그 예로는 국토의 이용 및 계획에 관한 법률에 의한 용도지역, 지구, 구역의 지정·변경, 기타 관계법령에 의한 토지이용계획 제한이 있다.

(2) 개별적 제한

그 제한이 구체적 사업의 시행을 필요로 하는 경우를 말하며 개별적 제한이 해당 공익사업의 시행을 직접 목적으로 가해진 경우에는 제한이 없는 상태로 평가한다(대판 1992.3.13, 91누4324).

(3) 해당 사업으로 인한 용도지역 등의 변경

용도지역 등 일반적 제한일지라도 해당 사업 시행을 직접 목적으로 하여 변경된 경우에는 변경되기 전의 용도지역을 기준으로 하여 평가한다. 이는 개발이익의 배제 및 피수용자의 보호에 목적이 있다(대판 2005.2.18, 2003두14222).

Ⅲ 사안의 해결

1. 접도구역 부분

잔여지의 손실, 즉 토지의 일부가 접도구역으로 지정·고시됨으로써 일정한 형질변경이나 건축행위가 금지되어 장래의 이용 가능성이나 거래의 용이성 등에 비추어 사용가치 및 교환가치가 하락하는 손실은, 고속도로를 건설하는 이 사건 공익사업에 원고들 소유의 일단의 토지 중 일부가 취득되거나 사용됨으로 인하여 발생한 것이 아니라, 그와 별도로 국토교통부장관이 잔여지 일부를 접도구역으로 지정·고시한 조치에 기인한 것이므로, 원칙적으로 토지보상법 제73조 제1항에 따른 잔여지 손실보상의 대상에 해당하지 아니한다.

접도구역은 도로 구조의 손괴 방지, 미관 보존 또는 교통에 대한 위험을 방지하기 위한 목적을 갖고 있으므로 이는 해당 도로사업과 무관한 사업으로 보인다. 또한 접도구역은 구역지정 그 자체로 목적이 완성되는 일반적 제한의 성격을 갖는 바, 접도구역 지정으로 인한 재산권 제한은 원칙적으로 손실보상의 대상이 아니라 할 것이다.

2. 군립공원 부분

자연공원법에 의한 군립공원 지정은 그와 동시에 구체적인 공원시설을 설치·조성하는 내용의 '공원시설계획'이 이루어졌다는 특별한 사정이 없는 한, 그 이후에 별도의 '공원시설계획'에 의하여 시행 여부가 결정되는 구체적인 공원사업의 시행을 직접 목적으로 한 것이 아니므로 이는 일반적 제한에 해당하여 이를 반영하여 평가하여야 할 것이다.

⊕ (설문 4)의 해결

Ⅰ 쟁점의 정리

잔여지 가격감소가 발생하였다면 사업시행자는 이를 보상하여야 할 것이다. 토지보상법에서는 잔여지 가격감소에 대한 구체적인 발생시기와 지급시기를 별도로 규정하고 있지 않은 바, 잔여지 가격감소의 성립시기 및 잔여지 가치손실보상금의 지급시를 검토한다.

Ⅱ 잔여지 가치손실에 대한 보상청구권의 발생시기 및 지급시기

1. 잔여지 손실의 발생시점

잔여지에 대한 손실의 발생시점도 일정하지 않다. 획지조건이나 접근조건에 대한 불리한 영향과 같이 사업시행자가 일단의 토지 중 일부만 편입하여 취득함으로써 일부 편입토지와 잔여지의 소유권이 분리되어 귀속됨(이하 '편입토지의 권리변동'이라 한다)과 동시에 잔여지에 손실이 발생하는 경우도 있지만, 공익사업에 따른 공공시설의 설치공사 또는 설치된 공공시설의 가동·운영으로 잔여지에 손실이 발생하는 경우도 있다. 따라서 다양한 원인으로 구체적인 손실이 현실적으로 발생하였을 때에 비로소 그에 대응하는 손실보상금 지급의무가 발생한다고 보아야 한다.

2. 지급의무 발생시점

이처럼 잔여지 손실보상의무가 특정 시점에 항상 발생하는 것이 아니라, 개별·구체적 상황에 따라 그 발생 여부, 시점과 내용이 달라질 수 있고, 그 발생 여부, 시점과 내용을 판단하려면 개별·구체적 상황에 대한 사실확인과 평가가 필요하다.

Ⅲ 잔여지 가치손실보상금 미지급에 따른 지연손해금 지급의무 발생시점

토지보상법이 잔여지 손실보상금 지급의무의 이행기를 정하지 않았고, 그 이행기를 편입토지의 권리변동일이라고 해석하여야 할 체계적, 목적론적 근거를 찾기도 어려우므로, 잔여지 손실보상금 지급의무는 이행기의 정함이 없는 채무로 봄이 타당하다. 따라서 잔여지 손실보상금 지급의무의 경우 잔여지의 손실이 현실적으로 발생한 이후로서 잔여지 소유자가 사업시행자에게 이행청구를 한 다음 날부터 그 지연손해금 지급의무가 발생한다고 보아야 할 것이다.

Ⅳ 사안의 해결

토지보상법이 잔여지 손실보상금 지급의무의 이행기를 정하지 않았으므로, 갑이 사업시행자에게 잔여지 손실보상 이행청구를 한 다음 날부터 지연손해금이 발생한다. 따라서 협의취득일부터 잔여지 가치손실보상을 청구한 날까지는 지연손해금이 발생되지 않는다.

✏️ **대판 2019.9.25, 2019두34982**

[판시사항]

[1] 공법상 제한이 그 자체로 제한목적이 달성되는 일반적 계획제한으로서 구체적 도시계획사업과 직접 관련되지 아니한 때와 공법상 제한이 구체적 사업이 따르는 개별적 계획제한이거나, 일반적 계획제한에 해당하는 용도지역 등의 지정 또는 변경에 따른 제한이더라도 그 용도지역 등의 지정 또는 변경이 특정 공익사업의 시행을 위한 것일 때의 각 경우에 보상액 산정을 위한 토지의 평가 방법

[2] 자연공원법에 의한 '자연공원 지정' 및 '공원용도지구계획에 따른 용도지구 지정'이 공익사업을 위한 토지 등의 취득 및 보상에 관한 법률 시행규칙 제23조 제1항 본문에서 정한 '일반적 계획제한'에 해당하는지 여부(원칙적 적극)

[판결요지]

[1] 공익사업을 위한 토지 등의 취득 및 보상에 관한 법률 제68조 제3항은 손실보상액의 산정기준 등에 관하여 필요한 사항은 국토교통부령으로 정한다고 규정하고 있다. 그 위임에 따른 공익사업을 위한 토지 등의 취득 및 보상에 관한 법률 시행규칙 제23조는 "공법상 제한을 받는 토지에 대하여는 제한받는 상태대로 평가한다. 다만 그 공법상 제한이 당해 공익사업의 시행을 직접 목적으로 하여 가하여진 경우에는 제한이 없는 상태를 상정하여 평가한다."(제1항), "당해 공익사업의 시행을 직접 목적으로 하여 용도지역 또는 용도지구 등이 변경된 토지에 대하여는 변경되기 전의 용도지역 또는 용도지구 등을 기준으로 평가한다."(제2항)라고 규정하고 있다.

따라서 공법상 제한을 받는 토지에 대한 보상액을 산정할 때에 해당 공법상 제한이 구 도시계획법(2002.2.4. 법률 제6655호 국토의 계획 및 이용에 관한 법률 부칙 제2조로 폐지)에 따른 용도지역·지구·구역의 지정 또는 변경과 같이 그 자체로 제한목적이 달성되는 일반적 계획제한으로서 구체적 도시계획사업과 직접 관련되지 아니한 경우에는 그러한 제한을 받는 상태 그대로 평가하여야 하고, 도로·공원 등 특정 도시계획시설의 설치를 위한 계획결정과 같이 구체적 사업이 따르는 개별적 계획제한이거나 일반적 계획제한에 해당하는 용도지역·지구·구역의 지정 또는 변경에 따른 제한이더라도 그 용도지역·지구·구역의 지정 또는 변경이 특정 공익사업의 시행을 위한 것일 때에는 당해 공익사업의 시행을 직접 목적으로 하는 제한으로 보아 위 제한을 받지 아니하는 상태를 상정하여 평가하여야 한다.

[2] 자연공원법은 자연공원의 지정·보전 및 관리에 관한 사항을 규정함으로써 자연생태계와 자연 및 문화경관 등을 보전하고 지속가능한 이용을 도모함을 목적으로 하며(제1조), 자연공원법에 의해 자연공원으로 지정되면 그 공원구역에서 건축행위, 경관을 해치거나 자연공원의 보전·관리에 지장을 줄 우려가 있는 건축물의 용도변경, 광물의 채굴, 개간이나 토지의 형질변경, 물건을 쌓아 두는 행위, 야생동물을 잡거나 가축을 놓아먹이는 행위, 나무를 베거나 야생식물을 채취하는 행위 등을 제한함으로써(제23조) 공원구역을 보전·관리하는 효과가 즉시 발생한다. 공원관리청은 자연공원 지정 후 공원용도지구계획과 공원시설계획이 포함된 '공원계획'을 결정·고시하여야 하고(제12조 내지 제17조), 이 공원계획에 연계하여 10년마다 공원별 공원보전·관리계획을 수립하여야 하지만(제17조의3), 공원시설을 설치·조성하는 내용의 공원사업(제2

조 제9호)을 반드시 시행하여야 하는 것은 아니다. 공원관리청이 공원시설을 설치·조성하고자 하는 경우에는 자연공원 지정이나 공원용도지구 지정과는 별도로 '공원시설계획'을 수립하여 결정·고시한 다음, '공원사업 시행계획'을 결정·고시하여야 하고(제19조 제2항), 그 공원사업에 포함되는 토지와 정착물을 수용하여야 한다(제22조).

이와 같은 자연공원법의 입법 목적, 관련 규정들의 내용과 체계를 종합하면, 자연공원법에 의한 '자연공원 지정' 및 '공원용도지구계획에 따른 용도지구 지정'은, 그와 동시에 구체적인 공원시설을 설치·조성하는 내용의 '공원시설계획'이 이루어졌다는 특별한 사정이 없는 한, 그 이후에 별도의 '공원시설계획'에 의하여 시행 여부가 결정되는 구체적인 공원사업의 시행을 직접 목적으로 한 것이 아니므로 공익사업을 위한 토지 등의 취득 및 보상에 관한 법률 시행규칙 제23조 제1항 본문에서 정한 '일반적 계획제한'에 해당한다.

✏️ **대판 2018.3.13, 2017두68370[잔여지가치하락손실보상금청구]**

[판시사항]

공익사업을 위한 토지 등의 취득 및 보상에 관한 법률 제73조 제1항에 따른 잔여지 손실보상금에 대한 지연손해금 지급의무의 발생 시기

[판결요지]

공익사업을 위한 토지 등의 취득 및 보상에 관한 법률이 잔여지 손실보상금 지급의무의 이행기를 정하지 않았고, 그 이행기를 편입토지의 권리변동일이라고 해석하여야 할 체계적, 목적론적 근거를 찾기도 어려우므로, 잔여지 손실보상금 지급의무는 이행기의 정함이 없는 채무로 보는 것이 타당하다. 따라서 잔여지 손실보상금 지급의무의 경우 잔여지의 손실이 현실적으로 발생한 이후로서 잔여지 소유자가 사업시행자에게 이행청구를 한 다음 날부터 그 지연손해금 지급의무가 발생한다(민법 제387조 제2항 참조).

✏️ **대판 2017.7.11, 2017두40860[잔여지가치하락손실보상금청구]**

[판시사항]

공익사업의 사업시행자가 동일한 소유자에게 속하는 일단의 토지 중 일부를 취득하거나 사용하고 남은 잔여지에 현실적 이용상황 변경 또는 사용가치 및 교환가치의 하락 등이 발생하였으나 그 손실이 토지의 일부가 공익사업에 취득되거나 사용됨으로 인하여 발생한 것이 아닌 경우, 공익사업을 위한 토지 등의 취득 및 보상에 관한 법률 제73조 제1항 본문에 따른 잔여지 손실보상 대상에 해당하는지 여부(원칙적 소극)

[판결요지]

공익사업을 위한 토지 등의 취득 및 보상에 관한 법률(이하 '토지보상법'이라고 한다) 제73조 제1항 본문은 "사업시행자는 동일한 소유자에게 속하는 일단의 토지의 일부가 취득되거나 사용됨으로 인하여 잔여지의 가격이 감소하거나 그 밖의 손실이 있을 때 또는 잔여지에 통로·도랑·담장 등의

신설이나 그 밖의 공사가 필요할 때에는 국토교통부령으로 정하는 바에 따라 그 손실이나 공사의 비용을 보상하여야 한다."라고 규정하고 있다.

여기서 특정한 공익사업의 사업시행자가 보상하여야 하는 손실은, 동일한 소유자에게 속하는 일단의 토지 중 일부를 사업시행자가 그 공익사업을 위하여 취득하거나 사용함으로 인하여 잔여지에 발생하는 것임을 전제로 한다. 따라서 이러한 잔여지에 대하여 현실적 이용상황 변경 또는 사용가치 및 교환가치의 하락 등이 발생하였더라도, 그 손실이 토지의 일부가 공익사업에 취득되거나 사용됨으로 인하여 발생하는 것이 아니라면 특별한 사정이 없는 한 토지보상법 제73조 제1항 본문에 따른 잔여지 손실보상 대상에 해당한다고 볼 수 없다.

🔸 사례 21

> 갑과 을은 부부로서 부동산을 매수하여 ○○농원을 조성한 다음 다양한 수목을 식재하고 관리하면서 이를 실질적으로 소유하여 왔다. 그 후 보유세에 상당한 부담을 느껴 해당 부동산을 그 아들, 며느리, 손자에게 증여하고 아들, 며느리, 손자의 허락을 받고 계속하여 수목을 식재하고 관리하였다(별도의 명인방법은 없었으며 소유권 유보에 대한 약정도 없었음). 그 후 해당 부동산이 공익사업에 편입되었고, 토지물건 조서에 해당 부동산에 대한 소유자는 아들, 며느리, 손자로 기재되었고 보상금이 산정되었다. 갑과 을은 수목에 대한 실질적인 소유자는 본인들이기에 해당 보상금에 대한 수령권은 본인들에게 있다고 주장하면서 이의를 제기하였고 사업시행자는 갑과 을 및 아들, 며느리, 손자 중 누구에게 보상금을 지급해야 할지 알지 못하였기에 불확지 공탁을 하였다. 갑과 을은 공탁된 손실보상금에 관한 출급청구권 확인을 청구하는 소송을 제기하였다. 갑과 을에게 공탁출금권이 인정될 수 있는가? [10점]

참고 조문

민법 제256조(부동산에의 부합)
부동산의 소유자는 그 부동산에 부합한 물건의 소유권을 취득한다. 그러나 타인의 권원에 의하여 부속된 것은 그러하지 아니하다.

Ⅰ 쟁점의 정리	(1) 수목이 독립된 거래객체가 되기 위한 요건
Ⅱ 수목 소유권의 입증 방법 등	(2) 소유권 귀속관계
1. 수목이 독립적인 거래 대상인지 여부 및 소유권 귀속관계	2. 물건조서의 효력
	Ⅲ 사안의 해결

Ⅰ 쟁점의 정리

① 갑과 을에게 수목에 대한 소유권이 인정되는지 및 ② 조서내용이 진실에 반함을 입증할 수 있는지를 검토하여 설문을 해결한다.

Ⅱ 수목 소유권의 입증 방법 등

1. 수목이 독립적인 거래 대상인지 여부 및 소유권 귀속관계

(1) 수목이 독립된 거래객체가 되기 위한 요건

수목이 독립적인 거래 대상이 되기 위해서는 명인방법을 갖추어야 한다. 설문에서는 명인방법이 이루어지지 않았으므로 수목은 토지에 부합된 것으로 보아야 하고 독립된 거래 객체는 될 수 없을 것이다.

(2) 소유권 귀속관계

토지 위에 식재된 입목은 토지의 구성부분으로 토지의 일부일 뿐 독립한 물건으로 볼 수 없으므로 특별한 사정이 없는 한 토지에 부합하고, 토지의 소유자는 식재된 입목의 소유권을 취득한다.

2. 물건조서의 효력

물건조서는 사업구역 내 토지와 물건에 대한 보상대상목록을 작성하여 소유자의 서명날인을 받는 것으로서 조서 내용에 이의를 제기하거나 진실에 반함을 입증한 경우가 아니고서는 조서 내용대로의 진실의 추정력이 발생된다.

Ⅲ 사안의 해결

1. 갑과 을은 명인방법을 갖추지 않았으므로 별도의 소유권을 주장할 수 없다.
2. 조서내용이 진실에 반함을 주장할 수 있으나 별도의 소유권 유보에 대한 약정서도 없으므로 이를 입증하는 것을 어려울 것이다.
3. 따라서 갑과 을은 조서의 진실의 추정력을 부정할 수 없으므로 공탁출급권자가 본인들이라는 확인판결을 받기 어려울 것으로 보인다.

> **대판 2021.8.19, 2020다266375[손실보상금]**
>
> [판시사항]
>
> [1] 토지 위에 식재된 입목은 토지에 부합하는지 여부(원칙적 적극)
>
> [2] 토지 위에 식재된 입목에 대하여 토지와 독립하여 소유권을 취득하려면 명인방법을 실시해야 하는지 여부(적극) 및 이는 토지와 분리하여 입목을 처분하는 경우뿐만 아니라 입목의 소유권을 유보한 채 입목이 식재된 토지의 소유권을 이전하는 경우에도 마찬가지인지 여부(적극)
>
> [판결요지]
>
> [1] 부동산의 소유자는 그 부동산에 부합한 물건의 소유권을 취득하지만, 타인의 권원에 의하여 부속된 것은 그러하지 아니하다(민법 제256조).
> 토지 위에 식재된 입목은 토지의 구성부분으로 토지의 일부일 뿐 독립한 물건으로 볼 수 없으므로 특별한 사정이 없는 한 토지에 부합하고, 토지의 소유자는 식재된 입목의 소유권을 취득한다.

[2] 토지 위에 식재된 입목을 그 토지와 독립하여 거래의 객체로 하기 위해서는 '입목에 관한 법률'에 따라 입목을 등기하거나 명인방법을 갖추어야 한다. 물권변동에 관한 성립요건주의를 채택하고 있는 민법에서 명인방법은 부동산의 등기 또는 동산의 인도와 같이 입목에 대하여 물권변동의 성립요건 또는 효력발생요건에 해당하므로 식재된 입목에 대하여 명인방법을 실시해야 그 토지와 독립하여 소유권을 취득한다. 이는 토지와 분리하여 입목을 처분하는 경우뿐만 아니라, 입목의 소유권을 유보한 채 입목이 식재된 토지의 소유권을 이전하는 경우에도 마찬가지이다.

[주문]

원심판결을 파기하고, 사건을 부산고등법원에 환송한다.

[이유]

상고이유를 판단한다.

1. 부동산의 소유자는 그 부동산에 부합한 물건의 소유권을 취득하지만, 타인의 권원에 의하여 부속된 것은 그러하지 아니하다(민법 제256조).

   토지 위에 식재된 입목은 토지의 구성부분으로 토지의 일부일 뿐 독립한 물건으로 볼 수 없으므로 특별한 사정이 없는 한 토지에 부합하고, 토지의 소유자는 식재된 입목의 소유권을 취득한다(대법원 1971.12.28. 선고 71다2313 판결, 대법원 2009.4.23. 선고 2007다75853 판결 참조).

   토지 위에 식재된 입목을 그 토지와 독립하여 거래의 객체로 하기 위해서는「입목에 관한 법률」에 따라 입목을 등기하거나 명인방법을 갖추어야 한다. 물권변동에 관한 성립요건주의를 채택하고 있는 민법에서 명인방법은 부동산의 등기 또는 동산의 인도와 같이 입목에 대하여 물권변동의 성립요건 또는 효력발생요건에 해당하므로 식재된 입목에 대하여 명인방법을 실시해야 그 토지와 독립하여 소유권을 취득한다(대법원 1969.11.25. 선고 69다1346 판결, 대법원 1996.2.23. 선고 95도2754 판결 참조). 이는 토지와 분리하여 입목을 처분하는 경우뿐만 아니라, 입목의 소유권을 유보한 채 입목이 식재된 토지의 소유권을 이전하는 경우에도 마찬가지이다.

2. 원고들은 이 사건 부동산 위에 식재되어 있던 입목 등 지장물(이하 '이 사건 지장물'이라 한다)이 자신의 소유라고 주장하며, 수용에 따른 보상절차 진행 당시 이 사건 부동산의 소유자인 피고들을 상대로 위 지장물에 관하여 피고들이 지급받은 손실보상금 반환과 공탁된 손실보상금에 관한 출급청구권 확인을 청구하는 이 사건 소를 제기하였다.

   원심은 다음과 같은 이유로 원고들의 청구를 받아들였다. 원고들은 부부로서 이 사건 부동산을 매수하여 ○○농원을 조성한 다음 이 사건 지장물을 식재·설치하고 관리하면서 이를 실질적으로 소유하여 왔다. 이 사건 부동산이 그 아들, 며느리, 손자인 피고들에게 양도되었다고 해도, 양도 전에 식재된 지장물은 원고들이 이 사건 부동산과 별개로 분리·소유한 것이므로 이 사건 부동산과 함께 양도되지 않았고, 양도 후에 식재된 지장물은 피고들의 허락을 받아 식재한 것이므로 이 사건 부동산에 부합되지 않는다.

3. 그러나 원심판결 이유와 기록에서 인정되는 다음 사정을 위에서 본 법리에 비추어 살펴보면, 원심판결은 그대로 받아들일 수 없다.

가. 원고들은 이 사건 부동산의 전부 또는 일부를 소유하였다가 피고들에게 이를 양도하였고, 그 양도 전에 이 사건 지장물의 대부분을 직접 식재한 것으로 볼 여지가 있다. 원고들이 토지소유권자로서 토지 위에 식재한 입목 등은 특별한 사정이 없는 한 그 토지에 부합되었다고 보아야 한다.

나. 원고들이 이미 토지에 부합된 입목 등에 대해서 그 소유권을 유보한 채 그 토지만을 분리·처분하기 위해서는 그 입목 등에 관한 명인방법을 갖추어야 하고, 명인방법을 갖추지 않은 채 토지를 처분한 경우 부합된 입목 등의 소유권은 토지와 함께 이전된다.

만일 원고들이 이 사건 부동산을 양도하면서 이 사건 지장물의 소유권은 유보하기로 피고들과 약정하였다면, 원고들이 이 사건 지장물의 소유에 관한 명인방법을 갖추어 그 소유권을 행사할 수 있지만, 명인방법을 갖추지 못한 경우에는 피고들에 대한 채권적 청구권만을 행사할 수 있다.

원심은 원고들이 명인방법을 갖추었는지 여부에 대해서 아무런 주장·증명을 하지 않았는데도, 이 사건 부동산 양도 당시에 명인방법을 갖추었는지, 이 사건 지장물의 소유권 유보에 관한 별도의 약정이 있었는지 여부 등에 대해서 제대로 심리하지 않은 채 이 사건 지장물이 이 사건 부동산과 분리되어 원고들의 소유로 남았다고 인정하였다.

원심으로서는 이 사건 부동산이 원고들로부터 피고들에게 언제, 어떤 범위에서 양도되었는지, 이 사건 지장물이 위 부동산 양도 전후의 어떤 시점에 식재된 것인지 여부 등을 확인하고, 이 사건 지장물과 분리하여 위 부동산을 양도하기 위하여 명인방법을 갖추었는지 또는 위 지장물의 소유권 유보에 관한 별도의 약정이 있었는지 여부 등을 심리한 다음, 원고들의 청구에 대해서 판단했어야 한다.

4. 그런데 원심은, 원고들이 이 사건 지장물을 식재·설치하고 관리해 왔다는 이유로 그에 대한 소유권을 인정하고 원고들의 손실보상금 반환 청구와 공탁된 손실보상금에 관한 출급청구권 확인 청구를 그대로 받아들였다. 원심판결에는 필요한 심리를 다하지 않은 채 논리와 경험의 법칙에 반하여 자유심증주의의 한계를 벗어나거나 부합이나 명인방법에 관한 법리 등을 오해하여 판결에 영향을 미친 잘못이 있다.

5. 피고들의 상고는 이유 있으므로 원심판결을 파기하고, 사건을 다시 심리·판단하도록 원심법원에 환송하기로 하여, 대법관의 일치된 의견으로 주문과 같이 판결한다.

사례 22

2012.6.28. 갑과 을은 왕십리뉴타운 제1구역 주택재개발정비사업조합(이하 '조합')의 조합원이었으나, 종전자산가치에 대한 이견이 발생하여 분양계약을 체결하지 않고 조합에게 수용재결신청을 청구하였다.

조합은 2014.6.24. 서울특별시지방토지수용위원회(이하 '위원회')에 수용재결을 신청하였고 위원회는 ① 2014.10.24. 갑과 을 소유 부동산을 수용하고 그에 따른 수용보상금을 지급한다는 내용의 수용재결을 한 후 ② 2014.12.19. 조합이 재결신청의 지연으로 인하여 피수용자들에게 지급하여야 할 손실보상금을 합계 2,035,209,120원으로 한다는 내용의 수용재결을 하였고 그 즈음 각 재결서는 통지되었다.

이에 조합은 2015.2.4. 지연가산금은 헌법 제23조 제3항에 규정된 정당보상의 범주에 속하지 않는다고 보아 지연가산금에 대한 지급을 거부하면서 지연가산금 상당액을 공탁하고 감액청구소송을 제기하였으나 2016.10.27. 기각판결을 받았고 이는 확정되었다.

(1) 토지보상법상 공탁에 대해서 설명하시오. 20점

(2) 갑과 을은 공탁된 수용보상금에 대한 가산금 청구의 소를 제기하려 하는데, 조합은 지연가산금은 재결신청을 촉구할 심리적 압박을 가할 수단으로서 이에 대한 가산금 청구의 소는 제기할 수 없다고 항변한다. 또한 토지보상법 제87조에 규정된 재결은 수용재결만을 의미하고 지연가산금은 해당하지 않는다고 주장한다. 갑과 을은 지연가산금에 대한 가산급 지급을 구할 수 있겠는가? 10점

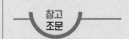

공익사업을 위한 토지 등의 취득 및 보상에 관한 법률

제40조(보상금의 지급 또는 공탁)

① 사업시행자는 제38조 또는 제39조에 따른 사용의 경우를 제외하고는 수용 또는 사용의 개시일(토지수용위원회가 재결로써 결정한 수용 또는 사용을 시작하는 날을 말한다. 이하 같다)까지 관할 토지수용위원회가 재결한 보상금을 지급하여야 한다.

② 사업시행자는 다음 각 호의 어느 하나에 해당할 때에는 수용 또는 사용의 개시일까지 수용하거나 사용하려는 토지 등의 소재지의 공탁소에 보상금을 공탁(供託)할 수 있다.

1. 보상금을 받을 자가 그 수령을 거부하거나 보상금을 수령할 수 없을 때
2. 사업시행자의 과실 없이 보상금을 받을 자를 알 수 없을 때
3. 관할 토지수용위원회가 재결한 보상금에 대하여 사업시행자가 불복할 때
4. 압류나 가압류에 의하여 보상금의 지급이 금지되었을 때

③ 사업인정고시가 된 후 권리의 변동이 있을 때에는 그 권리를 승계한 자가 제1항에 따른 보상금 또는 제2항에 따른 공탁금을 받는다.

④ 사업시행자는 제2항 제3호의 경우 보상금을 받을 자에게 자기가 산정한 보상금을 지급하고 그 금액과 토지수용위원회가 재결한 보상금과의 차액(差額)을 공탁하여야 한다. 이 경우 보상금을 받을 자는 그 불복의 절차가 종결될 때까지 공탁된 보상금을 수령할 수 없다.

제85조(행정소송의 제기)

① 사업시행자, 토지소유자 또는 관계인은 제34조에 따른 재결에 불복할 때에는 재결서를 받은 날부터 90일 이내에, 이의신청을 거쳤을 때에는 이의신청에 대한 재결서를 받은 날부터 60일 이내에 각각 행정소송을 제기할 수 있다. 이 경우 사업시행자는 행정소송을 제기하기 전에 제84조에 따라 늘어난 보상금을 공탁하여야 하며, 보상금을 받을 자는 공탁된 보상금을 소송이 종결될 때까지 수령할 수 없다.

② 제1항에 따라 제기하려는 행정소송이 보상금의 증감(增減)에 관한 소송인 경우 그 소송을 제기하는 자가 토지소유자 또는 관계인일 때에는 사업시행자를, 사업시행자일 때에는 토지소유자 또는 관계인을 각각 피고로 한다.

제87조(법정이율에 따른 가산지급)

사업시행자는 제85조 제1항에 따라 사업시행자가 제기한 행정소송이 각하·기각 또는 취하된 경우 다음 각 호의 어느 하나에 해당하는 날부터 판결일 또는 취하일까지의 기간에 대하여 「소송촉진 등에 관한 특례법」 제3조에 따른 법정이율을 적용하여 산정한 금액을 보상금에 가산하여 지급하여야 한다.

1. 재결이 있은 후 소송을 제기하였을 때에는 재결서 정본을 받은 날
2. 이의신청에 대한 재결이 있은 후 소송을 제기하였을 때에는 그 재결서 정본을 받은 날

(설문 1)의 해결

Ⅰ 개설(의의 및 취지)

Ⅱ 공탁의 요건 및 절차
1. 내용상 요건(제40조 제2항)
2. 절차(공탁의 관할 및 수령권자)
3. 주소지를 모르는 경우의 공탁

Ⅲ 공탁의 효과
1. 정당한 공탁
2. 미공탁의 효과
3. 하자 있는 공탁의 효과

Ⅳ 공탁금 수령의 효과
1. 정당한 공탁금 수령의 효과
2. 하자 있는 공탁금 수령의 효과
3. 쟁송제기를 이의유보로 볼 수 있는지

Ⅴ 결

(설문 2)의 해결

Ⅰ 쟁점의 정리

Ⅱ 재결신청청구권과 지연가산금
1. 재결신청청구권의 의의 및 취지(토지보상법 제30조)
2. 재결신청청구권과 지연가산금 발생

Ⅲ 지연가산금의 결정절차
1. 지연가산금의 법적 성질
2. 지연가산금도 토지보상법 제34조 재결에 포함되는지 여부
3. 토지보상법 제87조의 취지

Ⅳ 사안의 해결

⊕ (설문 1)의 해결

Ⅰ 개설(의의 및 취지)

보상금의 공탁이란 "재결에서 정한 보상금을 일정한 요건에 해당하는 경우 관할 공탁소에 보상금을 공탁함으로써 보상금의 지급에 갈음하는 것"을 말한다. 이는 재결실효방지, 사전보상실현 및 담보 물권자의 권익보호도모에 취지가 인정된다.

Ⅱ 공탁의 요건 및 절차

1. 내용상 요건(제40조 제2항)

① 보상금을 받을 자가 그 수령을 거부[2]하거나 보상금을 수령할 수 없을 때, ② 사업시행자의 과실 없이 보상금을 받을 자를 알 수 없을 때[3], ③ 관할 토지수용위원회가 재결한 보상금에 대하여 사업 시행자가 불복할 때, ④ 압류나 가압류에 의하여 보상금의 지급이 금지되었을 때에 공탁할 수 있다.

2. 절차(공탁의 관할 및 수령권자)

① 토지소재지의 관할 공탁소(제40조 제2항)에 공탁하고, ② 토지소유자 및 관계인과 승계인이 수령한다(대판 1986.3.25, 84다카2431).

3. 주소지를 모르는 경우의 공탁

보상금을 수령할 자의 등기부상 주소만 나타나 있고 그 등기부상 주소와 실제 주소가 일치하지 않는 다고 볼만한 자료가 없거나 또는 실제 주소를 확인하는 것이 용이하지 않다고 인정되는 경우 기업 자는 피공탁자의 등기부상 주소를 표시하여 유효한 공탁을 할 수 있다(대판 1994.4.15, 93누18594).

Ⅲ 공탁의 효과

1. 정당한 공탁

보상금 지급의무를 이행한 것으로 보아 수용 또는 사용개시일에 목적물을 원시취득한다.

2. 미공탁의 효과

보상금 지급의무를 이행하지 못한바 재결은 실효된다. 단, 이의재결에 의한 증액된 보상금은 공탁

---

[2] 수용보상금 수령을 거절할 것이 명백한 경우, 기업자는 현실제공 없이 바로 보상금을 공탁할 수 있다(대판 1998.10.20, 98다30537).

[3] 기업자가 과실 없이 진정한 토지소유자를 알 수 없는 때에 수용재결에서 정한 보상금을 적법하게 공탁하려면, 공탁원 인을 그와 같은 취지로 기재하고 공탁물을 수령한 자는 갑 또는 을로 표시하여야 할 것이다(대판 1992.10.13, 92누 3212).

하지 않아도 이의재결은 실효되지 않는다고 한다(대판 1992.3.10, 91누8081).

3. 하자 있는 공탁의 효과

판례는 '① 요건미충족, ② 일부공탁, ③ 조건부공탁의 경우는 공탁의 효과가 발생하지 않는다'고 한다(대판 1993.8.24, 92누9548). 따라서 수용사용의 개시일까지 공탁의 하자가 치유되지 않으면 재결은 실효되고 손실보상의무를 부담하게 된다(법 제42조).

Ⅳ 공탁금 수령의 효과

1. 정당한 공탁금 수령의 효과

사업시행자가 토지보상법 제40조 제2항에 따라 공탁한 보상금에 대하여 아무런 이의유보 없이 수령한다면 이는 수용법률관계의 종결효과를 가져온다고 볼 수 있다. 그러나 공탁된 보상금을 수령하면서 이에 불응한다는 이의유보를 남긴 경우라면 수용·사용의 개시일이 경과하더라도 수용법률관계는 종결되지 않는다고 보아야 할 것이다.

2. 하자 있는 공탁금 수령의 효과

공탁요건이 충족되지 않은 하자있는 공탁금을 수령하면서 이의를 유보하는 경우에는 하자치유는 인정되지 않는다. 묵시적 표현(구두)으로도 가능하다. 공탁금을 수령하면서 이의유보를 안한 경우라면 하자치유가 인정된다.

3. 쟁송제기를 이의유보로 볼 수 있는지

판례는 수령 당시 단순히 소송이나 이의신청을 하고 있다는 사실만으로 묵시적으로 그 공탁의 수령에 관한 이의를 유보한 것과 같이 볼 수 없다고 하나(대판 1990.1.25, 89누4109), 최근 대법원은 단순한 사실이 아닌 경우에는 묵시적 이의유보로 본 바 있다(대판 2009.11.12, 2006두15462).

Ⅴ 결

공탁제도는 사전보상제도를 구현하고 재결의 실효를 방지하여 원활한 사업시행을 가능케 하지만, 토지보상법상 공탁에 대한 세부규정이 미흡하므로 쉽게 공탁을 이해할 수 있는 해설서 등을 발간하여 피수용자나 사업시행자의 불이익을 최소화시킬 필요가 있겠다.

⊕ **(설문 2)의 해결 - 쟁점 이해용**

Ⅰ 쟁점의 정리

설문은 재결신청지연에 대한 지연가산금이 발생하였으나 이에 대한 감액청구소송을 제기한 경우, 소송기간 동안의 가산금이 발생되는지가 문제된다. 지연가산금의 성질과 토지보상법 제87조에 규정된 재결에 지연가산금 결정재결도 포함되는지를 검토하여 사안을 해결한다.

Ⅱ 재결신청청구권과 지연가산금

1. 재결신청청구권의 의의 및 취지(토지보상법 제30조)

재결신청청구권은 사업인정 후 협의가 성립되지 않은 경우 피수용자가 사업시행자에게 서면으로 재결신청을 조속히 할 것을 청구하는 권리이다. 이는 피수용자에게는 재결신청권을 부여하지 않았으므로 ① 수용법률관계의 조속한 안정과 ② 재결신청지연으로 인한 피수용자의 불이익을 배제하기 위한 것으로 사업시행자와의 형평의 원리에 입각한 제도이다(대판 1997.10.24, 97다31175).

2. 재결신청청구권과 지연가산금 발생

(1) 원칙

재결신청의 청구를 받은 사업시행자는 재결신청청구가 있는 날로부터 60일 이내에 관할 토지수용위원회에 재결을 신청하여야 한다(제30조 제2항). 사업시행자의 재결신청이 의무기간인 60일을 넘겨서 이루어진 경우에는 그 지연기간에 대하여 '소송촉진 등에 관한 특례법' 규정에 의한 법정이율을 적용하여 산정한 금액을 관할 토지수용위원회에서 재결한 보상금에 가산하여 지급하여야 한다(제30조 제3항). 만약 재결신청을 지연할 만한 특별한 사정이 있는 경우에는 해당 기간에 대한 지연가산금은 발생하지 않는다(대판 2017.4.7, 2016두63361).

(2) 재결이 실효된 경우의 재결신청 청구기간

사업시행자가 수용의 개시일까지 재결보상금을 지급 또는 공탁하지 아니한 때에는 재결은 효력을 상실하고, 사업시행자의 재결신청도 효력을 상실하므로, 사업시행자는 다시 토지수용위원회에 재결을 신청하여야 한다. 그 신청은 재결실효 전에 토지소유자 및 관계인이 이미 재결신청 청구를 한 바가 있을 때에는 재결실효일부터 60일 내에 하여야 하고, 그 기간을 넘겨서 재결신청을 하면 지연된 기간에 대하여도 소송촉진 등에 관한 특례법 제3조에 따른 법정이율을 적용하여 산정한 금액을 지급하여야 한다.

Ⅲ 지연가산금의 결정절차

1. 지연가산금의 법적 성질

토지보상법은 재결이 실효됨으로 인하여 토지소유자 등이 입은 손실을 보상하는 규정(토지보상법 제42조 제2항, 제3항)을 지연가산금 규정과 별도로 두고 있는데, 지연가산금은 사업시행자가 정해진 기간 내에 재결신청을 하지 않고 지연한 데 대한 제재와 토지소유자 등의 손해에 대한 보전이라는 성격을 아울러 가지고 있다. 그 성질이 보상금에 해당한다고 봄이 타당하다.

2. 지연가산금도 토지보상법 제34조 재결에 포함되는지 여부

토지보상법 시행령 제14조 제2항에서는 지연가산금은 토지수용위원회가 재결서에 적어야 하며, 사업시행자는 수용 또는 사용의 개시일까지 보상금과 함께 이를 지급하여야 한다고 규정하고 있다. 지연가산금도 재결보상금과 마찬가지로 수용재결로 정해지고, 그렇기 때문에 지연가산금에 대한 불복은 수용보상금의 증액에 관한 소에 의하여야 하는바, 지연가산금에 대한 불복절차 및 공탁절차가 재결보상금에 대한 해당 절차와 다르지 아니하고, 사업시행자가 행정소송을 제기하지 아니하였다면 피수용자가 수용 개시일까지 지급받을 수 있었을 지연가산금을 불복절차가 종료할 때까지 수령할 수 없는 것 또한 재결보상금의 경우와 동일하다. 따라서 토지보상법 제87조의 경우에 재결보상금과 지연가산금을 달리 볼 이유가 없다.

3. 토지보상법 제87조의 취지

공용수용에 의하여 강제적으로 목적물을 취득하는 사업시행자로 하여금 보상금의 지급을 지연시킬 목적 등으로 행정소송을 남용하는 것을 방지하고, 사업시행자의 일방적인 행정소송으로 인해 피수용자인 토지소유자가 보상금을 수령하지 못하는 기간 동안의 손해를 보전함으로써, 토지소유자의 재산권 등 권익을 보호하고 사업시행자와 토지소유자 간의 형평을 도모하려는 데에 있는바, 재결보상금과 지연가산금을 달리 취급하여 지연가산금의 경우에만 행정소송으로 인해 수령하지 못하는 기간 동안의 손해를 보전해주지 않는 것은 위 입법취지에 반하는 해석이라 할 것이다. 따라서 토지보상법 제30조 제3항 소정의 지연가산금도 동법 제87조의 보상금에 포함된다고 봄이 상당하다.

Ⅳ 사안의 해결

지연가산금은 사업시행자의 재결신청의무 미이행에 손해보전의 성격을 가지며, 토지수용위원회의 재결로 결정되는 바, 소송을 제기하여 이에 대한 지급의무를 이행하지 않는 경우에는 토지보상법 제87조에 따라서 재결서 정본 송달일부터 소송종료일까지 가산금을 별도로 지급하여야 할 것이다.

⊕ (설문 2)의 해결 - 실전 이해용

Ⅰ 쟁점의 정리

설문은 재결신청지연에 대한 지연가산금이 발생하였으나 이에 대한 감액청구소송을 제기한 경우, 소송기간 동안의 가산금이 발생되는지가 문제된다. 지연가산금의 성질과 토지보상법 제87조에 규정된 재결에 지연가산금 결정재결도 포함되는지를 검토하여 사안을 해결한다.

Ⅱ 재결신청청구권과 지연가산금

1. 재결신청청구권의 의의 및 취지(토지보상법 제30조)

재결신청청구권은 사업인정 후 협의가 성립되지 않은 경우 피수용자가 사업시행자에게 서면으로 재결신청을 조속히 할 것을 청구하는 권리이며 수용법률관계의 조속한 안정을 도모한다.

2. 재결신청청구권과 지연가산금 발생

재결신청의 청구를 받은 사업시행자는 재결신청청구가 있는 날로부터 60일 이내에 관할 토지수용위원회에 재결을 신청하여야 하며, 60일을 넘겨서 이루어진 경우에는 그 지연기간에 대하여 '소송촉진 등에 관한 특례법' 규정에 의한 법정이율을 적용하여 산정한 금액을 관할 토지수용위원회에서 재결한 보상금에 가산하여 지급하여야 한다.

Ⅲ 지연가산금의 결정절차

1. 지연가산금의 법적 성질

지연가산금은 사업시행자가 정해진 기간 내에 재결신청을 하지 않고 지연한 데 대한 제재와 토지소유자 등의 손해에 대한 보전이라는 성격을 아울러 가지고 있다. 그 성질이 보상금에 해당한다고 봄이 타당하다.

2. 지연가산금도 토지보상법 제34조 재결에 포함되는지 여부

토지보상법 시행령 제14조 제2항에서는 지연가산금은 토지수용위회가 재결서에 적어야 하며, 사업시행자는 수용 또는 사용의 개시일까지 보상금과 함께 이를 지급하여야 한다고 규정하고 있다. 지연가산금도 재결보상금과 마찬가지로 수용재결로 정해진다.

3. 토지보상법 제87조의 취지

제87조는 사업시행자의 일방적인 행정소송으로 토지소유자가 보상금을 수령하지 못하는 기간 동안의 손해를 보전함에 취지가 인정된다. 행정소송으로 인해 수령하지 못하는 기간 동안의 손해를 보

전해주지 않는 것은 위 입법취지에 반하는 해석이라 할 것이다. 따라서 토지보상법 제30조 제3항 소정의 지연가산금도 동법 제87조의 보상금에 포함된다고 봄이 상당하다.

Ⅳ 사안의 해결

지연가산금은 사업시행자의 재결신청의무 미이행에 손해보전의 성격을 가지며, 토지수용위원회의 재결로 결정되는 바, 소송을 제기하여 이에 대한 지급의무를 이행하지 않는 경우에는 토지보상법 제87조에 따라서 재결서 정본 송달일로부터 소송종료일까지 가산금을 별도로 지급하여야 할 것이다.

대판 2019.1.17, 2018두54675[공탁된 수용보상금에 대한 가산금청구의 소]

[판시사항]

갑 등 토지소유자들이 주택재개발정비사업 시행자에게 수용재결신청을 청구한 날로부터 60일이 지난 후에 사업시행자가 지방토지수용위원회에 수용재결을 신청하였고, 지방토지수용위원회가 공익사업을 위한 토지 등의 취득 및 보상에 관한 법률 제30조 제3항에 따른 지연가산금을 재결보상금에 가산하여 지급하기로 하는 내용의 수용재결을 하자, 사업시행자가 지연가산금 전액의 감액을 구하는 손실보상금감액 청구를 하였으나 청구기각 판결이 확정된 사안에서, 공익사업을 위한 토지 등의 취득 및 보상에 관한 법률 제87조의 '보상금'에는 같은 법 제30조 제3항에 따른 지연가산금도 포함된다고 보아, 수용재결에서 인정된 가산금에 관하여 재결서 정본을 받은 날부터 판결일까지의 기간에 대하여 소송촉진 등에 관한 특례법 제3조에 따른 법정이율을 적용하여 산정한 가산금을 지급할 의무가 있다고 본 원심판단을 수긍한 사례

◢ **사례 23**

철도건설사업 시행자인 갑 공단이 을 소유의 건물 등 지장물에 관하여 중앙토지수용위원회의 수용 재결에 따라 건물 등의 가격 및 이전보상금을 공탁한 다음 을이 공탁금을 출급하자 위 건물의 일부를 철거하였고, 을은 위 건물 중 철거되지 않은 나머지 부분을 계속 사용하고 있었는데, 그 후 병 재개발정비사업조합이 위 건물을 다시 수용하면서 수용보상금 중 위 건물 등에 관한 설치이전비용 상당액을 병 조합과 을 사이에 성립한 조정에 따라 피공탁자를 갑 공단 또는 을로 하여 채권자불확지 공탁을 하였다. 을은 자신이 공탁금출급권의 진실한 권리자라고 주장하면서 민사법원에 공탁금 출급권자 확인청구를 하였다. 공탁금출급청구권이 누구에게 인정되는지 논하시오. 20점

Ⅰ 쟁점의 정리

설문은 공탁금출급권이 갑 또는 을 중 누구에게 인정되는지가 문제된다. 지장물인 경우 이전비로 보상금액이 지급된 경우, ① 갑에게 지장물 물건의 가치 상실을 수인할 의무가 있는지와, ② 을이 관계인으로서 실질적인 처분권을 득하는지 등 누구에게 실질적인 처분권이 인정되는지를 검토하여 사안을 해결한다.

Ⅱ 갑에게 지장물 물건의 가치 상실을 수인할 의무가 발생하는지 여부

1. 토지보상법상 지장물 평가 규정

법 제75조 제1항은 본문에서 지장물인 건축물 등에 대하여는 이전비(물건가격 상한)로 보상하여야 한다는 원칙을 규정하는 한편, 동법 시행규칙 제33조 제4항, 제36조 제1항에서는 물건의 가격으로 보상된 건축물 및 공작물 등에 대하여는 사업시행자의 부담으로 이를 철거하도록 하되, 그 소유자가 해당 건축물 등의 구성부분을 사용 또는 처분할 목적으로 철거하는 경우에는 건축물 등의 소유자로 하여금 해당 비용을 부담하게 하고 있다.

2. 갑에게 물건의 가치 상실을 수인해야 할 의무가 발생하는지 여부

갑은 사업시행에 방해가 되지 않는 상당한 기한 내에 스스로 지장물 또는 그 구성부분을 이전해 가지 않은 이상 사업시행자의 지장물 제거와 그 과정에서 발생하는 물건의 가치 상실을 수인하여야 할 지위에 있다고 봄이 상당하다.

Ⅲ 을이 실질적 처분권자로서 '관계인'에 해당하는지 여부

1. 토지보상법상 보상금 수령권자

토지보상법상 보상금에 대한 권리자는 토지 및 물건에 관하여 소유권이나 그 밖의 권리를 가진 자를 말하며(토지보상법 제2조), 사업인정의 고시가 된 후에 권리를 취득한 자는 기존의 권리를 승계한 자를 제외하고는 관계인에 포함되지 않는다.

2. 을이 지장물의 소유권을 취득하는지 여부

토지보상법 제75조 제1항에서는 지장물의 경우 이전비를 원칙으로 보상하고 제5항에서는 소유권 취득을 위한 수용규정을 두고 있다. 따라서 물건의 가격을 상한으로 이전비를 보상한 경우에는 소유권 취득을 위한 별도의 수용절차가 진행되지 않은 이상 여전히 물건의 원 소유자인 갑에게 소유권이 인정된다고 할 것이다.

3. 을이 실질적 처분권자로서 '관계인'에 해당하는지 여부

을은 철도건설사업에 의해 갑에게 지장물의 이전비를 지급한 사업시행자이며, 사업시행자가 이전비로 보상한 경우에는 물건의 소유권은 취득할 수 없으며 지장물의 소유자에게 그 철거 및 토지의 인도를 요구할 수 없고 자신의 비용으로 직접 이를 제거할 수 있을 뿐이다. 이러한 과정에서 을은 지장물 소유권자가 가지고 있는 해당 물건의 사용·수익·처분(수거 및 철거권 등)에 대한 권한(실질적 처분권)을 이전받은 것으로 볼 수 있고, 이는 토지보상법상 관계인의 지위를 득한 것으로 보아야 한다.

Ⅳ 사안의 해결

갑은 지장물 물건의 소유자이며 스스로 지장물 또는 그 구성부분 중 필요한 부분을 이전해 갈 수 있으나 이전하지 않은 부분에 대해서는 실질적인 처분권한을 포기한 것으로 보아야 한다. 판례도 이러한 부분에 대해서는 물건 가치의 상실에 대한 수인의무가 발생한다고 하였다.

을은 지장물 물건에 대한 실질적인 처분권을 가진 토지보상법상 관계인으로서 지장물 소유자인 갑의 보상금 수령권을 승계받은 것으로 볼 수 있다. 따라서 법원은 을에게 공탁금출급권이 인정됨을 확인할 것이다.

> ✏️ 대판 2019.4.11, 2018다277419[공탁금출급청구권확인]
>
> **[판시사항]**
> [1] 공익사업을 위한 토지 등의 취득 및 보상에 관한 법률상 보상 대상이 되는 '기타 토지에 정착한 물건에 대한 소유권 그 밖의 권리를 가진 관계인'에 수거·철거권 등 실질적 처분권을 가진 자가 포함되는지 여부(적극)

[2] 사업시행에 방해되는 지장물에 관하여 공익사업을 위한 토지 등의 취득 및 보상에 관한 법률 제75조 제1항 단서 제2호에 따라 이전비용에 못 미치는 물건 가격을 보상한 경우, 사업시행자가 지장물의 소유권을 취득하거나 지장물의 소유자에 대하여 철거 및 토지의 인도를 요구할 수는 없고 단지 자신의 비용으로 이를 직접 제거할 수 있을 권한과 부담을 가질 뿐인지 여부(원칙적 적극) 및 이 경우 지장물의 소유자는 사업시행자의 지장물 제거와 그 과정에서 발생하는 물건의 가치 상실을 수인하여야 할 지위에 있는지 여부(원칙적 적극)

[3] 철도건설사업 시행자인 갑 공단이 을 소유의 건물 등 지장물에 관하여 중앙토지수용위원회의 수용재결에 따라 건물 등의 가격 및 이전보상금을 공탁한 다음 을이 공탁금을 출급하자 위 건물의 일부를 철거하였고, 을은 위 건물 중 철거되지 않은 나머지 부분을 계속 사용하고 있었는데, 그 후 병 재개발정비사업조합이 위 건물을 다시 수용하면서 수용보상금 중 위 건물 등에 관한 설치이전비용 상당액을 병 조합과 을 사이에 성립한 조정에 따라 피공탁자를 갑 공단 또는 을로 하여 채권자불확지 공탁을 한 사안에서, 병 조합에 대한 지장물 보상청구권은 을이 아니라 위 건물에 대한 가격보상 완료 후 이를 인도받아 철거한 권리를 보유한 갑 공단에 귀속된다고 보아야 하는데도, 이와 달리 위 건물의 소유권이 을에게 있다는 이유만으로 공탁금출급청구권이 을에게 귀속된다고 본 원심판단에는 법리오해의 잘못이 있다고 한 사례

[판결요지]

[1] 공익사업을 위한 토지 등의 취득 및 보상에 관한 법률상 보상 대상이 되는 '기타 토지에 정착한 물건에 대한 소유권 그 밖의 권리를 가진 관계인'에는 수거·철거권 등 실질적 처분권을 가진 자도 포함된다.

[2] 사업시행자가 사업시행에 방해가 되는 지장물에 관하여 공익사업을 위한 토지 등의 취득 및 보상에 관한 법률 제75조 제1항 단서 제2호에 따라 이전에 소요되는 실제 비용에 못 미치는 물건의 가격으로 보상한 경우, 사업시행자가 당해 물건을 취득하는 제3호와 달리 수용의 절차를 거치지 아니한 이상 사업시행자가 그 보상만으로 당해 물건의 소유권까지 취득한다고 보기는 어렵겠으나, 다른 한편으로 사업시행자는 그 지장물의 소유자가 같은 법 시행규칙 제33조 제4항 단서에 따라 스스로의 비용으로 철거하겠다고 하는 등의 특별한 사정이 없는 한 지장물의 소유자에 대하여 그 철거 및 토지의 인도를 요구할 수 없고 자신의 비용으로 직접 이를 제거할 수 있을 뿐이며, 이러한 경우 지장물의 소유자로서도 사업시행에 방해가 되지 않는 상당한 기한 내에 위 시행규칙 제33조 제4항 단서에 따라 스스로 위 지장물 또는 그 구성부분을 이전해 가지 않은 이상 사업시행자의 지장물 제거와 그 과정에서 발생하는 물건의 가치 상실을 수인(受忍)하여야 할 지위에 있다고 봄이 상당하다. 그리고 사업시행자는 사업시행구역 내 위치한 지장물에 대하여 스스로의 비용으로 이를 제거할 수 있는 권한과 부담을 동시에 갖게 된다.

[3] 철도건설사업 시행자인 갑 공단이 을 소유의 건물 등 지장물에 관하여 중앙토지수용위원회의 수용재결에 따라 건물 등의 가격 및 이전보상금을 공탁한 다음 을이 공탁금을 출급하자 위 건물의 일부를 철거하였고, 을은 위 건물 중 철거되지 않은 나머지 부분을 계속 사용하고 있었는데, 그 후 병 재개발정비사업조합이 위 건물을 다시 수용하면서 수용보상금 중 위 건물 등에 관한

설치이전비용 상당액을 병 조합과 을 사이에 성립한 조정에 따라 피공탁자를 갑 공단 또는 을로 하여 채권자불확지 공탁을 한 사안에서, 갑 공단은 수용재결에 따라 위 건물에 관한 이전보상금을 지급함으로써 위 건물을 철거·제거할 권한을 가지게 되었으므로 공익사업을 위한 토지 등의 취득 및 보상에 관한 법률상 보상 대상이 되는 '기타 토지에 정착한 물건에 대한 소유권 그 밖의 권리를 가진 관계인'에 해당하고, 을은 갑 공단으로부터 공익사업의 시행을 위하여 지장물 가격보상을 받음으로써 사업시행자인 갑 공단의 위 건물 철거·제거를 수인할 지위에 있을 뿐이므로, 병 조합에 대한 지장물 보상청구권은 을이 아니라 위 건물에 대한 가격보상 완료 후 이를 인도받아 철거할 권리를 보유한 갑 공단에 귀속된다고 보아야 하는데도, 위 건물의 소유권이 을에게 있다는 이유만으로 공탁금출급청구권이 을에게 귀속된다고 본 원심판단에는 법리오해의 잘못이 있다고 한 사례

사례 24

사업시행자 갑은 사업토지 내에 있는 입목을 이전하기 위하여 관할 토지수용위원회의 수용재결을 받아 손실보상금을 지급하려 하였으나 을이 수령을 거부하여 재결에서 결정된 손실보상금을 공탁하였다. 그러나 을은 수용개시일까지 자신의 입목을 의도적으로 이전하지 아니하였다. 이에 갑은 공익사업을 위한 토지 등의 취득 및 보상에 관한 법률에 의거하여 관할구청장 병에게 대집행을 신청하였다.

(1) 병은 대집행을 할 수 있는가? [20점] 있다면 그 절차는 어떠한가? [10점]

(2) 만일 이 경우에 을이 입목을 이전하지 아니하는 이유가 갑의 공탁금액이 재결에서 정한 보상금에 미치지 못하기 때문인 경우, 공탁의 요건 및 일부공탁의 효과에 대하여 설명하고 병의 대집행에 대하여 을이 어떠한 권리구제 수단을 강구할 수 있는지 논하시오. [20점]

(설문 1)의 해결

Ⅰ 문제제기

Ⅱ 토지보상법상 대집행의 가능성 여부

1. 대집행의 의의

2. 토지보상법상 대집행의 요건
   (1) 토지보상법 제89조와 행정대집행법 제2조의 관계
   (2) 대집행의 주체
   (3) 대집행의 대상이 되는 의무
   (4) 대집행을 할 수 있는 경우
      1) 의무의 불이행 등이 있을 것
      2) 다른 수단으로는 그 이행확보가 곤란할 것(보충성의 요건)
      3) 의무불이행을 방치함이 심히 공익을 해하는 경우일 것(비례성의 요건)

3. 사안의 경우
   (1) 입목이전의무가 대체적 작위의무인지
   (2) 의무불이행이 있는지 여부
   (3) 다른 수단으로는 그 이행확보가 곤란한가의 여부
   (4) 의무불이행을 방치함이 심히 공익을 해하는 경우인가의 여부
   (5) 사안의 경우

Ⅲ 대집행의 절차

1. 계고

2. 통지

3. 대집행의 실행

4. 비용징수

5. 토지보상법상 대집행과 권리구제

Ⅳ 문제해결

(설문 2)의 해결

Ⅰ 문제제기

Ⅱ 재결에서 정한 보상금에 미달한 금액을 공탁한 경우의 효과

1. 토지보상법상 공탁의 개관
   (1) 공탁의 의의 및 취지
   (2) 공탁의 법적 성질
   (3) 공탁의 요건(토지보상법 제40조 제2항)

2. 일부공탁의 효과(판례)

3. 사안의 경우

Ⅲ 을의 권리구제수단

1. 항고소송

2. 손해배상 및 결과제거 청구

3. 무명항고소송

Ⅳ 문제해결

⊕ **(설문 1)의 해결**

Ⅰ 문제제기

사업시행자 갑은 수용재결을 받아 보상금을 공탁하였으나 을이 입목이전 의무를 다하지 않는 경우에, 관할구청장 병이 대집행을 할 수 있는지가 문제된다. 이러한 문제를 해결하기 위하여 을의 입목이전의무가 대집행의 대상이 되는 의무인지, 즉 대집행의 요건은 무엇이며 사안이 이를 충족하는가를 검토하고 그 절차는 어떠한지 살펴본다.

Ⅱ 토지보상법상 대집행의 가능성 여부

1. 대집행의 의의

대집행이란 대체적 작위의무의 불이행에 대하여, 해당 행정청이 그 의무를 스스로 이행하거나 제3자로 하여금 이행하게 하고, 그 비용을 의무자로부터 징수하는 것을 말한다.

2. 토지보상법상 대집행의 요건

(1) 토지보상법 제89조와 행정대집행법 제2조의 관계

토지보상법 제89조에서 정하고 있는 요건은 대집행을 할 수 있는 요건을 규정한 것으로 볼 것은 아니고, 동법에서 정한 경우라는 것은 의무의 불이행이 있는 상황 또는 의무자에게 의무이행을 강요할 수 없는 상황을 규정한 것이다. 따라서 그러한 상황이 발생한 경우에는 행정대집행법이 정한 요건이 충족되는가를 따져서 대집행을 할 수 있다고 보아야 한다.

(2) 대집행의 주체

피수용자에게 목적물의 인도, 이전의무를 발생시키는 원인은 관할 토지수용위원회의 수용재결이나, 그 의무이행의 확보는 관할 토지수용위원회가 하는 것이 아니고 사업시행자의 신청에 의하여 관할 시·군·구청장이 하게 된다.

(3) 대집행의 대상이 되는 의무

토지보상법 제89조 제1항에서는 '이 법 또는 이 법에 의한 처분으로 인한 의무'라고 규정하고 있다. 대집행은 의무자가 의무를 이행하지 아니하는 경우에 그 의무자가 아닌 행정청이나 제3자가 대신 이행하는 것이므로 타인이 대신하여 줄 수 없는 의무는 대집행의 대상이 되는 의무가 아니다. 따라서 대집행의 대상이 되는 의무는 대체적 작위의무에 한정된다고 본다.

(4) 대집행을 할 수 있는 경우

1) 의무의 불이행 등이 있을 것

토지보상법 제89조는 의무자가 ① 정한 기간 이내에 의무를 이행하지 아니하거나, ② 정한 기간 이내에 완료하기 어려운 경우, ③ 의무자에게 이행하게 하면 현저히 공익이 침해될 우려가 있다고 인정되는 경우를 규정하고 있다.

2) 다른 수단으로는 그 이행확보가 곤란할 것(보충성의 요건)

의무자가 의무를 불이행하는 경우라도 그 의무이행을 확보할 수 있는 여러 가지 수단이 있는 경우에는 필요성의 원칙에 의하여 국민의 권익에 대하여 침익적인 정도가 가장 작은 수단에 의하여야 한다.

3) 의무불이행을 방치함이 심히 공익을 해하는 경우일 것(비례성의 요건)

의무위반자가 누리는 사익과 그 위무위반으로 침해당하는 공익을 비교형량하여 대집행 여부를 결정하여야 한다.

3. 사안의 경우

(1) 입목이전의무가 대체적 작위의무인지

입목의 이전의무는 의무자 이외의 자가 대신 이행할 수 있으므로 대체적 작위의무에 해당한다. 따라서 대집행의 대상이 되는 의무이다.

(2) 의무불이행이 있는지 여부

을은 수용 개시일까지 자신의 입목을 이전하여야 할 의무를 이행하지 아니하였다.

(3) 다른 수단으로는 그 이행확보가 곤란한가의 여부

① 을은 고의로 입목을 이전하고 있지 않으므로 대행이 불가하고, ② 권고 등으로 입목의 이전을 실현할 수 없을 것으로 보인다.

(4) 의무불이행을 방치함이 심히 공익을 해하는 경우인가의 여부

을의 사익보다 공익사업 자체가 모두 중단되어 지체됨으로 피해 보는 공익이 심히 중대하다고 판단된다. 따라서 비례성의 요건도 충족한다.

(5) 사안의 경우

대집행요건이 충족되어 갑은 병에게 대집행 신청을 할 수 있으며 병은 특별한 사정이 없는 한 대집행을 실행해야 할 것이다.

Ⅲ 대집행의 절차

1. 계고[① 의의, ② 법적 성질, ③ 예외규정]

① 대집행 요건이 충족된 경우 먼저 상당한 이행기한을 정하여 의무의 이행을 독촉하는 것을 말한다. 문서로 해야 하며, ② 준법률행위적 행정행위로서 통지행위이다. ③ 비상시 또는 위험이 절박한 경우에 있어서 계고를 취할 여유가 없을 때에는 생략이 가능하다.

2. 통지(① 의의, ② 법적 성질, ③ 예외규정)

① 의무자가 계고를 받고 지정된 기한까지 의무를 이행하지 아니할 때에는 해당 행정청은 대집행영장으로써 대집행을 할 시기, 대집행 책임자의 성명, 대집행에 요하는 비용을 의무자에게 통지하여야 한다. ② 준법률행위적 행정행위이며, ③ 비상시 또는 위험이 절박한 경우 생략이 가능하다.

3. 대집행의 실행(① 의의, ② 법적 성질)

① 사실행위로서 물리적인 실력을 가하여 의무가 이행된 것과 같은 상태를 실현하는 것이다. 스스로 한다는 것은 소속공무원으로 하여금 실행하게 하는 것이고, 제3자로 하여금 하게 한다는 것은 도급계약에 의거 대집행을 행하게 하는 것을 말한다. ② 수인의무를 부과하는 권력적 사실행위이다.

4. 비용징수(① 의의, ② 법적 성질)

① 대집행에 소요된 일체의 비용은 의무자로부터 이를 징수한다. 대집행에 요한 비용은 국세징수법의 예에 의하여 징수할 수 있다. ② 금전납부를 명하는 급부하명이다.

5. 토지보상법상 대집행과 권리구제

대집행 각 절차는 처분성이 인정되어 취소 또는 무효를 구하는 항고소송의 제기가 가능하다. 각 절차는 대집행 달성이라는 하나의 목적을 위한 행위이므로 하자승계가 인정된다(통설 및 판례).

Ⅳ 문제해결

을의 입목 이전 의무는 대체적 작위의무에 해당하고, 을이 그 의무를 불이행하고 있다. 그로 인하여 공익의 침해가 매우 크고 대집행 외의 다른 수단으로는 을의 의무이행을 확보할 수 없으므로 관할 구청장 병은 대집행을 할 수 있다. 대집행의 실시절차는 행정대집행법이 정하는 바에 의하여 계고, 통지, 실행, 비용징수의 절차를 거쳐 실시한다.

⊕ (설문 2)의 해결

Ⅰ 문제제기

본 사안에서 사업시행자 갑은 보상금을 일부만을 공탁하여 을이 그 수령을 거절하고 입목을 이전하지 아니하는 경우로서 갑의 신청에 의하여 병이 대집행을 시행하였다.

따라서 을의 권리구제수단이 무엇인가 문제가 된다. 이를 해결하기 위하여 첫째 보상금의 일부만을 공탁한 경우의 효과가 어떠한지 살펴보고, 둘째 위법하게 대집행이 시행되는 경우의 권리구제 수단은 어떤 것이 있는가를 살펴본다.

Ⅱ 재결에서 정한 보상금에 미달한 금액을 공탁한 경우의 효과

1. 토지보상법상 공탁의 개관

(1) 공탁의 의의 및 취지

보상금의 공탁이란 사업시행자가 보상금을 관할 공탁소에 공탁함으로써 보상금 지급에 갈음하게 하는 것을 말한다. 공탁제도를 통해서 ① 재결실효를 방지하여 공익사업의 원활한 수행을 도모하고, ② 사전보상의 원칙을 실현하여 피수용자의 권익을 보호할 수 있다.

(2) 공탁의 법적 성질

토지보상법상 공탁은 사업시행자의 보상금지급의무에 갈음하기 위한 것이므로 그 본질은 민법상 채권의 소멸원인이 되는 변제 공탁과 같다고 보는 것이 타당하다.

(3) 공탁의 요건(토지보상법 제40조 제2항)

① 보상금 받을 자가 수령을 거부하거나 수령할 수 없는 때, ② 보상금 받을 자를 과실 없이 알 수 없을 때, ③ 사업시행자가 보상금에 불복이 있을 때, ④ 압류 등에 의하여 보상금 지급이 금지되었을 때 등의 사유가 있어야 한다.

2. 일부공탁의 효과(판례)

보상금 지급과 같은 효력을 부여하기 위해서는 보상금 전액을 공탁하여야 한다. 따라서 보상금을 일부만 공탁한 경우에는 보상금 지급의 효력을 부여할 수 없다.

3. 사안의 경우

사안에서 사업시행자 갑은 보상금의 일부만을 공탁하였으므로 이는 보상금 지급효과를 발생시키지 아니한다. 따라서 토지보상법 제42조에 의하여 관할 토지수용위원회의 재결은 실효된다. 재결이 실효된 결과, 을은 해당 재결에 의하여 부과받은 의무인 입목의 이전의무를 부담하지 아니한다.

Ⅲ 을의 권리구제수단

1. 항고소송

을이 부담하지 아니하는 의무에 대하여 병이 대집행을 실시하는 것은 당연히 위법하다고 할 것이므로, 을은 대집행 각 절차가 항고소송의 대상적격으로 인정되므로 각 절차 모두에 대하여 항고소송을 제기할 수 있다. 다만 대집행 절차는 신속히 종료되므로 항고소송의 제기와 함께 집행정지를 신청하여 절차의 속행으로 인한 회복하기 어려운 손해의 발생을 예방하여야 할 것이다.

2. 손해배상 및 결과제거 청구

을이 부담하지 아니하는 의무에 대하여 병이 대집행을 실시하는 것은 위법하다. 그러나 이미 대집행 실시가 완료된 경우에는 협의의 소익이 없어 항고소송을 제기할 수 없다. 따라서 이러한 경우에는 을은 국가나 지방자치단체를 상대로 손해배상을 청구하거나 위법상태가 지속되는 경우에는 결과제거를 청구할 수 있다.

3. 무명항고소송

을은 입목을 이전하여야 할 의무를 부담하지 아니하므로 병이 대집행을 하기 이전에 무명항고소송으로서 예방적 부작위소송 또는 예방적 확인소송을 인정하여야 한다는 주장이 제기되고 있다. 그러나 판례는 무명항고소송을 인정하지 아니하므로 실무적으로 무명항고소송을 제기할 수는 없다.

Ⅳ 문제해결

공탁은 민법상 변제공탁과 같은 것으로 보상금지급의 효과가 있다. 그러나 보상금의 일부만을 공탁한 경우에는 보상금지급 효과가 없으며, 따라서 재결은 실효된다. 그 결과 을은 입목이전의무를 부담하지 아니한다.

을이 입목을 이전할 필요가 없음에도 병이 대집행을 실시하였다면 해당 대집행은 위법하며, 그에 대하여 항고소송, 손해배상, 결과제거의 청구, 무명항고소송의 제기 등과 같은 다양한 구제수단을 모색할 수 있다.

✱ 대집행 추가쟁점 2010년 제52회 사법시험

> **문제 1**
>
> A시는 택지개발사업을 위해 관련 법령에 따른 절차를 거쳐 갑 소유의 토지 등을 취득하고자 갑과 보상에 관하여 협의하였으나 협의가 성립되지 않았다. 이에 A시는 관할 토지수용위원회에 재결을 신청하여 "A시는 갑의 토지를 수용하고, 갑은 그 지상 공작물을 이전한다. A시는 갑에게 보상금으로 1억원을 지급한다."라는 취지의 재결을 받았다. 그러나 갑은 보상금이 너무 적다는 이유로 보상금 수령을 거절하였다. 그러자 A시는 보상금을 공탁하였고, A시장은 갑에게 보상 절차가 완료되었음을 이유로 위 토지상의 공작물을 이전하고 토지를 인도하라고 명하였다.
>
> (2) 갑이 공작물이전명령 및 토지인도명령에 응하지 않을 경우 A시장은 이를 대집행할 수 있는가?

> **답안**
>
> **1. 대집행의 상황요건**
>
> 공법상 의무의 불이행이 있고, 보충성요건도 충족된다(시장의 행정지도와 같은 방법으로는 공작물의 이전이나 토지의 인도라는 결과를 얻어내기가 어려워 보인다). 그리고 A시장의 갑에 대한 보상 절차가 완료되었음에도 공작물의 이전과 토지인도의무를 불이행하고 있기에 공익침해 요건도 문제되지 않는다. 따라서 설문의 경우 대체적 작위의무위반일 것의 요건이 문제된다.
>
> **2. 공작물의 이전명령**
>
> 공작물의 이전명령은 대체적 작위의무로 의무위반 시 대집행이 가능하다.
>
> **3. 토지의 인도명령**
>
> (1) 토지인도의무가 대체적 작위의무에 해당하는지 여부
>
> 설문의 경우 토지보상법 제43조, 제44조 및 제89조가 시장 등이 토지나 물건의 인도나 이전을 대행할 수 있음을 규정하고 있어 문제가 된다.
>
> (2) 토지보상법 제43조, 제89조의 토지인도의무가 대집행의 대상이 되는지 여부
>
> 판례에 따를 때 시장은 대집행을 할 수 없다.

사례 25

사업시행자 갑은 공익사업의 시행을 위하여 일단의 토지를 수용취득하였다. 사업지구 내에 주택을 소유하고 있는 을과 세입자 병은 보상금이 적어서 다른 곳으로 이사를 갈 수 없으니 사업지구 인근에 새로이 이주택지를 만들어 줄 것을 요청하면서 주택의 인도를 이행하고 않고 완강히 버티고 있다. 병은 수용취득에 있어서 전세보증금 2천만원과 주거이전비 및 이사비를 받지 못하였으므로 완전보상이 이루어지지 않았음을 추가로 주장하고 있다. 을과 병이 인도이전 의무를 이행하지 않아서 사업에 현저한 지장이 생겼고, 병은 토지보상법 제95조의2 제2호 위반을 이유로 형사법원에 기소되었다.

(1) 토지취득 절차를 설명하고, 병에게 인도이전의무가 부과되는지 논하시오. 15점

(2) 형사법원은 어떠한 판결을 내려야 하는가? 15점

공익사업을 위한 토지 등의 취득 및 보상에 관한 법률(약칭 '토지보상법')

제43조(토지 또는 물건의 인도 등)

토지소유자 및 관계인과 그 밖에 토지소유자나 관계인에 포함되지 아니하는 자로서 수용하거나 사용할 토지나 그 토지에 있는 물건에 관한 권리를 가진 자는 수용 또는 사용의 개시일까지 그 토지나 물건을 사업시행자에게 인도하거나 이전하여야 한다.

제62조(사전보상)

사업시행자는 해당 공익사업을 위한 공사에 착수하기 이전에 토지소유자와 관계인에게 보상액 전액(全額)을 지급하여야 한다. 다만, 제38조에 따른 천재지변 시의 토지 사용과 제39조에 따른 시급한 토지 사용의 경우 또는 토지소유자 및 관계인의 승낙이 있는 경우에는 그러하지 아니하다.

제95조의2(벌칙)

다음 각 호의 어느 하나에 해당하는 자는 1년 이하의 징역 또는 1천만원 이하의 벌금에 처한다.

1. 제12조 제1항을 위반하여 장해물 제거 등을 한 자
2. 제43조를 위반하여 토지 또는 물건을 인도하거나 이전하지 아니한 자

⊕ (설문 1)의 해결

Ⅰ 쟁점의 정리

수용재결의 절차와 효력을 검토하여 병에게 인도이전의무가 발생되었는지를 논하고자 하다.

Ⅱ 공용수용의 취득 절차와 그 효력

1. 손실보상의 의의 및 절차

손실보상이란 공공필요에 의한 개인의 특별한 희생을 보상해주는 것으로서 헌법 제23조 제3항에서는 정당한 보상을 법률로 하도록 규정하고 있으며, 토지보상법에서는 협의취득 절차와 수용취득 절차를 규정하고 있다.

2. 수용취득 절차

사업시행자는 토지 등 소유자와 소유권외의 권리자들과 성실하게 협의하되 협의가 성립되지 못한 경우에는 사업인정에 의해서 발생된 수용권을 실행하여 토지를 원시취득 할 수 있다.

(1) 사업인정

사업인정이란 공익사업을 토지 등을 수용 또는 사용할 사업으로 결정하는 것을 말하며(제2조 제7호), ① 사업 전의 공익성 판단, ② 사전적 권리구제(의견청취, 절차참여), ③ 수용행정의 적정화, ④ 피수용자의 권리보호에 취지가 있다.

(2) 사업인정 전·후 협의절차

협의란 사업대상 재산권에 대한 양 당사자의 의사의 합치로서 ① 최소침해요청과, ② 사업의 원활한 진행, ③ 피수용자의 의견존중에 취지가 있다. 사업인정 전·후 절차중복을 피하기 위해서 토지보상법 제26조 제2항에서는 사업인정 전 협의를 거치고 조서변동이 없을 시에 생략할 수 있다고 규정하고 있다.

(3) 재결신청청구와 재결신청

사업인정 이후에 협의가 성립되지 않으면, 사업시행자는 관할 토지수용위원회에 재결신청을 청구할 수 있으며, 토지소유자 등은 사업시행자에게 재결신청할 것을 청구할 수 있다. 재결이란 사업시행자에게 부여된 수용권의 구체적인 내용을 결정하고 그 실행을 완성시키는 형성적 행위이다.

(4) 재결의 효력

1) 절차종결 시(재결 시)

절차종결 시의 효과로는 ① 사업시행자의 손실보상금 지급·공탁의무, ② 피수용자의 목적물 인도·이전의무, ③ 위험부담이전, 관계인에게는 물상대위권이 발생한다.

2) 효과발생일(개시일)

수용개시일에는 사업시행자는 목적물의 원시취득 및 대행·대집행권, 토지소유자에게는 환매권 등의 효과가 발생한다.

3) 분리하여 정한 취지

수용 또는 사용의 개시일까지 사전보상을 실현하고 목적물의 인도·이전을 완료하여 원활한 사업을 도모하기 위함이다.

Ⅲ 사안의 해결

병이 세입자로서 주거인전비와 이사비를 지급받아야 함에도 불구하고 이를 받지 못한 경우에는 보상액 전액을 지급받지 못한 것이므로 이는 보상법 제62조의 사전보상 원칙을 실현하지 못한 것이 된다. 따라서 재결의 효력으로서 병에게는 인도이전의무가 발생되지 않는다.

⊕ **(설문 2)의 해결**

Ⅰ 쟁점의 정리

판결의 전제로서 형사법원이 '을에 대한 인도이전의무 위반'을 심리·판단할 수 있는지가 문제된다. 선결문제로서 형사법원이 인도이전의무를 이행하지 않은 것이 토지보상법의 위반인지를 심사할 수 있는지 검토한다.

Ⅱ 형사법원의 위법성 심사가능성

1. 선결문제 논의

선결문제는 소송의 본안사건 판단을 위해 필수적인 전제로 되는 문제를 말하며, 민사법원이나 형사법원이 행정행위의 위법성이나 무효 여부나 부존재 등을 심리할 수 있는가 하는 문제로서 나타나게 된다.

2. 공정력과 구성요건적 효력

구성요건적 효력이란 유효한 행정행위가 존재하는 한, 모든 행정기관과 법원은 그 행정행위와 관련된 자신들의 결정에 해당 행위의 존재와 효과를 인정해야 하고 그 내용에 구속되는데, 이와 같은 구속력을 구성요건적 효력이라고 한다. 공정력은 행정행위의 상대방에 대한 구속력을 말하는데, 제3자에 대한 구속력은 구속요건적 효력과 관련되므로 이하에서는 이를 적용한다.

3. 형사법원의 심리범위

(1) 문제점

행정소송법 제11조에서는 처분 등의 효력 유무 또는 존재 여부는 민사소송의 수소법원이 이를 심리·판단할 수 있다고 규정하나, 단순 위법인 경우는 명문의 규정이 없는바 학설, 판례의 검토가 필요하다.

(2) 행정행위의 효력을 부인해야 하는 경우

이때에 선결문제로서 위법한 행정행위의 효력 자체를 부인할 수 있는가의 여부가 제기될 때에는 해당 민사 또는 형사법원은 이를 선결문제로서 심리할 수 없다고 보는 것이 일반적이다. 일설은 인권보장을 위하여 행정행위의 효력을 부인할 수 있다고 본다.

(3) 행정행위의 위법성 확인이 문제인 경우

1) 학설

① 행정소송법 제11조 제1항을 제한적으로 해석하고, 구성요건적 효력은 행정행위의 적법성 추정력을 의미하므로 부정하는 견해와 ② 행정소송법 제11조 제1항을 예시적으로 해석하고, 구성요건적 효력은 유효성 통용력을 의미한다고 하여 긍정하는 견해가 있다.

2) 판례

대법원은 '토지소유자가 아닌 임차인이 토지소유자의 동의도 없이 불법형질변경을 하였는데도 구청장이 토지소유자에게 원상복구의 시정명령을 하여 이를 불이행함으로서 토지소유자가 기소된 사안에서, 토지의 형질을 변경한 자도 아닌 자에 대한 원상복구의 시정명령은 위법하다고 할 것이다'고 하여 선결문제로서 위법확인이 가능하다고 본다.

3) 검토

생각건대 형사법원이 위법성을 확인해도 행정행위의 효력을 부정하는 것이 아니므로 긍정설이 타당하며, 소송경제적인 이유와 개인의 권리보호의 관점에서도 타당하다고 볼 것이다.

4. 사안의 경우

설문상 수목소유자는 수용개시일 이후, 수목에 대한 이전의무를 부담하지 않으므로 이전명령 의무위반행위는 인정되지 않는다. 따라서 이의 의무위반을 이유로 기소된 경우 형사법원은 토지보상법 위반사항이 없음을 이유로 무죄판결을 내릴 것이다.

Ⅲ 사안의 해결

설문상 병은 수용취득에 있어서 전세보증금 2천만원과 주거이전비 및 이사비를 받지 못하였으므로 완전보상이 이루어지지 않았음을 알 수 있다. 이는 토지보상법상 사전보상의 원칙에 위배되고, 또한 재결의 효력으로서 인도이전의무는 발생하지 않은 것으로 보이는 바, 형사법원은 토지보상법 제95조의2 위반에 대해서 무죄판결을 내릴 것이다.

✎ 대판 2021.7.29, 2019도13010

[공익사업을 위한 토지 등의 취득 및 보상에 관한 법률위반]

[판시사항]

주택재개발사업의 사업시행자가 수용재결에 따른 보상금을 지급하거나 공탁하고 공익사업을 위한 토지 등의 취득 및 보상에 관한 법률 제43조에 따라 부동산의 인도를 청구하는 경우, 현금청산대상자나 임차인 등이 주거이전비 등을 보상받기 전에는 구 도시 및 주거환경정비법 제49조 제6항 단서에 따라 주거이전비 등의 미지급을 이유로 부동산의 인도를 거절할 수 있는지 여부(적극) / 이때 현금청산대상자나 임차인 등이 수용개시일까지 수용대상 부동산을 인도하지 않은 경우, 공익사업을 위한 토지 등의 취득 및 보상에 관한 법률 제43조, 제95조의2 제2호 위반죄로 처벌할 수 있는지 여부(소극)

[판결요지]

공익사업을 위한 토지 등의 취득 및 보상에 관한 법률(이하 '토지보상법'이라 한다)은 제43조에서 "토지소유자 및 관계인과 그 밖에 토지소유자나 관계인에 포함되지 아니하는 자로서 수용하거나 사용할 토지나 그 토지에 있는 물건에 관한 권리를 가진 자는 수용 또는 사용의 개시일까지 그 토지나 물건을 사업시행자에게 인도하거나 이전하여야 한다."라고 정하고, 제95조의2 제2호에서 이를 위반하여 토지 또는 물건을 인도하거나 이전하지 아니한 자를 처벌한다고 정하고 있다.

구 도시 및 주거환경정비법(2017.2.8. 법률 제14567호로 전부 개정되기 전의 것, 이하 '구 도시정비법'이라 한다) 제49조 제6항은 '관리처분계획의 인가·고시가 있은 때에는 종전의 토지 또는 건축물의 소유자·지상권자·전세권자·임차권자 등 권리자는 제54조의 규정에 의한 이전의 고시가 있은 날까지 종전의 토지 또는 건축물에 대하여 이를 사용하거나 수익할 수 없다. 다만 사업시행자의 동의를 받거나 제40조 및 토지보상법에 따른 손실보상이 완료되지 아니한 권리자의 경우에는 그러하지 아니하다.'고 정하고 있다. 이 조항은 토지보상법 제43조에 대한 특별규정으로서, 사업시행자가 현금청산대상자나 임차인 등에 대해서 종전의 토지나 건축물의 인도를 구하려면 관리처분계획의 인가·고시만으로는 부족하고 구 도시정비법 제49조 제6항 단서에서 정한 대로 토지보상법에 따른 손실보상이 완료되어야 한다.

구 도시정비법 제49조 제6항 단서의 내용, 그 개정 경위와 입법 취지, 구 도시정비법과 토지보상법의 관련 규정의 체계와 내용을 종합하면, 토지보상법 제78조 등에서 정한 주거이전비, 이주정착금, 이사비 등(이하 '주거이전비 등'이라 한다)도 구 도시정비법 제49조 제6항 단서에서 정하는 '토지보상법에 따른 손실보상'에 해당한다. 따라서 주택재개발사업의 사업시행자가 공사에 착수하기 위하여 현금청산대상자나 임차인 등으로부터 정비구역 내 토지 또는 건축물을 인도받기 위해서는 협의나 재결절차 등에서 결정되는 주거이전비 등을 지급할 것이 요구된다. 사업시행자가 수용재결에서 정한 토지나 지장물 등 보상금을 지급하거나 공탁한 것만으로 토지보상법에 따른 손실보상이 완료되었다고 보기 어렵다.

사업시행자가 수용재결에 따른 보상금을 지급하거나 공탁하고 토지보상법 제43조에 따라 부동산의 인도를 청구하는 경우 현금청산대상자나 임차인 등이 주거이전비 등을 보상받기 전에는 특별한 사정이 없는 한 구 도시정비법 제49조 제6항 단서에 따라 주거이전비 등의 미지급을 이유로 부동산의 인도를 거절할 수 있다. 따라서 이러한 경우 현금청산대상자나 임차인 등이 수용개시일까지 수용대상 부동산을 인도하지 않았다고 해서 토지보상법 제43조, 제95조의2 제2호 위반죄로 처벌해서는 안 된다.

[참조조문]
공익사업을 위한 토지 등의 취득 및 보상에 관한 법률 제43조, 제78조, 제95조의2 제2호, 구 도시 및 주거환경정비법(2017.2.8. 법률 제14567호로 전부 개정되기 전의 것) 제49조 제6항(현행 제81조 제1항 참조)

[이유]
상고이유(상고이유서 제출기간이 지난 다음 제출된 상고이유보충서들은 이를 보충하는 범위에서)를 판단한다.

1. 주택재개발정비사업 구역 내 토지나 건축물을 점유하고 있는 현금청산대상자나 임차인이 사업시행자에게 수용개시일까지 토지 등을 인도할 의무가 있는지 여부와 그 의무 위반으로 인한 형사책임

「공익사업을 위한 토지 등의 취득 및 보상에 관한 법률」(이하 '토지보상법'이라 한다)은 제43조에서 "토지소유자 및 관계인과 그 밖에 토지소유자나 관계인에 포함되지 아니하는 자로서 수용하거나 사용할 토지나 그 토지에 있는 물건에 관한 권리를 가진 자는 수용 또는 사용의 개시일까지

그 토지나 물건을 사업시행자에게 인도하거나 이전하여야 한다."라고 정하고, 제95조의2 제2호에서 이를 위반하여 토지 또는 물건을 인도하거나 이전하지 아니한 자를 처벌한다고 정하고 있다. 구 「도시 및 주거환경정비법」(2017.2.8. 법률 제14567호로 전부 개정되기 전의 것, 이하 '구 도시정비법'이라 한다) 제49조 제6항은 '관리처분계획의 인가·고시가 있은 때에는 종전의 토지 또는 건축물의 소유자·지상권자·전세권자·임차권자 등 권리자는 제54조의 규정에 의한 이전의 고시가 있은 날까지 종전의 토지 또는 건축물에 대하여 이를 사용하거나 수익할 수 없다. 다만 사업시행자의 동의를 받거나 제40조 및 토지보상법에 따른 손실보상이 완료되지 아니한 권리자의 경우에는 그러하지 아니하다.'고 정하고 있다. 이 조항은 토지보상법 제43조에 대한 특별규정으로서, 사업시행자가 현금청산대상자나 임차인 등에 대해서 종전의 토지나 건축물의 인도를 구하려면 관리처분계획의 인가·고시만으로는 부족하고 구 도시정비법 제49조 제6항 단서에서 정한 대로 토지보상법에 따른 손실보상이 완료되어야 한다.

구 도시정비법 제49조 제6항 단서의 내용, 그 개정 경위와 입법 취지, 구 도시정비법과 토지보상법의 관련 규정의 체계와 내용을 종합하면, 토지보상법 제78조 등에서 정한 주거이전비, 이주정착금, 이사비 등(이하 '주거이전비 등'이라 한다)도 구 도시정비법 제49조 제6항 단서에서 정하는 '토지보상법에 따른 손실보상'에 해당한다. 따라서 주택재개발사업의 사업시행자가 공사에 착수하기 위하여 현금청산대상자나 임차인 등으로부터 정비구역 내 토지 또는 건축물을 인도받기 위해서는 협의나 재결절차 등에서 결정되는 주거이전비 등을 지급할 것이 요구된다. 사업시행자가 수용재결에서 정한 토지나 지장물 등 보상금을 지급하거나 공탁한 것만으로 토지보상법에 따른 손실보상이 완료되었다고 보기 어렵다(대법원 2021.6.30. 선고 2019다207813 판결 참조).

사업시행자가 수용재결에 따른 보상금을 지급하거나 공탁하고 토지보상법 제43조에 따라 부동산의 인도를 청구하는 경우 현금청산대상자나 임차인 등이 주거이전비 등을 보상받기 전에는 특별한 사정이 없는 한 구 도시정비법 제49조 제6항 단서에 따라 주거이전비 등의 미지급을 이유로 부동산의 인도를 거절할 수 있다. 따라서 이러한 경우 현금청산대상자나 임차인 등이 수용개시일까지 수용대상 부동산을 인도하지 않았다고 해서 토지보상법 제43조, 제95조의2 제2호 위반죄로 처벌해서는 안 된다.

2. 이 사건에 대한 판단

원심은 현금청산대상자인 피고인이 수용개시일까지 수용대상 부동산을 인도하지 않은 행위가 토지보상법 제43조, 제95조의2 제2호 위반죄에 해당한다고 보아 이 사건 공소사실을 유죄로 인정하였는데, 주거이전비 등은 사전보상의 원칙이 적용되는 손실보상금에 해당하기 어렵다는 이유로 주거이전비 등이 지급되었는지 여부에 대해서는 심리하지 않았다. 원심판결은 토지보상법 제43조, 제95조의2 제2호 위반죄의 성립에 관한 법리를 오해하여 필요한 심리를 다하지 않아 판결에 영향을 미친 잘못이 있다. 이를 지적하는 상고이유 주장은 정당하다.

3. 결론

나머지 상고이유에 대한 판단을 생략한 채 원심판결을 파기하고 사건을 다시 심리·판단하도록 원심법원에 환송하기로 하여, 대법관의 일치된 의견으로 주문과 같이 판결한다.

사례 26

사업시행자 갑은 대규모 공원사업의 시행을 위하여 을의 토지를 수용하기로 하고 사업인정을 신청하였다. 국토교통부장관은 공원사업의 공익성을 인정하여 사업인정을 적법하게 고시하였고 일련의 절차가 신속하게 진행되었다. 보상금은 중앙토지수용위원회의 재결에 의하여 2014년 1월 2일 '1천만원'으로 결정되었다. 을은 상기의 보상금을 인정할 수 없다고 주장하면서 보상금 수령을 거부하였고, 갑은 2014년 1월 5일 관할 공탁소에 1천만원을 공탁하였다. 을은 보상금증액에 대한 이의신청을 제기하였고, 공탁소에 이의를 유보한 채 1천만원을 수령하였다. 중앙토지수용위원회는 2014년 1월 10일에 보상금 3백만원을 증액하는 이의재결을 하였다. 한편 을은 증액된 보상금 액수에 만족하지 못하여 보상금 5천만원의 증액을 요구하는 보상금증액청구소송을 제기하였다. 을은 보상금증액청구소송을 제기하면서 시가감정을 의뢰하였고, 이에 따른 감정비용 5백만원을 예납하였다. 2014년 1월 14일 을은 이의재결에서 증액된 3백만원을 수령하면서 별도의 이의를 유보하지 않았다. 2014년 1월 18일 보상금증액청구소송의 1차 변론이 있었는데 사업시행자는 을이 이의유보 없이 증액된 3백만원을 가져간 부분에 대해서는 알면서도 별다른 이의를 제기하지 아니하였다. 2014년 1월 25일 2차 변론일에 와서야 갑은 을이 이의유보 없이 증액된 보상금 3백만원을 수령하였으므로 보상금지급의무를 다하였고, 이에 따라 수용절차가 종결되었으므로 보상금증액청구소송은 소의 이익이 없어서 각하되어야 한다고 주장하고 있다.

(1) 공탁의 요건 및 효력을 설명하시오. 10절

(2) 갑의 주장의 타당성을 검토하시오. 10절

(3) 만약, 갑이 을의 요구대로 5천만원의 보상금을 지급하였음에도 을이 고의로 토지의 인도, 이전의무를 다하지 않는다면, 갑이 취할 수 있는 토지보상법상의 수단을 설명하시오. 30절

Ⅰ 쟁점의 정리

1. (물음 1) 공탁이란 재결에서 정한 보상금을, 토지보상법상 요건에 해당하는 경우 관할 공탁소에 공탁함으로써 보상금의 지급에 갈음하는 것을 말한다. 이와 관련하여 공탁의 효력을 설명한다.

2. (물음 2) '갑' 주장의 타당성과 관련하여, 을의 보상금 수령이 이의재결의 취지를(보상금 다툼의 종결) 받아들이는 것으로 볼 수 있는지가 문제된다. 따라서 증액된 보상금을 수령할 당시, 보상금 증액청구소송을 제기하였다는 사실만으로 묵시적인 의사표시의 유보가 있는 것으로 인정될 수 있는지 검토한다.

3. (물음 3) 수용재결이 있게 되면 토지소유자는 토지 등의 인도·이전 의무(제43조)를 부담하게 된다. 이러한 의무이행을 확보하기 위해서 토지보상법에서는 대행(제44조) 및 대집행(제89조)을 규정하고 있다.

Ⅱ [설문 1] 공탁의 요건 및 효력

1. 공탁의 요건(토지보상법 제40조 제2항)

① 보상금을 받을 자가 그 수령을 거부하거나 보상금을 수령할 수 없는 때, ② 사업시행자의 과실 없이 보상금을 받을 자를 알 수 없는 때, ③ 관할 토지수용위원회가 재결한 보상금에 대하여 사업시행자의 불복이 있는 때, ④ 압류 또는 가압류에 의하여 보상금의 지급이 금지된 경우에 공탁할 수 있다.

2. 공탁의 효과

(1) 정당한 공탁

보상금지급의무를 이행한 것으로 보아 수용·사용의 개시일에 목적물을 원시취득한다.

(2) 미공탁의 효과

보상금지급의무를 이행하지 못한바 재결은 실효된다. 단, 이의재결에 의한 증액된 보상금은 공탁하지 않아도 이의재결은 실효되지 않는다고 한다(판례).

(3) 하자 있는 공탁의 효과

판례는 ① 요건미충족 ② 일부공탁 ③ 조건부공탁의 경우는 공탁의 효과가 발생하지 않는다고 한다. 따라서 수용·사용의 개시일까지 공탁의 하자가 치유되지 않으면 재결은 실효되고 실효에 따른 손실보상의무를 부담하게 된다(토지보상법 제42조).

3. 공탁금 수령의 효과

(1) 정당한 공탁금 수령의 효과

사업시행자가 토지보상법 제40조 제2항에 따라 공탁한 보상금에 대하여 아무런 이의유보 없이 수령한다면 이는 수용법률관계의 종결효과를 가져온다고 볼 수 있다. 그러나 공탁된 보상금을 수령하면서 이에 불응한다는 이의유보를 남긴 경우라면 수용·사용의 개시일이 경과하더라도 수용법률관계는 종결되지 않는다고 보아야 할 것이다.

(2) 하자 있는 공탁금 수령의 효과

공탁요건이 충족되지 않은 하자있는 공탁금을 수령하면서 이의를 유보하는 경우에는 하자치유는 인정되지 않는다. 묵시적 표현(구두)으로도 가능하다. 공탁금을 수령하면서 이의유보를 안한 경우라면 하자치유가 인정된다.

(3) 쟁송제기를 이의유보로 볼 수 있는지

판례는 수령 당시 단순히 소송이나 이의신청을 하고 있다는 사실만으로 묵시적으로 그 공탁의 수령에 관한 이의를 유보한 것과 같이 볼 수 없다고 하나, 최근 대법원은 단순한 사실이 아닌 경우에는 묵시적 이의유보로 본 바 있다.

Ⅲ [설문 2] 갑주장의 타당성 검토

1. 문제점

이의유보 없이 공탁금을 수령하면 보상금액에 대한 다툼이 종결된다. 따라서 소송을 하고 있는 경위를 종합하여 보상금액에 대한 다툼을 종결하려는 의사가 있는지를 판단하여야 한다.

2. 관련 판례의 태도

① 대법원은 단순히 소송이나 이의신청을 하고 있다는 사실만으로는 묵시적으로 그 공탁의 수령에 관한 이의를 유보한 것과 같이 볼 수 없다고 판시한 바 있으나, ② 시가감정비용의 예납 및 이의재결에서 증액된 보상금액과 당사자가 요구하는 증액보상금의 차이 등을 고려하여 묵시적인 이의유보가 있었는지 여부, 즉 보상금액의 다툼을 종결하려는 의사유무를 판단한 바 있다.

3. 판례의 검토

쟁송제기는 공탁취지의 승인과 양립할 수 없는 것이므로, 최근 판례의 태도는 구체적인 사안의 개별성을 검토하여 공탁취지의 실효성을 고려한 것으로 판단된다.

4. 사안에서 '갑'주장의 타당성

① 설문에서 을은 보상금증액청구소송을 제기하면서 5백만원이라는 감정비용을 예납하였다. ② 또한 피수용자가 수령한 증액보상금은 청구금액 5천만원의 1/10에도 미치지 못하는 금액이고 ③ 사업시행자는 1차 변론에서 이의유보를 하지 않은 것에 대해, 알면서도 별다른 이의를 제기하지 않았다. ④ 이러한 점들을 고려한다면 을은 이의재결의 증액 보상금에 대하여는 보상금증감청구소송을 통하여 확정될 정당한 수용보상금의 일부로 수령한다는 묵시적인 의사표시의 유보가 있었다고 볼 수 있을 것이다. 따라서 갑의 주장은 타당성이 결여된다.

Ⅳ [설문 3] 토지보상법상 대행(토지보상법 제44조) 및 대집행(제89조)

1. 대행(토지보상법 제44조)

(1) 의의 및 취지

① 토지나 물건을 인도 이전하여야 할 자가 고의·과실 없이 그 의무를 수행할 수 없을 때, 또는 사업시행자가 과실 없이 토지나 건물의 인도·이전 의무가 있는 자를 알 수 없을 때에 사업시행자의 신청에 의하여 시·군·구청장이 대행하는 것으로서, ② 사업의 원활한 시행을 도모한다.

(2) 법적 성질

① 행정대집행의 일종으로 보는 견해가 있으나, ② 이는 대집행의 요건 및 절차가 적용되지 않으므로 토지보상법 제89조 요건에 해당하지 않는 부분의 특례로 보는 것이 타당하다.

(3) 요건

① 인도, 이전 의무자가 고의, 과실 없이 의무를 이행할 수 없거나, ② 사업시행자가 과실 없이 의무자를 알 수 없을 때, ③ 사업시행자의 신청에 의하여 대행한다.

(4) 대행청구대상의 범위

수용목적물이 아니더라도 사업추진에 방해가 되는 것이면 대행청구의 대상이 된다고 본다.

2. 대집행(토지보상법 제89조)

(1) 의의 및 취지

공법상 대체적 작위의무의 불이행시에 행정청이 그 의무를 스스로 행하거나 제3자로 하여금 행하게 하고 의무자로부터 비용을 징수하는 것으로서, 공익사업의 원활한 수행을 위한 제도적 취지가 인정된다.

(2) 요건

1) 신청요건

① 이 법(토지보상법) 또는 이 법에 의한 처분으로 생긴 의무를 이행하지 않거나, ② 기간 내에 의무를 완료하기 어려운 경우, ③ 의무자로 하여금 의무를 이행하게 함이 현저히 공익을 해한다고 인정되는 경우에 사업시행자는 시·도지사 및 시·군·구청장에게 대집행을 신청할 수 있다.

2) 실행요건(행정대집행법 제2조)

① 공법상 대체적 작위의무의 불이행이 있고, ② 다른 수단으로의 이행확보가 곤란하며, ③ 의무불이행의 방치가 심히 공익을 해한다고 인정될 것을 요건으로 한다. ④ 요건을 충족하는 경우에도 대집행권의 발동 여부는 재량에 속할 것인데 토지보상법 제89조에서는 시·도지사 등은 정당한 사유가 없는 한 이에 응해야 한다고 규정하고 있다.

3) 의무이행자의 보호(제89조 제3항)

국가, 지방자치단체는 의무를 이행해야 할 자의 보호를 위하여 노력하여야 한다. 이는 공익사업현장에서 인권침해 방지를 위한 노력을 강구하고자 하는 입법취지가 있다.

3. 인도, 이전 의무가 대집행 대상인지

(1) 문제점

인도·이전 의무는 비대체적 작위의무인데 토지보상법 제89조에서는 이 법에 의한 의무로 규정하고 있는 바, 토지보상법 제89조 규정을 대집행법의 특례규정으로 보아 대집행을 실행할 수 있는지가 문제된다.

(2) 견해의 대립

① 토지보상법 제89조는 수용자 본인이 인도한 것과 같은 법적 효과의 발생을 목적으로 하므로 (합리적, 합목적적 해석) 대집행을 할 수 있다고 보는 긍정설과 ② 토지보상법 제89조의 의무도 대체적 작위의무에 한정된다고 보아 부정하는 견해가 대립된다.

(3) 판례

토지보상법 제89조의 '인도'에는 명도도 포함되는 것으로 보아야 하고, 이러한 명도의무는 그것을 강제적으로 실현하면서 직접적인 실력행사가 필요한 것이지 대체적 작위의무라고 볼 수 없으므로 특별한 사정이 없는 한 행정대집행법에 의한 대집행의 대상이 될 수 있는 것은 아니라고 판시한 바 있다.

(4) 검토

대집행은 국민의 권익침해의 개연성이 높으므로 토지보상법 제89조의 의무를(법치행정의 원리상) 명확한 근거 없이 비대체적 작위의무로까지 확대해석할 수는 없다고 할 것이다.

4. 사안의 경우

① 을이 고의로 인도·이전의무를 다하고 있지 않으므로 대행으로써 인도·이전의무의 실효성을 확보하기는 어려울 것으로 보인다. ② 또한 인도에 포함된 명도의무는 대체적 작위의무라고 볼 수 없으므로 특별한 사정이 없는 한 대집행의 실행도 어려울 것으로 보인다.

Ⅴ 사안의 해결(및 개선안)

1. 공탁제도는 사전보상제도를 구현하고 재결의 실효를 방지하여 원활한 사업시행을 가능케 하지만, 토지보상법상 공탁에 대한 세부규정이 미흡하므로 쉽게 공탁을 이해할 수 있는 해설서 등을 발간하여 피수용자나 사업시행자의 불이익을 최소화시킬 필요가 있다.

2. 을이 감정비용을 예납하고, 시가감정을 의뢰한 점과 이의재결에서 증액된 보상금을 훨씬 초과하는 보상금증액을 요구하는 소송을 제기한 점 등을 고려할 때, 을의 증액된 보상금 수령은 묵시적인 이의를 유보한 것으로 볼 수 있으므로 갑의 주장은 인정되기 어려울 것이다.

3. 설문에서 대집행은 인도, 이전의 실효적인 확보수단이 되지 못한다. 따라서 궁극적으로 ① 공익사업의 홍보 및 피수용자와의 관계개선을 통하여 자발적 참여를 도모하는 것이 중요하고, ② 입법적으로 직접강제 및 새로운 실효성 확보수단의 법적 근거를 마련할 필요성이 인정된다.

사례 27

공익사업을 위한 토지 등의 취득 및 보상에 관한 법률상 대집행을 설명하고, 토지소유자 및 관계인이 수용 또는 사용의 개시일까지 해당 토지나 물건을 인도하거나 이전하지 아니하는 경우에 대집행으로 이를 강제할 수 있는지 검토하시오. 30점

Ⅰ 서

행정주체는 공익실현을 위해서 특정 국민에게 일방적 의사표시로서 의무를 부과할 수 있으며, 그것이 법에 적합한 행정작용일 경우에는 그 국민은 부여받은 의무를 이행하여야만 한다. 그 의무를 이행하지 아니할 경우에는 행정대집행법에 근거하여 행정청은 대집행을 할 수 있으며, 토지보상법에서도 공용수용법률관계 속에서의 국민의 의무이행을 담보하기 위해서 대집행을 규정하고 있다. 이하에서는 토지보상법상 대집행을 살펴보고, 토지소유자 및 관계인이 토지, 물건의 인도, 이전의무를 이행하지 아니하는 경우에 대집행으로 이를 강제할 수 있는지 검토하도록 한다.

Ⅱ 토지보상법상 대집행

1. 토지보상법상 대집행의 의의 및 근거

대집행이란 대체적 작위의무의 불이행이 있는 경우에 해당 행정청이 스스로 의무자가 행할 행위를 하거나 제3자로 하여금 이를 행하게 하고 그 비용을 의무자로부터 징수하는 것이다. 대집행의 일반법으로서 '행정대집행법'이 있고, 토지보상법 제89조 등과 같이 개별법에서 근거를 마련하고 있다.

토지보상법 제89조는 사업시행자가 기초지방자치단체에게 대집행을 신청하고, 신청을 받은 지방자치단체장이 대집행을 할 수 있도록 근거를 마련하고 있다.

2. 토지보상법상 대집행의 요건

(1) 대체적 작위의무일 것

토지보상법 또는 토지보상법에 의한 처분에 의해 부여된 의무가 대체적 작위의무여야 한다.

(2) 의무불이행 등이 있을 것

의무자가 의무를 이행하지 아니하거나, 기간 내 완료가 어렵거나, 의무자의 이행이 공익을 해한다고 인정될 것을 요한다.

(3) 비례성의 요건이 충족될 것

행정대집행은 "다른 수단으로 이행확보가 곤란"하고, "불이행 방치가 심히 공익을 해한다고 인정"될 때 대집행을 할 수 있도록 하고 있다. 그러나 토지보상법은 이러한 규정을 두고 있지 않다. 행정대집행법의 상기 요건은 비례의 원칙이 대집행에도 적용됨을 규정한 것에 불과하며, 그러한 규정이 없어도 당연히 대집행 행사는 비례원칙에 의한 제한을 받는다고 보아야 한다. 따라서 토지보상법에 그러한 규정이 없더라도 행정대집행법상의 보충성, 상당성 요건은 요구된다.

(4) 사업시행자의 신청

1) 사업시행자의 대집행 신청권

사업시행자의 대집행청구권은 사업시행자가 수용목적물의 소유자로서 가지는 권리가 아니라, 공용수용의 효과로 부여된 권리이다. 수용의 목적물이 아닌 물건에 대하여도 대집행을 신청할 수 있다. 사업시행자는 상기와 같은 대집행 요건이 모두 충족된 경우에 광역 또는 지방자치단체장에게 대집행할 것을 신청한다.

2) 대집행 신청에 응할 의무규정

사업시행자의 대집행 신청에 대하여 시·도지사 또는 시·군·구청장은 정당한 사유가 없는 한 그 신청에 응하여야 할 의무가 있다. 종전 토지수용법은 시·도지사 등이 신청에 응하여야 한다는 의무규정이 없어, 지방자치단체가 선거권자인 주민들의 눈치 보기 행정으로 공익사업이 지연되는 등의 폐단이 있어 토지보상법은 의무규정을 도입하였다.

3. 토지보상법상 대집행의 절차

토지보상법은 대집행의 구체적인 절차에 대해서는 규정을 두고 있지 아니하므로, 일반법인 행정대집행법상의 절차에 따라 대집행을 진행하게 된다. 따라서 계고, 대집행영장에 의한 통지, 대집행의 실행, 대집행비용의 징수의 단계를 통해서 의무자의 의무이행을 확보하게 된다.

4. 토지보상법상 대집행과 권리구제

① 대집행 각 절차는 처분성이 인정되어 취소 또는 무효를 구하는 항고소송의 제기가 가능하다. 각 절차는 대집행 달성이라는 하나의 목적을 위한 행위이므로 하자승계가 인정된다(통설, 판례). ② 다만 대집행 실행 후에는 계고, 통지에 대한 항고소송은 협의의 소익이 부정될 것이다. ③ 따라서 항고소송 제기와 집행정지신청을 하여 실행을 막을 필요가 있다. ④ 협의의 소익이 부정된 경우에도 국가배상청구는 가능하고, 실행 후 위법상태가 지속된다면 결과제거청구도 가능할 것이다. 다만, ⑤ 현행법상 대집행 실행의 금지를 구하는 무명항고소송은 인정되기 어려울 것으로 보인다.

Ⅲ 토지, 물건의 인도 또는 이전의무와 대집행

1. 물건의 이전의무와 대집행

물건의 이전의무는 대체적 작위의무이므로 대집행의 대상이 될 수 있다.

2. 대체성 있는 물건의 인도의무

대체성 있는 물건의 경우 점유자가 인도를 거부하는 경우 대체성 있는 다른 물건을 타인으로 하여금 급부시키고 의무자에게 대금과 인도비용을 징수하는 방법으로 대집행이 가능하다.

3. 토지 및 대체성 없는 물건의 인도의무와 대집행

(1) 개설

토지보상법상 대집행의 대상이 되는 의무에 토지 및 대체성 없는 물건의 인도의무와 같은 비대체적인 작위의무가 포함되는 것으로 볼 수 있는지가 문제된다.

(2) 학설

1) 대집행이 불가하다는 견해

토지보상법 제89조의 의무와 행정대집행법 제2조의 의무는 대체적 작위의무로 동일하며, 토지보상법 제89조는 대집행법 제2조의 의무범위와 관련하여 특칙이 아니다. 대집행의 본질상 대체적 작위의무가 아닌 경우에는 대집행이 불가하기 때문이다.

2) 대집행이 가능하다는 견해

토지보상법 제89조의 의무가 행정대집행법 제2조의 의무는 물론 대체적 작위의무가 아닌 것도 포함하는 것으로 본다. 토지보상법 제89조는 대집행법 제2조의 의무범위와 관련하여 특칙이기 때문이고, 토지보상법 제89조를 규정한 취지를 합목적적으로 해석할 필요가 있기 때문에 꼭 실력으로 해야만 하는 것은 아니라고 보면 가능할 수도 있다.

(3) 판례

① 도시공원시설인 매점점유자의 점유배제는 대체적 작위의무에 해당하지 않으므로 대집행의 대상이 아니라고 한다.

② 토지보상법 제89조의 '인도'에는 명도도 포함되는 것으로 보아야 하고, 이러한 명도의무는 그것을 강제적으로 실현하면서 직접적인 실력행사가 필요한 것이지 대체적 작위의무라고 볼 수 없으므로 특별한 사정이 없는 한 행정대집행법에 의한 대집행의 대상이 될 수 있는 것은 아니라고 판시한 바 있다.

③ 철거의무 약정을 하였다 하더라도 그 명도의무는 대집행대상이 아니라고 판시한 바 있다.

(4) 검토

대집행은 그 본질상 토지 등의 인도의무를 대상으로 한다고 보기 어렵다. 현실적으로도 대집행이 곤란하여 사업시행에 지장이 초래되고 있으며, 법률 외적인 다른 보상을 추가로 마련하거나 공권력을 투입하여 강제하고 있다. 일본의 경우에도 나리타 공항건설시 위험방지를 위한 경찰권발동 및 공무집행방해죄를 적용하여 해결한 예가 있으나 이는 탈법적인 수단이라 할 것이다.

Ⅳ 결

토지 및 대체성 없는 물건의 인도의무는 점유자의 점유를 실력으로 배제하여야만 하므로 대체적인 작위의무가 아니며, 대집행의 본질상 대집행으로 이를 강제할 수 없다. 다만 현실적으로는 대집행이 불가능하여 위법, 탈법적인 직접강제가 행하여지고 있다.

따라서 엄격한 요건을 규정하여 국민의 권익침해를 최소화하면서 공익사업의 원활한 진행을 확보할 수 있도록 직접강제의 근거규정을 마련하는 것도 또 다른 하나의 대안으로 검토할 필요성이 있다고 본다.

◆ 사례 **28**

사업시행자 甲은 경기도 파주시 일원에 대규모 출판단지를 건설하고자 '공익사업을 위한 토지 등의 취득 및 보상에 관한 법률'(이하 '토지보상법')에 따라서 국토교통부장관에게 사업인정을 신청하여 적법한 절차에 따라 사업인정을 받았다. 그 후 사업시행자 甲은 토지의 수용과 관련하여 공익사업지역 내에 있는 토지소유자 乙 등과 보상협의를 하였으나 과수나무 등의 이전비보상문제로 합의에 이르지 못하였다. 그러자 甲은 중앙토지수용위원회에 수용재결을 신청하였고, 이에 대한 수용재결이 결정되었다. 그에 따라 甲이 이전비를 포함한 손실보상금을 지급하려고 하였으나 乙 등이 수령을 거부하였고, 수용 개시일이 다가오자 甲은 보상금을 관할 공탁소에 공탁하였다. 그러나 수용 개시일이 지난 후에도 乙 등은 과수나무를 이전하지 않고 여전히 토지를 사용하고 있어서 사업시행자 甲은 관할 행정청 丙에게 대집행을 신청하였다.

(1) 대집행 신청을 받은 丙이 공익사업의 절차를 신속하게 진행하려고 계고를 생략한 상태로 대집행 영장통지를 하였다. 乙 등은 계고를 생략할 긴급한 필요가 없음에도 이를 생략한 것은 위법하다고 주장한다. 乙 등의 주장은 타당한가? 15점

(2) 위의 사안에서 丙이 계고통지와 대집행영장에 의한 통지를 거쳐 대집행을 실행하였는데, 사업시행자 甲의 공탁금이 재결한 보상금액에 미달하는 금액이라면 乙은 대집행실행을 다툴 수 있는가? 15점

⊕ (설문 1)의 해결

Ⅰ 쟁점의 정리

설문은 계고를 생략한 토지에 대해서 을이 다툴 수 있는지를 묻고 있다. 대집행은 계고, 통지, 실행, 비용징수의 절차를 거치게 되는 바, 계고의 법적 성질 및 계고요건의 충족여부에 대해 검토하여 설문을 해결한다.

Ⅱ 계고의 법적 성질 및 계고요건 등

1. 행정대집행의 의의(행정대집행법 제2조) 및 요건

행정대집행법상의 대집행이란 대체적 작위의무(타인이 대신하여 이행할 수 있는 작위의무)의 불이행이 있는 경우에 해당 행정청이 스스로 의무자가 행할 행위를 하거나 제3자로 하여금 이를 행하게 하고 그 비용을 의무자로부터 징수하는 것을 말하며, ① 행정법상의 대체적 작위의무를 의무자가 이행하지 않고 있어야 하며, ② 다른 수단으로써 이행을 확보하기 곤란하고 또한 그 불이행을 방치함이 심히 공익을 해할 것으로 인정될 때에만 대집행이 가능하다.

2. 계고의 의의 및 법적 성질

계고는 상당한 기간 내에 의무의 이행을 하지 않으면 대집행을 한다는 의사를 사전에 통지하는 행위이다. 계고처분이 행해지면 행정청은 행정대집행법 제3조 제2항에 의해 대집행영장을 발급할 수 있는 권한을 갖게 되는 법적 효과가 발생하므로 계고의 법적 성질은 준법률행위적 행정행위이다.

3. 계고의무

대집행을 하기 위하여는 미리 계고하여야 한다(행정대집행법 제3조 제1항). 다만, "비상시 또는 위험이 절박한 경우에 있어서 해당 행위의 급속한 실시를 요하여 계고를 취할 여유가 없을 때에는 계고를 거치지 아니하고 대집행을 할 수 있다"(제3조 제3항).

4. 계고요건(대집행법 제3조)

① 대집행의 계고에 있어서는 의무자가 이행하여야 할 행위와 그 의무불이행 시 대집행할 행위의 내용 및 범위가 구체적으로 특정되어야 한다. ② 계고처분은 문서로 하여야 한다. ③ 계고처분은 상당한 이행기간(사회통념상 의무자가 스스로 의무를 이행하는 데 필요한 기간)을 정하여야 한다. ④ 계고시에 대집행의 요건이 충족되고 있어야 한다.

Ⅲ 사안의 해결

계고는 대집행의 1단계 절차로써, 계고 시에는 대집행의 일반요건을 모두 충족하여야 하며 이를 생략할 긴급한 사정이 없는 한, 생략되어서는 안 될 것이다. 과수나무의 이전은 대체적 작위의무로 서 대집행의 대상이며, 행정지도나 조언 등의 수단을 통해서 그 이전을 실행시킬 수도 없는 것으로 보인다. 또한 이를 방치하게 되면 공익사업을 통한 공익실현이 저해되는 바, 대집행요건을 충족하는 것으로 볼 수 있다. 다만, 설문상 계고를 생략할 만한 긴급한 상황이나, 위험이 급박한 사정은 보이지 않으므로 계고를 생략한 것은 위법하다고 볼 수 있다. 따라서 을은 대집행영장 통지에 대한 항고소송을 제기하여 계고생략에 대한 위법성을 다툴 수 있을 것이다.

⊕ (설문 2)의 해결

Ⅰ 쟁점의 정리

설문은 보상금지급의무를 다하지 않은 대집행실행에 대해서 다툴 수 있는지를 묻고 있다. 대집행의 대상은 '이행되지 않은 대체적 작위의무'인데 설문에서는 사업시행자가 보상재결에서 결정된 보상 금액에 미달하는 금액을 공탁한 바, 이러한 공탁에 의해서도 인도·이전의무가 발생하는지를 검토하여 설문을 해결한다.

Ⅱ 대집행 요건충족 여부(수목이전이 대체적 작위의무인지)

1. 대집행의 의의 및 요건

행정대집행법상의 대집행이란 대체적 작위의무(타인이 대신하여 이행할 수 있는 작위의무)의 불이행이 있는 경우에 해당 행정청이 스스로 의무자가 행할 행위를 하거나 제3자로 하여금 이를 행하게 하고 그 비용을 의무자로부터 징수하는 것을 말하며, ① 행정법상의 대체적 작위의무를 의무자가 이행하지 않고 있어야 하며, ② 다른 수단으로써 이행을 확보하기 곤란하고 또한 그 불이행을 방치함이 심히 공익을 해할 것으로 인정될 때에만 대집행이 가능하다.

2. 사안의 경우

통상 수목의 이전은 대체적 작위의무이며, 설문상 해당 수목을 이전하는 데 특수한 기술이 요구되어 소유자 이외의 자로 하여금 이행시킬 수 없다거나 소유자가 신체로서 점유하여 점유해제가 필요한 경우가 아닌 것으로 보이므로, 과수나무의 이전의무는 대체적 작위의무로 볼 수 있다.

Ⅲ 인도·이전의무의 발생 여부

1. 문제점

상기에서 검토된 수목인도이전의무가 발생하기 위해서는 정당한 보상금의 지급 또는 공탁이 필요한데, 설문에서는 재결에서 결정된 보상금에 미치지 못하는 공탁이 이루어진 바, 이러한 공탁에 의해서도 정당한 보상금의 지급효과가 발생하는지를 검토한다.

2. 공탁의 의의 및 취지(토지보상법 제40조)

보상금의 공탁이란 "재결에서 정한 보상금을 일정한 요건에 해당하는 경우 관할 공탁소에 보상금을 공탁함으로써 보상금의 지급에 갈음하는 것"을 말한다. 이는 재결실효방지, 사전보상 실현 및 담보물권자의 권익보호 도모에 취지가 인정된다.

3. 보상금 공탁의 성질

공탁은 보상금지급의무에 갈음되어 재결실효를 방지할 목적이 있으므로 변재공탁으로 봄이 합당하다. 사업시행자가 재결에 불복하여 그 재결에서 정한 보상금액과 자기가 예정한 보상금액의 차액을 공탁한 경우는 일종의 담보공탁이라고 할 수 있겠다.

4. 공탁의 요건 및 절차

(1) 내용상 요건(제40조 제2항)

① 보상금을 받을 자가 그 수령을 거부하거나 보상금을 수령할 수 없는 때, ② 사업시행자의 과실 없이 보상금을 받을 자를 알 수 없는 때, ③ 관할 토지수용위원회가 재결한 보상금에 대하여 사업시행자의 불복이 있는 때, ④ 압류 또는 가압류에 의하여 보상금의 지급이 금지된 때에 공탁할 수 있다.

(2) 절차(공탁의 관할 및 수령권자)

① 토지소재지의 관할 공탁소(제40조 제2항)에 공탁하고, ② 토지소유자 및 관계인과 승계인이 수령한다.

5. 공탁의 효과

(1) 정당한 공탁

보상금지급의무를 이행한 것으로 보아 수용 또는 사용개시일에 목적물을 원시취득한다.

(2) 미공탁의 효과

보상금지급의무를 이행하지 못한바 재결은 실효된다. 단, 이의재결에 의한 증액된 보상금은 공탁하지 않아도 이의재결은 실효되지 않는다고 한다(판례).

(3) 하자 있는 공탁의 효과

판례는 '① 요건미충족, ② 일부공탁, ③ 조건부공탁의 경우는 공탁의 효과가 발생하지 않는다'고 한다. 따라서 수용사용의 개시일까지 공탁의 하자가 치유되지 않으면 재결은 실효되고 손실보상의무를 부담하게 된다(토지보상법 제42조).

6. 공탁금 수령의 효과

사업시행자가 토지보상법 제40조 제2항에 따라 공탁한 보상금에 대하여 아무런 이의유보 없이 수령한다면 이는 수용법률관계의 종결효과를 가져온다고 볼 수 있다. 그러나 공탁된 보상금을 수령하면서 이에 불응한다는 이의유보를 남긴 경우라면 수용·사용의 개시일이 경과하더라도 수용법률관계는 종결되지 않는다고 보아야 할 것이다.

7. 사안의 경우

설문에서의 공탁금은 재결에서 정한 정당한 보상금에 미치지 못하므로 하자 있는 공탁이라 할 것이며, 그에 따라 수용의 개시일에 해당 재결은 실효된 것으로 볼 수 있다. 따라서 재결의 실효로 인하여 재결에 따른 의무도 실효되는 것으로 보아야 하므로, '을' 등에게는 인도·이전의무가 발생하지 않는다고 할 것이다.

Ⅳ 사안의 해결(구제방법 등)

과수나무의 이전의무는 대체적 작위의무로서 대집행 대상에 해당되나, 설문에서는 사업시행자가 보상금의 지급의무를 다하지 못하여 재결이 실효된 것으로 보아야 할 것이다. 따라서 소유자에게는 인도·이전의무가 발생하지 않음에도 이를 대집행으로 실행한 것은 위법하다고 볼 것이다. '을' 등은 만약 설문상 대집행 실행이 종료된 경우라면 결과제거청구권을 행사하거나, 손해배상을 청구할 수 있을 것이고, 종료되지 않은 경우라면 대집행 취소(또는 무효)소송을 제기하면서 집행정지를 신청할 수 있을 것이다.

🔸 **사례 29**

A광역시 지방의회 의원인 갑은 자신의 지역구 내의 아파트 하자보수공사에 개입하여 금품을 수수하였을 뿐만 아니라, A광역시의 임시직 공무원인 지방전문직 공무원의 계약에도 개입하여 그 대가로 금품과 성 향응을 제공받는 등의 행위가 지역신문에 보도되면서 지역여론의 흐름은 갑의원이 더 이상 의원활동을 해서는 안 된다는 방향으로 악화되고 있었다. 그러는 가운데, 부패추방과 밝은 사회건설을 목적으로 A광역시의 종교·교육·문화·기업·노동계 등의 뜻있는 사람들로 결성된 시민단체인 "A광역시부패추방본부"(이하, 'B단체')는 특히 갑의 지방전문직 공무원의 계약 개입과 관련하여 강력하게 규탄하며 갑에 대한 퇴진운동을 벌였다. 사태가 이렇게 되자 갑과 인척 관계에 있는 A광역시의 시장인 을은 종전 시장 병의 재임시기부터 B단체가 부패신고 접수·회의·정기모임 등을 위해 사무실로 이용할 목적으로 A광역시 시청사 건물의 일부에 대해 주기적으로 소액의 사용료를 지불하고 사용허가를 받아 현재까지 점유·사용하고 있다는 점에 주목하여 갑자기 시장 을은 "전임 병 시장의 B단체에 대한 사용허가 그 자체에 하자가 있다"는 명목을 내세워 그 사용허가를 취소하는 취지를 B단체에 통고하였다. 그러나 B단체는 을시장의 이러한 통고에도 불구하고 현재까지 시청사 내의 사무실 명도의무를 이행하고 있지 않다. 이에 을시장은 B단체를 상대로 계고처분을 하였다. 이러한 가운데, 갑의원에 대한 A광역시 의회는 즉각 진상조사위원회를 구성하여 갑의 비위사실을 조사하였으며, 그 결과 지역신문의 기사 내용은 진실한 것으로 밝혀져 A광역시 의회는 지방자치법에 따라 갑의원에 대해 징계절차로 본회의에 회부한바, 재직의원 2/3이상의 찬성으로 제명을 의결하였다. 이 제명의결에 대해 갑 자신은 불만이 많다. 시장 을 또한 A광역시의회가 한 징계 제명의결에 분노를 느끼면서도 곧 있을 지방자치단체장 선거에서 재선과 관련하여 지역여론이 자신에게 불리하게 돌아간다는 사실을 주시하고, 위 B단체에 대한 사용허가 취소가 애초부터 문제가 있다는 점을 스스로 알고 다시 이를 취소해야겠다고 마음먹고 있다.

위 사안에서 을 시장이 한 대집행 계고처분은 대집행의 요건을 갖추고 있는가? [20점]

Ⅰ 쟁점의 정리

Ⅱ 대집행의 의의 및 요건 등

  1. 대집행의 의의 및 절차

  2. 대집행의 요건

    (1) 공법상 의무의 불이행

    (2) 대체적 작위의무일 것

    (3) 보충성 요건

    (4) 의무의 불이행을 방치하는 것이 심히 공익을 해할 것

Ⅲ 점유자의 퇴거 및 명도의무가 대집행의 대상인지 여부

  1. 관련 판례의 태도

  2. 검토

Ⅳ 사안의 해결

Ⅰ 쟁점의 정리

설문에서는 대집행 계고처분이 행정대집행법상 대집행의 요건을 갖춘 것인지 문제된다. 특히 명도의무가 대집행의 대상이 되는 타인이 대신하여 행할 수 있는 행위에 해당하는지가 관건이다.

Ⅱ 대집행의 의의 및 요건 등

1. 대집행의 의의 및 절차

대집행이란 대체적 작위의무의 불이행이 있는 경우 해당 행정청이 불이행된 의무를 스스로 행하거나 제3자로 하여금 이행하게 하고, 그 비용을 의무자로부터 징수하는 것을 말한다(행정대집행법 제2조). 대집행은 계고, 대집행영장의 통지, 대집행 실행, 비용의 징수라는 일련의 과정을 이룬다.

2. 대집행의 요건

(1) 공법상 의무의 불이행

사법상 의무의 불이행은 대집행의 대상이 되지 않는다(대판 1975.4.22, 73누215). 공법상 의무는 법률에 의해 직접 명령되는 경우도 있지만, 대부분 법률에 의거한 행정청의 명령에 의해 생긴다.

(2) 대체적 작위의무일 것

대체적 작위의무란 대집행의 대상이 되는 의무로서 타인이 대신하여 행할 수 있는 행위가 부과된 의무를 말한다. 여기서 작위의무라 해도 타인이 대신하여 행할 수 없는 행위는 대집행의 대상이 되지 않는다. 비대체적 작위의무는 대집행의 대상이 아니다.

(3) 보충성 요건

불이행된 의무를 다른 수단으로는 이행을 확보하기 곤란한 경우라야 한다. 이는 행정상 비례의 원칙, 즉 최소침해의 원칙이 적용됨을 뜻한다.

(4) 의무의 불이행을 방치하는 것이 심히 공익을 해할 것

협의의 비례의 원칙을 강조하여 규정한 것이다. 비례의 원칙에 위배되는지 여부는 법원이 판단할 수 있는 사항이며, 다만 행정청은 요건이 충족되는 경우 권한행사에 재량을 가질 뿐이라고 본다.

Ⅲ 점유자의 퇴거 및 명도의무가 대집행의 대상인지 여부

1. 관련 판례의 태도

"① 도시공원시설인 매점점유자의 점유배제는 대체적 작위의무에 해당하지 않으므로 대집행의 대상이 아니라고 한다. ② 토지보상법 제89조의 '인도'에는 명도도 포함되는 것으로 보아야 하고, 이러한 명도의무는 그것을 강제적으로 실현하면서 직접적인 실력행사가 필요한 것이지 대체적 작위의무라고 볼 수 없으므로 특별한 사정이 없는 한 행정대집행법에 의한 대집행의 대상이 될 수 있는 것은 아니다. ③ 철거의무 약정을 하였다 하더라도 그 명도의무는 대집행대상이 아니다"고 하여 명도의무는 대집행의 대상이 아니라고 한다.

2. 검토

물건의 인도는 대체성이 있는 물건에 한하여 대집행이 가능하다. 대체성이 있는 다른 물건을 타인으로 하여금 급부시키고 의무자로부터 물건 값과 인도비용을 징수하는 방법으로 대집행을 행할 수 있다.

그러나 토지·건물의 명도는 대집행의 대상이 될 수 없다. 왜냐하면 토지나 건물은 통상 대체성이 없고 따라서 강제력에 의한 토지나 건물의 명도는 점유자 자신에 대한 물리력의 행사를 수반하므로 직접강제의 대상이 될 수 있을 뿐 대집행의 대상이 될 수 없다고 본다.

Ⅳ 사안의 해결

사안의 경우에 사용허가가 취소된 상태에서 무단으로 사무실을 사용하는 B단체를 강제적으로 퇴거시키기 위해서는 B단체가 사무실을 점유하지 못하도록 하고 점유이전을 받아야 하는데, 이러한 의무는 직접적인 실력행사가 필요한 것이지 대체적 작위의무에 해당하는 것이 아니다. 따라서 을의 대집행 계고는 대집행의 요건을 모두 갖추지 못하고 있다.

 사례 **30**

서울시 도시계획구역 내에 노후건축물을 소유하고 있는 갑은 자신의 건물이 노후하여 붕괴될 우려가 있음에도 불구하고 대지에 대한 소유권분쟁으로 개축을 할 수 없던 중, 2014.8.1. 구청장의 허가 없이 건물을 대수선하였다. 그러나 대수선으로 인하여 도로교통법, 소방법 등의 기타 관련법률 조항을 위반한 바는 없다. 이에 대하여 관할 구청장 을은 "갑이 구청장의 허가 없이 대수선한 해당 건물의 수선부분을 2014.10.1.까지 철거하라"는 명령을 하였으나, 갑이 이에 응하지 아니하자 구청장 을은 2014.10.15. 갑에 대하여 2011.14.15.까지 자진철거하지 않는다면 대집행할 것을 계고장을 통해 계고하였다(철거기간은 통상 14일이면 충분하다고 한다).

(1) 갑은 을 구청장을 상대로 계고처분의 취소를 구하는 취소소송을 제기하려 한다. 갑의 청구는 인용될 수 있겠는가? [10점]

(2) 갑은 구청장 을의 계고에 대하여 90일이 지나도록 아무런 행정쟁송을 하지 아니하고 있던 중, 구청장 을이 계고에 이어 대집행영장을 발하고 대수선부분에 대한 대집행을 실시한 후 갑에게 대집행비용을 납부하라는 명령을 발하자, 갑은 비로소 계고처분의 위법성을 주장하면서 비용납부명령의 취소를 구하는 취소소송을 제기하고자 한다. 갑의 이러한 청구는 인용될 수 있겠는가? [20점]

참조
조문

[건축법]

제11조(건축허가)

① 건축물을 건축하거나 대수선하려는 자는 특별자치시장·특별자치도지사 또는 시장·군수·구청장의 허가를 받아야 한다. 다만, 21층 이상의 건축물 등 대통령령으로 정하는 용도 및 규모의 건축물을 특별시나 광역시에 건축하려면 특별시장이나 광역시장의 허가를 받아야 한다.

② 시장·군수는 제1항에 따라 다음 각 호의 어느 하나에 해당하는 건축물의 건축을 허가하려면 미리 건축계획서와 국토교통부령으로 정하는 건축물의 용도, 규모 및 형태가 표시된 기본설계도서를 첨부하여 도지사의 승인을 받아야 한다.

　　1. 제1항 단서에 해당하는 건축물. 다만, 도시환경, 광역교통 등을 고려하여 해당 도의 조례로 정하는 건축물은 제외한다.

　　2. 자연환경이나 수질을 보호하기 위하여 도지사가 지정·공고한 구역에 건축하는 3층 이상 또는 연면적의 합계가 1천 제곱미터 이상인 건축물로서 위락시설과 숙박시설 등 대통령령으로 정하는 용도에 해당하는 건축물

　　3. 주거환경이나 교육환경 등 주변 환경을 보호하기 위하여 필요하다고 인정하여 도지사가 지정·공고한 구역에 건축하는 위락시설 및 숙박시설에 해당하는 건축물

제79조(위반 건축물 등에 대한 조치 등)

① 허가권자는 이 법 또는 이 법에 따른 명령이나 처분에 위반되는 대지나 건축물에 대하여 이 법에 따른 허가 또는 승인을 취소하거나 그 건축물의 건축주·공사시공자·현장관리인·소유자·관리자 또는 점

유자(이하 "건축주 등"이라 한다)에게 공사의 중지를 명하거나 상당한 기간을 정하여 그 건축물의 해체·개축·증축·수선·용도변경·사용금지·사용제한, 그 밖에 필요한 조치를 명할 수 있다.

[행정대집행법]

제2조(대집행과 그 비용징수)
법률(법률의 위임에 의한 명령, 지방자치단체의 조례를 포함한다. 이하 같다)에 의하여 직접명령되었거나 또는 법률에 의거한 행정청의 명령에 의한 행위로서 타인이 대신하여 행할 수 있는 행위를 의무자가 이행하지 아니하는 경우 다른 수단으로써 그 이행을 확보하기 곤란하고 또한 그 불이행을 방치함이 심히 공익을 해할 것으로 인정될 때에는 당해 행정청은 스스로 의무자가 하여야 할 행위를 하거나 또는 제삼자로 하여금 이를 하게 하여 그 비용을 의무자로부터 징수할 수 있다.

제3조(대집행의 절차)
① 전조의 규정에 의한 처분(이하 '대집행'이라 한다)을 하려함에 있어서는 상당한 이행기한을 정하여 그 기한까지 이행되지 아니할 때에는 대집행을 한다는 뜻을 미리 문서로써 계고하여야 한다. 이 경우 행정청은 상당한 이행기한을 정함에 있어 의무의 성질·내용 등을 고려하여 사회통념상 해당 의무를 이행하는 데 필요한 기간이 확보되도록 하여야 한다.
② 의무자가 전항의 계고를 받고 지정기한까지 그 의무를 이행하지 아니할 때에는 당해 행정청은 대집행영장으로써 대집행을 할 시기, 대집행을 시키기 위하여 파견하는 집행책임자의 성명과 대집행에 요하는 비용의 개산에 의한 견적액을 의무자에게 통지하여야 한다.
③ 비상시 또는 위험이 절박한 경우에 있어서 당해 행위의 급속한 실시를 요하여 전2항에 규정한 수속을 취할 여유가 없을 때에는 그 수속을 거치지 아니하고 대집행을 할 수 있다.

Ⅰ 논점의 정리
Ⅱ 설문 (1)의 해결
　1. 계고처분의 의의
　2. 계고처분의 법적 성질
　3. 계고처분의 요건
　　(1) 계고처분의 절차적 요건
　　(2) 행정대집행법 제2조의 요건(실체적 요건)의 충족 여부
　　　1) 대체적 작위의무의 불이행
　　　2) 다른 수단으로는 그 이행을 확보하기 곤란할 것
　　　3) 그 불이행을 방치함이 심히 공익을 해할 것
　　　4) 설문의 경우
　4. 갑의 청구의 인용 여부

Ⅲ 설문 (2)의 해결(하자의 승계)
　1. 하자의 승계의 의의
　2. 하자승계의 기본적 전제
　　(1) 선행행위와 후행행위의 처분성
　　(2) 선행행위에의 취소사유의 하자 존재
　　(3) 후행행위 자체에는 하자가 없을 것
　　(4) 선행행위에 불가쟁력이 발생할 것
　3. 견해의 대립
　　(1) 하자승계론
　　(2) 선행행위에 발생한 불가쟁력의 구속력이론
　4. 판례의 태도
　　(1) 기본적 입장
　　(2) 국민의 재판청구권을 고려한 입장
　5. 검토
　6. 갑의 청구의 인용 여부
Ⅳ 설문의 해결

Ⅰ 논점의 정리

설문 (1)과 관련하여 갑의 청구가 인용되기 위해서는 을의 계고처분이 위법한 것인지가 문제되는 바, 행정대집행법 제2조, 제3조의 요건을 충족하는지 검토하여야 한다.

설문 (2)의 경우 제소기간 내에 계고처분의 취소를 구하는 취소소송을 제기하지 아니하여 불가쟁력이 발생한 후 대집행비용 부과처분 취소소송에서 위법한 계고처분에 근거한 비용부과처분은 위법하다고 주장할 수 있는가 하는 문제인데, 이와 관련하여 행정행위의 하자의 승계 문제를 검토하여야 한다.

Ⅱ 설문 (1)의 해결

1. 계고처분의 의의

대집행의 절차는 ① 계고, ② 대집행영장에 의한 통지, ③ 대집행의 실행, ④ 비용징수로 이루어지는 바, 그 중 첫 단계가 계고이다. 계고는 상당한 이행기간을 정하여 그 기간까지 이행하지 않는 경우에는 대집행을 한다는 취지를 문서로 통지하는 것을 말한다.

2. 계고처분의 법적 성질

그 법적 성질에 대하여 판례와 다수설은 준법률행위적 행정행위로 보아 항고소송의 대상이 되는 것으로 보고 있다.

3. 계고처분의 요건

(1) 계고처분의 절차적 요건

행정대집행법 제3조는 그 절차적 요건을 규정하고 있다. 즉 ① 법령에 의거한 행정처분이 전제될 것, ② 상당한 이행기간(이는 구체적 설문에 따라 합리적으로 판단한다), ③ 문서에 의할 것, ④ 대집행의 내용과 범위는 특정될 것을 요건으로 한다.

설문의 경우 ① 건축법 제11조 제1항, 제79조 제1항에 의하여 법령에 의한 행정처분인 철거명령이 있었으며, ② 철거기간이 통상 14일이면 충분하므로 상당한 이행기간으로 인정되고, ③ 계고장을 통하여 문서형식에 의하였으며, ④ 수선부분을 철거하라는 명령을 하였으므로 절차적 요건을 충족한다.

(2) 행정대집행법 제2조의 요건(실체적 요건)의 충족 여부

1) 대체적 작위의무의 불이행

우선 행정청이 의무불이행자에 갈음하여 대집행을 하기 위해서는 '대체적 작위의무의 불이행'이 있어야 한다. 부작위의무나 수인의무는 물론 작위의무라 하더라도 타인이 대신하여 행할 수 없는 것은 대집행의 대상이 되지 아니한다. 부작위의무의 경우에는 작위의무로의 전환이 선행되어야 한다.

2) 다른 수단으로는 그 이행을 확보하기 곤란할 것

대집행을 하기 위해서는 다른 수단으로는 그 의무이행확보가 곤란한 경우이어야 한다. 대체적 작위의무의 불이행이 있는 경우에도 그 의무이행확보를 위해 상대방의 권리침해가능성이 적은 다른 수단이 있는 경우에는 그에 의하여야 할 것인바, 대집행은 그러한 수단이 없는 경우 부득이한 수단으로써만 발동되어야 한다(비례원칙).

3) 그 불이행을 방치함이 심히 공익을 해할 것

대집행을 위해서는 상대방의 의무불이행을 방치함이 심히 공익을 해하는 것이어야 한다. 이 요건은 비례원칙의 구체적인 적용에 따르는 요건이라 할 수 있는바, 따라서 경미한 의무위반에 대하여 대집행을 하는 것은 위법한 것이 된다. 그리고 이 요건은 개별적인 설문에 따라 구체적으로 판단되어야 한다.

4) 설문의 경우

설문에서 구청장 을은 건축법 제79조 제1항에 의하여 갑에게 건축물의 대수선부분을 철거하라는 명령을 발하였으므로 일단 갑의 부작위의무위반은 작위의무인 결과제거의무로 전환되었다고 볼 수 있으며, 따라서 이 부분에 있어서 구청장 을의 계고처분은 적법하게 이루어진 것으로 볼 수 있다.

다음으로, 갑이 수선부분의 철거의무를 이행하지 않고 있는 것이 공익을 심히 해할 우려가 있는 경우에 해당하는지 여부를 살펴보아야 할 것이다. 이와 관련하여 설문에서는 갑의 대수선행위로 인하여 도로교통법, 소방법 등의 기타 관련법률 조항을 위반한 적이 없다고 하고 있는 바, 갑의 이 사건 위반행위는 공익을 심히 침해하는 경우라고 볼 수 없을 것이다. 따라서 구청장 을의 계고처분은 이 부분에 있어서 계고처분의 실체적 요건을 충족하지 못한 것으로서 위법한 처분이라 할 것이다.

4. 갑의 청구의 인용 여부

을의 계고처분은 행정대집행법 제3조의 절차적 요건은 충족하나 동법 제2조의 심히 공익을 해하는 경우가 아니므로 실체적 요건을 충족하지 못한다. 따라서 을의 계고처분은 위법하다 할 것이다. 다만, 중대명백설에 의할 때, 구청장 을이 행한 계고처분의 위법성은 '중대한 하자'이기는 하나 공익을 현저히 해하는가의 여부는 외부인의 일반적인 인식으로는 판단하기 어려운 문제이므로 반드시 '명백한 하자'라고는 볼 수 없으므로 해당 계고처분이 무효라고는 할 수 없을 것으로 보이며, 취소사유에 해당하는 것으로 보아야 할 것이므로 갑의 청구는 인용될 수 있다.

Ⅲ 설문 (2)의 해결(행정행위의 하자의 승계)

1. 하자의 승계의 의의

행정행위의 하자의 승계의 문제는 2 이상의 행정행위가 연속적으로 행하여지는 경우에 선행 행정행위의 하자가 후행 행정행위에 승계되는 것으로 볼 것인가 하는 문제, 즉 선행 행정행위의 하자를 이유로 후행 행정행위의 위법성을 주장할 수 있을 것인가 하는 문제이다.

행정행위 하자의 승계문제는 법적 안정성 내지는 행정작용의 능률적 수행이라는 측면과 당사자의 권리보호 또는 개별적인 경우의 구체적 타당성의 확보라는 측면의 서로 상반되는 이해관계를 어떻게 조화시킬 것인가 하는 문제라 할 수 있다.

2. 하자승계의 기본적 전제

(1) 선행행위와 후행행위의 처분성

선행행위와 후행행위는 모두 항고소송의 대상이 되는 처분이어야 한다. 왜냐하면 선행행위에 대해 다툴 수 있었음에도 불구하고 불가쟁력이 생겨 후행행위를 상대로 다투는 경우이기 때문에 양 행위는 대상적격이 인정되어야 하는 것이다.

(2) 선행행위에의 취소사유의 하자 존재

선행행위에 무효사유가 아닌 취소사유에 해당하는 하자가 존재하여야 한다. 선행행위에 무효사유의 하자가 존재하면 무효인 하자는 후행행위에 언제나 승계된다. 따라서 선행행위에 무효사유의 하자가 있으면 하자의 승계에 관한 이론적 논의가 불필요한 것이다.

(3) 후행행위 자체에는 고유한 하자가 없을 것

후행행위 자체에는 고유한 하자가 없는 경우이어야 한다. 왜냐하면 후행행위의 고유한 하자가 있다면 이를 이유로 후행행위 자체를 다툴 수 있으므로 하자의 승계를 논할 실익이 없어지기 때문이다.

(4) 선행행위에 불가쟁력이 발생하였을 것

선행행위를 제소기간 내에 다투지 않는 등 불가쟁력이 발생하여야 한다. 이와 같이 선행행위에 대해 다툴 수 없기 때문에 하자가 없는 후행행위를 다투고자 하는 것이 하자의 승계에 관한 논의이다.

3. 견해의 대립

(1) 하자승계론

선행행위와 후행행위가 결합하여 동일한 하나의 법률효과를 목적으로 하는 경우에는 하자가 승계되고, 양 행위가 서로 별개의 독립된 법률효과를 목적으로 하는 경우에는 하자가 승계되지 않는다고 한다. 이는 통설적 입장이다. 예컨대 독촉·압류·매각·충당의 각 행위 사이나 행정대집행의 계고·통지·대집행실행·비용납부명령의 각 행위 사이는 동일한 법률효과를 추구하는 행위이므로 선행행위의 하자가 후행행위에 승계되지만, 과세처분과 체납처분, 건물철거명령과 대집행행위 사이는 별개의 법률효과를 지향하므로 하자가 승계되지 않는다고 한다.

(2) 선행행위에 발생한 불가쟁력의 구속력이론

이는 선행행위에 발생한 불가쟁력의 후행행위에 대한 구속력의 문제로 이해하는 견해이다. 이 견해는 선행행위에 불가쟁력이 발생하면 그 효력이나 법적 상태는 일정한 한계 내에서 후행행위를 구속하기 때문에 후행행위를 다툴 수 없게 된다는 관점에 서 있다. 이러한 불가쟁력의 구속력은 후행행위를 다툴 수 없게 하고 국민의 재판청구권을 봉쇄하는 결과가 되므로 그 한계를 설정하여야 할 것이다. 이에 구속력이론은 대물적 한계, 대인적 한계, 시간적 한계, 추가적 한계 등을 제시하고 있다. ① 대물적 한계로는 양 행정행위가 동일한 목적을 추구하여야 한다. ② 대인적 한계로는 양 행정행위의 수범자가 일치되어야 한다. ③ 시간적 한계로서 선행 행정행위의 사실상태 및 법적 상태가 동일하게 유지되어야 한다. ④ 추가적 한계로서 예측가능성과 수인가능성이 있어야 한다.

4. 판례의 태도

(1) 기본적 입장

행정행위의 하자의 승계에 관하여 판례는 기본적으로 하자승계론(다수설)의 입장에 서있는 것으로 보인다. 이에 따라 하자의 승계를 인정한 판례로는 안경사 합격취소처분과 면허취소처분과의 관계(대판 1993.2.9, 92누4567), 행정대집행에 있어서 위법한 계고처분과 대집행의 철거비용납부처분과의 관계(대판 1993.11.9, 93누14271)에서 선행 행정행위의 하자를 이유로 후행 행정행위의 위법성을 인정한 설문이 있다.

(2) 국민의 재판청구권을 고려한 입장

쟁송기간 경과로 더 이상 다툴 수 없는 개별공시지가결정의 위법을 이유로 하여 그에 기초하여 부과된 양도소득세부과처분의 취소를 구하는 소송에서 원칙적으로 양 행위는 별개의 목적을 추구하는 독립된 행위지만 선행처분과 후행처분이 서로 독립하여 별개의 효과를 목적으로 하는 경우에도 선행처분의 불가쟁력이나 구속력이 그로 인하여 불이익을 입게 되는 자에게 수인한도를 넘는 가혹함을 가져오며, 그 결과가 당사자에게 예측 가능한 것이 아닌 경우에는 국민의 재판받을 권리를 보장하고 있는 헌법의 이념에 비추어 선행처분의 후행처분에 대한 구속력은 인정될 수 없다고 판시한 바 있다(대판 1994.1.25, 93누8542).

5. 검토

구속력이론은 판결의 기판력으로부터 행정행위의 구속력을 도출한 것인데 기판력과 구속력을 동일 선상에서 적용하는 것은 양자의 실질적 차이를 간과한 잘못이 있다는 점과, 지나치게 구속력의 대물적 한계를 넓게 인정하여 당사자가 하자를 다툴 수 있는 범위가 줄어들고 국민의 재판청구권을 제한하는 결과가 될 수 있다는 점 등에서 문제가 있다. 생각건대 다수설의 입장처럼 양 행위가 동일한 법적 효과를 추구하는지를 일차적 기준으로 하고, 설문별로 구체적 타당성이 있는 결론을 도출하기 위해서 수인가능성과 예측가능성 기준을 보충적으로 적용하여 하자승계 여부를 판단하는 것이 타당할 것이다. 이렇게 해석함으로써 법적 안정성을 추구함과 동시에 국민의 재판청구권을 보장할 수 있게 될 것이다.

6. 갑의 청구의 인용 여부

행정행위의 하자의 승계에 관한 위와 같은 다수설과 판례의 견해에 따르면, 대집행의 계고, 대집행 영장에 의한 통지, 대집행의 실행, 대집행 비용납부명령은 서로 결합하여 하나의 법적 효과를 발생시키는 것이라 할 것이므로, 선행 행정행위인 계고처분의 하자는 후행 행정행위인 대집행비용납부명령에 승계된다고 할 수 있다.

따라서 설문의 경우처럼 선행 행정행위인 계고처분에는 불가쟁력이 발생하였고, 후행 행정행위인 대집행비용납부명령 자체에는 아무런 하자가 없는 경우라 하더라도 선행 행정행위인 계고처분에 위법사유가 있다면, 갑은 후행 행정처분인 대집행비용납부명령의 취소를 구하는 소송에서 그 청구원인으로 선행 행정처분인 계고처분이 위법하므로 그 계고처분을 전제로 행하여진 대집행비용납부명령도 위법하다고 주장할 수 있게 된다.

설문의 경우 구청장 을의 계고처분은 앞서 본 바와 같이 대집행의 실체적 요건을 결한 위법한 처분으로 보이는바, 구청장 을의 선행 행정처분인 계고처분의 위법성은 을의 후행 행정처분인 대집행비용납부명령에 승계된다 할 것이므로, 결론적으로 을의 이 사건 비용납부명령처분은 위법하므로 갑의 청구는 인용될 수 있을 것이다.

Ⅳ 설문의 해결

설문 (1)에서 을의 계고처분은 행정대집행법 제2조에서 요구하는 '심히 공익을 해할 경우'를 충족시키지 못하는 위법한 것으로서 갑의 취소소송은 인용될 수 있을 것이다.

설문 (2)에서 선행 행정행위인 계고처분의 하자는 후행 행정행위인 대집행비용납부명령에 승계되므로 위법한 계고처분을 전제로 행하여진 비용납부명령 취소소송은 인용될 수 있을 것이다.

🔖 사례 31

> A시장이 택지개발지구로 지정된 구역 내의 무허가건축물에 대하여 소유자 甲에게 철거명령을 내렸
> 는데 甲은 이를 이행하지 않고 있다. 이에 A시장은 의무불이행 그 자체만을 염두에 두고서 비상시
> 또는 긴급을 요하지 않음에도 계고나 통지절차를 생략하고 곧바로 행정대집행을 실행하려 한다. 만
> 약 甲이 철거반의 접근을 실력으로 방해할 경우에 A시장은 어떻게 대처할 수 있는가? 10절

|Ⅰ| 쟁점의 정리
|Ⅱ| 甲이 철거반의 접근을 실력으로 방해할 경우에
   A시장의 대처방법
  1. 갑의 저항을 실력으로 배제하는 것이 대집
     행에 포함되는지 여부

    (1) 긍정설
    (2) 부정설
    (3) 검토
  2. 경찰에 행정응원을 요청하는 방법
|Ⅲ| 문제의 해결

Ⅰ 쟁점의 정리

대집행의 실행과 관련해서 甲의 실력에 의한 방해행위에 대한 실력으로 이를 배제하는 것이 대집행
의 일부로서 인정되는가, 경찰에 행정응원을 요청하는 방법을 검토할 수 있다.

Ⅱ 甲이 철거반의 접근을 실력으로 방해할 경우에 A시장의 대처방법

1. 갑의 저항을 실력으로 배제하는 것이 대집행에 포함되는지 여부

위법건축물의 철거에서와 같이 대집행의 실행에 대하여 저항하는 경우에 실력으로 그 저항을 배제
하는 것이 대집행의 일부로서 인정되는가에 대하여 견해가 대립하고 있다.

(1) 긍정설

이 견해는 대집행의 실행을 위하여 필요한 한도 내에서 실력으로 저항을 배제하는 것은 명문의
근거가 없는 경우에도 대집행에 수반하는 기능으로 인정되어야 한다는 견해이다.

(2) 부정설

이 견해는 저항을 실력으로 배제하는 것은 신체에 대하여 물리력을 행사하는 것이므로 대집행
에 포함된다고 볼 수 없고 직접강제의 대상이 된다고 본다. 대집행의 실행을 위하여 저항을 실
력으로 배제하는 것을 인정할 필요가 있지만 그것의 인정을 위하여는 별도의 법률상 근거가
있어야 한다.

(3) 검토

신체에 대한 물리력의 행사에는 명문의 근거가 있어야 하므로 부정설이 타당하다. 다만, 실무에 있어서 저항하는 자를 경찰로 하여금 공무집행방해죄의 현행범으로 체포한 후 대집행을 행하는 경우가 있다.

2. 경찰에 행정응원을 요청하는 방법

적법한 대집행의 실행에 저항하는 경우 공무집행방해죄가 되고, 경찰은 공무집행방해죄의 현행범으로 저항하는 자를 체포할 수 있다고 보는 견해가 있다. 그러나 사례에서 계고나 통지를 생략한 대집행 실행이 위법하므로 갑의 저항은 공무집행방해죄에 해당하지 않는다.

Ⅲ 문제의 해결

명문의 규정이 없는 한 실력으로 대집행에 저항하는 행위를 저지할 수 없으며, 대집행 실행이 위법하므로 저항하는 갑을 공무집행방해죄의 현행범으로 체포할 수 없다.

◢ 사례 32

아래 글을 읽고 물음에 답하시오.

1. 청구인 박○○은 서울 마포구 (주소 생략) '○○' 원장, 청구인 조○○은 서울 마포구 (주소 생략) '□□' 음식점 업주로, 각 주소지의 건물을 임차하여 영업을 하던 임차인들이다. ○○도시환경정비조합은 위 건물들에 대하여 2016.4.15.을 수용개시일로 하는 재결을 받아 소유권이전을 완료하였다. '공익사업을 위한 토지 등의 취득 및 보상에 관한 법률'(이하 '토지보상법'이라 한다) 제43조에 따라 토지소유자 및 관계인은 수용 또는 사용의 개시일까지 그 토지나 물건을 사업시행자에게 인도하거나 이전해야 함에도 불구하고, 2016.4.15.경부터 2016.5.26.까지 청구인 박○○은 자신이 점유하고 있는 '○○' 건물을, 청구인 조○○은 자신이 점유하고 있는 '□□' 건물을 위 조합에 인도하지 않았다. 한편, 서울서부지방법원은 위 사건에서 2017.10.13. 청구인들에 대하여 형의 선고를 각 유예하였다.

2. 청구인 이○○는 1995년경부터 구리시 (주소 생략) 토지 116㎡ 및 그 지상 건물을 소유하고 거주하여 오던 사람이다. 구리시 ○○동 주택재개발정비사업조합은 위 토지 및 건물에 대하여 2016.12.15.을 수용개시일로 하는 재결을 받아 소유권이전을 완료하였다. 청구인은 토지보상법 제43조에 따라 토지소유자 및 관계인은 수용 또는 사용의 개시일까지 그 토지나 물건을 사업시행자에게 인도하거나 이전해야 함에도 불구하고, 2016.12.15.부터 2017.4.6.까지 위 토지 및 건물을 위 조합에 인도하지 않았다. 의정부지방법원은 위 사건에서 2018.1.11. 청구인에 대하여 벌금 50만 원을 선고하였고, 청구인은 항소를 제기하지 않아 그 무렵 확정되었다.

3. 의정부지방법원 2018노306 사건 피고인 황○○, 김○○, 이□□, 정○○는 각각 구리시 ○○동 소재 토지 및 그 지상 건축물을 소유하고 거주하여 오던 사람들이다. 구리 ○○동 주택재개발 정비사업조합은 위 토지 및 건축물에 대하여 2016.12.15.을 수용개시일로 하는 재결을 받아 소유권이전을 완료하였다. 피고인들은 토지보상법 제43조에 따라 수용개시일까지 그 토지 및 건축물을 사업시행자에게 인도하여야 함에도 불구하고, 이를 인도하지 아니하였다. 피고인들은 토지보상법 위반으로 기소되어 1심(의정부지방법원 2017고정1834)에서 피고인 황○○, 정○○는 각 벌금 50만원, 피고인 김○○, 이□□는 각 벌금 100만원을 선고받고 항소하였다.

공익사업 관련 수용재결이 있을 경우 인도조항에 따라 토지소유자 및 관계인은 수용 개시일까지 토지나 물건을 사업시행자에게 인도하여야 하고, 이러한 의무를 이행하지 아니할 경우 벌칙조항에 따라 1천만 원 이하의 벌금 또는 1년 이하의 징역에 처해진다. 위와 같은 조항의 적용을 받는 토지소유자 및 관계인은 토지 및 물건을 더 이상 사용·수익할 수 없고 그 주거지 및 영업장소를 이전하여야 하므로 재산권, 거주이전의 자유 및 직업의 자유(영업의 자유)를 제한당하게 되는 바, 그 침해 여부가 문제된다. 인도조항에 따른 인도의무는 민사적, 행정적 조치로도 달성이 가능함에도 불구하고 벌칙조항으로 형사처벌까지 규정하는 것은 과잉금지원칙을 위반하여 재산권을 과도하게 침해하는 것인지 논하시오. 10점

Ⅰ 쟁점의 정리

토지 및 건물에 대한 인도이전의무 불이행시에는 대집행 및 민사소송으로 명도를 구할 수 있음에도 불구하고 벌금까지 규정하고 있는 것이 과잉금지의 원칙에 반하는 것인지 검토한다.

Ⅱ 과잉금지원칙의 위반 여부(비례원칙)

1. 과잉금지원칙의 의의 및 근거

과잉금지의 원칙(비례의 원칙)은 국민의 기본권을 제한하는 경우 목적의 정당성, 수단의 적합성, 침해의 최소성, 법익의 균형성의 요건을 갖추어야 한다는 원칙으로서 헌법 제37조 제2항에 근거한다.

2. 과잉금지원칙 위반 여부

(1) 목적의 정당성 및 수단의 적합성

수용할 토지 또는 물건을 수용 개시일까지 사업시행자에게 인도하도록 정한 것은 공익사업의 효율적인 수행을 위한 것으로 목적의 정당성을 인정할 수 있고(토지보상법 제1조), 공익사업을 추진하는 과정에서 이에 반대하는 사람들이 있다고 하여 재판절차를 통하여 해결될 때까지 공익사업을 추진할 수 없다면 공익사업의 수행은 상당한 곤란을 겪게 될 것이므로 벌칙규정은 공익사업을 위한 토지 등 수용의 경우 수용의 개시일까지 이를 사업시행자에게 인도하도록 의무화하고 그 위반의 경우 형사처벌을 하도록 함으로써 공익사업이 효율적으로 수행될 수 있도록 하고 있는바, 이는 공익사업 수행의 실효성 담보를 위한 효과적인 방법이므로 입법목적의 달성에 적합한 수단임이 인정된다.

(2) 침해의 최소성

수용이 진행되는 경우에도 토지보상법상 불복수단이 마련되어 있어 필요시 실효적인 권리구제가 가능하다. 보상액의 산정을 포함하여 지방토지수용위원회의 재결에 대한 이의가 있는 자는 해당 토지수용위원회를 거쳐 중앙토지수용위원회에 이의를 신청할 수 있고(제83조), 중앙토지수용위원회는 재결이 위법하거나 부당하다고 인정할 때에는 그 재결의 전부 또는 일부를 취소하거나 보상액을 변경할 수 있다(제84조). 토지소유자 및 관계인은 행정소송을 통하여도 재결에 불복할 수 있다(제85조). 이와 같이 공익사업의 효율적인 수행을 위하여 인도의무의 강제가 불가피하나, 토지보상법은 인도의무자의 권리 제한을 최소화하기 위하여 사업 진행에 있어 의견수렴 및 협의절차를 마련하고 있고, 권리구제 절차도 규정하고 있으므로 벌칙규정은 침해의 최소성 요건을 충족한다.

(3) 법익의 균형성

사업인정 및 수용 절차, 보상금의 지급을 통하여 소유권이 이전되고 기타 권리가 소멸한 토지 및 물건 등에 관하여, 그 인도를 강제함으로써 공익사업이 적시에 효율적으로 수행될 수 있도록 보장하는 공익의 중대성은 결코 작지 않다. 반면, 벌칙규정으로 인하여 토지소유자 및 관계인의 토지 및 물건 인도의무가 형사처벌로 강제되나, 토지소유자 및 관계인의 권리가 절차적으로 보호되고 의견제출 및 불복수단이 마련되어 있는 점 등을 고려할 때 이러한 부담이 공익의 중요성보다 크다고 볼 수는 없다. 따라서 벌칙규정이 법익균형성을 상실하였다고 볼 수 없다.

Ⅲ 사안의 해결

효율적인 공익사업의 수행을 담보하기 위하여 수용된 토지 등의 인도의무를 형사처벌로 강제하고 있으므로 그 목적의 정당성과 수단의 적합성이 인정되고, 인도의무자의 권리가 절차적으로 보호되고 의견제출 및 불복수단이 마련되어 있는 점 등을 고려할 때, 벌칙규정에 의한 인도의무의 강제가 과잉금지의 원칙에 반한다고 볼 수 없다.

✎ **헌재 2020.5.27, 2017헌바464 · 537, 2020헌가6[병합][합헌]**

[판시사항]

수용 개시일까지 토지 등의 인도의무를 정하는 '공익사업을 위한 토지 등의 취득 및 보상에 관한 법률'(2011.8.4. 법률 제11017호로 개정된 것) 제43조 중 '토지소유자 및 관계인의 수용된 토지나 물건의 인도'에 관한 부분과 그 위반 시 형사처벌을 정하는 '공익사업을 위한 토지 등의 취득 및 보상에 관한 법률'(2015.1.6. 법률 제12972호로 개정된 것) 제95조의2 제2호 중 제43조 위반행위 가운데 '토지 또는 물건을 인도하지 아니한 토지소유자 및 관계인'에 관한 부분(이하 '벌칙조항'이라 하고, 위 두 조항을 합하여 '심판대상조항'이라 한다)이 과잉금지원칙을 위반하여 재산권, 거주이전의 자유, 영업의 자유를 침해하는지 여부(소극)

[결정요지]

심판대상조항들은 효율적인 공익사업의 수행을 담보하기 위하여 수용된 토지 등의 인도의무를 형사처벌로 강제하고 있으므로 그 목적의 정당성과 수단의 적합성이 인정된다.

공익사업의 효율적인 수행을 위하여 인도의무의 강제가 불가피하나, 토지보상법은 인도의무자의 권리 제한을 최소화하기 위하여 사업 진행에 있어 의견수렴 및 협의절차를 마련하고 있고, 권리구제 절차도 규정하고 있다. 또한, 행정적 조치나 민사적 수단만으로는 이 조항들의 입법목적을 달성하기 어렵고, 엄격한 경제적 부담을 수반하는 행정적 제재를 통한 강제가 덜 침해적인 방법이라고 단정하기 어렵다. 나아가, 벌칙조항은 법정형에 하한을 두고 있지 않아 행위에 상응하는 처벌이 가능하므로 이 조항들은 침해의 최소성 요건을 충족한다.

인도의무자의 권리가 절차적으로 보호되고 의견제출 및 불복수단이 마련되어 있는 점 등을 고려할 때, 인도의무의 강제로 인한 부담이 공익사업의 적시 수행이라는 공익의 중요성보다 크다고 볼 수

없어 법익균형성을 상실하였다고 볼 수 없다.

[재판관 이석태, 재판관 김기영, 재판관 문형배, 재판관 이미선의 벌칙조항에 대한 반대의견]
인도의무 위반행위에 대하여 형사처벌이 이루어진다고 하더라도 공익사업의 원활한 수행이 담보된
다고 볼 수 없고, 형사처벌은 공익사업에 필요한 점유의 확보 등 이행 강제에 실질적인 기여를 한다
고 보기 어렵다. 따라서 형사처벌은 공익사업의 효율적인 수행이라는 입법목적을 달성하기 위하여
적합한 수단이라고 인정할 수 없다.

인도의무자의 불복이 있는 경우에도, 민사소송 및 집행절차 등 공익사업을 진행할 방법이 마련되어
있으므로 형사처벌로 인도의무를 강제할 필요가 없으며, 필요에 따라 과징금이나 과태료 등으로
제재하는 것이 보다 효과적일 수 있다. 또한, 인도의무자의 공익사업 시행 방해 행위에 대하여도
이미 공무집행방해죄, 부당이득죄 등으로 얼마든지 대응 가능하므로 벌칙조항은 침해의 최소성을
충족하지 못한다.

벌칙조항으로 달성하고자 하는 공익사업의 효율성, 즉 경제적 이익은 형사처벌로 제한될 인도의무
자의 기본권보다 중한 것이라고 단정할 수 없으므로 법익균형성도 충족하지 못한다.

[심판대상조문]
공익사업을 위한 토지 등의 취득 및 보상에 관한 법률(2011.8.4. 법률 제11017호로 개정된 것)
제43조 중 '토지소유자 및 관계인의 수용된 토지나 물건의 인도'에 관한 부분

공익사업을 위한 토지 등의 취득 및 보상에 관한 법률(2015.1.6. 법률 제12972호로 개정된 것)
제95조의2 제2호 중 제43조 위반행위 가운데 '토지 또는 물건을 인도하지 아니한 토지소유자 및
관계인'에 관한 부분

환매권과 공용사용

사례 33

서울특별시는 갑 등이 소유한 토지를 하수종말처리시설을 건설하기 위하여 「공익사업을 위한 토지
등의 취득 및 보상에 관한 법률」(이하 '토지보상법'이라 한다)에 근거하여 사업인정 후 협의취득하
였다. 그런데, 토지취득 후 2년이 지났음에도 인근 주민들의 반대가 여전히 심하여 그 사업을 수행
하는 것이 어렵다고 판단하고 그 토지를 국가가 소유하는 토지와 교환하였다. 국가는 취득한 토지
위에 관공서 청사(사업인정을 득함)를 지을 계획을 수립하였다. 서울특별시는 공익사업의 변경사실
을 관보에 고시하였다. 이에 갑 등은 서울특별시에 환매의 의사표시를 하였다. 이 경우 갑의 환매권
행사는 적법한 것인가? [35점]

Ⅰ 쟁점의 정리

서울시가 하수종말처리시설의 건설계획을 포기하고 국가가 관공서 청사를 건설할 계획으로 공익사
업을 변경한 경우에 갑 등의 환매권 행사요건이 충족되는지가 문제된다. 이와 관련하여 공익사업의
변환의 요건이 충족되었는지가 문제된다.

⑪ 환매권의 행사요건 충족 여부

1. 환매권의 의의 및 근거

환매권이라 함은 공익사업을 위해 취득(협의취득 또는 수용)된 토지가 해당 사업에 필요 없게 되거나 일정 기간 동안 해당 사업에 이용되지 않는 경우에 원소유자 등이 일정한 요건하에 해당 토지를 회복할 수 있는 권리를 말한다. 토지보상법(제91조, 제92조)은 환매권을 인정하고 있다.

2. 환매권의 법적 성질

환매권의 법적 성질에 대해서는 ① 환매권은 공법적 원인에 의해 상실된 권리를 회복하는 제도이므로 공법상의 권리라는 공권설과 ② 환매권자가 자기의 이익을 위한 일방적 의사에 의해 수용목적물을 다시 취득하는 것이고 행정청의 수용해제처분을 요하지 않으므로 사권이라는 사권설이 대립한다. 〈생각건대〉 환매권은 공법적 원인에 의해 상실되었던 권리회복이라는 점에서 공권설이 타당한 것으로 보인다.

3. 환매권자

토지보상법상 환매권자는 '협의취득일 또는 수용의 개시일 당시의 토지소유자 또는 그 포괄승계인'이다(제91조 제1항).

4. 환매권의 행사요건(토지보상법 제91조 제1항 및 제2항)

① 공익사업의 폐지·변경 등의 사유로 취득한 토지의 전부 또는 일부가 필요 없게 된 경우 10년 이내에 그 토지에 대하여 받은 보상금에 상당하는 금액을 사업시행자에게 지급하고 그 토지를 환매할 수 있다(제91조 제1항), ② 토지의 협의취득일 또는 수용의 개시일부터 5년 이내에 취득한 토지의 전부를 해당 사업에 이용하지 아니한 때(제91조 제2항)를 규정하고 있다.

5. 환매권의 행사기간

상기의 환매요건은 ①의 경우 해당 토지의 전부 또는 일부가 필요 없게 된 때부터(법령에 의해 필요없게 된 날, 고시일, 사업완료일) 10년 이내에, ②의 경우에는 취득일로부터 6년 이내에 이를 행사하여야 한다. 이 기간은 제척기간이다.

6. 사안의 경우

갑 등은 협의취득일 당시의 토지소유자이므로 환매권자이며 필요 없게 된 때로부터 10년이 경과되지 않았으므로 토지보상법 제91조 제1항의 환매권 행사요건에 해당한다.

Ⅲ 공익사업의 변환의 요건충족 여부

1. 공익사업의 변환의 의의 및 취지

공익사업의 변환이라 함은 공익사업을 위하여 토지를 협의취득 또는 수용한 후 토지를 협의취득 또는 수용한 공익사업이 다른 공익사업으로 변경된 경우 별도의 협의취득 또는 수용 없이 해당 협의취득 또는 수용된 토지를 변경된 다른 공익사업에 이용하도록 하는 제도를 말한다. 이는 무용한 수용절차의 반복을 방지하여 원활한 사업의 진행을 도모함에 취지가 인정된다.

2. 변환제도의 위헌성 논의

(1) 문제점

헌법 제23조는 재산권 보장을 천명하는바 실질적으로 환매권을 제한하는 것이 기본권의 본질적 내용을 침해하는 것은 아닌지 문제된다.

(2) 합헌설(헌법재판소의 다수견해)

공익사업변환제도는 ① 공익사업의 신속한 수행이라는 목적의 정당성 ② 대상사업범위를 제한하여 수단의 적정성이 인정되어 최소침해 원칙, 법익균형의 원칙에 부합하여 비례의 원칙에 위배되지 않는다고 한다.

(3) 위헌설

① 사업변경 시 재심사, 불복절차 없이 허용하여 목적과 수단의 정당성을 인정할 수 없고, ② 실질적으로 환매권을 유명무실화시키므로 위헌이라고 한다.

(4) 검토

변경과정에서 적법성 확보절차가 부재하고 환매권자의 참여가 배제된 상태에서 이루어지는 것은 최소침해, 법익균형 문제에 비추어 문제가 있는 것으로 보인다. 또한 최근 관련 규정이 개정되어 택지개발사업까지 변환규정을 확대한 것은 형평에 많은 논란을 일으키고 있다고 보인다.

3. 공익사업의 변환의 요건

(1) 주체 및 대상사업 요건규정

① 수용주체가 국가·지방자치단체 또는 공공기관이어야 한다. ② 사업인정을 받은 공익사업이 공익성의 정도가 높은 제4조 제1호 내지 제5호에 규정된 다른 공익사업으로 변경된 경우이어야 하며, ③ 해당 토지를 사업시행자가 계속 소유할 것을 요건으로 한다.

(2) 사업시행자의 동일성 여부

1) 제 견해

환매권제도의 취지에 반하는 예외적 규정인 공익사업변환규정은 공평원리에 반하므로 가능한 좁게 해석하자는 견해와 토지소유자는 이미 정당보상을 받았고 고도의 공익성이 요청되는 사업에만 인정되는바 판례의 입장을 지지하기도 한다.

2) 판례

판례는 사업시행자가 동일시에만 허용되는 것으로만 볼 수 없다고 판시하여 사업주체변환을 인정하고 있다(대판 1994.1.25, 93다11760 · 11777 · 11784).

3) 검토

공익사업변환규정은 침익적 규정인 바 협의로 해석함이 타당하다. 또한 행정주체 간 용도담합에 의해 토지소유자의 환매권행사가 불가능하게 되는 문제점이 발생가능하다.

4. 공익사업의 변환의 효과

공익사업의 변환이 인정되는 경우에는 원래의 공익사업의 폐지 · 변경으로 협의취득 또는 수용한 토지가 원래의 공익사업에 필요 없게 된 때에도 환매권을 행사할 수 없다.

5. 사안의 경우

수용주체가 서울특별시(지방자치단체)이며, 변경된 다른 공익사업이 토지보상법 제4조 제3호에 속하는 관공서 청사이므로 이 요건을 충족한다. 또한 환매권사업시행자가 동일하지 않지만, 판례의 태도에 따를 때, 이 사실이 공익사업의 변환의 장애사유가 되지는 않는다.

Ⅳ 문제의 해결

갑 등의 환매의 의사표시는 토지보상법 제91조 제1항의 환매권 행사요건을 충족하였으나, 동법 제91조 제6항의 공익사업의 변환의 요건에 해당하므로 갑 등의 환매권 행사는 불가능하다. 따라서 갑 등의 환매권 행사의 의사표시는 부적법하다. 단, 환매권변환규정을 동일사업자에 한하여 인정된다고 보는 견해에 따르면 갑의 환매권 행사는 적법할 것이다.

 사례 **34**

서울시는 양천구 목5동에 소재한 화산초등학교의 수용시설이 열악하다고 판단하고, 목4동에 양산초등학교의 건립을 위한 사업인정과 재결을 거쳐 해당 부지(갑 소유의 토지)를 취득하였다. 2년 후, 서울시는 인근의 다른 택지(아파트 단지 예정)에 새 초등학교부지가 있다는 사실을 알고, 아파트건설사업을 하던 제3자인 을 회사(私法人)와 그 아파트 단지 내에 들어설 새 초등학교 부지와 이 학교용지를 교환하였다. 이 사실은 알게 된 갑은 당초 사업이 폐지, 변경되었으므로 갑 소유의 토지에 대한 환매권을 행사하였다. 그러자 서울시는 을 회사와 교환한 당초 초등학교 부지를 중학교부지로 변경하는 도시관리계획을 결정, 고시하면서 당초 토지는 초등학교에서 중학교부지로 공익사업이 변경되었으므로 환매권 행사가 제한된다고 주장하고 있다. 서울시의 주장은 타당한가? 35점

관련 규정

[국토의 계획 및 이용에 관한 법률]

제86조(도시·군계획시설사업의 시행자)

① 특별시장·광역시장·특별자치시장·특별자치도지사·시장 또는 군수는 이 법 또는 다른 법률에 특별한 규정이 있는 경우 외에는 관할 구역의 도시·군계획시설사업을 시행한다.

② ~ ④ 생략

⑤ 제1항부터 제4항까지의 규정에 따라 시행자가 될 수 있는 자 외의 자는 대통령령으로 정하는 바에 따라 국토교통부장관, 시·도지사, 시장 또는 군수로부터 시행자로 지정을 받아 도시·군계획시설사업을 시행할 수 있다.

제91조(실시계획의 고시)

국토교통부장관, 시·도지사 또는 대도시 시장은 제88조에 따라 실시계획을 작성(변경작성을 포함한다), 인가(변경인가를 포함한다), 폐지하거나 실시계획이 효력을 잃은 경우에는 대통령령으로 정하는 바에 따라 그 내용을 고시하여야 한다.

제96조(「공익사업을 위한 토지 등의 취득 및 보상에 관한 법률」의 준용)

① 제95조에 따른 수용 및 사용에 관하여는 이 법에 특별한 규정이 있는 경우 외에는 「공익사업을 위한 토지 등의 취득 및 보상에 관한 법률」을 준용한다.

② 제1항에 따라 「공익사업을 위한 토지 등의 취득 및 보상에 관한 법률」을 준용할 때에 제91조에 따른 실시계획을 고시한 경우에는 같은 법 제20조 제1항과 제22조에 따른 사업인정 및 그 고시가 있었던 것으로 본다. 다만, 재결 신청은 같은 법 제23조 제1항과 제28조 제1항에도 불구하고 실시계획에서 정한 도시·군계획시설사업의 시행기간에 하여야 한다.

Ⅰ 쟁점의 정리

서울시가 당초 초등학교 건립을 목적으로 취득한 토지를 제3자인 을 회사에게 양도한 경우 갑이 환매권을 행사할 수 있는지가 문제된다.

설문의 해결을 위해 환매권 행사의 요건(토지보상법 제91조 제1항 및 제2항) 및 공익사업 변환의 요건이(동법 동조 제6항) 충족되었는지를 살펴본다.

Ⅱ 환매권의 행사요건 충족 여부

1. 환매권의 의의 및 근거(토지보상법 제91조)

환매권이라 함은 공익사업을 위해 취득(협의취득 또는 수용)된 토지가 해당 사업에 필요 없게 되거나 일정 기간 동안 해당 사업에 이용되지 않는 경우에 원소유자 등이 일정한 요건하에 해당 토지를 회복할 수 있는 권리를 말한다. 토지보상법(제91조, 제92조)은 환매권을 인정하고 있다.

2. 환매권의 법적 성질

환매권의 법적 성질에 대해서는 ① 환매권은 공법적 원인에 의해 상실된 권리를 회복하는 제도이므로 공법상의 권리라는 공권설과 ② 환매권자가 자기의 이익을 위한 일방적 의사에 의해 수용목적물을 다시 취득하는 것이고 행정청의 수용해제처분을 요하지 않으므로 사권이라는 사권설이 대립한다. 〈생각건대〉 환매권은 공법적 원인에 의해 상실되었던 권리회복이라는 점에서 공권설이 타당한 것으로 보인다.

3. 환매권자

토지보상법상 환매권자는 '협의취득일 또는 수용의 개시일 당시의 토지소유자 또는 그 포괄승계인'이
다(제91조 제1항). 〈사례에서〉 갑 등은 협의취득일 당시의 토지소유자이므로 환매권자이다.

4. 환매권의 행사요건(토지보상법 제91조 제1항 및 제2항)

① 공익사업의 폐지·변경 등의 사유로 취득한 토지의 전부 또는 일부가 필요 없게 된 경우 10년
이내에 그 토지에 대하여 받은 보상금에 상당하는 금액을 사업시행자에게 지급하고 그 토지를 환매
할 수 있다(제91조 제1항), ② 토지의 협의취득일 또는 수용의 개시일부터 5년 이내에 취득한 토지
의 전부를 해당 사업에 이용하지 아니한 때(제91조 제2항)를 규정하고 있다.

5. 환매권의 행사기간

상기의 환매요건은 ①의 경우 해당 토지의 전부 또는 일부가 필요 없게 된 때부터(법령에 의해 필
요 없게 된 날, 고시일, 사업완료일) 10년 이내에, ②의 경우에는 취득일로부터 6년 이내에 이를
행사하여야 한다. 이 기간은 제척기간이다.

6. 사안의 경우

사례에서 토지취득일부터 2년이 지난 후 학교용지를 처분하고 중학교를 건립하는 것으로 도시관리
계획을 변경함으로써 "양산초등학교 건립사업"은 폐지·변경되었고 해당 토지는 더 이상 위 해당
사업에 필요 없게 되었다고 보아야 한다. 따라서 토지보상법 제91조 제1항의 환매권 행사요건에
해당한다.

Ⅲ 공익사업의 변환의 요건충족 여부

1. 공익사업 변환의 의의 및 취지(법 제91조 제6항)

공익사업의 변환이라 함은 당초 공익사업이 다른 공익사업으로 변경된 경우, 별도의 협의취득 또는
수용 없이 해당 토지를 변경된 다른 공익사업에 이용하도록 하는 제도를 말한다. 이는 무용한 수용
절차의 반복을 방지하여 원활한 사업의 진행을 도모함에 취지가 인정된다.

2. 변환제도의 위헌성 논의

(1) 문제점

헌법 제23조는 재산권 보장을 천명하는바, 실질적으로 환매권을 제한하는 것이 기본권의 본질
적 내용을 침해하는 것인지가 문제된다.

(2) 합헌설(헌법재판소의 다수견해)

공익사업의 변환제도는 ① 공익사업의 신속한 수행이라는 목적의 정당성과 ② 대상 사업의 범위를 제한하여 수단의 적정성을 확보하므로 최소침해원칙 및 법익균형의 원칙에 부합하고 비례의 원칙에 위배되지 않는다고 한다.

(3) 위헌설

① 사업을 변경하는 경우, 재심사나 원소유자의 불복절차가 없어서 목적과 수단의 정당성을 인정할 수 없고 ② 실질적으로 환매권을 유명무실화시키므로 위헌이라고 한다.

(4) 검토

사업의 변경과정에서 적법성 확보절차가 부재하고 환매권자의 참여가 배제된 상태에서 이루어지는 것은 최소침해 및 법익균형 측면에서 문제가 있는 것으로 보인다. 또한 개정된 토지보상법에서는 택지개발사업까지 변환규정을 확대하여 많은 논란을 일으키고 있다.

3. 공익사업의 변환의 요건

(1) 주체상 요건규정

토지보상법 제91조 제6항에서는 수용주체가 국가, 지방자치단체, 공공기관일 것을 규정하고 있다. 판례는 사업시행자가 동일한 경우에만 허용되는 것으로 볼 수 없다고 판시하여 사업주체의 변경을 인정하고 있다(대판 1994.1.25, 93다11760·11777·11784).

(2) 대상사업 요건규정

사업인정을 받은 공익사업이 공익성의 정도가 높은 제4조 제1호 내지 제5호에 규정된 다른 공익사업으로 변경된 경우이어야 하며, 대법원은 해당 사업 역시 사업인정을 받아야 한다고 한다(대판 2010.9.30, 2010다30782).

(3) 대상토지를 계속 소유하고 있을 것

대법원은 공익사업을 위해 협의취득하거나 수용한 토지가 변경된 사업의 사업시행자가 아닌 제3자에게 처분된 경우에는 공익사업의 변환을 인정할 수 없다고 판시한 바 있다(대판 2010. 9.30, 2010다30782).

4. 공익사업의 변환의 효과

공익사업의 변환이 인정되는 경우에는 원래의 공익사업의 폐지·변경으로 협의취득 또는 수용한 토지가 원래의 공익사업에 필요 없게 된 때에도 환매권을 행사할 수 없다.

5. 사안의 경우

(1) 주체상 요건규정의 충족 여부

국토계획법 제86조에 따르면 해당 중학교 시설사업의 주체는 서울시 및 서울시가 지정한 자(서울시가을 회사를 사업시행자로 지정할 수 있으므로)가 될 수 있으므로 상기 요건은 문제되지 않는다.

(2) 대상사업 요건규정의 충족 여부

국토계획법 제96조 제2항에서는 도시계획시설사업의 고시가 있으면 토지보상법상 사업인정 및 사업인정의 고시가 있었던 것으로 보게 된다고 규정하고 있다. 따라서 도시관리계획의 결정, 고시만으로는 해당 중학교시설설치에 관한 사업인정이 있는 것으로 볼 수 없다.

(3) 대상토지를 계속 소유하고 있는지 여부

또한 제3자인 을 회사가 설문상 중학교시설사업의 주체로 지정되지 않은 바, 해당 중학교 건립사업의 주체인 서울시는 제3자인 을 회사로부터 당초토지를 다시 매입하여야 할 것이다.

Ⅳ 문제의 해결

갑의 환매의사표시는 토지보상법 제91조 제1항의 환매권 행사요건을 충족하였다. 또한 현시점에서 중학교시설설치사업은 사업인정을 받지 못하는 등 공익사업의 변환요건을 충족하지 못하고 있다. 따라서 갑의 환매권 행사는 정당하다고 판단되므로 을의 주장은 타당하지 않다.

✎ **대판 2010.9.30, 2010다30782[소유권이전등기]**

[판시사항]

[1] 환매권에 관하여 규정한 '공익사업을 위한 토지 등의 취득 및 보상에 관한 법률' 제91조 제1항에 정한 '당해 사업'의 의미 및 협의취득 또는 수용된 토지가 필요 없게 되었는지 여부의 판단 기준

[2] '공익사업을 위한 토지 등의 취득 및 보상에 관한 법률' 제91조 제1항에 정한 환매권 행사기간의 의미

[3] '공익사업을 위한 토지 등의 취득 및 보상에 관한 법률' 제91조 제6항에 정한 공익사업의 변환이 인정되는 경우, 환매권 행사가 제한되는지 여부(적극)

[4] '공익사업을 위한 토지 등의 취득 및 보상에 관한 법률' 제91조 제6항에 정한 공익사업의 변환은 새로운 공익사업에 관해서도 같은 법 제20조 제1항의 규정에 의해 사업인정을 받거나 위 규정에 따른 사업인정을 받은 것으로 의제되는 경우에만 인정할 수 있는지 여부(적극)

[5] 공익사업을 위해 협의취득하거나 수용한 토지가 변경된 사업의 사업시행자 아닌 제3자에게 처분된 경우에도 '공익사업의 변환'을 인정할 수 있는지 여부(소극)

[6] 지방자치단체가 도시관리계획상 초등학교 건립사업을 위하여 학교용지를 협의취득하였으나 위 학교용지 인근에서 아파트 건설사업을 하던 주택건설사업 시행자와 그 아파트 단지 내에 들어설 새 초등학교 부지와 위 학교용지를 교환하고 위 학교용지에 중학교를 건립하는 것으로 도시관리계획을 변경한 사안에서, 위 학교용지에 관한 환매권 행사를 인정한 사례

[판결요지]

[1] 환매권에 관하여 규정한 '공익사업을 위한 토지 등의 취득 및 보상에 관한 법률'(이하 '공익사업법'이라고 한다) 제91조 제1항에서 말하는 '당해 사업'이란 토지의 협의취득 또는 수용의 목적이 된 구체적인 특정의 공익사업으로서 공익사업법 제20조 제1항에 의한 사업인정을 받을 때 구체적으로 특정된 공익사업을 말하고, '국토의 계획 및 이용에 관한 법률' 제88조, 제96조 제2항에 의해 도시계획시설사업에 관한 실시계획의 인가를 공익사업법 제20조 제1항의 사업인정으로 보게 되는 경우에는 그 실시계획의 인가를 받을 때 구체적으로 특정된 공익사업이 바로 공익사업법 제91조 제1항에 정한 협의취득 또는 수용의 목적이 된 당해 사업에 해당한다. 또 위 규정에 정한 당해 사업의 '폐지·변경'이란 당해 사업을 아예 그만두거나 다른 사업으로 바꾸는 것을 말하고, 취득한 토지의 전부 또는 일부가 '필요 없게 된 때'란 사업시행자가 취득한 토지의 전부 또는 일부가 그 취득 목적 사업을 위하여 사용할 필요 자체가 없어진 경우를 말하며, 협의취득 또는 수용된 토지가 필요 없게 되었는지 여부는 사업시행자의 주관적인 의사를 표준으로 할 것이 아니라 당해 사업의 목적과 내용, 협의취득의 경위와 범위, 당해 토지와 사업의 관계, 용도 등 제반 사정에 비추어 객관적·합리적으로 판단하여야 한다.

[2] '공익사업을 위한 토지 등의 취득 및 보상에 관한 법률' 제91조 제1항에서 환매권의 행사요건으로 정한 "당해 토지의 전부 또는 일부가 필요 없게 된 때로부터 1년 또는 그 취득일로부터 10년 이내에 그 토지를 환매할 수 있다"라는 규정의 의미는 취득일로부터 10년 이내에 그 토지가 필요 없게 된 경우에는 그때로부터 1년 이내에 환매권을 행사할 수 있으며, 또 필요 없게 된 때로부터 1년이 지났더라도 취득일로부터 10년이 지나지 않았다면 환매권자는 적법하게 환매권을 행사할 수 있다는 의미로 해석함이 옳다.

[3] 공익사업의 변환을 인정한 입법 취지 등에 비추어 볼 때, '공익사업을 위한 토지 등의 취득 및 보상에 관한 법률' 제91조 제6항은 사업인정을 받은 당해 공익사업의 폐지·변경으로 인하여 협의취득하거나 수용한 토지가 필요 없게 된 때라도 위 규정에 의하여 공익사업의 변환이 허용되는 다른 공익사업으로 변경되는 경우에는 당해 토지의 원소유자 또는 그 포괄승계인에게 환매권이 발생하지 않는다는 취지를 규정한 것이라고 보아야 하고, 위 조항에서 정한 "제1항 및 제2항의 규정에 의한 환매권 행사기간은 관보에 당해 공익사업의 변경을 고시한 날로부터 기산한다."는 의미는 새로 변경된 공익사업을 기준으로 다시 환매권 행사의 요건을 갖추지 못하는 한 환매권을 행사할 수 없고 환매권 행사 요건을 갖추어 제1항 및 제2항에 정한 환매권을 행사할 수 있는 경우에 그 환매권 행사기간은 당해 공익사업의 변경을 관보에 고시한 날로부터 기산한다는 의미로 해석해야 한다.

[4] '공익사업을 위한 토지 등의 취득 및 보상에 관한 법률' 제91조 제6항에 정한 공익사업의 변환은 같은 법 제20조 제1항의 규정에 의한 사업인정을 받은 공익사업이 일정한 범위 내의 공익성이 높은 다른 공익사업으로 변경된 경우에 한하여 환매권의 행사를 제한하는 것이므로, 적어도 새로운 공익사업에 관해서도 같은 법 제20조 제1항의 규정에 의해 사업인정을 받거나 또는 위 규정에 따른 사업인정을 받은 것으로 의제하는 다른 법률의 규정에 의해 사업인정을 받은 것으로 볼 수 있는 경우에만 공익사업의 변환에 의한 환매권 행사의 제한을 인정할 수 있다.

[5] 공익사업의 원활한 시행을 위한 무익한 절차의 반복 방지라는 '공익사업의 변환'을 인정한 입법취지에 비추어 볼 때, 만약 사업시행자가 협의취득하거나 수용한 당해 토지를 제3자에게 처분해 버린 경우에는 어차피 변경된 사업시행자는 그 사업의 시행을 위하여 제3자로부터 토지를 재취득해야 하는 절차를 새로 거쳐야 하는 관계로 위와 같은 공익사업의 변환을 인정할 필요성도 없게 되므로, 공익사업의 변환을 인정하기 위해서는 적어도 변경된 사업의 사업시행자가 당해 토지를 소유하고 있어야 한다. 나아가 공익사업을 위해 협의취득하거나 수용한 토지가 제3자에게 처분된 경우에는 특별한 사정이 없는 한 그 토지는 당해 공익사업에는 필요 없게 된 것이라고 보아야 하고, 변경된 공익사업에 관해서도 마찬가지이므로, 그 토지가 변경된 사업의 사업시행자 아닌 제3자에게 처분된 경우에는 공익사업의 변환을 인정할 여지도 없다.

[6] 지방자치단체가 도시관리계획상 초등학교 건립사업을 위하여 학교용지를 협의취득하였으나 위 학교용지 인근에서 아파트 건설사업을 하던 주택건설사업 시행자와 그 아파트 단지 내에 들어설 새 초등학교 부지와 위 학교용지를 교환하고 위 학교용지에 중학교를 건립하는 것으로 도시관리계획을 변경한 사안에서, 위 학교용지에 대한 협의취득의 목적이 된 당해 사업인 '초등학교 건립사업'의 폐지·변경으로 위 토지는 당해 사업에 필요 없게 되었고, 나아가 '중학교 건립사업'에 관하여 사업인정을 받지 않았을 뿐만 아니라 위 학교용지가 중학교 건립사업의 시행자 아닌 제3자에게 처분되었으므로 공익사업의 변환도 인정할 수 없다는 이유로 위 학교용지에 관한 환매권 행사를 인정한 사례

사례 35

국방부장관은 군사시설에 사용할 목적으로 서울시 서초구 양재동 일대의 토지를 취득하였으나, 甲 소유의 토지에 대해서는 협의가 성립되지 않아 2005년 9월 1일 사업인정을 받은 후 토지수용위원회의 수용재결에 의하여 2006년 1월 1일 취득하여 2006년 10월부터 국방연구소로 사용해 오던 중에 수도권 도심 억제방침에 따라 2014년 10월 1일 해당 연구소를 새로운 행정수도 예정지인 충남 공주로 이전하고 이를 방치하고 있다. 40점

(1) 甲은 2015년 12월 15일 현재 원래 자신이 소유하던 토지를 되찾을 수 있는지의 여부와 가능하다면 취할 조치는 무엇인가? 20점

(2) 만약 위 토지에 대해 2015년 11월에 서울시장에 의해 도시계획이 변경되어 도서관설치장소로 도시계획변경결정 및 실시계획고시(사업인정 의제)가 있었고, 해당 도서관은 군인가족을 위한 복지시설로 이용될 것이므로 사업시행자를 국방부장관으로 지정하였다. 이 경우 甲은 2015년 12월 15일 현재 해당 토지를 되찾을 수 있는가? 20점

(설문 1)의 해결

Ⅰ 쟁점의 정리

Ⅱ 환매권 행사요건 충족 여부

  1. 환매권의 의의 및 취지
  2. 환매권의 인정 근거
  3. 환매권의 법적 성질
  4. 환매권의 행사요건
    (1) 문제점(환매권의 성립시기)
    (2) 당사자 및 목적물
    (3) 사업의 폐지·변경 기타의 사유로 필요 없게 된 때(토지보상법 제91조 제1항)
    (4) 취득한 토지의 전부를 사업에 이용하지 아니한 때(토지보상법 제91조 제2항)
    (5) 제91조 제1항과 제2항 행사요건의 관계
  5. 사안의 경우

Ⅲ 갑이 취해야 하는 조치

  1. 환매권 행사의 절차
    (1) 사업시행자의 통지 등(토지보상법 제92조)
    (2) 환매권의 행사
    (3) 환매금액
  2. 환매권 행사의 효력
  3. 환매권의 소멸
  4. 사안의 경우(동시이행항변의 주장가능성)

Ⅳ 사안의 해결(권리구제방법 등)

(설문 2)의 해결

Ⅰ 쟁점의 정리

Ⅱ 공익사업변환과 환매권(환매권 행사의 제한)

  1. 공익사업변환의 의의
  2. 취지
  3. 공익사업변환의 위헌성
    (1) 문제점
    (2) 합헌으로 보는 견해
    (3) 위헌으로 보는 견해
    (4) 검토
  4. 공익사업 변환규정의 적용요건
    (1) 주체상 요건
      1) 토지보상법상 주체요건
      2) 사업시행자가 변경된 경우에도 적용하는지 여부
    (2) 대상사업 요건규정
    (3) 대상토지를 계속 소유하고 있을 것
  5. 관련문제(사업인정 전 협의에 적용 가능성)
  6. 사안의 경우

Ⅲ 사안의 해결

➕ (설문 1)의 해결

① 쟁점의 정리

설문은 갑이 자신 소유의 토지를 되찾기 위한 조치를 묻고 있다. 설문에서는 2007.10.1. 이후로 갑 토지가 방치되고 있으므로, ① 이러한 현황이 더 이상 해당 사업에 필요 없게 된 경우인지와 관련하여 환매권 행사요건을 살펴보고, ② 환매권을 행사하기 위한 조치로서 보상금의 선지급 및 환매의사표시 등의 제 절차를 검토하여 설문을 해결한다.

② 환매권 행사요건 충족 여부

1. 환매권의 의의 및 취지

환매권이라 함은 수용의 목적물인 토지가 공익사업의 폐지·변경 또는 그 밖의 사유로 인해 필요 없게 되거나, 수용 후 오랫동안 그 공익사업에 현실적으로 이용되지 아니할 경우에, 수용 당시의 토지소유자 또는 그 포괄승계인이 원칙적으로 보상금에 상당하는 금액을 지급하고 수용의 목적물을 다시 취득할 수 있는 권리를 말한다. 이는 재산권의 존속보장 및 토지소유자의 소유권에 대한 감정존중을 도모한다.

2. 환매권의 인정 근거

대법원은 환매권을 공평의 원칙상 인정되는 권리로 보면서도 재산권 보장과의 관련성을 인정하고 있으며, 환매권은 재산권 보장과 관련하여 공평의 원칙상 인정하는 권리로서 민법상의 환매권과는 달리 법률의 규정에 의하여서만 인정된다고 본다.

3. 환매권의 법적 성질

대법원은 원소유자가 환매권의 행사에 의하여 일방적으로 사법상 매매를 성립시키고 행정청의 공용수용해제처분을 요하지 않으므로 사법상 권리로 보나, 환매권은 공법상 수단에 의하여 상실한 권리를 회복하는 제도로서, 공법상의 주체인 사업시행자에 대하여 사인이 가지는 권리이므로 공법상 권리로 볼 수 있다. 또한 법원은 환매권은 재판상이든 그 제척기간 내에 이를 일단 행사하면 그 형성적 효력으로 매매의 효력이 생기는 것으로 보고 있다.

4. 환매권의 행사요건

(1) 문제점(환매권의 성립시기)

환매권은 수용의 효과로서 수용의 개시일에 법률상 당연히 성립 취득하는 것이므로 토지보상법상 요건은 이미 취득 성립된 환매권을 현실적으로 행사하기 위한 행사요건 검토가 필요하다.

(2) 당사자 및 목적물

당사자는, ① 환매권자는 토지소유자 또는 그 포괄승계인이고(자연인인 상속인 및 합병 후의 존속법인 또는 신설법인), ② 상대방은 사업시행자 또는 현재의 소유자이다. 환매목적물은 토지소유권에 한한다(토지에 대한 소유권 이외의 권리(용익물권 등) 및 토지 이외의 물건(토지의 정착물·토석·입목 등) 등은 환매의 대상이 되지 아니한다). 단 잔여지의 경우 접속된 부분이 필요 없게 된 경우가 아니면 환매는 불가하다.

(3) 사업의 폐지·변경 기타의 사유로 필요 없게 된 때(토지보상법 제91조 제1항)

공익사업의 폐지·변경 또는 그 밖의 사유로 취득한 토지의 전부 또는 일부가 필요 없게 된 경우는 관계 법률에 따라 사업이 폐지·변경된 날 또는 토지보상법 제24조에 따른 사업의 폐지·변경 고시가 있는 날로부터 10년 이내에, 그 밖의 사유로 취득한 토지의 전부 또는 일부가 필요 없게 된 경우에는 사업완료일로부터 10년 이내에 환매권을 행사할 수 있다.

(4) 취득한 토지의 전부를 사업에 이용하지 아니한 때(토지보상법 제91조 제2항)

취득일부터 5년 이내에 취득한 토지의 전부를 해당 사업에 이용하지 아니하였을 때에는, 취득일부터 6년 이내에 환매권을 행사할 수 있다.

(5) 제91조 제1항과 제2항 행사요건의 관계

그 요건을 서로 달리하고 있으므로, 어느 한쪽의 요건에 해당되면 다른 쪽의 요건을 주장할 수 없게 된다고 할 수 없고, 양쪽의 요건에 모두 해당된다고 하여 더 짧은 제척기간을 정한 제2항에 의하여 제1항의 환매권의 행사가 제한된다고 할 수도 없을 것이므로, 제2항의 규정에 의한 제척기간이 경과되었다 하여 제1항의 규정에 의한 환매권 행사를 할 수 없는 것도 아니라고 할 것이다.

5. 사안의 경우

해당 사업이란 사업인정 때 받은 토지수용의 목적이 된 구체적인 공익사업을 말한다. 따라서 설문상 국방연구소부지는 새로운 행정수도로 이전되고 방치되고 있는 상황이므로 더 이상 해당 사업에 필요 없게 된 것으로 볼 수 있다. 필요 없게 된 때로부터 10년이 경과하지 않았으므로 환매권 행사와 관련된 제 요건을 충족한다.

Ⅲ 갑이 취해야 하는 조치

1. 환매권 행사의 절차

(1) 사업시행자의 통지 등(토지보상법 제92조)

사업시행자는 환매할 토지가 생겼을 때 지체 없이 환매권자에게 통지하거나 사업시행자의 과실 없이 환매권자를 알 수 없는 경우 이를 공고해야 한다. 이는 법률상 당연히 인정되는 환매권의 행사의 실효성을 보장하기 위한 것으로 단지 '최고'에 불과하다(행정처분이 아님).

(2) 환매권의 행사

환매권자는 환매의사 표시와 함께 사업시행자와 협의 결정한 보상금을 선지급함으로써 행사한다. 환매권은 형성권이므로 사업시행자의 승낙·동의 없이도 그 환매의 효과가 발생한다.

(3) 환매금액

환매금액은 원칙상 환매대상토지 및 그 토지에 대한 소유권 이외의 권리에 대해 사업시행자가 지급한 보상금에 상당한 금액이며, 정착물에 대한 보상금과 보상금에 대한 법정이자는 불포함된다. 다만, 가격변동이 현저한 경우에 양 당사자는 법원에 그 금액의 증감을 청구할 수 있다(토지보상법 제91조 제4항).

2. 환매권 행사의 효력

환매권은 법상 당연히 인정되며 수용의 등기 시 제3자에 대항할 수 있는 점에서 물권적으로 소유권 이전된다고 본다. 판례는 이를 채권적 효과로서 소유권이전등기청구권이 발생하고 따라서 10년의 소멸시효를 갖는다고 한다.

3. 환매권의 소멸

환매통지나 공고가 있는 경우는 통지를 받은 날, 공고한 날부터 6월이 경과하면 소멸되고(법 제92조 제2항), 통지나 공고가 없는 경우에는 제91조 제1항의 경우 사업의 폐지·변경고시가 있는 날 또는 사업완료일로부터 10년이 경과하면 환매권이 소멸한다. 제91조 제2항의 경우 취득일로부터 6년 경과로 소멸한다.

4. 사안의 경우(동시이행항변의 주장가능성)

갑은 자신의 토지를 되찾기 위하여 지급받은 보상금 상당액을 사업시행자에게 선지급하고 환매의 사표시를 하여야 할 것이다. 또한 환매권은 형성권이므로 사업시행자는 환매금액의 변동 등을 이유로 동시이행의 항변을 주장할 수 없을 것이다.

Ⅳ 사안의 해결(권리구제방법 등)

갑의 토지는 해당 사업을 위한 필요가 없어지게 되었으므로 환매권을 행사할 수 있으며, 이러한 환매권 행사요건에 다툼이 있는 경우에는 환매권을 공법상 권리로 본다면 공법상 당사자소송에 의하여 해결할 수 있을 것이다. 또한 갑은 지급받은 보상급을 선지급하고 환매의사를 표시함으로써 환매권을 행사할 수 있으며, 만약 환매금액에 대한 다툼이 발생한다면 당사자의 협의 및 법원에 의한 결정으로써 해결해야 할 것이다. 판례는 환매금액과 관련된 다툼은 민사소송에 의하여 해결되어야 한다고 판시한 바 있다.

⊕ (설문 2)의 해결

Ⅰ 쟁점의 정리

설문은 도시공원설치장소로 변경된 갑 토지에 대한 환매권 행사가 제한되는지를 묻고 있다. 환매권 행사의 제한규정인 법 제91조 제6항이 위헌인지와, 위헌이 아니라면 제 요건을 충족하고 있는지를 검토하여 설문을 해결한다.

Ⅱ 공익사업변환과 환매권(환매권 행사의 제한)

1. 공익사업변환의 의의

국가, 지방자치단체 또는 공공기관이 사업인정을 받아 공익사업에 필요한 토지를 협의취득 또는 수용한 후 해당 공익사업이 제4조 제1호 내지 제5호에 규정된 다른 사업으로 변경된 경우 환매기간은 관보에 변경을 고시한 날로부터 기산하도록 하는 것을 말한다. 이 경우 국가, 지방자치단체 또는 정부투자기관은 변경사실을 환매권자에게 통지하도록 하고 있다.

2. 취지

기존 공익사업부지가 새로운 공익사업을 위해서 필요한 경우 일단 환매권을 인정하고 재취득하여야 하는 것이나 당초의 공익사업보다 공익성이 더 큰 공익사업으로 변경 시 번거로운 절차를 되풀이 하지 않기 위해 공익사업변환을 인정함으로써 환매권행사가 제한된다.

3. 공익사업변환의 위헌성

(1) 문제점

토지보상법 제91조 제6항은 공익사업변환에 해당하는 경우 환매권행사를 제한하고 있다. 우리 헌법은 재산권의 존속보장과 본질적 내용 침해금지를 규정하고 있는바, 공익사업변환이 비례원칙 등에 위반되는지 여부의 검토가 필요하다.

(2) 합헌으로 보는 견해

① 공익사업의 원활한 시행을 확보하기 위한 목적으로 그 목적의 정당성이 인정되고 변경이 허용되는 사업시행자의 범위와 대상사업을 한정하고 있어 그 입법목적달성을 위한 수단으로서 직접성이 인정된다. ② 피해최소성의 원칙 법익균형의 원칙에도 부합되는바 헌법 제37조 제2항이 규정한 기본권제한에 관한 과잉금지의 원칙에 위배되지 않는다.

(3) 위헌으로 보는 견해

본래 목적 공익사업 이외에 다른 공익사업을 위한 재심사 불복절차 등 적법절차 없이 전용을 허용하고 있으며, 전시나 준전시에 적용되는 징발법 관련조항과도 비교하여 볼 때, 피해최소성을 도모하였다고 인정할 수도 없다. 공익사업변환이 수차 계속된다면 환매권 취득기회를 영원히 상실하여 헌법 제37조 제2항 기본권제한의 절대적 한계를 일탈할 수도 있다.

(4) 검토

공익사업변환은 기본권의 본질적 내용에 대한 침해소지가 있으나, 공익사업의 원활한 시행을 확보하기 위하여 도입된 제도이므로 재산권의 존속을 위해 공익사업 변경 시 다시 심사할 수 있는 제도적 보완 등을 통하여 정당성을 보완하여야 할 것이다.

4. 공익사업 변환규정의 적용요건

(1) 주체상 요건

1) 토지보상법상 주체요건

토지보상법 제91조 제6항에서는 수용주체가 국가, 지방자치단체, 공공기관일 것을 규정하고 있다.

2) 사업시행자가 변경된 경우에도 적용하는지 여부

사업시행자가 변경된 경우 토지보상법 제91조 제6항은 사업시행자가 같은 경우에만 인정되는지에 대한 명확한 규정이 없어서 이에 대한 해석이 있다.

① 판례

'구 토지수용법 제71조 제7항 등 관계법령의 규정내용이나 그 입법이유 등으로 미루어 볼 때 공익사업변환이 기업자가 동일한 것으로 해석되지 않는다(대판 1994.1.25, 93다11760 · 11777 · 11784)'고 판시하여 사업주체변환을 인정하고 있다.

② 견해의 대립

환매권제도의 취지에 반하는 예외적 규정인 공익사업변환규정은 공평원리에 반하므로 가능한 좁게 해석하자는 견해와, 토지소유자는 이미 정당보상을 받았고 고도의 공익성이 요청되는 사업에만 인정되는바 판례의 입장을 지지하는 견해도 있다.

③ 검토

동 규정의 입법취지가 무용한 절차반복을 방지하여 원활한 사업을 도모함에 있으므로, 사업 자체의 공익성을 기준하여 변환여부를 판단해야 할 것이다.

(2) 대상사업 요건규정

사업인정을 받은 공익사업이 공익성의 정도가 높은 제4조 제1호 내지 제5호에 규정된 다른 공익사업으로 변경된 경우이어야 하며, 대법원은 해당 사업 역시 사업인정을 받아야 한다고 한다(대판 2010.9.30, 2010다30782).

(3) 대상토지를 계속 소유하고 있을 것

대법원은 공익사업을 위해 협의취득하거나 수용한 토지가 변경된 사업의 사업시행자가 아닌 제3자에게 처분된 경우에는 공익사업의 변환을 인정할 수 없다고 판시한 바 있다(대판 2010.9.30, 2010다30782).

5. 관련문제(사업인정 전 협의에 적용 가능성)

토지보상법 제91조 제6항에서 "사업인정을 받아"라고 규정하고 있는바, 사업인정 전의 협의에 의한 취득의 경우에는 적용되지 않는다고 보는 것이 타당하다.

6. 사안의 경우

도서관 사업도 실시계획고시에 의해서 사업인정이 의제되고, 이는 토지보상법 제4조 제4호에 해당되는 사업이다. 또한 설문상 국방부장관이 갑의 토지를 제3자에게 양도하는 등의 사실관계는 보이지 않으며, 서울시장으로부터 도서관사업의 사업시행자로 지정받았으므로 '계속하여 소유할 것'이라는 요건도 문제되지 않을 것으로 보인다. 따라서 갑의 환매권 행사는 제한될 것이다.

Ⅲ 사안의 해결

갑의 토지는 당초사업인 국방사업에 더 이상 필요 없게 되었으나, 도서관 사업부지로 재지정되어 계속하여 공익사업에 제공될 필요가 발생하게 되었다. 이에 따라 갑의 환매권 행사는 제한될 것이므로 갑은 변경된 도서관 사업이 폐지·변경되어 더 이상 도서관 사업에 필요 없게 되거나, 5년 이내에 전부를 이용하지 않는 경우가 발생하지 않는다면 자신의 토지를 되찾을 수 없을 것이다.

사례 36

환매권이란 토지에 지급된 보상금에 상당하는 금액을 지급하고 수용된 토지에 대한 소유권을 회복할 수 있는 권리를 말한다. 이는 재산권의 존속보장, 토지소유자의 소유권에 대한 감정존중에 취지가 인정된다. 이와 관련하여 공익사업의 변환에 대한 정당성을 논하시오. 10점

I 개설(환매권의 의의 및 입법취지)

1. 의의

공용수용의 목적물이 공익사업의 ① 폐지, 변경 등으로 불필요하게 된 경우와 공익사업에 ② 현실적으로 사용되지 않는 경우 피수용자가 일정요건하에 원소유권을 회복할 수 있는 제도이다.

2. 입법취지

토지소유자의 감정존중 및 공평의 원리, 재산권의 존속보장에서 제도적 취지가 인정된다. ① 대법원도 공익상 필요가 소멸된 경우에는 소유권을 회복시켜 주는 것이 공평의 원칙에 부합한다고 하였다. ② 헌법재판소는 환매권은 헌법이 보장하는 재산권의 내용에 포함되는 권리로 보고 있다.

II 공익사업변환제도

1. 의의 및 취지(토지보상법 제91조 제6항)

국가 지방자치단체 또는 공공기관이 사업인정을 받아 토지 등을 수용한 후 해당 사업이 제4조 사업으로 변경된 경우 환매권행사기간을 변경고시일로부터 기산하도록 하는 것이다.

2. 환매권행사의 제한요건

① 〈주체요건〉으로 국가, 지방자치단체, 공공기관일 것을 요하고 ② 〈대상사업〉 제4조 제1호 내지 제5호 즉, 공익성이 높은 사업을 대상으로 하여 헌법상 공공필요를 충족하고자 하였다. ③ 변환되는 사업도 사업인정을 받아야 하며, 해당 사업시행자가 토지를 소유하고 있어야 한다.

3. 변환제도의 위헌성 논의

(1) 문제점

헌법 제23조는 재산권 보장을 천명하는바 실질적으로 환매권을 제한하는 것이 기본권의 본질적 내용을 침해하는 것은 아닌지 문제된다.

(2) 합헌설(헌법재판소의 다수견해)

공익사업변환제도는 ① 공익사업의 신속한 수행이라는 목적의 정당성, ② 대상 사업범위를 제한하여 수단의 적정성이 인정되어 최소침해원칙, 법익균형의 원칙에 부합하여 비례의 원칙에 위배되지 않는다고 한다.

(3) 위헌설

① 사업변경 시 재심사, 불복절차 없이 허용하여 목적과 수단의 정당성을 인정할 수 없고, ② 실질적으로 환매권을 유명무실화시키므로 위헌이라고 한다.

(4) 검토

변경과정에서 적법성 확보절차가 부재하고 환매권자의 참여가 배제된 상태에서 이루어지는 것은 최소침해, 법익균형 문제에 비추어 문제가 있는 것으로 보인다. 또한 최근 개정되어 택지개발사업까지 변환규정을 확대한 것은 형평성에 많은 논란을 일으키고 있다고 보인다.

Ⅲ 관련문제

1. 사업주체가 변경되는 경우의 적용가능성

판례는 사업시행자가 동일시에만 허용되는 것으로만 볼 수 없다고 판시하여 사업주체변환을 인정하고 있다. 〈생각건대〉 행정주체의 담합 등으로 인한 전매차익으로 이용될 수 있으므로 부정함이 타당하다고 사료된다.

2. 사업인정 전 협의에 적용가능성

제91조 제6항에서 "사업인정을 받아"라고 규정하고 있는바, 부정함이 타당하다.

사례 37

A도는 2010년 5월경 국토교통부장관으로부터 관계 법령에 따라 甲의 농지 4,000㎡를 포함한 B시와 C시에 걸쳐있는 토지 131,000㎡에 '2009 세계엑스포' 행사를 위한 문화시설을 설치할 수 있도록 하는 공공시설입지승인을 받았다. 그 후 A도는 편입토지의 소유자들에게 보상협의를 요청하여 甲으로부터 2010년 12월 5일 「공익사업을 위한 토지 등의 취득 및 보상에 관한 법률」에 의하여 위 甲의 농지를 협의취득하였다. A도는 취득한 甲의 토지 중 1,600㎡를 2011년 5월 31일부터 2013년 4월 30일까지 위 세계엑스포행사 및 기타 행사를 위한 임시주차장으로 이용하였다가 2014년 3월 31일 농지로 원상복구하였다. 그 후 위 1,600㎡의 토지는 인근에서 청소년수련원을 운영하는 제3자에게 임대되어 청소년들을 위한 영농체험 경작지로 이용되고 있다. 40점

(1) 甲은 농지로 원상복구된 토지 1,600㎡에 대한 환매권을 행사하려고 한다. 甲의 권리구제방법에 대하여 설명하시오. 25점

(2) A도는 환매권 행사 대상 토지의 가격이 현저히 상승된 것을 이유로 증액된 환매대금과 보상금 상당액의 차액을 선이행하거나 동시이행할 것을 주장하려 한다. 환매대금 증액을 이유로 한 A도의 대응수단에 대하여 설명하시오. 15점

(설문 1)의 해결

Ⅰ 쟁점의 정리

Ⅱ 환매권의 의의, 취지, 근거 및 법적 성질
1. 환매권의 의의 및 취지
2. 환매권의 근거
3. 환매권의 법적 성질
    (1) 학설
        1) 공권설
        2) 사권설
    (2) 판례
    (3) 검토

Ⅲ 환매권의 행사요건
1. 환매권의 성립시기
2. 환매권의 행사요건
    (1) 당사자 및 목적물
    (2) 사업의 폐지·변경 기타의 사유로 필요 없게 된 때(법 제91조 제1항)

(3) 취득한 토지의 전부를 사업에 이용하지 아니한 때(법 제91조 제2항)
(4) 제91조 제1항과 제2항의 관계
3. 환매권 행사의 제한(법 제91조 제6항)

Ⅳ 사안의 해결(갑의 권리구제방법)
1. 환매권 행사요건 충족 여부
2. 갑의 권리구제방법

(설문 2)의 해결

Ⅰ 쟁점의 정리

Ⅱ 환매권이 형성권인지 여부 및 행사절차
1. 환매권이 형성권인지 여부
2. 환매절차
    (1) 사업시행자의 통지 등(토지보상법 제92조)
    (2) 환매권의 행사
    (3) 환매금액
    (4) 환매금액에 대한 불복

Ⅲ 사안의 해결(A도의 대응수단)

✛ (설문 1)의 해결

Ⅰ 쟁점의 정리

설문은 2009 세계엑스포를 위해 취득된 甲토지에 대한 환매권 행사와 관련된 사안으로서, 이의 해결을 위하여 갑이 환매권을 행사할 수 있는 요건을 충족하였는지(특히 갑의 토지가 해당 사업에 필요 없게 되었는지) 여부 및 환매권의 법적 성질을 검토하여 갑의 권리구제방법에 대하여 설명한다.

Ⅱ 환매권의 의의, 취지, 근거 및 법적 성질

1. 환매권의 의의 및 취지

환매권이라 함은 수용의 목적물인 토지가 공익사업의 폐지・변경 기타의 사유로 인해 필요 없게 되거나, 수용 후 오랫동안 그 공익사업에 현실적으로 이용되지 아니할 경우에, 수용 당시의 토지소유자 또는 그 포괄승계인이 원칙적으로 보상금에 상당하는 금액을 지급하고 수용의 목적물을 다시 취득할 수 있는 권리를 말한다. 이는 재산권의 존속보장 및 토지소유자의 소유권에 대한 감정존중을 도모한다.

2. 환매권의 근거

오늘날 환매권의 이론적 근거를 재산권의 존속보장에서 찾는 것이 유력한 견해가 되고 있다. 대법원은 환매권을 공평의 원칙상 인정되는 권리로 보면서도 재산권 보장과의 관련성을 인정하고 있다. 토지보상법 제91조와 제92조에 개별 법률상 근거를 갖는다.

3. 환매권의 법적 성질

(1) 학설

　1) 공권설

　　환매권은 공법적 원인에 의해 상실된 권리를 회복하는 제도이므로 공권력주체에 대해 사인이 가지는 공법상 권리라고 한다.

　2) 사권설

　　환매권은 피수용자가 자기의 이익을 위하여 일방적으로 행사함으로써 환매의 효과가 발생하는 형성권으로서 사업시행자의 동의를 요하지 않고, 이 권리는 공용수용의 효과로 발생하기는 하나 사업시행자에 의해 해제처분을 요하지 않는 직접매매의 효과를 발생하는 것으로 사법상 권리라고 한다.

(2) 판례

대법원은 원소유자가 환매권의 행사에 의하여 일방적으로 사법상 매매를 성립시키고 행정청의 공용수용해제처분을 요하지 않으므로 사법상 권리로 보아 환매권에 기한 소유권이전등기청구소송을 민사소송으로 다루고 있다.

(3) 검토

공법상 수단에 의하여 상실한 권리를 회복하는 제도로서, 공법상의 주체인 사업시행자에 대하여 사인이 가지는 권리이므로 공법상 권리로 볼 수 있다.

Ⅲ 환매권의 행사요건

1. 환매권의 성립시기

환매권은 수용의 효과로서 수용의 개시일에 법률상 당연히 성립 취득하는 것이므로 토지보상법상 요건은 이미 취득 성립된 환매권을 현실적으로 행사하기 위한 행사요건 검토가 필요하다.

2. 환매권의 행사요건

(1) 당사자 및 목적물

당사자는, 환매권자는 토지소유자 또는 그 포괄승계인이고 상대방은 사업시행자 또는 현재의 소유자이다. 환매목적물은 토지소유권에 한한다. 단 잔여지의 경우 접속된 부분이 필요 없게 된 경우가 아니면 환매는 불가하다.

(2) 사업의 폐지·변경 기타의 사유로 필요 없게 된 때(토지보상법 제91조 제1항)

해당 사업의 폐지·변경 또는 그 밖의 사유로 취득한 토지의 전부 또는 일부가 필요 없게 된 경우로부터 10년 이내에 그 토지에 대하여 받은 보상금에 상당하는 금액을 사업시행자에게 지급하고 토지를 환매할 수 있다.

'필요 없게 되었을 때'란 사업시행자의 주관적 의도가 아닌 해당 사업의 목적과 내용, 협의취득의 경위와 범위, 해당 토지와 사업의 관계, 용도 등 여러 사정에 비추어 객관적·합리적으로 판단하여야 한다(대판 2010.9.30, 2010다30782).

(3) 취득한 토지의 전부를 사업에 이용하지 아니한 때(토지보상법 제91조 제2항)

취득일부터 5년 이내에 취득한 토지의 전부를 해당 사업에 이용하지 아니하였을 때에는, 취득일부터 6년 이내에 환매권을 행사할 수 있다.

(4) 제91조 제1항과 제2항 행사요건의 관계

어느 한쪽의 요건에 해당되면 다른 쪽의 요건을 주장할 수 없게 된다고 할 수 없고, 양쪽의 요건에 모두 해당된다고 하여 더 짧은 제척기간을 정한 제2항에 의하여 제1항의 환매권의 행사가 제한된다고 할 수도 없을 것이므로, 제2항의 규정에 의한 제척기간이 경과되었다 하여 제1항의 규정에 의한 환매권 행사를 할 수 없는 것도 아니라고 할 것이다.

3. 환매권 행사의 제한(토지보상법 제91조 제6항)

국가, 지방자치단체 또는 공공기관이 사업인정을 받아 공익사업에 필요한 토지를 협의취득 또는 수용한 후 해당 공익사업이 제4조 제1호 내지 5호에 규정된 다른 사업으로 변경된 경우 환매기간은 관보에 변경을 고시한 날로부터 기산하도록 하는 것을 말한다.

Ⅳ 사안의 해결(갑의 권리구제방법)

1. 환매권 행사요건 충족 여부

설문에서 당초사업은 세계엑스포 행사와 관련된 사업이며, 갑 토지는 2011 세계엑스포 행사를 위한 임시주차장 등으로 사용되다가 2014년 3월 31일 농지로 원상복구된 후 제3자에게 임대되어 영농체험 경작지로 이용되는 점 등을 고려할 때, 갑 토지는 당초사업에 필요 없게 되었다고 판단된다. 또한 설문상 공익사업의 변환 등의 사유는 보이지 않으므로 갑은 환매권 행사요건을 충족한다.

2. 갑의 권리구제방법

갑은 사업시행자를 상대로 환매권을 행사할 수 있으며, 사업시행자가 이를 거부하는 경우 환매권의 법적 성질을 공권으로 보면 공법상 당사자소송으로 소유권이전등기를 청구할 수 있을 것이다. 판례는 실무상 민사소송으로 해결하고 있다.

⊕ (설문 2)의 해결

Ⅰ 쟁점의 정리

A도는 환매권 행사 대상 토지가격이 현저하게 상승함을 이유로 증액된 환매대금과 보상금상당액 차액을 선이행 또는 동시이행할 것을 주장하고 있다. 환매권이 형성권의 성질을 갖는지 여부 및 환매권 행사의 절차 등을 검토하여 A도의 대응수단에 대하여 설명한다.

Ⅱ 환매권이 형성권인지 여부 및 행사절차

1. 환매권이 형성권인지 여부

대법원은 환매권은 재판상이든 그 제척기간 내에 이를 일단 행사하면 그 형성적 효력으로 매매의 효력이 생기는 것으로 보고 있다(대판 1992.10.13, 92다4666).

2. 환매절차

(1) 사업시행자의 통지 등(토지보상법 제92조)

사업시행자는 환매할 토지가 생겼을 때 지체 없이 환매권자에게 통지하거나 사업시행자의 과실 없이 환매권자를 알 수 없는 경우 이를 공고해야 한다.

(2) 환매권의 행사

환매권자는 환매의사 표시와 함께 사업시행자와 협의 결정한 보상금을 선지급함으로써 행사한다. 환매권은 형성권이므로 사업시행자의 승낙·동의 없이도 그 환매의 효과가 발생한다. 사업시행자는 소로써 법원에 환매대금의 증액을 청구할 수 있을 뿐 환매권 행사로 인한 소유권이전등기 청구소송에서 환매대금 증액청구권을 내세워 증액된 환매대금과 보상금 상당액의 차액을 지급할 것을 선이행 또는 동시이행의 항변으로 주장할 수 없다(대판 2006.12.21, 2006다49277).

(3) 환매금액

환매금액은 원칙상 환매대상토지 및 그 토지에 대한 소유권 이외의 권리에 대해 사업시행자가 지급한 보상금에 상당한 금액이며, 정착물에 대한 보상금과 보상금에 대한 법정이자는 불포함된다.

(4) 환매금액에 대한 불복

가격변동이 현저한 경우에 양 당사자는 법원에 그 금액의 증감을 청구할 수 있다(토지보상법 제91조 제4항).

"토지의 가격이 취득일 당시에 비하여 현저히 변동된 경우"라 함은 환매권 행사 당시의 토지가격이 지급한 보상금에 환매 당시까지의 해당 사업과 관계없는 인근 유사토지의 지가변동률을 곱한 금액보다 초과되는 경우를 말한다(토지보상법 시행령 제48조).

Ⅲ 사안의 해결(A도의 대응수단)

환매권은 형성권이므로 사업시행자의 승낙·동의 없이도 그 환매의 효과가 발생하므로, A도는 토지가격이 상승되었다는 이유로 환매금액과 보상금상당액 차액을 선이행 또는 동시이행을 청구할 수 없을 것이다. A도는 토지보상법 제91조 제4항에 따라 당사자 간 협의를 통하거나, 환매권의 법적 성질을 공권으로 본다면 당사자소송의 형식으로 법원에 그 금액의 증감을 청구하여야 할 것이다.

사례 38

토지의 협의취득 또는 수용 후 해당 공익사업이 다른 공익사업으로 변경되는 경우에 해당 토지의
원소유자 또는 그 포괄승계인의 환매권을 제한하고, 환매권 행사기간을 변환 고시일부터 기산하도
록 한 '공익사업을 위한 토지 등의 취득 및 보상에 관한 법률' 제91조 제6항이 과잉금지원칙에 위배
되어 소유자의 재산권을 침해하는지와 관련하여 환매권의 행사요건 및 공익사업변환규정에 대해서
설명하고, 변환규정의 정당성에 대하여 비판적으로 검토하시오. 40점

Ⅰ 쟁점의 정리
Ⅱ 환매권의 행사요건
  1. 환매권의 의의 및 근거(토지보상법 제91조)
  2. 환매권의 법적 성질
  3. 환매권자
  4. 환매권의 행사요건(토지보상법 제91조 제1항
    및 제2항)
  5. 환매권의 행사기간
Ⅲ 공익사업의 변환제도
  1. 공익사업 변환의 의의 및 취지(토지보상법
    제91조 제6항)
  2. 공익사업의 변환의 요건
    (1) 주체상 요건규정

    (2) 대상사업 요건규정
    (3) 대상토지를 계속 소유하고 있을 것
  3. 공익사업의 변환의 효과
Ⅳ 공익사업변환규정의 정당성에 대한 비판적 검토
  1. 변환제도와 관련된 헌법재판소의 태도
    (1) 목적의 정당성
    (2) 수단의 적합성
    (3) 검토
  2. 비판적 검토
    (1) 전용결정에 대한 구제절차 부재
    (2) 기존 소유자의 절차참여 부재
    (3) 과도한 사익침해의 문제
Ⅴ 사안의 해결

Ⅰ 쟁점의 정리

환매권은 원소유자의 감정존중 등을 이유로 본래의 소유권을 회복시키는 제도이나, 새로운 공익사
업의 시행을 위해서 재취득하는 절차중복에 따른 손실을 최소화하고자 공익사업변환제도를 인정하
고 있다. 설문에서는 환매권에 대한 제 요건 등을 설명한 후, 공익사업변환제도가 당사자의 재산권
을 과도하게 침해하는 것은 아닌지 비판적으로 검토한다.

Ⅱ 환매권의 행사요건

1. 환매권의 의의 및 근거(토지보상법 제91조)

환매권이라 함은 공익사업을 위해 취득(협의취득 또는 수용)된 토지가 해당 사업에 필요 없게 되거나
일정 기간 동안 해당 사업에 이용되지 않는 경우에 원소유자 등이 일정한 요건하에 해당 토지를 회복
할 수 있는 권리를 말한다. 토지보상법(제91조, 제92조)은 환매권을 인정하고 있다.

2. 환매권의 법적 성질

환매권의 법적 성질에 대해서는 ① 환매권은 공법적 원인에 의해 상실된 권리를 회복하는 제도이므로 공법상의 권리라는 공권설과 ② 환매권자가 자기의 이익을 위한 일방적 의사에 의해 수용목적물을 다시 취득하는 것이고 행정청의 수용해제처분을 요하지 않으므로 사권이라는 사권설이 대립한다. 〈생각건대〉 환매권은 공법적 원인에 의해 상실되었던 권리회복이라는 점에서 공권설이 타당한 것으로 보인다.

3. 환매권자

토지보상법상 환매권자는 '협의취득일 또는 수용의 개시일 당시의 토지소유자 또는 그 포괄승계인'이다(제91조 제1항). 〈사례에서〉 갑 등은 협의취득일 당시의 토지소유자이므로 환매권자이다.

4. 환매권의 행사요건(토지보상법 제91조 제1항 및 제2항)

① 공익사업의 폐지·변경 등의 사유로 취득한 토지의 전부 또는 일부가 필요 없게 된 경우 10년 이내에 그 토지에 대하여 받은 보상금에 상당하는 금액을 사업시행자에게 지급하고 그 토지를 환매할 수 있다(제91조 제1항), ② 토지의 협의취득일 또는 수용의 개시일부터 5년 이내에 취득한 토지의 전부를 해당 사업에 이용하지 아니한 때(제91조 제2항)를 규정하고 있다.

5. 환매권의 행사기간

상기의 환매요건은 ①의 경우 해당 토지의 전부 또는 일부가 필요 없게 된 때부터(법령에 의해 필요 없게 된 날, 고시일, 사업완료일) 10년 이내에, ②의 경우에는 취득일로부터 6년 이내에 이를 행사하여야 한다. 이 기간은 제척기간이다.

Ⅲ 공익사업의 변환제도

1. 공익사업 변환의 의의 및 취지(토지보상법 제91조 제6항)

공익사업의 변환이라 함은 당초 공익사업이 다른 공익사업으로 변경된 경우, 별도의 협의취득 또는 수용 없이 해당 토지를 변경된 다른 공익사업에 이용하도록 하는 제도를 말한다. 이는 무용한 수용절차의 반복을 방지하여 원활한 사업의 진행을 도모함에 취지가 인정된다.

2. 공익사업의 변환의 요건

(1) 주체상 요건규정

토지보상법 제91조 제6항에서는 수용주체가 국가, 지방자치단체, 공공기관일 것을 규정하고 있다. 판례는 사업시행자가 동일한 경우에만 허용되는 것으로 볼 수 없다고 판시하여 사업주체의 변경을 인정하고 있다(대판 1994.1.25, 93다11760·11777·11784).

(2) 대상사업 요건규정

사업인정을 받은 공익사업이 공익성의 정도가 높은 제4조 제1호 내지 제5호에 규정된 다른 공익사업으로 변경된 경우이어야 하며, 대법원은 해당 사업 역시 사업인정을 받아야 한다고 한다 (대판 2010.9.30, 2010다30782).

(3) 대상토지를 계속 소유하고 있을 것

대법원은 공익사업을 위해 협의취득하거나 수용한 토지가 변경된 사업의 사업시행자가 아닌 제3자에게 처분된 경우에는 공익사업의 변환을 인정할 수 없다고 판시한 바 있다(대판 2010.9.30, 2010다30782).

3. 공익사업의 변환의 효과

공익사업의 변환이 인정되는 경우에는 원래의 공익사업의 폐지·변경으로 협의취득 또는 수용한 토지가 원래의 공익사업에 필요 없게 된 때에도 환매권을 행사할 수 없다.

Ⅳ 공익사업 변환규정의 정당성에 대한 비판적 검토

1. 변환제도와 관련된 헌법재판소의 태도

(1) 목적의 정당성

공익사업 변환규정은 수용된 토지가 애초의 사업목적이 폐지·변경되었다는 사유만으로 다른 공익사업을 위한 필요가 있음에도 예외 없이 원소유자에게 해당 토지를 반환하고 나서 다시 수용절차를 거칠 경우 발생할 수 있는 행정력 낭비를 막고 소유권 취득 지연에 따른 공익사업 시행에 차질이 없도록 하려는 것이므로, 입법목적이 정당하며, 공익사업 변환규정은 이를 위한 적절한 수단이다.

(2) 수단의 적합성

공익사업 변환규정은 변환이 가능한 공익사업의 시행자와 사업의 종류를 한정하고 있고, 공익사업 변환을 하기 위해서는 적어도 새로운 공익사업이 토지보상법 제20조 제1항의 규정에 의해 사업인정을 받거나 다른 법률의 규정에 의해 사업인정을 받은 것으로 볼 수 있는 경우이어야 하므로 침해의 최소성원칙에 반하지 아니한다.

(3) 검토

공익사업 변환규정으로 인하여 제한되는 사익인 환매권은 이미 정당한 보상을 받은 소유자에게 수용된 토지가 목적 사업에 이용되지 않을 경우에 인정되는 것이고, 변환된 공익사업을 기준으로 다시 취득할 수 있어, 이 사건 법률조항으로 인하여 제한되는 사익이 이로써 달성할 수 있는 공익에 비하여 중하다고 할 수 없으므로, 과잉금지 원칙에 위배되어 기존 소유자의 재산권을 침해한다고 할 수 없다.

2. 비판적 검토

(1) 전용결정에 대한 구제절차 부재

어떤 공익사업을 위하여 토지를 수용한 후 그 본래의 공익사업이 폐지·변경되어 토지보상법 제91조 제1항 소정 환매권의 대상이 되는 경우, 그 해당 토지를 다른 공익사업에 전용하려 하면 이는 새로운 토지수용에 해당하는 것이므로, 공공수용의 요건충족 여부를 새로이 엄격하게 심사하고, 그 전용결정에 대한 불복방법 등 구제절차도 마련되어야 한다.

(2) 기존 소유자의 절차참여 부재

그런데 공익사업 변환규정은 단순히 변환 가능한 공익사업의 종류 및 주체만을 제한하고 있을 뿐, 존속보장을 하지 않을 만한 다른 공익에 대해서 규정하지 아니하고, 환매권자가 변환되는 공익사업 진행과정에 사전적으로 관여할 수 있는 기회조차 보장하지 아니하며, 재수용의 횟수를 제한하거나 개발이익이 아닌 정상적인 지가상승분 정도는 지급하도록 하는 방법 등도 고려하지 않고 있으므로, 침해의 최소성원칙에 반한다.

(3) 과도한 사익침해의 문제

수용토지의 원소유자로부터 재수용절차를 거치도록 하더라도 반드시 공익사업의 시행에 차질이 생길만큼 오랜 시일이 소요되는 것은 아니므로, 공익사업 변환규정이 달성하고자 하는 공익이 이로써 제한되는 사익에 비하여 크게 중하다고도 보기 어렵다. 따라서 공익사업 변환규정은 과잉금지의 원칙에 위배되므로, 헌법에 위반된다고 볼 수 있다.

Ⅴ 사안의 해결

환매권은 원 소유자의 존속보장을 보장하는 제도이나, 새로운 공익사업에 재취득되는 경우 절차중복에 의한 행정낭비를 막기 위해 토지보상법에서는 변환규정을 두고 있다. 헌법재판소는 변환규정의 '목적의 정당성' 및 '수단의 적합성' 등을 이유로 과잉금지원칙에 반하지 않는다고 하나, 이는 실제로 환매권을 유명무실화시킬 수 있으므로 재취득시에도 새로운 공익사업의 공익성 판단과정에서 기존 소유자의 의견을 청취하거나 변환 횟수를 제한하는 등의 입법적 개선이 요구된다고 할 것이다.

◢ 사례 39

서울시는 甲의 토지를 실버타운으로 조성하고자 협의취득하였다. 그런데 3년 뒤 甲의 소유였던 위 토지가 주택재개발사업 지역으로 바뀌었으며, 재개발조합설립인가를 받은 상태이다(재개발조합 설립인가로 인해 실버타운 조성사업은 폐지되었다). 甲은 위 토지에 대하여 환매권을 행사하려고 한다. 환매가능여부와 환매가격증감에 관한 소송형태를 검토하시오. 30점

Ⅰ 쟁점의 정리
Ⅱ 환매권 행사의 가능 여부
　1. 환매권의 의의 및 취지
　2. 형성권인지 여부
　3. 환매권의 행사요건
　　(1) 당사자 및 목적물
　　(2) 사업의 폐지·변경 기타의 사유로 필요 없게 된 때(토지보상법 제91조 제1항)
　　(3) 취득한 토지의 전부를 사업에 이용하지 아니한 때(토지보상법 제91조 제2항)
　　(4) 환매절차

　　(5) 환매권 행사의 제한
　4. 사안의 경우
Ⅲ 환매가격증감에 관한 소송형태
　1. 관련규정의 검토(토지보상법 제91조 제4항)
　2. 환매권의 법적 성질
　　(1) 공권설
　　(2) 사권설
　　(3) 판례
　　(4) 검토
　3. 사안의 경우
Ⅳ 사안의 해결

Ⅰ 쟁점의 정리

갑의 토지는 실버타운을 위한 부지로 선정되었으나 3년 만에 정비구역으로 지정되었는바, 이와 같이 공익사업의 용도가 변경된 경우 환매의 대상이 될 수 있는 요건과 환매가격에 대한 분쟁을 어떠한 소송형태로 해결해야 하는지를 검토한다.

Ⅱ 환매권 행사의 가능 여부

1. 환매권의 의의 및 취지

환매권이라 함은 수용의 목적물인 토지가 공익사업의 폐지·변경 기타의 사유로 인해 필요 없게 되거나, 수용 후 오랫동안 그 공익사업에 현실적으로 이용되지 아니할 경우에, 수용 당시의 토지소유자 또는 그 포괄승계인이 원칙적으로 보상금에 상당하는 금액을 지급하고 수용의 목적물을 다시 취득할 수 있는 권리를 말한다. 이는 재산권의 존속보장 및 토지소유자의 소유권에 대한 감정존중을 도모한다.

2. 형성권인지 여부

대법원은 환매권은 재판상이든 그 제척기간 내에 이를 일단 행사하면 그 형성적 효력으로 매매의 효력

이 생기는 것으로 보고 있다. 그리고 환매권의 행사는 그 자체가 물권적 효과를 발생하는 것이 아니라 소유권이전등기청구권이라는 채권적 청구권을 발생할 뿐이라고 한다(대판 1992.10.13, 92다4666).

3. 환매권의 행사요건

(1) 당사자 및 목적물

당사자는, ① 환매권자는 토지소유자 또는 그 포괄승계인이고(자연인인 상속인 및 합병 후의 존속법인 또는 신설법인), ② 상대방은 사업시행자 또는 현재의 소유자이다. 환매목적물은 토지소유권에 한한다(토지에 대한 소유권 이외의 권리(용익물권 등) 및 토지 이외의 물건(토지의 정착물·토석·입목 등) 등은 환매의 대상이 되지 아니한다). 단 잔여지의 경우 접속된 부분이 필요 없게 된 경우가 아니면 환매는 불가하다.

(2) 사업의 폐지·변경 기타의 사유로 필요 없게 된 때(토지보상법 제91조 제1항)

사업의 폐지·변경 또는 그 밖의 사유로 취득한 토지의 전부 또는 일부가 필요 없게 된 경우에는 관계 법률에 따라 사업이 폐지·변경된 날 또는 사업의 폐지·변경 고시가 있는 날로부터 10년, 그 밖의 사유로 취득한 토지의 전부 또는 일부가 필요 없게 된 경우에는 사업완료일로부터 10년 이내에 환매권을 행사할 수 있다.

(3) 취득한 토지의 전부를 사업에 이용하지 아니한 때(토지보상법 제91조 제2항)

취득일부터 5년 이내에 취득한 토지의 전부를 해당 사업에 이용하지 아니하였을 때에는, 취득일부터 6년 이내에 환매권을 행사할 수 있다.

(4) 환매절차

환매는 사업시행자의 통지나 공고에 의하여, 또는 통지·공고를 기다릴 것 없이 환매권자가 자발적으로 행사할 수 있다. 환매권자는 환매의사 표시와 함께 사업시행자와 협의 결정한 보상금을 선지급함으로써 행사한다. 환매권은 형성권이므로 사업시행자의 승낙·동의 없이도 그 환매의 효과가 발생한다.

(5) 환매권 행사의 제한

국가, 지방자치단체 또는 공공기관이 사업인정을 받아 공익사업에 필요한 토지를 협의취득 또는 수용한 후 해당 공익사업이 제4조 제1호 내지 제5호에 규정된 다른 사업으로 변경된 경우 환매기간은 관보에 변경을 고시한 날로부터 기산하도록 하는 것을 말한다. 이 경우 국가 지방자치단체 또는 정부투자기관은 변경사실을 환매권자에게 통지하도록 하고 있다.

4. 사안의 경우

갑은 수용 당시의 소유자이고, 실버타운조성을 위해 매수한 후 3년 만에 공익사업을 변경하였고, 변경된 사업에 의한 환매권 행사의 제한도 없는 것으로 판단된다. 따라서 갑은 사업시행자의 환매 통지가 없더라도 자발적으로 환매권을 행사할 수 있다.

Ⅲ 환매가격증감에 관한 소송형태

1. 관련규정의 검토(토지보상법 제91조 제4항)

토지보상법은 '환매금액에 대한 다툼은 사업시행자 및 환매권자가 협의하되, 협의가 불성립하는 경우에는 법원에 환매금액의 증감을 청구할 수 있다'고 규정하고 있다. 환매권의 성질이 공권인지 사권인지에 따라 환매가격 증감에 대한 쟁송형태가 달라지므로 환매권의 법적 성질을 검토한다.

2. 환매권의 법적 성질

(1) 공권설

환매권은 공법적 원인에 의해 상실된 권리를 회복하는 제도이므로 공권력주체에 대해 사인이 가지는 공법상 권리라고 한다.

(2) 사권설

환매권은 피수용자가 자기의 이익을 위하여 일방적으로 행사함으로써 환매의 효과가 발생하는 형성권으로서 사업시행자의 동의를 요하지 않고, 이 권리는 공용수용의 효과로 발생하기는 하나 사업시행자에 의해 해제처분을 요하지 않는 직접매매의 효과를 발생하는 것으로 사법상 권리라고 한다.

(3) 판례

대법원은 원소유자가 환매권의 행사에 의하여 일방적으로 사법상 매매를 성립시키고 행정청의 공용수용해제처분을 요하지 않으므로 사법상 권리로 보아 환매권에 기한 소유권이전등기청구소송을 민사소송으로 다루고 있다.

(4) 검토

공법상 수단에 의하여 상실한 권리를 회복하는 제도로서, 공법상의 주체인 사업시행자에 대하여 사인이 가지는 권리이므로 공법상 권리로 볼 수 있다.

3. 사안의 경우

환매권은 공법상 원인에 의하여 상실되었던 권리회복이라는 점에서 공권이라 할 수 있으므로 사업시행자로서는 공법상의 당사자소송으로 환매대상토지의 취득 당시 지급한 보상금 상당액보다 증액 변경될 것을 전제로 하여 환매권자에게 그 환매가격과 위 보상금 상당액의 차액의 지급을 구할 수 있다.

Ⅳ 사안의 해결

갑은 공익사업지역의 소유자이며, 토지취득 후 3년 만에 공익사업의 변경이 있었고, 그 공익사업은 환매권 행사의 제한사유에 해당되지 아니한다(재개발사업은 보상법 제4조 제5호 대상 사업이나, 사업인정이 의제되는 사업시행계획인가처분이 없었으므로 변환요건에 해당되지 않는다). 따라서 갑은 환매권을 행사할 수 있다. 환매권은 공법상 원인에 의하여 상실되었던 권리회복이라 할 것이므로, 환매가격증감에 관한 소송은 공법상 당사자소송으로 제기해야 할 것이다.

📑 **사례 40**

갑 지방자치단체가 공익사업인 도로공사를 위하여 을 소유의 토지를 협의취득하였는데, 그 후 위 토지를 수용 대상 토지에 포함하는 택지개발사업계획이 승인·고시되었다. 갑 지방자치단체가 협 의취득한 목적인 도로공사에 위 토지가 더 이상 필요 없게 되어 을의 환매권이 발생하였고, 그 후 택지개발사업에 위 토지가 또다시 필요하게 되었다는 사정이 을의 환매권 행사를 제한하는지를 논 하시오. [25점]

Ⅰ 쟁점의 정리

Ⅱ 환매권의 행사요건 충족 여부
  1. 환매권의 의의 및 근거(토지보상법 제91조)
  2. 환매권의 법적 성질
  3. 환매권자
  4. 환매권의 행사요건(토지보상법 제91조 제1항
    및 제2항)
  5. 환매권의 행사기간
  6. 사안의 경우

Ⅲ 공익사업의 변환의 요건충족 여부
  1. 공익사업 변환의 의의 및 취지(토지보상법
    제91조 제6항)
  2. 공익사업의 변환의 요건
    (1) 주체상 요건규정
    (2) 대상사업 요건규정
    (3) 대상토지를 계속 소유하고 있을 것
  3. 공익사업의 변환의 효과
  4. 사안의 경우

Ⅳ 문제의 해결

Ⅰ 쟁점의 정리

설문은 당초사업인 도로사업에 편입된 '을' 토지가 더 이상 도로사업에 사용되지 않고, 새로운 택지 개발사업에 편입된 경우에 을이 환매권을 행사할 수 있는지가 문제된다. 토지보상법상 환매권 행사 요건을 충족하는지와 공익사업 변환규정이 적용될 여지는 없는지 검토한다.

Ⅱ 환매권의 행사요건 충족 여부

1. 환매권의 의의 및 근거(토지보상법 제91조)

환매권이라 함은 공익사업을 위해 취득(협의취득 또는 수용)된 토지가 해당 사업에 필요 없게 되거 나 일정 기간 동안 해당 사업에 이용되지 않는 경우에 원소유자 등이 일정한 요건하에 해당 토지를 회복할 수 있는 권리를 말한다. 토지보상법(제91조, 제92조)은 환매권을 인정하고 있다.

2. 환매권의 법적 성질

환매권은 공법적 원인에 의해 상실된 권리를 회복하는 제도이므로 공법상의 권리로 봄이 타당하나 판례는 사권으로 보고 있다.

3. 환매권자

토지보상법상 환매권자는 '협의취득일 또는 수용의 개시일 당시의 토지소유자 또는 그 포괄승계인'
이다(제91조 제1항).

4. 환매권의 행사요건(토지보상법 제91조 제1항 및 제2항)

① 공익사업의 폐지·변경 등의 사유로 취득한 토지의 전부 또는 일부가 필요 없게 된 경우 10년
이내에 그 토지에 대하여 받은 보상금에 상당하는 금액을 사업시행자에게 지급하고 그 토지를 환매
할 수 있다(제91조 제1항), ② 토지의 협의취득일 또는 수용의 개시일부터 5년 이내에 취득한 토지
의 전부를 해당 사업에 이용하지 아니한 때(제91조 제2항)를 규정하고 있다.

5. 환매권의 행사기간

상기의 환매요건은 ①의 경우 해당 토지의 전부 또는 일부가 필요 없게 된 때부터(법령에 의해 필
요 없게 된 날, 고시일, 사업완료일) 10년 이내에, ②의 경우에는 취득일로부터 6년 이내에 이를
행사하여야 한다. 이 기간은 제척기간이다.

6. 사안의 경우

설문상 당초 도로사업은 협의취득일로부터 3년이 지난 시점에서 택지개발사업에 편입된 바, 당초
사업에 더 이상 필요 없게 되었다고 보아야 할 것이다. 또한 을은 협의취득 당시의 토지소유자이므
로 환매권 행사요건이 충족된다고 볼 수 있다.

Ⅲ 공익사업의 변환의 요건충족 여부

1. 공익사업 변환의 의의 및 취지(토지보상법 제91조 제6항)

공익사업의 변환이라 함은 당초 공익사업이 다른 공익사업으로 변경된 경우, 별도의 협의취득 또는
수용 없이 해당 토지를 변경된 다른 공익사업에 이용하도록 하는 제도를 말한다. 이는 무용한 수용
절차의 반복을 방지하여 원활한 사업의 진행을 도모함에 취지가 인정된다.

2. 공익사업의 변환의 요건

(1) 주체상 요건규정

토지보상법 제91조 제6항에서는 수용주체가 국가, 지방자치단체, 공공기관일 것을 규정하고
있다. 판례는 사업시행자가 동일한 경우에만 허용되는 것으로 볼 수 없다고 판시하여 사업주체
의 변경을 인정하고 있다(대판 1994.1.25, 93다11760·11777·11784).

(2) 대상사업 요건규정

사업인정을 받은 공익사업이 공익성의 정도가 높은 제4조 제1호 내지 제5호에 규정된 다른 공

익사업으로 변경된 경우이어야 하며, 대법원은 해당 사업 역시 사업인정을 받아야 한다고 한다
(대판 2010.9.30, 2010다30782).

(3) 대상토지를 계속 소유하고 있을 것

대법원은 공익사업을 위해 협의취득하거나 수용한 토지가 변경된 사업의 사업시행자가 아닌
제3자에게 처분된 경우에는 공익사업의 변환을 인정할 수 없다고 판시한 바 있다(대판 2010.9.30,
2010다30782).

3. 공익사업의 변환의 효과

공익사업의 변환이 인정되는 경우에는 원래의 공익사업의 폐지·변경으로 협의취득 또는 수용한
토지가 원래의 공익사업에 필요 없게 된 때에도 환매권을 행사할 수 없다.

4. 사안의 경우

택지개발사업은 토지보상법 제4조 제5호에 규정된 사업이며, 사업시행자도 갑 지방자치단체로서
양 사업주체의 동일성 및 해당 토지의 계속보유도 인정된다. 따라서 환매권 행사기간은 택지개발
공익사업의 변경을 고시한 날부터 기산한다.

Ⅳ 문제의 해결

을은 환매권 행사요건을 갖추고 갑에게 보상금 상당액을 지급하고 환매의사를 표시할 수 있으나,
당초 도로사업이 택지개발사업으로 변경되어 환매권의 행사는 제한될 것이다. 따라서 을은 환매권
을 행사할 수 없으며, 환매권 행사를 위한 제 요건은 택지개발사업 변경고시일을 기준하여 다시
검토되어야 할 것이다.

사례 **41**

사업시행자는 수도권광역상수도사업을 위하여 1998.8.4.을 수용개시일로 하여 갑 토지를 수용한 후, 토지에 설치된 기존의 수로관로를 판교택지지구 내 광역상수도로 계속 이용하여 오다가 2018.7.30. 에 이르러 그 이용을 중단하였다. 갑은 2018.8.13. 환매대금으로 677,458,300원을 공탁하고 그 무렵 환매권을 행사하였다.

(1) 환매권의 행사요건 및 그 판단기준에 대해 설명하시오. [15점]

(2) 갑은 환매권을 행사할 수 있는가? 환매금액에 다툼이 있는 경우라면 그 해결방법은 어떠한가? [15점]

(3) 만약 사업시행자가 해당 토지가 더 이상 필요 없음에도, 환매권을 행사할 수 있음을 통지하지 않아서 환매권을 행사하지 못했다면 사업시행자는 손해배상책임을 지는가? [10점]

(4) 공익사업변환에 대해서 설명하시오. [10점]

(설문 1)의 해결

Ⅰ 개설(의의 및 취지)

Ⅱ 환매권의 행사요건과 그 판단기준

  1. 사업의 폐지·변경 또는 그 밖의 사유로 필요 없게 된 때(토지보상법 제91조 제1항)
    (1) 행사요건
    (2) 판단기준

  2. 취득한 토지의 전부를 사업에 이용하지 아니한 때(토지보상법 제91조 제2항)
    (1) 행사요건
    (2) 판단기준

  3. 제91조 제1항과 제2항 행사요건의 관계

(설문 2)의 해결

Ⅰ 쟁점의 정리

Ⅱ 환매권 행사요건의 충족 여부

  1. 환매권 행사요건
  2. 환매권 행사절차 및 환매금액
  3. 사안의 경우

Ⅲ 환매금액에 대한 분쟁해결 방안

  1. 환매권의 법적 성질
    (1) 공법상 권리인지
      1) 학설 및 판례
      2) 검토
    (2) 형성권

  2. 환매금액에 대한 불복수단
    (1) 당사자 간 협의
    (2) 법원의 청구
    (3) 검토

Ⅳ 사안의 해결

(설문 3)의 해결

Ⅰ 쟁점의 정리

Ⅱ 환매권의 통지를 결여한 것이 불법행위를 구성하는지 여부

  1. 사업시행자의 통지 등
    (1) 토지보상법 제92조상 통지의무
    (2) 통지의무가 강행규정인지 여부

  2. 환매권의 통지를 결여한 것이 불법행위를 구성하는지 여부

⊕ (설문 1)의 해결

Ⅰ 개설(의의 및 취지)

환매권이라 함은 수용의 목적물인 토지가 공익사업의 폐지·변경 기타의 사유로 인해 필요 없게
되거나, 수용 후 오랫동안 그 공익사업에 현실적으로 이용되지 아니할 경우에, 수용 당시의 토지소
유자 또는 그 포괄승계인이 원칙적으로 보상금에 상당하는 금액을 지급하고 수용의 목적물을 다시
취득할 수 있는 권리를 말한다. 이는 재산권의 존속보장 및 토지소유자의 소유권에 대한 감정존중
을 도모한다.

Ⅱ 환매권의 행사요건과 그 판단기준

1. 사업의 폐지·변경 또는 그 밖의 사유로 필요 없게 된 때(토지보상법 제91조 제1항)

(1) 행사요건

'공익사업의 폐지·변경으로 취득한 토지의 전부 또는 일부가 필요 없게 된 경우는 사업이 폐지
·변경된 날 또는 사업의 폐지·변경 고시가 있는 날', '그 밖의 사유로 취득한 토지의 전부
또는 일부가 필요 없게 된 경우는 사업완료일'부터 10년 이내에 환매권을 행사할 수 있다.

(2) 판단기준

'해당 사업'이란 사업인정을 받을 때 구체적으로 특정된 공익사업을 말하고, '폐지·변경'이란
해당 공익사업을 아예 그만두거나 다른 사업으로 바꾸는 것을 말하며 '필요 없게 되었을 때'란
사업시행자의 주관적 의도가 아닌 객관적 사정에 따라 판단한다.

2. 취득한 토지의 전부를 사업에 이용하지 아니한 때(토지보상법 제91조 제2항)

(1) 행사요건

취득일부터 5년 이내에 취득한 토지의 전부를 해당 사업에 이용하지 아니하였을 때에는, 취득일부터 6년 이내에 환매권을 행사할 수 있다.

(2) 판단기준

전부란 특정 환매권자의 해당 필지를 기준으로 판단해서는 안 되고 사업시행자가 취득한 토지 전부를 기준으로 하고, 이용하지 아니하였을 때란 사실상 사업에 제공하지 아니한 상태의 계속이면 족하며 사업의 필요성이 없을 것까지 요구하는 것은 아니다.

3. 제91조 제1항과 제2항 행사요건의 관계

그 요건을 서로 달리하고 있으므로, 어느 한쪽의 요건에 해당되면 다른 쪽의 요건을 주장할 수 없게 된다고 할 수 없고, 양쪽의 요건에 모두 해당된다고 하여 더 짧은 제척기간을 정한 제2항에 의하여 제1항의 환매권의 행사가 제한된다고 할 수도 없을 것이므로, 제2항의 규정에 의한 제척기간이 경과되었다 하여 제1항의 규정에 의한 환매권 행사를 할 수 없는 것도 아니라고 할 것이다.

⊕ (설문 2)의 해결

Ⅰ 쟁점의 정리

설문은 갑이 환매권을 행사할 수 있는지 여부와, 환매금액에 대한 다툼 발생 시 그 해결방안을 묻고 있다. 갑이 환매의사를 표명한 것은 환매권 행사기간 내에 이루어진 것인지 여부와, 토지보상법 제91조 제4항을 검토하여 환매금액에 대한 분쟁해결 방안을 설명한다.

Ⅱ 환매권 행사요건의 충족 여부

1. 환매권 행사요건

(설문 1)에서 서술한 바와 같음

2. 환매권 행사절차 및 환매금액

환매권자는 환매의사 표시와 함께 사업시행자와 협의 결정한 보상금을 선지급함으로써 행사한다. 환매권은 형성권이므로 사업시행자의 승낙·동의 없이도 그 환매의 효과가 발생한다. 환매금액은 원칙상 환매대상토지 및 그 토지에 대한 소유권 이외의 권리에 대해 사업시행자가 지급한 보상금에 상당한 금액이다.

3. 사안의 경우

설문상 환매대금은 보상금에 상당한 금액으로 보이며, 대상 토지는 취득일로부터 10년 이내에 필요 없게 되었고, 갑은 그때로부터 1년 이내에 환매권을 행사하였다. 따라서 갑의 환매권 행사는 정당하다고 볼 것이다.

Ⅲ 환매금액에 대한 분쟁해결 방안

1. 환매권의 법적 성질

(1) 공법상 권리인지

1) 학설 및 판례

① 학설은 공법상 권리라는 견해와 사법상 권리라는 견해가 대립하며, ② 대법원은 원소유자가 환매권의 행사에 의하여 일방적으로 사법상 매매를 성립시키고 행정청의 공용수용해제처분을 요하지 않으므로 사법상 권리로 보아 환매권에 기한 소유권이전등기청구소송을 민사소송으로 다루고 있다.

2) 검토

공법상 수단에 의하여 상실한 권리를 회복하는 제도로서, 공법상의 주체인 사업시행자에 대하여 사인이 가지는 권리이므로 공법상 권리로 볼 수 있다.

(2) 형성권

대법원은 환매권은 재판상이든 그 제척기간 내에 이를 일단 행사하면 그 형성적 효력으로 매매의 효력이 생기는 것으로 보고 있다. 그리고 환매권의 행사는 그 자체가 물권적 효과를 발생하는 것이 아니라 소유권이전등기청구권이라는 채권적 청구권을 발생할 뿐이라고 한다(대판 1992.10.13, 92다4666).

2. 환매금액에 대한 불복수단

(1) 당사자 간 협의

토지보상법 제91조 제4항에서는 토지의 가격이 취득일 당시에 비하여 현저히 변동된 경우 사업시행자와 환매권자는 환매금액에 대하여 서로 협의하도록 규정하고 있다.

(2) 법원의 청구

만약, 당사자 간 협의가 성립되지 않는 경우라면, 법원에 그 증감을 청구할 수 있다. 이 경우 환매권의 법적 성질을 공권으로 본다면, 공법상 당사자소송으로 그 증감을 청구할 수 있을 것이나, 판례는 "환매권의 존부에 관한 확인을 구하는 소송 및 환매금액의 증감을 구하는 소송 역시 민사소송에 해당한다"고 판시한 바 있다(대판 2013.2.28, 2010두22368).

(3) 검토

환매권은 공법상 수단에 의하여 상실한 권리를 회복하는 제도인 바, 이에 분쟁은 공법상 당사자소송으로 해결하는 것이 합당하다고 판단된다.

Ⅳ 사안의 해결

환매권은 형성권이므로 사업시행자의 승낙·동의 없이도 그 환매의 효과가 발생하므로, 사업시행자는 토지가격이 상승되었다는 이유로 환매금액과 보상금상당액 차액을 선이행 또는 동시이행을 청구할 수 없을 것이다. 양 당사자는 토지보상법 제91조 제4항에 따라 당사자 간 협의를 통하거나, 환매권의 법적 성질을 공권으로 본다면 당사자소송의 형식으로 법원에 그 금액의 증감을 청구하여야 할 것이다.

⊕ (설문 3)의 해결

Ⅰ 쟁점의 정리

사업시행자의 손해배상책임이 인정되기 위해서는, 사업시행자가 통지하지 않은 것이 불법행위를 구성해야 한다. 따라서 환매권 행사에 대한 통지규정이 강행규정인지와 동 의무를 이행하지 않은 것이 불법행위를 구성하는지를 검토하여 설문을 해결한다.

Ⅱ 환매권의 통지를 결여한 것이 불법행위를 구성하는지 여부

1. 사업시행자의 통지 등

(1) 토지보상법 제92조상 통지의무

사업시행자는 환매할 토지가 생겼을 때 지체 없이 환매권자에게 통지하거나 사업시행자의 과실 없이 환매권자를 알 수 없는 경우 이를 공고해야 한다. 이는 법률상 당연히 인정되는 환매권의 행사의 실효성을 보장하기 위한 것으로 단지 '최고'에 불과하다.

(2) 통지의무가 강행규정인지 여부

공익목적에 필요 없게 된 토지가 있을 때에는 먼저 원소유자에게 그 사실을 알려 주어 환매할 것인지 여부를 최고하도록 함으로써 법률상 당연히 인정되는 환매권 행사의 실효성을 보장하기 위한 것이라고 할 것이므로 위 규정은 단순한 선언적인 것이 아니라 기업자(사업시행자)의 법적인 의무를 정한 것이라고 보아야 할 것이다(대판 1993.5.27, 92다34667).

2. 환매권의 통지를 결여한 것이 불법행위를 구성하는지 여부

(1) 학설

1) 긍정설

환매권 사업시행자가 환매권 행사 최고의 통지나 공고의무를 이행하지 않았으므로, 환매권자는 환매권이 발생한 사실을 모르고 자기의 권리인 환매권을 행사하지 못하고 있다가 제척기간인 환매기간이 경과되었기 때문에 불법행위를 구성한다고 본다.

2) 부정설

채권의 불법행위에 대하여 학설이 긍정한다고 하더라도, 그 가해자가 직접 채권을 처분하거나 행사하여 채권 자체를 상실케 한 경우 목적물을 멸실, 파괴하여 채권자의 권리 행사를 방해하는 적극적인 침해 행위가 있어야 성립한다고 본다.

(2) 판례

사업시행자가 통지나 공고를 하여야 할 의무가 있는데도 불구하고 이러한 의무에 위배한 채 원소유자 등에게 통지나 공고를 하지 아니하여, 원소유자 등으로 하여금 환매권 행사기간이 경과되도록 하여 이로 인하여 법률에 의하여 인정되는 환매권 행사가 불가능하게 되어 환매권 그 자체를 상실하게 하는 손해를 가한 때에는 원소유자 등에 대하여 불법행위를 구성한다고 할 것이다(대판 2000.11.14, 99다45864).

3. 통지하지 않고 제3자에게 처분한 것이 불법행위를 구성하는지 여부

원소유자의 환매가능성이 존속하고 있는데도 이러한 의무에 위배한 채 환매의 목적이 될 토지를 제3자에게 처분한 경우에는 그와 같은 처분행위 자체는 유효하다고 하더라도 적어도 원소유자에 대한 관계에서는 법률에 의하여 인정되는 환매권 자체를 행사함이 불가능하도록 함으로써 그 환매권 자체를 상실시킨 것으로 되어 불법행위를 구성한다고 함이 상당하다 할 것이다(대판 1993.5.27, 92다34667).

Ⅲ 사안의 해결

사업시행자는 환매권을 행사할 수 있음을 알려야 할 법적 의무가 있음에도, 이러한 의무를 다하지 아니하여 갑이 환매권을 행사할 수 없었으므로 사업시행자는 이러한 불법행위에 대한 손해를 배상하여야 할 것이다.

⊕ (설문 4)의 해결

Ⅰ 의의 및 취지

1. 의의

국가 지방자치단체 또는 공공기관이 사업인정을 받아 공익사업에 필요한 토지를 협의취득 또는 수용한 후 해당 공익사업이 제4조 제1호 내지 제5호에 규정된 다른 사업으로 변경된 경우 환매기간은 관보에 변경을 고시한 날로부터 기산하도록 하는 것을 말한다. 이 경우 국가 지방자치단체 또는 정부투자기관은 변경사실을 환매권자에게 통지하도록 하고 있다.

2. 취지

기존 공익사업부지가 새로운 공익사업을 위해서 필요한 경우 일단 환매권을 인정하고 재취득하여야 하는 것이나 당초의 공익사업보다 공익성이 더 큰 공익사업으로 변경 시 번거로운 절차를 되풀이 하지 않기 위해 공익사업변환을 인정함으로써 환매권 행사가 제한된다.

Ⅱ 공익사업 변환규정의 적용요건

1. 주체상 요건

(1) 토지보상법 상 주체요건

토지보상법 제91조 제6항에서는 수용주체가 국가, 지방자치단체, 공공기관일 것을 규정하고 있다.

(2) 사업시행자가 변경된 경우에도 적용하는지 여부

사업시행자가 변경된 경우 토지보상법 제91조 제6항은 사업시행자가 같은 경우에만 인정되는지에 대한 명확한 규정이 없어서 이에 대한 견해가 대립되나 판례는 '구 토지수용법 제71조 제7항 등 관계법령의 규정내용이나 그 입법이유 등으로 미루어 볼 때 공익사업변환이 기업자가 동일한 것으로 해석되지 않는다(대판 1994.1.25, 93다11760 · 11777 · 11784)'고 판시하여 사업주체변환을 인정하고 있다.

2. 대상사업 요건규정

사업인정을 받은 공익사업이 공익성의 정도가 높은 제4조 제1호 내지 제5호에 규정된 다른 공익사업으로 변경된 경우이어야 하며, 대법원은 해당 사업 역시 사업인정을 받아야 한다고 한다(대판 2010.9.30, 2010다30782).

3. 대상토지를 계속 소유하고 있을 것

대법원은 공익사업을 위해 협의취득하거나 수용한 토지가 변경된 사업의 사업시행자가 아닌 제3자에게 처분된 경우에는 공익사업의 변환을 인정할 수 없다고 판시한 바 있다(대판 2010.9.30, 2010다 30782).

Ⅲ 공익사업변환의 위헌성

1. 견해의 대립

① 공익사업변환이 수차 걸쳐 계속된다면 환매권 취득기회를 영원히 상실하여 헌법 제37조 제2항 기본권 제한의 절대적 한계를 일탈할 수도 있으므로 위헌이라는 견해와, ② 공익사업의 원활한 시행을 확보하기 위한 목적으로 그 목적의 정당성이 인정되고 변경이 허용되는 사업시행자의 범위와 대상사업을 한정하고 있어 그 입법목적달성을 위한 수단으로서 직접성이 인정되는바 기본권 제한에 관한 과잉금지의 원칙에 위배되지 않는다는 견해가 있다.

2. 검토

공익사업변환은 기본권의 본질적 내용에 대한 침해소지가 있으나, 공익사업의 원활한 시행을 확보하기 위하여 도입된 제도이므로 재산권의 존속을 위해 공익사업 변경 시 다시 심사할 수 있는 제도적 보완 등을 통하여 정당성을 보완하여야 할 것이다.

Ⅳ 관련문제(사업인정 전 협의에 적용 가능성)

토지보상법 제91조 제6항에서 "사업인정을 받아"라고 규정하고 있는바, 사업인정 전의 협의에 의한 취득의 경우에는 적용되지 않는다고 보는 것이 타당하다.

📌 대판 2013.1.16, 2012다71305[손해배상(기)]

[판시사항]
구 공익사업을 위한 토지 등의 취득 및 보상에 관한 법률 제91조 제1항에서 정한 환매권의 행사요건 및 그 판단 기준

[이유]
구 '공익사업을 위한 토지 등의 취득 및 보상에 관한 법률'(2011.8.4. 법률 제11017호로 개정되기 전의 것, 이하 '공익사업법'이라 한다) 제91조 제1항에서 정하는 환매권은 '당해 사업의 폐지·변경 그 밖의 사유로 인하여 취득한 토지의 전부 또는 일부가 필요 없게 된 경우'에 행사할 수 있다. 여기서 '당해 사업'이란 토지의 협의취득 또는 수용의 목적이 된 구체적인 특정의 공익사업으로서 공익사업법 제20조 제1항에 의한 사업인정을 받을 때 구체적으로 특정된 공익사업을 말하고, 당해 사업의 '폐지·변경'이란 당해 사업을 아예 그만두거나 다른 사업으로 바꾸는 것을 말하며, 취득한 토지의 전부 또는 일부가 '필요 없게 된 경우'란 사업시행자가 취득한 토지의 전부 또는 일부가 그 취득 목적 사업을 위하여 사용할 필요 자체가 없어진 경우를 말한다. 그리고 협의취득 또는 수용된 토지

가 필요 없게 되었는지 여부는 사업시행자의 주관적인 의사를 표준으로 할 것이 아니라 당해 사업의 목적과 내용, 협의취득의 경위와 범위, 당해 토지와 사업의 관계, 용도 등 제반 사정에 비추어 객관적·합리적으로 판단하여야 한다(대판 2010.5.13, 2010다12043·12050, 대판 2010.9.30, 2010다30782 등 참조).

◆ **대판 2013.2.28, 2010두22368[환매대금증감]**

[판시사항]

[1] 구 공익사업을 위한 토지 등의 취득 및 보상에 관한 법률 제91조에 규정된 환매권의 존부에 관한 확인을 구하는 소송 및 같은 조 제4항에 따라 환매금액의 증감을 구하는 소송이 민사소송에 해당하는지 여부(적극)

[2] 구 공익사업을 위한 토지 등의 취득 및 보상에 관한 법률 제91조 제1항에서 정한 환매권 행사 기간의 의미

◆ **대판 2010.9.30, 2010다30782[소유권이전등기]**

[판시사항]

[1] 환매권에 관하여 규정한 '공익사업을 위한 토지 등의 취득 및 보상에 관한 법률' 제91조 제1항에 정한 '당해 사업'의 의미 및 협의취득 또는 수용된 토지가 필요 없게 되었는지 여부의 판단 기준

[2] '공익사업을 위한 토지 등의 취득 및 보상에 관한 법률' 제91조 제1항에 정한 환매권 행사기간의 의미

[3] '공익사업을 위한 토지 등의 취득 및 보상에 관한 법률' 제91조 제6항에 정한 공익사업의 변환이 인정되는 경우, 환매권 행사가 제한되는지 여부(적극)

[4] '공익사업을 위한 토지 등의 취득 및 보상에 관한 법률' 제91조 제6항에 정한 공익사업의 변환은 새로운 공익사업에 관해서도 같은 법 제20조 제1항의 규정에 의해 사업인정을 받거나 위 규정에 따른 사업인정을 받은 것으로 의제되는 경우에만 인정할 수 있는지 여부(적극)

[5] 공익사업을 위해 협의취득하거나 수용한 토지가 변경된 사업의 사업시행자 아닌 제3자에게 처분된 경우에도 '공익사업의 변환'을 인정할 수 있는지 여부(소극)

[6] 지방자치단체가 도시관리계획상 초등학교 건립사업을 위하여 학교용지를 협의취득하였으나 위 학교용지 인근에서 아파트 건설사업을 하던 주택건설사업 시행자와 그 아파트 단지 내에 들어설 새 초등학교 부지와 위 학교용지를 교환하고 위 학교용지에 중학교를 건립하는 것으로 도시관리계획을 변경한 사안에서, 위 학교용지에 관한 환매권 행사를 인정한 사례

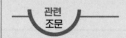

사례 42

2003.5.12. 서대문구는 도시계획시설(주차장) 사업을 시행하면서 사업부지에 포함된 갑 등의 각 소유 토지를 협의취득한 후 공영주차장(아현동 제1공영주차장)을 설치하였다. 그 후 2004.10.19. 위 토지를 포함한 일대 지역이 재정비촉진지구(북아현 1-3)로 지정되어 공영주차장을 폐지하는 내용이 포함된 재정비촉진지구 변경지정 및 재정비 촉진계획이 고시(서울특별시 고시 제2006-357호)되었으며, 이에 따라 2019.3.31. 재정비촉진구역 주택재개발정비사업의 사업시행인가가 고시되었다. 아현동 제1공영주차장은 2013년 12월 12일까지 주차장 용도로 사용되다가 재정비사업을 위하여 철거되었다. 2015.10.01. 갑은 2004.10.19. 당시 더 이상 주차장 용도로 사용되지 않을 것이 고시된 바, 이는 더 이상 해당 사업에 필요 없게 된 것으로서 환매권 행사에 관한 통지를 했어야 함에도 이를 하지 않아서 환매권 행사의 기회가 상실됐다고 주장한다. 갑이 목적사업인 주차장 사업에 필요 없게 되어 위 토지에 관한 환매권이 발생하였다고 주장하며 서대문구를 상대로 환매권 상실로 인한 손해배상을 청구할 수 있는가? 30점

관련 조문

토지보상법 제4조(공익사업)

이 법에 따라 토지 등을 취득하거나 사용할 수 있는 사업은 다음 각 호의 어느 하나에 해당하는 사업이어야 한다.

1. 국방·군사에 관한 사업
2.~4. 생략
5. 국가, 지방자치단체, 「공공기관의 운영에 관한 법률」 제4조에 따른 공공기관, 「지방공기업법」에 따른 지방공기업 또는 국가나 지방자치단체가 지정한 자가 임대나 양도의 목적으로 시행하는 주택 건설 또는 택지 및 산업단지 조성에 관한 사업

개정 전 토지보상법 제91조(환매권)

⑥ 국가·지방자치단체 또는 「공공기관의 운영에 관한 법률」 제4조부터 제6조까지의 규정에 따라 지정·고시된 공공기관 중 대통령령으로 정하는 공공기관이 사업인정을 받아 공익사업에 필요한 토지를 협의취득 또는 수용한 후 당해 공익사업이 제4조 제1호 내지 제4호에 규정된 다른 공익사업으로 변경된 경우 제1항 및 제2항의 규정에 의한 환매권 행사기간은 관보에 당해 공익사업의 변경을 고시한 날부터 기산한다. 이 경우 국가·지방자치단체 또는 「공공기관의 운영에 관한 법률」 제4조부터 제6조까지의 규정에 따라 지정·고시된 공공기관 중 대통령령으로 정하는 공공기관은 공익사업의 변경사실을 대통령령이 정하는 바에 따라 환매권자에게 통지하여야 한다.

개정 후 토지보상법 제91조(환매권)

⑥ 국가, 지방자치단체 또는 「공공기관의 운영에 관한 법률」 제4조에 따른 공공기관 중 대통령령으로 정하는 공공기관이 사업인정을 받아 공익사업에 필요한 토지를 협의취득하거나 수용한 후 해당 공익사업이 제4조 제1호부터 제5호까지에 규정된 다른 공익사업(별표에 따른 사업이 제4조 제1호부터 제5호까지에 규정된 공익사업에 해당하는 경우를 포함한다)으로 변경된 경우 제1항 및 제2항에 따른 환매권 행사기간은 관보에 해당 공익사업의 변경을 고시한 날부터 기산(起算)한다. 이 경우 국가, 지방자치단체 또는 「공공기관의 운영에 관한 법률」 제4조에 따른 공공기관 중 대통령령으로 정하는 공공기관은 공익사업이 변경된 사실을 대통령령으로 정하는 바에 따라 환매권자에게 통지하여야 한다.

Ⅰ 쟁점의 정리

설문은 사업시행자가 환매할 토지가 생겼음에도 이를 통지하지 않은 경우, 사업시행자의 손해배상 책임이 발생되는지가 문제된다. 사안의 해결을 위해서 환매요건이 충족되는지 여부 및 통지의무에 대해서 살펴보고, 주택재개발사업지구에 편입된 것이 환매권 행사를 제한하는지 등을 검토한다.

Ⅱ 환매권의 행사요건 및 절차 등

1. 환매권의 의의 및 근거(토지보상법 제91조)

환매권이라 함은 공익사업을 위해 취득(협의취득 또는 수용)된 토지가 해당 사업에 필요 없게 되거나 일정 기간 동안 해당 사업에 이용되지 않는 경우에 원소유자 등이 일정한 요건하에 해당 토지를 회복할 수 있는 권리를 말한다.

2. 환매권의 법적 성질

① 환매권은 공법적 원인에 의해 상실된 권리를 회복하는 제도이므로 공법상의 권리라는 공권설과 ② 환매권자가 자기의 이익을 위한 일방적 의사에 의해 수용목적물을 다시 취득하는 것이고 행정청의 수용해제처분을 요하지 않으므로 사권이라는 사권설이 대립한다. 〈생각건대〉 환매권은 공법적 원인에 의해 상실되었던 권리회복이라는 점에서 공권설이 타당한 것으로 보인다.

3. 환매권자

토지보상법상 환매권자는 '협의취득일 또는 수용의 개시일 당시의 토지소유자 또는 그 포괄승계인'이다.

4. 환매권의 행사요건 및 행사기간

(1) 사업의 폐지·변경 기타의 사유로 필요 없게 된 때(토지보상법 제91조 제1항)

'공익사업의 폐지·변경으로 취득한 토지의 전부 또는 일부가 필요 없게 된 경우는 사업이 폐지·변경된 날 또는 사업의 폐지·변경 고시가 있는 날', '그 밖의 사유로 취득한 토지의 전부 또는 일부가 필요 없게 된 경우는 사업완료일'부터 10년 이내에 환매권을 행사할 수 있다.

(2) 토지의 전부를 사업에 이용하지 아니한 때

토지의 협의취득일 또는 수용의 개시일부터 5년 이내에 취득한 토지의 전부를 해당 사업에 이용하지 아니한 때에는 취득일로부터 6년 이내에 이를 행사하여야 한다. 이 기간은 제척기간이다.

5. 환매권의 소멸(토지보상법 제92조)

(1) 환매권 행사의 소멸기간

① 사업시행자의 환매 통지·공고가 있는 경우에는 통지를 받은 날, 공고한 날부터 6월이 경과하면 소멸된다. ② 사업시행자의 환매 통지·공고가 없는 경우에는 제91조 제1항의 경우 사업의 폐지·변경 고시가 있는 날 또는 사업완료일부터 10년이 경과하여야 하며 두 조건을 모두 충족해야 환매권이 소멸한다. 제91조 제2항의 경우 취득일로부터 6년 경과로 소멸한다.

(2) 환매권의 통지를 결여한 것이 불법행위를 구성하는지 여부

통지규정은 법률상 당연히 인정되는 환매권 행사의 실효성을 보장하기 위한 것이라고 할 것이므로 통지의무를 하지 아니하여, 환매권 행사가 불가능하게 되었다면 이는 불법행위를 구성한다.

Ⅲ 공익사업의 변환

1. 공익사업의 변환의 의의 및 취지(토지보상법 제91조 제6항)

공익사업의 변환이라 함은 공익사업을 위하여 토지를 협의취득 또는 수용한 후 토지를 협의취득 또는 수용한 공익사업이 다른 공익사업으로 변경된 경우 별도의 협의취득 또는 수용 없이 해당 협의취득 또는 수용된 토지를 변경된 다른 공익사업에 이용하도록 하는 제도를 말한다. 이는 무용한 수용절차의 반복을 방지하여 원활한 사업의 진행을 도모함에 취지가 인정된다.

2. 변환제도의 위헌성 논의

헌법 제23조는 재산권 보장을 천명하는바 실질적으로 환매권을 제한하는 것이 기본권의 본질적 내용을 침해하는 것은 아닌지 문제된다. 견해의 대립이 있으나 다수 및 판례는 공익사업변환제도는 ① 공익사업의 신속한 수행이라는 목적의 정당성, ② 대상사업범위를 제한하여 수단의 적정성이 인정되어 최소침해의 원칙, 법익균형의 원칙에 부합하여 비례의 원칙에 위배되지 않는다고 한다.

3. 공익사업의 변환의 요건

(1) 주체 및 대상사업 요건규정

① 수용주체가 국가·지방자치단체 또는 공공기관이어야 한다. ② 사업인정을 받은 공익사업이 공익성의 정도가 높은 제4조 제1호 내지 제5호에 규정된 다른 공익사업으로 변경된 경우이어야 하며, ③ 해당 토지를 사업시행자가 계속 소유할 것을 요건으로 한다.

(2) 사업시행자의 동일성 여부

판례는 사업시행자가 동일시에만 허용되는 것으로만 볼 수 없다고 판시하여 사업주체변환을 인정하고 있다(대판 1994.1.25, 93다11760·11777·11784).

4. 공익사업의 변환의 효과

공익사업의 변환이 인정되는 경우에는 원래의 공익사업의 폐지·변경으로 협의취득 또는 수용한 토지가 원래의 공익사업에 필요 없게 된 때에도 환매권을 행사할 수 없다.

Ⅳ 사안의 해결

공영주차장의 폐지고시일인 2006.10.19. 서대문구의 통지도 없었고 10년도 경과하여 환매권을 행사할 수 없으므로 서대문구를 상대로 손해배상을 청구할 수 있을 것이다. 그러나 공영주차장은 철거되는 시점인 2023.12.12.까지 계속하여 주차장으로 이용되었으므로 이 날을 기준으로 더 이상 해당 사업에 필요 없게 된 것으로도 볼 수 있으며, 2019.3.31. 주택재개발정비사업에 포함되어 있으므로 공익사업 변환규정이 적용되어 환매권 행사기간이 다시 기산될 것이다. 이러한 경우라면 환매권을 행사할 수 없으므로 손해배상의 청구는 불가할 것이다.

대판 2019.10.31, 2018다233242[손해배상(기)]

해당 판례는 보상법 제91조 제1항이 개정되기 전의 판례이므로 '더 이상 필요없게 된 경우'의 의미해석에 대하서만 참고하기 바랍니다.

[판시사항]

[1] 환매권에 관하여 규정한 '구 공익사업을 위한 토지 등의 취득 및 보상에 관한 법률' 제91조 제1항에서 정한 '당해 사업' 및 취득한 토지의 전부 또는 일부가 '필요 없게 된 때'의 의미와 협의취득 또는 수용된 토지가 필요 없게 되었는지 판단하는 기준

[2] 갑 지방자치단체가 도시계획시설(주차장) 사업을 시행하면서 사업부지에 포함된 을 등의 각 소유 토지를 협의취득한 후 공영주차장을 설치하였고, 그 후 위 토지를 포함한 일대 지역이 재정비촉진지구로 지정되어 공영주차장을 폐지하는 내용이 포함된 재정비촉진지구 변경지정 및 재정비 촉진계획이 고시되었으며, 이에 따라 재정비촉진구역 주택재개발정비사업의 사업시행인가가 고시되었는데, 을 등이 목적사업인 주차장 사업에 필요 없게 되어 위 토지에 관한 환매권이 발생하였다고 주장하며 갑 지방자치단체를 상대로 환매권 상실로 인한 손해배상을 구한 사

안에서, 공영주차장을 폐지하기로 하는 내용이 포함된 위 재정비 촉진계획의 고시만으로 위 토지가 주차장 사업에 필요 없게 되었고, 그 무렵 을 등이 위 토지에 관한 환매권을 행사할 수 있었다고 본 원심판결에 심리미진 등의 잘못이 있다고 한 사례

[판결요지]

[1] 구 공익사업을 위한 토지 등의 취득 및 보상에 관한 법률(2011.8.4. 법률 제11017호로 개정되기 전의 것)은 제91조 제1항에서 "토지의 협의취득일 또는 수용의 개시일부터 10년 이내에 당해 사업의 폐지·변경 그 밖의 사유로 인하여 취득한 토지의 전부 또는 일부가 필요 없게 된 경우 취득일 당시의 토지소유자 또는 그 포괄승계인은 당해 토지의 전부 또는 일부가 필요 없게 된 때부터 1년 또는 그 취득일부터 10년 이내에 당해 토지에 대하여 지급받은 보상금에 상당한 금액을 사업시행자에게 지급하고 토지를 환매할 수 있다."라고 규정하고 있다. 위 조항에서 정하는 '당해 사업'이란 토지의 협의취득 또는 수용의 목적이 된 구체적인 특정 공익사업을 가리키는 것이고, 취득한 토지의 전부 또는 일부가 '필요 없게 된 때'란 사업시행자가 취득한 토지의 전부 또는 일부가 취득 목적사업을 위하여 사용할 필요 자체가 없어진 경우를 말하며, 협의취득 또는 수용된 토지가 필요 없게 되었는지는 사업시행자의 주관적인 의사를 표준으로 할 것이 아니라 당해 사업의 목적과 내용, 협의취득의 경위와 범위, 당해 토지와 사업의 관계, 용도 등 제반 사정에 비추어 객관적·합리적으로 판단하여야 한다.

[2] 갑 지방자치단체가 도시계획시설(주차장) 사업(이하 '주차장 사업'이라고 한다)을 시행하면서 사업부지에 포함된 을 등의 각 소유 토지를 협의취득한 후 공영주차장을 설치하였고, 그 후 위 토지를 포함한 일대 지역이 재정비촉진지구로 지정되어 공영주차장을 폐지하는 내용이 포함된 재정비 촉진지구 변경지정 및 재정비 촉진계획(이하 '재정비 촉진계획'이라고 한다)이 고시되었으며, 이에 따라 재정비촉진구역 주택재개발정비사업(이하 '재개발 사업'이라고 한다)의 사업시행인가가 고시되었는데, 을 등이 목적사업인 주차장 사업에 필요 없게 되어 위 토지에 관한 환매권이 발생하였다고 주장하며 갑 지방자치단체를 상대로 환매권 상실로 인한 손해배상을 구한 사안에서, 공영주차장을 폐지하기로 하는 내용이 포함된 재정비 촉진계획이 고시되거나 위 토지 등에 관한 재개발 사업의 사업시행인가가 고시되었다고 하더라도, 공영주차장이 여전히 종래의 주차장 용도로 사용되는 동안은 주차장으로서의 효용이나 공익상 필요가 현실적으로 소멸되었다고 볼 수 없으므로, 재정비 촉진계획의 고시나 재개발 사업의 사업시행인가 고시만으로 위 토지가 객관적으로 주차장 사업에 필요가 없게 되었다고 단정하기 어렵고, 나아가 위 재개발 사업은 구 공익사업을 위한 토지 등의 취득 및 보상에 관한 법률(2011.8.4. 법률 제11017호로 개정되기 전의 것) 제4조 제5호의 공익사업으로서 '지방자치단체가 지정한 자가 임대나 양도의 목적으로 시행하는 주택의 건설 또는 택지의 조성에 관한 사업'에 해당한다고 볼 수 있으므로, 2010.4.5. 개정·시행된 같은 법 제91조 제6항이 적용되어 공익사업의 변환에 따라 을 등의 환매권 행사가 제한되는지 여부를 살폈어야 하는데도, 공영주차장을 폐지하기로 하는 내용이 포함된 재정비 촉진계획의 고시만으로 위 토지가 주차장 사업에 필요 없게 되었고, 그 무렵 을 등이 위 토지에 관한 환매권을 행사할 수 있었다고 본 원심판결에 심리미진 등의 잘못이 있다고 한 사례

사례 43

창원시는 2005.9.경 내지 2006.1.경 청구인들로부터 '괴정 – 외성 간 해양관광도로 개설공사'를 추진하기 위하여 '공익사업을 위한 토지 등의 취득 및 보상에 관한 법률'(이하 '토지보상법'이라 한다)에 따라 창원시 ○○구 ○○동 ○○ 등 6필지 갑 소유의 토지(이하 '이 사건 토지'라 한다)에 관하여 공공용지 협의취득에 의한 소유권이전등기를 마쳤다.

창원시는 위 해양관광도로 개설공사를 진행하던 중 부산 – 진해 경제자유구역청이 추진하는 '남산유원지 개발계획'과 중복되는 부분이 있음이 밝혀져 사업진행을 보류하다가, 2017.5.25. 이 사건 토지를 위 해양관광도로 사업부지에서 제외하는 내용의 창원도시관리계획 결정(변경) 고시를 하였다(창원시 고시 제2017-102호).

이에 갑은 더 이상 해당 사업에 필요 없게 되었음을 이유로 보상금 상당금액을 사업시행자에게 지급하고 환매의사를 표시하였으나, 사업시행자는 환매권 행사기간이 경과되어 더 이상 환매권을 주장할 수 없다고 한다. 갑이 환매권을 행사할 수 있는지를 논하시오. 15점

Ⅰ 쟁점의 정리

1. 갑이 환매권을 행사할 수 있는지와 관련하여 환매권 행사요건을 검토한다.

2. 사업시행자가 공익사업을 위해 토지를 취득한 후 아무런 조치를 취하지 아니하다가 10년이 지난 후에야 사업을 포기하는 경우 토지소유자가 환매권을 행사할 기회가 원천적으로 차단되므로, 이러한 경우에 과잉금지의 원칙에 반하는지 검토한다.

Ⅱ 갑이 환매권을 행사할 수 있는지 여부

1. 환매권의 의의 및 근거

환매권이라 함은 공익사업을 위해 취득(협의취득 또는 수용)된 토지가 해당 사업에 필요 없게 되거나 일정 기간 동안 해당 사업에 이용되지 않는 경우에 원소유자 등이 일정한 요건하에 해당 토지를 회복할 수 있는 권리를 말한다. 토지보상법(제91조, 제92조)은 환매권을 인정하고 있다.

2. 환매권의 법적 성질

환매권의 법적 성질에 대해서는 ① 환매권은 공법적 원인에 의해 상실된 권리를 회복하는 제도이므로 공법상의 권리라는 공권설과 ② 환매권자가 자기의 이익을 위한 일방적 의사에 의해 수용목적물을 다시 취득하는 것이고 행정청의 수용해제처분을 요하지 않으므로 사권이라는 사권설이 대립한다. 〈생각건대〉 환매권은 공법적 원인에 의해 상실되었던 권리회복이라는 점에서 공권설이 타당한 것으로 보인다.

3. 환매권자

토지보상법상 환매권자는 '협의취득일 또는 수용의 개시일 당시의 토지소유자 또는 그 포괄승계인'이다(제91조 제1항).

4. 환매권의 행사요건[토지보상법 제91조 제1항 및 제2항]

① 공익사업의 폐지·변경 또는 그 밖의 사유로 취득한 토지의 전부 또는 일부가 필요 없게 된 경우 토지의 협의취득일 또는 수용의 개시일 당시의 토지소유자 또는 그 포괄승계인은 다음 각 호의 구분에 따른 날부터 10년 이내에 그 토지에 대하여 받은 보상금에 상당하는 금액을 사업시행자에게 지급하고 그 토지를 환매할 수 있다.

> 1. 사업의 폐지·변경으로 취득한 토지의 전부 또는 일부가 필요 없게 된 경우 : 관계 법률에 따라 사업이 폐지·변경된 날 또는 제24조에 따른 사업의 폐지·변경 고시가 있는 날
> 2. 그 밖의 사유로 취득한 토지의 전부 또는 일부가 필요 없게 된 경우 : 사업완료일

② 취득일부터 5년 이내에 취득한 토지의 전부를 해당 사업에 이용하지 아니하였을 때에는 제1항을 준용한다. 이 경우 환매권은 취득일부터 6년 이내에 행사하여야 한다.

5. 환매권의 행사기간

상기의 환매요건은 ①의 경우 사업의 폐지·변경 고시가 있는 날 또는 사업완료일부터 10년 이내에, ②의 경우에는 취득일부터 6년 이내에 이를 행사하여야 한다. 이 기간은 제척기간이다.

6. 환매권 행사의 제한[토지보상법 제91조 제6항]

국가, 지방자치단체 또는 공공기관이 사업인정을 받아 공익사업에 필요한 토지를 협의취득 또는 수용한 후 해당 공익사업이 제4조 제1호 내지 5호에 규정된 다른 사업으로 변경된 경우 환매기간은 관보에 변경을 고시한 날부터 기산하도록 하는 것을 말한다.

Ⅲ 사안의 해결

사안에서 해당 토지가 사업에 필요없게 된 때부터 10년이 경과되지 않았으므로 갑은 환매권을 행사할 수 있다.

＊ 참고 : 과잉금지원칙의 위반 여부(환매권 행사기간이 취득일로부터 10년으로 제한된 것이 과잉 금지원에 반하여 필요 없게 된 날부터 10년으로 개정되었음)

1. 과잉금지원칙의 의의 및 근거
   과잉금지의 원칙(비례의 원칙)은 국민의 기본권을 제한하는 경우 목적의 정당성, 수단의 적합성, 침해의 최소성, 법익의 균형성의 요건을 갖추어야 한다는 원칙으로서 헌법 제37조 제2항에 근거한다.

2. 과잉금지원칙의 위반 여부
   환매권 발생기간을 '취득일부터 10년 이내'로 제한하여 청구인들의 헌법상 재산권을 침해하는 지 여부이다.
   환매권은 헌법상 재산권의 존속보장과 밀접한 관련을 가지는 권리라 할 것인데, 이 사건 법률조항은 '취득일로부터 10년 이내'로 환매권의 발생기간을 제한함으로써, 원래 토지수용 등의 원인이 되었던 공공필요성이 소멸하더라도 그 토지취득일로부터 10년이 지나기만 하면 원소유자에게 환매권 자체가 발생하지 않도록 정하고 있다. 이러한 환매권의 발생기간 제한은 환매권이 인정됨을 전제로 환매권의 구체적 행사를 위한 행사기간, 방법, 환매가격 등 환매권의 내용을 정한 것이라기보다는 환매권 발생 여부 자체를 정하는 것이어서 사실상 원소유자의 환매권을 배제하는 효과를 초래할 수 있으므로, 헌법 제37조 제2항에서 정한 기본권 제한 입법의 한계를 준수하고 있는지 살펴본다.

   (1) 목적의 정당성 및 수단의 적합성
       환매권의 발생기간을 제한한 것은 사업시행자의 지위나 이해관계인들의 토지이용에 관한 법률관계 안정, 토지의 사회경제적 이용 효율 제고, 사회일반에 돌아가야 할 개발이익이 원소유자에게 귀속되는 불합리 방지 등을 위한 것인데, 그 입법목적은 정당하고 이와 같은 제한은 입법목적 달성을 위한 유효적절한 방법이라 할 수 있다.

   (2) 침해의 최소성
       2000년대 이후 다양한 공익사업이 출현하면서 공익사업 간 중복·상충 사례가 발생하였고, 산업구조 변화, 비용 대비 편익에 대한 지속적 재검토, 인근 주민들의 반대 등에 직면하여 공익사업이 지연되다가 폐지되는 사례가 다수 발생하고 있다. 이와 같은 상황에서 이 사건 법률조항의 환매권 발생기간 '10년'을 예외 없이 유지하게 되면 토지수용 등의 원인이 된 공익사업의 폐지 등으로 공공필요가 소멸하였음에도 단지 10년이 경과하였다는 사정만으로 환매권이 배제되는 결과가 초래될 수 있다. 다른 나라의 입법례에 비추어 보아도 발생기간을 제한하지 않거나 더 길게 규정하면서 행사기간 제한 또는 토지에 현저한 변경이 있을 때 환매거절권을 부여하는 등 보다 덜 침해적인 방법으로 입법목적을 달성하고 있다. 이 사건 법률조항은 침해의 최소성 원칙에 어긋난다.

   (3) 법익의 균형성
       이 사건 법률조항으로 제한되는 사익은 헌법상 재산권인 환매권의 발생 제한이고, 이 사건 법률조항으로 환매권이 발생하지 않는 경우에는 환매권 통지의무도 발생하지 않기 때문에 환매권 상실에 따른 손해배상도 받지 못하게 되므로, 사익 제한 정도가 상당히 크다. 그런데 10년 전후로 토지가 필요 없게 되는 것은 취득한 토지가 공익목적으로 실제 사용되지 못한 경우가 대부분이고, 토지보상법은 부동산등기부상 협의취득이나 토지수용의 등기원인 기재가 있는 경우 환매권의 대항력을 인정하고 있어 공익사업에 참여하는 이해관계인들은 환매권이 발생할 수 있음을 충분히 알 수 있다. 토지보상법은 이미 환매대금증감소송을 인정하여 해당 공익사업에 따른 개발이익이 원소유자에게 귀속되는 것을 차단하고 있다. 이 사건 법률조항이 추구하고자 하는 공익은 원소유자의 사익침해 정도를 정당화할 정도로 크다고 보기 어려우므로, 법익의 균형성을 충족하지 못한다.

3. 검토

단지 10년이 경과하였다는 사정만으로 환매권을 제한하는 것은 침해의 최소성 원칙에 어긋나며, 환매권제도가 추구하는 공익과 침해되는 사익 사이에 비례관계를 갖추고 있다고 할 수 없으므로 과잉금지원칙에 반한다고 할 것이다.

법률조항의 위헌성은 환매권의 발생기간을 제한한 것 자체에 있다기보다는 그 기간을 10년 이내로 제한한 것이 환매권에 대한 과도한 제한이라는 데 있다. 법률조항의 위헌성을 제거하기 위하여 발생기간을 제한하되 그 기간을 10년보다 장기로 정하는 방법, 발생기간을 장기로 변경하면서 10년을 초과한 경우 중 토지에 현저한 변경이 있는 등 구체적인 공익이 발생하였을 때에 사업시행자에게 환매거절권을 부여하는 방법, 환매권 발생기간을 따로 정하지 아니하고 공익사업이 '필요 없게 된 때'부터 행사기간만 제한하는 방법 등 다양한 방안이 있을 수 있고 이는 입법재량 영역에 속한다.

✱ 헌재 2020.11.26, 2019헌바131[헌법불합치]
→ 현재 개정되어 필요 없게 된 때부터 10년이 적용됨.

[판시사항]

가. 환매권의 발생기간을 제한하고 있는 '공익사업을 위한 토지 등의 취득 및 보상에 관한 법률'(이하 '토지보상법'이라 한다) 제91조 제1항 중 '토지의 협의취득일 또는 수용의 개시일(이하 이조에서 '취득일'이라 한다)부터 10년 이내에' 부분(이하 '이 사건 법률조항'이라 한다)이 재산권을 침해하는지 여부(적극)

나. 헌법불합치결정을 선고하면서 적용중지를 명한 사례

[결정요지]

가. 토지수용 등 절차를 종료하였다고 하더라도 공익사업에 해당 토지가 필요 없게 된 경우에는 토지수용 등의 헌법상 정당성이 장래를 향하여 소멸한 것이므로, 이러한 경우 종전 토지소유자가 소유권을 회복할 수 있는 권리인 환매권은 헌법이 보장하는 재산권의 내용에 포함되는 권리이다.

환매권의 발생기간을 제한한 것은 사업시행자의 지위나 이해관계인들의 토지이용에 관한 법률관계 안정, 토지의 사회경제적 이용 효율 제고, 사회일반에 돌아가야 할 개발이익이 원소유자에게 귀속되는 불합리 방지 등을 위한 것인데, 그 입법목적은 정당하고 이와 같은 제한은 입법목적 달성을 위한 유효적절한 방법이라 할 수 있다.

그러나 2000년대 이후 다양한 공익사업이 출현하면서 공익사업 간 중복·상충 사례가 발생하였고, 산업구조 변화, 비용 대비 편익에 대한 지속적 재검토, 인근 주민들의 반대 등에 직면하여 공익사업이 지연되다가 폐지되는 사례가 다수 발생하고 있다. 이와 같은 상황에서 이 사건 법률조항의 환매권 발생기간 '10년'을 예외 없이 유지하게 되면 토지수용 등의 원인이 된 공익사업의 폐지 등으로 공공필요가 소멸하였음에도 단지 10년이 경과하였다는 사정만으로 환매권이 배제되는 결과가 초래될 수 있다. 다른 나라의 입법례에 비추어 보아도 발생기간을 제한하지 않거나 더 길게 규정하면서 행사기간 제한 또는 토지에 현저한 변경이 있을 때 환매거절권을 부여하는 등 보다 덜 침해적인 방법으로 입법목적을 달성하고 있다. 이 사건 법률조항은 침해의 최소성 원칙에 어긋난다.

이 사건 법률조항으로 제한되는 사익은 헌법상 재산권인 환매권의 발생 제한이고, 이 사건 법률조항으로 환매권이 발생하지 않는 경우에는 환매권 통지의무도 발생하지 않기 때문에 환매권 상실에 따른 손해배상도 받지 못하게 되므로, 사익 제한 정도가 상당히 크다. 그런데 10년 전후로 토지가 필요 없게 되는 것은 취득한 토지가 공익목적으로 실제 사용되지 못한 경우가 대부분이고, 토지보상법은 부동산등기부상 협의취득이나 토지수용의 등기원인 기재가 있는 경우 환매권의 대항력을 인정하고 있어 공익사업에 참여하는 이해관계인들은 환매권이 발생할 수 있음을 충분히 알 수 있다. 토지보상법은 이미 환매대금증감소송을 인정하여 당해 공익사업에 따른 개발이익이 원소유자에게 귀속되는 것을 차단하고 있다. 이 사건 법률조항이 추구하고자 하는 공익은 원소유자의 사익침해 정도를 정당화할 정도로 크다고 보기 어려우므로, 법익의 균형성을 충족하지 못한다.

결국 이 사건 법률조항은 헌법 제37조 제2항에 반하여 재산권을 침해한다.

나. 이 사건 법률조항의 위헌성은 환매권의 발생기간을 제한한 것 자체에 있다기보다는 그 기간을 10년 이내로 제한한 것에 있다. 이 사건 법률조항의 위헌성을 제거하는 다양한 방안이 있을 수 있고 이는 입법재량 영역에 속한다. 이 사건 법률조항의 적용을 중지하더라도 환매권 행사기간 등 제한이 있기 때문에 법적 혼란을 야기할 뚜렷한 사정이 있다고 보이지는 않는다. 이 사건 법률조항 적용을 중지하는 헌법불합치결정을 하고, 입법자는 가능한 한 빠른 시일 내에 이와 같은 결정 취지에 맞게 개선입법을 하여야 한다.

[재판관 이선애, 재판관 이종석, 재판관 이미선의 반대의견]

환매권은 헌법상 재산권의 내용에 포함되는 권리이며, 그 구체적인 내용과 한계는 법률에 의하여 정해진다. 이 사건 법률조항은 환매권의 구체적인 모습을 형성하면서 환매권 행사를 제한하고 있으므로 이를 염두에 두고 기본권 제한입법의 한계를 일탈한 것인지 살펴볼 필요가 있다. 대체로 10년이라는 기간은 토지를 둘러싼 사업시행자나 제3자의 이해관계가 두껍게 형성되고, 토지의 사회경제적 가치가 질적 변화를 일으키기에 상당한 기간으로 볼 수 있다. 우리나라의 경우 부동산 가치 변화가 상당히 심하고, 토지를 정주 공간보다는 투자의 대상으로 인식하는 사회적 경향이 상당히 존재하고, 원소유자가 환매권을 행사하는 주된 동기가 상승한 부동산의 가치회수인 경우가 있음을 고려하면, 이 사건 법률조항의 환매권 발생기간 제한이 환매권을 형해화하거나 그 본질을 훼손할 정도로 불합리하다고 볼 수 없다.

토지보상법은 5년 이내에 취득한 토지 전부를 공익사업에 이용하지 아니하였을 때 환매권을 인정하여 이 사건 법률조항에 따른 환매권 제한을 상당 부분 완화하고 있다. 환매권 발생기간을 합리적 범위 내로 제한하지 않는다면 해당 토지가 공익사업의 시행을 위하여 취득된 날로부터 상당한 기간이 지난 이후에도 언제든지 환매권이 발생할 수 있어 공익사업시행자의 지위나 해당 토지를 둘러싼 관계인들의 법률관계가 심히 불안정한 상태에 놓일 수밖에 없게 된다. 부동산등기부의 기재로 환매권 발생을 예견할 수 있었다고 하더라도 이러한 사정이 공익사업 시행을 전제로 형성된 법률관계의 안정 도모라는 공익의 중요성을 가볍게 하는 요소라고 단정할 수 없다. 이 사건 법률조항의 환매권 발생기간 제한은 입법목적 달성을 위해 필요한 범위 내의 것이고 원소유자의 불이익이 달성하려는 공익보다 크다고 할 수 없다.

따라서 이 사건 법률조항은 기본권 제한 입법의 한계를 일탈하거나 환매권 행사를 형해화하여 재산권을 침해한다고 볼 수 없다.

[심판대상조문]
공익사업을 위한 토지 등의 취득 및 보상에 관한 법률(2011.8.4. 법률 제11017호로 개정된 것) 제91조 제1항 중 '토지의 협의취득일 또는 수용의 개시일(이하 이 조에서 "취득일"이라 한다)부터 10년 이내에' 부분

✎ **대판 2021.4.29, 2020다280890[소유권이전등기]**

[판시사항]
공익사업을 위한 토지 등의 취득 및 보상에 관한 법률 제91조 제1항에서 환매권을 인정하는 취지 / 도시계획시설사업의 시행자로 지정되어 도시계획시설사업의 수행을 위하여 필요한 토지를 협의취득하였으나 시행자 지정이 처음부터 효력이 없거나 토지의 취득 당시 해당 도시계획시설사업의 법적 근거가 없었던 것으로 볼 수 있는 등 협의취득이 당연무효인 경우, 협의취득일 당시의 토지소유자가 위 조항에서 정한 환매권을 행사할 수 있는지 여부(소극)

[판결요지]
공익사업을 위한 토지 등의 취득 및 보상에 관한 법률(이하 '토지보상법'이라 한다) 제91조 제1항은 해당 사업의 폐지·변경 또는 그 밖의 사유로 취득한 토지의 전부 또는 일부가 필요 없게 된 경우 취득일 당시의 토지소유자 또는 그 포괄승계인(이하 '토지소유자'라 한다)은 그 토지에 대하여 받은 보상금에 상당하는 금액을 사업시행자에게 지급하고 그 토지를 환매할 수 있다고 규정하고 있다.

토지보상법이 환매권을 인정하는 취지는, 토지의 원소유자가 사업시행자로부터 토지 등의 대가로 정당한 손실보상을 받았다고 하더라도 원래 자신의 자발적인 의사에 기하여 그 토지 등의 소유권을 상실하는 것이 아니어서 그 토지 등을 더 이상 당해 공익사업에 이용할 필요가 없게 된 때, 즉 공익상의 필요가 소멸한 때에는 원소유자의 의사에 따라 그 토지 등의 소유권을 회복시켜 주는 것이 공평의 원칙에 부합한다는 데에 있다.

한편 구 공익사업을 위한 토지 등의 취득 및 보상에 관한 법률(2007.10.17. 법률 제8665호로 개정되기 전의 것, 이하 '구 토지보상법'이라 한다) 제4조 제7호, 구 국토의 계획 및 이용에 관한 법률(2007.1.19. 법률 제8250호로 개정되기 전의 것, 이하 '구 국토계획법'이라 한다) 제95조 제1항에 의하면, 구 국토계획법에 따른 도시계획시설사업은 구 토지보상법 제4조의 공익사업에 해당하는데, 구 국토계획법 제86조 제5항은 같은 조 제1항 내지 제4항에 따른 행정청이 아닌 자가 도시계획시설사업을 시행하기 위해서는 대통령령이 정하는 바에 따라 건설교통부장관 등으로부터 시행자로 지정을 받도록 규정하고 있다.

이러한 토지보상법 및 구 국토계획법의 규정 내용과 환매권의 입법 취지 등을 고려하면, 도시계획시설사업의 시행자로 지정되어 그 도시계획시설사업의 수행을 위하여 필요한 토지를 협의취득하였다고 하더라도, 시행자 지정이 처음부터 효력이 없거나 토지의 취득 당시 해당 도시계획시설사업의 법적 근거가 없었던 것으로 볼 수 있는 등 협의취득이 당연무효인 경우, 협의취득일 당시의 토지소유자가 소유권에 근거하여 등기 명의를 회복하는 방식 등으로 권리를 구제받는 것은 별론으로 하더라도 토지보상법 제91조 제1항에서 정하고 있는 환매권을 행사할 수는 없다고 봄이 타당하다.

🔻 **사례 44**

서귀포시장은 사업시행자를 지정하여 도시계획시설인 유원지를 신설하는 내용의 도시계획시설 실시계획을 인가·고시하였다. 사업시행자는 갑의 토지를 협의 취득하였고 매매대금 1억원과 영농손실 보상금을 지급하였다. 그런데 해당 유원지 사업은 도시계획시설이 아닌 것으로 판단되어 실시계획 인가·고시는 무효로 판단되었다. 갑은 다시 토지 소유권을 찾기 위해서 보상금 상당액을 지급하고 환매의사를 표시한다면 소유권을 회복할 수 있는가? 환매권 행사가 가능한가? **20점**

Ⅰ 쟁점의 정리

Ⅱ 환매권 행사요건
 1. 환매권의 의의 및 근거(토지보상법 제91조)
 2. 환매권의 인정 취지
 3. 환매권자

4. 환매권의 행사요건(토지보상법 제91조 제1항 및 제2항)
5. 환매권의 행사기간

Ⅲ 사안의 해결
 1. 협의취득의 효력 유무
 2. 환매권 행사 가능여부

Ⅰ 쟁점의 정리

사안의 쟁점은 인가처분이 무효이어서 해당 사업의 시행이 원시적으로 불가능하였던 경우에도 환매권을 행사할 수 있는지 여부이다. 환매권 행사 요건을 검토하여 설문을 해결한다.

Ⅱ 환매권 행사요건

1. 환매권의 의의 및 근거(토지보상법 제91조)

환매권이라 함은 공익사업을 위해 취득(협의취득 또는 수용)된 토지가 해당 사업에 필요 없게 되거나 일정기간 동안 해당 사업에 이용되지 않는 경우에 원소유자 등이 일정한 요건하에 해당 토지를 회복할 수 있는 권리를 말한다. 토지보상법(제91조, 제92조)은 환매권을 인정하고 있다.

2. 환매권의 인정 취지

토지의 원소유자가 정당한 손실보상을 받았다고 하더라도 원래 자신의 자발적인 의사에 기하여 그 토지 등의 소유권을 상실하는 것이 아니어서 공익상의 필요가 소멸한 때에는 원소유자의 의사에 따라 그 토지 등의 소유권을 회복시켜 주는 것이 공평의 원칙에 부합한다는 데에 있다.

3. 환매권자

토지보상법상 환매권자는 '협의취득일 또는 수용의 개시일 당시의 토지소유자 또는 그 포괄승계인'이다(제91조 제1항).

4. 환매권의 행사요건(토지보상법 제91조 제1항 및 제2항)

① 공익사업의 폐지·변경 등의 사유로 취득한 토지의 전부 또는 일부가 필요 없게 된 경우 10년 이내에 그 토지에 대하여 받은 보상금에 상당하는 금액을 사업시행자에게 지급하고 그 토지를 환매할 수 있다(제91조 제1항), ② 토지의 협의취득일 또는 수용의 개시일부터 5년 이내에 취득한 토지의 전부를 해당 사업에 이용하지 아니한 때(제91조 제2항)를 규정하고 있다.

5. 환매권의 행사기간

상기의 환매요건은 ①의 경우 해당 토지의 전부 또는 일부가 필요 없게 된 때부터(법령에 의해 필요 없게 된 날, 고시일, 사업완료일) 10년 이내에, ②의 경우에는 취득일로부터 6년 이내에 이를 행사하여야 한다. 이 기간은 제척기간이다.

Ⅲ 사안의 해결

1. 협의취득의 효력 유무

도시계획시설사업의 시행자로 지정되어 그 도시계획시설사업의 수행을 위하여 필요한 토지를 협의취득하였다고 하더라도, 시행자 지정이 처음부터 효력이 없거나 토지의 취득 당시 해당 도시계획시설사업의 법적 근거가 없었던 것으로 볼 수 있으므로 협의취득은 당연무효라고 볼 것이다.

2. 환매권 행사 가능여부

해당 사업은 공익사업이 아니므로 공익사업의 폐지·변경 등이 있는 것으로 볼 수 없다. 협의취득이 당연무효인 경우, 협의취득일 당시의 토지소유자가 소유권에 근거하여 등기 명의를 회복하는 방식 등으로 권리를 구제받는 것은 별론으로 하더라도 토지보상법 제91조 제1항에서 정하고 있는 환매권을 행사할 수는 없다고 봄이 타당하다.

> 🖋 대판 2021.4.29, 2020다280890
>
> [소유권이전등기]
>
> [판시사항]
>
> 공익사업을 위한 토지 등의 취득 및 보상에 관한 법률 제91조 제1항에서 환매권을 인정하는 취지 / 도시계획시설사업의 시행자로 지정되어 도시계획시설사업의 수행을 위하여 필요한 토지를 협의취득하였으나 시행자 지정이 처음부터 효력이 없거나 토지의 취득 당시 해당 도시계획시설사업의 법적 근거가 없었던 것으로 볼 수 있는 등 협의취득이 당연무효인 경우, 협의취득일 당시의 토지소유자가 위 조항에서 정한 환매권을 행사할 수 있는지 여부(소극)

[판결요지]

공익사업을 위한 토지 등의 취득 및 보상에 관한 법률(이하 '토지보상법'이라 한다) 제91조 제1항은 해당 사업의 폐지·변경 또는 그 밖의 사유로 취득한 토지의 전부 또는 일부가 필요 없게 된 경우 취득일 당시의 토지소유자 또는 그 포괄승계인(이하 '토지소유자'라 한다)은 그 토지에 대하여 받은 보상금에 상당하는 금액을 사업시행자에게 지급하고 그 토지를 환매할 수 있다고 규정하고 있다.

토지보상법이 환매권을 인정하는 취지는, 토지의 원소유자가 사업시행자로부터 토지 등의 대가로 정당한 손실보상을 받았다고 하더라도 원래 자신의 자발적인 의사에 기하여 그 토지 등의 소유권을 상실하는 것이 아니어서 그 토지 등을 더 이상 당해 공익사업에 이용할 필요가 없게 된 때, 즉 공익 상의 필요가 소멸한 때에는 원소유자의 의사에 따라 그 토지 등의 소유권을 회복시켜 주는 것이 공평의 원칙에 부합한다는 데에 있다.

한편 구 공익사업을 위한 토지 등의 취득 및 보상에 관한 법률(2007.10.17. 법률 제8665호로 개정 되기 전의 것, 이하 '구 토지보상법'이라 한다) 제4조 제7호, 구 국토의 계획 및 이용에 관한 법률 (2007.1.19. 법률 제8250호로 개정되기 전의 것, 이하 '구 국토계획법'이라 한다) 제95조 제1항에 의하면, 구 국토계획법에 따른 도시계획시설사업은 구 토지보상법 제4조의 공익사업에 해당하는 데, 구 국토계획법 제86조 제5항은 같은 조 제1항 내지 제4항에 따른 행정청이 아닌 자가 도시계획 시설사업을 시행하기 위해서는 대통령령이 정하는 바에 따라 건설교통부장관 등으로부터 시행자로 지정을 받도록 규정하고 있다.

이러한 토지보상법 및 구 국토계획법의 규정 내용과 환매권의 입법 취지 등을 고려하면, 도시계획 시설사업의 시행자로 지정되어 그 도시계획시설사업의 수행을 위하여 필요한 토지를 협의취득하였 다고 하더라도, 시행자 지정이 처음부터 효력이 없거나 토지의 취득 당시 해당 도시계획시설사업의 법적 근거가 없었던 것으로 볼 수 있는 등 협의취득이 당연무효인 경우, 협의취득일 당시의 토지소 유자가 소유권에 근거하여 등기 명의를 회복하는 방식 등으로 권리를 구제받는 것은 별론으로 하더 라도 토지보상법 제91조 제1항에서 정하고 있는 환매권을 행사할 수는 없다고 봄이 타당하다.

[주문]

원심판결을 파기하고, 사건을 제주지방법원에 환송한다.

[이유]

상고이유(상고이유서 제출기간이 지난 다음 제출된 상고이유보충서의 기재는 상고이유를 보충하는 범위 내에서)를 판단한다.

1. 사안의 개요와 쟁점

　가. 원심판결 이유와 기록에 의하면, 다음과 같은 사정들을 알 수 있다.

　　　(1) 서귀포시장은 1997.11.5. 도시계획시설인 '유원지'를 신설하는 내용의 도시계획시설결 정이 내려진 서귀포시 (주소 1 생략) 일원에서 주거시설(콘도미니엄, 전원주택 등), 골프 장(연계 주거지 포함), 의료시설, 상업시설, 스포츠센터 등을 갖춘 휴양형 주거단지 개발 사업(이하 '이 사건 사업'이라 한다)을 시행하기로 하였다.

(2) 서귀포시장은 2005.11.14. 이 사건 사업에 관하여 구「국토의 계획 및 이용에 관한 법률」(2007.1.19. 법률 제8250호로 개정되기 전의 것, 이하 '구 국토계획법'이라 한다) 제86조 및 제88조에 따라 피고를 사업시행자로 지정하고 실시계획을 인가·고시하였다(이하 사업시행자 지정 및 실시계획 인가를 합하여 '이 사건 인가처분'이라 한다).

(3) 피고는 사업시행지 내의 토지소유자들과 사업부지의 협의매수를 진행하였고, 2006.5.18. 원고와 사이에 원고 소유의 서귀포시 (주소 2 생략) 답 1,901㎡(이하 '이 사건 모토지'라 한다) 및 지장물을 매매대금 120,566,660원에 매수하는 내용의 매매계약(이하 '이 사건 계약이라 한다)을 체결하였다. 이 사건 모토지에 관하여 2006.5.19. 피고 명의로 2006.5.18. 매매를 원인으로 한 소유권이전등기가 마쳐졌고, 피고는 그 무렵 원고에게 매매대금과 영농손실보상금을 지급하였다.

(4) 이후 이 사건 모토지는 합필등기와 분필등기 등을 거쳐 서귀포시 (주소 3 생략) 답 5,346㎡ 중 원심판결 별지 도면 표시 선내 '가' 부분 1,637㎡ 및 (주소 4 생략) 답 790㎡ 중 위 도면 표시 선내 '다' 부분 264㎡(이하 이를 합하여 '이 사건 토지'라 한다)가 되었다.

(5) 이 사건 사업을 위하여 토지를 수용당한 토지소유자들 중 소외 1 등 4인은 제주특별자치도 지방토지수용위원회 등을 상대로 수용재결의 취소 등을 구하는 소송을 제기하였다. 위 사건의 항소심인 광주고등법원 (제주)2009누401호 사건에서 위 법원은 2011.1.12. 도시계획시설인 유원지에 해당하지 아니하는 휴양형 주거단지 개발사업을 도시계획시설사업으로 인가함으로써 구 국토계획법을 위반한 이 사건 인가처분은 그 하자가 중대·명백하여 당연무효이고, 당연무효인 이 사건 인가처분에 기초한 후행처분인 수용재결도 무효라고 판단하면서 무효선언의 의미로 수용재결의 취소를 구하는 청구를 인용하는 판결을 선고하였고, 상고심인 대법원 2011두3746호 사건에서 2015.3.20. 상고기각 판결이 선고되어 위 항소심판결이 그대로 확정되었다.

(6) 그 후 이 사건 사업을 위하여 토지를 수용당한 토지소유자들 중 소외 2 등 8인이 제주특별자치도지사와 서귀포시장을 상대로 제주지방법원 2015구합459호로 이 사건 사업의 시행을 위하여 이루어진 이 사건 인가처분 등 총 15개의 처분에 대하여 무효확인 등을 구하는 소를 제기하였고, 위 법원은 2017.9.13. 이 사건 인가처분 등 위 15개의 처분이 무효임을 확인하는 판결을 선고하였으며, 항소심인 광주고등법원 (제주)2017누1775호 사건에서 2018.9.5. 항소기각 판결이 선고되고, 상고심인 대법원 2018두59977호 사건에서 2019.1.31.자로 상고기각 판결이 내려져 위 제1심판결이 그대로 확정되었다(이하 '관련사건'이라 한다).

(7) 원고는 2016.4.20. 이 사건 토지에 관하여 환매를 원인으로 한 소유권이전등기청구의 소를 제기하였고, 원심은 이 사건 사업이 원시적인 불능인 경우에도 환매권을 행사할 수 있다는 이유로 원고의 청구를 인용하였다.

나. 이 사건의 쟁점은 이 사건 인가처분이 무효이어서 이 사건 사업의 시행이 원시적으로 불가능하였던 경우에도 「공익사업을 위한 토지 등의 취득 및 보상에 관한 법률」(이하 '토지보상법'이라 한다) 제91조 제1항 소정의 환매권을 행사할 수 있는지 여부이다.

2. 환매권 행사의 요건에 관하여(상고이유 제2점)

가. 토지보상법 제91조 제1항은 해당 사업의 폐지·변경 또는 그 밖의 사유로 취득한 토지의 전부 또는 일부가 필요 없게 된 경우 취득일 당시의 토지소유자 또는 그 포괄승계인(이하 '토지소유자'라 한다)은 그 토지에 대하여 받은 보상금에 상당하는 금액을 사업시행자에게 지급하고 그 토지를 환매할 수 있다고 규정하고 있다.

토지보상법이 환매권을 인정하는 취지는, 토지의 원소유자가 사업시행자로부터 토지 등의 대가로 정당한 손실보상을 받았다고 하더라도 원래 자신의 자발적인 의사에 기하여 그 토지 등의 소유권을 상실하는 것이 아니어서 그 토지 등을 더 이상 당해 공익사업에 이용할 필요가 없게 된 때, 즉 공익상의 필요가 소멸한 때에는 원소유자의 의사에 따라 그 토지 등의 소유권을 회복시켜 주는 것이 공평의 원칙에 부합한다는 데에 있다(대법원 1995.2.10. 선고 94다31310 판결 등 참조).

한편 구 공익사업을 위한 토지 등의 취득 및 보상에 관한 법률(2007.10.17. 법률 제8665호로 개정되기 전의 것, 이하 '구 토지보상법'이라 한다) 제4조 제7호, 구 국토계획법 제95조 제1항에 의하면, 구 국토계획법에 따른 도시계획시설사업은 구 토지보상법 제4조의 공익사업에 해당하는데, 구 국토계획법 제86조 제5항은 같은 조 제1항 내지 제4항에 따른 행정청이 아닌 자가 도시계획시설사업을 시행하기 위해서는 대통령령이 정하는 바에 따라 건설교통부장관 등으로부터 시행자로 지정을 받도록 규정하고 있다.

나. 이러한 토지보상법 및 구 국토계획법의 규정 내용과 환매권의 입법 취지 등을 고려하면, 도시계획시설사업의 시행자로 지정되어 그 도시계획시설사업의 수행을 위하여 필요한 토지를 협의취득하였다고 하더라도, 시행자 지정이 처음부터 효력이 없거나 토지의 취득 당시 해당 도시계획시설사업의 법적 근거가 없었던 것으로 볼 수 있는 등 협의취득이 당연무효인 경우, 협의취득일 당시의 토지소유자가 소유권에 근거하여 등기 명의를 회복하는 방식 등으로 권리를 구제받는 것은 별론으로 하더라도 토지보상법 제91조 제1항에서 정하고 있는 환매권을 행사할 수는 없다고 봄이 타당하다. 그 구체적인 이유는 다음과 같다.

(1) 토지보상법 제91조 제1항에서 환매권 발생 사유 중 하나로 규정된 '폐지'의 사전적 의미는 '실시하여 오던 제도나 법규, 일 따위를 그만두거나 없애다.'는 뜻으로, 처음부터 사업을 추진할 법적 근거가 없었던 경우는 사업을 '폐지'한 경우에 포함된다고 보기 어렵다. 또한, '필요 없게 된 경우'란 당초에는 필요하였으나 사후적으로 필요 없게 된 경우를 의미하는 것으로 볼 수 있을 뿐, 처음부터 필요 없었던 경우는 여기에 포함된다고 보기 어렵다. 즉, 토지보상법 제91조 제1항은 당초에는 적법하게 공익사업이 시행되었으나, 후발적인 사정으로 사업이 폐지되어 해당 토지가 필요 없게 된 경우를 규율하기 위한 규정으로 볼 수 있다.

(2) 토지보상법에 기한 협의취득은 비록 사법상 매매계약의 형태를 취하고 있으나 협의취득될 수 있는 재산권은 토지보상법에 의하여 수용될 수 있고, 협의취득과 수용에 있어 손실보상은 동일한 이론적 근거에 기초하고 있으며, 협의취득의 과정에도 여러 가지 공법적 규제가 있고, 토지소유자로서는 협의에 불응하면 바로 수용을 당하게 된다는 심리적 강

박감으로 인하여 그 의사에 반하여 협의에 응하는 경우도 있기 때문에, 협의취득은 실질적으로는 수용과 비슷한 공법적 기능을 수행하고 있다. 따라서 협의취득의 경우에도 수용과 마찬가지로 공익적 필요성이 있고, 법률에 의거하여야 하며, 정당한 보상을 지급하여야 한다는 요건을 갖추어야 하고, 위 요건이 갖추어지지 아니한 협의취득은 효력이 발생하지 아니한다(대법원 2000.8.22, 선고 98다60422 판결 참조).

협의취득의 매수인은 공익사업을 수행하는 사업시행자이어야 하고, 구 국토계획법 제86조 제1항 내지 제4항에 따라 시행자가 될 수 있는 자 외의 자가 건설교통부장관 등으로부터 시행자로 지정을 받아야만 도시계획시설사업을 시행할 수 있음은 앞서 본 바와 같은데, 만일 도시계획시설사업 시행자 지정이 당연무효라면, 협의취득은 결국 시행자가 아닌 자에 의해 이루어진 것으로 법률에 의거하지 아니하여 효력이 없다고 할 것이다. 또한, 도시계획시설사업에 관한 실시계획인가 등이 당연무효에 해당한다면, 이 경우 협의취득은 처음부터 공익적 필요성이 없어 효력이 없는 것으로 볼 수 있다.

(3) 이처럼 협의취득이 당연무효인 경우, 토지소유자는 협의취득된 토지에 관한 소유권을 계속해서 보유하고 있는 것이므로, 소유권에 기한 청구권이나 부당이득반환청구권을 행사하는 방식으로 등기 명의를 회복하거나 점유를 이전받는 등으로 권리를 구제받을 수 있다. 이러한 경우에까지 공평의 원칙에 따라 소유권을 원소유자에게 회복시켜 주기 위한 환매권을 인정할 필요가 없을 뿐만 아니라 오히려 환매권을 인정하는 것은 앞서 본 토지보상법 제91조 제1항의 문언해석에도 반한다.

(4) 협의취득이 처음부터 당연무효이어서 계속해서 소유권을 보유하고 있는 원소유자가 토지보상법에 따른 환매권을 행사할 수 있다고 본다면, 이미 소유권을 보유하고 있는 원소유자가 매수인이 되고 소유권을 보유하고 있지 아니한 사업시행자가 매도인이 되어 매매계약이 체결된다는 납득하기 어려운 결과가 초래된다는 점에서도, 사업시행이 처음부터 불가능하여 협의취득이 무효인 경우에 대해서까지 환매권 행사를 인정하는 것은 타당하지 아니하다.

다. 이 사건에 관한 판단

이 사건 인가처분을 비롯하여 이 사건 사업의 시행을 위하여 이루어진 총 15개의 처분에 대하여는, 관련사건에서 이 사건 사업이 도시계획시설결정과 달리 공공적 성격과 거리가 먼 시설 운영에 관한 것에 해당한다는 등의 이유로 모두 무효임을 확인하는 판결이 선고되어 확정되었다. 결국 이 사건 사업의 시행에 관한 모든 처분은 당연무효로서 이 사건 사업은 처음부터 '공익사업'에 해당할 여지가 없었다. 따라서 이 사건 사업의 시행을 위하여 협의취득의 방식으로 이루어진 이 사건 계약은 당초부터 구 토지보상법에 따른 '공익사업'에 해당할 여지가 없는 사업을 목적으로 이루어진 것으로서 공익적 필요성 요건을 갖추지 못하여 그 효력이 없다. 또한 피고를 사업시행자로 지정한 이 사건 인가처분이 무효이므로 이 사건 계약 체결 당시 사업시행자의 지위에 있지 아니하였던 피고가 이 사건 모토지에 관하여 이 사건 계약을 체결하고 이를 협의취득한 것 역시 법률상 요건을 갖추지 못하여 그 효력이 없다.

이 사건 사업과 그 일환으로 이루어진 이 사건 계약이 당연무효인 이상, 이를 두고 이 사건 사업이 폐지되는 등 후발적인 사정으로 이 사건 토지가 필요 없게 된 경우라고 평가할 수는 없다.

따라서 이 사건 토지에 관한 소유권을 당초부터 계속해서 보유하고 있었던 원고로서는, 피고 등에 대하여 소유권에 기한 물권적 청구권 등을 행사할 수 있음은 별론으로 하고, 토지보상법 제91조 제1항에 따른 환매권을 행사할 수는 없다고 할 것이다.

라. 그럼에도 원심은 공익사업이 원시적으로 불가능한 경우에도 토지보상법 제91조 제1항의 환매권 규정이 적용되지 않는다고 볼 만한 합리적인 근거가 없다는 등을 이유로 원고가 이 사건 토지에 관하여 환매권을 행사할 수 있다는 잘못된 전제에서 원고의 주위적 청구를 인용하였다. 이러한 원심의 판단에는 토지보상법 제91조 제1항의 환매권에 관한 법리 등을 오해하여 판결에 영향을 미친 위법이 있다. 이를 지적하는 상고이유 주장은 이유 있다.

3. 결론
그러므로 나머지 상고이유에 대한 판단을 생략한 채 원심판결을 파기하고, 사건을 다시 심리·판단하게 하기 위하여 원심법원에 환송하기로 하여, 관여 대법관의 일치된 의견으로 주문과 같이 판결한다.

▲ 사례 45

「공익사업을 위한 토지 등의 취득 및 보상에 관한 법률」상 공용사용을 설명하시오. 30점

Ⅰ 개설(공용사용의 의의 및 근거)

공용사용이라 함은 공공필요를 위하여 특정인의 토지 등 재산을 강제로 사용하는 것을 말하며, 공용사용도 사인의 기본권(재산권)의 침해를 가져오는 것이므로 법률의 근거를 요한다. 공익사업을 위한 토지 등의 취득 및 보상에 관한 법률(이하 '토지보상법')과 도로법, 하천법 등 개개의 단행 법률에서 공용사용에 관한 규정을 두고 있다. 토지보상법에서는 공용사용과 관련하여 계속적 사용 및 일시적 사용 등을 규정하고 있다.

Ⅱ 공용사용의 종류

1. 계속적 사용

계속적 사용은 개인의 재산권에 대한 중대한 제한이므로, 공용수용과 같은 신중한 절차에 의해 그 사용권이 설정되는 것이 원칙이다. 그러나 공공복리 등 긴급한 필요로 인하여 보통절차의 일부를 생략하는 약식절차에 의한 사용이 인정될 수 있다. 토지보상법 제38조 및 제39조에서 약식절차를 규정하고 있다.

2. 일시적 사용

일시적 사용은 공익사업의 시행자가 타인의 토지·건축물 기타 재산 등을 일시적으로 사용하는 것을 말하며, 공익사업의 준비 등을 원활히 수행할 수 있도록 토지보상법 제9조, 제12조 및 제27조에서는 타인 토지에 출입하여 사용할 수 있는 규정을 두고 있다.

Ⅲ 공용사용의 절차

1. 계속적 사용의 경우

(1) 공용사용의 보통절차

공용사용의 절차도 공용수용의 절차가 원칙적으로 그대로 적용되므로 사업인정, 조서작성, 협의, 재결의 절차를 거쳐야 한다. 판례도 토지의 계속적인 사용은 공용수용의 일반절차를 따라야 한다고 판시한 바 있다.

(2) 공용사용의 약식절차

1) 천재·지변 시의 토지의 사용(토지보상법 제38조)

천재·지변이나 그 밖의 사변으로 인하여 공공의 안전을 유지하기 위한 공익사업을 긴급히 시행할 필요가 있는 경우에는, 사업시행자는 시·군·구청장의 허가를 받아 즉시 타인의 토지를 사용할 수 있다.

2) 시급을 요하는 토지의 사용(토지보상법 제39조)

재결신청을 받은 토지수용위원회는 그 재결을 기다려서는 재해를 방지하기 곤란하거나 그 밖에 공공의 이익에 현저한 지장을 줄 우려가 있다고 인정할 때에는 사업시행자의 신청을 받아 담보를 제공하게 한 후 즉시 해당 토지의 사용을 허가할 수 있다.

2. 일시적 사용의 경우

사업시행자는 토지보상법 제9조에 의거하여 공익사업의 준비를 위해 출입하는 경우 시장 등의 허가를 받아 사용권을 취득한 후 출입할 수 있으며, 동법 제27조에 의한 사업인정고시 후에 조서작성 등을 위해 출입하는 경우에는 사업인정에 의거 타인토지출입권이 발생하므로 별도의 허가절차 없이 출입할 수 있다.

Ⅳ 공용사용의 효과

1. 손실보상

(1) 계속적 사용의 경우

1) 보통절차에 의하는 경우

보통절차에 의하여 공용사용을 하는 경우에는 사용료에 해당하는 금액을 보상하여야 하며, 사전보상의 원칙이 적용된다. 토지보상법 제71조 제1항에서는 협의 또는 재결에 의하여 사용하는 토지에 대하여는 그 토지와 인근 유사토지의 지료 및 임대료 등을 참작하여 평가한 적정가격으로 보상하도록 규정하고 있다.

2) 천재·지변 시의 토지의 사용

천재·지변 시의 토지의 사용으로 인하여 손실이 발생하였을 때에는 사업시행자와 손실을 입은 자가 협의하되, 협의 불성립 시 재결에 의해 손실보상액을 결정한다. 이때, 손실은 손실이 있은 것을 안 날부터 1년, 발생한 날부터 3년 이내에 청구하여야 한다.

3) 시급을 요하는 토지의 사용

시급을 요하는 토지의 사용의 경우 토지수용위원회의 재결이 있기 전에 토지소유자 또는 관계인의 청구가 있는 경우 사업시행자는 자기가 산정한 보상금을 토지소유자 또는 관계인에게 토지수용위원회의 재결에 의한 보상금의 지급 시기까지 보상금을 지급하여야 한다. 만일 그 시기까지 사업시행자가 보상금을 지급하지 아니할 경우 토지소유자 등은 담보의 전부 또는 일부를 취득한다.

(2) 일시적 사용의 경우

사업시행자는 타인토지에 출입하여 측량·조사함으로써 발생하는 손실을 보상하여야 하며, 보상은 손실이 있음을 안 날부터 1년, 있은 날부터 3년 이내에 청구하여야 한다. 손실의 보상은 사업시행자와 손실을 입은 자가 협의하되, 협의 불성립 시 양 당사자는 재결을 신청할 수 있으며, 재결에 의해 보상금액이 결정된다.

2. 사용권 취득(토지보상법 제45조)

보통절차에 의한 공용사용의 경우 사용의 개시일에 토지나 물건의 사용권을 취득하며, 그 토지나 물건에 관한 다른 권리는 사용의 기간 중에 그 권리를 행사하지 못한다. 반면 약식절차나 일시적 사용의 경우 시장 등의 허가로 사용권을 취득하게 된다. 사업인정고시일 이후 타인토지에 출입하는 경우에는 사업인정으로 타인토지출입권이 발생한다.

3. 반환 및 원상회복의무(토지보상법 제48조)

사용기간 만료 시 또는 사업의 폐지·변경 또는 그 밖의 사유로 인하여 사용할 필요가 없게 되었을 때에는 즉시 목적물을 반환하여야 한다. 이 경우 사용으로 그 목적물의 원상을 변경시켜 사용하였을 때에는 원상으로 회복시켜 반환하되, 사업시행자가 원상회복에 소요되는 손실액을 그 소유자 등의 청구에 의해 보상한 경우에는 원상으로 회복시키지 않고 반환하여도 된다.

4. 완전수용청구권(토지보상법 제72조)

사업인정고시 후 ① 토지사용기간이 3년 이상인 때, ② 토지사용으로 인해 토지의 형질이 변경되는 때, ③ 사용하고자 하는 토지에 건축물이 있는 경우에는 매수를 청구하거나 관할 토지수용위원회에 토지수용을 청구할 수 있다. 이 경우 관계인은 사업시행자 또는 관할 토지수용위원회에 그 권리의 존속을 청구할 수 있다.

5. 대행·대집행청구권(토지보상법 제44조, 제89조)

토지소유자 및 관계인이 토지·물건의 인도·이전의무 불이행 시 사업시행자는 대행·대집행청구 권을 가진다.

Ⓥ 권리구제

1. 항고쟁송

공용사용에 대한 허가는 사업시행자에게 사용권을 부여하고 토지소유자에게는 수인의무를 발생시 키므로 당사자는 항고쟁송으로 다툴 수 있다.

2. 행정상 손해배상

토지보상법에는 명시적 규정이 없으나 위법한 사업인정 등으로 인해 손해를 입은 자는 국가배상법에 따라 국가배상이 가능할 것이다. 한편 국가배상청구소송은 실무상 민사소송으로 취급하게 된다.

3. 결과제거청구

사용기간 만료 시 또는 사업의 폐지 변경 그 밖의 사유로 인하여 사용할 필요가 없게 되었음에도 사용자가 반환 및 원상회복의무를 불이행하는 경우에는 공법상 결과제거청구권을 행사할 수 있다.

4. 행정상 손실보상

공용사용으로 인해 손실이 발생한다면 그에 따른 손실을 보상하여야 하며, 약식절차나 일시적 사용 의 경우에는 손실이 발생한 후 보상하는 사후보상의 성격을 지닌다.

사례 46

공익사업을 위한 토지 등의 취득 및 보상에 관한 법률 제38조 및 제39조에서는 천재지변 시 및 시급을 요하는 경우에 토지사용을 규정하고 있다. 양자를 비교하시오. 15점

Ⅰ 개설

공익상 특별한 사유 시 사용의 경우에 한하여 보통절차의 일부를 생략하는 약식절차를 토지보상법 제38조 및 제39조에서 규정하고 있다. 이는 현실적인 필요성에 의해서 인정되는바 엄격한 절차를 요한다.

Ⅱ 약식절차

1. 천재지변 시 토지사용

① 천재지변이나 그 밖의 사변으로 인하여, ② 공공의 안전을 유지하기 위한 공익사업을, ③ 긴급히 시행할 필요가 있을 때에는 사업시행자가 시·군·구청장의, ④ 허가를 받아 타인 토지를 6개월 이내에 일시적으로 사용하는 것을 말한다.

2. 시급을 요하는 토지사용

① 재결이 신청된 토지에 대하여, ② 재결을 기다려서는 재해를 방지하기가 곤란하거나 그 밖에 공공의 이익에 현저한 지장을 줄 우려가 있다고 인정되는 경우, ③ 사업시행자가 관할 토지수용위원회의 허가를 받아, ④ 담보제공 후 6개월 이내에서 일시적으로 사용하는 것을 말한다.

Ⅲ 공통점

1. 취지상의 공통점

토지보상법 제38조의 천재지변이나 그 밖의 사변으로 인한 사용과, 토지보상법 제39조의 시급을 요하는 경우의 사용은 모두 공익성과 긴급성이 요구된다.

2. 요건상 공통점

① 공용사용인 경우만 인정되고, ② 긴급한 사유가 있어야 한다. ③ 또한 사용에 대한 허가가 필요하다.

3. 효과상 공통점

① 각 사용의 경우 사용기간이 6월을 넘지 못하고, ② 사전보상의 예외로서 사후보상이 이루어진다. ③ 사용기간이 만료되면 반환 및 원상회복의무가 발생한다.

4. 권리구제상

① 각 허가에 불복할 수 있으나, ② 토지보상법상 불복수단에 관한 규정이 없으므로 일반쟁송법의 적용이 가능할 것이다.

Ⅳ 차이점

1. 사용원인 및 허가권자

① 토지보상법 제38조의 경우에는 천재지변 등을 원인으로 하지만, 제39조의 경우에는 재해방지 등을 위한 시급을 요하는 경우를 원인으로 한다. ② 토지보상법 제38조는 시·군·구청장이 허가권자이나, 제39조는 토지수용위원회가 허가권자이다.

2. 절차상 차이점

① 토지보상법 제38조는 허가 후, 소유자 등에게 통지하는 절차를 거치지만, ② 토지보상법 제39조는 토지수용위원회의 허가 시에 담보를 제공하여야 한다.

3. 손실보상차이

① 토지보상법 제38조는 협의에 의하여 보상액을 산정하되, 협의 불성립 시에는 토지수용위원회에 재결을 신청할 수 있다. 이에 반해 ② 토지보상법 제39조는 토지수용위원회의 재결 전에 토지소유자 및 관계인의 보상청구가 있는 때에는 사업시행자는 자기가 산정한 보상액을 지급해야 하며, 사업시행자가 재결에 의한 보상금의 지급시기까지 지급하지 않으면 담보물의 전부 또는 일부를 취득한다.

Ⅴ 결

약식절차로 인한 침해는 정식절차에 의한 경우보다 침해의 개연성이 크므로 피침해자의 권리보호가 중요하다.

03

손실보상 총론

정당보상과 개발이익 배제

🔹 **사례 1**

헌법 제23조 제3항에서는 '공공필요에 의한 재산권의 수용·사용 또는 제한 및 그에 대한 보상은 법률로써 하되, 정당한 보상을 지급하여야 한다.'고 규정하고 있다. 이와 관련하여 물음에 답하시오. [40점]

(1) 헌법상 정당보상의 의미를 설명하시오. [5점]

(2) 공익사업을 위한 토지 등의 취득 및 보상에 관한 법률상 정당보상을 실현하기 위한 보상기준을 설명하고 이에 대한 정당성을 논하시오. [35점]

Ⅰ 쟁점의 정리

공용수용이란 공익사업을 위하여 타인의 재산권을 법률의 힘에 의해 강제취득하는 것으로서, 헌법상 재산권 보장에 대한 중대한 예외적 조치이다. 헌법 제23조 제3항에서는 수용을 하는 경우에도 '정당한 보상을 해야 한다고 규정하고 있는바, 이하에서 정당보상의 의미를 살펴보고 이를 실현하기 위한 토지보상법상의 기준과의 정당성을 논하고자 한다.

Ⅱ [설문 1] 정당보상의 의미

1. 문제점

헌법 제23조 제3항에서는 '정당한 보상'이라고 규정하고 있으나, 정당보상의 의미가 추상적인 바 이의 해석이 문제된다.

2. 학설

① 완전보상설은 피침해재산의 객관적 가치(객관적 가치보장설)와 부대적 손실까지 보상해야 한다고 하며(손실전부보장설), ② 상당보상설은 사회통념상 합당한 보상이면 되고(완전보상설) 합리적 사유가 있으면 하회할 수 있다고 한다(합리적 보상설), ③ 절충설은 완전보상을 하는 경우와 상당보상을 요하는 경우로 나눈다.

3. 판례

대법원은 "보상의 시기·방법 등에 제한 없는 완전한 보상을 의미한다"고 판시하였으며, 헌법재판소는 "피수용자의 객관적 재산가치를 완전하게 보상해야 한다"고 판시한 바 있다.

4. 검토

재산권 상실 당시의 피수용자의 객관적 가치를 보상함은 물론 대물적 보상만으로 채워지지 않는 생활보상을 지향함이 타당하다.

Ⅲ [설문 2] 토지보상법상의 보상기준과 이에 대한 정당성 논의

1. 시가보상(토지보상법 제67조 제1항)

(1) 시가보상의 의의 및 취지

시가보상이란 협의성립 당시의 가격 및 재결 당시의 가격을 말한다. 이는 ① 개발이익 배제, ② 보상액의 적정성, 객관성, 공평화 유지, ③ 수용절차의 지연 방지, ④ 재산권 상실 당시의 완전보상 구현목적에 취지가 있다.

(2) 시가보상의 정당성

1) 판례

"토지 등을 수용함으로 인하여 그 소유자에게 보상하여야 할 손실액은 수용재결 당시의 가격을 기준으로 하여 산정하여야 할 것이고 이와 달리 이의재결일을 그 평가 기준일로 하여 보상액을 산정해야 한다"는 상고이유는 받아들일 수 없다고 판시하였다.

2) 검토

시가보상의 취지가 개발이익 배제, 재산권 상실 당시의 완전보상 구현목적, 보상액의 적정성 및 객관성 도모에 있으므로 협의 또는 재결 당시를 기준으로 보상액을 산정함이 합당하다.

2. 공시지가기준보상(토지보상법 제70조 제1항)

(1) 공시지가기준보상의 의의 및 취지

토지보상법 제70조 제1항에서는 해당 토지의 이용계획, 지가변동률, 생산자물가상승률, 위치, 형상, 환경, 이용상황 등을 참작한 공시지가로 보상해야 한다고 규정하고 있다. 개발이익 배제에 취지가 인정된다.

(2) 공시지가기준보상의 정당성

1) 문제점

공시지가를 기준하여 보상금을 산정하는 것이 보상방법의 제한인지와 시가에 못 미치는 경우 정당보상과 관련하여 문제된다.

2) 학설

개발이익 배제 목적인 바 정당하다는 긍정설과 이는 보상액 산정방법의 제한이므로 정당보상이 아니라는 부정설이 대립된다.

3) 판례

① 대법원은 공시지가기준은 개발이익을 배제함을 목적으로 하고, 공시지가는 인근 토지의 거래가격 등 제 요소를 종합·고려하여 산정되며, 대상지역의 공고일 당시 객관적 가치를 평가하기 위한 적정성이 인정되므로 정당보상에 위배되지 않는다고 한다.

② 헌법재판소는 공시지가가 적정가격을 반영하지 못하는 것은 제도운영상 잘못이므로 정당보상과 괴리되는 것은 아니라고 판시한 바 있다.

4) 검토

공시지가는 인근 토지의 가격 등 제 요소를 종합·고려한 객관적 가치이고, 개발이익은 주관적 가치이므로 이를 배제하기 위한 공시지가 보상기준은 정당보상에 합치한다.

3. 개발이익 배제(토지보상법 제67조 제2항)

(1) 개발이익과 개발이익 배제의 의미

개발이익이란 공익사업 시행의 계획이나 시행이 공고·고시되어 토지소유자의 노력과 관계없이 지가가 상승하여 뚜렷하게 받은 이익으로 정상지가상승분을 초과하여 증가된 부분을 말하며, 개발이익 배제란 보상금액의 산정에 있어서 해당 공익사업으로 인하여 토지 등의 가격에 변동이 있는 때에는 이를 고려하지 않는 것을 말한다.

(2) 개발이익의 범위

사회적으로 증가된 이익 전부인지, 해당 사업으로 인해서 증분된 부분인지가 문제되는데 〈판례〉는 해당 사업과 관계없는 다른 사업의 시행으로 인한 개발이익은 이를 배제하지 않는 가격으로 평가해야 한다고 판시하고 있다.

(3) 개발이익 배제의 필요성

① 개발이익은 미실현된 잠재적 이익이고, ② 토지소유자의 노력과 관계없으므로 사회에 귀속되도록 하는 것이 형평의 원리에 부합한다. ③ 개발이익은 공익사업에 의해 발생하므로 토지소유자의 손실이 아니다.

(4) 개발이익 배제의 정당성

1) 학설

① 긍정설은 미실현이익은 보상대상이 아니고 이는 사업시행을 볼모로 한 주관적 가치이므로 배제되어야 한다고 하나, ② 부정설은 인근 토지소유자와의 형평성문제와 주변 토지로 대토할 수 없는 측면에서 부정한다.

2) 판례

개발이익은 사업시행자의 투자에 의한 것으로서 피수용자인 토지소유자의 노력이나 자본에 의하여 발생하는 것이 아니므로, 그것이 피수용 토지가 수용 당시 갖는 객관적 가치에 포함된다고 볼 수도 없다.

3) 검토

개발이익은 재산권에 내재된 객관적 가치가 아니므로, 이를 배제하여도 정당보상에 반하지 않는다고 사료된다.

4) 개발이익의 배제방법

① 적용공시지가 적용(제70조 제3항, 제4항, 제5항), ② 해당 사업의 영향을 받지 않은 지가변동률 적용(제70조 제1항 및 영 제37조 제2항), ③ 그 밖의 요인보정을 통한 배제방법이 있다.

4. 생활보상의 지향

생활보상이란 재산권 보상만으로 메워지지 않는 종전 생활이익에 대한 보상을 말하며, 손실보상은 대물적 보상을 당연한 전제로 하되 공익사업의 시행이 없었던 것과 같은 생활상태의 확보를 가능하게 하는 생활보상이 이루어져야 한다. 이는 헌법상 복리국가의 당연한 요구라 보아야 할 것이다.

Ⅳ 사안의 해결

1. (설문 1) 공용수용은 재산권 보장에 대한 예외적 조치인바, 헌법 제23조 제3항에서 규정하는 정당한 보상은 피침해 재산의 객관적인 가치를 완전하게 보상하고 보상의 시기나 방법에도 제한이 없는 보상을 의미한다.

2. (설문 2) 토지보상법에서는 정당보상을 실현하기 위하여 시가보상기준, 공시지가기준보상, 개발이익의 배제를 명문으로 규정하고 있으며 이러한 기준은 정당보상의 취지에 반하지 않는 것으로 보인다. 이에 생활의 근거를 상실한 자에게 인간다운 생활을 할 수 있도록 생활보상을 지향하는 것이 헌법 제23조 제3항에서 천명하고 있는 정당보상을 실현하는 것이라고 판단된다.

🔹 사례 2

현행 헌법 제23조 제1항은 "모든 국민의 재산권은 보장된다. 그 내용과 한계는 법률로써 정한다."
헌법 제23조 제3항은 "공공필요에 의한 재산권의 수용, 사용, 제한 및 그에 대한 보상은 법률로써
하되 정당한 보상을 지급하여야 한다"라고 규정하고 있다.

(1) 헌법 제23조 제1항에서 의미하는 재산권의 내용은 무엇이고, 보장된다는 것의 의미는 무엇인
지 설명하시오. 10점

(2) 헌법 제23조 제3항에서 의미하는 정당보상의 의미를 설명하시오. 10점

(3) 토지보상법상 손실보상의 기준에 대해서 설명하고, 이러한 각 기준들이 헌법 제23조에서 규정
하고 있는 정당보상에 합치하는지를 설명하시오. 25점

(설문 1) 재산권의 내용과 보장의 의미

Ⅰ 개설

Ⅱ 보장되는 재산권의 내용은 무엇인지
   1. 재산권의 내용
   2. 토지보상법상 재산권의 종류

Ⅲ 보장의 의미
   1. 원형 그대로의 존속보장
   2. 가치보장으로의 전환

(설문 2) 정당보상의 의미

Ⅰ 개설

Ⅱ 학설
   1. 완전보상설
   2. 상당보상설
   3. 절충설

Ⅲ 판례

Ⅳ 검토

(설문 3) 토지보상법상 보상기준과 정당보상

Ⅰ 개설

Ⅱ 시가보상(토지보상법 제67조 제1항)
   1. 시가보상의 의의 및 취지
   2. 시가보상의 정당성
      (1) 판례
      (2) 검토

Ⅲ 개발이익 배제(토지보상법 제67조 제2항)
   1. 개발이익과 개발이익 배제의 의미
   2. 개발이익의 범위
   3. 개발이익 배제의 필요성
   4. 개발이익 배제의 정당성
      (1) 학설
      (2) 판례
      (3) 검토
      (4) 개발이익의 배제방법

Ⅳ 공시지가기준보상(토지보상법 제70조 제1항)
   1. 공시지가기준보상의 의의 및 취지
   2. 공시지가기준보상의 정당성
      (1) 문제점
      (2) 학설
      (3) 판례
      (4) 검토

Ⅴ 생활이익의 보상

Ⅵ 기타 손실보상의 원칙 등

Ⅶ 결

⊕ (설문 1) 재산권의 내용과 보장의 의미

Ⅰ 개설

① 헌법 제23조 제1항에서는 구체적인 재산권에 대한 규정을 정하지 않았으므로 보장되는 재산권의 내용은 무엇인지 살펴보고, ② 보장된다는 것의 의미는 원형 그대로의 보장인지 또는 그와 동등한 가치로의 보장인지가 문제된다.

Ⅱ 보장되는 재산권의 내용은 무엇인지

1. 재산권의 내용

헌법은 제23조 제1항에서 국민의 재산권을 보장한다고 선언하면서도 보장하고자 하는 재산권의 내용을 스스로 정하지 아니하고 이를 입법자가 정하도록 위임하고 있다. 따라서 헌법상 보장되는 재산권의 내용은 입법자가 법률로 결정한 사항들이라고 할 수 있다.

2. 토지보상법상 재산권의 종류

토지보상법 제3조에서는 수용의 대상이 되는 재산권의 종류로 ① 토지 및 이에 관한 소유권 외의 권리, ② 토지와 함께 공익사업을 위하여 필요로 하는 입목, 건물, 그 밖에 토지에 정착한 물건 및 이에 관한 소유권 외의 권리, ③ 광업권·어업권·양식업권 또는 물의 사용에 관한 권리, ④ 토지에 속한 흙·돌·모래 또는 자갈에 관한 권리 등을 열거하고 있다.

Ⅲ 보장의 의미

1. 원형 그대로의 존속보장

보장의 의미는 ① 사유재산제도의 본질적 내용에 대한 침해 금지뿐만 아니라 ② 기존의 법제에서 인정되는 재산권에 대한 부당한 침해에 대한 방어권도 포함한다. 이는 바로 재산권의 존속보장을 의미하는 것으로 볼 수 있다.

2. 가치보장으로의 전환

헌법 제23조 제1항에서는 존속보장을 원칙적으로 규정하고 있으나, 존속보장을 유지하는 것이 오히려 사회 전체의 공익을 저해하는 결과를 초래하는 경우도 있을 수 있다. 이러한 경우에는 사회 전체의 공익을 위하여 사인의 재산권행사를 제한하고, 이를 이용하여 공익증진을 도모할 수 있을 것이다. 재산권 행사를 제한하는 때에는 그에 대한 대가로서 정당한 보상을 지급하여 가치보장을 도모해야 함이 타당하며, 헌법 제23조 제3항에서는 이러한 내용을 규정하고 있다.

⊕ **(설문 2) 정당보상의 의미**

Ⅰ 개설

공용수용이란 공익사업을 위하여 타인의 재산권을 법률의 힘에 의해 강제취득하는 것으로서, 헌법상 재산권 보장에 대한 중대한 예외적 조치이다. 또한 헌법 제23조 제3항에서는 수용을 하는 경우에도 '정당한 보상'을 해야 한다고 규정하고 있다. 헌법 23조 제3항에서는 '정당한 보상'이라고 규정하고 있으나 정당보상의 의미가 추상적인 바 이의 해석이 문제된다.

Ⅱ 학설

1. 완전보상설

① 손실보상은 재산권에 대응하는 것이므로 피침해재산의 시가, 거래가격에 의한 객관적 가치를 완전히 보상한다는 객관적 가치보장설이 있고, ② 보통 발생되는 손실의 전부뿐만 아니라 부대적 손실을 포함한다고 보는 전부보장설이 있다.

2. 상당보상설

① 원칙적으로 완전보상을 추구하나 합리적 이유가 있는 경우 완전보상을 상회하거나 하회할 수도 있다는 완전보장 원칙설과, ② 사회통념에 비추어 객관적으로 타당성이 인정되는 것이면 하회하여도 무방하다고 보는 합리적 보장설이 있다.

3. 절충설

완전보상을 원칙으로 하되, 경우에 따라서는 상당보상을 해야 하는 경우도 있으므로 개별 사안에 따라서 달리 적용해야 한다고 한다.

Ⅲ 판례

① 〈대법원〉은 보상의 시기, 방법 등에 제한 없는 완전한 보상을 의미한다고 판시한 바 있다. ② 〈헌법재판소〉는 피수용자의 객관적 재산가치를 완전하게 보상해야 한다고 판시한 바 있다.

Ⅳ 검토

피수용자의 객관적 가치를 보상함은 물론 대물적 보상만으로 채워지지 않는 부분에 대한 생활보상을 지향함이 타당하다. 이하에서는 이러한 정당보상을 실천하기 위한 토지보상법상 기준의 정당성에 대해서 설명한다.

⊕ **(설문 3) 토지보상법상 보상기준과 정당보상**

Ⅰ 개설

헌법의 구체화 법으로서 손실보상의 일반법적 지위에 있는 토지보상법에는 정당보상의 실현을 위하여 손실보상의 기준에 대한 규정을 두고 있다. 이러한 기준이 헌법상 정당보상을 구현하고 있는지 설명한다.

Ⅱ 시가보상(토지보상법 제67조 제1항)

1. 시가보상의 의의 및 취지

시가보상이란 협의성립 당시의 가격 및 재결 당시의 가격을 말한다. 이는 ① 개발이익 배제, ② 보상액의 적정성, 객관성, 공평성 유지, ③ 수용절차의 지연방지, ④ 재산권 상실 당시의 완전보상 구현목적에 취지가 있다.

2. 시가보상의 정당성

(1) 판례

토지 등을 수용함으로 인하여 그 소유자에게 보상하여야 할 손실액은 수용재결 당시의 가격을 기준으로 하여 산정하여야 할 것이고 이와 달리 이의재결일을 그 평가 기준일로 하여 보상액을 산정해야 한다는 상고이유는 받아들일 수 없다고 판시하였다.

(2) 검토

시가보상의 취지가 개발이익 배제와 재산권 상실 당시의 완전보상 구현목적 및 보상액의 적정성·객관성 도모에 있으므로 협의 당시 또는 재결 당시를 기준으로 보상액을 산정함이 합당하다.

Ⅲ 개발이익 배제(토지보상법 제67조 제2항)

1. 개발이익과 개발이익 배제의 의미

① 개발이익이란 공익사업 시행의 계획이나 시행이 공고, 고시되어 토지소유자의 노력과 관계없이 지가가 상승하여 뚜렷하게 받은 이익으로 정상지가상승분을 초과하여 증가된 부분을 말한다. ② 개발이익 배제란 보상금액의 산정에 있어서 해당 공익사업으로 인하여 토지 등의 가격에 변동이 있는 때에는 이를 고려하지 않는 것을 말한다.

2. 개발이익의 범위

사회적으로 증가된 이익 전부인지, 해당 사업으로 인해서 증분된 부분인지가 문제되는데 〈판례〉는
해당 사업과 관계없는 다른 사업의 시행으로 인한 개발이익은 이를 배제하지 않는 가격으로 평가해
야 한다고 판시하고 있다.

3. 개발이익 배제의 필요성

① 개발이익은 미실현된 잠재적 이익이고, ② 토지소유자의 노력과 관계없으므로 사회에 귀속되도
록 하는 것이 형평의 원리에 부합한다. ③ 개발이익은 공익사업에 의해 발생하므로 토지소유자의
손실이 아니다.

4. 개발이익 배제의 정당성

(1) 학설

① 미실현이익은 보상대상이 아니고 이는 사업시행을 볼모로 한 주관적 가치이므로 긍정하는
견해와 ② 인근 토지소유자와의 형평성 문제와 주변 토지로 대토할 수 없는 측면에서 부정하는
견해가 있다.

(2) 판례

개발이익은 사업시행을 볼모로 한 주관적 가치이고 또한 이는 궁극적으로 모든 국민에게 귀속
되어야 할 성질의 것이므로 이는 피수용자의 토지의 객관적 가치 내지 피수용자의 손실이라고
는 볼 수 없다고 판시한 바 있다.

(3) 검토

개발이익은 재산권에 내재된 객관적 가치가 아니므로, 이를 배제하여도 정당보상에 반하지 않
는다고 사료된다.

(4) 개발이익의 배제방법

① 적용공시지가 적용(토지보상법 제70조 제3항 내지 제5항), ② 해당 사업으로 변하지 않은
지가변동률 적용(토지보상법 제70조 제1항 및 시행령 제37조 제2항), ③ 그 밖의 요인보정을
통한 배제방법이 있다.

Ⅳ 공시지가기준보상(토지보상법 제70조 제1항)

1. 공시지가기준보상의 의의 및 취지

토지보상법 제70조 제1항에서는 해당 토지의 이용계획, 지가변동률, 생산자물가상승률, 위치, 형
상, 환경, 이용상황 등을 참작한 공시지가로 보상해야 한다고 규정하고 있다. 개발이익을 배제함에
제도적 취지가 인정된다.

2. 공시지가기준보상의 정당성

(1) 문제점

공시지가를 기준하여 보상금을 산정하는 것이 보상방법의 제한인지와, 시가에 못 미치는 경우 정당보상과 관련하여 문제된다.

(2) 학설

① 개발이익 배제목적인 바 정당하다는 긍정설과 ② 이는 보상액 산정방법의 제한이므로 정당보상이 아니라는 부정설이 대립된다.

(3) 판례

〈대법원〉은 공시지가기준은 개발이익을 배제함을 목적으로 하고, 공시지가는 인근 토지의 거래가격 등 제 요소를 종합·고려하여 산정되며, 대상지역의 공고일 당시 객관적 가치를 평가하기 위한 적정성이 인정되므로 정당보상에 위배되지 않는다고 한다.

〈헌법재판소〉는 공시지가가 적정가격을 반영하지 못하는 것은 제도운영상 잘못이므로 정당보상과 괴리되는 것은 아니라고 판시한 바 있다.

(4) 검토

공시지가는 인근 토지의 가격 등 제 요소를 종합·고려한 객관적 가치이고, 개발이익은 주관적 가치이므로 이를 배제하기 위한 공시지가 보상기준은 정당보상에 합치한다.

Ⅴ 생활이익의 보상

생활보상이란 재산권 토지보상만으로 메워지지 않는 종전 생활이익에 대한 보상을 말하며, 손실보상은 대물적 보상을 당연한 전제로 하되 공익사업의 시행이 없었던 것과 같은 생활상태의 확보를 가능하게 하는 생활보상이 이루어져야 한다. 이는 헌법상 복리국가의 당연한 요구라 보아야 할 것이다.

Ⅵ 기타 손실보상의 원칙 등

상기 기준 외에도 토지보상법에서는 사전보상원칙, 사업시행자 보상원칙, 현금보상원칙, 일괄보상원칙, 사업시행이익 상계금지원칙 등을 규정하여 정당보상의 실현을 도모하고 있다.

Ⅶ 결

토지보상법에서는 정당보상을 실현하기 위하여 시가보상, 공시지가 기준보상, 개발이익 배제를 명문으로 규정하고 있으며 이러한 기준은 정당보상의 취지에 반하지 않는 것으로 보인다. 이에 생활의 근거를 상실한 자에게 인간다운 생활을 할 수 있도록 생활보상을 지향하는 것이 헌법 제23조 제3항에서 천명하고 있는 정당보상을 실현하는 것이라고 판단된다.

사례 3

토지소유자 甲은 공시지가를 기준으로 평가한 보상금으로는(해당 공익사업의 시행으로) 인근의 토지가격이 상승하여 종전과 동일한 면적의 토지를 구할 수가 없었다. 이에 甲은 공시지가를 기준으로 하고 개발이익을 배제한 것은 헌법 제23조 제3항에 의한 정당보상이 아니라고 주장한다. 甲의 주장은 타당한가?

(1) 정당보상의 의미에 대해서 설명하시오. 10점

(2) 갑 주장의 타당성을 검토하시오. 20점

(설문1)의 해결

Ⅰ 문제점

Ⅱ 학설
1. 완전보상설
2. 상당보상설

Ⅲ 판례

Ⅳ 검토

(설문2)의 해결

Ⅰ 쟁점의 제기

Ⅱ 공시지가기준 및 개발이익배제의 정당성
1. 공시지가기준보상(제70조 제1항)
(1) 공시지가기준보상의 의의 및 취지

(2) 공시지가기준보상의 정당성
1) 학설
2) 판례
3) 검토
2. 개발이익 배제(제67조 제2항)
(1) 개발이익 배제의 의미와 범위
(2) 개발이익 배제의 필요성
(3) 개발이익 배제의 정당성
1) 학설
2) 판례
3) 검토

Ⅲ 사안의 해결(甲주장의 타당성)

⊕ (설문 1)의 해결

Ⅰ 문제점

헌법 제23조 제3항에서는 '정당한 보상'이라고 규정하고 있으나, 정당보상의 의미가 추상적인 바이의 해석이 문제된다.

Ⅱ 학설

1. 완전보상설

완전보상설은 피침해재산의 객관적 가치와(객관적 가치보장설) 부대적 손실까지 보상해야 한다고 한다(손실전부보장설). 일반적으로 완전보상설은 부대적 손실도 포함하는 것으로 이해하고 있다.

2. 상당보상설

상당보상설은 피해이익의 성질 및 정도에 비추어 사회통념상 합당한 보상이면 되고(완전보상설) 합리적 사유가 있으면 정당보상은 완전보상을 하회하거나 상회할 수 있다고 한다(합리적 보상설).

Ⅲ 판례

① 보상의 시기, 방법 등에 제한 없는 완전한 보상을 의미한다고 판시한 바 있으며(대판 1967.11.2, 67다1334 全合), ② 피수용자의 객관적 재산가치를 완전하게 보상해야 한다고 판시한 바 있다(헌재 1990.6.25, 89헌마107).

Ⅳ 검토

재산권 상실 당시의 피수용자의 객관적 가치와 부대적 손실까지 보상함은 물론 대물적 보상만으로 채워지지 않는 생활보상을 지향함이 타당하다.

⊕ (설문 2)의 해결

Ⅰ 쟁점의 제기

토지보상법에서 규정하고 있는 공시지가 기준 및 개발이익 배제가 헌법상 정당보상에 반하는 것인지에 비추어 갑 주장의 타당성을 검토한다.

Ⅱ 공시지가기준 및 개발이익배제의 정당성

1. 공시지가기준보상(토지보상법 제70조 제1항)

(1) 공시지가기준보상의 의의 및 취지

토지보상법 제70조 제1항에서는 해당 토지의 이용계획, 지가변동률, 생산자물가상승률, 위치,

형상, 환경, 이용상황 등을 참작한 공시지가로 보상해야 한다고 규정하고 있다. 개발이익 배제에 취지가 인정된다.

(2) 공시지가기준보상의 정당성

1) 학설

개발이익 배제목적인 바 정당하다는 긍정설과 이는 보상액 산정방법의 제한이므로 정당보상이 아니라는 부정설이 대립된다.

2) 판례

대법원은 공시지가기준은 개발이익을 배제함을 목적으로 하고, 공시지가는 인근 토지의 거래가격 등 제 요소를 종합·고려하여, 대상지역의 공고일 당시 객관적 가치를 평가하기 위한 적정성이 인정되므로 정당보상에 위배되지 않는다고 한다. 헌법재판소는 공시지가가 적정가격을 반영하지 못하는 것은 제도운영상 잘못이므로 정당보상과 괴리되는 것은 아니라고 판시한 바 있다.

3) 검토

공시지가는 인근 토지의 가격 등 제 요소를 종합·고려한 객관적 가치이고, 개발이익은 주관적 가치이므로 이를 배제하기 위한 공시지가 보상기준은 정당보상에 합치한다.

2. 개발이익 배제(토지보상법 제67조 제2항)

(1) 개발이익 배제의 의미와 범위

개발이익배제란 해당 공익사업 시행의 계획이나 시행이 공고·고시되어 토지소유자의 노력과 관계없이 지가가 상승하여 뚜렷하게 받은 이익으로 정상지가상승분을 초과하여 증가된 이익을 보상액 산정 시에 배재하는 것을 말한다. 판례는 해당 사업과 관계없는 다른 사업의 시행으로 인한 개발이익은 이를 배제하지 않는 가격으로 평가해야 한다고 판시하고 있다.

(2) 개발이익 배제의 필요성

① 개발이익은 미실현된 잠재적 이익이고, ② 토지소유자의 노력과 관계없으므로 사회에 귀속되도록 하는 것이 형평의 원리에 부합한다. ③ 개발이익은 공익사업에 의해 발생하므로 토지소유자의 손실이 아니다.

(3) 개발이익 배제의 정당성

1) 학설

① 긍정설은 미실현이익은 보상대상이 아니고 이는 사업시행을 볼모로 한 주관적 가치이므로 배제되어야 한다고 하나, ② 부정설은 인근 토지소유자와의 형평성 문제와 주변 토지로 대토할 수 없는 측면에서 부정한다.

2) 판례

개발이익은 사업시행자의 투자에 의한 것으로서 피수용자인 토지소유자의 노력이나 자본에 의하여 발생하는 것이 아니므로, 그것이 피수용 토지가 수용 당시 갖는 객관적 가치에 포함된다고 볼 수도 없다.

3) 검토

개발이익은 재산권에 내재된 객관적 가치가 아니므로, 이를 배제하여도 정당보상에 반하지 않는다고 사료된다.

Ⅲ 사안의 해결(주장의 타당성)

설문에서는 인근 토지에 해당 사업에 의한 개발이익이 반영되어 대토를 구할 수 없게 되었으나 개발이익이 반영된 투기적인 거래에 의하여 형성되는 가격은 정상적인 객관적 가치 내지 토지소유자의 손실이라고는 볼 수 없으므로 甲주장의 타당성은 인정되기 어려울 것이다.

사례 4

「공익사업을 위한 토지 등의 취득 및 보상에 관한 법률」상 개발이익 배제의 필요성 및 개발이익 배제가 헌법상 손실보상의 기준에 부합하는지를 설명하고 개발이익 배제의 문제점과 개선방안을 논하시오. [20점]

Ⅰ 서	2. 판례의 태도
Ⅱ 개발이익 배제의 필요성	3. 검토
1. 개발이익 배제의 의의 및 근거	Ⅳ 현행 개발이익 배제의 문제점과 개선방향
2. 개발이익 배제의 필요성	1. 형평성의 문제(개발이익환수의 문제)
(1) 잠재적 손실로서의 미실현이익의 배제	(1) 현행제도의 문제점
(2) 형평의 원리의 실현	(2) 헌법재판소의 태도
(3) 주관적 가치에 대한 보상 배제	(3) 개선방안
Ⅲ 개발이익 배제제도가 헌법상 손실보상기준에 부	2. 개발이익 배제의 불완전성
합하는지	Ⅴ 결
1. 견해의 대립	

Ⅰ 서

헌법 제23조 제3항에서는, 헌법상 기본권으로 보장되는 토지재산권은 공공필요에 의한 경우 예외적으로 정당보상을 통한 수용을 할 수 있다고 규정하고 있다. 이러한 정당보상은 완전보상으로 이해하는 것이 다수와 판례의 태도이며, 토지보상법에서는 완전보상을 실현하기 위하여 개발이익 배제를 규정하고 있다.

Ⅱ 개발이익 배제의 필요성

1. 개발이익 배제의 의의 및 근거

개발이익이란 공익사업 시행의 계획이나 시행이 공고, 고시되어 토지소유자의 노력과 관계없이 지가가 상승하여 뚜렷하게 받은 이익으로 정상지가상승분을 초과하여 증가된 부분을 말한다(표준지조사 평가기준 제3조 제2호). 개발이익 배제란 보상금액의 산정에 있어서 해당 공익사업으로 인하여 토지 등의 가격에 변동이 있는 때에는 이를 고려하지 않는 것을 말한다(토지보상법 제67조 제2항).

2. 개발이익 배제의 필요성

① 개발이익은 미실현된 잠재적 이익이고, ② 토지소유자의 노력과 관계없으므로 사회에 귀속되도록 하는 것이 형평의 원리에 부합한다. ③ 개발이익은 공익사업에 의해 발생하므로 토지소유자의 손실이 아니다. 따라서 개발이익의 배제 필요성이 야기된다.

(1) 잠재적 손실로서의 미실현이익의 배제

공평부담의 목적에서 인정되는 손실보상은 현재화된 재산적 가치만 대상이 되고 아직 실현되지 아니한 잠재적 손실은 그 대상에 포함되지 않는 것이 원칙이다.

(2) 형평의 원리의 실현

개발이익은 토지소유자의 노력에 관계없는 이익인 바, 이러한 이익은 투자자인 사업시행자 또는 사회에 귀속되도록 하는 것이 형평의 원리에 부합한다.

(3) 주관적 가치에 대한 보상 배제

개발이익은 공익사업에 의해 비로소 발생하는 것으로 그 성질상 완전보상의 범위에 포함되는 토지소유자의 손실이 아니므로 손실보상액 산정에 있어 배제되어야 하는 것이다.

Ⅲ 개발이익 배제제도가 헌법상 손실보상기준에 부합하는지

1. 견해의 대립

① 부정하는 견해는 보상금만으로는 주변 토지의 대토가 어려우며, 인근 토지소유자와의 형평성을 고려할 때, 해당 토지의 개발이익만 배제하는 것은 정당보상에 반한다고 본다. ② 긍정하는 견해는 손실보상은 아직 실현되지 아니한 미실현이익이므로, 보상 대상에 포함되지 않는 것이 원칙이며, 개발이익은 공익사업의 시행을 볼모로 한 주관적 가치 부여에 지나지 않는다고 한다.

2. 판례의 태도

판례도 개발이익은 궁극적으로는 국민 모두에게 귀속되어야 할 성질의 것이므로 이는 완전보상의 범위에 포함되는 피수용토지의 객관적 가치 내지 피수용자의 손실이라고는 볼 수 없다. 따라서 이를 배제한다고 하여 완전보상의 원칙에 어긋나는 것은 아니라고 한다.

3. 검토

개발이익은 재산권에 내재된 객관적 가치가 아니므로, 이를 배제하여도 정당보상에 반하지 않는다고 사료된다.

Ⅳ 현행 개발이익 배제의 문제점과 개선방향

1. 형평성의 문제(개발이익환수의 문제)

(1) 현행제도의 문제점

인근 주민의 경우에는 종전 토지초과이득세법에 의한 토지초과이득세가 그나마 어느 정도 개발이익 환수기능을 하였으나 외환·금융위기 이후 1998년 경제사정의 악화에 따른 부동산 경기의 침체로 토지초과이득세법도 폐지되어, 인근 토지소유자들이 개발이익을 향유하는 것은 형평성에 반한다는 비판이 제기된다.

(2) 헌법재판소의 태도

헌법재판소는 개발이익을 환수할 수 있는 제도적 장치가 마련되지 않은 상황에서 개발이익환수제도는 점진적인 제도적 개선을 통해 이루어져야 하며 그 과정에서 형평의 원리가 장애가 될 수 없다고 판시한다. 헌법 제11조가 규정하는 평등의 원칙은 결코 일체의 차별적 대우를 부정하는 절대적 평등을 의미하는 것이 아니라 법의 적용이나 입법에 있어서 불합리한 조건에 의한 차별을 하여서는 안 된다는 것을 뜻한다.

이는 피수용자와 인근 주민과의 형평에 대하여 합헌이라 한 것은 입법적 해결이 있기까지의 한시적인 결정이라 하겠으며 인근 토지의 보상금액으로는 인근 지역에서는 대토를 구하지 못하는 상황(대토보상의 배경)에서 개발이익을 환수할 수 있는 기술적 방법이 없다고 하여 피수용자와 인근 주민과의 형평문제가 해결된 것은 아니라 하겠다.

(3) 개선방안

〈생각건대〉토지초과이득세가 외환, 금융위기에 따른 경제사정 악화로 폐지된바 재도입 검토가 필요하다. 최근 대토보상의 도입은 소유자와의 형평성을 완화할 수 있는 발판을 마련한 점에서 긍정적으로 평가할 수 있을 것이다.

2. 개발이익 배제의 불완전성

보상액 산정과정상 개발이익의 완전배제가 어렵고 사업의 장기화에 따른 개발이익 구분의 어려움이 있다. 따라서 사업인정 이후는 생산자물가지수를 이용하거나 보상시점을 사업인정 시로 변경하는 방법을 고려할 만하다.

Ⅴ 결

헌법상 정당보상은 보상의 시기나 방법에 제한이 없는 재산권의 객관적 가치를 완전보상하는 것으로서, 이에는 개발이익은 포함되지 않는다. 개발이익의 배제 과정에서 인근 주민과의 형평성 문제와 개발이익을 완전히 배제하기에는 기술적인 문제가 발생할 수 있으므로 폐지된 토지초과이득세의 재도입 및 보상시점의 변경 등 입법적인 보완이 요구된다.

사례 5

> 국토교통부장관은 비축사업의 시행을 위하여 사업인정(공사기간 2003.3.31. ~ 2013.3.31.)을 하였고(재결신청은 공사기간 만료 전까지 가능함), 비축사업의 사업인정고시일인 2003.3.31. 후에 경기도지사가 비축사업과는 별도로 동두천시 탑동동에서 포천시 가산면 마산리에 이르는 광암-마산 간 도로확포장공사와 관련하여 도로구역결정을 하고 2006.5.1. 경기도 고시 제2006-132호로 이를 고시하였다. 갑은 자신 소유의 일부 토지가 위 광암-마산 간 도로확포장공사가 시행되는 도로구역의 인근에 위치하고 있어 그로 인한 개발이익이 발생하는 이상 위 광암-마산 간 도로구역결정 고시가 비축사업의 최초 사업인정고시보다 뒤에 행하여졌으므로 위와 같이 개발이익이 발생한 사정을 감정평가에 반영하여야 한다고 주장한다. 갑주장의 타당성에 대하여 논하시오. 20점

Ⅰ 쟁점의 정리	(3) 개발이익배제의 정당성
Ⅱ 정당보상과 개발이익	(4) 개발이익의 배제방법
1. 정당보상의 의미	Ⅲ 개발이익 배제의 범위
2. 정당보상과 개발이익(개발이익의 의미와 개	1. 객관적 범위(해당 사업과 관련된 개발이익)
발이익 배제)	2. 시적 범위(사업인정 이전·이후)
(1) 개발이익과 개발이익 배제의 의미	Ⅳ 사안의 해결
(2) 개발이익의 배제의 필요성	

Ⅰ 쟁점의 정리

설문은 비축사업의 사업인정고시일 이후에 시행된 도로사업에 따른 개발이익을 반영해야 한다는 갑주장의 타당성을 묻고 있다. 설문의 해결을 위해서 개발이익이 정당보상의 관점에서 배제되어야 하는지 여부와 배제되어야 한다면 그 범위에 해당 사업 외의 사업의 개발이익도 배제되어야 하는지를 검토한다.

Ⅱ 정당보상과 개발이익

1. 정당보상의 의미

① 완전보상설, ② 상당보상설 등 견해의 대립이 있으나, ① 대법원은 보상의 시기, 방법 등에 제한 없는 완전한 보상을 의미한다고 판시한 바 있으며, ② 헌법재판소는 피수용자의 객관적 재산가치를 완전하게 보상해야 한다고 판시한 바 있다. 피수용자의 객관적 가치를 완전하게 보상함은 물론 대물적 보상만으로 채워지지 않는 부분에 대한 생활보상을 지향함이 타당하다.

2. 정당보상과 개발이익(개발이익의 의미와 개발이익 배제)

(1) 개발이익과 개발이익 배제의 의미

개발이익이란 공익사업 시행의 계획이나 시행이 공고, 고시되어 토지소유자의 노력과 관계없이 지가가 상승하여 뚜렷하게 받은 이익으로 정상지가상승분을 초과하여 증가된 부분을 말한다. 토지보상법 제67조 제2항에서는 '해당 공익사업으로 인하여 토지 등의 가격이 변동되었을 때에는 이를 고려하지 아니한다'고 규정하고 있다.

(2) 개발이익의 배제의 필요성

① 개발이익은 미실현된 잠재적 이익이고, ② 토지소유자의 노력과 관계없으므로 사회에 귀속되도록 하는 것이 형평의 원리에 부합한다. ③ 개발이익은 공익사업에 의해 발생하므로 토지소유자의 손실이 아니다.

(3) 개발이익배제의 정당성

주관적 가치는 배제되어야 한다는 긍정설과 인근 토지소유자와의 형평성 측면에서 부정해야 한다는 견해가 있으나, 판례는 '개발이익은 궁극적으로는 모든 국민에게 귀속되어야 할 성질의 것이므로 이는 피수용자의 토지의 객관적 가치 내지 피수용자의 손실이라고는 볼 수 없다'고 판시한 바 있다. 개발이익은 재산권에 내재된 객관적 가치가 아니므로, 이를 배제하여도 정당보상에 반하지 않는다고 사료된다.

(4) 개발이익의 배제방법

① 적용공시지가 적용(토지보상법 제70조 제3항 내지 제5항), ② 해당 사업으로 변하지 않은 지가변동률의 적용(토지보상법 제70조 제1항 및 동법 시행령 제37조 제2항), ③ '그 밖의 요인' 보정을 통한 배제방법이 있다.

Ⅲ 개발이익 배제의 범위

1. 객관적 범위(해당 사업과 관련된 개발이익)

사회적으로 증가된 이익 전부인지, 해당 사업으로 인해서 증분된 부분인지가 문제되는데 〈판례〉는 해당 사업과 관계없는 다른 사업의 시행으로 인한 개발이익은 이를 배제하지 않는 가격으로 평가해야 한다고 판시하고 있다(대판 1992.2.11, 91누7774).

2. 시적 범위(사업인정 이전 · 이후)

토지보상법 제67조 제2항의 규정은 개발이익 배제와 관련하여 '해당 사업일 것'만을 규정하고 있으며 개발이익 배제의 취지 등에 비추어 볼 때, 해당 공익사업의 사업인정고시일 이전 · 이후를 불문하고 해당 공익사업과 무관한 이익은 모두 반영되어야 할 것이다(대판 2014.2.27, 2013두21182).

Ⅳ 사안의 해결

설문상 두 사업은 사업시행주체가 다르고, 사업인정고시 시기도 3년 가량 떨어져 있는 데다가 비축사업이 위 광암 – 마산간 도로사업의 장차 시행을 고려하여 계획되었다고 볼 만한 내용도 설시되지 아니하였음을 알 수 있는바, 이러한 사정에 비추어 보면 갑의 주장은 정당한 것으로 수긍할 수 있다.

✎ 대판 2014.2.27, 2013두21182[수용보상금증액]

[판시사항]

공익사업을 위한 토지 등의 취득 및 보상에 관한 법률 제67조 제2항에서 정한 수용 대상 토지의 보상액을 산정함에 있어, 해당 공익사업과는 관계없는 다른 사업의 시행으로 인한 개발이익을 포함한 가격으로 평가할 것인지 여부(적극) 및 개발이익이 해당 공익사업의 사업인정고시일 후에 발생한 경우에도 마찬가지인지 여부(적극)

[판결요지]

공익사업을 위한 토지 등의 취득 및 보상에 관한 법률 제67조 제2항은 '보상액을 산정할 경우에 해당 공익사업으로 인하여 토지 등의 가격이 변동되었을 때에는 이를 고려하지 아니한다'라고 규정하고 있는바, 수용 대상 토지의 보상액을 산정함에 있어 해당 공익사업의 시행을 직접 목적으로 하는 계획의 승인, 고시로 인한 가격변동은 이를 고려함이 없이 재결 당시의 가격을 기준으로 하여 적정가격을 정하여야 하나, 해당 공익사업과는 관계없는 다른 사업의 시행으로 인한 개발이익은 이를 포함한 가격으로 평가하여야 하고, 개발이익이 해당 공익사업의 사업인정고시일 후에 발생한 경우에도 마찬가지이다.

사례 6

2008년 7월 3일 미라클 신도시 개발과 관련된 언론보도(해당언론보도는 국정홍보업무운영규정에 따른 언론보도로 국토교통부가 자료를 배포하였다)가 있었으며 2012년 7월 3일 미라클 신도시 사업에 대한 사업인정 고시가 있었다. 2008년 7월 3일부터 2012년 7월 3일 사이에 미라클 신도시 사업에 대한 기대로 인해 신도시 예정구역 내의 토지가격은 상당히 상승하였다. 사업시행자는 2008년 7월 3일부터 2012년 7월 3일까지의 해당 사업구역 내 토지의 가격상승으로 인하여 2008년 7월 3일을 기준으로 할 때 토지보상법 제70조 제5항에 따른 가격변동이 인정되기에 2008년 표준지공시지가를 기준으로 보상액을 산정하였다. 그러나, 토지소유자는 해당 사업인정의 고시일이 2012년 7월 3일이므로 2008년 7월 3일부터 2012년 7월 3일까지 상승된 토지가격을 반영하여 보상해야 한다고 주장하며 2012년도 공시지가를 기준하여 평가하여야 한다고 주장한다.

1. 미라클 신도시 개발사업에 대한 개발이익이 정당보상범주에 포함되는지 논하시오. 15점

2. 토지보상액 산정을 위한 연도별 적용 공시지가의 선정 및 비교표준지 선정 기준에 대해서 논하시오. 10점

3. 토지소유자 주장의 타당성을 검토하시오. 5점

(설문 1)의 해결
Ⅰ 쟁점의 정리
Ⅱ 정당보상과 개발이익
　1. 정당보상의 의미
　2. 정당보상과 개발이익(개발이익의 의미와 개발이익 배제)
　　(1) 개발이익과 개발이익 배제의 의미
　　(2) 개발이익의 배제의 필요성
　　(3) 개발이익배제의 정당성
　　(4) 개발이익의 배제방법
Ⅲ 개발이익 배제의 범위
　1. 객관적 범위(해당 사업과 관련된 개발이익)
　2. 시적 범위(사업인정 이전·이후)
Ⅳ 사안의 경우

(설문 2)의 해결
Ⅰ 개설
　1. 공시지가 기준법
　2. 공시지가 기준법 적용 취지

Ⅱ 연도별 적용 공시지가 선정기준
　1. 사업인정 전 협의 취득
　2. 사업인정 후의 취득
　3. 토지의 가격이 변동된 경우
Ⅲ 비교표준지 선정기준
　1. 비교표준지의 의의
　2. 비교표준지 선정원칙(시행규칙 제22조)
　　(1) 용도지역 및 이용상황 등
　　(2) 선정사유의 명확성
　　(3) 평가대상이 표준지인 경우

(설문 3)의 해결
Ⅰ 쟁점의 정리
Ⅱ 관련규정의 검토(토지보상법 제70조 제5항 기준일 판단 방법)
　1. 처분등이 공고·고시의 방법으로 시행되는 경우 공고·고시의 절차 및 형식
　2. 토지보상법상 사업시행 계획의 공고 및 시행의 공고·고시
Ⅲ 사안의 해결

> **✱ 행정업무의 운영 및 혁신에 관한 규정**
>
> **제2조(적용범위)**
> 중앙행정기관(대통령 직속기관과 국무총리 직속기관을 포함한다. 이하 같다)과 그 소속기관, 지방자치단체의 기관과 군(軍)의 기관(이하 "행정기관"이라 한다)의 행정업무 운영에 관하여 다른 법령에 특별한 규정이 있는 경우를 제외하고는 이 영에서 정하는 바에 따른다.
>
> **제4조(공문서의 종류)**
> 공문서(이하 "문서"라 한다)의 종류는 다음 각 호의 구분에 따른다.
> 　　3. 공고문서: 고시·공고 등 행정기관이 일정한 사항을 일반에게 알리는 문서
>
> **제6조(문서의 성립 및 효력 발생)**
> ① 문서는 결재권자가 해당 문서에 서명(전자이미지서명, 전자문자서명 및 행정전자서명을 포함한다. 이하 같다)의 방식으로 결재함으로써 성립한다.
> ② 문서는 수신자에게 도달(전자문서의 경우는 수신자가 관리하거나 지정한 전자적 시스템 등에 입력되는 것을 말한다)됨으로써 효력을 발생한다.
> ③ 제2항에도 불구하고 공고문서는 그 문서에서 효력발생 시기를 구체적으로 밝히고 있지 않으면 그 고시 또는 공고 등이 있은 날부터 5일이 경과한 때에 효력이 발생한다.

⊕ (설문 1)의 해결

Ⅰ 쟁점의 정리

설문의 해결을 위해서 개발이익이 정당보상의 관점에서 배제되어야 하는지 여부를 검토한다.

Ⅱ 정당보상과 개발이익

1. 정당보상의 의미

① 완전보상설, ② 상당보상설 등 견해의 대립이 있으나, ① 대법원은 보상의 시기, 방법 등에 제한 없는 완전한 보상을 의미한다고 판시한 바 있으며, ② 헌법재판소는 피수용자의 객관적 재산가치를 완전하게 보상해야 한다고 판시한 바 있다. 피수용자의 객관적 가치를 완전하게 보상함은 물론 대물적 보상만으로 채워지지 않는 부분에 대한 생활보상을 지향함이 타당하다.

2. 정당보상과 개발이익(개발이익의 의미와 개발이익 배제)

(1) 개발이익과 개발이익 배제의 의미

개발이익이란 공익사업 시행의 계획이나 시행이 공고, 고시되어 토지소유자의 노력과 관계없이 지가가 상승하여 뚜렷하게 받은 이익으로 정상지가상승분을 초과하여 증가된 부분을 말한다.

토지보상법 제67조 제2항에서는 '해당 공익사업으로 인하여 토지 등의 가격이 변동되었을 때에는 이를 고려하지 아니한다'고 규정하고 있다.

(2) 개발이익의 배제의 필요성

① 개발이익은 미실현된 잠재적 이익이고, ② 토지소유자의 노력과 관계없으므로 사회에 귀속되도록 하는 것이 형평의 원리에 부합한다. ③ 개발이익은 공익사업에 의해 발생하므로 토지소유자의 손실이 아니다.

(3) 개발이익배제의 정당성

주관적 가치는 배제되어야 한다는 긍정설과 인근 토지소유자와의 형평성 측면에서 부정해야 한다는 견해가 있으나, 판례는 '개발이익은 궁극적으로는 모든 국민에게 귀속되어야 할 성질의 것이므로 이는 피수용자의 토지의 객관적 가치 내지 피수용자의 손실이라고는 볼 수 없다'고 판시한 바 있다. 개발이익은 재산권에 내재된 객관적 가치가 아니므로, 이를 배제하여도 정당보상에 반하지 않는다고 사료된다.

(4) 개발이익의 배제방법

① 적용공시지가 적용(토지보상법 제70조 제3항 내지 제5항), ② 해당 사업으로 변하지 않은 지가변동률의 적용(토지보상법 제70조 제1항 및 동법 시행령 제37조 제2항), ③ '그 밖의 요인' 보정을 통한 배제방법이 있다.

III 개발이익 배제의 범위

1. 객관적 범위(해당 사업과 관련된 개발이익)

사회적으로 증가된 이익 전부인지, 해당 사업으로 인해서 증분된 부분인지가 문제되는데 〈판례〉는 해당 사업과 관계없는 다른 사업의 시행으로 인한 개발이익은 이를 배제하지 않는 가격으로 평가해야 한다고 판시하고 있다(대판 1992.2.11, 91누7774).

2. 시적 범위(사업인정 이전·이후)

토지보상법 제67조 제2항의 규정은 개발이익 배제와 관련하여 '해당 사업일 것'만을 규정하고 있으며 개발이익 배제의 취지 등에 비추어 볼 때, 해당 공익사업의 사업인정고시일 이전·이후를 불문하고 해당 공익사업과 무관한 이익은 모두 반영되어야 할 것이다(대판 2014.2.27, 2013두21182).

IV 사안의 경우

정당보상은 재산권의 객관적 가치에 대한 완전한 보상으로서 토지소유자의 주관적 기대이익은 보상대상이 되지 않는다고 볼 것이며 해당 사업으로 인한 개발이익 역시 국민 전체에게 귀속될 이익이므로 보상대상에 해당되지 않는다고 볼 것이다.

⊕ (설문 2)의 해결

I 개설

1. 공시지가 기준법

협의 또는 재결에 의하여 취득하는 토지를 평가함에 있어서는 평가대상토지와 유사한 이용가치를 지닌다고 인정되는 하나 이상의 표준지의 공시지가를 기준으로 해야 한다(시행규칙 제22조).

2. 공시지가 기준법 적용 취지

공시지가를 기준으로 평가하도록 규정하는 이유는 감정평가에 있어서 실거래가격이 포착된다 하여도 그 정상화를 위한 사정보정이 어려우며, 자의적인 판단이 개입될 우려가 높기 때문에 평가자의 자의성을 배제하고 효율적인 보상평가를 도모하기 위하여 공시지가를 기준으로 평가하도록 한 것이다.

II 연도별 적용 공시지가 선정기준

1. 사업인정 전 협의 취득

사업인정 전의 협의에 의한 취득에 있어서 공시지가는 해당 토지의 가격시점 당시 공시된 공시지가 중 가격시점과 가장 가까운 시점에 공시된 공시지가로 한다(제70조 제3항).

2. 사업인정 후의 취득

사업인정 후의 취득에 있어서 공시지가는 사업인정고시일전의 시점을 공시기준일로 하는 공시지가로서, 해당 토지에 관한 협의의 성립 또는 재결 당시 공시된 공시지가 중 그 사업인정고시일과 가장 가까운 시점에 공시된 공시지가로 한다(제70조 제4항).

3. 토지의 가격이 변동된 경우

공익사업의 계획 또는 시행이 공고되거나 고시됨으로 인하여 취득하여야 할 토지의 가격이 변동되었다고 인정되는 경우에는 공시지가는 그 공고일 또는 고시일 전의 시점을 공시기준일로 하는 공시지가로서 그 토지의 가격시점 당시 공시된 공시지가 중 그 공익사업의 공고일 또는 고시일과 가장 가까운 시점에 공시된 공시지가로 한다(제70조 제5항).

III 비교표준지 선정기준

1. 비교표준지의 의의

비교표준지란 표준지의 공시지가 중에서 대상토지와 유사한 이용가치를 지닌다고 인정되어 대상토지의 평가 시에 비교기준으로 선정된 것을 말한다.

2. 비교표준지 선정원칙(시행규칙 제22조)

취득하는 토지를 평가함에 있어서는 평가대상토지와 유사한 이용가치를 지닌다고 인정되는 하나 이상의 표준지의 공시지가를 기준으로 한다.

(1) 용도지역 및 이용상황 등

비교표준지는 해당 토지와 용도지역·지구·구역 등 공법상 제한과 실제 이용상황 및 주위환경 등이 같거나 유사하고 지리적으로 가능한 한 가까이 있는 표준지 중에서 하나를 선정하는 것을 원칙으로 한다(시행규칙 제22조 제2항).

(2) 선정사유의 명확성

표준지와 평가대상토지 사이에 지역적, 개별적 요인들을 비교할 수 있을 만큼 구체적으로 특정하여 명시하지 않고 있어 각 표준지의 기준지가를 기준으로 한 위 각 보상대상 토지의 보상액 산정이 적정하게 이루어졌는지를 알아볼 수 없게 되어 있다면 위 감정평가는 그 적정성을 인정하기 어려워 위법하다(대판 1991.4.23. 90누3539).

(3) 평가대상이 표준지인 경우

평가대상이 표준지인 경우에는 특별한 사유가 없는 한, 해당 표준지를 적용한다.

⊕ **(설문 3)의 해결**

① 쟁점의 정리

토지보상법은 공익사업의 계획 또는 시행의 공고·고시의 절차, 형식이나 기타 요건에 관하여 따로 규정하고 있지 않은데, 이러한 경우 토지보상법 제70조 제5항에서 정한 '공익사업의 계획 또는 시행의 공고·고시'에 해당하기 위한 공고·고시의 방법으로 언론보도를 해당 사업의 계획 또는 시행의 공고·고시로 볼 수 있는지가 문제된다.

② 관련규정의 검토(토지보상법 제70조 제5항 기준일 판단 방법)

1. 처분등이 공고·고시의 방법으로 시행되는 경우 공고·고시의 절차 및 형식

공익사업의 근거 법령에서 공고·고시의 절차, 형식 및 기타 요건을 정하고 있지 않은 경우, '행정 효율과 협업 촉진에 관한 규정'이 적용될 수 있다(제2조). 위 규정은 고시·공고 등 행정기관이 일정한 사항을 일반에게 알리는 문서를 공고문서로 정하고 있으므로(제4조 제3호), 위 규정에서 정하는 바에 따라 공고문서가 기안되고 해당 행정기관의 장이 이를 결재하여 그의 명의로 일반에 공표한 경우 위와 같은 효과가 발생할 수 있다.

2. 토지보상법상 사업시행 계획의 공고 및 시행의 공고·고시

토지보상법상 해당 사업시행 계획 및 시행의 공고·고시로 볼 수 있는 경우로는 토지보상법 제9조에 따른 사업의 준비를 위한 타인 토지의 출입 공고, 제15조에 따른 보상계획의 열람공고 및 제20조에 의한 사업인정 고시가 있을 수 있다.

Ⅲ 사안의 해결

설문상 언론발표와 관련하여 공고문서가 기안되어 결재권자인 국토교통부장관이 이를 결재하고 그의 명의로 일반에 공표하였다는 사정을 발견할 수 없으며 언론보도 역시 국정홍보목적으로 보도된 바 해당 사업의 계획이나 시행에 준하는 절차로 보기 어려울 것이다. 따라서 토지소유자의 주장대로 2012년 공시지가를 적용함이 타당하다.

✎ 대법원 2022.5.26, 2021두45848

[판시사항]
공익사업을 위한 토지 등의 취득 및 보상에 관한 법률 제70조 제5항에서 정한 '공익사업의 계획 또는 시행의 공고·고시'에 해당하기 위한 공고·고시의 방법

[판결요지]
공익사업을 위한 토지 등의 취득 및 보상에 관한 법률(이하 '토지보상법'이라 한다) 및 같은 법 시행령은 토지보상법에서 규정하고 있는 공익사업의 계획 또는 시행의 공고·고시의 절차, 형식이나 기타 요건에 관하여 따로 규정하고 있지 않다.

공익사업의 근거 법령에서 공고·고시의 절차, 형식이나 기타 요건을 정하고 있는 경우에는 원칙적으로 공고·고시가 그 법령에서 정한 바에 따라 이루어져야 보상금 산정의 기준이 되는 공시지가의 공시기준일이 해당 공고·고시일 전의 시점으로 앞당겨지는 효과가 발생할 수 있다.

공익사업의 근거 법령에서 공고·고시의 절차, 형식 및 기타 요건을 정하고 있지 않은 경우, '행정 효율과 협업 촉진에 관한 규정'이 적용될 수 있다(제2조). 위 규정은 고시·공고 등 행정기관이 일정한 사항을 일반에게 알리는 문서를 공고문서로 정하고 있으므로(제4조 제3호), 위 규정에서 정하는 바에 따라 공고문서가 기안되고 해당 행정기관의 장이 이를 결재하여 그의 명의로 일반에 공표한 경우 위와 같은 효과가 발생할 수 있다.

다만 당해 공익사업의 시행으로 인한 개발이익을 배제하려는 토지보상법령의 입법 취지에 비추어 '행정 효율과 협업 촉진에 관한 규정'에 따라 기안, 결재 및 공표가 이루어지지 않았다고 하더라도 공익사업의 계획 또는 시행에 관한 내용을 공고문서에 준하는 정도의 형식을 갖추어 일반에게 알린 경우에는 토지보상법 제70조 제5항에서 정한 '공익사업의 계획 또는 시행의 공고·고시'에 해당한다고 볼 수 있다.

[이유]
1. 관련 규정과 법리
   가. 「산업단지 인·허가 절차 간소화를 위한 특례법」(이하 '산단절차간소화법'이라 한다) 제15

조 제1항, 제2항에 따라 산업단지계획 승인 고시는 「산업입지 및 개발에 관한 법률」(이하 '산업입지법'이라 한다) 제7조의4에 따른 산업단지의 지정 고시 및 같은 법 제19조의2에 따른 실시계획 승인의 고시로 본다.

사업시행자는 산업단지개발사업에 필요한 토지 등을 수용할 수 있고, 이 경우 산업입지법 제7조의4 제1항에 따른 산업단지의 지정 고시가 있는 때에는 「공익사업을 위한 토지 등의 취득 및 보상에 관한 법률」(이하 '토지보상법'이라 한다) 제20조 제1항 및 같은 법 제22조에 따른 사업인정 및 사업인정의 고시가 있는 것으로 보며, 산업입지법에 특별한 규정이 있는 경우를 제외하고는 토지보상법을 준용한다(산업입지법 제22조 제1항, 제2항, 제5항).

공익사업을 위한 수용에서는 원칙적으로 사업인정고시일 전의 시점을 공시기준일로 하는 공시지가로서 해당 토지에 관한 협의의 성립 또는 재결 당시 공시된 공시지가 중 그 '사업인정고시일과 가장 가까운 시점'에 공시된 공시지가를 기준으로 보상금이 산정된다.

그러나 공익사업의 계획 또는 시행이 '공고'되거나 '고시'됨으로 인하여 취득하여야 할 토지의 가격이 변동되었다고 인정되는 경우에는 해당 공고일 또는 고시일 전의 시점을 공시기준일로 하는 공시지가로서 그 토지의 가격시점 당시 공시된 공시지가 중 그 '공익사업의 공고일 또는 고시일과 가장 가까운 시점'에 공시된 공시지가를 기준으로 보상금이 산정된다(토지보상법 제70조 제1항, 제4항, 제5항). 이는 공익사업의 계획 또는 시행의 공고·고시로 토지 가격이 상승하였다면 그와 같은 개발이익을 보상금 산정 시 배제하고자 함이다.

나. 토지보상법 및 같은 법 시행령은 토지보상법 제70조 제5항에서 규정하고 있는 공익사업의 계획 또는 시행의 공고·고시의 절차, 형식이나 기타 요건에 관하여 따로 규정하고 있지 않다. 공익사업의 근거 법령에서 공고·고시의 절차, 형식이나 기타 요건을 정하고 있는 경우에는 원칙적으로 공고·고시가 그 법령에서 정한 바에 따라 이루어져야 보상금 산정의 기준이 되는 공시지가의 공시기준일이 해당 공고·고시일 전의 시점으로 앞당겨지는 효과가 발생할 수 있다.

공익사업의 근거 법령에서 공고·고시의 절차, 형식 및 기타 요건을 정하고 있지 않은 경우, '행정 효율과 협업 촉진에 관한 규정'(이하 '이 사건 규정'이라 한다)이 적용될 수 있다(제2조). 위 규정은 고시·공고 등 행정기관이 일정한 사항을 일반에게 알리는 문서를 공고문서로 정하고 있으므로(제4조 제3호), 위 규정에서 정하는 바에 따라 공고문서가 기안되고 해당 행정기관의 장이 이를 결재하여 그의 명의로 일반에 공표한 경우 위와 같은 효과가 발생할 수 있다. 다만 당해 공익사업의 시행으로 인한 개발이익을 배제하려는 토지보상법령의 입법 취지에 비추어 이 사건 규정에 따라 기안, 결재 및 공표가 이루어지지 않았다고 하더라도 공익사업의 계획 또는 시행에 관한 내용을 공고문서에 준하는 정도의 형식을 갖추어 일반에게 알린 경우에는 토지보상법 제70조 제5항에서 정한 '공익사업의 계획 또는 시행의 공고·고시'에 해당한다고 볼 수 있다.

2. 사건의 경위 및 원심의 판단

원심판결 이유와 기록에 의하면, 다음과 같은 사정들을 알 수 있다.

3. 대법원의 판단

가. 그러나 위 법리에 비추어 보면, 이 사건 언론발표는 토지보상법 제70조 제5항에 따른 '공익사업의 계획 또는 시행의 공고·고시'에 해당하지 않는다고 봄이 타당하다. 구체적인 이유는 다음과 같다.

1) 이 사건 언론발표는 이 사건 사업과 관련된 산단절차간소화법령 및 산업입지법령에 규정된 공고·고시의 형식으로 이루어진 것이 아니라, 그와 관련이 없는 '국정홍보업무운영규정' 제16조에 따라 언론에 대한 브리핑 등의 일환으로 이루어진 것으로 보인다.

2) 기록상 이 사건 언론발표와 관련하여 이 사건 규정에서 정하는 바에 따라 공고문서가 기안되어 결재권자인 국토교통부장관이 이를 결재하고 그의 명의로 일반에 공표하였다는 사정을 발견할 수도 없다. 이 사건 언론발표는 이 사건 규정 및 그 시행규칙에서 공고문서에 기재하도록 한 연도표시 일련번호나 당해 행정기관의 장의 명의 등 공고문서가 일반적으로 갖추고 있는 구성요소도 전혀 갖추고 있지 않다.

또한 이 사건 언론발표는 이 사건 사업뿐만 아니라 그 밖에 서천, 포항, 구미와 호남권 등 전국에 산재한 5곳에서의 국가산업단지 조성계획에 관한 것이며, 나아가 전체적인 내용에 비추어 볼 때 이 사건 사업의 계획이나 시행에 관한 정보를 알리려는 것보다는 산단절차간소화법의 시행으로 인한 인허가 기간 단축 효과 및 전국적인 국가산업단지 조성을 통한 생산·고용유발 효과를 홍보하려는 데에 주안점이 있는 것으로 보인다.

따라서 이를 두고 공익사업의 계획이나 시행에 관한 내용을 공고문서에 준하는 형식을 갖추어 일반에게 알린 경우에 해당한다고 볼 수도 없다.

3) 따라서 국토교통부가 배포한 보도자료를 언론사에서 기사화하여 이 사건 사업에 관한 정보가 일반에 알려졌다고 하여 이를 두고 국토교통부장관이 이 사건 사업의 계획이나 시행을 공고하거나 고시하였다고 보기는 어렵다.

나. 그런데도 원심은 이 사건 언론발표를 통해 이 사건 사업의 계획 또는 시행이 공고되거나 고시되었다고 보아, 원고들에 대한 보상금을 산정함에 있어 2008.1.1. 공시된 비교표준지의 공시지가를 적용해야 한다고 판단하였다. 이러한 원심판단에는 토지보상법 제70조 제5항에 관한 법리를 오해한 잘못이 있고, 이를 지적하는 취지의 상고이유 주장은 이유 있다. 다만 중앙토지수용위원회의 이의 재결에는 '2008.12.10. 자 대구광역시 달성군 고시 제2008-73호'를 기준으로 하는 듯한 내용이 있으므로, 원심으로서는 이 사건 언론발표 외에 공고·고시로 볼 수 있는 다른 사정이 있었는지 추가로 심리하여 손실보상금 산정에 토지보상법 제70조 제5항이 적용될 수 있는지를 판단하여야 한다는 점을 덧붙여둔다.

4. 결론

그러므로 나머지 상고이유에 대한 판단을 생략한 채 원심판결을 파기하고, 사건을 다시 심리·판단하도록 원심법원에 환송하기로 하여, 관여 대법관의 일치된 의견으로 주문과 같이 판결한다.

🔸 **사례 7**

> 토지보상법 제70조 제1항은 보상액을 산정할 때 공시지가를 기준으로 가격시점까지 시점을 수정하도록 하고 있다. 토지보상법 제70조 제1항에서 규정하고 있는 시점수정의 방법과 시점수정의 방법을 채용하고 있는 이유를 설명하시오. 25점

Ⅰ 서
Ⅱ 시점수정의 방법
　1. 시점수정의 의의
　2. 시점수정의 법적 근거(토지보상법 제70조
　　　제1항)
　3. 시점수정의 방법(법 제70조 제1항 및 동법
　　　시행령 제37조)
　(1) 지가변동률 적용 기준
　(2) 지가변동 여부의 판단 기준

Ⅲ 시점수정의 방법을 채용하고 있는 이유
　1. 개발이익의 배제
　(1) 의의
　(2) 시점수정을 통한 개발이익 배제
　2. 시가보상원칙의 실현
　3. 검토
Ⅳ 결

Ⅰ 서

헌법 제23조 제3항에서는 공공필요에 따라 타인의 재산권을 수용·사용·제한할 수 있다고 규정하고 있으며, 이에 따른 정당한 보상을 지급하여야 한다. 정당한 보상이란 재산권의 객관적 가치를 완전히 반영하는 보상으로서, 보상의 시기나 방법에도 제한이 없어야 한다. 이러한 정당보상을 실현하기 위해서 토지보상법 제70조 제1항에서는 시점수정을 규정하고 있는바, 이하 시점수정의 방법 및 시점수정의 방법을 채용하고 있는 이유를 설명한다.

Ⅱ 시점수정의 방법

1. 시점수정의 의의

시점수정이라 함은 평가에 있어서 거래사례자료의 거래시점과 가격시점이 시간적으로 불일치하여 가격수준의 변동이 있는 경우 거래사례가격을 가격시점의 수준으로 정상화하는 작업을 말한다. 보상평가에 있어서는 토지의 평가 시 공시기준일과 평가대상토지의 가격시점 간의 시간적 불일치로 인한 가격수준의 변동을 정상화하는 작업을 의미한다.

2. 시점수정의 법적 근거(토지보상법 제70조 제1항)

토지보상법 제70조 제1항에서는 취득하는 토지에 대하여 '공시지가'를 기준으로 보상하되, 공시기준일부터 가격시점까지 관계법령에 의한 해당 토지의 이용계획, 해당 공익사업으로 인한 지가의 영향을 받지 아니하는 지역의 지가변동률, 생산자물가상승률 그 밖에 토지의 위치·형상·환경·이용상황 등을 참작하여 적정가격으로 보상하여야 한다고 규정하고 있다.

3. 시점수정의 방법(법 제70조 제1항 및 동법 시행령 제37조)

(1) 지가변동률 적용 기준(시행령 제37조 제1항 및 제2항)

비교표준지가 소재하는 시·군 또는 구의 용도지역별 지가변동률을 적용하되, 비교표준지가 소재하는 시·군 또는 구의 지가가 해당 공익사업으로 인하여 변동된 경우에는 해당 공익사업과 관계없는 인근 시·군 또는 구의 지가변동률을 적용한다. 다만, 비교표준지가 소재하는 시·군 또는 구의 지가변동률이 인근 시·군 또는 구의 지가변동률보다 작은 경우에는 그러하지 아니하다.

(2) 지가변동 여부의 판단 기준(시행령 제37조 제3항)

해당 공익사업의 면적이 20만 제곱미터 이상이고 선적사업(도로, 철도 등)을 제외한 사업으로서 평가대상 토지가 소재하는 시·군·구의 지가변동률이 평가대상 토지가 소재하는 특별시·광역시·도의 지가변동률보다 30퍼센트 이상 높거나 낮은 경우일 것과 사업인정일부터 가격시점까지 지가변동률의 누계가 3퍼센트 이상 또는 이하인 경우일 것을 기준으로 한다.

(Ⅲ) 시점수정의 방법을 채용하고 있는 이유

1. 개발이익의 배제

(1) 의의

개발이익이란 공익사업의 계획 또는 시행이 공고 또는 고시나 공익사업의 시행에 따른 절차 등으로 인해 토지소유자의 노력에 관계없이 지가가 상승되어 현저하게 받은 이익으로 정상지가 상승분을 초과하여 증가된 부분을 말한다.
판례는 헌법 제23조에서 보장하는 재산권의 범위에 개발이익은 포함될 수 없다고 보고 있으며, 토지보상법 제67조 제2항에서 해당 사업으로 인한 지가의 변동을 보상액에서 제외하도록 규정하여 개발이익 배제를 규정하고 있다. 이와 관련하여 동법 제70조 제3항 내지 제5항에서 개발이익 배제를 위한 적용공시지가를 규정하고 있다.

(2) 시점수정을 통한 개발이익 배제

시점수정은 토지보상법상 적용공시지가 선정 규정(제70조 제3항 내지 제5항)과 결합하여 개발이익 배제를 실현한다. 동법 제70조 제3항에서는 사업인정 전의 협의취득, 제4항에서는 사업인정 후의 취득에 있어 적용 공시지가 선정방법을 규정하여, 사업인정 전후의 보상액 산정에 있어 형평성 있는 개발이익 배제가 가능하도록 규정하였으며 사업인정 전후에 관계없이 연도별 공시지가를 소급하도록 일원화하여 규정하고 있다.

2. 시가보상원칙의 실현

동법 제67조 제1항에서 "협의에 의한 경우 협의 성립 당시의 가격을, 재결에 의한 경우 수용 또는 사용의 재결 당시의 가격을 기준으로 한다."고 가격시점을 규정함으로써 시가보상원칙을 규정하고 있다. 이는 가격시점까지의 적정한 시점수정을 통해 실현된다.

3. 검토

시점수정은 정당보상을 위한 토지보상법상 구체적인 실현과정에서 필수불가결한 수단이며, 이는 토지보상법이 규정하고 있는 정당보상을 위한 규정과 결합하여 정당보상을 실현하는 기능을 갖는다.

Ⅳ 결

시점수정은 지가변동률, 생산자물가상승률을 기준으로 하여 공시기준일부터 가격시점까지의 정상적인 지가상승분을 반영하는 방법을 말하며, 이는 개발이익을 배제하여 정당보상을 실현함에 제도적 취지가 인정된다고 볼 수 있다.

사례 8

토지평가에서 실무상 '기타사항 참작' 또는 '그 밖의 요인 보정'은 대단히 중요하다. 가격형성요인으로 포착이 불가한 것은 이 보정을 하여 가격에 반영시키기 때문에 대상 부동산의 가격평정에 크게 영향을 주기 때문이다.

(1) 보상평가 시에 그 밖의 요인 보정을 하는 것에 대한 정당성을 논하시오. [10점]

(2) 그 밖의 요인을 보정하는 것이 정당하다면 담보평가 사례나 호가 사례, 인근 유사토지의 정상거래가격, 인근 유사토지가 아닌 토지의 거래사례, 자연적 지가 상승분, 온천의 개발가능성을 그 밖의 요인으로 반영할 수 있는 있는지 설명하시오. [10점]

(설문 1)의 해결

Ⅰ 쟁점의 정리

Ⅱ 그 밖의 요인 보정의 정당성 논의
　1. 그 밖의 요인의 개념
　2. 견해의 대립
　　(1) 부정하는 견해
　　(2) 긍정하는 견해
　3. 판례(제한적 긍정설)

Ⅲ 결어

(설문 2)의 해결

Ⅰ 담보평가 사례나 호가 사례

Ⅱ 인근 유사토지의 정상거래가격
　1. 인근 유사토지의 정상거래가격의 의미
　2. 검토

Ⅲ 인근 유사토지 아닌 토지의 거래사례

Ⅳ 자연적 지가 증가분

Ⅴ 온천의 개발가능성

⊕ (설문 1)의 해결

Ⅰ 쟁점의 정리

토지보상법은 공시지가를 기준으로 보상액을 평가하는 경우 공시지가와 평가대상토지의 비교 그리고 시점수정만을 규정하고 있을 뿐이며, 새로운 거래사례 등 기타사항을 참작하도록 규정하고 있지는 않다. 따라서 공시지가를 기준으로 보상액을 산정하면서 인근의 새로운 거래사례 등 기타사항을 참작할 수 있는지가 문제된다.

Ⅱ 그 밖의 요인 보정의 정당성 논의

1. 그 밖의 요인의 개념

'그 밖의 요인'이라 함은 거래가격, 시점수정, 건부감가보정, 지역·개별요인 외에 지가변동에 영향을 미치는 것으로 보정하여야 할 요인을 말한다. '그 밖의 요인' 관련 용어는 법령에서는 기타사항 참작이라 하고, 지침 및 업무요령에서는 그 밖의 요인보정이라 하나, 뜻은 같으며 실무에서는 그 밖의 요인이라는 용어를 많이 쓰고 있다.

2. 견해의 대립

(1) 부정하는 견해

부정하는 견해는 다음과 같다. ① 현행 부동산 가격공시법, 토지보상법에 보상액 산정에 있어서 기타사항을 참작할 수 있는 근거규정을 삭제한 것은 참작하지 못하도록 해석하여야 하며, ② 보상액평가를 감정평가법인등의 자의성이나 재량으로부터 멀리하기 위하여는 법정의 참작항목 이외에는 어떠한 요인도 참작할 수 없도록 해석하는 것이 가장 효과적이라고 한다.

(2) 긍정하는 견해

긍정하는 견해는 보상은 헌법상 '정당보상'이어야 하고, 이 정당보상에 이르는 방법에는 어떠한 제한이 없으므로, 기타사항을 고려하여야 정당보상이 이루어진다면 기타사항을 고려해야 하는 것이지, 규정이 삭제되었다 하여 임의적 참작대상에서도 배제되는 것으로 해석해야 할 이유가 없다고 한다.

3. 판례(제한적 긍정설)

판례는 '인근 유사토지의 정상거래사례가 있고 그 거래가격이 정상적인 것으로서 적정한 보상평가에 영향을 미칠 수 있는 것임이 입증된 경우'에 한하여 참작할 수 있다고 한다(대판 2010.4.29, 2009두17360).

Ⅲ 결어

토지보상법상 기타사항에 관한 명문의 규정이 없음에도 불구하고 대법원 판례가 기타사항을 참작할 수 있도록 하고 있는 것도 헌법상 정당보상을 실현하기 위함으로 해석된다. 이러한 논란은 토지보상법에 기타사항의 참작규정이 존재하지 않기 때문으로 보이는 바, 기타사항을 참작하도록 명문으로 규정하여야 할 필요가 있다.

⊕ (설문 2)의 해결

Ⅰ 담보평가 사례나 호가 사례

단순한 호가시세나 담보목적으로 평가한 가격에 불과한 것까지 그 밖의 요인으로 참작할 것은 아니다(대판 2003.2.28, 2001두3808). 보상액 산정 시 참작될 수 있는 호가는 인근 유사토지의 투기적 가격이나 해당 공익사업으로 인한 개발이익 등이 포함되지 아니한 정상적인 거래가격 수준을 나타내는 것임이 입증되는 경우이다(대판 1993.10.22, 93누11500).

Ⅱ 인근 유사토지의 정상거래가격

1. 인근 유사토지의 정상거래가격의 의미

이는 인근 지역에 위치하고 용도지역, 지목, 등급, 지적, 형태, 이용상황, 법령상의 제한 등 조건이 동일하거나 유사한 토지의 통상 거래에서 성립된 가격을 말한다(대판 2002.4.12, 2001두9783). '거래가격' 또한 해당 사업으로 인한 개발이익이 포함되지 아니한 통상의 거래관계에서 성립된 것이라야 한다(대판 1994.10.14, 94누2664).

2. 검토

인근 유사토지의 정상거래사례가 있고 그것을 참작함으로써 보상액산정에 영향을 미칠 수 있는 것이 입증된 경우라면 이를 참작할 수 있으나, 입증책임은 주장하는 자에게 있다(대판 2010.4.29, 2009두17360).

Ⅲ 인근 유사토지 아닌 토지의 거래사례

거래사례가 인근 유사토지의 정상거래가격이 아닌 이상 그 가격에서 개발이익과 그 동안의 지가변동률을 공제하고 지역요인과 개별요인의 비교치를 산출·적용하여 산정하였다고 하여도 객관적이고도 적정한 가격평정이 담보된다고 할 수 없으므로 이를 근거로 하여 인근 유사토지의 정상거래가격을 산정하는 것은 적절하지 아니하다(대판 1991.9.24, 91누2038).

Ⅳ 자연적 지가 증가분

공시지가에 공익사업의 시행으로 인한 개발이익이 포함되어 있을 경우 그 공시지가에서 그러한 개발이익을 배제한 다음 이를 기준으로 하여 손실보상액을 평가하며, 자연적 지가상승분을 반영하지 못한 경우에는 자연적 지가상승률을 산출하여 이를 기타요인으로 참작하여 손실보상액을 평가하는 것이 정당보상의 원리에 합당하다(대판 1993.7.27, 92누11084).

Ⅴ 온천의 개발가능성

보상 대상의 토지가 온천개발자의 비용과 노력으로 개발을 한 끝에 온천발견신고를 하고 온천으로 적합하다는 한국자원연구소의 중간보고까지 제출된 경우는, 해당 토지에 온천이 있다는 것이 어느 정도 확인된 셈이어서 지가형성에 영향을 미치는 객관적 요인이 생겼다고 보는 것이 타당하다. 그러므로 이러한 토지를 평가할 때 장래 온천으로 개발될 가능성 자체를 그 밖의 요인으로 보정하거나 지역요인 및 개별요인 분석에서 해당 토지의 장래동향 등을 그 밖의 요인으로 참작하는 등 어떠한 형태로든 이를 반영하여야 한다(대판 2000.10.6, 98두19414).

손실보상의 요건 및 기준

◢ 사례 9

갑은 뱀장어양식업을 경영할 목적으로 교통이 편리하고 양질의 물 공급이 원활한 토지를 물색하던 중 토지의 한쪽은 도시순환 도로(지방도)에 접하고 다른 한쪽은 A광역시를 병풍처럼 감싸고 있는 큰 산을 끼고 흐르는 지방 1급 하천의 제방에 접한 제방 외부의 사유지 한 필지를 매입하였다. 갑은 이 토지에 양어장을 조성한 다음 A광역시 시장인 을로부터 이 하천의 유수사용 허가를 받아 본격적인 뱀장어양식업을 시작하였다. 그런데, 2005년 여름 태풍 나비의 영향으로 갑의 양어장 일대에 갑작스런 게릴라성 폭우로 인해 주변 산지로부터 계곡의 물과 토사가 일시에 하천으로 유입되어 양어장에 접한 그 부근의 S자형 제방이 전부 유실되면서 갑의 양어장에 이르기까지 유수와 토사가 밀려들고, 그 일대의 자연취락은 완전히 수몰되는 피해가 발생하였다. 이렇게 되자 을시장은 긴급 수해복구공사에 착수하였으나, 복구공사는 주로 수해 취락지역에 한정하고 갑의 양어장을 비롯하여 그 주변의 유실된 제방에 대해서는 추후 예상되는 홍수 발생 시에 제방을 복구하는 것보다는 제방이 유실된 상태로 하천유수가 흐르는 노천인 상태가 좋다는 판단에서 의도적으로 복구하지 않고 방치하였다. 그로 인해 갑의 양어장 토지 중 절반부분은 현재 지속적으로 하천의 물이 흐르고 있으며, 지목 또한 지적법상 "양어장"에서 "하천"으로 변경되었다.

이에 갑은 여러 차례 위 하천 관리청인 을에게 무상으로 자신의 양어장 토지에 하천 물이 흐르도록 방치하는 것은 재산권 침해에 해당한다고 주장하며 보상을 요구하였으나, 을시장은 갑의 양어장 건너편에 접한 기존 도시순환도로에 대해 상시적인 교통체증현상을 해소할 목적으로 이 도로의 폭을 넓히기 위해 갑의 양어장 나머지 부분 전체를 도로법상 도로구역으로 결정·고시한 다음, 곧바로 "공익사업을 위한 토지 등의 취득 및 보상에 관한 법률(이하 '토지보상법')"에 따라 토지·물건조서를 작성한 다음 협의매수절차에 들어갔으나, 갑이 이에 응하지 않아 결국 중앙토지수용위원회의 수용재결이 이루어졌다. 갑은 이 수용재결 그 자체에는 불만이 없으나, 보상재결(보상액을 결정한 부분)에 불만을 가지고 토지보상법 제85조 제2항에 의거하여 사업시행자를 상대로 다투고자 한다.

(1) 위 사안에서 갑이 자신의 양어장 토지 절반에 하천 물이 흐르는 것에 대해 정식으로 을시장과 손실보상을 협의하였으나, 협의가 성립되지 않아 소송을 통하여 손실보상을 청구할 경우에 이 소송의 형식은? 15점

(2) 위 사안에서 을시장의 도로확대와 관련하여 갑이 보상금증가를 목적으로 토지보상법 제85조 제2항에 의거하여 소송을 제기한다면, 그 소송의 법적 성질과 소송의 대상은? 15점

Ⅰ [설문 1] 손실보상청구 소송의 형식

1. 문제점

재산권에 대한 공용침해가 있는 경우 손실보상을 하여야 한다(헌법 제23조 제3항). 사안에서 갑이 협의의 불성립으로 인해 손실보상을 청구하는 경우 민사소송으로 소를 제기해야 할지 행정소송으로 제기해야 할지가 문제된다.

이는 손실보상청구권의 법적 성질이 공권인지 사권인지에 관한 문제이다.

2. 손실보상의 의의

손실보상이란 공공필요에 의한 적법한 공권력의 행사로 가하여진 개인의 특별한 재산권침해에 대하여, 행정주체가 사유재산권 보장과 평등부담의 원칙 및 생존권 보장차원에서 행하는 조절적인 재산적 전보를 말한다.

3. 손실보상청구권의 성질

(1) 학설

1) 사권설

사권설은 손실보상청구권의 원인인 공용침해행위는 공법적인 것이지만, 손실보상청구권 자체는 이와 별개의 권리이며 기본적으로 사법상의 금전지급청구권과 다르지 않다고 본다.

2) 공권설

공권설은 손실보상청구권은 공권력의 행사인 공용침해라는 원인으로 발생한 공법적 효과이므로 공권으로 보아야 하며, 그 소송형식은 당사자소송이라고 본다.

(2) 판례

1) 최근 하천법상 손실보상청구권과 관련하여 행정상 당사자소송의 대상이 된다고 본 바 있다.

2) 세입자의 주거이전비는 ① 사업추진을 원활하게 하려는 정책적 목적과 ② 사회보장적인 차원에서 지급되는 금원의 성격을 가지므로 세입자의 주거이전비 보상청구권은 〈공법상 권리〉이고, 공법상 법률관계를 대상으로 하는 행정소송에 의해 다투어야 한다고 판시한 바 있다.

(3) 검토

손실보상청구권은 공권력의 행사로 인하여 발생한 권리이므로 공권으로 보아야 하며, 공법적 판단이 전제된다는 점에서 행정법원이 관할을 가지고 심리·판단하는 것이 일관성이 있다. 개정안에서도 손실보상에 관한 소송을 당사자소송으로 하도록 규정하고 있는 점에 비추어 공권으로 봄이 타당하다.

4. 사안의 해결

갑이 소송을 통하여 손실보상을 청구하는 경우, 손실보상청구권이 공권이라는 점을 고려할 때 공법상 당사자소송을 제기할 수 있다.

Ⅱ [설문 2] 보상금증감청구소송의 법적 성질 및 소송의 대상

1. 문제점

토지수용위원회의 재결은 수용재결과 보상재결로 나누어 볼 수 있다. 수용 자체에 불만이 없고 보상금액의 다과에만 불만이 있을 경우 토지소유자는 사업시행자를 피고로 하여 보상금의 증감에 관한 소송을 제기할 수 있다(토지보상법 제85조 제2항). 이러한 소송의 법적 성질과 소송의 대상을 검토한다.

2. 법적 성질

(1) 형식적 당사자소송인지 여부

형식적 당사자소송이란 해당 처분 또는 재결의 효력을 다툼이 없이 직접 그 처분·재결에 의하여 형성된 법률관계에 대하여 그 일방 당사자를 피고로 하여 제기하는 소송이다.

종래에는 피고로 재결청을 포함하여 논란이 있었으나, 현행 토지보상법은 토지수용위원회를 피고에서 제외하도록 규정하여 사업시행자와 토지소유자 사이의 전형적인 형식적 당사자소송으로 규정하고 있다.

(2) 형성소송인지, 확인소송인지 여부

1) 학설

① 법원이 재결을 취소하고 보상금을 결정하는 〈형성소송설〉, ② 법원이 정당보상액을 확인하고 금전지급을 명하거나 과부된 부분을 되돌려 줄 것을 명하는 〈확인·급부소송설〉의 견해가 대립된다.

2) 판례

〈판례〉는 해당 소송을 이의재결에서 정한 보상금이 증액, 변경될 것을 전제로 하여 기업자를 상대로 보상금의 지급을 구하는 확인·급부소송으로 보고 있다.

3) 검토

형성소송설은 권력분립에 반할 수 있으며 일회적인 권리구제에 비추어 확인·급부소송설이 타당하다.

3. 소송의 대상

(1) 보상금증감청구소송의 인정범위

보상금증감청구소송을 통해 손실보상금액의 증감, 금전보상·채권보상 등 손실보상의 방법, 보상항목의 인정(대판 1999.10.12, 99두7517), 이전이 곤란한 물건의 수용보상, 보상면적 등을 다툴 수 있다.

(2) 보상금증감청구소송의 대상

원처분인 수용재결이 소송의 대상이 된다고 보는 견해도 있으나, 보상금증감청구소송이 확인·급부소송의 성질을 지닌다는 점을 고려하면 보상금에 관한 법률관계가 다툼의 대상이 되는 것으로 보아야 할 것이다.

4. 사안의 해결

갑이 제기한 보상금증감청구소송에서의 당사자는 사업시행자인 A광역시와 토지소유자인 갑이며 그 성질은 확인 및 보상금지급을 청구하는 확인·급부소송이다.

보상금증감청구소송의 대상은 보상금에 관한 법률관계이며, 보상금액 외에도 보상방법, 보상면적 등을 다툴 수 있다.

✎ 대판 2006.5.18, 2004다6207 숲숲

1. 하천법 등에서 하천구역으로 편입된 토지에 대하여 손실보상청구권을 규정한 것은 헌법 제23조 제3항이 선언하고 있는 손실보상청구권을 구체화한 것으로서, 하천법 그 자체에 의하여 직접 사유지를 국유로 하는 이른바 입법적 수용이라는 국가의 공권력 행사로 인한 토지소유자의 손실을 보상하기 위한 것으로 그 법적 성질은 공법상의 권리이므로, 구 하천법(1984.12.31. 법률 제3782호로 개정된 것, 이하 '개정 하천법'이라 한다) 부칙 제2조 또는 '법률 제3782호 하천법 중 개정법률 부칙 제2조의 규정에 의한 보상청구권의 소멸시효가 만료된 하천구역 편입토지 보상에 관한 특별조치법'(이하 '특별조치법'이라 한다) 제2조에 의한 손실보상의 경우에도 이를 둘러싼 쟁송은 공법상의 법률관계를 대상으로 하는 행정소송절차에 의하여야 할 것이다.

2. 〈해설〉 이 판례는 하천법상의 손실보상청구에 한정된 판례가 아니라 일반적으로 손실보상청구권을 사권으로 보고 손실보상청구소송을 민사소송으로 본 종전의 판례를 변경하여 손실보상청구권을 공권으로 보고, 따라서 손실보상청구소송은 항상 공법상 당사자소송으로 제기하여야 한다고 한 판례이다.

✱ 당사자소송

행정소송의 한 유형으로 행정청의 처분 등을 원인으로 하는 법률관계에 관한 소송 또는 그 밖의 공법상 법률관계에 관한 소송으로서 그 법률관계의 한쪽 당사자를 피고로 하는 소송

항고소송이 행정청의 유권적 행정행위가 있은 뒤에 그 행위의 위법을 다투는 복심적(覆審的) 성질을 가지는 데 대하여, 당사자소송은 아직 유권적 결정이 없는 공법상의 권리관계 또는 법률관계를 다투는 시심적(始審的) 성질을 가지며 민사소송과 그 본질을 같이 한다. 다만 민사소송이 사법상의 권리관계를 대상으로 하는 점에서 다르다. 그러나 실제에 있어서는 일반적으로 공법상의 권리관계에 대한 분쟁도 항고소송으로 해결되거나 민사소송으로 해결되는 경우가 대부분이어서 실무상 당사자소송의 예는 별로 많지 않다.

당사자소송은 실질적 당사자소송과 형식적 당사자소송으로 나누어진다. 실질적 당사자소송은 공법상의 법률관계 그 자체를 대상으로 하는 것을 말하는데 그 소송형태는 민사소송에 아주 가까우며, 국공립학교 학생 지위의 존부확인이나 공무원 지위의 존부확인을 구하는 소송, 공무원의 급여·연금 등 공법상 금전지급을 구하는 소송 등이 그 예이다. 한편 형식적 당사자소송이란 공법상의 권리관계에 관한 분쟁이 있는 경우에 행정청의 재결을 기다려서 그 재결 등을 다투는 경우와 같이, 행정청의 권한행사를 소송대상으로 하면서도 그 소송형태에서는 그 분쟁의 실체가 당사자 간의 재산에 관한 것이어서 행정청을 피고로 하지 않고 그 법률관계의 당사자 일방을 피고로 하는 경우를 말하는데, 실질적으로는 항고소송과 하등 다를 바가 없다. 행정소송법은 당사자소송에 관하여 피고적격, 재판관할, 제소기간과 소의 변경 등을 규정하고 있으나 행정소송법은 항고소송을 중심으로 규정되어 있기 때문에 대부분의 경우에는 항고소송에 관한 규정을 준용하도록 하고 있다 (제39조~제44조).

사례 10

손실보상이란 공공필요에 의한 적법한 공권력의 행사로 가하여진 개인의 특별한 재산권침해에 대하여, 행정주체가 사유재산권 보장과 평등부담의 원칙 및 생존권 보장차원에서 행하는 조절적인 재산적 전보를 말한다. 이와 관련하여 각 물음에 답하시오. 40점

(1) 손실보상의 근거 및 손실보상청구권의 법적 성질을 설명하시오. 10점

(2) 손실보상청구권의 요건을 설명하시오. 30점

Ⅰ 서설
Ⅱ (설문 1) 손실보상의 근거 및 손실보상청구권의
　　법적 성질
　1. 손실보상의 근거
　　(1) 이론적 근거
　　(2) 법적 근거
　2. 손실보상청구권의 법적 성질
　　(1) 학설
　　(2) 판례
　　(3) 검토
Ⅲ (설문 2) 손실보상청구권의 요건
　1. 개설
　2. 공공필요

3. 재산권에 대한 공권적 침해
4. 침해의 적법성 및 법적 근거
5. 특별한 희생
　(1) 의의 및 사회적 제약과의 구별실익
　(2) 학설
　(3) 판례
　(4) 검토
6. 보상규정의 존재
　(1) 문제점
　(2) 학설
　(3) 판례
　(4) 검토
　(5) 첨어(헌법재판소 결정과 비판)
Ⅳ 결어

Ⅰ 서설

손실보상이란 공공필요에 의한 적법한 공권력의 행사로 가하여진 개인의 특별한 재산권침해에 대하여, 행정주체가 사유재산권 보장과 평등부담의 원칙 및 생존권 보장차원에서 행하는 조절적인 재산적 전보를 말한다. 이는 재산권 보장에 대한 예외적인 조치이므로 이에 대한 검토는 국민의 권리보호와 관련하여 중대한 위치를 차지한다. 이하에서 각 물음에 답하고자 한다.

Ⅱ [설문 1] 손실보상의 근거 및 손실보상청구권의 법적 성질

1. 손실보상의 근거

(1) 이론적 근거

① 기득권설, ② 은혜설, ③ 특별한 희생설, ④ 생존권보장설의 견해가 있다. 기득권설과 은혜설은 연역적으로 의미만 있으므로 공평부담의 견지에서 특별한 희생을 보상하는 것이 일반적 견해이다.

(2) 법적 근거

① 헌법 제23조 제3항에서는 '정당한 보상'을 하여야 한다고 규정하고 있다. ② 또한 공익사업에 필요한 토지의 수용·사용에 따른 손실보상에 관해서는 '공익사업을 위한 토지 등의 취득 및 보상에 관한 법률'이 일반법적 기능을 하고 있다. 이외에도 각 개별법에서 손실보상을 규정하고 있는 경우를 법적 근거로 들 수 있다.

2. 손실보상청구권의 법적 성질

(1) 학설

① 공권설은 공권력 행사의 원인을 이유로 공권으로 보며, ② 사권설은 채권, 채무관계를 근거로 사권으로 본다.

(2) 판례

1) 판례는 사권으로 보나 최근 하천법상 손실보상청구권과 관련하여 행정상 당사자소송의 대상이 된다고 본 바 있다.

2) 세입자의 주거이전비는 ① 사업추진을 원활하게 하려는 정책적 목적과 ② 사회보장적인 차원에서 지급되는 금원의 성격을 가지므로 세입자의 주거이전비 보상청구권은 〈공법상 권리〉이고, 공법상 법률관계를 대상으로 하는 행정소송에 의해 다투어야 한다고 판시한 바 있다.

(3) 검토

손실보상은 공법상 원인을 이유로 이루어지고, 개정안에서는 손실보상에 관한 소송을 당사자소송으로 하도록 규정하고 있는 점에 비추어 공권으로 봄이 타당하다.

Ⅲ [설문 2] 손실보상청구권의 요건

1. 개설

행정상 손실보상의 요건은 공공필요를 위한 타인의 재산권에 대한 적법한 공권적 침해로 인하여 사유재산에 가하여진 특별한 희생이다. 특히 특별한 희생의 판단과 보상규정이 없는 경우가 문제된다.

2. 공공필요

재산권에 대한 공권적 침해는 공공필요에 의해서 행해질 수 있는바 공공필요는 공용침해 및 손실보상의 실질적 허용요건이자 본질적 제약요소가 된다. 공공필요는 대표적 불확정개념으로 시대적 상황과 국가정책적 목적에 따라 가변적이다. 최근 공공성개념의 확대로 사인을 위한 수용(사용수용)이 인정됨에 따라 공공필요는 상당히 넓은 개념이 되고 있다. 오늘날 공공필요는 국가안전보장, 질서유지, 공공복리와 함께 국가 또는 지역경제상의 이익도 포함하는 것으로 볼 수 있다.

3. 재산권에 대한 공권적 침해

① 재산권이란 재산적 가치 있는 모든 공권·사권을 말하며, 물권·채권 그리고 특별법상의 권리를 포함한다. 따라서 영업기회나 이득가능성은 이에 포함되지 않는다. ② 공권적 침해란 공권력 주체에 의해 지향되거나 최소한 침해의 직접적 원인이 되어야 함을 뜻한다.

4. 침해의 적법성 및 법적 근거

공공의 필요만으로 수용이 가능한 것은 아니며 법률의 근거가 있어야 한다. 토지보상법 제4조는 토지를 수용 또는 사용할 수 있는 사업을 열거하고 있다. 기타 개별법률(국토의 계획 및 이용에 관한 법률, 도시 및 주거환경정비법)에 수용 또는 사용의 근거가 두어지고 있다.

5. 특별한 희생

(1) 의의 및 사회적 제약과의 구별실익

특별한 희생이란, 타인과 비교하여 불균형하게 과하여진 권익의 박탈, 즉 사회적 제약을 넘어서는 손실을 의미한다. 재산권 행사의 공공복리 적합의무로서 사회적 제약은 보상의 대상이 되지 아니하는 데 구별의 실익이 있다.

(2) 학설

① '침해행위의 인적 범위를 특정할 수 있는지' 형식적으로 판단하는 형식설과 ② 침해행위의 성질과 강도를 기준으로 판단하는 실질설이 있다.

(3) 판례

① 〈대법원〉은 개발제한구역지정은 공공복리에 적합한 합리적인 제한이라고 판시한 바 있다. ② 〈헌법재판소〉는 종래 목적으로 사용할 수 없거나, 실질적으로 토지의 사용, 수익이 제한된 경우는 특별한 희생에 해당하는 것으로 본다.

(4) 검토

특별한 희생의 해당여부가 보상대상의 판단과 관련하여 중요한 위치를 차지하고 있다. 따라서 형식설과 실질설은 일면 타당하므로 양자를 모두 고려하여 특별한 희생을 판단함이 타당하다.

6. 보상규정의 존재

(1) 문제점

보상규정이 존재하면 해당 규정에 따라 보상하면 되지만 특별한 희생에 해당함에도 보상규정이 없는 경우가 헌법 제23조 제3항의 해석과 관련하여 문제된다.

(2) 학설

1) 방침규정설

헌법상 손실보상에 관한 규정은 입법의 방침을 정한 것에 불과한 프로그램규정이다. 따라서 이 견해는 손실보상에 관한 구체적인 사항이 법률로써 정해져야만 사인은 손실보상청구권을 갖게 된다는 견해이다.

2) 직접효력규정설(직접효력설)

개인의 손실보상청구권은 헌법규정으로부터 직접 나온다. 즉 헌법 제23조 제3항을 국민에 대해 직접적인 효력이 있는 규정으로 보는 견해이다.

3) 위헌무효설

손실보상청구권은 헌법이 아니라 법률에서 근거되는 것이라는 전제하에 만약 보상규정 없는 수용법률에 의거하여 수용이 행해진다면 그 법률은 위헌무효의 법률이고, 따라서 수용은 위법한 작용이 되는 바, 사인은 손해배상청구권을 갖는다는 견해이다.

4) 간접효력규정설(유추적용설)

공용침해에 따르는 보상규정이 없는 경우에는 헌법 제23조 제1항(재산권 보장) 및 제11조(평등원칙)에 근거하고, 헌법 제23조 제3항 및 관계규정의 유추해석을 통하여 보상을 청구할 수 있다는 견해이다.

5) 보상입법부작위위헌설

공공필요를 위하여 공용제한을 규정하면서 손실보상규정을 두지 않은 경우 그 공용제한 규정 자체는 헌법에 위반되는 것은 아니고, 손실보상규정을 두지 않은 입법부작위가 위헌이라고 보는 견해이다.

(3) 판례

대법원은 시대적 상황에 따라 직접효력설, 유추적용설 등 태도를 달리하고, 헌법재판소는 보상입법의무의 부과를 통해 해결한다.

(4) 검토

손실보상의 문제는 원칙적으로 입법적으로 해결해야 하나 입법자의 헌법적 의무가 해태되거나 국가배상법의 과실요건이 완화되기 전까지는 관련규정을 유추적용하여 해결함이 타당하다. 또한 특별한 희생에 해당한다면 공평부담의 견지에서 보상해주는 것이 손실보상의 취지에 부합하므로 관련규정 등을 유추적용함이 타당하다.

(5) 첨어(헌법재판소 결정과 비판)

헌법재판소는 헌법불합치결정을 하여 권력분립에 의해 입법권자의 입법형성의무를 강조하여 보상입법을 통한 해결책을 제시하였고 헌법규정을 근거로 손실보상을 청구하거나 구역지정 자체를 다툴 수 없도록 하였다. 이에 대해 헌법재판소의 분리이론 채택과 관련하여 ① 권리구제의 불확실성 증대, ② 규범구조 상이에 대한 분리이론 비판, ③ 매수청구제도의 현실적 실행 미비점 등을 비판한다.

Ⅳ 결어

손실보상은 타인과 비교하여 불균형하게 과하여진 권익의 박탈, 즉 특별한 희생에 대한 가치보상이며 헌법 제23조 제3항에 근거규정을 두고 있다. 손실보상은 공평부담의 견지에서 행정청이 전보하는 것이므로 이에 대한 요건은 엄격히 해석되어야 한다. 특히 공용제한과 관련하여 보상규정이 없는 경우가 문제되는데, 이에 대한 입법적인 해결이 있기 전에는 관련규정을 유추적용하여 사각지대에 있는 국민의 권익을 보장하는 것이 손실보상의 취지에 부합한다고 판단된다.

 사례 11

2020년 개별공시지가의 결정을 위해 Y구 소속 공무원 丁은 개별공시지가의 산정을 위해 甲의 토지를 출입하였고, 적법절차를 준수하여 출입할 날의 3일 전에 甲에게 일시와 장소를 통지하였다. 그러나 丁은 甲의 토지에 출입하여 측량 또는 조사를 하면서 甲에게 재산상 피해를 발생시켰다. 「부동산 가격공시에 관한 법률」에는 이에 대한 손실보상을 규정하거나 준용규정을 두고 있지 않다. 이 경우 甲이 손실보상을 청구할 수 있는지를 검토하시오. 15점   ▶입법고시

**관련
규정**

[부동산 가격공시에 관한 법률]
제13조 (타인토지에의 출입 등)
① 관계 공무원 또는 부동산가격공시업무를 의뢰받은 자(이하 "관계공무원 등"이라 한다)는 제3조 제4항에 따른 표준지가격의 조사·평가 또는 제10조 제4항에 따른 토지가격의 산정을 위하여 필요한 때에는 타인의 토지에 출입할 수 있다.
② 관계공무원 등이 제1항에 따라 택지 또는 담장이나 울타리로 둘러싸인 타인의 토지에 출입하고자 할 때에는 시장·군수 또는 구청장의 허가(부동산가격공시업무를 의뢰 받은 자에 한정한다)를 받아 출입할 날의 3일 전에 그 점유자에게 일시와 장소를 통지하여야 한다. 다만, 점유자를 알 수 없거나 부득이한 사유가 있는 경우에는 그러하지 아니하다.
③ 일출 전·일몰 후에는 그 토지의 점유자의 승인 없이 택지 또는 담장이나 울타리로 둘러싸인 타인의 토지에 출입할 수 없다.
④ 제2항에 따라 출입을 하고자 하는 자는 그 권한을 표시하는 증표와 허가증을 지니고 이를 관계인에게 내보여야 한다.
⑤ 제4항에 따른 증표와 허가증에 필요한 사항은 국토교통부령으로 정한다.

Ⅰ 쟁점의 정리
Ⅱ 특별한 희생
　1. 의의 및 사회적 제약과의 구별실익
　2. 학설
　3. 판례
　4. 검토

Ⅲ 보상규정의 존재
　1. 문제점
　2. 학설
　3. 판례
　4. 검토
Ⅳ 사안의 해결

Ⅰ 쟁점의 정리

손실보상이란 공공필요에 의한 적법한 공권력의 행사로 가하여진 개인의 특별한 재산권침해에 대하여, 행정주체가 사유재산권 보장과 평등부담의 원칙 및 생존권 보장차원에서 행하는 조절적인 재산적 전보를 말한다. 손실보상의 요건으로는 공공필요, 재산권에 대한 공권적 침해, 침해의 적법성 및 법적 근거, 특별한 희생 및 보상규정이 있다. 설문은 특별한 희생과 보상규정이 문제된다.

Ⅱ 특별한 희생

1. 의의 및 사회적 제약과의 구별실익

특별한 희생이란, 타인과 비교하여 불균형하게 과하여진 권익의 박탈, 즉 사회적 제약을 넘어서는 손실을 의미한다. 재산권 행사의 공공복리 적합의무로서 사회적 제약은 보상의 대상이 되지 아니하는 데 구별의 실익이 있다.

2. 학설

'침해행위의 인적범위를 특정할 수 있는지'를 형식적으로 판단하는 형식설과, 침해행위의 성질과 강도를 기준으로 판단하는 실질설이 있다.

3. 판례

대법원은 개발제한구역지정은 공공복리에 적합한 합리적인 제한이라고 판시한 바 있으며, 헌법재판소는 종래 목적으로 사용할 수 없거나, 실질적으로 토지의 사용, 수익이 제한된 경우는 특별한 희생에 해당하는 것으로 본다.

4. 검토

형식설과 실질설은 일면 타당성이 인정되므로 양자를 모두 고려하여 특별한 희생을 판단함이 타당하다.

Ⅲ 보상규정의 존재

1. 문제점

보상규정이 존재하면 해당 규정에 따라 보상하면 되지만 특별한 희생에 해당함에도 보상규정이 없는 경우가 헌법 제23조 제3항의 해석과 관련하여 문제된다.

2. 학설

① 명문규정이 없으면 보상이 안 된다는 방침규정설, ② 헌법 제23조 제3항은 불가분 조항이므로 보상규정이 없으면 이에 반하는 위법한 수용인 바 손해배상을 청구해야 한다는 위헌무효설, ③ 헌법

제23조 제3항을 직접근거로 손실보상청구가 가능하다는 직접효력설, ④ 헌법 제23조 제1항 및 헌법 제11조에 근거하고 헌법 제23조 제3항 및 관계규정을 유추적용할 수 있다는 간접효력설이 있다.

3. 판례

대법원은 시대적 상황에 따라 직접효력설, 유추적용설 등 태도를 달리하고, 헌법재판소는 보상입법 의무의 부과를 통해 해결해야 한다고 판시한 바 있다.

4. 검토

손실보상의 문제는 원칙적으로 입법적으로 해결해야 하나 입법자의 헌법적 의무가 해태되거나 국가배상법의 과실요건이 완화되기 전까지는 관련규정을 유추적용하여 해결함이 타당하다. 또한 특별한 희생에 해당한다면 공평부담의 견지에서 보상해주는 것이 손실보상의 취지에 부합하므로 관련규정 등을 유추적용함이 타당하다.

Ⅳ 사안의 해결

설문에서 丁은 甲의 토지에 출입하여 측량 또는 조사를 하면서 甲에게 재산상 피해를 발생시켰으며, 이러한 피해가 특별한 희생에 해당한다면 손실보상을 해주어야 한다. 부동산공시법 제13조에는 이에 대한 보상규정이 없으므로 보상과 관련된 제 규정들을 유추적용하여 보상함이 타당하므로 甲은 자신의 특별한 희생을 보상해 줄 것을 청구할 수 있다.

사례 12

갑은 약 30년 이전에 자신의 조부 때부터 정치망어업을 통해 포획한 활어 및 하천하구를 비롯하여 그 일대의 갯벌 등에서 채취한 작은 어류 등을 장기간 보관·판매할 목적으로 약 1ha 규모의 토지에 축조한 축양장 시설을, 그 지역 수산업협동조합으로부터 거금을 대출받아 자동적으로 바닷물의 유출입이 가능한 송배수관시설을 보완하는 등 완전히 첨단적·과학적인 양식시설로 개보수를 단행하였다. 이와 같은 시설정비에 기초하여 갑은 수산업법상 소정의 요건을 갖추어 A도 도지사 을로부터 5년을 기간으로 하는 "육상해수양식어업허가"를 발급받아, 현재 1회의 허가연장을 통하여 갑의 양식어업은 7년차에 들어가고 있으며, 사업은 순조롭다. 그런데, 문제는 갑의 양식어업 부근에 위치한 자연습지에 대해 최근 환경단체의 요구와 정부방침의 변화가 있어 습지보전법에 따라 을은 이 지역 습지에 대해 생물의 다양성이 풍부한 지역으로 판단하여 "습지보호지역"으로 지정하고, 습지로부터 불과 1km의 거리에 위치한 갑의 양식장에 이르기까지 "습지주변관리지역"으로 지정한 다음, 갑의 양식장은 이들 습지에 기생하는 수산자원의 보호를 위해 어업허가를 취소한다는 통지를 함으로써 갑은 더 이상 육상해수양식어업을 할 수 없게 되었다. 갑은 매우 난감해하면서 전문 변호사를 찾아가 권리구제방안을 상담할 예정이다(다만, 본 문제의 성립을 위해서 을의 취소에 대해 수산업법·습지보호법상에 손실보상규정이 없다고 상정한다). 20점

(1) 위 사안에서 을의 갑에 대한 육상해수양식어업허가의 취소가 행정상 손실보상의 요건으로서 "특별한 희생"에 해당한다고 볼 수 있는지? 10점

(2) 위 사안과 관련하여 앞 (1)이 인정된다면 갑이 손실보상을 청구할 수 있는 방안에 대한 법리는? 10점

(설문 1) 특별한 희생의 판단	(설문 2) 손실보상규정이 없는 경우의 손실보상청구
Ⅰ 쟁점의 정리	Ⅰ 쟁점의 정리
Ⅱ 경계이론과 분리이론	Ⅱ 보상규정이 없는 경우의 해결방안
Ⅲ 특별한 희생의 판단기준	1. 학설의 대립
1. 의의 및 사회적 제약과의 구별실익	2. 판례
2. 학설	3. 검토
3. 판례	Ⅲ 사안의 해결
4. 검토	
Ⅳ 사안의 해결	

⊕ (설문 1) 특별한 희생의 판단

Ⅰ 쟁점의 정리

육상해수양식어업허가는 재산권에 해당한다고 볼 수 있으므로, 공익의 필요를 위해 허가를 취소한 경우 손실보상의 요건으로서 특별한 희생에 해당하는지 문제된다. 헌법 제23조 해석에 관한 견해 대립 및 특별한 희생의 판단기준을 검토한다.

Ⅱ 경계이론과 분리이론

재산권의 내용과 한계는 입법자가 정한다는 분리이론과 침해의 정도에 따라 구분된다는 경계이론이 대립되나, 우리 헌법 제23조 제3항이 독일 헌법과 달리 재산권의 사용이나 제한에 대해서도 규정하고 있으므로 독일의 분리이론을 수용하기에는 무리가 있다. 따라서 이하에서는 경계이론의 입장에서 특별한 희생을 판단한다.

Ⅲ 특별한 희생의 판단기준

1. 의의 및 사회적 제약과의 구별실익

특별한 희생이란, 타인과 비교하여 불균형하게 과하여진 권익의 박탈, 즉 사회적 제약을 넘어서는 손실을 의미한다. 재산권 행사의 공공복리 적합의무로서 사회적 제약은 보상의 대상이 되지 아니하는 데 구별의 실익이 있다.

2. 학설

① '침해행위의 인적 범위를 특정할 수 있는지' 형식적으로 판단하는 형식설과 ② 침해행위의 성질과 강도를 기준으로 판단하는 실질설이 있다.

3. 판례

① 대법원은 개발제한구역지정은 공공복리에 적합한 합리적인 제한이라고 판시한 바 있다. ② 헌법재판소는 종래목적으로 사용할 수 없거나, 실질적으로 토지의 사용, 수익이 제한된 경우는 특별한 희생에 해당하는 것으로 본다.

4. 검토

형식설과 실질설은 일면 타당하므로 양자를 모두 고려하여 특별한 희생을 판단함이 타당하다.

Ⅳ 사안의 해결

습지보전법에 따라 갑의 양식장 일대가 습지주변관리지역으로 지정된 것이 허가취소의 원인이므로 습지주변관리지역이라는 한정된 범위 내에서 양식어업을 해오던 자들이 침해행위의 대상이라고 볼 수 있다. 또한 어업허가의 취소는 갑의 재산권을 종래의 목적대로 사용할 수 없게 할 뿐만 아니라 사적 효용의 본질적인 면을 침해하는 것이다. 또한 침해의 정도가 중대하고, 갑의 수인한도를 넘는다고 볼 수 있다. 따라서 특별한 희생에 해당한다고 볼 수 있다.

⊕ (설문 2) 손실보상규정이 없는 경우의 손실보상청구

Ⅰ 쟁점의 정리

보상규정이 존재하면 해당 규정에 따라 보상하면 되지만 특별한 희생에 해당함에도 보상규정이 없는 경우가 헌법 제23조 제3항의 해석과 관련하여 문제된다.

Ⅱ 보상규정이 없는 경우의 해결방안

1. 학설의 대립

① 명문규정이 없으면 안 된다는 방침규정설, ② 헌법 제23조 제3항은 불가분조항이므로 보상규정이 없으면 이에 반하는 위법한 수용인 바 손해배상을 청구해야 한다는 위헌무효설, ③ 헌법 제23조 제3항을 직접근거로 손실보상청구가 가능하다는 직접효력설, ④ 헌법 제23조 제1항 및 헌법 제11조에 근거하고 제23조 제3항 및 관계규정을 유추적용할 수 있다는 간접효력설이 있다.

2. 판례

대법원은 시대적 상황에 따라 직접효력설, 유추적용설 등 태도를 달리하고, 헌법재판소는 보상입법의무의 부과를 통해 해결한다.

3. 검토

손실보상의 문제는 원칙적으로 입법적으로 해결해야 하나 입법자의 헌법적 의무가 해태되거나 국가배상법의 과실요건이 완화되기 전까지는 관련규정을 유추적용하여 해결함이 타당하다.

Ⅲ 사안의 해결

수산업법 및 습지보호법을 헌법 제23조 제3항 위반으로 위헌 무효라고 볼 수는 없고, 또한 헌법 제23조 제3항에 직접 근거하여 손실보상을 청구할 수는 없지만, 갑은 헌법 제23조 제3항의 취지 및 관련규정을 유추하여 손실보상을 청구할 수 있다고 보아야 한다.

🔸 사례 13

토지보상법상 보상 대상에 대한 손실보상의 기준에 대해서 약술하시오. 15점

1. 토지

공시지가(매년 1월 1일을 기준으로 전국의 토지 중에서 표준지를 선정하여 가격을 결정·공시함)를 기준으로 감정평가사가 수용대상 토지의 개별적인 특성 등을 비교하여 평가한 가격으로 평가하되, 해당 공익사업으로 인하여 상승된 지가(개발이익이나 투기가격)는 보상금에서 제외된다.

2. 건물 기타 지장물

이전비(해체비용, 운반비용, 복원비용)를 보상하는 것이 원칙이며 만약 이전비가 취득가격을 초과하거나 이전이 불가능할 때에는 취득가격으로 보상한다.

3. 영업보상

공익사업의 시행으로 영업장소를 이전하거나 폐업하게 되어 영업상의 손실이 발생하는 경우에는 영업의 종류에 따라 휴업 또는 폐업보상을 하게 된다.

① 휴업보상의 경우에는 4개월의 범위 내에서 휴업기간 중의 영업이익을 보상하고, ② 폐업보상의 경우에는 2년간의 영업이익을 보상하게 된다.

폐업보상에 해당되는지의 여부는 소유자의 폐업의사에 따라 결정되는 것이 아니고 다른 장소에 이전하여서는 해당 영업을 할 수 없는 경우, 다른 장소에서는 해당 영업의 허가를 받을 수 없는 경우, 주민에게 혐오감을 주는 영업시설로서 다른 장소로 이전하는 것이 현저히 곤란하다고 시·군·구의 장이 인정되는지에 따라 결정된다.

4. 권리 및 기타보상

광업권 및 어업권에 대하여는 권리소멸에 따른 보상금을 광업법과 수산업법에서 정하는 기준에 따라 토지보상금과는 별도로 지급한다. 국유지나 공유지를 적법하게 개간하였을 때에는 개간비를 지불하고, 수확하기 전에 수용한 땅에 심은 농작물이 있을 경우 그 작물에 대하여도 보상금을 지급한다.

5. 사업구역 밖의 보상

공익사업용지로 포함되지는 아니하였으나 사업지구 인근의 농경지(계획적으로 조성한 유실수단지나 죽림단지 포함)가 사업시행으로 인하여 산지나 하천 등에 둘러싸여 출입할 수 없는 경우에 소유자가 청구하면 공익사업시행지구 안에 편입된 것으로 보아 보상할 수 있다.

6. 영농손실보상

사업지구 내에 편입된 농지에 대하여 도별 연간 농가평균 단위경작면적당 농작물총수입 직전 3년 간 평균의 2년분을 영농손실액으로 보상한다. 사업인정고시일 등 이후부터 농지로 이용되고 있는 토지, 일시적으로 농지로 이용되는 토지, 타인소유의 토지를 불법으로 점유하여 경작하고 있는 토지, 농민이 아닌 자가 경작하고 있는 토지, 토지의 취득에 대한 보상 이후에 사업시행자가 2년 이상 계속하여 경작하도록 허용하는 토지는 보상대상이 되지 아니한다.

농지의 소유자와 실제의 경작자가 다른 경우로서 농지의 소유자가 해당 지역에 거주하는 농민인 경우에는 서로 협의하는 바에 따라 지급하고(협의 불성립 시 각 50% 지급), 농지의 소유자가 해당 지역에 거주하는 농민이 아닌 경우에는 실제의 경작자에게 지급한다(실제의 경작자는 사업인정고시일, 보상계획공고일 당시의 적법한 경작자를 의미한다).

 **사례 14**

다음은 대법원 2018.12.27, 2014두11601 판결의 내용이다. 이를 읽고 물음에 답하시오. [20점]

> 원고는 1995.8.18. 포천시 영북면 대회산리 산51-2(이하 '이 사건 토지'라고 한다) 등에서 하천 공작물 설치공사허가를 받은 후, 공사 착공을 하여 1998.5.4. 이 사건 토지 소재 수력발전용 댐 구조물(이하 '이 사건 댐'이라고 한다)을 준공하였다. 원고는 그 무렵 포천시장으로부터 이 사건 토지 일대의 한탄강 하천수에 대한 사용허가(사용허가 만료시점은 2010.12.31.이다)를 받아 하천수를 사용하여 이 사건 댐을 가동하며 소수력발전사업을 영위하였다.
>
> 소수력발전 목적의 댐시설을 가동하기 위한 하천수 사용허가 기간은 현재 허가일로부터 5년으로 하고 있고, 하천수 부족, 기득 하천수 사용자 피해, 공익사업에 따른 변경 필요성 등의 특별한 사정이 없다면 그 기간이 연장되고 있다.
>
> 피고는 한탄강 홍수조절지 댐 건설사업 등(이하 '이 사건 사업'이라고 한다)의 시행자로서 2010.12.22. 을 수용개시일로 하여 댐 건설에 필요한 이 사건 토지 등을 수용하였는데, 지장물과 영업손실에 대한 보상은 하였으나, 원고의 하천수 사용권에 대하여는 별도로 보상금을 산정하여 지급하지 않았다. 원고는 그에 관한 재결신청이 기각되자 하천수 사용권에 대한 별도의 보상액을 산정하여 지급해 달라는 취지로 이 사건 소를 제기하였다.

(1) 하천수 사용권이 손실보상의 대상인지 논하시오. [10점]

(2) 하천수 사용에 대한 손실보상 산정 방법에 대한 규정이 없는 경우 어떠한 해결방법이 있는지 논하시오. [10점]

참고 조문

[댐건설·관리 및 주변지역지원 등에 관한 법률]

제15조(토지 등의 수용과 사용)

① 댐건설사업시행자는 댐의 건설에 필요한 토지, 건물, 그 밖에 토지에 정착한 물건과 이에 관한 소유권 외의 권리, 광업권, 어업권, 양식업권 및 물의 사용에 관한 권리(이하 "토지 등"이라 한다)를 수용하거나 사용할 수 있다.

③ 제1항에 따른 토지 등의 수용이나 사용에 관하여는 이 법에 특별한 규정이 있는 경우를 제외하고는 「공익사업을 위한 토지 등의 취득 및 보상에 관한 법률」을 준용한다.

[하천법]

제33조(하천의 점용허가 등)

① 하천구역 안에서 다음 각 호의 어느 하나에 해당하는 행위를 하려는 자는 대통령령으로 정하는 바에 따라 하천관리청의 허가를 받아야 한다. 허가받은 사항 중 대통령령으로 정하는 중요한 사항을 변경하려는 경우에도 또한 같다.

1. 토지의 점용
2. 하천시설의 점용
3. 공작물의 신축·개축·변경
4. 토지의 굴착·성토·절토, 그 밖의 토지의 형질변경
5. 토석·모래·자갈의 채취
6. 그 밖에 하천의 보전·관리에 장애가 될 수 있는 행위로서 대통령령으로 정하는 행위

제50조(하천수의 사용허가 등)

① 생활·공업·농업·환경개선·발전·주운(舟運) 등의 용도로 하천수를 사용하려는 자는 대통령령으로 정하는 바에 따라 환경부장관의 허가를 받아야 한다. 허가받은 사항 중 대통령령으로 정하는 중요한 사항을 변경하려는 경우에도 또한 같다.

③ 환경부장관은 다음 각 호의 어느 하나에 해당되는 경우에는 제1항에 따른 허가를 하지 아니하거나 취수량을 제한할 수 있다.

1. 하천수를 오염시키거나 유량감소를 유발하여 자연생태계를 해칠 우려가 있는 경우
2. 하천수의 적정관리 또는 도시·군관리계획, 그 밖에 공공사업에 지장을 주는 등 다른 공익을 해할 우려가 있는 경우
3. 하천수의 취수로 인근 지역의 시설물의 안전을 해칠 우려가 있는 경우
4. 그 밖에 하천수의 보전을 위하여 필요하다고 인정되는 경우로서 대통령령으로 정하는 경우

⑦ 시·도지사는 제1항에 따라 하천수 사용허가를 받은 자에게 사용료를 징수할 수 있다.

(설문 1)의 해결

Ⅰ 쟁점의 정리

Ⅱ 토지보상법상 손실보상의 대상
  1. **공용수용의 목적물**
  2. **토지보상법 제3조 규정상 목적물의 내용과**
     의미

Ⅲ 하천수 사용권이 손실보상의 대상인지 여부
  1. **하천수 사용권의 법적 성질**
  2. **하천수 사용권이 손실보상의 대상인지 여부**

Ⅳ 사안의 해결

(설문 2)의 해결

Ⅰ 쟁점의 정리

Ⅱ 손실보상 방법규정(공법규정)의 흠결과 보충
  1. **공법규정의 유추적용**
  2. **토지보상법상 관련규정의 유추적용 가능**
     규정
     (1) 관련규정의 검토
     (2) 보상방법의 유추적용

Ⅲ 사안의 해결

⊕ **(설문 1)의 해결**

Ⅰ 쟁점의 정리

토지보상법상 손실보상의 대상이 되기 위해서는 독립된 재산적 가치가 인정되어야 한다. 하천수 사용권이 보상대상이 되기 위한 독립된 재산권인지를 관련규정을 검토하여 판단한다.

Ⅱ 토지보상법상 손실보상의 대상

1. 공용수용의 목적물

수용의 목적물이란 수용의 객체로서 토지, 물건의 소유권 기타 권리를 말한다. 이는 ① 피수용자의 권리보호를 위해 확장되기도 하며, ② 수용제도의 본질, 목적물의 성질상 제한되기도 한다.

2. 토지보상법 제3조 규정상 목적물의 내용과 의미

토지보상법 제3조에서는 토지 및 물건에 대한 소유권 및 소유권외의 권리와 흙·돌·모래 또는 자갈에 관한 권리 및 광업권·어업권·양식업권 또는 물의 사용에 관한 권리를 보상대상으로 규정하고 있다.

상기 보상대상은 사법상 또는 공법상 독립된 재산적 가치가 인정되는 경우(사용권 및 수익권 등 경제적 가치)라고 할 것이며, 이는 헌법 제23조 제1항에서 규정하고 있는 재산권의 내용이라 할 것이다.

Ⅲ 하천수 사용권이 손실보상의 대상인지 여부

1. 하천수 사용권의 법적 성질

하천법 제33조 및 제50조에 의한 하천의 점용허가 및 하천수 사용권은 해당 하천을 점용하고 하천수를 이용할 수 있는 권리로서 특허에 의한 공물사용권이다. 또한, 하천수의 사용허가 시에 환경부장관은 공익상의 이유로 허가를 거부할 수 있는바 허가는 재량행위이다.

2. 하천수 사용권이 손실보상의 대상인지 여부

하천의 점용허가 및 하천수 사용권은 특정인에게 하천이용권이라는 독점적 권리를 설정하여 주는 처분에 해당하므로, 그러한 점용허가를 받은 자는 일반인에게는 허용되지 않는 특별한 공물사용권을 설정받아 일정기간 이를 배타적으로 사용할 수 있다. 이는 특허에 의한 공물사용권의 일종으로서 하천의 관리주체에 대하여 일정한 특별사용을 청구할 수 있는 권리에 해당하고, 독립된 재산적 가치가 있다(대결 2014.10.10, 2014마1404 참조).

Ⅳ 사안의 해결

물을 사용하여 사업을 영위하는 지위가 독립하여 재산권, 즉 처분권을 내포하는 재산적 가치 있는 구체적인 권리로 평가될 수 있는 경우에는 댐건설법 제11조 제1항, 제3항 및 토지보상법 제76조 제1항에 따라 손실보상의 대상이 되는 '물의 사용에 관한 권리'에 해당한다고 볼 수 있다. 따라서 원고는 하천수 사용에 대한 손실보상을 주장할 수 있다.

⊕ (설문 2)의 해결

Ⅰ 쟁점의 정리

토지보상법 제76조 제1항은 광업권·어업권 및 '물의 사용에 관한 권리'에 대하여 보상하여야 한다고 규정하고 있는데, 그 위임을 받은 토지보상법 시행규칙은 제43조에서 광업권의 평가에 관하여, 제44조에서 어업권의 평가에 관하여 각 규정하고 있을 뿐이고, 토지보상법 및 그 시행령, 시행규칙에 '물의 사용에 관한 권리'의 평가에 관한 규정이 없다.

손실보상의 대상에 해당함에도 불구하고 토지보상법상 관련된 손실보상방법에 대한 규정이 없는 경우, 즉 적용할 법령이 없는 경우(법의 흠결)에 어떠한 해석에 의하여 권리보호를 해주어야 하는지를 논한다.

Ⅱ 손실보상 방법규정(공법규정)의 흠결과 보충

1. 공법규정의 유추적용

성문의 행정법 규정의 흠결이 있는 경우에는 우선 유사한 행정법 규정(공법규정)을 유추적용하여야 한다. 유추적용이라 함은 적용할 법령이 없는 경우에 유사한 법령규정을 적용하는 것을 말한다. 행정법 규정의 유추적용에 있어서는 헌법규정이 함께 고려될 수 있다.

2. 토지보상법상 관련규정의 유추적용 가능 규정

(1) 관련규정의 검토

토지보상법 시행규칙 제44조 어업권의 평가방법에 있어서 면허어업의 경우에는 어업면허를 받은 자는 어업권원부에 등록함으로써 어업권을 취득하는데 어업면허는 독점적·배타적으로 어업을 할 수 있는 권리를 설정하여 주는 특허로서의 성격을 가진다. 이는 물의 사용에 관한 권리와 유사한 재산적 가치로 볼 수 있다.

(2) 보상방법의 유추적용

면허어업의 손실액 산정 방법과 환원율 등에 비추어 볼 때, 원고의 하천수 사용권에 대한 '물의 사용에 관한 권리'로서의 정당한 보상금액은 토지보상법 시행규칙 제44조(어업권의 평가 등) 제1항이 준용하는 수산업법 시행령 [별표 4](어업보상에 대한 손실액의 산출방법·산출기준 등) 중 어업권이 취소되거나 어업면허의 유효기간 연장이 허가되지 않은 경우의 손실보상액 산정방법과 기준을 유추적용하여 산정함이 타당하다.

Ⅲ 사안의 해결

물건 또는 권리 등에 대한 손실보상액 산정의 기준이나 방법에 관하여 구체적으로 정하고 있는 법령의 규정이 없는 경우에는, 그 성질상 유사한 물건 또는 권리 등에 대한 관련 법령상의 손실보상액 산정의 기준이나 방법에 관한 규정을 유추적용할 수 있으므로, 어업권 평가방법 중 면허어업에 대한 보상방법을 유추적용할 수 있을 것이다.

✎ 대판 2018.12.27, 2014두11601

> [판시사항]
>
> [1] 물을 사용하여 사업을 영위하는 지위가 독립하여 재산권으로 평가될 수 있는 경우, 댐건설 및 주변지역지원 등에 관한 법률 제11조 제1항, 제3항 및 공익사업을 위한 토지 등의 취득 및 보상에 관한 법률 제76조 제1항에 따라 손실보상의 대상이 되는 '물의 사용에 관한 권리'에 해당하는지 여부(적극)
>
> [2] 하천법 제50조에 따른 하천수 사용권이 공익사업을 위한 토지 등의 취득 및 보상에 관한 법률 제76조 제1항에서 손실보상의 대상으로 규정하고 있는 '물의 사용에 관한 권리'에 해당하는지 여부(적극)
>
> [3] 물건 또는 권리 등에 대한 손실보상액 산정의 기준이나 방법에 관하여 구체적으로 정하고 있는 법령의 규정이 없는 경우, 그 성질상 유사한 물건 또는 권리 등에 대한 관련 법령상의 손실보상액 산정의 기준이나 방법에 관한 규정을 유추적용할 수 있는지 여부(적극)
>
> [4] 갑 주식회사가 한탄강 일대 토지에 수력발전용 댐을 건설하고 한탄강 하천수에 대한 사용허가를 받아 하천수를 이용하여 소수력발전사업을 영위하였는데, 한탄강 홍수조절지댐 건설사업 등의 시행자인 한국수자원공사가 댐 건설에 필요한 위 토지 등을 수용하면서 지장물과 영업손실에 대하여는 보상을 하고 갑 회사의 하천수 사용권에 대하여는 별도로 보상금을 지급하지 않자 갑 회사가 재결을 거쳐 하천수 사용권에 대한 별도의 보상금을 산정하여 지급해 달라는 취지로 보상금증액 소송을 제기한 사안에서, 갑 회사의 하천수 사용권에 대한 '물의 사용에 관한 권리'로서의 정당한 보상금액은 어업권이 취소되거나 어업면허의 유효기간 연장이 허가되지 않은 경우의 손실보상액 산정 방법과 기준을 유추적용하여 산정하는 것이 타당하다고 본 원심판단을 수긍한 사례

[판결요지]

[1] 댐건설 및 주변지역지원 등에 관한 법률(이하 '댐건설법'이라 한다) 제11조 제1항, 제3항, 공익
    사업을 위한 토지 등의 취득 및 보상에 관한 법률(이하 '토지보상법'이라 한다) 제1조, 제61조,
    제76조 제1항, 제77조 제1항의 내용을 종합해 볼 때, 물을 사용하여 사업을 영위하는 지위가
    독립하여 재산권, 즉 처분권을 내포하는 재산적 가치 있는 구체적인 권리로 평가될 수 있는 경
    우에는 댐건설법 제11조 제1항, 제3항 및 토지보상법 제76조 제1항에 따라 손실보상의 대상이
    되는 '물의 사용에 관한 권리'에 해당한다고 볼 수 있다.

[2] 하천법 제5조, 제33조 제1항, 제50조, 부칙(2007.4.6.) 제9조의 규정 내용과 구 하천법(1999.2.8.
    법률 제5893호로 전부 개정되기 전의 것) 제25조 제1항 제1호, 구 하천법(2007.4.6. 법률 제
    8338호로 전부 개정되기 전의 것) 제33조 제1항 제1호의 개정 경위 등에 비추어 볼 때, 하천법
    제50조에 의한 하천수 사용권(2007.4.6. 하천법 개정 이전에 종전의 규정에 따라 유수의 점용·
    사용을 위한 관리청의 허가를 받음으로써 2007.4.6. 개정 하천법 부칙 제9조에 따라 현행 하천법
    제50조에 의한 하천수 사용허가를 받은 것으로 보는 경우를 포함한다. 이하 같다)은 하천법 제33
    조에 의한 하천의 점용허가에 따라 해당 하천을 점용할 수 있는 권리와 마찬가지로 특허에 의한
    공물사용권의 일종으로서, 양도가 가능하고 이에 대한 민사집행법상의 집행 역시 가능한 독립된
    재산적 가치가 있는 구체적인 권리라고 보아야 한다. 따라서 하천법 제50조에 의한 하천수 사용권
    은 공익사업을 위한 토지 등의 취득 및 보상에 관한 법률 제76조 제1항이 손실보상의 대상으로
    규정하고 있는 '물의 사용에 관한 권리'에 해당한다.

[3] 물건 또는 권리 등에 대한 손실보상액 산정의 기준이나 방법에 관하여 구체적으로 정하고 있는
    법령의 규정이 없는 경우에는, 그 성질상 유사한 물건 또는 권리 등에 대한 관련 법령상의 손실
    보상액 산정의 기준이나 방법에 관한 규정을 유추적용할 수 있다.

[4] 갑 주식회사가 한탄강 일대 토지에 수력발전용 댐을 건설하고 한탄강 하천수에 대한 사용허가를
    받아 하천수를 이용하여 소수력발전사업을 영위하였는데, 한탄강 홍수조절지댐 건설사업 등의
    시행자인 한국수자원공사가 댐 건설에 필요한 위 토지 등을 수용하면서 지장물과 영업손실에
    대하여는 보상을 하고 갑 회사의 하천수 사용권에 대하여는 별도로 보상금을 지급하지 않자 갑
    회사가 재결을 거쳐 하천수 사용권에 대한 별도의 보상금을 산정하여 지급해 달라는 취지로 보상
    금증액 소송을 제기한 사안에서, 공익사업을 위한 토지 등의 취득 및 보상에 관한 법률(이하
    '토지보상법'이라 한다) 및 그 시행령, 시행규칙에 '물의 사용에 관한 권리'의 평가에 관한 규정이
    없고, 하천법 제50조에 의한 하천수 사용권과 면허어업의 성질상 유사성, 면허어업의 손실액
    산정 방법과 환원율 등에 비추어 볼 때, 갑 회사의 하천수 사용권에 대한 '물의 사용에 관한
    권리'로서의 정당한 보상금액은 토지보상법 시행규칙 제44조(어업권의 평가 등) 제1항이 준용하
    는 수산업법 시행령 제69조 [별표 4](어업보상에 대한 손실액의 산출방법·산출기준 등) 중 어업
    권이 취소되거나 어업면허의 유효기간 연장이 허가되지 않은 경우의 손실보상액 산정 방법과
    기준을 유추적용하여 산정하는 것이 타당하다고 본 원심판단을 수긍한 사례

사례 15

갑은 하천부지인 대상토지에 점용허가를 받아 비닐하우스 1개동, 관정 3개 등을 설치하고 수십 년 간 농사를 지어왔다. 청원군수는 2009.7.20. 공익사업의 시행과 관련하여 대상토지를 포함한 476 필지 위의 물건 등에 관한 보상계획을 공고하자, 갑은 같은 해 8.경부터 같은 해 11. 초경까지 대상 토지에 비닐하우스 23개동, 관정 123개 등을 새로 설치하였으며 공익사업에 대한 사업인정은 2010.1.12. 고시되었다. 이에 사업시행자는 해당 지장물 중 정상적인 기능을 갖춘 것은 45개에 불과하며, 보상계획공고의 시기 및 내용, 대상토지의 보상계획공고 이전의 이용실태, 갑의 비닐하우스 등의 규모 및 설치기간, 보상계획공고와 사업인정고시 사이의 시간적 간격 및 비닐하우스 등의 설치시기 등에 비추어 보면, 비닐하우스 등은 이 사건 공익사업의 시행 및 보상계획이 구체화된 상태에서 손실보상만을 목적으로 설치된 바, 손실보상의 대상이 아니라고 주장한다. 이에 갑은 설령 비닐하우스 등이 손실보상을 받기 위한 목적으로 설치되었다고 하더라도 사업인정고시 전에 설치된 이상 이를 손실보상의 대상이 되지 아니한다고 볼 수는 없다고 주장한다. 사업시행자는 손실보상을 해주어야 하는가? 30점

Ⅰ 쟁점의 정리 Ⅱ 갑이 설치한 비닐하우스 등이 토지보상법상 보상 대상인지 여부 　1. 손실보상의 의의 및 근거 　2. 손실보상청구권의 법적 성질 　3. 손실보상의 요건 　4. 사안의 경우(재산권 침해의 발생 여부 : 보상 대상 판단) 　　(1) 보상대상 판단기준 　　(2) 사안의 경우	Ⅲ 갑에게 특별한 희생이 발생하였는지 　1. 특별한 희생의 의의 및 사회적 제약과의 구별실익 　2. 특별한 희생의 판단기준 　　(1) 개설 　　(2) 학설 　　(3) 판례 　　(4) 검토 　3. 갑에게 특별한 희생이 발생하였는지 Ⅳ 사안의 해결

Ⅰ 쟁점의 정리

설문은 사업시행자가 갑에게 손실보상을 해주어야 하는지를 묻고 있다. 손실보상은 사인에게 발생한 특별한 희생을 공평부담의 견지에서 전보해주는 것이므로, 갑이 설치한 비닐하우스 등이 손실보상 대상으로서의 재산권에 해당되는지 여부와 특별한 희생에 해당하는지를 검토하여 설문을 해결한다.

Ⅱ 갑이 설치한 비닐하우스 등이 토지보상법상 보상대상인지 여부

1. 손실보상의 의의 및 근거

손실보상이란 공공필요에 의한 적법한 공권력의 행사로 가하여진 개인의 특별한 재산권 침해에 대하여, 행정주체가 사유재산권 보장과 평등부담의 원칙 및 생존권 보장차원에서 행하는 조절적인 재산적 전보를 말한다. 이론적 근거로는 특별한 희생설이 다수이며, 헌법 제23조 제3항 및 각 개별법상 규정을 법적 근거로 한다.

2. 손실보상청구권의 법적 성질

손실보상청구권의 법적 성질과 관련하여 ① 학설은 공권력 행사인 공용침해를 원인으로 하므로 공권으로 보아야 한다는 견해와 손실보상청구권은 기본적으로 금전청구권(채권·채무관계)이므로 사법상의 권리로 보는 견해가 있다. ② 판례는 '하천법상 손실보상청구권, 세입자의 주거이전비 및 토지보상법상 농업손실보상청구권은 적법한 공권력의 행사에 의한 재산상의 특별한 희생에 대하여 전체적인 공평부담의 견지에서 공익사업의 주체가 그 손해를 보상하여 주는 손실보상의 일종으로 공법상의 권리임이 분명하므로 그에 관한 쟁송은 민사소송이 아닌 행정소송절차에 의하여야 할 것'이라고 판시한 바 있다(대판 2011.10.13, 2009다43461).

3. 손실보상의 요건

손실보상은 재산권 보장에 대한 예외이므로, ① 공동체 구성원 전체의 이익인 공익의 필요를 요하며 재산적 가치 있는 공·사법적 권리에 대한 적법한 침해로서, ② 공권력 주체에 의해 지향되거나 최소한 침해의 직접적 원인이 되어야 하며 특별한 희생에 해당되고 보상규정이 존재해야 한다.

4. 사안의 경우(재산권 침해의 발생 여부 : 보상대상 판단)

(1) 보상대상 판단기준

토지보상법 제25조 제2항은 "사업인정고시가 된 후에 고시된 토지에 건축물의 건축·대수선, 공작물의 설치 또는 물건의 부가·증치를 하려는 자는 특별자치도지사, 시장·군수 또는 구청장의 허가를 받아야 한다"고 규정하고 있으며, 같은 조 제3항은 "허가 없이 건축물의 건축·대수선, 공작물의 설치 또는 물건의 부가·증치를 한 토지소유자 또는 관계인은 해당 건축물·공작물 또는 물건을 원상으로 회복하여야 하며 이에 관한 손실의 보상을 청구할 수 없다."고 규정하고 있으므로, 사업인정고시 전에 공익사업시행지구 내 토지에 설치한 공작물 등 지장물은 원칙적으로 손실보상의 대상이 된다고 보아야 한다.

(2) 사안의 경우

토지보상법 시행령 제40조 및 토지보상법 시행규칙 제45조 및 제54조에서는 보상대상 기준일로서 "관계법령에 따른 고시 등이 있은 날" 및 "사업인정고시일 등"을 규정하여 사업인정일보다 빠른 일자를 대상판단과 관련된 기준일로 규정하고 있으나, 지장물의 경우는 상기 규정과 같은 별도의 규정이 존재하지 않으므로, 토지보상법 제25조 내용에 따라 보상대상의 재산권에 해당한다고 판단된다.

Ⅲ 갑에게 특별한 희생이 발생하였는지 여부

1. 특별한 희생의 의의 및 사회적 제약과의 구별실익

특별한 희생이란, 타인과 비교하여 불균형하게 과하여진 권익의 박탈, 즉 사회적 제약을 넘어서는 손실을 의미한다. 재산권 행사의 공공복리 적합의무로서 사회적 제약은 보상의 대상이 되지 아니하는데 구별의 실익이 있다.

2. 특별한 희생의 판단기준

(1) 개설

분리이론이란 입법자의 의사에 따라 공용침해(수용)와 재산권의 한계규정이 입법자의 의사에 따라 구분된다는 이론이고, 경계이론은 수용과 제한은 별개의 제도가 아니라 내용규정의 경계를 벗어나면 공용침해로 전환된다고 보는 이론이다. 헌법 제23조 제3항에는 독일 기본법 제14조 제3항과 달리 수용·사용·제한을 모두 규정하고 있으므로 이하에서는 경계이론의 입장에서 검토한다.

(2) 학설

① '침해행위의 인적범위를 특정할 수 있는지' 형식적으로 판단하는 형식설과 ② 침해행위의 성질과 강도를 기준으로 판단하는 실질설이 있다.

(3) 판례

① 대법원은 개발제한구역지정은 공공복리에 적합한 합리적인 제한이라고 판시한 바 있으며 ② 헌법재판소는 종래목적으로 사용할 수 없거나, 실질적으로 토지의 사용, 수익이 제한된 경우는 특별한 희생에 해당하는 것으로 본다.

(4) 검토

형식설과 실질설은 일면 타당하므로 양자를 모두 고려하여 특별한 희생을 판단함이 타당하다.

3. 갑에게 특별한 희생이 발생하였는지 여부

설문상 문제되는 비닐하우스 등은 '갑'소유의 것이므로 재산권의 인적범위가 특정될 수 있으나, 공익사업에 대한 사업인정은 2010.1.12. 고시되었고 설치된 관정 중 정상적인 기능을 갖춘 것은 45개에 불과하였던 사실 등을 알 수 있다. 보상계획공고의 시기 및 내용, 보상계획공고 이전의 이용실태, 갑이 설치한 비닐하우스 등의 규모 및 설치기간, 보상계획공고와 사업인정고시 사이의 시간적 간격 및 비닐하우스 등의 설치시기 등에 비추어 보면, 갑이 설치한 비닐하우스 등은 농업활동을 위한 것이기보다는 공익사업의 시행 및 보상계획이 구체화된 상태에서 손실보상만을 목적으로 설치되었음이 명백하다고 할 것이다. 따라서 이러한 재산권의 상실은 특별한 희생에 해당되지 않는다고 본다.

Ⅳ 사안의 해결

손실보상 및 사업인정고시 후 토지 등의 보전에 관한 각 규정의 내용에 비추어 보면, 사업인정고시 전에 공익사업시행지구 내 토지에 설치한 공작물 등 지장물은 원칙적으로 손실보상의 대상이 된다고 보아야 한다. 그러나 손실보상은 공공필요에 의한 행정작용에 의하여 사인에게 발생한 특별한 희생에 대한 전보라는 점을 고려할 때 그 지장물이 해당 토지의 통상의 이용과 관계없거나 이용범위를 벗어나는 것 등으로 손실보상만을 목적으로 설치되었음이 명백하다면, 그 지장물은 예외적으로 손실보상의 대상에 해당하지 아니한다고 보아야 한다. 따라서 사업시행자에게 손실보상의 의무가 발생하였다고 볼 수 없을 것이다.

✎ 대판 2013.2.15, 2012두22096[보상금증액]

[판시사항]
구 공익사업을 위한 토지 등의 취득 및 보상에 관한 법률 제15조 제1항에 따른 사업시행자의 보상계획공고 등으로 공익사업의 시행과 보상 대상 토지의 범위 등이 객관적으로 확정된 후 해당 토지에 지장물을 설치하는 경우, 손실보상의 대상에 해당하는지 여부(한정 소극)

[이유]
1. 피고의 상고이유 제2점에 관하여

구 공익사업을 위한 토지 등의 취득 및 보상에 관한 법률(2011.8.4. 법률 제11017호로 개정되기 전의 것, 이하 '구 공익사업법'이라 한다) 제61조는 "공익사업에 필요한 토지 등의 취득 또는 사용으로 인하여 토지소유자 또는 관계인이 입은 손실은 사업시행자가 이를 보상하여야 한다."고 규정하고 있고, 제25조 제2항은 "사업인정고시가 있은 후에는 고시된 토지에 건축물의 건축·대수선, 공작물의 설치 또는 물건의 부가·증치를 하고자 하는 자는 특별자치도지사, 시장·군수 또는 구청장의 허가를 받아야 한다. 이 경우 특별자치도지사, 시장·군수 또는 구청장은 미리 사업시행자의 의견을 들어야 한다.", 같은 조 제3항은 "제2항의 규정에 위반하여 건축물의 건축·대수선, 공작물의 설치 또는 물건의 부가·증치를 한 토지소유자 또는 관계인은 당해 건축물·공작물 또는 물건을 원상으로 회복하여야 하며 이에 관한 손실의 보상을 청구할 수 없다."고 규정하고 있으며, 제2조 제5호는 "관계인이라 함은 사업시행자가 취득 또는 사용할 토지에 관하여 지상권·지역권·전세권·저당권·사용대차 또는 임대차에 의한 권리 기타 토지에 관한 소유권 외의 권리를 가진 자 또는 그 토지에 있는 물건에 관하여 소유권 그 밖의 권리를 가진 자를 말한다. 다만, 제22조의 규정에 의한 사업인정의 고시가 있은 후에 권리를 취득한 자는 기존의 권리를 승계한 자를 제외하고는 관계인에 포함되지 아니한다."고 규정하고 있다.

구 공익사업법상 손실보상 및 사업인정고시 후 토지 등의 보전에 관한 위 각 규정의 내용에 비추어 보면, 사업인정고시 전에 공익사업시행지구 내 토지에 설치한 공작물 등 지장물은 원칙적으로 손실보상의 대상이 된다고 보아야 한다. 그러나 손실보상은 공공필요에 의한 행정작용에 의하여 사인에게 발생한 특별한 희생에 대한 전보라는 점을 고려할 때, 구 공익사업법 제15조 제1항에 따른 사업시행자의 보상계획공고 등으로 공익사업의 시행과 보상 대상 토지의 범위 등이 객관적으로 확정된 후 해당 토지에 지장물을 설치하는 경우에 그 공익사업의 내용, 해당 토지의 성질, 규모 및 보상계획공고 등 이전의 이용실태, 설치되는 지장물의 종류, 용도, 규모 및 그 설치시기 등에 비추어 그 지장물이 해당 토지의 통상의 이용과 관계없거나 이용 범위를 벗어나는 것으로 손실보상만을 목적으로 설치되었음이 명백하다면, 그 지장물은 예외적으로 손실보상의 대상에 해당하지 아니한다고 보아야 한다.

원심판결 이유 및 원심이 적법하게 채택한 증거에 의하면, 원고는 하천부지인 이 사건 각 토지에 점용허가를 받아 비닐하우스 1개동, 관정 3개 등을 설치하고 수십 년간 농사를 지어 온 사실, 청원군수가 2009.7.20. 이 사건 공익사업의 시행과 관련하여 이 사건 각 토지를 포함한 476필지 위의 물건 등에 관한 보상계획을 공고하자, 원고는 같은 해 8.경부터 같은 해 11. 초경까지 이 사건 각 토지에 비닐하우스 23개동, 관정 123개 등(이하 '이 사건 비닐하우스 등'이라 한다)을 새로 설치한 사실, 이 사건 공익사업에 대한 사업인정은 2010.1.12. 고시된 사실, 제1심 감정 당시 이 사건 각 토지에서 확인된 관정의 수는 79개이고, 그 중 정상적인 기능을 갖춘 것은 45개에 불과하였던 사실 등을 알 수 있다. 이와 같은 이 사건 보상계획공고의 시기 및 내용, 이 사건 각 토지의 보상계획공고 이전의 이용실태, 원고가 설치한 이 사건 비닐하우스 등의 규모 및 설치 기간, 이 사건 보상계획공고와 사업인정고시 사이의 시간적 간격 및 이 사건 비닐하우스 등의 설치시기 등에 비추어 보면, 이 사건 비닐하우스 등은 이 사건 공익사업의 시행 및 보상계획이 구체화된 상태에서 손실보상만을 목적으로 설치되었음이 명백하다고 할 것이고, 앞서 본 법리에 비추어 이 사건 비닐하우스 등은 손실보상의 대상이 되지 아니한다고 보아야 할 것이다.

그런데 원심은 설령 이 사건 비닐하우스 등이 손실보상을 받기 위한 목적으로 설치되었다고 하더라도 이 사건 사업인정고시 전에 설치된 이상 이를 손실보상의 대상이 되지 아니한다고 볼 수는 없다고 판단하였으니, 원심의 이러한 판단에는 구 공익사업법상 손실보상의 대상에 관한 법리를 오해하여 판결에 영향을 미친 위법이 있다. 이를 지적하는 피고의 이 부분 상고이유 주장은 이유 있다.

2. 원고의 상고이유 주장에 관하여

원고가 이 사건 보상계획공고 이후 손실보상만을 목적으로 설치한 이 사건 비닐하우스 등은 이 사건 공익사업에 필요한 토지 등의 취득 또는 사용으로 인한 손실보상의 대상이 될 수 없으므로, 이와 다른 전제에서 이 사건 비닐하우스 등의 감정평가액 산정이 잘못되었다고 다투는 원고의 상고이유 주장은 더 나아가 살필 것 없이 이유 없다.

3. 결론

그러므로 피고의 나머지 상고이유를 판단할 필요 없이 원심판결 중 피고 패소 부분을 파기하고 이 부분 사건을 다시 심리·판단하도록 원심법원에 환송하기로 하며, 원고의 상고를 기각하기로 하여 관여 대법관의 일치된 의견으로 주문과 같이 판결한다.

사례 16

공용제한에 대한 손실보상의 기준을 논하시오. 10점

1. 문제점

처음부터 보상규정이 없거나, 보상을 하여야 한다는 규정을 두는 데 지나지 않으므로 구체적인 보상의 기준이 문제된다.

2. 학설

① 이용제한과 상당인과관계 있는 모든 손실보상을 보상해야 한다는 상당인과관계설, ② 제한에 의한 지가하락분을 보상해야 한다는 지가하락설, ③ 제한을 지역권설정으로 보아 지역권설정 대가로 보상해야 한다는 지대설, ④ 제한으로 인해 예상치 못한 비용이 발생한 경우에 적극적이고 현실적인 비용을 보상해야 한다는 적극적 실손보전설이 있다.

3. 검토

제한으로 인한 지가하락, 비용지출 등의 인과관계가 인정된다면 보상함이 타당하다고 판단된다. 따라서 개별적인 사안마다 구체적인 인과관계의 판단이 중요하다고 사료된다.

4. 공용제한보상법제의 개선방안

(1) 일반법의 제정

토지보상법처럼 일반법적 성격의 법률로 제한에 대한 보상제정이 바람직하다.

(2) 개별법의 정비

공용제한규정 제정 시 이에 대한 구제수단도 같이 입법함이 바람직하다.

(3) 보상기준의 제시

제한의 종류가 다양하므로 이를 유형화하여 각 경우에 합당한 보상기준을 제시함이 합당하다.

🔖 **사례 17**

국토교통부장관은 국토의 계획 및 이용에 관한 법률 제38조에 의하여 갑소유의 토지가 속해 있는 서울시 노원구 상계동 ○○번지 일대의 지역을 개발제한구역으로 지정하였다. 갑의 토지는 "나대지" 임에도 불구하고 해당 구역의 지정으로 인하여 건축물의 건축, 공작물의 설치 및 토지의 형질변경 등이 제한되게 되었고, 토지가격도 대폭 하락이 예상된다. 이에 갑은 가능한 모든 권리구제수단을 통하여 자신이 받게 될 피해를 보상받으려 한다. 다음 물음에 답하시오.

(1) 갑은 자신의 토지를 제외하더라도 개발제한구역 지정 목적을 충분히 달성할 수 있고, 개발제한 구역지정으로 달성되는 공익보다 침해되는 자신의 사익이 보다 크기 때문에 해당 구역지정은 재량권을 일탈, 남용한 위법한 처분에 해당한다고 주장하며 그 취소소송을 제기하였다. 갑의 소제기에 대하여 법원은 각하, 기각, 인용판결 중 어떠한 판결을 하여야 하는가? 20점

(2) 갑은 취소소송에서 승소하지 못할 경우에는 국가에 대하여 손실보상청구권을 행사하고자 한다. 손실보상청구가 가능한가(국토의 계획 및 이용에 관한 법률상 손실보상에 대한 내용은 규정되어 있지 않다)? 20점

(3) 갑은 매수청구도 고려하고자 한다. 국가를 상대로 매수청구를 할 수 있는가? 10점

(설문 1) 법원은 어떠한 판결을 해야 하는지

Ⅰ 문제의 제기

Ⅱ 소송요건의 충족 여부
  1. 개발제한구역지정행위가 대상적격이 있는지
    (1) 개발제한구역의 지정의 의의 및 효과
    (2) 행정계획수립 행위의 법적 성질
      1) 학설 및 판례
      2) 검토
      3) 사안의 경우
  2. 기타 소송요건의 검토
    (1) 실질적 요건
    (2) 형식적 요건

Ⅲ 갑주장이 타당한지 여부
  1. 행정계획의 한계로서의 계획재량과 형량명령
    (1) 계획재량의 의의
      1) 계획재량의 개념
      2) 계획재량이 재량행위와 동일한 것인
        지 여부

    (2) 계획재량의 한계
    (3) 형량명령의 의의
    (4) 형량의 하자로 인정되는 경우
    (5) 판례의 태도
  2. 갑주장의 타당성 여부

Ⅳ 문제의 해결

(설문 2) 손실보상청구를 할 수 있는지

Ⅰ 문제의 제기

Ⅱ 손실보상청구권의 성립요건 충족 여부
  1. 개설
  2. 공공필요에 의한 재산권의 제한인지 여부
  3. 특별한 희생인지 여부
    (1) 특별한 희생의 판단기준
      1) 학설
      2) 판례
      3) 검토

➕ (설문 1) 법원은 어떠한 판결을 하여야 하는지

Ⅰ 문제의 제기

갑은 자신의 토지를 개발제한구역으로 지정한 것은 위법한 처분이라고 하면서 해당 구역지정행위를 다투는 취소소송을 제기하였다. 이에 법원은 갑의 소제기가 적법하지 아니한 경우에는 각하판결을 하여야 하고, 적법한 소제기인 경우 갑의 주장이 타당한 것인가를 심리하여 기각 또는 인용판결을 하여야 한다.

소제기가 적법하기 위해서는 소송요건을 적법하게 구비하여야 하며, 설문에서 쟁점이 되는 것은 국토교통부장관의 개발제한구역의 지정 행위가 행정소송법상 대상적격이 있는가의 문제이다.

갑의 주장이 타당하기 위해서는 행정계획의 수립에 있어서 계획재량의 일탈, 남용이 있었는가의 여부가 검토되어야 한다.

Ⅱ 소송요건의 충족 여부

1. 개발제한구역지정행위가 대상적격이 있는지

개발제한구역의 지정행위를 취소소송의 대상으로 삼을 수 있는가의 여부는 결국 동 행위가 행정소송법상 처분에 해당하는가를 검토하여야 하는 문제이다. 따라서 개발제한구역의 지정의 의의 및 효과에 대하여 살펴보고 개발제한구역의 지정행위의 법적 성질을 검토한다.

(1) 개발제한구역의 지정의 의의 및 효과

개발제한구역은 도시의 무질서한 확산을 방지하고 도시주변의 자연환경을 보전하여 도시민의 건전한 생활환경을 확보하기 위하여 도시의 개발을 제한하는 구역으로 국토교통부장관이 도시

관리계획으로 지정할 수 있다. 개발제한구역의 지정은 도시계획제한의 전형적인 유형으로서 학문상 공용제한에 해당한다.

개발제한구역으로 지정된 구역 내에서는 개발제한구역의 지정 및 관리에 관한 특별조치법 제11조에 의하여 그 구역지정의 목적에 위배되는 건축물의 건축, 공작물의 설치, 토지의 형질변경, 토지면적의 분할 또는 도시계획사업을 시행할 수 없게 되며, 다만 일부의 행위를 시·군·구청장의 허가를 얻어 할 수 있다.

(2) 행정계획수립 행위의 법적 성질

일반적으로 행정계획은 다양한 형태로 나타나기 때문에 행정계획의 법적 성질을 일률적으로 검토하기는 어렵다. 종래 학설과 판례는 주로 도시계획결정의 법적 성질과 관련하여 논의가 전개되었다

1) 학설 및 판례

도시계획결정의 법적 성질에 대한 학설은 입법행위설, 행정행위설, 독자성설, 복수성질설 등이 논의되고 있으며, 대법원은 도시계획결정에 대하여 처분성을 인정하였으며, 또한 개발제한구역지정행위를 계획재량처분으로 인정하였다(대판 1997.6.24, 96누1313).

2) 검토

어떠한 행정작용이 처분이기 위해서는 해당 행정작용이 특정인에게 발령(개별적인 작용일 것)되어야 하고, 해당 행정작용을 통해서 특정한 법적 효과가 직접적으로 발생(구체적인 작용일 것)하여야 한다. 도시계획이 결정되면 '행위제한'이라는 법적 효과가 직접적으로 발생한다. 그러나 그러한 행위제한의 효과는 특정인에게 부과되는 것이 아니라 일반적으로 불특정 다수에게 발생한다. 그러나 불특정 다수는 도시계획이 결정된 토지를 매개로 하여 인적 범위가 특정될 수 있으므로 일반처분으로 인정될 수 있다.

3) 사안의 경우

상기와 같이 도시계획결정은 처분으로 봄이 타당하며, 개발제한구역지정 역시 그로 인하여 일정한 행위제한의 법적 효과가 발생하므로 행정소송법상 처분으로 봄이 타당하다. 따라서 사안에서의 국토교통부장관의 개발제한구역지정행위는 취소소송의 대상적격이 인정된다.

2. 기타 소송요건의 검토

(1) 실질적 요건

대상적격 외에 원고적격과 협의의 소익이 실질적인 요건으로 필요하다. 사안에서 갑은 국토교통부장관의 개발제한구역의 지정으로 인하여 일정한 행위제한을 받고 있으며 재산권을 제약받고 있다. 따라서 법률상 이익을 침해받고 있고 원고적격이 있다. 또한 소송을 통해서 해당 구역지정효력이 소멸되면 권리구제가 가능하므로 협의의 소익도 인정된다.

(2) 형식적 요건

갑이 항고소송을 제기하기 위해서는 처분청인 국토교통부장관을 피고로, 행정심판은 반드시 거칠 필요 없이, 소제기 기간 이내에, 대법원 소재지를 관할하는 행정법원에 소장의 형식을 갖추어 제기하여야 한다.

Ⅲ 갑주장이 타당한지 여부

1. 행정계획의 한계로서의 계획재량과 형량명령

(1) 계획재량의 의의

1) 계획재량의 개념

계획법률은 보통 추상적인 목표만을 제시하기 때문에, 행정주체는 계획법률에 근거하여 구체적인 계획을 수립하는 과정에서 광범위한 형성의 자유를 갖게 되는 바, 이러한 형성의 자유를 계획재량이라 한다.

2) 계획재량이 재량행위와 동일한 것인지 여부

본 논의의 실익은 계획재량이 재량행위와 동일하다면 재량행위의 한계 이론을 그대로 적용할 수 있다는 점에 있다. 만일 양자가 다르다면 계획재량에 있어서의 특수한 한계를 적용하여야만 사법통제가 가능할 것이다.

이와 관련하여 다수의 견해는 양자가 질적인 차이가 있다고 보며 계획재량에는 형량명령이라는 특유한 재량하자이론은 존재한다고 한다. 반면에 소수의 견해는 질적인 차이가 아니라 양적인 차이에 불과하다고 보며 형량명령은 비례의 원칙 중 협의의 비례원칙의 계획재량에 있어서의 적용일 뿐이라고 한다.

계획재량과 형량명령에 대해서 양자는 모두 행정청에게 선택의 자유를 인정하는 것이므로 질적인 면에서 차이가 있다고 보는 것은 타당하지 아니하며, 다만 재량의 양적 범위와 재량이 인정되는 영역에서 차이가 있다고 할 수 있다. 따라서 계획재량의 통제이론으로 형량명령이론을 적용하는 것도 필요하다고 본다.

(2) 계획재량의 한계

계획재량이 인정된다고 하여도 행정청에게 무제한적인 형성의 자유가 부여되는 것은 아니다. 계획재량에도 일정한 한계가 있으며 그 한계를 벗어난 경우에는 위법한 계획이며 사법통제가 가능하다. 계획재량의 한계는 ① 행정계획에서 설정되는 목표는 그 근거법에 합치될 것, ② 행정계획에서 채택되는 수단은 비례원칙에 의하여 목표실현에 적합할 것, ③ 관계법상 절차가 규정되어 있으면 그 절차를 준수할 것, ④ 관계 제 이익을 정당하게 고려하고 형량할 것 등이다.

(3) 형량명령의 의의

형량명령이란 계획재량권을 행사함에 있어서 관련되는 공익 및 사익을 정당하게 형량하여야 한다는 원리로서 계획재량의 한계에서 네 번째로 언급한 것을 특별히 형량명령이라고 칭한다.

즉, 행정계획을 결정함에 있어서 공익 상호간 및 사익 상호간에 정당하게 이익을 형량할 것이 요구된다는 것이다.

(4) 형량의 하자로 인정되는 경우

형량명령의 원리에 따르면 다음에 해당하는 경우에 해당 행정계획은 위법한 것이 된다. ① 형량을 전혀 행하지 아니한 경우(형량의 해태), ② 형량을 함에 있어 반드시 고려해야 할 특정 이익을 전혀 고려하지 아니한 경우(형량의 흠결), ③ 형량에 있어 특정한 사실이나 이익 등에 대한 평가를 현저히 그르친 경우(오형량, 평가의 과오) 등이 그것이다.

(5) 판례의 태도

대법원은 행정주체가 계획을 입안하는 경우에 관련 이익을 정당하게 비교·교량하여야 하는 제한이 있는 것이고, 그러한 제한에 따르지 아니한 행정계획결정은 재량권을 일탈, 남용한 것으로 위법한 것으로 보아야 한다고 판시하였다.

2. 갑주장의 타당성 여부

원고 갑은 자신의 토지를 제외하더라도 개발제한구역 지정 목적을 충분히 달성할 수 있고, 개발제한구역지정으로 달성되는 공익보다 침해되는 자신의 사익이 보다 크기 때문에 해당 구역지정은 재량권을 일탈, 남용한 위법한 처분에 해당한다고 주장하고 있다.

해당 구역의 지정목적은 근거법인 국토의 계획 및 이용에 관한 법률에 적합하며, 구역지정이라는 수단은 목표실현에 적합하다고 인정되며, 절차에 있어서는 설문에 별다른 하자의 제시가 없는 것으로 보아 적법한 것으로 판단된다. 또한 국토교통부장관이 해당 토지를 개발제한구역으로 지정하면서 형량을 해태하였거나 형량을 흠결하였거나, 오형량한 사정은 보이지 아니하는바, 형량의 하자는 인정할 수 없고 원고 갑의 주장은 이유 없다고 할 것이다.

Ⅳ 문제의 해결

개발제한구역의 지정은 항고소송의 대상이 되는 처분에 해당하므로 갑은 개발제한구역 지정행위를 다투는 항고소송을 제기할 수 있다.

국토교통부장관의 개발제한구역의 지정은 항고소송의 대상이 되는 처분이며, 해당 처분은 행정계획이므로 국토교통부장관은 계획재량 및 형량명령의 한계를 준수하여야 한다. 사안의 경우 원고 갑의 주장과 같이 하자가 있다고 볼 수 없기 때문에 원고의 청구는 이유가 없어 기각될 것이다.

⊕ (설문 2) 손실보상청구를 할 수 있는지 여부

Ⅰ 문제의 제기

국토교통부장관의 개발제한구역 지정에 의하여 재산상의 손실을 입은 갑이 국가를 상대로 손실보상청구권을 행사할 수 있는가 하는 점이 문제된다. 사안의 해결을 위해서 ① 개발제한구역 지정의 의의에 대하여 살펴보아야 한다. ② 손실보상청구권의 성립요건을 충족하는지 검토하여야 한다. 이는 특별한 희생이 발생하였는가가 중점이 된다. ③ 손실보상의 여타의 요건이 충족되었다고 하여도 보상규정이 없는 경우에 손실보상청구가 가능한지가 검토되어야 한다. 다만 개발제한구역 지정에 대하여는 물음 (1)에서 살펴보았으므로 생략한다.

Ⅱ 손실보상청구권의 성립요건 충족 여부

1. 개설

행정상 손실보상이란 행정기관의 적법한 공권력의 행사로 인하여 개인에게 발생한 특별한 희생을 전체의 희생으로 전환시키기 위한 조절적 전보수단이다. 사유재산권 보장과 공평부담원칙에 근거한 수단이다. 따라서 손실보상청구권이 성립하기 위해서는 첫째, 공공필요에 의한 재산권 제한이 발생하였는가, 둘째, 특별한 희생이 발생하였는가, 셋째, 보상규정이 존재하는가가 검토되어야 한다.

2. 공공필요에 의한 재산권의 제한인지 여부

사안에서 갑의 토지소유권이 제한되었으므로 재산권 제한임은 분명하다. 공공필요가 있는가의 여부는 개별적으로 검토되어야 한다. 공공필요여부는 비례원칙으로 판단하며, 개발제한구역의 지정으로 도시의 무질서한 확산을 막고 자연환경을 보전하여 건전한 생활환경을 확보함으로 달성되는 공익은 구역 내 토지소유자 등의 재산권 제한보다 우월하다고 판단되므로 공공필요가 있다고 볼 수 있다.

3. 특별한 희생인지 여부

(1) 특별한 희생의 판단기준

특별한 희생이란 일반인과 비교하여 특정인에게 부과된 불평등한 권익의 제한을 의미한다. 손실보상은 공평의 원칙에 근거하고 있는 것이므로 손실보상이 인정되기 위해서는 특별한 희생이 발생하여야 한다. 특별한 희생의 일반적인 판단기준을 정하고 있는 법률은 없으므로 학설 및 판례가 제시하고 있는 기준을 검토할 필요가 있다.

1) 학설

학설은 크게 형식적 기준설과 실질적 기준설로 나눌 수 있다. 형식적 기준설은 재산권을 침해받는 자가 특정되어 있는가의 여부에 따라 특별한 희생을 판단하며, 실질적 기준설은 재산권 제한의 성질 및 정도를 기준으로 특별한 희생을 판단한다.

실질적 기준설은 다시 ① 해당 재산권이 가지는 객관적 이용목적에 위배되는 침해를 특별한 희생으로 보는 목적위배설, ② 해당 재산권의 주체가 가지는 주관적 이용목적을 불가능하게 하는 것을 특별한 희생으로 보는 사적효용설, ③ 재산권을 중요도에 따라 분류하고 보호할 만한 가치가 있는 재산권에 대한 제약만을 특별한 희생으로 보는 보호가치설, ④ 재산권의 본질인 배타적 지배가능성을 침해하는 경우에만 특별한 희생으로 보는 수인한도설, ⑤ 행정기관의 행위가 재산권에 미치는 중요성과 범위를 기준으로 하는 중대성설, ⑥ 해당 재산권이 놓여 있는 지리적 여건으로 인한 제약은 사회적 제약으로 보고, 이를 초과하는 제약을 특별한 희생으로 보는 상황구속성설 등으로 구분된다.

2) 판례

대법원은 개발제한구역의 지정으로 인한 제약은 공공복리에 적합한 합리적인 제한으로서 그 제한으로 인한 토지소유자의 불이익은 공공복리를 위하여 감수하지 아니하면 안 될 정도의 것이라고 하여 특별한 희생이 아니라고 하였다(대결 1990.5.8, 89부2).

헌법재판소는 개발제한구역의 지정 당시의 목적으로 계속하여 사용할 수 없거나, 실질적으로 사용, 수익을 전혀 할 수 없는 경우에는 사회적 제약의 한계를 넘는다고 하였다(헌재 1998.12.24, 89헌마214).

3) 검토

특별한 희생여부의 판단은 개별, 구체적으로 사안에 따라서 고찰되어야 하며, 하나의 기준을 일률적으로 적용할 수 없고, 학설이 제시하고 있는 다양한 기준을 적용하여 판단하여야 한다.

(2) 사안의 적용

개발제한구역의 지정으로 인한 손해가 특별한 희생인가의 여부는 해당 토지의 이용목적, 상황 등을 개별적으로 고찰하여야 한다. 사안에서 갑이 소유한 토지는 나대지이므로 나대지에 있어서 건축물을 지어 사용, 수익할 권리는 충분히 보호가치 있는 권리에 해당하며, 나대지의 객관적 이용목적은 건축물을 지어 사용, 수익하는 것으로 볼 수 있고 개발제한구역의 지정으로 인하여 이를 침해받은 경우이므로 갑이 받은 불이익은 특별한 희생에 해당한다고 판단된다.

4. 보상규정의 존재

국토의 계획 및 이용에 관한 법률과 개발제한구역 지정 및 관리에 관한 특별조치법은 개발제한구역의 지정에 의하여 발생한 재산권에 대한 특별한 희생에 대하여 아무런 보상규정을 두고 있지 아니하다. 따라서 사안에서 갑에게는 손실보상청구권이 성립하지 아니한다. 다만 여타의 다른 요건이 충족된 경우에는 보상규정이 없다고 하여도 손실보상청구권의 성립을 인정하여야 한다는 논의가 있으므로 이에 대하여 검토하기로 한다.

Ⅲ 보상규정 없는 경우에 손실보상청구권이 성립하는지 여부

1. 개설

특별한 희생이 발생하였으나 개별법에 보상규정이 없어 손실보상청구권을 행사할 수 없는 경우가 있다. 이러한 경우에는 공공필요에 의하여 특별한 희생이 발생하였으면 정당보상을 지급하되 법률로써 하라고 규정하고 있는 헌법 제23조 제3항을 어떻게 해석할 것인가의 문제가 된다.

2. 학설

이에 대하여 ① 방침규정설은 헌법 제23조 제3항은 규범으로서의 효력이 없고 단지 방침에 불과한 것으로 손실보상입법이 없는 한 손실보상은 불과하다고 한다.

② 직접효력설은 보상입법이 없는 경우에 현실적인 구제방법이 없으므로 헌법규정을 합목적적으로 해석하여 손실보상청구권의 실정법적 근거는 헌법 제23조 제3항에서 찾아야 한다고 한다.

③ 위헌무효설은 헌법이 손실보상을 법률로 하라고 규정하였기 때문에 손실보상청구권은 법률에 의하여 비로소 형성되는 것이며, 다만 보상규정 없이 재산권에 특별한 희생을 가할 수 있도록 한 법률은 헌법에 위반하여 위헌, 무효의 법률이고, 그에 근거한 재산권 침해작용도 위법한 것이므로 행정소송의 제기와 국가배상청구를 통해 권리구제를 받아야 한다고 한다.

④ 유추적용설은 헌법 제23조 제1항과 제11조를 근거로 하고, 헌법 제23조 제3항과 관계규정을 유추적용하여 손실보상을 청구할 수 있다고 하며, 이는 독일에서 발전된 수용유사침해이론을 도입하여 문제를 해결하려는 것이다.

⑤ 보상입법부작위위헌설은 보상입법이 없다는 것은 국회가 헌법이 명령한 입법의무를 이행하지 아니하고 있는 것으로 위헌이며, 헌법소원을 제기하여 부작위의 위헌판결을 받아 해결할 수 있다는 견해이다.

3. 판례

대법원은 헌법의 개정에 따라서 상이한 견해에 입각한 판례를 내놓고 있다. 헌법재판소는 개발제한구역과 관련한 사안에서 입법자에게 과도한 제한을 완화할 수 있는 규정을 둘 것을 촉구하는 결정을 내린 바 있다.

4. 검토

방침규정설은 실질적 법치주의 관점에서 인정될 수 없으며, 직접효력설은 헌법규정의 문리적 해석상 무리가 있으며 남소의 우려가 있다. 위헌무효설은 손해배상청구소송에서 과실인정에 난점이 있으며, 유추적용설은 헌법 제23조 제1항은 재산권의 존속보장규정으로 가치보장인 손실보상의 근거로 삼기 어렵고, 우리나라는 독일과 같은 희생보상청구권과 같은 관습법이 존재하지 아니하므로 수용유사침해이론을 도입하기 어렵다는 문제점이 있다. 또 보상입법부작위위헌설은 위헌판결을 받아내서 국회가 입법을 제정하면 그에 따라 구제를 받기 위한 논의로 부적절하다고 평가할 수 있으며, 그와 유사한 사안에서 헌법재판소는 보상입법의 불비는 부진정입법부작위로서 위헌이라고 판단할 수 없다고 결정(헌재 1999.1.28, 97헌마9)한 바 있어 실질적으로 위헌판결을 받아내는 것 자체도 용이하지 못한 문제가 있다.

5. 사안의 적용

갑의 재산권 침해에 대하여 손실보상을 규정하는 보상규정이 없어 문제가 된다. 그러나 개별법에 보상규정이 없는 경우에는 헌법 제23조 제3항을 손실보상청구권의 직접적인 근거로 삼을 수 있다고 판단되므로 갑은 손실보상청구권을 행사할 수 있다.

이때의 손실보상기준은 상당인과관계설, 지가저락설, 지대설, 적극적 실손보전설 등이 제시되고 있으나, 공용제한에 의한 지가의 하락분을 보상한다는 지가저락설이 타당하다고 본다.

Ⅳ 문제의 해결

개발제한구역의 지정으로 인한 갑의 재산상 제약은 공공필요에 의한 재산권 제약이고, 제약의 정도는 특별한 희생에 해당된다. 그러나 국토의 계획 및 이용에 관한 법률 등에 보상규정이 없어 손실보상청구권을 행사할 수 있는지가 문제된다.

손실보상규정이 없는 경우에 대해서는 여러 견해가 대립하고 있으나 직접효력설이 타당하므로 헌법 제23조 제3항에 의하여 갑은 손실보상청구권을 행사할 수 있다.

⊕ (설문 3) 매수청구를 할 수 있는지 여부

Ⅰ 문제의 제기

구 도시계획법 제21조에 대한 헌법재판소의 헌법불합치결정 후에 그 후속조치로 개발제한구역 지정 및 관리에 관한 특별조치법이 제정되었으며, 동법에서는 매수청구권제도를 두고 있다. 갑이 매수청구권을 행사할 수 있는지 여부를 검토한다.

Ⅱ 매수청구권의 성립요건

1. 매수청구권을 행사할 수 있는 자

매수청구권을 행사할 수 있는 자는 ① 개발제한구역의 지정 당시부터 해당 토지를 계속 소유한 자와 그 상속인 또는 ② 토지의 사용, 수익이 사실상 불가능하게 되기 전에 토지를 취득하여 계속 소유한 자 및 그 상속인이 매수청구를 할 수 있는 자이다.

2. 매수대상토지의 요건

매수대상이 되는 토지의 요건은 ① 개발제한구역지정 이전의 지목대로 사용할 수 없음으로 인하여 매수청구일 현재 해당 토지의 개별공시지가 개발제한구역 내의 동일 지목의 개별공시지가 평균치의 50% 미만인 경우, ② 행위제한으로 인하여 사용, 수익이 전혀 불가능하게 된 토지이다.

3. 사안에 적용

설문의 내용으로 명확하지 못하나 갑이 구역지정 이전부터 해당 토지를 소유한 자이며, 구역지정으로 가격이 하락하거나 현재 사용, 수익할 수 있는 방법이 없는 경우에 매수대상토지의 요건에 해당할 수 있다. 그러한 요건에 해당하는 경우에는 갑은 매수청구권을 행사할 수 있다.

다만, 현재 개별토지에 대한 행위제한을 대폭 완화하여 주고 있으며, 매수청구 시 매수가격은 개발제한구역 지정상태에서 매수청구 당시의 공시지가를 기준으로 산정하도록 되어 있어 매우 낮은 가격이다. 따라서 매수청구제도의 실효성은 상당히 회의적이라고 할 수 있다.

Ⅲ 문제의 해결

갑이 구역지정 당시부터 토지를 소유하였으며, 해당 토지가 효용이 현저히 감소하였거나 사용수익이 불가능하게 된 경우에는 매수청구권을 행사할 수 있다. 그러나 매수가격이 구역지정 상태의 가격을 기준으로 하므로 동제도의 실효성은 매우 의문시된다.

♠ 사례 18

갑은 1965년 임야 1만여 제곱미터를 취득하여 일부는 주차장용지로 개간하여 사용하고 있었다. 그 후, 1977년 도시계획시설 결정고시로 공원시설로 지정되었고 지정 당시 용도지역은 주거지역이었다. 2000년 경 용도지역 세분화에 따라 1종주거지역으로 변경되었고 2010년 해당 공원사업이 시행되어 협의보상평가가 진행되었다. 이에 사업시행자는 현재 용도지역인 1종주거지역을 기준으로 하고 주차장용지는 불법형질변경 및 일시적 이용상황이므로 지목대로 전체를 임야로 평가하여 줄 것을 감정평가법인 을에게 의뢰하였다. 이에 갑은 해당 임야는 주거 및 상업용 건물을 개발할 수 있는 개발가능용지이나 해당 도시계획시설 결정고시로 인하여 어떠한 개발도 할 수 없게 된 바, 도시계획시설 결정으로 인한 제한은 배제하여, 상가용지로 개발가능한 3종주거지역으로 지정되어야 함에도 1종주거지역으로 지정된 것은 잘못된 것이라 주장하면서 3종주거지역 및 일부주차장용지의 현황평가를 주장하고 있다. 갑 주장의 타당성에 대해서 검토하시오. `35점`

Ⅰ 쟁점의 정리

Ⅱ 3종주거지역으로 평가해야 하는지 여부

  1. 공법상 제한을 받는 토지의 평가기준

    (1) 의의 및 기능

    (2) 공법상 제한을 받는 토지의 평가기준(토지보상법 시행규칙 제23조)

      1) 일반적 제한

      2) 개별적 제한

      3) 해당 사업으로 인한 용도지역 등의 변경

      4) 당초의 목적사업과 다른 공익사업에 편입된 경우

    (3) 사안의 경우

  2. 용도지역을 1종주거지역으로 변경한 것이 계획재량권 행사의 일탈·남용인지 여부

    (1) 행정계획의 의의

    (2) 계획재량과 형량명령

      1) 계획재량의 의의

      2) 재량과의 구분

      3) 형량명령

        가. 의의

        나. 형량하자

    (3) 사안의 경우

  3. 소결

Ⅲ 주차장용지로 평가해야 하는지 여부

  1. 불법형질변경토지의 평가방법

    (1) 의의 및 근거

    (2) 평가방법

      1) 원칙 및 취지

      2) 예외

    (3) 입증책임

  2. 사안의 경우

Ⅳ 사안의 해결

Ⅰ 쟁점의 정리

① 용도지역을 3종주거지역으로 반영해야 하는지를 공법상 제한과 관련하여 검토하되, 해당 사업의 제한이 없는 것을 전제할 경우 1종주거지역으로 지정한 것이 계획재량권의 일탈·남용에 해당하는지를 검토한다. ② 토지 중 일부인 주차장용지를 현황평가원칙에 따라 평가해야 하는지 불법형질변경으로서 형질변경 당시를 기준하여 평가해야 하는지를 검토한다.

Ⅱ 3종주거지역으로 평가해야 하는지 여부

1. 공법상 제한을 받는 토지의 평가기준

(1) 의의 및 기능

공법상 제한받는 토지라 함은 관계법령에 의해 가해지는 토지 이용규제나 제한을 받는 토지로서, 이는 국토공간의 효율적 이용을 통해 공공복리를 증진시키는 수단으로 기능한다.

(2) 공법상 제한을 받는 토지의 평가기준(토지보상법 시행규칙 제23조)

1) 일반적 제한

제한 그 자체로 목적이 완성되고 구체적 사업의 시행이 필요하지 않은 경우로 그 제한받는 상태대로 평가한다. 그 예로는 국토의 이용 및 계획에 관한 법률에 의한 용도지역, 지구, 구역의 지정, 변경 기타 관계법령에 의한 토지이용계획 제한이 있다.

2) 개별적 제한

그 제한이 구체적 사업의 시행을 필요로 하는 경우를 말하며 개별적 제한이 해당 공익사업의 시행을 직접 목적으로 가해진 경우에는 제한이 없는 상태로 평가한다.

3) 해당 사업으로 인한 용도지역 등의 변경

용도지역 등 일반적 제한일지라도 해당 사업 시행을 직접 목적으로 하여 변경된 경우에는 변경되기 전의 용도지역을 기준으로 하여 평가한다. 이는 개발이익의 배제 및 피수용자의 보호에 목적이 있다.

4) 당초의 목적사업과 다른 공익사업에 편입된 경우

공법상 제한을 받는 수용대상 토지의 보상액을 산정함에 있어서는 그 공법상 제한이 해당 공공사업의 시행을 직접 목적으로 가하여진 경우는 물론 당초의 목적사업과는 다른 목적의 공공사업에 편입수용되는 경우에도 그 제한을 받지 아니하는 상태대로 평가하여야 할 것이다(대판 1998.9.18, 98두4498).

(3) 사안의 경우

설문상 공원시설은 도시공원 설치를 위한 구체적 사업의 시행이 요구되므로 이러한 제한은 없는 상태를 전제하여 평가하여야 할 것이다.

2. 용도지역을 1종주거지역으로 변경한 것이 계획재량권 행사의 일탈·남용인지 여부

(1) 행정계획의 의의

행정계획이란 행정주체 또는 그 기관이 일정한 행정활동을 행함에 있어서 일정한 목표를 설정하고 그 목표를 달성하기 위하여 필요한 수단을 선정·조정하고 종합화한 것을 말한다.

(2) 계획재량과 형량명령

1) 계획재량의 의의

행정계획을 수립, 변경함에 있어서 계획청에게 인정되는 재량을 말한다. 계획재량은 행정목표의 설정이나 행정목표를 효과적으로 달성할 수 있는 수단의 선택 및 조정에 있어서 인정된다.

2) 재량과의 구분

① 계획재량은 목적과 수단의 규범구조이므로 요건과 효과인 재량과 상이하고 형량명령이론이 존재하므로 구분되어야 한다는 견해(질적차이 긍정설)와 ② 재량의 범위인 양적 차이만 있고 형량명령은 비례칙이 행정계획분야에 적용된 것이라는 견해(질적차이 부정설)가 있다. ③ 생각건대 규범구조상 계획재량은 목적프로그램에서, 행정재량은 조건프로그램에서 문제되며, 전자는 절차적 통제가 중심적이나 후자는 실체적 통제도 중요한 문제가 되므로 양자의 적용범위를 구분하는 것이 합당하다.

3) 형량명령

가. 의의

형량명령이란 행정계획을 수립함에 있어서 관련된 이익을 정당하게 형량하여야 한다는 원칙을 말한다.

나. 형량하자

판례는 행정주체가 행정계획을 입안, 결정함에 있어서 ① 이익형량을 전혀 행사하지 아니하거나(형량의 해태), ② 이익형량의 고려 대상에 마땅히 포함시켜야 할 사항을 누락한 경우(형량의 흠결), ③ 또는 이익형량을 하였으나 정당성과 객관성이 결여된 경우(형량의 오형량)에는 그 행정계획결정은 형량에 하자가 있어서 위법하게 된다고 판시한 바 있다.

(3) 사안의 경우

판례는 "특정 공익사업의 시행을 위하여 용도지역 등의 지정 또는 변경을 하지 않았다고 볼 수 있으려면, 토지가 특정 공익사업에 제공된다는 사정을 배제할 경우 용도지역 등의 지정 또는 변경을 하지 않은 행위가 계획재량권의 일탈·남용에 해당함이 객관적으로 명백하여야만 한다"고 판시한 바 있다. 따라서 해당 사업의 시행이 없었더라면 3종주거지역으로 변경될 것이 명백함에도 불구하고 이를 1종주거지역으로 변경한 것이라면 이는 계획재량권 행사의 일탈·남용에 해당할 것이며, 무효라고 볼 것이다.

3. 소결

공원시설 결정고시가 없었더라면 갑의 토지가 3종주거지역으로 변경될 여지가 명백함에도 불구하고 1종주거지역으로 변경된 것이라면 이는 계획재량권 행사의 일탈·남용으로서 그 하자가 명백한 바, 감정평가법인 을은 3종주거지역을 전제로 감정평가를 수행하여야 할 것이다.

Ⅲ 주차장용지로 평가해야 하는지 여부

1. 불법형질변경토지의 평가방법

(1) 의의 및 근거

불법형질변경토지란 관계 법령에 의해 허가, 신고가 필요함에도 이를 하지 않은 채 형질 변경한 토지를 말한다. 토지보상법 시행규칙 제24조에 규정되어 있다. 불법형질변경이란 ① 절토, 성토, 정지 등 형질변경과 공유수면매립, ② 단순히 용도만 변경하는 경우도 해당되며, ③ 농지 상호 간의 변경은 형질변경으로 보지 않는다.

(2) 평가방법

1) 원칙 및 취지

불법형질변경된 토지는 형질변경될 당시의 이용상황을 상정하여 평가하도록 되어 있다. 이는 현황평가주의의 예외로, 동규정의 취지는 위법행위의 합법화를 통한 불합리한 보상의 배제에 있다.

2) 예외

1995.1.7. 당시 공익사업시행지구에 편입된 불법형질변경토지에 대해서는 이를 현실적 이용상황에 따라 보상한다.

(3) 입증책임

판례는 '수용대상 토지의 이용상황이 일시적이라거나 불법형질변경토지에 해당하는지 여부는 이를 주장하는 쪽에서 증명해야 하며, 수용대상 토지의 형질변경 당시 관계 법령에 의한 허가 또는 신고의무가 존재하였고 그럼에도 허가를 받거나 신고를 하지 않은 채 형질변경이 이루어졌다는 점이 증명되어야 한다'고 판시한 바 있다(대판 2012.4.26, 2011두2521). 따라서 사업시행자는 수용대상 토지의 형질변경 당시 관계 법령에 의한 허가 또는 신고의무가 존재하였고 그럼에도 허가를 받거나 신고를 하지 않은 채 형질변경이 이루어졌다는 점을 증명하여야 할 것이다.

2. 사안의 경우

설문상 갑의 토지는 1977년 경 공익사업에 편입된 바, 토지보상법 시행규칙 부칙 제6조에 따라서 현황평가하여야 할 것이다.

Ⅳ 사안의 해결

갑의 토지는 일부 임야 및 주차장용지의 이용상황을 기준하되, 용도지역 세분화와 관련하여 계획재량권 행사의 일탈·남용이 인정되는 경우에는 3종주거지역을 기준하여 평가하여야 할 것이다.

현금보상과 생활보상

Ⅰ 개설(현금보상원칙의 취지와 문제점)

다른 법률에 특별한 규정이 없는 한 현금보상이 원칙이다(제63조 제1항). 이는 ① 자유로운 유통보장과 ② 객관적인 가치변동이 적기 때문이다. 따라서 가장 합리적이고 객관성을 확보할 수 있다. 단, ① 인근 토지수요의 증가로 인한 지가상승, ② 동일면적의 대토구입 어려움, ③ 사업시행자의 지급부담문제가 있으므로 이에 대한 대안으로 채권보상과 대토보상을 규정하고 있다.

Ⅱ 채권보상(제63조 제7항 및 제8항)

1. 의의 및 취지

현금보상의 예외로서 채권으로 보상하는 것을 말한다. 이는 ① 과도한 투기자금의 공급을 방지하고 ② 사업시행자의 일시적 유동경색 방지에 목적이 있다.

2. 채권보상의 요건

(1) 임의적 채권보상(제63조 제7항)

① 〈사업주체〉는 국가, 지방자치단체, 대통령령으로 정하는 공공기관 및 공공단체가 되어야 한다. ② 부재부동산 소유자의 토지 중 1억원을 초과하는 금액이나 소유자 또는 관계인이 원하는 경우가 해당한다(부재부동산 소유자는 영 제26조의 규정에 의한다).

(2) 의무적 채권보상(제63조 제8항)

① 토지투기우려지역(토지거래허가구역이 속한 시·군·구 및 연접한 시·군·구 포함)에서 ② 택지, 도시, 산업단지 등의 개발사업을 시행하는 대통령령으로 정하는 공공기관 및 공공단체는 ③ 부재부동산 소유자의 토지 중 1억원을 초과하는 금액에 대하여 채권으로 지급해야 한다.

3. 채권보상의 내용

보상채권은(최소액면 10만원) 액면금액으로 무기명증권으로 발행하되 멸실, 도난의 경우에도 재발행하지 아니한다. 채권상환기간은 5년 이내로 하되 원리금은 상환일에 일시 상환한다. 이율은 국공채 및 예금금리이율을 적용한다.

4. 채권보상의 정당성

(1) 문제점

① 채권보상이 보상방법을 제한하는 것인지와 ② 부재부동산의 경우 평등의 원칙 위배 여부, ③ 사전보상의 원칙의 예외인지가 문제된다.

(2) 학설

① 〈위헌이라는 견해〉는 보상방법의 제한, 사전보상의 원칙문제로 위헌이라고 한다. ② 〈합헌이라는 견해〉는 채권보상 목적의 정당성, 통상의 수익률보장, 부재지주의 자산증식 목적에 비추어 차별의 합리성을 인정할 수 있다고 한다.

(3) 검토

채권보상의 목적이 투기방지에 있으며, 통상의 수익률도 보장하므로 차별의 합리성을 인정할 수 있다고 보인다. 따라서 채권보상은 정당하다고 판단된다.

5. 채권보상의 문제점과 개선안

금전보상은 피수용자가 대체토지를 취득하여 같은 생활을 할 수 있게 하는 제도이나 채권보상은 양도, 담보가 허용되어 사실상 대체토지수요로 전환되어 지가상승을 유발하는 문제가 있다. 따라서 양도, 담보를 일정기간 동안 방지하는 등의 입법적 보완이 필요하다.

Ⅲ 대토보상(제63조 제1항)

1. 의의 및 취지

현금보상의 예외로서 공익사업의 시행으로 조성한 토지로 보상하는 것을 말한다(제63조 제1항). 이는 ① 사업시행자의 손실보상금 지급부담을 경감하고, ② 인근의 대토수요 억제를 통한 지가상승 완화 및 방지, ③ 토지소유자의 개발이익 일정부분 공유를 취지로 한다. 이는 보상의 다원화 수단 중 하나이다.

2. 대토보상의 요건

① 대지분할제한면적 이상의 토지를 사업시행자에게 양도한 토지소유자가 원하는 경우로서 ② 토지이용계획 및 사업계획을 고려하여 토지로 보상하는 경우가 가능한 경우이다. ③ 대상자 경합 시에는 부재부동산 소유자가 아닌 자중에서 해당 사업지구 내 거주하는 자로서 토지 보유기간이 오래된 자순으로 하되, 그 외는 사업시행자가 정하여 공고한다.

3. 대토보상의 내용

특별한 규정이 없는 한 일반분양가를 기준으로 하고 주택용지는 990제곱미터 상업용지는 1100제곱미터를 초과할 수 없다. 또한 계약체결일로부터 소유권이전등기 시까지 전매가 제한되며, 위반 시 현금으로 보상하여야 한다. 단 개발전문 부동산투자회사에 현물로 출자하는 것은 가능하다.

4. 현금보상으로의 변경

① 사업계획이 변경되는 경우, ② 토지소유자가 체납, 해외이주 등 법령사유로 현금보상을 요청하는 경우, ③ 토지로 보상받기로 하였으나 그 보상계약 체결일부터 1년이 경과한 경우 이를 현금으로 전환하여 보상하여 줄 것을 청구할 수 있다.

5. 대토보상의 문제점 및 개선방안

대체지를 조성할 수 없는 선적인 사업은 대체지 보상에서 제외되는 문제가 있다. 따라서 다른 사업으로 조성된 토지를 활용하거나 사업시행자 기보유 토지를 활용하는 방법 등을 모색해야 할 것이다.

사례 20

생활보상이란 사업의 시행으로 생활의 근거를 상실하게 되는 피수용자의 생활재건을 위한 보상을 말한다. 이는 생활의 근거를 상실한 자에게 인간다운 생활을 할 수 있도록 마련된 제도이다. 생활보상의 일환으로 토지보상법에서 규정하고 있는 이주대책에 대하여 설명하시오. [40점]

Ⅰ 개설(의의 및 취지)

이주대책이란 주거용 건축물을 제공하여, 생활의 근거를 상실하는 자에게 종전 생활을 유지시켜 주는 일환으로 택지 및 주택을 공급하거나 이주정착금을 지급하는 것을 말한다. 개정된 토지보상법에서는 이주대책의 대상자를 주거용 건축물 제공자에서 공장부지 제공자까지 확대하여 국민의 권리구제를 두텁게 하고 있다.

Ⅱ 근거

1. 이론적 근거

이주대책은 공공사업의 시행에 의하여 생활의 근거를 상실하는 자에게 종전의 생활상태를 원상으로 회복시키면서 동시에 인간다운 생활을 보장하여 주기 위한 이른바 생활보상의 일환으로 국가의 적극적이고 정책적인 배려에 의하여 마련된 제도이다.

2. 법적 근거

헌법적 근거로 다수견해는(헌법 제23조 및 제34조 결합설) 정책배려로 마련된 생활보상의 일환이라고 하며, 토지보상법 제78조에서는 주거용 건축물을 제공한 자에 대한 이주대책을 규정하고 있으며 동법 제78조의2에서는 공장용 부지를 제공한 자에 대한 입주대책을 규정하고 있다.

Ⅲ 법적 성격

1. 생활보상

이주대책은 생활보호 차원의 시혜적인 조치로서 정책배려로 마련된 제도이다. 따라서 생활보상의 성격을 갖는다. 판례도 이주대책을 생활보상의 일환으로 보고 있다.

2. 공법상 관계인지

생활보상의 성격을 손실보상의 일환으로 보면 이주대책도 공법상 관계로 볼 수 있다.

Ⅳ 요건 및 절차

1. 요건

(1) 수립요건

토지보상법 시행령 제40조 제2항에서는 ① 조성토지가 없는 경우, ② 비용이 과다한 경우를 제외하고는, ③ 이주대책 대상이 10호 이상이 된다면 이주대책을 수립하도록 하고 있다.

(2) 대상자요건(토지보상법 시행령 제40조 제5항)

① 무허가건축 또는 용도변경을 한 건축물의 소유자, ② 해당 건축물에 공익사업을 위한 관계법령에 의한 고시 등이 있은 날부터 계약체결일 또는 수용재결일까지 계속하여 거주하고 있지 아니한 건축물의 소유자, ③ 타인이 소유하고 있는 건축물에 거주하는 세입자는 이주대책 대상자에서 제외된다.

2. 절차

사업시행자는 해당 지역 자치단체와 협의하여 이주대책 계획을 수립하고 이주대책 대상자에게 통지한 후 이주대책의 신청 및 대상자확인결정을 통하여 분양절차를 마무리한다.

Ⓥ 내용

1. 이주대책의 내용

생활기본시설이 포함된 이주정착지의 조성 및 공급을 내용으로 한다(사업시행자 비용부담 원칙). 택지개발촉진법 또는 주택건설촉진법에 의하여 택지나 주택공급을 하면 이주대책수립에 의제된다.

2. 사업시행자의 이주대책 내용에 대한 재량성

판례는 "공급할 택지 또는 주택의 내용이나 수량을 정할 수 있고, 이를 정하는 데 재량을 가지므로, 이를 위해 사업시행자가 설정한 기준은 그것이 객관적으로 합리적이 아니라거나 타당하지 않다고 볼 만한 다른 특별한 사정이 없는 한 존중되어야 한다"고 하여 재량성을 인정하고 있다(대판 2009.3.12, 2008두12610).

Ⓥ 권리구제수단

1. 이주대책계획수립에 대한 권리구제

(1) 이주대책계획수립 청구권

토지보상법 시행령 제40조 제4항은 법상 예외가 인정되고 있는 경우를 제외하고는 사업시행자에게 이주대책을 실시할 의무만을 부여하고 있다고 보아야 하므로 이 법규정만으로는 법상의 이주대책 대상자에게 특정한 이주대책을 청구할 권리는 발생하지 않지만 이주대책을 수립할 것을 청구할 권리는 갖는다고 보아야 한다.

(2) 이주대책계획 미수립에 대한 권리구제

법상의 이주대책 대상자가 이주대책계획의 수립을 청구하였음에도 불구하고 사업시행자가 이주대책을 수립하지 않는 경우에는 의무이행심판 또는 부작위위법확인소송을 제기할 수 있고, 이주대책수립을 거부한 경우에는 의무이행심판(또는 거부처분취소심판) 또는 거부처분취소소송을 제기할 수 있다고 보아야 한다.

2. 이주대책 대상자 선정·결정에 대한 권리구제

(1) 수분양권의 의의

수분양권이란 이주자가 이주대책을 수립, 실시하는 사업시행자로부터 이주대책 대상자로 확인, 결정을 받음으로써 취득하게 되는 택지나 아파트를 분양받을 수 있는 권리를 말한다.

(2) 수분양권의 법적 성질 및 발생시기

1) 공법관계인지

이주대책의 수립 및 집행은 공행정사무로 보아야 하므로, 판례도 수분양권은 대상자 확인, 결정에 의해 취득하는 공법상 권리라고 한다.

2) 발생시기

(가) 학설

① 이주대책계획수립이전설(법상 취득설)

토지보상법 제78조 및 동법 시행령 제40조의 요건을 충족하는 경우에 실체적 권리인 수분양권이 취득된다고 보는 견해이다.

② 이주대책계획수립시설

사업시행자가 이주대책에 관한 구체적인 계획을 수립하여 이를 해당자에게 통지 내지 공고한 경우에 이것으로 이주자에게 수분양권이 취득된다고 보는 견해이다.

③ 확인·결정시설

이주대책계획 수립 후 이주자가 이주대책 대상자 선정을 신청하고 사업시행자가 이를 받아들여 이주대책 대상자로 확인·결정하여야 비로소 수분양권이 발생한다고 보는 견해이다.

(나) 판례

판례는 "이주대책에 정한 절차에 따라 사업시행자에게 이주대책 대상자 선정신청을 하고 사업시행자가 이를 받아들여 이주대책 대상자로 확인·결정하여야만 비로소 구체적인 수분양권이 발생한다"고 하여 확인·결정시설을 취하고 있다(대판 1994.5.24, 92다35783 全合).

(다) 검토

이주대책 대상자의 경우 법상의 추상적인 이주대책권이 이주대책계획이 수립됨으로써 구체적 권리로 되는 것이므로 이주대책계획수립시설이 타당하다. 다만, 법상의 이주대책 대상자가 아닌 이주자는 이주대책 대상자 선정신청을 하고 사업시행자가 이를 받아들여 이주대책 대상자로 확인·결정하여야 비로소 실체적인 권리를 취득한다고 보아야 한다.

(3) 권리구제 및 소송형식(항고소송 및 공법상 당사자소송)

1) 이주대책 대상자 선정행위의 법적 성질

대법원 다수의견은 이주대책 대상자로서 확인·결정을 받아야 수분양권이 발생한다고 하며, 대법원 반대의견은 이주대책수립에 의해 구체적으로 형성된 수분양권을 이주대책 대상자 확인·결정을 통해 이행하는 것으로 본다. 따라서 어느 견해에 따르더라도 이주대책 대상자 선정에 대한 거부는 이주대책 대상자의 권익에 영향을 미치는 처분으로 볼 수 있다.

2) 권리구제 및 소송형식

(가) 확인·결정시설

이주대책 대상자 선정신청에 대한 거부는 거부처분이 되므로 이에 대하여 취소소송을 제기하고 부작위인 경우에는 부작위법확인소송을 제기하여야 한다. 이주대책 대상자 선정신청 및 이에 따른 확인·결정 등 절차를 밟지 아니하여 구체적인 수분양권을 아직 취득하지도 못한 상태에서 곧바로 분양의무의 주체를 상대방으로 하여 민사소송이나 공법상 당사자소송으로 이주대책상의 수분양권의 확인 등을 구하는 것은 허용될 수 없다.

(나) 이주대책계획 수립이전시설

이주대책 대상자 선정신청의 거부나 부작위에 대하여 행정쟁송을 제기할 수 있을 뿐만 아니라 구체적 이주대책계획에서 제외된 이주대책 대상자는 자기 몫이 참칭 이주대책 대상자에게 이미 분양되어 분양신청을 하더라도 거부할 것이 명백한 특수한 경우에는 이주대책 대상자로서 분양을 받을 권리 또는 그 법률상 지위의 확인을 공법상 당사자소송으로 구할 수 있다고 보아야 한다.

(다) 이주대책계획 수립시설

이주대책계획을 수립한 이후에는 이주대책 대상자에서 제외된 이주대책 대상자는 수분양권에 터잡은 분양신청을 하여 거부당한 경우에는 그 거부의 취소를 구하는 행정쟁송을 제기할 수 있을 것이다. 또한 이주대책계획을 수립한 이후에는 이주대책 대상자의 추상적인 수분양권이 구체적 권리로 바뀌게 되므로 확인판결을 얻음으로써 분쟁이 해결되고 권리구제가 가능하여 그 확인소송이 권리구제에 유효적절한 수단이 될 수 있는 경우에는 당사자소송으로 수분양권 또는 그 법률상의 지위의 확인을 구할 수 있다고 보아야 한다.

Ⅶ 관련문제[이주정착금과의 관계의 모호성]

통상 주거용 건축물의 경우, 신축 후 5~10년이 경과하면 그 잔존가치가 급격히 낮아지므로 이를 기준한 이주정착금이 낮게 측정될 수 있다. 따라서 이주대책을 따른 자와 이주정착금을 지급받는 자간의 형평성이 결여될 수 있다. 소유자보다 세입자의 생활환경 개선이 시급한 문제이나, 현행 토지보상법하에서 세입자는 주거이전비만을 지급받을 수 있으므로 세입자의 주거 안정대책도 추가 논의되어야 할 것이다.

✱ 이주대책 대상자의 확인, 결정의 처분성 유무

1. 형성처분설(특허)

사업시행자가 하는 확인, 결정은 곧 구체적인 이주대책상의 수분양권을 취득하기 위한 요건이 되는 행정작용으로서 처분이라고 한다. 따라서 이를 단순히 절차상의 필요에 따른 사실행위에 불과한 것으로 평가할 수 없다고 한다. 따라서 사업시행자의 확인, 결정이라는 처분에 의해서 비로소 이주자에게 수분양권이라는 권리가 발생하는 것이므로 이를 형성처분으로 본다.

2. 이행처분설(확인)

이주자가 이미 취득하고 있는 수분양권에 대해 그 의무를 이행한 일련의 이행처분에 불과하고 이는 이주자가 이미 취득하고 있는 수분양권을 구체화시켜주는 과정에 불과하다고 한다. 협의가 성립되거나 재결이 있고 이주대책을 수립할 요건에 해당되면 토지보상법 제78조의 규정에 의해서 이주자는 수분양권을 가지게 되므로, 사업시행자의 확인, 결정은 이주대책을 수립, 실시절차를 이행하기 위해서 발하게 되는 이행처분으로 본다.

3. 검토

어느 견해에 의하든 확인, 결정의 처분성은 인정하게 된다. 그러나 수분양권은 법률규정에 의해서 직접발생하는 것으로 보는 것이 국민의 권리구제에 유리하므로 이행처분설이 타당하다.

🔸 사례 21

(1) 피고 한국토지주택공사(이하 '피고 공사')는 2006.10.27. 택지개발예정지구 지정 공람공고가 이루어진 인천검단지구 택지개발사업(이하 '이 사건 사업')의 사업시행자이고, 원고는 피고 공사에 이 사건 사업에 관한 이주대책 대상자 선정 신청을 한 사람이다.

(2) 이 사건 사업지구 내의 이 사건 주택에 관하여, 2009.11.6. 원고의 동생인 소외인 명의의 소유권보존등기 및 증여를 원인으로 하는 원고 명의의 소유권이전등기가 순차로 이루어졌다.

(3) 피고 공사는 2016.12.경 이 사건 사업의 이주대책을 수립하여 공고하였는데(이하 '이 사건 공고'), 여기에서는 이주자택지(단독주택용지)의 공급대상자 요건에 관하여 '택지개발예정지구 지정 공람공고일(2006.10.27.) 1년 이전부터 보상계약체결일 또는 수용재결일까지 계속하여 사업지구 내 가옥을 소유하고 계속 거주한 자로 피고 공사로부터 그 가옥에 대한 보상을 받고 이 사건 사업 시행으로 인하여 이주하는 자(1989.1.25. 이후 무허가 건물소유자 및 법인, 단체는 제외)'라고 정하였다.

(4) 원고는 이 사건 공고에 따라 2017.3.29. 피고 공사에 이주자택지 공급대상자 선정 신청을 하였다. 이때 원고는 신청서에 '자신이 1970년대에 이 사건 주택을 건축하여 소유권을 취득하였으므로 이주자택지 수급 자격에 해당한다.'는 내용을 기재하고 건축물대장, 이웃 주민들의 확인서, 전력 개통사용자 확인, 수도개설 사용, 등기사항증명서, 소외인이 작성한 양도양수확인서 등의 증빙자료를 첨부하여 제출하였다.

(5) 피고 공사는 2017.7.28. 원고에게 '기준일 이후 주택 취득'이라는 이유로 원고를 이주대책 대상에서 제외하는 결정을 통보하였는데(이하 '1차 결정'), 그 통보서에는 "부적격 결정에 이의가 있으신 경우 본 통지문을 받으신 날로부터 30일 이내에 안내드린 바 있는 이 사건 공고에 의한 대상자 선정 요건을 충족할 수 있는 증빙자료와 함께 우리 공사에 서면으로 이의신청을 하실 수 있으며, 또한 90일 이내에 행정심판 또는 행정소송을 제기하실 수 있음을 알려드립니다."라는 안내문구가 기재되어 있다.

(6) 이에 원고는 2017.8.25. 피고 공사에 이의신청을 하였다. 이때 원고는 이의신청서에 '자신이 1970년대에 이 사건 주택을 신축하여 소유권을 취득하였고, 다만 동네 이장의 착오로 건축물대장에 건축주가 소외인으로 등재되었다.'는 내용을 기재하고 수용사실확인서, 1972년도 사진, 2010년 당시 지장물 조사사진, 소외인 명의의 사실확인서, 마을주민확인서 등의 증빙자료를 추가로 첨부하여 제출하였다.

(7) 피고 공사는 2017.12.6. 원고에게 "부동산 공부에 등재되었던 소유자를 배제하고 사실판단에 기하여 과거 소유자를 인정할 수 없음"이라는 이유로 원고의 이의신청을 받아들이지 않고 여전히 원고를 이주대책 대상에서 제외한다는 결정을 통보하였다(이하 '2차 결정'). 한편 2차 결정의 통보서에는 "우리 공사의 이의신청 불수용처분에 대하여 다시 이의가 있으신 경우 행정소송법에 따라 본 처분통보를 받은 날로부터 90일 이내에 행정심판 또는 행정소송을 제기할 수 있음을 알려드리니 참고하시기 바랍니다."라는 안내문구가 기재되어 있다.

(8) 원고는 2018.3.5. 피고 중앙행정심판위원회(이하 '피고 위원회')에 2차 결정의 취소를 구하는 행정심판을 청구하였는데, 피고 위원회는 2018.10.17. 2차 결정이 처분에 해당하지 않는다는 이유로 원고의 행정심판 청구를 각하하는 재결을 하였고(이하 '이 사건 재결'), 그 재결서가 2018.10.31. 원고에게 송달되었다.

1. 동일 신청 대상에 1차 거부 및 2차 거부처분 있는 경우 무엇이 소의 대상이 되며 피고는 거부처분과 행정심판위원회의 재결 중 무엇을 소의 대상으로 해야 하는지 여부와 제소기간에 대해서 설명하시오. 25점

2. 이주대책 대상자 선정에 대한 거부처분에 대하여 불복할 수 있는 방법에 대해서 논하시오. 15점

(설문 1)의 해결

Ⅰ 쟁점의 정리

Ⅱ 2차 거부처분이 항고쟁송의 대상인 처분이 되는지 여부
　1. 처분의 개념
　　(1) 행정소송법 제2조 제1항 제1호
　　(2) 대상적격으로서의 처분성 판단기준
　2. 2차 거부처분이 항고쟁송의 대상인 처분이 되는지 여부

Ⅲ 원처분주의와 재결주의
　1. 원처분주의와 재결주의
　　(1) 의의
　　(2) 현행법의 태도
　2. 재결고유의 하자유형(재결이 취소소송의 대상이 되는 경우)
　3. 원처분주의의 위반효과(재결의 고유한 위법 없이 소를 제기한 경우)
　4. 각하재결과 원처분주의

Ⅳ 제소기간
　1. 제소기간 의의 및 취지(소송법 제20조)
　2. 행정심판을 거친 경우의 제소기간

Ⅴ 사안의 해결

(설문 2)의 해결

Ⅰ 쟁점의 정리

Ⅱ 수분양권의 발생시기와 권리구제 수단
　1. 수분양권의 의의 및 법적 성질
　2. 수분양권의 발생시기
　　(1) 학설
　　(2) 판례(대판 1994.5.24, 92다35783 全合)
　　(3) 검토(이주대책수립시설)

Ⅲ 권리구제수단
　1. 이주대책 대상자 선정행위의 법적 성질
　2. 권리구제 및 소송형식
　　(1) 확인·결정시설을 취하는 경우
　　(2) 이주대책계획수립이전설을 취하는 경우
　　(3) 이주대책계획수립시설을 취하는 경우

Ⅳ 사안의 해결

⊕ (설문 1)의 해결

① 쟁점의 정리

이주대책 대상자 선정 신청과 관련하여 2차 거부처분이 항고쟁송의 대상으로서 처분에 해당되는지
와 처분에 해당된다면 행정심판의 재결을 대상으로 소를 제기해야하는지를 중심으로 검토한다.

② 2차 거부처분이 항고쟁송의 대상인 처분이 되는지 여부

1. 처분의 개념

(1) 행정소송법 제2조 제1항 제1호

항고소송의 대상인 '처분'이란 "행정청이 행하는 구체적 사실에 관한 법집행으로서의 공권력의
행사 또는 그 거부와 그 밖에 이에 준하는 행정작용"을 말한다.

(2) 대상적격으로서의 처분성 판단기준

행정청의 행위가 항고소송의 대상이 될 수 있는지는 추상적·일반적으로 결정할 수 없고, 구체
적인 경우에 관련 법령의 내용과 취지, 그 행위의 주체·내용·형식·절차, 그 행위와 상대방
등 이해관계인이 입는 불이익 사이의 실질적 견련성, 법치행정의 원리와 그 행위에 관련된 행
정청이나 이해관계인의 태도 등을 고려하여 개별적으로 결정하여야 한다.

2. 2차 거부처분이 항고쟁송의 대상인 처분이 되는지 여부

수익적 행정처분을 구하는 신청에 대한 거부처분은 당사자의 신청에 대하여 관할 행정청이 이를 거
절하는 의사를 대외적으로 명백히 표시함으로써 성립된다. 거부처분이 있은 후 당사자가 다시 신청
을 한 경우에는 신청의 제목 여하에 불구하고 그 내용이 새로운 신청을 하는 취지라면 관할 행정청
이 이를 다시 거절하는 것은 새로운 거부처분이라고 보아야 한다(대판 2019.4.3, 2017두52764).

③ 원처분주의와 재결주의

1. 원처분주의와 재결주의

(1) 의의

"원처분주의"란 원처분의 위법은 원처분에 대한 항고소송에서만 주장할 수 있고, 재결에 대한
항고소송에서는 재결 자체의 고유한 하자에 대해서만 주장할 수 있는 제도를 말한다. "재결주
의"는 재결만이 행정소송의 대상이 되며, 원처분의 위법사유도 아울러 주장할 수 있는 원칙을
의미한다.

(2) 현행법의 태도

현행 행정소송법 제19조는 "취소소송의 대상은 처분 등을 대상으로 한다. 다만, 재결취소소송의 경우에는 재결 자체에 고유한 위법이 있음을 이유로 하는 경우에 한한다."라고 하여 원처분주의를 채택하고 있다.

2. 재결고유의 하자유형(재결이 취소소송의 대상이 되는 경우)

재결이 취소소송의 대상이 되는 경우는 재결 자체에 고유한 위법이 있는 경우에 한하는 바, ① 주체상 하자로는 권한 없는 기관의 재결 ② 절차상 하자로는 심판절차를 준수하지 않은 경우 등 ③ 형식상 하자로는 서면으로 하지 않거나, 중요기재사항을 누락한 경우 ④ 내용상 하자의 경우 견해 대립이 있으나 판례는 '내용의 위법은 위법 부당하게 인용재결을 한 경우에 해당한다'고 판시하여 내용상 하자를 재결고유의 하자로 인정하고 있다.

3. 원처분주의의 위반효과(재결의 고유한 위법 없이 소를 제기한 경우)

고유한 위법없이 소송을 제기한 경우에는 각하판결을 해야 한다는 견해(제19조 단서를 소극적 소송요건으로 보는 견해)가 있으나, 다수·판례는 재결 자체의 위법 여부는 본안사항이므로 기각판결을 해야 한다고 본다.

4. 각하재결과 원처분주의

소송요건을 갖추었음에도 이를 잘못 판단하여 각하한 경우에는 본안심사청구의 기회를 박탈한 것으로서 재결고유의 하자로 볼 수 있다.

Ⅳ 제소기간

1. 제소기간 의의 및 취지(행정소송법 제20조)

제소기간이란 소송을 제기할 수 있는 시간적 간격을 의미하며 제소기간 경과 시 "불가쟁력"으로 소를 제기할 수 없다.
취소소송은 처분이 있은 날로부터 1년, 안 날로부터 90일을 규정하고 있다. 이는 행정의 안정성과 국민의 권리구제를 조화하는 입법정책과 관련된 문제이다.

2. 행정심판을 거친 경우의 제소기간

행정심판을 거쳐 취소소송을 제기하는 경우 취소소송은 재결서의 정본을 송달받은 날부터 90일 이내에 제기하여야 한다(행정소송법 제20조 제1항). 이는 불변기간이다.

Ⅴ 사안의 해결

1차 거부처분과 2차 거부처분은 각각의 처분으로서 2차 거부처분은 항고쟁송의 대상인 처분으로 볼 것이다. 따라서 이에 대한 행정심판으로 각하재결이 나온 경우에는 재결서 정본 송달일로부터 90일 내에 행정심판위원회를 피고로 재결취소소송을 제기해야 할 것이다.

행정절차법 제26조는 행정청이 처분을 할 때에는 당사자에게 그 처분에 관하여 행정심판 및 행정소송을 제기할 수 있는지 여부, 그 밖에 불복을 할 수 있는지 여부, 청구절차 및 청구기간, 그 밖에 필요한 사항을 알려야 한다고 규정하고 있다.

피고 공사가 원고에게 2차 결정을 통보하면서 '2차 결정에 대하여 이의가 있는 경우 2차 결정 통보일부터 90일 이내에 행정심판이나 취소소송을 제기할 수 있다.'는 취지의 불복방법 안내를 하였던 점을 보면, 피고 공사 스스로도 2차 결정이 행정절차법과 행정소송법이 적용되는 처분에 해당한다고 인식하고 있었음을 알 수 있고, 그 상대방인 원고로서도 2차 결정이 행정쟁송의 대상인 처분이라고 인식하였을 수밖에 없다고 보인다. 따라서 2차 거부처분은 항고쟁송의 대상인 처분에 해당된다.

⊕ (설문 2)의 해결

Ⅰ 쟁점의 정리

이주대책으로 인해 주택이나 택지를 공급받을 수 있는 수분양권이 언제 발생되는지를 검토하여 권리구제수단을 논하고자 한다.

Ⅱ 수분양권의 발생시기와 권리구제 수단

1. 수분양권의 의의 및 법적 성질

수분양권이란 이주대책 대상자가 취득하게 되는 택지나 아파트를 분양받을 수 있는 공법상 권리를 말한다(판례동지).

2. 수분양권의 발생시기

(1) 학설

① 이주대책계획수립이전설(법상 취득설)은 토지보상법상 요건을 충족하는 경우에 발생한다고 한다. ② 이주대책계획수립시설은 이주대책에 관한 구체적인 계획을 수립하여 이를 해당자에게 통지 내지 공고한 경우 발생한다고 본다. ③ 확인·결정시설은 이주대책계획 수립 후 이주

자가 이주대책 대상자 선정을 신청하고 사업시행자가 이를 받아들여 이주대책 대상자로 확인·결정하여야 비로소 수분양권이 발생한다고 보는 견해이다.

(2) 판례(대판 1994.5.24, 92다35783 全合)

판례는 "이주대책에 정한 절차에 따라 사업시행자에게 이주대책 대상자 선정신청을 하고 사업시행자가 이를 받아들여 이주대책 대상자로 확인·결정하여야만 비로소 구체적인 수분양권이 발생한다"고 하여 확인·결정시설을 취하고 있다.

(3) 검토(이주대책수립시설)

이주대책 대상자의 경우 법상의 추상적인 이주대책권이 이주대책계획이 수립됨으로써 구체적 권리로 되는 것이므로 이주대책계획수립시설이 타당하다.

Ⅲ 권리구제수단

1. 이주대책 대상자 선정행위의 법적 성질

이주대책 대상자 선정행위로 인해 구체적인 수분양권이 현실화되므로 대상자 선정행위는 행정소송법상 처분이다.

2. 권리구제 및 소송형식

(1) 확인·결정시설을 취하는 경우

대상자 선정신청에 대한 거부나 부작위에 대해서는 항고소송을 제기할 수 있으나, 확인·결정이 없는 경우에는 구체적인 수분양권이 취득되지 못한 상황이므로 확인소송으로서 그 지위를 구하는 소송은 허용될 수 없다.

(2) 이주대책계획수립이전설을 취하는 경우

대상자 선정신청의 거부나 부작위에 대하여 행정쟁송을 제기할 수 있을 뿐만 아니라 이주대책 대상자로서 분양을 받을 권리 또는 그 법률상 지위의 확인을 공법상 당사자소송으로 구할 수 있다고 보아야 한다.

(3) 이주대책계획수립시설을 취하는 경우

이주대책 대상자에서 제외된 이주대책 대상자는 행정쟁송을 제기할 수 있으며, 이주대책계획을 수립한 이후에는 이주대책 대상자의 추상적인 수분양권이 구체적 권리로 바뀌게 되므로 확인판결을 얻음으로써 분쟁이 해결되고 권리구제가 가능하여 그 확인소송이 권리구제에 유효적절한 수단이 될 수 있는 경우에는 당사자소송으로 수분양권 또는 그 법률상의 지위의 확인을 구할 수 있다고 보아야 한다.

Ⅳ 사안의 해결

토지보상법상 이주대책 대상자에 해당하는 경우 사업시행자를 대상으로 이주자택지 공급대상자 선정과 관련된 항고소송을 제기하여 구제받을 수 있으며, 분양권을 받을 권리가 있음을 확인받는 것이 가장 유효적절한 경우에는 수분양권자의 지위를 구하는 확인소송을 제기할 수 있을 것이다.

대판 2021.1.14, 2020두50324

[이주대책대상자제외처분취소]

[판시사항]

[1] 행정청의 행위가 항고소송의 대상이 될 수 있는지 결정하는 방법 및 행정청의 행위가 '처분'에 해당하는지 불분명한 경우, 이를 판단하는 방법

[2] 수익적 행정처분을 구하는 신청에 대한 거부처분이 있은 후 당사자가 새로운 신청을 하는 취지로 다시 신청을 하였으나 행정청이 이를 다시 거절한 경우, 새로운 거부처분인지 여부(적극)

[판결요지]

[1] 항고소송의 대상인 '처분'이란 "행정청이 행하는 구체적 사실에 관한 법집행으로서의 공권력의 행사 또는 그 거부와 그 밖에 이에 준하는 행정작용"(행정소송법 제2조 제1항 제1호)을 말한다. 행정청의 행위가 항고소송의 대상이 될 수 있는지는 추상적·일반적으로 결정할 수 없고, 구체적인 경우에 관련 법령의 내용과 취지, 그 행위의 주체·내용·형식·절차, 그 행위와 상대방 등 이해관계인이 입는 불이익 사이의 실질적 견련성, 법치행정의 원리와 그 행위에 관련된 행정청이나 이해관계인의 태도 등을 고려하여 개별적으로 결정하여야 한다. 행정청의 행위가 '처분'에 해당하는지 불분명한 경우에는 그에 대한 불복방법 선택에 중대한 이해관계를 가지는 상대방의 인식가능성과 예측가능성을 중요하게 고려하여 규범적으로 판단하여야 한다.

[2] 수익적 행정처분을 구하는 신청에 대한 거부처분은 당사자의 신청에 대하여 관할 행정청이 이를 거절하는 의사를 대외적으로 명백히 표시함으로써 성립된다. 거부처분이 있은 후 당사자가 다시 신청을 한 경우에는 신청의 제목 여하에 불구하고 그 내용이 새로운 신청을 하는 취지라면 관할 행정청이 이를 다시 거절하는 것은 새로운 거부처분이라고 보아야 한다. 관계 법령이나 행정청이 사전에 공표한 처분기준에 신청기간을 제한하는 특별한 규정이 없는 이상 재신청을 불허할 법적 근거가 없으며, 설령 신청기간을 제한하는 특별한 규정이 있더라도 재신청이 신청기간을 도과하였는지는 본안에서 재신청에 대한 거부처분이 적법한가를 판단하는 단계에서 고려할 요소이지, 소송요건 심사단계에서 고려할 요소가 아니다.

[이유]

상고이유를 판단한다.
1. 사안의 개요와 쟁점
　가. 원심판결 이유와 기록에 의하면, 다음과 같은 사정을 알 수 있다.

(1) 피고 한국토지주택공사(이하 '피고 공사'라고 한다)는 2006.10.27. 택지개발예정지구 지정 공람공고가 이루어진 인천검단지구 택지개발사업(이하 '이 사건 사업'이라고 한다)의 사업시행자이고, 원고는 피고 공사에 이 사건 사업에 관한 이주대책 대상자 선정 신청을 한 사람이다.

(2) 이 사건 사업지구 내의 이 사건 주택에 관하여, 2009.11.6. 원고의 동생인 소외인 명의의 소유권보존등기 및 증여를 원인으로 하는 원고 명의의 소유권이전등기가 순차로 이루어졌다.

(3) 피고 공사는 2016.12.경 이 사건 사업의 이주대책을 수립하여 공고하였는데(이하 '이 사건 공고'라고 한다), 여기에서는 이주자택지(단독주택용지)의 공급대상자 요건에 관하여 '택지개발예정지구 지정 공람공고일(2006.10.27.) 1년 이전부터 보상계약체결일 또는 수용재결일까지 계속하여 사업지구 내 가옥을 소유하고 계속 거주한 자로 피고 공사로부터 그 가옥에 대한 보상을 받고 이 사건 사업 시행으로 인하여 이주하는 자(1989.1.25. 이후 무허가 건물소유자 및 법인, 단체는 제외)'라고 정하였다.

(4) 원고는 이 사건 공고에 따라 2017.3.29. 피고 공사에 이주자택지 공급대상자 선정 신청을 하였다. 이때 원고는 신청서에 '자신이 1970년대에 이 사건 주택을 건축하여 소유권을 취득하였으므로 이주자택지 수급 자격에 해당한다.'는 내용을 기재하고 건축물대장, 이웃 주민들의 확인서, 전력 개통사용자 확인, 수도개설 사용, 등기사항증명서, 소외인이 작성한 양도양수확인서 등의 증빙자료를 첨부하여 제출하였다.

(5) 피고 공사는 2017.7.28. 원고에게 '기준일 이후 주택 취득'이라는 이유로 원고를 이주대책 대상에서 제외하는 결정을 통보하였는데(이하 '1차 결정'이라고 한다), 그 통보서에는 "부적격 결정에 이의가 있으신 경우 본 통지문을 받으신 날로부터 30일 이내에 안내드린바 있는 이 사건 공고에 의한 대상자 선정 요건을 충족할 수 있는 증빙자료와 함께 우리 공사에 서면으로 이의신청을 하실 수 있으며, 또한 90일 이내에 행정심판 또는 행정소송을 제기하실 수 있음을 알려드립니다."라는 안내문구가 기재되어 있다.

(6) 이에 원고는 2017.8.25. 피고 공사에 이의신청을 하였다. 이때 원고는 이의신청서에 '자신이 1970년대에 이 사건 주택을 신축하여 소유권을 취득하였고, 다만 동네 이장의 착오로 건축물대장에 건축주가 소외인으로 등재되었다.'는 내용을 기재하고 수용사실확인서, 1972년도 사진, 2010년 당시 지장물 조사사진, 소외인 명의의 사실확인서, 마을주민확인서 등의 증빙자료를 추가로 첨부하여 제출하였다.

(7) 피고 공사는 2017.12.6. 원고에게 "부동산 공부에 등재되었던 소유자를 배제하고 사실판단에 기하여 과거 소유자를 인정할 수 없음"이라는 이유로 원고의 이의신청을 받아들이지 않고 여전히 원고를 이주대책 대상에서 제외한다는 결정을 통보하였다(이하 '2차 결정'이라고 한다). 한편 2차 결정의 통보서에는 "우리 공사의 이의신청 불수용처분에 대하여 다시 이의가 있으신 경우 행정소송법에 따라 본 처분통보를 받은 날로부터 90일

이내에 행정심판 또는 행정소송을 제기할 수 있음을 알려드리니 참고하시기 바랍니다."
라는 안내문구가 기재되어 있다.

(8) 원고는 2018.3.5. 피고 중앙행정심판위원회(이하 '피고 위원회'라고 한다)에 2차 결정의
취소를 구하는 행정심판을 청구하였는데, 피고 위원회는 2018.10.17. 2차 결정이 처분
에 해당하지 않는다는 이유로 원고의 행정심판 청구를 각하하는 재결을 하였고(이하 '이
사건 재결'이라고 한다), 그 재결서가 2018.10.31. 원고에게 송달되었다.

나. 이 사건의 쟁점은 2차 결정이 1차 결정과 별도로 행정심판 및 취소소송의 대상이 되는 '처분'
에 해당하는지 여부이다.

2. 원심의 판단

가. 원심은, ① 원고의 이의신청은 당초의 신청과 별개의 새로운 신청으로 보기 어렵고, ② 원고
가 1차 결정에 대하여 이의신청을 할 당시에 1차 결정에 대하여 행정심판이나 취소소송을
제기할 수 있었으며, ③ 2차 결정은 1차 결정의 내용을 그대로 유지한다는 취지로서 이는
원고의 권리·의무에 어떠한 새로운 변동을 초래하지 아니할 뿐만 아니라, ④ 이 사건에 신
뢰보호의 원칙이 적용된다고 볼 수도 없다는 등의 이유로, 2차 결정을 1차 결정과 별도로
행정쟁송의 대상이 되는 처분으로 볼 수 없다고 판단하였다. 그런 다음 이 사건 소 중 피고
공사에 대한 2차 결정 취소청구 부분은 각하하고, 피고 위원회에 대한 이 사건 재결 취소청
구 부분은 재결 자체에 고유한 위법이 없다는 이유로 기각하였다.

나. 그러나 이러한 원심판단은 아래와 같은 이유에서 그대로 수긍하기 어렵다.

3. 대법원의 판단

가. 항고소송의 대상인 '처분'이란 "행정청이 행하는 구체적 사실에 관한 법집행으로서의 공권력
의 행사 또는 그 거부와 그 밖에 이에 준하는 행정작용"(행정소송법 제2조 제1항 제1호)을
말한다. 행정청의 행위가 항고소송의 대상이 될 수 있는지는 추상적·일반적으로 결정할 수
없고, 구체적인 경우에 관련 법령의 내용과 취지, 그 행위의 주체·내용·형식·절차, 그
행위와 상대방 등 이해관계인이 입는 불이익 사이의 실질적 견련성, 법치행정의 원리와 그
행위에 관련된 행정청이나 이해관계인의 태도 등을 고려하여 개별적으로 결정하여야 한다
(대법원 2010.11.18. 선고 2008두167 전원합의체 판결 참조). 행정청의 행위가 '처분'에
해당하는지가 불분명한 경우에는 그에 대한 불복방법 선택에 중대한 이해관계를 가지는 상
대방의 인식가능성과 예측가능성을 중요하게 고려하여 규범적으로 판단하여야 한다(대법원
2018.10.25. 선고 2016두33537 판결 등 참조).

나. 이러한 법리에 비추어 이 사건 사실관계를 살펴보면, 2차 결정은 1차 결정과 별도로 행정쟁
송의 대상이 되는 '처분'으로 봄이 타당하다. 구체적인 이유는 다음과 같다.

(1) 수익적 행정처분을 구하는 신청에 대한 거부처분은 당사자의 신청에 대하여 관할 행정청
이 이를 거절하는 의사를 대외적으로 명백히 표시함으로써 성립된다. 거부처분이 있은
후 당사자가 다시 신청을 한 경우에는 신청의 제목 여하에 불구하고 그 내용이 새로운

신청을 하는 취지라면 관할 행정청이 이를 다시 거절하는 것은 새로운 거부처분이라고 보아야 한다(대법원 2019.4.3. 선고 2017두52764 판결 등 참조). 관계 법령이나 행정청이 사전에 공표한 처분기준에 신청기간을 제한하는 특별한 규정이 없는 이상 재신청을 불허할 법적 근거가 없으며, 설령 신청기간을 제한하는 특별한 규정이 있다 하더라도 재신청이 신청기간을 도과하였는지 여부는 본안에서 재신청에 대한 거부처분이 적법한가를 판단하는 단계에서 고려할 요소이지, 소송요건 심사단계에서 고려할 요소가 아니다.

(2) 행정절차법 제26조는 행정청이 처분을 할 때에는 당사자에게 그 처분에 관하여 행정심판 및 행정소송을 제기할 수 있는지 여부, 그 밖에 불복을 할 수 있는지 여부, 청구절차 및 청구기간, 그 밖에 필요한 사항을 알려야 한다고 규정하고 있다. 이 사건에서 피고 공사가 원고에게 2차 결정을 통보하면서 '2차 결정에 대하여 이의가 있는 경우 2차 결정 통보일부터 90일 이내에 행정심판이나 취소소송을 제기할 수 있다.'는 취지의 불복방법 안내를 하였던 점을 보면, 피고 공사 스스로도 2차 결정이 행정절차법과 행정소송법이 적용되는 처분에 해당한다고 인식하고 있었음을 알 수 있고, 그 상대방인 원고로서도 2차 결정이 행정쟁송의 대상인 처분이라고 인식하였을 수밖에 없다고 보인다. 이와 같이 불복방법을 안내한 피고 공사가 이 사건 소가 제기되자 '처분성'이 인정되지 않는다고 본안전항변을 하는 것은 신의성실원칙(행정절차법 제4조)에도 어긋난다(대법원 2020.4.9. 선고 2019두61137 판결 참조).

원심이 원용한 대법원 2012.11.15. 선고 2010두8676 판결은, 행정청이 구 「민원사무 처리에 관한 법률」(2015.8.11. 법률 제13459호로 전부 개정되기 전의 것) 제18조에 근거한 '이의신청'에 대하여 기각결정을 하였을 뿐이고 기각결정에 대하여 행정쟁송을 제기할 수 있다는 불복방법 안내를 하지는 않았던 사안에 관한 것이므로[해당 사안에 적용되는 구 「민원사무처리에 관한 법률 시행령」(2012.12.20. 대통령령 제24235호로 전부 개정되기 전의 것) 제29조 제3항은 행정기관의 장이 법 제18조 제2항에 따라 이의신청에 대한 결과를 통지하는 때에는 결정 이유, 원래의 거부처분에 대한 불복방법 및 불복절차를 구체적으로 명시하여야 한다고 규정하고 있었다], 이 사건 사안에 원용하기에는 적절하지 않다.

다. 그런데도 원심은, 2차 결정이 1차 결정과 별도로 행정쟁송의 대상이 되는 처분에 해당하지 않는다고 판단하였다. 이러한 원심판단에는 행정소송의 대상인 처분에 관한 법리를 오해하여 판결에 영향을 미친 잘못이 있다. 이를 지적하는 상고이유 주장은 이유 있다.

4. 결론

그러므로 원심판결을 파기하고, 사건을 다시 심리·판단하게 하기 위하여 원심법원에 환송하기로 하여, 관여 대법관의 일치된 의견으로 주문과 같이 판결한다.

🔖 **사례 22**

갑(무주택세대주)은 1986.4.29. 병으로부터 병이 미등기상태로 사실상 소유하고 있던 가옥을 매수한 후, 같은 해 5.29. 을에게 전세금 1,200,000원에 임대하였다. 그런데 2014. 경 광명시 하안동, 철산동 및 서울시 구로구 구로동 일원에 택지개발사업이 시행되면서 갑 소유의 미등기 가옥은 철거대상이 되었다. 택지개발사업의 시행에 따른 지장물 철거 시 그 손실보상의 한 방법으로서 그 철거대상건물의 사실상 소유자를 대상으로 그가 무주택자일 경우에는 거주지에 관계없이 ○○아파트의 특별분양권을 부여하기로 하는 토지보상법상 이주대책이 수립, 실시되었다. 사업시행자는 이주대책에 따라 철거대상물들의 소유자를 조사하는 과정에서 갑 소유의 가옥에 대한 지장물세목조서상의 소유명의를 갑으로 하여야 함에도 불구하고 착오로 임차인에 지나지 아니한 을로 등재하고, 을에게 ○○아파트의 특별분양권을 부여하였다. 이에 갑은 ○○아파트의 특별분양권의 공급대상은 을이 아닌 자신이라고 주장한다.

(1) 이와 관련하여 생활보상 및 이주대책의 법적 근거를 설명하시오. `5점`

(2) 갑이 관철할 수 있는 권리구제수단을 논하시오. `25점`

(설문1)의 해결

Ⅰ 개설(생활보상 및 이주대책의 의의)

Ⅱ 생활보상 및 이주대책의 법적 근거
　1. 헌법적 근거
　2. 개별법적 근거

(설문2)의 해결

Ⅰ 쟁점의 정리

Ⅱ 수분양권의 법적 성질 및 발생시기
　1. 수분양권의 의의
　2. 수분양권의 법적 성질 및 발생시기

　(1) 공법관계인지
　(2) 발생시기
　　1) 학설
　　2) 판례
　　3) 검토

Ⅲ 권리구제수단
　1. 이주대책 대상자 선정행위의 법적 성질
　2. 권리구제 및 소송형식
　　(1) 확인·결정시설을 취하는 경우
　　(2) 이주대책계획수립이전설을 취하는 경우
　　(3) 이주대책계획수립시설을 취하는 경우

Ⅳ 사안의 해결

➕ **(설문 1)의 해결**

Ⅰ 개설(생활보상 및 이주대책의 의의)

생활보상이란 사업의 시행으로 생활의 근거를 상실하게 되는 피수용자의 생활재건을 위한 보상을 말하며, 이주대책이란 주거용 건축물을 제공하여, 생활의 근거를 상실하는 자에게 종전 생활을 유지시켜주는 일환으로 택지 및 주택을 공급하거나 이주정착금을 지급하는 것을 말한다.

Ⅱ 생활보상 및 이주대책의 법적 근거

1. 헌법적 근거

① 다수견해는(헌법 제23조 및 제34조 결합설) 정책배려로 마련된 생활보상의 일환이라고 한다. ② 소수견해는(제23조설) 정당보상 범주 내의 손실보상의 일환이라고 한다. ③ 헌법재판소는 생활보호 차원의 시혜적 조치라고 한다. ④ 생각건대 생활보상의 근거는 생존권 보장인 점과, 손실보상의 근거는 헌법 제23조 제3항이므로 통합설이 타당하다.

2. 개별법적 근거

토지보상법 제78조에서는 주거용 건축물을 제공한 자에 대한 이주대책을 규정하고 있으며 동법 제78조의2에서는 공장용 부지를 제공한 자에 대한 입주대책을 규정하고 있다. 이 외에도 각 개별법에서 사업의 특수성을 고려한 내용의 이주대책을 규정하고 있다.

⊕ (설문 2)의 해결

Ⅰ 쟁점의 정리

갑 소유의 가옥은 택지개발계획사업의 시행으로 인하여 철거될 예정이며, 이에 대한 손실보상의 방법으로 특별분양권이 공급될 것이다. 이 경우 갑에게 특별분양권이 공급되어야 함에도 임차자인 을에게 공급되었는바, ○○아파트를 분양받을 수 있는 권리인 수분양권의 법적 성질과 성립시기를 검토하여, 갑이 항고소송 및 수분양권자의 지위를 구하는 확인소송을 제기할 수 있는지를 논한다.

Ⅱ 수분양권의 법적 성질 및 발생시기

1. 수분양권의 의의

수분양권이란 이주자가 이주대책을 수립, 실시하는 사업시행자로부터 이주대책 대상자로 확인, 결정을 받음으로써 취득하게 되는 택지나 아파트를 분양받을 수 있는 권리를 말한다.

2. 수분양권의 법적 성질 및 발생시기

(1) 공법관계인지

이주대책의 수립 및 집행은 공행정사무이며, 판례도 수분양권은 대상자 확인, 결정에 의해 취득하는 공법상 권리라고 한다.

(2) 발생시기

1) 학설

① 수분양권은 실체적 권리이므로 이주대책계획수립이전에 법상요건이 충족되는 시점에서 발생한다는 이주대책수립이전시설, ② 사업시행자가 이주대책에 관한 구체적인 계획을 수립하여 통지 및 공고한 경우에 발생한다는 이주대책계획수립시설, ③ 사업시행자가 이주대책 대상자로 확인·결정하여야 비로소 수분양권이 발생한다고 보는 확인결정시설의 견해가 있다.

2) 판례

판례는 "이주대책에 정한 절차에 따라 사업시행자에게 이주대책 대상자 선정신청을 하고 사업시행자가 이를 받아들여 이주대책 대상자로 확인·결정하여야만 비로소 구체적인 수분양권이 발생한다"고 하여 확인·결정시설을 취하고 있다.

3) 검토

이주대책 대상자의 경우 법상의 추상적인 이주대책권이 이주대책계획이 수립됨으로써 구체적 권리로 되는 것이므로 이주대책계획수립시설이 타당하다. 법상의 이주대책 대상자가 아닌 자는 확인결정시설이 타당하다.

Ⅲ 권리구제수단

1. 이주대책 대상자 선정행위의 법적 성질

이주대책 대상자 선정행위로 인해 구체적인 수분양권이 실현되는 것이므로 수분양권의 발생시기를 언제로 보느냐에 따라서 형성처분 및 이행처분으로 볼 수 있다. 어느 견해에 따르더라도 이주대책 대상자 선정에 대한 거부는 이주대책 대상자의 권익에 영향을 미치는 처분으로 볼 수 있다.

2. 권리구제 및 소송형식

(1) 확인·결정시설을 취하는 경우

이주대책 대상자 선정신청에 대한 거부는 거부처분이 되므로 이에 대하여 취소소송을 제기하고 부작위인 경우에는 부작위위법확인소송을 제기하여야 한다. 민사소송이나 공법상 당사자소송으로 이주대책상의 수분양권의 확인 등을 구하는 것은 허용될 수 없다.

(2) 이주대책계획수립이전설을 취하는 경우

이주대책 대상자 선정신청의 거부나 부작위에 대하여 행정쟁송을 제기할 수 있을 뿐만 아니라 이주대책 대상자로서 분양을 받을 권리 또는 그 법률상 지위의 확인을 공법상 당사자소송으로 구할 수 있다고 본다.

(3) 이주대책계획수립시설을 취하는 경우

이주대책계획을 수립한 이후에는 분양신청이 거부당한 경우에는 그 거부의 취소를 구하는 행정 쟁송을 제기할 수 있을 것이다. 이주대책계획을 수립한 이후에는 이주대책 대상자의 추상적인 수분양권이 구체적 권리로 바뀌게 되므로 확인판결을 얻음으로써 분쟁이 해결되고 권리구제가 가능하여 그 확인소송이 권리구제에 유효 적절한 수단이 될 수 있는 경우에는 당사자소송으로 수분양권 또는 그 법률상의 지위의 확인을 구할 수 있다고 보아야 한다.

Ⅳ 사안의 해결

갑이 공급받을 수 있는 ○○아파트의 특별분양권은 갑 소유의 가옥을 제공함으로써 발생되는 실체 적인 손실보상의 내용으로 볼 수 있다. 따라서 갑이 ○○아파트의 특별분양권을 공급받을 권리가 있음을 확인받는 것이 가장 유효적절한 경우에는 수분양권자의 지위를 구하는 확인소송을 제기할 수 있을 것이며, 확인소송의 보충성이 인정되지 않는 경우에는 사업시행자를 대상으로 특별공급대 상자 선정과 관련된 항고소송을 제기할 수 있을 것이다.

 사례 **23**

LH공사가 경기도 부천시 원미구 상동일대에 택지개발촉진법에 의한 택지개발사업을 시행하려고 2021년 5월에 사업인정을 국토교통부장관에게 신청하여 2021년 6월 20일 사업인정을 받았다. 택지개발사업 시행지구에는 갑 등을 포함해서 20,000여세대의 주민들이 거주하고 있는데 아직 LH공사가 거주민을 위한 이주대책을 수립하지 않고 있다. 이와 관련하여 다음의 설문에 답하시오(택지개발촉진법상 이주대책에 관하여는 토지보상법을 준용하도록 되어 있음).

(1) LH공사가 이주대책계획을 수립하지 않은 경우 갑은 이주대책계획의 수립을 청구할 수 있는가? 청구할 수 있다면 특정한 내용의 이주대책을 요구할 수 있는가? 20점

(2) LH공사가 이주대책으로 택지분양권을 주기로 계획을 수립하였고 이에 따라 갑이 이주자로서 이주대책 대상자 신청을 하였으나 주택공사가 확인·결정을 거부한 경우, 갑의 권리구제수단에 대해서 설명하시오. 20점

관련
규정

토지보상법 제78조(이주대책의 수립 등)

① 사업시행자는 공익사업의 시행으로 인하여 주거용 건축물을 제공함에 따라 생활의 근거를 상실하게 되는 자(이하 "이주대책 대상자"라 한다)를 위하여 대통령령으로 정하는 바에 따라 이주대책을 수립·실시하거나 이주정착금을 지급하여야 한다.

② 사업시행자는 제1항에 따라 이주대책을 수립하려면 미리 관할 지방자치단체의 장과 협의하여야 한다.

③ 국가나 지방자치단체는 이주대책의 실시에 따른 주택지의 조성 및 주택의 건설에 대하여는 「주택도시기금법」에 따른 주택도시기금을 우선적으로 지원하여야 한다.

④ 이주대책의 내용에는 이주정착지(이주대책의 실시로 건설하는 주택단지를 포함한다)에 대한 도로, 급수시설, 배수시설, 그 밖의 공공시설 등 통상적인 수준의 생활기본시설이 포함되어야 하며, 이에 필요한 비용은 사업시행자가 부담한다. 다만, 행정청이 아닌 사업시행자가 이주대책을 수립·실시하는 경우에 지방자치단체는 비용의 일부를 보조할 수 있다.

⑤ 제1항에 따라 이주대책의 실시에 따른 주택지 또는 주택을 공급받기로 결정된 권리는 소유권이전등기를 마칠 때까지 전매(매매, 증여, 그 밖에 권리의 변동을 수반하는 모든 행위를 포함하되, 상속은 제외한다)할 수 없으며, 이를 위반하거나 해당 공익사업과 관련하여 다음 각 호의 어느 하나에 해당하는 경우에 사업시행자는 이주대책의 실시가 아닌 이주정착금으로 지급하여야 한다.

  1. 제93조, 제96조 및 제97조 제2호의 어느 하나에 해당하는 위반행위를 한 경우

  2. 「공공주택 특별법」 제57조 제1항 및 제58조 제1항 제1호의 어느 하나에 해당하는 위반행위를 한 경우

  3. 「한국토지주택공사법」 제28조의 위반행위를 한 경우

⑥ 주거용 건물의 거주자에 대하여는 주거 이전에 필요한 비용과 가재도구 등 동산의 운반에 필요한 비용을 산정하여 보상하여야 한다.

⑦ 공익사업의 시행으로 인하여 영위하던 농업·어업을 계속할 수 없게 되어 다른 지역으로 이주하는 농민·어민이 받을 보상금이 없거나 그 총액이 국토교통부령으로 정하는 금액에 미치지 못하는 경우에는 그 금액 또는 그 차액을 보상하여야 한다.

⑧ 사업시행자는 해당 공익사업이 시행되는 지역에 거주하고 있는 「국민기초생활 보장법」 제2조 제1호·제11호에 따른 수급권자 및 차상위계층이 취업을 희망하는 경우에는 그 공익사업과 관련된 업무에 우선적으로 고용할 수 있으며, 이들의 취업 알선을 위하여 노력하여야 한다.

⑨ 제4항에 따른 생활기본시설에 필요한 비용의 기준은 대통령령으로 정한다.

⑩ 제5항 및 제6항에 따른 보상에 대하여는 국토교통부령으로 정하는 기준에 따른다.

시행령 제40조(이주대책의 수립·실시)

① 사업시행자가 법 제78조 제1항에 따른 이주대책(이하 "이주대책"이라 한다)을 수립하려는 경우에는 미리 그 내용을 같은 항에 따른 이주대책 대상자(이하 "이주대책 대상자"라 한다)에게 통지하여야 한다.

② 이주대책은 국토교통부령으로 정하는 부득이한 사유가 있는 경우를 제외하고는 이주대책 대상자 중 이주정착지에 이주를 희망하는 자의 가구 수가 10호(戶) 이상인 경우에 수립·실시한다. 다만, 사업시행자가 「택지개발촉진법」 또는 「주택법」 등 관계 법령에 따라 이주대책 대상자에게 택지 또는 주택을 공급한 경우(사업시행자의 알선에 의하여 공급한 경우를 포함한다)에는 이주대책을 수립·실시한 것으로 본다.

③ 법 제4조 제6호 및 제7호에 따른 사업(이하 이 조에서 "부수사업"이라 한다)의 사업시행자는 다음 각 호의 요건을 모두 갖춘 경우 부수사업의 원인이 되는 법 제4조 제1호부터 제5호까지의 규정에 따른 사업(이하 이 조에서 "주된 사업"이라 한다)의 이주대책에 부수사업의 이주대책을 포함하여 수립·실시하여 줄 것을 주된 사업의 사업시행자에게 요청할 수 있다. 이 경우 부수사업 이주대책 대상자의 이주대책을 위한 비용은 부수사업의 사업시행자가 부담한다.

  1. 부수사업의 사업시행자가 법 제78조 제1항 및 이 조 제2항 본문에 따라 이주대책을 수립·실시하여야 하는 경우에 해당하지 아니할 것

  2. 주된 사업의 이주대책 수립이 완료되지 아니하였을 것

④ 제3항 각 호 외의 부분 전단에 따라 이주대책의 수립·실시 요청을 받은 주된 사업의 사업시행자는 법 제78조 제1항 및 이 조 제2항 본문에 따라 이주대책을 수립·실시하여야 하는 경우에 해당하지 아니하는 등 부득이한 사유가 없으면 이에 협조하여야 한다.

⑤ 다음 각 호의 어느 하나에 해당하는 자는 이주대책 대상자에서 제외한다.

  1. 허가를 받거나 신고를 하고 건축 또는 용도변경을 하여야 하는 건축물을 허가를 받지 아니하거나 신고를 하지 아니하고 건축 또는 용도변경을 한 건축물의 소유자

  2. 해당 건축물에 공익사업을 위한 관계 법령에 따른 고시 등이 있은 날부터 계약체결일 또는 수용재결일까지 계속하여 거주하고 있지 아니한 건축물의 소유자. 다만, 다음 각 목의 어느 하나에 해당하는 사유로 거주하고 있지 아니한 경우에는 그러하지 아니하다.

    가. 질병으로 인한 요양

    나. 징집으로 인한 입영

    다. 공무

    라. 취학

    마. 해당 공익사업지구 내 타인이 소유하고 있는 건축물에의 거주

    바. 그 밖에 가목부터 라목까지에 준하는 부득이한 사유

> 3. 타인이 소유하고 있는 건축물에 거주하는 세입자. 다만, 해당 공익사업지구에 주거용 건축물을 소유
> 한 자로서 타인이 소유하고 있는 건축물에 거주하는 세입자는 제외한다.
> ⑥ 제2항 본문에 따른 이주정착지 안의 택지 또는 주택을 취득하거나 같은 항 단서에 따른 택지 또는 주택을
> 취득하는 데 드는 비용은 이주대책 대상자의 희망에 따라 그가 지급받을 보상금과 상계(相計)할 수 있다.

⊕ (설문 1)의 해결

Ⅰ 쟁점의 정리

설문은 갑이 특정내용의 이주대책을 요구할 수 있는지를 묻고 있다. ① 갑에게 이주대책수립을 요
청할 만한 권리가 있는지를 토지보상법 제78조 및 동법 시행령 제40조 등을 검토하여 확인하고,
② 사업시행자에게 이주대책의 수립내용에 대한 재량권이 인정되는지를 검토하여 설문을 해결한다.

Ⅱ 갑이 이주대책계획의 수립을 청구할 수 있는지

1. 이주대책의 의의 및 수립절차

토지보상법 제78조에서는, 사업시행자는 공익사업의 시행으로 인하여 주거용 건축물을 제공함에
따라 생활의 근거를 상실하게 되는 자를 위하여 이주대책을 수립·실시하되, 토지보상법 시행령
제40조 제2항에서는 ① 조성토지가 없는 경우, ② 비용이 과다한 경우를 제외하고는, ③ 이주대책
대상이 10호 이상이 된다면 이주대책을 수립하도록 하고 있다. 이에 따라 사업시행자는 해당 지역
자치단체와 협의하여 이주대책계획을 수립하고 이주대책 대상자에게 통지한 후 이주대책의 신청
및 대상자확인결정을 통하여 분양절차를 마무리하게 된다.

2. 이주대책의 법적 근거 및 법적 성격

이주대책은 공공사업의 시행에 의하여 생활의 근거를 상실하는 자에게 종전의 생활상태를 원상으
로 회복시키면서 동시에 인간다운 생활을 보장하여 주기 위한 이른바 생활보상의 일환으로 국가의
적극적이고 정책적인 배려에 의하여 마련된 제도이며, 토지보상법 제78조에서는 주거용 건축물을
제공한 자에 대한 이주대책을 규정하고 있다. 또한 생활보상의 성격을 손실보상의 일환으로 보게
되면 이주대책도 공법상 관계로 볼 수 있다.

3. 강행규정인지 여부

토지보상법 시행령 제40조 제4항은 법상 예외가 인정되고 있는 경우를 제외하고는 사업시행자에게 이주대책을 실시할 의무만을 부여하고 있다고 보아야 하므로 이 법규정만으로는 법상의 이주대책 대상자에게 특정한 이주대책을 청구할 권리는 발생하지 않지만 이주대책을 수립할 것을 청구할 권리는 갖는다고 보아야 한다. 판례도 "사업시행자의 이주대책 수립·실시의무는 사업시행자의 재량에 의하여 적용을 배제할 수 없는 강행규정"이라고 판시하고 있다(대판 2013.6.28, 2011다40465).

4. 사안의 경우

이주대책의 수립의무는 사업시행자가 재량에 의하여 배제할 수 없으며, 토지보상법 제78조 및 동법 시행령 제40조 규정에 의해 이주대책의 수립의무가 부여된다고 할 것이다. 따라서 갑은 동 규정에 근거하여 사업시행자에게 이주대책수립을 청구할 수 있다.

Ⅲ 갑이 특정내용의 이주대책을 요구할 수 있는지

1. 이주대책의 수립내용(법 제78조 제4항)

이주대책의 내용에는 이주정착지(이주대책의 실시로 건설하는 주택단지를 포함한다)에 대한 도로, 급수시설, 배수시설, 그 밖의 공공시설 등 통상적인 수준의 생활기본시설이 포함되어야 하며, 이에 필요한 비용은 사업시행자가 부담한다. 다만, 행정청이 아닌 사업시행자가 이주대책을 수립·실시하는 경우에 지방자치단체는 비용의 일부를 보조할 수 있다.

2. 이주대책 수립내용의 재량성 인정 여부

이주대책의 내용에 사업시행자의 재량이 인정된다고 봄이 다수견해이며, 판례도 '사업시행자는 특별공급주택의 수량, 특별공급대상자의 선정 등에 있어 재량을 가진다'고 판시한 바 있다. 따라서 사업시행자는 해당 사업의 목적과 기간 등을 고려하여 생활기본시설이 설치된 택지 및 주택에 대한 공급계획을 수립해야 할 것이다.

3. 사안의 경우

이주대책의 주요 내용은 사업의 목적, 규모, 기간 및 이주대책 대상자의 수 등에 따라 사업마다 다르게 결정되어야 할 것이다. 따라서 갑은 LH공사에게 자신의 기호에 따른 특정내용의 이주대책 수립을 청구할 수 없으며, 생활기본시설이 설치된 일정내용의 이주대책수립을 청구할 수 있을 뿐이다.

Ⅳ 사안의 해결(이주대책계획 미수립에 대한 권리구제 등)

이주대책은 공공사업의 시행에 의하여 생활의 근거를 상실하는 자에게 종전의 생활상태를 원상으로 회복시켜주는 제도이므로, 갑은 토지보상법 제78조 및 동법 시행령 제40조 등을 근거로 이주대책수립을 청구할 수 있을 것이다. 다만, 사업시행자는 이주대책의 수립내용에 대해서 재량을 가지고 있으므로 특정내용이 아닌 일정내용의 수립청구만을 할 수 있을 것이다.

또한, 법상의 이주대책 대상자가 이주대책계획의 수립을 청구하였음에도 불구하고 사업시행자가 이주대책을 수립하지 않는 경우에는 의무이행심판 또는 부작위위법확인소송을 제기할 수 있고, 이주대책수립을 거부한 경우에는 의무이행심판(또는 거부처분취소심판) 또는 거부처분취소소송을 제기할 수 있다고 보아야 한다.

➕ (설문 2)의 해결

Ⅰ 쟁점의 정리

설문은 확인·결정거부에 대한 권리구제수단을 묻고 있다. 설문의 해결을 위하여 수분양권이 언제 발생되었는지 여부 및 이주대책 대상자 확인·결정행위에 대한 법적 성질을 검토한 후, 권리구제수단에 대해 설명한다.

Ⅱ 수분양권의 발생시기

1. 수분양권의 의의

수분양권이란 이주자가 이주대책을 수립, 실시하는 사업시행자로부터 이주대책 대상자로 확인, 결정을 받음으로서 취득하게 되는 택지나 아파트를 분양받을 수 있는 권리를 말한다. 문제는 이주대책 대상자에게 언제 수분양권 등 특정한 실체법상의 권리가 취득되는가 하는 것이다.

2. 수분양권의 법적 성질 및 발생시기

(1) 공법관계인지

이주대책의 수립 및 집행은 공행정사무로 보아야 하므로, 판례도 수분양권은 대상자 확인, 결정에 의해 취득하는 공법상 권리라고 한다.

(2) 발생시기

1) 학설

① 이주대책계획수립이전설(법상 취득설)

토지보상법 제78조 및 동법 시행령 제40조의 요건을 충족하는 경우에 실체적 권리인 수분양권이 취득된다고 보는 견해이다.

② 이주대책계획수립시설

사업시행자가 이주대책에 관한 구체적인 계획을 수립하여 이를 해당자에게 통지 내지 공고한 경우에 이것으로 이주자에게 수분양권이 취득된다고 보는 견해이다.

③ 확인·결정시설

이주대책계획 수립 후 이주자가 이주대책 대상자 선정을 신청하고 사업시행자가 이를 받아들여 이주대책 대상자로 확인·결정하여야 비로소 수분양권이 발생한다고 보는 견해이다.

2) 판례

판례는 "이주대책에 정한 절차에 따라 사업시행자에게 이주대책 대상자 선정신청을 하고 사업시행자가 이를 받아들여 이주대책 대상자로 확인·결정하여야만 비로소 구체적인 수분양권이 발생한다"고 하여 확인·결정시설을 취하고 있다(대판 1994.5.24, 92다35783 全合).

3) 검토

이주대책 대상자의 경우 법상의 추상적인 이주대책권이 이주대책계획이 수립됨으로써 구체적 권리로 되는 것이므로 이주대책계획수립시설이 타당하다. 다만, 법상의 이주대책 대상자가 아닌 이주자는 이주대책 대상자 선정신청을 하고 사업시행자가 이를 받아들여 이주대책 대상자로 확인·결정하여야 비로소 실체적인 권리를 취득한다고 보아야 한다.

Ⅲ 이주대책 대상자 확인·결정거부에 대한 권리구제수단

1. 확인·결정의 법적 성질

이주대책 대상자 확인·결정행위의 법적 성질을 이행처분 또는 형성처분으로 보는 견해가 있는데, 어느 견해에 의하든 처분성이 인정된다.

2. 판례와 같이 확인·결정시설을 취하는 경우

이주대책 대상자 선정신청에 대한 거부는 거부처분이 되므로 이에 대하여 취소소송을 제기하고 부작위인 경우에는 부작위위법확인소송을 제기하여야 한다. 이주대책 대상자 선정신청 및 이에 따른 확인·결정 등 절차를 밟지 아니하여 구체적인 수분양권을 아직 취득하지도 못한 상태에서 곧바로 분양의무의 주체를 상대방으로 하여 민사소송이나 공법상 당사자소송으로 이주대책상의 수분양권의 확인 등을 구하는 것은 허용될 수 없다.

3. 이주대책계획수립이전설(법상 취득설)을 취하는 경우

이주대책 대상자 선정신청의 거부나 부작위에 대하여 행정쟁송을 제기할 수 있을 뿐만 아니라 구체적 이주대책계획에서 제외된 이주대책 대상자는 자기 몫이 참칭 이주대책 대상자에게 이미 분양되어 분양신청을 하더라도 거부할 것이 명백한 특수한 경우에는 이주대책 대상자로서 분양을 받을 권리 또는 그 법률상 지위의 확인을 공법상 당사자소송으로 구할 수 있다고 보아야 한다.

4. 이주대책계획수립시설을 취하는 경우

이주대책계획을 수립한 이후에는 이주대책 대상자에서 제외된 이주대책 대상자는 수분양권에 터잡은 분양신청을 하여 거부당한 경우에는 그 거부의 취소를 구하는 행정쟁송을 제기할 수 있을 것이다. 사업시행자가 실제로 이주대책계획을 수립하기 이전에는 이주자의 수분양권은 아직 추상적인 권리나 법률상의 지위 내지 이익에 불과한 것이어서 그 권리나 지위의 확인을 구할 수 없을 것이나, 이주대책계획을 수립한 이후에는 이주대책 대상자의 추상적인 수분양권이 구체적 권리로 바뀌게 되므로 확인판결을 얻음으로써 분쟁이 해결되고 권리구제가 가능하여 그 확인소송이 권리구제에 유효적절한 수단이 될 수 있는 경우에는 당사자소송으로 수분양권 또는 그 법률상의 지위의 확인을 구할 수 있다고 보아야 한다.

Ⅳ 사안의 해결

갑은 이주대책 대상자 확인·결정거부에 대하여 거부처분 취소소송 또는 무효등확인소송을 제기할 수 있을 것이며, 보충성이 충족되는 경우에 한해서 수분양권자의 지위확인을 구하는 당사자소송을 제기할 수 있을 것이다. 다만, 판례의 태도에 따르면 갑은 거부처분에 대한 항고소송만을 제기할 수 있을 것이다.

사례 24

1980.7.3. 갑은 자신의 토지 위에 관계 행정청의 허가 없이 2층 규모의 주택을 건축하였다. 2014년 4월 갑토지를 포함한 일대가 저소득 계층의 생활지원을 위한 임대주택 사업부지로 선정되었다. 이에 따라 갑은 토지보상법상 손실보상의 일환으로 주택법 등 관계법령에 따라 85제곱미터의 주택을 분양받을 수 있는 권리를 받기로 한 후, 자신의 주택을 자진 철거하는 등 공익사업의 원활한 시행을 위한 지원을 아끼지 않았다. 2014년 8월 사업시행자는 갑에게 85제곱미터의 분양가격을 제시하였는데, 이는 "토지구입 및 조성비, 건축비, 도로·급부시설·배수시설 등의 설치비용" 등으로 구성되어 있었다. 갑은 토지보상법 제78조 제4항에서는 생활기본시설의 설치비용은 사업시행자가 부담하도록 되어있는 바, 생활기본시설의 설치비용은 제외되어야 한다고 주장한다. 이에 사업시행자는 갑에게 제공되는 주택은 주택법 등에 따라 공급되는 것이며, 갑이 이를 일반분양가로 공급받더라도 현재 시가가 일반분양가를 상회하고 있으므로 시세차익 등을 얻을 기회나 가능성이 부여되고, 이러한 시세차익 등이 생활기본시설의 설치비용을 크게 상회하므로 생활기본시설 설치비용은 갑이 부담해야 한다고 주장한다. 이와 관련하여 이주대책의 내용(유형 및 종류 등)을 설명하고, 갑 및 사업시행자 주장의 타당성을 검토하시오. 35점

Ⅰ 쟁점의 정리
Ⅱ 이주대책의 내용(유형 및 종류 등)
  1. 의의 및 취지
  2. 근거 및 성격
    (1) 이론적·법적 근거
    (2) 법적 성격
  3. 요건 및 절차
    (1) 수립요건
    (2) 절차
    (3) 대상자요건(토지보상법 시행령 제40조 제5항)

  4. 이주대책의 내용(유형)
    (1) 이주정착지 조성(토지보상법 제78조 제1항 및 제4항)
    (2) 관계법령에 따른 공급(시행령 제40조)
    (3) 이주정착금의 지급(시행령 제41조)
Ⅲ 갑 및 사업시행자 주장의 타당성
  1. 생활기본시설 설치규정이 강행규정인지 여부
  2. 관계법령에 따른 공급의 경우에도 사업시행자가 비용을 부담하는지 여부
  3. 갑 및 사업시행자 주장의 타당성
Ⅳ 사안의 해결

Ⅰ 쟁점의 정리

설문에서는 갑과 사업시행자간 생활기반시설의 설치부담자가 누구인지가 문제된다. 이의 해결을 위하여 토지보상법상 규정되어 있는 이주대책의 내용과, 관계법령에 따른 공급에 있어서도 생활기반시설 설치비용의 부담의무가 사업시행자에게 있는지 검토한다.

Ⅱ 이주대책의 내용(유형 및 종류 등)

1. 의의 및 취지

이주대책이란 주거용 건축물을 제공하여, 생활의 근거를 상실하는 자에게 종전 생활을 유지시켜주는 일환으로 택지 및 주택을 공급하거나 이주정착금을 지급하는 것을 말한다.

2. 근거 및 성격

(1) 이론적·법적 근거

이주대책은 공공사업의 시행에 의하여 생활의 근거를 상실하는 자에게 종전의 생활상태를 원상으로 회복시키면서 동시에 인간다운 생활을 보장하여 주기 위한 이른바 생활보상의 일환으로 국가의 적극적이고 정책적인 배려에 의하여 마련된 제도이며 헌법 제23조 및 제34조에 헌법적 근거를 두는 것으로 본다. 이에 토지보상법 제78조에서는 주거용 건축물을 제공한 자에 대한 이주대책을 규정하고 있다.

(2) 법적 성격

이주대책은 생활보호 차원의 시혜적인 조치로서 정책배려로 마련된 제도이다. 따라서 생활보상의 성격을 갖는다. 판례도 이주대책을 생활보상의 일환으로 보고 있다. 또한 생활보상의 성격을 손실보상의 일환으로 보게 되면 이주대책도 공법상 관계로 볼 수 있다.

3. 요건 및 절차

(1) 수립요건

토지보상법 시행령 제40조 제2항에서는 ① 조성토지가 없는 경우, ② 비용이 과다한 경우를 제외하고는, ③ 이주대책 대상이 10호 이상이 된다면 이주대책을 수립하도록 하고 있다.

(2) 절차

사업시행자는 해당 지역 자치단체와 협의하여 이주대책 계획을 수립하고 이주대책 대상자에게 통지한 후 이주대책의 신청 및 대상자확인결정을 통하여 분양절차를 마무리하게 된다.

(3) 대상자요건(토지보상법 시행령 제40조 제5항)

① 허가를 받거나 신고를 하고 건축 또는 용도변경을 하여야 하는 건축물을 허가를 받지 아니하거나 신고를 하지 아니하고 건축 또는 용도변경을 한 건축물의 소유자, ② 해당 건축물에 공익사업을 위한 관계법령에 의한 고시 등이 있은 날부터 계약체결일 또는 수용재결일까지 계속하여 거주하고 있지 아니한 건축물의 소유자(질병으로 인한 요양, 징집으로 인한 입영, 공무, 취학 그 밖에 이에 준하는 부득이한 사유로 인하여 거주하지 아니한 경우에는 그러하지 아니하다), ③ 타인이 소유하고 있는 건축물에 거주하는 세입자는 이주대책 대상자에서 제외된다.

4. 이주대책의 내용(유형)

(1) 이주정착지 조성(토지보상법 제78조 제1항 및 제4항)

사업시행자는 공익사업의 시행으로 인하여 주거용 건축물을 제공함에 따라 생활의 근거를 상실하게 되는 자를 위하여 이주정착지를 조성하여야 한다(제1항). 이 경우, 이주정착지에 대한 도로, 급수시설, 배수시설, 그 밖의 공공시설 등 통상적인 수준의 생활기본시설이 포함되어야 하며, 이에 필요한 비용은 사업시행자가 부담한다(제4항). 다만, 행정청이 아닌 사업시행자가 이주대책을 수립·실시하는 경우에 지방자치단체는 비용의 일부를 보조할 수 있다.

(2) 관계법령에 따른 공급(시행령 제40조)

사업시행자가 「택지개발촉진법」 또는 「주택법」 등 관계 법령에 따라 이주대책 대상자에게 택지 또는 주택을 공급한 경우(사업시행자의 알선에 의하여 공급한 경우를 포함한다)에는 이주대책을 수립·실시한 것으로 본다.

(3) 이주정착금의 지급(시행령 제41조)

사업시행자는 이주대책을 수립·실시하지 아니하는 경우 및 이주대책 대상자가 이주정착지가 아닌 다른 지역으로 이주하려는 경우에는 이주정착금을 지급하여야 한다. 이주정착금은 보상대상인 주거용 건축물에 대한 평가액의 30퍼센트에 해당하는 금액으로 하되, 그 금액이 1천2백만원 미만인 경우에는 1천2백만원으로 하고, 2천4백만원을 초과하는 경우에는 2천4백만원으로 한다(시행규칙 제53조 제2항).

Ⅲ 갑 및 사업시행자 주장의 타당성

1. 생활기본시설 설치규정이 강행규정인지 여부

이주대책은 공익사업의 시행에 필요한 토지 등을 제공함으로 인하여 생활의 근거를 상실하게 되는 이주대책 대상자들에게 종전 생활상태를 원상으로 회복시키면서 동시에 인간다운 생활을 보장하여 주기 위하여 마련된 제도이므로, 사업시행자의 이주대책 수립·실시의무를 정하고 있는 토지보상법 제78조 제1항은 물론 이주대책의 내용에 관하여 규정하고 있는 같은 조 제4항 본문 역시 당사자의 합의 또는 사업시행자의 재량에 의하여 적용을 배제할 수 없는 강행법규라고 할 것이다.

2. 관계법령에 따른 공급의 경우에도 사업시행자가 비용을 부담하는지 여부

시행령 제40조에 따라 택지개발촉진법 또는 주택법 등 관계 법령에 의하여 이주대책 대상자들에게 택지 또는 주택을 공급하는 것도 토지보상법 제78조 제1항의 위임에 근거하여 사업시행자가 선택할 수 있는 이주대책의 한 방법이므로, 관계법령에 따른 공급의 경우에도 이주정착지를 제공하는 경우와 마찬가지로 사업시행자의 부담으로 생활기본시설을 설치하여 이주대책 대상자들에게 제공하여야 한다고 보아야 하고, 이주대책 대상자들이 관계법령에 따른 공급을 통해 취득하는 택지나 주택의 시가가 공급가액을 상회하여 그들에게 시세차익을 얻을 기회나 가능성이 주어진다고 하여 달리 볼 것은 아니다.

[대법관 양창수, 대법관 신영철, 대법관 민일영의 별개의견] 사업시행자가 구 공익사업을 위한 토지 등의 취득 및 보상에 관한 법률 시행령(2008. 2. 29. 대통령령 제20722호로 개정되기 전의 것) 제40조 제2항 단서에 따라 이주대책 대상자에게 택지 또는 주택을 특별공급한 경우에는 그로써 이주대책을 수립·실시한 것으로 보아 별도의 이주대책을 수립·실시하지 않아도 되므로, 사업시행자는 특별공급한 택지 또는 주택에 대하여는 그것이 이주정착지임을 전제로 생활기본시설을 설치해 줄 의무가 없다고 보아야 한다.

판례는 사업시행자가 「택지개발촉진법」 또는 「주택법」 등 관계 법령에 따라 이주대책대상자에게 택지 또는 주택을 공급한 경우(사업시행자의 알선에 의하여 공급한 경우를 포함한다) 특별공급이라고 표현하였었다.

3. 갑 및 사업시행자 주장의 타당성

이주대책 대상자들과 사업시행자 또는 그의 알선에 의한 공급자에 의하여 체결된 택지 또는 주택에 관한 특별공급계약에서 생활기본시설 설치비용을 분양대금에 포함시킴으로써 이주대책 대상자들이 생활기본시설 설치비용까지 사업시행자 등에게 지급하게 되었다면, 생활기본시설 설치비용을 포함시킨 부분이 강행법규인 위 조항에 위배되어 무효이고, 사업시행자는 법률상 원인 없이 생활기본시설 설치비용 상당의 이익을 얻고 그로 인하여 이주대책 대상자들이 같은 금액 상당의 손해를 입게 된 것이므로, 사업시행자는 그 금액을 부당이득으로 이주대책 대상자들에게 반환할 의무가 있다고 할 것이다. 따라서 분양가격에서 생활기본시설 설치비용이 제외되어야 한다는 갑의 주장이 타당하다.

Ⅳ 사안의 해결

이주대책은 주거용 건축물을 제공함으로써 생활의 근거가 상실된 경우, 이를 회복시켜주는 생활보상의 일환으로 이주정착지 조성 및 이주정착금 지급의 방법이 규정되어 있다. 다만, 이주정착지의 조성 및 특별공급으로 공급되는 수분양권의 가치가 이주정착금의 금원을 크게 상회하여 형평성 논란이 야기될 수 있다. 따라서 이주정착금을 상향 조정하는 등의 개선을 통하여 이주대책 방법 간 균형을 도모하여야 할 것이다.

◢ 사례 25

생활보상에 대해서 설명하시오. 20점

Ⅰ 서설(의의 및 취지)
Ⅱ 생활보상의 내용
  1. 생활보상의 범위
    (1) 학설
    (2) 판례
    (3) 검토
  2. 생활보상의 근거
    (1) 이론적 근거(대물적 보상의 한계와 복리
       국가주의의 요청)
    (2) 헌법적 근거(생활보상이 헌법 제23조의
       정당보상 범주인지 문제)
     1) 학설

     2) 판례
     3) 검토
    (3) 개별법적 근거
  3. 생활보상의 (헌법적) 기준
  4. 생활보상의 성격 및 특색
  5. 생활보상의 내용
    (1) 주거의 총체적 가치보상
    (2) 생활재건조치
    (3) 소수잔존자보상(이어·이농비보상 등)
    (4) 이어·이농비보상
    (5) 기타생활보상
Ⅲ 결어

Ⅰ 서설(의의 및 취지)

생활보상이란 사업의 시행으로 생활의 근거를 상실하게 되는 피수용자의 생활재건을 위한 보상을 말한다. 이는 생활의 근거를 상실한 자에게 인간다운 생활을 할 수 있도록 마련된 제도이다.

> 종전에는 도로, 운동장 등 점·선적 사업에 대해 보상하고 인근의 대토를 구입하여 생활유지가 가능하였으나 면적사업으로(댐, 택지 등) 확대됨에 따라서 생활터전을 잃게 된다. 이 경우 객관적 가치만으로는 정당보상이라고 할 수 없다.

Ⅱ 생활보상의 내용

1. 생활보상의 범위

(1) 학설

최광의설은 재산권 보장 및 일체의 손실을 생활보상의 범주로 본다. 광의설은 재산권의 객관적 가치 이외의 유기체적인 생활보상을 그 범위로 본다. 협의설은 종전 생활에 대해 재산권 보상으로는 메워지지 않는 부분으로 보면서 재산권 보상과 부대적 손실을 제외한 나머지로 본다.

(2) 판례

판례는 이주대책을 생활보상의 한 유형으로 판시한 바 있다.

(3) 검토

생각건대, 재산권 보상의 범위를 넓히고 생활보상의 범위를 좁게 보는 것이 국민의 권리구제에 유리하므로 협의설이 타당하다고 본다.

2. 생활보상의 근거

(1) 이론적 근거(대물적 보상의 한계와 복리국가주의의 요청)

재산권 보장과 법의 목적인 정의, 공평의 원칙 및 생존권 보장 등을 종합적으로 그 이론적 근거로 봄이 타당하다.

(2) 헌법적 근거(생활보상이 헌법 제23조의 정당보상 범주인지 문제)

1) 학설

헌법 제23조설은 생활보상은 정당보상 범주에 해당된다고 한다. 헌법 제34조설은 인간다운 생활을 할 권리로 본다. 결합설은 생존권적 기본권과 관련하여 정당보상의 내용으로 본다.

> 〈헌법 제23조설〉
> 정당보상의 범위는 재산권의 객관적 가치보상, 부대적 손실보상, 생활보상이라고 할 것이다.
>
> 〈헌법 제34조설〉
> 헌법재판소는 최소한의 인간다운 생활을 위한 물적기초를 보장하는 사회적 기본권으로 보고 있다.
>
> 〈헌법 제23조 및 제34조 통합설〉
> 인간의 존엄성을 유지할 정도의 최소한도의 수준 이상만 되면 헌법 제23조 제3항의 정당보상에 위반되는 것은 아니라고 보아야 할 것이다. 이 경우 최소한의 수준은 사회, 경제가치관에 따라 시대적으로 달리 평가된다.

2) 판례

대법원은 정당한 보상 내지 인간다운 생활을 할 권리라 판시하여 결합설의 입장이나, 헌법재판소는 이주대책은 시혜적인 조치에 불과하다고 한 바 헌법 제34조설의 입장인 듯하다.

3) 검토

어느 견해에 따르더라도 헌법적 근거를 갖으나 생활보상도 결국 정당보상의 실현 여부에 관심이 있는 것인 바 결합설이 타당하다.

(3) 개별법적 근거

토지보상법에서는 이주대책 및 간접보상규정 등을 규정하고 있으며, 이외에도 각 개별법률에서 생활보상적 내용을 규정하고 있다.

3. 생활보상의 (헌법적) 기준

생활보상은 완전한 보상이 되어야 하며 이때의 기준은 인간다운 생활을 영위할 수 있는 최소한의 수준이 될 것이다. 헌법재판소는 최소한의 물리적 수준을 의미한다고 판시한 바 있다.

4. 생활보상의 성격 및 특색

① 생활보상은 이전 주거 수준의 회복이라는 점에서 존속보장적인 측면이 있고 원상회복적 성격을 갖는다(사업이 없었던 것과 같은 상태로의 복귀).
② 생활보상은 대인보상에 비해 그 대상이 객관적이고, 대물보상에 비해 대상의 확장성을 갖는다. 또한 보상의 역사에 있어 최종단계의 보상성을 갖는다(수용이 없었던 것과 같은 상태회복).

5. 생활보상의 내용

(1) 주거의 총체적 가치보상

주거용 건축물 상실로 인한 총체적 가치의 보상으로 ① 비준가격특례, ② 최저보상액(600만원), ③ 재편입가산금, ④ 주거이전비를 들 수 있다.

> 주거의 총체적 가치보상이란 사람이 거주하기에 부적합한 주거의 수용에 있어서 지급될 보상액이 그 주거의 총체가치보다 적은 경우에는 주거의 총체적 가치로 보상하는 것을 말한다.

(2) 생활재건조치

보상금이 피수용자 등의 생활재건을 위하여 가장 유효하게 사용될 수 있도록 하기 위한 각종 조치를 말한다. ① 이주대책, ② 대체지 알선, ③ 직업훈련, ④ 고용 또는 알선, ⑤ 각종의 상담 등, ⑥ 보상금에 대한 조세감면 등이 있다.

(3) 소수잔존자보상(이어·이농비보상 등)

소수잔존자보상이란 공공사업의 시행의 결과로 인하여 종전의 생활공동체로부터 분리되어 잔존자의 생활환경이 현저하게 불편하게 됨으로써 더 이상 그 지역에서 계속 생활하지 못하고 이주가 불가피하게 되는 경우에, 종전에 준하는 생활을 보장하여 주기 위하여 이전비·이사비·이농비·실농보상·실어보상 등을 지급하는 것을 말한다.

(4) 이어·이농비보상

공익사업으로 이주해야 하는 농·어민에게 그 보상금이 일정금액 이하인 경우 가구원수에 따라 1년분의 평균생계비를 보상액과의 차액만큼 지급한다.

(5) 기타생활보상

국가와 지방자치단체 이외의 자가 공공사업주체인 경우에 사실상 행하여지는 것으로 특산물보상, 사례금 등을 들 수 있다. 그리고 정신적 고통에 대한 보상으로서의 위자료를 인정하는 방향에서 보상이론을 구성하는 것도 하나의 과제이다.

> ✱ 간접손실보상이 생활보상범주인지의 문제
>
> 견해의 대립이 있다. 박평준 교수님은 "이는 당사자나 보상대상이 생활보상의 경우와는 달리 간접적이라는 점에서 생활보상과는 구별됨이 타당하다고 본다"고 하였다.

Ⅲ 결어

손실보상은 대물적 보상을 당연한 전제로 하되 공익사업의 시행이 없었던 것과 같은 생활상태의 확보를 가능하게 하는 생활보상이 이루어져야 한다. 이는 헌법상 복리국가의 당연한 요구라 보아야 할 것이다.

사례 26

각 물음에 답하시오.

1. 갑은 주택용도로 신축·사용하던 건물을 건축물관리대장상 용도를 근린생활시설로 변경하여 식당으로 사용하여 오다가 공익사업에 편입되어 철거대상건물로 되었다. 이에 갑은 국민주택특별공급을 요청하였으나, 사업시행자는 위 건물이 건축물관리대장상 용도가 주거용이 아니어서 「A시 철거민 등에 대한 국민주택 특별공급규칙(이하 공급규칙)」 제5조 제1항 제2호의 특별공급의 요건에 해당하지 아니한다는 이유로 이 요구를 거부하였다. 이러한 거부처분은 적법한가? 또한 갑은 건물철거로 식당을 못하게 되었으므로 폐업보상을 청구할 수 있는가? 30점

2. A시에서는 대규모 수용반대집회가 있었으며, A시의 경찰서장은 대규모 집회시위의 조속한 해산을 위해서 해당 보상담당평가사 을에게 집회안전활동을 요청하였다. 감정평가사 을은 경찰관과 함께 대규모 보상집회의 질서를 정리하던 중 어디선가 날아온 이물질에 오른쪽 팔을 맞고 넘어지면서 타박상을 입었다. 이로 인해 을은 한 달간 병원치료를 받고 감정평가를 하지 못하였다. 이 경우 을은 국가를 상대로 병원치료비와 감정평가를 못한 기간에 대한 일실소득을 희생보상으로서 손실보상을 청구할 수 있는가? 10점

주택법 제54조(주택의 공급)
① 사업주체는 다음 각 호에서 정하는 바에 따라 주택을 건설·공급하여야 한다. 이 경우 국가유공자, 보훈보상대상자, 장애인, 철거주택의 소유자, 그 밖에 국토교통부령으로 정하는 대상자에게는 국토교통부령으로 정하는 바에 따라 입주자 모집조건 등을 달리 정하여 별도로 공급할 수 있다.

주택공급에 관한 규칙 제35조(국민주택의 특별공급)
① 사업주체는 제4조 제1항, 같은 조 제5항 및 제25조 제3항에도 불구하고 건설하여 공급하는 국민주택을 그 건설량의 10퍼센트의 범위에서 입주자모집공고일 현재 제4조 제3항에 따른 공급대상인 무주택세대구성원으로서 다음 각 호의 어느 하나에 해당하는 자에게 관계기관의 장이 정하는 우선순위기준에 따라 한 차례(제12호부터 제14호까지 및 제27호의2에 해당하는 경우는 제외한다)에 한정하여 1세대 1주택의 기준으로 특별공급할 수 있다. 다만, 시·도지사의 승인을 받은 경우에는 10퍼센트를 초과하여 특별공급할 수 있다.

  12. 다음 각 목의 어느 하나에 해당하는 주택을 소유하고 있는 자로서 해당 특별시장·광역시장·특별자치시장·시장 또는 군수가 인정하는 자. 다만, 바목에 해당하는 주택의 경우에는 관계법령에 따라 해당 사업시행을 위한 고시 등이 있는 날 이전부터 소유하고 있는 자로 한정한다.

    바. 「공익사업을 위한 토지 등의 취득 및 보상에 관한 법률」 제4조에 따른 공익사업의 시행을 위하여 철거되는 주택

A시 철거민 등에 대한 국민주택 특별공급규칙 제5조(공급대상)
① 국민주택 등의 특별공급대상자는 특별공급신청일 현재 철거되는 건물 외에 다른 주택을 소유하지 아니한 철거민 또는 철거세입자로서 제1호 각 목의 어느 하나와 제2호 각 목에 해당하는 사람으로 한다.

  2. 특별공급 요건

    나. 철거되는 건물이 건축물관리대장에 주거용으로 등재된 주택이거나 관할동장 및 관할구청 담당과장의 합동실태 조사결과 주용도가 주거용으로 확인된 경우

✚ (설문 1)의 해결

Ⅰ 쟁점의 정리

사업시행자는 공급규칙에 따라 갑을 특별공급대상자에서 제외하였는바, 동 규칙에 대한 법적 구속력이 문제된다고 할 것이다. 또한, 영업손실보상을 요구하고 있으므로 토지보상법상 영업손실보상 요건이 충족되는지를 검토한다.

Ⅱ 거부처분의 적법 여부

1. 이주대책의 의의 및 취지

이주대책이란 주거용 건축물을 제공하여, 생활의 근거를 상실하는 자에게 종전 생활을 유지시켜주는 일환으로 택지 및 주택을 공급하거나 이주정착금을 지급하는 것을 말한다.

2. 국민주택 특별공급규칙의 법적 성질

A시 규칙은 주택공급에 관한 규칙 제35조의 규정에 해당하는 자에 대한 국민주택 등의 특별공급에 필요한 기준과 절차를 규정한 것으로 A시 내부의 사무처리준칙에 해당하는 것으로서 대외적 구속력은 없다고 할 것이다(판례동지).

3. 이주대책의 내용수립의 재량성 여부

(1) 이주대책의 내용

생활기본시설이 포함된 이주정착지의 조성 및 공급을 내용으로 하며, 택지개발촉진법 또는 주택법에 의하여 택지나 주택공급을 하면 이주대책수립에 의제된다.

(2) 이주대책 내용수립의 재량성 여부

판례는 "공급할 택지 또는 주택의 내용이나 수량을 정할 수 있고, 이를 정하는 데 재량을 가지므로, 이를 위해 사업시행자가 설정한 기준은 그것이 객관적으로 합리적이 아니라거나 타당하지 않다고 볼 만한 다른 특별한 사정이 없는 한 존중되어야 한다"고 하여 재량성을 인정하고 있다(대판 2009.3.12, 2008두12610).

4. 사안의 경우

설문상 A시 공급규칙이 객관적으로 합리적이 아니라거나 타당하지 않다고 볼 만한 특별한 사정은 없는 것으로 보인다. 따라서 동 규칙에 따른 대상자 선정행위는 적법한 것으로 볼 수 있으므로 특별공급 대상자 거부처분은 적법하다.

Ⅲ 폐업보상을 청구할 수 있는지 여부

1. 영업손실보상의 의의 및 보상의 성격

영업보상이란 공공사업의 시행에 따라 영업을 폐지 또는 휴업하게 되는 경우에 사업시행자가 장래 예상되는 전업 또는 이전에 소요되는 일정한 기간 동안의 영업소득 또는 영업시설 및 재고자산에 대한 손실을 보상하는 것으로서, 합리적 기대이익의 상실이라는 점에서 일실손실의 보상의 성격이 있다.

2. 대상영업(규칙 제45조)

영업은 적법한 장소에서 인적·물적 설비를 갖추고 계속적으로 행하고 있는 일체의 경제활동을 의미하며, 영업보상은 허가·신고·면허를 받은 영업으로서 허가의 범위 내에서 영업을 대상으로 한다. 이때 보상계획의 공고, 사업인정 고시 후 행하는 영업은 영업으로 보지 아니한다.

3. 영업의 폐지에 대한 보상요건

① 영업장소·배후지의 특수성으로 인해 다른 장소로 이전하여서는 해당 영업을 할 수 없을 경우, ② 다른 장소에서는 영업의 허가를 받을 수 없는 경우, ③ 혐오감을 주는 영업시설로서 다른 장소로 이전하는 것이 현저히 곤란하다고 시장·군수·구청장이 인정하는 경우를 규정하고 있다.

4. 사안의 경우

일반적으로 식당영업은 지역에 따라 허가받기가 어려운 법령상의 장애가 있는 영업이거나 인근 주민들의 반대가 큰 영업이라고 보기 곤란할 뿐만 아니라 식당의 영업시설은 이전하기가 곤란한 장비라고 볼 수도 없다. 따라서 갑의 식당영업은 폐업보상의 대상이 아니라 휴업보상의 대상이라 할 것이다.

Ⅳ 사안의 해결

A시의 공급규칙은 법규성이 인정되는 것은 아니지만 재량권의 범위를 벗어난 위법한 규칙이라고 볼 수 없으므로, 이에 따라 갑의 특별공급신청을 거부한 사업시행자의 처분은 적법하다 할 것이다. 또한, 갑의 식당은 폐업보상대상이 아니므로 휴업보상을 청구하여야 할 것이다.

➕ (설문 2)의 해결

Ⅰ 쟁점의 정리

감정평가사 을이 대규모 집회안전활동에 동원된 것은 집회안전활동을 위한 협조요청이라는 행정지도에 의한 것이다. 그런데, 설문상 집회안전활동을 하는 과정에서 신체의 침해로 인한 손실이 발생된 바, 이에 대한 손실보상 청구가 가능한지를 검토한다.

Ⅱ 희생보상청구권의 성립 여부

1. 의의 및 근거

희생보상청구제도라 함은 행정기관의 적법한 공권력 행사에 의해 비재산적 법익(생명, 신체, 명예 등)이 침해되어 발생한 손실에 대한 보상제도이다. 독일의 관습법인 희생보상청구권에 근거를 두고 있다.

2. 적용요건

① 침해가 있을 것(원칙적으로 적법한 침해임을 요하며 위법한 침해인 경우에는 희생유사침해의 법리가 적용됨), ② 비재산적 법익의 침해일 것(생명, 신체, 자유 등 보호가치 있는 침해이어야 함)을 요건으로 한다.

3. 검토(인정 여부)

독일의 전통적인 관습법인 희생보상청구제도는 우리나라에는 없으며 희생보상청구권이론에 의하지 않더라도 헌법 제23조 제3항에 입각하여 예방접종사고와 같은 생명·신체의 침해에 대해 보상할 수 있을 것이다.

Ⅲ 사안의 해결

을은 집회안전활동과 관련된 공공필요에 의한 공권적 활동에서 신체침해가 발생하였으며, 이는 사회적 제약을 넘는 특별한 희생이라 볼 수 있다. 따라서 헌법 제23조 제3항을 근거로 치료비 및 일실손실에 대한 보상을 청구할 수 있을 것이다.

사례 27

사업시행자 갑은 공익사업을 위한 관계 법령에 따른 고시 등이 있은 날부터 계약체결일 또는 수용 재결일까지 계속하여 거주하고 있는 을과 그렇지 아니한 갑을 이주대책 대상자로 확인·결정 하였다.

(1) 사업시행자가 '공익사업을 위한 토지 등의 취득 및 보상에 관한 법률' 제78조 제1항, 같은 법 시행령 제40조 제3항이 정한 이주대책 대상자의 범위를 넘어 미거주 소유자까지 이주대책 대상자에 포함시킬 수 있는가? 이때 미거주 소유자에 대하여도 같은 법 제78조 제4항에 따라 생활기본시설을 설치하여 줄 의무를 부담하는가? 25점

(2) 만약 사업시행자가 이주대책 대상자 을에 대한 이주대책 대상자 확인·결정을 거부한 경우라 면, 을의 권리구제수단을 논하시오. 25점

(설문 1)의 해결	(설문 2)의 해결
Ⅰ 쟁점의 정리	Ⅰ 쟁점의 정리
Ⅱ 이주대책 수립내용	Ⅱ 수분양권의 발생시기
1. 의의 및 근거	1. 수분양권의 의의
2. 요건 및 절차	2. 수분양권의 법적 성질 및 발생시기
(1) 수립요건	(1) 공법관계인지
(2) 절차	(2) 발생시기
(3) 대상자요건(시행령 제40조 제5항)	1) 학설
3. 사업시행자의 이주대책 내용에 대한 재량	2) 판례
성 인정 여부	3) 검토
4. 생활기본시설 설치규정이 강행규정인지 여부	Ⅲ 이주대책 대상자 확인·결정거부에 대한 권리
(1) 생활기본시설의 의미	구제수단
(2) 생활기본시설 설치규정이 강행규정인지	1. 확인·결정의 법적 성질
여부	2. 권리구제수단
Ⅲ 사안의 해결	Ⅳ 사안의 해결

⊕ (설문 1)의 해결

Ⅰ 쟁점의 정리

설문은 토지보상법상 이주대책 대상자가 아닌 경우에도, 사업시행자의 재량으로 이주대책을 수립·실시할 수 있는지가 문제된다. 이주대책 수립내용에 사업시행자의 재량성이 인정되는지 및 생활기본시설의 설치의무가 강행규정인지를 검토하여 설문을 해결한다.

Ⅱ 이주대책 수립내용

1. 의의 및 근거

이주대책이란 주거용 건축물을 제공하여, 생활의 근거를 상실하는 자에게 종전 생활을 유지시켜 주는 일환으로 택지 및 주택을 공급하거나 이주정착금을 지급하는 것을 말한다. 토지보상법 제78조에서는 주거용 건축물을 제공한 자에 대한 이주대책을 규정하고 있다.

2. 요건 및 절차

(1) 수립요건

토지보상법 시행령 제40조 제2항에서는 ① 조성토지가 없는 경우, ② 비용이 과다한 경우를 제외하고는, ③ 이주대책 대상이 10호 이상이 된다면 이주대책을 수립하도록 하고 있다.

(2) 절차

사업시행자는 해당 지역 자치단체와 협의하여 이주대책 계획을 수립하고 이주대책 대상자에게 통지한 후 이주대책의 신청 및 대상자확인결정을 통하여 분양절차를 마무리하게 된다.

(3) 대상자요건(시행령 제40조 제5항)

① 허가를 받거나 신고를 하고 건축 또는 용도변경을 하여야 하는 건축물을 허가를 받지 아니하거나 신고를 하지 아니하고 건축 또는 용도변경을 한 건축물의 소유자, ② 해당 건축물에 공익사업을 위한 관계법령에 의한 고시 등이 있은 날부터 계약체결일 또는 수용재결일까지 계속하여 거주하고 있지 아니한 건축물의 소유자, ③ 타인이 소유하고 있는 건축물에 거주하는 세입자는 이주대책 대상자에서 제외된다.

3. 사업시행자의 이주대책 내용에 대한 재량성 인정 여부

판례는 "공급할 택지 또는 주택의 내용이나 수량을 정할 수 있고, 이를 정하는 데 재량을 가지므로, 이를 위해 사업시행자가 설정한 기준은 그것이 객관적으로 합리적이 아니라거나 타당하지 않다고 볼 만한 다른 특별한 사정이 없는 한 존중되어야 한다"고 하여 재량성을 인정하고 있다(대판 2009.3.12, 2008두12610).

4. 생활기본시설 설치규정이 강행규정인지 여부

(1) 생활기본시설의 의미

토지보상법 제78조 제4항에서 규정하고 있는 '도로·급수시설·배수시설 그 밖의 공공시설 등 해당 지역조건에 따른 생활기본시설'은 주택법 제23조 등 관계 법령에 의하여 주택건설사업이나 대지조성사업을 시행하는 사업주체가 설치하도록 되어 있는 도로 및 상하수도시설, 전기시설·통신시설·가스시설 또는 지역난방시설 등 간선시설을 의미한다고 보아야 할 것이다.

(2) 생활기본시설 설치규정이 강행규정인지 여부

이주대책은 공익사업의 시행에 필요한 토지 등을 제공함으로 인하여 생활의 근거를 상실하게 되는 이주대책 대상자들에게 종전 생활상태를 원상으로 회복시키면서 동시에 인간다운 생활을 보장하여 주기 위하여 마련된 제도이므로, 생활기본시설의 설치의무 역시 사업시행자의 재량에 의하여 적용을 배제할 수 없는 강행법규라고 할 것이다.

Ⅲ 사안의 해결

(1) 토지보상법 시행령 제40조 제5항 제2호는 '해당 건축물에 공익사업을 위한 관계 법령에 의한 고시 등이 있은 날부터 계약체결일 또는 수용재결일까지 계속하여 거주하고 있지 아니한 건축물의 소유자는 이주대책 대상자에서 제외하도록 규정하고 있으나, 이 경우에도 사업시행자가 위 법령에서 정한 이주대책 대상자의 범위를 확대하는 기준을 수립하여 실시하는 것은 허용된다.

(2) 다만 사업시행자가 토지보상법 제78조 제1항, 토지보상법 시행령 제40조 제3항이 정한 이주대책 대상자의 범위를 넘어 미거주 소유자까지 이주대책 대상자에 포함시킨다고 하더라도, 법령에서 정한 이주대책 대상자가 아닌 미거주 소유자에게 제공하는 이주대책은 법령에 의한 의무로서가 아니라 시혜적인 것으로 볼 것이므로, 사업시행자가 이러한 미거주 소유자에 대하여도 토지보상법 제78조 제4항에 따라 생활기본시설을 설치하여 줄 의무를 부담한다고 볼 수는 없다.

⊕ (설문 2)의 해결

Ⅰ 쟁점의 정리

설문은 확인·결정거부에 대한 권리구제수단을 묻고 있다. 설문의 해결을 위하여 수분양권이 언제 발생되었는지 여부 및 이주대책 대상자 확인·결정행위에 대한 법적 성질을 검토한 후, 권리구제수단에 대해 설명한다.

Ⅱ 수분양권의 발생시기

1. 수분양권의 의의

수분양권이란 이주자가 이주대책을 수립, 실시하는 사업시행자로부터 이주대책 대상자로 확인, 결정을 받음으로서 취득하게 되는 택지나 아파트를 분양받을 수 있는 권리를 말한다.

2. 수분양권의 법적 성질 및 발생시기

(1) 공법관계인지

이주대책의 수립 및 집행은 공행정사무로 보아야 하므로, 판례도 수분양권은 대상자 확인·결정에 의해 취득하는 공법상 권리라고 한다.

(2) 발생시기

1) 학설

① 토지보상법상 요건이 충족되면 수분양권이 취득된다는 이주대책계획수립이전설(법상 취득설), ② 구체적인 이주대책 계획이 수립되고 통지된 경우에 수분양권이 취득된다는 이주대책계획수립시설, ③ 이주대책계획 수립 후, 사업시행자가 그 대상자로 확인·결정하여야 수분양권이 발생한다는 확인·결정시설의 견해가 있다.

2) 판례

판례는 "이주대책에 정한 절차에 따라 사업시행자에게 이주대책 대상자 선정신청을 하고 사업시행자가 이를 받아들여 이주대책 대상자로 확인·결정하여야만 비로소 구체적인 수분양권이 발생한다"고 하여 확인·결정시설을 취하고 있다(대판 1994.5.24, 92다35783 全合).

3) 검토

이주대책 대상자의 경우 법상의 추상적인 이주대책권이 이주대책계획이 수립됨으로써 구체적 권리로 되는 것이므로 이주대책계획수립시설이 타당하다.

Ⅲ 이주대책 대상자 확인·결정거부에 대한 권리구제수단

1. 확인·결정의 법적 성질

이주대책 대상자 확인·결정행위의 법적 성질을 이행처분 또는 형성처분으로 보는 견해가 있는데, 어느 견해에 의하든 처분성이 인정된다.

2. 권리구제수단

이주대책 대상자 선정신청에 대한 거부는 거부처분이 되므로 이에 대하여 취소소송을 제기하고 부작위인 경우에는 부작위법확인소송을 제기할 수 있다. 수분양권자 지위확인소송의 경우, ① 확인·결정시설의 경우는 확인·결정 이전에는 이를 제기할 수 없고, ② 계획수립이전시설 및 계획수립시설을 취하는 경우에는 보충성이 충족되는 경우에 이를 제기할 수 있을 것이다.

Ⅳ 사안의 해결

을은 이주대책 대상자 확인·결정거부에 대하여 거부처분 취소소송 또는 무효등확인소송을 제기할 수 있을 것이며, 보충성이 충족되는 경우에 한해서 수분양권자의 지위확인을 구하는 당사자소송을 제기할 수 있을 것이다. 다만, 판례의 태도에 따르면 갑은 거부처분에 대한 항고소송만을 제기할 수 있을 것이다.

◢ 사례 28

관할 행정청으로부터 건축허가를 받아 택지개발사업구역 안에 있는 토지 위에 주택을 신축하였으나, 사용승인을 받지 않은 주택의 소유자 갑이 한국토지주택공사에 이주자택지 공급대상자 선정신청을 하였는데 위 주택이 사용승인을 받지 않았다는 이유로 한국토지주택공사가 이주자택지 공급대상자 제외 통보를 하였다. 갑은 구제받을 수 있는가? 40점

Ⅰ 쟁점의 정리

Ⅱ 갑이 이주대책 대상자인지(이주대책 대상자의
　요건규정)
　1. 의의 및 취지
　2. 근거 및 성격
　3. 요건 및 절차
　　(1) 수립요건
　　(2) 절차
　　(3) 대상자요건(토지보상법 시행령 제40조
　　　제5항)
　　　1) 무허가건축물이 아닐 것
　　　2) 거주기간 요건
　　　3) 사용승인이 필요한지 여부
　　　4) 검토
　4. 사안의 경우
Ⅲ 수분양권의 법적 성질 및 발생시기
　1. 수분양권의 의의

2. 수분양권의 법적 성질 및 발생시기
　(1) 공법관계인지
　(2) 발생시기
　　1) 학설
　　　① 이주대책계획수립이전설
　　　② 이주대책계획수립시설
　　　③ 확인·결정시설
　　2) 판례
　　3) 검토(이주대책수립시설)
Ⅳ 권리구제수단
　1. 이주대책 대상자 선정행위의 법적 성질
　2. 권리구제 및 소송형식
　　(1) 확인·결정시설을 취하는 경우
　　(2) 이주대책계획수립이전설(법상 취득설)을
　　　취하는 경우
　　(3) 이주대책계획수립시설을 취하는 경우
Ⅴ 사안의 해결

Ⅰ 쟁점의 정리

갑은 관할 행정청으로부터 적법한 건축허가를 득하였음에도 불구하고, 사업시행자는 사용승인을 받지 않았음을 이유로 이주자택지 공급대상자에서 제외하였다. 따라서 사용승인이 이주대책 대상자 요건에 해당되는지와, 이주대책으로 인해 주택이나 택지를 공급받을 수 있는 수분양권이 언제 발생되는지를 검토하여 갑의 권리구제수단과 구제가능성을 해결한다.

Ⅱ 갑이 이주대책 대상자인지(이주대책 대상자의 요건규정)

1. 의의 및 취지

이주대책이란 주거용 건축물을 제공하여, 생활의 근거를 상실하는 자에게 종전 생활을 유지시켜 주는 일환으로 택지 및 주택을 공급하거나 이주정착금을 지급하는 것을 말한다.

2. 근거 및 성격

이주대책은 생활보호 차원의 시혜적인 조치로서 정책배려로 마련된 제도이며, 생활보상의 성격을 손실보상의 일환으로 보게 되면 이주대책도 공법상 관계로 볼 수 있다.

3. 요건 및 절차

(1) 수립요건

토지보상법 시행령 제40조 제2항에서는 ① 조성토지가 없는 경우, ② 비용이 과다한 경우를 제외하고는, ③ 이주대책 대상이 10호 이상이 된다면 이주대책을 수립하도록 하고 있다.

(2) 절차

사업시행자는 해당 지역 자치단체와 협의하여 이주대책 계획을 수립하고 이주대책 대상자에게 통지한 후 이주대책의 신청 및 대상자확인결정을 통하여 분양절차를 마무리하게 된다.

(3) 대상자요건(시행령 제40조 제5항)

1) 무허가건축물이 아닐 것

허가를 받거나 신고를 하고 건축 또는 용도변경을 하여야 하는 건축물을 허가를 받지 아니 하거나 신고를 하지 아니하고 건축 또는 용도변경을 한 건축물의 소유자는 제외된다.

2) 거주기간 요건

해당 건축물에 공익사업을 위한 관계 법령에 의한 고시 등이 있은 날부터 계약체결일 또는 수용재결일까지 계속하여 거주하고 있지 아니한 건축물의 소유자와 타인이 소유하고 있는 건축물에 거주하는 세입자는 이주대책 대상자에서 제외된다.

3) 사용승인이 필요한지 여부

토지보상법 시행령 제40조 제5항 제1호는 무허가건축물 또는 무신고건축물의 경우를 이주 대책대상에서 제외하고 있을 뿐 사용승인을 받지 않은 건축물에 대하여는 아무런 규정을 두고 있지 않고 있다.

4) 검토

이주대책의 취지가 가급적 이주대책의 혜택을 받을 수 있도록 규정하는 것이므로, 건축허가 를 받아 건축되었으나 사용승인을 받지 못한 건축물이 건축허가와 전혀 다르게 건축되어 실질적으로는 건축허가를 받은 것으로 볼 수 없는 경우가 아니라면, 무허가건축물로 보지 않는 것이 타당하다.

4. 사안의 경우

갑은 사용승인을 득하지 못했지만 관할 행정청으로부터 건축허가를 득하였으므로 무허가건축물에 해당되지 않는다고 볼 것이다. 또한, 설문상 거주기간의 요건은 특별히 문제되지 않는 것으로 보이며, 건축허가의 내용과 전혀 다르게 건축되었다는 사정도 보이지 않는다. 따라서 갑은 이주대책 대상자에 해당된다.

Ⅲ 수분양권의 법적 성질 및 발생시기

1. 수분양권의 의의

수분양권이란 이주자가 이주대책을 수립, 실시하는 사업시행자로부터 이주대책 대상자로 확인, 결정을 받음으로써 취득하게 되는 택지나 아파트를 분양받을 수 있는 권리를 말한다.

2. 수분양권의 법적 성질 및 발생시기

(1) 공법관계인지

이주대책의 수립 및 집행은 공행정사무이며, 판례도 수분양권은 대상자 확인, 결정에 의해 취득하는 공법상 권리라고 한다.

(2) 발생시기

1) 학설

① 이주대책계획수립이전설(법상 취득설)

토지보상법 제78조 및 동법 시행령 제40조의 요건을 충족하는 경우에 실체적 권리인 수분양권이 취득된다고 보는 견해이다.

② 이주대책계획수립시설

사업시행자가 이주대책에 관한 구체적인 계획을 수립하여 이를 해당자에게 통지 내지 공고한 경우에 이것으로 이주자에게 수분양권이 취득된다고 보는 견해이다.

③ 확인 · 결정시설

이주대책계획 수립 후 이주자가 이주대책 대상자 선정을 신청하고 사업시행자가 이를 받아들여 이주대책 대상자로 확인 · 결정하여야 수분양권이 발생한다고 보는 견해이다.

2) 판례

판례는 "이주대책에 정한 절차에 따라 사업시행자에게 이주대책 대상자 선정신청을 하고 사업시행자가 이를 받아들여 이주대책 대상자로 확인 · 결정하여야만 비로소 구체적인 수분양권이 발생한다"고 하여 확인 · 결정시설을 취하고 있다(대판 1994.5.24, 92다35783 全合).

3) 검토(이주대책수립시설)

이주대책 대상자의 경우 법상의 추상적인 이주대책권이 이주대책계획이 수립됨으로써 구체적 권리로 되는 것이므로 이주대책계획수립시설이 타당하다. 다만, 법상의 이주대책 대상자가 아닌 이주자는 대상자 선정신청을 하고 사업시행자가 이를 받아들여 이주대책 대상자로 확인·결정하여야 비로소 실체적인 권리를 취득한다고 보아야 한다.

Ⅳ 권리구제수단

1. 이주대책 대상자 선정행위의 법적 성질

대법원 다수의견은 이주대책 대상자로서 확인·결정을 받아야 수분양권이 발생한다고 하며, 대법원 반대의견은 이주대책수립에 의해 구체적으로 형성된 수분양권을 이주대책 대상자 확인·결정을 통해 이행하는 것으로 본다.

2. 권리구제 및 소송형식

(1) 확인·결정시설을 취하는 경우

이주대책 대상자 선정신청에 대한 거부나 부작위에 대해서 항고소송을 제기해야 하며, 이주대책 대상자 선정신청 및 이에 따른 확인·결정 등 절차를 밟지 아니하여 구체적인 수분양권을 아직 취득하지도 못한 상태에서 곧바로 분양의무의 주체를 상대방으로 하여 수분양권의 확인 등을 구하는 것은 허용될 수 없다.

(2) 이주대책계획수립이전설을 취하는 경우

이주대책 대상자 선정신청의 거부나 부작위에 대하여 행정쟁송을 제기할 수 있을 뿐만 아니라 보충성이 충족되는 경우에는 이주대책 대상자로서 분양을 받을 권리 또는 그 법률상 지위의 확인을 공법상 당사자소송으로 구할 수 있다고 보아야 한다.

(3) 이주대책계획수립시설을 취하는 경우

이주대책계획을 수립한 이후에는 선정신청의 거부나 부작위에 대하여 행정쟁송을 제기할 수 있으며, 보충성이 충족되는 경우에는 당사자소송도 가능할 것이다. 그러나 이주대책계획을 수립하기 이전에는 이주자의 수분양권은 아직 추상적인 권리나 법률상의 지위 내지 이익에 불과한 것이어서 그 권리나 지위의 확인을 구할 수 없을 것이다.

Ⅴ 사안의 해결

갑은 토지보상법상 이주대책 대상자에 해당된다. 따라서 갑이 이주자택지를 공급받을 권리가 있음을 확인받는 것이 가장 유효적절한 경우에는 수분양권자의 지위를 구하는 확인소송을 제기할 수 있을 것이며, 확인소송의 보충성이 인정되지 않는 경우에는 사업시행자를 대상으로 이주자택지 공급대상자 선정과 관련된 항고소송을 제기하여 구제받을 수 있을 것이다.

🔷 사례 **29**

> 관할 행정청으로부터 건축허가를 받아 택지개발사업구역 안에 있는 토지 위에 주택을 신축하였으나, 사용승인을 받지 않은 주택의 소유자 갑이 한국토지주택공사에 이주자택지 공급대상자 선정신청을 하였는데 위 주택이 사용승인을 받지 않았다는 이유로 한국토지주택공사가 이주자택지 공급대상자 제외 통보를 하였다. 갑은 구제받을 수 있는가? 40점

Ⅰ 쟁점의 정리

갑은 관할 행정청으로부터 적법한 건축허가를 득하였음에도 불구하고, 사업시행자는 사용승인을 받지 않았음을 이유로 이주자택지 공급대상자에서 제외하였다. 따라서 사용승인이 이주대책 대상자 요건에 해당되는지와, 이주대책으로 인해 주택이나 택지를 공급받을 수 있는 수분양권이 언제 발생되는지를 검토하여 갑의 권리구제수단과 구제가능성을 해결한다.

Ⅱ 갑이 이주대책 대상자인지[이주대책 대상자의 요건규정]

1. 의의 및 취지

이주대책이란 주거용 건축물을 제공하여, 생활의 근거를 상실하는 자에게 종전생활을 유지시켜주는 일환으로 택지 및 주택을 공급하거나 이주정착금을 지급하는 것을 말한다.

2. 근거 및 성격

이주대책은 공공사업의 시행에 의하여 생활의 근거를 상실하는 자에게 종전의 생활상태를 원상으로 회복시키기 위한, 생활보호 차원의 시혜적인 조치로서 정책배려로 마련된 제도이다. 따라서 생활보상의 성격을 갖는다. 판례도 이주대책을 생활보상의 일환으로 보고 있다. 또한 생활보상의 성격을 손실보상의 일환으로 보게 되면 이주대책도 공법상 관계로 볼 수 있다.

3. 요건 및 절차

(1) 수립요건

토지보상법 시행령 제40조 제2항에서는 ① 조성토지가 없는 경우, ② 비용이 과다한 경우를 제외하고는, ③ 이주대책 대상이 10호 이상이 된다면 이주대책을 수립하도록 하고 있다.

(2) 절차

사업시행자는 해당 지역자치단체와 협의하여 이주대책계획을 수립하고 이주대책 대상자에게 통지한 후 이주대책의 신청 및 대상자 확인결정을 통하여 분양절차를 마무리하게 된다.

(3) 대상자요건(토지보상법 시행령 제40조 제5항)

1) 무허가건축물이 아닐 것

허가를 받거나 신고를 하고 건축 또는 용도변경을 하여야 하는 건축물을 허가를 받지 아니하거나 신고를 하지 아니하고 건축 또는 용도변경을 한 건축물의 소유자는 제외된다.

2) 거주기간 요건

해당 건축물에 공익사업을 위한 관계 법령에 따른 고시 등이 있은 날부터 계약체결일 또는 수용재결일까지 계속하여 거주하고 있지 아니한 건축물의 소유자와 타인이 소유하고 있는 건축물에 거주하는 세입자는 이주대책 대상자에서 제외된다.

3) 사용승인이 필요한지 여부

건축법에서는 건축물의 사용과 관련하여 사용승인을 받을 것을 규정하고 있으나, 판례는 토지보상법 시행령 제40조 제5항 제1호는 무허가건축물 또는 무신고건축물의 경우를 이주대책 대상에서 제외하고 있을 뿐 사용승인을 받지 않은 건축물에 대하여는 아무런 규정을 두고 있지 않고, 건축법은 무허가건축물 또는 무신고건축물과 사용승인을 받지 않은 건축물을 요건과 효과 등에서 구별하고 있으며, 허가와 사용승인은 법적 성질이 다른 점 등의 사정을 고려하여 볼 때, 사용승인을 받지 않은 경우라도 무허가건축물의 소유자에 해당하지 않는다고 판시한 바 있다(대판 2013.8.23, 2012두24900).

4) 검토

이주대책의 취지가 가급적 이주대책의 혜택을 받을 수 있도록 규정하는 것이므로, 건축허가를 받아 건축되었으나 사용승인을 받지 못한 건축물이 건축허가와 전혀 다르게 건축되어 실질적으로는 건축허가를 받은 것으로 볼 수 없는 경우가 아니라면, 무허가건축물로 보지 않는 것이 타당하다.

4. 사안의 경우

갑은 사용승인을 득하지 못했지만 관할 행정청으로부터 건축허가를 득하였으므로 무허가건축물에 해당되지 않는다고 볼 것이다. 또한, 설문상 거주기간의 요건은 특별히 문제되지 않는 것으로 보이며, 건축허가의 내용과 전혀 다르게 건축되었다는 사정도 보이지 않는다. 따라서 갑은 이주대책 대상자에 해당된다.

Ⅲ 수분양권의 법적 성질 및 발생시기

1. 수분양권의 의의

수분양권이란 이주자가 이주대책을 수립, 실시하는 사업시행자로부터 이주대책 대상자로 확인, 결정을 받음으로서 취득하게 되는 택지나 아파트를 분양받을 수 있는 권리를 말한다. 문제는 이주대책 대상자에게 언제 수분양권 등 특정한 실체법상의 권리가 취득되는가 하는 것이다.

2. 수분양권의 법적 성질 및 발생시기

(1) 공법관계인지

이주대책의 수립 및 집행은 공행정사무로 보아야 하므로, 판례도 수분양권은 대상자 확인, 결정에 의해 취득하는 공법상 권리라고 한다.

(2) 발생시기

1) 학설

① 이주대책계획수립이전설(법상 취득설)

토지보상법 제78조 및 동법 시행령 제40조의 요건을 충족하는 경우에 실체적 권리인 수분양권이 취득된다고 보는 견해이다(대판 1994.5.24, 92다35783 숲습, 반대의견이 이 견해를 취한 것으로 보인다).

② 이주대책계획수립시설

사업시행자가 이주대책에 관한 구체적인 계획을 수립하여 이를 해당자에게 통지 내지 공고한 경우에 이것으로 이주자에게 수분양권이 취득된다고 보는 견해이다(대판 1994.5.24, 92다35783 숲습, 반대의견에 대한 보충의견이 이 견해를 취한 것으로 보인다).

③ 확인·결정시설

이주대책계획 수립 후 이주자가 이주대책 대상자 선정을 신청하고 사업시행자가 이를 받아들여 이주대책 대상자로 확인·결정하여야 비로소 수분양권이 발생한다고 보는 견해이다(대판 1994.5.24, 92다35783 숲습, 다수의견이 이 견해를 취한 것으로 보인다).

2) 판례

판례는 "이주대책에 정한 절차에 따라 사업시행자에게 이주대책 대상자 선정신청을 하고 사업시행자가 이를 받아들여 이주대책 대상자로 확인·결정하여야만 비로소 구체적인 수분양권이 발생한다"고 하여 확인·결정시설을 취하고 있다(대판 1994.5.24, 92다35783 숲습).

3) 검토(이주대책수립시설)

이주대책 대상자의 경우 법상의 추상적인 이주대책권이 이주대책계획이 수립됨으로써 구체적 권리로 되는 것이므로 이주대책계획수립시설이 타당하다. 다만, 법상의 이주대책 대상자가 아닌 이주자는 이주대책 대상자 선정신청을 하고 사업시행자가 이를 받아들여 이주대책 대상자로 확인·결정하여야 비로소 실체적인 권리를 취득한다고 보아야 한다.

Ⅳ 권리구제수단

1. 이주대책 대상자 선정행위의 법적 성질

대법원 다수의견은 이주대책 대상자로서 확인·결정을 받아야 수분양권이 발생한다고 하며, 대법원 반대의견은 이주대책수립에 의해 구체적으로 형성된 수분양권을 이주대책 대상자 확인·결정을 통해 이행하는 것으로 본다. 따라서 어느 견해에 따르더라도 이주대책 대상자 선정에 대한 거부는 이주대책 대상자의 권익에 영향을 미치는 처분으로 볼 수 있다.

2. 권리구제 및 소송형식

(1) 판례와 같이 확인·결정시설을 취하는 경우

이주대책 대상자 선정신청에 대한 거부는 거부처분이 되므로 이에 대하여 취소소송을 제기하고 부작위인 경우에는 부작위위법확인소송을 제기하여야 한다. 이주대책 대상자 선정신청 및 이에 따른 확인·결정 등 절차를 밟지 아니하여 구체적인 수분양권을 아직 취득하지도 못한 상태에서 곧바로 분양의무의 주체를 상대방으로 하여 민사소송이나 공법상 당사자소송으로 이주대책상의 수분양권의 확인 등을 구하는 것은 허용될 수 없다.

(2) 이주대책계획수립이전설(법상 취득설)을 취하는 경우

이주대책 대상자 선정신청의 거부나 부작위에 대하여 행정쟁송을 제기할 수 있을 뿐만 아니라 구체적 이주대책계획에서 제외된 이주대책 대상자는 자기 몫이 참칭 이주대책 대상자에게 이미 분양되어 분양신청을 하더라도 거부할 것이 명백한 특수한 경우에는 이주대책 대상자로서 분양을 받을 권리 또는 그 법률상 지위의 확인을 공법상 당사자소송으로 구할 수 있다고 보아야 한다.

(3) 이주대책계획수립시설을 취하는 경우

이주대책계획을 수립한 이후에는 이주대책 대상자에서 제외된 이주대책 대상자는 수분양권에 터잡은 분양신청을 하여 거부당한 경우에는 그 거부의 취소를 구하는 행정쟁송을 제기할 수 있을 것이다. 사업시행자가 실제로 이주대책계획을 수립하기 이전에는 이주자의 수분양권은 아직 추상적인 권리나 법률상의 지위 내지 이익에 불과한 것이어서 그 권리나 지위의 확인을 구할 수 없을 것이나, 이주대책계획을 수립한 이후에는 이주대책 대상자의 추상적인 수분양권이 구체적 권리로 바뀌게 되므로 확인판결을 얻음으로써 분쟁이 해결되고 권리구제가 가능하여 그 확인소송이 권리구제에 유효적절한 수단이 될 수 있는 경우에는 당사자소송으로 수분양권 또는 그 법률상의 지위의 확인을 구할 수 있다고 보아야 한다.

Ⓥ 사안의 해결

갑은 토지보상법상 이주대책 대상자에 해당된다. 따라서 갑이 이주자택지를 공급받을 권리가 있음을 확인받는 것이 가장 유효적절한 경우에는 수분양권자의 지위를 구하는 확인소송을 제기할 수 있을 것이며, 확인소송의 보충성이 인정되지 않는 경우에는 사업시행자를 대상으로 이주자택지 공급대상자 선정과 관련된 항고소송을 제기하여 구제받을 수 있을 것이다.

◆ **대판 2013.8.23, 2012두24900[이주자택지공급대상제외처분취소]**

[판시사항]

관할 행정청으로부터 건축허가를 받아 택지개발사업구역 안에 있는 토지 위에 주택을 신축하였으나 사용승인을 받지 않은 주택의 소유자 갑이 한국토지주택공사에 이주자택지 공급대상자 선정신청을 하였는데 위 주택이 사용승인을 받지 않았다는 이유로 한국토지주택공사가 이주자택지 공급대상자 제외 통보를 한 사안에서, 위 처분이 위법하다고 본 원심판단을 정당하다고 한 사례

[판결요지]

관할 행정청으로부터 건축허가를 받아 택지개발사업구역 안에 있는 토지 위에 주택을 신축하였으나 사용승인을 받지 않은 주택의 소유자 갑이 사업 시행자인 한국토지주택공사에 이주자택지 공급대상자 선정신청을 하였는데 위 주택이 사용승인을 받지 않았다는 이유로 한국토지주택공사가 이주자택지 공급대상자 제외 통보를 한 사안에서, 공공사업의 시행에 따라 생활의 근거를 상실하게 되는 이주자들에 대하여는 가급적 이주대책의 혜택을 받을 수 있도록 하는 것이 공익사업을 위한 토지 등의 취득 및 보상에 관한 법률이 규정하고 있는 이주대책제도의 취지에 부합하는 점, 구 공익사업을 위한 토지 등의 취득 및 보상에 관한 법률 시행령(2011.12.28. 대통령령 제23425호로 개정되기 전의 것, 이하 '구 공익사업법 시행령'이라 한다) 제40조 제3항 제1호는 무허가건축물 또는 무신고건축물의 경우를 이주대책 대상에서 제외하고 있을 뿐 사용승인을 받지 않은 건축물에 대하여는 아무런 규정을 두고 있지 않은 점, 건축법은 무허가건축물 또는 무신고건축물과 사용승인을 받지 않은 건축물을 요건과 효과 등에서 구별하고 있고, 허가와 사용승인은 법적 성질이 다른 점 등의 사정을 고려하여 볼 때, 건축허가를 받아 건축되었으나 사용승인을 받지 못한 건축물의 소유자는 그 건축물이 건축허가와 전혀 다르게 건축되어 실질적으로는 건축허가를 받은 것으로 볼 수 없는 경우가 아니라면 구 공익사업법 시행령 제40조 제3항 제1호에서 정한 무허가건축물의 소유자에 해당하지 않는다는 이유로 갑을 이주대책 대상자에서 제외한 위 처분이 위법하다고 본 원심판단을 정당하다고 한 사례

사례 30

갑은 상호를 '초원농원'으로, 사업장소재지를 '서울 은평구 진관내동 425–5'로 하여 화훼도매업을 영위하고 있다가 뉴타운개발사업의 시행지구에 편입되었다. 뉴타운개발 사업시행자가 사업시행으로 생활근거 등을 상실하는 주민들을 위한 주거대책 및 생활대책을 공고함에 따라 화훼도매업을 하던 갑이 사업시행자에게 생활대책신청을 하였으나, 사업시행자가 갑은 주거대책 및 생활대책에서 정한 '이주대책 기준일 3개월 이전부터 사업자등록을 하고 영업을 계속한 화훼영업자'에 해당하지 않는다는 이유로 화훼용지 공급대상자에서 제외하였다. 갑에 대한 공급대상자 거부행위는 취소소송의 대상이 되는가? [20점]

> **참고 조문**
>
> **공익사업을 위한 토지 등의 취득 및 보상에 관한 법률**
>
> **제78조(이주대책의 수립 등)**
> ① 사업시행자는 공익사업의 시행으로 인하여 주거용 건축물을 제공함에 따라 생활의 근거를 상실하게 되는 자(이하 "이주대책 대상자"라 한다)를 위하여 대통령령으로 정하는 바에 따라 이주대책을 수립·실시하거나 이주정착금을 지급하여야 한다.
>
> **제78조의2(공장의 이주대책 수립 등)**
> 사업시행자는 대통령령으로 정하는 공익사업의 시행으로 인하여 공장부지가 협의 양도되거나 수용됨에 따라 더 이상 해당 지역에서 공장(「산업집적활성화 및 공장설립에 관한 법률」 제2조 제1호에 따른 공장을 말한다)을 가동할 수 없게 된 자가 희망하는 경우 「산업입지 및 개발에 관한 법률」에 따라 지정·개발된 인근 산업단지에 입주하게 하는 등 대통령령으로 정하는 이주대책에 관한 계획을 수립하여야 한다.

Ⅰ 쟁점의 정리

갑이 화훼용지 공급대상자 거부회신을 대상으로 항고소송을 제기하기 위해서는, 동 거부회신이 행정소송법상 처분에 해당되어야 한다. 처분이란 행정청이 행하는 구체적 사실에 관한 법집행으로서의 공권력 행사 또는 그 거부이므로(행정소송법 제2조), 거부회신이 항고소송의 대상이 되는 처분인지를 중심으로 검토한다.

Ⅱ 거부회신의 대상적격 충족요건

1. 거부처분의 의의 및 구별개념

거부처분이란 공권력 행사의 신청에 대해 처분의 발령을 거부하는 행정청의 의사작용으로서, 거절의사가 명확한 점에서 부작위와 구별된다.

2. 거부가 처분이 되기 위한 요건

(1) 판례의 태도

거부처분이 처분성을 갖기 위해서는 ① 공권력 행사의 거부일 것, ② 국민의 권리와 의무에 영향을 미칠 것, ③ 법규상·조리상 신청권을 가질 것을 요구한다. 이때의 신청권은 행정청의 응답을 구하는 권리(형식적 권리)이며, 신청된 대로의 처분을 구하는 권리(실체적 권리)가 아니라고 한다.

(2) 신청권 존부에 대한 견해의 대립

① 신청권의 존재는 본안문제라는 견해, ② 처분성은 소송법상 개념요소만 갖추면 된다고 하여 원고적격으로 보는 견해, ③ 신청권은 신청에 대한 응답의무에 대응하는 절차적 권리이므로 이를 대상적격의 문제로 보는 견해가 있다.

(3) 검토

판례와 같이 신청권을 일반·추상적인 응답요구권으로 보게 되면 개별·구체적 권리일 것을 요하는 원고적격과 구별되고, 이러한 신청권이 없다면 바로 각하하여 법원의 심리부담의 가중도 덜어줄 수 있으므로 대상적격의 문제로 보는 것이 타당하다.

3. 사안의 경우

토지보상법 제78조 및 제78조의2에서는 생활대책용지의 공급과 같이 생활대책에 관한 분명한 근거규정을 두고 있지 않으나, 사업시행자 스스로 공익사업의 원활한 시행을 위하여 필요하다고 인정함으로써 생활대책을 수립·실시할 수 있도록 하는 내부규정에 따라 생활대책 대상자 선정기준을 마련하여 생활대책을 수립·실시하는 경우에는 이러한 생활대책 역시 헌법 제23조 제3항에 따른 정당한 보상에 포함되는 것으로 보아야 한다. 따라서 제외행위는 취소소송의 대상이 된다고 볼 것이다.

Ⅲ 사안의 해결

생활대책 대상자 선정기준에 해당하는 자는 사업시행자에게 생활대책 대상자 선정 여부의 확인·결정을 신청할 수 있는 권리를 가지는 것이어서, 만일 사업시행자가 그러한 자를 생활대책 대상자에서 제외하거나 선정을 거부하면, 이러한 생활대책 대상자 선정기준에 해당하는 자는 사업시행자를 상대로 항고소송을 제기할 수 있다고 보는 것이 타당하다.

▸ 답안축약 시 "3. 사안의 경우"와 "Ⅲ. 사안의 해결"은 내용이 중복되므로 "Ⅲ. 사안의 해결" 부분 내용은 삭제하여도 무방함.

✎ 대판 2011.10.13, 2008두17905[상가용지공급대상자적격처분취소등]

[판시사항]
[1] 사업시행자 스스로 공익사업의 원활한 시행을 위하여 생활대책을 수립·실시할 수 있도록 하는 내부규정을 두고 이에 따라 생활대책대상자 선정기준을 마련하여 생활대책을 수립·실시하는 경우, 생활대책대상자 선정기준에 해당하는 자가 자신을 생활대책대상자에서 제외하거나 선정을 거부한 사업시행자를 상대로 항고소송을 제기할 수 있는지 여부(적극)

[2] 뉴타운개발 사업시행자가 사업시행으로 생활근거 등을 상실하는 주민들을 위한 주거대책 및 생활대책을 공고함에 따라 화훼도매업을 하던 갑이 사업시행자에게 생활대책신청을 하였으나 사

업시행자가 이를 거부한 사안에서, 위 거부행위가 행정처분에 해당한다고 본 원심판단을 정당하다고 한 사례

[3] 뉴타운개발 사업시행자가 사업시행으로 생활근거 등을 상실하는 주민들을 위한 주거대책 및 생활대책을 공고함에 따라 화훼도매업을 하던 갑이 사업시행자에게 생활대책신청을 하였으나, 사업시행자가 갑은 주거대책 및 생활대책에서 정한 '이주대책 기준일 3개월 이전부터 사업자등록을 하고 영업을 계속한 화훼영업자'에 해당하지 않는다는 이유로 화훼용지 공급대상자에서 제외한 사안에서, 갑이 동생 명의를 빌려 사업자등록을 하다가 기준일 이후에 자신 명의로 사업자등록을 마쳤다 하더라도 위 대책에서 정한 화훼용지 공급대상자에 해당한다고 본 원심판단을 정당하다고 한 사례

[판결요지]

[1] 공익사업을 위한 토지 등의 취득 및 보상에 관한 법률은 제78조 제1항에서 "사업시행자는 공익사업의 시행으로 인하여 주거용 건축물을 제공함에 따라 생활의 근거를 상실하게 되는 자(이하 '이주대책 대상자'라 한다)를 위하여 대통령령으로 정하는 바에 따라 이주대책을 수립·실시하거나 이주정착금을 지급하여야 한다."고 규정하고 있을 뿐, 생활대책용지의 공급과 같이 공익사업 시행 이전과 같은 경제수준을 유지할 수 있도록 하는 내용의 생활대책에 관한 분명한 근거 규정을 두고 있지는 않으나, 사업시행자 스스로 공익사업의 원활한 시행을 위하여 필요하다고 인정함으로써 생활대책을 수립·실시할 수 있도록 하는 내부규정을 두고 있고 내부규정에 따라 생활대책대상자 선정기준을 마련하여 생활대책을 수립·실시하는 경우에는, 이러한 생활대책 역시 "공공필요에 의한 재산권의 수용·사용 또는 제한 및 그에 대한 보상은 법률로써 하되, 정당한 보상을 지급하여야 한다."고 규정하고 있는 헌법 제23조 제3항에 따른 정당한 보상에 포함되는 것으로 보아야 한다. 따라서 이러한 생활대책대상자 선정기준에 해당하는 자는 사업시행자에게 생활대책대상자 선정 여부의 확인·결정을 신청할 수 있는 권리를 가지는 것이어서, 만일 사업시행자가 그러한 자를 생활대책대상자에서 제외하거나 선정을 거부하면, 이러한 생활대책대상자 선정기준에 해당하는 자는 사업시행자를 상대로 항고소송을 제기할 수 있다고 보는 것이 타당하다.

[2] 뉴타운개발 사업시행자가 사업시행으로 생활근거 등을 상실하는 주민들을 위한 주거대책 및 생활대책을 공고함에 따라 화훼도매업을 하던 갑이 사업시행자에게 생활대책신청을 하였으나, 사업시행자가 갑은 위 주거대책 및 생활대책에서 정한 '이주대책 기준일 3개월 이전부터 사업자등록을 하고 영업을 계속한 화훼영업자'에 해당하지 않는다는 이유로 화훼용지 공급대상자에서 제외한 사안에서, 사업시행자의 거부행위가 행정처분에 해당한다고 본 원심판단을 정당하다고 한 사례

[3] 뉴타운개발 사업시행자가 사업시행으로 생활근거 등을 상실하는 주민들을 위한 주거대책 및 생활대책을 공고함에 따라 화훼도매업을 하던 갑이 사업시행자에게 생활대책신청을 하였으나, 사업시행자가 갑은 위 주거대책 및 생활대책에서 정한 '이주대책 기준일 3개월 전부터 사업자등록을 하고 영업을 계속한 화훼영업자'에 해당하지 않는다는 이유로 화훼용지 공급대상자에서 제외한 사안에서, 갑이 이주대책 기준일 3개월 이전부터 동생 명의를 빌려 사업자등록을 하고 화원 영업을 하다가 기준일 이후에 비로소 사업자등록 명의만을 자신 명의로 바꾸어 종전과 같은 화원 영업을 계속하였더라도 '기준일 3개월 이전부터 사업자등록을 하고 계속 영업을 한 화훼영업자'에 해당한다고 본 원심판단을 정당하다고 한 사례

사례 31

국토교통부장관 갑(사업시행자)이 시행하는 삼숭—만송 간 도로건설사업의 사업구역 내에 위치한 'A'가옥은 을의 부친 소유였는데 1989년 사망함에 따라 그 아내이자 공동상속인 중 한 사람인 을이 그 무렵부터 해당 도로건설사업에 편입될 때까지 이 가옥에서 계속 거주하여 왔다.

사업시행자는 훈령형식으로 내부규약인 「이주 및 생활대책 수립지침」 제8조 제2항에서는 공동소유의 경우에는 20평대 아파트를 분양하도록 되어 있어서 을에게 20평대 아파트 분양대상자임을 통보하였다. 을은 노모와 함께 살기 위해서는 30평대 아파트를 분양받아야 하므로 30평대 아파트 분양신청을 하였는데 사업시행자는 이를 거부하였다.

(1) 을은 '이주 및 생활대책 수립지침'에서 규정한 대로 자신을 '20평대 아파트 분양대상자'로 지정한 것(30평대 신청에 대한 거부)은 위법하다고 주장한다. 을의 주장이 타당한지에 관하여 설명하시오. 15점

(2) 을은 자신을 30평대가 아닌 20평대 아파트 분양대상자로 선정한 것(30평대 신청에 대한 거부는)은 위법하다고 보아 이를 소송으로 다투려고 한다. 을이 제기하여야 하는 소송의 형식에 대해서 설명하시오. 15점

⊕ (설문 1)의 해결

Ⅰ 쟁점의 정리

사업시행자가 내부규약으로 제정한 '이주 및 생활대책 수립지침'의 구속성이 인정되는지를 검토하여 을에 대한 20평대 아파트 분양대상자로 지정한 것이 위법한 것인지를 설명한다.

Ⅱ 이주대책 대상자의 요건

1. 의의 및 성격

이주대책은 생활보호 차원의 시혜적인 조치로서 정책적 배려로 마련된 제도이다. 따라서 생활보상의 성격을 갖는다. 판례도 이주대책을 생활보상의 일환으로 보고 있다.

2. 요건 및 내용

공익사업에 필요한 주거용 건물을 제공함에 따라 생활의 근거를 상실하게 되는 자를 위하여 이주대책을 수립하며, 이주대책의 내용에는 이주정착지에 대한 도로·급수시설·배수시설 그 밖의 공공시설 등 해당 지역조건에 따른 생활기본시설이 포함되어야 한다.

Ⅲ 이주대책 수립내용의 구속성 검토

1. 이주 및 생활대책 수립지침의 법적 성질

이주 및 생활대책 수립지침은 도로사업을 시행함에 따른 이주대책을 수립하기 위한 훈령 형식의 세부규정을 마련한 것이므로 이는 행정규칙의 성질을 갖는다고 할 것이다.

2. 행정규칙의 대외적 구속력 인정 여부

(1) 학설

① 법규성을 부정하는 비법규설, ② 행정권의 시원적인 입법권을 인정하여 법규성을 인정하는 법규설, ③ 평등의 원칙 및 자기구속법리를 매개로 법규성을 인정할 수 있다는 준법규설이 대립된다.

(2) 판례

훈령에 규정된 청문을 거치지 않은 것은 위법하다고 본 판례가 있으나 예외적인 사건으로 보이며 '일반적으로 행정규칙의 법규성을 인정하지 않는다.'

(3) 검토

행정규칙의 법규성을 인정하는 것은 법률의 법규창조력에 반하며, 평등의 원칙이나 자기구속법리를 매개로 하는 경우에도 규칙 자체에는 법규성이 없다고 보는 것이 타당하므로 비법규설이 타당하다.

3. 이주대책 수립내용의 구속성 검토

(1) 관련 판례의 태도(대판 2009.3.12, 2008두12610)

판례는 사업시행자는 이주대책기준을 정하여 이주대책 대상자 중에서 이주대책을 수립, 실시하여야 할 자를 선정하여 그들에게 공급할 택지 또는 주택의 내용이나 수량을 정할 수 있고, 이를 정하는 데 재량을 가지므로, 이를 위해 사업시행자가 결정한 기준은 그것이 객관적으로 합리적이 아니라거나 타당하지 않다고 볼만한 다른 특별한 사정이 없는 한 존중되어야 한다.

(2) 수립내용의 구속성

판례의 태도에 비추어 볼 때, 사업의 원활한 진행이 가능한 범위 내에서 신속한 이주대책을 수립, 실시하여 공사익을 도모하여야 하는 것으로 볼 수 있다. 따라서 특별한 사정이 없는 한 사업시행자가 수립한 이주대책의 수립내용은 존중되어야 하므로 이주대책 대상자를 구속한다고 볼 수 있다.

Ⅳ 사안의 해결

설문에서는 해당 이주대책의 수립내용이 객관성을 결여하였거나 합리성이 결여되었다는 점이 없고, 타당하지 않다고 볼 만한 특별한 사정이 없는 것으로 보인다. 따라서 해당 수립내용은 이주대책 대상자인 甲을 구속한다고 판단된다.

⊕ (설문 2)의 해결

Ⅰ 쟁점의 정리

수분양권의 발생시기를 검토하여 대상자 선정에 대한 불복수단으로서 乙이 제기하여야 하는 소송의 형식을 설명한다.

Ⅱ 수분양권의 발생시기

1. 수분양권의 의의

수분양권이란 이주자가 이주대책을 수립·실시하는 사업시행자로부터 이주대책 대상자로 확인·결정을 받음으로서 취득하게 되는 택지나 아파트를 분양받을 수 있는 권리를 말한다. 문제는 이주대책 대상자에게 언제 수분양권 등 특정한 실체법상의 권리가 취득되는가 하는 것이다.

2. 수분양권의 법적 성질

이주대책이 공법적 성격을 가지므로 공법관계이고, 판례도 수분양권은 대상자 확인·결정에 의해 취득하는 공법상 권리라고 한다.

3. 수분양권의 발생시기

(1) 학설

가. 이주대책계획수립이전설(법상취득설)

토지보상법 제78조 및 동법 시행령 제40조의 요건을 충족하는 경우에 실체적 권리인 수분양권이 취득된다고 보는 견해이다.

나. 이주대책계획수립시설

사업시행자가 이주대책에 관한 구체적인 계획을 수립하여 이를 해당자에게 통지 내지 공고한 경우에 이것으로 이주자에게 수분양권이 취득된다고 보는 견해이다.

다. 확인·결정시설

이주대책계획 수립 후 이주자가 이주대책 대상자 선정을 신청하고 사업시행자가 이를 받아들여 이주대책 대상자로 확인·결정하여야 비로소 수분양권이 발생한다고 보는 견해이다.

(2) 판례

판례는 수분양권의 발생에 관하여 확인·결정시설을 취하고 있다(대판 1994.5.24, 92다35783 全合).

(3) 검토

이주대책 대상자의 경우 법상의 추상적인 이주대책권이 이주대책계획이 수립됨으로써 구체적 권리로 되는 것이므로 이주대책계획수립시설이 타당하다.

Ⅲ 을의 권리구제를 위한 소송방법

1. 판례와 같이 확인·결정시설을 취하는 경우

이주대책 대상자 선정신청에 대한 거부는 거부처분이 되므로 이에 대하여 취소소송을 제기하고 부작위인 경우에는 부작위위법확인소송을 제기하여야 한다.

2. 이주대책계획수립이전설(법상 취득설)을 취하는 경우

이주대책 대상자 선정신청의 거부나 부작위에 대하여 행정쟁송을 제기할 수 있을 뿐만 아니라 이주대책 대상자로서 분양을 받을 권리 또는 그 법률상 지위의 확인을 공법상 당사자소송으로 구할 수 있다고 보아야 한다.

3. 이주대책계획수립시설을 취하는 경우

사업시행자가 실제로 이주대책계획을 수립하기 이전에는 이주자의 수분양권은 아직 추상적인 권리나 법률상의 지위 내지 이익에 불과한 것이어서 그 권리나 지위의 확인을 구할 수 없을 것이나, 이주대책계획 수립 이후에는 이주대책 대상자에서 제외된 경우(거부) 그 거부의 취소를 구하는 행정쟁송을 제기할 수 있고 당사자소송으로 수분양권 또는 그 법률상의 지위의 확인을 구할 수 있다고 보아야 한다.

Ⅳ 사안의 해결

을은 수분양권의 발생시기에 따라 항고소송 및 당사자소송을 제기할 수 있을 것이나, 판례의 다수견에 따르면 항고소송만 가능할 것이다.

✏️ **대판 2020.7.9, 2020두34841[이주자택지공급거부처분 취소의 소]**

[판시사항]
이주대책 수립대상 가옥에 관한 공동상속인 중 1인에 해당하는 공유자가 그 가옥에서 계속 거주하여 왔고 그가 사망한 이후 대상 가옥에 관하여 나머지 상속인들 사이에 상속재산분할협의가 이루어진 경우, 사망한 공유자가 이주대책 대상자 선정 특례에 관한 한국토지주택공사의 '이주 및 생활대책 수립지침' 제8조 제2항 전문의 '종전의 소유자'에 해당하는지 여부(적극)

[주문]
원심판결을 파기하고, 사건을 서울고등법원에 환송한다.

[이유]
상고이유를 판단한다.

1. 사안의 개요
   가. 원심판결의 이유에 의하면, 다음과 같은 사실을 알 수 있다.
      피고가 시행하는 삼승-만송 간 도로건설사업의 사업구역 내에 위치한 이 사건 가옥은 원고의 부친 소외 1의 소유였는데, 소외 1이 1989년 사망함에 따라 그 아내이자 공동상속인 중 한 사람인 소외 2가 그 무렵부터 2015.5.12. 사망할 때까지 이 사건 가옥에서 계속 거주하여 왔고, 그 아들로서 공동상속인 중 한 사람인 원고는 2015.4.경부터 이 사건 가옥에서 거주하여 왔다.
      이 사건 가옥에 관한 등기부상 명의는 소외 1 앞으로 마쳐져 있다가, 소외 2의 사망 후 원고를 비롯한 공동상속인들이 한 상속재산분할협의에 따라 2016.7.19. 원고 앞으로 소유권이전등기가 마쳐졌다.
      이후 원고는 피고에게 이주자택지 공급신청을 하였으나, 피고는 2018.7.27. "원고는 기준일 1년 전부터 보상계약체결일까지 이 사건 가옥에서 계속하여 거주하지 아니하여 이주대책 대상자에 해당하지 않고, 원고의 어머니 소외 2는 이 사건 가옥을 소유한 사실이 없어 이주대책 대상자에 해당하지 않는다."라는 이유로 부적격 통보를 하였다.
   나. 원심은, 상속재산분할의 효력이 상속개시일인 소외 1의 사망 시로 소급되므로, 소외 2가 소외 1의 공동상속인 지위에 있었다고 하더라도 그 사망일인 2015.5.12.까지 이 사건 가옥의 공동소유자였다고 볼 수 없다는 이유로, 소외 2는 「이주 및 생활대책 수립지침」 제8조 제2항 전문의 '종전의 소유자'에 해당하지 않고 그에 따라 원고 역시 이주대책 대상자가 될 수 없다고 판단하였다.

2. 판단
   원심의 판단은 수긍하기 어렵다.
   가. 「공익사업을 위한 토지 등의 취득 및 보상에 관한 법률」 제78조 제1항은 "사업시행자는 공익사업의 시행으로 인하여 주거용 건축물을 제공함에 따라 생활의 근거를 상실하게 되는 자(이하 '이주대책 대상자'라 한다)를 위하여 대통령령으로 정하는 바에 따라 이주대책을 수립·실시하거나 이주정착금을 지급하여야 한다."라고 규정하고 있고, 같은 법 시행령 제40조는 위 법률의 위임에 따라 이주대책의 수립·실시에 관한 구체적 내용을 정하고 있다. 이와 관련하여 이주대책의 수립 및 시행에 관하여 필요한 사항을 정하기 위해 피고가 마련한 「이주

및 생활대책 수립지침」(2018.7.18. 제1871호, 이하 '이 사건 지침'이라고 한다) 제7조 본문, 제1호는 이주대책 대상자의 요건에 관하여, "이주대책 수립대상자는 기준일(사업인정고시일을 의미한다) 이전부터 보상계약체결일 또는 수용재결일까지 당해 사업지구 안에 가옥을 소유하고 계속하여 거주한 자로서, 당해 사업에 따라 소유가옥이 철거되는 자로 한다. 단 수도권정비계획법에 의한 수도권 지역에서 이주자 택지를 공급하는 경우에는 기준일 현재 1년 이상 계속하여 당해 사업지구 안에 가옥을 소유하고 거주하여야 한다."라고 정하고 있고, 같은 지침 제8조 제2항 전문은 이주대책 대상자 선정특례에 관하여, "종전의 소유자가 이 지침에 의한 이주대책 수립대상자가 될 수 있었던 경우에 기준일 이후에 상속을 원인으로 해당 지구 보상계획 공고일 이전에 가옥을 취득하고 거주하는 경우에는 제7조에 불구하고 이주대책 수립대상자로 하고, 종전의 소유자는 이주대책 수립대상자로 보지 아니한다."라고 정하고 있다.

이 사건 지침 제8조 제2항 전문은 이 사건 지침에 따른 이주대책 대상자가 될 수 있었던 사람이 사망한 경우, 그 상속인이 그 규정에서 정하는 취득 및 거주요건을 갖출 경우에는 그 상속인에게 종전의 소유자가 갖고 있던 이주대책 대상자 지위의 승계를 인정한다는 취지이다.

나. 민법 제1015조는 "상속재산의 분할은 상속개시된 때에 소급하여 그 효력이 있다. 그러나 제삼자의 권리를 해하지 못한다."라고 규정함으로써 상속재산분할의 소급효를 인정하고 있다. 그러나 상속재산분할에 소급효가 인정된다고 하더라도, 상속개시 이후 공동상속인들이 상속재산의 공유관계에 있었던 사실 자체가 소급하여 소멸하는 것은 아니다.

따라서 대상 가옥에 관한 공동상속인 중 1인에 해당하는 공유자가 그 가옥에서 계속 거주하여 왔고 사망하지 않았더라면 이주대책 수립대상자가 될 수 있었던 경우, 비록 그가 사망한 이후 대상 가옥에 관하여 나머지 상속인들 사이에 상속재산분할협의가 이루어졌다고 하더라도 사망한 공유자가 생전에 공동상속인 중 1인으로서 대상 가옥을 공유하였던 사실 자체가 부정된다고 볼 수 없고, 이 사건 지침 제8조 제2항 전문의 '종전의 소유자'에 해당한다고 해석하는 것이 타당하다.

다. 이에 비추어 보면, 원심이 상속재산분할의 소급효를 이유로 원고가 이주대책 대상자 선정특례의 요건을 갖추지 못하였다고 판단한 것은 잘못이고, 원심으로서는 나머지 요건의 충족 여부에 관하여 심리한 후 원고가 이 사건 지침 제8조 제2항 전문에 따른 이주대책 대상자에 해당하는지를 판단하였어야 한다. 원심의 판단에는 상속재산분할의 소급효에 관한 법리 등을 오해하여 필요한 심리를 다하지 아니함으로써 판결에 영향을 미친 잘못이 있다.

3. 결론

그러므로 나머지 상고이유에 관한 판단을 생략한 채 원심판결을 파기하고 사건을 다시 심리·판단하게 하기 위하여 원심법원에 환송하기로 하여, 관여 대법관의 일치된 의견으로 주문과 같이 판결한다.

손실보상의 산정기준 및 절차

손실보상의 산정기준 및 절차에 대해서 설명하시오. 25점

Ⅰ 손실보상의 산정기준
 1. 가격시점(토지보상법 제67조 제1항)
 2. 평가방법의 적용원칙(토지보상법 시행규칙
   제20조 : 구분평가)
 3. 산정기준
   (1) 취득하는 토지의 평가
   (2) 사용하는 토지의 평가
   (3) 지장물
Ⅲ 산정절차
 1. 제도적 취지
 2. 보상평가의 의뢰
	(1) 감정평가의 의뢰(토지보상법 제68조 제
	   1항)
	 (2) 시·도지사 추천(토지보상법 시행령 제28
	   조 제3항)
	 (3) 토지소유자 추천(토지보상법 시행령 제28
	   조 제4항)
	 3. 감정평가법인등의 보상평가
	 4. 보상액 산정결정
	 5. 재평가(토지보상법 시행규칙 제17조)
	   (1) 해당 업자에게 재평가를 의뢰하는 경우
	   (2) 다른 업자에게 의뢰하는 경우
	   (3) 결정

Ⅰ 손실보상의 산정기준

1. 가격시점(토지보상법 제67조 제1항)

보상액의 산정은 협의에 의한 경우에는 협의 성립 당시의 가격을, 재결에 의한 경우에는 수용 또는 사용의 재결 당시의 가격을 기준으로 한다.

2. 평가방법의 적용원칙(토지보상법 시행규칙 제20조 : 구분평가)

취득할 토지에 건축물·입목·공작물 그 밖에 토지에 정착한 물건이 있는 경우에는 토지와 그 건축물 등을 각각 평가하여야 한다. 다만, 건축물 등이 토지와 함께 거래되는 사례나 관행이 있는 경우에는 그 건축물 등과 토지를 일괄하여 평가하여야 하며, 이 경우 보상평가서에 그 내용을 기재하여야 한다.

3. 산정기준

(1) 취득하는 토지의 평가

취득하는 토지는 객관적인 이용상황기준, 현황기준, 나지상정(최유효이용기준), 개발이익 배제, 공시지가기준을 적용한다.

(2) 사용하는 토지의 평가

협의 또는 재결에 의하여 사용하는 토지에 대하여는 그 토지와 인근 유사토지의 지료, 임대료, 사용방법, 사용기간 및 그 토지의 가격 등을 고려하여 평가한 적정가격으로 보상하여야 한다. 이 경우 사용하는 토지와 그 지하 및 지상의 공간 사용에 대한 구체적인 보상액 산정 및 평가방법은 투자비용, 예상수익 및 거래가격 등을 고려하여야 한다(토지보상법 제71조).

(3) 지장물

건축물·입목·공작물과 그 밖에 토지에 정착한 물건에 대하여는 이전에 필요한 비용으로 보상하여야 한다. 다만, ① 건축물 등을 이전하기 어렵거나 그 이전으로 인하여 건축물 등을 종래의 목적대로 사용할 수 없게 된 경우, ② 건축물 등의 이전비가 그 물건의 가격을 넘는 경우, ③ 사업시행자가 공익사업에 직접 사용할 목적으로 취득하는 경우에는 해당 물건의 가격으로 보상하여야 한다(토지보상법 제75조 제1항). 농작물에 대한 손실은 그 종류와 성장의 정도 등을 종합적으로 고려하여 보상하여야 한다(제2항). 토지에 속한 흙·돌·모래 또는 자갈(흙·돌·모래 또는 자갈이 해당 토지와 별도로 취득 또는 사용의 대상이 되는 경우만 해당한다)에 대하여는 거래가격 등을 고려하여 평가한 적정가격으로 보상하여야 한다(제3항). 분묘에 대하여는 이장에 드는 비용 등을 산정하여 보상하여야 한다(제4항).

Ⅱ 산정절차

1. 제도적 취지

개정 전 공특법에서는 보상액의 산정을 위한 평가절차가 법률의 위임없이 시행규칙에 규정되어 있었다. 또한 토지수용법에서도 절차규정이 없어서 보상액 산정절차가 불명확하였다. 이러한 법체계의 모순을 극복하기 위해 토지보상법은 평가의뢰절차 및 방법을 규정하였다(토지보상법 제68조 및 제70조 제6항).

2. 보상평가의 의뢰

(1) 감정평가의 의뢰(토지보상법 제68조 제1항)

사업시행자는 토지 등에 대한 보상액을 산정하려는 경우에는 감정평가법인등 3인(제2항에 따라 시·도지사와 토지소유자가 모두 감정평가법인등을 추천하지 아니하거나 시·도지사 또는 토지소유자 어느 한쪽이 감정평가법인등을 추천하지 아니하는 경우에는 2인)을 선정하여 토지 등의 평가를 의뢰하여야 한다. 다만, 사업시행자가 국토교통부령으로 정하는 기준에 따라 직접 보상액을 산정할 수 있을 때에는 그러하지 아니하다.

(2) 시·도지사 추천(토지보상법 시행령 제28조 제3항)

시·도지사는 감정평가 수행능력, 소속 감정평가사의 수, 감정평가 실적, 징계 여부 등을 고려하여 추천대상 집단을 선정해야 한다.

(3) 토지소유자 추천(토지보상법 시행령 제28조 제4항)

토지소유자가 요청하는 경우에는 토지소유자가 감정평가법인등 1인을 선정할 수 있다. 이는 보상액 산정의 객관성과 타당성을 확보하기 위함이다. 보상계획 열람기간 만료일부터 30일 이내에 요청(토지면적의 1/2 이상에 해당하는 소유자와 해당 소유자 총수의 과반수의 동의 필요)해야 한다.

3. 감정평가법인등의 보상평가

감정평가법인등은 토지보상법 규정에 의거하여 평가하고 보고서를 작성하고 심사받아야 한다. 심사자는 보상평가서의 틀린 계산·오기 여부와 대상물건이 관계 법령이 정하는 바에 의하여 적정하게 평가되었는지 여부 및 평가액의 타당성을 심사한 후 서명한다. 감정평가법인등은 심사를 받은 후 제출기간 내(의뢰일로부터 30일 이내로 한다. 단 대상물건이나 내용이 특수한 경우는 예외이다)에 사업시행자에게 이를 제출하여야 한다.

4. 보상액 산정결정

감정평가법인등이 산정한 보상금액의 산술평균치로 결정한다.

5. 재평가(토지보상법 시행규칙 제17조)

(1) 해당 업자에게 재평가를 의뢰하는 경우

관계법령에 위반하여 평가한 경우와 표준지공시지가와 현저한 차이가 있는 등 부당하게 평가되었다고 인정하는 경우에는 당해 감정평가법인등에게 재평가를 의뢰한다. 이 경우 사업시행자는 필요하면 국토교통부장관이 보상평가에 관한 전문성이 있는 것으로 인정하여 고시하는 기관에 해당 평가가 위법 또는 부당하게 이루어졌는지에 대한 검토를 의뢰할 수 있다.

(2) 다른 업자에게 의뢰하는 경우

㉠ 당해 감정평가법인등에게 요구할 수 없는 특별한 사유가 있는 경우, ㉡ 평가액의 최고·최저액이 1.1배 이상 차이가 나는 경우(지장물의 경우는 소유자별 합계액의 비교), ㉢ 평가 후 1년 이내에 계약체결이 안되는 경우에는 다른 감정평가법인등에게 재평가를 의뢰해야 한다. 평가액의 최고·최저액이 1.1배 이상 차이가 나는 경우에는, 사업시행자는 평가내역 및 당해 감정평가법인등을 국토교통부장관에게 통지하여야 하며, 국토교통부장관은 당해 감정평가가 관계 법령이 정하는 바에 따라 적법하게 행하여졌는지 여부를 조사하여야 한다.

(3) 결정

산술평균으로 결정한다. 종전에는 재평가액이 원평가액보다 낮아진 경우에는 종전 평가액을 적용하였으나, 현재는 낮아진 경우에도 재평가액을 적용한다.

사례 33

각 물음에 답하시오.

(1) 주택재개발조합 갑은 재개발사업의 대상인 토지와 그 지상 건물을 매수하기 위하여 그 소유자 등과 협의를 진행하였으나 각 건물의 소유자(채무자)들과 협의가 성립되지 아니하자 서울특별시 지방토지수용위원회에 수용재결을 신청하여 수용시기를 2013.10.10.로 하는 수용재결을 받고, 채무자들을 피공탁자로 하여 위 위원회가 결정한 각 보상금을 공탁한 다음 2013.10.10. 각 건물 및 그 각 대지에 관하여 주택재개발조합 앞으로 소유권이전등기를 마쳤다. 채무자들은 각 건물부분을 점유하고 있으며, 채무자들이 소유하고 있는 건물은 채무자들의 특정 목적을 달성하기 위하여 설계된 특수한 건물로서 이전비용이 건물가액을 상회하고 있었다. 이에 채무자들은 토지보상법 제75조에서는 "건축물·입목·공작물과 그 밖에 토지에 정착한 물건에 대하여는 이전에 필요한 비용으로 보상하여야 한다"고 규정하고 있으므로, 이전비용이 아닌 취득가액으로 보상금을 산정한 재결은 위법하다고 주장한다. 이와 관련하여 확장수용을 설명하고, 채무자들의 주장이 타당한지를 검토하시오. 25점

(2) 손실보상의 산정기준 및 절차에 대해서 약술하시오. 25점

(설문 1)의 해결

Ⅰ 쟁점의 정리

Ⅱ 확장수용의 개관
  1. 확장수용의 의의 및 취지
  2. 확장수용의 법적 성질
  3. 확장수용의 종류
    (1) 사용하는 토지의 완전수용(법 제72조)
    (2) 잔여지수용(법 제74조)
    (3) 이전갈음수용(법 제75조)
    (4) 잔여건축물의 수용(법 제75조의2)
  4. 확장수용에 대한 권리구제
    (1) 문제점
    (2) 이의신청(법 제83조 제1항)
    (3) 행정소송(법 제85조 제2항)
    (4) 민사소송 가능 여부

Ⅲ 사안의 해결(채무자들의 주장의 타당성)

(설문 2)의 해결

Ⅰ 손실보상의 산정기준
  1. 가격시점(토지보상법 제67조 제1항)
  2. 평가방법의 적용원칙
  3. 산정기준
    (1) 취득하는 토지의 평가
    (2) 사용하는 토지의 평가
    (3) 지장물

Ⅱ 산정절차
  1. 제도적 취지
  2. 보상평가의 의뢰
    (1) 감정평가의 의뢰(법 제68조 제1항)
    (2) 시·도지사 추천(법 시행령 제28조 제3항)
    (3) 토지소유자 추천(법 시행령 제28조 제4항)
  3. 감정평가법인등의 보상평가
  4. 보상액 산정결정
  5. 재평가(법 시행규칙 제17조)
    (1) 해당 업자에게 재평가를 의뢰하는 경우
    (2) 다른 업자에게 의뢰하는 경우
    (3) 결정

⊕ **(설문 1)의 해결**

Ⅰ 쟁점의 정리

공용수용이란 공공필요를 위하여 타인의 재산권을 강제로 취득하는 것으로서, 공용수용의 목적물은 헌법상 기본권인 재산권 보호(헌법 제23조 제1항) 측면에서 필요최소한도(헌법 제37조 제2항)내에서 이루어져야 한다. 토지보상법 제75조에서는 토지에 정착한 물건에 대하여는 이전에 필요한비용으로 보상하여야 한다고 규정하고 있는 동시에 취득가액으로 보상할 수 있는 예외적인 사항을규정하고 있다. 설문의 해결을 위하여 토지보상법 제75조 이전갈음수용 등 확장수용에 대하여 설명하고, 채무자들의 주장의 타당성을 검토한다.

Ⅱ 확장수용의 개관

1. 확장수용의 의의 및 취지

확장수용이란 사업의 필요를 넘는 재산권의 수용을 말한다. 수용은 필요최소한도 원칙이나 피수용자의 권리보호 및 사업의 원활한 시행을 위하여 취지가 인정된다.

2. 확장수용의 법적 성질

확장수용은 공용수용에 있어서 하나의 특수한 예이기는 하나, 그 본질에 있어서는 일반의 공용수용과 다른 점이 없으므로 공용수용의 성질을 갖는다.

3. 확장수용의 종류

(1) 사용하는 토지의 완전수용(토지보상법 제72조)

사업인정 후 사용으로 인하여 ① 3년 이상 사용, ② 형질변경, ③ 건물이 있는 경우 토지소유자는 사업시행자에게 토지의 매수를 청구하거나 수용을 청구할 수 있다.

(2) 잔여지수용(토지보상법 제74조)

잔여지 수용이란 일단의 토지의 잔여지를 매수 또는 수용청구하는 것을 말한다. 이는 손실보상책의 일환으로 부여된 것으로서 피수용자의 권리보호에 취지가 인정된다. 토지보상법 시행령제39조에서는 ① 동일한 소유자의 토지일 것, ② 일단의 토지 중 일부가 편입될 것, ③ 잔여지를 종래의 목적으로 이용하는 것이 현저히 곤란할 것을 요건으로 규정하고 있다.

(3) 이전갈음수용(토지보상법 제75조)

건축물 등은 이전비보상이 원칙이나 ① 이전이 어렵거나 이전으로 종래의 목적으로 사용이 곤란한 경우 및 ② 이전비가 가격을 넘는 경우 이를 이전에 갈음하여 수용하는 것을 말한다.

(4) 잔여건축물의 수용(토지보상법 제75조의2)

동일한 소유자에게 속하는 일단의 건축물의 일부가 협의에 의하여 매수되거나 수용됨으로 인하여 잔여 건축물을 종래의 목적에 사용하는 것이 현저히 곤란할 때에는 그 건축물 소유자는 사업시행자에게 잔여 건축물을 매수하여 줄 것을 청구하는 것을 말한다.

4. 확장수용에 대한 권리구제

(1) 문제점

확장수용의 결정은 토지수용위원회의 재결에 의해서 결정되므로 재결에 대한 일반적인 불복수단이 적용될 것이다. 이 경우 토지보상법 제85조 제2항의 보상금증감청구소송의 심리범위에 손실보상의 범위가 포함되는지에 따라 실효적인 쟁송형태가 달라지게 된다.

(2) 이의신청(토지보상법 제83조 제1항)

① 재결서정본 송달 30일 이내에 중앙토지수용위원회에 신청한다. 이는 특별행정심판이며 임의적 절차에 해당된다. ② 잔여지취득의 문제는 손실보상액의 증액에 본질적인 관련이 있다고 보이므로 보상금증액청구의 성격을 갖는 것으로 보는 것이 타당하다.

(3) 행정소송(토지보상법 제85조 제2항)

보상금증감청구소송은 문언에 충실하게 '보상금액의 다과'만을 대상으로 하므로 재결에 대한 취소 내지 무효등확인소송을 제기해야 한다는 견해가 있으나, 보상금증감청구소송의 취지가 권리구제의 우회방지이고 손실보상액은 손실보상 대상의 범위에 따라 달라지므로 손실보상의 범위도 보상금증감소송의 범위에 포함된다고 본다. 따라서 확장수용의 거부에 대한 불복은 보상금증감청구소송에 의하여 제기될 수 있을 것이다.

(4) 민사소송 가능 여부

토지보상법상 보상금에 대한 불복은 보상금증액을 구하는 행정소송을 제기하도록 규정하고 있으므로, 곧바로 기업자를 상대로 민사소송을 제기할 수는 없을 것이다.

Ⅲ 사안의 해결(채무자들의 주장의 타당성)

채무자들의 건물은 토지보상법 제75조 제1항에 따라 이전에 필요한 비용으로 보상함이 원칙이다. 다만, 설문상 채무자들의 건물은 특수한 목적을 달성하기 위한 건물로서 그 이전비가 건물가액을 상회하므로 이전갈음수용의 요건을 충족시킨다. 따라서 해당 물건의 가격으로 보상액을 결정한 수용재결은 정당하며, 채무자들의 주장은 타당성이 결여된다.

⊕ **(설문 2)의 해결**

Ⅰ 손실보상의 산정기준

1. 가격시점(토지보상법 제67조 제1항)

보상액의 산정은 협의에 의한 경우에는 협의 성립 당시의 가격을, 재결에 의한 경우에는 수용 또는 사용의 재결 당시의 가격을 기준으로 한다.

2. 평가방법의 적용원칙(토지보상법 시행규칙 제20조 : 구분평가)

취득할 토지에 건축물·입목·공작물 그 밖에 토지에 정착한 물건이 있는 경우에는 토지와 그 건축물 등을 각각 평가하여야 한다. 다만, 건축물 등이 토지와 함께 거래되는 사례나 관행이 있는 경우에는 그 건축물 등과 토지를 일괄하여 평가하여야 하며, 이 경우 보상평가서에 그 내용을 기재하여야 한다.

3. 산정기준

(1) 취득하는 토지의 평가

취득하는 토지는 객관적인 이용상황 기준, 현황기준, 나지상정(최유효이용기준), 개발이익 배제, 공시지가기준을 적용한다.

(2) 사용하는 토지의 평가

협의 또는 재결에 의하여 사용하는 토지에 대하여는 그 토지와 인근 유사토지의 지료, 임대료, 사용방법, 사용기간 및 그 토지의 가격 등을 고려하여 평가한 적정가격으로 보상하여야 한다. 이 경우 사용하는 토지와 그 지하 및 지상의 공간 사용에 대한 구체적인 보상액 산정 및 평가방법은 투자비용, 예상수익 및 거래가격 등을 고려하여야 한다(토지보상법 제71조).

(3) 지장물

건축물·입목·공작물과 그 밖에 토지에 정착한 물건에 대하여는 이전에 필요한 비용으로 보상하여야 한다. 다만, ㉠ 건축물 등을 이전하기 어렵거나 그 이전으로 인하여 건축물 등을 종래의 목적대로 사용할 수 없게 된 경우, ㉡ 건축물 등의 이전비가 그 물건의 가격을 넘는 경우, ㉢ 사업시행자가 공익사업에 직접 사용할 목적으로 취득하는 경우에는 해당 물건의 가격으로 보상하여야 한다(토지보상법 제75조 제1항). 농작물에 대한 손실은 그 종류와 성장의 정도 등을 종합적으로 고려하여 보상하여야 한다(제2항). 토지에 속한 흙·돌·모래 또는 자갈(흙·돌·모래 또는 자갈이 해당 토지와 별도로 취득 또는 사용의 대상이 되는 경우만 해당한다)에 대하여는 거래가격 등을 고려하여 평가한 적정가격으로 보상하여야 한다(제3항). 분묘에 대하여는 이장에 드는 비용 등을 산정하여 보상하여야 한다(제4항).

Ⅱ 산정절차

1. 제도적 취지

개정 전 공특법에서는 보상액의 산정을 위한 평가절차가 법률의 위임 없이 시행규칙에 규정되어 있었다. 또한 토지수용법에서도 절차규정이 없어서 보상액 산정절차가 불명확하였다. 이러한 법체계의 모순을 극복하기 위해 토지보상법은 평가의뢰절차 및 방법을 규정하였다(토지보상법 제68조 및 제70조 제6항).

2. 보상평가의 의뢰

(1) 감정평가의 의뢰(토지보상법 제68조 제1항)

사업시행자는 토지 등에 대한 보상액을 산정하려는 경우에는 감정평가법인등 3인(제2항에 따라 시·도지사와 토지소유자가 모두 감정평가법인등을 추천하지 아니하거나 시·도지사 또는 토지소유자 어느 한쪽이 감정평가법인등을 추천하지 아니하는 경우에는 2인)을 선정하여 토지 등의 평가를 의뢰하여야 한다. 다만, 사업시행자가 국토교통부령으로 정하는 기준에 따라 직접 보상액을 산정할 수 있을 때에는 그러하지 아니하다.

(2) 시·도지사 추천(토지보상법 시행령 제28조 제3항)

시·도지사가 감정평가법인등을 추천하는 경우에는 다음 각 호의 사항을 지켜야 한다.

1. 감정평가 수행능력, 소속 감정평가사의 수, 감정평가 실적, 징계 여부 등을 고려하여 추천대상 집단을 선정할 것
2. 추천대상 집단 중에서 추첨 등 객관적이고 투명한 절차에 따라 감정평가법인등을 선정할 것
3. 제1호의 추천대상 집단 및 추천 과정을 이해당사자에게 공개할 것
4. 보상 대상 토지가 둘 이상의 시·도에 걸쳐 있는 경우에는 관계 시·도지사가 협의하여 감정평가법인등을 추천할 것

(3) 토지소유자 추천(토지보상법 시행령 제28조 제4항)

감정평가법인등을 추천하려는 토지소유자는 보상 대상 토지면적의 2분의 1 이상에 해당하는 토지소유자와 보상 대상 토지의 토지소유자 총수의 과반수의 동의를 받은 사실을 증명하는 서류를 첨부하여 사업시행자에게 감정평가법인등을 추천해야 한다. 이 경우 토지소유자는 감정평가법인등 1인에 대해서만 동의할 수 있다.

3. 감정평가법인등의 보상평가

감정평가법인등은 토지보상법 규정에 의거하여 평가하고 보고서를 작성하고 심사받아야 한다. 심사자는 보상평가서의 틀린 계산·오기 여부와 대상물건이 관계법령이 정하는 바에 의하여 적정하게 평가되었는지 여부 및 평가액의 타당성을 심사한 후 서명한다. 감정평가법인등은 심사를 받은

후 제출기간 내(의뢰일로부터 30일 이내로 한다. 단 대상물건이나 내용이 특수한 경우는 예외이다)에 사업시행자에게 이를 제출하여야 한다.

4. 보상액 산정결정

감정평가법인등이 산정한 보상금액의 산술평균치로 결정한다.

5. 재평가(토지보상법 시행규칙 제17조)

(1) 해당 업자에게 재평가를 의뢰하는 경우

관계법령에 위반하여 평가한 경우와 표준지공시지가와 현저한 차이가 있는 등 부당하게 평가되었다고 인정하는 경우에는 당해 감정평가법인등에게 재평가를 의뢰한다. 이 경우 사업시행자는 필요하면 국토교통부장관이 보상평가에 관한 전문성이 있는 것으로 인정하여 고시하는 기관에 해당 평가가 위법 또는 부당하게 이루어졌는지에 대한 검토를 의뢰할 수 있다.

(2) 다른 업자에게 의뢰하는 경우

① 당해 감정평가법인등에게 요구할 수 없는 특별한 사유가 있는 경우, ② 평가액의 최고·최저액이 1.1배 이상 차이가 나는 경우(지장물의 경우는 소유자별 합계액의 비교), 이 경우에는 국토교통부장관에게 통지해야 하고 국토교통부장관은 조사해야 한다. ③ 평가 후 1년 이내에 계약체결이 안 되는 경우에는 다른 감정평가법인등에게 재평가를 의뢰해야 한다. 평가액의 최고·최저액이 1.1배 이상 차이가 나는 경우에는, 사업시행자는 평가내역 및 당해 감정평가법인등을 국토교통부장관에게 통지하여야 하며, 국토교통부장관은 당해 감정평가가 관계법령이 정하는 바에 따라 적법하게 행하여졌는지 여부를 조사하여야 한다.

(3) 결정

산술평균으로 결정한다. 종전에는 재평가액이 원평가액보다 낮아진 경우에는 종전평가액을 적용하였으나, 현재는 낮아진 경우에도 재평가액을 적용한다.

사례 **34**

토지수용위원회는 도시지역인 목포시 상동 일반주거지역(해당 하천사업의 시행을 위하여 자연녹지
지역으로 변경되었다) 내 '갑토지(100번지, 이용상황 '전')가 하천구역에 편입되어 감정평가법인 을
에게 보상평가를 의뢰하였다. 을은 감정평가실무기준에 따라 목포시 상동 149-2의 보상선례(상업
지역, 대) 및 같은 동 509-1의 보상선례(자연녹지, 전)를 인근 유사토지의 보상선례라 보고, 이러
한 보상선례를 보상액 산정에 참작하였다. '그 밖의 요인' 보정 항목을 보면, 격차율 산정의 기초가
되는 보상선례 기준 대상지가격을 구함에 있어 그 요소가 되는 개별요인 등에 관하여 '보상선례보
다 개별요인 우세함'이라는 기재와 그 격차율 수치가 '1.652'라고 되어 있는 것이 사실상 전부여서,
결국 격차율의 산정 결과에 해당하는 수치만이 나타나 있을 뿐 어떤 이유로 그와 같은 결과치가
산출되었는지에 관하여 객관적으로 납득할 수 있는 설명은 전혀 없었다.

(1) 보상액 산정 시 그 밖의 요인보정을 할 수 있는지를 그 근거와 함께 논하시오. [25점]

(2) 해당 보상액을 인정할 수 있는가?(기재의 타당성에 대해 논하시오) [15점]

(3) 비교표준지 선정기준 및 해당 사업을 직접 목적으로 변경된 용도지역은 평가를 함에 있어서
어떻게 고려해야 하는지를 설명하시오. [10점]

관련
규정

감정평가실무기준

800.5.6.6 그 밖의 요인 보정

① 그 밖의 요인 보정은 [610-1.5.2.5]에 따른다.

② 그 밖의 요인 보정을 할 때에는 해당 공익사업의 시행에 따른 가격의 변동은 보정하여서는 아니 된다.

③ 그 밖의 요인을 보정하는 경우에는 대상토지의 인근 지역 또는 동일수급권 안의 유사지역(이하 "인근지
역등"이라 한다)의 정상적인 거래사례나 보상사례(이하 이 조에서 "거래사례 등"이라 한다)를 참작할 수
있다. 다만, 이 경우에도 그 밖의 요인 보정에 대한 적정성을 검토하여야 한다.

④ 제3항의 거래사례 등(보상사례의 경우 해당 공익사업에 관한 것은 제외한다)은 다음 각 호의 요건을
갖추어야 한다. 다만, 제4호는 해당 공익사업의 시행에 따른 가격의 변동이 반영되어 있지 아니하다고
인정되는 사례의 경우에는 적용하지 아니한다.

　1. 용도지역 등 공법상 제한사항이 같거나 비슷할 것

　2. 실제 이용상황 등이 같거나 비슷할 것

　3. 주위환경 등이 같거나 비슷할 것

　4. 이 절 [5.6.3]에 따른 적용공시지가의 선택기준에 적합할 것

610.1.5.2.5 그 밖의 요인 보정

① 시점수정, 지역요인 및 개별요인의 비교 외에 대상토지의 가치에 영향을 미치는 사항이 있는 경우에는
그 밖의 요인 보정을 할 수 있다.

⑤ 그 밖의 요인 보정을 한 경우에는 그 근거를 감정평가서(감정평가액의 산출근거)에 구체적이고 명확하
게 기재하여야 한다.

⊕ **(설문 1)의 해결**

Ⅰ **쟁점의 정리**

2014.1.1. 시행되는 감정평가실무기준에서는 보상액 평가 시 "시점수정, 지역요인 및 개별요인의 비교 외에 대상토지의 가치에 영향을 미치는 사항이 있는 경우에는 그 밖의 요인 보정을 할 수 있다"고 규정하고 있다. 감정평가실무기준은 국토교통부장관의 고시형식으로 제정되어 시행되고 있으므로 동 고시가 법규적 성질을 갖는다면, 이는 '그 밖의 요인 보정'에 대한 법적 근거가 될 것이다.

따라서 동 고시의 법적 성질을 규명하고, 관련된 판례의 태도를 검토하여 '그 밖의 요인'을 보정할 수 있는지를 해결한다.

Ⅱ 감정평가실무기준의 법적 성질

1. 논의의 필요성

감정평가실무기준은 부동산공시법 제31조 및 감정평가에 관한 규칙 제28조의 위임을 받아 고시 형식으로 제정된 것이므로, 상기 법령의 위임한계를 벗어나지 않는 한, 그것들과 결합하여 대외적인 구속력이 있는 법규명령으로서의 효력을 가진다고 할 것이다. 행정규제기본법 제2조 제1항 제1호 및 제2호에서는 국민의 권리를 제한하거나 의무를 부과하는 행정규제는 '법령 등'으로 규정될 수 있음을 규정하고 있으며, '법령 등'에 고시도 포함시키고 있다. 또한 동법 제4조 제2항에서는 "법령에서 전문적·기술적 사항이나 경미한 사항으로서 업무의 성질상 위임이 불가피한 사항에 관하여 구체적으로 범위를 정하여 위임한 경우에는 고시 등으로 정할 수 있다."고 규정하고 있으므로, 감정평가실무기준이 "전문적·기술적 사항으로서 업무의 성질상 위임이 불가피한 사항"인지의 검토가 요구된다.

2. 세부적, 기술적 사항으로서 업무상 위임이 불가피한 사항인지 여부

토지 등의 경제적 가치를 판정하여 그 결과를 가액으로 표시하는 감정평가업무가 각종 경제활동이나 재산권 관련 분쟁에서 매우 중요한 역할을 하고 있는 점(따라서 법원 감정 업무와 같은 경우에는 일정한 경력을 요구하고 있다)에 비추어, 토지 등의 경제적 가치를 판정하여 그 결과를 가액으로 표시하는 감정평가는 법률상 일정한 자격이 부여된 자만이 할 수 있으며, 일반 국민에게는 그러한 감정평가권이 부여되지 않음을 알 수 있다. 따라서 감정평가행위와 관련된 내용은 상당히 전문적이고, 기술적인 내용이 인정된다고 볼 수 있다.

3. 수권규정의 유무 및 포괄위임금지의 원칙에 반하는지 여부

감정평가실무기준에서 제정할 수 있는 내용은 감정평가에 관한 규칙 규정의 구체적인 적용을 위한 세부적인 사항은 물론이고 각 개별법에서 감정평가법상 감정평가를 적용하도록 규정한 내용과 관련된 세부적인 사항까지도 제한할 수 있다고 보아야 할 것이다. 감정평가에 관한 규칙 제1조 내지 제27조에서는 기본적인 원칙과 기준을 자세히 규정하고 있고, 각 개별법에서 감정평가에 관한 내용은 감정평가법상 감정평가를 따르도록 규정한 입법형식을 고려할 때, 감정평가법에서는 이와 관련된 평가기준도 마련해야 하는 것으로 해석하여야 할 것이다. 따라서 고시로 규율될 내용은 충분히 예측이 가능하므로 포괄위임금지에 위배되지 않는 것으로 볼 수 있다.

4. 대내·외적인 구속력 발생 여부

(1) 대내적 구속력의 인정여부

공무원은 감정평가실무기준의 법적 성질을 어떻게 보든지 간에 행정규칙 형식으로 제정되었기에 합리적인 사유가 없는 한, 내부사무처리기준으로서 이를 따를 의무가 발생한다고 볼 것이다.

(2) 대외적 구속력의 인정 여부

감정평가법 제49조에서는 "감정평가법인등이 아닌 자로서 감정평가업을 영위한 자는 3년 이하의 징역 또는 3천만원 이하의 벌금에 처한다."고 규정하고 있으므로 감정평가법인등이 아닌 자는 감정평가업을 영위할 수 없다. 감정평가는 법상 일정요건을 갖춘 경우에만 할 수 있으며 감정평가 시에는 실무기준을 준수해야 하므로, 실무기준은 결과적으로 일반국민의 권익에 영향을 미치는 것으로서 대외적 구속력이 인정된다고 볼 것이다.

5. 예측가능성

감정평가실무기준은 2011년 11월 28일 "국토교통부 공고 제2011-1109호"를 통해 그 취지와 주요내용을 국민에게 미리 알려 의견청취절차를 거쳤으며, 2013년 10월 22일 관보에 고시(국토교통부 고시 제2013-620호)함으로써 일반 국민에게 공표하였다. 따라서 감정평가실무기준은 의견청취 및 공표절차를 통한 예측가능성이 인정된다고 볼 것이다.

6. 검토(감정평가에 관한 규칙 제28조상 '고시'가 법령보충적 행정규칙인지 여부)

감정평가와 관련된 사항은 전문적이고 기술적인 사항이며, 각 개별법에서 감정평가법상 감정평가를 기초로 정책을 수립하고 실행하고 있는 현실에 비추어 볼 때, 국토교통부장관이 고시한 '감정평가실무기준'은 상위법령인 감정평가법 제3조 제3항 및 감정평가에 관한 규칙 제28조와 결합하여 법규적 사항을 규정하는 법령보충적 행정규칙에 해당한다고 볼 수 있다. 또한, 실무기준에서 규정할 수 있는 기준범위로는 타법에서 규정하고 있는 감정평가와 관련된 사항에 대한 세부적인 사항까지도 포함하는 것으로 해석되어야 할 것이다.

Ⅲ 그 밖의 요인을 보정할 수 있는지 여부

1. 그 밖의 요인보정과 제도적 취지

그 밖의 요인이란 토지보상법 제70조의 해석상 토지의 위치, 형상, 환경, 이용상황 등 개별적 요인을 제외한 요인으로서 해당 토지의 가치에 영향을 미치는 사항을 의미하며, 이는 ① 정당보상을 실현하고, ② 보상의 형평성을 도모함에 취지가 있다.

2. 관련 판례의 태도

(1) 인근 유사토지의 정상거래가격

인근 유사토지의 정상거래가격이라고 하기 위해서는 대상토지의 인근에 있는 지목, 등급, 지적, 형태, 이용상황, 용도지역, 법령상의 제한 등 자연적, 사회적 조건이 수용대상토지와 동일하거나 유사한 토지에 관하여 통상의 거래에서 성립된 가격으로서 개발이익이 포함되지 아니하고 투기적인 거래에서 형성된 것이 아닌 가격이어야 하고, 그와 같은 인근 유사토지의 정상거래사례에 해당한다고 볼 수 있는 거래사례가 있고 그것을 참작함으로써 보상액 산정에 영향을 미친다고 하는 점은 이를 주장하는 자에게 입증책임이 있다(대판 1994.1.25, 93누11524).

(2) 보상선례

구 국토이용관리법 제29조 제5항은 인근 유사토지의 정상거래가격을 보상액산정요인의 하나로 명시하고 있었던 만큼 수용대상토지에 대한 보상액을 산정함에 있어서는 반드시 인근 유사토지의 거래사례 유무와 거래가격의 정상여부를 밝혀 이를 보상액산정에 참작하여야 한다고 해석되었던 것이나, 구 토지수용법 제46조 제2항이나 지가공시 및 토지 등의 평가에 관한 법률 제9조, 제10조 등의 관계규정에서는 인근 유사토지의 정상거래가격을 특정하여 보상액산정의 참작요인으로 들고 있지 않으므로 구 국토이용관리법 당시와 같이 해석할 수는 없고, 다만 인근 유사토지의 정상거래사례가 있고 그 거래가격이 정상적인 것으로서 적정한 보상액평가에 영향을 미칠 수 있는 것임이 입증된 경우에 한하여 이를 참작할 수 있다.

구 토지수용법 제46조 제2항이나 지가공시 및 토지 등의 평가에 관한 법률 등의 관계규정에서는 수용대상토지의 보상액을 산정함에 있어 보상선례를 그 가격산정요인의 하나로 들고 있지 아니하므로 이를 참작하지 아니하였다고 하여 그 평가가 반드시 위법한 것이라고 할 수는 없을 것이고, 다만 경우에 따라서는 보상선례가 인근 유사토지에 관한 것으로서 해당 수용대상토지의 적정가격을 평가하는 데에 있어 중요한 자료가 될 수도 있을 것이므로 이러한 경우에는 이를 참작함이 상당할 것이다(대판 1992.10.23, 91누8562).

(3) 호가

구체적 거래사례 가격이 아닌 호가라 하여 수용대상토지의 보상가액 산정 시 참작할 수 없는 것은 아니지만, 보상액 산정 시 참작될 수 있는 호가는 그것이 인근 유사토지에 대한 것으로, 투기적 가격이나 해당 공공사업으로 인한 개발이익 등이 포함되지 않은 정상적인 거래가격 수준을 나타내는 것임이 입증되는 경우라야 한다(대판 1993.10.22, 93누11500).

(4) 자연적인 지가상승분

수용대상 토지에 적용될 표준지의 공시지가가 택지개발사업시행으로 지가가 동결된 관계로 개발이익을 배제한 자연적인 지가상승분도 반영하지 못한 경우 자연적인 지가상승률을 산출하여 이를 기타사항으로 참작한 감정평가는 적정한 것으로 수긍된다(대판 1993.3.9, 92누9531).

대법원은 '인근 유사토지의 정상거래사례가 있고 그 거래를 참작하는 것으로서 적정한 보상평가에 영향을 미칠 수 있는 것이 입증된 경우에는 이를 참작할 수 있다.' 인근 유사토지의 정상거래가격, 호가, 보상선례, 자연적인 지가상승분이 해당되고 개발이익이 포함되지 않고 투기적인 거래에서 형성된 것이 아니어야 한다고 한다(주장하는 자가 입증해야 한다).

3. 검토

종래에는 구 국토이용관리법 제29조 제5항은 인근 유사토지의 정상거래가격을 보상액산정요인의 하나로 명시하고 있었으나 이를 삭제한 것은 감정평가법인등의 자의성을 배제하기 위한 것이므로 '그 밖의 요인' 보정을 할 수 없다는 견해가 있었으나, 2014.1.1. 시행되는 감정평가실무기준은 대외적 구속력이 인정되는 법령보충적 행정규칙이므로 현재에는 이를 근거로 '그 밖의 요인'을 보정할 수 있을 것이다.

Ⅳ 사안의 해결

헌법상 정당보상은 재산권의 객관적 가치를 완전하게 보상하여야 하며, 보상의 시기나 방법에도 제한이 있어서는 아니 된다고 할 것이다. 따라서 정당보상을 결정함에 있어서 '그 밖의 요인' 보정이 필요하다면 국민의 재산권 보장을 위하여 적용할 수 있을 것이며, 구체적인 근거로는 감정평가실무기준이 될 것이다.

⊕ (설문 2)의 해결

Ⅰ 문제의 제기

정당보상액은 보상의 방법 및 시기에 제한이 없는 재산권의 객관적 가치를 완전히 보상하는 것이다. 또한, 이러한 보상액을 산정하는 과정도 객관적으로 납득이 갈 수 있을 정도로 구체적으로 설명이 되어야 할 것이다. 만약, 보상액을 산정하는 과정이 구체적이지 못하다면 이는 법령상 평가기준을 모두 준수하지 못한 것이 되어 위법하다 할 것이다.

Ⅱ 정당보상과 객관적 산출 근거의 중요성

1. 정당보상의 의미

헌법 제23조 제3항에서는 '정당한 보상'이라고 규정하고 있으나 정당보상의 의미가 추상적인 바 이의 해석이 문제된다.

(1) 학설

① 완전보상설은 피침해재산의 객관적 가치와(객관적 가치보장설) 부대적 손실까지 보상해야 한다고 하며(손실전부보장설), ② 상당보상설은 사회통념상 합당한 보상이면 되고(완전보상설) 합리적 사유가 있으면 하회할 수 있다고 한다(합리적 보상설). ③ 절충설은 완전보상을 하는 경우와 상당보상을 요하는 경우로 나눈다.

(2) 판례

① 대법원은 보상의 시기, 방법 등에 제한 없는 완전한 보상을 의미한다고 판시한 바 있으며, ② 헌법재판소는 피수용자의 객관적 재산가치를 완전하게 보상해야 한다고 판시한 바 있다.

(3) 검토

피수용자의 객관적 가치를 완전하게 보상함은 물론 대물적 보상만으로 채워지지 않는 부분에 대한 생활보상을 지향함이 타당하다.

2. 수용보상액 산정절차

토지보상법 제70조에서는 취득하는 토지에 대하여는 공시지가를 기준으로 하여 보상하되, 그 공시기준일부터 가격시점까지의 관계 법령에 따른 그 토지의 이용계획, 해당 공익사업으로 인한 지가의 영향을 받지 아니하는 지역의 대통령령으로 정하는 지가변동률, 생산자물가상승률과 그 밖에 그 토지의 위치·형상·환경·이용상황 등을 고려하여 평가한 적정가격으로 보상하여야 한다고 규정하고 있다.

3. 검토

정당보상은 재산권의 객관적 가치를 완전하게 보상하는 것이며, 이러한 보상액 산정 역시 객관적인 산출과정을 거쳐야 할 것이다. 따라서 토지보상법에서는 공시지가를 기준으로 하여 보상액을 산정하도록 하고 있으므로 이에 대한 구체적인 산출근거는 당연 필요적 요건이라고 볼 것이다. 구체적이고 객관적인 요인비교 과정을 설시함으로써 과연 그러한 보상액이 정당보상인지를 판단할 수 있을 것이다.

Ⅲ 산출근거 기재에 대한 근거규정 및 판례의 태도

1. 현행 규정의 검토

감정평가실무기준 "610.1.5.2.5 그 밖의 요인 보정"에서는 "그 밖의 요인 보정을 한 경우에는 그 근거를 감정평가서(감정평가액의 산출근거)에 구체적이고 명확하게 기재하여야 한다"고 규정하고 있다. 감정평가실무기준은 대외적 구속력을 갖는 법령보충적 행정규칙이므로 그 밖의 요인 보정의 기재에 대한 근거규정이 될 것이다.

2. 관련판례의 태도

(1) 판례의 기본적 태도

토지의 수용·사용에 따른 보상액을 평가함에 있어서는 관계 법령에서 들고 있는 모든 산정요인을 구체적·종합적으로 참작하여 그 요인들을 모두 반영하여야 하고, 이를 위한 감정평가서에는 모든 산정요인의 세세한 부분까지 일일이 설시하거나 그 요인들이 평가에 미치는 영향을 수치적으로 나타내지는 않더라도 그 요인들을 특정·명시함과 아울러 각 요인별 참작 내용과 정도를 객관적으로 납득할 수 있을 정도로 설명을 기재하여야 한다(대판 2002.6.28, 2002두2727 등 참조).

(2) 보상선례의 경우

이는 보상선례를 참작하는 것이 상당하다고 보아 이를 보상액 산정요인으로 반영하여 평가하는 경우에도 마찬가지라 할 것이므로, 감정평가서에는 보상선례토지와 평가대상인 토지의 개별요인을 비교하여 평가한 내용 등 산정요인을 구체적으로 밝혀 기재하여야 한다. 따라서 보상선례를 참작하면서도 위와 같은 사항을 명시하지 않은 감정평가서를 기초로 보상액을 산정하는 것은 위법하다고 보아야 한다(대판 2013.6.27, 2013두2587).

Ⅳ 사안의 해결

설문상, 감정평가서 중 보상선례 참작에 관한 '그 밖의 요인' 보정 항목을 보면, 격차율 산정의 기초가 되는 보상선례 기준 대상지가격을 구함에 있어 그 요소가 되는 개별요인 등에 관하여 '보상선례보다 개별요인 우세함'이라는 기재와 그 격차율 수치가 '1.652'라고 되어 있는 것이 사실상 전부여서, 결국 격차율의 산정 결과에 해당하는 수치만이 나타나 있을 뿐 어떤 이유로 그와 같은 결과치가 산출되었는지에 관하여 객관적으로 납득할 수 있는 설명이 전혀 없다. 따라서 보상선례를 참작하면서도 위와 같은 사항을 명시하지 않은 감정평가서를 기초로 한 해당 보상액은 위법하다고 할 것이다.

⊕ (설문 3)의 해결

Ⅰ 비교표준지의 선정기준

1. 비교표준지의 의의

비교표준지란 보상액을 산정함에 있어서 대상토지와 용도지역·이용상황 등이 유사한 표준지로서, 보상액 산정을 위하여 대상토지와 비교되는 표준지를 말한다.

2. 토지보상법 시행규칙 제22조 제3항

토지보상법 시행규칙에서는 ① 용도지역, 용도지구, 용도구역 등 공법상 제한이 같거나 유사할 것, ② 평가대상 토지와 실제 이용상황이 같거나 유사할 것, ③ 평가대상 토지와 주위 환경 등이 같거나 유사할 것, ④ 평가대상 토지와 지리적으로 가까울 것을 규정하고 있다.

3. 판례의 태도

비교표준지는 특별한 사정이 없는 한 도시지역 내에서는 용도지역을 우선으로 하고, 도시지역 외에서는 현실적 이용상황에 따른 실제 지목을 우선으로 하여 선정해야 한다. 또한 수용대상 토지가 도시지역 내에 있는 경우 용도지역이 같은 비교표준지가 여러 개 있을 때에는 현실적 이용상황, 공부상 지목, 주위환경, 위치 등의 제반 특성을 참작하여 자연적, 사회적 조건이 수용대상 토지와 동일 또는 유사한 토지를 해당 토지에 적용할 비교표준지로 선정해야 하고, 마찬가지로 수용대상토지가 도시지역 외에 있는 경우 현실적 이용상황이 같은 비교표준지가 여러 개 있을 때에는 용도지역까지 동일한 비교표준지가 있다면 이를 해당 토지에 적용할 비교표준지로 선정해야 한다(대판 2011.9.8, 2009두4340).

4. 검토

비교표준지는 대상토지의 보상액 산정 시의 기준이 되는 표준지이므로, 대상토지와 용도지역 및 이용상황 등의 유사성이 가장 큰 표준지를 선정해야 할 것이다.

Ⅱ 공법상 제한을 받는 토지의 평가기준

1. 공법상 제한의 의의 및 기능

공법상 제한받는 토지라 함은 관계법령에 의해 가해지는 토지 이용규제나 제한을 받는 토지로서, 이는 국토공간의 효율적 이용을 통해 공공복리를 증진시키는 수단으로 기능한다.

2. 공법상 제한을 받는 토지의 평가기준(토지보상법 시행규칙 제23조)

(1) 일반적 제한

제한 그 자체로 목적이 완성되고 구체적 사업의 시행이 필요하지 않은 경우로 그 제한받는 상태대로 평가한다. 그 예로는 국토의 이용 및 계획에 관한 법률에 의한 용도지역, 지구, 구역의 지정·변경, 기타 관계법령에 의한 토지이용계획 제한이 있다.

(2) 개별적 제한

그 제한이 구체적 사업의 시행을 필요로 하는 경우를 말하며 개별적 제한이 해당 공익사업의 시행을 직접 목적으로 가해진 경우에는 제한이 없는 상태로 평가한다.

(3) 해당 사업으로 인한 용도지역 등의 변경

용도지역 등 일반적 제한일지라도 해당 사업 시행을 직접 목적으로 하여 변경된 경우에는 변경되기 전의 용도지역을 기준으로 하여 평가한다. 이는 개발이익의 배제 및 피수용자의 보호에 목적이 있다.

(4) 당초의 목적사업과 다른 공익사업에 편입된 경우

공법상 제한을 받는 수용대상 토지의 보상액을 산정함에 있어서는 그 공법상 제한이 해당 공공사업의 시행을 직접 목적으로 가하여진 경우는 물론 당초의 목적사업과는 다른 목적의 공공사업에 편입수용되는 경우에도 그 제한을 받지 아니하는 상태대로 평가하여야 할 것이다(대판 1998.9.18, 98두4498).

✳ 종래 지가체계

1. 기준지가 : 보상액 산정기준
2. 기준시가 : 양도소득세, 상속세, 증여세 등 국제징수 목적
3. 과세시가표준액 : 취득세, 등록세, 재산세 등 지방세의 과표기준
4. 감정가격(한국부동산원) : 담보나 자산재평가

구분	과세시가표준액	기준지가	기준시가	토지시가
평가기관	내무부(시·군)	건설부	국세청	한국부동산원
근거법률	지방세법	국토이용관리법	소득세법·상속세법 등	감정평가에 관한 법률

평가목적	취득세, 등록세, 재산세 등의 과표	토지수용보상가 산정의 기준	특정지역 내 양도소득세 등의 과표	담보, 자산재평가 등의 산정기준
평가회수	연 1회	연 2회	연 2회	연 1회
평가자	표준지 : 토지평가사 또는 공인감정사 비준지 : 공무원	토지평가사	공무원	공인감정사
최종 승인권자	시・도지사	건설부장관	국세청장	한국부동산원장
적용지역	전국과세대상필지 (2,500만필지)	기준지가 고시지역 (전국토의 83%)	특정지역 고시지역 (전국토의 2%)	전국 수탁지

정부기관에서 사용하던 지가가 다원화되어 공적지가에 대한 공신력이 저하되는 등 여러 가지 문제점이 발생하자 국무총리실에서 지가제도 및 감정평가 자격제도의 일원화 문제를 1981년 성장발전저해제도개선과제로 선정하고 개선방안을 마련하였으나, 관계기관 및 이해당사자의 이견으로 합의에 도달하지 못하였다.

이에 총무처는 경제기획원에 지가체계의 조정을 의뢰하였고 경제기획원은 관계기관의 의견을 조정하기 위하여 학계 및 전문가들로 구성된 토지관련제도개선연구작업단을 구성하여 토지체계 일원화방안을 연구하도록 하였으며, 1986.12.26. 동 연구작업단의 연구결과를 부동산대책 실무위원회에 상정하여 지가체계의 일원화방안을 확정하였다. 그 후 1989.4.1. 지가공시 및 토지 등의 평가에 관한 법률(현 부동산 가격공시에 관한 법률)을 제정하여 공적지가체계를 공시지가로 일원화하였으며, 매년 1월 1일을 가격기준일로 하여 표준지 가격을 공시하고 있다.

✎ **[대판 1992.10.23, 91누8562[토지수용재결처분취소]**

[판시사항]

가. 수용재결과 이의재결이 다 같이 지가공시 및 토지 등의 평가에 관한 법률의 시행일인 1989.7.1. 이후 최초의 공시지가의 공시가 있었던 1989.12.30. 이전 사이에 이루어진 경우의 감정평가방법

나. 토지수용보상액산정에 반드시 인근 유사토지의 정상거래가격을 참작하여야 하는지 여부

다. 토지수용보상액산정에 보상선례를 참작하여야 하는지 여부

라. 토지수용보상액산정에 당해 공공사업의 시행을 직접목적으로 하는 계획의 승인, 고시로 인한 가격변동을 참작하여야 하는지 여부(소극)

[판결요지]

가. 수용재결과 이의재결이 다 같이 지가공시 및 토지 등의 평가에 관한 법률의 시행일인 1989.7.1. 이후 최초의 공시지가의 공시가 있었던 1989.12.30. 이전 사이에 이루어진 경우에는 종래의 기준지가를 공시지가로 갈음하되, 표준지의 선정 및 가격산정요인의 참작방법 등 구체적인 감정평가방법은 구 국토이용관리법 제29조 제5항(1989.4.1. 법률 제4120호로 삭제)이

아니라 구 토지수용법(1991.12.31. 법률 제4483호로 개정되기 전의 것) 제46조 제2항 및 지가공시 및 토지 등의 평가에 관한 법률 제9조, 제10조 등이 정하는 바에 의하여야 할 것이다.

나. 구 국토이용관리법 제29조 제5항은 인근 유사토지의 정상거래가격을 보상액산정요인의 하나로 명시하고 있었던 만큼 수용대상토지에 대한 보상액을 산정함에 있어서는 반드시 인근 유사토지의 거래사례 유무와 거래가격의 정상여부를 밝혀 이를 보상액산정에 참작하여야 한다고 해석되었던 것이나, 구 토지수용법 제46조 제2항이나 지가공시 및 토지 등의 평가에 관한 법률 제9조, 제10조 등의 관계규정에서는 인근 유사토지의 정상거래가격을 특정하여 보상액산정의 참작요인으로 들고 있지 않으므로 구 국토이용관리법 당시와 같이 해석할 수는 없고, 다만 인근 유사토지의 정상거래사례가 있고 그 거래가격이 정상적인 것으로서 적정한 보상액평가에 영향을 미칠 수 있는 것임이 입증된 경우에 한하여 이를 참작할 수 있다.

다. 구 토지수용법 제46조 제2항이나 지가공시 및 토지 등의 평가에 관한 법률 등의 관계규정에서는 수용대상토지의 보상액을 산정함에 있어 보상선례를 그 가격산정요인의 하나로 들고 있지 아니하므로 이를 참작하지 아니하였다고 하여 그 평가가 반드시 위법한 것이라고 할 수는 없을 것이고, 다만 경우에 따라서는 보상선례가 인근 유사토지에 관한 것으로서 당해 수용대상토지의 적정가격을 평가하는 데에 있어 중요한 자료가 될 수도 있을 것이므로 이러한 경우에는 이를 참작함이 상당할 것이다.

라. 토지수용으로 인한 손실보상액을 산정함에 있어서는 당해 공공사업의 시행을 직접목적으로 하는 계획의 승인, 고시로 인한 가격변동은 이를 고려함이 없이 수용재결 당시의 가격을 기준으로 하여 적정가격을 정하여야 한다.

대판 2012.3.29, 2011두28066[손실보상금]

[판시사항]

하천편입토지 보상 등에 관한 특별조치법에 따른 보상대상 토지에 대하여 보상금액 산정을 위한 감정평가를 하면서, 공시지가 산정 과정에서 인근 유사토지의 거래가격 등이 참작된 토지를 비교대상 표준지로 삼은 경우, 감정평가가 인근 유사토지의 보상사례 등을 이중으로 참작하는 것이 되어 위법한지 여부(소극)

손실보상 각론

간접손실과 현황평가

사례 1

수산업협동조합 갑은 수산물인 김 위탁판매장을 운영하면서 위탁판매수수료를 지급받아 왔고, 그 운영에 대하여는 법령에 의해 그 대상지역에서의 독점적 지위가 부여되어 있었다. 그런데, 항만건설을 위한 공유수면매립사업의 시행으로 그 사업대상지역에서 어업활동을 하던 일부 조합원들의 조업이 불가능하게 되어 배후지의 5분의 3이 줄었고, 위탁판매장에서의 위탁판매사업이 축소되어 위탁판매수수료가 종전보다 5분의 3이 줄어 5분의 2로 줄어들게 되었다. 40점

(1) 수산업협동조합 갑이 김 위탁판매수수료 수입의 감소로 입은 손실은 헌법 제23조 제3항의 손실보상에 포함되는지와 그 손실보상의 법적 성질을 논하시오. 15점

(2) 갑은 현행법상 손실보상을 받을 수 있는지를 논하시오. 받을 수 있다고 보는 견해에 입각하는 경우에 그 손실보상의 법적 근거를 함께 논하시오. 25점

Ⅰ (설문 1)의 해결
  1. 문제의 소재
  2. 간접손실보상
    (1) 간접손실 및 간접손실보상의 개념
    (2) 간접손실의 외연
  3. 헌법 제23조 제3항의 손실보상에 간접손실보상이 포함되는지 여부
    (1) 부정설
    (2) 긍정설
    (3) 판례
    (4) 검토
  4. 문제의 해결

Ⅱ (설문 2)의 해결
  1. 문제의 소재
  2. 보상의 대상이 되는 간접손실인지 여부
    (1) 간접손실보상의 요건
      1) 간접손실의 존재

    2) 특별희생의 발생
    3) 사안에의 적용
  3. 보상에 관한 명시적 규정이 없는 경우의 간접손실의 보상
    (1) 현행 "토지보상법"상 간접손실보상
      1) 토지보상법 시행규칙 제64조의 규정 검토(지구 밖 영업손실규정)
      2) 사안의 경우
  4. 보상규정이 결여된 간접보상의 가능 여부
    (1) 제79조 제4항을 일반적 근거조항으로 볼 수 있는지 여부
    (2) 보상규정이 결여된 경우의 간접손실보상의 근거
      1) 학설
      2) 판례
      3) 검토
  5. 문제의 해결

① [설문 1]의 해결

1. 문제의 소재

수산업협동조합 갑이 김 위탁판매수수료 수입의 감소로 입은 손실이 간접손실인지 여부와 헌법 제23조 제3항의 손실보상에 포함되는지 여부가 문제된다.

2. 간접손실보상

(1) 간접손실 및 간접손실보상의 개념

간접손실이라 함은 공익사업으로 인하여 사업시행지 밖의 재산권자에게 가해지는 손실 중 공익사업으로 인하여 필연적으로 발생하는 손실을 말한다. 간접손실보상이란 간접손실에 대한 보상을 말한다.

(2) 간접손실의 외연

간접손실이 공익사업으로 인한 토지취득으로 인한 손실을 포함한다는 점에는 의견이 일치하고 있으나, 공익사업의 시행상 공사로 인한 손실 또는 공익사업 완성 후 시설의 운영으로 인한 손실도 포함하는지에 관하여는 견해가 나뉘고 있다.

3. 헌법 제23조 제3항의 손실보상에 간접손실보상이 포함되는지 여부

(1) 부정설

헌법 제23조 제3항은 공용침해로 인하여 재산권자에게 직접적으로 발생한 손실만을 보상하는 것으로 규정하고 있으며 간접손실보상은 규율대상으로 하지 않는다고 본다.

(2) 긍정설

간접손실도 적법한 공용침해에 의해 필연적으로 발생한 손실이므로 손실보상의 개념에 포함시키고, 헌법 제23조 제3항의 손실보상에도 포함시키는 것이 타당하다.

(3) 판례

판례는 간접손실을 헌법 제23조 제3항에서 규정한 손실보상의 대상이 된다고 보고 있다(대판 1999.10.8, 99다27231).

(4) 검토

간접손실도 적법한 공용침해로 인하여 예견되는 통상의 손실이고, 헌법 제23조 제3항을 손실보상에 관한 일반적 규정으로 보는 것이 타당하므로 헌법 제23조 제3항의 손실보상에 포함시키는 것이 타당하다.

> ✱ 손실보상의 성격
>
> 간접손실보상은 일반적으로 사회정책적 견지에서 인간다운 생활을 보상하고 유기체적인 생활을 종전의 상태로 회복하기 위한 측면을 갖는다. 따라서 손실이 있은 후에 행하는 사후적 보상의 성격을 갖고 재산권보상과 생활보상적 성격을 갖는다.

4. 문제의 해결

수산업협동조합 갑이 김 위탁판매수수료 수입의 감소로 입은 손실은 항만건설을 위한 공유수면매립사업의 시행으로 필연적으로 발생한 손실이고, 사업시행지 밖의 제3자에게 발생한 손실이므로 간접손실이라고 볼 수 있다.

Ⅱ [설문 2]의 해결

1. 문제의 소재

갑이 김 위탁판매수수료 수입의 감소로 입은 손실이 보상의 대상이 되는 간접손실인지 여부, 즉 간접손실보상의 요건에 해당하는지가 문제된다.

2. 보상의 대상이 되는 간접손실인지 여부

(1) 간접손실보상의 요건

간접손실보상이 인정되기 위하여는 간접손실이 발생하여야 하고, 해당 간접손실이 특별한 희생이 되어야 한다.

1) 간접손실의 존재

간접손실이 되기 위하여는 ① 공공사업의 시행으로 사업시행지 이외의 토지소유자(제3자)가 입은 손실이어야 하고, ② 그 손실이 공공사업의 시행으로 인하여 발생하리라는 것이 예견되어야 하고, ③ 그 손실의 범위가 구체적으로 특정될 수 있어야 한다(대판 1999.12.24, 98다57419·57426 참조).

2) 특별희생의 발생

간접손실이 손실보상의 대상이 되기 위하여는 해당 간접손실이 특별한 희생에 해당하여야 한다. 간접손실이 재산권에 내재하는 사회적 제약에 속하는 경우에는 보상의 대상이 되지 않는다.

3) 사안에의 적용

사업시행지 밖의 갑에게는 독점적 지위가 부여되어 있으므로 손실발생을 예견할 수 있다고 보며, 영업실적을 통하여 손실도 구체적으로 특정할 수 있을 것이다. 따라서 공유수면매립사업의 시행으로 인하여 판매수수료의 3/5이 줄어든 것은 갑이 수인해야 할 재산권에 대한 제한의 한계를 넘어선 것으로 보이므로 특별희생이라고 볼 수 있다.

3. 보상에 관한 명시적 규정이 없는 경우의 간접손실의 보상

(1) 현행 "토지보상법"상 간접손실보상

1) 토지보상법 시행규칙 제64조의 규정 검토(지구 밖 영업손실규정)

① 시행규칙 제45조의 영업보상대상요건에 충족하고, ② 배후지의 2/3 이상이 상실되어 영업을 계속할 수 없는 경우, ③ 진출입로의 단절, 그 밖의 사유로 휴업이 불가피한 경우를 요건으로 규정하고 있다.

2) 사안의 경우

설문상 배후지의 2/3 이상이 상실되어 영업을 계속할 수 없는 경우로 볼 수 없으므로 동 규칙을 적용하여 보상할 수 없다고 판단된다. 따라서 보상규정이 결여된 경우의 간접보상이 문제된다.

4. 보상규정이 결여된 간접보상의 가능 여부

(1) 제79조 제4항을 일반적 근거조항으로 볼 수 있는지 여부

① 동 규정을 기타 손실보상에 대한 일반적 근거조항으로 보아 손실보상청구를 할 수 있다는 견해와, ② 동 규정은 보상하여야 하는 경우이지만 법률에 규정되지 못한 경우에 대한 수권조항일 뿐이므로 보상의 근거가 될 수 없다는 견해가 있다. ③ 〈생각건대〉 일반적 근거조항으로 보는 것이 국민의 권리구제에 유리하나, 개괄수권조항으로 보게 되면 보상규정이 흠결된 경우에 해당한다.

(2) 보상규정이 결여된 경우의 간접손실보상의 근거

1) 학설

① 보상부정설은 규칙 제59조 내지 제65조 규정에서 정하지 않은 손실은 보상의 대상이 되지 않는다고 한다. ② 유추적용설은 헌법 제23조 제3항 및 토지보상법상 간접손실보상규정을 유추적용해야 한다고 한다. ③ 직접적용설은 헌법 제23조 제3항의 직접효력을 인정하고 이를 근거로 보상청구권이 인정된다고 한다. ④ 평등원칙 및 재산권보장규정근거설은 평등원칙과 재산권보장규정이 직접근거가 될 수 있다면 보상해야 한다고 한다. ⑤ 수용적 침해이론은 간접손실도 비의도적 침해에 의해 발생한바 수용적 침해이론을 적용하여 보상해야 한다고 한다. ⑥ 손해배상설은 명문규정이 없는 한 손해배상청구를 해야 한다고 한다.

2) 판례

① 간접손실이 공익사업의 시행으로 기업지 이외의 토지소유자가 입은 손실이고 ② 그 손실의 범위도 구체적으로 이를 특정할 수 있고 ③ 손실이 발생하리라는 것을 쉽게 예견할 수 있는 경우라면 ④ '그 손실보상에 관하여 토지보상법 시행규칙의 관련규정들을 유추적용할 수 있다'고 한다.

3) 검토

간접손실도 헌법 제23조 제3항의 손실보상 범주에 포함되므로 예견, 특정가능성이 인정된다면 헌법 제23조 제3항을 근거로 하여 손실보상을 청구할 수 있다고 판단된다. 이 경우 구체적인 보상액은 토지보상법상 관련규정을 적용할 수 있을 것이다.

5. 문제의 해결

토지보상법 제79조 제4항을 손실보상의 일반근거조항으로 보면 갑은 이에 근거하여 간접손실보상을 청구할 수 있으며, 이를 일반적 근거조항으로 보지 않는다면 헌법 제23조 제3항을 근거로 손실보상을 청구할 수 있을 것이다.

사례 2

甲은 충남 부여에서 참게 축양업을 하고 있는데 농어촌진흥공사가 금강종합개발사업을 시행하면서 참게의 산란장이 파괴되고 참게알의 부화에 악영향을 미쳐 막대한 영업상의 손실을 입게 되었다. 따라서 甲은 자신의 손실을 보상받아야 한다고 주장하고 있다. 이와 관련하여 간접손실보상의 의의와 근거 및 성질을 설명하고 甲의 주장이 타당한지를 논술하시오. 35점

Ⅰ 쟁점의 정리

1. 설문의 해결을 위해서 간접보상의 의의와 근거 및 성질에 대해서 설명하되 이러한 간접보상이 헌법 제23조 제3항에서 규정하는 보상의 대상에 해당하는지를 살펴본다.

2. 갑의 주장이 타당하기 위해서는 간접손실보상의 요건을 충족해야 한다. 따라서 이하에서는 간접보상의 요건을 충족하는지를 살펴보고 갑주장의 타당성을 검토한다.

Ⅱ 간접손실보상의 의의와 근거 및 성질

1. 간접손실보상의 의의 및 종류

간접손실이란 공익사업의 시행으로 인하여 사업시행지 밖의 재산권자에게 필연적으로 발생하는 손실을 말하며, 이러한 손실을 보상하는 것을 간접손실보상이라 한다. ① 공사 중의 소음, 진동이나

교통불편으로 인한 손실, 완성된 시설물로 인한 일조의 감소 등 물리적 기술적 손실과 ② 지역 경제, 사회적 구조가 변경되어 발생하는 경제적·사회적 손실이 있다.

2. 간접손실보상의 근거

(1) 이론적 근거

간접손실도 공익사업이 원인이 되어 발생한 것이므로 특별한 희생에 해당하는 경우에는 사유재산의 보장과 공적부담 앞의 평등의 원칙상 보상하여야 한다.

(2) 헌법적 근거

헌법 제23조 제3항의 손실보상에 간접손실이 포함되는지에 대한 견해대립이 있으며, 판례는 간접손실도 헌법 제23조 제3항의 손실보상의 대상이 된다고 판시한 바 있으며, 간접손실도 적법한 공용침해로 인하여 예견되는 손실이므로 헌법 제23조 제3항에 포함된다고 보는 것이 타당하다.

(3) 법률적 근거

간접손실도 헌법 제23조 제3항에 포함되는 손실이므로 토지보상법 제79조 제2항 및 시행규칙 제59조 내지 제65조에서 이와 관련된 내용을 규정하고 있다.

3. 간접손실보상의 성격

간접손실보상은 일반적으로 사회정책적 견지에서 인간다운 생활을 보상하고 유기체적인 생활을 종전의 상태로 회복하기 위한 측면을 갖는다. 따라서 손실이 있은 후에 행하는 사후적 보상의 성격을 갖고 재산권보상과 생활보상적 성격을 갖는다.

Ⅲ 갑주장의 타당성

1. 간접손실보상의 요건

(1) 간접손실이 발생할 것(판례)

① 공공사업의 시행으로 사업시행지 이외의 토지소유자(제3자)가 입은 손실이어야 하고, ② 그 손실의 발생이 예견 가능하고, ③ 손실의 범위가 구체적으로 특정될 수 있어야 한다. 〈사안에서는〉 사업의 시행으로 영업상 손실이 발생했으며, 금강종합개발사업을 시행함으로써 주변 어장에 피해가 발생할 수 있다는 것을 예측할 수 있었을 것으로 판단된다. 또한 이러한 손실은 참게 판매에 기초한 매출액을 기준으로 특정할 수 있으므로 상기요건을 충족한다.

(2) 특별한 희생

1) 특별한 희생의 의의 및 구별기준

특별한 희생이란 사회적 제약을 넘는 특별한 손해를 의미하며, ① 침해의 인적 범위를 기준으로 판단하는 형식설과 ② 침해의 정도와 강도를 고려해서 판단하는 실질설을 모두 고려하여 각 사안의 개별, 구체성을 고려하는 것이 타당하다고 판단된다.

2) 사안의 경우

설문상 명시되지 않았으나, ① 갑에게만 발생한 것으로 판단하고, ② 막대한 영업상의 손실은 물리적 해석상 수인한도를 넘는 것으로 유추할 수 있다. 따라서 이는 특별한 희생에 해당한다고 판단된다.

(3) 보상규정의 존재

1) 법 시행규칙 제64조의 규정 검토(지구 밖 영업손실규정)

① 시행규칙 제45조의 영업보상대상요건에 충족하고, ② 배후지의 2/3 이상 상실되어 영업을 계속할 수 없는 경우, ③ 진출입로의 단절, 그 밖의 사유로 휴업이 불가피한 경우를 요건으로 규정하고 있다.

2) 사안의 경우

설문상 배후지의 2/3 이상이 상실되어 영업을 계속할 수 없는지 여부가 불분명하여 동 규칙을 적용하여 보상할 수 없다고 판단된다. 따라서 보상규정이 결여된 경우의 간접보상이 문제된다. 이하에서 보상규정이 결여된 경우의 해결방안을 구체적으로 검토하고자 한다.

2. 보상규정이 결여된 간접보상의 가능 여부

(1) 제79조 제4항을 일반적 근거조항으로 볼 수 있는지 여부

토지보상법 제79조 제4항을 보상에 관한 일반적 근거조항으로 해석하여 보상이 가능하다는 견해도 있으나, 일반적 근거조항으로 보면 제79조 제4항의 입법취지를 지나치게 확장해석하게 되고 포괄적위임금지의 관점에서 타당하지 않다고 사료된다.

(2) 보상규정이 결여된 경우의 간접손실보상의 근거

1) 학설

① 보상부정설은 시행규칙 제59조 내지 제65조에서 간접보상을 모두 해결하였으므로 동 규정에서 정하지 않은 손실은 보상의 대상이 되지 않는다고 한다. ② 유추적용설은 헌법 제23조 제3항 및 토지보상법상 간접손실보상규정을 유추적용해야 한다고 한다. ③ 직접적용설은 헌법 제23조 제3항의 직접효력을 인정하고 이를 근거로 보상청구권이 인정된다고 한다. ④ 평등원칙 및 재산권보장규정근거설은 평등원칙과 재산권 보장규정이 직접근거가 될 수 있다면 보상해야 한다고 한다. ⑤ 수용적 침해이론은 간접손실도 비의도적 침해에 의해 발생한바 수용적 침해이론을 적용하여 보상해야 한다고 한다. ⑥ 손해배상설은 명문규정이 없는 한 손해배상청구를 해야 한다고 한다.

2) 판례

① 간접손실이 공익사업의 시행으로 기업지 이외의 토지소유자가 입은 손실이고, ② 그 손실의 범위도 구체적으로 이를 특정할 수 있고, ③ 손실이 발생하리라는 것을 쉽게 예견할 수 있는 경우라면, ④ '그 손실보상에 관하여 토지보상법 시행규칙의 관련규정들을 유추적용할 수 있다'고 한다.

3) 검토

간접손실도 헌법 제23조 제3항의 손실보상 범주에 포함되므로 예견, 특정가능성이 인정된다면 헌법 제23조 제3항을 근거로 하여 손실보상을 청구할 수 있다고 판단된다.

3. 갑주장의 타당성

설문상 갑은 금강종합개발사업의 시행으로 막대한 영업상 손실이 발생하였으며, 이는 예측, 특정 가능할 것으로 판단되었다. 또한 간접손실도 헌법 제23조 제3항에 포함되는 내용이므로 특별한 희생에 해당한다면 보상해 주어야 하며, 구체적인 보상액은 판례의 태도에 따라 관련 제 규정을 유추적용하여 보상해 주는 것이 타당하다고 사료된다. 따라서 막대한 영업손실에 대하여 보상을 해주어야 한다는 갑의 주장은 타당하다.

Ⅳ 사안의 해결(간접보상의 한계와 개선방안)

1. 간접손실이란 공익사업의 시행으로 사업지 밖에 위치한 타인의 토지 등의 재산에 손실을 가하는 것을 말하며 이러한 손실은 헌법 제23조 제3항의 내용에 포함되는 것으로 볼 수 있다.

2. 설문상 갑이 입은 막대한 영업상의 손실은 갑에게만 발생한 특별한 희생으로, 종래의 매출액을 기준으로 손실을 예측, 특정할 수 있다. 따라서 관련 제 규정을 고려하여 보상을 해주어야 할 것으로 판단된다.

3. 간접보상과 관련하여 보상의 대상 및 보상의 시기 등을 객관화하는 입법적 해결이 필요하다고 판단된다.

사례 3

강원도 영월군에 거주하는 갑(사업자 등록 등, 법령상 적법요건을 모두 갖춘 영농법인)은 영월권이
시행하는 댐공사로 인하여 수몰될 지역 밖에 과수원을 소유하고 있다. 댐공사가 시작되어 갑의 과
수원에 이르는 농로가 차단됨으로써 영농상 큰 애로에 봉착하였고, 그에 따라 갑은 과일생산에 큰
결손을 입었다. 갑은 영농상의 손실이 댐공사에 기인하였다는 이유로 영월군에 대하여 가능한 권리
구제 수단을 모색하고자 한다. 그 성공여부를 논술하시오. 30점

Ⅰ 쟁점의 정리	1) 학설
Ⅱ 간접손실보상청구의 가능 여부	2) 판례
1. 간접손실보상의 의의 및 근거	3) 검토
2. 간접손실보상의 요건	4. 손실보상청구절차
(1) 간접손실이 발생할 것(판례)	5. 간접손실보상청구의 가능 여부(사안의 경우)
(2) 특별한 희생(의의 및 구별기준)	Ⅲ 기타 권리구제수단의 검토
(3) 보상규정의 존재	1. 손해배상
3. 보상규정이 결여된 간접보상의 가능 여부	2. 환경분쟁조정
(1) 토지보상법 제79조 제4항을 일반적 근	3. 방해배제청구
거조항으로 볼 수 있는지 여부	4. 시민고충처리위원회 민원제기
(2) 보상규정이 결여된 경우의 간접손실	Ⅳ 사안의 해결
보상의 근거	

Ⅰ 쟁점의 정리

설문의 경우 댐공사로 인해 수몰되는 지역 밖의 과수원에 대한 영농상의 손실이 토지보상법상 간접
손실보상에 해당된다면 명시적인 보상규정이 없는 경우에도 손실보상을 받을 수 있는지를 검토한
다. 또한 손해배상, 방해배제청구 등 기타 구제수단에 대해서도 살펴보고자 한다.

Ⅱ 간접손실보상청구의 가능 여부

1. 간접손실보상의 의의 및 근거

간접손실이란 공익사업의 시행으로 인하여 사업시행지 밖의 재산권자에게 필연적으로 발생하는
손실을 말하며, 이러한 손실을 보상하는 것을 간접손실보상이라 한다. 판례는 간접손실도 헌법
제23조 제3항의 손실보상이라고 판시한 바 있다.

2. 간접손실보상의 요건

(1) 간접손실이 발생할 것(판례)

① 공공사업의 시행으로 사업시행지 이외의 토지소유자(제3자)가 입은 손실이어야 하고, ② 그
손실의 발생이 예견 가능하고, ③ 손실의 범위가 구체적으로 특정될 수 있어야 한다.

(2) 특별한 희생(의의 및 구별기준)

특별한 희생이란 사회적 제약을 넘는 특별한 손해를 의미하며 ① 침해의 인적 범위를 기준으로 판단하는 형식설과 ② 침해의 정도와 강도를 고려해서 판단하는 실질설을 모두 고려하여 각 사안의 개별, 구체성을 고려하는 것이 타당하다고 판단된다.

(3) 보상규정의 존재

토지보상법 제79조 제2항 및 동법 시행규칙 제59조 내지 제65조에서는 사업지구 밖의 대지 및 건축물 등에 대한 손실보상을 규정하고 있다.

3. 보상규정이 결여된 간접보상의 가능 여부

(1) 토지보상법 제79조 제4항을 일반적 근거조항으로 볼 수 있는지 여부

토지보상법 제79조 제4항을 보상에 관한 일반적 근거조항으로 해석하여 보상이 가능하다는 견해도 있으나, 일반적 근거조항으로 보면 토지보상법 제79조 제4항의 입법취지를 지나치게 확장해석하게 되고 포괄적 위임금지의 관점에서 타당하지 않다고 사료된다.

(2) 보상규정이 결여된 경우의 간접손실보상의 근거

1) 학설

① 보상부정설은 시행규칙 제59조 내지 제65조에서 간접보상을 모두 해결하였으므로 동 규정에서 정하지 않은 손실은 보상의 대상이 되지 않는다고 한다. ② 유추적용설은 헌법 제23조 제3항 및 토지보상법상 간접손실보상규정을 유추적용해야 한다고 한다. ③ 직접적 용설은 헌법 제23조 제3항의 직접효력을 인정하고 이를 근거로 보상청구권이 인정된다고 한다. ④ 평등원칙 및 재산권보장규정근거설은 평등원칙과 재산권 보장규정이 직접 근거가 될 수 있다면 보상해야 한다고 한다. ⑤ 수용적 침해이론은 간접손실도 비의도적 침해에 의해 발생한바 수용적 침해이론을 적용하여 보상해야 한다고 한다. ⑥ 손해배상설은 명문규정이 없는 한 손해배상청구를 해야 한다고 한다.

2) 판례

① 간접손실이 공익사업의 시행으로 기업지 이외의 토지소유자가 입은 손실이고, ② 그 손실의 범위도 구체적으로 이를 특정할 수 있고, ③ 손실이 발생하리라는 것을 쉽게 예견할 수 있는 경우라면, ④ '그 손실보상에 관하여 토지보상법 시행규칙의 관련규정들을 유추적용할 수 있다'고 한다.

3) 검토

간접손실도 헌법 제23조 제3항의 손실보상 범주에 포함되므로 예견, 특정가능성이 인정된다면 헌법 제23조 제3항을 근거로 하여 손실보상을 청구할 수 있다고 판단된다. 이 경우 구체적인 보상액은 토지보상법상 관련규정을 적용할 수 있을 것이다.

4. 손실보상청구절차

종전에는 공익사업 시행지구 밖의 사업손실보상을 청구하는 절차에 대해서는 토지보상법이 근거규

정을 두고 있지 않았으나, 현행 토지보상법 제80조에서는 손실보상에 대한 협의 및 재결절차를 규정하고 있다.

5. 간접손실보상청구의 가능 여부(사안의 경우)

갑은 댐공사로 인하여 수몰되는 지역 밖의 재산권자로서, 법령상 제 요건을 모두 갖추고 과수원을 경영중이었으며, 이러한 제 요건을 사전에 검토함으로써 갑의 영농손실을 예측 및 특정할 수 있었을 것이다. 또한 과일생산에 대한 큰 결손은 갑에게만 발생한 특별한 희생으로 볼 수 있다. 다만, 보상규정과 관련하여 배후지의 2/3 이상이 상실되어 영업을 계속할 수 없는 경우 및 휴업이 불가피한 경우로 볼 수 없으므로 시행규칙 제64조를 적용하여 보상할 수 없다고 판단된다. 따라서 구체적인 보상은 판례의 태도에 따라, 토지보상법상 관련규정을 유추적용하여 이루어질 것이다.

Ⅲ 기타 권리구제수단의 검토

1. 손해배상

간접침해가 손해배상의 요건을 충족하는 경우에는 손해배상을 청구할 수 있을 것이나 위법성이나 고의 과실여부가 명확하지 않아서 손해배상책임을 인정하기 어려운 면이 많다.

2. 환경분쟁조정

간접침해의 유형 중 소음, 진동 등은 물리적 기술적 침해로서 환경분쟁조정법상 환경피해에 해당한다. 환경분쟁조정제도는 행정기관이 지니고 있는 전문성과 절차의 신속성을 충분히 활용하여 환경분쟁을 간편하고 신속, 공정하게 해결하기 위하여 마련된 제도이다. 반면에 이는 침해행위에 대한 명확한 기준이 없어서 형평성의 논란이 있을 수 있다.

3. 방해배제청구

간접침해가 생활방해나 주거환경의 침해를 의미하는 때에는 민법상 방해배제청구를 할 수 있다. 그러나 일반적으로 간접침해를 받은 사익이 공익사업의 공익성보다 크기는 어려울 것이므로 방해배제청구권이 인정되기는 어렵다.

4. 시민고충처리위원회 민원제기

국민의 권리를 침해하거나 국민에게 불편을 주는 고충을 간편하고 신속하게 처리하기 위한 제도이나 집행력이 없다는 한계가 있다.

Ⅳ 사안의 해결

갑의 과수원에 이르는 농로가 차단됨으로써 발생한 영농상의 손실은 헌법 제23조 제3항의 범주에 속하는 손실로서, 토지보상법상 제 규정을 유추적용하여 손실보상을 받을 수 있을 것이다. 그 외에 손해배상, 환경분쟁조정, 방해배제청구, 민원제기 등을 고려할 수 있으나, 각 수단이 갖는 한계점으로 인하여 실효적인 구제수단이 되지는 못할 것이다.

사례 4

A시의 갑토지에 대하여 A시와 A시로부터 20킬로미터 밖에 위치한 B군, C군 등 3개 지역이 방사성폐기물 처분시설의 유치(사업인정)를 신청하였다. 그 뒤 위 3개 지역에 대하여 주민투표를 실시한 결과 A시가 81.35%, B군이 55.24%, C군이 61.17%의 찬성을 얻게 되자, 국토교통부장관은 부지선정위원회의 자문을 거쳐 A시의 사업인정 신청에 대하여 사업인정을 하였고, 사업의 원활한 진행이 이루어져서 방사성폐기물 처분시설이 건설되었다. 처분시설이 건설, 운영된 이후 처분시설로 통하는 진입도로에 연접한 곳에서 그 이전부터 활어횟집(적법요건을 모두 갖추었음)을 영위하여 온 A시 주민 병이 고객의 급감으로 더 이상 영업을 계속할 수 없다고 주장하면서 처분시설의 손실보상을 청구하는 경우 이를 인정할 수 있는가? 35점

Ⅰ 쟁점의 정리

Ⅱ 병이 입은 손실이 간접손실인지
 1. 간접손실의 의의 및 근거
 2. 간접손실의 유형
 3. 병이 입은 손실이 간접손실인지

Ⅲ 간접손실보상의 요건충족 여부
 1. 간접손실보상의 요건
 2. 간접손실의 존재
 3. 특별희생의 발생
 4. 사안의 경우

Ⅳ 보상규정이 흠결된 경우의 해결방안
 1. 토지보상법상 간접손실 보상규정
 2. 명시적인 보상규정의 흠결

 3. 보상규정이 흠결된 경우의 해결방안
 (1) 문제점
 (2) 보상규정이 결여된 경우의 해결방안
  1) 학설
   ① 보상부정설
   ② 유추적용설
   ③ 헌법 제23조 제3항의 직접적용설
   ④ 평등원칙 및 재산권보장규정근거설
   ⑤ 수용적 침해이론
   ⑥ 손해배상설
  2) 판례
  3) 검토
 4. 사안의 경우

Ⅴ 사안의 해결

Ⅰ 쟁점의 정리

설문은 처분시설로 통하는 진입도로에 연접한 곳에서 활어횟집을 운영하는 병이 고객의 급감으로 더 이상 영업을 할 수 없음을 이유로 손실보상을 청구하는 경우 손실보상의 가능여부를 묻고 있다.

① 고객 급감으로 인하여 병이 입은 영업손실이 간접손실에 해당하는지와 ② 해당한다면 간접손실보상의 요건을 충족하고 있는지가 문제된다. ③ 만약 보상규정이 흠결된 경우라면 이에 대한 해결방안을 검토한다.

Ⅱ 병이 입은 손실이 간접손실인지

1. 간접손실의 의의 및 근거

간접손실이라 함은 공익사업으로 인하여 사업시행지 밖의 재산권자에게 가해지는 손실 중 공익사업으로 인하여 필연적으로 발생하는 손실을 말한다. 판례는 간접손실을 헌법 제23조 제3항에서 규정한 손실보상의 대상이 된다고 보고 있다(대판 1999.10.8, 99다27231).

2. 간접손실의 유형

간접손실이 공익사업으로 인한 토지취득으로 인한 손실을 포함한다는 점에는 의견이 일치하고 있으나, 공익사업의 시행상 공사로 인한 손실 또는 공익사업 완성 후 시설의 운영으로 인한 손실도 포함하는지에 관하여는 견해가 나뉘고 있다.

3. 병이 입은 손실이 간접손실인지

토지보상법 제79조 제2항의 규정상 "공익사업의 시행으로 인하여"에는 토지의 취득 및 건설뿐만 아니라 공익사업의 운영도 포함하는 것으로 보는 것이 국민의 권리구제에 유리하므로 간접손실보상의 개념을 넓게 보는 것이 타당하다. 따라서 병의 손실은 간접손실의 범주에 해당한다.

Ⅲ 간접손실보상의 요건충족 여부

1. 간접손실보상의 요건

간접손실보상이 인정되기 위하여는 간접손실이 발생하여야 하고, 해당 간접손실이 특별한 희생이 되어야 한다.

2. 간접손실의 존재

간접손실이 되기 위하여는 ① 공공사업의 시행으로 사업시행지 이외의 토지소유자(제3자)가 입은 손실이어야 하고, ② 그 손실이 공공사업의 시행으로 인하여 발생하리라는 것이 예견되어야 하고, ③ 그 손실의 범위가 구체적으로 특정될 수 있어야 한다(대판 1999.12.24, 98다57419·57426 참조).

3. 특별희생의 발생

특별희생과 재산권에 내재하는 사회적 제약의 구별기준에 관하여 형식적 기준설과 실질적 기준설이 대립하고 있고, 우리나라의 통설은 형식적 기준설과 각 실질적 기준설이 일면의 타당성만을 갖는다고 보아, 형식적 기준설과 실질적 기준설을 종합하여 특별한 희생과 사회적 제약을 구별하여야 한다고 본다.

4. 사안의 경우

설문에서 병의 손실은 사업지구 밖에서 발생한 손실이며, 활어횟집은 처분시설의 진입도로에 인접하여 있으므로 이에 대한 손실발생의 예견이 가능하고, 활어횟집의 매출 자료를 근거로 손실의 범위도 특정할 수 있을 것으로 보인다. 또한 이러한 손실은 병에게 특정되어 발생하며 병은 영업 자체를 할 수 없으므로 이는 수인한도를 넘는 특별한 희생에 해당한다고 판단된다.

Ⅳ 보상규정이 흠결된 경우의 해결방안

1. 토지보상법상 간접손실 보상규정

토지보상법 제79조 제2항은 "공익사업이 시행되는 지역 밖에 있는 토지 등이 공익사업의 시행으로 인하여 본래의 기능을 다할 수 없게 되는 경우에는 국토교통부령으로 정하는 바에 따라 그 손실을 보상하여야 한다."라고 간접손실보상의 원칙을 규정하며 간접손실보상의 기준, 내용 및 절차 등을 국토교통부령에 위임하고 있다. 이에 따라 동법 시행규칙은 제59조 이하에서 간접보상을 유형화하여 열거, 규정하고 있다.

2. 명시적인 보상규정의 흠결

토지보상법 시행규칙 제64조 제1항은 공익사업시행지구 밖의 영업손실에 대하여 배후지의 3분의 2 이상이 상실될 것을 요건으로 규정하고 있으나 〈사안에서는〉 이의 요건이 적용되지 않으므로 시행규칙 제64조 제1항에 의한 보상의 대상이 되지 않는다.

3. 보상규정이 흠결된 경우의 해결방안

(1) 문제점

토지보상법 제79조 제4항은 "그 밖에 공익사업의 시행으로 인하여 발생하는 손실의 보상 등에 대하여는 국토교통부령이 정하는 기준에 의한다."라고 규정하고 있다. 이를 일반근거조항으로 보는 견해도 있으나 이 규정은 공익사업의 시행으로 인하여 발생하는 손실 중 보상하여야 하는 손실이지만 법률에 규정되지 못한 경우에 대한 개괄수권조항일 뿐 법령에 규정되지 않는 직접 또는 간접의 손실에 대한 보상의 직접적인 근거가 될 수 없다고 보는 것이 타당하므로 이하에서는 손실보상의 규정이 없는 경우의 해결방안을 논하고자 한다.

(2) 보상규정이 결여된 경우의 해결방안

1) 학설

① 보상부정설

토지보상법 시행규칙 제59조 이하의 간접보상규정을 제한적 열거규정으로 보고, 동 규정에서 규정하지 않은 간접손실은 보상의 대상이 되지 않는다고 보는 견해이다.

② 유추적용설

이 견해는 보상규정이 결여된 간접손실에 대하여 헌법 제23조 제3항 및 토지보상법상의
간접손실보상에 관한 규정을 유추적용하여 그 손실보상을 청구할 수 있다고 본다.

③ 헌법 제23조 제3항의 직접적용설

이 견해는 손실보상에 관하여 헌법 제23조 제3항의 직접효력을 인정하고, 보상규정이
없는 간접손실에 대하여는 헌법 제23조 제3항에 근거하여 보상청구권이 인정된다고 보
는 견해이다.

④ 평등원칙 및 재산권보장규정근거설

보상규정이 흠결된 경우 간접손실도 헌법상 평등원칙 및 재산권 보장규정에 근거하여
보상해 주어야 한다고 본다.

⑤ 수용적 침해이론

간접손실을 수용적 침해로 보고 독일법상의 수용적 침해이론을 적용하여 구제해 주어야
한다는 견해이다.

⑥ 손해배상설

간접손실에 대하여 명문의 보상규정이 없는 경우에는 손해배상을 청구하여야 한다는 견
해이다.

2) 판례

구법하에서 판례는 보상에 관한 명문의 법령이 없는 경우, 피해자는 토지보상법 시행규칙상
의 손실보상에 관한 규정을 유추적용하여 사업시행자에게 보상을 청구할 수 있다고 보았다.

3) 검토

간접손실도 헌법 제23조 제3항의 손실보상의 범주에 포함되므로 직접효력설이 타당하다.
다만, 토지보상법 제79조 제4항을 손실보상의 일반적 근거조항으로 보는 견해에 의하면 이
에 근거하여 직접 간접손실보상의 청구가 가능하다고 본다.

4. 사안의 경우

병이 입은 간접손실은 헌법 제23조 제3항에서 규정하고 있는 손실보상에 해당하므로 이를 근거로
손실보상을 청구할 수 있을 것이다.

Ⅴ 사안의 해결

간접손실의 개념을 넓게 보아 공익사업의 시행으로 해당 사업지역 이외의 지역에서 발생한 손실뿐
만 아니라 공익시설의 운영으로 인한 손실도 포함하는 것으로 보아 병의 손실을 간접손실이라고
보는 것이 타당하다. 병이 입은 손실은 토지보상법 시행규칙 제64조에 의한 영업보상의 요건을 충
족하지 못하였지만, 병이 입은 손실도 헌법 제23조 제3항에서 규정하는 손실보상의 범주에 포함되
므로 이를 근거로 간접손실의 보상을 청구할 수 있을 것이다.

✱ 제48회 사법시험(2006)

문제 1

산업자원부장관은 중, 저준위방사성폐기물 처분시설(이하 "처분시설"이라 한다)이 설치될 지역을 관할하는 지방자치단체의 지역(이하 "유치지역"이라 한다)에 대한 지원계획 및 유치지역지원시행계획을 수립한 후, 처분시설의 유치지역을 선정하고자 하였다. 이에 A시와 A시로부터 20킬로미터 밖에 위치한 B군, C군 등 3개 지역이 처분시설의 유치를 신청하였다. 산업자원부장관은 B군과 C군에 대하여는 '중, 저준위방사성폐기물 처분시설의 유치지역지원에 관한 특별법' 제7조 제3항에 따른 설명회를 개최하였으나, A시에 대하여는 주민반대를 이유로 설명회나 토론회를 개최하지 아니하였다. 그 뒤 위 3개 지역에 대하여 주민투표를 실시한 결과 A시가 81.35%, B군이 55.24%, C군이 61.17%의 찬성을 얻게되자, 산업자원부장관은 부지선정위원회의 자문을 거쳐 A시를 최종 유치지역으로 선정하였다.

4) 처분시설이 건설, 운영된 이후 처분시설로 통하는 진입도로에 연접한 곳에서 그 이전부터 활어횟집을 영위하여 온 A시 주민 병이 고객의 급감으로 더 이상 영업을 계속할 수 없다고 주장하면서 처분시설의 건설, 운영자에 대하여 손실보상을 청구하는 경우 이를 인정할 수 있는가?

답안

1. 간접손실보상의 의의

2. 토지보상법상 간접보상

토지보상법 제79조 제2항과 동법시행규칙 제59조 내지 제64조에서 간접손실에 대해 보상하여야 함을 인정하고 있다. 그러나 설문의 경우는 토지보상법상 보상하여야 하는 경우에 해당하지 않는다.

3. 보상규정이 없는 경우 간접손실에 대한 보상

(1) 문제점

법령상 보상규정이 없는 경우 비의도적인 손실에 대해 보상을 청구할 수 있는지가 문제된다.

(2) 학설

1) 수용적 침해보상을 긍정하는 견해

2) 수용적 침해보상을 부정하는 견해

① 입법에 의한 보상론(보상부정설)

② 헌법에 의한 보상론

(3) 검토

의도되지 아니한 재산권의 제약의 경우에도 특별한 희생이 있다면 수용적 침해보상을 긍정해야 한다는 견해가 타당하다.

4. 소결

처분시설의 건설, 운영으로 활어횟집의 고객 급감에 대한 손실에 대한 보상을 청구하는 경우 보상법상의 손실보상은 청구할 수 없지만, 수용적 침해보상의 법리에 따라 손실보상을 청구할 수 있을 것이다. 다만 병의 손실보상청구권이 인정되려면 공공의 필요에 따른 수인할 수 없는 특별한 희생이 병에게 인정되어야 할 것이다.

🔶 사례 5

> 토지보상법 시행규칙 제59조 내지 제65조에서는 사업시행지구 밖의 손실에 대한 보상을 규정하고
> 있다. 이에 대해 설명하고 간접보상의 한계점에 대해 설명하시오. [20점]

① 토지보상법 시행규칙상 간접보상의 규정 내용

1. 공익사업시행지구 밖의 대지 등에 대한 보상(규칙 제59조)

① 대지(조성된 대지를 말한다), 건축물, 분묘, 농지가 사업의 시행으로 ② 교통두절 및 경작불가능
시 소유자의 청구에 의해 보상한다. ③ 도로, 도선설치로 보상에 갈음할 수 있다. 이에 대해 규정
해석이 구체적이지 못하므로 상당한 정도로 장애 받아 특별한 희생에 해당되면 보상해주는 것이
타당하다.

2. 건축물에 대한 보상(규칙 제60조)

① 소유농지의 대부분이(소유자의 영농이 불가능해질 정도의 면적이나 비율을 의미) 편입됨으로써
② 건축물(건축물의 대지 및 잔여농지를 포함한다)만이 사업지구 밖에 남아 ③ 매매가 불가능하고
(사실상 불능 또는 종전 가격으로 매매불능인 경우) 이주가 부득이한 경우에 소유자의 청구에 의하
여 보상한다. 이에 대해 이주가 부득이하지 않아도 생활에 상당한 불편이 있는 경우는 보상함이
타당하다.

3. 소수잔존자에 대한 보상(규칙 제61조)

① 1개 마을의 주거용 건축물이 대부분(어느 정도인지는 생활공동체, 잔존규모 등을 고려해서 판단
한다) 편입되어, ② 생활환경이 현저히(사회통념상 판단) 불편하게 되어 이주가 부득이한 경우는
소유자의 청구에 의해 토지 등을 보상해 주어야 한다.

4. 공작물 등에 대한 보상(규칙 제62조)

공익사업시행지구 밖에 있는 공작물 등이 공익사업의 시행으로 인하여 그 본래의 기능을 다할 수
없게 되는 경우에는 그 소유자의 청구에 의하여 이를 공익사업시행지구에 편입되는 것으로 보아
보상하여야 한다.

5. 어업의 피해에 대한 보상(규칙 제63조)

사업시행지구 인근에 있는 어업에 피해발생 시 실제피해액을 확인할 수 있는 때에 보상(취소보상액
한도상한)을 하여야 한다.

6. 영업손실에 대한 보상(규칙 제64조)

① 시행규칙 제45조의 영업보상대상요건에 충족하고, ② 배후지의 2/3 이상이 상실되어 영업을 계속할 수 없는 경우, ③ 진출입로의 단절, 그 밖의 사유로 휴업이 불가피한 경우에는 손실을 보상하여야 한다. 그러나 공익사업의 시행으로 인하여 배후지의 2/3 미만이 상실된 경우에도 그 장소에서 종전의 영업을 계속할 수 없는 경우가 있을 수 있고, 배후지의 2/3 미만이 상실된 경우에도 그 장소에서 종전의 영업을 계속할 수 있지만 영업이 축소될 수 있는데 이 경우의 영업손실은 토지보상법 시행규칙 제64조에 의해 보상되지 않는 문제가 있다.

7. 농업의 손실에 대한 보상(규칙 제65조)

경작농지의 2/3 이상이 편입되어 영농을 계속할 수 없는 농민의 지구 밖 농지에 대해서도 영농손실액을 보상하여야 한다. 이에 대해 영농은 계속할 수 있으나 수입이 상당히 감소된 경우도 보상함이 타당하다.

Ⅱ 간접보상의 한계

1. 손실보상의 대상의 문제

토지보상법 제79조 제2항에서는 본래의 기능을 다할 수 없는 경우를 규정하고 있으나, 본래의 기능을 다할 수 없는 경우의 구체적 기준이 없으므로 대상 예측이 어렵다.

2. 손실보상 측정 및 보상의 시기 문제

① 해당 사업으로 인한 부정적 영향의 측정기준이 모호하다. ② 명문의 규정이 없으므로 보상시기와 관련해서 자의성이 개입될 우려가 있다.

3. 재정상 한계와 공공사업의 위축우려

예기치 못한 비용증가는 사업의 타당성에 영향을 줄 수 있으며, 이로 인해서 시행되어야 할 공익사업의 시행이 이루어지지 못하는 경우가 발생할 수 있다.

4. 검토(개선안)

간접손실보상은 침해의 예상 및 그로 인한 보상기준 산정이 어려우므로 모든 경우의 간접손실대상을 법률로 규정하기에 어려움이 있다. 따라서 현재 규정된 시행규칙 제59조 내지 제65조의 문제점을 개선하되, 필요한 경우에는 토지보상법 제79조 제4항을 근거로 하여 보상입법을 통한 해결이 도모되어야 할 것이다.

사례 6

압해농업협동조합(이하 '갑')은 목포해양경찰서장으로부터 도선업면허를 받아 전남 신안군 압해면 신장리 선착장과 목포시 죽교동 북항 선착장 사이에서 도선사업을 하고 있었는데 전라남도(이하 '을')가 전남 신안군 압해면 신장리와 목포시 산정동 사이의 연륙교 가설공사를 시행하여 완공하였다. 갑은 연륙교 개통으로 인하여 여객 등의 수요가 감소하자 압해농협 7호 및 압해농협 303호의 도선사업을 폐지할 수밖에 없게 되는 간접손실을 입게 되었고 을에 대하여 영업손실금 1,792,000,000원의 지급을 구하고 있다. 이처럼, 공공사업 시행 후에도 그 영업의 고객이 소재하는 지역이 그대로 남아 있는 상태에서 고객이 공공사업 시행으로 설치된 시설 등을 이용하고 사업자가 제공하는 시설이나 용역은 이용하지 않는 경우에도 사업시행자는 손실보상을 해주어야 하는가? 30점

Ⅰ 쟁점의 정리

갑은 연륙교 건설로 인한 '여객수요감소에 따른 영업손실보상'을 주장하고 있다. 이러한 영업손실이 간접손실에 해당되는지를 검토하되, 만약 특별한 희생에 해당함에도 명문의 보상규정이 없는 경우라면 어떠한 해결이 가능한지를 논하고자 한다.

Ⅱ 간접손실보상의 의의 및 법적 근거(성격)

1. 간접손실보상의 의의

간접손실이란 공익사업의 시행으로 인하여 사업시행지 밖의 재산권자에게 필연적으로 발생하는 손실을 말하며, 사업시행지 내의 토지소유자가 입은 부대적 손실과 구별된다. 간접손실 보상은 이러한 간접손실을 보상하는 것을 말한다.

2. 간접손실보상의 법적 근거(성격)

간접손실도 적법한 공용침해로 인하여 예견되는 손실이고, 헌법 제23조 제3항을 손실보상의 일반적인 규정으로 보아 헌법 제23조 제3항의 손실보상에 포함된다고 보는 것이 타당하다. 판례도 간접손실은 헌법 제23조 제3항의 손실보상의 대상이 된다고 판시한 바 있으며, 토지보상법 제79조 제2항 및 동법 시행규칙 제59조 내지 제64조에서 이와 관련된 보상을 규정하고 있다.

Ⅲ 간접손실보상의 요건

1. 간접손실이 발생할 것(판례상 요건)

① 공공사업의 시행으로 사업시행지 이외의 토지소유자(제3자)가 입은 손실이어야 하고, ② 그 손실의 발생이 예견가능하고, ③ 손실의 범위가 구체적으로 특정될 수 있어야 한다.

2. 특별한 희생

사회적 제약을 넘는 특별한 희생이 발생하여야 한다. 특별한 희생의 발생 여부는 형식설과 실질설을 모두 고려하여 판단하여야 한다.

3. 보상규정의 존재

간접손실도 헌법 제23조 제3항에서 규정하는 정당보상의 범주에 속하므로, 이에 대한 보상은 법률의 규정에 따라 행하여져야 한다.

(1) 토지보상법 시행규칙 제59조 내지 제65조

토지보상법 시행규칙 제59조 내지 제65조에서는 사업지구 밖의 토지·건물·영업손실 등에 대해서 규정하고 있으므로 동 규정에 해당되는 경우라면 이에 따라 손실보상을 받을 수 있을 것이다.

(2) 보상규정이 결여된 경우의 간접손실보상의 근거

1) 토지보상법 제79조 제4항을 일반적 근거조항으로 볼 수 있는지 여부

토지보상법 제79조 제4항에서는 공익사업의 시행으로 인하여 발생하는 손실의 보상을 규정하고 있는데, 이에 대해서 동 규정을 ① 보상이 필요하지만 법률에 규정되지 못한 경우의 개괄수권조항으로 보는 견해와 ② 기타 손실보상에 대한 일반적 근거조항으로 보는 견해가 있다. ③ 〈생각건대〉 일반적 근거조항으로 보는 것이 국민의 권리구제에 유리하나, 일반적 근거조항으로 보게 되면 토지보상법 제79조 제4항의 입법취지를 지나치게 확장해석하여 포괄위임금지의 관점에서 문제의 소지가 있다고 볼 수 있다.

2) 보상규정이 결여된 경우의 간접손실보상의 근거

가. 학설

① 보상부정설은 시행규칙 제59조 내지 제65조에서 간접보상이 모두 해결된다고 본다. ② 유추적용설은 헌법 제23조 제3항 및 토지보상법상 간접손실보상규정 유추적용해야 한다고 본다. ③ 직접적용설은 간접손실도 헌법 제23조 제3항의 손실보상 범주이므로 헌법 제23조 제3항을 직접 근거로 손실보상을 할 수 있다고 본다. ④ 평등원칙 및 재산권보장규정근거설은 동 규정 등을 직접 근거로 본다. ⑤ 수용적 침해이론은 간접손실도 비의도적침해에 의해 발생한 바, 수용적 침해이론을 적용하여 보상해야 한다고 한다. ⑥ 손해배상설은 명문규정이 없는 한 손해배상을 청구해야 한다고 한다.

나. 판례

① 간접손실이 공익사업의 시행으로 인하여 기업지 이외의 토지소유자가 입은 손실이고, ② 그 손실의 범위도 구체적으로 이를 특정할 수 있고, ③ 손실이 발생하리라는 것을 쉽게 예견할 수 있는 경우라면, ④ '그 손실보상에 관하여 토지보상법 시행규칙의 관련규정들을 유추적용할 수 있다'고 한다.

다. 검토

간접손실도 헌법 제23조 제3항의 손실보상 범주에 포함되므로 예견가능성과 특정가능성이 인정된다면 헌법 제23조 제3항을 근거로 하여 손실보상을 청구할 수 있다고 판단된다. 이 경우 구체적인 보상액은 토지보상법상 관련규정을 적용할 수 있을 것이다.

Ⅳ 사업시행자에게 보상의무가 발생하는지 여부

1. 토지보상법 시행규칙 제64조를 근거로 손실보상을 청구할 수 있는지 여부

(1) 사업지구 밖 영업손실보상에 대한 요건

시행규칙 제64조에서는 ① 토지보상법 시행규칙 제45조의 영업보상 대상요건을 충족하고, ② 배후지의 2/3 이상이 상실되어 영업을 계속할 수 없는 경우일 것, ③ 진출입로의 단절, 그 밖의 사유로 인하여 휴업이 불가피한 경우에는 보상하여야 한다고 규정하고 있다.

(2) 사안의 경우

배후지란 '해당 영업의 고객이 소재하는 지역'을 의미한다고 풀이되므로(대판 2013.6.14, 2010다9658), 공공사업 지역 밖에서 영업을 해 오던 사업자에게 공공사업의 시행으로 인하여 영업의 고객이 소재하는 지역이 그대로 존재한 상태에서 단지 고객의 해당 영업에 대한 이용가능성이 없어졌다는 등의 사회적 내지 경제적 의미에서 영업의 인적 기반을 잃게 되는 것만으로는 배후지의 상실로 인한 영업손실이라고 단정할 수 없을 것이다. 따라서 동 규칙에 의한 요건은 충족되지 않는다고 볼 것이다.

2. 헌법 제23조 제3항을 근거로 손실보상을 청구할 수 있는지 여부

갑의 손실은 도선업면허를 받아 연륙교 사업시행 이전부터 운영되고 있었으므로, 이에 대한 손실은 예측가능하고 특정가능할 것이다. 이러한 손실이 특별한 희생에 해당한다면 갑은 헌법 제23조 제3항을 직접 근거로 손실보상을 청구할 수 있을 것이다.

Ⅴ 사안의 해결

갑에게 발생한 손실은 토지보상법 시행규칙 제64조의 '배후지의 상실'요건을 충족하지 못하므로 원칙적으로 보상의 대상이 아니라고 보여지나, 이러한 손실이 특별한 희생에 해당된다면 헌법 제23조 제3항을 직접근거로 손실보상을 청구할 수 있을 것이며 이를 근거하여 토비보상법 시행규칙 상 영업보상에 관한 규정을 유추적용하여 구체적인 보상금을 산정할 수 있을 것이다. 간접손실도 헌법 제23조 제3항에서 규정하는 정당보상의 범주에 포함되므로 보상규정이 없는 경우에는 토지보상법 제79조 제4항의 수권조항을 근거로 하여, 점진적인 보상입법을 통한 해결을 모색해야 할 것이다.

✎ 대판 2013.6.14, 2010다9658[손실보상금등]

[판시사항]

[1] 면허를 받아 도선사업을 영위하던 갑 농협협동조합이 연륙교 건설 때문에 항로권을 상실하였다

며 연륙교 건설사업을 시행한 지방자치단체를 상대로 구 공공용지의 취득 및 손실보상에 관한 특례법 시행규칙 제23조, 제23조의6 등을 유추적용하여 손실보상할 것을 구한 사안에서, 위 항로권은 도선사업의 영업권과 별도로 손실보상의 대상이 되는 권리가 아니라고 본 원심판단을 정당하다고 한 사례

[2] 구 공공용지의 취득 및 손실보상에 관한 특례법 시행규칙 제23조의5에서 정한 '배후지'의 의미 및 공공사업 시행지구 밖에서 영업을 영위하던 사업자에게 공공사업 시행 후에도 그 영업의 고객이 소재하는 지역이 그대로 남아 있는 상태에서 고객이 공공사업 시행으로 설치된 시설 등을 이용하고 사업자가 제공하는 시설이나 용역은 이용하지 않게 되었다는 사정이 '배후지 상실'에 해당하는지 여부(소극)

[3] 공공사업의 시행으로 손해를 입었다고 주장하는 자가 보상받을 권리를 가졌는지 판단하는 기준 시점(= 공공사업 시행 당시)

[판결요지]

[1] 면허를 받아 도선사업을 영위하던 갑 농협협동조합이 연륙교 건설 때문에 항로권을 상실하였다며 연륙교 건설사업을 시행한 지방자치단체를 상대로 구 공공용지의 취득 및 손실보상에 관한 특례법 시행규칙(2002.12.31. 건설교통부령 제344호 공익사업을 위한 토지 등의 취득 및 보상에 관한 법률 시행규칙 부칙 제2조로 폐지) 제23조, 제23조의6 등을 유추적용하여 손실보상할 것을 구한 사안에서, 항로권은 구 공공용지의 취득 및 손실보상에 관한 특례법(2002.2.4. 법률 제6656호 공익사업을 위한 토지 등의 취득 및 보상에 관한 법률 부칙 제2조로 폐지) 등 관계 법령에서 간접손실의 대상으로 규정하고 있지 않고, 항로권의 간접손실에 대해 유추적용할 만한 규정도 찾아볼 수 없으므로, 위 항로권은 도선사업의 영업권 범위에 포함하여 손실보상 여부를 논할 수 있을 뿐 이를 손실보상의 대상이 되는 별도의 권리라고 할 수 없다고 본 원심판단을 정당하다고 한 사례

[2] 구 공공용지의 취득 및 손실보상에 관한 특례법 시행규칙(2002.12.31. 건설교통부령 제344호 공익사업을 위한 토지 등의 취득 및 보상에 관한 법률 시행규칙 부칙 제2조로 폐지) 제23조의5는 "공공사업 시행지구 밖에서 관계 법령에 의하여 면허 또는 허가 등을 받거나 신고를 하고 영업을 하고 있는 자가 공공사업의 시행으로 인하여 그 배후지의 3분의 2 이상이 상실되어 영업을 할 수 없는 경우에는 제24조 및 제25조의 규정에 의하여 그 손실액을 평가하여 보상한다."고 규정하고 있다. 여기서 '배후지'란 '당해 영업의 고객이 소재하는 지역'을 의미한다고 풀이되고, 공공사업 시행지구 밖에서 영업을 영위하여 오던 사업자에게 공공사업의 시행 후에도 당해 영업의 고객이 소재하는 지역이 그대로 남아 있는 상태에서 그 고객이 공공사업의 시행으로 설치된 시설 등을 이용하고 사업자가 제공하는 시설이나 용역 등은 이용하지 않게 되었다는 사정은 여기서 말하는 '배후지의 상실'에 해당한다고 볼 수 없다.

[3] 손실보상은 공공사업의 시행과 같이 적법한 공권력의 행사로 가하여진 재산상의 특별한 희생에 대하여 전체적인 공평부담의 견지에서 인정되는 것이므로, 공공사업의 시행으로 손해를 입었다고 주장하는 자가 보상을 받을 권리를 가졌는지는 해당 공공사업의 시행 당시를 기준으로 판단하여야 한다.

사례 7

국토교통부장관은 2009.4.16. 국토교통부고시 제2009-185호로 충청북도 청원군, 충청남도 연기군, 공주시, 논산시, 전라북도 익산시, 김제시, 정읍시, 전라남도 장성군, 광주광역시 광산구 일원 7,765,426㎡에 피고 공단을 사업시행자로 하여 고속철도를 건설하는 내용의 '호남고속철도 건설사업(오송~광주송정)'에 대한 실시계획을 승인하고 이를 고시하였다. 이에 한국철도시설공단은 2009.12.4.부터 2014.9.경까지 노반, 궤도, 전차선 공사 등 이 사건 노선의 주요 구조물 시공을 완료하였고, 2014.9.1.부터 2014.9.30.까지 사전 점검을 하였으며, 2014.11.10.부터 2015.1.23.까지 시설물 검증을, 2015.1.26.부터 2015.2.28.까지 영업시운전을 마친 뒤 2015.4.2. 호남고속철도를 개통하였다. 갑은 호남고속철도 인근에서 희망잠업사라는 상호로 사업인정고시일 전부터 사업자등록을 행하고 양잠업을 하고 있는 사람이다. 그런데 호남고속철도 개통으로 인하여 수인한도를 초과하는 소음 및 진동이 발생하였고 그로 인하여 잠업사에서 생산하는 누에씨의 품질저하, 위 누에씨를 공급받는 전라북도 농업기술원 종자사업소의 누에씨 수령 거부, 잠업농가의 누에씨 수령 거부 등의 피해가 발생하여 더 이상 해당 장소에서 영업을 행하는 것이 불가하였다. 2017.2.15. 갑은 영업시설의 이전비 및 영업(휴업)손실 1,000,000,000원과 위자료 50,000,000만원의 보상을 청구하였으나 사업시행자는 이를 거부하였고, 중앙토지수용위원회에 재결신청을 하였으나 보상대상이 아니라고 하여 기각재결을 받았다.

(1) 갑은 영업손실보상을 청구할 수 있는가? [20점]

(2) 갑은 중앙토지수용위원회의 기각재결에 대해서 어떠한 방법으로 구제받을 수 있는가? [10점]

(3) 행정법원과 민사법원에 손실보상청구와 손해배상청구를 동시에 제기할 수 있는가? 동시에 제기할 수 없다면 어떠한 형태로 소를 제기해야 하는가? 갑은 구제받을 수 있는가? [10점]

(4) 갑은 위자료에 대해서 보상받을 수 있는가? [10점]

환경정책기본법 제44조(환경오염의 피해에 대한 무과실책임)

① 환경오염 또는 환경훼손으로 피해가 발생한 경우에는 해당 환경오염 또는 환경훼손의 원인자가 그 피해를 배상하여야 한다.

행정소송법 제10조(관련청구소송의 이송 및 병합)

① 취소소송과 다음 각 호의 1에 해당하는 소송(이하 "關聯請求訴訟"이라 한다)이 각각 다른 법원에 계속되고 있는 경우에 관련청구소송이 계속된 법원이 상당하다고 인정하는 때에는 당사자의 신청 또는 직권에 의하여 이를 취소소송이 계속된 법원으로 이송할 수 있다.

1. 당해 처분 등과 관련되는 손해배상·부당이득반환·원상회복 등 청구소송
2. 당해 처분 등과 관련되는 취소소송

② 취소소송에는 사실심의 변론종결 시까지 관련청구소송을 병합하거나 피고 외의 자를 상대로 한 관련청구소송을 취소소송이 계속된 법원에 병합하여 제기할 수 있다.

행정소송법 제44조(준용규정)
② 제10조의 규정은 당사자소송과 관련청구소송이 각각 다른 법원에 계속되고 있는 경우의 이송과 이들 소송의 병합의 경우에 준용한다.

(설문 1)의 해결

Ⅰ 쟁점의 정리

Ⅱ 간접손실보상의 의의와 근거 및 성격
  1. 간접손실보상의 의의 및 근거
  2. 간접손실보상의 성격

Ⅲ 간접손실보상의 요건
  1. 간접손실이 발생할 것(판례)
  2. 특별한 희생
  3. 보상규정의 존재
    (1) 토지보상법 제79조 및 토지보상법 시행 규칙 관련규정
    (2) 보상규정이 결여된 간접보상의 가능 여부

Ⅳ 사안의 해결

(설문 2)의 해결

Ⅰ 쟁점의 정리

Ⅱ 보상금증감청구소송의 대상인지
  1. 의의 및 취지
  2. 심리범위
    (1) 심리범위
    (2) 최근 판례의 태도

Ⅲ 사안의 해결

(설문 3)의 해결

Ⅰ 쟁점의 정리

Ⅱ 관련청구소송의 병합 및 소송의 이송
  1. 관련청구소송의 병합
    (1) 의의 및 취지
    (2) 종류
  2. 소송의 이송
    (1) 이송의 의의 및 취지
    (2) 행정소송법에 의한 이송
      1) 관련청구소송의 이송
      2) 이송의 효과

Ⅲ 사안의 해결

(설문 4)의 해결

Ⅰ 쟁점의 정리

Ⅱ 위자료가 손실보상의 대상인지
  1. 정신적 손해의 의미
  2. 견해의 대립 및 판례의 태도
    (1) 견해의 대립
    (2) 판례의 태도
  3. 검토

Ⅲ 사안의 해결

⊕ **(설문 1)의 해결**

Ⅰ 쟁점의 정리

설문은 갑에게 영업손실보상청구권이 인정되는지가 문제된다. 사안의 해결을 위하여 토지보상법 시행규칙 제64조의 간접손실보상 규정이 적용되는지 등 간접손실보상에 대해서 검토한다.

Ⅱ 간접손실보상의 의의와 근거 및 성격

1. 간접손실보상의 의의 및 근거

간접손실이란 공익사업의 시행으로 인하여 사업시행지 밖의 재산권자에게 필연적으로 발생하는 손실을 말하며, 이러한 손실을 보상하는 것을 간접손실보상이라 한다. 이론적 근거로는 사유재산의 보장과 공적부담 앞의 평등의 원칙을 들 수 있으며, 헌법 제23조 제3항 및 토지보상법 제79조 제2항 및 시행규칙 제59조 내지 제65조에서 이와 관련된 내용을 규정하고 있다.

2. 간접손실보상의 성격

간접손실보상은 일반적으로 사회정책적 견지에서 인간다운 생활을 보상하고 유기체적인 생활을 종전의 상태로 회복하기 위한 측면을 갖는다. 따라서 손실이 있은 후에 행하는 사후적 보상의 성격을 갖고 재산권 보상과 생활보상적 성격을 갖는다.

Ⅲ 간접손실보상의 요건

1. 간접손실이 발생할 것(판례)

① 공공사업의 시행으로 사업시행지 이외의 토지소유자(제3자)가 입은 손실이어야 하고, ② 그 손실의 발생이 예견 가능하고, ③ 손실의 범위가 구체적으로 특정될 수 있어야 한다.

2. 특별한 희생

특별한 희생이란 사회적 제약을 넘는 특별한 손해를 의미하며 ① 침해의 인적 범위를 기준으로 판단하는 형식설과 ② 침해의 정도와 강도를 고려해서 판단하는 실질설을 모두 고려하여 각 사안의 개별, 구체성을 고려하는 것이 타당하다고 판단된다.

3. 보상규정의 존재

(1) 토지보상법 제79조 및 토지보상법 시행규칙 관련규정

토지보상법 제79조 제2항에서 공익사업 지구 밖에 있는 토지 등에 대한 손실보상을 규정하고 있으며, 동법 시행규칙 제59조 내지 제65조에서 소수잔존자, 대지, 건축물, 어업피해, 영업손실 등에 대해서 규정하고 있다. 이에 대한 보상은 해당 사업완료일부터 1년이 지난 경우에는 청구할 수 없다.

(2) 보상규정이 결여된 간접보상의 가능 여부

보상규정이 결여된 경우에는 보상대상이 되지 않는다는 부정설과 헌법 제23조 제3항 및 관련 규정을 유추적용해야 한다는 긍정설이 대립된다. 판례는 토지보상법상 관련규정을 유추적용할 수 있다고 하여 긍정하는 입장이다.

Ⅳ 사안의 해결

토지보상법 시행규칙 제64조에서는 ① 시행규칙 제45조의 영업보상대상요건에 충족하고, ② 배후지의 2/3 이상 상실되어 영업을 계속할 수 없는 경우, ③ 진출입로의 단절, 그 밖의 사유로 휴업이 불가피한 경우를 요건으로 규정하고 있다. 그 밖의 사유에는 "공익사업의 시행으로 설치되는 시설의 형태·구조·사용 등에 기인하여 휴업이 불가피한 경우도 포함된다"고 해석함이 타당하다.

갑은 철도운행으로 인한 소음·진동 등으로 누에씨의 품질저하 등 피해가 발생할 것이라는 것을 충분히 예견할 수 있고 그 손실의 범위도 특정(사업자등록 등 매출신고자료를 기초로)할 수 있으므로 공익사업의 시행으로 인하여 필연적으로 야기되는 손실에 해당한다.

그러나 갑이 손실보상을 청구한 2017.2.15. 시점은 사업이 종료되고 시설이 운영되는 2015.4.2. 부터 1년이 경과하였기에 손실보상을 청구할 수 없을 것이다.

✱ 간접손실보상이 쟁점인 경우

특별한 희생에 해당됨에도 보상규정이 없는 경우라면 어떠한 근거로 보상을 해주어야 하는지 논의, 즉 보상규정이 없는 경우의 해결방안이 주된 쟁점이 될 것이다.

그런데, 만약 시행규칙 제59조 내지 제65조에 해당하는 경우라면 보상규정이 있기에 보상규정이 없는 경우의 논의는 필요치 않게 될 것이다. 각 규정은 지구 내의 보상규정과 달리 다소 추상적인 내용이 많기에 구체적인 사안의 사실관계가 이에 해당되는지가 문제된다.

대판 2019.11.28, 2018두227 원심 판례에서는 사업지구 밖의 잠업사에 대해서, 고속철도의 운행으로 인한 소음·진동 등으로 발생한 피해는 특별한 희생에 해당하나 시행규칙 제64조를 직접 적용하지 않고 영업손실 보상에 관한 규정을 유추적용하여 보상을 긍정하였다.

그러나 대법원은 해당 피해는 시행규칙 제64조에 해당하는 피해라고 하여 이를 직접 근거로 보상을 받아야 한다고 판시하였다.

⊕ (설문 2)의 해결

Ⅰ 쟁점의 정리

토지수용위원회가 보상대상이 아니라고 하여 기각재결을 한 경우에 토지수용위원회를 피고로 재결 취소소송을 제기해야 하는지, 아니면 사업시행자를 상대로 보상금증감청구소송을 제기하여야 하는 지가 문제된다. 보상금증감청구소송의 심리범위에 보상대상판단이 포함되는지를 중심으로 검토한다.

Ⅱ 보상금증감청구소송의 대상인지

1. 의의 및 취지

(보상재결에 대한) 보상금의 증감에 대한 소송으로서 사업시행자, 토지소유자는 각각 피고로 제기 하며(제85조 제2항), ① 보상재결의 취소 없이 보상금과 관련된 분쟁을 일회적으로 해결하여, ② 신속한 권리구제를 도모함에 취지가 있다.

2. 심리범위

(1) 심리범위

① 손실보상의 지급방법(채권보상여부포함)과 ② 적정손실보상액의 범위 및 보상액과 관련한 보상면적(잔여지수용 등) 등은 심리범위에 해당한다. 판례는 ③ 지연손해금 역시 손실보상의 일부이고, ④ 잔여지수용 여부 및 ⑤ 개인별 보상으로서 과대, 과소항목의 보상항목 간 유용도 심리범위에 해당한다고 본다.

(2) 최근 판례의 태도

최근 판례는 심리범위의 손실을 어떻게 산정할 것인지 여부(보상대상의 범위) 및 당사자가 주 장하는 내용이 과연 필요한 것으로서 합리적인지 여부 등 보상항목의 세부요소에 포함되는지 여부도 본안에서 심리·판단할 사항이라고 판시하였다.

Ⅲ 사안의 해결

어떤 보상항목이 공익사업을 위한 토지 등의 취득 및 보상에 관한 법령상 손실보상대상에 해당함에 도 관할 토지수용위원회가 사실을 오인하거나 법리를 오해함으로써 손실보상대상에 해당하지 않는 다고 잘못된 내용의 재결을 한 경우에는, 피보상자는 관할 토지수용위원회를 상대로 그 재결에 대 한 취소소송을 제기할 것이 아니라, 사업시행자를 상대로 구 공익사업을 위한 토지 등의 취득 및 보상에 관한 법률(2013.3.23. 법률 제11690호로 개정되기 전의 것) 제85조 제2항에 따른 보상금 증감소송을 제기하여야 한다.

⊕ (설문 3)의 해결

Ⅰ 쟁점의 정리

설문은 손실보상과 손해배상요건이 경합되는 경우에 어떠한 방법으로 구제받을 수 있는지가 문제된다. 이의 해결을 위하여 관련청구소송의 병합과 이송에 대해서 검토한다.

Ⅱ 관련청구소송의 병합 및 소송의 이송

1. 관련청구소송의 병합

(1) 의의 및 취지

행정소송법상 관련청구소송의 병합이라 함은 항고소송 및 당사자소송에 관련이 있는 청구소송을 병합하여 제기하는 것을 말한다. 이는 소송경제를 도모하고, 서로 관련 있는 사건 사이에 판결의 모순·저촉을 피하기 위한 것이다.

(2) 종류

1) 원시적 병합과 후발적 병합

관련청구소송의 병합에는 계속 중인 소송에 관련청구소송을 병합하는 후발적 병합과 관련청구소송을 함께 제기하는 원시적 병합이 있다.

2) 객관적 병합

객관적 병합이란 당사자는 동일하나 청구가 다수인 경우를 말한다. ① 원고가 여러 개의 청구에 대하여 차례로 심판을 구하는 단순 경합, ② 양립할 수 있는 여러 개의 청구를 하면서 그 중에 어느 하나의 인용을 구하는 선택적 병합, ③ 양립될 수 없는 여러 개의 청구를 하면서 제1차적(주위적) 청구가 기각·각하될 때를 대비하여 제2차적(예비적) 청구에 대하여 심판을 구하는 예비적 경합이 있다.

3) 주관적 병합

공동소송이란 1개의 소송절차에 여러 사람의 원고 또는 피고가 관여하는 소송형태를 말하는데, 이를 소의 주관적 병합이라고도 한다(취소소송에 국가배상청구소송을 병합하는 경우).

2. 소송의 이송

(1) 이송의 의의 및 취지

소송의 이송이라 함은 어느 법원에 일단 계속된 소송을 그 법원의 결정에 의하여 다른 법원으로 이전하는 것을 말한다.

(2) 행정소송법에 의한 이송

1) 관련청구소송의 이송

행정소송과 관련청구소송이 각각 다른 법원에 계속되고 있는 경우에 관련청구소송이 계속된 법원이 상당하다고 인정하는 때에는 당사자의 신청 또는 직권에 의하여 관련청구소송을 행정소송이 계속된 법원으로 이송할 수 있다(제10조 제1항).

2) 이송의 효과(이송결정의 기속력과 소송계속의 유지)

① 소송을 이송받은 법원은 이송결정에 따라야 하며, 소송을 이송받은 법원은 사건을 다시 다른 법원에 이송하지 못한다(민사소송법 제38조). 이를 이송의 기속력이라고 한다. ② 또한 이송결정이 확정된 때에는 소송은 처음부터 이송받은 법원에 계속된 것으로 본다(민사소송법 제40조 제1항).

Ⅲ 사안의 해결

토지보상법 제79조 제2항에 따른 간접손실보상과 환경정책기본법 제44조 제1항(환경오염의 피해에 대한 무과실책임)에 따른 손해배상은 근거 규정과 요건·효과를 달리하는 것으로서, 각 요건이 충족되면 성립하는 별개의 청구권이다.

다만 손실보상청구권에는 이미 '손해전보'라는 요소가 포함되어 있어 실질적으로 같은 내용의 손해에 관하여 양자의 청구권을 동시에 행사할 수 있다고 본다면 이중배상의 문제가 발생하므로, 실질적으로 같은 내용의 손해에 관하여 양자의 청구권이 동시에 성립하더라도 영업자는 어느 하나만을 선택적으로 행사할 수 있을 뿐이고, 양자의 청구권을 동시에 행사할 수는 없다.

또한 '해당 사업완료일부터 1년'이라는 손실보상 청구기간(토지보상법 제79조 제5항, 제73조 제2항)이 경과하여 손실보상청구권을 더 이상 행사할 수 없는 경우에도 손해배상의 요건이 충족되는 이상 여전히 손해배상청구는 가능하다.

따라서 갑은 손실보상청구와 손해배상청구를 각각 별도의 소로 제기할 수 없으며, 만약 이를 각각 제기한 경우에는 민사법원은 당사자의 신청 또는 직권으로 손해배상청구를 관련청구소송으로서 행정법원에 이송시켜야 할 것이다. 이는 후발적 병합, 선택적 병합 및 주관적 병합이 될 것이다.

설문상 손실보상청구권은 청구기간의 경과로 더 이상 주장할 수 없으므로, 손해배상청구에 대해서 인용받을 수 있을 것이다.

✎ 답안 축약 시

> 간접손실보상청구권과 손해배상청구권은 각각의 권리로서 경합이 가능하지만, 간접손실보상청구권은 청구기간이 경과되어 인용받기 어려울 것이다. 따라서 손해배상청구소송을 선택적 병합으로 제기하여 일회적인 권리보호를 도모할 수 있을 것이다.

✱ 선택적 병합 중요 유사문제(대판 2014.4.24, 2012두6773)

문제 1

토지소유자 갑, 을, 병은 토지수용위원회를 상대로 잔여지 수용청구를 하였으나 토지수용위원회는 이를 받아들이지 않았다. 이에 갑, 을, 병은 잔여지 수용청구에 대한 거부에 대해서 항고소송을 제기하려고 한다. 갑, 을, 병은 공동소송의 형식으로 재결취소소송을 제기할 수 있는가? 이 경우 갑, 을, 병은 잔여지 감가보상을 선택적 병합으로 제기할 수 있는가? 10점

답안

1. 관련청구소송의 병합

행정소송법상 관련청구소송의 병합이라 함은 취소소송 또는 무효등확인소송에 해당 취소소송 등과 관련이 있는 청구소송(관련청구소송)을 병합하여 제기하는 것을 말한다. 이는 소송경제를 도모하고, 서로 관련 있는 사건 사이에 판결의 모순저촉을 피하기 위한 것이다.

2. 선택적 병합과 예비적 병합

(1) 선택적 경합

양립할 수 있는 여러 개의 청구를 하면서 그 중에 어느 하나가 인용되면 원고의 소의 목적을 달할 수 있기 때문에 다른 청구에 대해서는 심판을 바라지 않는 형태의 병합이다. 법원은 이유 있는 청구 어느 하나를 선택하여 원고청구를 인용하면 된다. 논리적으로 양립할 수 없는 여러 개의 청구는 예비적 병합청구는 할 수 있지만 선택적 병합청구를 할 수 없다.

(2) 예비적 경합

양립될 수 없는 여러 개의 청구를 하면서 제1차적(주위적) 청구가 기각·각하될 때를 대비하여 제2차적(예비적) 청구에 대하여 심판을 구하는 것을 말한다. 제1차적 청구를 먼저 심리하여 보고 인용되면 제2차적 청구에 대해서는 더 나아가 심판할 필요가 없게 된다.

3. 사안의 경우

갑, 을, 병에 대한 재결취소소송 및 잔여지 감가보상청구는 내용적으로 양립될 수 없는 청구인 바, 이에 대한 선택적 병합청구는 인용되기 어려울 것이다. 이 경우 재결취소소송을 주된 소송으로 제기하면서 잔여지 감가보상을 예비적 청구로 제기해야 할 것이다.

⊕ **(설문 4)의 해결**

① 쟁점의 정리

정신적 손해 즉, 위자료가 손실보상의 대상에 해당되는지가 문제된다. 관련된 학설과 판례를 검토하여 사안을 해결한다.

Ⅱ 위자료가 손실보상의 대상인지

1. 정신적 손해의 의미

정신적 손해란 피해자가 느끼는 고통, 불쾌감 등 정신상태에 발생한 불이익이라고 한다. 공익사업으로 인한 정신적 손해로는 ① 공익사업의 시행으로 인한 소음, 진동 등에 의한 불쾌감, ② 공공사업으로 인하여 조상전래의 전·답으로부터 떠나는 것에 대한 정신적 고통 등이 있다.

2. 견해의 대립 및 판례의 태도

(1) 견해의 대립

① 정신적 손실은 사회적 수인의무범위에 속하며 재산적 보상에 의해 정신적 고통은 회복된다고 보는 견해와 ② 정신적 고통과 재산상 손실은 무관하므로 재산보상으로 치유된다고 볼 수 없다고 보는 견해가 있다.

(2) 판례의 태도

판례는 원칙적으로 부정하나, 재산적 손해의 배상만으로는 회복될 수 없는 정신적 고통을 입었다는 특별한 사정이 있고, 피고 공단이 이와 같은 사정을 알았거나 알 수 있었을 경우에 한하여 정신적 고통에 대한 위자료를 인정할 수 있다고 본다(대전지방법원 2017.2.8, 2013구합1661).

3. 검토

정신적 손실이 수인한도를 넘는 경우에는 보상함이 타당하다. 실무상으로는 일부에서 사례금, 답례금, 위로금, 감사금, 협력금 등의 명목으로 지불되는 경우가 있다. 사업의 원활한 진행과 복리국가적 요구에서 입법적인 보완이 요구된다.

Ⅲ 사안의 해결

설문상 고속철도 운행으로 인한 잠업사의 피해는 재산적 손해의 배상으로 그 경제적 가치가 모두 보전될 수 있는 것으로 보이므로 위자료에 대한 손해는 인정되기 어려울 것이다.

✎ 대판 2019.11.28, 2018두227

> [판시사항]
> [1] 공익사업을 위한 토지 등의 취득 및 보상에 관한 법률 시행규칙 제64조 제1항 제2호에서 정한 공익사업시행지구 밖 영업손실보상의 요건인 '공익사업의 시행으로 인한 그 밖의 부득이한 사유로 일정기간 동안 휴업이 불가피한 경우'에 공익사업의 시행 결과로 휴업이 불가피한 경우가 포함되는지 여부(적극)

[2] 실질적으로 같은 내용의 손해에 관하여 공익사업을 위한 토지 등의 취득 및 보상에 관한 법률 제79조 제2항에 따른 손실보상과 환경정책기본법 제44조 제1항에 따른 손해배상청구권이 동시에 성립하는 경우, 영업자가 두 청구권을 동시에 행사할 수 있는지 여부(소극) 및 '해당 사업의 공사완료일로부터 1년'이라는 손실보상 청구기간이 지나 손실보상청구권을 행사할 수 없는 경우에도 손해배상청구가 가능한지 여부(적극)

[3] 공익사업으로 인하여 공익사업시행지구 밖에서 영업을 휴업하는 자가 공익사업을 위한 토지 등의 취득 및 보상에 관한 법률 제34조, 제50조 등에 규정된 재결절차를 거치지 않은 채 곧바로 사업시행자를 상대로 공익사업을 위한 토지 등의 취득 및 보상에 관한 법률 시행규칙 제47조 제1항에 따라 영업손실에 대한 보상을 청구할 수 있는지 여부(소극)

[4] 어떤 보상항목이 공익사업을 위한 토지 등의 취득 및 보상에 관한 법령상 손실보상대상에 해당함에도 관할 토지수용위원회가 사실을 오인하거나 법리를 오해함으로써 손실보상대상에 해당하지 않는다고 잘못된 내용의 재결을 한 경우, 피보상자가 제기할 소송과 그 상대방

[판결요지]

[1] 모든 국민의 재산권은 보장되고, 공공필요에 의한 재산권의 수용 등에 대하여는 정당한 보상을 지급하여야 하는 것이 헌법의 대원칙이고(헌법 제23조), 법률도 그런 취지에서 공익사업의 시행 결과 공익사업의 시행이 공익사업시행지구 밖에 미치는 간접손실 등에 대한 보상의 기준 등에 관하여 상세한 규정을 마련해 두거나 하위법령에 세부사항을 정하도록 위임하고 있다. 이러한 공익사업시행지구 밖의 영업손실은 공익사업의 시행과 동시에 발생하는 경우도 있지만, 공익사업에 따른 공공시설의 설치공사 또는 설치된 공공시설의 가동·운영으로 발생하는 경우도 있어 그 발생원인과 발생시점이 다양하므로, 공익사업시행지구 밖의 영업자가 발생한 영업상 손실의 내용을 구체적으로 특정하여 주장하지 않으면 사업시행자로서는 영업손실보상금 지급의무의 존부와 범위를 구체적으로 알기 어려운 특성이 있다. 공익사업을 위한 토지 등의 취득 및 보상에 관한 법률 제79조 제2항에 따른 손실보상의 기한을 공사완료일부터 1년 이내로 제한하면서도 영업자의 청구에 따라 보상이 이루어지도록 규정한 것[공익사업을 위한 토지 등의 취득 및 보상에 관한 법률 시행규칙(이하 '시행규칙'이라 한다) 제64조 제1항]이나 손실보상의 요건으로서 공익사업시행지구 밖에서 발생하는 영업손실의 발생원인에 관하여 별다른 제한 없이 '그 밖의 부득이한 사유'라는 추상적인 일반조항을 규정한 것(시행규칙 제64조 제1항 제2호)은 간접손실로서 영업손실의 이러한 특성을 고려한 결과이다.

위와 같은 공익사업시행지구 밖 영업손실보상의 특성과 헌법이 정한 '정당한 보상의 원칙'에 비추어 보면, 공익사업시행지구 밖 영업손실보상의 요건인 '공익사업의 시행으로 인한 그 밖의 부득이한 사유로 일정 기간 동안 휴업이 불가피한 경우'란 공익사업의 시행 또는 시행 당시 발생한 사유로 휴업이 불가피한 경우만을 의미하는 것이 아니라 공익사업의 시행 결과, 즉 그 공익사업의 시행으로 설치되는 시설의 형태·구조·사용 등에 기인하여 휴업이 불가피한 경우도 포함된다고 해석함이 타당하다.

[2] 공익사업을 위한 토지 등의 취득 및 보상에 관한 법률(이하 '토지보상법'이라 한다) 제79조 제2항 (그 밖의 토지에 관한 비용보상 등)에 따른 손실보상과 환경정책기본법 제44조 제1항(환경오염 의 피해에 대한 무과실책임)에 따른 손해배상은 근거 규정과 요건·효과를 달리하는 것으로서, 각 요건이 충족되면 성립하는 별개의 청구권이다. 다만 손실보상청구권에는 이미 '손해 전보'라 는 요소가 포함되어 있어 실질적으로 같은 내용의 손해에 관하여 양자의 청구권을 동시에 행사 할 수 있다고 본다면 이중배상의 문제가 발생하므로, 실질적으로 같은 내용의 손해에 관하여 양자의 청구권이 동시에 성립하더라도 영업자는 어느 하나만을 선택적으로 행사할 수 있을 뿐 이고, 양자의 청구권을 동시에 행사할 수는 없다. 또한 '해당 사업의 공사완료일로부터 1년'이 라는 손실보상 청구기간(토지보상법 제79조 제5항, 제73조 제2항)이 경과하여 손실보상청구권 을 더 이상 행사할 수 없는 경우에도 손해배상의 요건이 충족되는 이상 여전히 손해배상청구는 가능하다.

[3] 공익사업을 위한 토지 등의 취득 및 보상에 관한 법률(이하 '토지보상법'이라 한다) 제26조, 제28조, 제30조, 제34조, 제50조, 제61조, 제79조, 제80조, 제83조 내지 제85조의 규정 내용 과 입법 취지 등을 종합하면, 공익사업으로 인하여 공익사업시행지구 밖에서 영업을 휴업하는 자가 사업시행자로부터 공익사업을 위한 토지 등의 취득 및 보상에 관한 법률 시행규칙 제47조 제1항에 따라 영업손실에 대한 보상을 받기 위해서는, 토지보상법 제34조, 제50조 등에 규정 된 재결절차를 거친 다음 그 재결에 대하여 불복이 있는 때에 비로소 토지보상법 제83조 내지 제85조에 따라 권리구제를 받을 수 있을 뿐이다. 이러한 재결절차를 거치지 않은 채 곧바로 사업시행자를 상대로 손실보상을 청구하는 것은 허용되지 않는다.

[4] 어떤 보상항목이 공익사업을 위한 토지 등의 취득 및 보상에 관한 법령상 손실보상대상에 해당 함에도 관할 토지수용위원회가 사실을 오인하거나 법리를 오해함으로써 손실보상대상에 해당 하지 않는다고 잘못된 내용의 재결을 한 경우에는, 피보상자는 관할 토지수용위원회를 상대로 그 재결에 대한 취소소송을 제기할 것이 아니라, 사업시행자를 상대로 공익사업을 위한 토지 등의 취득 및 보상에 관한 법률 제85조 제2항에 따른 보상금증감소송을 제기하여야 한다.

 사례 **8**

갑은 주택(지목 '대')에 거주하면서 인접 토지(지목 '전)에서 벼농사를 지으며 살아왔다. 을은 사업시행자로서 철도시설 설치사업을 시행하였고 갑의 주택은 사업구역에 편입되어 보상금 지급이 완료되었다. 그런데 철도시설의 운행으로 인한 소음 때문에 인접 토지에서 벼농사를 짓는 것에 현저한 어려움을 겪고 있다. 갑은 해당 주택에서 거주하면서 인접 토지에서 농사를 짓고 있었기에 이는 서로 유기적으로 연결된 생활방식으로서 토지보상법 제74조 제1항의 일단의 토지에 해당한다고 한다. 따라서 인접 토지에 대해서 잔여지매수를 해주거나 간접손실보상을 해줄 것을 선택적 청구로 법원에 제기하였다. 이에, 예비적으로 고속철도가 운행됨으로 인한 잔여지 가치하락에 대한 손실(예비적 청구 중 제1 선택적 청구) 및 공작물의 하자로 인한 손해배상청구(예비적 청구 제2 선택적 청구)를 하였다.

(1) 철도시설 운행으로 인한 소음이 수인한도를 넘는 경우와 그렇지 않은 경우로 나누어서 어떠한 권리구제가 가능한지를 논하시오. [30점]

(2) 잔여지 매수청구와 감가보상을 선택적 청구로 제기할 수 있는가? [10점]

관련
규정

[토지보상법]

제73조(잔여지의 손실과 공사비 보상)
① 사업시행자는 동일한 소유자에게 속하는 일단의 토지의 일부가 취득되거나 사용됨으로 인하여 잔여지의 가격이 감소하거나 그 밖의 손실이 있을 때 또는 잔여지에 통로·도랑·담장 등의 신설이나 그 밖의 공사가 필요할 때에는 국토교통부령으로 정하는 바에 따라 그 손실이나 공사의 비용을 보상하여야 한다. 다만, 잔여지의 가격 감소분과 잔여지에 대한 공사의 비용을 합한 금액이 잔여지의 가격보다 큰 경우에는 사업시행자는 그 잔여지를 매수할 수 있다.

제74조(잔여지 등의 매수 및 수용 청구)
① 동일한 소유자에게 속하는 일단의 토지의 일부가 협의에 의하여 매수되거나 수용됨으로 인하여 잔여지를 종래의 목적에 사용하는 것이 현저히 곤란할 때에는 해당 토지소유자는 사업시행자에게 잔여지를 매수하여 줄 것을 청구할 수 있으며, 사업인정 이후에는 관할 토지수용위원회에 수용을 청구할 수 있다. 이 경우 수용의 청구는 매수에 관한 협의가 성립되지 아니한 경우에만 할 수 있으며, 사업완료일까지 하여야 한다.

[토지보상법 시행규칙]

제59조(공익사업시행지구 밖의 대지 등에 대한 보상)
공익사업시행지구 밖의 대지(조성된 대지를 말한다)·건축물·분묘 또는 농지(계획적으로 조성된 유실수단지 및 죽림단지를 포함한다)가 공익사업의 시행으로 인하여 산지나 하천 등에 둘러싸여 교통이 두절되거나 경작이 불가능하게 된 경우에는 그 소유자의 청구에 의하여 이를 공익사업시행지구에 편입되는 것으로 보아 보상하여야 한다. 다만, 그 보상비가 도로 또는 도선시설의 설치비용을 초과하는 경우에는 도로 또는 도선시설을 설치함으로써 보상에 갈음할 수 있다.

[국가배상법]

제5조(공공시설 등의 하자로 인한 책임)

① 도로·하천, 그 밖의 공공의 영조물의 설치나 관리에 하자가 있기 때문에 타인에게 손해를 발생하게 하였을 때에는 국가나 지방자치단체는 그 손해를 배상하여야 한다. 이 경우 제2조 제1항 단서, 제3조 및 제3조의2를 준용한다.

② 제1항을 적용할 때 손해의 원인에 대하여 책임을 질 자가 따로 있으면 국가나 지방자치단체는 그 자에게 구상할 수 있다.

[민법]

제758조(공작물등의 점유자, 소유자의 책임)

① 공작물의 설치 또는 보존의 하자로 인하여 타인에게 손해를 가한 때에는 공작물점유자가 손해를 배상할 책임이 있다. 그러나 점유자가 손해의 방지에 필요한 주의를 해태하지 아니한 때에는 그 소유자가 손해를 배상할 책임이 있다.

[환경정책기본법]

제44조(환경오염의 피해에 대한 무과실책임)

① 환경오염 또는 환경훼손으로 피해가 발생한 경우에는 해당 환경오염 또는 환경훼손의 원인자가 그 피해를 배상하여야 한다.

(설문 1)의 해결

Ⅰ 쟁점의 정리

Ⅱ 잔여지 매수청구의 인용 여부

  1. 잔여지 매수청구의 의의 및 취지

  2. 잔여지 매수청구의 요건

  3. 사안의 경우

Ⅲ 간접손실보상청구의 인용 여부

  1. 간접손실보상의 의의

  2. 간접손실보상의 요건

  3. 보상규정이 없는 경우의 해결방안

    (1) 토지보상법 제79조 제4항을 일반적 근거조항으로 볼 수 있는지 여부

    (2) 보상규정이 결여된 경우의 간접손실보상의 근거

  4. 사안의 경우

Ⅳ 잔여지 감가손실청구의 인용 여부

  1. 잔여지 감가손실보상의 의의

  2. 잔여지 감가손실보상의 요건

  3. 잔여지의 가치손실보상의 범위

  4. 사안의 경우

Ⅴ 손해배상청구의 인용 여부

  1. 민법 제758조 및 국가배상법 제5조상 손해배상책임 인정 여부

  2. 환경정책기본법상 손해배상책임 인정 여부

  3. 사안의 경우

Ⅵ 사안의 해결

(설문 2)의 해결

  1. 쟁점의 정리

  2. 관련청구소송의 선택적 병합과 예비적 병합

    (1) 관련청구소송의 병합

    (2) 선택적 병합

    (3) 예비적 병합

  3. 사안의 경우

⊕ (설문 1)의 해결

Ⅰ 쟁점의 정리

설문은 공익사업지구 밖의 농지에 대하여 ① 잔여지 매수청구 및 간접손실보상청구가 인정될 수 있는지와 ② 매수청구가 인정되지 않는다면 잔여지 감가보상 및 손해배상이 인정될 수 있는지가 문제된다.

이는 철도시설 운영으로 인한 소음이 주된 원인이 되는 바, 철도시설 운행으로 인한 소음피해가 수인한도를 넘는 경우와 넘지 않는 경우를 구분하여 각 청구가 인용될 수 있는지를 검토한다.

Ⅱ 잔여지 매수청구의 인용 여부

1. 잔여지 매수청구의 의의 및 취지

잔여지 수용이란 동일한 토지소유자에 속하는 일단[4]의 토지(용도상 불가분[5]) 중 잔여지를 매수 또는 수용청구하는 것을 말한다. 이는 손실보상책의 일환으로 부여된 것으로서 피수용자의 권리보호에 취지가 인정된다.

2. 잔여지 매수청구의 요건

토지보상법 시행령 제39조에서는 ① 동일한 소유자의 토지일 것, ② 일단의 토지 중 일부가 편입될 것, ③ 잔여지를 종래의 목적으로 이용하는 것이 현저히 곤란할 것을 요건으로 규정하고 있다. '종래의 목적'이라 함은 수용재결 당시에 해당 잔여지가 현실적으로 사용되고 있는 구체적인 용도를 의미하고, '사용하는 것이 현저히 곤란한 때'라고 함은 물리적으로 사용하는 것이 곤란하게 된 경우는 물론 사회적, 경제적으로 사용하는 것이 곤란하게 된 경우, 즉 절대적으로 이용 불가능한 경우만이 아니라 이용은 가능하나 많은 비용이 소요되는 경우를 포함한다고 할 것이다(대판 2017.9.21, 2017두30252).

3. 사안의 경우

토지소유자의 주장대로 주택과 인접 농지가 유기적으로 연결된 동일 생활권이라 하더라도 이는 토지보상법 제74조 제1항에서 규정하고 있는 '일단의 토지 중 일부가 편입'된 것으로 볼 수 없다. '일단의 토지'라 함은 편입 시점에 있어서의 객관적인 현황 내지 이용상황을 기준으로 할 때 동일한 목적에 제공되고 있었던 일체의 토지를 말한다(대판 2002.3.15, 2000두1362). 따라서 잔여지 매수청구는 기각될 것이다.

---

4) 1필지의 토지만을 가리키는 것이 아니라 일반적인 이용 방법에 의한 객관적인 상황이 동일한 수필지의 토지를 포함한다(대판 2017.9.21, 2017두30252).

5) '용도상 불가분의 관계에 있는 경우'라 함은 일단의 토지로 이용되고 있는 상황이 사회적·경제적·행정적 측면에서 합리적이고 당해 토지의 가치형성적 측면에서도 타당하다고 인정되는 관계에 있는 경우를 말하며(대판 2005.5.26, 2005두1428), 일시적인 이용상황 등을 고려해서는 안 된다(대판 2017.3.22, 2016두940).

Ⅲ 간접손실보상청구의 인용 여부

1. 간접손실보상의 의의

간접손실이란 공익사업의 시행으로 인하여 사업시행지 밖의 재산권자에게 필연적으로 발생하는 손실을 말하며, 사업시행지 내의 토지소유자가 입은 부대적 손실과 구별된다.

2. 간접손실보상의 요건

① 공공사업의 시행으로 사업시행지 이외의 토지소유자(제3자)가 입은 손실이어야 하고, ② 그 손실의 발생이 예견가능하고, ③ 손실의 범위가 구체적으로 특정될 수 있어야 한다(특별한 희생에 해당하는 경우에도 특정성 요건을 추가하는 것은 간접손실의 특성상 보상대상을 제한한다는 비판이 있다).

3. 보상규정이 없는 경우의 해결방안

(1) 토지보상법 제79조 제4항을 일반적 근거조항으로 볼 수 있는지 여부

토지보상법 제79조 제4항에서는 공익사업의 시행으로 인하여 발생하는 손실의 보상을 규정하고 있는데, 이에 대해서 동 규정을 ① 보상이 필요하지만 법률에 규정되지 못한 경우의 개괄수권조항으로 보는 견해와 ② 기타 손실보상에 대한 일반적 근거조항으로 보는 견해가 있다.

(2) 보상규정이 결여된 경우의 간접손실보상의 근거

1) 학설

① 보상부정설은 시행규칙 제59조 내지 제65조에서 간접보상이 모두 해결된다고 본다. ② 유추적용설은 헌법 제23조 제3항 및 토지보상법상 간접손실보상규정을 유추적용해야 한다고 본다. ③ 직접적용설은 간접손실도 헌법 제23조 제3항의 손실보상범주이므로 헌법 제23조 제3항을 직접근거로 손실보상을 할 수 있다고 본다. ④ 평등원칙 및 재산권보장규정근거설은 동 규정 등을 직접근거로 본다. ⑤ 수용적 침해이론은 간접손실도 비의도적 침해에 의해 발생한 바, 수용적 침해이론을 적용하여 보상해야 한다고 한다. ⑥ 손해배상설은 명문규정이 없는 한 손해배상을 청구해야 한다고 한다. ⑦ 보상규정을 두지 않은 것은 행정입법부작위로서 위헌이라고 한다.

2) 판례

① 간접손실이 공익사업의 시행으로 인하여 기업지 이외의 토지소유자가 입은 손실이고, ② 그 손실의 범위도 구체적으로 이를 특정할 수 있고, ③ 손실이 발생하리라는 것을 쉽게 예견할 수 있는 경우라면, ④ '그 손실보상에 관하여 토지보상법 시행규칙의 관련규정들을 유추적용할 수 있다'고 한다.

3) 검토

간접손실도 헌법 제23조 제3항의 손실보상 범주에 포함되므로 예견, 특정가능성이 인정된다면 헌법 제23조 제3항을 근거로 하여 손실보상을 청구할 수 있다고 판단된다. 이 경우 구체적인 보상액은 토지보상법상 관련규정을 적용할 수 있을 것이다.

4. 사안의 경우

토지보상법 시행규칙 제59조에서는 공익사업의 시행으로 경작이 불가능하게 된 경우에는 사업지구에 편입된 것으로 보아 손실보상이 가능하다.

① 철도교통의 특성상 고속열차 운행에 어느 정도 소음이 필연적으로 수반된다. 이러한 소음으로 인한 피해가 수인한도를 넘는 것이라면 이는 특별한 희생으로서 경작이 현저히 어려운 경우도 경작이 불가능한 경우에 해당된다고 보아 손실보상청구가 가능할 수도 있을 것이다. ② 그러나 수인한도 내의 피해라면 이는 철도사업의 공공성에 수반된 사회적 제약으로서 손실보상청구가 불가할 것이다.

Ⅳ 잔여지 감가손실청구의 인용 여부

1. 잔여지 감가손실보상의 의의

사업시행자는 동일한 소유자에게 속하는 일단의 토지의 일부가 취득되거나 사용됨으로 인하여 잔여지의 가격이 감소한 때에는 그 손실을 보상하되 잔여지의 가격 감소분과 잔여지에 대한 공사의 비용을 합한 금액이 잔여지의 가격보다 큰 경우에는 사업시행자는 그 잔여지를 매수할 수 있다.

2. 잔여지 감가손실보상의 요건

① 동일소유주에 속하는 일단의 토지 중 일부가 취득 또는 사용될 것, ② 잔여지의 가격이 하락하였을 것, ③ 토지소유자의 청구가 있을 것을 요한다. 잔여지 수용청구에서와는 달리 잔여지를 종래의 목적에 사용하는 것이 현저히 곤란한 사정이 인정되지 않는 경우에도 잔여지의 감가손실은 인정될 수 있다(대판 1999.5.14, 97누4623).

3. 잔여지의 가치손실보상의 범위

토지 일부의 취득 또는 사용으로 인하여 그 획지조건이나 접근조건 등의 가격형성요인이 변동됨에 따라 발생하는 손실뿐만 아니라 그 취득 또는 사용목적사업의 시행으로 설치되는 시설의 형태·구조·사용 등에 기인하여 발생하는 손실과 수용재결 당시의 현실적 이용상황의 변경 외 장래의 이용 가능성이나 거래의 용이성 등에 의한 사용가치 및 교환가치상의 하락 모두가 포함된다(대판 2011.2.24, 2010두23149).

4. 사안의 경우

해당 인접 농지는 편입되는 토지와 일단의 토지가 아닌 바, 잔여지 감가손실은 기각될 것이다.

Ⅴ 손해배상청구의 인용 여부

1. 민법 제758조 및 국가배상법 제5조상 손해배상책임 인정 여부

민법 제758조 및 국가배상법 제5조의 공작물 등의 점유자·소유자의 책임 또는 영조물의 설치 또는 보존·관리상의 하자책임이 인정되기 위해서는 통상의 안전성을 갖추지 못하여 그 공작물이 본래의 목적 등에 이용됨에 있어 제3자에게 사회통념상 수인한도를 넘는 피해를 발생시켜야 한다.

2. 환경정책기본법상 손해배상책임 인정 여부

환경정책기본법 제44조에서는 환경오염 또는 환경훼손으로 피해가 발생한 경우에는 해당 환경오염 또는 환경훼손의 원인자가 그 피해를 배상하여야 한다고 규정하고 있다. 이러한 피해의 유형에는 철도시설 운영으로 인한 소음피해도 포함될 것이나, 소음으로 인한 피해가 수인한도를 넘어서는 피해이어야 할 것이다.

3. 사안의 경우

철도운영으로 인한 소음피해가 수인한도를 넘어서는 경우라면 법원은 민법 제758조, 국가배상법 제5조 및 환경정책 기본법 제44조에 기하여 손해배상책임을 인정할 수 있을 것이나 수인한도 내의 피해라면 손해배상청구권은 인정될 수 없을 것이다.

Ⅵ 사안의 해결

1. 토지소유자의 잔여지 매수청구 및 감가손실보상은 토지보상법상 요건 미충족을 이유로 기각될 것이다.

2. 철도시설의 운영으로 인한 소음이 수인한도를 넘어서는 침해로 인정된다면 이는 토지보상법 시행규칙 제59조에서 규정하고 있는 간접손실보상에 해당될 수 있으므로 이를 근거로 손실보상을 청구할 수 있을 것이다.

3. 철도시설의 운영으로 인한 소음피해가 수인한도 내라면 이는 철도시설 운영이라는 공익성에 내재된 사회적 제약인바, 손실보상 및 손해배상 청구는 기각될 것이다.

⊕ (설문 2)의 해결

Ⅰ 쟁점의 정리

잔여지 매수청구와 감가보상청구를 선택적으로 청구할 수 있는지가 문제된다. 이의 해결을 위하여 관련청구소송의 병합에 대해서 검토한다.

Ⅱ 관련청구소송의 선택적 병합과 예비적 병합

1. 관련청구소송의 병합

행정소송법상 관련청구소송의 병합이라 함은 취소소송 또는 무효등확인소송에 해당 취소소송 등과 관련이 있는 청구소송(관련청구소송)을 병합하여 제기하는 것을 말한다. 이는 소송경제를 도모하고, 서로 관련 있는 사건 사이에 판결의 모순·저촉을 피하기 위한 것이다.

2. 선택적 병합

양립할 수 있는 여러 개의 청구를 하면서 그 중에 어느 하나가 인용되면 원고의 소의 목적을 달성할 수 있기 때문에 다른 청구에 대해서는 심판을 바라지 않는 형태의 병합이다. 법원은 이유 있는 청구 어느 하나를 선택하여 원고청구를 인용하면 된다. 논리적으로 양립할 수 없는 여러 개의 청구는 예비적 병합청구는 할 수 있지만 선택적 병합청구는 할 수 없다.

3. 예비적 병합

양립될 수 없는 여러 개의 청구를 하면서 제1차적(주위적) 청구가 기각·각하될 때를 대비하여 제2차적(예비적) 청구에 대하여 심판을 구하는 것을 말한다. 제1차적 청구를 먼저 심리하여 보고 인용되면 제2차적 청구에 대해서는 더 나아가 심판할 필요가 없게 된다.

Ⅲ 사안의 경우

잔여지 매수청구는 편입되고 남은 잔여토지의 소유권을 이전시키고 그 대가의 지급을 구하는 것이고, 잔여지 감가보상청구는 잔여토지의 가치감소분을 보전하여 달라는 취지이다. 따라서 각 보상청구는 내용적으로 양립될 수 없는 청구인바, 이에 대한 선택적 병합청구는 인용되기 어려울 것이다. 이 경우 잔여지 매수청구를 주된 소송으로 제기하면서 잔여지 감가보상을 예비적 청구로 제기해야 할 것이다.

> ✎ 대판 2017.9.21, 2017두30252
>
> [판시사항]
> [1] 공익사업을 위한 토지 등의 취득 및 보상에 관한 법률 제73조, 제74조에서 정한 '일단의 토지'의 의미
>
> [2] 공익사업을 위한 토지 등의 취득 및 보상에 관한 법률 제74조에서 규정한 '종래의 목적'의 의미 및 '사용하는 것이 현저히 곤란한 때'에 해당하는 경우
>
> [이유]
> 상고이유를 판단한다.

1. '일단의 토지'에 해당한다는 주장에 관하여

공익사업을 위한 토지 등의 취득 및 보상에 관한 법률(이하 '토지보상법'이라고 한다) 제73조, 제74조의 '일단의 토지'는 반드시 1필지의 토지만을 가리키는 것은 아니지만 일반적인 이용 방법에 의한 객관적인 상황이 동일한 토지를 말한다(대판 1999.5.14, 97누4623 등 참조).

원심은 토지의 객관적인 현황, 이용 상황 등에 관한 판시 사실을 인정한 후 이 사건 140-1, 140-6 토지와 수용토지가 잔여지 수용청구 등의 대상이 되는 '일단의 토지'에 해당하지 않는다고 판단하였다.

앞에서 본 법리와 기록에 비추어 살펴보면, 원심의 판단은 정당한 것으로 수긍이 되고, 거기에 상고이유 주장과 같이 토지보상법상 '일단의 토지'에 관한 법리를 오해하는 등의 잘못이 없다.

2. 잔여지를 종래의 목적에 사용하는 것이 현저히 곤란하다는 주장에 관하여

토지보상법 제74조 제1항에서 규정한 '종래의 목적'은 수용재결 당시에 그 잔여지가 현실적으로 사용되고 있는 구체적인 용도를 의미하고, '사용하는 것이 현저히 곤란한 때'에 해당하려면, 물리적으로 사용하는 것이 곤란하게 되거나, 사회적·경제적으로 사용하는 것이 곤란하게 된 경우, 즉 이용은 가능하나 많은 비용이 소요되는 경우이어야 한다(대판 2012.9.13, 2010두29277 등 참조).

원심은 이 사건 각 토지의 이용상황, 위치, 형상, 용도지역, 면적 등에 관한 판시 사실을 인정한 후 이 사건 각 토지를 종래의 목적에 사용하는 것이 현저히 곤란한 경우에 해당하지 않는다고 판단하였다.

앞에서 본 법리와 기록에 비추어 살펴보면, 원심의 판단은 정당한 것으로 수긍이 되고, 거기에 상고이유 주장과 같이 잔여지의 사용가능성에 관한 법리를 오해하는 등의 잘못이 없다.

3. 수인한도를 초과하였다는 주장에 관하여

원심은 이 사건 각 토지의 소음·진동의 정도, 공법상 기준, 사업의 공공성, 손해 회피가능성 등에 관한 판시 사실을 인정한 후 이 사건 사업 시행으로 인하여 원고들에게 수인한도를 초과하는 피해가 발생하였다고 보기 어렵다고 판단하였다.

관련 법리와 기록에 비추어 살펴보면, 원심의 판단은 정당한 것으로 수긍이 되고, 거기에 상고이유 주장과 같이 손해배상책임의 요건 중 위법성 판단의 기준인 수인한도에 관한 법리를 오해하는 등의 잘못이 없다.

4. 결론

그러므로 상고를 모두 기각하고, 상고비용은 패소자들이 부담하도록 하여, 관여 대법관의 일치된 의견으로 주문과 같이 판결한다.

사례 9

간접침해에 대한 구제수단을 설명하시오. 10점

I 의의

간접침해보상이란 대규모 공익사업의 시행 또는 완성 후의 시설로 인하여 사업지 밖에 미치는 사업 손실 중 사회적, 경제적 손실을 의미하는 간접보상을 제외한 물리적, 기술적 손실에 대한 보상을 말한다.

II 간접침해의 유형

① 공공사업으로 인한 소음, 진동, 먼지 등에 의한 침해, ② 환경오염 및 용수고갈 등으로 인한 손실, ③ 일조권 침해 등이 있다.

III 간접침해보상의 법적 근거

간접침해가 손실보상의 요건을 갖추는 경우에는 보상이 가능하도록 보상규정을 두는 입법적 개선이 필요하지만 현행 토지보상법에는 명문의 규정이 없다.

IV 간접침해에 대한 권리구제

1. 손실보상

간접손실의 범위와 기준을 정하기 어렵고 유형화하기 힘들므로 구체적으로 보상의 대상이 되기 어려운 한계가 있다. 현행 토지보상법 제79조 제4항에서는 보상이 필요한 경우의 수권조항을 규정하고 있으므로 이는 입법정책을 통하여 점진적인 해결방안을 모색해야 할 것이다.

2. 손해배상

간접침해가 손해배상의 요건을 충족하는 경우에는 손해배상을 청구할 수 있을 것이나 위법성이나 고의 과실 여부가 명확하지 않아서 손해배상책임을 인정하기 어려운 면이 많다.

3. 환경분쟁조정

간접침해의 유형 중 소음, 진동 등은 물리적, 기술적 침해로서 환경분쟁조정법상 환경피해에 해당한다. 환경분쟁조정제도는 행정기관이 지니고 있는 전문성과 절차의 신속성을 충분히 활용하여 환경분쟁을 간편하고 신속, 공정하게 해결하기 위하여 마련된 제도이다. 반면에 이는 침해행위에 대한 명확한 기준이 없어서 형평성의 논란이 있을 수 있다.

4. 방해배제청구

간접침해가 생활방해나 주거환경의 침해를 의미하는 때에는 민법상 방해배제청구를 할 수 있다. 그러나 일반적으로 간접침해를 받은 사익이 공익사업의 공익성보다 크기는 어려울 것이므로 방해배제청구권이 인정되기는 어렵다.

5. 시민고충처리위원회 민원제기

국민의 권리를 침해하거나 국민에게 불편을 주는 고충을 간편하고 신속하게 처리하기 위한 제도이나 집행력이 없다는 한계가 있다.

사례 10

공익사업의 시행으로 인해 발생한 정신적 손실이 손실보상 대상인지 논하시오. [10점]

Ⅰ 개설

공익사업이 면적사업으로 확대되면서 대물보상만으로는 보상되지 않는 생활보상, 정신보상, 간접 보상 등의 개념이 생겨났다. 토지보상법은 이러한 변화에 맞추어 생활보상, 간접보상에 대해서는 규정을 마련하고 있으나 정신보상에 관하여는 규정이 없다.

사업시행으로 인한 정신적 고통이 수인한도를 넘어서는 경우에는 이 역시 보상함이 타당하다고 본다.

Ⅱ 정신적 손해의 의미

민법에서는 불법행위에 의한 손해를 재산상, 정신상 손해로 나누고 있다. 정신적 손해란 피해자가 느끼는 고통, 불쾌감 등 정신상태에 발생한 불이익이라고 한다.

Ⅲ 공익사업으로 인한 정신적 고통의 예시

① 공익사업의 시행으로 인한 소음, 진동 등에 의한 불쾌감, ② 공공사업으로 인하여 조상 전래의 전·답으로부터 떠나는 것에 대한 정신적 고통, ③ 소수잔존자로 잔류결정한 경우에 발생할 수 있는 소외 감등이 있다.

Ⅳ 견해의 대립

1. 학설

(1) 부정설

① 정신적 손실은 사회적 수인의무범위에 속한다. ② 재산적 보상에 의해 정신적 고통은 회복 되고, ③ 정신적 고통이 원인이 되어 병이 되어버리면 그로 인한 재산적·실질적 피해를 배상 또는 보상하면 된다고 한다.

(2) 긍정설

① 수인한계의 객관적 기준이 없으며, 정신적 손실도 수인한계를 넘을 수 있고, ② 정신적 고통 과 재산상 손실은 무관하므로 재산보상으로 치유된다고 볼 수 없다. ③ 또한 민사소송법상 위 자료가 공익사업과 관련하여 부정될 이유가 없다고 한다.

2. 판례

정신적 손해에 대한 손실보상을 인정한 판례는 없다. 그러나 손해배상에서는 정신적 손해도 손해배상의 대상이 된다. 재산적 손해배상으로 회복할 수 없는 정신적 손해가 있다는 사정이 입증되는 경우에는 정신적 손해에 대한 배상이 가능한 것으로 보고 있다. 이에 관하여는 이를 주장하는 사람에게 그 증명책임이 있다. 손실보상금의 지급이 지연되었다는 사정만으로는 정신적 손해의 발생사실이 증명되었다고 볼 수는 없다.

3. 검토

정신적 손실이 수인한도를 넘는 경우에는 보상함이 타당하다. 실무상으로는 일부에서 사례금, 답례금, 위로금, 감사금, 협력금 등의 명목으로 지불되는 경우가 있다. 사업의 원활한 진행과 복리국가적 요구에서 입법적인 보완이 요구된다.

◢ 사례 11

현황평가의 예외를 설명하시오. [10점]

① 개설

행정상 손실보상이란 공공필요에 의한 적법한 공권력의 행사로 인하여 개인의 재산권에 가하여진 특별한 희생에 대하여 사유재산권 보장과 전체적인 공평부담의 견지에서 행정주체가 행하는 조절적인 재산적 전보제도로서 헌법 제23조 제3항을 근거로 한다. 헌법 제23조 제3항은 정당보상주의와 보상법률주의를 천명하고 있으며, 헌법의 이념을 합목적적, 기술적으로 구체화한 토지보상법은 정당보상의 실현을 위해 구체적인 보상의 기준과 원칙을 규정하고 있다. 이러한 기준 등에 현황평가가 있는바 이하에서 현황평가를 설명하고 그 예외적 사항을 검토한다.

② 현황평가주의

1. 의의 및 근거

현황평가란, 취득할 토지에 대한 보상액은 가격시점에 있어서의 일시적 이용상황이 아닌 현실적인 이용상황을 기준으로 평가하여야 한다는 것으로 토지보상법 제70조 제2항에 근거를 두고 있다.

2. 현황평가원칙의 제도적 취지

토지소유자가 정당하게 자신의 토지를 이용하고 있는 경우라 하더라도, 지적공부상의 지목과 현실의 지목이 항상 일치하는 것은 아니다. 따라서 지적공부상의 지목을 기준으로 평가하는 경우 토지소유자가 피해를 보는 경우가 발생할 수 있으므로, 토지소유자를 보호하기 위하여 현실적 이용상황을 기준으로 평가하도록 하고 있다.

③ 현황평가의 예외

1. 협의의 현황평가 예외

(1) 일시적 이용

토지 등을 본래의 용도로 이용하는 것이 일시적으로 금지 또는 제한됨으로 인하여 본래 용도 이외의 다른 용도로 이용되고 있거나 그 토지 등의 주위환경의 사정으로 보아 현재의 이용방법이 임시적인 것으로 이 경우 본래 용도에 따라 평가한다.

(2) 미지급용지

미지급용지란 종전에 시행된 공익사업의 부지로서 보상금이 지급되지 아니한 토지를 말한다. 이는 종전의 공익사업에 편입될 당시의 이용상황을 상정하여 평가한다.

(3) 무허가건축물 등의 부지

관계법령에 의해 허가를 받거나 신고를 하고 건축하여야 하는 건축물을 허가나 신고 없이 건축한 건축물의 부지는 건축 당시의 이용상황을 상정하여 평가한다. 다만, 89.1.24. 이전 신축한 것은 현황을 기준으로 평가한다.

(4) 불법형질변경 토지

관계법령에 의해 허가나 승인을 받고 형질변경하여야 할 토지를 허가나 승인을 받지 아니하고 형질변경한 토지는 형질변경될 당시의 이용상황을 상정하여 평가한다. 다만, 95.1.7. 당시 공익사업시행지구에 포함된 경우에는 현황을 기준으로 한다.

(5) 건물 등의 부지

토지에 건물 등 지장물이 있을 때에는 그 상태대로 평가하는 것이 아니라 지장물이 없는 토지의 나지 상태를 상정하여 평가한다.

(6) 도로, 구거부지의 평가

도로나 구거부지는 그 자체만으로 거래되거나 가격이 형성되는 경우가 드문바, 인근 토지에 대한 평가액의 일정비율로 평가한다.

2. 광의의 현황평가 예외

(1) 공법상 제한을 받는 토지

공법상 제한을 받는 토지는 그 공법상 제한이 해당 공익사업의 시행을 직접 목적으로 가하여진 경우에는 그러한 제한이 없는 것으로 보고 평가하며 그 외의 공법상 제한은 그 제한을 받는 상태대로 평가한다.

(2) 해당 공익사업의 시행을 직접 목적으로 하여 용도지역이 변경된 토지

해당 공익사업의 시행을 직접 목적으로 용도지역이 변경된 경우에는 변경 전의 용도지역을 기준으로 평가한다.

◢ 사례 12

갑은 서초구 방배동 204-1(전, 400제곱미터), 205-1번지(임야, 1,000제곱미터)를 소유하고 있었다. 1986.1.24. 204-1번지에 2층 규모의 무허가건물(주거용, 건폐율 20%)을 건축하였고, 205-1번지는 을에게 임대하였다. 을은 3층 규모의(샌드위치판넬조, 판넬지붕) 공장을 건축할 계획으로 해당 임야를 대지로(관계법령의 적법한 허가 없이) 형질변경을 하였다. 그 후, 2013.1.7. 갑소유의 토지 2필지가 도로사업 부지로 수용되면서 204-1번지는 2억('전' 기준), 205-1번지는 1억('임야' 기준)으로 보상금이 결정되었다. 갑은 204-1 및 205-1번지는 현황이 대지이므로 2필지 모두 대지를 기준하여 보상금을 산정해야 한다고 주장한다.

(1) 갑의 주장과 관련하여 무허가건축물 부지의 평가방법 등에 대해서 검토하고 갑주장의 타당성을 검토하시오. 15점

(2) 갑의 주장과 관련하여 불법형질변경된 토지의 평가방법 및 입증책임 등에 대해서 검토하고, 이를 토대로 갑주장의 타당성을 검토하시오. 15점

(설문 1)의 해결	(설문 2)의 해결
Ⅰ 쟁점의 정리	Ⅰ 쟁점의 정리
Ⅱ 현황평가의 원칙과 무허가건축물 부지	Ⅱ 불법형질변경된 토지
1. 현황평가의 원칙(보상법 제70조 제2항)	1. 의의 및 근거규정(시행규칙 제24조)
2. 무허가건축물 등의 부지	2. 평가방법
(1) 의의 및 근거규정(시행규칙 제24조)	(1) 원칙 및 취지
(2) 평가방법	(2) 경과조치에 의한 예외
1) 원칙 및 취지	3. 보상평가방법의 정당성 검토
2) 경과조치에 의한 예외	(1) 평등의 원칙 위배 여부
(3) 무허가건축물 부지의 범위	(2) 소급입법에 의한 재산권 침해 여부
(4) 입증책임	4. 입증책임(불법형질변경토지라는 사실에 관한 증명책임의 소재 및 증명의 정도)
Ⅲ 사안의 해결	5. 관련문제(무허가건축물부지와의 관계)
	Ⅲ 사안의 해결

⊕ (설문 1)의 해결

① 쟁점의 정리

토지보상법 제70조 제2항에서는 현황평가를 기준하여 보상액을 산정하도록 규정하고 있다. 따라서 204-1 및 205-1번지의 현황이 불법에 기인한 경우가 아니라면 현황 대지를 기준하여 보상하여야 하는바, 토지보상법 시행규칙 제24조(무허가건축물 등의 부지 및 불법형질변경된 토지의 평가)를 검토하여 설문을 해결한다.

② 현황평가의 원칙과 무허가건축물 부지

1. 현황평가의 원칙(보상법 제70조 제2항)

현황평가의 원칙이란, 토지에 대한 보상액은 가격시점에서의 현실적인 이용상황과 일반적인 이용 방법에 의한 객관적 상황을 고려하여 산정하되, 일시적인 이용상황과 토지소유자나 관계인이 갖는 주관적 가치 및 특별한 용도에 사용할 것을 전제로 한 경우 등은 고려하지 아니하는 것을 말한다.

2. 무허가건축물 등의 부지

(1) 의의 및 근거규정(시행규칙 제24조)

무허가건축물 부지란 관계법령에 의하여 허가를 받거나 신고를 하고 건축 또는 용도변경을 하여야 하는 건축물을 허가를 받지 아니하거나 신고를 하지 아니하고 건축 또는 용도변경한 건축물의 부지를 말한다.

(2) 평가방법

1) 원칙 및 취지

무허가건축물 부지에 대해 무허가건축물이 건축 또는 용도변경될 당시의 이용상황을 상정하여 평가하도록 한다. 이 취지는 현실 이용상황 기준평가의 예외로 위법의 합법화로 현저히 공정성을 잃은 불합리한 보상이 될 가능성이 있기 때문이다.

2) 경과조치에 의한 예외

시행규칙 부칙 제5조에 따라서 1989년 1월 24일 현재 이미 존재하는 무허가건축물의 부지에 대하여는 이를 적법한 건축물로 보아 현실이용상황에 따라 평가하게 된다.

(3) 무허가건축물 부지의 범위

무허가건축물의 부지면적 산정 시에는 '「국토의 계획 및 이용에 관한 법률」 등의 건폐율을 적용하여 산정한 면적을 초과할 수 없다'고 규정하고 있다.

(4) 입증책임

현황평가가 원칙이므로 이에 대한 예외로서 건축될 당시의 이용상황을 상정하여 평가하기 위하여서는 그것을 주장하는 사업시행자가 입증함이 타당하다.

Ⅲ 사안의 해결

설문상 204-1번지는 관계법령에 의한 허가를 받지 않은 무허가건축물의 부지이나, 건축시기가 1986.1.24.이므로 시행규칙 부칙 제5조 규정에 따라 적법한 건축물 부지로 평가되어야 할 것이다. 단, 무허가건축물 부지의 면적범위와 관련해서는 관계법령인 「국토의 계획 및 이용에 관한 법률」 등의 건폐율을 적용하여 산정한 면적을 초과할 수 없을 것이다. 따라서 갑주장 중 80제곱미터 부분에 대한 타당성은 인정되나, 나머지 320제곱미터 부분에 대해서는 타당성이 인정되지 않는다.

⊕ (설문 2)의 해결

Ⅰ 쟁점의 정리

204-1 및 205-1번지의 현황이 불법에 기인한 경우라 하더라도 현황평가원칙에 따라 현황평가를 할 수 있는 경우가 있으므로, 토지보상법 시행규칙 제24조(무허가건축물 등의 부지 및 불법형질변경된 토지의 평가)를 검토하여 설문을 해결한다.

Ⅱ 불법형질변경된 토지

1. 의의 및 근거규정(시행규칙 제24조)

불법형질변경토지란 관계 법령에 의해 허가, 신고가 필요함에도 이를 하지 않은 채 형질변경한 토지를 말한다. 불법형질변경이란 ① 절토, 성토, 정지 등 형질변경과 공유수면매립, ② 단순히 용도만 변경하는 경우도 해당되며, ③ 농지 상호 간의 변경은 형질변경으로 보지 않는다.

2. 평가방법

(1) 원칙 및 취지

불법형질변경된 토지는 형질변경될 당시의 이용상황을 상정하여 평가하도록 되어 있다. 이는 현황평가주의의 예외로, 동규정의 취지는 위법행위의 합법화를 통한 불합리한 보상의 배제에 있다.

(2) 경과조치에 의한 예외

시행규칙 부칙 제6조에 따라 '1995.1.7. 당시 공익사업시행지구에 편입된 불법형질변경 토지'에 대해서는 이를 현실적 이용상황에 따라 보상한다.

3. 보상평가방법의 정당성 검토

(1) 평등의 원칙 위배 여부

95.1.7. 이전의 불법형질변경된 토지가 공공사업시행지구에 포함된 경우에 현황평가를 하며, 그 외의 토지는 언제 변경이 되었느냐를 묻지 않고 무조건 변경 당시를 기준으로 평가하는 것이 불합리한 차별로 평등원칙 위반이 아닌지 문제가 제기되지만, 불법 앞의 평등은 평등원칙에 포함되지 않으므로 평등원칙 위반이 아니다.

(2) 소급입법에 의한 재산권 침해 여부

과거에 시작하였으나 아직 완성되지 아니한 사실관계나 법률관계를 규율의 대상으로 하는 부진정소급효의 입법의 경우는 원칙적으로 허용된다고 보므로 불법형질변경 토지에 대한 규정이 소급입법에 반한다고 볼 수 없다.

4. 입증책임(불법형질변경토지라는 사실에 관한 증명책임의 소재 및 증명의 정도)

현황평가 원칙에 따라 사업시행자가 입증해야 한다는 견해가 통설이며, 판례는 '수용대상 토지의 이용상황이 일시적이라거나 불법형질변경토지에 해당하는지 여부는 이를 주장하는 쪽에서 증명해야 하며, 수용대상 토지의 형질변경 당시 관계 법령에 의한 허가 또는 신고의무가 존재하였고 그럼에도 허가를 받거나 신고를 하지 않은 채 형질변경이 이루어졌다는 점이 증명되어야 한다'고 판시한 바 있다(대판 2012.4.26, 2011두2521).

5. 관련문제(무허가건축물 부지와의 관계)

무허가건축물 부지이면 불법형질변경에 해당되지 않는 것으로 보아야 할 것이다.

Ⅲ 사안의 해결

설문상 205-1번지는 관계법령에 의한 허가를 받지 않은 불법형질변경 토지이며, 95.1.7. 이후에 도로사업에 편입되었으므로 부칙 제6조 규정도 적용되지 않는다. 따라서 '임야를 기준하여 산정된 보상금은 합당하므로 갑의 주장은 타당하지 않다.

◢ 사례 13

갑과 을은 공동으로 2005.4.11. 파주시장으로부터 지목이 '임야'였던 3필지(1번지, 2번지 및 3번지)의 토지에 관하여 전용목적을 '소매점, 사무실, 주택', 산지전용기간을 2006.4.30.까지로 한 산지전용허가를 받고, 2006.5.8. 산지전용기간을 2007.4.30.까지 연장하는 산지전용변경허가를 받았다. 그 무렵 갑과 을은 해당 토지에 진입로를 개설하여 콘크리트포장을 하고, 절토·성토를 한 후 옹벽을 설치하는 공사를 시행하여 건물 건축에 적합한 대지로 평탄화하였다. 파주시장은 2007.1.1. 기준 개별공시지가결정에서 1번지 토지의 이용상황을 '주거나지'(주거용 나지)로, 2번지 토지의 이용상황을 도로로, 3번지 토지의 이용상황을 임야로 공시하였다.

한편 파주시장은 2006.10.27. 피고가 택지개발지구 지정을 제안한 '파주운정3 택지개발사업'(이하 '사업')과 관련하여 해당 토지를 포함한 파주시 교하읍 일대 7,007,000㎡에 관하여 '택지개발예정지구 지정 추진지역 각종 개발행위 허가제한 고시'(이하 '개발행위 허가제한 고시')를 하였다. 이는 경작을 위한 토지의 형질변경 또는 관상용 식물의 가식, 농림·수산물의 생산에 직접 이용되는 간이공작물의 설치를 제외하고는, 건축물의 신축·개축·증축 등 택지개발사업 시행에 지장을 초래할 우려가 있는 개발행위(고시일 전에 인허가를 받고 실제 공사에 착수한 행위는 제외)의 허가를 제한한다는 내용이었다.

갑 등은 이러한 개발행위 허가제한 고시로 인하여 산지전용기간 내에 건축허가절차를 거치지 못함에 따라 각 토지에서 건축행위를 하지 못하였고, 그 상태가 그대로 유지되던 중 위 파주시 교하읍 일대가 2007.6.28. 택지개발예정지구로 결정·고시되고, 2008.12.31. 택지개발지구로 결정·고시되어, 각 토지는 택지개발사업의 시행을 위하여 2013.7.16. 수용되었다.

파주시장이 위 산지전용기간 만료일(2007.4.30.) 후 위와 같이 수용되기 전까지 갑 등에 대하여 해당 토지에 관하여 산지로 복구하라는 등의 명령을 한 바는 없다.

(1) 감정평가를 함에 있어서 이용상황을 판단하는 평가원칙에 대해서 설명하시오. 20점

(2) 감정평가사 병은 해당 토지는 전용기간 내에 개발행위를 완료하지 못하였기에 복구의무가 있으며, 개발행위에 대한 준공검사 및 지목변경도 득하지 못하였기에 이는 불법형질변경토지로서 형질변경 전의 이용상태를 기준하여 평가하였다. 해당 보상평가의 정당성에 대해서 논하시오. 15점

(설문 1)의 해결

Ⅰ 개설(현황평가의 원칙)

Ⅱ 현황평가의 원칙

　1. 현황평가의 의의

　2. 현황평가주의의 예외

　　(1) 법률적 규제를 포함하는 광의의 개념

　　(2) 물리적 이용현황 중심의 협의의 개념

　　1) 일시적인 이용상황

　　2) 무허가건축물 등의 부지

　　3) 불법형질변경토지

　　4) 미지급용지

　　5) 공법상 제한을 받는 토지

　3. 현황평가 예외의 정당성

　4. 현황평가 시 개별요인 적용기준

⊕ (설문 1)의 해결

Ⅰ 개설(현황평가의 원칙)

현황평가란 취득하는 토지에 관한 평가는 가격시점에서의 현실적인 이용상황을 기준으로 하여야 한다는 것을 말한다. 일시적 이용상황은 이를 고려하지 않는다. 토지보상법 제70조 제2항은 토지에 대한 보상액은 현실적인 이용상황과 일반적인 이용방법에 의한 객관적 상황을 고려하여 산정하도록 규정하고 있다. 동법 시행령과 시행규칙은 현황평가의 기준을 구체화하고 있다.

Ⅱ 현황평가의 원칙

1. 현황평가의 의의

보상이 되는 토지에 대해 가격시점의 현실적인 이용상황을 기준(대판 1993.5.25, 92누15215)으로 하여 산정하는 것이 원칙으로 ① 공부상 지목보다 실제 이용상황을 기준으로 하며, ② 1필의 토지가 여러 용도에 이용되고 있는 경우 각각의 용도에 의해 보상한다. ③ 다만 위법에 기인한 경우는 그렇지 않다.

2. 현황평가주의의 예외

(1) 법률적 규제를 포함하는 광의의 개념

해당 사업을 직접 목적으로 하는 개별적 제한은 제한 없는 상태로 평가하며 해당 사업을 이유로 용도변경된 토지 역시 종전 용도지역을 기준한다.

(2) 물리적 이용현황 중심의 협의의 개념

1) 일시적인 이용상황

해당 토지의 이용이 일시적인 이용상황인 경우에는 이를 고려하지 않는다. 일시적인 이용상황은 관계 법령에 따른 국가 또는 지방자치단체의 계획이나 명령 등에 따라 해당 토지를 본래의 용도로 이용하는 것이 일시적으로 금지되거나 제한되어 그 본래의 용도와 다른 용도로 이용되고 있거나 해당 토지의 주위환경의 사정으로 보아 현재의 이용방법이 임시적인 것으로 한다.

2) 무허가건축물 등의 부지

무허가건물 등의 부지라 함은 관계법령에 의해 허가를 받거나 신고를 하고 건축 또는 용도 변경을 하여야 하는 건물을 허가를 받지 아니하거나 신고를 하지 아니하고 건축 또는 용도 변경한 건물의 부지를 말한다.

3) 불법형질변경토지

불법으로 형질변경된 토지라 함은 관계법령에 의해 허가나 승인을 받고 형질변경하여야 할 토지를 허가나 승인을 받지 아니하고 형질변경한 경우를 말하며, 1995.1.7. 후에 불법형질 변경된 토지는 토지의 형질이 변경될 당시의 이용상황을 상정하여 평가한다.

4) 미지급용지

종전에 시행된 공익사업의 부지로서 보상금이 지급되지 아니한 토지에 대하여는 종전의 공 익사업에 편입될 당시의 이용상황을 상정하여 평가한다.

5) 공법상 제한을 받는 토지

공법상 제한을 받는 토지는 그 공법상의 제한이 해당 공공사업의 시행을 직접목적으로 가하 여진 경우에는 그러한 제한이 없는 것으로 보고 평가한다. 해당 공공사업의 시행을 직접목 적으로 용도지역 또는 용도지구 등이 변경된 경우에는 변경 전의 용도지역 또는 용도지구 등을 기준으로 토지를 평가한다.

3. 현황평가 예외의 정당성

토지소유자 보호 내지 위법행위의 합리화 조장 방지 취지인 바 정당성이 인정된다.

4. 현황평가 시 개별요인 적용기준

현황이 맹지인 토지에 대하여 계획도로가 지적·고시된 경우, 지적고시된 계획도로가 가까운 시일 내에 개설공사가 착공되리라는 점이 인정되지 않는 이상 그 토지가 도로에 접면한 토지라고는 볼 수 없으므로, 계획도로가 지적·고시되었다는 사유만으로 도로에 접면한 토지임을 전제로 개별토 지가격을 산정한 것은 위법하다(대판 1997.3.14, 95누18482).

⊕ (설문 2)의 해결

Ⅰ 쟁점의 정리

설문의 해결을 위해서 지목은 임야이나 현황은 대지 및 도로인 경우에 어떠한 이용상황을 기준하여 평가하는지가 문제된다. 따라서 본 토지가 불법형질변경토지에 해당하는지를 검토하여 평가의 기 준이 되는 이용상황을 판단한다.

Ⅱ 불법형질변경토지의 평가방법

1. 의의 및 근거(시행규칙 제24조)

불법형질변경토지란 관계 법령에 의해 허가, 신고가 필요함에도 이를 하지 않은 채 형질변경한 토지를 말한다. 토지보상법 시행규칙 제24조에 규정되어 있다. 불법형질변경이란 ① 절토, 성토, 정지 등 형질변경과 공유수면매립, ② 단순히 용도만 변경하는 경우도 해당되며, ③ 농지상호간의 변경은 형질변경으로 보지 않는다.

2. 평가방법

불법형질변경된 토지는 형질변경될 당시의 이용상황을 상정하여 평가하도록 되어있다. 이는 현황평가주의의 예외로, 동규정의 취지는 위법행위의 합법화를 통한 불합리한 보상의 배제에 있다. 1995.1.7. 당시 공익사업시행지구에 편입된 불법형질변경토지에 대해서는 이를 현실적 이용상황에 따라 보상한다.

3. 불법형질변경토지라는 사실에 관한 증명책임의 소재 및 증명의 정도 등

견해의 대립이 있으나 판례는 '수용대상 토지의 이용상황이 일시적이라거나 불법형질변경토지에 해당하는지 여부는 이를 주장하는 쪽에서 증명해야 하며, 수용대상 토지의 형질변경 당시 관계 법령에 의한 허가 또는 신고의무가 존재하였고 그럼에도 허가를 받거나 신고를 하지 않은 채 형질변경이 이루어졌다는 점이 증명되어야 한다'고 판시한 바 있다(대판 2014.11.27, 2014두10271).

4. 형질변경요건 중 준공검사나 지목변경이 수반되는지 여부

토지의 형질변경이란 절토, 성토, 정지 또는 포장 등으로 토지의 형상을 변경하는 행위와 공유수면의 매립을 뜻하는 것으로서, 토지의 형질을 외형상으로 사실상 변경시킬 것과 그 변경으로 인하여 원상회복이 어려운 상태에 있을 것을 요하지만, 형질변경허가에 관한 준공검사를 받거나 토지의 지목까지 변경시킬 필요는 없다(대판 2013.6.13, 2012두300).

Ⅲ 사안의 해결

1. 복구의무 발생 여부

산지전용기간 내에 건축행위로 나아가지 못한 것은 택지개발사업의 시행을 직접 목적으로 2006.10.27. 해당 개발행위허가제한 고시가 이루어져 새로운 건축허가를 받을 수 없도록 제한된 데 따른 것이었으므로, 해당 형질변경은 산지복구의무의 대상이 되지 않는다고 할 것이다.

PART · 04

2. 이용상황의 판단

갑은 적법한 산지전용허가를 건물의 건축을 위한 대지 및 도로 등으로 조성공사를 시행함으로써, 개별공시지가결정에서 '주거나지' 또는 도로로 평가할 만큼 산지였던 본래의 형상이 변경되고 원상 회복하기 어려울 정도가 되어 늦어도 2007.1.1. 기준으로는 임야에서 대지 및 도로로 사실상의 형질변경이 이루어졌다고 볼 것이다.

3. 사안의 해결

갑이 산지전용의 목적사업을 완료하지 못한 채로 산지전용기간이 만료되었지만, 그 토지의 수용에 따른 보상금 산정기준인 현실적 이용상황은 형질변경이 마쳐진 상태, 즉 제1토지는 대지, 제2토지는 도로로 평가되어야 정당보상의 원칙에 부합된다고 할 것이다.

> **✎ 대판 2017.4.7, 2016두61808[손실보상금]**
>
> **[판시사항]**
> 산지전용기간이 만료될 때까지 목적사업을 완료하지 못한 경우, 사업시행으로 토지의 형상이 변경된 부분은 공익사업을 위한 토지 등의 취득 및 보상에 관한 법률에 의한 보상에서 불법 형질변경된 토지로 보아 형질변경될 당시의 토지이용상황을 기준으로 보상금을 산정하여야 하는지 여부(적극) / 산지복구의무가 면제될 사정이 있는 경우, 형질변경이 이루어진 상태가 토지에 대한 보상의 기준이 되는 '현실적인 이용상황'인지 여부(적극)
>
> **[판결요지]**
> 공익사업을 위한 토지 등의 취득 및 보상에 관한 법률(이하 '토지보상법'이라 한다) 제67조, 제70조, 공익사업을 위한 토지 등의 취득 및 보상에 관한 법률 시행규칙(이하 '토지보상법 시행규칙'이라 한다) 제24조, 산지관리법 제39조 제1항 제1호, 제3항, 제4항, 산지관리법 시행규칙 제40조의3 제1호의 규정과 입법 취지 등을 종합해 보면, 산지전용기간이 만료될 때까지 목적사업을 완료하지 못한 때에는 사업시행으로 토지의 형상이 변경된 부분은 원칙적으로 그 전체가 산지 복구의무의 대상이 되므로, 토지보상법에 의한 보상에서도 불법 형질변경된 토지로서 형질변경될 당시의 토지이용상황이 보상금 산정의 기준이 된다. 그러나 산지전용 허가 대상 토지 일대에 대하여 행정청이 택지개발촉진법 등 법률에 근거하여 개발행위제한조치를 하고 산지 외의 다른 용도로 사용하기로 확정한 면적이 있어서 산지전용 목적사업을 완료하지 못한 경우와 같이 산지복구의무가 면제될 사정이 있는 경우에는, 형질변경이 이루어진 현상 상태가 그 토지에 대한 보상기준이 되는 '현실적인 이용상황'이라고 보아야 한다. 그것이 토지수용의 경우에 정당하고 적정한 보상을 하도록 한 헌법과 토지보상법의 근본정신에 부합하고, 토지보상법 시행규칙 제23조가 토지에 관한 공법상 제한이 당해 공익사업의 시행을 직접 목적으로 하여 가하여진 경우에는 제한이 없는 상태를 상정하여 평가한다고 정한 취지에도 부합한다.

사례 14

무허가건축물 부지의 평가방법을 설명하시오. [10점]

Ⓘ 의의 및 근거규정

관계법령에 의하여 허가를 받거나 신고를 하고 건축 또는 용도변경을 하여야 하는 건축물을 허가를 받지 아니하거나 신고를 하지 아니하고 건축 또는 용도변경한 건축물의 부지를 말한다. 토지보상법 시행규칙 제24조에 근거규정을 두고 있다.

Ⅱ 평가방법

1. 원칙 및 취지

무허가건축물 부지에 대해 무허가건축물이 건축 또는 용도변경될 당시의 이용상황을 상정하여 평가하도록 한다. 이 취지는 현실 이용상황 기준평가의 예외로 위법의 합법화로 현저히 공정성을 잃은 불합리한 보상이 될 가능성이 있기 때문이다.

2. 예외

무허가건축물이라 하더라도 1989년 1월 24일 이전에 건축된 무허가건축물 부지는 적법한 건축물로 보아 현황평가하도록 하고 있다.

3. 무허가건축물 부지의 범위

판례는 무허가건축물 부지의 범위는 해당 건축물의 용도 및 규모 등을 감안하여 사용·수익에 필요한 범위 내 토지와 불가분적으로 사용되는 범위를 의미한다고 판시한 바 있으나, 중앙토지수용위원회 및 토지보상법령의 개정안에 따르면 '1989.1.24. 이전 무허가건축물의 부지면적 산정 시에는 「국토의 계획 및 이용에 관한 법률」 등의 건폐율을 적용하여 산정한 면적을 초과할 수 없다'고 규정하고 있다. 무허가건축물의 부지 범위와 관련하여 관계법령상 인정되는 건폐율을 초과할 수 없는 것으로 판단된다.

Ⅲ 입증책임

1. 문제점

무허가건축물인지 여부와 1989.1.24. 이후에 신축했는지의 입증을 누가 해야 하는지가 문제된다.

2. 토지소유자가 입증해야 한다는 견해

사업시행자가 작성한 물건조서에는 진실의 추정력이 있는바, 그것을 주장하는 사람이 입증해야 한다는 견해이다.

3. 사업시행자가 입증해야 한다는 견해

토지평가 대원칙은 현황이용평가로서, 그 예외사유를 주장하는 사업시행자가 입증해야 한다고 한다.

4. 검토

생각건대 대원칙에 따라 사업시행자가 입증해야 하며, 조서작성 시에도 이 원칙을 외면할 수 없으므로 사업시행자가 책임을 부담하는 것이 타당하다고 사료된다.

▲ **사례 15**

사업시행자 창원시는 창원시 사파동 및 토월동 일원의 총면적 713,000 평방미터의(현 농경지 및 유지) 토지상에 경상남도지사로부터 산업입지 및 개발에 관한 법률에 따른 산업기지개발사업 실시계획의 승인을 받고(산업기지개발사업의 실시계획의 승인은 토지보상법상 사업인정으로 보며, 실시계획의 고시는 토지보상법상 사업인정의 고시로 본다), 같은 달 10일 경상남도고시 제300호로 위 승인내용이 고시(사업기간 : 2011.1.1. ~ 2012.12.31.)되었다. 창원시는 을, 병 등 대다수의 토지소유자의 토지를 협의취득하였으나 갑의 토지는 협의취득하지 못한 상태에서 2012.1.1.부터 2012.10.1.까지 갑의 토지를 포함하여 택지조성공사를 시행하여 부지조성을 완료하였으나 갑과의 보상협의 매수지연 등의 이유로 그 시행이 지연되어, 경상남도지사의 승인하에 2012.12.28. 사업기간이 2011.1.1.부터 2013.12.31.까지로 연장하는 데 대한 승인을 받았으나 그 승인내용은 2014.1.8.자로 경상남도고시 제370호로 고시되었다(상기 300호 고시와 사업기간만 다르고 나머지 사항은 동일하였다). 창원시는 갑토지의 취득을 위한 협의가 원만히 이루어지지 아니하자 경상남도지방토지수용위원회에 그 수용을 위한 재결을 신청하였다(산업입지 및 개발에 관한 법률에서는 사업기간 내에 재결을 신청하지 않으면 동 계획은 실효된다고 규정하고 있다). 위원회는 2014년 4월 7일 보상금 2억(이용상황 유지), 수용시기를 같은 해 5월 7일로 하는 수용재결을 하였다. 이에 갑은 당초사업은 2014년 1월 1일 실효되었으므로 토지수용위원회의 재결에 따른 보상금은 유지가 아닌 현황 대지를 기준하여 산정되어야 하며 그에 따른 보상금은 10억이며 이에 미치지 못하는 2억은 정당보상이 아니라고 주장하며, 창원시는 가령 당초사업이 2014년 1월 1일에 실효되었다 하더라도 2014년 1월 8일 사업기간이 변경된 변경고시를 새로운 사업고시로 볼 수 있는바, 갑의 토지는 종전사업의 시행으로 인한 미보상용지이므로 종전 사업의 편입 당시 이용상황인 유지를 기준하여 산정된 보상금은 헌법상 정당보상이라고 주장한다.

(1) 토지보상법 제70조 제2항에서는 "토지에 대한 보상액은 가격시점에서의 현실적인 이용상황과 일반적인 이용방법에 의한 객관적 상황을 고려하여 산정하되, 일시적인 이용상황과 토지소유자나 관계인이 갖는 주관적 가치 및 특별한 용도에 사용할 것을 전제로 한 경우 등은 고려하지 아니한다"고 하여 현황평가원칙을 규정하고 있다. 이와 관련하여 토지보상법상 현황평가의 예외에 대하여 설명하시오. 10점

(2) 현황평가의 예외인 미지급용지의 평가방법에 대하여 설명하고, 창원시 주장의 타당성을 검토하시오. 20점

⊕ (설문 1)의 해결

Ⅰ 현황평가의 의의

보상이 되는 토지에 대해 가격시점의 현실적인 이용상황을 기준으로 하여 산정하는 것이 원칙으로 ① 공부상 지목보다 실제 이용상황을 기준으로 하며, ② 1필 토지가 여러 용도에 이용되고 있는 경우 각각의 용도에 의해 보상한다. ③ 다만 위법에 기인한 경우는 그렇지 않다.

Ⅱ 현황평가주의의 예외

1. 법률적 규제를 포함하는 광의의 개념

해당 사업을 직접 목적으로 하는 개별적 제한은 제한 없는 상태로 평가하며 해당 사업을 이유로 용도변경된 토지 역시 종전 용도지역을 기준으로 한다.

2. 물리적 이용현황 중심의 협의의 개념

(1) 일시적인 이용상황

해당 토지의 이용이 일시적인 이용상황인 경우에는 이를 고려하지 않는다. "일시적인 이용상황" 이라 함은 해당 토지를 본래의 용도로 이용하는 것이 일시적으로 금지 또는 제한되어 그 본래의 용도 외의 다른 용도로 이용되고 있거나 해당 토지의 주위환경의 사정으로 보아 현재의 이용방법이 임시적인 것을 말한다(토지보상법 시행령 제38조).

(2) 무허가건축물 등의 부지

무허가건물 등의 부지라 함은 관계법령에 의해 허가를 받거나 신고를 하고 건축 또는 용도변경을 하여야 하는 건물을 허가를 받지 아니하거나 신고를 하지 아니하고 건축 또는 용도변경한 건물의 부지를 말하는데, 1989.1.24. 이후에 건축 또는 용도변경된 무허가건물 등의 부지에 대하여서는 무허가건물 등이 건축 또는 용도변경될 당시의 이용상황을 상정하여 평가한다(시행규칙 제24조).

(3) 불법형질변경 토지

불법으로 형질변경된 토지라 함은 관계법령에 의해 허가나 승인을 받고 형질변경하여야 할 토지를 허가나 승인을 받지 아니하고 형질변경한 경우를 말하며, 1995.1.7. 이후에 불법형질변경된 토지는 토지의 형질이 변경될 당시의 이용상황을 상정하여 평가한다(시행규칙 제24조).

(4) 미지급용지

종전에 시행된 공익사업의 부지로서 보상금이 지급되지 아니한 토지에 대하여는 종전의 공익사업에 편입될 당시의 이용상황을 상정하여 평가한다(시행규칙 제25조).

3. 현황평가 예외의 정당성

현황평가의 예외규정은 토지소유자보호 내지 위법행위의 합리화 조장을 방지하기 위한 취지인 바 그 정당성이 인정된다.

⊕ (설문 2)의 해결

Ⅰ 쟁점의 정리

창원시는 갑의 토지는 미지급용지이므로, 당초 사업지구에 편입될 당시의 이용상황인 유지(구거)를 기준하여 보상금을 산정하여야 한다고 주장한다. 이에 대하여 창원시가 적법한 절차를 취하지 아니하여 공공사업의 부지로 취득하지도 못한 단계에서 공공사업을 시행하여 이용상황을 변경시킴으로써 거래가격이 상승된 토지의 경우에도 미지급용지에 해당하는지를 검토하여 설문을 해결한다.

Ⅱ 미지급용지의 평가방법

1. 미지급용지의 의의(토지보상법 시행규칙 제25조)

미지급용지란 종전에 시행된 공익사업의 부지로서 보상금이 지급되지 않은 토지를 말하며 현황평가의 예외에 해당한다.

2. 평가방법

(1) 이용상황

미지급용지는 일반적으로 용도가 공익사업의 부지로 제한이 됨으로써 거래가격이 낮거나 아예 가격이 형성되지 않는 경우가 있으므로 종전 공익사업에 편입될 당시의 이용상황을 상정하여 평가한다. '종전의 공익사업에 편입될 당시의 이용상황'을 상정함에 있어서는 편입 당시의 지목·실제용도·지형·지세·면적 등의 개별요인을 고려하여야 한다.

(2) 개발이익의 배제

미지급용지를 평가함에 있어 비교표준지로 선정된 표준지의 공시지가에 공공사업 시행으로 인한 개발이익이 포함되어 있는 경우에는 이를 배제한 가격으로 평가한다.

(3) 가격시점 및 공법상 제한 등

미지급용지에 대한 보상금의 지급을 위한 평가에 있어서 이용상황만 편입 당시를 상정하는 것일 뿐, 그 외에 가격시점은 일반보상과 마찬가지로 협의 시(재결 시)를 기준으로 한다. 따라서 편입될 당시의 가격을 소급평가하는 것이 아니다. 한편, 용도지역 등 공법상 제한은 종전의 공익사업의 시행에 따른 절차로서 변경된 경우를 제외하고는 가격시점을 기준으로 한다.

Ⅲ 창원시 주장의 타당성

1. 미지급용지의 적용대상

(1) 학설

1) 무제한 적용설

공익사업의 시행결과가 토지소유자에게 유·불리한 경우에 모두 미지급용지 규정을 적용해야 한다고 한다.

2) 제한 적용설

상기 규정을 제한적으로 적용해야 한다고 보면서 종전보다 현황이 불리해진 경우에만 미지급용지 규정을 적용해야 한다고 한다.

(2) 판례

판례는 공공사업의 시행자가 적법한 절차에 의하여 취득하지도 못한 상태에서 공공사업을 시행하여 토지의 현실적인 이용상황을 변경시킴으로써 오히려 토지가격을 상승시킨 경우에는 미불용지라고 볼 수 없다고 판시하였으나(대판 1992.11.10, 92누4833), 공공사업에 편입된 국유토지를 일반 매매의 방식으로 취득하여 적법하게 공공사업을 시행한 후 그 토지에 대한 소유권이 취득시효 완성을 원인으로 사인에게 이전된 경우에는 공공사업에 편입될 당시의 이용상황을 상정하여 평가하여야 한다고 판시한 바 있다(대판 1999.3.23, 98두13850).

(3) 검토

미지급용지는 그 취지가 토지소유자의 손해방지 차원에서 이루어진 것이므로 하락한 경우에만 적용하는 것이 타당하다.

2. 창원시 주장의 타당성

창원시는 갑의 토지를 적법한 절차에 의하여 취득하지 못한 상태에서 갑의 토지를 택지로 조성하였으므로, 수용재결 당시의 현실적인 이용상황에 따라 손실보상액을 평가한 것이 잘못이라고 주장할 수 없다.

Ⅳ 사안의 해결

미지급용지는 종전 사업에 편입될 당시의 이용상황을 기준하여 보상액을 산정하지만, 사안의 경우와 같이 공공사업의 시행자가 적법한 절차를 취하지 아니하여 아직 공공사업의 부지로 취득하지도 못한 단계에서 공공사업을 시행하여 토지의 현실적인 이용상황을 변경시킴으로써 오히려 토지의 거래가격이 상승된 경우까지 미보상용지의 개념에 포함되는 것이라고 볼 수 없을 것이다. 따라서 창원시의 주장은 타당하지 못하며, 갑의 토지는 현황 택지를 기준하여 평가하되 택지조성에 소요된 비용은 민법상 부당이득반환을 청구할 수 있을 것이다.

평가방법 및 보상평가기준

▲ 사례 16

미지급용지의 평가방법에 대하여 설명하시오. [15점]

① 의의 및 근거

미지급용지란 종전에 시행된 공익사업의 부지로서 보상금이 지급되지 않은 토지를 말하며 현황평가의 예외에 해당한다. 이는 시행규칙 제25조에 규정되어 있으며 피수용자의 불이익 방지에 취지가 인정된다.

② 평가방법

1. 원칙

종전 공익사업에 편입될 당시의 이용상황을 상정하여 평가한다. 또한 용도지역 등 공법상 제한은 가격시점을 기준한다. 단, 종전 사업의 시행으로 용도지역이 변경된 경우는 종전을 기준한다.

2. 적용대상

(1) 학설

1) 무제한 적용설

공익사업의 시행결과가 토지소유자에게 유·불리한 경우에 모두 미지급용지 규정을 적용해야 한다고 한다.

2) 제한 적용설

상기 규정을 제한적으로 적용해야 한다고 보면서 종전보다 현황이 불리해진 경우에만 미지급용지 규정을 적용해야 한다고 한다.

(2) 판례

판례는 공공사업의 시행자가 적법한 절차에 의하여 취득하지도 못한 상태에서 공공사업을 시행하여 토지의 현실적인 이용상황을 변경시킴으로써 오히려 토지가격을 상승시킨 경우에는 미불용지라고 볼 수 없다고 판시하였으나(대판 1992.11.10, 92누4833), 공공사업에 편입된 국유토지를 일반 매매의 방식으로 취득하여 적법하게 공공사업을 시행한 후 그 토지에 대한 소유권이 취득시효 완성을 원인으로 사인에게 이전된 경우에는 공공사업에 편입될 당시의 이용상황을 상정하여 평가하여야 한다고 판시한 바 있다(대판 1999.3.23, 98두13850).

(3) 검토

미지급용지는 그 취지가 토지소유자의 손해방지 차원에서 이루어진 것이므로 하락한 경우에만 적용하는 것이 타당하다.

Ⅲ 관련문제

1. 보상의무자

논리적으로 종전 사업시행자가 의무자가 되는 것이 타당하나 종전 사업시행자가 없는 등의 경우에 토지소유자를 보호하기 위하여 새로운 사업시행자가 보상의무자가 된다.

2. 국가 등의 점유시효취득

민법 제245조 제1항에서는 부동산을 20년간 소유의 의사로서 평온, 공연하게 점유한 자는 등기함으로써 그 소유권을 취득한다고 규정하고 있다. 이에 대해 종전에는 판례가 국가 등 점유를 자주점유로 보아 시효취득을 인정하였으나 전원합의체 판결로 악의의 무단점유자에게는 시효취득이 인정되지 않는다고 판시하였다. 시효취득이 인정되면 소유자에게 너무 가혹하므로 판례가 타당하다.

3. 부당이득 반환청구

판례는 국가 등이 도로부지를 점유하는 경우 사권행사가 제한되는 것이며, 소유권은 존재한다고 보아 점유상실에 대한 사용료의 부당이득 반환 청구권을 인정하였다. 다만, 국가에 대한 채권 소멸시효는 5년으로 가격시점으로부터 과거 5년 동안만 청구가 가능하다.

사례 17

공법상 제한을 받는 토지의 평가기준과 근거를 설명하시오. 15점

Ⅰ 의의 및 기능

공법상 제한받는 토지라 함은 관계법령에 의해 가해지는 토지이용규제나 제한을 받는 토지로서, 이는 국토공간의 효율적 이용을 통해 공공복리를 증진시키는 수단으로 기능한다.

Ⅱ 공법상 제한을 받는 토지의 평가기준(토지보상법 시행규칙 제23조)

1. 일반적 제한

제한 그 자체로 목적이 완성되고 구체적 사업의 시행이 필요하지 않은 경우로 그 제한받는 상태대로 평가한다. 그 예로는 국토의 이용 및 계획에 관한 법률에 의한 용도지역, 지구, 구역의 지정, 변경, 기타 관계법령에 의한 토지이용계획 제한이 있다.

2. 개별적 제한

그 제한이 구체적 사업의 시행을 필요로 하는 경우를 말하며 개별적 제한이 해당 공익사업의 시행을 직접 목적으로 가해진 경우에는 제한이 없는 상태로 평가한다.

3. 해당 사업으로 인한 용도지역 등의 변경

용도지역 등 일반적 제한일지라도 해당 사업 시행을 직접 목적으로 하여 변경된 경우에는 변경되기 전의 용도지역을 기준으로 하여 평가한다. 이는 개발이익의 배제목적이 있다.

Ⅲ 공법상 제한받는 토지의 평가 근거

1. 문제점

해당 공익사업의 직접 제한의 경우 달리 평가하고 있는 근거는 사회적 제약과 특별한 희생의 구별기준과 관련된다.

2. 특별한 희생의 구별기준

(1) 학설

침해의 대상이 특정될 수 있는지로 판단하는 형식적 기준설과 침해의 성질, 내용 등을 목적, 사적효용 감소, 보호가치, 수인한도, 중대성, 상황구속성 등으로 파악하는 실질적 기준설이 대립한다.

(2) 판례

대법원은 개발제한 구역 내 토지소유자의 불이익은 명백하나 공공복리를 위해 감수하지 않으면 안될 것으로 보아 사회적 제약이라 판시하였다. 그러나 헌법재판소는 동일 사안에서 비례원칙을 근거로 토지를 종래 목적대로 사용할 수 없거나, 토지이용방법이 전혀 없는 경우 특별한 희생이라는 입장을 취한 바 있다.

(3) 검토

생각건대 어느 한쪽의 기준만으로는 만족할 만한 결론 도출이 어려우며, 각 사안마다 기준을 종합적으로 적용하여 타당한 결론을 도출하도록 하는 종합적 검토설이 타당하다.

3. 공법상 제한이 특별한 희생인지 여부

일반적 제한은 전체 토지이용의 합리적 조정이라는 공익목적을 갖는 사회적 제약이며, 개별적 제한은 구체적인 사업을 목적으로 특정인에게 가해지므로 특별한 희생으로 볼 수 있다.

Ⅳ 결어

공법상 제한을 받는 토지는 일반적 제한과 개별적 제한으로 나눌 수 있다. 양자의 구별기준은 특별한 희생이며, 특별한 희생이 있는 개별적 제한의 경우 지가하락 등의 손실이 있을 수 있으며 해당 토지의 취득보상에 이를 그대로 반영하게 되면 헌법상 정당보상에 위배되므로 제한을 받지 않는 상태대로 평가한다. 특별한 희생의 유무는 형식적, 실질적 기준을 모두 종합적으로 고려하여 판단하여야 할 것이다.

◢ 사례 18

대전시는 개발제한구역인 대전시 외곽 일대에 대하여 행정도시 건설을 위한 도시계획시설결정 고시를 하였고 국토교통부는 해당 지역에 대하여 개발제한구역을 해제하였다. 이러한 개발제한구역의 해제는 정부에서 계획하고 있는 행정도시 건설이라는 국책사업을 위한 것이었다. 이에 따라 대전시는 도시계획사업 실시계획고시를 하였다. 사업시행자는 행정도시 건설을 위해 개발제한구역이 해제된 토지에 대하여 보상을 하고자 한다. 이와 관련하여 해당 사업을 위하여 개발제한구역의 해제를 반영해야 하는지 여부 및 해당 사업의 시행으로 인한 개발이익을 손실보상에 포함시켜야 하는지를 논하시오. 20점

Ⅰ 쟁점의 정리

헌법 제23조 제3항에서는 손실보상에 대하여 정당보상의 원칙을 천명하고 있고, 정당보상이란 "보상의 시기·방법 등에 어떠한 제한도 없는 재산권의 객관적 가치를 완전하게 보상"하는 것을 의미한다. 설문의 해결을 위하여 개발제한구역으로 지정된 상태로 평가하여야 하는지, 아니면 해제된 상태로 평가하여야 하는지와 행정도시 건설에 따른 개발이익이 피수용재산의 객관적 가치로 인정될 수 있는지를 검토한다.

Ⅱ 공법상 제한 및 개발이익과 보상액 산정기준

1. 공법상 제한을 받는 토지의 평가

(1) 관련규정의 검토

토지보상법 시행규칙 제23조 제2항에서는 "당해 공익사업의 시행을 직접 목적으로 하여 용도지역 또는 용도지구 등이 변경된 토지에 대하여는 변경되기 전의 용도지역 또는 용도지구 등을 기준으로 평가한다"고 규정하고 있다.

(2) 판례의 태도

공법상 제한을 받는 토지의 수용보상액을 산정함에 있어서는 그 공법상의 제한이 해당 공공사업의 시행을 직접목적으로 하여 가하여진 경우에는 그 제한을 받지 아니하는 상태대로 평가하여야 하고, 해당 공공사업의 시행 이전에 이미 해당 공공사업과 관계없이 도시계획법에 의한 고시 등으로 일반적 계획제한이 가하여진 경우에는 그러한 제한을 받는 상태로 평가하여야 한다고 판시한 바 있다.

(3) 사안의 경우

사안에서 개발제한구역은 해당 공익사업인 행정도시 건설사업으로 인해 해제된 바, 이러한 개발제한구역이 해제되지 않고 지정된 상태를 기준으로 손실보상액을 평가하여야 한다.

2. 개발이익의 배제

(1) 관련규정의 검토

개발이익이란 공익사업의 계획 또는 시행이 공고 또는 고시나 공익사업의 시행에 따른 절차 등으로 인해 토지소유자의 노력에 관계없이 지가가 상승되어 현저하게 받은 이익으로 정상지가 상승분을 초과하여 증가된 부분을 말한다. 토지보상법 제67조 제2항에서는 "보상액의 산정에 있어서 해당 공익사업으로 인하여 토지 등의 가격에 변동이 있는 때에는 이를 고려하지 아니한다."고 명문으로 규정하였다.

(2) 개발이익 배제의 정당성

1) 학설

미실현이익은 보상대상이 아니고 이는 사업시행을 볼모로 한 주관적 가치이므로 배제되어야 한다는 긍정설과, 인근 토지소유자와의 형평성문제와 주변 토지로 대토할 수 없는 측면에서 부정하는 부정설이 있다.

2) 판례

개발이익은 궁극적으로는 모든 국민에게 귀속되어야 할 성질의 것이므로 이는 피수용자의 토지의 객관적 가치 내지 피수용자의 손실이라고는 볼 수 없다고 판시한 바 있다(헌재 1990.6.25, 89헌마107; 헌재 2009.9.24, 2008헌바112; 헌재 2009.12.29, 2009헌바142).

3) 검토

생각건대, 개발이익은 공익사업의 시행으로 비로소 발생하므로 그 성질상 해당 토지의 객관적 가치에 해당되지 않고, 토지소유자의 노력과 무관한 바, 형평의 관념에 비추어 보더라도 토지소유자의 귀속분에 해당된다고 볼 수 없다. 따라서 개발이익을 배제하는 것이 정당보상에 합치된다.

(3) 사안의 경우

사안의 경우 행정도시건설사업으로 인한 개발이익은 해당 공익사업의 시행으로 직접 발생한 개발이익으로 볼 수 있으므로 대상토지의 수용 당시 객관적 가치에 포함되지 않으므로 이를 배제하고 손실보상액을 평가하여야 할 것이다.

Ⅲ 사안의 해결

사안의 경우 개발제한구역해제라는 공법상 제한은 해당 공공사업으로 인한 것이므로 개발제한구역으로 지정된 상태를 기준으로 보상액을 산정해야 할 것이며, 행정도시 건설이라는 공익사업의 시행에 따른 개발이익은 피수용자의 재산권이 갖는 객관적 가치가 아니므로 이를 배제한 상태로 보상액을 산정하여야 할 것이다.

사례 19

주거용 건축물의 보상특례에 대해 설명하시오. 10점

1. 개설

주거용 건축물에 대한 보상특례는 주거의 총체적 가치를 보장하기 위한 것으로서, 이는 주거용 건축물의 객관적 가치보상으로는 메워지지 않는 생활이익 상실에 대한 보상이므로 생활보상의 성격을 갖는다.

2. 비준가격 보상(시행규칙 제33조 제2항)

주거용 건축물에 있어서는 거래사례비교법에 의하여 평가한 금액이 원가법에 의하여 평가한 금액보다 큰 경우, 구분소유권의 대상이 되는 건물의 경우에는 거래사례비교법으로 평가한다.

3. 최저보상액 600만원 보상(규칙 제58조)

주거용 건축물로서 원가법과 거래사례비교법에 의하여 평가한 금액이 600만원 미만인 경우 그 보상액은 600만원으로 한다. 다만, 무허가건축물 등에 대하여는 그러하지 아니한다.

4. 재편입 시의 가산금 지급(규칙 제58조)

공익사업의 시행으로 인하여 주거용 건축물에 대한 보상을 받은 자가 그 후 당해 공익사업시행지구 밖의 지역에서 매입하거나 건축하여 소유하고 있는 주거용 건축물이 그 보상일부터 20년 이내에 다른 공익사업시행지구에 편입되는 경우 그 주거용 건축물 및 그 대지에 대하여는 당해 평가액의 30퍼센트를 가산하여 보상한다. 단, 가산금이 1천만원을 초과하는 경우에는 1천만원을 한도로 한다.

5. 주거이전비의 보상(규칙 제54조)

(1) 소유자에 대한 주거이전비 보상

공익사업시행지구에 편입되는 주거용 건축물의 소유자에 대하여는 해당 건축물에 대한 보상을 하는 때에 가구원수에 따라 2개월분의 주거이전비를 보상하여야 한다. 다만, 건축물의 소유자가 해당 건축물에 실제 거주하고 있지 아니하거나 해당 건축물이 무허가건축물 등인 경우에는 그러하지 아니한다.

(2) 세입자에 대한 주거이전비 보상

공익사업의 시행으로 인하여 이주하게 되는 주거용 건축물의 세입자로서 사업인정고시일 등 당시 또는 공익사업을 위한 관계법령에 따른 고시 등이 있는 당시 해당 공익사업시행지구 안에서 3개월 이상 거주한 자에 대해서 가구원수에 따라 4개월분의 주거이전비를 보상하여야 한다.

(3) 주거이전비 산정방법

주거이전비는 「통계법」 제3조 제4호에 따른 통계작성기관이 조사·발표하는 가계조사통계의 도시근로자 가구의 가구원수별 월평균 가계지출비를 기준으로 산정한다.

6. 이주정착금(규칙 제53조)

사업시행자는 ① 이주대책을 수립, 실시하지 않거나 ② 이주대책 대상자가 이주정착지가 아닌 다른 지역으로 이주하고자 하는 경우에는 이주정착금을 지급해야 한다(영 제41조). 이주정착금은 주거용 건축물에 대한 평가액의 30퍼센트에 해당하는 금액으로 하되 1천 2백만원 미만인 경우는 1천 2백만원, 2천 4백만원을 초과하는 경우에는 2천 4백만원으로 한다.

7. 이사비(규칙 제55조 제2항)

공익사업시행지구에 편입되는 주거용 건축물의 거주자가 해당 공익사업시행지구 밖으로 이사를 하거나 사업시행자가 지정하는 해당 공익사업시행지구 안의 장소로 이사를 하는 경우에는 별표 4의 기준에 의하여 산정한 이사비(가재도구 등 동산의 운반에 필요한 비용을 말한다. 이하 이 조에서 같다)를 보상하여야 한다.

▲ 사례 20

> 사업인정 전의 무허가건축물이 보상대상인지를 설명하고, 무허가건축물의 평가기준에 대해서 설명하시오. 25점

Ⅰ 서	(1) 비주거용 건축물

Ⅰ 서

Ⅱ 무허가건축물이 보상대상인지 여부
 1. 학설
  (1) 부정하는 견해
  (2) 긍정하는 견해(허가의 성질과 재산권)
 2. 판례의 태도
 3. 검토
Ⅲ 시기에 따른 무허가건축물의 평가기준
 1. 특례(89.1.24.) 이전의 경우

(1) 비주거용 건축물
(2) 주거용 건축물
 1) 비준가격의 고려
 2) 최저보상액 및 재편입가산금 고려
 3) 주거이전비
 4) 이주대책
 2. 특례(89.1.24.) 적용 이후부터 사업인정고시일 전까지
 3. 사업인정 고시 이후
Ⅳ 결

Ⅰ 서

무허가건축물이라 함은 건축법 등 관계법령에 의하여 허가를 받거나 신고를 하고 건축하여야 하는 건축물을 허가나 신고 없이 건축한 건축물을 말한다(시행규칙 제24조).

무허가건축물 중 특히 사업인정 이전 무허가건축물의 보상 대상 여부에 관한 명문의 법률규정이 없어 해석상 그 보상이 가능한지가 문제된다. 손실보상의 요건과 관련하여 공공필요, 적법한 침해, 특별한 희생은 문제되지 않으나, 무허가건축물이 보상의 대상이 되는 재산권에 해당하는지가 문제된다.

Ⅱ 무허가건축물이 보상대상인지 여부

1. 학설

(1) 부정하는 견해

무허가건축물은 대집행의 대상이 되므로, 대집행을 실행하는 경우 재산적 가치가 소멸하게 되므로 보상대상에서 제외된다고 한다.

(2) 긍정하는 견해(허가의 성질과 재산권)

허가란 법령에 의하여 일반적, 상대적 금지를 특정한 경우에 해제하여 적법하게 일정행위를 할 수 있게 하는 행위이다. 허가를 요하는 행위를 허가 없이 행한 경우 행정상 강제집행이나 처벌의 대상이 될 수 있는 것은 별론으로 하고 행위 자체의 효력이 부인되는 것은 아니다. 따라서 허가유무에 따라 재산권의 범위가 달라질 수 없다고 한다.

2. 판례의 태도

대법원은 지장물인 건물을 보상대상으로 함에 있어서 건축허가 유무에 따른 구분을 두고 있지 않을 뿐만 아니라, 주거용 건물에 관한 보상특례 및 주거이전비는 무허가 건물의 경우에는 적용되지 아니한다고 규정하여 무허가건물도 보상의 대상에 포함됨을 전제로 하고 있는 바, 사업인정고시 이전에 건축된 건물이기만 하면 손실보상의 대상이 됨이 명백하다고 판시한 바 있다(대판 2000.3.10, 99두10896).

3. 검토

허가는 그 성질에 비추어 행위의 적법성 여부에만 관여하고 유효성 여부와는 무관하므로 사업인정 이전 건축물에 대하여는 무허가건축물도 재산권 요건을 충족하는 것으로 보아 보상의 대상이 된다고 보는 것이 타당하다.

Ⅲ 시기에 따른 무허가건축물의 평가기준

1. 특례(89.1.24.) 이전의 경우

(1) 비주거용 건축물

특례 이전의 경우는 용도 및 이용상황과 관계없이 적법한 건축물로 간주되며, 비주거용 건축물의 경우 원가법에 의한 가격으로 평가한다.

(2) 주거용 건축물

1) 비준가격의 고려

거래사례비교법에 의하여 평가한 금액이 원가법에 의하여 평가한 금액보다 큰 경우와 「집합건물의 소유 및 관리에 관한 법률」에 의한 구분소유권의 대상이 되는 건물의 가격은 거래사례비교법으로 평가한다(시행규칙 제33조 제2항).

2) 최저보상액 및 재편입가산금 고려

상기 평가금액이 6백만원 미만일 경우에는 6백만원으로 한다(시행규칙 제58조 제1항). 또한 공익사업으로 이주한지 20년 이내에 주거용 건축물이 재편입된 경우에는 주거용 건축물과 토지가격의 합산액의 30%를 지급하며, 이때 상한금액은 1천만원으로 한다(동조 제2항).

3) 주거이전비

주거용 건축물 소유자에게는 가구원 수에 따른 2개월분의 주거이전비를 지급하고, 세입자에게는 사업인정 고시일 등 이전 3개월 이상 거주한 자에 대하여 4월의 주거이전비를 지급한다(시행규칙 제54조 제1항 및 제2항).

4) 이주대책

주거용 건축물의 소유자에게 이주대책을 마련해 주어야 하며, 미수립시에는 이주정착금을 지원해야 한다. 이주정착금은 보상대상인 주거용 건축물에 대한 평가액의 30퍼센트에 해당하는 금액으로 하되, 그 금액이 1천2백만원 미만인 경우에는 1천2백만원으로 하고, 2천4백만원을 초과하는 경우에는 2천4백만원으로 한다(시행규칙 제53조 제2항).

2. 특례(89.1.24.) 적용 이후부터 사업인정고시일 전까지

무허가건축물도 재산권의 대상에 포함되므로 보상의 대상이 된다. 따라서 비준가격을 고려하여 평가하여야 하나, 최저보상액·재편입가산금·이주대책의 규정은 적용되지 않을 것이다.

3. 사업인정 고시 이후

사업인정 고시 이후의 무허가건축물은 보상투기의 목적이 있거나, 토지의 보전의무(토지보상법 제25조)를 위반한 행위가 되므로 보상의 대상이 될 수 없다.

Ⅳ 결

무허가건축물도 재산권이 인정되어 보상의 대상이 되지만, 무허가건축물에 대한 특례가 적용되는지의 여부에 따라 보상평가방법이 상이하다고 할 수 있을 것이다. 또한, 무허가건축물은 통상 그 구조·재료 등이 적법한 허가나 신고를 득하고 건축한 건축물에 비하여 시공의 정도가 떨어지고, 최초 허가·신고에 소요되는 비용 및 사용승인에 소요되는 비용과 보유기간 동안의 재산세 등은 이를 부담하지 않았으므로 이를 고려하여 평가하여야 할 것이다.

📝 대판 2000.3.10, 99두10896

[판결요지]
도시계획법에 의한 토지 및 지장물의 수용에 관하여 준용되는 토지수용법 제49조 제1항, 제57조의2, 공공용지의 취득 및 손실보상에 관한 특례법 제4조 제2항 제3호, 같은법 시행령 제2조의10 제4항, 제5항, 제8항, 같은법 시행규칙 제10조 제1항, 제2항, 제4항에 의하면, 지장물인 건물의 경우 그 이전비를 보상함이 원칙이나, 이전으로 인하여 종래의 목적대로 이용 또는 사용할 수 없거나 이전이 현저히 곤란한 경우 또는 이전비용이 취득가격을 초과할 때에는 이를 취득가격으로 평가하여야 하는데, 그와 같은 건물의 평가는 그 구조, 이용상태, 면적, 내구연한, 유용성, 이전가능성 및 그 난이도 기타 가격형성상의 제 요인을 종합적으로 고려하여 특별히 거래사례비교법으로 평가하도록 규정한 경우를 제외하고는 원칙적으로 원가법으로 평가하여야 한다고만 규정함으로써 지장물인 건물을 보상대상으로 함에 있어 건축허가의 유무에 따른 구분을 두고 있지 않을 뿐만 아니라, 오히려 같은법 시행규칙 제5조의9는 주거용 건물에 관한 보상특례를 규정하면서 그 단서에 주거용인 무허가건물은 그 규정의 특례를 적용하지 아니한 채 같은법 시행규칙 제10조에 따른 평가액을 보상액으로 한다고 규정하고, 같은법 시행규칙 제10조 제5항은 지장물인 건물이 주거용인 경우에 가족수에 따른 주거비를 추가로 지급하되 무허가건물의 경우에는 그러하지 아니하다고 규정함으로써 무허가건물도 보상의 대상에 포함됨을 전제로 하고 있는바, 이와 같은 관계 법령을 종합하여 보면, 지장물인 건물은 그 건물이 적법한 건축허가를 받아 건축된 것인지 여부에 관계없이 토지수용법상의 사업인정의 고시 이전에 건축된 건물이기만 하면 손실보상의 대상이 됨이 명백하다.

 사례 21

갑은 1990.1.31. 소외인과 사이에 준농림지역에 속하던 양주시(주소 생략) 답 1,706㎡(이하 '대상 토지'라고 한다)에 관한 매매계약을 체결하면서 농지전용허가를 받아 공장용지로 전환하는 문제와 진입로는 매도인인 소외인이 책임지기로 약정하였고, 소외인은 1993.9.27. 경기도지사로부터 대상 토지에 관하여 전용목적을 '일반목재가구 제조공장부지 조성'으로 하는 농지전용허가를 받아 농지 조성비ㆍ전용부담금 등을 납부하고, 양주군수에게 대상 토지상에 건축면적 594㎡, 부대면적 100 ㎡인 공장을 설립한다는 취지의 공장설립신고를 하였다. 갑은 1994.4.28. 양주군수에게 공장 건축 면적을 993㎡, 부대면적을 342.6㎡로 확장하고, 공장설립신고자를 갑으로 변경하는 취지의 공장 설립변경신고를 하였고, 대상토지와 그에 인접한 양주시(주소 생략), 토지상에는 위와 같은 공장건 물 등이 존재하게 되었고 그 중 일부는 1989년경 건축되어 1999년경 증축된 사실을 알 수 있다(지 목변경은 아직 이루어지지 않았다). 경기도지사는 공익사업을 시행하기 위하여 갑토지를 수용하였 고, 보상금은 '장을 기준하여 10억으로 결정되었다. 이에 대하여 경기도지사는 덕계동 토지가 공장 용지로 사용되고 있는 것은 불법형질변경에 해당하므로(준공검사 미필) 불법형질변경되기 이전의 상태인 답으로 평가하여야 한다고 주장하면서, 보상금감액청구소송을 제기하였다. 불법형질변경토 지의 평가방법에 대하여 설명하고 법원은 어떠한 판단을 해야 하는지 논하시오. 20점

참고
조문

국토의 계획 및 이용에 관한 법률 시행령 제51조(개발행위허가의 대상)
① 법 제56조 제1항에 따라 개발행위허가를 받아야 하는 행위는 다음 각 호와 같다.
   1. 건축물의 건축 : 「건축법」 제2조 제1항 제2호에 따른 건축물의 건축
   2. 공작물의 설치 : 인공을 가하여 제작한 시설물(「건축법」 제2조 제1항 제2호에 따른 건축물을 제외 한다)의 설치
   3. 토지의 형질변경 : 절토(땅깎기)ㆍ성토(흙쌓기)ㆍ정지(땅고르기)ㆍ포장 등의 방법으로 토지의 형상을 변경하는 행위와 공유수면의 매립(경작을 위한 토지의 형질변경을 제외한다)

공간정보의 구축 및 관리 등에 관한 법률 시행령 제58조(지목의 구분)
법 제67조 제1항에 따른 지목의 구분은 다음 각 호의 기준에 따른다.
9. 공장용지
   가. 제조업을 하고 있는 공장시설물의 부지
   나. 「산업집적활성화 및 공장설립에 관한 법률」 등 관계 법령에 따른 공장부지 조성공사가 준공된 토지
   다. 가목 및 나목의 토지와 같은 구역에 있는 의료시설 등 부속시설물의 부지

농지법 제34조(농지의 전용허가ㆍ협의)
① 농지를 전용하려는 자는 다음 각 호의 어느 하나에 해당하는 경우 외에는 대통령령으로 정하는 바에 따라 농림축산식품부장관의 허가(다른 법률에 따라 농지전용허가가 의제되는 협의를 포함한다. 이하 같

다)를 받아야 한다. 허가받은 농지의 면적 또는 경계 등 대통령령으로 정하는 중요 사항을 변경하려는 경우에도 또한 같다.

농지법 제37조(농지전용허가 등의 제한)
① 농림축산식품부장관은 제34조 제1항에 따른 농지전용허가를 결정할 경우 다음 각 호의 어느 하나에 해당하는 시설의 부지로 사용하려는 농지는 전용을 허가할 수 없다.
　～각 호 생략～

농지법 제39조(전용허가의 취소 등)
① 농림축산식품부장관, 시장·군수 또는 자치구구청장은 제34조 제1항에 따른 농지전용허가 또는 제36조에 따른 농지의 타용도 일시사용허가를 받았거나 제35조 또는 제43조에 따른 농지전용신고 또는 제36조의2에 따른 농지의 타용도 일시사용신고를 한 자가 다음 각 호의 어느 하나에 해당하면 농림축산식품부령으로 정하는 바에 따라 허가를 취소하거나 관계 공사의 중지, 조업의 정지, 사업규모의 축소 또는 사업계획의 변경, 그 밖에 필요한 조치를 명할 수 있다. 다만, 제7호에 해당하면 그 허가를 취소하여야 한다.
　～각 호 생략～

농지법 시행령 제33조(농지전용허가의 심사)
① 시장·군수 또는 자치구구청장은 제32조 제1항에 따라 농지전용허가신청서 등을 제출받은 때에는 다음 각 호의 심사기준에 따라 심사한 후 농림축산식품부령으로 정하는 서류를 첨부하여 그 제출받은 날(제3항에 따라 신청서류의 보완 또는 보정을 요구한 경우에는 그 보완 또는 보정이 완료된 날을 말한다)부터 10일 이내에 시·도지사에게 보내야 하며, 시·도지사는 10일 이내에 이에 대한 종합적인 심사의견서를 첨부하여 농림축산식품부장관에게 제출해야 한다.
　～각 호 생략～
② 농림축산식품부장관은 제1항에 따른 심사기준에 적합하지 아니한 경우에는 농지의 전용허가를 하여서는 아니 된다.

Ⅰ 쟁점의 정리

토지보상법 제70조에서는 보상이 되는 토지는 가격시점의 현실적인 이용상황을 기준으로 하도록 되어 있으나, 토지보상법 시행규칙 제24조에서는 불법형질변경된 토지는 형질변경될 당시의 이용상황을 상정하여 평가하도록 되어 있다. 이는 현황평가주의의 예외로, 동규정의 취지는 위법행위의 합법화를 통한 불합리한 보상의 배제에 있다. 이하에서는 불법형질변경토지의 평가방법을 설명하고 갑 토지가 불법형질변경토지에 해당되는지를 관련규정의 해석을 통해 검토한다.

Ⅱ 불법형질변경토지의 평가방법

1. 불법형질변경토지의 의의 및 근거

불법형질변경토지란 관계 법령에 의해 허가, 신고가 필요함에도 이를 하지 않은 채 형질변경한 토지를 말한다. 토지보상법 시행규칙 제24조에 규정되어 있다. 불법형질변경이란 ① 절토, 성토, 정지 등 형질변경과 공유수면매립, ② 단순히 용도만 변경하는 경우도 해당되며, ③ 농지상호 간의 변경은 형질변경으로 보지 않는다.

2. 평가방법

불법형질변경된 토지는 형질변경될 당시의 이용상황을 상정하여 평가하도록 되어있다. 이는 현황평가주의의 예외로, 동규정의 취지는 위법행위의 합법화를 통한 불합리한 보상의 배제에 있다. 단, 1995.1.7. 당시 공익사업시행지구에 편입된 불법형질변경토지에 대해서는 이를 현실적 이용상황에 따라 보상한다.

3. 불법형질변경토지라는 사실에 관한 증명책임의 소재 및 증명의 정도

'수용대상 토지의 이용상황이 일시적이라거나 불법형질변경토지에 해당하는지 여부는 이를 주장하는 쪽에서 증명해야 하며, 수용대상 토지의 형질변경 당시 관계 법령에 의한 허가 또는 신고의무가 존재하였고 그럼에도 허가를 받거나 신고를 하지 않은 채 형질변경이 이루어졌다는 점이 증명되어야 한다'고 판시한 바 있다(대판 2012.4.26, 2011두2521).

Ⅲ '갑' 토지가 불법형질변경토지인지 여부(준공검사의 필요여부)

1. 문제점

형질변경에 준공검사가 요구되는지에 따라 적법한 허가유무가 결정될 것이다. 따라서 관련규정의 검토를 통해 갑이 공장용지로 용도전환하는 과정에서 준공검사가 요구되는지를 판단한다.

2. 준공검사가 형질변경의 요건인지 여부

(1) 관련규정의 내용

측량·수로조사 및 지적에 관한 법률 제58조 제9호는 공장용지에 관하여 '관계 법령에 따른 공장부지 조성공사가 준공된 토지'라고 규정하고 있는 반면 농지법령에는 농지전용허가와 관련하여 형질변경 완료 시 준공검사를 받도록 하는 규정을 두고 있지 아니하였다.

(2) 요건충족여부

설문과 같은 경우 공장부지 조성을 목적으로 하는 농지전용허가를 받아 그 목적사업에 따른 형질변경을 완료한 이상 별도로 준공검사를 받지 아니하였다 하더라도 이미 공간정보의 구축 및 관리 등에 관한 법률에서 정한 '관계 법령에 따른 공장부지 조성공사가 준공된 토지'의 요건을 모두 충족하였다고 봄이 타당하다.

3. 사안의 경우

위와 같은 사실을 앞서 본 법리에 비추어 보면, 소외인과 갑이 대상 토지를 공장부지로 조성하기 위하여 농지전용허가를 받아 농지조성비 등을 납부한 후 공장설립신고 및 변경신고를 하여 공장용지의 요건을 충족한 이상 비록 공부상 지목변경절차를 마치지 아니하였다 하더라도 그 토지의 수용에 따른 보상액을 산정함에 있어서는 공익사업을 위한 토지 등의 취득 및 보상에 관한 법률 제70조 제2항의 '현실적인 이용상황'을 공장용지로 평가하는 것이 옳다고 할 것이다.

Ⅳ 사안의 해결

농지전용공사(형질변경공사)에 준공검사가 필요하다고 볼만한 법률상 근거를 찾을 수 없는 점에 비추어 보면, 경기도지사가 위 공장이 증축되기 이전에 덕계동 토지에 관하여 공장설립을 목적으로 한 농지전용허가를 한 이상, 덕계동 토지가 불법으로 형질변경되었다고 볼 수는 없다. 따라서 법원은 경기도지사의 위 주장은 이유 없다고 판단할 것이다.

✎ 대판 2013.6.13, 2012두300[수용보상금증액]

[판시사항]

[1] 구 국토의 계획 및 이용에 관한 법률 시행령 제51조 제3호에서 정한 '토지의 형질변경'에 형질변경허가에 관한 준공검사나 토지의 지목변경을 요하는지 여부(소극)

[2] 택지개발사업을 위한 토지의 수용에 따른 보상금액의 산정이 문제된 사안에서, 농지가 이미 공장용지로 형질변경이 완료되었고 공장용지의 요건을 충족한 이상 비록 공부상 지목변경절차를 마치지 않았다고 하더라도 그 수용에 따른 보상액을 산정할 때에는 공익사업을 위한 토지 등의 취득 및 보상에 관한 법률 제70조 제2항의 '현실적인 이용상황'을 공장용지로 평가해야 한다고 한 사례

[판결요지]

[1] 토지의 형질변경이란 절토, 성토, 정지 또는 포장 등으로 토지의 형상을 변경하는 행위와 공유수면의 매립을 뜻하는 것으로서, 토지의 형질을 외형상으로 사실상 변경시킬 것과 그 변경으로 인하여 원상회복이 어려운 상태에 있을 것을 요하지만, 형질변경허가에 관한 준공검사를 받거나 토지의 지목까지 변경시킬 필요는 없다.

[2] 택지개발사업을 위한 토지의 수용에 따른 보상금액의 산정이 문제 된 사안에서, 농지를 공장부지로 조성하기 위하여 농지전용허가를 받아 농지조성비 등을 납부한 후 공장설립 및 변경신고를 하고, 실제로 일부 공장건물을 증축하기까지 하여 토지의 형질이 원상회복이 어려울 정도로 사실상 변경됨으로써 이미 공장용지로 형질변경이 완료되었으며, 당시 농지법령에 농지전용허가와 관련하여 형질변경 완료 시 준공검사를 받도록 하는 규정을 두고 있지 않아 별도로 준공검사를 받지 않았다고 하더라도 구 지적법 시행령(2002.1.26. 대통령령 제17497호로 개정되기 전의 것)에서 정한 '공장부지 조성을 목적으로 하는 공사가 준공된 토지'의 요건을 모두 충족하였다고 보아야 하고, 수용대상 토지가 이미 공장용지의 요건을 충족한 이상 비록 공부상 지목변경절차를 마치지 않았다고 하더라도 그 토지의 수용에 따른 보상액을 산정할 때에는 공익사업을 위한 토지 등의 취득 및 보상에 관한 법률 제70조 제2항의 '현실적인 이용상황'을 공장용지로 평가해야 한다고 한 사례

사례 22

공도, 사도, 사실상 사도의 평가방법을 설명하시오. 5절

[I] 의의 및 근거(규칙 제26조)

도로는 불특정 다수인이 통행하는 토지로서 사도, 사실상 사도, 공도가 있다.

[II] 공도부지 평가방법

도로법상 국도 등을 말하며 인근 토지의 표준적 이용상황을 기준으로 평가한다. 도로임에 대한 감가는 적용하지 않는다.

[III] 사도부지 평가방법

시장 등의 허가를 받아서 자기토지의 편익을 위하여 개설한 도로를 말하며, 인근 토지의 1/5 이내로 평가한다.

[IV] 사실상 사도 평가방법

1. 의의 및 평가방법

사실상 사도란 사도법상의 사도 외에 관할 시장 또는 군수의 허가를 받지 않고 개설하거나 형성된 사도로 토지보상법 시행규칙 제26조 제2항은 그 대상을 보다 구체화시키고 있다. 사실상의 사도는 인근 토지평가액의 1/3 이내로 평가한다.

2. 취지

토지소유자가 자기 소유의 다른 토지의 효용증진을 위하여 스스로 설치한 도로이고 화체이론에 의한 것이다.

3. 판례의 태도

사실상의 사도는 도로 개설경위, 목적, 주위환경 기타 제반 사항을 비추어 해당 토지가 인근 토지에 비하여 낮은 가격으로 보상하여 주어도 될 만한 객관적 사유가 인정되는 경우에만 인근 토지의 1/3 이내로 평가한다고 본다.

4. 관련문제

① 타인통행을 제한할 수 없는 토지 중 분할양도로 인한 통행권의 경우는 감가하는 것이 타당하나
② 정상임료 또는 그 이상의 지료를 받는 경우는 화체되었다고 보기 어려우므로 정상평가함이 타당하다.

🍃 사례 23

개간비 평가방법에 대하여 설명하시오. `5점`

1. 의의 및 근거

개간비란 토지의 매립, 간척 등 개간에 소요된 비용을 말한다. 이는 실비변상적 성격을 가지며 시행규칙 제27조에서 규정하고 있다.

2. 보상요건

① 국가, 지방자치단체 소유의 토지를, ② 적법하게 개간하고, ③ 개간 시부터 보상 당시까지 계속 점유하고 있을 것을 요건으로 한다(상속인정).

3. 개간비 평가방법

(1) 원칙

가격시점 현재 개간비용으로 평가하되, 개간 전후의 가격차이를 한도로 한다.

(2) 예외

가격시점 현재 개간비용을 알 수 없는 경우는 개간 후의 토지가격에 일정비율을 적용하여 산정한다. ① 주거, 상업, 공업지역은 1/10, ② 녹지지역은 1/5, ③ 도시지역 외는 1/3을 적용한다.

4. 관련문제

일반적인 권리금 관행을 무시하고, 개간이 쉬울수록 개간가치가 높음에도 단순히 비용만 보상하는 것은 문제가 있다는 비판이 있다.

🔻 사례 24

주택재개발사업조합 갑은 주택재개발사업의 시행을 위하여 재개발사업구역 내 한국전력공사 소유의 배전설비를 해당 공작물의 가격으로 보상금을 지급하고 아파트 신축공사를 시행하였다. 아파트 신축공사의 내역에는 지중화된 전력설비가 포함되어 있었으며 조합 갑은 이러한 전력설비(조합 소유)는 종전 한국전력공사의 배전설비를 대체하는 시설이므로 배전설비에 대한 보상금은 부당이득으로써 그 반환이 이루어져야 한다고 주장한다. 이와 관련하여 지장물에 대한 보상평가방법을 설명하고 갑주장의 타당성을 검토하시오. 30점

Ⅰ 쟁점의 정리

Ⅱ 지장물에 대한 보상평가방법

  1. 지장물의 의의(토지보상법 시행규칙 제2조
    제3호)

  2. 지장물에 대한 평가기준 및 원칙(토지보상
    법 제75조 : 건축물 등 물건에 대한 보상)

    (1) 건축물·입목·공작물과 그 밖에 토지에
      정착한 물건

      1) 이전비 지급원칙

      2) 물건의 가격으로 보상하는 경우

    (2) 농작물 등

  3. 구체적인 평가방법

    (1) 개설

  (2) 시행규칙 제33조 건축물의 평가

  (3) 시행규칙 제36조 공작물 등의 평가

  (4) 시행규칙 제37조 과수 등의 평가

  (5) 시행규칙 제38조 묘목의 평가

  (6) 시행규칙 제39조 입목 등의 평가

  (7) 시행규칙 제41조 농작물의 평가

  (8) 시행규칙 제42조 분묘에 대한 보상액의
    산정

Ⅲ 갑주장의 타당성

  1. 공작물에 대한 보상평가규정의 취지

  2. 대체시설로 인정되기 위한 요건

  3. 사안의 경우

Ⅳ 사안의 해결

Ⅰ 쟁점의 정리

설문은 재개발사업조합 갑이 해당 사업의 시행을 위하여 지급한 배전설비에 대한 대체시설의 설치를 이유로 보상금의 반환을 주장하고 있다. 토지보상법 제75조 및 동법 시행규칙 제36조에서는 공작물의 경우 대체시설을 설치하는 경우, 별도의 손실보상은 불요한 것으로 규정하고 있는바, 지장물에 대한 보상평가방법을 설명하고 동 지장물인 지중화된 전력설비가 대체시설로 인정되기 위한 요건 등을 검토하여 설문을 해결한다.

Ⅱ 지장물에 대한 보상평가방법

1. 지장물의 의의(토지보상법 시행규칙 제2조 제3호)

지장물이란 공익사업시행지구 내의 토지에 정착한 건축물·공작물·시설·입목·죽목 및 농작물 그 밖의 물건 중에서 당해 공익사업의 수행을 위하여 직접 필요하지 아니한 물건을 말한다.

2. 지장물에 대한 평가기준 및 원칙(토지보상법 제75조 : 건축물 등 물건에 대한 보상)

(1) 건축물·입목·공작물과 그 밖에 토지에 정착한 물건

1) 이전비 지급원칙

건축물·입목·공작물과 그 밖에 토지에 정착한 물건에 대하여는 이전에 필요한 비용으로 보상하여야 한다. 이전비란 대상 물건의 유용성을 동일하게 유지하면서 이를 해당 공익사업 시행지구 밖의 지역으로 이전·이설 또는 이식하는 데 소요되는 비용(물건의 해체비, 건축 허가에 일반적으로 소요되는 경비를 포함한 건축비와 적정거리까지의 운반비를 포함하며, 「건축법」 등 관계법령에 의하여 요구되는 시설의 개선에 필요한 비용을 제외한다)을 말한다.

2) 물건의 가격으로 보상하는 경우

① 건축물 등을 이전하기 어렵거나 그 이전으로 인하여 건축물 등을 종래의 목적대로 사용할 수 없게 된 경우, ② 건축물 등의 이전비가 그 물건의 가격을 넘는 경우에는 물건의 가격으로 보상하여야 한다.

(2) 농작물 등

① 농작물에 대한 손실은 그 종류와 성장의 정도 등을 종합적으로 고려하여 보상하여야 한다. ② 토지에 속한 흙·돌·모래 또는 자갈(흙·돌·모래 또는 자갈이 해당 토지와 별도로 취득 또는 사용의 대상이 되는 경우)에 대하여는 거래가격 등을 고려하여 평가한 적정가격으로 보상하여야 한다. ③ 또한 분묘에 대하여는 이장에 드는 비용 등을 산정하여 보상하여야 한다.

3. 구체적인 평가방법

(1) 개설

토지보상법 제75조 제6항에서는 지장물에 대한 보상액의 구체적인 산정 및 평가방법과 보상기준은 국토교통부령으로 정한다고 규정하고 있으며, 이에 따라 동법 시행규칙 제33조 내지 42조에서는 건축물 등 물건에 대한 평가방법을 규정하고 있다.

(2) 시행규칙 제33조 건축물의 평가

① 건축물(담장 및 우물 등의 부대시설을 포함한다)에 대하여는 그 구조·이용상태·면적·내구연한·유용성 및 이전가능성 그 밖에 가격형성에 관련되는 제요인을 종합적으로 고려하여 평가한다. 건축물의 가격은 원가법으로 평가하나, 주거용 건축물에 있어서는 거래사례비교법에 의하여 평가한 금액이 원가법에 의하여 평가한 금액보다 큰 경우와 「집합건물의 소

유 및 관리에 관한 법률」에 의한 구분소유권의 대상이 되는 건물의 가격은 거래사례비교법으로 평가한다.

② 물건의 가격으로 보상한 건축물의 철거비용은 사업시행자가 부담한다. 다만, 건축물의 소유자가 당해 건축물의 구성부분을 사용 또는 처분할 목적으로 철거하는 경우에는 건축물의 소유자가 부담한다.

(3) 시행규칙 제36조 공작물 등의 평가

공작물 등의 평가는 건축물에 대한 평가방법을 준용하나, ① 공작물 등의 용도가 폐지되었거나 기능이 상실되어 경제적 가치가 없는 경우, ② 공작물 등의 가치가 보상이 되는 다른 토지 등의 가치에 충분히 반영되어 토지 등의 가격이 증가한 경우, ③ 사업시행자가 공익사업에 편입되는 공작물 등에 대한 대체시설을 하는 경우에는 공작물 등은 이를 별도의 가치가 있는 것으로 평가하여서는 아니 된다.

(4) 시행규칙 제37조 과수 등의 평가

과수 그 밖에 수익이 나는 나무 또는 관상수(묘목을 제외한다)에 대하여는 수종·규격·수령·수량·식수면적·관리상태·수익성·이식가능성 및 이식의 난이도 그 밖에 가격형성에 관련되는 제 요인을 종합적으로 고려하여 평가한다.

(5) 시행규칙 제38조 묘목의 평가

묘목에 대하여는 상품화 가능여부, 이식에 따른 고손율, 성장정도 및 관리상태 등을 종합적으로 고려하여 평가한다. 상품화할 수 있는 묘목은 손실이 없는 것으로 본다. 다만 매각손실액이 있는 경우에는 그 손실을 평가하여 보상하여야 한다. 물건의 가격으로 보상하는 묘목에 대하여는 거래사례가 있는 경우에는 거래사례비교법에 의하여 평가하고, 거래사례가 없는 경우에는 가격시점까지 소요된 비용의 현가액으로 평가한다.

(6) 시행규칙 제39조 입목 등의 평가

① 입목에 대하여는 벌기령·수종·주수·면적 및 수익성 그 밖에 가격형성에 관련되는 제 요인을 종합적으로 고려하여 평가한다. ② 지장물인 조림된 용재림 중 벌기령에 달한 용재림은 손실이 없는 것으로 본다. 다만, 용재림을 일시에 벌채하게 되어 벌채 및 반출에 통상 소요되는 비용이 증가하거나 목재의 가격이 하락하는 경우에는 그 손실을 평가하여 보상하여야 한다.

(7) 시행규칙 제41조 농작물의 평가

농작물을 수확하기 전에 토지를 사용하는 경우의 농작물의 손실은 농작물의 종류 및 성숙도 등을 종합적으로 고려하여 ① 파종 중 또는 발아기에 있거나 묘포에 있는 농작물은 가격시점까지 소요된 비용의 현가액, ② 그 외의 농작물은 예상총수입의 현가액에서 장래 투하비용의 현가액을 뺀 금액으로 보상하되, 보상 당시에 상품화가 가능한 풋고추·들깻잎 또는 호박 등의 농작물이 있는 경우에는 그 금액을 제외한다.

(8) 시행규칙 제42조 분묘에 대한 보상액의 산정

① 「장사 등에 관한 법률」 제2조 제16호에 따른 연고자가 있는 분묘에 대한 보상액은 분묘이전비, 석물이전비, 잡비, 이전보조비를 합한 금액으로 산정하며, ② 연고자가 없는 분묘에 대한 보상액은 연고자가 있는 분묘에 대한 보상액 산정방법 중 이전비, 석물이전비, 잡비의 합계액의 50퍼센트 이하의 범위 안에서 산정한다.

Ⅲ 갑주장의 타당성

1. 공작물에 대한 보상평가규정의 취지

토지보상법 시행규칙 제36조에서는 지장물의 경우 건물 등의 평가방법을 준용하여 이전비를 원칙으로 하되, 이전비가 공작물의 가격을 초과하는 경우에는 물건의 가격으로 보상하도록 규정하고 있다. 다만 대체시설을 하는 등의 경우에는 별도의 손실보상을 하지 않도록 규정하고 있는데, 이는 이러한 대체시설로서 공작물 소유자에게 실질적으로 손실이 보상된 것으로 볼 수 있기 때문이다.

2. 대체시설로 인정되기 위한 요건

대체시설로 인정되기 위해서는 ① 기존 공작물과 기능적인 측면에서 대체가 가능한 시설이어야 할 뿐만 아니라, ② 특별한 사정이 없는 한 기존 공작물 소유자가 대체시설의 소유권을 취득하거나 소유권자에 준하는 관리처분권을 가지고 있어야 한다. 그렇게 보지 않으면 새로 설치한 설비에 대하여 사용료를 청구하거나 다른 경쟁업체가 생겼을 때 원소유자의 권리행사를 배제하는 데 대하여 달리 대항할 수 없게 될 수 있기 때문이다.

3. 사안의 경우

재개발사업조합 갑과 한국전력공사 사이에 새로 설치한 지중화된 전력설비에 대하여 소유권은 갑 조합이 가지지만 한국전력공사가 이를 그 소유처럼 제한 없이 무상으로 관리·사용할 수 있는 권리가 보장되어 있어서 철거된 종전 시설과 기능적으로 뿐 아니라 권리행사 측면에서도 실질적 차이가 없다고 볼 수 있는 관계가 설정되어 있는 경우라면 갑 조합의 주장은 타당하여 부당이득반환을 청구할 수 있을 것이다.

Ⅳ 사안의 해결

지장물은 해당 공익사업의 수행을 위하여 직접 필요하지 아니한 물건으로서, 이전에 필요한 비용을 지급함을 원칙으로 한다. 다만 공작물의 경우 대체시설을 설치하는 경우에는 별도의 손실보상을 하지 않아도 되는데, 갑 조합이 설치한 지중화된 전력설비에 대하여 한국전력공사가 종전 시설과 동일 또는 유사한 관리사용 권리를 가진 경우라면 이미 지급된 보상금은 부당이득으로서 반환되어야 할 것이다.

✱ 대체시설(대판 2012.9.13, 2011다83929)

[판시사항]

[1] 공익사업을 위한 토지 등의 취득 및 보상에 관한 법률 시행규칙 제36조 제2항 제3호에서 정한 '대체시설'로 인정하기 위한 요건

[2] 甲주택재개발정비사업조합이, 주택재개발정비사업으로 철거된 한국전력공사의 배전설비에 대하여 대체시설을 제공하였음을 이유로 공사가 甲조합으로부터 지급받은 철거시설 잔존가치 상당액의 손실보상금에 대하여 부당이득반환을 구한 사안에서, 새로 설치한 설비가 공익사업을 위한 토지 등의 취득 및 보상에 관한 법률 시행규칙에서 정한 대체시설에 해당하기 위한 요건을 충족하는지에 대한 별다른 심리 없이 공사가 받은 손실보상금이 부당이득에 해당한다고 본 원심판결에 법리오해의 위법이 있다고 한 사례

[재판요지]

[1] 공익사업을 위한 토지 등의 취득 및 보상에 관한 법률(이하 '공익사업법'이라 한다) 제75조 제 1항 제1호는 공작물에 대하여 이전에 필요한 비용으로 보상하되 이전이 어렵거나 그 이전으로 인하여 공작물을 종래의 목적으로 사용할 수 없게 된 경우에는 당해 물건의 가격으로 보상하도록 규정하고 있고, 같은 조 제6항의 위임에 따라 공작물에 대한 보상액의 구체적인 산정 및 평가방법과 보상기준을 정하고 있는 공익사업을 위한 토지 등의 취득 및 보상에 관한 법률 시행규칙 제36조 제2항 제3호는 '사업시행자가 공익사업에 편입되는 공작물 등에 대한 대체시설을 하는 경우'에는 이를 별도의 가치가 있는 것으로 평가하여서는 아니 된다고 규정하고 있다. 이처럼 대체시설을 하는 경우 별도의 손실보상을 하지 않도록 규정한 것은 그러한 대체시설로서 공작물소유자에게 실질적으로 손실이 보상된 것으로 볼 수 있기 때문이므로, 대체시설로 인정되기 위해서는 기존 공작물과 기능적인 측면에서 대체가 가능한 시설이어야 할 뿐만 아니라, 특별한 사정이 없는 한 기존 공작물 소유자가 대체시설의 소유권을 취득하거나 소유권자에 준하는 관리처분권을 가지고 있어야 한다.

[2] 甲주택재개발정비사업조합이, 주택재개발정비사업으로 철거된 한국전력공사의 배전설비에 대하여 대체시설을 제공하였음을 이유로 공사가 甲조합으로부터 지급받은 철거시설 잔존가치 상당액의 손실보상금에 대하여 부당이득반환을 구한 사안에서, 甲조합이 공사에 기존 배전설비의 철거보상금을 지급할 때 단순히 철거비용뿐 아니라 그 시설에 대한 손실보상금까지 포함하여 지급하였다는 등 다른 특별한 사정이 없는 이상 甲조합은 공사에 철거시설에 대한 손실보상금을 별도로 지급할 의무가 있고, 당사자 사이에 새로 설치한 지중화된 전력설비에 대하여 소유권은 甲조합이 가지지만 공사가 이를 그 소유처럼 제한 없이 무상으로 관리·사용할 수 있는 권리가 보장되어 있어서 철거된 종전 시설과 기능적으로 뿐 아니라 권리 행사 측면에서도 실질적 차이가 없다고 볼 수 있는 관계가 설정되어 있다는 등 특별한 사정이 없는 이상 이는 공익사업을 위한 토지 등의 취득 및 보상에 관한 법률 시행규칙에서 말하는 대체시설에 해당한다고 볼 수 없으므로, 위 시행규칙의 대체시설에 해당하기 위한 요건의 충족여부 등에 대하여 더 심리해 보지 않고는 공사가 지급받은 철거시설에 대한 손실보상금이 법률상 원인 없이 얻은 이득이라고 쉽사리 단정할 수 없음에도, 위와 같은 점에 대한 별다른 심리 없이 공사가 받은 손실보상금이 부당이득에 해당한다고 본 원심판결에 법리오해의 위법이 있다고 한 사례

사례 25

갑은 서울 송파구 장지동 302-22 토지를 임차한 후 위 지상에 골재 153,994㎥를 적치하여 놓고 골재 선별, 파쇄, 판매 등을 영업하여 온 주식회사이고, 을은 서울 ○○지구 택지개발사업을 시행한 사업시행자이다. 을은 갑 토지의 취득을 위하여 수용재결을 신청하였으며,(갑 소외 1 사이에 골재의 소유권에 관한 다툼이 있었다). 중앙토지수용위원회는 2005.7.13. "을은 사업 시행을 위하여 골재를 이전하게 하며, 손실보상금으로 923,964,000원을 지급한다(이전비 1,565,310,490원, 취득비 923,964,000원). 수용개시일은 2005.8.11.로 한다."는 수용재결을 하였다.

을은 사업의 시행을 위하여 토지를 사용해야 할 상황에 처하자 갑과 "갑은 을이 2005.12.경부터 골재를 다른 장소로 이전하는 것에 동의하고 이전 시 발생하는 골재의 손망실에 대하여 을에게 어떠한 책임도 묻지 아니하며, 을은 갑에게 이전비용 등을 구상하지 아니한다."는 내용의 합의를 하였다. 을은 이를 이전하는 것이 곤란하여 2007.3경 모두 멸실시켰다.

갑은, 을이 합의에서 골재를 인근 다른 장소로 이전하기로 하였으므로 선량한 관리자의 주의로 이를 이행할 의무가 있음에도, 위 골재 전체를 멸실되도록 하였는바, 을의 위와 같은 행위는 합의상의 의무를 제대로 이행하지 아니한 채무불이행에 해당함과 동시에 위와 같은 행위를 실제 행한 을의 행위는 불법행위에 해당하므로 을은 위 채무불이행으로 인하여 갑이 입은 손해를 배상할 책임이 있다고 주장한다. 을은 '수용재결은 골재의 취득가를 손실보상금으로 지급하도록 하였으며, 을은 재결에 따라 위 보상금을 공탁하였으므로 골재에 대한 소유권 또는 처분권한을 취득하였고, 따라서 골재를 사용한 것에 어떠한 잘못이나 과실이 있다고 할 수 없으며 갑이 그로 인하여 어떠한 손해를 입었다고도 할 수 없다.'고 주장한다. 을과 갑의 주장이 타당한지 논하시오. 20점

Ⅰ 쟁점의 정리

설문은 지장물 멸실에 대한 손해배상책임을 묻고 있다. 을이 이전비 보상원칙에 대한 예외로서, 취득비로 보상한 경우 지장물의 소유권을 취득하는지와, 갑에게 지장물 이전에 따른 물건의 가치상실을 수인해야 할 의무가 있는지를 검토하여 설문을 해결한다.

Ⅱ 을주장의 타당성(을이 소유권을 취득할 수 있는지 여부)

1. 토지보상법상 소유권 취득절차(수용의 보통절차)

(1) 수용절차

토지보상법 제19조 제1항에서는 "사업시행자는 공익사업의 수행을 위하여 필요하면 이 법에서 정하는 바에 따라 토지 등을 수용하거나 사용할 수 있다"고 규정하고 있으며 동법 제20조 내지

제34조에서는 ① 사업시행자에게 일정한 절차를 거칠 것을 조건으로 수용권을 설정하는 사업인정, ② 수용할 토지 및 물건의 내용을 확인하는 토지·물건 조서작성, ③ 사업시행자와 피수용자간의 협의, ④ 사업시행자에게 부여된 수용권의 구체적인 내용을 결정하는 재결의 절차를 거치도록 규정하고 있다.

(2) 재결의 효력

사업시행자는 재결에서 결정된 보상금을 지급 또는 공탁하고, 수용의 개시일부터 토지 등의 소유권을 취득할 수 있다. 이 경우 소유권 외 권리는 권리의 존속이 재결에서 인정된 경우를 제외하고는 이를 주장할 수 없다.

2. 사안의 경우(을이 소유권을 취득할 수 있는지 여부)

타인의 소유권을 강제취득할 수 있는 수용절차는 해당 사업에 직접 필요로 하는 토지 및 물건을 대상으로 한다. 따라서 토지보상법 제75조 제1항 단서 제2호에 따라 이전에 소요되는 실제 비용에 못 미치는 물건의 가격으로 보상한 경우, 사업시행자가 물건을 취득하는 제3호와 달리 수용절차를 거치지 아니한 이상 사업시행자가 보상만으로 물건의 소유권까지 취득한다고 볼 수는 없을 것이다.

Ⅲ 갑주장의 타당성(갑에게 물건의 가치상실을 수인해야 할 의무가 있는지 여부)

1. 토지보상법상 지장물 평가규정

(1) 관련규정의 검토

법 제75조 제1항은 본문에서 지장물인 건축물 등에 대하여는 이전비로 보상하여야 한다는 원칙을 규정하는 한편, 일정한 경우에는 해당 물건의 가격으로 보상하여야 한다고 규정하고 있다. 또한 동법 시행규칙 제33조 제4항, 제36조 제1항에서는 물건의 가격으로 보상된 건축물 및 공작물 등에 대하여는 사업시행자의 부담으로 이를 철거하도록 하되, 그 소유자가 해당 건축물 등의 구성부분을 사용 또는 처분할 목적으로 철거하는 경우에는 건축물 등의 소유자로 하여금 해당 비용을 부담하게 하고 있다.

(2) 갑에게 물건의 가치상실을 수인해야 할 의무가 발생하는지 여부

사업시행자가 사업시행에 방해가 되는 지장물에 관하여 이전에 소요되는 실제 비용에 못 미치는 물건의 가격으로 보상한 경우, 사업시행자가 수용의 절차를 거치지 아니한 이상 사업시행자가 그 보상만으로 해당 물건의 소유권까지 취득한다고 보기는 어렵겠으나, 다른 한편으로 사업시행자는 그 지장물의 소유자가 스스로의 비용으로 철거하겠다고 하는 등의 특별한 사정이 없는 한 지장물의 소유자에 대하여 그 철거 및 토지의 인도를 요구할 수 없고 자신의 비용으로 직접 이를 제거할 수 있을 뿐이며, 이러한 경우 지장물의 소유자로서도 사업시행에 방해가 되지 않는 상당한 기한 내에 스스로 위 지장물 또는 그 구성부분을 이전해 가지 않은 이상 사업시행자의 지장물 제거와 그 과정에서 발생하는 물건의 가치 상실을 수인(受忍)하여야 할 지위에 있다고 봄이 상당하다.

2. 사안의 경우

사업시행자는 재결에 따른 보상금을 공탁함으로써 사업시행구역 내 위치한 지장물인 골재에 대하여 스스로의 비용으로 이를 제거할 수 있는 권한과 부담을 동시에 갖게 되었고, 갑도 그 이전의무를 면하는 대신 사업시행자의 지장물 제거를 수인하여야 할 지위에 놓이게 되었다고 할 것이다. 따라서 골재를 사업시행에 지장이 되지 않도록 제거하고 그 과정에서 위 골재가 산일(散逸)되어 이를 회복할 수 없게 되었다고 하더라도 이러한 지장물 제거 행위를 갑의 소유권을 침해하는 위법한 행위라고 평가할 수 없을 것이다.

Ⅳ 사안의 해결

을은 비록 물건의 가격으로 보상하였으나, 토지보상법상 수용절차를 거치지 않아 골재에 대한 소유권을 취득하기는 어려울 것이다. 다만 골재소유자인 갑은 상당기간 내에 스스로의 비용으로 지장물 또는 그 구성부분을 이전해 가지 않는 이상 물건의 가치상실을 수인해야 할 의무가 있는바 을은 갑에게 별도의 손해를 배상하지 않아도 될 것이다.

✎ 대판 2012.4.13, 2010다94960[손해배상]

[판시사항]

[1] 사업시행자가 사업시행에 방해되는 지장물에 관하여 구 공익사업을 위한 토지 등의 취득 및 보상에 관한 법률 제75조 제1항 단서 제2호에 따라 이전 비용에 못 미치는 물건 가격으로 보상한 경우 지장물 소유권을 취득하는지 여부(소극) 및 이 경우 지장물 소유자는 사업시행자의 지장물 제거와 그 과정에서 발생하는 물건의 가치 상실을 수인하여야 할 지위에 있는지 여부(원칙적 적극)

[2] 택지개발사업자인 갑 지방공사가 골재 등 지장물에 관하여 구 공익사업을 위한 토지 등의 취득 및 보상에 관한 법률 제75조 제1항 단서 제2호에 따라 중앙토지수용위원회로부터 골재 가격을 손실보상금으로 하는 취지의 재결을 받고 손실보상금을 공탁한 다음, 골재 소유자와 골재를 갑 공사비용으로 임시장소로 이전해 두기로 합의하였는데, 골재를 모두 멸실시킨 사안에서, 갑 공사에 손해배상책임이 있다고 본 원심판결에 법리오해의 위법이 있다고 한 사례

[판결요지]

[1] 구 공익사업을 위한 토지 등의 취득 및 보상에 관한 법률(2007.10.17. 법률 제8665호로 개정되기 전의 것, 이하 '법'이라 한다) 제75조 제1항 제1호, 제2호, 제3호, 제5항, 공익사업을 위한 토지 등의 취득 및 보상에 관한 시행규칙(이하 '시행규칙'이라 한다) 제33조 제4항, 제36조 제1항 등 관계 법령의 내용을 법에 따른 지장물에 대한 수용보상의 취지와 정당한 보상 또는 적정

가격 보상의 원칙에 비추어 보면, 사업시행자가 사업시행에 방해가 되는 지장물에 관하여 법 제75조 제1항 단서 제2호에 따라 이전에 소요되는 실제 비용에 못 미치는 물건의 가격으로 보상한 경우, 사업시행자가 물건을 취득하는 제3호와 달리 수용 절차를 거치지 아니한 이상 사업시행자가 보상만으로 물건의 소유권까지 취득한다고 보기는 어렵겠으나, 다른 한편으로 사업시행자는 지장물의 소유자가 시행규칙 제33조 제4항 단서에 따라 스스로의 비용으로 철거하겠다고 하는 등 특별한 사정이 없는 한 지장물의 소유자에 대하여 철거 및 토지의 인도를 요구할 수 없고 자신의 비용으로 직접 이를 제거할 수 있을 뿐이며, 이러한 경우 지장물의 소유자로서도 사업시행에 방해가 되지 않는 상당한 기한 내에 시행규칙 제33조 제4항 단서에 따라 스스로 지장물 또는 그 구성부분을 이전해 가지 않은 이상 사업시행자의 지장물 제거와 그 과정에서 발생하는 물건의 가치 상실을 수인(受忍)하여야 할 지위에 있다고 보아야 한다.

[2] 택지개발사업자인 갑 지방공사가 골재 등 지장물에 관한 보상협의가 이루어지지 않자 중앙토지수용위원회에 수용재결을 신청하여 구 공익사업을 위한 토지 등의 취득 및 보상에 관한 법률(2007.10.17. 법률 제8665호로 개정되기 전의 것, 이하 '법'이라 한다) 제75조 제1항 단서 제2호에 따라 골재 가격을 손실보상금으로 하는 취지의 재결을 받고, 골재 소유자가 을 주식회사와 병 중 누구인지 불분명하다는 이유로 손실보상금을 공탁한 다음, 을 회사 및 병과 골재를 갑 공사비용으로 임시장소로 이전해 두기로 합의하였는데, 그 후 골재를 폐기하거나 사용하여 모두 멸실시킨 사안에서, 골재 이전비가 골재 가격인 취득가를 넘는다는 이유로 골재 가격으로 보상금을 정하는 내용의 중앙토지수용위원회 재결이 내려져 그대로 확정된 이상, 갑 공사는 재결에 따른 보상금의 공탁으로 사업시행구역 내 골재를 자신의 비용으로 제거할 수 있는 권한과 부담을 동시에 갖게 되었고, 골재 소유자인 을 회사도 지장물 이전의무를 면하는 대신 갑 공사의 지장물 제거를 수인하여야 할 지위에 있으므로, 갑 공사가 위 합의 후 골재를 사업시행에 지장이 되지 않도록 제거하고 그 과정에서 골재가 산일(散逸)되어 회복할 수 없게 되었다 하더라도 갑 공사의 지장물 제거행위를 합의에 위배되는 것이라거나 을 회사의 소유권을 침해하는 위법한 행위라고 평가할 수 없고, 골재에 대한 인도의무를 면하는 대신 위와 같은 갑 공사의 행위를 수인하여야 할 지위에 있게 된 을 회사에 대하여 골재 멸실로 인한 손해배상책임을 지게 된다고 볼 수 없는데도, 이와 달리 본 원심판결에 법상 지장물의 보상에 따른 효과에 관한 법리오해의 위법이 있다고 한 사례

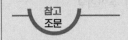 사례 26

인천광역시장은 미라클도시개발사업에 관하여 2014.2.24. 도시개발구역 지정, 개발계획 수립 및 지형도면 고시를 한 이후 2017.9.11, 2018.3.19, 2020.5.25. 및 2020.9.21. 개발계획(변경) 및 실시계획인가 고시를 하였다. 갑은 사업구역 내에 위치한 토지상에 컨테이너, 주택, 보일러실의 소유자로서 이를 점유하고 있다. 사업시행자인 미라클도시개발 주식회사는 사업에 편입되는 토지의 취득 및 그 지상 지장물 이전을 위하여 토지 및 지장물 소유자들과 협의를 하였으나 갑을 비롯한 일부 이해관계인들과의 협의가 성립되지 아니하여 2020.9.15. 인천광역시지방토지수용위원회에 재결신청을 하였다. 인천광역시지방토지수용위원회는 2021.1.29. 지장물 등에 관하여 2021.3.25. 을 수용개시일로 정하여 공익사업을 위한 토지 등의 취득 및 보상에 관한 법률 제75조 제1항 제2호에 따라 물건의 가격으로 지장물의 이전에 따른 보상금을 산정하는 내용이 포함된 재결을 하였다. 그러나 갑은 보상금액이 적다는 이유로 해당 지장물을 사업시행자에게 인도하거나 이전하지 않고 있다. 사업시행자는 물건의 가격으로 보상하였으므로 지장물에 대한 소유권을 취득하였음을 주장하면서 점유자인 갑에게 자신에게 반환할 것을 청구할 수 있는가? 또는 토지보상법 제43조에 따라서 자신에게 반환할 것을 청구하거나 다른 곳으로 이전할 것을 요구할 수 있는가? 20점

참고 조문

민법

제213조(소유물반환청구권)

소유자는 그 소유에 속한 물건을 점유한 자에 대하여 반환을 청구할 수 있다. 그러나 점유자가 그 물건을 점유할 권리가 있는 때에는 반환을 거부할 수 있다.

토지보상법

제43조(토지 또는 물건의 인도 등)

토지소유자 및 관계인과 그 밖에 토지소유자나 관계인에 포함되지 아니하는 자로서 수용하거나 사용할 토지나 그 토지에 있는 물건에 관한 권리를 가진 자는 수용 또는 사용의 개시일까지 그 토지나 물건을 사업시행자에게 인도하거나 이전하여야 한다.

제75조(건축물등 물건에 대한 보상)

① 건축물·입목·공작물과 그 밖에 토지에 정착한 물건(이하 "건축물등"이라 한다)에 대하여는 이전에 필요한 비용(이하 "이전비"라 한다)으로 보상하여야 한다. 다만, 다음 각 호의 어느 하나에 해당하는 경우에는 해당 물건의 가격으로 보상하여야 한다.
  1. 건축물등을 이전하기 어렵거나 그 이전으로 인하여 건축물등을 종래의 목적대로 사용할 수 없게 된 경우
  2. 건축물등의 이전비가 그 물건의 가격을 넘는 경우
  3. 사업시행자가 공익사업에 직접 사용할 목적으로 취득하는 경우

⑤ 사업시행자는 사업예정지에 있는 건축물등이 제1항 제1호 또는 제2호에 해당하는 경우에는 관할 토지 수용위원회에 그 물건의 수용 재결을 신청할 수 있다.

토지보상법 시행규칙

제33조(건축물의 평가)

④ 물건의 가격으로 보상한 건축물의 철거비용은 사업시행자가 부담한다. 다만, 건축물의 소유자가 당해 건축물의 구성부분을 사용 또는 처분할 목적으로 철거하는 경우에는 건축물의 소유자가 부담한다.

제36조(공작물 등의 평가)

① 제33조 내지 제35조의 규정은 공작물 그 밖의 시설(이하 "공작물등"이라 한다)의 평가에 관하여 이를 준용한다.

Ⅰ 쟁점의 정리

사업시행자는 지장물 소유자 갑에게 지장물의 인도 또는 이전을 구하고 있다. 이와 관련하여 물건의 가격으로 보상한 경우 사업시행자가 소유권을 취득하는지 여부 및 지장물 소유자에게 인도 또는 이전의무가 발생하는지를 검토한다.

Ⅱ 소유권에 기한 반환청구권 행사 가능여부

1. 지장물의 의의 및 보상방법

지장물은 공익사업시행 지구 내의 토지에 정착한 건축물·공작물·시설·입목·죽목 및 농작물 그 밖의 물건 중에서 해당 공익사업의 수행을 위하여 직접 필요하지 아니한 물건을 말한다. 토지보상법 제75조 제1항은 본문에서 지장물인 건축물 등에 대해서는 이전비로 보상하여야 한다는 원칙을 규정하고 있다.

2. 이전비 보상과 물건의 가격보상

보상법 제75조 제1항 단서에는 ① 건축물 등의 이전이 어렵거나 그 이전으로 인하여 건축물 등을 종래의 목적대로 사용할 수 없게 된 경우, ② 건축물 등의 이전비가 그 물건의 가격을 넘는 경우, ③ 제3호로 사업시행자가 공익사업에 직접 사용할 목적으로 취득하는 경우에는 이전비가 아닌 물건의 가격으로 보상을 하도록 규정하고 있다.

3. 물건의 가격으로 보상한 경우 소유권 취득여부

지장물에 대한 수용보상의 취지와 정당한 보상 또는 적정가격 보상의 원칙에 비추어 보면, 사업시행자가 사업시행에 방해가 되는 지장물에 관하여 토지보상법 제75조 제1항 단서 제2호에 따라 이전에 드는 실제 비용에 못 미치는 물건의 가격으로 보상한 경우 사업시행자가 해당 물건을 취득하는 제3호와 달리 수용의 절차를 거치지 않은 이상 사업시행자가 그 보상만으로 해당 물건의 소유권까지 취득한다고 보기는 어렵다.

4. 사안의 경우

이전비가 물건의 가격을 초과하여 물건의 가격으로 보상한 경우라도 별도의 소유권 취득을 위한 수용절차가 개시되지 않은 이상 소유권을 취득할 수 없으므로 사업시행자는 갑에게 지장물의 인도를 청구할 수 없다.

Ⅲ 토지보상법상 인도 또는 이전청구 가능여부

1. 관련규정의 검토

토지보상법 시행규칙 제33조 제4항, 제36조 제1항에서는 토지보상법 제75조 제1항 단서에 따라 물건의 가격으로 보상된 건축물과 공작물 등에 대해서는 사업시행자의 부담으로 이를 철거하도록 하되, 그 소유자가 해당 건축물 등의 구성부분을 사용 또는 처분할 목적으로 철거하는 경우에는 건축물 등의 소유자로 하여금 해당 비용을 부담하게 하고 있다.

2. 철거의무

사업시행자는 지장물의 소유자가 스스로의 비용으로 철거하겠다고 하는 등의 특별한 사정이 없는 한 지장물의 소유자에 대하여 그 철거 등을 요구할 수 없고 자신의 비용으로 직접 이를 제거할 수 있을 뿐이다

3. 물건의 가치상실 수인의무

지장물 소유자는 사업시행에 방해가 되지 않는 상당한 기한 내에 스스로 지장물 또는 그 구성부분을 이전해 가지 않은 이상 사업시행자의 지장물 제거와 그 과정에서 발생하는 물건의 가치 상실을 수인하여야 할 지위에 있다고 봄이 상당하다.

4. 사안의 경우

사업시행자는 물건의 가격으로 보상한 지장물을 철거할 의무가 있으며 갑은 이에 따른 지장물 가치 상실에 대한 수인의무가 부과되므로 별도의 공간으로 지장물을 이전할 의무는 발생하지 않는다고 볼 것이나 사업시행자가 이를 철거하여 원활한 공익사업을 시행하기 위하여 사업시행자에게 인도할 의무는 인정된다고 볼 것이다.

Ⅳ 사안의 해결

이전비가 물건의 가격을 초과하여 물건의 가격으로 보상한 경우에 사업시행자는 소유권을 취득하지는 못하지만 이를 철거할 의무를 부담하기에 토지보상법 제43조에 따라서 사업시행자 자신에게 지장물의 인도를 청구할 수 있을 것이다.

> **✎ 대법원 2022.11.17, 2022다242342**
>
> **[판시사항]**
> 도시개발사업의 시행자가 사업시행에 방해가 되는 지장물에 관하여 공익사업을 위한 토지 등의 취득 및 보상에 관한 법률 제75조 제1항 단서 제2호에 따라 지장물의 가격으로 보상한 경우, 지장물의 소유자는 같은 법 제43조에 따라 사업시행자에게 지장물을 인도할 의무가 있는지 여부(원칙적 적극)
>
> **[판결요지]**
> 도시개발법 제22조 제1항에 따라 준용되는 공익사업을 위한 토지 등의 취득 및 보상에 관한 법률 (이하 '토지보상법'이라 한다) 제43조는, "토지소유자 및 관계인과 그 밖에 토지소유자나 관계인에 포함되지 아니하는 자로서 수용하거나 사용할 토지나 그 토지에 있는 물건에 관한 권리를 가진 자는 수용 또는 사용의 개시일까지 그 토지나 물건을 사업시행자에게 인도하거나 이전하여야 한다." 라고 규정하고 있다.
>
> 도시개발사업의 시행자가 사업시행에 방해가 되는 지장물에 관하여 토지보상법 제75조 제1항 단서 제2호에 따라 물건의 가격으로 보상한 경우, 사업시행자가 당해 물건을 취득하는 제3호와 달리 수용의 절차를 거치지 아니한 이상 사업시행자가 그 보상만으로 당해 물건의 소유권까지 취득한다고 보기는 어렵지만, 지장물의 소유자가 토지보상법 시행규칙 제33조 제4항 단서에 따라 스스로의 비용으로 철거하겠다고 하는 등 특별한 사정이 없는 한 사업시행자는 자신의 비용으로 이를 제거할 수 있고, 지장물의 소유자는 사업시행자의 지장물 제거와 그 과정에서 발생하는 물건의 가치 상실을 수인하여야 할 지위에 있다.
>
> 따라서 사업시행자가 지장물에 관하여 토지보상법 제75조 제1항 단서 제2호에 따라 지장물의 가격으로 보상한 경우 특별한 사정이 없는 한 지장물의 소유자는 사업시행자에게 지장물을 인도할 의무가 있다.

✎ 대법원 2022.11.17, 2022다253243[건물인도]

[판시사항]

공익사업시행자가 사업시행에 방해가 되는 지장물에 관하여 공익사업을 위한 토지 등의 취득 및 보상에 관한 법률 제75조 제1항 단서 제2호에 따라 이전에 소요되는 실제 비용에 못 미치는 물건의 가격으로 보상한 경우, 사업시행자가 해당 물건의 소유권을 취득하는지 여부(원칙적 소극) / 공유자 사이에 공유물을 사용·수익할 구체적인 방법을 정하는 것이 공유자 지분의 과반수로써 결정하여야 하는 공유물의 관리에 관한 사항인지 여부(적극) 및 과반수 지분의 공유자가 공유물의 특정 부분을 배타적으로 사용·수익하기로 정하는 것이 공유물의 관리방법으로서 적법한지 여부(적극) / 공유 지분 과반수 소유자의 공유물인도청구를 그 상대방인 타 공유자가 민법 제263조의 공유물의 사용수익권으로 거부할 수 있는지 여부(소극)

[판결요지]

공익사업을 위한 토지 등의 취득 및 보상에 관한 법률(이하 '토지보상법'이라고 한다) 제75조 제1항은 "건축물·입목·공작물과 그 밖에 토지에 정착한 물건(이하 '건축물등'이라고 한다)에 대하여는 이전에 필요한 비용(이하 '이전비'라고 한다)으로 보상하여야 한다. 다만 다음 각 호의 어느 하나에 해당하는 경우에는 해당 물건의 가격으로 보상하여야 한다. 1. 건축물등을 이전하기 어렵거나 그 이전으로 인하여 건축물등을 종래의 목적대로 사용할 수 없게 된 경우, 2. 건축물등의 이전비가 그 물건의 가격을 넘는 경우, 3. 사업시행자가 공익사업에 직접 사용할 목적으로 취득하는 경우"라고 규정하고 있다. 이와 함께 공익사업을 위한 토지 등의 취득 및 보상에 관한 법률 시행규칙 제33조 제4항, 제36조 제1항 등 관계 법령의 내용에 비추어 보면, 사업시행자가 사업시행에 방해가 되는 지장물에 관하여 법 제75조 제1항 단서 제2호에 따라 이전에 소요되는 실제 비용에 못 미치는 물건의 가격으로 보상한 경우, 사업시행자로서는 물건을 취득하는 제3호와 달리 수용 절차를 거치지 아니한 이상 보상만으로 물건의 소유권까지 취득한다고 볼 수 없다.

그리고 공유자 사이에 공유물을 사용·수익할 구체적인 방법을 정하는 것은 공유물의 관리에 관한 사항으로서 공유자의 지분의 과반수로써 결정하여야 할 것이고, 과반수 지분의 공유자는 다른 공유자와 사이에 미리 공유물의 관리방법에 관한 협의가 없었다 하더라도 공유물의 관리에 관한 사항을 단독으로 결정할 수 있으므로, 과반수 지분의 공유자가 그 공유물의 특정 부분을 배타적으로 사용·수익하기로 정하는 것은 공유물의 관리방법으로서 적법하다. 또한 공유 지분 과반수 소유자의 공유물인도청구는 민법 제265조의 규정에 따라 공유물의 관리를 위하여 구하는 것으로서 그 상대방인 타 공유자는 민법 제263조의 공유물의 사용수익권으로 이를 거부할 수 없다.

PART · 04

◢ 사례 27

2009.11.9. 광로3류2호선(우회도로~동국제강 간 도로) 도로확장공사에 대한 인천광역시 고시 제2009-337호가 있었고, 2011.10.7. 수용재결에서 갑 소유의 인천 동구 화수동 10-177 외 2필지 토지 및 지상의 지장물(담장, 수목, 휴게실 및 바닥, 화단, 우수관로 등 매립시설, 경비실, 출입문 등)이 편입되어 토지보상금 5,681,691,800원, 지장물 197,162,000원이 결정되었다(편입시설이 전체 영업시설의 5%를 넘지 않으므로 잔여시설에서 계속적인 영업이 가능하기에 실제적인 영업손실은 발생하지 않는 것으로 판단하고 편입부분에 대한 이전비용을 영업보상액으로 산정하였다).

갑은 사업장 내 도로가 일부 편입되어 물건의 상하차 작업 및 이동에 불편이 발생해 더 이상 정상적인 영업은 어렵다고 한다. 따라서 계속하여 영업을 하기 위해서 ① 대형 차량의 공장 진출입을 위한 공간 확보를 위한 건축물의 일부 철거와 기존 시설물의 재설치 비용 보상액 2,947,248,000원 및 공사기간 동안 소요되는 45일 동안의 영업손실액 1,060,000,000원을 추가로 보상하여 줄 것과 ② 차량 진출입을 용이하게 하기 위해서 출입구 앞에 있는 횡단보도를 100m 가량 서측으로 이동시켜 줄 것을 요구하였다.

그러나 토지수용위원회는 ① 횡단보도 이전은 재결대상이 아니며, ② 기존 시설물의 재설치 및 영업손실액은 "공익사업에 영업시설의 일부가 편입됨으로 인하여 잔여시설에 그 시설을 새로이 설치하거나 잔여시설을 보수하지 아니하고는 그 영업을 계속할 수 없는 경우"에 해당하지 않으므로 이는 보상대상이 아니라고 한다. 또한, 잔여시설의 보수비용은 편입되는 부분의 지장물 이전비용에 포함되어 있으므로 해당 부분에 대한 보상은 완료되었다고 한다.

(각 설문은 독립적인 것으로 판단할 것)

(1) 갑은 토지수용위원회의 재결에 대해서 인천지방법원에 손실보상금증액청구소송을 제기하였으나 패소하여 고등법원에 항소하였다. 고등법원은 상기 "②" 항목에 대해서 토지보상법상 재결절차를 거쳤다는 자료가 없으므로 이에 관한 손실보상청구는 부적법하다고 하여 각하하였다. 영업손실보상과 관련하여 공익사업에 영업시설 일부가 편입됨으로 인하여 잔여 영업시설에 손실을 입었다고 주장하는 자가 재결절차를 거치지 않은 채 곧바로 사업시행자를 상대로 잔여 영업시설의 손실에 대한 보상을 청구할 수 있는가? 이때 재결절차를 거쳤는지 판단하는 방법 및 영업의 단일성·동일성이 인정되는 범위에서 보상금 산정의 세부요소를 추가로 주장하는 경우, 별도로 재결절차를 거쳐야 하는지 논하시오. [20점]

(2) 갑은 토지수용위원회의 재결에 대하여 재결취소소송을 제기하였다. 해당 소송은 적법한가? 즉, 토지수용위원회가 보상대상이 아니라고 하여 기각재결을 한 경우에 제기할 소송과 그 상대방에 대해서 설명하시오. [20점]

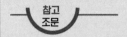

> **참고조문**
>
> **토지보상법 시행규칙 제47조(영업의 휴업 등에 대한 손실의 평가)**
> ① 공익사업의 시행으로 인하여 영업장소를 이전하여야 하는 경우의 영업손실은 휴업기간에 해당하는 영업이익과 영업장소 이전 후 발생하는 영업이익감소액에 다음 각 호의 비용을 합한 금액으로 평가한다.
> 1. 휴업기간 중의 영업용 자산에 대한 감가상각비·유지관리비와 휴업기간 중에도 정상적으로 근무하여야 하는 최소인원에 대한 인건비 등 고정적 비용
> 2. 영업시설·원재료·제품 및 상품의 이전에 소요되는 비용 및 그 이전에 따른 감손상당액
> 3. 이전광고비 및 개업비 등 영업장소를 이전함으로 인하여 소요되는 부대비용
> ② 제1항의 규정에 의한 휴업기간은 4개월 이내로 한다. 다만, 다음 각 호의 어느 하나에 해당하는 경우에는 실제 휴업기간으로 하되, 그 휴업기간은 2년을 초과할 수 없다.
> 1. 당해 공익사업을 위한 영업의 금지 또는 제한으로 인하여 4개월 이상의 기간 동안 영업을 할 수 없는 경우
> 2. 영업시설의 규모가 크거나 이전에 고도의 정밀성을 요구하는 등 당해 영업의 고유한 특수성으로 인하여 4개월 이내에 다른 장소로 이전하는 것이 어렵다고 객관적으로 인정되는 경우
> ③ 공익사업에 영업시설의 일부가 편입됨으로 인하여 잔여시설에 그 시설을 새로이 설치하거나 잔여시설을 보수하지 아니하고는 그 영업을 계속할 수 없는 경우의 영업손실 및 영업규모의 축소에 따른 영업손실은 다음 각 호에 해당하는 금액을 더한 금액으로 평가한다. 이 경우 보상액은 제1항에 따른 평가액을 초과하지 못한다.
> 1. 해당 시설의 설치 등에 소요되는 기간의 영업이익
> 2. 해당 시설의 설치 등에 통상 소요되는 비용
> 3. 영업규모의 축소에 따른 영업용 고정자산·원재료·제품 및 상품 등의 매각손실액
> ④ 영업을 휴업하지 아니하고 임시영업소를 설치하여 영업을 계속하는 경우의 영업손실은 임시영업소의 설치비용으로 평가한다. 이 경우 보상액은 제1항의 규정에 의한 평가액을 초과하지 못한다.

(설문 1)의 해결

Ⅰ 쟁점의 정리

Ⅱ 재결절차 없이 손실보상을 청구할 수 있는지 여부
  1. 영업손실보상의 의의
  2. 토지보상법상 보상절차
     (1) 보상절차 규정
     (2) 보상절차의 종료(보상금의 지급, 공탁)
  3. 사안의 경우

Ⅲ 보상금 산정의 세부요소를 추가하는 경우 별도의 재결을 거쳐야 하는지 여부
  1. 재결의 대상이 되는 보상항목의 의미
  2. 재결절차 유무의 판단기준(판례의 태도)
  3. 사안의 경우

Ⅳ 사안의 해결

(설문 2)의 해결

Ⅰ 쟁점의 정리

Ⅱ 보상금증감청구소송
  1. 의의 및 취지
  2. 소송의 형태 및 소송의 성질
  3. 제기요건 및 효과(기간특례, 당사자, 원처분주의, 관할)
  4. 심리범위
     (1) 심리범위
     (2) 최근 판례의 태도
  5. 심리방법 및 입증책임
  6. 판결(형성력, 별도의 처분 불필요)

Ⅲ 사안의 해결

⊕ (설문 1)의 해결

Ⅰ 쟁점의 정리

① 재결절차를 거치지 않고 사업시행자를 상대로 손실보상을 청구할 수 있는지를 토지보상법상 보상절차를 검토하여 해결한다.

② 영업손실보상에 있어서 단일 영업시설 중 일부에 대한 재결이 있는 경우 보상금 산정의 세부요소(재설치비용 및 영업손실액 추가)를 추가하는 것도 별도의 재결을 받아야 하는 항목인지를 검토하여 해결한다.

Ⅱ 재결절차 없이 손실보상을 청구할 수 있는지 여부

1. 영업손실보상의 의의

영업보상이란 공공사업의 시행에 따라 영업을 폐지 또는 휴업하게 되는 경우에 사업시행자가 장래 예상되는 전업 또는 이전에 소요되는 일정한 기간 동안의 영업소득 또는 영업시설 및 재고자산에 대한 손실을 보상하는 것으로서, 합리적 기대이익의 상실이라는 점에서 일실손실의 보상의 성격이 있다.

2. 토지보상법상 보상절차

(1) 보상절차 규정

토지보상법 제26조에서는 당사자 간 협의를 통한 보상금 산정을 규정하고 있고 당사자 간 협의가 성립되지 않는 경우에는 동법 제28조 및 제30조에 따라 토지수용위원회에 재결을 신청할수 있다. 또한 재결에 불복하는 경우에는 동법 제83조와 제85조에 따라서 이의신청을 하거나보상금증감청구소송을 청구할 수 있다.

(2) 보상절차의 종료(보상금의 지급, 공탁)

협의 또는 재결에서 정한 보상금의 지급일까지 보상금을 지급, 공탁함으로 손실보상의 절차가종료된다.

3. 사안의 경우

토지보상법은 협의절차와 재결절차를 보상금결정 절차로 규정하고 있으므로 이러한 재결절차를 거치지 않고 곧바로 사업시행자를 상대로 손실보상을 청구하는 것은 허용되지 않을 것이다.

Ⅲ 보상금 산정의 세부요소를 추가하는 경우 별도의 재결을 거쳐야 하는지 여부

1. 재결의 대상이 되는 보상항목의 의미

피보상자별로 어떤 토지, 물건, 권리 또는 영업이 손실보상대상에 해당하는지, 나아가 보상금액이얼마인지를 심리·판단하는 기초단위를 보상항목이라고 한다. 편입토지·물건 보상, 지장물 보상,잔여 토지·건축물 손실보상 또는 수용청구의 경우에는 원칙적으로 개별물건별로 하나의 보상항목이 되지만, 잔여 영업시설 손실보상을 포함하는 영업손실보상의 경우에는 '전체적으로 단일한 시설일체로서의 영업' 자체가 보상항목이 되고, 세부 영업시설이나 영업이익, 휴업기간 등은 영업손실보상금 산정에서 고려하는 요소에 불과하다.

2. 재결절차 유무의 판단기준(판례의 태도)

영업의 단일성·동일성이 인정되는 범위에서 보상금 산정의 세부요소를 추가로 주장하는 것은 하나의 보상항목 내에서 허용되는 공격방법일 뿐이므로, 별도로 재결절차를 거쳐야 하는 것은 아니다.

3. 사안의 경우

잔여 영업시설에 시설을 새로이 설치하거나 잔여 영업시설을 보수하지 아니하고는 그 영업이 전부불가능하거나 곤란하게 되는 경우만을 의미하는 것이 아니라, 공익사업에 영업시설 일부가 편입됨으로써 잔여 영업시설의 운영에 일정한 지장이 초래되고, 이에 따라 종전처럼 정상적인 영업을 계속하기 위해서는 잔여 영업시설에 시설을 새로 설치하거나 잔여 영업시설을 보수할 필요가 있는경우도 포함된다고 해석함이 타당하다.

따라서 갑은 단일 영업시설의 일부가 편입되었고 그에 대한 재결을 거친 바 있으므로 잔여영업시설에 대한 추가적인 보상요청도 재결을 거친 것으로 보아야 할 것이다.

Ⅳ 사안의 해결

공익사업에 영업시설의 일부가 편입됨으로 인하여 잔여시설에 그 시설을 새로이 설치하거나 잔여시설을 보수하지 아니하고는 그 영업을 계속할 수 없는 경우 편입부분에 대한 재결절차를 거쳤다면 별도의 재결절차 없이 보상금증감청구소송을 통해 권리보호를 도모할 수 있을 것이다.

> 잔여 영업시설 손실보상은 토지보상법 제73조 제1항에 따른 잔여지 손실보상, 토지보상법 제75조의2 제1항에 따른 잔여건축물 손실보상 등과 비교하여 볼 때 사업시행자가 분할하여 취득하는 목적물의 종류만을 달리 하는 것일 뿐, 모두 사업시행자가 공익사업의 시행을 위해 일단의 토지·건축물·영업시설 중 일부를 분할하여 취득하는 경우 그로 인하여 잔여 토지·건축물·영업시설에 발생한 손실까지 함께 보상하도록 함으로써 헌법상 정당보상원칙을 구현하고자 하는 것으로 그 입법목적이 동일하다. 따라서 각 손실보상의 요건을 해석할 때에는, 그 보상 목적물의 종류가 다르다는 특성을 고려하되 입법 목적 및 헌법상 정당보상의 관점에서 서로 궤를 같이하여야 한다.

⊕ (설문 2)의 해결

Ⅰ 쟁점의 정리

토지수용위원회가 보상대상이 아니라고 하여 기각재결을 한 경우에 토지수용위원회를 피고로 재결취소소송을 제기해야 하는지, 아니면 사업시행자를 상대로 보상금증감청구소송을 제기하여야 하는지가 문제된다. 보상금증감청구소송의 심리범위에 보상대상판단이 포함되는지를 중심으로 검토한다.

Ⅱ 보상금증감청구소송

1. 의의 및 취지

(보상재결에 대한) 보상금의 증감에 대한 소송으로서 사업시행자, 토지소유자는 각각 피고로 제기하며(제85조 제2항) ① 보상재결의 취소 없이 보상금과 관련된 분쟁을 일회적으로 해결하여, ② 신속한 권리구제를 도모함에 취지가 있다.

2. 소송의 형태 및 소송의 성질

종전에는 형식적 당사자소송이었는지와 관련하여 견해의 대립이 있었으나 현행 토지보상법 제85조에서는 재결청을 공동피고에서 제외하여 형식적 당사자소송임을 규정하고 있다. 판례는 해당 소송을 이의재결에서 정한 보상금이 증액, 변경될 것을 전제로 하여 기업자를 상대로 보상금의 지급을 구하는 확인급부소송으로 보고 있다.

3. 제기요건 및 효과(기간특례, 당사자, 원처분주의, 관할)

① 제85조에서는 제34조 재결을 규정하므로 원처분을 대상으로, ② 재결서 정본 송달일부터 90일 또는 60일(이의재결 시) 이내에, ③ 토지소유자, 관계인 및 사업시행자는 각각 상대방을 피고로 하여, ④ 관할법원에 당사자소송을 제기할 수 있다.

4. 심리범위

(1) 심리범위

① 손실보상의 지급방법(채권보상여부포함)과 ② 적정손실보상액의 범위 및 보상액과 관련한 보상면적(잔여지수용 등) 등은 심리범위에 해당한다. 판례는 ③ 지연손해금 역시 손실보상의 일부이고, ④ 잔여지수용 여부 및 ⑤ 개인별 보상으로서 과대, 과소항목의 보상항목 간 유용도 심리범위에 해당한다고 본다.

(2) 최근 판례의 태도

최근 판례는 심리범위의 손실을 어떻게 산정할 것인지 여부(보상대상의 범위) 및 당사자가 주장하는 내용이 과연 필요한 것으로서 합리적인지 여부 등 보상항목의 세부요소에 포함되는지 여부도 본안에서 심리·판단할 사항이라고 판시하였다.

5. 심리방법 및 입증책임

법원 감정인의 감정결과를 중심으로 적정한 보상금이 산정된다. 입증책임과 관련하여 민법상 법률요건분배설이 적용된다. 판례는 재결에서 정한 보상액보다 정당한 보상이 많다는 점에 대한 입증책임은 그것을 주장하는 원고에게 있다고 한다.

6. 판결(형성력, 별도의 처분 불필요)

산정된 보상금액이 재결 금액보다 많으면 차액의 지급을 명하고, 법원이 직접보상금을 결정하므로 소송당사자는 판결결과에 따라 이행하여야 하며 중앙토지수용위원회는 별도의 처분을 할 필요가 없다.

Ⅲ 사안의 해결

공익사업에 영업시설의 일부가 편입됨으로 인하여 잔여 영업시설에 손실이 발생하였다면, 잔여 영업시설에서 영업을 계속하는 것이 불가능하거나 곤란한 경우가 아니더라도, 그 손실 또는 이를 해결하기 위한 공사비용은 토지보상법 시행규칙 제47조 제3항에 따른 잔여 영업시설에서 발생한 손실 또는 공사비용으로서 보상하여야 한다.

어떤 보상항목이 공익사업을 위한 토지 등의 취득 및 보상에 관한 법령상 손실보상대상에 해당함에도 관할 토지수용위원회가 사실을 오인하거나 법리를 오해함으로써 손실보상대상에 해당하지 않는다고 잘못된 내용의 재결을 한 경우에는, 피보상자는 관할 토지수용위원회를 상대로 그 재결에 대한 취소소송을 제기할 것이 아니라, 사업시행자를 상대로 보상금증감소송을 제기하여야 한다.

✎ 대판 2018.7.20, 2015두4044[토지수용보상금등증액]

[판시사항]

[1] 잔여 영업시설 손실보상의 요건인 "공익사업에 영업시설의 일부가 편입됨으로 인하여 잔여시설에 그 시설을 새로이 설치하거나 잔여시설을 보수하지 아니하고는 그 영업을 계속할 수 없는 경우"의 의미

[2] 공익사업에 영업시설 일부가 편입됨으로 인하여 잔여 영업시설에 손실을 입은 자가 재결절차를 거치지 않은 채 곧바로 사업시행자를 상대로 잔여 영업시설의 손실에 대한 보상을 청구할 수 있는지 여부(소극) / 이때 재결절차를 거쳤는지 판단하는 방법 및 영업의 단일성·동일성이 인정되는 범위에서 보상금 산정의 세부요소를 추가로 주장하는 경우, 별도로 재결절차를 거쳐야 하는지 여부(소극)

[3] 어떤 보상항목이 공익사업을 위한 토지 등의 취득 및 보상에 관한 법령상 손실보상대상에 해당함에도 관할 토지수용위원회가 사실을 오인하거나 법리를 오해함으로써 손실보상대상에 해당하지 않는다고 잘못된 내용의 재결을 한 경우, 피보상자가 제기할 소송과 그 상대방

[판결요지]

[1] 사업시행자가 동일한 토지소유자에 속하는 일단의 토지 일부를 취득함으로 인하여 잔여지의 가격이 감소하거나 그 밖의 손실이 있을 때 등에는 잔여지를 종래의 목적으로 사용하는 것이 가능한 경우라도 잔여지 손실보상의 대상이 되며, 잔여지를 종래의 목적에 사용하는 것이 불가능하거나 현저히 곤란한 경우이어야만 잔여지 손실보상청구를 할 수 있는 것이 아니다. 마찬가지로 잔여 영업시설 손실보상의 요건인 "공익사업에 영업시설의 일부가 편입됨으로 인하여 잔여시설에 그 시설을 새로이 설치하거나 잔여시설을 보수하지 아니하고는 그 영업을 계속할 수 없는 경우"란 잔여 영업시설에 시설을 새로이 설치하거나 잔여 영업시설을 보수하지 아니하고는 그 영업이 전부 불가능하거나 곤란하게 되는 경우만을 의미하는 것이 아니라, 공익사업에 영업시설 일부가 편입됨으로써 잔여 영업시설의 운영에 일정한 지장이 초래되고, 이에 따라 종전처럼 정상적인 영업을 계속하기 위해서는 잔여 영업시설에 시설을 새로 설치하거나 잔여 영업시설을 보수할 필요가 있는 경우도 포함된다고 해석함이 타당하다.

[2] 구 공익사업을 위한 토지 등의 취득 및 보상에 관한 법률(2013.3.23. 법률 제11690호로 개정 되기 전의 것, 이하 '토지보상법'이라 한다) 제26조, 제28조, 제30조, 제34조, 제50조, 제61조, 제83조 내지 제85조의 규정 내용과 입법 취지 등을 종합하면, 공익사업에 영업시설 일부가 편 입됨으로 인하여 잔여 영업시설에 손실을 입은 자가 사업시행자로부터 구 공익사업을 위한 토 지 등의 취득 및 보상에 관한 법률 시행규칙(2014.10.22. 국토교통부령 제131호로 개정되기 전의 것) 제47조 제3항에 따라 잔여 영업시설의 손실에 대한 보상을 받기 위해서는, 토지보상 법 제34조, 제50조 등에 규정된 재결절차를 거친 다음 그 재결에 대하여 불복이 있는 때에 비 로소 토지보상법 제83조 내지 제85조에 따라 권리구제를 받을 수 있을 뿐이다. 이러한 재결절 차를 거치지 않은 채 곧바로 사업시행자를 상대로 손실보상을 청구하는 것은 허용되지 않는다. 재결절차를 거쳤는지 여부는 보상항목별로 판단하여야 한다. 피보상자별로 어떤 토지, 물건, 권리 또는 영업이 손실보상대상에 해당하는지, 나아가 보상금액이 얼마인지를 심리·판단하는 기초 단위를 보상항목이라고 한다. 편입토지·물건 보상, 지장물 보상, 잔여 토지·건축물 손 실보상 또는 수용청구의 경우에는 원칙적으로 개별물건별로 하나의 보상항목이 되지만, 잔여 영업시설 손실보상을 포함하는 영업손실보상의 경우에는 '전체적으로 단일한 시설 일체로서의 영업' 자체가 보상항목이 되고, 세부 영업시설이나 영업이익, 휴업기간 등은 영업손실보상금 산 정에서 고려하는 요소에 불과하다. 그렇다면 영업의 단일성·동일성이 인정되는 범위에서 보 상금 산정의 세부요소를 추가로 주장하는 것은 하나의 보상항목 내에서 허용되는 공격방법일 뿐이므로, 별도로 재결절차를 거쳐야 하는 것은 아니다.

[3] 어떤 보상항목이 공익사업을 위한 토지 등의 취득 및 보상에 관한 법령상 손실보상대상에 해당 함에도 관할 토지수용위원회가 사실을 오인하거나 법리를 오해함으로써 손실보상대상에 해당 하지 않는다고 잘못된 내용의 재결을 한 경우에는, 피보상자는 관할 토지수용위원회를 상대로 그 재결에 대한 취소소송을 제기할 것이 아니라, 사업시행자를 상대로 구 공익사업을 위한 토 지 등의 취득 및 보상에 관한 법률(2013.3.23. 법률 제11690호로 개정되기 전의 것) 제85조 제2항에 따른 보상금증감소송을 제기하여야 한다.

사례 28

2010.9.2. 갑은 을로부터 대전시 유성구 합격동 100번지(지목 전, 면적 1,471㎡) 토지를 매입하여 ① 대전시 유성구 합격동 100번지 대 260㎡(간이휴게소 소재), ② 100−1번지 주차장 1,211㎡으로 분할하였다(① 토지는 ② 토지에 둘러싸여 있는 형태이다). 해당 토지는 간이휴게소(연면적 100㎡), 화장실과 그에 부속한 주차장으로 사용하고 있었다. 2012.3.21. 경 해당 건물의 구조상 결함이 발견되어 철거하였다. 그 후 3년간 나대지 상태(인근 등산객의 주차장 부지로 이용 중)로 있다가 수용되었다. 갑은 매입 당시 1필지의 토지로서 간이휴게소 시설로 전체가 이용 중이었으며, 지목과 현황을 일치시키기 위하여 지목변경 및 분필을 이행한 것이기에 일단의 토지로서 보상금 산정 시에 일괄평가하여야 한다고 주장한다. 일괄평가하여야 하는가? 10점

Ⅰ 쟁점의 정리

갑 소유의 토지가 일단지로서 용도상 불가분의 관계가 인정되는지를 검토한다.

Ⅱ 감정평가의 원칙

1. 구분평가 원칙

감정평가에 관한 규칙 제7조에서는 "감정평가는 대상물건마다 개별로 평가하여야 하는데, 대상물건 상호간에 용도상 불가분의 관계가 있는 경우에는 일괄하여 감정평가할 수 있다."고 규정하고 있다.

2. 용도상 불가분의 관계

'용도상 불가분의 관계'에 있다는 것은 일단의 토지로 이용되고 있는 상황이 사회적·경제적·행정적 측면에서 합리적이고 그 토지의 가치 형성적 측면에서도 타당하다고 인정되는 관계에 있는 경우를 뜻한다. 일시적인 이용상황 등을 고려해서는 안 된다.

3. 용도상 불가분 관계의 판단방법

토지는 필지의 단위로 등록되고 통상 거래된다. 해당 토지의 이용상황은 토지대장에 기재되는데 이용상황에 따라 토지용도를 구분해 놓은 것을 지목이라고 한다. 따라서 여러 필지가 용도상 불가분의 관계로서 일단의 토지로 이용 중이기 위해서는 최소한 동일 지목의 동일 용도로 이용 중이어야 할 것이다. 통상 건축물 대장상 관련지번으로 등재되어 있는지 여부와 지목 등을 종합·고려하여 판단한다.

Ⅲ 사안의 해결

재결 당시 각 토지는 지목이 '대' 및 '주차장'으로 상이하다. "① 토지"는 지목이 '대'로서 현재 주차장으로 이용 중인 것은 일시적인 이용으로 볼 것이다. 각 필지는 종래 1필지였던 토지였지만 현실이용을 기준하여 이에 부합하도록 필지를 분할하고 지목을 변경하였기에 이는 각 필지별 상이함을 전제로 한다 할 것이다. 이러한 점을 고려할 때, 해당 토지는 용도상 불가분의 관계에 있다고 보기 어려우므로 필지별로 구분평가하여야 할 것이다.

> **대판 2018.1.25, 2017두61799[보상금증액]**
>
> [판시사항]
> [1] 공법상 제한이 그 자체로 제한목적이 달성되는 일반적 계획제한으로서 구체적 도시계획사업과 직접 관련되지 아니한 때와 공법상 제한이 구체적 사업이 따르는 개별적 계획제한이거나, 일반적 계획제한에 해당하는 용도지역 등의 지정 또는 변경에 따른 제한이더라도 그 용도지역 등의 지정 또는 변경이 특정 공익사업의 시행을 위한 것일 때의 각 경우에 보상액 산정을 위한 토지의 평가 방법
>
> [2] 수용대상 토지에 관하여 특정 시점에서 용도지역 등을 지정 또는 변경을 하지 않은 것이 특정 공익사업의 시행을 위한 것인 경우, 공익사업의 시행을 직접 목적으로 하는 제한으로 보아 용도지역 등의 지정 또는 변경이 이루어진 상태를 상정하여 토지가격을 평가해야 하는지 여부(적극) 및 특정 공익사업의 시행을 위하여 용도지역 등을 지정 또는 변경을 하지 않았다고 보기 위한 요건
>
> [3] 2개 이상의 토지 등에 대한 감정평가 방법 및 예외적으로 일괄평가가 허용되는 경우인 2개 이상의 토지 등이 '용도상 불가분의 관계'에 있다는 의미
>
> [판결요지]
> [1] 공익사업을 위한 토지 등의 취득 및 보상에 관한 법률과 그 시행규칙의 관련 규정에 의하면, 공법상 제한을 받는 토지에 대한 보상액을 산정할 때에 해당 공법상 제한이 구 도시계획법(2002.2.4. 법률 제6655호 국토의 계획 및 이용에 관한 법률 부칙 제2조로 폐지) 등에 따른 용도지역·지구·구역(이하 '용도지역 등'이라고 한다)의 지정 또는 변경과 같이 그 자체로 제한목적이 달성되는 일반적 계획제한으로서 구체적 도시계획사업과 직접 관련되지 아니한 경우에는 그러한 제한을 받는 상태 그대로 평가하여야 한다. 반면 도로·공원 등 특정 도시계획시설의 설치를 위한 계획결정과 같이 구체적 사업이 따르는 개별적 계획제한이거나, 일반적 계획제한에 해당하는 용도지역 등의 지정 또는 변경에 따른 제한이더라도 그 용도지역 등의 지정 또는 변경이 특정 공익사업의 시행을 위한 것일 때에는, 그 공익사업의 시행을 직접 목적으로 하는 제한으로 보아 그 제한을 받지 아니하는 상태를 상정하여 평가하여야 한다.
>
> [2] 어느 수용대상 토지에 관하여 특정 시점에서 용도지역·지구·구역(이하 '용도지역 등'이라고 한다)을 지정 또는 변경하지 않은 것이 특정 공익사업의 시행을 위한 것일 경우 이는 해당 공익사업의 시행을 직접 목적으로 하는 제한이라고 보아 용도지역 등의 지정 또는 변경이 이루어진

상태를 상정하여 토지가격을 평가하여야 한다. 여기에서 특정 공익사업의 시행을 위하여 용도지역 등을 지정 또는 변경하지 않았다고 볼 수 있으려면, 토지가 특정 공익사업에 제공된다는 사정을 배제할 경우 용도지역 등을 지정 또는 변경하지 않은 행위가 계획재량권의 일탈·남용에 해당함이 객관적으로 명백하여야만 한다.

[3] 2개 이상의 토지 등에 대한 감정평가는 개별평가를 원칙으로 하되, 예외적으로 2개 이상의 토지 등에 거래상 일체성 또는 용도상 불가분의 관계가 인정되는 경우에 일괄평가가 허용된다. 여기에서 '용도상 불가분의 관계'에 있다는 것은 일단의 토지로 이용되고 있는 상황이 사회적·경제적·행정적 측면에서 합리적이고 그 토지의 가치 형성적 측면에서도 타당하다고 인정되는 관계에 있는 경우를 뜻한다.

03 영업손실보상과 농업손실보상

사례 29

갑은 건축법상 근린생활시설의 건축허가를 받았으나 허가받은 건축행위에 착수하지 않고 있었는데, 그 사이에 공익사업을 위한 토지 등의 취득 및 보상에 관한 법률상 사업인정고시가 되었다. 그 후, 갑은 예정대로 건축행위를 하고 낙농용 물통을 판매하였다. 7개월 후, 해당 토지가 수용되었고 해당 건물은 보상대상에서 제외되었다. 갑은 해당 건물은 건축법상 허가를 받은 적법한 건물이므로 이에 대한 보상을 받아야 한다고 주장하며, 낙농용 물통판매에 대한 영업보상도 받아야 한다고 주장한다. 갑 주장의 타당성을 논하시오. 20점

Ⅰ 쟁점의 정리

건축허가를 득한 후, 사업인정고시가 이루어진 경우 별도의 건축허가를 다시 받아야 하는지와 이를 행하지 않고 건축행위를 계속하여 영업행위를 한 경우 영업손실보상을 받을 수 있는지를 검토한다.

Ⅱ 사업인정 후 지장물이 보상대상인지

1. 지장물 보상대상의 일반원칙

지장물이란 해당 사업의 시행에 직접 목적이 되지 않는 토지 위의 물건을 말한다. 판례는 사업인정 전에 설치된 지장물의 경우는 적법성과 무관하게 보상대상을 인정하나, 예외적으로 보상투기만을 위해 설치된 경우에는 보상대상성을 부정하였다.

2. 토지보상법 제25조 관련규정 검토

토지보상법 제25조 제2항은 "사업인정고시가 있은 후에는 고시된 토지에 건축물의 건축·대수선, 공작물의 설치 등의 행위는 관할 행정청의 허가를 받아야 하며, 이를 위반한 경우에는 원상으로 회복하여야 한다"고 규정하고 있다.

3. 사안의 경우

상기 규정의 취지에 비추어 보면, 건축법상 건축허가를 받았더라도 허가받은 건축행위에 착수하지 아니하고 있는 사이에 토지보상법상 사업인정고시가 된 경우 고시된 토지에 건축물을 건축하려는 자는 토지보상법 제25조에 정한 허가를 따로 받아야 하고, 그 허가 없이 건축된 건축물에 관하여는 토지보상법상 손실보상을 청구할 수 없다고 할 것이다.

Ⅲ 낙농용 물통판매 행위가 영업보상 대상인지

1. 영업손실 보상의 의의 및 보상의 성격

영업보상이란 공공사업의 시행에 따라 영업을 폐지 또는 휴업하게 되는 경우에 사업시행자가 장래 예상되는 전업 또는 이전에 소요되는 일정한 기간 동안의 영업소득 또는 영업시설 및 재고자산에 대한 손실을 보상하는 것으로서, 합리적 기대이익의 상실이라는 점에서 일실손실의 보상의 성격이 있다.

2. 대상영업(규칙 제45조)

영업은 적법한 장소에서 인적·물적 설비를 갖추고 계속적으로 행하고 있는 일체의 경제활동을 의미하며, 영업보상은 허가·신고·면허를 받은 영업으로서 허가의 범위 내에서 영업을 대상으로 한다. 이때 보상계획의 공고, 사업인정 고시 후 행하는 영업은 영업으로 보지 아니한다.

3. 사안의 경우

설문상 갑의 건축물은 토지보상법상 적법한 허가를 득하지 못하였는바, 이에 따라 낙농용 물통판매를 영위하는 영업행위는 손실보상의 대상에 해당되지 않을 것이다.

Ⅳ 사안의 해결

갑은 건축허가를 득하였으나, 사업인정 고시로 인해 동 허가는 효력이 소멸되었다. 따라서 해당 건축물은 손실보상 대상에서 제외될 것이며, 동 장소에서 행한 낙농용 물통판매 행위도 영업손실보상 대상에서 제외될 것이다. 다만, 해당 사업으로 더 이상 건축행위를 유지할 수 없게 된바, 보상법 시행규칙 제57조에 근거하여 건축 설계비의 보상을 받을 수 있을 것이다.

◀ 사례 30

갑은 1990년경부터 모란장터에서 토지를 임차하여 앵글과 천막 구조의 가설물을 축조(적법하게 신고하였음)하고 그 내부에 냉장고, 주방용품, 가스통, 탁자, 의자 등을 구비한 후, 영업신고를 하지 않은 채 모란장날인 매달 4일, 9일, 14일, 19일, 24일, 29일(5일장)에 정기적으로 국수와 순대국, 생고기, 생선회 등을 판매하는 음식점 영업을 해왔고 영업종료 후 가설물과 냉장고 등 주방용품을 철거하거나 이동하지 아니한 채 그곳에 계속 고정하여 사용·관리하여 왔다. 갑은 장날의 전날에는 음식을 준비하고 장날 당일에는 종일 장사를 하며 그 다음날에는 뒷정리를 하는 등 5일 중 3일 정도는 영업에 전력을 다하였다. 2006.06.26. 대상 토지를 포함한 일대가 공익사업(국민임대주택단지조성사업)을 위해 편입되는 사업인정 고시가 있었다. 이에 사업시행자는 갑은 허가 등 영업손실보상의 제 요건, 특히 물적시설 및 영업의 계속성을 갖추지 못하였으므로 보상대상에서 제외되어야 한다고 주장한다. 설령 보상대상에 해당된다고 실제 영업일수는 5일 중 하루이므로 보상금액도 1/5만 지급되어야 한다고 주장한다. 갑은 영업손실보상금을 수령할 수 있겠는가? [20점]

I 쟁점의 정리

사업시행자는 갑의 영업이 허가 등의 제 요건을 갖추지 못하였거나, 물적설비 및 계속적인 영업이 아니라고 주장하므로 토지보상법상 영업손실보상의 제 요건 규정을 검토하여 설문을 해결한다.

II 영업손실보상의 요건규정 검토

1. 영업손실보상의 의의 및 보상의 성격

영업보상이란 공공사업의 시행에 따라 영업을 폐지 또는 휴업하게 되는 경우에 사업시행자가 장래 예상되는 전업 및 이전에 소요되는 일정한 기간 동안의 영업소득 또는 영업시설 및 재고자산에 대한 손실을 보상하는 것으로서, 합리적 기대이익의 상실이라는 점에서 일실손실의 보상의 성격이 있다.

2. 대상영업(토지보상법 시행규칙 제45조)

영업은 적법한 장소에서 인적·물적 설비를 갖추고 계속적으로 행하고 있는 일체의 경제활동을 의미하며, 영업보상은 허가·신고·면허를 받은 영업으로서 허가의 범위 내에서 영업을 대상으로 한다. 이때 보상계획의 공고, 사업인정 고시 후 행하는 영업은 영업으로 보지 아니한다.

3. 무허가영업 등에 대한 보상(토지보상법 시행규칙 제52조)

공익사업에 관한 계획의 고시가 있기 전부터 허가·면허·신고 없이 영업을 행하던 자가 공익사업의 시행으로 인하여 폐업하는 경우에는 3인 가구 3개월분의 가계지출비에 상당한 금액으로 보상한다. 다만, 본인 또는 생계를 같이하는 동일 세대의 직계존·비속 및 배우자가 해당 공공사업으로

PART · 04

어업 기타의 영업에 대한 보상을 받을 경우는 제외한다. 다만, 그 보상액이 이전휴업보상액을 초과 시에는 이전휴업보상액으로 보상한다.

Ⅲ 갑의 영업이 손실보상의 대상인지 여부

1. 허가·신고·면허 등 요건충족 여부

갑은 영업신고를 하지 않은 채 음식점 영업을 해 왔으므로, 원칙적으로 영업손실보상의 대상이 아니라고 할 것이다. 다만 토지보상법 시행규칙 제52조에서는 공익사업에 관한 계획의 고시가 있기 전부터 허가·면허·신고 없이 영업을 행하던 자에 대한 보상을 규정하고 있으므로, 갑이 영업신고를 하지 않았다고 해서 보상대상에서 제외되는 것은 아니다.

2. 인적·물적설비의 충족 여부

갑은 1990년경부터 모란장터에서 토지를 임차하여 앵글과 천막 구조의 가설물을 축조하고 그 내부에 냉장고, 주방용품, 가스통, 탁자, 의자 등을 구비한 후, 가설물과 냉장고 등 주방용품을 철거하거나 이동하지 아니한 채 그곳에 계속 고정하여 사용·관리하여 왔으므로 인적·물적설비의 요건도 충족된다고 볼 것이다.

3. 영업의 계속성 충족 여부

갑은 매달 4일, 9일, 14일, 19일, 24일, 29일(5일장)에 정기적으로 국수와 순대국, 생고기, 생선회 등을 판매하는 음식점 영업을 해왔고, 장날의 전날에는 음식을 준비하고 장날 당일에는 종일 장사를 하며 그 다음 날에는 뒷정리를 하는 등 5일 중 3일 정도는 영업에 전력을 다하였다. 따라서 5일장의 특성에 비추어 볼 때, 계속적으로 영리를 목적으로 영업을 하였다고 볼 수 있다.

4. 영업보상액을 1/5로 감액해야 하는지 여부

토지보상법 제77조, 동법 시행규칙 제45조, 제46조, 제47조 및 제52조 등에서는 영업보상과 관련하여 실제 영업일수만을 적용하라는 규정도 없으며, 갑은 5일장의 특성상 5일 중 하루만을 영업하고 나머지는 영업일을 위한 필수 준비기간이므로 영업보상액을 1/5로 감액할 이유도 없을 것이다.

Ⅳ 사안의 해결

갑은 토지보상법 시행규칙 제52조의 무허가영업 등에 대한 보상대상자에 해당하며, 인적·물적 시설을 갖추고 계속적인 영업을 하여 왔고, 영업보상액을 1/5로 감액할 근거규정도 없으므로 정당한 보상액을 지급받을 수 있을 것이다.

◆ 대판 2012.3.15, 2010두26513[토지수용재결처분취소]

[판시사항]
국민임대주택단지조성사업 예정지구로 지정된 장터에서 토지를 임차하여 앵글과 천막구조의 가설물을 설치하고 영업신고 없이 5일장이 서는 날에 정기적으로 국수와 순대국 등을 판매하는 음식업을 영위한 갑 등이 구 공익사업을 위한 토지 등의 취득 및 보상에 관한 법률 시행규칙 제52조 제1항에 따른 영업손실보상의 대상이 되는지 문제된 사안에서, 영업의 계속성과 영업시설의 고정성을 인정할 수 있다는 이유로, 갑 등이 위 규정에서 정한 허가 등을 받지 아니한 영업손실보상대상자에 해당한다고 본 원심판단을 정당하다고 한 사례

[이유]
상고이유를 판단한다.

1. 사실오인의 상고이유에 대하여
    원심판결 이유에 의하면, 원심은 그 채택 증거에 의하여 원고들이 1990년경 이 사건 장터가 개설된 이래 소외인으로부터 각 해당 점유 부분을 전차하여 앵글과 천막 구조의 가설물을 축조하고 그 내부에 냉장고, 주방용품, 가스통, 탁자, 의자 등을 구비한 후, 영업신고를 하지 않은 채 모란장날인 매달 4일, 9일, 14일, 19일, 24일, 29일에 정기적으로 국수와 순대국, 생고기, 생선회 등을 판매하는 음식점 영업을 하여온 사실을 인정하였다.
    기록에 비추어 살펴보면 원심의 위와 같은 조치는 정당한 것으로 수긍할 수 있고, 거기에 논리와 경험의 법칙을 위반하고 자유심증주의의 한계를 벗어난 위법이 없다.
    이 부분 상고이유의 주장은 이유 없다.

2. 법령의 해석·적용에 관한 법리오해의 상고이유에 대하여
    가. 원심은, 그 채택 증거에 의하여 인정되는 판시와 같은 사정, 즉 원고들이 1990년경부터 이 사건 장터에서 토지를 임차하여 앵글과 천막 구조의 가설물을 축조하고 매달 4일, 9일, 14일, 19일, 24일, 29일에 정기적으로 각 해당 점포를 운영하여 왔고, 영업종료 후 가설물과 냉장고 등 주방용품을 철거하거나 이동하지 아니한 채 그곳에 계속 고정하여 사용·관리하여 왔던 점, 원고들은 장날의 전날에는 음식을 준비하고 장날 당일에는 종일 장사를 하며 그 다음날에는 뒷정리를 하는 등 5일 중 3일 정도는 이 사건 영업에 전력을 다하였다고 보이는 점 등에 비추어 볼 때, 비록 원고들이 영업을 5일에 한 번씩 하였고 그 장소도 철거가 용이한 가설물이었다고 하더라도 원고들의 상행위의 지속성, 시설물 등의 고정성을 충분히 인정할 수 있으므로, 원고들은 이 사건 장소에서 인적·물적 시설을 갖추고 계속적으로 영리를 목적으로 영업을 하였다고 봄이 상당하다고 판단하였다.
    관련 법리와 기록에 비추어 살펴보면 원심의 위와 같은 조치는 정당한 것으로 수긍할 수 있고, 거기에 상고이유로 주장하는 바와 같이 영업손실보상의 대상이 될 수 있는 영업의 계속성과 영업시설의 고정성에 관한 법리를 오해하는 등의 위법이 없다.
    이 부분 상고이유의 주장도 이유 없다.

나. 구 공익사업을 위한 토지 등의 취득 및 보상에 관한 법률 시행규칙(2007.4.12. 건설교통부령 제556호로 개정되기 전의 것, 이하 '시행규칙'이라 한다) 제47조는 '영업의 휴업 등에 대한 손실의 평가'에 대하여 규정하고 있고, 시행규칙 제52조 제1항 본문은 "사업인정고시일 등 전부터 허가 등을 받아야 행할 수 있는 영업을 허가 등이 없이 행하여 온 자가 공익사업의 시행으로 인하여 당해 장소에서 영업을 계속할 수 없게 된 경우에는 제45조 제2호의 규정에 불구하고 제54조 제2항 본문의 규정에 의하여 산정한 금액을 영업손실에 대한 보상금으로 지급하여야 한다."고 규정하고 있으며, 시행규칙 제52조 제2항은 "제1항 본문의 규정에 의한 보상금은 제47조의 규정에 의하여 평가한 금액을 초과하지 못한다."고 규정하고 있다.

원심은, 시행규칙 제54조 제2항에 따라 이 사건 사업인정고시일인 2006.6.26. 당시를 기준으로 계산한 3개월분의 주거이전비 액수가 원심판결 별지 보상액란 기재 각 금원이라고 인정하는 한편 원고들이 5일 중 1일만 영업을 하였으므로 그 보상금 액수도 법령에서 정한 금액의 5분의 1이 되어야 한다는 피고의 주장에 대하여, 그와 같이 감액할 수 있는 법령상 근거가 없다는 이유로 이를 배척하였다.

관련 법령의 규정 및 기록에 비추어 살펴보면 원심의 위와 같은 조치는 정당한 것으로 수긍할 수 있고, 거기에 상고이유로 주장하는 바와 같이 시행규칙 제52조 제1항의 해석 및 적용에 관한 법리를 오해하는 등의 위법이 없으며, 원고들과 같은 무신고 영업자가 그 영업의 실제 매출액·영업이익을 객관적 자료에 기초하여 스스로 입증하여야 비로소 3개월간의 주거이전비 보상을 받을 수 있는 것은 아니다.

이 부분 상고이유의 주장도 이유 없다.

사례 31

갑은 삭삭순대 가맹점주로서 가맹점의 소재지는 아산시이고, 인접 시·군·구는 천안시, 평택시, 당진시, 공주시, 예산군인데 해당 공익사업으로 인하여 인접 지역으로의 이전도 어렵고, 이미 인접 지역에는 가맹점들이 포화상태에 이르러 인접 지역으로 이전이 가능하다고 하더라도 영업환경이 열악하여 도저히 영업을 할 수 없는 상황이므로 폐업보상을 해야 한다고 주장한다.

이에 사업시행자는 해당 사업은 인접 지역에서도 쉽게 허가를 받아서 행할 수 있는 영업이기에 이전이 가능하고 인접 지역에서의 영업활동이 어려운 것은 가맹점들의 수가 많아서 그러한 것이며 이러한 사유가 폐업보상 대상에 해당될 수 없다고 보아 휴업보상액을 산정하였다.

갑은 토지보상법 시행규칙 제46조 제2항은 영업 폐지의 범위를 지나치게 제한하는 것으로서 위헌/무효의 규정이라고 주장한다. 이와 관련하여 영업손실보상에 대해서 설명하고 갑 주장의 타당성을 논하시오. 20점

참고 조문

[토지보상법]

제77조(영업의 손실 등에 대한 보상)

① 영업을 폐업하거나 휴업함에 따른 영업손실에 대하여는 영업이익과 시설의 이전비용 등을 고려하여 보상하여야 한다.

④ 제1항부터 제3항까지의 규정에 따른 보상액의 구체적인 산정 및 평가 방법과 보상기준, 제2항에 따른 실제 경작자 인정기준에 관한 사항은 국토교통부령으로 정한다.

[토지보상법 시행규칙]

제46조(영업의 폐지에 대한 손실의 평가 등)

① 공익사업의 시행으로 인하여 폐업하는 경우의 영업손실은 2년간의 영업이익(개인영업인 경우에는 소득을 말한다. 이하 같다)에 영업용 고정자산·원재료·제품 및 상품 등의 매각손실액을 더한 금액으로 평가한다.

② 제1항에 따른 폐업은 다음 각 호의 어느 하나에 해당하는 경우로 한다.

   1. 영업장소 또는 배후지(당해 영업의 고객이 소재하는 지역을 말한다. 이하 같다)의 특수성으로 인하여 당해 영업소가 소재하고 있는 시·군·구(자치구를 말한다. 이하 같다) 또는 인접하고 있는 시·군·구의 지역 안의 다른 장소에 이전하여서는 당해 영업을 할 수 없는 경우

   2. 당해 영업소가 소재하고 있는 시·군·구 또는 인접하고 있는 시·군·구의 지역 안의 다른 장소에서는 당해 영업의 허가 등을 받을 수 없는 경우

   3. 도축장 등 악취 등이 심하여 인근 주민에게 혐오감을 주는 영업시설로서 해당 영업소가 소재하고 있는 시·군·구 또는 인접하고 있는 시·군·구의 지역 안의 다른 장소로 이전하는 것이 현저히 곤란하다고 특별자치도지사·시장·군수 또는 구청장(자치구의 구청장을 말한다)이 객관적인 사실에 근거하여 인정하는 경우

제47조(영업의 휴업 등에 대한 손실의 평가)
① 공익사업의 시행으로 인하여 영업장소를 이전하여야 하는 경우의 영업손실은 휴업기간에 해당하는 영업이익과 영업장소 이전 후 발생하는 영업이익감소액에 다음 각 호의 비용을 합한 금액으로 평가한다.
 1. 휴업기간 중의 영업용 자산에 대한 감가상각비·유지관리비와 휴업기간 중에도 정상적으로 근무하여야 하는 최소인원에 대한 인건비 등 고정적 비용
 2. 영업시설·원재료·제품 및 상품의 이전에 소요되는 비용 및 그 이전에 따른 감손상당액
 3. 이전광고비 및 개업비 등 영업장소를 이전함으로 인하여 소요되는 부대비용
② 제1항의 규정에 의한 휴업기간은 4개월 이내로 한다. 다만, 다음 각 호의 어느 하나에 해당하는 경우에는 실제 휴업기간으로 하되, 그 휴업기간은 2년을 초과할 수 없다.
 1. 당해 공익사업을 위한 영업의 금지 또는 제한으로 인하여 4개월 이상의 기간 동안 영업을 할 수 없는 경우
 2. 영업시설의 규모가 크거나 이전에 고도의 정밀성을 요구하는 등 당해 영업의 고유한 특수성으로 인하여 4개월 이내에 다른 장소로 이전하는 것이 어렵다고 객관적으로 인정되는 경우

Ⅰ 쟁점의 정리
Ⅱ 영업손실보상
 1. 영업보상의 의의 및 보상의 성격
 2. 대상영업(규칙 제45조)
 3. 영업의 폐업 및 휴업에 대한 보상
  (1) 영업폐지요건(규칙 제46조)
  (2) 영업휴업에 대한 보상

 4. 무허가영업 등에 대한 보상(토지보상법 시행규칙 제52조)
 5. 영업의 간접보상(토지보상법 시행규칙 제64조)
Ⅲ 갑 주장의 타당성
 1. 하위법령이 상위법령 위임의 한계를 준수하고 있는지 여부를 판단하는 방법
 2. 갑 주장의 타당성

Ⅰ 쟁점의 정리

토지보상법상 영업손실보상에 대해서 설명하고, 폐업보상의 대상을 규정하고 있는 토지보상법 제46조 제2항의 내용이 지나치게 폐업의 범위를 제한하는 것으로서 상위 법률인 토지보상법 제77조 제4항의 위임범위를 벗어난 것인지를 검토한다.

Ⅱ 영업손실보상

1. 영업보상의 의의 및 보상의 성격

영업보상이란 공공사업의 시행에 따라 영업을 폐지 또는 휴업하게 되는 경우에 사업시행자가 장래 예상되는 전업 또는 이전에 소요되는 일정한 기간 동안의 영업소득 또는 영업시설 및 재고자산에 대한 손실을 보상하는 것으로서, 합리적 기대이익의 상실이라는 점에서 일실손실의 보상의 성격이 있다.

2. 대상영업(규칙 제45조)

영업은 적법한 장소에서 인적·물적 설비를 갖추고 계속적으로 행하고 있는 일체의 경제활동을 의미하며, 영업보상은 허가·신고·면허를 받은 영업으로서 허가의 범위 내에서 영업을 대상으로 한다. 이때 보상계획의 공고, 사업인정고시 후 행하는 영업은 영업으로 보지 아니한다.

3. 영업의 폐업 및 휴업에 대한 보상

(1) 영업폐지요건(규칙 제46조)

① 영업장소·배후지의 특수성으로 인해 다른 장소로 이전하여서는 해당 영업을 할 수 없을 경우, ② 다른 장소에서는 영업의 허가를 받을 수 없는 경우, ③ 혐오감을 주는 영업시설로서 다른 장소로 이전하는 것이 현저히 곤란하다고 시장·군수·구청장이 인정하는 경우를 규정하고 있다.

이전 가능성 여부는 법령상의 이전 장애사유 유무와 해당 영업의 종류와 특성, 영업시설의 규모, 인접 지역의 현황과 특성, 그 이전을 위하여 당사자가 들인 노력 등과 인근 주민들의 이전 반대 등과 같은 사실상의 이전 장애사유 유무 등을 종합하여 판단하여야 한다(대판 2006.9.8, 2004두7672 등 참조).

(2) 영업휴업에 대한 보상

영업이 일정기간 휴업하는 경우의 보상으로서 영업장소를 이전하거나 시설물이 일부 편입되거나 임시영업소를 설치하는 경우에 각각 일정액을 보상한다. 또한 근로자에 대해서는 휴직보상을 지급한다.

4. 무허가영업 등에 대한 보상(토지보상법 시행규칙 제52조)

공익사업에 관한 계획의 고시가 있기 전부터 허가·면허·신고 없이 영업을 행하던 자가 공익사업의 시행으로 인하여 폐업하는 경우에는 3인 가구 3월분의 가계지출비에 상당한 금액으로 보상한다. 다만, 본인 또는 생계를 같이하는 동일 세대의 직계존·비속 및 배우자가 해당 공공사업으로 어업 기타의 영업에 대한 보상을 받을 경우는 제외한다. 다만, 그 보상액이 이전휴업보상액을 초과 시에는 이전휴업보상액으로 보상한다.

5. 영업의 간접보상(토지보상법 시행규칙 제64조)

공공사업의 시행지구 밖에서 허가·면허를 받거나 신고를 하고 영업을 하고 있던 자가 공공사업의 시행으로 인하여 그 배후지의 3분의 2 이상이 상실되어 영업을 할 수 없는 경우 영업자의 청구에 의하여 공익사업지구 안에 편입되는 것으로 보아 보상한다.

Ⅲ 갑 주장의 타당성

1. 하위법령이 상위법령 위임의 한계를 준수하고 있는지 여부를 판단하는 방법

특정 사안과 관련하여 법률에서 하위법령에 위임을 한 경우 하위법령이 위임의 한계를 준수하고 있는지 여부를 판단할 때는 해당 법률규정의 입법목적과 규정내용, 규정의 체계, 다른 규정과의 관계 등을 종합적으로 살펴야 하는 바 위임규정 자체에서 그 의미 내용을 정확하게 알 수 있는 용어를 사용하여 위임의 한계를 분명히 하고 있는데도 그 문언적 의미의 한계를 벗어났는지 여부나 수권규정에서 사용하고 있는 용어의 의미를 넘어 그 범위를 확장하거나 축소하여서 위임내용을 구체화하는 단계를 벗어나 새로운 입법을 하였는지 여부 등도 고려되어야 한다(대판 2010.4.29, 2009두17797).

2. 갑 주장의 타당성

토지보상법 시행규칙 제46조 제2항은 토지보상법 제77조 제4항에 따라 공익사업으로 인한 영업의 폐지를 구체적으로 특정하여 열거하고 있는데, 영업장소를 이전하여 영업을 계속할 수 있음에도 영업을 폐지한 경우를 포함하여 공익사업으로 인해 영업을 폐지한 모든 경우를 폐업보상의 대상으로 할 경우, 폐업보상 여부가 피수용자의 의사에 따라 결정되고 사회적으로 폐업을 조장하게 되는 부작용이 초래될 수 있으므로, 토지보상법 시행규칙 제46조 제2항이 '공익사업으로 인한 영업의 폐지'를 영업장소를 이전하여 영업을 계속하기 어려운 경우로 한정하고 그 의미를 구체화한 것은 그 임임의 한계를 벗어났다거나 수권 규정에서 사용하고 있는 용어의 의미를 넘어 그 범위를 확장 또는 축소하여서 위임 내용을 구체화하는 단계를 벗어나 새로운 입법을 하였다고 보기는 어렵다. 따라서 동 조항이 위임한계를 일탈하여 위헌/무효라는 주장은 이유 없다.

✎ 대판 2020.9.24, 2018두54507[보상금증액등]

[판시사항]

공익사업에 필요한 토지 등의 취득 또는 사용으로 인한 영업손실보상에서 구 공익사업을 위한 토지 등의 취득 및 보상에 관한 법률 시행규칙 제46조에 따른 폐업보상 대상인지, 제47조에 따른 휴업보상 대상인지 결정하는 기준(=제46조 제2항 각호 해당 여부) 및 제46조 제2항 각호에 해당하는지 판단하는 방법

[이유]

상고이유(상고이유서 제출기간이 지난 후에 제출된 참고자료 등의 기재는 상고이유를 보충하는 범위 내에서)를 판단한다.

1. 상고이유 제1점 내지 제3점에 대하여

　가. 「공익사업을 위한 토지 등의 취득 및 보상에 관한 법률」(이하 '토지보상법'이라 한다) 제77조는 영업을 폐지하거나 휴업함에 따른 영업손실에 대하여는 영업이익과 시설의 이전비용 등을 고려하여 보상하여야 하고(제1항), 보상액의 구체적인 산정 및 평가 방법과 보상기준에 관한 사항은 국토교통부령으로 정한다고 규정하고 있다(제4항). 그 위임에 따른 구 공익사

업을 위한 토지 등의 취득 및 보상에 관한 법률 시행규칙(2014.10.22. 국토교통부령 제131
호로 개정되기 전의 것, 이하 '토지보상법 시행규칙'이라 한다)은 제46조에서 영업의 폐지에
대한 손실의 평가를 규정하면서 같은 조 제2항 각호에서 '영업의 폐지'에 해당하는 경우를
열거하는 한편, 제47조에서 '영업의 휴업'에 대한 손실의 평가를 규정하고 있다.

이러한 규정들을 종합하여 보면, 영업손실보상에서 토지보상법 시행규칙 제46조에 따른 폐
업보상의 대상인지 아니면 제47조에 따른 휴업보상의 대상인지는 제46조 제2항 각 호에
해당하는지 여부에 따라 결정된다. 제46조 제2항 각 호는 해당 영업을 그 영업소 소재지나
인접 시·군 또는 구 지역 안의 다른 장소로 이전하는 것이 불가능한 경우를 규정한 것으로
서, 이러한 이전 가능성 여부는 법령상의 이전 장애사유 유무와 당해 영업의 종류와 특성,
영업시설의 규모, 인접 지역의 현황과 특성, 그 이전을 위하여 당사자가 들인 노력 등과 인
근 주민들의 이전 반대 등과 같은 사실상의 이전 장애사유 유무 등을 종합하여 판단하여야
한다(대판 2006.9.8, 2004두7672 등 참조).

나. 원심은, 토지보상법 시행규칙 제46조 제2항이 모법의 위임한계를 일탈하지 않았고, 원고가
제출한 증거만으로는 이 사건 가맹점을 종전 소재지인 아산시나 다른 인접 시·군으로 이전
하는 것이 현저히 곤란하다고 인정하기 어려우므로, 이 사건 가맹점 영업은 폐업보상 대상
에 해당하지 않는다고 판단하였다.

다. 원심판결 이유를 관련 법리와 기록에 비추어 살펴보면, 이러한 원심판단에 상고이유 주장과
같이 위임입법의 한계, 영업손실보상 기준 등에 관한 법리를 오해한 잘못이 없다.

2. 상고이유 제4점, 제5점에 대하여

원심은, 원고가 제출한 증거만으로는 이 사건 가맹점이 해당 영업의 고유한 특수성으로 인하여
3개월 이내에 다른 장소로 이전하는 것이 어렵다고 인정하기에 부족하고, 이 사건 가맹점 영업
은 휴업보상 대상이어서 토지보상법 시행규칙 제47조에 따라 영업시설 등의 이전에 소요되는
비용 및 그 이전에 따른 감손상당액, 영업장소를 이전함으로 인하여 소요되는 부대비용 등이 휴
업손실의 내용으로 평가되는 것일 뿐, 원고가 주장하는 매각손실액은 휴업손실에 포함되지 않는
다고 판단하였다.

원심판결 이유를 관련 법리와 기록에 비추어 살펴보면, 이러한 원심판단에 상고이유 주장과 같
이 휴업손실 평가 등에 관한 법리를 오해한 잘못이 없다.

3. 결론

그러므로 상고를 기각하고 상고비용은 패소자가 부담하도록 하여, 관여 대법관의 일치된 의견으
로 주문과 같이 판결한다.

◀ 사례 32

일반지방산업단지 조성사업의 사업인정고시일 당시 사업지구 내에서 영업시설을 갖추고 제재목과 합판 등의 제조·판매업을 영위해 오다가 사업인정고시일 이후 사업지구 내 다른 곳으로 영업장소를 이전하여 영업을 하던 甲이 영업보상 및 지장물 보상을 요구하면서 수용재결을 청구하였으나 관할 토지수용위원회가 甲의 영업장은 임대기간이 종료되어 이전한 것으로 공익사업의 시행으로 손실이 발생한 것이 아니라는 이유로 甲의 청구를 기각하였다. 토지보상법상 영업보상에 대한 평가방법을 설명하고 토지수용위원회의 판단이 정당한지를 논하시오. 30절

Ⅰ 쟁점의 정리
Ⅱ 영업보상에 대한 평가방법
  1. 영업보상의 의의 및 보상의 성격
  2. 대상영업(규칙 제45조)
  3. 영업의 폐지에 대한 보상
    (1) 영업폐지요건(규칙 제46조)
    (2) 보상방법
  4. 영업휴업에 대한 보상
  5. 무허가 영업 등에 대한 보상(규칙 제52조)

  6. 영업의 간접보상(규칙 제64조)
  7. 영업의 폐지·휴업으로 인한 실직·휴직보상
    (규칙 제51조)
  8. 관련문제
Ⅲ 토지수용위원회 판단의 정당성
  1. 영업손실에 대한 보상여부 판단기준시점
  2. 토지수용위원회 판단의 정당성
Ⅳ 사안의 해결(관련문제 : 입증책임)

Ⅰ 쟁점의 정리

설문은 사업인정고시일 이후 종전 영업시설을 사업지구 내 다른 곳으로 이전한 경우, 영업보상대상에서 제외되는 것인지를 묻고 있다. 설문의 해결을 위하여 영업손실보상의 전반적인 평가방법을 설명하고, 영업손실보상에 대한 판단 기준시점을 살펴보고 토지수용위원회의 판단에 대한 정당성을 검토하고자 한다.

Ⅱ 영업보상에 대한 평가방법

1. 영업보상의 의의 및 보상의 성격

영업보상이란 공공사업의 시행에 따라 영업을 폐지 또는 휴업하게 되는 경우에 사업시행자가 장래 예상되는 전업 또는 이전에 소요되는 일정한 기간 동안의 영업소득 또는 영업시설 및 재고자산에 대한 손실을 보상하는 것으로서, 합리적 기대이익의 상실이라는 점에서 일실손실의 보상의 성격이 있다.

2. 대상영업(규칙 제45조)

영업은 적법한 장소에서 인적·물적 설비를 갖추고 계속적으로 행하고 있는 일체의 경제활동을 의미하며, 영업보상은 허가·신고·면허를 받은 영업으로서 허가의 범위 내에서 영업을 대상으로 한다. 이때 보상계획의 공고, 사업인정 고시 후 행하는 영업은 영업으로 보지 아니한다.

3. 영업의 폐지에 대한 보상

(1) 영업폐지요건(규칙 제46조)

① 영업장소·배후지의 특수성으로 인해 다른 장소로 이전하여서는 당해 영업을 할 수 없을 경우, ② 다른 장소에서는 영업의 허가를 받을 수 없는 경우, ③ 혐오감을 주는 영업시설로서 다른 장소로 이전하는 것이 현저히 곤란하다고 시장·군수·구청장이 인정하는 경우를 규정하고 있다.

(2) 보상방법

영업을 폐지하는 경우의 영업손실은 2년간의 영업이익과 고정자산 등의 매각손실액을 더한 금액으로 한다. 영업이익은 최근 3년간 평균 영업이익을 기준으로 하되 공익사업의 시행이 고시됨으로 인하여 영업이익이 감소된 경우에는 고시 전 3년간의 영업이익을 기준으로 한다. 한편, 개인영업인 경우에는 최저 영업이익을 보장하고 있으며 근로자에 대한 실직보상을 지급한다.

4. 영업휴업에 대한 보상

영업이 일정기간 휴업하는 경우의 보상으로서 영업장소를 이전하거나 시설물이 일부 편입되거나 임시영업소를 설치하는 경우에 각각 일정액을 보상한다. 또한 근로자에 대해서는 휴직보상을 지급한다.

5. 무허가 영업 등에 대한 보상(규칙 제52조)

공익사업에 관한 계획의 고시가 있기 전부터 허가·면허·신고 없이 영업을 행하던 자가 공익사업의 시행으로 인하여 폐업하는 경우에는 3인 가구 3월분의 가계지출비에 상당한 금액으로 보상한다. 다만, 본인 또는 생계를 같이하는 동일 세대의 직계존·비속 및 배우자가 당해 공공사업으로 어업 기타의 영업에 대한 보상을 받을 경우는 제외한다. 다만, 그 보상액이 이전휴업보상액을 초과 시에는 이전휴업보상액으로 보상한다.

6. 영업의 간접보상(규칙 제64조)

공공사업의 시행지구 밖에서 허가·면허를 받거나 신고를 하고 영업을 하고 있던 자가 공공사업의 시행으로 인하여 그 배후지의 3분의 2 이상이 상실되어 영업을 할 수 없는 경우, 진출입로의 단절 등으로 휴업이 불가피한 경우 영업자의 청구에 의하여 공익사업지구 안에 편입되는 것으로 보아 보상한다.

7. 영업의 폐지·휴업으로 인한 실직·휴직보상(규칙 제51조)

사업인정고시일 등 현재 공익사업시행지구 내 공장 등에서 3월 이상 근무한 자가 휴직·실직하는 경우 평균임금 120일분에 해당하는 실직보상과 휴직기간 동안 평균임금 70/100에 해당하는 휴직보상을 행한다.

8. 관련문제

공익사업의 계획·고시 등이 있은 후 공익사업을 이유로 신규영업허가신청을 거부할 경우 처음부터 보상 문제조차 생기지 않으며, 기간이 만료된 영업허가의 기간신청에 대하여 공공사업을 이유로 불허하는 경우에는 객관적으로 인정된다면 생활유지 측면에서 보상하여야 할 것이다. 또한 판례는 보상을 받지 않을 것을 전제로 가설건축물에 건축허가를 하고, 이를 제3자에게 임차하여 제3자가 영업을 행한 경우 이는 영업손실보상의 대상이 되지 아니한다고 판시한 바 있다.

Ⅲ 토지수용위원회 판단의 정당성

1. 영업손실에 대한 보상여부 판단기준시점

손실보상은 공공사업의 시행과 같이 적법한 공권력의 행사로 가하여진 재산상의 특별한 희생에 대하여 전체적인 공평부담의 견지에서 인정되는 것이므로, 공공사업의 시행으로 손해를 입었다고 주장하는 자가 보상을 받을 권리를 가졌는지의 여부는 해당 공공사업의 시행 당시를 기준으로 판단하여야 하고, 그와 같은 공공사업의 시행에 관한 실시계획 승인과 그에 따른 고시가 된 이상 그 이후에 영업을 위하여 이루어진 각종 허가나 신고는 위와 같은 공공사업의 시행에 따른 제한이 이미 확정되어 있는 상태에서 이루어진 것이므로 그 이후의 공공사업 시행으로 그 허가나 신고권자가 특별한 손실을 입게 되었다고는 볼 수 없다.

2. 토지수용위원회 판단의 정당성

공익사업의 시행으로 인한 영업손실 및 지장물 보상의 대상 여부는 사업인정고시일을 기준으로 판단해야 하고, 사업인정고시일 당시 보상대상에 해당한다면 그 후 사업지구 내 다른 토지로 영업장소가 이전되었다고 하더라도 이전된 사유나 이전된 장소에서 별도의 허가 등을 받았는지를 따지지 않고 여전히 손실보상의 대상이 된다고 판단하여야 할 것이다. 따라서 토지수용위원회의 판단은 정당성이 결여된다고 볼 수 있다.

Ⅳ 사안의 해결(관련문제 : 입증책임)

영업손실보상의 대상인지 여부는 사업인정고시일을 기준해야 하며, 사업인정고시일 이후 영업장소 등이 이전되어 수용재결 당시에는 해당 토지 위에 영업시설 등이 존재하지 않게 된 경우 사업인정고시일 이전부터 그 토지상에서 영업을 해 왔고 그 당시 영업을 위한 시설이나 지장물이 존재하고 있었다는 점은 이를 주장하는 자가 증명하여야 할 것이다.

✱ 영업손실보상 요건 입증문제(대판 2012.12.27, 2011두27827)

[판시사항]

[1] 일반지방산업단지 조성사업의 사업인정고시일 당시 사업지구 내에서 제재목과 합판 등 제조·판매업을 영위해 오다가 사업인정고시일 이후 사업지구 내 다른 곳으로 영업장소를 이전하여 영업을 하던 甲이 영업보상 등을 요구하면서 수용재결을 청구하였으나 관할 토지수용위원회가 甲의 영업장은 임대기간이 종료되어 이전한 것이지 공익사업의 시행으로 손실이 발생한 것이 아니라는 이유로 甲의 청구를 기각한 사안에서, 사업인정고시일 당시 보상대상에 해당한다면 그 후 사업지구 내 다른 토지로 영업장소가 이전되었더라도 손실보상의 대상이 된다고 본 원심판단을 정당하다고 한 사례

[2] 공익사업을 위한 토지 등의 취득 및 보상에 관한 법률 제77조 등에서 정한 영업의 손실 등에 대한 보상과 관련하여 사업인정고시일 이후 영업장소 등이 이전되어 수용재결 당시에는 해당 토지 위에 영업시설 등이 존재하지 않게 된 경우, 사업인정고시일 이전부터 해당 토지상에서 영업을 해 왔고 당시 영업시설 등이 존재하였다는 점에 관한 증명책임의 소재

[재판요지]

[1] 일반지방산업단지 조성사업의 사업인정고시일 당시 사업지구 내에서 영업시설을 갖추고 제재목과 합판 등의 제조·판매업을 영위해 오다가 사업인정고시일 이후 사업지구 내 다른 곳으로 영업장소를 이전하여 영업을 하던 甲이 영업보상 및 지장물 보상을 요구하면서 수용재결을 청구하였으나 관할 토지수용위원회가 甲의 영업장은 임대기간이 종료되어 이전한 것으로 공익사업의 시행으로 손실이 발생한 것이 아니라는 이유로 甲의 청구를 기각한 사안에서, 공익사업을 위한 토지 등의 취득 및 보상에 관한 법률 제75조 제1항, 제77조 제1항과 공익사업을 위한 토지 등의 취득 및 보상에 관한 법률 시행규칙 제45조 제1호 등 관련 규정에 따르면, 공익사업의 시행으로 인한 영업손실 및 지장물 보상의 대상 여부는 사업인정고시일을 기준으로 판단해야 하고, 사업인정고시일 당시 보상대상에 해당한다면 그 후 사업지구 내 다른 토지로 영업장소가 이전되었다고 하더라도 이전된 사유나 이전된 장소에서 별도의 허가 등을 받았는지를 따지지 않고 여전히 손실보상의 대상이 된다고 본 원심판단을 정당하다고 한 사례

[2] 사업인정고시일 이후 영업장소 등이 이전되어 수용재결 당시에는 해당 토지 위에 영업시설 등이 존재하지 않게 된 경우 사업인정고시일 이전부터 그 토지상에서 영업을 해 왔고 그 당시 영업을 위한 시설이나 지장물이 존재하고 있었다는 점은 이를 주장하는 자가 증명하여야 한다.

◢ 사례 **33**

계양구청장 갑은 인천 계양구 병방동 413, 414, 415 지상에 공영주차장을 설치하는 사업시행자이고 을, 병, 정은 각 토지상에 있는 건물 일부에 대한 임차인으로 을은 1992.10.21.경부터 병방동 413에 있는 건물 2층에서, 병은 1999.11.3.경부터 같은 건물 3층에서, 정은 2009.3.2.경부터 ○○동 415에 있는 건물 1층 일부에서 학원, 미용실이나 건강원 등의 영업을 하였다.

공영 주차장은 부지면적이 726㎡로 구청장이 설치하는 1,000㎡ 미만의 주차장으로서, 도시·군 관리계획으로 결정하지 않아도 설치할 수 있는 시설에 해당하므로 갑은 주차장을 도시·군 계획시설로 결정하지 않았고 또한 「공익사업을 위한 토지 등의 취득 및 보상에 관한 법률」(이하 '토지보상법'이라 한다) 제20조에 따른 국토교통부장관의 사업인정을 받지 않았다. 또한 소유자와 관계인이 20인 이하인 경우로서 보상계획의 공고도 생략하였다.

갑은 2013.1.18. 각 토지와 건물에 관하여 그 소유자들과 매매계약을 체결하면서, 중도금 청구 시 임차인의 건물 점유 이전에 대한 합의서를 갑에게 제출해야 하고, 잔금 지급 전에 매도인의 부담으로 임차인 등의 점유를 완전히 해지하거나 제거하기로 하는 약정을 하였다. 갑은 2013.6.18. 병방동 415 토지와 지상 건물에 관하여, 2014.11.6. 병방동 413 토지와 지상 건물에 관하여 각 매매를 원인으로 한 소유권이전등기를 하였다.

매매계약 이후 을, 병, 정의 각 임대차계약은 그 소유자들이 계약만료 전 임대차계약의 갱신거절 통지를 하거나 합의해지를 함으로써 종료되었고, 그 후 을, 병, 정이 각 임차목적물을 인도하지 않자, 각 건물의 소유자들 또는 갑은 을, 병, 정을 상대로 각 건물 인도를 청구하는 소를 제기하였다. 을의 경우 건물 인도를 명하는 판결이 확정되어 2014.2.14. 그 임차목적물이 인도되었고, 병의 경우 화해권고결정 확정 후 피고와 새로운 합의를 하여 2014.4.14. 그 임차목적물이 인도되었으며, 정의 경우 강제조정결정이 확정되어 2013.10.24. 그 임차목적물이 인도 집행되었다.

주차장 신축공사는 2014.12.1. 착공되어 2015.5.경 완공되었다. 을, 병, 정은 갑에게 영업손실 보상금을 지급해달라고 요청하였으나, 갑은 해당 주차장 사업이 토지보상법상 공익사업에 해당하지 않고 원고들은 영업손실 보상대상이 아니라는 이유로 거절하였고, 을, 병, 정의 재결신청청구 역시 거부하였다.

(1) 갑은 해당 사업은 토지보상법상 공익사업에 해당하지 않는다고 한다. 해당 주차장 사업이 토지보상법상 공익사업에 해당되는지 검토하시오. [5점]

(2) 재결신청거부에 대하여 취소소송을 제기할 수 있는가? [15점]

(3) 을, 병, 정은 갑에게 영업손실 보상금을 지급해달라고 요청하였으나, 갑은 사업인정고시가 없으므로 영업보상대상이 아니라고 한다. 영업보상 대상에 해당되는지 검토하시오. [15점]

(4) 세입자에 영업손실보상금을 지급하지 않고 공사에 착수함으로써 손해를 입힌 경우 사업시행자의 불법행위가 성립되는가? [5점]

(5) 세입자 을은 손해배상금 외에 손실보상금의 지급이 지연되었다는 점에 따른 정신적 위자료를 청구하였다. 위자료가 손실보상의 대상에 해당되는지 논하시오. [10점]

참고 조문

토지보상법

제4조(공익사업)

이 법에 따라 토지 등을 취득하거나 사용할 수 있는 사업은 다음 각 호의 어느 하나에 해당하는 사업이어야 한다.

1. 국방·군사에 관한 사업
2. 관계 법률에 따라 허가·인가·승인·지정 등을 받아 공익을 목적으로 시행하는 철도·도로·공항·항만·주차장·공영차고지·화물터미널·궤도(軌道)·하천·제방·댐·운하·수도·하수도·하수종말처리·폐수처리·사방(砂防)·방풍(防風)·방화(防火)·방조(防潮)·방수(防水)·저수지·용수로·배수로·석유비축·송유·폐기물처리·전기·전기통신·방송·가스 및 기상 관측에 관한 사업
3. 국가나 지방자치단체가 설치하는 청사·공장·연구소·시험소·보건시설·문화시설·공원·수목원·광장·운동장·시장·묘지·화장장·도축장 또는 그 밖의 공공용 시설에 관한 사업
4. 관계 법률에 따라 허가·인가·승인·지정 등을 받아 공익을 목적으로 시행하는 학교·도서관·박물관 및 미술관 건립에 관한 사업
5. 국가, 지방자치단체, 「공공기관의 운영에 관한 법률」 제4조에 따른 공공기관, 「지방공기업법」에 따른 지방공기업 또는 국가나 지방자치단체가 지정한 자가 임대나 양도의 목적으로 시행하는 주택 건설 또는 택지 및 산업단지 조성에 관한 사업
6. 제1호부터 제5호까지의 사업을 시행하기 위하여 필요한 통로, 교량, 전선로, 재료 적치장 또는 그 밖의 부속시설에 관한 사업
7. 제1호부터 제5호까지의 사업을 시행하기 위하여 필요한 주택, 공장 등의 이주단지 조성에 관한 사업
8. 그 밖에 별표에 규정된 법률에 따라 토지 등을 수용하거나 사용할 수 있는 사업

> ■ 공익사업을 위한 토지 등의 취득 및 보상에 관한 법률 [별표]
> 1. 법 제20조에 따라 사업인정을 받아야 하는 공익사업(생략)
> 2. 법 제20조에 따른 사업인정이 의제되는 사업
>   (16) 「국토의 계획 및 이용에 관한 법률」에 따른 도시·군계획시설사업

제15조(보상계획의 열람 등)

① 사업시행자는 제14조에 따라 토지조서와 물건조서를 작성하였을 때에는 공익사업의 개요, 토지조서 및 물건조서의 내용과 보상의 시기·방법 및 절차 등이 포함된 보상계획을 전국을 보급지역으로 하는 일간신문에 공고하고, 토지소유자 및 관계인에게 각각 통지하여야 하며, 제2항 단서에 따라 열람을 의뢰하는 사업시행자를 제외하고는 특별자치도지사, 시장·군수 또는 구청장에게도 통지하여야 한다. 다만, 토지소유자와 관계인이 20인 이하인 경우에는 공고를 생략할 수 있다.

Chapter 03 영업손실보상과 농업손실보상 693

⊕ (설문 1)의 해결

Ⅰ 쟁점의 정리

토지보상법 제4조 규정을 검토하여 지방자치단체가 시행하는 공영주차장 사업이 공익사업에 해당되는지를 검토한다.

Ⅱ 공영주차장 사업이 토지보상법상 공익사업에 해당되는지 여부

1. 공익사업의 의의 및 적용대상

공익사업이란 공동체구성원 전체의 이익을 위하여 이루어지는 사업으로 국방·군사에 관한 사업, 법률에 따라 허가·인가·승인·지정 등을 받아 공익을 목적으로 시행하는 철도·도로·공항·항만·주차장에 관한 사업 등이 있다.

2. 사안의 경우

토지보상법 제4조 제3호에서는 지방자치단체가 설치하는 공공용 시설에 관한 사업을 공익사업의 대상으로 규정하고 있다. 계양구청에서 시행하는 공영주차장 사업은 지방자치단체가 설치하는 공공용 시설에 대한 사업이므로 토지보상법상 공익사업에 해당된다.

⊕ (설문 2)의 해결

Ⅰ 쟁점의 정리

재결신청청구의 거부회신을 대상으로 항고소송을 제기하기 위해서는, 동 거부회신이 행정소송법상 처분에 해당되어야 한다. 처분이란 행정청이 행하는 구체적 사실에 관한 법집행으로서의 공권력 행사 또는 그 거부이므로(행정소송법 제2조), 거부회신이 항고소송의 대상이 되는 처분인지를 중심으로 소송요건을 검토한다.

Ⅱ 대상적격 인정여부

판례는 거부가 처분이 되기 위해서는 ① 법규상, 조리상 신청권이 있을 것, ② 공권력행사의 거부일 것, ③ 국민의 권리와 의무에 영향을 미칠 것을 요구하고 있다. 신청권의 존부에 대해서는 견해의 대립이 있으나 다수는 대상적격의 문제로 본다.

1. 신청권의 존부

토지보상법 제30조에서는 사업시행자에게 재결을 신청하도록 청구할 수 있는 신청권을 규정하고 있다.

2. 공권력 행사의 거부

재결은 중앙토지수용위원회가 행하는 공권력의 행사이고, 사업시행자의 신청을 전제로 한다. 따라서 사업시행자의 재결신청이 없다면 결과적으로 재결이 이루어질 수 없으므로, 재결신청의 거부는 재결거부의 효과를 향유한다고 볼 수 있다.

3. 국민의 권리·의무에 영향을 미칠 것

토지보상법상 사업시행자가 보상대상이 아니라고 하여 재결신청을 거부하는 경우라면 피수용자의 입장에서는 손실보상을 받을 길이 없게 된다. 따라서 재결신청을 거부하는 것은 피수용자의 손실보상청구의 기회를 박탈하는 영향을 미친다고 볼 수 있다.

4. 사안의 경우

설문상 공영주차장 사업은 협의취득에 따른 것으로서 수용절차가 개시되지 않은 상태에서는 재결신청을 청구할 법규상 또는 조리상 신청권이 인정된다고 볼 수 없다.

Ⅲ 사안의 해결

행정소송법에서는 처분(소송법 제19조)을 대상으로 법률상 이익(법 제12조)있는 자가, 제소기간(법 제20조) 내에 관할법원(법 제9조)에 청구하도록 규정하고 있다. 사업시행자가 보상대상이 아니라고 하여 피수용자의 재결신청청구를 거부하는 경우에는 항고소송으로서 그 취소를 구할 수 있을 것이나, 사안에서는 수용절차가 진행되지 않은바 재결신청을 청구할 권리가 인정되지 않는다.

⊕ (설문 3)의 해결

Ⅰ 쟁점의 정리

을, 병, 정에 대한 영업손실보상청구권이 인정되기 위해서는 토지보상법상 영업손실보상 요건이 충족되어야 한다.

Ⅱ 영업손실보상의 의의 및 대상요건

1. 영업손실보상의 의의 및 보상의 성격

영업손실보상이란 공공사업의 시행에 따라 영업을 폐지 또는 휴업하게 되는 경우에 사업시행자가 장래 예상되는 전업 또는 이전에 소요되는 일정한 기간 동안의 영업소득 또는 영업시설 및 재고자산에 대한 손실을 보상하는 것으로서, 합리적 기대이익의 상실이라는 점에서 일실손실의 보상의 성격이 있다.

2. 대상요건(규칙 제45조)

(1) 적법한 장소

영업은 적법한 장소에서 인적·물적 설비를 갖추고 계속적으로 행하고 있는 일체의 경제활동을 의미한다. 다만, 무허가건축물 등에서 임차인이 영업하는 경우에는 그 임차인이 사업인정고시일 등 1년 이전부터 「부가가치세법」 제8조에 따른 사업자등록을 하고 행하고 있는 영업을 말한다.

(2) 적법한 허가

영업을 행함에 있어서 관계법령에 의한 허가 등을 필요로 하는 경우에는 사업인정고시일 등 전에 허가 등을 받아 그 내용대로 행하고 있는 영업을 대상으로 한다.

(3) 시적범위

보상계획의 공고, 사업인정고시 후 행하는 영업은 보상대상으로서의 영업으로 보지 아니한다.

(4) 무허가영업인 경우

허가 등을 받지 않은 영업이 적법한 장소에서 더 이상 영업을 계속할 수 없게 된 경우에는 도시근로자가구 3인 가구 3개월분 가계지출비에 해당하는 금액을 영업손실에 대한 보상금으로 지급한다.

3. 보상방법

영업을 폐지하는 경우의 영업손실은 2년간의 영업이익과 고정자산 등의 매각손실액을 더한 금액으로 한다. 영업이 일정기간 휴업하는 경우의 보상으로서 영업장소를 이전하거나 시설물이 일부 편입되거나 임시영업소를 설치하는 경우에 각각 일정액을 보상한다. 근로자에 대해서는 휴직보상을 지급한다.

(Ⅲ) 사안의 경우

1. 영업보상 대상 판단 기준일

토지보상법 제15조 및 동법 시행규칙 제44조, 제45조의 규정에 의하면 토지소유자 및 관계인에 대한 보상계획의 통지일이 보상대상판단에 대한 기준일이 될 것이다.

2. 사안의 해결

사업인정 고시는 영업보상 요건이 아니며, 사업시행자와 소유자간의 매매계약 이전부터 을, 병, 정은 영업을 행하고 있었으며, 사업시행자와의 매매를 위하여 임대차계약이 해제된 점을 고려하면 공영주차장 사업으로 때문에 더 이상 영업을 계속할 수 없는 것이므로 토지보상법상 영업손실보상의 대상이 된다고 할 것이다.

⊕ (설문 4)의 해결

(Ⅰ) 쟁점의 정리

손실보상의 사업시행자가 사업시행 전에 보상금을 선지급함이 원칙이므로 이러한 사전보상의 원칙을 위반한 것이 불법행위를 구성하는지 검토한다.

(Ⅱ) 사업시행자의 불법행위 인정여부

1. 사업시행자의 사전보상 원칙

사업시행자는 해당 공익사업을 위한 공사에 착수하기 이전에 토지소유자와 관계인에게 보상액 전액을 지급하여야 한다. 다만, 천재지변 시의 토지 사용과 시급한 토지 사용의 경우 또는 토지소유자 및 관계인의 승낙이 있는 경우에는 그러하지 아니하다.

2. 사안의 경우

토지수용의 내용이 공익사업을 위해서 기업자에게 타인의 재산권을 강제적으로 취득시키는 효과를 나타내는데 있다고 하더라도 이는 그 보상금의 지급을 조건으로 하고 있는 것인 만큼, 사전보상의 원칙에 반하여 보상금의 지급 없이 사업을 시행하는 경우에는 불법행위를 구성한다고 할 것이다. 따라서 불법행위에 기한 손해배상청구가 가능하며 이 경우 손해배상액은 영업손실보상금액이 될 것이고, 불법사용 기간에 대한 사용료를 별도로 청구할 수 있다.

⊕ (설문 5)의 해결

Ⅰ 쟁점의 정리

손실보상 지급대상에 해당됨에도 이를 지급하지 않은 것과 관련하여 손실보상금의 지급이 지연되었다는 점을 이유로 위자료 청구가 가능한지 검토한다.

Ⅱ 정신적 손실의 보상

1. 정신적 손해의 의미

민법에서는 불법행위에 의한 손해를 재산상, 정신상 손해로 나누고 있다. 정신적 손해란 피해자가 느끼는 고통, 불쾌감 등 정신상태에 발생한 불이익이라고 한다.

2. 견해의 대립

① 정신적 손실은 사회적 수인의무의 범위에 속하며, 재산적 보상에 의해 정신적 고통은 회복되므로 보상대상이 될 수 없다는 부정설과, ② 수인한계의 객관적 기준이 없으므로 정신적 손실도 수인한계를 넘을 수 있고, 정신적 고통과 재산상 손실은 무관하므로 재산보상으로 치유된다고 볼 수 없으므로 정신적 손해도 손실보상의 대상이 된다고 보는 긍정설이 있다.

3. 판례

정신적 손해에 대한 손실보상을 인정한 판례는 없다. 그러나 손해배상에서는 정신적 손해도 손해배상의 대상이 된다. 재산적 손해배상으로 회복할 수 없는 정신적 손해가 있다는 사정이 입증되는 경우에는 정신적 손해에 대한 배상이 가능한 것으로 보고 있다. 이에 관하여는 이를 주장하는 사람에게 그 증명책임이 있다. 손실보상금의 지급이 지연되었다는 사정만으로는 정신적 손해의 발생사실이 증명되었다고 볼 수는 없다.

Ⅲ 사안의 해결

을 등은 손실보상금의 지급이 지연되었다는 사정만으로는 정신적 손실을 주장할 수 없으나 손해배상만으로 회복할 수 없는 정신적 손해를 입증하는 경우에는 정신적 손해배상을 청구할 수 있을 것이다.

기본사실관계 : 전통시장 공영주차장 설치사업의 시행자인 갑 지방자치단체가 공익사업을 위한 토지 등의 취득 및 보상에 관한 법률에 따른 사업인정 절차를 거치지 않고 위 사업부지의 소유자들로부터 토지와 건물을 매수하여 협의취득하였다(소유자들 책임으로 임차인들의 퇴거약정이 규정되어 있었고, 이에 따라 토지와 건물 매도를 위하여 임차인 을 등과 계약갱신거절 및 합의해지를 하였다) 위 토지상의 건물을 임차하여 영업한 을 등이 갑 지방자치단체에 영업손실 보상금을 지급해달라고 요청하였으나, 갑 지방자치단체가 아무런 보상 없이 위 사

업을 시행하자, 을 등이 갑 지방자치단체를 상대로 영업손실 보상액 상당의 손해배상금과 정신적 손해에 대한 위자료 지급을 청구하였다.

✱ 대판 2021.11.11, 2018다204022[손해배상(기)]

[판시사항]

[1] 공익사업의 시행자가 토지소유자와 관계인에게 보상액을 지급하지 않고 승낙도 받지 않은 채 공사에 착수하여 토지소유자와 관계인이 손해를 입은 경우, 사업시행자가 손해배상책임을 지는지 여부(적극)

[2] 공익사업의 시행자가 사전보상을 하지 않은 채 공사에 착수하여 토지소유자와 관계인이 손해를 입은 경우, 사업시행자의 손해배상 범위 / 이때 토지소유자와 관계인에게 손실보상금에 해당하는 손해 외에 별도의 손해가 발생한 경우, 사업시행자가 이를 배상할 책임이 있는지 여부(적극) 및 그 증명책임의 소재(=이를 주장하는 자)

[3] 전통시장 공영주차장 설치사업의 시행자인 갑 지방자치단체가 공익사업을 위한 토지 등의 취득 및 보상에 관한 법률에 따른 사업인정 절차를 거치지 않고 위 사업부지의 소유자들로부터 토지와 건물을 매수하여 협의취득하였고, 위 토지상의 건물을 임차하여 영업한 을 등이 갑 지방자치단체에 영업손실 보상금을 지급해 달라고 요청하였으나, 갑 지방자치단체가 아무런 보상 없이 위 사업을 시행하자, 을 등이 갑 지방자치단체를 상대로 영업손실 보상액 상당의 손해배상금과 정신적 손해에 대한 위자료 지급을 구한 사안에서, 을 등이 입은 손해는 원칙적으로 위 법률 제77조 등이 정한 영업손실 보상금이고, 손실보상금의 지급이 지연되었다는 사정만으로 손실보상금에 해당하는 손해 외에 을 등에게 별도의 손해가 발생하였다고 볼 수 없는데도, 이와 달리 본 원심판결에 법리오해의 잘못이 있다고 한 사례

[판결요지]

[1] 공익사업의 시행자는 해당 공익사업을 위한 공사에 착수하기 이전에 토지소유자와 관계인에게 보상액 전액을 지급하여야 한다(공익사업을 위한 토지 등의 취득 및 보상에 관한 법률 제62조 본문). 공익사업의 시행자가 토지소유자와 관계인에게 보상액을 지급하지 않고 승낙도 받지 않은 채 공사에 착수함으로써 토지소유자와 관계인이 손해를 입은 경우, 토지소유자와 관계인에 대하여 불법행위가 성립할 수 있고, 사업시행자는 그로 인한 손해를 배상할 책임을 진다.

[2] 공익사업의 시행자가 사전보상을 하지 않은 채 공사에 착수함으로써 토지소유자와 관계인이 손해를 입은 경우, 토지소유자와 관계인이 입은 손해는 손실보상청구권이 침해된 데에 따른 손해이므로, 사업시행자가 배상해야 할 손해액은 원칙적으로 손실보상금이다. 다만 그 과정에서 토지소유자와 관계인에게 손실보상금에 해당하는 손해 외에 별도의 손해가 발생하였다면, 사업시행자는 그 손해를 배상할 책임이 있으나, 이와 같은 손해배상책임의 발생과 범위는 이를 주장하는 사람에게 증명책임이 있다.

[3] 전통시장 공영주차장 설치사업의 시행자인 갑 지방자치단체가 공익사업을 위한 토지 등의 취득 및 보상에 관한 법률(이하 '토지보상법'이라 한다)에 따른 사업인정 절차를 거치지 않고 위 사업부지의 소유자들로부터 토지와 건물을 매수하여 협의취득하였고, 위 토지상의 건물을 임차하여 영업한 을 등이 갑 지방자치단체에 영업손실 보상금을 지급해달라고 요청하였으나, 갑 지방자치단체가 아무런 보상 없이 위 사업을 시행하자, 을 등이 갑 지방자치단체를 상대로 영업손실 보상액 상당의 손해배상금과 정신적 손해에 대한 위자료 지급을 구한 사안에서, 위 사업은 지방자치단체인 갑이 공공용 시설인 공영주차장을 직접 설치하는 사업으로 토지보상법 제4조 제3호의 '공익사업'에 해당하고, 을 등의 각 영업이 위 사업으로 폐업하거나 휴업한 것이므로 사업인정고시가 없더라도 공익사업의 시행자인 갑 지방자치단체는 공사에 착수하기 전 을 등에게 영업손실 보상금을 지급할 의무가 있는데도 보상액을 지급하지 않고 공사에 착수하였으므로, 갑 지방

자치단체는 을 등에게 그로 인한 손해를 배상할 책임이 있는데, 을 등이 입은 손해는 원칙적으로 토지보상법 제77조 등이 정한 영업손실 보상금이고, 그 밖에 별도의 손해가 발생하였다는 점에 관한 을 등의 구체적인 주장·증명이 없는 한 손실보상금의 지급이 지연되었다는 사정만으로 손실보상금에 해당하는 손해 외에 을 등에게 별도의 손해가 발생하였다고 볼 수 없는데도, 이와 달리 본 원심판결에 법리오해의 잘못이 있다고 한 사례

[참조조문]

[1] 민법 제750조, 공익사업을 위한 토지 등의 취득 및 보상에 관한 법률 제62조

[2] 민법 제750조, 공익사업을 위한 토지 등의 취득 및 보상에 관한 법률 제40조 제1항, 제62조, 민사소송법 제288조[증명책임]

[3] 민법 제750조, 공익사업을 위한 토지 등의 취득 및 보상에 관한 법률 제2조 제2호, 제4조 제3호, 제20조, 제40조 제1항, 제62조, 제77조 제1항, 공익사업을 위한 토지 등의 취득 및 보상에 관한 법률 시행규칙 제45조, 민사소송법 제288조[증명책임]

[주문]

원심판결의 피고 패소 부분 중 각 위자료 부분과 그 지연손해금 부분을 파기하고, 이 부분 사건을 서울고등법원에 환송한다. 나머지 상고를 기각한다.

[이유]

상고이유를 판단한다.

1. 사안 개요

원심판결 이유에 따르면 다음 사실을 알 수 있다.

가. 피고는 인천 계양구 ○○동 413, 414, 415 지상에 공영주차장을 설치하는 '○○○○시장 공영주차장 설치사업'(이하 '이 사건 사업'이라 하고, 위 주차장을 '이 사건 주차장'이라 한다)의 시행자이다. 원고들은 위 각 토지에 있는 각 건물 일부에 대한 임차인들로서, 원고 1은 1992.10.21.경부터 ○○동 413에 있는 건물 2층에서, 원고 2는 1999.11.3.경부터 같은 건물 3층에서, 원고 3은 2009.3.2.경부터 ○○동 415에 있는 건물 1층 일부에서, 원고 4는 2007.9.12.경부터 같은 건물 1층 일부에서 학원, 미용실이나 건강원 등의 영업을 하였다(위 각 토지와 건물을 이하 '이 사건 각 토지와 건물'이라 한다).

나. 이 사건 주차장은 부지면적이 726㎡로 구청장이 설치하는 1,000㎡ 미만의 주차장으로서, 도시·군 관리계획으로 결정하지 않아도 설치할 수 있는 시설에 해당하므로 [「국토의 계획 및 이용에 관한 법률」 제43조 제1항 단서, 구 「국토의 계획 및 이용에 관한 법률 시행령」(2015.7.6. 대통령령 제26381호로 개정되기 전의 것) 제35조 제1항 제1호 단서, 구 「국토의 계획 및 이용에 관한 법률 시행규칙」(2015.6.30. 국토교통부령 제212호로 개정되기 전의 것) 제6조 제2호], 피고는 이 사건 주차장을 도시·군 계획시설로 결정하지 않았다. 또한 피고는 이 사건 사업에 대하여 「공익사업을 위한 토지 등의 취득 및 보상에 관한 법률」(이하 '토지보상법'이라 한다) 제20조에 따른 국토교통부장관의 사업인정을 받지 않았다.

다. 피고는 2013.1.18. 이 사건 각 토지와 건물에 관하여 그 소유자들과 매매계약을 체결하면서, 중도금 청구 시 임차인의 건물 점유 이전에 대한 합의서를 피고에게 제출해야 하고, 잔금 지급 전에 매도인의 부담으로 임차인 등의 점유를 완전히 해지하거나 제거하기로 하는 약정을 하였다(위 각 매매계약을 통틀어 이하 '이 사건 매매계약'이라 한다). 피고는 2013.6.18. ○○동 415 토지와 지상 건물에 관하여, 2014.11.6. ○○동 413 토지와 지상 건물에 관하여 각 매매를 원인으로 한 소유권이전등기를 하였다.

라. 이 사건 매매계약 이후 원고들의 각 임대차계약은 그 소유자들이 계약만료 전 임대차계약의 갱신거절 통지를 하거나 원고들과 합의해지를 함으로써 종료되었고, 그 후 원고들이 각 임차목적물을 인도하지

않자, 이 사건 각 건물의 소유자들 또는 피고는 원고들을 상대로 각 건물 인도를 청구하는 소를 제기하였다. 원고 1, 원고 2의 경우 건물 인도를 명하는 판결이 확정되어 2014.2.14. 그 임차목적물이 인도되었고, 원고 3의 경우 화해권고결정 확정 후 피고와 새로운 합의를 하여 2014.4.14. 그 임차목적물이 인도되었으며, 원고 4의 경우 강제조정결정이 확정되어 2013.10.24. 그 임차목적물이 인도 집행되었다.

마. 이 사건 주차장 신축공사는 2014.12.1. 착공되어 2015.5.경 완공되었다. 원고들은 피고에게 영업손실 보상금을 지급해달라고 요청하였으나, 피고는 이 사건 사업이 토지보상법상 공익사업에 해당하지 않고 원고들은 영업손실 보상대상이 아니라는 이유로 거절하였고, 원고들의 재결신청청구 역시 거부하였다. 원고들은 인천지방법원 2017구합460호로 재결신청청구 거부처분의 취소를 구하는 소를 제기하였으나, 위 법원은 이 사건 사업이 토지보상법상 공익사업에는 해당하더라도 사업인정고시가 이루어지지 않은 이상 원고들에게 재결신청을 청구할 권리가 인정되지 않으므로 피고의 거부행위는 항고소송의 대상이 되는 처분에 해당하지 않는다는 이유로 원고들의 소를 각하하는 판결을 선고하였다. 이에 대해서 원고들이 항소를 하였다가 취하함으로써 판결이 그대로 확정되었다.

2. 이 사건 사업이 토지보상법상 공익사업에 해당하는지 여부(상고이유 제1점)

토지보상법 제2조 제2호는 '공익사업'이란 제4조 각 호의 어느 하나에 해당하는 사업을 말한다고 정하고, 같은 법 제4조 제3호는 '국가나 지방자치단체가 설치하는 청사·공장· 연구소·시험소·보건시설·문화시설·공원·수목원·광장·운동장·시장·묘지·화장장·도축장 또는 그 밖의 공공용 시설에 관한 사업'을 공익사업의 하나로 열거하고 있다.

원심판결 이유를 기록에 비추어 살펴보면, 이 사건 사업은 지방자치단체인 피고가 공공용 시설인 공영주차장을 직접 설치하는 사업임을 알 수 있으므로, 토지보상법 제4조 제3호의 공익사업에 해당한다. 원심이 이 사건 사업이 토지보상법 제4조의 공익사업에 해당한다고 본 판단에 상고이유 주장과 같이 토지보상법상 공익사업에 관한 법리를 오해한 잘못이 없다.

피고는 이 사건 사업을 도시·군 계획시설사업으로 진행하지 않았으므로 토지보상법상 공익사업에 해당하지 않는다고 주장하나, 그와 같은 사정은 이 사건 사업을 토지보상법상 공익사업으로 인정하는 데 방해가 되지 않는다.

3. 피고가 원고들에 대하여 영업손실 보상의무를 부담하는지 여부와 손실보상절차 미이행으로 인한 손해배상책임을 부담하는지 여부(상고이유 제2점)

가. 영업손실 보상의무의 존부

원심은 다음과 같은 이유로 피고가 토지보상법 제77조와 같은 법 시행규칙 제45조에 따라 원고들에게 영업손실을 보상할 의무가 있다고 판단하였다. 피고는 이 사건 각 토지와 건물을 소유자들로부터 매수하여 협의취득하였다. 원고들은 피고와 소유자들 사이의 협의 성립 이전부터 해당 건물을 임차하여 그 곳에서 영업을 하였는데, 소유자들이 피고와 체결한 매매계약의 조건을 이행하기 위해 원고들과 임대차계약을 더 이상 갱신하지 않는 바람에 원고들이 폐업하거나 휴업하였다. 따라서 원고들은 이 사건 사업 때문에 폐업하거나 휴업한 것이고, 토지보상법상 관계인에 해당하는 원고들의 각 영업이 손실보상대상이 된다.

원심판결 이유를 관련 법리에 비추어 살펴보면, 피고가 원고들에 대하여 영업손실 보상의무를 부담한다고 본 원심의 결론은 옳다. 원심판결에 상고이유 주장과 같이 영업손실보상에 관한 법리를 오해한 잘못이 없다.

피고는 사업인정고시가 없으므로 영업손실 보상의무가 없다고 주장한다. 그러나 사업인정고시는 수용재결절차로 나아가 강제적인 방식으로 토지소유자나 관계인의 권리를 취득·보상하기 위한 절차적 요건에 지나지 않고 영업손실보상의 요건이 아니다. 토지보상법령도 반드시 사업인정이나 수용이 전제되어야 영업손실 보상의무가 발생한다고 규정하고 있지 않다. 따라서 피고가 시행하는 사업이 토지보상법상 공익사업에 해당하고 원고들의 영업이 해당 공익사업으로 폐업하거나 휴업하게 된 것이어서 토지보상법령에서 정한 영업손실 보상대상에 해당하면, 사업인정고시가 없더라도 피고는 원고들에게 영업손실을 보상할 의무가 있다. 피고의 위 주장은 받아들일 수 없다.

나. 손해배상책임의 성립 여부

공익사업의 시행자는 해당 공익사업을 위한 공사에 착수하기 이전에 토지소유자와 관계인에게 보상액 전액을 지급하여야 한다(토지보상법 제62조 본문). 공익사업의 시행자가 토지소유자와 관계인에게 보상액을 지급하지 않고 그 승낙도 받지 않은 채 공사에 착수함으로써 토지소유자와 관계인이 손해를 입은 경우, 토지소유자와 관계인에 대하여 불법행위가 성립할 수 있고, 사업시행자는 그로 인한 손해를 배상할 책임을 진다(대법원 1998.11.3. 자 88마850 결정, 대법원 2013.11.14. 선고 2011다27103 판결 참조). 원심판결 이유를 이러한 법리에 비추어 살펴보면 다음과 같은 결론이 도출된다. 공익사업의 시행자인 피고는 공사에 착수하기 전 임차인인 원고들에게 영업손실 보상금을 지급할 의무가 있는데도 보상액을 지급하지 않고 공사에 착수하였다. 원고들은 영업손실 보상금을 받지 못한 채 영업장에서 영업을 계속할 수 없었고 그 과정에서 위와 같은 공사를 하는 것을 승낙하였다고 볼 자료가 없다. 피고는 영업손실보상을 구하는 원고들의 협의요청을 거부하였을 뿐 아니라 재결신청청구도 거부하여 원고들로 하여금 재결절차 등을 통하여 영업손실보상을 받을 수 없도록 하였다. 따라서 피고는 원고들에게 손실보상청구권을 침해한 손해를 배상할 책임이 있다.

이와 같은 원심판결에 상고이유 주장과 같이 손해배상책임에 관한 법리를 오해한 잘못이 없다.

4. 원심이 인정한 재산적 손해배상액의 산정에 잘못이 없는지 여부(상고이유 제3점)

원심은, 피고가 원고들에게 재산상 손해액으로 관계 법령에 따라 정당하게 보상하였을 경우 받을 수 있었던 손실보상금을 배상해야 한다고 보고, 제1심 감정인의 감정 결과 등을 토대로 토지보상법 제77조, 구 「공익사업을 위한 토지 등의 취득 및 보상에 관한 법률 시행규칙」(2014.10.22. 국토교통부령 제131호로 개정되기 전의 것, 이하 '구 토지보상법 시행규칙'이라고 한다) 제47조에 따른 휴업손실 보상금으로 다음 금액을 합산하여 원고들의 재산상 손해액으로 인정하였다. 즉, ① 휴업 기간 얻을 수 있었던 영업이익에 대한 보상금, ② 휴업 기간 중의 영업용 자산에 대한 감가상각비·유지관리비와 휴업 기간 중에도 정상적으로 근무하여야 하는 최소인원에 대한 인건비 등 고정적 비용에 대한 보상금, ③ 영업시설·원재료·제품과 상품을 이전하는 데 드는 비용과 그 이전에 따른 감손 상당액에 대한 보상금, ④ 이전광고비와 개업비 등 영업장소를 이전하는 데 드는 부대비용에 대한 보상금이 그것이다. 그리고 원고들의 '휴업 기간 얻을 수 있었던 영업이익(위 ①)'에 대해서는 원고들의 월평균 영업이익이 산출하기 곤란하거나 2013년 1/4분기 도시근로자 가구 월평균 가계지출비에 미치지 못한다는 이유로 구 토지보상법 시행규칙 제46조, 제47조에 따라 2013년 1/4분기 도시근로자 가구 월평균 가계지출비인 3,610,785원을 기초로 산정하였다.

원심의 이러한 판단에 상고이유 주장과 같이 재산적 손해배상의 범위와 그 산정에 관한 법리를 오해하였거나 채증법칙을 위반한 잘못이 없다.

5. 피고가 원고들에 대하여 재산적 손해배상책임 외에 정신적 손해에 대한 위자료 지급책임까지 부담하는지 여부(상고이유 제4점)

가. 공익사업의 시행자가 사전보상을 하지 않은 채 공사에 착수함으로써 토지소유자와 관계인이 손해를 입은 경우, 토지소유자와 관계인이 입은 손해는 손실보상청구권이 침해된 데에 따른 손해이므로, 사업시행자가 배상해야 할 손해액은 원칙적으로 손실보상금이다(대법원 1990.6.12. 선고 89다카9552 전원합의체 판결, 대법원 2001.4.10. 선고 99다38705 판결 참조). 다만 그 과정에서 토지소유자와 관계인에게 손실보상금에 해당하는 손해 외에 별도의 손해가 발생하였다면, 사업시행자는 그 손해를 배상할 책임이

있으나(대법원 2013.11.14. 선고 2011다27103 판결 참조), 이와 같은 손해배상책임의 발생과 범위는 이를 주장하는 사람에게 증명책임이 있다.

나. 원심은 다음과 같은 이유로 피고가 원고들에게 정신적 손해에 대한 위자료 각 700만 원과 그 지연손해금을 지급할 의무가 있다고 판단하였다. 피고는 토지보상법에 따른 손실보상절차를 제대로 이행하였더라면 원고들은 피고로부터 수령한 영업손실 보상금으로 새로운 영업근거지에서 종전 임차목적물에서 영위하던 영업을 도모할 수 있었다. 뿐만 아니라 영업손실 보상금을 받을 때까지 임차목적물에서 종전 영업을 계속할 수 있었을 것인데, 피고로부터 영업손실 보상금을 미리 받지 못한 채 임차목적물을 인도함으로써 토지보상법이 보호하고자 하는 임차목적물에 대한 법적 이익과 기존의 생활관계가 깨어지는 불이익을 입게 되었다. 이러한 불이익은 영업손실 보상금에 해당하는 손해배상금만으로는 회복할 수 없는 정신적 손해를 입었다고 볼 수 있다.

다. 그러나 원심판결은 다음과 같은 이유로 그대로 받아들일 수 없다.

원고들이 입은 손해는 영업손실 보상청구권의 침해에 따른 것이므로, 그 손해액은 원칙적으로 토지보상법령이 정한 영업손실 보상금이고, 그 밖에 별도의 손해가 발생하였다는 점에 관한 원고들의 구체적인 주장·증명이 없는 한, 손실보상금의 지급이 지연되었다는 사정만으로 손실보상금에 해당하는 손해 외에 원고들에게 별도의 손해가 발생하였다고 볼 수 없다.

영업손실 보상금의 지급 지연에 따른 손해는 그 손해배상금에 대한 지연손해금의 지급으로 보전될 수 있다. 원심은 손실보상금에 해당하는 손해배상금에 대한 지연손해금의 지급을 명하면서도, 동시에 손실보상금의 지급 지연으로 원고들에게 정신적 손해가 발생하였다고 보아 위자료의 지급을 명하고 있는데, 이는 중복배상에 해당할 수 있다.

재산적 손해배상으로 회복할 수 없는 정신적 손해가 있다는 사정에 관하여는 이를 주장하는 사람에게 그 증명책임이 있다. 손실보상금의 지급이 지연되었다는 사정만으로는 정신적 손해의 발생사실이 증명되었다고 볼 수는 없으므로, 재산적 손해 외에 별도로 정신적 고통을 받았다는 사정에 대하여 원고들이 증명을 해야 하나, 이 사건에서 이에 대한 원고들의 증명이 충분하지 않다.

라. 그런데도 원심은 손실보상금의 지급이 지연되었다는 사정만으로 위자료의 지급을 인정하였으므로, 원심판결에는 손해배상의 범위와 증명책임, 위자료에 관한 법리를 오해하여 판결에 영향을 미친 잘못이 있다.

6. 결론

피고의 상고 중 위자료 부분은 이유 있어 원심판결의 피고 패소 부분 중 각 위자료 부분과 그 지연손해금 부분을 파기하고, 이 부분 사건을 다시 심리·판단하도록 원심법원에 환송하기로 하며, 나머지 상고를 기각하기로 하여, 대법관의 일치된 의견으로 주문과 같이 판결한다.

Chapter 03 영업손실보상과 농업손실보상 703

◀ 사례 34

계획보장청구권의 인정 여부를 검토하시오. 10점

1. 계획보장청구권의 의의

행정계획에 대한 이해관계인의 신뢰보호를 위해 이해관계인에게 인정되는 행정주체에 대한 권리를 총칭하여 계획보장청구권이라고 한다. 계획보장청구권은 특정행위청구권, 즉 계획존속청구권, 계획이행청구권, 계획변경청구권 등의 상위개념으로 정의하는 것이 일반적이다.

2. 계획보장청구권의 근거

계획보장청구권을 인정하는 법령의 규정이 있는 경우에는 법령에 근거하여 계획보장청구권을 인정할 수 있을 것이며, 계획보장청구권의 이론적 근거로는 계약의 법리, 법적 안정성, 신뢰보호의 원칙, 재산권 보장 등이 주장되고 있다.

3. 계획보장청구권 인정 여부에 대한 학설

(1) 적극설

일설은 도시계획변경에 관한 신청권을 부인하게 되면 도시계획변경거부의 처분성을 인정할 수 없어 취소소송의 제기가 불가능하게 되므로, 도시계획변경 거부결정의 위법성 여부에 대한 재판청구권을 보장할 필요가 있다고 보고 있다. 또 다른 견해는 국토이용법상 '도시계획입안 제안권'을 근거로 법규상 또는 조리상 신청권 등을 통해 도시계획변경거부의 처분성을 인정할 수 있다고 본다. 그리고 도시계획변경신청거부에 의해 제3자의 기본권이 침해받게 되는 경우에 예외적으로 도시계획변경거부를 인정할 수 있다거나, 그 밖에 장기미집행 도시계획시설의 경우에 대해서 신청권을 인정할 수 있다는 견해도 있다. 적극설의 주요 논거는 당사자의 권리구제를 위해 도시계획변경신청권을 인정하자는 것으로 압축될 수 있다.

(2) 소극설

소극설은 도시계획수립 및 변경에 있어서 일반적으로 계획행정청에 광범위한 형성의 자유가 보장되어 있으므로, 계획수립청구권 및 계획변경신청권을 허용할 수 없다고 보고 있다. 소극설이 다수설이다.

(3) 검토

개별법령에서 특별규정을 두고 있거나, 특별한 사정이 없는 한, 변화하는 행정의 탄력적 운용 측면에서 이러한 권리들은 인정되기 어려울 것이다. 그러나 예외적으로 법규상 또는 조리상 계획변경신청권이 인정되는 경우에는 해당 계획의 변경을 청구할 수 있을 것이다.

4. 관련판례의 입장

(1) 원칙적 부정

대법원은 소극설의 입장에 서서 원칙적으로 국민에게 행정계획의 변경신청권을 인정하지 않고, 도시계획변경신청에 대한 거부행위도 행정처분으로 보고 있지 않다. 즉 판례는 행정계획이 일단 확정된 후에는 일정한 사정변동이 있다고 하여 지역주민에게 일일이 그 계획의 변경 또는 폐지를 청구할 권리를 인정해 줄 수 없다고 하여, 행정계획의 변경신청권을 원칙적으로 부인하고 있다. 특히 국토이용계획변경신청불허처분취소사건에서 대법원은 "구 국토이용관리법상 주민이 국토이용계획의 변경에 대하여 신청을 할 수 있다는 규정이 없을 뿐만 아니라, 국토건설종합계획의 효율적인 추진과 국토이용질서를 확립하기 위한 국토이용계획은 장기성, 종합성이 요구되는 행정계획이어서 원칙적으로는 그 계획이 일단 확정된 후에 어떤 사정의 변동이 있다고 하여 그러한 사유만으로는 지역주민이나 일반 이해관계인에게 일일이 그 계획의 변경을 신청할 권리를 인정하여 줄 수는 없다"고 판시한 바 있다(대판 2003.9.23, 2001두10936).

(2) 예외적으로 계획변경청구권을 인정한 판례

판례는 원칙적으로 국토이용계획의 변경을 신청할 권리를 인정할 수 없다고 보면서도, 장래 일정한 기간 내에 관계 법령이 정하는 시설 등을 갖추어 일정한 행정처분을 구하는 신청을 할 수 있는 법률상 지위에 있는 자가 한 국토이용계획변경신청이 거부되는 것은 실질적으로 해당 행정처분 자체를 거부하는 결과가 된다고 보고, 이러한 경우에는 예외적으로 그 신청인에게 국토이용계획변경신청권을 인정하고 있다. 한편, 대법원은 문화유산보호구역의 지정해제신청에 대한 거부회신에 대해 처분성을 인정한 바 있다.

5. 검토

일반적으로 행정계획은 기존의 일정한 행정여건에 대한 분석과 장래의 행정여건의 변화에 대한 예측을 기초로 하여 수립되므로 행정계획에는 변경가능성이 내재되어 있다고 볼 것이다. 따라서 일반 국민에게 계획보장청구권은 인정되지 않을 것이다.

사례 35

甲 등이 자신들의 농작물 경작지였던 각 토지가 공익사업을 위하여 수용되었음을 이유로 공익사업 시행자를 상대로 구 공익사업을 위한 토지 등의 취득 및 보상에 관한 법률 제77조 제2항에 의하여 농업손실보상을 청구하였다. 이와 관련하여 손실보상청구권의 법적 성질을 논하고 농업손실에 대한 보상평가방법에 대하여 설명하시오. 25점

Ⅰ 서설

손실보상이란 공공필요에 의한 적법한 공권력의 행사로 가하여진 개인의 특별한 재산권침해에 대하여, 행정주체가 사유재산권 보장과 평등부담의 원칙 및 생존권 보장차원에서 행하는 조절적인 재산적 전보를 말한다. 이는 재산권 보장에 대한 예외적인 조치이므로 이에 대한 검토는 국민의 권리보호와 관련하여 중대한 위치를 차지한다. 이하에서 농업손실보상에 대하여 설명한다.

Ⅱ 농업손실보상청구권의 법적 성질

1. 학설

(1) 사권설

손실보상청구권은 원인이 되는 공용침해행위와는 별개의 권리이며 기본적으로 금전지급청구권이므로 사법상의 금전지급청구권과 다르지 않다고 본다.

(2) 공권설

공권설은 손실보상청구권은 공권력 행사인 공용침해로 인하여 발생한 권리이며 공익성이 고려되어야 하므로 공권으로 보아야 한다고 한다.

2. 판례

(1) 판례는 최근 하천법상 손실보상청구권과 관련하여 행정상 당사자소송의 대상이 된다고 본 바있으며, 세입자의 주거이전비 및 시행규칙 제57조에 따른 사업폐지 등에 대한 보상청구권은 공법상 권리라고 판시한 바 있다.

(2) 또한 '토지보상법상 농업손실보상청구권은 공익사업의 시행 등 적법한 공권력의 행사에 의한 재산상의 특별한 희생에 대하여 전체적인 공평부담의 견지에서 공익사업의 주체가 그 손해를 보상하여 주는 손실보상의 일종으로 공법상의 권리임이 분명하므로 그에 관한 쟁송은 민사소송이 아닌 행정소송절차에 의하여야 할 것'이라고 판시한 바 있다(대판 2011.10.13, 2009다43461).

3. 검토

손실보상은 공법상 원인을 이유로 이루어지고, 개정안에서는 손실보상에 관한 소송을 당사자소송으로 하도록 규정하고 있는 점에 비추어 공권으로 봄이 타당하다.

Ⅲ 농업손실에 대한 보상평가방법

1. 농업손실보상의 의의 및 성격

농업손실보상이란 공익사업시행지구에 편입되는 농지에 대하여 해당 지역의 단위 경작면적당 농작물 수입의 2년분을 보상함을 의미한다. 이는 전업에 소요되는 기간을 고려한 합리적 기대이익의 상실에 대한 보상으로 일실손실의 보상이며, 다만 유기체적인 생활을 종전 상태로 회복하는 의미에서 생활보상의 성격도 존재한다.

2. 보상의 기준

헌법 제23조 제3항은 국민의 재산권에 대한 강제적 박탈이나 침해에 대하여 정당한 보상을 규정하고, 판례는 이를 보상의 시기·방법에도 제한이 없는 완전한 보상으로 해석하고 있다. 이러한 정당보상의 실현을 토지보상법상 보상의 기준으로 두고 있다.

3. 구체적 보상 방법 및 내용

(1) 보상의 방법

공익사업지구에 편입되는 농지(농지법 제2조 제1호 가목에 해당되는 토지)에 대하여는 해당 도별 연간 농가평균 단위 경작면적당 농작물총수입의 직전 3년간 평균의 2년분을 영농손실액으로 지급한다. 다만 국토교통부장관이 고시한 농작물로서 그 실제소득을 증명한 경우에는 농작물총수입 대신에 실제소득으로 보상한다.

(2) 농업손실보상의 대상인 농지의 범위(농업손실보상의 물적 범위)

보상을 함에 있어서는 해당 토지의 지목에도 불구하고 실제로 농작물을 경작하는 경우에는 이를 농지로 본다. ① 토지이용계획, 주위환경 등으로 보아 일시적으로 농지로 이용되고 있는 토지(종전 불법형질변경된 토지로서 농지로 이용되고 있는 토지는 제외됨), ② 불법으로 점유하여 경작하고 있는 토지, ③ 농민에 해당하지 아니하는 자가 경작하고 있는 토지, ④ 사업인정고시일 등 이후부터 농지로 이용되고 있는 토지, ⑤ 취득보상 이후 사업시행자가 2년 이상 계속하여 경작하도록 허용하는 토지는 농지로 보지 아니한다.

(3) 농업손실보상의 지급대상자(실농보상의 인적 범위)

자경농지가 아닌 농지에 대한 영농손실액은 실제의 경작자에게 지급한다. 다만, 해당 농지의 소유자가 해당 지역에 거주하는 농민의 경우에는 소유자와 실제의 경작자가 협의하는 바에 따라 보상하고, 협의가 성립되지 아니할 경우 2분의 1씩 보상한다. 다만, 실제소득인정 기준에 따라 보상하는 경우 농지의 소유자에 대한 보상금액은 평균소득기준에 따라 산정한 영농손실액의 50퍼센트를 초과할 수 없다.

(4) 농기구 등에 대한 보상

경작지의 3분의 2 이상에 해당하는 토지가 공익사업지구에 편입되어 해당 지역에서 영농을 계속할 수 없게 된 경우에는 농기구에 대하여 매각손실액으로 평가하여 보상한다. 다만, 매각손실액의 평가가 사실상 곤란한 경우에는 원가법에 의하여 산정한 가격의 60% 이내에서 매각손실액을 정할 수 있다.

Ⅳ 관련문제(농업손실보상의 간접보상 : 토지보상법 시행규칙 제65조)

경작하고 있는 농지의 3분의 2 이상에 해당하는 면적이 공익사업시행지구에 편입됨으로 인하여 영농을 계속할 수 없게 된 농민에 대해서는 공익사업시행지구 밖에서 그가 경작하고 있는 농지에 대하여도 영농손실액을 지급하도록 규정하고 있다.

> ✱ 농업손실(대판 2011.10.13, 2009다43461)
>
> [판시사항]
> [1] 구 공익사업을 위한 토지등의 취득 및 보상에 관한 법률 제77조 제2항에서 정한 농업손실보상 청구권에 관한 쟁송은 행정소송절차에 의하여야 하는지 여부(적극) 및 공익사업으로 인하여 농업손실을 입게 된 자가 사업시행자에게서 위 규정에 따른 보상을 받기 위해서는 재결절차를 거쳐야 하는지 여부(적극)

[2] 甲 등이 자신들의 농작물 경작지였던 각 토지가 공익사업을 위하여 수용되었음을 이유로 공익사업 시행자를 상대로 구 공익사업을 위한 토지 등의 취득 및 보상에 관한 법률 제77조 제2항에 의하여 농업손실보상을 청구한 사안에서, 甲 등이 재결절차를 거쳤는지를 전혀 심리하지 아니한 채 농업손실보상금 청구를 민사소송절차에 의하여 처리한 원심판결을 파기한 사례

[재판요지]

[1] 구 공익사업을 위한 토지 등의 취득 및 보상에 관한 법률(2007.10.17. 법률 제8665호로 개정되기 전의 것, 이하 '구 공익사업법'이라 한다) 제77조 제2항은 "농업의 손실에 대하여는 농지의 단위면적당 소득 등을 참작하여 보상하여야 한다."고 규정하고, 같은 조 제4항은 "제1항 내지 제3항의 규정에 의한 보상액의 구체적인 산정 및 평가방법과 보상기준은 건설교통부령으로 정한다."고 규정하고 있으며, 이에 따라 구 공익사업을 위한 토지 등의 취득 및 보상에 관한 법률 시행규칙(2007.4.12. 건설교통부령 제556호로 개정되기 전의 것)은 농업의 손실에 대한 보상(제48조), 축산업의 손실에 대한 평가(제49조), 잠업의 손실에 대한 평가(제50조)에 관하여 규정하고 있다. 위 규정들에 따른 농업손실보상청구권은 공익사업의 시행 등 적법한 공권력의 행사에 의한 재산상의 특별한 희생에 대하여 전체적인 공평부담의 견지에서 공익사업의 주체가 그 손해를 보상하여 주는 손실보상의 일종으로 공법상의 권리임이 분명하므로 그에 관한 쟁송은 민사소송이 아닌 행정소송절차에 의하여야 할 것이고, 위 규정들과 구 공익사업법 제26조, 제28조, 제30조, 제34조, 제50조, 제61조, 제83조 내지 제85조의 규정 내용 및 입법 취지 등을 종합하여 보면, 공익사업으로 인하여 농업의 손실을 입게 된 자가 사업시행자로부터 구 공익사업법 제77조 제2항에 따라 농업손실에 대한 보상을 받기 위해서는 구 공익사업법 제34조, 제50조 등에 규정된 재결절차를 거친 다음 그 재결에 대하여 불복이 있는 때에 비로소 구 공익사업법 제83조 내지 제85조에 따라 권리구제를 받을 수 있다.

[2] 甲 등이 자신들의 농작물 경작지였던 각 토지가 공익사업을 위하여 수용되었음을 이유로 공익사업 시행자를 상대로 구 공익사업을 위한 토지 등의 취득 및 보상에 관한 법률(2007.10.17. 법률 제8665호로 개정되기 전의 것, 이하 '구 공익사업법'이라 한다) 제77조 제2항에 의하여 위 농작물에 대한 농업손실보상을 청구한 사안에서, 원심으로서는 농업손실보상금 청구가 구 공익사업법 제34조, 제50조 등에 규정된 재결절차를 거쳐 같은 법 제83조 내지 제85조에 따른 당사자소송에 의한 것인지를 심리했어야 함에도, 이를 간과하여 甲 등이 재결절차를 거쳤는지를 전혀 심리하지 아니한 채 농업손실보상금 청구를 민사소송절차에 의하여 처리한 원심판결에는 농업손실보상금 청구의 소송형태에 관한 법리오해의 위법이 있다고 한 사례

 사례 **36**

경기도지사는 제3경인(시흥-남동간) 고속도로건설공사의 사업시행자로서, 도로법에 따라 도로구역을 결정(변경)하고 고시(경기도 고시 제2008-111호 2008.4.28, 제2008-237호 2008.8.5.)하였다. 갑과 을은 부부로서, 2002년경부터 사업 구역 내에 위치한 시흥시 금이동 소재 토지상(20,782㎡)에 미나리를 경작해 왔다. 경기도지사는 2006.2.6. 구 사회간접자본시설에 대한 민간투자법(법률 제7304호)에 따라 갑과 을의 토지가 사업부지로 편입된 '제3경인(시흥-남동간) 고속도로 민간투자사업 실시계획'을 고시하였고, 2006.12. 내지 2007.3.경 토지의 각 소유자로부터 사업 착공에 대한 승낙을 받았으며, 사업 시공사인 '또봇'건설 주식회사는 2007.4.26. 갑과 을의 소유 토지상에 진입로 개설 작업을, 2007.5.3. 갑과 을의 소유 토지상에 재배되고 있던 미나리에 대한 수거 작업을 각 시작하였다. 그러나 위 각 작업 개시 당시 갑과 을의 소유 토지에 대해서는 시공 승낙을 받지 아니하였다. 중앙토지수용위원회는 공익사업을 위한 토지 등의 취득 및 보상에 관한 법률(이하 '토지보상법'이라 한다)에 따라 2009.1.8. 갑과 을 토지상 소유의 미나리 등에 대한 보상금을 영농손실보상금 129,730,978원, 지장물보상금 23,048,000원(미나리 21,048,000원, 관정 2,000,000원) 합계 152,778,970원으로 정하고, 수용의 개시일은 2009.3.3.로 하는 수용재결을 하였다. 이에 갑과 을은 수용재결 전에 이루어진 공사 착수로 인하여 영농을 할 수 없게 된 손실도 보상받아야 한다고 주장하나 경기도지사는 이미 2년분의 영농손실보상금이 지급된 이상 더 이상의 손해배상을 청구할 수 없다고 주장한다. 이와 관련하여 농업손실보상의 법적 성질 및 구체적 보상방법에 대하여 설명하고 각 주장의 타당성을 논하시오. 30점

관련 규정

토지보상법 제40조(보상금의 지급 또는 공탁)

① 사업시행자는 제38조 또는 제39조에 따른 사용의 경우를 제외하고는 수용 또는 사용의 개시일(토지수용위원회가 재결로써 결정한 수용 또는 사용을 시작하는 날을 말한다. 이하 같다)까지 관할 토지수용위원회가 재결한 보상금을 지급하여야 한다.

토지보상법 제62조(사전보상)

사업시행자는 해당 공익사업을 위한 공사에 착수하기 이전에 토지소유자와 관계인에게 보상액 전액(全額)을 지급하여야 한다. 다만, 제38조에 따른 천재지변 시의 토지 사용과 제39조에 따른 시급한 토지 사용의 경우 또는 토지소유자 및 관계인의 승낙이 있는 경우에는 그러하지 아니하다.

토지보상법 제77조(영업의 손실 등에 대한 보상)

② 농업의 손실에 대하여는 농지의 단위면적당 소득 등을 고려하여 실제 경작자에게 보상하여야 한다. 다만, 농지소유자가 해당 지역에 거주하는 농민인 경우에는 농지소유자와 실제 경작자가 협의하는 바에 따라 보상할 수 있다.

시행규칙 제48조(농업의 손실에 대한 보상)

① 공익사업시행지구에 편입되는 농지(「농지법」 제2조 제1호 가목 및 같은 법 시행령 제2조 제3항 제2호 가목에 해당하는 토지를 말한다. 이하 이 조와 제65조에서 같다)에 대하여는 그 면적에 「통계법」 제3조 제3호에 따른 통계작성기관이 매년 조사·발표하는 농가경제조사통계의 도별 농업총수입 중 농작물수

입을 도별 표본농가현황 중 경지면적으로 나누어 산정한 도별 연간 농가평균 단위경작면적당 농작물총수입(서울특별시·인천광역시는 경기도, 대전광역시는 충청남도, 광주광역시는 전라남도, 대구광역시는 경상북도, 부산광역시·울산광역시는 경상남도의 통계를 각각 적용한다)의 직전 3년간 평균의 2년분을 곱하여 산정한 금액을 영농손실액으로 보상한다.

③ 다음 각 호의 어느 하나에 해당하는 토지는 이를 제1항 및 제2항의 규정에 의한 농지로 보지 아니한다.

　5. 토지의 취득에 대한 보상 이후에 사업시행자가 2년 이상 계속하여 경작하도록 허용하는 토지

Ⅰ 쟁점의 정리

Ⅱ 농업손실보상의 법적 성질 및 보상방법
　1. 농업손실보상의 의의 및 근거규정
　2. 농업손실보상청구권의 법적 성질
　　(1) 학설
　　　1) 사권설
　　　2) 공권설
　　(2) 판례
　　(3) 검토
　3. 보상의 기준
　4. 구체적 보상 방법 및 내용
　　(1) 보상의 방법

　　(2) 농업손실보상의 대상인 농지의 범위(농업손실보상의 물적 범위)
　　(3) 농업손실보상의 지급대상자(실농보상의 인적범위)
　　(4) 농기구 등에 대한 보상
　5. 관련문제(농업손실보상의 간접보상 : 토지보상법 시행규칙 제65조)

Ⅲ 양 당사자 주장의 타당성 검토
　1. 농업손실보상의 성격
　2. 농업손실보상의 범위
　3. 양 당사자 주장의 타당성

Ⅳ 사안의 해결

Ⅰ 쟁점의 정리

손실보상이란 공공필요에 의한 적법한 공권력의 행사로 가하여진 개인의 특별한 재산권 침해에 대하여, 행정주체가 사유재산권 보장과 평등부담의 원칙 및 생존권 보장차원에서 행하는 조절적인 재산적 전보를 말한다. 이는 재산권 보장에 대한 예외적인 조치이므로 이에 대한 검토는 국민의 권리보호와 관련하여 중대한 위치를 차지한다. 이하에서 농업손실보상에 대하여 설명한 후, 양 당사자 주장의 타당성을 검토한다.

Ⅱ 농업손실보상의 법적 성질 및 보상방법

1. 농업손실보상의 의의 및 근거규정

농업손실보상이란 공익사업시행지구에 편입되는 농지에 대하여 해당 지역의 단위경작면적당 농작물 수입의 2년분을 보상함을 의미한다. 토지보상법 제77조 및 동법 시행규칙 제48조에 근거규정을 두고 있다.

PART · 04

2. 농업손실보상청구권의 법적 성질

(1) 학설

1) 사권설

손실보상청구권은 원인이 되는 공용침해행위와는 별개의 권리이며 기본적으로 금전지급청구권이므로 사법상의 금전지급청구권과 다르지 않다고 본다.

2) 공권설

공권설은 손실보상청구권은 공권력 행사인 공용침해로 인하여 발생한 권리이며 공익성이 고려되어야 하므로 공권으로 보아야 한다고 한다.

(2) 판례

'토지보상법상 농업손실보상청구권은 공익사업의 시행 등 적법한 공권력의 행사에 의한 재산상의 특별한 희생에 대하여 전체적인 공평부담의 견지에서 공익사업의 주체가 그 손해를 보상하여 주는 손실보상의 일종으로 공법상의 권리임이 분명하므로 그에 관한 쟁송은 민사소송이 아닌 행정소송절차에 의하여야 할 것'이라고 판시한 바 있다(대판 2011.10.13, 2009다43461).

(3) 검토

손실보상은 공법상 원인을 이유로 이루어지고, 개정안에서는 손실보상에 관한 소송을 당사자소송으로 하도록 규정하고 있는 점에 비추어 공권으로 봄이 타당하다.

3. 보상의 기준

헌법 제23조 제3항은 국민의 재산권에 대한 강제적 박탈이나 침해에 대하여 정당한 보상을 규정하고, 판례는 이를 보상의 시기·방법에도 제한이 없는 완전한 보상으로 해석하고 있다. 이러한 정당보상의 실현을 토지보상법상 보상의 기준으로 두고 있다.

4. 구체적 보상 방법 및 내용

(1) 보상의 방법

공익사업지구에 편입되는 농지(농지법 제2조 제1호 가목에 해당되는 토지)에 대하여는 해당 도별 연간 농가평균 단위 경작면적당 농작물조수입의 2년분을 영농손실액으로 지급한다. 다만 국토교통부장관이 고시한 농작물로서 그 실제소득을 증명한 경우에는 농작물조수입 대신에 실제소득으로 보상한다.

(2) 농업손실보상의 대상인 농지의 범위(농업손실보상의 물적 범위)

보상을 함에 있어서는 해당 토지의 지목에 불구하고 실제로 농작물을 경작하는 경우에는 이를 농지로 본다. ① 토지이용계획, 주위환경 등으로 보아 일시적으로 농지로 이용되고 있는 토지, ② 불법으로 점유하여 경작하고 있는 토지, ③ 농민에 해당하지 아니하는 자가 경작하고 있는 토지, ④ 사업인정고시일 등 이후부터 농지로 이용되고 있는 토지, ⑤ 취득보상 이후 사업시행자가 2년 이상 계속하여 경작하도록 허용하는 토지는 농지로 보지 아니한다.

(3) 농업손실보상의 지급대상자(실농보상의 인적범위)

자경농지가 아닌 농지에 대한 영농손실액은 실제의 경작자에게 지급한다. 다만, 해당 농지의 소유자가 해당 지역에 거주하는 농민의 경우에는 소유자와 실제의 경작자가 협의하는 바에 따라 보상하고, 협의가 성립되지 아니할 경우 2분의 1씩 보상한다. 다만, 실제소득인정기준에 따라 보상하는 경우 농지의 소유자에 대한 보상금액은 평균소득기준에 따라 산정한 영농손실액의 50퍼센트를 초과할 수 없다.

(4) 농기구 등에 대한 보상

경작지의 3분의 2 이상에 해당하는 토지가 공익사업지구에 편입되어 해당 지역에서 영농을 계속할 수 없게 된 경우에는 농기구에 대하여 매각손실액으로 평가하여 보상한다.

5. 관련문제(농업손실보상의 간접보상 : 토지보상법 시행규칙 제65조)

경작하고 있는 농지의 3분의 2 이상에 해당하는 면적이 공익사업시행지구에 편입됨으로 인하여 영농을 계속할 수 없게 된 농민에 대해서는 공익사업시행지구 밖에서 그가 경작하고 있는 농지에 대하여도 영농손실액을 지급하도록 규정하고 있다.

Ⅲ 양 당사자 주장의 타당성 검토

1. 농업손실보상의 성격

수용대상인 농지의 경작자 등에 대한 2년분의 영농손실보상은 그 농지의 수용으로 인하여 장래에 영농을 계속하지 못하게 되어 생기는 이익 상실 등에 대한 보상을 하기 위한 것이다(대판 2000.2.25, 99다57812). 즉, 농업손실보상은 전업에 소요되는 기간을 고려한 합리적 기대이익의 상실에 대한 보상으로 일실손실의 보상이며, 유기체적인 생활을 종전 상태로 회복하는 의미에서 생활보상의 성격도 존재한다.

2. 농업손실보상의 범위

토지보상법에 따른 영농손실보상금은 수용재결에 따라 수용개시일 이후 더 이상 이 사건 토지를 이용하여 영농을 할 수 없게 됨으로 인하여 생기는 손실을 보상하기 위한 것이며, 갑과 을이 주장하는 손실은 경기도지사가 사전 보상절차 없이 2007년 4월경 불법으로 공사에 착수함으로써 그때부터 수용재결에 의한 수용개시일까지의 기간 동안 미나리를 재배하지 못하게 된 손해에 관한 것으로 이는 수용재결의 대상기간과 사유를 달리하는 것이며, 수용재결에 따라 갑과 을에게 영농손실보상금을 지급하는 것만으로 위와 같이 불법으로 공사에 착수함으로 인한 손해배상까지 이루어지는 것은 아니라고 할 것이다.

3. 양 당사자 주장의 타당성

사업시행자가 토지소유자 및 관계인에게 보상금을 지급하지 아니하고 그 승낙도 받지 아니한 채 미리 공사에 착수하여 영농을 계속할 수 없게 하였다면 이는 토지보상법상 사전보상의 원칙을 위반한 것으로서 위법하다 할 것이므로, 이 경우 사업시행자는 2년분의 영농손실보상금을 지급하는 것과 별도로, 공사의 사전 착공으로 인하여 토지소유자나 관계인이 영농을 할 수 없게 된 때부터 수용개시일까지 입은 손해에 대하여 이를 배상할 책임이 있다고 할 것이다. 따라서 사업시행자인 경기도지사의 주장은 타당성이 인정되지 않는다.

Ⅳ 사안의 해결

수용대상인 농지의 경작자 등에 대한 2년분의 영농손실보상은 그 농지의 수용으로 인하여 장래에 영농을 계속하지 못하게 되어 생기는 이익 상실 등에 대한 보상을 하기 위한 것이므로, 사업시행자인 경기도지사는 수용개시일 이전에 발생한 갑과 을의 손해를 전보해줘야 할 것이다.

✎ 대판 2013.11.14, 2011다27103[손해배상 등]

[판시사항]

사업시행자가 보상금 지급이나 토지소유자 및 관계인의 승낙 없이 공익사업을 위한 공사에 착수하여 영농을 계속할 수 없게 한 경우, 2년분의 영농손실보상금 지급과 별도로 공사의 사전 착공으로 토지소유자나 관계인이 영농을 할 수 없게 된 때부터 수용개시일까지 입은 손해를 배상할 책임이 있는지 여부(적극)

[판결요지]

구 공익사업을 위한 토지 등의 취득 및 보상에 관한 법률(2011.8.4. 법률 제11017호로 개정되기 전의 것, 이하 '공익사업법'이라 한다) 제40조 제1항, 제62조, 제77조 제2항, 구 공익사업을 위한 토지 등의 취득 및 보상에 관한 법률 시행규칙(2013.4.25. 국토교통부령 제5호로 개정되기 전의 것) 제48조 제1항, 제3항 제5호의 규정들을 종합하여 보면, 공익사업을 위한 공사는 손실보상금을 지급하거나 토지소유자 및 관계인의 승낙을 받지 않고는 미리 착공해서는 아니 되는 것으로, 이는 그 보상권리자가 수용대상에 대하여 가지는 법적 이익과 기존의 생활관계 등을 보호하고자 하는 것이고, 수용대상인 농지의 경작자 등에 대한 2년분의 영농손실보상은 그 농지의 수용으로 인하여 장래에 영농을 계속하지 못하게 되어 생기는 이익 상실 등에 대한 보상을 하기 위한 것이다. 따라서 사업시행자가 토지소유자 및 관계인에게 보상금을 지급하지 아니하고 그 승낙도 받지 아니한 채 미리 공사에 착수하여 영농을 계속할 수 없게 하였다면 이는 공익사업법상 사전보상의 원칙을 위반한 것으로서 위법하다 할 것이므로, 이 경우 사업시행자는 2년분의 영농손실보상금을 지급하는 것과 별도로, 공사의 사전 착공으로 인하여 토지소유자나 관계인이 영농을 할 수 없게 된 때부터 수용개시일까지 입은 손해에 대하여 이를 배상할 책임이 있다.

◢ 사례 **37**

피고는 산업단지 조성사업의 시행자이다. 사업에 관하여 2012.12.14. 사업인정고시(국토교통부 고시 제2012-888호)가 있었고, 피고는 2013.9.13. 이 사건 사업에 관한 보상계획을 공고하였다. 원고는 사업 구역 내에 있는 부산 강서구 ○○동 (지번 1 생략) 창고용지 192㎡, 같은 동 (지번 2 생략) 답 1,487㎡, 같은 동 (지번 3 생략) 답 3,748㎡를 소유하면서, 그중 (지번 2 생략) 토지 중 297㎡, (지번 3 생략) 토지 중 2,880㎡ 합계 3,177㎡에서 유기농 채소를 재배하고, (지번 2 생략) 토지 중 361.4㎡에서 무순과 새싹을 묘판에 식재하는 방식으로 재배하였다(이하 '묘판 식재 토지'라고 한다).

피고는 원고와 이 사건 토지와 그 지상의 지장물, 농업손실에 관하여 보상협의가 성립되지 아니하자, 공익사업을 위한 토지 등의 취득 및 보상에 관한 법률 제28조에 따라 관할 중앙토지수용위원회에 수용재결을 신청하였다. 이에 중앙토지수용위원회는 2016.9.29. 토지와 지장물, 농업손실에 관하여 수용개시일(2016.11.22.)과 각 손실보상금을 정하면서, 일괄하여 휴업보상금 11,072,100원을 인정하는 내용의 수용재결을 하였다.

원고는 농업손실보상금 산정과 관련하여 재결 당시를 기준하여 개정된 농업손실보상 규정이 아닌 사업인정고시일 당시의 개정 전 규정을 적용하여 농업손실보상금을 지급해야 함에도 불구하고 개정된 규정을 적용하여 실제소득의 2년분이 아닌 해당 작목별 단위경작면적당 평균생산량의 2배를 적용하여 농업손실보상금을 산정하였기에 이는 규정위반으로서 위법하다고 판단하고, 수용재결에 불복하여 2016.11.23. 피고를 상대로 '농업손실보상금'의 증액을 청구하는 소를 제기하였다.

공익사업을 위한 토지 등의 취득 및 보상에 관한 법률 제77조 제4항은 농업손실 보상액의 구체적인 산정 및 평가방법과 보상기준에 관한 사항을 국토교통부령으로 정하도록 위임하고 있다. 그 위임에 따라 2013.4.25. 국토교통부령 제5호로 개정된 공익사업을 위한 토지 등의 취득 및 보상에 관한 법률 시행규칙(이하 '개정 시행규칙'이라 한다) 제48조 제2항 단서 제1호가 실제소득 적용 영농보상금의 예외로서, 농민이 제출한 입증자료에 따라 산정한 실제소득이 동일 작목별 평균소득의 2배를 초과하는 경우에 해당 작목별 평균생산량의 2배를 판매한 금액을 실제소득으로 간주하도록 규정함으로써 실제소득 적용 영농보상금의 '상한'을 설정하였다(영농보상금액의 구체적인 산정방법·기준에 관한 개정 시행규칙 제48조 제2항 단서 제1호를 개정 시행규칙 시행일 전에 사업인정고시가 이루어졌으나 개정 시행규칙 시행 후 보상계획의 공고·통지가 이루어진 공익사업에 대해서도 적용하도록 규정하고 있다).

(1) 실제소득에 기준하여 영업손실보상금액을 산정하는 경우에 보상금액의 상한을 설정한 것이 헌법상 정당보상원칙 및 비례원칙에 반하는지 논하시오. 개정 규정을 적용하는 것이 소급입법금지원칙 및 신뢰보호원칙에 반하는지 여부도 함께 논하시오. 15점

(2) 농업손실보상 청구권의 법적 성질과 발생시점을 설명하시오. 15점

[토지보상법]

제77조(영업의 손실 등에 대한 보상)

② 농업의 손실에 대하여는 농지의 단위면적당 소득 등을 고려하여 실제 경작자에게 보상하여야 한다. 다만, 농지소유자가 해당 지역에 거주하는 농민인 경우에는 농지소유자와 실제 경작자가 협의하는 바에 따라 보상할 수 있다.

④ 제1항부터 제3항까지의 규정에 따른 보상액의 구체적인 산정 및 평가 방법과 보상기준, 제2항에 따른 실제 경작자 인정기준에 관한 사항은 국토교통부령으로 정한다.

[토지보상법 시행규칙]

제48조(농업의 손실에 대한 보상)

① 공익사업시행지구에 편입되는 농지(「농지법」 제2조 제1호 가목 및 같은 법 시행령 제2조 제3항 제2호 가목에 해당하는 토지를 말한다. 이하 이 조와 제65조에서 같다)에 대하여는 그 면적에 「통계법」 제3조 제3호에 따른 통계작성기관이 매년 조사·발표하는 농가경제조사통계의 도별 농업총수입 중 농작물수입을 도별 표본농가현황 중 경지면적으로 나누어 산정한 도별 연간 농가평균 단위경작면적당 농작물총수입(서울특별시·인천광역시는 경기도, 대전광역시는 충청남도, 광주광역시는 전라남도, 대구광역시는 경상북도, 부산광역시·울산광역시는 경상남도의 통계를 각각 적용한다)의 직전 3년간 평균의 2년분을 곱하여 산정한 금액을 영농손실액으로 보상한다.

② 국토교통부장관이 농림축산식품부장관과의 협의를 거쳐 관보에 고시하는 농작물실제소득인정기준(이하 "농작물실제소득인정기준"이라 한다)에서 정하는 바에 따라 실제소득을 입증하는 자가 경작하는 편입농지에 대해서는 제1항에도 불구하고 그 면적에 단위경작면적당 3년간 실제소득 평균의 2년분을 곱하여 산정한 금액을 영농손실액으로 보상한다. 다만, 다음 각 호의 어느 하나에 해당하는 경우에는 각 호의 구분에 따라 산정한 금액을 영농손실액으로 보상한다.

1. 단위경작면적당 실제소득이 「통계법」 제3조 제3호에 따른 통계작성기관이 매년 조사·발표하는 농축산물소득자료집의 작목별 평균소득의 2배를 초과하는 경우 : 해당 작목별 단위경작면적당 평균생산량의 2배(단위경작면적당 실제소득이 현저히 높다고 농작물실제소득인정기준에서 따로 배수를 정하고 있는 경우에는 그에 따른다)를 판매한 금액을 단위경작면적당 실제소득으로 보아 이에 2년분을 곱하여 산정한 금액

2. 농작물실제소득인정기준에서 직접 해당 농지의 지력(地力)을 이용하지 아니하고 재배 중인 작물을 이전하여 해당 영농을 계속하는 것이 가능하다고 인정하는 경우 : 단위경작면적당 실제소득(제1호의 요건에 해당하는 경우에는 제1호에 따라 결정된 단위경작면적당 실제소득을 말한다)의 4개월분을 곱하여 산정한 금액

③ 다음 각 호의 어느 하나에 해당하는 토지는 이를 제1항 및 제2항의 규정에 의한 농지로 보지 아니한다.

1. 사업인정고시일 등 이후부터 농지로 이용되고 있는 토지

2. 토지이용계획·주위환경 등으로 보아 일시적으로 농지로 이용되고 있는 토지

3. 타인소유의 토지를 불법으로 점유하여 경작하고 있는 토지

4. 농민(「농지법」 제2조 제3호의 규정에 의한 농업법인 또는 「농지법 시행령」 제3조 제1호 및 동조

제2호의 규정에 의한 농업인을 말한다. 이하 이 조에서 같다)이 아닌 자가 경작하고 있는 토지

5. 토지의 취득에 대한 보상 이후에 사업시행자가 2년 이상 계속하여 경작하도록 허용하는 토지

④ 자경농지가 아닌 농지에 대한 영농손실액은 다음 각 호의 구분에 따라 보상한다.

1. 농지의 소유자가 해당 지역(영 제26조 제1항 각 호의 어느 하나의 지역을 말한다. 이하 이 조에서 같다)에 거주하는 농민인 경우

가. 농지의 소유자와 제7항에 따른 실제 경작자(이하 "실제 경작자"라 한다)간에 협의가 성립된 경우
: 협의내용에 따라 보상

나. 농지의 소유자와 실제 경작자 간에 협의가 성립되지 아니하는 경우에는 다음의 구분에 따라 보상

1) 제1항에 따라 영농손실액이 결정된 경우 : 농지의 소유자와 실제 경작자에게 각각 영농손실액의 50퍼센트에 해당하는 금액을 보상

2) 제2항에 따라 영농손실액이 결정된 경우 : 농지의 소유자에게는 제1항의 기준에 따라 결정된 영농손실액의 50퍼센트에 해당하는 금액을 보상하고, 실제 경작자에게는 제2항에 따라 결정된 영농손실액 중 농지의 소유자에게 지급한 금액을 제외한 나머지에 해당하는 금액을 보상

2. 농지의 소유자가 해당 지역에 거주하는 농민이 아닌 경우 : 실제 경작자에게 보상

⑤ 실제 경작자가 자의로 이농하는 등의 사유로 보상협의일 또는 수용재결일 당시에 경작을 하고 있지 않는 경우의 영농손실액은 제4항에도 불구하고 농지의 소유자가 해당 지역에 거주하는 농민인 경우에 한정하여 농지의 소유자에게 보상한다.

⊕ (설문 1)의 해결

Ⅰ 쟁점의 정리

농업손실보상금 산정과 관련하여 개정 후 법령을 적용하는 것이 정당보상의 원칙 및 비례원칙과 소급입법금지의 원칙 및 신뢰보호원칙에 반하는지를 검토한다.

Ⅱ 농업손실보상 기준의 정당성 논의

1. 농업손실보상의 의의 및 성격

(1) 농업손실보상의 의의

농업손실보상이란 공익사업시행지구에 편입되는 농지에 대하여 해당 지역의 단위경작면적당 농작물 수입의 2년분을 보상함을 의미한다. 이는 전업에 소요되는 기간을 고려한 합리적 기대이익의 상실에 대한 보상으로 일실손실의 보상이며, 다만 유기체적인 생활을 종전상태로 회복하는 의미에서 생활보상의 성격도 존재한다.

(2) 농업손실보상의 성격

영농보상은 그 보상금을 통계소득을 적용하여 산정하든, 아니면 해당 농민의 최근 실제소득을

적용하여 산정하든 간에, 모두 장래의 불확정적인 일실소득을 예측하여 보상하는 경우에 해당한다. 기존에 형성된 재산의 객관적 가치에 대한 '완전한 보상'과는 그 법적 성질을 달리한다.

2. 정당보상의 원칙 및 비례의 원칙에 반하는지 여부

(1) 정당보상과 비례의 원칙

정당보상이란 보상의 시기나 방법 등에 제한이 없는 재산권의 객관적 가치를 완전하게 보상해야한다는 것이 판례와 통설의 견해이며, 비례의 원칙이란 과잉조치금지의 원칙이라고도 하는데, 행정작용에 있어서 행정목적과 행정수단 사이에는 합리적인 비례관계가 있어야 한다는 원칙을 말한다.

(2) 사안의 경우(정당보상과 농업손실보상)

우리나라의 농업과 농산물유통 현실상 실제소득 산정에 필요한 농작물 총수입의 입증을 둘러싼문제가 적지 않다. 토지보상법 제77조 제4항은 농업손실 보상액의 구체적인 산정 및 평가 방법과 보상기준에 관한 사항을 국토교통부령으로 정하도록 위임하고 있다. 그 위임에 따라 개정시행규칙 제48조 제2항 단서 제1호가 실제소득 적용 영농보상금의 예외로서, 농민이 제출한입증자료에 따라 산정한 실제소득이 동일 작목별 평균소득의 2배를 초과하는 경우에 해당 작목별 평균생산량의 2배를 판매한 금액을 실제소득으로 간주하도록 규정함으로써 실제소득 적용영농보상금의 '상한'을 설정하였다.

이와 같은 개정 시행규칙 제48조 제2항 단서 제1호는, 영농보상이 장래의 불확정적인 일실소득을 보상하는 것이자 농민의 생존배려·생계지원을 위한 보상인 점, 실제소득 산정의 어려움등을 고려하여, 농민이 실농으로 인한 대체생활을 준비하는 기간의 생계를 보장할 수 있는 범위 내에서 실제소득 적용 영농보상금의 '상한'을 설정함으로써 나름대로 합리적인 적정한 보상액의 산정방법을 마련한 것이므로, 헌법상 정당보상원칙, 비례원칙에 위반되거나 위임입법의한계를 일탈한 것으로는 볼 수 없다.

3. 소급입법금지원칙 및 신뢰보호원칙에 반하는지 여부

(1) 소급입법금지원칙과 신뢰보호원칙

소급입법은, 새로운 입법을 이미 종료된 사실관계 또는 법률관계에 적용하도록 하는 진정소급입법과, 현재 진행 중인 사실관계 또는 법률관계에 적용하게 하는 부진정소급입법으로 나눌 수 있다. 이 중에서 기존의 법에 의하여 이미 형성된 개인의 법적 지위를 사후입법을 통하여 박탈함을내용으로 하는 진정소급입법은 개인의 신뢰보호와 법적 안정성을 내용으로 하는 법치국가원리에의하여 허용되지 않는 것이 원칙이다. 반면 부진정소급입법은 원칙적으로 허용되지만, 소급효를요구하는 공익상의 사유와 신뢰보호를 요구하는 개인보호의 사유 사이의 교량과정에서 그 범위에 제한이 가하여질 수 있다. 또한 소급입법금지원칙은 그 법령의 효력발생 전에 완성된 요건사실에 대하여 그 법령을 적용할 수 없다는 의미일 뿐, 계속 중인 사실이나 그 이후에 발생한 요건사실에 대한 법령 적용까지를 제한하는 것은 아니다(대판 2019.1.31, 2015두60020 등 참조).

(2) 사안의 경우

사업인정고시일 전부터 해당 토지를 소유하거나 사용권원을 확보하여 적법하게 농업에 종사해 온 농민은 사업인정고시일 이후에도 수용개시일 전날까지는 해당 토지에서 그간 해온 농업을 계속할 수 있다. 그러나 사업인정고시일 이후에 수용개시일 전날까지 농민이 해당 공익사업의 시행과 무관한 어떤 다른 사유로 경작을 중단한 경우에는 손실보상의 대상에서 제외될 수 있다. 사업인정고시가 이루어졌다는 점만으로 농민이 구체적인 영농보상금 청구권을 확정적으로 취득하였다고는 볼 수 없으며, 보상협의 또는 재결절차를 거쳐 협의성립 당시 또는 수용재결 당시의 사정을 기준으로 구체적으로 산정되는 것이다.

또한, 토지보상법 시행규칙 제48조에 따른 영농보상은 수용개시일 이후 편입농지에서 더 이상 영농을 계속할 수 없게 됨에 따라 발생하는 손실에 대하여 장래의 2년간 일실소득을 예측하여 보상하는 것이므로, 수용재결 당시를 기준으로도 영농보상은 아직 발생하지 않은 장래의 손실에 대하여 보상하는 것이다.

따라서 영농보상금액의 구체적인 산정방법·기준에 관한 개정 시행규칙 제48조 제2항 단서 제1호를, 개정 시행규칙 시행일 전에 사업인정고시가 이루어졌으나 개정 시행규칙 시행 후 보상계획의 공고·통지가 이루어진 공익사업에 대해서도 적용하도록 규정한 것은 진정소급입법에 해당하지 않는다.

Ⅲ 사안의 해결

농업손실보상금 산정과 관련된 상한규정은 농업손실보상금 산정과 관련된 실제소득 산정에 필요한 입증이 어려운 점, 농업손실보상이 장래 불확실한 일실소득의 보상 성격인 점 등에 비추어 농업손실보상금의 상한을 설정한 규정은 정당보상원칙 및 비례원칙 등에 반하지 않는다.

⊕ (설문 2)의 해결

Ⅰ 농업손실보상 청구권의 법적 성질

1. 학설

(1) 사권설

손실보상청구권은 원인이 되는 공용침해행위와는 별개의 권리이며 기본적으로 금전지급청구권이므로 사법상의 금전지급청구권과 다르지 않다고 본다.

(2) 공권설

공권설은 손실보상청구권은 공권력 행사인 공용침해로 인하여 발생한 권리이며 공익성이 고려되어야 하므로 공권으로 보아야 한다고 한다.

2. 판례

(1) '토지보상법상 농업손실보상청구권은 공익사업의 시행 등 적법한 공권력의 행사에 의한 재산상 의 특별한 희생에 대하여 전체적인 공평부담의 견지에서 공익사업의 주체가 그 손해를 보상하 여 주는 손실보상의 일종으로 공법상의 권리임이 분명하므로 그에 관한 쟁송은 민사소송이 아 닌 행정소송절차에 의하여야 할 것'이라고 판시한 바 있다(대판 2011.10.13, 2009다43461).

(2) 또한 판례는 최근 하천법상 손실보상청구권과 관련하여 행정상 당사자소송의 대상이 된다고 본 바 있으며, 세입자의 주거이전비 및 시행규칙 제57조에 따른 사업폐지 등에 대한 보상청구 권은 공법상 권리라고 판시한 바 있다.

3. 검토

손실보상은 공법상 원인을 이유로 이루어지고, 개정안에서는 손실보상에 관한 소송을 당사자소송 으로 하도록 규정하고 있는 점에 비추어 공권으로 봄이 타당하다.

Ⅱ 농업손실보상 청구권의 발생시점

1. 토지보상법 시행규칙 제48조 제3항

토지보상법 시행규칙 제48조 제3항에서는 사업인정고시일 등 이후부터 농지로 이용되고 있는 토지 는 농지로 보지 아니하므로 원칙적으로 사업인정고시일 등이 농업손실보상청구권의 발생기준일이 될 것이다.

2. 농업손실보상청구권의 발생시점

사업인정고시일 전부터 해당 토지를 소유하거나 사용권원을 확보하여 적법하게 농업에 종사해 온 농민은 사업인정고시일 이후에도 수용개시일 전날까지는 해당 토지에서 그간 해온 농업을 계속할 수 있다. 그러나 사업인정고시일 이후에 수용개시일 전날까지 농민이 해당 공익사업의 시행과 무관 한 어떤 다른 사유로 경작을 중단한 경우에는 손실보상의 대상에서 제외될 수 있다.

사업인정고시가 이루어졌다는 점만으로 농민이 구체적인 영농보상금 청구권을 확정적으로 취득하 였다고는 볼 수 없으며, 보상협의 또는 재결절차를 거쳐 협의성립 당시 또는 수용재결 당시의 사정 을 기준으로 구체적으로 산정되는 것이다.

✎ 대판 2020.4.29, 2019두32696[손실보상금]

> **[판시사항]**
> [1] 2013.4.25. 국토교통부령 제5호로 개정된 공익사업을 위한 토지 등의 취득 및 보상에 관한 법률 시행규칙 제48조 제2항 단서 제1호가 헌법상 정당보상원칙, 비례원칙에 위반되거나 위임 입법의 한계를 일탈한 것인지 여부(소극)

[2] 2013.4.25. 국토교통부령 제5호로 개정된 공익사업을 위한 토지 등의 취득 및 보상에 관한 법률 시행규칙 시행일 전에 사업인정고시가 이루어졌으나 위 시행규칙 시행 후 보상계획의 공고·통지가 이루어진 공익사업에 대해서도 영농보상금액의 구체적인 산정방법·기준에 관한 위 시행규칙 제48조 제2항 단서 제1호를 적용하도록 규정한 위 시행규칙 부칙(2013.4.25.) 제4조 제1항이 진정소급입법에 해당하는지 여부(소극)

[판결요지]

[1] 공익사업을 위한 토지 등의 취득 및 보상에 관한 법률 제77조 제4항은 농업손실 보상액의 구체적인 산정 및 평가 방법과 보상기준에 관한 사항을 국토교통부령으로 정하도록 위임하고 있다. 그 위임에 따라 2013.4.25. 국토교통부령 제5호로 개정된 공익사업을 위한 토지 등의 취득 및 보상에 관한 법률 시행규칙(이하 '개정 시행규칙'이라 한다) 제48조 제2항 단서 제1호가 실제소득 적용 영농보상금의 예외로서, 농민이 제출한 입증자료에 따라 산정한 실제소득이 동일 작목별 평균소득의 2배를 초과하는 경우에 해당 작목별 평균생산량의 2배를 판매한 금액을 실제소득으로 간주하도록 규정함으로써 실제소득 적용 영농보상금의 '상한'을 설정하였다.

이와 같은 개정 시행규칙 제48조 제2항 단서 제1호는, 영농보상이 장래의 불확정적인 일실소득을 보상하는 것이자 농민의 생존배려·생계지원을 위한 보상인 점, 실제소득 산정의 어려움 등을 고려하여, 농민이 실농으로 인한 대체생활을 준비하는 기간의 생계를 보장할 수 있는 범위 내에서 실제소득 적용 영농보상금의 '상한'을 설정함으로써 나름대로 합리적인 적정한 보상액의 산정방법을 마련한 것이므로, 헌법상 정당보상원칙, 비례원칙에 위반되거나 위임입법의 한계를 일탈한 것으로는 볼 수 없다.

[2] 사업인정고시일 전부터 해당 토지를 소유하거나 사용권원을 확보하여 적법하게 농업에 종사해 온 농민은 사업인정고시일 이후에도 수용개시일 전날까지는 해당 토지에서 그간 해온 농업을 계속할 수 있다. 그러나 사업인정고시일 이후에 수용개시일 전날까지 농민이 해당 공익사업의 시행과 무관한 어떤 다른 사유로 경작을 중단한 경우에는 손실보상의 대상에서 제외될 수 있다. 사업인정고시가 이루어졌다는 점만으로 농민이 구체적인 영농보상금 청구권을 확정적으로 취득하였다고는 볼 수 없으며, 보상협의 또는 재결절차를 거쳐 협의성립 당시 또는 수용재결 당시의 사정을 기준으로 구체적으로 산정되는 것이다.

또한 공익사업을 위한 토지 등의 취득 및 보상에 관한 법률 시행규칙 제48조에 따른 영농보상은 수용개시일 이후 편입농지에서 더 이상 영농을 계속할 수 없게 됨에 따라 발생하는 손실에 대하여 장래의 2년간 일실소득을 예측하여 보상하는 것이므로, 수용재결 당시를 기준으로도 영농보상은 아직 발생하지 않은 장래의 손실에 대하여 보상하는 것이다.

따라서 공익사업을 위한 토지 등의 취득 및 보상에 관한 법률 시행규칙 부칙(2013.4.25.) 제4조 제1항이 영농보상금액의 구체적인 산정방법·기준에 관한 2013.4.25. 국토교통부령 제5호로 개정된 공익사업을 위한 토지 등의 취득 및 보상에 관한 법률 시행규칙(이하 '개정 시행규칙'이라 한다) 제48조 제2항 단서 제1호를 개정 시행규칙 시행일 전에 사업인정고시가 이루어졌으나 개정 시행규칙 시행 후 보상계획의 공고·통지가 이루어진 공익사업에 대해서도 적용하도록 규정한 것은 진정소급입법에 해당하지 않는다.

주거이전비의 성격 및 보상협의회

사례 38

택지개발사업지구 안에 있는 주택 소유자 갑이 사업시행자와 주택에 관한 보상합의를 하면서 가족 3인(처, 자녀 및 어머니)과 함께 위 주택에 거주하였다며 사업시행자에게서 4인 가족에 대한 주거이 전비를 수령하였는데, 이후 보상대상에서 제외되었던 갑의 아버지 乙이 사업인정고시일 당시 위 주택 에서 함께 거주하였다고 주장하면서 사업시행자에게 주거이전비 지급을 청구하였다. 또한 세입자 병 은 주거이전비를 받을 수 있는 권리를 포기한다는 취지의 '이주단지 입주에 따른 주거이전비 포기각 서'를 제출한 후 사업시행자가 제공한 임대아파트에 입주한 다음 별도로 주거이전비를 청구하였다. 이와 관련하여 주거이전비의 법적 성격, 보상대상자의 요건 및 주거이전비 산정의 기준시기와 지급시 기를 설명하고, 갑의 아버지와 세입자 병이 주거이전비를 청구할 수 있는지를 검토하시오. 15점

Ⅰ 쟁점의 정리

설문은 '갑의 아버지와 세입자 병'에 대한 주거이전비의 청구가능성을 묻고 있다. 따라서 토지보상 법 시행규칙 제54조 제2항에서 규정하고 있는 주거이전비의 법적 성질이 강행규정인지 여부 및 주거이전비의 요건을 살펴보고, 갑의 아버지와 세입자 병이 상기 요건 등을 충족하는지를 검토하여 설문을 해결하고자 한다.

Ⅱ 주거이전비의 제반적 사항 검토(및 개관)

1. 주거이전비의 의의 및 취지

주거이전비는 해당 공익사업 시행지구 안에 거주하는 세입자들의 조기이주를 장려하여 사업추진을 원활하게 하려는 정책적인 목적과 주거이전으로 말미암아 특별한 어려움을 겪게 될 세입자들을 대 상으로 하는 사회보장적인 차원에서 지급하는 금원을 말한다.

2. 주거이전비의 법적 성격

(1) 공법상 권리

판례는 세입자의 주거이전비는 ① 사업추진을 원활하게 하려는 정책적 목적과 ② 사회보장적인 차원에서 지급되는 금원의 성격을 가지므로 세입자의 주거이전비 보상청구권은 〈공법상 권리〉이고, 공법상 법률관계를 대상으로 하는 행정소송에 의해 다투어야 한다고 판시한 바 있다.

(2) 강행규정인지 여부

세입자에 대한 주거이전비는 공익사업 시행으로 인하여 생활 근거를 상실하게 되는 세입자를 위하여 사회보장적 차원에서 지급하는 금원으로 보아야 하므로, 사업시행자의 세입자에 대한 주거이전비 지급의무를 정하고 있는 토지보상법 시행규칙 제54조 제2항은 당사자 합의 또는 사업시행자 재량에 의하여 적용을 배제할 수 없는 강행규정이라고 보아야 한다.

3. 주거이전비 보상대상자 요건

(1) 소유자에 대한 주거이전비 보상

공익사업시행지구에 편입되는 주거용 건축물의 소유자에 대하여는 해당 건축물에 대한 보상을 하는 때에 가구원수에 따라 2개월분의 주거이전비를 보상하여야 한다. 다만, 건축물의 소유자가 해당 건축물에 실제 거주하고 있지 아니하거나 해당 건축물이 무허가건축물 등인 경우에는 그러하지 아니한다.

(2) 세입자에 대한 주거이전비 보상

공익사업의 시행으로 인하여 이주하게 되는 주거용 건축물의 세입자로서 사업인정고시일 등 당시 또는 공익사업을 위한 관계법령에 의한 고시 등이 있는 당시 해당 공익사업시행지구 안에서 3개월 이상 거주한 자에 대하여는 가구원수에 따라 4개월분의 주거이전비를 보상하여야 한다.

4. 주거이전비 산정방법 및 산정의 기준시기

주거이전비는 「통계법」 제3조 제4호에 따른 통계작성기관이 조사·발표하는 가계조사통계의 도시 근로자가구의 가구원수별 월평균 명목 가계지출비를 기준으로 산정한다. 가구원수가 5인인 경우에는 5인 이상 기준의 월평균 가계지출비를 적용하며, 가구원수가 6인 이상인 경우에는 5인 이상 기준의 월평균 가계지출비에 5인을 초과하는 가구원수에 1인당 평균비용을 곱한 금액을 더한 금액으로 산정한다. 또한 주거이전비의 보상내용은 사업시행인가 고시가 있는 때에 확정되므로 이때를 기준으로 보상금액을 산정해야 한다.

Ⅲ 사안의 해결

1. 갑의 아버지가 주거이전비를 청구할 수 있는지 여부

주거이전비는 가구원수에 따라 소유자 또는 세입자에게 지급되는 것으로서 소유자와 세입자가 지급청구권을 가지는 것으로 보아야 하므로, 소유자 또는 세입자가 아닌 가구원은 사업시행자를 상대로 직접 주거이전비 지급을 구할 수 없다고 보아야 할 것이다. 따라서 갑의 아버지는 주거이전비를 청구할 수 없다.

2. 병이 주거이전비를 청구할 수 있는지 여부

세입자 병이 주거이전비를 받을 수 있는 권리를 포기한다는 취지의 주거이전비 포기각서는 강행규정에 반하여 무효라고 볼 수 있다. 따라서 병은 사업시행자가 제공한 임대아파트에 입주한 다음 별도로 주거이전비를 청구할 수 있다.

✱ 주거이전비규정이 강행규정인지 여부(대판 2011.7.14, 2011두3685)

[판시사항]

[1] 도시 및 주거환경정비법에 따라 사업시행자에게서 임시수용시설을 제공받는 세입자가 공익사업을 위한 토지 등의 취득 및 보상에 관한 법률 및 같은 법 시행규칙에서 정한 주거이전비를 별도로 청구할 수 있는지 여부(적극)

[2] 사업시행자의 세입자에 대한 주거이전비 지급의무를 정하고 있는 공익사업을 위한 토지 등의 취득 및 보상에 관한 법률 시행 규칙 제54조 제2항이 강행규정인지 여부(적극)

[3] 주택재개발사업 정비구역 안에 있는 주거용 건축물에 거주하던 세입자 甲이 주거이전비를 받을 수 있는 권리를 포기한다는 취지의 주거이전비 포기각서를 제출하고 사업시행자가 제공한 임대아파트에 입주한 다음 별도로 주거이전비를 청구한 사안에서, 위 포기각서의 내용은 강행규정에 반하여 무효라고 한 사례

[재판요지]

[1] 도시 및 주거환경정비법(이하 '도시정비법'이라 한다) 제36조 제1항 제1문 등에서 정한 세입자에 대한 임시수용시설 제공 등은 주거환경개선사업 및 주택재개발사업의 사업시행자로 하여금 주거환경개선사업 및 주택재개발사업의 시행으로 철거되는 주택에 거주하던 세입자에게 거주할 임시수용시설을 제공하거나 주택자금 융자알선 등 임시수용시설 제공에 상응하는 조치를 취하도록 하여 사업시행기간 동안 세입자의 주거안정을 도모하기 위한 조치로 볼 수 있는 반면, 공익사업을 위한 토지 등의 취득 및 보상에 관한 법률(이하 '공익사업법'이라 한다) 제78조 제5항, 공익사업을 위한 토지 등의 취득 및 보상에 관한 법률 시행규칙(이하 '공익사업법 시행규칙'이라 한다) 제54조 제2항 본문의 각 규정에 의하여 공익사업 시행에 따라 이주하는 주거용 건축물의 세입자에게 지급하는 주거이전비는 당해 공익사업 시행지구 안에 거주하는 세입자들의 조기이주를 장려하여 사업추진을 원활하게 하려는 정책적인 목적과 주거이전

으로 말미암아 특별한 어려움을 겪게 될 세입자들을 대상으로 하는 사회보장적인 차원에서 지급하는 돈의 성격을 갖는 것으로 볼 수 있는 점, 도시정비법 및 공익사업법 시행규칙 등의 관련 법령에서 임시수용시설 등 제공과 주거이전비 지급을 사업시행자의 의무사항으로 규정하면서 임시수용시설 등을 제공받는 자를 주거이전비 지급대상에서 명시적으로 배제하지 않은 점을 비롯한 위 각 규정의 문언, 내용 및 입법 취지 등을 종합해 보면, 도시정비법에 따라 사업시행자에게서 임시수용시설을 제공받는 세입자라 하더라도 공익사업법 및 공익사업법 시행규칙에 따른 주거이전비를 별도로 청구할 수 있다고 보는 것이 타당하다.

[2] 공익사업을 위한 토지 등의 취득 및 보상에 관한 법률은 공익사업에 필요한 토지 등을 협의 또는 수용에 의하여 취득하거나 사용함에 따른 손실의 보상에 관한 사항을 규정함으로써 공익사업의 효율적인 수행을 통하여 공공복리의 증진과 재산권의 적정한 보호를 도모함을 목적으로 하고 있고, 위 법에 근거하여 공익사업을 위한 토지등의 취득 및 보상에 관한 법률 시행규칙(이하 '공익사업법 시행규칙'이라 한다)에서 정하고 있는 세입자에 대한 주거이전비는 공익사업 시행으로 인하여 생활 근거를 상실하게 되는 세입자를 위하여 사회보장적 차원에서 지급하는 금원으로 보아야 하므로, 사업시행자의 세입자에 대한 주거이전비 지급의무를 정하고 있는 공익사업법 시행규칙 제54조 제2항은 당사자 합의 또는 사업시행자 재량에 의하여 적용을 배제할 수 없는 강행규정이라고 보아야 한다.

✱ 주거이전비 청구권자 관련 판례(대판 2011.8.25, 2010두4131)

[판시사항]

[1] 공익사업시행지구에 편입되는 주거용 건축물의 소유자 또는 세입자가 아닌 가구원이 사업시행자를 상대로 직접 주거이전비지급을 구할 수 있는지 여부 (소극)

[2] 택지개발사업지구 안에 있는 주택 소유자 甲이 주택에 관한 보상합의를 하여 사업시행자에게서 주거이전비를 수령하였는데, 이후 보상대상에서 제외되었던 甲의 아버지 乙이 사업인정고시일 당시 위 주택에서 함께 거주하였다고 주장하면서 사업시행자에게 주거이전비 지급을 청구한 사안에서, 乙에게 주거이전비 지급청구권이 있다고 본 원심판결에 법리오해의 위법이 있다고 한 사례

[재판요지]

[1] 구 공익사업을 위한 토지 등의 취득 및 보상에 관한 법률(2007.10.17. 법률 제8665호로 개정되기 전의 것, 이하 '구 법'이라 한다)제78조 제5항, 제7항, 구 공익사업을 위한 토지 등의 취득 및 보상에 관한 법률 시행규칙(2007.4.12. 건설교통부령 제126호로 개정되기 전의 것, 이하 '구 시행규칙'이라 한다) 제54조 제1항, 제2항, 제3항의 내용과 형식 및 주거이전비의 구체적 산정방식 등에 비추어 보면, 구 법과 그 위임에 따라 제정된 구 시행규칙에서 정한 주거이전비는 가구원 수에 따라 소유자 또는 세입자에게 지급되는 것으로서 소유자와 세입자가 지급청구권을 가지는 것으로 보아야 하므로, 소유자 또는 세입자가 아닌 가구원은 사업시행자를 상대로 직접 주거이전비 지급을 구할 수 없다.

[2] 택지개발사업지구 안에 있는 주택 소유자 甲이 사업시행자와 주택에 관한 보상합의를 하면서 가족 3인(처, 자녀 및 어머니)과 함께 위 주택에 거주하였다며 사업시행자에게서 4인 가족에 대한 주거이전비를 수령하였는데, 이후 보상대상에서 제외되었던 甲의 아버지 乙이 사업인정 고시일 당시 위 주택에서 함께 거주하였다고 주장하면서 사업시행자에게 주거이전비 지급을 청구한 사안에서, 소유자 아닌 가구원은 사업시행자를 상대로 직접 주거이전비 지급을 구할 수 없다는 이유로, 이와 달리 乙에게 주거이전비 지급청구권이 있다고 본 원심판결에 법리오 해의 위법이 있다고 한 사례

 사례 **39**

주택재개발조합 을은 2009.6.10. 도시 및 주거환경정비법 제4조에 의하여 주택재개발구역으로 지정·고시된 서울 성북구 하월곡동 33 일대 주택재개발사업의 시행을 목적으로 설립된 조합으로서 2012.4.2. 성북구청장으로부터 같은 법 제12조에 의하여 설립인가를 받았고, 재개발사업의 사업시행인가고시는 2013.8.30. 이루어졌다. 갑은 2011.10.5.경 재개발사업 지역 내인 서울 성북구 하월곡동 00—00 주택 방 2칸을 임대차보증금 200만 원, 차임 20만 원으로 정하여 임차하되, 특약사항으로 임대차기간에 대하여는 그곳이 재개발구역이므로 가옥주가 철거하고 이주할 때까지 거주하는 것으로 하였다. 이와 관련하여 토지보상법상 주거이전비와, 갑이 이러한 주거이전비를 향유할 수 있는 소송에 대하여 설명하시오. **20점**

관계
법령

도시 및 주거환경정비법 제65조(토지보상법의 준용) 제1항은 '정비구역에서 정비사업의 시행을 위한 토지 또는 건축물의 소유권과 그 밖의 권리에 대한 수용 또는 사용은 이 법에 규정된 사항을 제외하고는 토지보상법을 준용한다'고 규정하고, 토지보상법 제78조(이주대책의 수립 등) 제5항은 '주거용 건물의 거주자에 대하여는 주거이전에 필요한 비용과 가재도구 등 동산의 운반에 필요한 비용을 산정하여 보상하여야 한다', 제9항은 '제5항… 보상에 대하여는 국토교통부령으로 정하는 기준에 의한다'고 규정하고 있으며, 동법 시행규칙 제54조(주거이전비의 보상) 제2항은 '공익사업의 시행으로 인하여 이주하게 되는 주거용 건축물의 세입자(무상으로 사용하는 거주자를 포함하되, 법 제78조 제1항에 따른 이주대책 대상인 세입자는 제외한다)로서 사업인정고시일 등 당시 또는 공익사업을 위한 관계법령에 의한 고시 등이 있은 당시 해당 공익사업시행지구 안에서 3개월 이상 거주한 자에 대하여는 가구원수에 따라 4개월분의 주거이전비를 보상하여야 한다.…'고 규정하고 있다.

Ⅰ 쟁점의 정리

Ⅱ 토지보상법상 주거이전비

  1. 주거이전비의 법적 성격

    (1) 공법상 권리

    (2) 강행규정인지 여부

  2. 주거이전비 보상대상자 요건

    (1) 소유자에 대한 주거이전비 보상

    (2) 세입자에 대한 주거이전비 보상

  3. 주거이전비 산정방법 및 산정의 기준시기

Ⅲ 주거이전비를 향유할 수 있는 소송

  1. 당사자소송의 의의

    (1) 실질적 당사자소송

    (2) 형식적 당사자소송

  2. 주거이전비를 향유할 수 있는 소송형태

    (1) 토지보상법상 재결 이전인 경우(실질적 당사자소송)

    (2) 토지보상법상 재결 이후인 경우(형식적 당사자소송)

Ⅳ 사안의 해결

Ⓘ 쟁점의 정리

주거이전비는 해당 공익사업 시행지구 안에 거주하는 세입자들의 조기이주를 장려하여 사업추진을 원활하게 하려는 정책적인 목적과 주거이전으로 말미암아 특별한 어려움을 겪게 될 세입자들을 대상으로 하는 사회보장적인 차원에서 지급하는 금원을 말하며, 이러한 주거이전비를 향유할 수 있는 소송으로는 공법상 당사자소송이 있다. 이하에서 이를 설명한다.

Ⅱ 토지보상법상 주거이전비

1. 주거이전비의 법적 성격

(1) 공법상 권리

판례는 세입자의 주거이전비는 ① 사업추진을 원활하게 하려는 정책적 목적과 ② 사회보장적인 차원에서 지급되는 금원의 성격을 가지므로 세입자의 주거이전비 보상청구권은 〈공법상 권리〉이고, 공법상 법률관계를 대상으로 하는 행정소송에 의해 다투어야 한다고 판시한 바 있다.

(2) 강행규정인지 여부

세입자에 대한 주거이전비는 공익사업 시행으로 인하여 생활 근거를 상실하게 되는 세입자를 위하여 사회보장적 차원에서 지급하는 금원으로 보아야 하므로, 사업시행자의 세입자에 대한 주거이전비 지급의무를 정하고 있는 토지보상법 시행규칙 제54조 제2항은 당사자 합의 또는 사업시행자 재량에 의하여 적용을 배제할 수 없는 강행규정이라고 보아야 한다.

2. 주거이전비 보상대상자 요건

(1) 소유자에 대한 주거이전비 보상

공익사업시행지구에 편입되는 주거용 건축물의 소유자에 대하여는 해당 건축물에 대한 보상을 하는 때에 가구원수에 따라 2개월분의 주거이전비를 보상하여야 한다. 다만, 건축물의 소유자가 해당 건축물에 실제 거주하고 있지 아니하거나 해당 건축물이 무허가건축물 등인 경우에는 그러하지 아니한다.

(2) 세입자에 대한 주거이전비 보상

공익사업의 시행으로 인하여 이주하게 되는 주거용 건축물의 세입자로서 사업인정고시일 등 당시 또는 공익사업을 위한 관계법령에 의한 고시 등이 있는 당시 해당 공익사업시행지구 안에서 3개월 이상 거주한 자에 대하여는 가구원수에 따라 4개월분의 주거이전비를 보상하여야 한다.

3. 주거이전비 산정방법 및 산정의 기준시기

주거이전비는 「통계법」 제3조 제4호에 따른 통계작성기관이 조사·발표하는 가계조사통계의 도시 근로자가구의 가구원수별 월평균 명목 가계지출비를 기준으로 산정한다. 가구원수가 5인인 경우에는 5인 이상 기준의 월평균 가계지출비를 적용하며, 가구원수가 6인 이상인 경우에는 5인 이상 기준의 월평균 가계지출비에 5인을 초과하는 가구원수에 1인당 평균비용을 곱한 금액을 더한 금액으로 산정한다. 또한 주거이전비의 보상내용은 사업시행인가 고시가 있은 때에 확정되므로 이때를 기준으로 보상금액을 산정해야 한다.

Ⅲ 주거이전비를 향유할 수 있는 소송

1. 당사자소송의 의의

(1) 실질적 당사자소송

실질적 당사자소송이란 공법상 법률관계에 관한 소송으로서 그 법률관계의 주체를 당사자로 하는 소송을 말한다. 통상 당사자소송이라 하면 실질적 당사자소송을 말한다.

(2) 형식적 당사자소송

형식적 당사자소송이란 형식적으로는(소송형태상) 당사자소송의 형식을 취하고 있지만 실질적으로는 처분 등의 효력을 다투는 항고소송의 성질을 가지는 소송을 말한다. 형식적 당사자소송은 기본적으로는 법률관계의 내용을 다투는 점에서 당사자소송이지만 처분의 효력의 부인을 전제로 하는 점에서 실질적 당사자소송과 다르다.

2. 주거이전비를 향유할 수 있는 소송의 형태

(1) 토지보상법상 재결 이전인 경우(실질적 당사자소송)

세입자의 주거이전비 보상청구권은 그 요건을 충족하는 경우에 당연히 발생하는 것이므로, 주거이전비 보상청구소송은 행정소송법 제3조 제2호에 규정된 당사자소송에 의하여야 할 것이다.

(2) 토지보상법상 재결 이후인 경우(형식적 당사자소송)

세입자의 주거이전비 보상에 관하여 재결이 이루어진 다음 세입자가 보상금의 증감 부분을 다투는 경우에는 토지보상법 제85조 제2항에 규정된 행정소송(형식적 당사자소송)에 따라 권리구제를 받을 수 있을 것이다.

Ⅳ 사안의 해결

주거이전비는 사회보장적인 정책적 차원에서 지급되는 금원이므로, 사업시행자가 주거이전비를 지급하지 않는 경우라면 갑은 당사자소송으로서 그 지급을 구할 수 있을 것이다. 이 경우 토지보상법상 재결 전·후를 기준하여 재결 전이라면 실질적 당사자소송을, 재결 이후라면 형식적 당사자소송을 통하여 동 권리를 향유할 수 있을 것이다.

✱ 참고 : 당사자소송

(1) 당사자소송의 대상

당사자소송의 대상은 "행정청의 처분 등을 원인으로 하는 법률관계와 그 밖의 공법상의 법률관계"이다. 즉, 당사자소송의 대상은 공법상 법률관계이다.

(2) 당사자소송에서의 원고적격 및 소의 이익

당사자소송에서 원고적격이 있는 자는 당사자소송을 통하여 주장하는 공법상 법률관계의 주체이다. 공법상 당사자소송이 확인소송인 경우에는 항고소송인 무효확인소송에서와 달리 확인의 이익이 요구된다.

(3) 당사자소송의 피고 및 제소기간

당사자소송은 '국가·공공단체 그 밖의 권리주체'를 피고로 한다(행정소송법 제39조). 당사자소송에 관하여 법령에 제소기간이 정하여져 있는 때에는 그 기간은 불변기간으로 한다(행정소송법 제41조).

(4) 공법상 당사자소송의 판결의 종류

당사자소송이 소송요건을 결여한 경우에는 본안심리를 거절하는 각하판결을 내리며, 본안심리의 결과 원고의 청구가 이유 없다고 판단되는 경우 기각판결을 내린다. 본안심리의 결과 원고의 청구가 이유 있다고 인정하는 경우 인용판결을 내리는데, 당사자소송의 소의 종류에 따라 확인판결을 내리기도 하고(공무원지위를 확인하는 판결) 이행판결을 내리기도 한다(공법상 금전급부의무의 이행을 명하는 판결).

✱ 주거이전비 보상청구권의 법적 성격 및 그 보상에 관한 분쟁의 쟁송절차와 소송의 형태
   (대판 2008.5.29, 2007다8129)

[판시사항]

[1] 구 공익사업을 위한 토지 등의 취득 및 보상에 관한 법령에 의하여 주거용 건축물의 세입자에게 인정되는 주거이전비 보상청구권의 법적 성격(=공법상의 권리) 및 그 보상에 관한 분쟁의 쟁송절차(=행정소송)

[2] 구 공익사업을 위한 토지 등의 취득 및 보상에 관한 법령에 따라 주거용 건축물의 세입자가 주거이전비 보상을 소구하는 경우 그 소송의 형태

[재판요지]

[1] 구 공익사업을 위한 토지 등의 취득 및 보상에 관한 법률(2007.10.17. 법률 제8665호로 개정되기 전의 것) 제2조, 제78조에 의하면, 세입자는 사업시행자가 취득 또는 사용할 토지에 관하여 임대차 등에 의한 권리를 가진 관계인으로서, 같은 법 시행규칙 제54조 제2항 본문에 해당하는 경우에는 주거이전에 필요한 비용을 보상받을 권리가 있다. 그런데 이러한 주거이전

비는 당해 공익사업 시행지구 안에 거주하는 세입자들의 조기이주를 장려하여 사업추진을 원
활하게 하려는 정책적인 목적과 주거이전으로 인하여 특별한 어려움을 겪게 될 세입자들을 대
상으로 하는 사회보장적인 차원에서 지급되는 금원의 성격을 가지므로, 적법하게 시행된 공익
사업으로 인하여 이주하게 된 주거용 건축물 세입자의 주거이전비 보상청구권은 공법상의 권
리이고, 따라서 그 보상을 둘러싼 쟁송은 민사소송이 아니라 공법상의 법률관계를 대상으로
하는 행정소송에 의하여야 한다.

[2] 구 공익사업을 위한 토지 등의 취득 및 보상에 관한 법률(2007.10.17. 법률 제8665호로 개정
되기 전의 것) 제78조 제5항, 제7항, 같은 법 시행규칙 제54조 제2항 본문, 제3항의 각 조문
을 종합하여 보면, 세입자의 주거이전비 보상청구권은 그 요건을 충족하는 경우에 당연히 발
생하는 것이므로, 주거이전비 보상청구소송은 행정소송법 제3조 제2호에 규정된 당사자소송
에 의하여야 한다.

다만, 구 도시 및 주거환경정비법(2007.12.21. 법률 제8785호로 개정되기 전의 것) 제40조
제1항에 의하여 준용되는 구 공익사업을 위한 토지 등의 취득 및 보상에 관한 법률 제2조,
제50조, 제78조, 제85조 등의 각 조문을 종합하여 보면, 세입자의 주거이전비 보상에 관하여
재결이 이루어진 다음 세입자가 보상금의 증감 부분을 다투는 경우에는 같은 법 제85조 제2항
에 규정된 행정소송에 따라, 보상금의 증감 이외의 부분을 다투는 경우에는 같은 조 제1항에
규정된 행정소송에 따라 권리구제를 받을 수 있다.

◀ 사례 **40**

사업시행자는 '인천가정오거리 도시개발사업'의 시행자로서 2006.5.24. 도시개발구역지정을 위한 공람공고를 하였고 그 뒤 2007.8.31. 토지보상법에 의하여 보상계획을 공고하였다. 갑은 2002.9.25. 경 위 사업지구에 속한 인천 서구 (주소 생략) 지상 건물 1층 101호를 임차하여 식당 영업을 하면 서 그 무렵 건물 바깥쪽 창고 부분을 개조하여 건물 안쪽의 방과 함께 주거용으로 사용하면서 위 보상계획 공고 시까지 가족들과 거주하여 왔다. 해당 건물의 용도는 집합건축물대장 및 등기부에 줄곧 '근린생활시설'로 등재되어 있었다. 갑은 주거이전비를 청구할 수 있는가? 20점

Ⅰ 쟁점의 정리	(2) 세입자에 대한 주거이전비 보상
Ⅱ 토지보상법상 주거이전비	1) 적법한 건축물인 경우
1. 주거이전비의 취지	2) 무허가건축물 등인 경우
2. 주거이전비의 법적 성격	3) 무허가건축물 등의 적용범위
3. 주거이전비 보상대상자 요건	4. 주거이전비 산정방법 및 산정의 기준시기
(1) 소유자에 대한 주거이전비 보상	Ⅲ 사안의 해결

Ⅰ 쟁점의 정리

토지보상법 시행규칙 제54조 제2항 단서에서 주거이전비 보상 대상자로 정한 '무허가건축물 등에 입주한 세입자'에 공부상 주거용 용도가 아닌 건축물을 임차한 후 임의로 주거용으로 용도를 변경 하여 거주한 세입자가 해당하는지를 중심으로 주거이전비 청구요건을 검토한다.

Ⅱ 토지보상법상 주거이전비

1. 주거이전비의 취지

주거이전비는 해당 공익사업시행지구 안에 거주하는 세입자들의 조기이주를 장려하여 사업추진을 원활하게 하려는 정책적인 목적과 주거이전으로 말미암아 특별한 어려움을 겪게 될 세입자들을 대 상으로 하는 사회보장적인 차원에서 지급하는 금원을 말한다.

2. 주거이전비의 법적 성격

판례는 세입자의 주거이전비청구권은 사회보장적인 차원에서 지급되는 금원의 성격을 갖는 공법상 권리이며, 당사자 합의 또는 사업시행자 재량에 의하여 적용을 배제할 수 없는 강행규정으로 본다.

3. 주거이전비 보상대상자 요건

(1) 소유자에 대한 주거이전비 보상

공익사업시행지구에 편입되는 주거용 건축물의 소유자에 대하여는 해당 건축물에 대한 보상을 하는 때에 가구원수에 따라 2개월분의 주거이전비를 보상하여야 한다. 다만, 건축물의 소유자가 해당 건축물에 실제 거주하고 있지 아니하거나 해당 건축물이 무허가건축물 등인 경우에는 그러하지 아니한다.

(2) 세입자에 대한 주거이전비 보상

1) 적법한 건축물인 경우

공익사업의 시행으로 인하여 이주하게 되는 주거용 건축물의 세입자로서 사업인정고시일 등 당시 또는 공익사업을 위한 관계 법령에 따른 고시 등이 있은 당시 해당 공익사업시행지구 안에서 3개월 이상 거주한 자에 대하여는 가구원수에 따라 4개월분의 주거이전비를 보상해야 한다.

2) 무허가건축물 등인 경우

무허가건축물 등에 입주한 세입자로서 사업인정고시일 등 당시 또는 공익사업을 위한 관계 법령에 따른 고시 등이 있은 당시 그 공익사업지구 안에서 1년 이상 거주한 세입자에 대해서는 본문에 따라 주거이전비를 보상해야 한다.

3) 무허가건축물 등의 적용범위

판례는 시행규칙 제54조 제2항 단서가 주거이전비 보상 대상자로 정하는 '무허가건축물 등에 입주한 세입자'는 기존에 주거용으로 사용되어 온 무허가건축물 등에 입주하여 일정기간 거주한 세입자를 의미하고, 공부상 주거용 용도가 아닌 건축물을 임차한 후 임의로 주거용으로 용도를 변경하여 거주한 세입자는 이에 해당한다고 할 수 없다고 판시하였다.

4. 주거이전비 산정방법 및 산정의 기준시기

주거이전비는「통계법」제3조 제3호에 따른 통계작성기관이 조사·발표하는 가계조사통계의 도시근로자가구의 가구원수별 월평균 명목 가계지출비를 기준으로 산정한다. 주거이전비의 보상내용은 사업시행인가 고시가 있은 때에 확정되므로 이때를 기준으로 보상금액을 산정해야 한다.

Ⅲ 사안의 해결

갑은 공부상 주거용 용도가 아닌 건물을 임차한 후 임의로 주거용으로 용도를 변경하여 사용한 세입자로서 구법 시행규칙 제54조 제2항 단서가 정한 '무허가건축물 등에 입주한 세입자'에 해당한다고 볼 수 없으므로 토지보상법 소정의 주거이전비 보상 대상자에서 제외된다고 할 것이다.

✏ **대판 2013.5.23, 2012두11072[주거이전비등]**

[판시사항]

구 공익사업을 위한 토지 등의 취득 및 보상에 관한 법률 시행규칙 제54조 제2항 단서에서 주거이전비 보상 대상자로 정한 '무허가건축물 등에 입주한 세입자'에 공부상 주거용 용도가 아닌 건축물을 임차한 후 임의로 주거용으로 용도를 변경하여 거주한 세입자가 해당하는지 여부(소극)

[이유]

상고이유를 판단한다.

1. '공익사업을 위한 토지 등의 취득 및 보상에 관한 법률'(이하 '공익사업법'이라고 한다) 제78조 제5항, 구 공익사업법 시행규칙(2012.1.2. 국토해양부령 제427호로 일부 개정되기 전의 것. 이하 '구법 시행규칙'이라고 한다) 제24조, 제54조에 의하면, 사업시행자는 공익사업의 시행으로 인하여 이주하게 되는 '주거용 건축물'의 소유자와 일정 기간 거주 요건을 충족한 세입자에게 소정의 주거이전비를 보상하여야 하는 한편, 건축법 등 관계 법령에 의하여 허가를 받거나 신고를 하고 건축하여야 하는 건축물을 허가를 받지 아니하거나 신고를 하지 아니하고 건축한 건축물(구법 시행규칙 제24조, 제54조에서 '무허가건축물 등'이라고 약칭한다. 이하 '무허가건축물 등'이라고 한다)의 소유자는 주거이전비 보상 대상에서 제외되지만, '무허가건축물 등에 입주한 세입자'로서 일정 기간 거주의 요건을 충족한 세입자에 대하여는 주거이전비를 보상하도록 정하여져 있다.

   위와 같은 법규정들의 문언·내용 및 입법 취지 등을 종합하여 보면, 공부상 주거용 용도가 아닌 건축물을 허가·신고 등의 적법한 절차 없이 임의로 주거용으로 용도를 변경하여 사용한 경우 그 건축물은 원칙적으로 주거이전비 보상 대상이 되는 '주거용 건축물'로는 볼 수 없고, 이는 단지 '무허가건축물 등'에 해당하여 예외적으로 그 건축물에 입주한 세입자가 주거이전비 보상 대상자로 될 수 있을 뿐이다. 나아가 구법 시행규칙 제54조 제2항 단서가 주거이전비 보상 대상자로 정하는 '무허가건축물 등에 입주한 세입자'는 기존에 주거용으로 사용되어 온 무허가건축물 등에 입주하여 일정 기간 거주한 세입자를 의미하고, 공부상 주거용 용도가 아닌 건축물을 임차한 후 임의로 주거용으로 용도를 변경하여 거주한 세입자는 이에 해당한다고 할 수 없다.

2. 원심판결 이유 및 기록에 의하면, 피고는 '인천가정오거리 도시개발사업'의 시행자로서 2006.5.24. 도시개발구역지정을 위한 공람공고를 하였고 그 뒤 2007.8.31. 공익사업법에 의하여 보상계획을 공고한 사실, 원고는 2002.9.25.경 위 사업지구에 속한 인천 서구 (주소 생략) 지상 건물 1층 101호(이하 '이 사건 건물'이라고 한다)를 임차하여 식당 영업을 하면서 그 무렵 이 사건 건물 바깥쪽 창고 부분을 개조하여 건물 안쪽의 방과 함께 주거용으로 사용하면서 위 보상계획 공고 시까지 가족들과 거주하여 온 사실, 이 사건 건물의 용도는 집합건축물대장 및 등기부에 줄곧 '근린생활시설'로 등재되어 있는 사실 등을 알 수 있다.

   위와 같은 사실관계를 앞서 본 법리에 비추어 보면, 원고는 공부상 주거용 용도가 아닌 이 사건 건물을 임차한 후 임의로 주거용으로 용도를 변경하여 사용한 세입자로서 구법 시행규칙 제54조 제2항 단서가 정한 '무허가건축물 등에 입주한 세입자'에 해당한다고 볼 수 없으므로 공익사업법 소정의 주거이전비 보상 대상자에서 제외된다고 할 것이다.

그럼에도 원심은 그 판시와 같은 사정만을 들어 원고의 이 사건 주거이전비 청구를 인용하였다. 이러한 원심판결에는 공익사업법상 주거이전비 보상 대상이 되는 세입자에 관한 법리를 오해하여 판결 결과에 영향을 미친 위법이 있다. 이 점을 지적하는 취지의 상고이유 주장은 이유 있다.

3. 그러므로 원심판결을 파기하고 사건을 다시 심리·판단하게 하기 위하여 원심법원에 환송하기로 하여, 관여 대법관의 일치된 의견으로 주문과 같이 판결한다.

✎ 대구지법 2009.10.28, 2009구합183[주거이전비등]

[판시사항]

[1] 공익사업을 위한 토지 등의 취득 및 보상에 관한 법률 제78조, 같은 법 시행규칙 제54조 등에 정한 '주거용 건축물'에 해당하는지 여부를 판단하는 방법

[2] 공익사업 시행지구에 편입되어 있는 건물에 거주하는 세입자가 사업시행자에게 주거이전비 등을 청구하였으나 그 건물의 건축물대장상 용도가 '일반음식점'으로 주거이전비 지급대상이 아니라는 이유로 주거이전비의 지급을 거절한 사안에서, 위 건물이 주거이전비 등의 지급대상이 되는 '주거용 건축물'에 해당한다고 한 사례

[판결요지]

[1] 공익사업을 위한 토지 등의 취득 및 보상에 관한 법률 제78조, 같은 법 시행규칙 제54조 등 관계 법령에서 정한 이주대책은 이주자들에 대하여 종전의 생활상태를 원상회복 시키는 등 생활보상의 일환으로 국가의 적극적이고 정책적인 배려에 의하여 마련된 제도라는 점, 이와 같은 이주대책을 마련한 본래의 취지가 생활의 근거지는 그 이전이 용이하지 않고 생활의 근거지를 상실하게 되는 거주자가 종전의 생활상태를 원상으로 회복하기 위하여는 상당한 비용이 필요하므로 생활보장의 측면에서 이를 보상해 주어야 한다는 점 등에 비추어 보면, 위 관계 법령상 '주거용 건축물'을 판단할 때에는 실제 그 건축물의 공부상 용도와 관계없이 실제 주거용으로 사용되는지 여부에 따라 결정하여야 하고, 그 사용목적, 건물의 구조와 형태 및 이용관계 그리고 그곳에서 일상생활을 영위하는지 여부 등을 아울러 고려하여 합목적적으로 결정하여야 한다.

[2] 공익사업 시행지구에 편입되어 있는 건물에 거주하는 세입자가 사업시행자에게 주거이전비 등을 청구하였으나 그 건물의 건축물대장상 용도가 '일반음식점'으로 주거이전비 지급대상이 아니라는 이유로 주거이전비의 지급을 거절한 사안에서, 건물이 외관상 주택의 형태로 건축되어 있고 그 내부에 주거시설이 되어 있는 점, 세입자가 위 건물에 전입신고를 마치고 실제로 거주하여 온 점 등에 비추어, 위 건물이 주거이전비 등의 지급대상이 되는 '주거용 건축물'에 해당한다고 한 사례

[이유]

1. 기초사실

가. 건설교통부장관은 2007.12.3. 대구 서구 비산동 등 825,128.6㎡를 대상으로 경부고속철도 대구도심구간 건설사업(이하 '이 사건 사업'이라고 한다)을 시행하고자 피고를 사업시행자로 하고 이 사건 사업의 실시계획을 승인하여 건설교통부 고시 제2007-544호로 고시하였다.

나. 원고는 이 사건 사업시행지구에 편입되어 있는 대구 서구 비산동 (지번 생략) 소재 주택 1층

(이하 '이 사건 건물'이라고 한다) 중 일부인 10.23㎡를 2003.10.2. 소외 1로부터 월 차임 8만 원에 임차하여 현재까지 거주하고 있는 세입자로서 2004.6.7. 이 사건 건물로 전입신고를 하였고, 2007.4.30. 다른 곳으로 주민등록 주소지를 옮겼다가 2007.5.3. 이 사건 건물로 다시 전입신고를 하였다.

다. 피고는 공익사업을 위한 토지 등의 취득 및 보상에 관한 법률(이하 '공익사업법'이라고 한다) 시행규칙 제54조 제2항에 의하면 공익사업시행지구에 편입되는 '주거용 건축물'의 세입자만이 주거이전비의 지급대상으로서 현재 원고가 거주 중인 이 사건 건물은 공부상 용도가 '일반음식점'으로 주거용 건축물에 포함되지 않고, 공익사업시행지구에 편입 당시 이용현황이 '상업용'이라는 이유로 이사비(동산이전비)만 인정하고 주거이전비의 지급대상에는 해당되지 않는다고 통보하였다.

라. 한편, 이 사건 건물은 원고가 최초 전입신고를 할 당시에는 일반건축물대장상 용도가 '주택'이었다가 2004.8.11. 용도가 '일반음식점'으로 변경되었고, 이 사건 건물에서는 소외 2가 2004.10.5. 식품접객업 영업신고를 하고 일반음식점인 'ㅁㅁ식당'을 운영하여 왔다.

[인정 근거]

다툼 없는 사실, 갑 제1 내지 15호증(가지번호 있는 것은 가지번호 포함)의 각 기재 및 영상, 이 법원의 대구광역시 서구청에 대한 사실조회 결과, 변론 전체의 취지

2. 주장 및 판단

가. 당사자의 주장

(1) 원고의 주장

공익사업법에서 주거용 건축물의 세입자에게 주거이전비를 지급하도록 한 입법 취지상 사업시행인가 이전에 전입하여 세입자로서 3개월 이상 거주한 곳의 공부상 용도가 주택이 아니더라도 사실상 주거를 목적으로 세대원이 입주하여 사용하고 있다면 '주거용 건축물'을 임차한 세입자로 보아야 할 것인데, 원고는 이 사건 건물에 전입한 이래 현재까지 실제 주거로 사용하여 오고 있으므로, 피고는 원고에게 4개월분의 주거이전비 6,084,320원 및 이사비 339,740원의 합계 6,424,060원을 지급하여야 한다.

(2) 피고의 주장

공익사업법 제78조 등 관계 법령의 입법 취지상 주거이전비의 대상이 되는 '주거용 건축물'이란 사업인정고시일 현재 당해 건물의 용도가 건축물대장상 주거용으로 되어 있어야 하므로 이 사건 건물의 용도가 '일반음식점'으로 되어 있는 한 원고는 주거이전비의 지급대상이 될 수 없고, 원고가 이 사건 건물을 주거용으로 점유하였다는 사실도 인정되지 아니하므로, 원고의 주거이전비 및 이사비 청구는 이유가 없다.

나. 관계 법령

• 공익사업을 위한 토지 등의 취득 및 보상에 관한 법률

제78조(이주대책의 수립 등)

⑥ 주거용 건물의 거주자에 대하여는 주거 이전에 필요한 비용과 가재도구 등 동산의 운반에 필요한 비용을 산정하여 보상하여야 한다.

⑩ 제5항 및 제6항에 따른 보상에 대하여는 국토교통부령으로 정하는 기준에 따른다.
• 공익사업을 위한 토지 등의 취득 및 보상에 관한 법률 시행규칙
  제54조(주거이전비의 보상)
  ② 공익사업의 시행으로 인하여 이주하게 되는 주거용 건축물의 세입자(무상으로 사용하는 거주자를 포함하되, 법 제78조 제1항에 따른 이주대책대상자인 세입자는 제외한다)로서 사업인정고시일등 당시 또는 공익사업을 위한 관계 법령에 따른 고시 등이 있은 당시 해당 공익사업시행지구안에서 3개월 이상 거주한 자에 대해서는 가구원수에 따라 4개월분의 주거이전비를 보상해야 한다. 다만, 무허가건축물등에 입주한 세입자로서 사업인정고시일등 당시 또는 공익사업을 위한 관계 법령에 따른 고시 등이 있은 당시 그 공익사업지구 안에서 1년 이상 거주한 세입자에 대해서는 본문에 따라 주거이전비를 보상해야 한다.

  제55조(동산의 이전비 보상 등)
  ② 공익사업시행지구에 편입되는 주거용 건축물의 거주자가 해당 공익사업시행지구 밖으로 이사를 하거나 사업시행자가 지정하는 해당 공익사업시행지구 안의 장소로 이사를 하는 경우에는 [별표 4]의 기준에 의하여 산정한 이사비(가재도구 등 동산의 운반에 필요한 비용을 말한다. 이하 이 조에서 같다)를 보상하여야 한다.

[별표 4]
본문 내 포함된 표
주택건평기준 이사비
노임 차량운임 포장비
33㎡ 미만 3인분 1대분 (노임＋차량운임)×0.15

다. 판단
(1) 이 사건 건물이 주거용 건축물에 해당하는지 여부
   공익사업법 제78조, 같은 법 시행규칙 제54조 등 관계 법령에서 정한 이주대책은 이주자들에 대하여 종전의 생활상태를 원상회복시키는 등 생활보상의 일환으로 국가의 적극적이고 정책적인 배려에 의하여 마련된 제도라는 점, 이와 같은 이주대책을 마련한 본래의 취지가 생활의 근거지는 그 이전이 용이하지 않고 생활의 근거지를 상실하게 되는 거주자가 종전의 생활상태를 원상으로 회복하기 위하여는 상당한 비용이 필요하므로 생활보장의 측면에서 이를 보상해 주어야 한다는 점 등에 비추어 보면, 위 관계 법령상 '주거용 건축물'을 판단함에 있어서는 실제 그 건축물의 공부상 용도와 관계없이 실제 주거용으로 사용되는지 여부에 따라 결정하여야 할 것이고, 그 사용목적, 건물의 구조와 형태 및 이용관계 그리고 그곳에서 일상생활을 영위하는지 여부 등을 아울러 고려하여 합목적적으로 결정하여야 할 것이다.
   이 사건에 관하여 살피건대, 앞서 든 증거에 변론 전체의 취지를 종합하여 인정되는 다음과 같은 사정, 이 사건 건물은 당초 그 건축물대장에 용도가 '주택'으로 기재되어 있다가 원고가 전입한 이후인 2004.8.11.경 용도가 '일반음식점'으로 변경된 점, 이 사건 건물은 외관상 주택의 형태로 건축되어 있고, 내부의 한쪽면에는 원고가 거주한 방 및 부

억, 주인이 사용한 방 등이 있고, 다른 한쪽면은 식당의 주방 및 홀로 구성되어 있는 점, 이 사건 건물 내부의 식당은 원고가 아닌 소외 2가 운영한 점, 원고가 거주한 방 안에는 옷장, 서랍장 등의 가구와 텔레비전, 전기밥솥 등의 가전제품이 비치되어 있고, 부엌에는 상하수도 시설 등이 되어 있는 점, 원고는 이 사건 건물에 전입신고를 마치고 실제로 거주하여 온 점 등에 비추어 보면, 이 사건 건물은 위 법령상 주거이전비 및 이사비의 지급대상이 되는 '주거용 건축물'에 해당한다고 봄이 상당하다.

(2) 원고의 주거이전비 및 이사비 청구권 유무

공익사업법 시행규칙 제54조 제2항 및 제55조 제2항에서 규정한 주거이전비 또는 동산 이전비(이사비) 보상청구권은 공익사업의 시행으로 인하여 이주하게 되는 주거용 건축물의 세입자 또는 거주자가 위 각 규정의 요건을 충족하는 경우에 당연히 발생하는 것인바, 앞서 본 인정 사실에 의하면 원고는 이 사건 건물의 소유자인 소외 1로부터 이 사건 건물 중 일부를 월 8만 원에 임차하여 거주하여 온 주거용 건축물의 세입자로서 이 사건 사업인정고시일인 2007.12.3. 당시 3월 이상 거주한 자에 해당함을 알 수 있으므로, 원고는 주거이전비 및 이사비 청구권을 취득하였고, 따라서 피고는 원고에게 주거이전비와 이사비를 지급할 의무가 있다.

(3) 주거이전비 및 이사비의 액수

을 제1호증의 기재에 의하면, 공익사업법 시행규칙 제54조 제2항 및 제55조 제2항에 의한 원고의 4개월분 주거이전비는 6,084,320원이고, 이사비는 339,740원이 된다.

(4) 소결

따라서 피고는 원고에게 주거이전비 6,084,320원, 이사비 339,740원 합계 6,424,060원 및 이에 대하여 원고가 구하는 바에 따라 이 사건 소장 부본이 피고에게 송달된 다음날인 2009.5.1.부터 다 갚는 날까지 소속촉진 등에 관한 특례법이 정한 연 20%의 비율에 의한 지연손해금을 지급할 의무가 있다.

3. 결론

그렇다면, 원고의 이 사건 청구는 이유 있으므로 이를 인용하기로 하여 주문과 같이 판결한다.

🔸 **사례 41**

토지보상법상 보상협의회에 대하여 약술하시오. 5점

1. 개정취지

종래에는 보상업무에 관한 사항을 심의하기 위해서 '보상심의위원회'를 두었으나 심의위원회의 성격, 운영, 심의사항 등이 불합리하여 보상업무의 지연을 초래하는 문제점이 있었다.

2. 보상협의회의 의의 및 성격(토지보상법 제82조)

보상협의회는 보상에 관한 사항을 협의하기 위한 기구를 말한다. 이는 협의기관, 자문기관의 성격을 갖는다.

3. 설치, 구성 및 운영

① 지방자치단체장이 필요하다고 인정하는 경우, 해당 사업을 관할하는 시·군·구에 설치한다.

② 위원장 1인을 포함하여 8인에서 16인 이내로 구성하되 1/3 이상은 토지소유자 및 이해관계인으로 구성해야 한다.

③ 보상협의회의 회의는 재적위원 과반수의 출석으로 개의한다.

④ 10만제곱미터 이상과 토지소유자 50인 이상인 경우는 의무적으로 설치해야 한다.

4. 협의사항

① 보상액평가를 위한 사전의견수렴, ② 잔여지 범위, ③ 이주대책수립에 관한 사항, ④ 단장이 필요하다고 인정하는 사항을 협의한다.

사례 42

S시의 시장 A는 K구의 D지역(주거지역)을 「도시 및 주거환경정비법」(이하 "도정법"이라 함)상 정비구역으로 지정·고시하였다. 그러자 이 지역의 주민들은 조합을 설립하여 주택재개발사업을 추진하기 위해 도정법에서 정한 절차에 따라 조합설립추진위원회를 구성하였고, 동 추진위원회는 도정법 제16조의 규정에 의거하여 D지역의 일정한 토지 등 소유자의 동의, 정관, 공사비 등 정비사업에 드는 비용과 관련된 자료 등을 첨부하여 A로부터 X조합설립인가를 받아 등기하였다. X조합은 조합총회를 개최하고 법 소정의 소유자 동의 등을 얻어 지정개발자로서 Y를 사업시행자로 지정하였다. 다음 물음에 답하시오. [40점]

(1) D지역의 토지소유자 중 甲이 "추진위원회가 주민의 동의를 얻어 X조합을 설립하는 과정에서 '건설되는 건축물의 설계의 개요' 등에 관한 항목 내용의 기재가 누락되었음에도 이를 유효한 동의로 처리하여 조합설립행위에 하자가 있다."고 주장하며 행정소송으로 다투려고 한다. 이 경우 조합설립인가의 법적 성질을 검토한 다음, 이에 기초하여 쟁송의 형태에 대해 설명하시오. [20점]

(2) Y는 정비사업을 실시함에 있어 이 사업에 반대하는 토지 등 소유자 乙 등의 토지와 주택을 취득하기 위하여 「공익사업을 위한 토지 등의 취득 및 보상에 관한 법률」에 의거한 乙 등과 협의가 성립되지 않아 지방토지수용위원회의 수용재결을 거쳤는데, 이 수용재결에 불복하여 Y가 중앙토지수용위원회에 이의재결을 신청하여 인용재결을 받았다. 이 경우 乙 등이 이 재결에 대해 항고소송을 제기한다면 소송의 대상은 무엇인가? [20점]

(설문 1)의 해결

Ⅰ 쟁점의 정리

Ⅱ 조합설립인가의 법적 성질

1. **재개발조합의 법적 지위**
2. **조합설립인가의 법적 성질**
   (1) 인가로 보는 견해
      1) 인가의 의의
      2) 인가의 효력
      3) 종전 판례와 학설의 태도
   (2) 특허로 보는 견해
      1) 특허의 의의 및 효력
      2) 최근 판례의 태도
3. **검토**

Ⅲ 사안의 해결(조합설립행위의 하자를 다투는 방법)

(설문 2)의 해결

Ⅰ 쟁점의 정리

Ⅱ 원처분주의와 재결주의

1. **원처분주의와 재결주의**
   (1) 의의
   (2) 현행법의 태도
2. **재결이 취소소송의 대상이 되는 경우**
3. **원처분주의의 위반효과**

Ⅲ 재결 자체의 고유한 위법을 다투는 것인지 여부

1. **학설의 대립**
2. **판례의 태도**
3. **검토**

Ⅳ 사안의 해결

⊕ (설문 1)의 해결

Ⅰ 쟁점의 정리

조합설립행위에 하자가 있는 경우에 조합설립행위(결의)에 대한 효력을 다투는 소송을 제기하여야 하는지, 아니면 설립행위(결의)의 하자를 이유로 조합설립인가처분의 효력을 다투는 소송을 제기하여야 하는지가 문제된다. 이는 조합설립인가의 법적 성질과 직결되는 문제인바, 이에 대한 법적 성질과 쟁송형태를 검토한다.

Ⅱ 조합설립인가의 법적 성질

1. 재개발조합의 법적 지위

조합은 공공조합으로서 공법인(행정주체)이다. 조합은 재개발사업이라는 공행정목적을 수행함에 있어서 행정주체의 지위에 서며 재개발사업이라는 공행정목적을 직접적으로 달성하기 위하여 행하는 조합의 행위는 원칙상 공법행위라고 보아야 한다.

2. 조합설립인가의 법적 성질

(1) 인가로 보는 견해

1) 인가의 의의

인가는 제3자의 법률행위를 보충해서 그 효력을 완성시켜주는 행정행위로서 인가를 받지 않고 행한 행위는 무효가 된다.

2) 인가의 효력

인가는 기본행위가 효력을 상실하면 당연히 효력을 상실한다. 즉, 인가의 효력이 그 기본이 되는 법률행위의 효력에 의존하는 보충적인 효력을 가지며 이러한 점이 다른 행정행위와 구별되는 개념적인 징표가 될 것이다.

3) 종전 판례와 학설의 태도

종래 학설과 판례는 토지 등 소유자 중 조합설립에 동의하는 자들의 합의에 의하여 작성된 정관과 동의서 등을 조합설립 인가 시 제출하는 서류 등을 심사하여 조합설립이라는 기본행위의 유효함을 확인함으로써 그 조합설립의 법률상 효력을 완성시키는 보충행위로 판단하였다. 따라서 기본행위인 조합설립에 하자가 있더라도 그 이유로 바로 그에 대한 감독청의 인가처분의 취소 또는 무효확인을 소구할 법률상 이익은 없다고 보았다.

(2) 특허로 보는 견해

1) 특허의 의의 및 효력

특허란 상대방에게 특별한 권리나 능력 등을 창설해 주는 행위를 말한다.

2) 최근 판례의 태도

대법원은 '조합설립 인가 처분은 단순히 사인들의 조합설립 행위에 대한 보충행위로서의 성질을 갖는 것에 그치는 것이 아니라 법령상 요건을 갖출 경우 도시정비법상 주택재개발사업을 시행할 수 있는 권한을 갖는 행정주체(공법인)로서의 지위를 부여하는 일정의 설권적 처분의 성격을 갖는다'고 판시하였다.

3. 검토

재개발조합설립인가는 공행정주체의 기능을 담당하는 사업시행자를 만들어내는 행위로서의 성격이 있으므로 이러한 인가의 법적 성질은 최근 판례와 같이 특허로 봄이 타당하다고 판단된다.

Ⅲ 사안의 해결(조합설립행위의 하자를 다투는 방법)

조합설립인가를 특허로 본다면, 조합설립행위(결의)는 조합인가처분이라는 행정처분을 하는 데 필요한 요건 중 하나에 불과한 것이어서, 조합설립행위(결의)에 하자가 있다면 그 하자를 이유로 직접 항고소송의 방법으로 조합설립인가처분의 취소 또는 무효확인을 구하여야 할 것이다. 단, 강학상 인가로 보는 견해에 따르면 기본행위의 하자가 있는 경우에는 민사소송을 통해서 기본행위의 효력을 다툴 수 있을 것이다.

⊕ (설문 2)의 해결

Ⅰ 쟁점의 정리

토지보상법 제83조에서는 수용재결에 대한 이의신청을 규정하고 있으며, 이는 특별법상 행정심판의 성격을 갖는다. 乙 등이 이러한 이의신청의 재결에 대하여 소를 제기하는 경우 소의 대상이 수용재결인지 이의재결인지가 문제되는데, 현행 행정소송법 및 토지보상법의 태도가 ① 원처분주의인지, ② 원처분주의라면 이의재결을 다투는 것이 재결 자체의 고유한 하자를 다투는 것인지를 검토하여 설문을 해결한다.

Ⅱ 원처분주의와 재결주의

1. 원처분주의와 재결주의

(1) 의의

"원처분주의"란 원처분의 위법은 원처분에 대한 항고소송에서만 주장할 수 있고, 재결에 대한 항고소송에서는 재결 자체의 고유한 하자에 대해서만 주장할 수 있는 제도를 말한다. "재결주의"는 재결만이 행정소송의 대상이 되며, 원처분의 위법사유도 아울러 주장할 수 있는 원칙을 의미한다.

(2) 현행법의 태도

현행 행정소송법 제19조는 "취소소송의 대상은 처분 등을 대상으로 한다. 다만, 재결취소소송의 경우에는 재결 자체에 고유한 위법이 있음을 이유로 하는 경우에 한한다."라고 하여 원처분주의를 채택하고 있다. 또한 토지보상법 제85조에서도 "34조 재결에 대하여 소를 제기할 수 있다"라고 규정하여 원처분주의를 택하고 있다.

2. 재결이 취소소송의 대상이 되는 경우

재결이 취소소송의 대상이 되는 경우는 재결 자체에 고유한 위법이 있는 경우에 한하는 바, ① 주체상 하자로는 권한 없는 기관의 재결, ② 절차상 하자로는 심판절차를 준수하지 않은 경우 등, ③ 형식상 하자로는 서면으로 하지 않거나, 중요기재사항을 누락한 경우, ④ 내용상 하자의 경우 견해대립이 있으나 판례는 '내용의 위법은 위법 부당하게 인용재결을 한 경우에 해당한다'고 판시하여 내용상 하자를 재결고유의 하자로 인정하고 있다.

3. 원처분주의의 위반효과

고유한 위법 없이 소송을 제기한 경우에는 각하판결을 해야 한다는 견해(제19조 단서를 소극적 소송요건으로 보는 견해)가 있으나, 다수·판례는 재결 자체의 위법 여부는 본안사항이므로 기각판결을 해야 한다고 본다.

Ⅲ 재결 자체의 고유한 위법을 다투는 것인지 여부

1. 학설의 대립

① 이 경우를 재결 자체에 고유한 위법이 있는 경우로 보아 행정소송법 제19조 단서에 의해 재결이 소의 대상이 되는 것이라고 보는 견해가 있는 반면, ② 해당 인용재결은 제3자와의 관계에서는 별도의 처분이 되는 것이므로 이 경우는 행정소송법 제19조 본문에 의해 처분이 소의 대상이 되는 것이라고 보는 견해가 있다.

2. 판례의 태도

판례는 "인용재결은 원처분과 내용을 달리 하는 것이므로 그 인용재결의 취소를 구하는 것은 원처분에는 없는 재결에 고유한 하자를 주장하는 셈이어서 당연히 항고소송의 대상이 된다(대판 1997.12.23, 96누10911)"라고 판시하여 재결의 고유한 하자로 본다.

3. 검토

원처분의 상대방인 제3자는 인용재결로 인해서 비로소 권익을 침해받게 되므로 인용재결은 형식상 재결이나 실질적으로 제3자에게는 최초의 처분으로서의 성질을 갖게 된다. 따라서 행정소송법 제19조 본문에 의해 인용재결의 취소를 구하는 것으로 해석함이 타당하다고 본다.

Ⅳ 사안의 해결

현행 행정소송법 및 토지보상법의 태도인 원처분주의하에서 을은 이의재결에 대해 항고소송을 제기하여야 할 것이다. 그 법리구성은 행정소송법 제19조 단서에 의한 인용재결 자체의 고유한 하자로 인한 것이 아니라, 본 사안에서 인용재결은 을에 있어서 최초의 처분으로서 성격을 지니기에 제19조 본문에 의거하여 항고소송을 제기할 수 있다고 보는 것이 올바른 해석이라고 본다.

PART

05

부동산공시법

표준지공시지가

사례 1

국토교통부장관은 A 소유의 상업용 나지의 2014년 표준지공시지가를 공시하기 위해서 감정평가법인 갑과 을에게 표준지 조사, 평가를 의뢰하면서 "표준지 공시지가는 해당 토지뿐 아니라 인근 유사토지의 가격을 결정하는 데에 전체적, 표준적 기능을 수행하는 것이어서 특히 그 가격의 적정성을 구체적으로 설명해 달라"고 부탁하였다.

국토교통부장관의 부탁에도 불구하고 갑은 개인 사정으로 거래선례나 평가선례를 수집하지 못해서 거래사례비교법, 원가법 및 수익환원법 등을 구체적으로 적용하지 못하였다. 결국, 갑은 전년도 공시지가를 기준으로 2014년 공시지가를 평가하였다.

한편 을은 열심히 사례자료를 수집하고 감정평가3방식을 적용하여 표준지 공시지가를 평가하였으나 평가보고서에는 평가원인을 구체적으로 특정하지 않았고, 아울러 각 요인별 참작 내용과 정도가 객관적으로 납득이 갈 수 있을 정도로 설명하지도 않았다. 국토교통부장관은 갑과 을의 보고서를 제출받고, 산술평균하여 2014년 2월 29일에 표준지 공시지가를 공시하였다.

그 후, 3월 15일 A 소유의 토지가 재래시장의 활성을 목적으로 한 공익사업의 대상이 되었다. A는 자신의 보상금이 얼마가 나올지 궁금하여 표준지 공시지가를 열람하였는데 표준지 공시지가는 인근의 토지의 1/10 수준밖에 되지 않아서 상기의 표준지 공시지가를 기준으로 보상금을 산정하면, 보상금이 시가의 1/10 이하에도 못 미칠 것이고 이는 헌법상 정당한 보상이 아니라고 생각하였다. A는 이러한 이유를 알고 싶어서 표준지 공시지가의 산출근거를 열람하였는데 거래사례비교법, 원가법 및 수익환원법 등의 가격란은 공란으로 되어있으며 전년도의 공시지가와 세평가격만이 참고가격으로 적시되어있고, 별다른 요인별 참작내용은 없는 것을 보았다. 이에 이러한 공시지가는 적정성을 인정할 수 없는 것이므로 표준지 공시지가결정은 취소되어야 한다고 주장한다. 설문과 관련하여 아래의 물음에 답하시오

(1) 표준지공시지가의 법적 성질을 설명하시오. [10점]

(2) 표준지공시지가의 평가절차와 효력 및 적용대상을 설명하시오. [20점]

(3) A의 주장대로 표준지공시지가의 결정은 취소되어야 하는지의 타당성을 검토하시오. [10점]

(설문 1) 표준지공시지가의 법적 성질

[I] 개설(의의 및 취지)

[II] 법적 성질에 대한 제 견해

  1. 문제점

2. 학설

3. 판례

[III] 검토

PART · 05

⊕ (설문 1) 표준지공시지가의 법적 성질

Ⅰ 개설(의의 및 취지)

표준지공시지가라 함은 국토교통부장관이 조사, 평가하여 공시한 표준지의 단위면적당 가격을 말한다. 이는 적정가격을 공시하여 ① 적정한 가격형성을 도모하고, ② 국토의 효율적 이용 및 국민경제발전, ③ 조세형평성을 향상시키기 위함에 취지가 인정된다.

Ⅱ 법적 성질에 대한 제 견해

1. 문제점

부동산공시법에서는 항고소송에 대한 규정이 없는 바 공시지가의 처분성 유무가 권리구제수단과 관련하여 문제된다.

2. 학설

① 공시지가는 보상액산정 및 개발부담금 산정에 있어서 구속력을 갖는다는 행정행위설, ② 이는 지가정책집행의 활동기준 및 대내적인 구속적 계획이라는 행정계획설, ③ 공시지가는 개별성, 구체성을 결여한 지가정책의 사무처리기준이라는 행정규칙설, ④ 각종 부담금 및 개별공시지가 산정의 기준이 되고, 위법한 표준지공시지가를 기준으로 행해진 처분도 위법하다고 보아야 하므로 법규명령의 성질을 갖는 고시로 보아야 한다는 법규명령의 성질을 갖는 고시설이 있다.

3. 판례

공시지가에 불복하기 위하여서는 처분청을 상대로(부동산공동산시시법상) 이의신청 절차를 거쳐 그 공시지가 결정의 취소를 구하는 행정소송을 제기하여야 하다고 판시한 바 있다.

Ⅲ 검토

① 국민의 권리구제 측면에서는 법규명령의 성질을 갖는 고시설이 유리하나 다양한 정책수립기준으로 활용되므로 적정공시가격의 안정성이 인정될 필요가 있다. ② 따라서 미리 다툴 수 있게 하여 법률관계의 조기확정을 통한 법적안정성확보를 도모하기 위하여 처분성을 긍정함이 타당하다.

⊕ (설문 2) 표준지공시지가의 평가절차와 효력

Ⅰ 개설

국토교통부장관은 표준지 선정 및 관리지침에 따라 선정된 표준지에 대하여 공시일 현재의(시행령 제3조, 1월 1일) 적정가격을 조사·평가하고 중앙부동산가격공시위원회의 심의를 거쳐 공시해야 한다.

Ⅱ 표준지공시지가의 평가절차

1. 표준지선정(부동산공시법 제3조 제1항)

토지이용상황, 환경, 사회적, 자연적 조건이 유사한 일단의 지역 내에서 표준지선정관리지침상 ① 대표성, ② 중요성, ③ 안정성, ④ 확실성을 충족하는 표준지를 선정한다.

2. 조사 평가

(1) 조사 및 평가의 의뢰(부동산공시법 제3조 제5항)

국토교통부장관은 감정평가법인등의 업무실적, 신인도, 업무수행능력을 고려하여 둘 이상의 감정평가법인등에게 의뢰한다. 다만, 지가 변동이 작은 경우 등 대통령령으로 정하는 기준에 해당하는 표준지에 대해서는 하나의 감정평가법인등에게 의뢰할 수 있다.

(2) 조사 및 평가(부동산공시법 제3조 제4항 및 시행령 제6조)

인근 토지의 거래사례(사정개입 없는 사례)가격, 임대료 및 조성비용(표준적조성비 및 통상의 부대비용)을 고려하여 적정가격을 평가한다. 구체적으로 표준지 조사평가기준에 따른다.

(3) 제출 및 결정(법 제3조 제2항 및 시행령 제8조)

시·군·구청장의 의견을 청취한 후(시·군·구 부동산가격공시위원회의 심의 후) 보고서를 제출한다. 표준지의 적정가격은 감정평가법인등이 제출한 조사·평가액의 산술평균치를 기준으로 한다.

(4) 재평가(시행령 제8조)

① 국토교통부장관은 감정평가법인등이 행한 표준지의 조사·평가가 관계법령에 위반하여 수행되었다고 인정되는 경우에는 해당 감정평가법인등에게 그 사유를 통보하고 다른 감정평가법인등 2인에게 다시 조사·평가를 의뢰할 수 있으며, ② 조사·평가액이 부적정하거나 조사·평가액 중 최고평가액이 최저평가액의 1.3배를 초과하는 경우에는 해당 감정평가법인등에게 대상 표준지의 조사·평가를 다시 의뢰할 수 있다.

3. 중앙부동산가격공시위원회의 심의(부동산공시법 제3조 제1항, 제24조)

국토교통부장관은 공시하고자 하는 공시지가의 적정성 확보 및 지역 간 균형확보를 위해서 중앙부동산가격공시위원회의 심의를 거쳐야 한다.

4. 표준지공시지가의 조사협조(부동산공시법 제4조)

국토교통부장관은 표준지의 선정 또는 표준지공시지가의 조사·평가를 위하여 필요한 경우에는 관계 행정기관에 해당 토지의 인·허가 내용, 개별법에 따른 등록사항 등 관련 자료의 열람 또는 제출을 요구할 수 있다. 이 경우 관계 행정기관은 정당한 사유가 없으면 그 요구를 따라야 한다.

5. 지가의 공시(부동산공시법 제5조) 및 열람(부동산공시법 제6조)

(1) 공시(제5조)

① 표준지의 지번, 표준지의 단위면적당 가격, 표준지의 면적 및 형상, 표준지 및 주변토지의 이용상황, ② 지목, 용도지역, 도로 상황 등을 공시하여야 한다.

(2) 열람(제6조)

국토교통부장관은 지가를 공시한 때에는 그 내용을 특별시장·광역시장 또는 도지사를 거쳐 시장·군수 또는 구청장에게 송부하여 일반으로 하여금 열람하게 하고, 대통령령이 정하는 바에 따라 이를 도서·도표 등으로 작성하여 관계 행정기관 등에 공급하여야 한다.

Ⅲ 표준지공시지가의 효력 및 적용대상

1. 효력(제9조)

표준지공시지가는 ① 토지시장의 지가정보를 제공하고, ② 일반적인 토지거래의 지표가 되며, ③ 국가 지방자치단체 등의 기관이 그 업무와 관련하여 지가를 산정하거나, ④ 감정평가법인등이 개별적으로 토지를 감정평가하는 경우에 그 기준이 된다.

2. 적용범위

① 법인 등의 토지평가기준(제9조) ② 비준표를 적용하여 개공산정기준(제10조)이 된다. ③ 행정목적을 위한 산정기준(제8조)이 된다. 이 경우 가감조정이 가능하다. 여기서 행정목적을 위한 경우라 함은 ㉠ 공공용지 매수, ㉡ 토지보상, 국공유지 취득 또는 처분, ㉢ 국계법상 조성된 용지 등의 공급 또는 분양, ㉣ 토지관리, 매입가격산정 시, ㉤ 환지·체비지의 매각 또는 환지신청을 의미한다.

⊕ (설문 3) A 주장의 타당성 검토

Ⅰ 쟁점의 정리

A는 자신의 토지에 결정, 공시된 표준지공시지가가 부적정한 것이라고 주장하고 있다. 부동산공시법 제3조에서는 표준지의 적정가격을 조사·평가하는 경우에는 인근 유사토지의 거래가격, 임대료 및 조성에 필요한 비용추정액 등을 종합적으로 참작하여야 한다고 규정하고 있는데, 감정평가보고서에 이러한 내용이 결여된 경우 표준지공시지가 결정이 적법한지가 문제된다.

Ⅱ 판례의 요지(대판 2009.12.10, 2007두20140 : 공시지가확정취소처분 : 평가서의 기재내용과 정도)

1. 표준지공시지가의 중요성(표준지공시지가의 위상)

표준지공시지가는 해당 토지뿐 아니라 인근 유사토지의 가격을 결정하는 데에 전체적, 표준적 기능을 수행하는 것이어서 특히 그 가격의 적정성이 엄격하게 요구된다. 따라서 감정평가보고서에는 평가액의 도출 과정과 원인 등이 상세히 적시될 필요성이 인정된다.

2. 감정평가서의 평가원인의 기재 정도

감정평가서에는 평가원인을 구체적으로 특정하여 명시함과 아울러 각 요인별 참작 내용과 정도가 객관적으로 납득이 갈 수 있을 정도로 설명됨으로써, 그 평가액이 해당 토지의 적정가격을 평가한 것임을 인정할 수 있어야 한다.

Ⅲ A 주장의 타당성

1. 평가원인의 구체적 특정성 여부

갑의 표준지공시지가의 감정평가서는 거래선례나 평가선례를 수집하지 못해서 거래사례비교법, 원가법 및 수익환원법 등을 구체적으로 적용하지 못하였다. 또한 을의 감정평가서는 평가원인을 구체적으로 특정하지 못하였다.

2. 요인별 참작 내용과 정도가 객관적으로 설명되었는지 여부

2012년 표준지공시지가에는 거래사례비교법, 원가법 및 수익환원법 등의 가격란은 공란으로 되어 있고 전년도의 공시지가와 세평가격만이 참고가격으로 적시되어 있고 별다른 요인별 참작 내용은 없었으므로 이는 객관적으로 설명되었다고 보기 어렵다고 판단된다.

3. A 주장의 타당성

갑과 을의 감정평가보고서를 기초로 공시된 2012년 표준지공시지가는 평가원인을 구체적으로 특정하여 명시함과 아울러 각 요인별 참작 내용과 정도가 객관적으로 납득이 갈 수 있을 정도로 설명되었다고 보기 어렵다. 표준지공시지가는 해당 토지뿐 아니라 인근 유사토지의 가격을 결정하는 데에 전체적, 표준적 기능을 수행하는 것이어서 특히 그 가격의 적정성이 엄격하게 요구된다는 점에 비추어 A 소유의 상업용 나지의 표준지공시지가 결정은 적정성이 인정되지 않는다. 따라서 이는 공시제도의 취지에 비추어 위법하다고 판단되므로 국토교통부장관은 공시지가확정을 취소하고 적정한 공시지가를 재공시해야 할 것이다.

대판 2009.12.10, 2007두20140[공시지가 확정 처분취소]

[판시사항]

[1] 보통우편의 방법으로 우편물을 발송한 경우 그 송달을 추정할 수 있는지 여부(소극) 및 그 송달에 관한 증명책임자

[2] 표준지 공시지가의 결정절차와 그 효력

[3] 감정평가업자의 토지 평가액 산정의 적정성을 인정하기 위한 감정평가서의 기재 내용과 정도

[4] 건설교통부장관이 표준지 공시지가를 결정·공시하는 절차에서 감정평가서에 토지의 전년도 공시지가와 세평가격 및 인근 표준지의 감정가격만을 참고가격으로 삼고 평가의견을 추상적으로만 기재한 사안에서, 평가요인별 참작 내용과 정도가 평가액 산정의 적정성을 알아볼 수 있을 만큼 객관적으로 설명되어 있다고 보기 어려워, 이를 근거로 한 표준지 공시지가 결정은 토지의 적정가격을 반영한 것이라고 인정하기 어려워 위법하다고 한 사례

[판결요지]

[1] 내용증명우편이나 등기우편과는 달리, 보통우편의 방법으로 발송되었다는 사실만으로는 그 우편물이 상당한 기간 내에 도달하였다고 추정할 수 없고, 송달의 효력을 주장하는 측에서 증거에 의하여 이를 입증하여야 한다.

[2] 구 부동산 가격공시 및 감정평가에 관한 법률(2008.2.29. 법률 제8852호로 개정되기 전의 것) 제2조 제5호, 제6호, 제3조 제1항, 제5조, 제10조와 같은 법 시행령(2008.2.29. 대통령령 제20722호로 개정되기 전의 것) 제8조 등을 종합하여 보면, 건설교통부장관은 토지이용상황이나 주변 환경 그 밖의 자연적·사회적 조건이 일반적으로 유사하다고 인정되는 일단의 토지 중에서 표준지를 선정하고, 그에 관하여 매년 공시기준일 현재의 적정가격을 조사·평가한 후 중앙

부동산가격공시위원회의 심의를 거쳐 이를 공시하여야 한다. 표준지의 적정가격을 조사·평가할 때에는 인근 유사토지의 거래가격, 임대료, 당해 토지와 유사한 이용가치를 지닌다고 인정되는 토지의 조성에 필요한 비용추정액 등을 종합적으로 참작하되, 둘 이상의 감정평가업자에게 이를 의뢰하여 평가한 금액의 산술평균치를 기준으로 하고, 감정평가업자가 행한 평가액이 관계 법령을 위반하거나 부당하게 평가되었다고 인정되는 경우 등에는 당해 감정평가업자 혹은 다른 감정평가업자로 하여금 다시 조사·평가하도록 할 수 있으며, 여기서 '적정가격'이란 당해 토지에 대하여 통상적인 시장에서 정상적인 거래가 이루어지는 경우 성립될 가능성이 가장 높다고 인정되는 가격을 말하고, 한편 이러한 절차를 거쳐 결정·공시된 표준지 공시지가는 토지시장의 지가정보를 제공하고 일반적인 토지거래의 지표가 되며, 국가·지방자치단체 등의 기관이 그 업무와 관련하여 지가를 산정하거나 감정평가업자가 개별적으로 토지를 감정평가하는 경우에 기준이 되는 효력을 갖는다.

[3] 표준지 공시지가의 결정절차 및 그 효력과 기능 등에 비추어 보면, 표준지 공시지가는 당해 토지뿐 아니라 인근 유사토지의 가격을 결정하는 데에 전제적·표준적 기능을 수행하는 것이어서 특히 그 가격의 적정성이 엄격하게 요구된다. 이를 위해서는 무엇보다도 적정가격 결정의 근거가 되는 감정평가업자의 평가액 산정이 적정하게 이루어졌음이 담보될 수 있어야 하므로, 그 감정평가서에는 평가원인을 구체적으로 특정하여 명시함과 아울러 각 요인별 참작 내용과 정도가 객관적으로 납득이 갈 수 있을 정도로 설명됨으로써, 그 평가액이 당해 토지의 적정가격을 평가한 것임을 인정할 수 있어야 한다.

[4] 건설교통부장관이 2개의 감정평가법인에 토지의 적정가격에 대한 평가를 의뢰하여 그 평가액을 산술평균한 금액을 그 토지의 적정가격으로 결정·공시하였으나, 감정평가서에 거래선례나 평가선례, 거래사례비교법, 원가법 및 수익환원법 등을 모두 공란으로 둔 채, 그 토지의 전년도 공시지가와 세평가격 및 인근 표준지의 감정가격만을 참고가격으로 삼으면서 그러한 참고가격이 평가액 산정에 어떻게 참작되었는지에 관한 별다른 설명 없이 평가의견을 추상적으로만 기재한 사안에서, 평가요인별 참작 내용과 정도가 평가액 산정의 적정성을 알아볼 수 있을 만큼 객관적으로 설명되어 있다고 보기 어려워, 이러한 감정평가액을 근거로 한 표준지 공시지가 결정은 그 토지의 적정가격을 반영한 것이라고 인정하기 어려워 위법하다고 한 사례

🔷 사례 2

甲 주식회사가 강제경매절차에서 표준지로 선정된 토지를 대지권의 목적으로 하는 집합건물 중 구분건물 일부를 취득하고, 관할 구청장이 재산세를 부과하였다.

1. 표준지로 선정된 토지의 표준지공시지가에 대한 불복방법을 설명하시오. [15점]

2. 그러한 절차를 밟지 않은 채 토지 등에 관한 재산세 등 부과처분의 취소를 구하는 소송에서 표준지공시지가결정의 위법성을 다투는 것이 허용되는지 여부를 논하시오. [15점]

3. 표준지공시지가가 시가와 현저한 차이가 발생하는 것이 표준지공시지가의 위법사유가 될 수 있는지 논하시오. [10점]

(설문 1)의 해결

Ⅰ 쟁점의 정리

Ⅱ 표준지공시지가의 법적 성질
  1. 표준지공시지가의 의의 및 취지
  2. 법적 성질

Ⅲ 불복방법
  1. 처분성 부정 시(국민의 권리구제에 유리)
  2. 처분성 긍정 시
    (1) 이의신청
      1) 의의 및 취지
      2) 이의신청의 성격
      3) 절차 및 효과
    (2) 행정심판
    (3) 행정소송
      1) 의의 및 종류
      2) 행정심판 임의주의

Ⅳ 관련문제

(설문 2)의 해결

Ⅰ 쟁점의 정리

Ⅱ 하자승계 인정논의
  1. 의의 및 논의 배경
  2. 전제요건
  3. 하자승계의 해결논의
    (1) 학설
      1) 전통적 견해(하자승계론)
      2) 새로운 견해(구속력론)
    (2) 판례
    (3) 검토

Ⅲ 사안의 경우
  1. 동일 목적인지 여부
  2. 예측가능성 및 수인한도성

(설문 3)의 해결

Ⅰ 개설

Ⅱ 공지지가와 시가의 관계
  1. 학설논의
    (1) 정책가격설
    (2) 시가설
  2. 판례
  3. 검토

⊕ (설문 1)의 해결

① 쟁점의 정리

표준지공지지가의 하자를 후행 처분인 과세처분의 위법성 사유로 주장할 수 있는지가 문제된다. 표준지공시지가의 하자가 과세처분에 승계될 수 있는지를 검토한다.

② 표준지공시지가의 법적 성질

1. 표준지공지지가의 의의 및 취지

표준지공시지가라 함은 국토교통부장관이 조사, 평가하여 공시한 표준지의 단위면적당 가격을 말한다. 이는 적정가격을 공시하여 ① 부동산의 적정한 가격형성을 도모하고, ② 국토의 효율적 이용 및 국민경제발전, ③ 조세형평성을 향상시키기 위함이다(부동산공시법 제1조).

2. 법적 성질

표준지공시지가는 보상금 산정 등에 구속력을 가지므로 행정행위로 보는 견해와 정책집행활동의 기준이 되는 행정계획으로 보는 견해 등이 있으나 판례는 "공시지가에 불복하기 위하여서는 처분청을 상대로 (부동산공시법상) 이의신청절차를 거쳐 그 공시지가 결정의 취소를 구하는 행정소송을 제기하여야 하다"고 판시하여(대판 1995.3.28, 94누12920) 처분성을 긍정하고 있다.

③ 불복방법

1. 처분성 부정 시[국민의 권리구제에 유리]

① 부동산공시법 제7조의 이의신청에 의한 구제가 가능하다. ② 잘못된 표준지공시지가를 기초로 하는 후행처분에 의해, 법률상 이익이 침해된 경우에는 후행처분의 위법성 사유로서 표준지의 잘못을 주장할 수 있다.

2. 처분성 긍정 시

(1) 이의신청

1) 의의 및 취지

공시지가에 이의 있는 자가 국토교통부장관에게 이의를 신청하고, 국토교통부장관이 이에 대해 심사하는 제도로서(부동산공시법 제7조), 공시지가의 객관성을 확보하여 공신력을 높여주는 제도적 취지가 인정된다.

2) 이의신청의 성격

이의신청을 특별법상 행정심판으로 보는 견해가 있었으며, 종전 판례는 이의신청을 거쳐서 행정소송을 제기해야 한다고 하였으나. 최근 개별공시지가와 관련된 판례는 이의신청을 제기한 이후에도 별도로 행정심판을 제기할 수 있다고 판시한 바 있다.

3) 절차 및 효과

공시일로부터 30일 이내에 서면으로 국토교통부장관에게 이의신청을 하고 국토교통부장관은 기간이 만료된 날부터 30일 이내에 심사하고 그 결과를 신청인에게 통지해야 한다. 이의가 타당한 경우에는 표준지공시지가를 조정하여 재공시해야 한다.

(2) 행정심판

최근 판례의 태도에 따르면 이의신청을 거친 경우나 거치지 않은 경우 모두 행정심판을 제기할 수 있을 것이다. 따라서 취소심판 및 무효확인심판청구가 가능하다.

(3) 행정소송

1) 의의 및 종류

표준지공시지가의 하자가 중대·명백한 경우에는 무효등확인소송을, 취소사유인 경우에는 취소소송을 제기할 수 있다.

2) 행정심판 임의주의

행정소송법 제18조에서 행정심판임의주의를 원칙으로 규정하는 점에 비추어 볼 때, 행정심판을 거치지 않은 경우라도 행정소송을 제기할 수 있을 것이다.

Ⅳ 관련문제

표준지공시지가는 다양한 정책활동의 기초가 되므로 표준지공시지가의 하자가 후행 행정처분에 승계되는지가 문제될 수 있는데, 판례는 표준지공시지가와 개별공시지가 및 과세처분에서는 대체로 하자승계를 부정하고, 보상재결처분에 있어서 하자승계를 긍정한 바 있다.

⊕ (설문 2)의 해결

Ⅰ 쟁점의 정리

표준지공시지가의 하자를 이유로 과세처분의 취소를 주장할 수 있는지가 문제된다. 이의 해결을 위하여 표준지공시지가의 하자를 과세처분의 하자사유로 승계주장할 수 있는지를 검토한다.

Ⅱ 하자승계 인정논의

1. 의의 및 논의 배경

하자승계란 둘 이상의 행정행위가 일련하여 동일한 법률효과를 목적으로 하는 경우에 선행행위의 하자를 이유로 후행행위를 다툴 수 있는지의 문제를 말한다. 이는 법적 안정성의 요청(불가쟁력)과 국민의 권리구제의 조화문제이다.

2. 전제요건

① 선, 후행행위는 처분일 것, ② 선행행위의 취소사유의 위법성(무효사유인 경우에는 당연승계된다), ③ 후행행위의 적법성, ④ 선행행위에 불가쟁력이 발생할 것(제소기간 경과, 항소 포기, 판결에 의한 확정 등)을 요건으로 한다.

3. 하자승계의 해결논의

(1) 학설

1) 전통적 견해(하자승계론)

선, 후행행위가 일련의 절차를 구성하면서 동일한 법률효과, 즉 하나의 효과를 목적으로 하는 경우에는 하자승계를 인정한다.

2) 새로운 견해(구속력론)

선행행위의 불가쟁력이 대물적(목적), 대인적(수범자), 시간적(사실, 법률관계의 동일성) 한계와 예측가능성, 수인가능성 한도 내에서는 후행행위를 구속하므로 하자승계가 부정된다.

(2) 판례

1) 판례는 형식적 기준을 적용하여 판단하는 듯하나 별개의 법률효과를 목적으로 하는 경우에도 예측가능성, 수인가능성이 없는 경우에 한하여 하자승계를 긍정하여 개별사안의 구체적 타당성을 고려하고 있다.

2) ① 사업인정의 하자가 무효가 아닌 경우에는 재결단계에서의 하자승계를 부정하며, 사업인정의 하자가 당연무효인 경우에는 재결처분도 무효라고 판단한다(2015.3.20, 2011두3746). ② 개별공시지가와 과세처분의 경우, 개별공시지가가 개별통지되지 않은 경우에는 하자승계를 인정한 바 있다. ③ 표준지공시지가와 재결에서는 별개의 효과를 목적으로 하는 경우에도 선행행위의 위법성을 다투지 못하게 하는 것이 수인한도를 넘는 불이익을 강요하는 것이 되는 경우에 한하여 하자승계를 긍정한 바 있다(대판 2008.8.21, 2007두13845). ④ 표준지로 선정된 토지의 표준지공시지가에 대한 불복방법 및 그러한 절차를 밟지 않은 채 토지 등에 관한 재산세 등 부과처분의 취소를 구하는 소송에서 표준지공시지가결정의 위법성을 다투는 것은 허용되지 않는다고 판시한 바 있다(대판 2022.5.13, 2018두50147).

(3) 검토

전통적 견해의 형식적 기준을 원칙으로 하되 개별사안의 예측·수인가능성을 판단하여 구체적 타당성을 기함이 타당하다.

Ⅲ 사안의 경우

1. 동일 목적인지 여부

표준지인 경우 조정 없이 그대로 개별공시지가로 결정된다. 표준지공시지가 및 개별공시지가는 표준지 및 개별지의 가격을 공시하여 각종 정책 자료로 활용되는 기준이 되는 역할을 담당하나, 조세처분은 국민의 납세의무를 실현하여 국가 재정의 근간이 되는 것으로서 양자는 그 목적을 달리한다고 볼 것이다.

2. 예측가능성 및 수인한도성

표준지공시지가 및 개별공시지가는 이의신청, 행정심판 및 행정소송을 통해 그 위법을 시정할 수 있으므로 이러한 불복절차를 거칠 수 있었음에도 이를 거치지 않은 경우에는 예측가능성 및 수인한도성은 인정되지 않을 것이다.

⊕ (설문 3)의 해결

Ⅰ 개설

시가란 불특정 다수의 시장에서 자유로이 거래가 이루어지는 경우에 통상 성립된다고 인정되는 가액으로서, 토지의 현실거래가격은 아니므로 비정상적인 경로에 의해 상승 또는 감소한 가격은 배제된다. 시가와 현저히 차이가 나는 공시지가결정이 위법한지의 문제와 관련하여 공시지가가 시가와 어떠한 관계가 있는지를 검토하여야 한다.

Ⅱ 공지지가와 시가의 관계

1. 학설논의

(1) 정책가격설

공시제도의 목적은 부동산공시법 제1조에 나타나는 바와 같이, 공시지가의 공시를 통하여 적정한 지가형성을 도모하는 데 있으므로 이는 현실에서 거래되는 가격이 아니라 투기억제 또는 지가안정이라는 정책적 목적을 위해 결정·공시되는 가격이라고 본다.

(2) 시가설

공시지가는 각종 세금이나 부담금의 산정기준이 되는 토지가격으로서 현실시장 가격을 반영한 가격이지 이와 유리된 가격일 수 없다고 본다.

2. 판례

"개별토지가격의 적정성 여부는 규정된 절차와 방법에 의거하여 이루어진 것인지 여부에 따라 결정될 것이지", 해당 토지의 시가와 직접적인 관련이 있는 것이 아니므로, 단지 개별지가가 시가를 초과한다는 사유만으로는 그 가격 결정이 위법하다고 단정할 것은 아니라고 판시하여 공시지가를 정책적으로 결정한 가격으로 보고 있다.

3. 검토

공시지가가 통상적인 시장에서 형성되는 정상적인 시가를 제대로 반영하는 것이 바람직하나, 공시지가가 시가대로 산정된다면 공시지가 제도를 둔 취지가 훼손될 수 있다. 따라서 공시지가와 시가가 현저히 차이가 난다는 사유만으로 그 위법을 인정할 수는 없으며, 이러한 경우 그 산정절차나 비교표준지의 사정 등에 위법이 있을 수 있으므로 이러한 위법을 이유로 주장할 수 있을 것이다.

> ✎ **대법원 2022.5.13, 2018두50147**
>
> **[판시사항]**
>
> [1] 표준지로 선정된 토지의 표준지공시지가에 대한 불복방법 및 그러한 절차를 밟지 않은 채 토지 등에 관한 재산세 등 부과처분의 취소를 구하는 소송에서 표준지공시지가결정의 위법성을 다투는 것이 허용되는지 여부(원칙적 소극)
>
> [2] 甲 주식회사가 강제경매절차에서 표준지로 선정된 토지를 대지권의 목적으로 하는 집합건물 중 구분건물 일부를 취득하자, 관할 구청장이 재산세를 부과한 사안에서, 위 부동산에 대한 시가표준액이 감정가액과 상당히 차이가 난다는 등의 이유로 시가표준액 산정이 위법하다고 본 원심판결에 법리오해 등의 잘못이 있다고 한 사례
>
> **[판결요지]**
>
> [1] 표준지로 선정된 토지의 표준지공시지가를 다투기 위해서는 처분청인 국토교통부장관에게 이의를 신청하거나 국토교통부장관을 상대로 공시지가결정의 취소를 구하는 행정심판이나 행정소송을 제기해야 한다. 그러한 절차를 밟지 않은 채 토지 등에 관한 재산세 등 부과처분의 취소를 구하는 소송에서 표준지공시지가결정의 위법성을 다투는 것은 원칙적으로 허용되지 않는다.
>
> [2] 甲 주식회사가 강제경매절차에서 표준지로 선정된 토지를 대지권의 목적으로 하는 집합건물 중 구분건물 일부를 취득하자, 관할 구청장이 재산세를 부과한 사안에서, 위 토지는 표준지로서 시가표준액은 표준지공시지가결정에 따라 그대로 정해지고, 위 건축물에 대한 시가표준액은 거래가격 등을 고려하여 정한 기준가격에 건축물의 구조, 용도, 위치와 잔존가치 등 여러 사정을 반영하여 정한 기준에 따라 결정되므로, 법원이 위 건축물에 대한 시가표준액 결정이 위법하다

고 판단하기 위해서는 위 각 산정 요소의 적정 여부를 따져보아야 하는데, 이를 따져보지 않은 채 단지 위 건축물에 대한 시가표준액이 그 감정가액과 상당히 차이가 난다거나 위 건축물의 시가표준액을 결정할 때 위치지수로 반영되는 위 토지의 공시지가가 과도하게 높게 결정되었다는 등의 사정만으로 섣불리 시가표준액 결정이 위법하다고 단정할 수 없으므로, 위 부동산에 대한 시가표준액이 감정가액과 상당히 차이가 난다는 등의 이유로 시가표준액 산정이 위법하다고 본 원심판결에 법리오해 등의 잘못이 있다고 한 사례

[이유]

상고이유를 판단한다.

1. 이 사건 소송에서 표준지공시지가결정의 위법성을 다툴 수 있는지 여부(상고이유 제1점)

   가. 표준지로 선정된 토지의 표준지공시지가를 다투기 위해서는 처분청인 국토교통부장관에게 이의를 신청하거나 국토교통부장관을 상대로 공시지가결정의 취소를 구하는 행정심판이나 행정소송을 제기해야 한다. 그러한 절차를 밟지 않은 채 토지 등에 관한 재산세 등 부과처분의 취소를 구하는 소송에서 표준지공시지가결정의 위법성을 다투는 것은 원칙적으로 허용되지 않는다(대법원 1995.11.10. 선고 93누16468 판결, 대법원 1997.9.26. 선고 96누7649 판결 참조).

   나. 원심판결 이유와 기록에 따르면 다음 사실을 알 수 있다. 국토교통부장관은 2015.2.25. 성남시 (주소 생략) 토지(이하 '이 사건 토지'라 한다)에 대한 표준지공시지가를 결정·공시하였다. 여객자동차터미널사업 등을 하는 원고는 2015.3.18. 강제경매절차에서 이 사건 토지를 대지권의 목적으로 하는 집합건물인 '성남(분당)여객자동차터미널과 복합건물' 중 구분건물 6개 호실(이하 '이 사건 건축물'이라 하고, 이 사건 토지와 함께 '이 사건 부동산'이라 한다)을 취득하였다.

   다. 이러한 사실을 위에서 본 법리에 비추어 살펴보면, 원고는 이의절차나 국토교통부장관을 상대로 한 행정소송 등을 통하여 이 사건 토지에 대한 표준지공시지가결정의 위법성을 다투었어야 한다. 그러한 절차를 밟지 않은 채 원고가 이 사건 부동산에 관한 재산세 등 부과처분의 취소를 구하는 이 사건 소송에서 그 위법성을 다투는 것은 허용되지 않는다.

   라. 그런데도 원심은 원고가 이 사건 소송에서 표준지공시지가결정의 위법성을 다툴 수 있다고 판단하였다. 원심판결에는 재산세 등 부과처분 취소소송에서 표준지공시지가결정의 위법성을 다툴 수 있는지 여부에 관한 법리 등을 오해하여 판결에 영향을 미친 잘못이 있다. 이를 지적하는 상고이유 주장은 정당하다.
   원심이 원용한 대법원 2008.8.21. 선고 2007두13845 판결은 표준지 인근 토지의 소유자가 토지 등의 수용 경과 등에 비추어 표준지공시지가의 확정 전에 이를 다투는 것이 불가능하였던 사정 등을 감안하여 사업시행자를 상대로 수용보상금의 증액을 구하는 소송에서 비교표준지공시지가결정의 위법을 독립된 사유로 주장할 수 있다고 본 것으로 이 사건과 사안이 다르므로 이 사건에 원용하기에 적절하지 않다.

2. 이 사건 부동산에 대한 시가표준액 산정이 위법한지 여부(상고이유 제3점)

가. 구 지방세법(2016.1.19. 법률 제13796호로 개정되기 전의 것, 이하 같다) 제4조는 제1항에서 토지에 대한 시가표준액은 원칙적으로 「부동산 가격공시 및 감정평가에 관한 법률」에 따라 공시된 가액으로 하도록 정하고, 제2항에서 주택 외의 건축물에 대한 시가표준액은 거래가격 등을 고려하여 정한 기준가격에 용도 등 과세대상별 특성을 고려하여 대통령령으로 정하는 기준에 따라 지방자치단체의 장이 결정한 가액으로 하도록 정하고 있다. 구 지방세법 시행령(2020.12.31. 대통령령 제31343호로 개정되기 전의 것) 제4조 제1항 제1호는 구 지방세법 제4조 제2항의 '대통령령으로 정하는 기준'을 '소득세법 제99조 제1항 제1호 (나)목에 따라 산정·고시하는 건물신축가격기준액에 건물의 구조별·용도별·위치별 지수, 건물의 경과연수별 잔존가치율, 건물의 규모·형태·특수한 부대설비 등의 유무 및 그 밖의 여건에 따른 가감산율을 적용하여 행정안전부장관이 정하는 기준'으로 정하고 있다.

나. 원심은 이 사건 부동산에 대한 시가표준액이 원심 감정인 등의 감정가액과 상당히 차이가 난다는 등의 이유로 시가표준액 산정이 현저하게 불합리하여 위법하고, 이를 기초로 피고가 원고에게 한 이 사건 부동산에 관한 2015년 귀속 재산세 등 부과처분 역시 위법하다고 판단하였다.

다. 그러나 원심의 이러한 판단은 다음과 같은 이유로 받아들일 수 없다.

(1) 이 사건 토지는 표준지로서 그 시가표준액은 표준지공시지가결정에 따라 그대로 정해진다. 그런데 위에서 보았듯이 원고는 이 사건 소송에서 이 사건 토지에 대한 표준지공시지가결정의 위법성을 다툴 수 없으므로, 설령 이 사건 토지에 대한 감정가액이 시가표준액이 되는 표준지공시지가를 상당히 초과하더라도 이러한 이유만으로 시가표준액 산정이 위법하다고 볼 수 없다.

(2) 이 사건 건축물에 대한 시가표준액은 거래가격 등을 고려하여 정한 기준가격에 건축물의 구조, 용도, 위치와 잔존가치 등 여러 사정을 반영하여 정한 기준에 따라 결정된다. 따라서 법원이 이 사건 건축물에 대한 시가표준액 결정이 위법하다고 판단하기 위해서는 위 각 산정 요소의 적정 여부를 따져보아야 하고, 이를 따져보지 않은 채 단지 이 사건 건축물에 대한 시가표준액이 그 감정가액과 상당히 차이가 난다거나 이 사건 건축물의 시가표준액을 결정할 때 위치지수로 반영되는 이 사건 토지의 공시지가가 과도하게 높게 결정되었다는 등의 사정만으로 섣불리 시가표준액 결정이 위법하다고 단정할 수 없다.

라. 그런데도 원심은 이 사건 부동산에 대한 시가표준액 산정이 위법하다고 판단하였다. 원심판결에는 이 사건 부동산에 대한 시가표준액 산정에 관한 법리를 오해하거나 심리를 다하지 않는 등 판결에 영향을 미친 잘못이 있다. 이를 지적하는 상고이유 주장은 정당하다.

3. 결론

피고의 상고는 이유 있어 나머지 상고이유에 대한 판단을 생략한 채 원심판결을 파기하고 사건을 다시 심리·판단하도록 원심법원에 환송하기로 하여, 대법관의 일치된 의견으로 주문과 같이 판결한다.

사례 **3**

우리나라에서 종전에는 행정업무의 집행과 관련하여 공적 부문에서 조사하던 공적 지가와 금융기관을 중심으로 하여 평가되던 사적 지가로 지가체계가 이원화되어 있었다. 그중 공적 지가는 건설교통부(현재 국토교통부)의 기준지가, 행정자치부의 과세시가표준액, 국세청의 기준시가 등으로 다원화되어 있었기에 동일한 토지에 대하여 행정기관별로 각각 다른 지가를 관리하여 공적 지가에 대한 혼란과 불신이 야기되었다.

이러한 토지문제를 정책적으로 해결하기 위하여 종전의 기준지가고시제도를 폐지하고 공시지가제도를 도입하게 되었다. 공시지가 제도는 토지의 적정가격을 평가·공시하여 지가산정의 기준이 되게 하고 이의 적정한 가격형성을 도모하며, 나아가 국토의 효율적인 이용과 국민경제의 발전에 이바지하도록 함으로써 우리나라의 고질적인 토지문제들이 해소될 수 있는 계기를 마련하고자 한 점에서 그 의미는 매우 크다고 할 수 있겠다.

(1) 지가공시제에 의한 공시지가는 조사평가자와 공시권자, 그리고 그 결정절차나 적용범위를 각각 달리하고 있는 표준지공시지가와 개별공시지가로 구분된다. 양자를 비교 설명하시오. 20점

(설문 1) 표준지공시지가와 개별공시지가의 비교

Ⅰ 서설

Ⅱ 공통점
   1. 제도의 취지상 같은 점
   2. 법적 성질
   3. 의견청취제도의 존재
   4. 권리구제상 공통점

Ⅲ 차이점
   1. 제도의 취지상 차이점
   2. 공시주체의 차이점
   3. 산정절차의 차이점
   4. 효력 및 적용범위의 차이점
   5. 적정성 확보방안의 차이점
   6. 그 외(이의신청의 청구 대상)

Ⅳ 결(하자승계)

⊕ (설문 1)의 해결

Ⅰ 서설

표준지공시지가라 함은 국토교통부장관이 조사, 평가하여 공시한 표준지의 단위면적당 가격을 말하고, 개별공시지가란 시·군·구청장이 공시지가를 기준으로 산정한 개별토지의 단위당 가격을 말한다. 이하에서는 표준지공시지가와 개별공시지가의 조사·산정방법, 절차, 기간, 이의신청절차, 개별공시지가의 검증, 확인 절차 등을 중심으로 설명한다.

Ⅱ 공통점

1. 제도의 취지상 같은 점

① 표준지공시지가는 적정가격을 공시하여 적정한 가격형성을 도모하고 국토의 효율적 이용 및 국민경제발전, 조세형평성을 향상시키기 위함이고, ② 개별공시지가는 조세 및 부담금산정의 기준이 되어 행정의 효율성 제고에 취지가 인정된다. 따라서 각각의 공지제도는 조세제도의 형평성을 도모함에 공통적인 취지가 인정된다.

2. 법적 성질

표준지공시지가와 개별공시지가의 처분성 인정 여부에 대해서 견해의 대립이 있으나, 양자 모두 보상평가 및 조세의 기준이 되므로 조기에 이를 다툴 수 있게 함이 합당하므로 처분성을 인정함이 타당하다. 판례도 표준지공시지가와 개별공시지가의 처분성을 인정하고 있다.

3. 의견청취제도의 존재

공시지가가 결정된 때에는 그 타당성에 대해서 토지소유자의 의견을 들어야 하고 토지소유자가 의견을 제시한 때에는 그 평가가격의 적정 여부를 재검토하여야 한다.

4. 권리구제상 공통점

표준지공시지가와 개별공시지가에 이의가 있는 자는 각 공시일로부터 30일 이내에 이의를 신청할 수 있으며, 각 공시제도의 처분성이 인정되므로 행정쟁송을 제기할 수 있다. 최근 이와 관련하여 대법원은 개별공시지가의 이의신청을 거친 후에도 행정심판을 제기할 수 있다고 하여, 국민의 권리구제의 방법이 넓어지는 측면에서 합당하다고 판단된다.

Ⅲ 차이점

1. 제도의 취지상 차이점

개별공시지가는 주로 부담금이나 조세부과의 형평성을 도모하나 표준지공시지가는 조세는 물론 적정가격의 공시를 통하여 다양한 지가정보를 제공하고 국민경제발전에 이바지함을 목적으로 한다. 따라서 표준지공시지가의 제도적 취지가 개별공시지가의 취지를 포괄하여 더 넓은 것으로 볼 수 있겠다.

2. 공시주체의 차이점

표준지공시지가는 국토교통부장관이 공시(부동산공시법 제3조)하는 반면에 개별공시지가는 시·군·구청장이 공시(부동산공시법 제10조)한다.

3. 산정절차의 차이점

① 표준지공시지가는 국토교통부장관이 '표준지 선정 및 관리지침'에 따라 선정된 표준지에 대하여 공시일 현재의(시행령 제3조, 1월 1일) 적정가격을 조사 평가하고 중앙부동산가격공시위원회의 심의를 거쳐 공시해야 한다. ② 개별공시지가는 시군구청장이 지가를 산정하고, 그 타당성에 대하여 업자의 검증을 받고 토지소유자 기타 이해관계인의 의견을 들은 후 시·군·구 부동산가격공시위원회의 심의를 거쳐 공시한다.

4. 효력 및 적용범위의 차이점

표준지공시지가는 ① 토지시장의 지가정보제공, 일반적인 토지거래의 지표, 행정기관이 지가산정 시 및 감정평가법인등이 개별적으로 토지 평가 시 기준이 되고, ② 감정평가법인등의 토지평가기준 및 개별공시지가 산정기준(제10조)이 된다. 또한 행정목적을 위한 산정기준(제9조)이 되는데 이 경우 가감조정이 가능하다.

개별공시지가는 ① 국세, 지방세, 부담금 산정기준의 과세표준이 되고, ② 행정목적의 지가산정기준이 된다.

5. 적정성 확보방안의 차이점

표준지공시지가는 의견청취, 이의신청, 행정쟁송 및 규정된 절차를 거침으로써 적정성을 확보할 수 있으며 개별공시지가는 이에 검증제도(제10조 제5항) 및 정정제도(제12조)가 부동산공시법에 규정되어 있다.

6. 그 외(이의신청의 청구 대상)

상기의 차이점 외에도 이의신청과 관련하여 표준지공시지가는 국토교통부장관에게 신청하나 개별공시지가는 시·군·구청장에게 신청하는 차이점이 있다.

Ⅳ 결(하자승계)

판례는 개별 토지가격 산정의 기초가 된 표준지공시지가의 위법성을 다툴 수는 없다(대판 1996.5.10, 95누9808)고 판시하여 표준지공시지가와 개별공시지가간의 하자승계를 부정하고 있다.

▲ 사례 4

> 표준지가 수용목적물인 경우 표준지공시지가와 보상평가액 간에 현실적으로 차이가 발생하는 이유를 설명하고, 만약 표준지 공시지가가 객관적인 시장가치를 반영하고 있지 못하다면 보상평가 시에 이를 보정하는 방법을 설명하라. 30점

Ⅰ 서론
Ⅱ 표준지공시지가와 보상가격과의 차이 발생 이유
  1. 지가에 대한 이해관계인의 이중성
  2. 적정가격과 헌법상 정당한 보상
    (1) 공시지가와 적정가격
    (2) 손실보상과 정당보상
    (3) 검토
  3. 평가방법의 차이
Ⅲ 보상평가 시에 시장가치와의 차이를 보정하는 방법
  1. 개요

  2. 그 밖의 요인의 의미와 그 밖의 요인 보정의 필요성
  3. 그 밖의 요인 보정의 정당성
    (1) 학설
    (2) 판례(보상선례, 거래사례가 그 밖의 요인으로 포함될 수 있는지)
    (3) 검토
    (4) 관련문제(그 밖의 요인 산출근거 기재의 정당성)
Ⅳ 결론

Ⅰ 서론

부동산 가격공시에 관한 법률(이하 '부동산공시법')에 의한 표준지공시지가는 적정가격으로 표시되고 보상관련법령에서는 보상가액을 공시지가를 기준으로 평가하도록 규정하고 있다. 따라서 표준지가 보상대상이 되는 경우 시점수정을 제외한다면 양 가격은 이론상 일치하여야 함에도 불구하고 현실적으로 일치하지 않는 경우가 발생하는데 그 이유는 다음과 같다.

Ⅱ 표준지공시지가와 보상가격과의 차이 발생 이유

1. 지가에 대한 이해관계인의 이중성

표준지공시지가는 국토교통부장관이 조사, 평가하여 공시하는 공시기준일 현재 표준지의 단위면적당 가격으로서 ① 공공용지의 매수 및 토지의 수용, 사용에 대한 보상액산정의 기준이 될 뿐만 아니라 ② 그 자체는 표준지의 개별공시지가가 되어 과세표준으로 활용되기도 한다.

따라서 표준지공시지가는 과세 시에는 낮은 가격, 보상 시에는 높은 가격을 선호하는 국민의 이중적 이해관계가 어느 정도 반영된 것이라면 보상가격은 되도록 높은 가격을 선호하는 일면성을 반영하기 때문이다.

2. 적정가격과 헌법상 정당한 보상

(1) 공시지가와 적정가격

공시지가는 적정가격으로 공시되는데 이 경우 적정가격이란 "해당 토지나 주택에 대하여 통상적인 시장에서 정상적인 거래가 이루어지는 경우 성립될 가능성이 가장 높다고 인정되는 가격"으로서 객관적 시장가격을 의미한다고 할 수 있다.

(2) 손실보상과 정당보상

손실보상의 헌법상 기준인 정당한 보상의 해석을 놓고 ① 재산권의 객관적 가치와 부대적 손실을 보상해야 한다는 완전보상설과 ② 사회통념상 합당한 보상이면 된다는 상당보상설이 나누어져 있으며, ③ 이에 개별적으로 양자를 절충해서 판단해야 한다는 절충설도 있다.

(3) 검토

정당한 보상은 그 보상범위에 있어서 재산권의 객관적 시장가치 이외에 부대적 손실에 대한 보상도 포함되는 개념으로 파악되어야 할 것으로 본다. 또한 〈판례〉는 정당한 보상이란 보상의 시기, 방법, 절차 등에 있어서도 어떠한 제한도 없는 완전한 보상이어야 한다고 하였다.

따라서 정당한 보상을 이와 같이 객관적 가치와 부대적 손실까지도 포함하는 완전한 보상으로 보아야 하므로, 객관적 시장가치로만 공시되는 공시지가와는 차이가 있게 된다.

3. 평가방법의 차이

(1) 공시지가는 도시계획시설저촉 등의 공법상 제한을 받는 상태대로 평가되며, 또한 현실적으로 실현된 개발이익이 반영되게 평가하여 공시한다.

(2) 반면에 보상가격은 ① 해당 공익사업의 시행을 직접 목적으로 가하여진 공법상 제한은 제한이 없는 것으로 보고 평가하며, ② 개발이익을 배제시키기 위해서 공익사업의 계획 또는 시행의 공고, 고시일 또는 사업인정고시일 이전을 공시기준일로 하는 공시지가를 선정하여 해당 공익사업으로 인한 지가의 영향을 받지 아니하는 지역의 지가변동률을 적용하여 평가하도록 하고 있는 점에서 차이가 있다.

Ⅲ 보상평가 시에 시장가치와의 차이를 보정하는 방법

1. 개요

표준지공시지가가 객관적인 시장가치를 표상하지 못하는 경우에는 실무상 그 밖의 요인으로 이를 보정하고 있는데, 이에 대한 명문의 규정이 없어서 그 밖의 요인보정에 대한 정당성 논의가 문제된다.

2. 그 밖의 요인의 의미와 그 밖의 요인 보정의 필요성

그 밖의 요인이란 토지보상법 제70조의 해석상 토지의 위치, 형상, 환경, 이용상황 등 개별적 요인을 제외한 요인으로서 해당 토지의 가치에 영향을 미치는 사항을 의미한다. 이는 ⊙ 정당보상을 실현하고, ⓒ 보상의 형평성을 도모함에 취지가 있다.

3. 그 밖의 요인 보정의 정당성

(1) 학설

① 부정설은 기타사항 근거규정을 삭제한 것은 업자의 자의성을 배제하기 위함이고, 토지보상법은 개별요인의 비교항목을 열거하고 있음을 이유로 부정한다. ② 긍정설은 정당보상의 산정방법에는 제한이 없고, 개별요인 비교항목은 예시적 규정이므로 이를 긍정한다.

(2) 판례(보상선례, 거래사례가 그 밖의 요인으로 포함될 수 있는지)

'인근 유사토지의 정상거래사례가 있고 그 거래를 참작하는 것으로서 적정한 보상평가에 영향을 미칠 수 있는 것이 입증된 경우에는 이를 참작할 수 있다.' 인근 유사토지의 정상거래가격, 호가, 보상선례, 자연적인 지가상승분이 해당되고 개발이익이 포함되지 않고 투기적인 거래에서 형성된 것이 아니어야 한다고 한다(주장하는 자가 입증해야 한다).

(3) 검토

기타사항을 참작하는 것이 정당보상을 실현하는 것이라면 당연히 허용되어야 하나, 개발이익이 배제된 사례를 엄격하게 적용하여야 할 것이다.

(4) 관련문제(그 밖의 요인 산출근거 기재의 정당성)

① 판례는 토지를 평가할 때 품등비교 및 그 밖의 요인의 가격산정요인을 구체적으로 특정하여 명시하지 않은 것은 위법하다고 하였으며, ② 국토교통부는 그 밖의 요인 보정치에 대한 합리적이고 구체적인 산출근거를 기재하지 아니하였다는 사유로(신의성실의무 위반) 업무정지를 징계한바 있다.

감정평가의 사회적인 영향을 고려할 때 기재의 타당성은 당연하다. 따라서 이를 토지보상법에 명문으로 규정할 필요가 있다.

Ⅳ 결론

표준지공시지가가 시가에 못 미치는 경우 현실적으로 그 밖의 요인의 보정을 통해 그 형평성을 제고하고 있다. 따라서 이를 제도권 내에서 긍정적으로 융화하는 작업, 즉 완전보상을 할 수 있는 제도개선 및 지가공시제도의 보완을 강구하여야 할 것이다.

개별공시지가

다음 각각의 물음에 답하시오.

(1) 갑 구청장이 구내의 모든 토지에 대해 개별공시가격을 결정·공시하는 행위가 취소소송의 대상이 되는지 설명하시오. [10점]

(2) 행정상 손실보상청구절차에 대해서 설명하시오. [10점]

Ⅰ 개별공시지가 결정·공시의 법적 성질	Ⅲ 행정상 손실보상청구절차
1. 개별공시지가의 의의 및 취지(부동산공시법 제10조)	1. 개설
2. 견해의 대립	2. 관할 토지수용위원회의 재결
3. 판례의 태도	3. 중앙토지수용위원회에 대한 이의신청
4. 검토	4. 행정소송
	5. 검토

Ⅰ 개별공시지가 결정·공시의 법적 성질

1. 개별공시지가의 의의 및 취지(부동산공시법 제10조)

개별공시지가란 시·군·구청장이 공시지가를 기준으로 산정한 개별토지의 단위당 가격을 말한다. 이는 조세 및 개발부담금산정의 기준이 되어 행정의 효율성 제고를 도모함에 제도적 취지가 인정된다(부동산공시법 제10조).

2. 견해의 대립

① 개별공시지가는 가감 없이 그대로 과세기준이 되어 국민의 권익에 영향을 주는 물건의 성질·상태에 관한 규율이라는 물적행정행위설, ② 행정행위의 개념징표인 개별성, 구체성이 결여된다는 행정규칙설, ③ 개별토지가격을 알리는 사실행위라는 사실행위설, ④ 부담금 및 과세의 기준이 되므로 조기의 권리구제를 위하여 처분성은 인정하나 구체성 결여로 행정행위로 보는 것은 타당하지 않다는 법규명령의 성질을 갖는 고시설이 있다.

3. 판례의 태도

판례는 "개별토지가격결정은 관계법령에 의한 토지초과이득세 또는 개발부담금 산정의 기준이 되어 국민의 권리나 의무 또는 법률상 이익에 직접적으로 관계되는 것으로서 항고소송의 대상이 되는 행정처분에 해당한다(대판 1994.2.8. 93누111)"고 하여 처분성을 인정하고 있다.

4. 검토

개별공시지가의 결정·고시가 있다고 해도 그 자체로 일정한 권리나 의무가 발생하는 것은 아니지만, 개별공시지가는 세금이나 부담금의 산정기준이 되어 그 납부액에 직접 반영되는 것이므로 개인의 재산권에 영향을 준다고 볼 수 있다. 따라서 그 처분성을 인정할 수 있다.

Ⅱ 행정상 손실보상청구절차

1. 개설

행정상 손실보상청구절차에 관해서는 관련 개별법에서 규정하고 있는 외에는 일반적으로 토지보상법의 규정을 준용한다. 토지보상법에 의한 손실보상청구절차를 보면 관할 토지수용위원회의 재결을 거쳐 행정소송을 제기할 수 있도록 하여, 재결전치주의를 취하고 있다.

2. 관할 토지수용위원회의 재결

공익사업으로 인한 손실을 보상하기 위해서는 먼저, 사업자와 손실을 입은 토지소유자 등과 협의를 하도록 되어 있다(토지보상법 제26조). 그러나 협의성립이 되지 아니한 때에는 사업시행자가 사업인정고시가 있은 날부터 1년 이내에 관할 토지수용위원회에 재결을 신청한다(동법 제28조). 토지소유자도 사업인정고시가 있은 후 협의가 성립되지 아니한 때에는 사업시행자에게 재결의 신청을 할 것을 청구할 수 있다(동법 제30조).

3. 중앙토지수용위원회에 대한 이의신청

중앙토지수용위원회의 재결에 대하여 이의가 있는 자는 중앙토지수용위원회에 이의를 신청할 수 있고(토지보상법 제83조 제1항), 지방토지수용위원회의 재결에 대하여 이의가 있는 자는 해당 지방토지수용위원회를 거쳐 중앙토지수용위원회에 이의를 신청할 수 있다(동조 제2항).

4. 행정소송

사업시행자·토지소유자 또는 관계인은 재결서를 받은 날부터 90일 이내에, 이의신청을 거친 때에는 이의신청에 대한 재결서를 받은 날부터 60일 이내에 각각 행정소송을 제기할 수 있다(토지보상법 제85조 제1항). 토지소유자 및 관계인 또는 사업시행자는 각각을 피고로 한다(동조 제2항). 이 경우의 소송은 공법상 당사자소송이라고 할 것이다.

5. 검토

행정상 손실보상을 청구하려면, 사업시행자가 관할 토지수용위원회에 재결을 신청하고, 토지수용위원회의 재결에 불복이 있는 경우에는 중앙토지수용위원회에 이의신청을 제기하거나, 행정소송을 제기할 수 있다.

사례 6

우리나라에서 종전에는 행정업무의 집행과 관련하여 공적 부문에서 조사하던 공적 지가와 금융기관을 중심으로 하여 평가되던 사적 지가로 지가체계가 이원화되어 있었다. 그중 공적 지가는 건설교통부(현재 국토교통부)의 기준지가, 행정자치부의 과세시가표준액, 국세청의 기준시가 등으로 다원화되어 있었기에 동일한 토지에 대하여 행정기관별로 각각 다른 지가를 관리하여 공적 지가에 대한 혼란과 불신이 야기되었다.

이러한 토지문제를 정책적으로 해결하기 위하여 종전의 기준지가고시제도를 폐지하고 공시지가제도를 도입하게 되었다. 공시지가 제도는 토지의 적정가격을 평가·공시하여 지가산정의 기준이 되게 하고 이의 적정한 가격형성을 도모하며, 나아가 국토의 효율적인 이용과 국민경제의 발전에 이바지하도록 함으로써 우리나라의 고질적인 토지문제들이 해소될 수 있는 계기를 마련하고자 한 점에서 그 의미는 매우 크다고 할 수 있겠다.

개별공시지가는 과세산정의 기준이 되므로 국민의 재산권에 영향을 주게 된다. 행정청의 위법, 부당한 행정작용으로 인하여 권익을 침해당한 자에 대하여는 행정쟁송을 통하여 권리구제를 도모하는 것이 원칙이며, 그것도 약식쟁송인 행정심판보다는 정식쟁송인 행정소송에 의한 구제가 실효적 제도이다. 그러나 위법, 부당한 행정작용으로 인한 권익침해가 있는 경우라도 제소기간이 지났거나 행정쟁송사항에 해당되지 아니하여 권리구제가 불가능한 경우나 그 절차가 미흡한 경우가 적지 아니하다. 이러한 점에서 부동산공시법상 개별공시지가의 정당성 확보수단을 설명하시오. 20점

Ⅰ 서설
Ⅱ 의견청취 및 검정
 1. 의견청취
 2. 개별공시지가의 검증(부동산공시법 제10조 제5항)
  (1) 의의 및 취지
  (2) 법적 성질
  (3) 내용
  (4) 문제점 및 개선방향

Ⅲ 직권 정정(틀린 계산·오기 등 명백한 오류를 직권으로 정정하는 제도)
 1. 의의 및 취지
 2. 정정사유
 3. 정정절차 및 효과
 4. 정정신청 거부에 대한 권리구제
 5. 분할·합병등이 발생한 토지의 재공시 결정
 6. 개별공시지가 산정절차
Ⅳ 이의신청

Ⅰ 서설

개별공시지가는 전문가에 의한 평가가 아닌 산정으로 결정, 공시하게 되는 바 부동산공시법에서는 그 적정성을 검토하기 위한 여러 가지 제도를 규정하고 있다. 이하에서 적정성 확보제도에 대해 알아본다.

Ⅱ 의견청취 및 검정

1. 의견청취

시장 등은 결정, 공시 전에 20일 이상 지가열람부를 일반에게 열람하고 의견제출을 할 수 있도록 규정하고 있으며, 의견제출시 감정평가법인등에게 정밀검증을 하도록 한다.

2. 개별공시지가의 검증(부동산공시법 제10조 제5항)

(1) 의의 및 취지

감정평가법인등이 시·군·구청장이 산정한 개별공시지가의 타당성에 대하여 전문가적 입장에서 검토하는 것으로 부동산공시법 제10조 제5항에 근거한다. 이는 개별공시지가 산정의 전문성을 보완하고 개별공시지가의 신뢰성과 객관성을 확보함에 취지가 있다.

(2) 법적 성질

검증 자체로는 법률효과의 발생이 없어서, 개별공시지가 산정의 적정성을 단순히 확인하고 의견을 제시하는 사실행위의 성질을 갖는다.

(3) 내용(시행령 제18조)

① 비교표준지 선정, ② 가격산정의 적정성, 비준표적용, ③ 인근 토지 지가와의 균형, ④ 공시지가와의 균형 등을 검증해야 한다. 개발사업, 용도지역 지구 변경 시는 반드시 검증해야 하며, 개별 토지의 지가변동률과 시·군·구의 연평균 지가변동률 차이가 작은 순으로 검증을 생략할 수 있다.

(4) 문제점 및 개선방향

① 검증기간이 부족하므로 검증을 통한 적정성 확보가 어려운바 적정한 검증기간이 필요하다.
② 방대한 양의 공적자료의 충분한 제시가 요구되므로 관련 공무원의 협조요청이 필요하다.
③ 검증수수료의 현실화 및 예산집행의 실효가 필요하다.

Ⅲ 직권 정정(틀린 계산·오기 등 명백한 오류를 직권으로 정정하는 제도)

1. 의의 및 취지(부동산공시법 제12조)

개별공시지가에 틀린 계산, 오기, 표준지선정 착오 등 명백한 오류가 있는 경우 이를 직권으로 정정해야 하는 제도를 말하며, 이는 명시적 규정을 두어 책임문제로 인한 정정회피문제를 해소하고 불필요한 쟁송을 방지하여 행정의 능률화를 도모함에 취지가 있다.

2. 정정사유(영 제23조 제1항)

틀린 계산·오기 및 대통령령이 정하는 명백한 오류로 ① 토지소유자의 의견청취를 거치지 않은 경우, ② 용도지역 등 주요요인 조사를 잘못한 경우, ③ 토지가격 비준표 적용에 오류가 있는 경우, ④ 공시절차를 거치지 않은 경우가 있다.

3. 정정절차(영 제23조 제2항) 및 효과

① 시·군·구청장은 시·군·구 부동산가격공시위원회 심의를 거쳐 정정사항을 결정, 공시하며 틀린 계산, 오기의 경우는 심의 없이 직권으로 결정, 공시할 수 있다. ② 판례는 공시일에 소급하여 그 효력이 발생한다고 한다.

4. 정정신청 거부에 대한 권리구제

신청권에 대해 판례는 정정 신청권을 부정하면서 국민의 정정신청은 직권발동 촉구에 지나지 않는 바 그 거부는 항고소송의 대상이 되는 처분이 아니라고 한다. 그러나 행정절차법 제25조 규정상(처분의 정정) 신청권이 인정된다는 점을 볼 때 판례의 태도는 비판의 여지가 있다고 여겨진다.

5. 분할·합병 등이 발생한 토지의 재공시 결정(부동산공시법 제10조 제3항)

시·군·구청장은 개별공시지가의 공시기준일 이후에 토지의 분할·합병 등이 발생한 토지에 대해서 대통령령이 정하는 기준일에 개별공시지가 결정공시를 하도록 규정하고 있다. 이는 개별공시지가의 변동사항을 신속하게 반영하여 각종 조세산정기준이 되는 기능에 충실하도록 하기 위함이다.

6. 개별공시지가 산정절차

부동산공시법 제10조에서 개별공시지가의 산정절차를 규정하고 있으므로 임의로 산정할 수 없다. 규정된 절차를 통하여 개별공시지가 산정의 객관성과 효율성을 도모하여 사전적인 권리보호를 도모하는 취지를 갖는다.

Ⅳ 이의신청(부동산공시법 제11조)

개별공시지가에 대하여 이의가 있는 자는 개별공시지가의 결정·공시일부터 30일 이내에 서면으로 시장·군수 또는 구청장에게 이의를 신청할 수 있다. 시장·군수 또는 구청장은 이의신청기간이 만료된 날부터 30일 이내에 이의신청을 심사하여 그 결과를 신청인에게 서면으로 통지하여야 하며 이의신청의 내용이 타당하다고 인정될 때에는 해당 개별공시지가를 조정하여 다시 결정·공시하여야 한다.

PART · 05

사례 7

개별공시지가란 시·군·구청장이 공시지가를 기준으로 산정한 개별토지의 단위당 가격을 말한다. 이는 감정평가사의 평가가 아니므로 이에 대한 적정성 확보가 중요하다. 이와 관련하여 부동산가격공시법에서는 의견청취, 검증, 직권정정, 분할합병 등이 발생한 토지에 대한 재공시 등 개별공시지가의 적정성을 확보할 수 있는 제도를 규정하고 있다. 이에 대하여 설명하시오. 30점

Ⅰ 개설
Ⅱ 의견청취
Ⅲ 개별공시지가의 검증(부동산공시법 제10조 제5항)
　　1. 의의 및 취지
　　2. 법적 성질
　　3. 내용
　　　　(1) 주체 및 책임
　　　　(2) 약식 검증
　　　　(3) 정밀 검증
　　4. 문제점 및 개선방향
Ⅳ 직권 정정(틀린 계산·오기 등 명백한 오류를 직권으로 정정하는 제도)

　　1. 의의 및 취지
　　2. 정정사유
　　3. 정정절차
　　4. 효과
　　5. 정정신청 거부에 대한 권리구제
　　6. 검토
Ⅴ 분할·합병 등이 발생한 토지의 재공시 결정
　　1. 의의 및 취지
　　2. 분할·합병 등이 발생한 토지
　　3. 공시일
Ⅵ 불복수단
Ⅶ 개별공시지가 산정의 절차
Ⅷ 결어

Ⅰ 개설

개별공시지가는 전문가에 의한 평가가 아닌 산정으로서 결정·공시하게 되는 바, 그 적정성을 검토하기 위한 여러 가지 제도가 있다. 이하에서는 적정성 확보제도에 대해 알아본다.

Ⅱ 의견청취

시장 등은 결정·공시 전에 20일 이상 지가열람부를 일반에게 열람하게 하고 의견제출을 할 수 있도록 규정하고 있으며, 의견제출시 감정평가법인등에게 정밀검증을 하도록 하고 있다.

Ⅲ 개별공시지가의 검증(부동산공시법 제10조 제5항)

1. 의의 및 취지

개별공시지가의 검증이란 감정평가법인등이 시·군·구청장이 산정한 개별공시지가의 타당성에 대하여 전문가적 입장에서 검토하는 것으로서, 부동산공시법 제10조 제5항에 근거한다. 이는 개별공시지가 산정의 전문성을 보완하고 개별공시지가의 신뢰성과 객관성을 확보함에 취지가 인정된다.

2. 법적 성질

개별공시지가의 검증은 검증 자체로는 법률효과의 발생이 없으며, 개별공시지가 산정에 대한 적정성을 단순히 확인하고 의견을 제시하는 것이므로 사실행위로 볼 수 있다.

3. 내용

(1) 주체 및 책임(시행령 제18조)

검증의 주체는 감정평가법인등이며 시·군·구청장은 해당 지역의 표준지공시지가를 조사하고 평가한 감정평가법인등이나, 실적이 우수한 감정평가법인등을 지정할 수 있으며 검증업무를 수행하는 감정평가법인등은 공무원으로 의제된다.

(2) 약식 검증(산정지가검증)

1) 의의(부동산공시법 제10조 제5항 및 시행령 제18조)

약식검증이란 시·군·구청장이 개별공시지가를 산정한 후, 개별공시지가에 대한 타당성을 감정평가법인등에게 검증받는 것을 말한다. 이는 산정지가검증이라고도 하며 지가현황도면 및 지가조사자료를 기준으로 하여 개별공시지가 산정대상의 전체 필지에 대하여 행하여진다.

2) 검증 실시 및 생략사유(시행령 제18조 제3항)

개발사업이 있거나 용도지역·지구가 변경된 경우에는 반드시 검증해야 하며, 개별 토지의 지가변동율과 시·군·구의 연평균 지가변동의 차이가 작은 순으로 검증을 생략할 수 있다.

3) 검증내용(시행령 제18조 제2항)

① 비교표준지 선정, ② 가격산정의 적정성, 비준표적용, ③ 인근 토지 지가와의 균형, 및 ④ 공시지가와의 균형 등을 검증해야 한다.

4) 검증을 결한 개별공시지가의 효력

검증을 임의적으로 생략했거나, 하자 있는 검증은 개별공시지가의 효력에 영향을 미치게 되며 하자의 정도에 따라 무효 또는 취소할 수 있는 행위가 된다.

(3) 정밀 검증(시행령 제19조 제4항, 시행령 제22조 제2항)

의견제출 검증과 이의신청 검증이 있다. ① 의견제출검증은 토지소유자 등이 의견을 제출한 토지만을 대상으로 하여 현장조사를 하며, 개별공시지가의 결정 공시 전에 행하게 된다. ② 이의신청 검증은 이의신청된 토지를 대상으로 현장 조사를 하며, 개별공시지가가 결정 공시된 이후에 이루어진다.

4. 문제점 및 개선방향

① 검증기간이 부족하므로 검증을 통한 적정성 확보가 어려운 바, 적정한 검증기간이 필요하다.
② 방대한 양의 공적자료의 충분한 제시가 요구되므로 관련 공무원의 협조요청이 필요하다.
③ 검증수수료의 현실화 및 예산집행의 실효성 확보가 필요하다.

Ⅳ 직권 정정(틀린 계산, 오기 등 명백한 오류를 직권으로 정정하는 제도)

1. 의의 및 취지(부동산공시법 제12조)

개별공시지가에 틀린 계산, 오기, 표준지선정 착오 등 명백한 오류가 있는 경우에 이를 직권으로 정정해야 하는 제도를 말하며, 이는 명시적 규정을 두어 책임문제로 인한 정정회피문제를 해소하고 불필요한 쟁송을 방지하여 행정의 능률화를 도모함에 취지가 있다.

2. 정정사유(시행령 제23조 제1항)

정정사유로는 틀린 계산·오기 및 대통령령이 정하는 명백한 오류가 있는 경우로서 ① 토지소유자의 의견청취를 결여한 경우, ② 용도지역 등 주요 요인의 조사를 잘못한 경우, ③ 토지가격 비준표 적용에 오류가 있는 경우, ④ 공시절차를 거치지 않은 경우가 있다.

3. 정정절차(시행령 제23조 제2항)

시·군·구청장은 시·군·구 부동산가격공시위원회 심의를 거쳐 정정사항을 결정·공시하며 틀린 계산·오기의 경우에는 심의 없이 직권으로 결정·공시할 수 있다.

4. 효과

판례는 공시일에 소급하여 그 효력이 발생한다고 한다.

5. 정정신청 거부에 대한 권리구제

신청권에 대해 판례는 정정 신청권을 부정하면서 국민의 정정신청은 직권발동 촉구에 지나지 않는 바, 그 거부는 항고소송의 대상이 되는 처분이 아니라고 한다. 그러나 행정절차법 제25조 규정상 (처분의 정정) 신청권이 인정된다는 점을 볼 때 판례의 태도는 비판의 여지가 있다고 여겨진다.

> **✱ 행정절차법 제25조**
> 행정청은 처분에 오기, 오산 또는 그 밖에 이에 준하는 명백한 잘못이 있는 때에는 직권 또는 신청에 따라 지체 없이 정정하고 그 사실을 당사자에게 통지하여야 한다.

6. 검토

정정제도는 경미한 개별공시지가의 절차하자를 이유로, 개별공시지가 내지는 향후 과세처분을 대상으로 소송이 진행되는 번거로움을 막기 위하여 규정하고 있는 만큼 효율적으로 활용하여 불필요한 다툼을 막고 조기에 개별토지소유자의 법적 지위를 안정화시켜야 할 것이다.

Ⓥ 분할·합병 등이 발생한 토지의 재공시 결정

1. 의의 및 취지(부동산공시법 제10조 제3항)

시·군·구청장은 개별공시지가의 공시기준일 이후에 토지의 분할·합병 등이 발생한 토지에 대해서, 대통령령이 정하는 기준일에 개별공시지가를 결정·공시하도록 규정하고 있다. 이는 개별공시지가의 변동사항을 신속하게 반영하여 각종 조세산정기준이 되는 기능에 충실하도록 하기 위함이다.

2. 분할·합병 등이 발생한 토지(시행령 제16조 제1항)

① '공간정보의 구축 및 관리 등에 관한 법률'에 따라 분할 또는 합병된 토지, ② 공유수면매립 등으로 '공간정보의 구축 및 관리 등에 관한 법률'에 따라 신규로 등록된 토지, ③ 토지의 형질변경 또는 용도변경으로 '공간정보의 구축 및 관리 등에 관한 법률'에 따라 지목변경이 된 토지, ④ 국유·공유에서 매각 등에 따라 사유로 된 토지로서 개별공시지가가 없는 토지를 대상으로 한다.

3. 공시일(시행령 제16조 제2항 및 제21조)

① 1월 1일부터 6월 30일 사이에 사유가 발생한 토지는 7월 1일을 공시기준일로 하여 10월 31일까지 결정·공시한다. ② 7월 1일부터 12월 31일 사이에 사유가 발생한 토지는 다음 해 1월 1일을 공시기준일로 하여 5월 31일까지 결정·공시한다.

Ⓥ️Ⅰ 불복수단

부동산 가격공시에 관한 법률에서는 이의신청을 규정하고 있으며, 개별공시지가의 처분성을 긍정하면 행정쟁송에 의한 권리구제가 가능하다.

Ⅶ 개별공시지가 산정의 절차

부동산공시법 제10조에서는 ① 시·군·구청장이 지가를 산정하고, ② 그 타당성에 대하여 업자의 검증을 받고, ③ 토지소유자 기타 이해관계인의 의견을 들으며, ④ 시·군·구 부동산가격공시위원회 심의 후, 결정·공시하도록 절차를 규정하고 있으므로 임의로 산정할 수 없다.

Ⅷ 결어

개별공시지가는 조세산정 및 각종 부담금 산정의 기준이 되어, 국민의 권익에 영향을 주게 된다. 따라서 법정된 산정절차, 검증제도, 의견청취, 직권정정 등의 제도를 규정하고 있다. 이에 지가산정공무원의 지속적인 전문성 교육이 이루어져야 할 것이다.

사례 8

개별공시지가의 적정성 및 공정성을 담보하기 위한 현행법상의 제도를 설명하시오. 20점

Ⅰ 서[개별공시지가의 의의 등]

개별공시지가란 시·군·구청장이 부담금의 부과 등 일정한 행정목적에 활용하기 위하여 표준지공시지가를 기준으로 일정한 절차에 따라 결정·공시한 개별토지의 단위면적당 가격을 말한다. 종래에는 국무총리훈령인 「개별토지가격합동조사지침」에 근거를 두고 있어 법적 성격의 논란이 있었으나, 1995년 12월 29일 지가공시법의 1차 개정으로 법적 근거가 마련되었다. 이러한 개별공시지가는 직접적으로 과세 및 각종 부담금의 부과기준이 되므로, 개별공시지가의 적정성 여부가 국민의 재산권에 중대한 영향을 미치게 된다. 이에 부동산공시법에서는 개별공시지가의 적정성을 담보하기 위한 다양한 방안이 마련되어 있다.

Ⅱ 개별공시지가의 적정성·공정성을 담보하기 위한 제도

1. 표준지공시지가 제도

표준지공시지가란 부동산공시법 규정에 의한 절차에 따라 국토교통부장관이 조사·평가하여 공시한 표준지의 단위면적당 가격을 말하며, 국토교통부장관이 표준지를 선정하고 조사평가를 의뢰하고 산정한 후 중앙부동산가격공시위원회의 심의를 거쳐 공시하고 열람케 한 뒤 이의신청을 할 수 있으며 타당한 경우 상기의 절차를 거쳐 재공시한다. 이러한 표준지공시지가를 기준으로 개별공시지가를 산정하므로, 개별공시지가의 적정성은 표준지공시지가의 적정성과 밀접한 관련을 갖게 된다.

2. 검증제도

개별공시지가 검증은 지가조사 공무원이 산정한 개별공시지가에 대하여 토지특성조사, 비교표준지선정, 토지가격비준표의 적용 등을 종합적으로 검토하여 산정지가의 적정성을 판별하고, 가격 차이가 현저하여 적정하지 못하다고 판단되는 경우에는 표준지공시지가, 전년도 개별공시지가, 인근 지가를 비교하여 공신력을 확보하기 위하여 도입된 제도이다.

3. 개별공시지가의 결정·공시 절차

시·군·구청장은 해당 토지와 유사한 이용가치가 있다고 인정되는 표준지공시지가를 기준으로 토지가격비준표를 사용하여 개별공시지가를 산정하며, 그 타당성에 대해 감정평가법인등의 검증을 받아 토지소유자의 의견을 청취하고 시·군·구 부동산가격공시위원회의 심의를 거쳐 이를 공시함으로써 결정한다. 이는 지가의 적정성을 위하여 다양한 의사를 반영하고, 공적인 검증을 통하여 그 적정성을 담보하고자 하는 제도적 취지가 인정된다.

4. 이의신청제도

개별공시지가에 이의가 있는 토지소유자 등은 공시일로부터 30일 이내에 시·군·구청장에게 서면으로 제출할 수 있으며 이의신청기간 만료일로부터 30일 이내에 심사하여 그 결과를 통지한다. 이때의 이의신청은 개별공시지가 결정을 처분으로 파악할 때 특별행정심판으로 부동산공시법이 정하는 외에는 행정심판법을 따르게 된다. 부동산공시법은 제기기간, 재결정 등의 특례를 마련하고 있는바 지가행정의 원활화, 적정성을 위한 것으로 판단된다.

5. 감정평가법인등의 의무강화 및 책임부여

감정평가법은 제25조에서 성실의무를 규정하여 품위유지 및 성실한 평가를 할 것과 이해관계인의 물건평가, 자격증 대여, 겸업, 비밀누설, 2 이상 법인 또는 사무소 소속을 금하고 있으며, 감정평가서의 교부·보관의무와 지도·감독 등에 대한 인용의무를 규정하고 있고 민사상 책임으로서의 손해배상과 영업정지 및 행정벌 등의 행정상 책임과 뇌물수뢰죄 적용시 공무원으로 의제하는 형사상 책임에 대한 규정 등을 두고 있다.

6. 직권정정제도

직권정정제도는 개별공시지가에 틀린 계산, 오기, 표준지 선정의 착오, 그 밖에 대통령령이 정하는 명백한 오류가 있는 경우에 이를 직권으로 정정할 수 있는 제도로 부동산공시법 제12조에 근거한다.

7. 징계위원회 및 과징금제도 등의 신설

최근에 감정평가법이 정비되면서 징계위원회가 신설되고, 과징금 등의 제도가 생김으로써 감정평가법인 등의 행정상 책임 등이 강화된 측면도 공시지가제도의 적정성과 공정성 담보방안과도 밀접하게 관련되어 있다고 볼 수 있다.

Ⅲ 결(개선안)

개별공시지가는 자체로서 직접적인 세액결정의 기준이 된다. 따라서 개별공시지가의 적정성은 국민의 권리·의무와 직결되는바 쟁송법상 처분으로서 쟁송의 대상이 됨은 물론 그 이전에 적정성을 담보할 수 있는 방안의 마련과 지속적인 정비가 요구되므로 특정 조사항목의 조정, 표준지분포의 조정, 비준표의 적정화, 전문적 검증을 위한 대책 등의 마련이 이루어져야 한다.

📌 사례 9

개별공시지가의 이의신청에 불복하여 행정심판을 제기할 수 있는가? [15점]

1. 문제의 소재

행정심판법상 재심판청구가 금지되므로 부동산공시법상 이의신청이 행정심판인지가 문제된다.

2. 행정심판법상 재심판청구 금지

행정심판법 제51조는 심판청구에 대한 재결이 있는 경우에는 해당 재결 및 동일한 처분 또는 부작위에 대하여 다시 심판청구를 제기할 수 없다고 하여 재심판청구를 금지하고 있다.

3. 개별법상 이의신청이 행정심판인지 여부

개별법상 이의신청이 행정심판인지 여부를 판단하는 기준이 무엇인지에 관하여 견해의 대립이 있다.

(1) 학설

1) 심판기관기준설

이 견해는 심판과 이의신청을 심판기관으로 구별하는 견해이다. 즉, 이의신청은 처분청 자체에 제기하는 쟁송이고, 행정심판은 행정심판위원회에 제기하는 쟁송이라고 본다.

2) 쟁송절차기준설

이 견해는 쟁송절차를 기준으로 행정심판과 '행정심판이 아닌 이의신청'을 구별하는 견해이다. 즉, 헌법 제107조 제3항은 행정심판절차는 사법심판절차가 준용되어야 한다고 규정하고 있는 점에 비추어 개별법률에서 정하는 이의신청 중 준사법절차가 보장되는 것만을 행정심판으로 보고, 그렇지 않은 것은 행정심판이 아닌 것으로 본다.

(2) 판례

최근 판례는 ① 부동산공시법에 행정심판의 제기를 배제하는 명시적 규정이 없고, ② 부동산공시법상 이의신청과 행정심판은 그 절차 및 담당기관에 차이가 있는 점을 종합하면 행정심판법 제3조 제1항의 "다른 법률에 특별한 규정이 있는 경우"에 해당한다고 볼 수 없으므로 이의신청을 거친 경우에도 행정심판을 거쳐 소송을 제기할 수 있다고 판시한 바 있다.

(3) 결어

헌법 제107조 제3항이 행정심판에 사법절차를 준용하도록 규정하고 있는 점에 비추어 쟁송절차기준설이 타당하다.

4. 부동산공시법상 이의신청이 행정심판인지 여부(사안에의 적용)

(1) 부동산공시법상 이의신청의 의의

부동산공시법 제11조는 개별공시지가에 대하여 이의가 있는 자는 서면으로 시장, 군수 또는 구청장에게 이의를 신청할 수 있다고 규정하고 있다.

(2) 법적 성질

부동산공시법(제11조 및 동법 시행령 제22조)상 이의신청절차를 준사법적 절차로 하는 어떠한 규정도 두어지고 있지 않은 점에 비추어 부동산공시법상 이의신청은 행정심판이 아니라고 보는 것이 타당하다.

5. 사안의 해결

부동산공시법상 이의신청은 행정심판이 아니므로 이의신청 후 행정심판을 제기할 수 있다.

🔊 **사례 10**

甲은 태양광발전시설을 설치하기 위해 관할 군수 乙에게 개발행위허가를 신청하였는데 구청장 乙은 과도한 개발부담금 부과명령을 하였다. 이에 따라 甲은 부동산공시법상 개별공시지가가 낮게 산정되어 개발부담금이 과도하게 산정됐다고 생각하고 乙에게 이의신청을 하였다. 乙은 甲의 이의신청을 검토한 후 이의신청을 기각하는 결정을 하였다. 乙의 기각결정을 행정심판의 기각재결로 볼 수 있는지 설명하시오. [15점]

Ⅰ 쟁점의 정리

Ⅱ 이의신청이 특별법상 행정심판인지 여부
  1. 행정심판인 이의신청과 '행정심판이 아닌 이의신청 등'과의 구별
    (1) 행정심판과 이의신청의 의의
    (2) 구별실익
  2. 이의신청과 행정심판의 구별기준
    (1) 학설

      1) 심판기관기준설
      2) 쟁송절차기준설
    (2) 판례
    (3) 검토
  3. 행정심판이 아닌 이의신청에 따른 결정의 성질과 효력

Ⅲ 사안의 해결

Ⅰ 쟁점의 정리

설문은 개별공시지가의 이의신청에 대한 기각결정을 행정심판의 기각재결로 볼 수 있는지가 문제된다. 부동산공시법상 이의신청이 특별법상 행정심판인지를 검토하여 사안을 해결한다.

Ⅱ 이의신청이 특별법상 행정심판인지 여부

1. 행정심판인 이의신청과 '행정심판이 아닌 이의신청 등'과의 구별

(1) 행정심판과 이의신청의 의의

행정심판이라 함은 행정청의 위법·부당한 처분 또는 부작위에 대한 불복에 대하여 행정기관이 심판하는 행정심판법상의 행정쟁송절차를 말한다. 이의신청은 통상 처분청에 제기하는 불복절차를 말한다.

(2) 구별실익

개별법률에서 정하고 있는 불복절차(특히 이의신청)가 행정심판법상의 행정심판이라고 한다면 해당 불복절차에 관하여 개별법률에서 정하고 있는 것을 제외하고는 행정심판법이 적용되게된다. 또한, 해당 불복절차를 거친 후에는 다시 행정심판법상의 행정심판을 제기할 수 없게된다.

2. 이의신청과 행정심판의 구별기준

(1) 학설

1) 심판기관기준설

이 견해는 심판과 이의신청을 심판기관으로 구별하는 견해이다. 즉, 이의신청은 처분청 자체에 제기하는 쟁송이고, 행정심판은 행정심판위원회에 제기하는 쟁송이라고 본다.

2) 쟁송절차기준설

이 견해는 쟁송절차를 기준으로 행정심판과 '행정심판이 아닌 이의신청'을 구별하는 견해이다. 즉, 헌법 제107조 제3항은 행정심판절차는 사법심판절차가 준용되어야 한다고 규정하고 있는 점에 비추어 개별법률에서 정하는 이의신청 중 준사법절차가 보장되는 것만을 행정심판으로 보고, 그렇지 않은 것은 행정심판이 아닌 것으로 본다.

(2) 판례

최근 판례는 부동산공시법상 이의신청에 대하여 ① 부동산공시법에 행정심판의 제기를 배제하는 명시적 규정이 없고, ② 부동산공시법상 이의신청과 행정심판은 그 절차 및 담당기관에 차이가 있는 점을 종합하면 "다른 법률에 특별한 규정이 있는 경우"에 해당한다고 볼 수 없으므로 이의신청을 거친 경우에도 행정심판을 거쳐 소송을 제기할 수 있다고 판시한 바 있다.

(3) 검토

준사법적 절차가 보장되는 행정불복절차만이 행정심판이라고 보아야 할 것이다. 현행 헌법 제107조 제3항은 행정심판은 준사법적 절차가 되어야 한다고 규정하고 있고, 행정심판법은 행정심판을 규율하는 준사법적 절차를 규정하고 있기 때문이다.

3. 행정심판이 아닌 이의신청에 따른 결정의 성질과 효력

행정심판이 아닌 이의신청에 따라 한 처분청의 결정통지는 새로운 행정처분이다. 이의신청의 대상이 된 처분을 취소하는 처분은 직권취소이고, 변경하는 결정통지는 종전의 처분을 대체하는 새로운 처분이다. 동일한 내용의 처분이라도 처분사유가 변경되면 독립된 변경처분으로 보아야 할 것이다. 행정심판이 아닌 이의신청에서 기각하는 결정통지는 종전의 처분을 단순히 확인하는 행위로 독립된 처분의 성질을 갖지 않는 것으로 보는 것이 타당하다.

Ⅲ 사안의 해결

부동산공시법상 이의신청은 특별법상 행정심판이 아닌 강학상 이의신청의 성질을 갖는다고 볼 것이다. 이의신청 결정에 대한 행정소송을 제기하기 위한 제소기간의 기산일은 원고의 권리보호 측면에서 결정에 대한 회신일로부터 기산하는 것이 유리하다고 할 것이며, 행정기본법 제36조에서도 이의신청에 대한 결과 통지일로부터 행정쟁송을 제기할 수 있다고 규정하고 있다(2023. 3. 시행).

🔶 **사례 11**

A군수는 2021년 5월 31일 갑 토지에 대한 개별공시지가를 결정·공시(1,000원/㎡)하였으며, 6월 1일 갑에게 통지하였다. 甲은 자신이 보유하는 토지에 대한 개별공시지가가 너무 높게 책정되었다고 생각하고 있다. 이에 甲은 즉시 이의신청을 제기하였고 2021.6.30. A군수는 개별공시지가를 종전보다 낮게 변경(900원/㎡)하였다. 그럼에도 불구하고 甲은 개별공시지가가 지나치게 높다고 생각하고 있다.

(1) 개별공시지가의 법적 성질을 논하시오. 10점

(2) 甲은 이의신청에 불복하여 행정심판을 제기할 수 있는가? 10점

(3) 개별공시지가와 시가와의 관계를 설명하시오. 10점

(4) 甲이 이의신청의 제기 없이 직접 행정소송을 제기하고자 하는 경우에 소송형식과 불복기간을 논하시오. 20점

⊕ **(설문 1)의 해결**

① 개설(의의 및 취지 등)

개별공시지가란 시·군·구청장이 공시지가를 기준으로 산정한 개별토지의 단위당 가격을 말한다. 이는 조세 및 개발부담금 산정의 기준이 되어 행정의 효율성 제고를 도모함에 제도적 취지가 인정된다.

② 법적 성질에 대한 학설 및 판례의 태도

1. 논의 필요

부동산공시법에서는 공시지가에 대한 항고소송을 규정하고 있지 않으므로, 이에 대한 처분성 유무에 따라서 행정쟁송법의 적용 여부가 결정될 것이다.

2. 견해의 대립

① 개별공시지가는 가감 없이 그대로 과세기준이 되어 국민의 권익에 영향을 주는 물건의 성질·상태에 관한 규율이라는 물적행정행위설, ② 행정행위의 개념징표인 개별성, 구체성이 결여된다는 행정규칙설, ③ 개별토지가격을 알리는 사실행위라는 사실행위설, ④ 부담금 및 과세의 기준이 되므로 조기의 권리구제를 위하여 처분성은 인정하나 구체성 결여(공시지가 자체만으로 권익에 영향을 주지 않음)로 행정행위로 보는 것은 타당하지 않다는 법규명령의 성질을 갖는 고시설이 있다.

3. 판례의 태도

판례는 "개별토지가격결정은 관계법령에 의한 토지초과이득세 또는 개발부담금 산정의 기준이

되어 국민의 권리나 의무 또는 법률상 이익에 직접적으로 관계되는 것으로서 항고소송의 대상이 되는 행정처분에 해당한다(대판 1994.2.8, 93누111)"고 하여 처분성을 인정하고 있다.

Ⅲ 결어

개별공시지가의 결정·고시가 있다고 해도 그 자체로 일정한 권리나 의무가 발생하는 것은 아니지만, 개별공시지가는 세금이나 부담금의 산정기준이 되어 그 납부액에 직접 반영되는 것이므로 개인의 재산권에 영향을 준다고 볼 수 있다. 따라서 그 처분성을 인정할 수 있다.

⊕ (설문 2)의 해결

Ⅰ 쟁점의 정리

행정심판법 제51조는 심판청구에 대한 재결이 있는 경우에는 해당 재결 및 동일한 처분 또는 부작위에 대하여 다시 심판청구를 제기할 수 없다고 하여 재심판청구를 금지하고 있다. 따라서 부동산공시법상 이의신청이 특별법상 행정심판인지가 문제된다.

Ⅱ 부동산공시법상 이의신청의 법적 성질

1. 이의신청의 의의 및 취지[부동산공시법 제11조]

이의신청이란 개별공시지가에 대하여 이의 있는 자가 서면으로 시장, 군수 또는 구청장에게 이의를 신청하는 것을 말하며, 개별공시지가의 정당성을 확보하는 제도이다.

2. 이의신청과 행정심판의 구별기준

(1) 심판기관기준설

이 견해는 심판과 이의신청을 심판기관으로 구별하는 견해이다. 즉, 이의신청은 처분청 자체에 제기하는 쟁송이고, 행정심판은 행정심판위원회에 제기하는 쟁송이라고 본다.

(2) 쟁송절차기준설

이 견해는 쟁송절차를 기준으로 행정심판과 '행정심판이 아닌 이의신청'을 구별하는 견해이다. 즉, 헌법 제107조 제3항은 행정심판절차는 사법심판절차가 준용되어야 한다고 규정하고 있는 점에 비추어 개별법률에서 정하는 이의신청 중 준사법절차가 보장되는 것만을 행정심판으로 보고, 그렇지 않은 것은 행정심판이 아닌 것으로 본다.

(3) 검토

헌법 제107조 제3항이 행정심판에 사법절차를 준용하도록 규정하고 있는 점에 비추어 쟁송절차기준설이 타당하다.

3. 판례의 태도

최근 판례는 ① 부동산공시법에 행정심판의 제기를 배제하는 명시적 규정이 없고, ② 부동산공시법상 이의신청과 행정심판은 그 절차 및 담당기관에 차이가 있는 점을 종합하면 행정심판법 제3조 제1항의 "다른 법률에 특별한 규정이 있는 경우"에 해당한다고 볼 수 없으므로 이의신청을 거친 경우에도 행정심판을 거쳐 소송을 제기할 수 있다고 판시한 바 있다.

4. 부동산공시법상 이의신청이 행정심판인지 여부

부동산공시법상 이의신청절차를 준사법적 절차로 하는 어떠한 규정도 두어지고 있지 않은 점에 비추어 부동산공시법상 이의신청은 행정심판이 아니라고 보는 것이 타당하다.

Ⅲ 사안의 해결

부동산공시법상 이의신청은 행정심판이 아니므로 갑은 이의신청에 불복하여 행정심판을 제기할 수 있을 것이다.

⊕ (설문 3)의 해결

Ⅰ 개설

시가란 불특정 다수의 시장에서 자유로이 거래가 이루어지는 경우에 통상 성립된다고 인정되는 가액으로서, 토지의 현실거래가격은 아니므로 비정상적인 경로에 의해 상승 또는 감소한 가격은 배제된다. 시가와 현저히 차이가 나는 공시지가결정이 위법한지의 문제와 관련하여 공시지가가 시가와 어떠한 관계가 있는지를 검토하여야 한다.

Ⅱ 학설

1. 정책가격설

공시제도의 목적은 부동산공시법 제1조에 나타나는 바와 같이, 공시지가의 공시를 통하여 적정한 지가형성을 도모하는데 있으므로 이는 현실에서 거래되는 가격이 아니라 투기억제 또는 지가안정이라는 정책적 목적을 위해 결정·공시되는 가격이라고 본다.

2. 시가설

공시지가는 각종 세금이나 부담금의 산정기준이 되는 토지가격으로서 현실시장 가격을 반영한 가격이지 이와 유리된 가격일 수 없다고 본다.

Ⅲ 판례

"개별토지가격의 적정성 여부는 규정된 절차와 방법에 의거하여 이루어진 것인지 여부에 따라 결정될 것이지", 해당 토지의 시가와 직접적인 관련이 있는 것이 아니므로, 단지 개별지가가 시가를 초과한다는 사유만으로는 그 가격 결정이 위법하다고 단정할 것은 아니라고 판시하여 공시지가를 정책적으로 결정한 가격으로 보고 있다(대판 1996.9.20, 95누11931).

Ⅳ 검토

공시지가가 통상적인 시장에서 형성되는 정상적인 시가를 제대로 반영하는 것이 바람직하나, 공시지가가 시가대로 산정된다면 공시지가 제도를 둔 취지가 훼손될 수 있다. 따라서 공시지가와 시가가 현저히 차이가 난다는 사유만으로 그 위법을 인정할 수는 없으며, 이러한 경우 그 산정절차나 비교표준지의 사정 등에 위법이 있을 수 있으므로 이러한 위법을 이유로 주장할 수 있을 것이다.

⊕ (설문 4)의 해결

Ⅰ 쟁점의 정리

설문은 갑토지의 개별공시지가 결정·공시에 대한 소송형식과 불복기간을 묻고 있다. ① 개별공시지가가 시가와 차이나는 것이 개별공시지가의 하자가 되는 경우라면, 그 위법성 정도에 따라 취소소송 또는 무효등확인소송의 제기가 가능할 것이며, ② 처분이 공고 또는 고시의 형태로 이루어지는 경우, 처분이 있음을 안 날과 있은 날의 의미를 검토하여 갑이 불복할 수 있는 기간을 논하고자 한다.

Ⅱ 갑이 제기할 수 있는 소송형식

1. 개별공시지가의 의의 및 취지(부동산공시법 제10조)

개별공시지가란 시·군·구청장이 공시지가를 기준으로 산정한 개별토지의 단위당 가격을 말한다. 이는 조세 및 개발부담금 산정의 기준이 되어 행정의 효율성 제고를 도모함에 제도적 취지가 인정된다.

2. 법적 성질

개별공시지가의 결정·고시가 있다고 해도 그 자체로 일정한 권리나 의무가 발생하는 것은 아니지만, 개별공시지가는 세금이나 부담금의 산정기준이 되어 그 납부액에 직접 반영되는 것이므로 개인의 재산권에 영향을 준다고 볼 수 있다. 따라서 그 처분성을 인정할 수 있다(판례동지).

3. 개별공시지가의 위법성 사유 및 위법성 정도

(1) 위법성 사유

판례는 "개별토지가격의 적정성 여부는 규정된 절차와 방법에 의거하여 이루어진 것인지 여부에 따라 결정될 것이지", 해당 토지의 시가와 직접적인 관련이 있는 것이 아니므로, 단지 개별지가가 시가를 초과한다는 사유만으로는 그 가격 결정이 위법하다고 단정할 것은 아니라고 판시한 바 있다(대판 1996.9.20, 95누11931).

(2) 위법성 판단기준(중대명백설)

중대명백설이란 행정행위의 하자의 내용이 중대하고, 그 하자가 외관상 명백한 때에는 해당 행정행위는 무효가 되고, 그중 어느 한 요건 또는 두 요건 전부를 결여한 경우에는 해당 행정행위는 취소할 수 있는 행정행위에 불과하다는 학설이며, 다수 및 판례의 태도이다.

4. 갑이 제기할 수 있는 소송형식

(1) 취소소송의 제기 가능성

취소소송이라 함은 '행정청의 위법한 처분 등을 취소 또는 변경하는 소송'을 말한다(제4조 제1호). 취소소송은 위법한 처분이나 재결을 다투어 위법한 처분이나 재결이 없었던 것과 같은 상태를 만드는 것을 주된 내용으로 한다. 따라서 개별공시지가 결정공시행위에 취소사유의 하자가 존재한다면 갑은 취소소송을 제기할 수 있을 것이다.

(2) 무효등확인소송의 제기 가능성

무효등확인소송이라 함은 '행정청의 처분이나 재결의 효력 유무 또는 존재 여부의 확인을 구하는 소송'을 말한다. 무효등확인소송에는 처분이나 재결의 존재확인소송, 부존재확인소송, 유효확인소송, 무효확인소송, 실효확인소송이 있다. 따라서 개별공시지가 결정공시행위에 무효사유의 하자가 존재한다면 갑은 무효등확인소송을 제기할 수 있을 것이다.

Ⅲ 소를 제기할 수 있는 불복기간

1. 문제점

행정소송법 제20조에서는 처분이 있음을 안 날로부터 90일, 있은 날로부터 1년의 제소기간을 규정하고 있다. 표준지공시지가와 개별공시지가처럼 처분 등이 공고, 고시로 이루어지는 경우 이의 해석이 문제된다.

2. 제소기간의 의의 및 취지

제소기간이란 행정소송을 제기할 수 있는 시간적 간격을 말한다. 이는 법률관계확정을 통한 법적안정성을 도모함에 제도적 취지가 인정된다.

3. 처분 등이 공고, 고시로 이루어진 경우의 있은 날

(1) 있은 날의 의미

처분이 있은 날이란 처분이 공고·고시에 의해 외부에 표시되어 효력이 발생한 날을 의미한다.

(2) 검토

부동산공시법상 이의신청 제기기간을 공시일로부터 30일로 규정하므로, 이와의 균형을 도모하기 위하여 공시일을 있은 날로 봄이 타당하다. 또한 판례도 공고일부터 효력이 발생한다고 판시한 바 있다(대판 1993.12.24, 92누17204).

4. 처분 등이 공고, 고시로 이루어진 경우의 안 날

(1) 안 날의 의미

안 날은 "통지, 공고" 등으로 현실적으로 안 날을 의미한다. 간접적으로 처분이 있음을 안 것에 불과한 경우에는 안 것에 해당하지 않는다. 개별통지가 안 된 경우가 문제된다.

(2) 견해의 대립

ⓐ 공시일을 안 날로 의제하는 명문규정이 없으므로 〈현실적으로 안 날〉로 보는 견해와 ⓑ 불특정 다수의 이해관계와 관련하여 공시가 적절한 수단이고 불가쟁력의 기산점을 통일하여 법적 안정을 도모해야 하므로 〈공시일〉로 보는 견해가 있다.

(3) 판례

개별토지가격 결정과 같이 처분의 효력이 각 상대방에게 개별적으로 발생하는 경우는 개별공시지가의 공시에 의해 개별토지가격결정처분이 있음을 알았다고까지 의제할 수 없으므로 행정심판법 제27조 제3항을 적용하여 180일 이내에 제기할 수 있다고 판시한 바 있다.

5. 검토

〈생각건대〉 개별공시지가는 해당 토지의 과세의 기준이 되는 것이므로 불특정 다수인의 불가쟁력 발생시점의 통일을 기할 필요가 없다고 사료된다. 따라서 현실적으로 알았다는 사정이 없는 한 고시일로부터 180일, 1년 이내에 심판 및 소송을 제기할 수 있다고 본다.

6. 사안의 경우

설문상 갑은 A군수로부터 6월 1일 개별공지시가를 통지받았으므로, 6월 1일부터 90일 이내에 취소소송을 제기할 수 있으며, 무효등확인소송의 경우에는 제소기간의 제한이 없으므로 갑은 제소기간에 구애됨이 없이 무효등확인소송을 제기할 수 있을 것이다.

Ⅳ 사안의 해결

갑은 개별공시자가 결정·공시행위의 위법성 정도에 따라서 취소소송 또는 무효등확인소송을 제기할 수 있으나, 취소소송의 경우 6월 1일부터 90일 이내에 제기하여여 할 것이다.

 사례 12

갑은 서울 동작구(주소 생략) 대 37㎡를 소유하고 있다(이하 '대상토지'). 동작구청장은 갑 토지의 맞은편에 위치한 서울 동작구(주소 생략) 토지(2010.1.1. 기준 개별공시지가는 ㎡당 8,100,000원임)를 비교표준지로 선정한 후 비준표를 적용하여(비준표상 총 가격배율을 '1.00'로 조사함) ㎡당 8,100,000원으로 산정하였으며, 감정평가사 A는, 대상토지가 비교표준지와 비교하여 환경조건, 획지조건 및 기타조건에서 열세에 있어(기타조건과 관련하여, 비교표준지는 개발을 위한 거래가 이어지고 있으나, 이 사건 각 토지는 개발 움직임이 없다는 점을 '장래의 동향'으로 반영하여 97%의 비율로 열세에 있다고 보았다) 비교표준지의 공시지가를 약 83.9%의 비율로 감액한 1㎡당 680만 원을 개별공시지가로 정함이 적정하다는 검증의견을 제시하고, 동작구청장은 이 검증의견을 받아들여 개별공시지가를 1㎡당 680만 원으로 결정·공시하였는데, 이에 대하여 갑이 이의신청을 제기하였다. 갑의 이의신청에 따라 동작구청장으로부터 다시 갑 토지의 가격에 대한 검증을 의뢰받은 감정평가사 B는, 대상토지가 비교표준지와 비교하여 환경조건에서 95%, 획지조건에서 91%의 비율로 열세에 있다고 보아(기타조건에서는 비교표준지와 대등하다고 보았다) 비교표준지의 공시지가에 대하여 약 86.5%의 비율로 감액한 1㎡당 700만 원을 대상토지의 개별공시지가로 정함이 적정하다는 검증의견을 제시하였고, 동작구청장은 동작구 부동산가격공시위원회의 심의를 거쳐 이 검증의견을 받아들여 ㎡당 7,000,000원으로 재결정한 후 이를 공시하였다.

관련
규정

부동산공시법 제10조(개별공시지가의 결정·공시 등)
④ 시장·군수 또는 구청장이 개별공시지가를 결정·공시하는 경우에는 해당 토지와 유사한 이용가치를 지닌다고 인정되는 하나 또는 둘 이상의 표준지의 공시지가를 기준으로 토지가격비준표를 사용하여 지가를 산정하되, 해당 토지의 가격과 표준지공시지가가 균형을 유지하도록 하여야 한다.

부동산공시법 시행령 제18조(개별공시지가의 검증)
② 법 제10조 제5항 본문에 따라 검증을 의뢰받은 감정평가법인등은 다음 각 호의 사항을 검토·확인하고 의견을 제시해야 한다.
  1. 비교표준지의 선정의 적정성에 관한 사항
  2. 개별토지의 가격 산정의 적정성에 관한 사항
  3. 산정한 개별토지가격과 표준지공시지가의 균형 유지에 관한 사항
  4. 산정한 개별토지가격과 인근 토지의 지가와의 균형 유지에 관한 사항
  5. 표준주택가격, 개별주택가격, 비주거용 표준부동산가격 및 비주거용 개별부동산가격 산정 시 고려된 토지 특성과 일치하는지 여부
  6. 개별토지가격 산정 시 적용된 용도지역, 토지이용상황 등 주요 특성이 공부(公簿)와 일치하는지 여부
  7. 그 밖에 시장·군수 또는 구청장이 검토를 의뢰한 사항

(1) 갑은 이의신청에 불복하여 행정심판을 제기할 수 있는가? 10점

(2) 갑은 자신소유 토지의 개별공시지가는 맞은편에 위치한 토지 등의 개별공시지가에 비하여 현저히 낮은 금액일 뿐만 아니라, 부동산공시법 제10조에서는 비준표를 적용하여 개별공시지가를 산정하도록 규정하고 있음에도, 이와 달리 개별공시지가를 결정한 것은 위법하다고 주장한다. 개별공시지가 산정절차를 설명하고 갑주장의 타당성을 논하시오. 20점

(설문 1)의 해결

Ⅰ 쟁점의 정리

Ⅱ 부공법상 이의신청이 행정심판인지 여부
  1. 이의신청과 행정심판의 구별기준
    (1) 학설
      1) 심판기관기준설
      2) 쟁송절차기준설
    (2) 검토
  2. 부동산공시법상 이의신청이 행정심판인지 여부
    (1) 부동산공시법상 이의신청의 의의
    (2) 법적 성질
      1) 관련판례의 태도
      2) 사안의 경우(검토)

Ⅲ 사안의 해결

(설문 2)의 해결

Ⅰ 쟁점의 정리

Ⅱ 개별공시지가의 산정절차 등
  1. 개별공시지가의 의의 및 취지 등
  2. 개별공시지가 산정절차
    (1) 개설
    (2) 개별공시지가의 산정(부공법 제10조)
    (3) 개별공시지가의 검증 및 의견청취(부공법 제10조 제5항)
    (4) 시·군·구 부동산평가위원회의 심의 및 공시
  3. 개별공시지가의 효력

Ⅲ 甲주장의 타당성(검증제도 및 심의제도의 취지)
  1. 개별공시지가의 산정절차상 한계
  2. 관련규정 내용의 검토
    (1) 부공법 제10조 및 동법 시행령 제18조
    (2) 검토

Ⅲ 사안의 해결

⊕ **(설문 1)의 해결**

Ⅰ 쟁점의 정리

행정심판법 제51조는 심판청구에 대한 재결이 있는 경우에는 해당 재결 및 동일한 처분 또는 부작위에 대하여 다시 심판청구를 제기할 수 없다고 하여 재심판청구를 금지하고 있다. 따라서 부동산공시법상 이의신청이 특별법상 행정심판인지를 검토하여 설문을 해결한다.

Ⅱ 부동산공시법상 이의신청이 행정심판인지 여부

1. 이의신청과 행정심판의 구별기준

(1) 학설

1) 심판기관기준설

이 견해는 심판과 이의신청을 심판기관으로 구별하는 견해이다. 즉, 이의신청은 처분청 자체에 제기하는 쟁송이고, 행정심판은 행정심판위원회에 제기하는 쟁송이라고 본다.

2) 쟁송절차기준설

이 견해는 쟁송절차를 기준으로 행정심판과 '행정심판이 아닌 이의신청'을 구별하는 견해이다. 즉, 헌법 제107조 제3항은 행정심판절차는 사법심판절차가 준용되어야 한다고 규정하고 있는 점에 비추어 개별법률에서 정하는 이의신청 중 준사법절차가 보장되는 것만을 행정심판으로 보고, 그렇지 않은 것은 행정심판이 아닌 것으로 본다.

(2) 검토

헌법 제107조 제3항이 행정심판에 사법절차를 준용하도록 규정하고 있는 점에 비추어 쟁송절차기준설이 타당하다.

2. 부동산공시법상 이의신청이 행정심판인지 여부

(1) 부동산공시법상 이의신청의 의의

부동산공시법 제11조는 개별공시지가에 대하여 이의가 있는 자는 서면으로 시장, 군수 또는 구청장에게 이의를 신청할 수 있다고 규정하고 있다.

(2) 법적 성질

1) 관련판례의 태도

최근 판례는 ㉠ 가격공시법에 행정심판의 제기를 배제하는 명시적 규정이 없고, ㉡ 공시법상 이의신청과 행정심판은 그 절차 및 담당기관에 차이가 있는 점을 종합하면 행정심판법 제3조 제1항의 "다른 법률에 특별한 규정이 있는 경우"에 해당한다고 볼 수 없으므로 이의신청을 거친 경우에도 행정심판을 거쳐 소송을 제기할 수 있다고 판시한 바 있다.

2) 사안의 경우(검토)

부동산공시법상 이의신청절차를 준사법적 절차로 하는 어떠한 규정도 두어지고 있지 않은 점에 비추어 부동산공시법상 이의신청은 행정심판이 아니라고 보는 것이 타당하다.

Ⅲ 사안의 해결

부동산공시법상 이의신청은 행정심판이 아니므로 이의신청 후 행정심판을 제기할 수 있다.

➕ (설문 2)의 해결

① 쟁점의 정리

갑은 결과적으로 "표준지공시지가 × 비준표"의 산식으로 산정되지 아니한 개별공시지가는 위법하다고 주장한다. 따라서 개별공시지가의 산정절차상 인근 토지와의 균형 등을 고려하기 위해서 "표준지공시지가 × 비준표"와 달리 결정·공시할 수 있는지를 살펴본다.

② 개별공시지가의 산정절차 등

1. 개별공시지가의 의의 및 취지 등

개별공시지가란 시·군·구청장이 공시지가를 기준으로 산정한 개별토지의 단위당 가격을 말한다. 이는 조세 및 개발부담금산정의 기준이 되어 행정의 효율성 제고를 도모함에 제도적 취지가 인정된다(부동산공시법 제11조). 또한 판례는 "개별토지가격결정은 관계법령에 의한 토지초과이득세 또는 개발부담금 산정의 기준이 되어 국민의 권리로서 항고소송의 대상이 되는 행정처분에 해당한다(대판 1994.2.8, 93누111)"고 하여 처분성을 인정하고 있다.

2. 개별공시지가 산정절차

(1) 개설

① 시·군·구청장이 지가를 산정하고, ② 그 타당성에 대하여 감정평가법인등의 검증을 받고 ③ 토지소유자 및 기타 이해관계인의 의견을 듣는다. ④ 그 후, 시·군·구 부동산가격공시위원회의 심의 후 결정·공시한다.

(2) 개별공시지가의 산정(부동산공시법 제10조)

시·군·구청장은 해당 토지와 유사하다고 인정되는 하나 또는 둘 이상의 표준지 공시지가를 기준으로 비준표를 사용하여 지가를 산정한다. 단, 표준지 및 조세부담금 부과대상이 아닌 경우는 산정하지 아니할 수 있다(시행령 제15조). 또한 해당 토지가격과 표준지공시지가가 균형을 유지하도록 하여야 한다.

(3) 개별공시지가의 검증 및 의견청취(부동산공시법 제10조 제5항)

감정평가실적이 우수한 업자(시행령 제20조)에게 검증받되, 개발사업시행 및 용도지역·지구 변경의 경우를 제외하고 생략할 수 있다(시행령 제18조). 이 경우 개별토지의 지가변동율과 시·군·구 연평균지가변동율의 차이가 작은 순서대로 검증을 생략하고, 생략에 관하여는 미리 관계기관의 장과 협의하여야 한다.

(4) 시·군·구 부동산가격공시위원회의 심의 및 공시

시·군·구 부동산가격공시위원회의 심의 후, 개별공시지가결정 및 이의신청에 관한 사항을 결정 공시한다. 필요시 개별통지할 수 있다.

3. 개별공시지가의 효력

개별공시지가는 ① 국세, 지방세, 부담금 산정기준의 과세표준이 되며, ② 행정목적의 지가산정기준이 된다. 다만 개별공시지가를 기준으로 하여 행정목적에 활용하기 위하여는 법률의 명시적인 규정이 있어야 하므로 규정이 없는 경우에는 표준지공시지가를 기준으로 개별적으로 토지가격을 산정하여야 할 것이다.

Ⅲ 주장의 타당성(검증제도 및 심의제도의 취지)

1. 개별공시지가의 산정절차상 한계

개별공시지가는 이용상황 등이 유사한 표준지 공시지가에 비준표를 적용하여 산정하게 된다. 비준표는 표준지와 개별토지의 지가형성요인에 관한 표준적인 비교표로서, 해당 토지가격의 적정가격과의 괴리, 통계오차의 간과 우려 및 사회경제의 변화에 따른 탄력적 대응곤란 등의 문제점을 지닐수 있다. 따라서 이러한 한계를 보완하고자 부동산공시법에서는 검증 및 부동산가격공시위원회의 심의절차를 규정하고 있다.

2. 관련규정 내용의 검토

(1) 부동산공시법 제10조 및 동법 시행령 제18조

부동산공시법 제10조에서는 개별공시지가를 산정하는 과정상 해당 토지의 가격과 표준지공시지가가 균형을 유지하도록 하여야 한다고 하였으며, 동법 시행령 제18조에서는 검증항목으로서 '개별토지 가격과 표준지공시지가의 균형 유지에 관한 사항', '산정한 개별토지의 가격과 인근 토지의 지가와의 균형 유지에 관한 사항' 등을 규정하고 있다.

(2) 검토

이와 같은 규정들의 취지와 그 문언에 비추어 보면, 시장 등은 표준지공시지가에 토지가격비준표를 사용하여 산정된 지가와 감정평가법인등의 검증의견 및 토지소유자 등의 의견을 종합하여 해당 토지에 대하여 표준지공시지가와 균형을 유지한 개별공시지가를 결정할 수 있고, 그와 같이 결정된 개별공시지가가 표준지공시지가와 균형을 유지하지 못할 정도로 현저히 불합리하다는 등의 특별한 사정이 없는 한, 결과적으로 토지가격비준표를 사용하여 산정한 지가와 달리 결정되었거나 감정평가사의 검증의견에 따라 결정되었다는 이유만으로 그 개별공시지가의 결정이 위법하다고 볼 수 없다.

Ⅳ 사안의 해결

동작구청장이 결정한 개별공시지가가 결과적으로 토지가격비준표를 사용하여 산정한 지가가 아니라 감정평가사의 검증의견과 같게 되었더라도 이것만으로 개별공시지가 결정행위를 위법하다고 볼 수는 없다(대판 2013.11.14, 2012두15364). 또한 각 토지마다 그 토지의 특성 및 평가요소 등에서 차이가 있고 지가 산정의 목적에 따라 심의·조정과정에서 이를 참작하여 감액 혹은 증액조정하여 최종적으로 개별공시지가를 결정할 수 있다는 점 등에 비추어 특별한 사정이 없는 한 해당 토지의 개별토지가격이 인접 토지의 개별토지가격과 비교하여 상대적으로 고가 또는 저가로 평가되었다는 사정만으로는 그 개별토지가격 결정이 위법·부당하다고 다툴 수 없다(대판 1993.12.24, 92누19262). 따라서 갑의 주장은 타당하다고 할 수 없다.

🖊 대판 2013.11.14, 2012두15364[개별공시지가결정처분취소]

[판시사항]
시장 등이 어떠한 토지에 대하여 표준지공시지가와 균형을 유지하도록 결정한 개별공시지가가 토지가격비준표를 사용하여 산정한 지가와 달리 결정되었거나 감정평가사의 검증의견에 따라 결정되었다는 이유만으로 위법한 것인지 여부(원칙적 소극)

[판결요지]
부동산 가격공시 및 감정평가에 관한 법률 제11조, 부동산 가격공시 및 감정평가에 관한 법률 시행령 제17조 제2항의 취지와 문언에 비추어 보면, 시장·군수 또는 구청장은 표준지공시지가에 토지가격비준표를 사용하여 산정된 지가와 감정평가법인등의 검증의견 및 토지소유자 등의 의견을 종합하여 당해 토지에 대하여 표준지공시지가와 균형을 유지한 개별공시지가를 결정할 수 있고, 그와 같이 결정된 개별공시지가가 표준지공시지가와 균형을 유지하지 못할 정도로 현저히 불합리하다는 등의 특별한 사정이 없는 한, 결과적으로 토지가격비준표를 사용하여 산정한 지가와 달리 결정되었거나 감정평가사의 검증의견에 따라 결정되었다는 이유만으로 그 개별공시지가 결정이 위법하다고 볼 수는 없다.

사례 13

2006년 3월 광주시장은 A 토지의 2006년도 개별공시지가를 결정, 공시하기 위하여 해당 토지의 이용상황을 자연림으로 하여 개별공시지가를 제곱미터당 109,000원으로 산정한 후, 감정평가법인에게 그 검증을 의뢰하였다. 감정평가법인은 해당 토지의 이용상황을 실제 이용되고 있는 자연림이 아닌 공업용으로 정정하고 비교표준지를 공업용으로 이용되고 있는 표준지 중에서 선정하여 검증지가를 제곱미터당 820,000원으로 잘못 산정하였다. 이에 광주시 부동산평가심의위원회는 위 검증지가를 심의하였으나 위와 같은 잘못을 발견하지 못하였고, 광주시장은 A 토지의 2006년도 개별공시지가를 제곱미터당 820,000원으로 결정, 공시하였으며 2007년 개별공시지가를 결정, 공시함에 있어서도 위와 같은 잘못을 그대로 반영하여 그 적정가격인 제곱미터당 22,000원보다 훨씬 높은 제곱미터당 900,000원으로 산정하여 공시하였다. 하이파크에서 가전제품을 판매하는 갑은 가전제품을 공급하는 을에게 자신소유의 A 토지에 근저당권을 설정하고 매출채권을 담보하고 있었다. 을은 A 토지의 개별공시지가(400제곱미터 × 900,000원)를 신뢰하고 2억원의 물품을 공급하였다. 그러나 소속 공무원이 2008.1.경 정례적인 토지조사과정에서 이 사건 토지의 토지특성이 자연림인데도 불구하고 공업용으로 잘못 조사되어 있음을 발견하게 되었는데, 이에 따라 광주시장은 이 사건 토지에 관한 2006.1.1. 기준 및 2007.1.1. 기준 개별공시지가를 재산정하여 법정절차를 거친 다음, 2008.2.29. A 토지에 대한 2006.1.1.자 개별공시지가는 20,600원으로, 2007.1.1. 기준 개별공시지가는 22,000원으로 정정하여 결정·공시하였다. 그 후, 하이파크의 운영이 어려워 갑은 을의 매출채권을 변제하지 못하게 되었다. 이에 따라서 을은 A 토지에 대한 저당권을 실행하여 매출채권을 변제받으려고 하였으나 A 토지의 적정가격은 20,000원으로 판정되어 8,000,000원만을 회수하게 되었다.

이에 을은 A 토지에 관한 2006.1.1. 기준 개별공시지가를 산정할 당시, 담당공무원이 A 토지에 대한 개별토지가격산정의 적정성 및 그에 필요한 조사를 제대로 하지 아니한 직무상의 과실로 인하여 A 토지의 특성이 실제와 다르게 조사되었고, 2007.1.1. 기준 개별공시지가가 적정 개별공시지가보다 훨씬 높은 금액인 360,000,000원(400제곱미터 × 900,000원)으로 잘못 산정되었으며, 이를 신뢰하여 2억여원의 물품을 공급하였으므로 물품공급대금 중 미회수분에 대해서 손해를 배상해야 한다고 주장한다.

(1) 개별공시지가의 결정·공시절차를 설명하시오. [10점]

(2) 을은 개별공시지가를 산정하는 담당공무원을 상대로 손해배상을 청구할 수 있는가?(손해배상청구요건은 논외로 함) [20점]

(3) 을이 토지의 실제 거래가격 또는 담보가치가 개별공시지가에 미치지 못함으로 인하여 발생한 손해에 대해서 개별공시지가를 결정·공시한 지방자치단체에 손해배상을 청구하는 경우 지방자치단체는 손해배상을 해주어야 하는가? [20점]

(설문 1)의 해결

Ⅰ 개설(개별공시지가의 의의 및 법적 성질)
  1. 개별공시지가의 의의 및 취지(부동산공시법 제10조)
  2. 법적 성질
Ⅱ 개별공시지가의 산정절차
  1. 개별공시지가의 산정(부동산공시법 제10조)
  2. 개별공시지가의 검증
  3. 시·군·구 부동산가격공시위원회의 심의 및 공시

(설문 2)의 해결

Ⅰ 쟁점의 정리
Ⅱ 공무원의 위법행위로 인한 국가배상책임의 개념 및 법적 성질
  1. 개념 및 근거
  2. 국가배상책임의 성질
    (1) 학설
    (2) 판례
    (3) 검토

Ⅲ 공무원의 배상책임 인정 여부
  1. 학설
    (1) 자기책임설의 입장
    (2) 대위책임설의 입장
    (3) 중간설의 입장
    (4) 절충설의 입장
  2. 판례
  3. 검토
Ⅳ 사안의 해결

(설문 3)의 해결

Ⅰ 쟁점의 정리
Ⅱ 국가배상책임의 요건충족 여부
  1. 국가배상법 제2조상 요건
  2. 공무원의 직무의무 위반
    (1) 담당공무원 등의 직무상 의무
    (2) 사안의 경우
  3. 손해 사이에 상당인과관계
    (1) 개별공시지가의 산정목적 범위
    (2) 사안의 경우
Ⅲ 사안의 해결

⊕ (설문 1)의 해결

Ⅰ 개설(개별공시지가의 의의 및 법적 성질)

1. 개별공시지가의 의의 및 취지(부동산공시법 제10조)

개별공시지가란 시·군·구청장이 공시지가를 기준으로 산정한 개별토지의 단위당 가격을 말한다. 조세 및 부담금 산정의 기준이 되어 행정의 효율성을 제고함에 취지가 인정된다.

2. 법적 성질

개별공시지가는 세금이나 부담금의 산정기준이 되어 그 납부액에 직접 반영되는 것이므로 개인의 재산권에 영향을 준다고 볼 수 있다. 따라서 그 처분성을 인정할 수 있다(판례동지).

Ⅱ 개별공시지가의 산정절차

1. 개별공시지가의 산정(부동산공시법 제10조)

시·군·구청장은 해당 토지와 유사하다고 인정되는 하나 또는 둘 이상의 표준지공시지가를 기준으로 비준표를 사용하여 지가를 산정한다. 단, 표준지이거나 조세부담금 부과대상이 아닌 경우에는 산정하지 아니할 수 있다(영 제15조). 또한 해당 토지가격과 표준지공시지가가 균형을 유지하도록 하여야 한다.

2. 개별공시지가의 검증

감정평가실적이 우수한 업자(시행령 제20조)에게 검증받되, 개발사업시행 및 용도지역·지구변경의 경우를 제외하고 생략할 수 있다(시행령 제18조). 이 경우 개별토지의 지가변동률과 시·군·구 연평균지가변동률의 차이가 작은 순서대로 검증을 생략하고, 생략에 관하여는 미리 관계기관의 장과 협의하여야 한다.

3. 시·군·구 부동산가격공시위원회의 심의 및 공시

시·군·구 부동산가격공시위원회의 심의 후, 개별공시지가결정 및 이의신청에 관한 사항을 결정 공시한다. 필요시 개별통지할 수 있다(시행령 제21조 제3항).

⊕ (설문 2)의 해결

Ⅰ 쟁점의 정리

국가 등의 배상책임 이외에 공무원 자신의 배상책임이 인정될 수 있는지의 여부가 국가배상책임의 성질과 관련하여 문제된다.

Ⅱ 공무원의 위법행위로 인한 국가배상책임의 개념 및 법적 성질

1. 개념 및 근거

국가의 과실책임이란 공무원의 과실 있는 위법행위로 인하여 발생한 손해에 대한 배상책임을 말한다. 국가배상법 제2조에 근거규정을 둔다.

2. 국가배상책임의 성질

(1) 학설

① 대위책임설은 공무원의 위법한 행위는 국가의 행위로 볼 수 없으나 피해자보호를 위해 국가가 대신 부담한다고 하며 ② 자기책임설은 국가는 공무원을 통해 행위하므로[6] 그에 귀속되어 스스로 책임져야 한다고 한다. ③ 중간설은 공무원의 불법행위가 경과실인 경우는 자기책임으로 보며, 고의 중과실인 경우에는 기관행위로서의 품격을 상실하고 공무원 개인의 불법행위로 보아야 하므로 국가의 배상책임은 대위책임이라고 한다. ④ 절충설은 경과실의 경우에는 국가에 대해서만 고의·중과실인 경우에는 국가기관의 행위로 볼 수 없어 공무원만 책임을 지지만 직무상 외형을 갖춘 경우에는 피해자와의 관계에서 국가도 일종의 배상책임을 지므로 자기책임이라고 본다.

(2) 판례

명시적인 입장은 보이지 않으나 "고의·중과실의 경우에도 외관상 공무집행으로 보일 때에는 국가 등이 배상책임을 부담한다"고 하여 자기책임설을 취한 것으로 보인다.

(3) 검토

국가면책특권이 헌법상 포기되면서 국가배상책임이 인정되게 되었으며, 고의·중과실에 의한 경우라도 직무상 외형을 갖춘 경우라면 피해자와의 관계에서 국가기관의 행위로 인정할 수 있으므로 자기책임설이 타당하다고 본다.

Ⅲ 공무원의 배상책임 인정 여부

1. 학설

(1) 자기책임설의 입장

논리적으로 보면 자기책임설은 가해행위는 국가의 행위인 동시에 가해공무원 자신의 행위이기에 선택적 청구가 인정된다.

(2) 대위책임설의 입장

논리적으로 보면 대위책임설은 국가배상책임이 원래 공무원의 책임이지만 국가가 이를 대신하여 부담한다고 보기에 공무원의 대외적 배상책임은 부정된다.

(3) 중간설의 입장

공무원의 고의, 중과실, 경과실을 구별하지 않고 국가 등이 배상책임을 지고 있기에 공무원은 대외적으로 배상책임을 지지 않는다고 한다.

---

6) 공무원의 직무상 불법행위는 기관의 불법행위가 되므로 국가는 기관인 공무원의 불법행위에 대하여 직접 자기책임을 진다.

(4) 절충설의 입장

경과실의 경우에는 국가나 지방자치단체에 대해서만, 고의·중과실의 경우에는 공무원만 배상 책임을 지지만, 후자의 경우 그 행위가 직무로서 외형을 갖춘 경우에는 피해자와의 관계에서 국가도 배상책임을 지기 때문에 이 경우 피해자는 공무원과 국가에 대해 선택적으로 청구할 수 있다.

2. 판례

판례는 제한적 긍정설(절충설)을 취하고 있다. 국가 등이 국가배상책임을 부담하는 외에 공무원 개 인도 고의 또는 중과실이 있는 경우에는 피해자에 대하여 그로 인한 손해배상책임을 부담하고, 가 해공무원 개인에게 경과실만이 인정되는 경우에는 공무원 개인은 손해배상책임을 부담하지 아니한 다고 보고 있다.

3. 검토

공무원의 경과실은 직무수행상 통상 일어날 수 있는 것이므로 공무원의 행위는 국가 등의 기관행위 로 보고, 공무원의 고의 또는 중과실로 인한 불법행위가 직무와 관련이 있는 경우에는 국가 등이 공무원 개인과 경합하여 배상책임을 부담하도록 하고, 국가 등이 배상한 경우에는 최종적 책임자인 공무원 개인에게 구상할 수 있도록 하는 것이 타당하다.

Ⅳ 사안의 해결

개별토지의 이용상황은 토지의 가격산정에 있어서 중요하게 고려될 요소이므로, '자연림'을 '공업용' 으로 잘못 고려한 부분은 개별공시지가 산정 담당공무원의 중과실에 해당한다고 볼 수 있다. 따라 서 을은 담당공무원을 상대로 손해배상을 청구할 수 있다.

⊕ (설문 3)의 해결

Ⅰ 쟁점의 정리

해당 지방자치단체가 을의 손해를 배상하기 위해서는 국가배상법 제2조의 규정상 요건을 모두 충 족하여야 한다. 이하에서 검토한다.

Ⅱ 국가배상책임의 요건충족 여부

1. 국가배상법 제2조상 요건

국가배상법 제2조에 의한 국가배상책임이 성립하기 위하여는 ① 공무원이 직무를 집행하면서 타인에게 손해를 가하였을 것, ② 공무원의 가해행위는 고의 또는 과실로 법령에 위반하여 행하여졌을 것, ③ 손해가 발생하였고, 공무원의 불법한 가해행위와 손해 사이에 인과관계(상당인과관계)가 있을 것이 요구된다. 〈설문에서는〉 직무의무 위반과 손해 사이에 상당인과관계가 특히 문제된다.

2. 공무원의 직무의무 위반

(1) 담당공무원 등의 직무상 의무

개별공시지가 산정업무를 담당하는 공무원으로서는 해당 토지의 실제 이용상황 등 토지특성을 정확하게 조사하고 해당 토지와 토지이용상황이 유사한 비교표준지를 선정하여 그 특성을 비교하는 등 법령 및 '개별공시지가의 조사·산정지침'에서 정한 기준과 방법에 의하여 개별공시지가를 산정하고, 산정지가의 검증을 의뢰받은 감정평가법인등은 산정지가가 관련 규정을 준수하였는지 등을 검토하고, 시·군·구 부동산가격공시위원회로서는 위 산정지가 또는 검증지가가 위와 같은 기준과 방법에 의하여 제대로 산정된 것인지 여부를 검증, 심의함으로써 적정한 개별공시지가가 결정·공시되도록 조치할 직무상의 의무가 있다.

(2) 사안의 경우

시장이 토지의 이용상황을 실제 이용되고 있는 '자연림'으로 하여 개별공시지가를 산정한 다음 감정평가법인에 검증을 의뢰하였는데, 감정평가법인이 그 토지의 이용상황을 '공업용'으로 잘못 정정하여 검증지가를 산정하고, 시 부동산가격공시위원회가 검증지가를 심의하면서 그 잘못을 발견하지 못함에 따라, 그 토지의 개별공시지가가 적정가격보다 훨씬 높은 가격으로 결정·공시된 사안에서, 이는 개별공시지가 산정업무 담당공무원 등이 개별공시지가의 산정 및 검증, 심의에 관한 직무상 의무를 위반한 것으로 불법행위에 해당한다.

3. 손해 사이에 상당인과관계

(1) 개별공시지가의 산정목적 범위

개별공시지가는 그 산정 목적인 개발부담금의 부과, 토지 관련 조세 부과 등 다른 법령이 정하는 목적을 위해 지가를 산정하는 경우에 그 산정 기준이 되는 범위 내에서는 납세자인 국민 등의 재산상 권리·의무에 직접적인 영향을 미칠 수 있다.

(2) 사안의 경우

공시지가는 행정기관이 사용하는 지가를 일원화하여 일정한 행정목적을 위한 기준으로 삼음으로써 국토의 효율적인 이용과 국민경제의 발전에 기여하려는 목적과 기능이 있으므로, 개별공시지가가 해당 토지의 거래 또는 담보제공을 받음에 있어 그 실제 거래가액 또는 담보가치를 보장한다거나 어떠한 구속력을 미친다고 할 수는 없다. 따라서 담당공무원 등의 개별공시지가 산정에 관한 직무상 위반행위와 위 손해 사이에 상당인과관계가 있다고 보기 어려울 것으로 보인다.

Ⅲ 사안의 해결

개별공시지가 산정업무 담당공무원 등이 그 직무상 의무에 위반하여 현저하게 불합리한 개별공시지가가 결정되도록 함으로써 국민 개개인의 재산권을 침해한 경우에는 그 손해에 대하여 상당인과관계 있는 범위 내에서 그 담당공무원 등이 소속된 지방자치단체가 배상책임을 지게 된다. 다만, 설문에서는 담당 공무원 등의 직무상 의무위반행위는 인정되지만 그 손해와의 사이에서 상당인과관계가 있다고 보기 어려우므로 해당 지방자치단체는 손해배상의 책임을 지지 않는다.

✎ 대판 2010.7.22, 2010다3527(개별공시지가와 손해배상)

[판시사항]

[1] 개별공시지가 산정업무 담당공무원 등이 부담하는 직무상 의무의 내용 및 그 담당공무원 등이 직무상 의무에 위반하여 현저하게 불합리한 개별공시지가가 결정되도록 함으로써 국민 개개인의 재산권을 침해한 경우, 그 담당공무원 등이 속한 지방자치단체가 손해배상책임을 지는지 여부(적극)

[2] 시장(市長)이 토지의 이용상황을 실제 이용되고 있는 '자연림'으로 하여 개별공시지가를 산정한 다음 감정평가법인에 검증을 의뢰하였는데, 감정평가법인이 그 토지의 이용상황을 '공업용'으로 잘못 정정하여 검증지가를 산정하고, 시(市) 부동산가격공시위원회가 검증지가를 심의하면서 그 잘못을 발견하지 못함에 따라, 그 토지의 개별공시지가가 적정가격보다 훨씬 높은 가격으로 결정·공시된 사안에서, 이는 개별공시지가 산정업무 담당공무원 등이 직무상 의무를 위반한 것으로 불법행위에 해당한다고 한 사례

[3] 개별공시지가가 토지의 거래 또는 담보제공에서 그 실제 거래가액 또는 담보가치를 보장하는 등의 구속력을 갖는지 여부(소극) 및 개개 토지에 관한 개별공시지가를 기준으로 거래하거나 담보제공을 받았다가 토지의 실제 거래가액 또는 담보가치가 개별공시지가에 미치지 못함으로 인하여 발생한 손해에 대해서도 개별공시지가를 결정·공시한 지방자치단체가 손해배상책임을 부담하는지 여부(소극)

[4] 개별공시지가 산정업무 담당공무원 등이 잘못 산정·공시한 개별공시지가를 신뢰한 나머지 토지의 담보가치가 충분하다고 믿고 그 토지에 관하여 근저당권설정등기를 경료한 후 물품을 추가로 공급함으로써 손해를 입었음을 이유로 그 담당공무원이 속한 지방자치단체에 손해배상을 구한 사안에서, 그 담당공무원 등의 개별공시지가 산정에 관한 직무상 위반행위와 위 손해 사이에 상당인과관계가 있다고 보기 어렵다고 판단한 사례

[판결요지]

[1] 개별공시지가는 개발부담금의 부과, 토지 관련 조세 부과 등 다른 법령이 정하는 목적을 위해 지가를 산정하는 경우에 그 산정 기준이 되는 관계로 납세자인 국민 등의 재산상 권리·의무에 직접적인 영향을 미치게 되므로, 개별공시지가 산정업무를 담당하는 공무원으로서는 당해 토지의 실제 이용상황 등 토지특성을 정확하게 조사하고 당해 토지와 토지이용상황이 유사한 비교

표준지를 선정하여 그 특성을 비교하는 등 법령 및 '개별공시지가의 조사·산정 지침'에서 정한 기준과 방법에 의하여 개별공시지가를 산정하고, 산정지가의 검증을 의뢰받은 감정평가업자나 시·군·구 부동산가격공시위원회로서는 위 산정지가 또는 검증지가가 위와 같은 기준과 방법에 의하여 제대로 산정된 것인지 여부를 검증, 심의함으로써 적정한 개별공시지가가 결정·공시되도록 조치할 직무상의 의무가 있고, 이러한 직무상 의무는 단순히 공공 일반의 이익을 위한 것이거나 행정기관 내부의 질서를 규율하기 위한 것이 아니고 전적으로 또는 부수적으로 국민 개개인의 재산권 보장을 목적으로 하여 규정된 것이라고 봄이 상당하다. 따라서 개별공시지가 산정업무 담당공무원 등이 그 직무상 의무에 위반하여 현저하게 불합리한 개별공시지가가 결정되도록 함으로써 국민 개개인의 재산권을 침해한 경우에는 그 손해에 대하여 상당인과관계 있는 범위 내에서 그 담당공무원 등이 소속된 지방자치단체가 배상책임을 지게 된다.

[2] 시장(市長)이 토지의 이용상황을 실제 이용되고 있는 '자연림'으로 하여 개별공시지가를 산정한 다음 감정평가법인에 검증을 의뢰하였는데, 감정평가법인이 그 토지의 이용상황을 '공업용'으로 잘못 정정하여 검증지가를 산정하고, 시(市) 부동산가격공시위원회가 검증지가를 심의하면서 그 잘못을 발견하지 못함에 따라, 그 토지의 개별공시지가가 적정가격보다 훨씬 높은 가격으로 결정·공시된 사안에서, 이는 개별공시지가 산정업무 담당공무원 등이 개별공시지가의 산정 및 검증, 심의에 관한 직무상 의무를 위반한 것으로 불법행위에 해당한다고 한 사례

[3] 개별공시지가는 그 산정 목적인 개발부담금의 부과, 토지 관련 조세 부과 등 다른 법령이 정하는 목적을 위해 지가를 산정하는 경우에 그 산정 기준이 되는 범위 내에서는 납세자인 국민 등의 재산상 권리·의무에 직접적인 영향을 미칠 수 있지만, 이에 더 나아가 개별공시지가가 당해 토지의 거래 또는 담보제공을 받음에 있어 그 실제 거래가액 또는 담보가치를 보장한다거나 어떠한 구속력을 미친다고 할 수는 없다. 그럼에도 개개 토지에 관한 개별공시지가를 기준으로 거래하거나 담보제공을 받았다가 당해 토지의 실제 거래가액 또는 담보가치가 개별공시지가에 미치지 못함으로 인해 발생할 수 있는 손해에 대해서까지 그 개별공시지가를 결정·공시하는 지방자치단체에 손해배상책임을 부담시키게 된다면, 개개 거래당사자들 사이에 이루어지는 다양한 거래관계와 관련하여 발생한 손해에 대하여 무차별적으로 책임을 추궁당하게 되고, 그 거래관계를 둘러싼 분쟁에 끌려들어가 많은 노력과 비용을 지출하는 결과가 초래되게 된다. 이는 결과발생에 대한 예견가능성의 범위를 넘어서는 것임은 물론이고, 행정기관이 사용하는 지가를 일원화하여 일정한 행정목적을 위한 기준으로 삼음으로써 국토의 효율적인 이용과 국민 경제의 발전에 기여하려는 구 부동산 가격공시 및 감정평가에 관한 법률(2008.2.29. 법률 제8852호로 개정되기 전의 것)의 목적과 기능, 그 보호법익의 보호범위를 넘어서는 것이다.

[4] 개별공시지가 산정업무 담당공무원 등이 잘못 산정·공시한 개별공시지가를 신뢰한 나머지 토지의 담보가치가 충분하다고 믿고 그 토지에 관하여 근저당권설정등기를 경료한 후 물품을 추가로 공급함으로써 손해를 입었음을 이유로 그 담당공무원이 속한 지방자치단체에 손해배상을 구한 사안에서, 그 담당공무원 등의 개별공시지가 산정에 관한 직무상 위반행위와 위 손해 사이에 상당인과관계가 있다고 보기 어렵다고 한 사례

[이유]

상고이유 중 과실상계의 점을 제외한 나머지 부분을 함께 판단한다.

1. 이 사건 개별공시지가 결정·공시의 위법성에 대하여

가. 공무원에게 부과된 직무상 의무의 내용이 단순히 공공 일반의 이익을 위한 것이거나 행정기관 내부의 질서를 규율하기 위한 것이 아니고 전적으로 또는 부수적으로 사회구성원 개인의 안전과 이익을 보호하기 위하여 설정된 것이라면, 공무원이 그와 같은 직무상 의무를 위반함으로 인하여 피해자가 입은 손해에 대하여는 상당인과관계가 인정되는 범위 내에서 국가가 배상책임을 지며, 이때 상당인과관계의 유무를 판단함에 있어서는 일반적인 결과 발생의 개연성은 물론 직무상 의무를 부과하는 법령 기타 행동규범의 목적이나 가해행위의 태양 및 피해의 정도 등을 종합적으로 고려하여야 하고(대판 1993.2.12, 91다43466, 대판 1998.5.8, 97다36613 등 참조), 이는 지방자치단체와 그 소속 공무원에 대하여도 마찬가지이다(대판 2008.4.10, 2005다48994 참조).

나. 개별공시지가는 시장·군수 또는 구청장이 「개발이익환수에 관한 법률」에 의한 개발부담금의 부과 그 밖의 다른 법령이 정하는 목적을 위한 지가산정에 사용하도록 하기 위하여 결정·공시하는 개별토지의 단위면적당 가격[구 부동산 가격공시 및 감정평가에 관한 법률(2008.2.29. 법률 제8852호로 개정되기 전의 것, 이하 '법'이라고 한다) 제11조 제1항]으로서, 개별공시지가를 산정하여 결정·공시함에 있어 시장·군수 또는 구청장은 당해 토지와 유사한 이용가치를 지닌다고 인정되는 하나 또는 둘 이상의 표준지의 공시지가를 기준으로 토지가격비준표를 사용하여 지가를 산정하되, 당해 토지의 가격과 표준지공시지가가 균형을 유지하도록 하여야 하고(법 제11조 제3항), 산정한 개별토지 가격의 타당성에 대하여 원칙적으로 감정평가업자의 검증을 받고 토지소유자 그 밖의 이해관계인의 의견을 들어야 하며(법 제11조 제4항), 시·군·구 부동산가격공시위원회의 심의를 거쳐야 한다(법 제11조 제1항, 제20조 제1항). 한편 건설교통부장관은 지가형성에 영향을 미치는 토지특성조사에 관한 사항, 개별공시지가의 산정기준이 되는 비교표준지의 선정에 관한 사항, 토지가격비준표의 사용에 관한 사항 등이 포함된 「개별공시지가의 조사·산정지침」을 정하여 시장·군수 또는 구청장에게 통보하여야 하고, 시장·군수 또는 구청장은 그 지침에 따라 개별공시지가를 조사·산정하여야 하며[법 제11조 제7항, 구 부동산 가격공시 및 감정평가에 관한 법률 시행령(2008.2.29. 대통령령 제20722호로 개정되기 전의 것) 제16조 제1항, 제2항], 「2007년도 적용 개별공시지가 조사·산정지침」에는 토지특성조사는 토지대장 등 각종 공부조사 및 지가현황도면과 현장확인을 통하여 정확하게 조사하여야 하고, 토지특성항목 중 토지이용상황은 토지의 실제 이용상황 및 주위의 주된 토지의 토지이용상황을 기준으로 조사하되 일시적인 이용상황을 고려하지 않도록 규정하고 있고, 조사대상 토지와 동일 용도지역 안에 있는 유사가격권의 표준지 중에서 조사대상 토지와 토지이용상황이 유사한 비교표준지를 선정하도록 규정하고 있다.

이와 같이 개별공시지가는 개발부담금의 부과, 토지 관련 조세 부과 등 다른 법령이 정하는 목적을 위해 지가를 산정하는 경우에 그 산정 기준이 되는 관계로 납세자인 국민 등의 재산

상 권리·의무에 직접적인 영향을 미치게 되므로, 개별공시지가 산정업무를 담당하는 공무원으로서는 당해 토지의 실제 이용상황 등 토지특성을 정확하게 조사하고 당해 토지와 토지이용상황이 유사한 비교표준지를 선정하여 그 특성을 비교하는 등 법령 및 「개별공시지가의 조사·산정지침」에서 정한 기준과 방법에 의하여 개별공시지가를 산정하고, 산정지가의 검증을 의뢰받은 감정평가업자나 시·군·구 부동산가격공시위원회로서는 위 산정지가 또는 검증지가가 위와 같은 기준과 방법에 의하여 제대로 산정된 것인지 여부를 검증, 심의함으로써 적정한 개별공시지가가 결정·공시되도록 조치할 직무상의 의무가 있고, 이러한 직무상 의무는 단순히 공공 일반의 이익을 위한 것이거나 행정기관 내부의 질서를 규율하기 위한 것이 아니고 전적으로 또는 부수적으로 국민 개개인의 재산권 보장을 목적으로 하여 규정된 것이라고 봄이 상당하다. 따라서 개별공시지가 산정업무 담당공무원 등이 그 직무상 의무에 위반하여 현저하게 불합리한 개별공시지가가 결정되도록 함으로써 국민 개개인의 재산권을 침해한 경우에는 그 손해에 대하여 상당인과관계 있는 범위 내에서 그 담당공무원 등이 소속된 지방자치단체가 배상책임을 지게 된다.

다. 원심판결 이유와 기록에 의하면, 광주시장은 2006.3.경 이 사건 토지의 2006년도 개별공시지가를 결정·공시하기 위하여 이 사건 토지의 이용상황을 자연림으로 하여 개별공시지가를 ㎡당 109,000원으로 산정한 후 아세아감정평가법인에게 그 검증을 의뢰하였는데, 아세아감정평가법인은 이 사건 토지의 이용상황을 실제 이용되고 있는 자연림이 아닌 공업용으로 정정하고 비교표준지를 공업용으로 이용되고 있는 표준지 중에서 선정하여 검증지가를 ㎡당 820,000원으로 잘못 산정한 사실, 광주시 부동산가격공시위원회는 위 검증지가를 심의하였으나 위와 같은 잘못을 발견하지 못하였고, 이에 광주시장은 이 사건 토지의 2006년도 개별공시지가를 ㎡당 820,000원으로 결정·공시하였으며, 2007년도 개별공시지가를 결정·공시함에 있어서도 위와 같은 잘못을 그대로 반영하여 그 적정가격인 ㎡당 22,000원보다 훨씬 높은 ㎡당 900,000원으로 산정하여 공시한 사실을 알 수 있다.

그렇다면 앞서 본 법리에 비추어, 피고 소속 담당공무원 등이 이 사건 토지의 실제와 다르게 조사된 토지이용상황 및 비교표준지를 적용한 과실로 현저하게 불합리한 2007년도 개별공시지가를 산정하여 결정·공시되도록 한 행위는 개별공시지가의 산정 및 검증, 심의에 관한 직무상 의무를 위반한 것으로서 직무상 불법행위에 해당한다.

같은 취지의 원심 판단은 정당하고, 상고이유의 주장과 같은 공무원의 직무상 위법행위에 관한 법리오해의 위법이 없다.

2. 손해배상에 있어 상당인과관계의 점에 대하여

가. 원심은, 그 채용 증거를 종합하여, 원고가 피고 소속 담당공무원에 의해 잘못 산정된 이 사건 토지의 개별공시지가를 신뢰한 나머지 이 사건 토지의 담보가치가 충분하다고 믿고 이 사건 토지에 관하여 이 사건 근저당권설정등기를 경료한 후 소외인에게 합계 726,196,720원 상당의 물품을 추가로 공급한 사실을 인정한 다음, 법 제1조, 제3조 제1항, 제10조, 제11조 제1항의 규정에 비추어 표준지 및 개별토지의 지가를 산정하여 공시하는 이유가 부동

산거래를 하는 일반 국민들에게 부동산 가격산정의 기준으로 제공하고자 하는 목적도 있는 것으로 보아, 원고가 위와 같이 잘못 산정된 이 사건 토지에 관한 개별공시지가를 신뢰하여 물품을 공급하였다가 손해를 입게 되었으므로, 피고가 원고의 위 손해를 배상할 의무가 있다고 판단하였다.

나. 그러나 원심의 판단은 다음과 같은 이유로 수긍하기 어렵다.

　　(1) 개별공시지가 산정업무 담당공무원 등이 직무상 의무를 위반할 경우 그 소속 지방자치단체가 부담하게 되는 손해배상책임은 그 직무상 의무 위반과 상당인과관계 있는 손해에 한하여 인정될 수 있으므로, 비록 개별공시지가 산정업무 담당공무원 등이 그 직무 수행과정에서 법령 및 「개별공시지가의 조사·산정지침」을 위반하는 행위를 하였다고 하더라도, 그 결과로서 발생한 손해와 사이에 상당인과관계가 인정되지 아니하는 경우에는 그 소속 지방자치단체에 손해배상책임을 물을 수 없다.

　　(2) 법 제1조에서 이 법의 목적이 토지, 주택 등 부동산의 적정가격을 공시하여 부동산 가격산정의 기준이 되게 하는 데 있다고 규정함과 아울러, 법 제10조에서 표준지공시지가가 토지시장의 지가정보를 제공하고 일반적인 토지거래의 지표가 된다고 규정하고 있는 취지는, 일반 국민에 대한 관계에서 토지에 관하여 합리적으로 평가한 적정가치를 제시함으로써 토지를 거래하는 당사자의 합리적인 의사결정의 지표가 될 만한 지가정보를 제공한다는 의미에 불과할 뿐 표준지공시지가 또는 그에 기초한 개별공시지가를 지표로 거래해야 한다는 법적 구속력을 부여하는 의미라고 보기 어렵고, 법 제1조 및 제3조 제1항 등에서 규정하고 있는 '적정가격'의 개념도 당해 토지 및 주택에 대하여 통상적인 시장에서 정상적인 거래가 이루어지는 경우 성립될 가능성이 가장 높다고 인정되는 가격을 말하고, 이는 거래당사자가 현실적인 토지시장에서 교환의 대가로 지불한 실제 거래액을 의미하는 것이 아니라 잠재적인 경쟁시장에서 충분한 지식과 정보를 가지고 사려 깊게 행동하는 거래당사자 사이라면 성립될 가능성이 가장 높은 추정된 가격을 의미할 뿐이다. 따라서 개별공시지가는 그 산정 목적인 개발부담금의 부과, 토지 관련 조세 부과 등 다른 법령이 정하는 목적을 위해 지가를 산정하는 경우에 그 산정 기준이 되는 범위 내에서는 납세자인 국민 등의 재산상 권리·의무에 직접적인 영향을 미칠 수 있지만, 이에 더 나아가 개별공시지가가 당해 토지의 거래 또는 담보제공을 받음에 있어 그 실제 거래가액 또는 담보가치를 보장한다거나 어떠한 구속력을 미친다고 할 수는 없다. 그럼에도 불구하고 이 사건과 같이 개개 토지에 관한 개별공시지가를 기준으로 거래하거나 담보제공을 받았다가 당해 토지의 실제 거래가액 또는 담보가치가 개별공시지가에 미치지 못함으로 인해 발생할 수 있는 손해에 대해서까지 그 개별공시지가를 결정·공시하는 지방자치단체에 손해배상책임을 부담시키게 된다면, 개개 거래당사자들 사이에 이루어지는 다양한 거래관계와 관련하여 발생한 손해에 대하여 무차별적으로 책임을 추궁당하게 되고, 그 거래관계를 둘러싼 분쟁에 끌려들어가 많은 노력과 비용을 지출하는 결과가 초래되게 된다. 이는 결과발생에 대한 예견가능성의 범위를 넘어서는 것임은 물론이고, 행정기관이 사용하는 지가를 일원화하여 일정한 행정목적을 위한 기준으로 삼음으로써 국토

의 효율적인 이용과 국민경제의 발전에 기여하려는 이 법의 목적과 기능, 그 보호법익의 보호범위를 넘어서는 것이다.

(3) 더욱이 원심판결 이유 및 기록에 의하면, 원고는 소외인으로부터 이 사건 토지를 담보로 제공받은 이후 소외인에 대해 매월 2,415,806,005원 내지 3,267,273,405원의 외상매출채권을 가지고 있었으나, 위와 같이 담보로 제공받기 이전인 2006.9.경부터 2007.8.경까지 사이에도 위 외상매출채권에 상당한 매월 2,440,136,455원 내지 3,806,529,387원의 외상매출채권을 가지고 있었던 사실에 비추어 원고가 2007.8. 이후에 729,196,720원 상당의 물품을 추가로 공급한 것이 이 사건 토지의 개별공시지가를 신뢰하고 담보로 제공받았기 때문이라고 단정하기 어려운 점, 원고는 소외인으로부터 이 사건 토지를 담보로 제공하겠다는 제안을 받고 이 사건 토지의 담보가치를 파악하기 위해 온누리감정평가법인에 탁상감정 내지 약식감정을 의뢰하였고, 온누리감정평가법인으로부터 이 사건 토지의 개별공시지가가 31억 5,000만원 정도 되고 주변 시세도 비슷하므로 이 사건 토지의 거래가액이 개별공시지가 이상이 될 것이라는 의견을 듣고 이 사건 토지에 근저당권을 설정하게 된 점을 알 수 있는바, 앞서 본 법리 및 개별공시지가의 산정 목적에다가 이와 같은 사정 등을 종합적으로 고려해 보면, 피고 소속 담당공무원 등의 이 사건 토지에 관한 개별공시지가 산정에 관한 직무상 위반행위와 원고가 이 사건 토지의 담보가치가 충분하다고 믿고 추가로 물품을 공급하였다가 입은 손해 사이에 상당인과관계가 있다고 보기 어렵다.

그런데도 원심은 이와 달리 판단하고 말았으니, 원심판결에는 손해배상에 있어서 상당인과관계에 관한 법리를 오해하여 판결에 영향을 미친 위법이 있다. 이를 지적하는 상고이유의 주장은 이유 있다.

3. 결론

그러므로 나머지 상고이유에 대한 판단을 생략한 채 원심판결 중 피고 패소 부분을 파기하고, 이 부분 사건을 다시 심리·판단하게 하기 위하여 원심법원에 환송하기로 관여 대법관의 의견이 일치되어 주문과 같이 판결한다.

사례 14

개별공시지가 산정업무 담당공무원 등이 잘못(자연림을 공업용으로 판단함) 산정·공시한 개별공시지가를 신뢰한 나머지 토지의 담보가치가 충분하다고 믿고 그 토지에 관하여 근저당권설정등기를 경료한 후 물품을 공급함으로써 손해를 입은 경우, 그 담당공무원이 속한 지방자치단체가 손해를 배상해야 하는가? [10점]

Ⅰ 쟁점의 정리	3. 손해 사이에 상당인과관계
Ⅱ 국가배상책임의 요건충족 여부	(1) 개별공시지가의 산정목적 범위
1. 국가배상법 제2조상 요건	(2) 사안의 경우
2. 공무원의 직무의무 위반	Ⅲ 사안의 해결
(1) 담당공무원 등의 직무상 의무	
(2) 사안의 경우	

Ⅰ 쟁점의 정리

해당 지방자치단체가 손해를 배상하기 위해서는 국가배상법 제2조의 규정상 요건을 모두 충족하여야 한다. 이하에서 검토한다.

Ⅱ 국가배상책임의 요건충족 여부

1. 국가배상법 제2조상 요건

국가배상법 제2조에 의한 국가배상책임이 성립하기 위하여는 ① 공무원이 직무를 집행하면서 타인에게 손해를 가하였을 것, ② 공무원의 가해행위는 고의 또는 과실로 법령에 위반하여 행하여졌을 것, ③ 손해가 발생하였고, 공무원의 불법한 가해행위와 손해 사이에 인과관계(상당인과관계)가 있을 것이 요구된다. 〈설문에서는〉 직무의무 위반과 손해 사이에 상당인과관계가 특히 문제된다.

2. 공무원의 직무의무 위반

(1) 담당공무원 등의 직무상 의무

개별공시지가 산정업무를 담당하는 공무원으로서는 해당 토지의 실제 이용상황 등 토지특성을 정확하게 조사하고 해당 토지와 토지이용상황이 유사한 비교표준지를 선정하여 그 특성을 비교하는 등 법령 및 '개별공시지가의 조사·산정지침'에서 정한 기준과 방법에 의하여 개별공시지가를 산정하고, 산정지가의 검증을 의뢰받은 감정평가법인등은 산정지가가 관련 규정을 준수하였는지 등을 검토하고, 시·군·구 부동산가격공시위원회로서는 위 산정지가 또는 검증지가가 위와 같은 기준과 방법에 의하여 제대로 산정된 것인지 여부를 검증, 심의함으로써 적정한 개별공시지가가 결정·공시되도록 조치할 직무상의 의무가 있다.

(2) 사안의 경우

개별공시지가는 이용상황에 따라 가격이 상이하므로, 이용상황은 개별공시지가의 결정에 있어서 중대한 영향을 미치는 요소이고 이를 잘못 판단한 것은 적정한 개별공시지가가 결정·공시되도록 해야 하는 통상의 주의의무를 다하지 않은 것으로 볼 수 있다.

3. 손해 사이에 상당인과관계

(1) 개별공시지가의 산정목적 범위

개별공시지가는 그 산정 목적인 개발부담금의 부과, 토지 관련 조세부과 등 다른 법령이 정하는 목적을 위해 지가를 산정하는 경우에 그 산정 기준이 되는 범위 내에서는 납세자인 국민 등의 재산상 권리·의무에 직접적인 영향을 미칠 수 있다.

(2) 사안의 경우

공시지가는 행정기관이 사용하는 지가를 일원화하여 일정한 행정목적을 위한 기준으로 삼음으로써 국토의 효율적인 이용과 국민경제의 발전에 기여하려는 목적과 기능이 있으므로, 개별공시지가가 해당 토지의 거래 또는 담보제공을 받음에 있어 그 실제 거래가액 또는 담보가치를 보장한다거나 어떠한 구속력을 미친다고 할 수는 없다. 따라서 담당공무원 등의 개별공시지가 산정에 관한 직무상 위반행위와 위 손해 사이에 상당인과관계가 있다고 보기 어려울 것으로 보인다.

Ⅲ 사안의 해결

개별공시지가 산정업무 담당공무원 등이 그 직무상 의무에 위반하여 현저하게 불합리한 개별공시지가가 결정되도록 함으로써 국민 개개인의 재산권을 침해한 경우에는 그 손해에 대하여 상당인과관계 있는 범위 내에서 그 담당공무원 등이 소속된 지방자치단체가 배상책임을 지게 된다. 다만, 설문에서는 담당 공무원 등의 직무상 의무위반행위는 인정되지만 그 손해와의 사이에서 상당인과관계가 있다고 보기 어려우므로 해당 지방자치단체는 손해배상의 책임을 지지 않는다.

공시지가와 부동산가격공시위원회

사례 15

공시지가와 시가의 관계를 설명하시오. 10점

Ⅰ 개설

시가란 불특정 다수의 시장에서 자유로이 거래가 이루어지는 경우에 통상 성립된다고 인정되는 가액으로서, 토지의 현실거래가격은 아니므로 비정상적인 경로에 의해 상승 또는 감소한 가격은 배제된다. 시가와 현저히 차이가 나는 공시지가결정이 위법한지의 문제와 관련하여 공시지가가 시가와 어떠한 관계가 있는지를 검토하여야 한다.

Ⅱ 학설

1. 정책가격설

공시제도의 목적은 부동산공시법 제1조에 나타나는 바와 같이, 공시지가의 공시를 통하여 적정한 지가형성을 도모하는 데 있으므로 이는 현실에서 거래되는 가격이 아니라 투기억제 또는 지가안정이라는 정책적 목적을 위해 결정·공시되는 가격이라고 본다.

2. 시가설

공시지가는 각종 세금이나 부담금의 산정기준이 되는 토지가격으로서 현실시장 가격을 반영한 가격이지 이와 유리된 가격일 수 없다고 본다.

Ⅲ 판례

"개별토지가격의 적정성 여부는 규정된 절차와 방법에 의거하여 이루어진 것인지 여부에 따라 결정될 것이지", 해당 토지의 시가와 직접적인 관련이 있는 것이 아니므로, 단지 개별지가가 시가를 초과한다는 사유만으로는 그 가격 결정이 위법하다고 단정할 것은 아니라고 판시하여 공시지가를 정책적으로 결정한 가격으로 보고 있다.

Ⅳ 검토

공시지가가 통상적인 시장에서 형성되는 정상적인 시가를 제대로 반영하는 것이 바람직하나, 공시지가가 시가대로 산정된다면 공시지가 제도를 둔 취지가 훼손될 수 있다. 따라서 공시지가와 시가가 현저히 차이가 난다는 사유만으로 그 위법을 인정할 수는 없으며, 이러한 경우 그 산정절차나 비교표준지의 사정 등에 위법이 있을 수 있으므로 이러한 위법을 이유로 주장할 수 있을 것이다.

사례 16

갑 토지의 2030년 표준지공시가는 제곱미터당 800원이었으나 2031년 표준지공시지가는 제곱미터당 880원으로 전년 대비 10%가 상승하였다. 그러나 최근 금리인상으로 부동산 거래는 단절되었고 시가수준은 하락하고 있었다. 갑은 2031년 표준지공시지가는 현실적인 시가수준 변동과 역행하는 것으로서 이러한 상황이 발생된 연유를 국토교통부장관에게 문의하였다. 이에 국토교통부장관은 2031년 표준지공시지가가 20% 상승한 것은 공시지가에 대한 현실화계획에 따른 것으로 시세 대비 70~80% 수준의 공시지가를 형성하기 위한 것이라고 답변하였다.

갑은 부동산 가격공시에 관한 법령상 표준지공시지가를 평가함에 있어서 현실화 계획을 고려한다는 내용이 없으므로 이는 법령에 반하는 위법한 표준지공시지가라고 주장한다.

(현실화 계획이란 표준지공시지가를 시세의 80~90% 수준으로 공시하는 계획을 말한다. 현재시점에서 공시지가의 현실화율은 시세의 50% 수준이었으며 향후 5년간 매년 10%씩 상승시키는 계획을 말한다)

1. 갑은 표준지공시지가의 공시일로부터 5개월이 지난 시점에 행정심판을 청구하였으나 청구기간 도과를 이유로 각하되었고 7월 5일 재결서 정본이 갑에게 송달되었다. 갑은 각하재결에 대하여 취소소송 제기한다면 법원은 어떠한 판결을 해야 하는가? 10점

2. 갑 주장은 타당한가? 10점

참고 조문

[부동산 가격공시에 관한 법률]

제26조의2(적정가격 반영을 위한 계획 수립 등)
① 국토교통부장관은 부동산공시가격이 적정가격을 반영하고 부동산의 유형·지역 등에 따른 균형성을 확보하기 위하여 부동산의 시세 반영률의 목표치를 설정하고, 이를 달성하기 위하여 대통령령으로 정하는 바에 따라 계획을 수립하여야 한다.
② 제1항에 따른 계획을 수립하는 때에는 부동산 가격의 변동 상황, 지역 간의 형평성, 해당 부동산의 특수성 등 제반사항을 종합적으로 고려하여야 한다.
③ 국토교통부장관이 제1항에 따른 계획을 수립하는 때에는 관계 행정기관과의 협의를 거쳐 공청회를 실시하고, 제24조에 따른 중앙부동산가격공시위원회의 심의를 거쳐야 한다.
④ 국토교통부장관, 시장·군수 또는 구청장은 부동산공시가격을 결정·공시하는 경우 제1항에 따른 계획에 부합하도록 하여야 한다.

[부동산 가격공시에 관한 법률 시행령]

제74조의2(적정가격 반영을 위한 계획 수립)
① 국토교통부장관은 법 제26조의2 제1항에 따른 계획을 수립하는 때에는 다음 각 호의 사항을 포함하여 수립해야 한다.

> 1. 부동산의 유형별 시세 반영률의 목표
> 2. 부동산의 유형별 시세 반영률의 목표 달성을 위하여 필요한 기간 및 연도별 달성계획
> 3. 부동산공시가격의 균형성 확보 방안
> 4. 부동산 가격의 변동 상황 및 유형 · 지역 · 가격대별 형평성과 특수성을 반영하기 위한 방안
> ② 국토교통부장관은 법 제26조의2 제1항에 따른 계획을 수립하기 위하여 필요한 경우에는 국가기관, 지방자치단체, 부동산원, 그 밖의 기관 · 법인 · 단체에 대하여 필요한 자료의 제출 또는 열람을 요구하거나 의견의 제출을 요구할 수 있다.

(설문 1)의 해결	(설문2)의 해결
Ⅰ 쟁점의 정리	Ⅰ 쟁점의 정리
Ⅱ 취소소송에서의 제소기간	Ⅱ 표준지공시지가 평가와 시가와의 관계
1. 의의 및 취지(행정소송법 제20조)	1. 표준지공시지가 평가절차(부공법 제3조)
2. 행정심판을 거친 경우의 제소기간	2. 시가와의 관계
3. 청구기간 도과를 이유로 한 각하재결이 있는 경우(2011두18786)	3. 관계 법령의 검토
Ⅲ 사안의 해결	Ⅲ 사안의 해결

⊕ (설문 1)의 해결

Ⅰ 쟁점의 정리

설문은 처분이 있음을 안 날부터 90일을 넘겨 청구한 부적법한 행정심판청구에 대한 재결이 있은 후, 재결서 송달일부터 90일 이내에 원래의 처분을 대상으로 소를 제기할 수 있는지가 문제된다. 이의 해결을 위하여 행정소송법 제20조 취소소송에서의 제소기간을 검토한다.

Ⅱ 취소소송에서의 제소기간

1. 의의 및 취지(행정소송법 제20조)

제소기간이란 소송을 제기할 수 있는 시간적 간격을 의미하며 제소기간 경과 시 "불가쟁력"이 발생하여 소를 제기할 수 없다. 행정소송법 제20조에서는 처분이 있은 날로부터 1년, 안 날로부터 90일 이내에 소송을 제기해야 한다고 규정하고 있다. 제소기간은 행정의 안정성과 국민의 권리구제를 조화하는 입법정책과 관련된 문제이다(초일불산입).

2. 행정심판을 거친 경우의 제소기간

행정심판을 거쳐 취소소송을 제기하는 경우 취소소송은 재결서의 정본을 송달받은 날부터 90일 이내에 제기하여야 한다(행정소송법 제20조 제1항). 이는 불변기간이다.

3. 청구기간 도과를 이유로 한 각하재결이 있는 경우(2011두18786)

처분이 있음을 안 날부터 90일 이내에 행정심판을 청구하지도 않고 취소소송을 제기하지도 않은 경우에는 그 후 제기된 취소소송은 제소기간을 경과한 것으로서 부적법하고, 처분이 있음을 안 날부터 90일을 넘겨 청구한 부적법한 행정심판청구에 대한 재결이 있은 후 재결서를 송달받은 날부터 90일 이내에 원래의 처분에 대하여 취소소송을 제기하였다고 하여 취소소송이 다시 제소기간을 준수한 것으로 되는 것은 아니다.

Ⅲ 사안의 해결

처분이 있음을 안 날부터 90일을 넘겨 청구한 부적법한 행정심판청구에 대한 재결이 있은 후 재결서를 송달받은 날부터 90일 이내에 원래의 처분에 대하여 취소소송을 제기하였다고 하여 취소소송이 다시 제소기간을 준수한 것으로 되는 것은 아니므로, 법원은 각하판결을 하여야 할 것이다.

⊕ (설문 2)의 해결

Ⅰ 쟁점의 정리

현실화 계획에 따른 공시지가 법령에 반하는 것이지를 검토한다.

Ⅱ 표준지공시지가 평가와 시가와의 관계

1. 표준지공시지가 평가절차(부공법 제3조)

국토교통부장관은 표준지 선정 및 관리지침에 따라 선정된 표준지에 대하여 공시일 현재의(시행령 제4조) 적정가격을 조사 평가하고 중앙부동산가격공시위원회의 심의를 거쳐 공시해야 한다.

2. 시가와의 관계

"개별토지가격의 적정성 여부는 규정된 절차와 방법에 의거하여 이루어진 것인지 여부에 따라 결정될 것이지", 해당 토지의 시가와 직접적인 관련이 있는 것이 아니므로, 단지 개별지가가 시가를 초과한다는 사유만으로는 그 가격결정이 위법하다고 단정할 것은 아니라고 판시하여 공시지가를 정책적으로 결정한 가격으로 보고 있다(대판 1996.9.20, 95누11931).

3. 관계 법령의 검토

부공법 제26조의2 제1항은 '국토교통부장관은 부동산공시가격이 적정가격을 반영하고 부동산의 유형·지역 등에 따른 균형성을 확보하기 위하여 부동산의 시세 반영률의 목표치를 설정하고, 이를 달성하기 위하여 대통령령으로 정하는 바에 따라 계획을 수립하여야 한다.'고 정하고 있고, 같은 법 시행령 제74조의2 제1항은 위 계획에 포함되어야 하는 사항으로 '1. 부동산의 유형별 시세 반영률의 목표, 2. 부동산의 유형별 시세 반영률의 목표 달성을 위하여 필요한 기간 및 연도별 달성계획, 3. 부동산공시가격의 균형성 확보 방안, 4. 부동산 가격의 변동 상황 및 유형·지역·가격대별 형평성과 특수성을 반영하기 위한 방안'을 열거하고 있다.

Ⅲ 사안의 해결

공시가격 현실화 계획 및 이에 대한 구체적인 기준은 부공법 제26조의2 및 동법 시행령 제74조의2에 명확한 근거를 두고 있으므로, 공시지가가 급격하게 상승된 이유가 위 공시가격 현실화 계획 때문이라는 갑의 주장이 사실이라 하더라도 그러한 사정만으로 공시지가가 위법하다고 평가하기는 어렵다.

> ✎ **서울행정법원 2023.5.11, 2022구합71561**
>
> 공시지가가 급격히 상승한 사유가 현실화 계획에 따른 것이라는 사정만으로 공시지가가 위법하다고 평가하기는 어렵다.

🔖 **사례 17**

부동산가격공시위원회에 대하여 약술하시오. 10점

Ⅰ 의의

부동산가격공시위원회란 부동산공시법상의 내용과 관련된 사항을 심의하는 위원회를 말하며, 국토교통부장관 소속하에 두는 중앙부동산가격공시위원회와 시·군·구청장 소속하에 두는 시·군·구 부동산가격공시위원회가 있다.

Ⅱ 부동산가격공시위원회의 성격

1. 필수기관

중앙부동산가격공시위원회는 국토교통부장관의 소속하에 두고 시·군·구부동산가격공시위원회는 시·군·구청장 소속하에 두는 필수기관이다.

2. 심의기관의 성격

의결기관과 자문기관의 중간 형태인 심의기관의 성격이 있다고 본다.

Ⅲ 중앙부동산가격공시위원회

1. 설치 및 운영

① 국토교통부장관 소속하에 둔다. 위원장은 국토교통부 제1차관이 되고, 공무원이 아닌 위원은 2년을 임기로 한다. ② 위원회의 회의는 재적위원 과반수의 출석, 과반수 찬성으로 의결한다.

2. 권한

① 부동산 가격공시 관계법령의 제정·개정에 관한 사항 중 국토교통부장관이 심의에 부치는 사항, ② 표준지의 선정 및 관리지침, ③ 조사·평가된 표준지공시지가, ④ 표준지공시지가에 대한 이의신청에 관한 사항, ⑤ 표준주택의 선정 및 관리지침, ⑥ 조사·산정된 표준주택가격, ⑦ 표준주택가격에 대한 이의신청에 관한 사항, ⑧ 공동주택의 조사 및 산정지침, ⑨ 조사·산정된 공동주택가격, ⑩ 공동주택가격에 대한 이의신청에 관한 사항, ⑪ 비주거용 표준부동산의 선정 및 관리지침, ⑫ 조사·산정된 비주거용 표준부동산가격, ⑬ 비주거용 표준부동산가격에 대한 이의신청에 관한 사항, ⑭ 비주거용 집합부동산의 조사 및 산정지침, ⑮ 조사·산정된 비주거용 집합부동산가격, ⑯ 비주거용 집합부동산가격에 대한 이의신청에 관한 사항, ⑰ 계획수립에 관한 사항, ⑱ 그 밖에 부동산정책에 관한 사항 등 국토교통부장관이 심의에 부치는 사항을 심의한다.

Ⓝ 시·군·구 부동산 평가위원회

1. 설치 및 운영

① 시·군·구청장 소속하에 둔다. 위원장은 부시장, 부군수, 부구청장이다. ② 시·군·구 부동산격 공시위원회의 구성과 운영에 관하여 필요한 사항은 해당 시·군·구의 조례로 정한다.

2. 권한

① 개별공시지가의 결정에 관한 사항, ② 개별공시지가에 대한 이의신청에 관한 사항, ③ 개별주택 가격의 결정에 관한 사항, ④ 개별주택가격에 대한 이의신청에 관한 사항, ⑤ 비주거용 개별부동산 가격의 결정에 관한 사항, ⑥ 비주거용 개별부동산가격에 대한 이의신청에 관한 사항, ⑦ 그 밖에 시장·군수 또는 구청장이 심의에 부치는 사항을 심의한다.

공시지가제도와 개선방안

사례 18

주택가격공시제도에 대해서 설명하시오. **20점**

I 의의

주택가격공시제도는 정부의 조세형평주의의 일환으로 종합부동산세를 부과하기 위한 기준을 마련하기 위하여 도입된 제도이다. 종전 지가공시법에는 표준지공시지가와 개별공시지가가 담겨 있었는데, 주택에 대한 공시가격의 필요성이 불거짐에 따라 주택가격공시제도를 포함하여 새롭게 입법이 되었다.

II 표준주택공시가격

1. 의의

국토교통부장관은 전국의 주택 중 표준주택을 선정하고 감정평가법인등이 토지와 건물을 일체로 거래할 수 있는 적정가격을 평가하여 공시한다(부동산공시법 제16조 제1항). 표준주택이라 함은 국토교통부장관이 용도지역, 건물구조 등이 일반적으로 유사하다고 인정되는 일단의 단독주택 중에서 산정하는 해당 일단의 단독주택을 대표할 수 있는 주택을 말한다(부동산공시법 제16조 제1항).

2. 법적 성질

표준주택공시가격은 표준지공시지가와 매우 흡사한 부분이 있다. 그러나 표준지공시지가는 여러 가지 다양한 행정목적을 위하여 만들어진 공적지가이지만 표준주택공시가격은 과세의 기준으로만 활용된다. 따라서 표준주택공시가격의 법적 성질은 개별공시지가와 유사하게 국민의 권리ㆍ의무에 직접적인 영향이 있다고 보아야 한다. 따라서 처분성이 있다고 보인다.

3. 산정 및 효과

(1) 조사ㆍ산정절차

국토교통부장관은 일단의 단독주택 중에서 해당 일단의 주택을 대표할 수 있는 주택을 선정하여야 하고, 한국부동산원에게 의뢰를 하게 된다. 이후 중앙부동산가격공시위원회의 심의를 거쳐 표준주택가격을 공시하게 된다(부동산공시법 제16조 제1항). 표준주택가격의 공시기준일은 원칙적으로 1월 1일로 한다.

(2) 공시사항

표준주택가격을 공시할 때에는 지번, 표준주택가격, 대지면적, 형상, 용도, 연면적, 구조, 사용승인일, 기타 대통령이 정하는 사항을 공시하여야 한다(부동산공시법 제16조 제2항).

(3) 효과

표준주택가격은 국가, 지방자치단체 등의 기관이 그 업무와 관련하여 개별주택가격을 산정하는 경우에 그 기준이 된다(동법 제19조 제1항).

4. 불복

표준주택공시가격에 불복하는 방법에는 표준주택가격 공시과정상 표준지공시지가의 이의신청을 준용하도록 법 제16조 제7항에서 규정하고 있는 바, 표준지공시지가의 이의신청을 준용하여 부동산가격공시법에서 정한 이의신청절차를 거치게 된다. 이후 표준주택공시가격의 처분성을 인정하게 되면 행정쟁송을 제기할 수 있다.

Ⅲ 개별주택공시가격

1. 의의

지방자치단체의 장은 표준주택 중 비교표준주택을 선정하고 비준율을 곱하여 개별주택의 가격을 산정하게 된다(부동산공시법 제17조 제1항). 개별주택의 가격은 종합부동산세의 과표가 된다.

2. 법적 성질

개별주택공시가격의 법적 성질이 무엇인지에 대하여 의문이 있을 수 있는데 개별주택공시가격은 개별공시지가와 같이 과세의 기준이 된다는 점에서 법적 성질이 동일하다고 볼 수 있다. 따라서 개별주택공시가격은 국민의 권리·의무에 직접적인 영향이 있다고 보아야 하므로 처분성이 있다고 보인다.

3. 산정 및 효과

(1) 산정기준

시·군·구의 장은 개별주택가격을 결정·공시하는 경우에는 해당 주택과 유사한 이용가치를 지닌다고 인정되는 표준주택가격을 기준으로 주택가격비준표를 사용하여 가격을 산정하되, 해당 주택의 가격과 표준주택가격이 균형을 유지하도록 하여야 한다(부동산공시법 제17조 제5항).

(2) 산정절차

시·군·구의 장은 국토교통부장관이 제정한 지침에 따라 원칙적으로 전국의 모든 개별주택가격을 조사·산정한다. 산정된 개별주택가격은 한국부동산원의 검증을 받게 된다. 이후 시·군·구 부동산가격공시위원회의 심의를 거쳐서 공시한다(부동산공시법 제17조). 개별주택가격의 공시기준일은 원칙적으로 1월 1일로 한다.

(3) 공시사항

개별주택가격을 공시할 때에는 지번, 개별주택가격, 기타 대통령이 정하는 사항을 공시하여야
한다(부동산공시법 제17조 제3항). 기타 대통령령으로 정하는 사항에는 개별주택가격의 결정
에 관한 사항 및 이의신청에 관한 사항이 포함된다.

(4) 개별주택가격을 공시하지 아니하는 단독주택

① 표준주택으로 선정된 단독주택은 해당 가격을 개별주택가격으로 보기 때문에 별도로 개별
주택가격을 산정하지 않는다. ② 국세 또는 지방세의 부과대상이 아닌 단독주택은 개별주택가
격을 산정하지 않는다.

(5) 효과

개별주택가격은 주택시장의 가격정보를 제공하고, 국가 · 지방자치단체 등의 기관이 과세 등의
업무와 관련하여 주택의 가격을 산정하는 경우에 그 기준으로 활용될 수 있다(부동산공시법 제
19조 제2항).

4. 불복

개별주택공시가격에 불복하는 방법에는 개별주택가격공시 과정상 개별공시지가 이의신청을 준용
하도록 부동산공시법 제17조 제8항에서 규정하고 있는바, 개별공시지가의 이의신청을 준용하여 부
동산공시법에서 정한 이의신청절차를 거치게 된다. 이후 개별주택공시가격의 처분성을 인정하게
되면 행정쟁송을 제기할 수 있다.

Ⅳ 공동주택공시가격

1. 의의

국토교통부장관은 공동주택에 대한 부동산세 부과를 위하여 공동주택의 적정가격을 조사한다(부동산
공시법 제18조 제1항).

2. 법적 성질

공동주택공시가격의 법적 성질이 무엇인지에 대하여 의문이 있을 수 있는데 개별공시지가 및 개별주
택공시가격과 같이 과세의 기준이 된다는 점에서 법적 성질이 동일하다고 볼 수 있다. 따라서 공동주
택공시가격은 국민의 권리 · 의무에 직접적인 영향이 있다고 보아야 하므로 처분성이 있다고 본다.

3. 산정 및 효과

(1) 산정기준

공동주택의 적정가격을 조사 · 산정하는 경우에는 인근 유사공동주택의 거래가격 · 임대료 및
해당 공동주택과 유사한 이용가치를 지닌다고 인정되는 공동주택의 건설에 필요한 비용추정액,

인근 지역 및 다른 지역과의 형평성·특수성, 공동주택가격 변동의 예측 가능성 등 제반사항 등을 종합적으로 참작하여야 한다(부동산공시법 제18조 제5항).

(2) 산정절차

국토교통부장관은 원칙적으로 전국의 모든 공동주택에 대하여 매년 공시기준일 현재의 적정가격을 조사·산정한다. 이를 위해서 부동산가격의 조사·산정에 관한 전문성이 있는 기관인 부동산원에게 의뢰를 한다(부동산공시법 제18조 제6항). 이후 중앙부동산가격공시위원회의 심의를 거쳐 공시하게 된다. 공시기준일은 원칙적으로 1월 1일로 한다.

(3) 공시사항

공동주택가격을 공시할 때에는 지번, 명칭, 동 호수, 공동주택가격, 공동주택의 면적 및 이의신청에 관한 사항 등을 공시하여야 한다.

(4) 효과

공동주택가격은 주택시장의 가격정보를 제공하고, 국가·지방자치단체 등의 기관이 과세 등의 업무와 관련하여 주택의 가격을 산정하는 경우에 그 기준으로 활용될 수 있다(부동산공시법 제19조 제2항).

4. 불복

공동주택공시가격에 불복하는 방법에는 공동주택가격공시과정상 표준지공시지가 이의신청을 준용하도록 부동산공시법 제17조 제8항에서 규정하고 있는바, 표준지공시지가의 이의신청을 준용하여 부동산가격공시법에서 정한 이의신청절차를 거치게 된다. 이후 표준주택공시가격의 처분성을 인정하게 되면 행정쟁송을 제기할 수 있다.

🔷 사례 19

비주거용 부동산가격공시제도에 대해서 설명하시오. 20점

Ⅰ 비주거용 표준부동산가격

1. 의의

국토교통부장관은 용도지역, 이용상황, 건물구조 등이 일반적으로 유사하다고 인정되는 일단의 비주거용 일반부동산 중에서 선정한 비주거용 표준부동산에 대하여 매년 공시기준일 현재의 적정가격을 조사·산정하고, 제24조에 따른 중앙부동산가격공시위원회의 심의를 거쳐 이를 공시할 수 있다(부동산공시법 제20조).

2. 법적 성질

비주거용 표준부동산공시가격은 표준지공시지가와 매우 흡사한 부분이 있다. 그러나 표준지공시지가는 여러 가지 다양한 행정목적을 위하여 만들어진 공적 지가이지만 비주거용 표준부동산공시가격은 과세의 기준으로만 활용된다. 따라서 표준주택공시가격의 법적 성질은 개별공시지가와 유사하게 국민의 권리·의무에 직접적인 영향이 있다고 보아야 한다. 따라서 처분성이 있다고 보인다.

3. 산정 및 효과

(1) 산정절차

공국토교통부장관이 비주거용 표준부동산가격을 조사·산정하는 경우에는 인근 유사비주거용 일반부동산의 거래가격·임대료 및 해당 비주거용 일반부동산과 유사한 이용가치를 지닌다고 인정되는 비주거용 일반부동산의 건설에 필요한 비용추정액 등을 종합적으로 참작하여야 한다(부동산공시법 제20조 제5항).

(2) 공시사항

비주거용 표준부동산가격을 공시할 때에는 지번, 표준부동산의 가격, 대지면적, 형상, 용도, 연면적, 구조, 사용승인일, 기타 대통령령으로 정하는 사항을 공시하여야 한다(부동산공시법 제20조 제2항).

(3) 효과

비주거용 표준부동산가격은 국가·지방자치단체 등이 그 업무와 관련하여 비주거용 개별부동산가격을 산정하는 경우에 그 기준이 된다(부동산공시법 제23조 제1항).

4. 불복

비주거용 표준부동산가격에 불복하는 방법에는 표준지공시지가의 이의신청을 준용하도록 법 제20조 제7항에서 규정하고 있는 바, 표준지공시지가의 이의신청을 준용하여 부동산공시법에서 정한 이의 신청절차를 거치게 된다. 이후 비주거용 표준부동산가격의 처분성을 인정하게 되면 행정쟁송을 제기할 수 있다.

(Ⅱ) 비주거용 개별부동산가격

1. 의의

지방자치단체의 장은 비주거용 표준부동산 중 비교표준부동산을 선정하고 비준율을 곱하여 비주거용 개별부동산의 가격을 산정하게 된다(부동산공시법 제21조 제1항).

2. 법적 성질

비주거용 개별부동산가격의 법적 성질이 무엇인지에 대하여 의문이 있을 수 있는데 비주거용 개별부동산가격은 개별공시지가와 같이 과세의 기준이 된다는 점에서 법적 성질이 동일하다고 볼 수 있다. 따라서 비주거용 개별부동산가격은 국민의 권리·의무에 직접적인 영향이 있다고 보아야 하므로 처분성이 있다고 보인다.

3. 산정 및 효과

(1) 산정기준

시장·군수 또는 구청장이 비주거용 개별부동산가격을 결정·공시하는 경우에는 해당 비주거용 일반부동산과 유사한 이용가치를 지닌다고 인정되는 비주거용 표준부동산가격을 기준으로 비주거용 부동산가격비준표를 사용하여 가격을 산정하되, 해당 비주거용 일반부동산의 가격과 비주거용 표준부동산가격이 균형을 유지하도록 하여야 한다(부동산공시법 제21조 제5항).

(2) 산정절차

시·군·구의 장은 국토교통부장관이 제정한 지침에 따라 원칙적으로 전국의 모든 비주거용 개별부동산가격을 조사·산정한다. 산정된 비주거용 개별부동산가격은 감정평가법인등이 검증을 하게 된다. 이후 시·군·구 부동산가격공시위원회의 심의를 거쳐서 공시한다(부동산공시법 제21조 제6항).

(3) 공시사항

비주거용 개별부동산가격을 공시하는 경우에는 비주거용 부동산의 지번, 비주거용 부동산가격, 그 밖에 대통령령으로 정하는 사항을 공시한다(부동산공시법 제21조 제3항).

(4) 비주거용 개별부동산가격을 공시하지 아니하는 경우

비주거용 표준부동산으로 선정된 비주거용 일반부동산, 국세 또는 지방세 부과대상이 아닌 비주거용 일반부동산, 그 밖에 국토교통부장관이 정하는 비주거용 일반부동산의 경우에는 비주거용 개별부동산가격을 공시하지 않을 수 있다(부동산공시법 제21조 제2항).

(5) 효과

비주거용 개별부동산가격은 비주거용 부동산시장에 가격정보를 제공하고, 국가·지방자치단체 등이 과세 등의 업무와 관련하여 비주거용 부동산의 가격을 산정하는 경우에 그 기준으로 활용될 수 있다(부동산공시법 제23조 제2항).

4. 불복

비주거용 개별부동산가격에 불복하는 방법에는 비주거용 개별부동산가격공시 과정상 개별공시지가 이의신청을 준용하도록 부동산공시법 제21조 제8항에서 규정하고 있는바, 개별공시지가의 이의신청을 준용하여 부동산가격공시법에서 정한 이의신청절차를 거치게 된다. 이후 비주거용 개별부동산가격의 처분성을 인정하게 되면 행정쟁송을 제기할 수 있다.

Ⅲ 비주거용 집합부동산가격

1. 의의

국토교통부장관은 비주거용 집합부동산에 대한 부동산세 부과를 위하여 공동주택의 적정가격을 조사한다(부동산공시법 제22조 제1항).

2. 법적 성질

비주거용 집합부동산가격의 법적 성질이 무엇인지에 대하여 의문이 있을 수 있는데 개별공시지가 및 개별주택공시가격과 같이 과세의 기준이 된다는 점에서 법적 성질이 동일하다고 볼 수 있다. 따라서 비주거용 집합부동산가격은 국민의 권리·의무에 직접적인 영향이 있다고 보아야 하므로 처분성이 있다고 본다.

3. 산정 및 효과

(1) 산정기준

국토교통부장관이 비주거용 집합부동산가격을 조사·산정하는 경우에는 인근 유사비주거용 집합부동산의 거래가격·임대료 및 해당 비주거용 집합부동산과 유사한 이용가치를 지닌다고 인정되는 비주거용 집합부동산의 건설에 필요한 비용추정액 등을 종합적으로 참작하여야 한다(부동산공시법 제22조 제6항).

(2) 산정절차

국토교통부장관은 원칙적으로 전국의 모든 공동주택에 대하여 매년 공시기준일 현재의 적정가격을 조사·산정한다. 이를 위해서 부동산가격의 조사·산정할 때에는 부동산원 및 이에 관한 전문성이 있는 자에게 감정평가의뢰를 한다(부동산공시법 제22조 제7항). 이후 중앙부동산가격공시위원회의 심의를 거쳐 공시하게 된다. 공시기준일은 원칙적으로 1월 1일로 한다.

(3) 공시사항

비주거용 집합부동산의 소재지·명칭·동·호수, 비주거용 집합부동산가격, 비주거용 집합부동산의 면적, 그 밖에 비주거용 집합부동산가격 공시에 필요한 사항을 공시하여야 한다(부동산공시법 시행령 제64조).

(4) 효과

비주거용 개별부동산가격은 비주거용 부동산시장에 가격정보를 제공하고, 국가·지방자치단체 등이 과세 등의 업무와 관련하여 비주거용 부동산의 가격을 산정하는 경우에 그 기준으로 활용될 수 있다(부동산공시법 제23조 제2항).

4. 불복

비주거용 집합부동산가격에 불복하는 방법에는 표준지공시지가 이의신청을 준용하도록 부동산공시법 제22조 제9항에서 규정하고 있는바, 표준지공시지가의 이의신청을 준용하여 부동산공시법에서 정한 이의신청절차를 거치게 된다. 이후 비주거용 집합부동산가격의 처분성을 인정하게 되면 행정쟁송을 제기할 수 있다.

사례 20

공시지가제도의 문제점과 개선방안에 대하여 논하시오. [15점]

1. 개설

공시지가제도는 종래의 다원화된 지가체계를 일원화하여 바람직하다고 생각하는 지가수준을 널리 국민에게 알려 지가행정의 원활함과 행정의 공신력 확보를 도모하기 위한 제도이다. 그러나 그 동안의 제도 운영상 여러 가지 문제점으로 인하여 공시지가의 공신력에 대한 불신을 받고 있다. 이러한 문제점의 발생원인은 ① 지가조사의 근본적인 어려움, ② 제도 시행상의 문제점, ③ 이해관계에 따라 지가를 다르게 인식하는 경향, ④ 토지시장에서의 이론지가와 현실지가의 괴리 등에서 찾을 수 있다.

2. 법제상의 문제점과 개선방안

부동산공시법이 부동산가격 공시에 관한 기본법이어야 하는데 부동산가격 공시에만 치우친 경향이 있다. 따라서 개별법에 산재된 평가에 관한 사항을 흡수하여 공시지가를 활용하는 경우에 대한 단일 제정이 필요하다.

3. 이해관계에 따른 지가인식 문제점과 개선방안

조세, 보상 등과 관련하여 체감지가와의 차이에 따라 많은 민원이 제기되고 있다. 이를 개선하기 위해서는 공시지가의 평가에 있어서 감정평가의 각 방식 중 가장 적절한 방식과 기법을 적용하도록 함이 바람직하다.

4. 개별공시지가의 신뢰도 문제점과 개선방안

(1) 비교표준지선정 오류의 문제

비전문가인 공무원이 비교표준지를 선정함에 따라 비교표준지 선정이 잘못되어 개별공시지가가 부적정하게 되는 문제가 있다. 이를 개선하기 위해서는 전문교육이 선행되어야 할 것이다.

(2) 토지가격비준표의 한계

토지가격비준표는 용도지역별로 구성되어 있으므로 적용범위가 광범위하여 해당 토지의 적정 가격과 괴리될 수 있다. 이러한 문제점을 해결하기 위해 동일 가격권별로 비준표를 작성해야 할 것이다.

(3) 검증제도의 효율성 문제

검증제도는 개별공시지가의 객관성, 신뢰성 확보를 위해 도입된 제도이나 예산상의 문제로 인하여 전체 필지 중 1/3 필지만 검증하고 있으므로 이에 대한 실효성에 문제가 있다. 이를 개선하기 위해서는 전필지에 대한 검증이 요구된다.

(4) 담당공무원의 비전문성

개별공시지가는 공무원에 의해 산정되는데, 담당공무원의 전문성이 결여되어 있다는 문제가 있으며, 이의 해결을 위해서는 지가담당공무원에 대한 전문화 교육 강화, 전문성에 대한 응분의 처우, 빈번한 인사이동의 억제 및 타업무의 배제 등이 요구된다.

5. 표준지의 대표성 문제

지역에 따라 표준지의 수가 과소 또는 과밀한 경우가 있고, 다양한 토지 유형을 표준지가 빠짐없이 대표하지 못하는 문제가 있다. 이의 해결을 위해서는 표준지의 선정 및 관리지침상의 표준지 선정 기준에 충실한 표준지 선정이 되도록 교육을 강화해야 한다고 본다.

PART

06

감정평가법

등록, 신고 및 인가의 법적 성질

사례 1

갑, 을, 병, 정은 감정평가사 시험에 합격하였다. 합격 후에 감정평가업무를 수행하기 위해서 각각 국토교통부장관에게 적법한 요건을 모두 갖추고 등록신청을 했다. 국토교통부장관은 갑에 대한 등록은 거부하고 을과 병 및 정에게는 등록증을 교부하였다.

을과 병은 사무소를 개설하고 병은 소속평가사를 두고 업무의 효율성을 증대시켰는데 소속평가사가 개인사정으로 그만둠으로써 새로운 소속평가사를 고용하고 이에 대한 적법한 요건을 모두 갖추고 소속평가사 변경신고를 하였다. 국토교통부장관은 새로 고용된 소속평가사가 종전의 소속평가사보다 경력이 부족하여 업무수행의 지장이 염려된다는 이유로 수리를 거부하였다.

정은 대형법인 A에 소속되어 열심히 감정평가업무를 수행하고 있었는데 대형법인 A는 자금사정의 악화로 B법인과의 합병을 추진하고 있었다. 그 후, A법인은 사원 중 일부만이 동의하였음에도 불구하고 사원 전원이 동의한 것으로 하여 B법인과 합병하였고, 국토교통부장관의 인가를 받았다.

(1) 갑은 국토교통부장관의 등록거부를 대상으로 취소소송을 제기하려고 한다. 등록거부는 소의 대상이 되는가? [10점]

(2) 병은 소속평가사의 변경신고수리가 거부되어 소속평가사가 아닌 자로 하여금 업무를 수행하도록 시키는 것이 되어 1년 이하의 징역이나 1천만원 이하의 벌금이 부과될 수 있을지도 모른다는 불안함에 수리거부에 대하여 취소소송을 제기하려고 한다. 수리거부행위는 소의 대상이 되는가? [15점]

(3) 정은 B법인과의 합병과 관련하여 기본행위의 하자가 있음을 이유로 인가취소소송을 제기할 수 있는가? [15점]

Ⅰ 개설(감정평가법인등의 지위발생)

Ⅱ (설문 1)의 해결
1. 문제점
2. 감정평가사 자격등록의 의의 및 취지
3. 등록의 법적 성질
   (1) 강학상 수리인지
   (2) 기속행위성
4. 등록거부의 법적 성질
   (1) 거부가 처분이 되기 위한 요건
   (2) 등록거부의 법적 성질
5. 사안의 경우

Ⅲ (설문 2)의 해결
1. 문제점
2. 자기완결적 신고와 행위요건적 신고
   (1) 의의
   (2) 구별실익
   (3) 구별기준
       1) 학설
       2) 판례
       3) 검토
3. 정보제공적 신고와 금지해제적 신고
   (1) 의의

Ⅰ 개설(감정평가법인등의 지위발생)

감정평가업무를 수행하기 위해서는 감정평가 자격증을 국토교통부장관에게 등록하고 사무소를 개설하거나 법인설립인가를 받아야 한다. 이는 감정평가업무의 사회성과 공공성 측면에서 감정평가사의 효율적인 관리를 도모함에 취지가 인정된다. 이하에서 각 설문에 답한다.

Ⅱ (설문 1)의 해결

1. 문제점

행정소송법 제19조에서는 취소소송의 대상으로 처분 등을 규정하고 있다. 따라서 등록거부가 취소소송의 대상이 되는 처분인지의 검토가 필요하다.

2. 감정평가사 자격등록의 의의 및 취지

등록이란 사인이 알린 일정한 사실을 유효한 것으로 받아들이는 것을 말한다. 즉, 국토교통부장관이 자격요건의 구비사실에 대한 신청을 장부에 등재하여 유효한 것으로 받아들이는 것을 말한다. 이는 감정평가사의 효율적 관리 및 신뢰성 제고에 취지가 인정된다.

3. 등록의 법적 성질

(1) 강학상 수리인지

① 사인의 신청을 유효한 행위로 받아들이는 행위로 보는 〈수리설〉, ② 자격요건을 갖춘 사실을 공적으로 증명하는 것이라는 〈공증설〉, ③ 감정평가업을 할 수 있는 요건을 판단하는 〈허가설〉이 있다.

〈생각건대〉 등록신청에 대하여 감정평가법 제18조에서 규정한 등록거부사유에 해당하는지를 확인하여 등록거부사유에 해당하지 않으면 유효한 것으로 받아들이므로 강학상 수리로 본다.

(2) 기속행위성

시행령 제18조에서는 "등록거부사유가 없으면 등록증을 교부하여야 한다"고 규정하는 바 기속행위로 볼 수 있다.

4. 등록거부의 법적 성질

(1) 거부가 처분이 되기 위한 요건

거부가 행정쟁송의 대상인 처분이 되기 위해서는 ① 공권력 행사의 거부이어야 하며, ② 국민의 권리·의무에 영향을 미쳐야 한다. ③ 이에 판례는 법규상 또는 조리상 신청권을 요하는데 이에 대해 원고적격이나 본안요건의 문제로 보는 견해도 있다.

(2) 등록거부의 법적 성질

등록신청에 대한 거부는 공권력 행사의 거부로서, 갑이 감정평가업무를 수행할 수 있는 권리에 영향을 미치고, 감정평가법 제18조에 의한 신청권이 인정되는 바, 행정쟁송의 대상이 되는 처분에 해당한다.

5. 사안의 경우

국토교통부장관의 등록거부는 처분이므로 갑은 이를 대상으로 취소소송을 제기할 수 있다.

Ⅲ [설문 2]의 해결

1. 문제점

신고란 사인이 일정한 법률효과의 발생을 위해 일정사실을 행정청에 알리는 것을 말한다. 병에 대한 수리거부에 대하여 취소소송을 제기하기 위해서는 수리거부의 처분성이 인정되어야 한다. 이에 대한 전제로서 소속평가사 변경신고의 법적 성질을 검토해야 한다.

2. 자기완결적 신고와 행위요건적 신고

(1) 의의

① 사인이 일정사항을 행정청에 통지함으로써 효력이 발생(행정절차법 제40조 제2항)하는 신고를 자기완결적 신고라 하고, ② 이를 수리함으로써 효력이 발생하는 신고를 행위요건적 신고라 한다.

(2) 구별실익

자기완결적 신고의 수리행위는 국민의 권리·의무에 영향을 주는 행정행위가 아니므로 처분성이 인정되지 않는다.

(3) 구별기준

1) 학설

① 형식요건 외에도 실질적 요건을 요하는지로 구분하는 견해와 ② 동일법에서 등록과 신고를 구분하지 않는 경우는 합리적이고, 유기적인 해석을 통해서 판단할 수밖에 없다는 견해가 있다.

2) 판례

대법원은 관계법이 실질적 적법요건을 규정한 경우 행위요건적 신고로 보며, ① 건축법상 신고는 자기완결적, ② 건축주명의변경신고는 행위요건적 신고로 판시한 바 있다.

3) 검토

법문언상 수리규정이나 실질적 적법요건을 규정하는 경우는 행위요건적 신고로 봄이 타당하고 불분명한 경우라면 국민에게 유리한 자기완결적 신고로 봄이 타당하다.

3. 정보제공적 신고와 금지해제적 신고

(1) 의의

정보제공적 신고란 행정의 대상이 되는 사실에 관한 정보를 제공하는 기능을 갖는 신고를 말하고, 금지해제적 신고란 정보제공 기능뿐만 아니라 건축활동 등 사적활동을 규제하는 기능을 갖는 신고를 말한다.

(2) 구별실익

정보제공적 신고의 경우 신고 없이 행위를 하여도 행위자체는 위법하지 않으므로 행정질서벌인 과태료의 대상이 된다. 반면에 금지해제적 신고의 경우 신고 없이 한 행위는 법상 금지된 행위가 되며 행정형벌이나 시정조치의 대상이 된다.

4. 소속평가사변경신고의 법적 성질

시행령 제20조 제2항(삭제 2022.1.21.)에서는 신고사항에 변경이 있는 경우 신고사항변경신고서를 제출하도록 규정하고 있으며, 동법 시행규칙 제17조(삭제 2022.1.21.)에서는 변경사항을 증명하는 서류 1부를 형식적으로 규정하고 있으므로 〈자기완결적 신고〉로 봄이 타당하다.

또한 감정평가법 제21조 제5항에서는 소속평가사가 아닌 자로 하여금 제10조에 따른 업무를 하게 하여서는 안 된다는 금지규정을 두고 있으며, 이를 위반한 경우 업무정지처분 및 징역 또는 벌금의 행정형벌(제50조 제2호)을 과하고 있으므로 〈금지해제적 신고〉로 볼 수 있다.

5. 사안의 경우

최근 판례는(대판 2010.11.18, 2008두167 숓슘) 건축신고의 경우에도 건축신고의 반려로 인하여 시정명령, 이행강제금, 벌금의 대상이 되거나 해당 건축물을 사용하여 행할 행위의 허가가 거부될 우려가 있어 불안정한 지위에 놓이게 되므로 항고소송의 대상이 된다고 판시한 바 있다.

따라서 설문상 소속평가사 변경신고의 수리가 거부되어 소속평가사가 아닌 자로 하여금 업무를 수행하게 한 것이 되어 감정평가법 제50조에 따른 징역 및 벌금의 벌칙규정이 적용될 불안정한 지위에 놓일 우려가 있는 경우는 수리거부에 대해서 취소소송을 제기할 수 있을 것이다.

Ⅳ [설문 3]의 해결

1. 문제점

설문상 정이 법인 합병의 기본행위에 하자가 있음을 이유로 인가취소소송을 제기하기 위해서는, 기본행위의 하자를 다툴 수 있음에도 인가를 대상으로 소를 제기할 현실적 필요성이 인정되는지를 검토하여야 한다.

2. 인가의 의의 및 취지(감정평가법 제29조)

인가란 타인의 법률적 행위를 보충하여 그 법적 효력을 완성시켜 주는 행정행위를 말한다. 즉, 국토교통부장관이 감정평가법인의 설립행위를 보충하여 사인 간의 법인설립행위의 효력을 완성시켜 주는 행위이다.

3. 법적 성질(형성행위, 기속행위)

① 인가는 기본행위의 효력을 완성시켜주는 형성행위이다. ② 인가는 새로운 권리설정 행위가 아니고, 공익판단의 규정이 없는 점에 비추어 볼 때, 요건구비시에 인가를 거부할 수 없는 기속행위로 보아야 한다.

4. 합병인가의 요건(감정평가법 제29조 제8항) 및 인가의 효력

① 감정평가법인은 사원 전원의 동의 또는 주주총회의 의결이 있을 때, 국토교통부장관의 인가를 받을 것을 요건으로 한다. ② 인가는 기본적 행위의 효력을 완성시켜 주는 보충적 효력을 갖는다.

5. 기본행위의 하자와 소의 이익

(1) 협의의 소익의 의의 및 취지

협의의 소익은 본안판결을 받을 현실적 필요성을 의미한다(행정소송법 제12조 제2문). 협의소익은 원고적격과 함께 소송요건이 되며 이는 남소방지와 충실한 본안심사를 통해 소송경제를 도모함에 취지가 인정된다.

(2) 취소소송에서의 협의의 소익

① 처분의 효력이 소멸한 경우, ② 원상회복이 불가능한 경우, ③ 처분 후의 사정에 의해 이익침해가 해소된 경우, ④ 보다 간이한 구제방법이 있는 경우에는 소의 이익이 없는 것으로 보아야 한다.

(3) 기본행위의 하자와 협의의 소익

인가의 보충성에 비추어 인가에 대한 항고소송에서 승소하더라도 기본행위 자체의 소송을 별도로 제기하여야 하므로 인가에 대한 항고소송은 본안판결을 받을 법적 이익이 없다.

〈판례〉도 '인가처분에 하자가 없다면 기본행위에 하자가 있다 하더라도 따로 그 기본행위의 하자를 다투는 것은 별론으로 하고, 기본행위에 하자가 있으면 기본행위를 다투어야 하며 기본행위의 하자를 이유로 인가처분의 취소 또는 무효확인을 소구할 법률상 이익이 없다'고 판시한 바 있다.

6. 사안의 경우

기본행위인 법인합병행위가 하자를 이유로 성립하지 않거나 취소되면 인가도 무효가 돼서 인가의 효력이 발생하지 않는다. 따라서 정은 기본행위의 하자를 다투어 권리보호를 받을 수 있으므로 인가처분의 취소를 구하는 취소소송을 제기할 수 없다.

감정평가법인등의 권리, 의무 및 책임

🔺 **사례 2**

감정평가법인등의 법적 지위를 권리, 의무, 책임을 중심으로 설명하시오. ⌈30점⌉

Ⅰ 서

Ⅱ 감정평가법인등의 권리
   1. 감정평가권
   2. 타인토지출입권
   3. 명칭사용권
   4. 보수청구권
   5. 청문권
   6. 쟁송권

Ⅲ 감정평가법인등의 의무
   1. 적정가격 평가의무

2. 감정평가사 자격등록 및 갱신등록 의무
3. 성실의무 등
4. 감정평가서 교부 및 보존의무
5. 국토교통부장관의 지도 · 감독에 따를 의무
6. 관련 법령 준수의무

Ⅳ 감정평가법인등의 책임
   1. 민사상 책임
   2. 행정상 책임
   3. 형사상 책임

Ⅴ 결

Ⅰ 서

법적 지위는 법률관계에서 주체 또는 객체로서의 지위를 말하는 것으로 이는 권리와 의무로 나타난다. 감정평가법인등은 주로 부동산의 감정평가와 관련하여 권리 · 의무 · 책임의 주체 또는 객체가 된다. 부동산 감정평가는 사회성 · 공공성이 크므로 전문성을 요한다 할 것이므로, 감정평가법은 일정한 자격과 요건을 갖춘 감정평가법인등만이 감정평가를 할 수 있도록 규정하고 있고, 그에 따른 의무와 책임을 법정하고 있다.

Ⅱ 감정평가법인등의 권리

1. 감정평가권

감정평가는 전문적 지식을 요하는 일로서 감정평가법은 일정 요건을 갖추어 자격을 등록하고 설립인가 및 사무소개설신고를 한 감정평가법인등에게만 토지 등의 평가권을 부여하고 있다.

2. 타인토지출입권

감정평가법인등은 표준지공시지가의 조사 · 평가 또는 개별공시지가 검증업무를 위해 타인토지에 출입하여 조사할 필요가 있는 경우 이를 행할 수 있는 권한을 갖는다. 이는 지가공시제도의 적정성 확보를 위해 인정된 것이며 토지소유자 등은 명문의 규정은 없으나 이를 인용할 의무를 갖는다고 본다.

3. 명칭사용권

감정평가법인등은 사무소등록신청권, 인가신청권, 사무소명칭, 명함 등에 '감정평가사' 또는 '감정평가사사무소', '감정평가법인'이라는 명칭을 사용할 수 있다. 그리고 감정평가법인등이 아닌 자는 이와 유사한 명칭을 사용할 수 없으며 이에 위반한 경우 500만원 이하의 과태료에 처하게 된다.

4. 보수청구권

감정평가법인등은 근로의 대가로 보수를 청구할 수 있다. 보수는 의뢰물건의 일정률인 수수료와 사실확인, 출장 등에 소요되는 실비가 해당된다. 의뢰물건의 특수성에 의해 가산금이 포함될 수 있으며 실비를 미리 요청할 수도 있다.

5. 청문권(제45조)

국토교통부장관은 감정평가사의 자격취소 및 감정평가법인의 설립인가취소처분 등을 하고자 하는 경우에는 청문을 실시하여야 한다. 따라서 감정평가법인등의 신분은 법에 의하여 보장되며 감정평가법인 등은 청문을 하도록 요청할 수 있는 권리를 가진다.

6. 쟁송권

이는 실체적 권리구제수단으로서 위법한 등록·설립인가취소에 대하여는 항고쟁송을 제기할 수 있고 위법한 등록·설립인가취소로 손해가 발생한 경우에는 손해배상을 청구할 수 있다.

Ⅲ 감정평가법인등의 의무

1. 적정가격 평가의무

토지 등의 적정한 가격형성을 통하여 국토의 효율적인 이용과 국민경제의 발전을 위해서는 토지의 적정가격 평가·공시가 선행되어야 한다. 따라서 감정평가법인등은 토지 등의 평가권을 가짐과 동시에 토지 등의 적정가격을 평가할 의무를 부담한다.

2. 감정평가사 자격등록 및 갱신등록 의무

감정평가사 자격이 있는 자는 감정평가업을 영위하기 위해서는 국토교통부장관에게 등록을 하여야 하며, 일정기간(5년)마다 갱신등록을 하여야 평가업을 영위할 수 있다.

3. 성실의무 등

감정평가법인등은 감정평가업무를 행함에 있어 품위를 유지하여야 하고 신의와 성실로써 공정하게 감정평가를 하여야 하며, 고의 또는 중대한 과실로 잘못된 평가를 할 수 없는 등의 의무를 부담한다.

4. 감정평가서 교부 및 보존의무

감정평가법인등이 감정평가를 의뢰받은 경우에는 지체 없이 감정평가를 실시하여 감정평가서를 교부하여야 하며, 그 원본은 5년, 관련서류는 2년 이상 보존하여야 한다.

5. 국토교통부장관의 지도·감독에 따를 의무

감정평가법인등은 감정평가협회의 정관에 따라야 하며, 국토교통부장관이 감독상 필요한 경우에는 감정평가법인등 및 협회를 지도·감독할 수 있다. 필요한 경우 소속공무원으로 하여금 그 사무소에 출입하여 장부 및 서류를 검사하게 할 수 있다.

6. 관련 법령 준수의무

감정평가법인등은 '공익사업을 위한 토지 등의 취득 및 보상에 관한 법률', '부동산 가격공시에 관한 법률' 등 관련 법령을 준수하여야 한다.

Ⅳ 감정평가법인등의 책임

1. 민사상 책임

감정평가법은 성실한 평가를 유도하고 불법행위로 인한 평가의뢰인 및 선의의 제3자를 보호하기 위하여 감정평가법인등에게 손해배상책임을 인정하고 있다.

2. 행정상 책임

감정평가법인등이 각종 의무규정에 위반하였을 경우의 제재수단으로서 설립인가취소 또는 업무정지 등과 행정질서벌로서 500만원 이하의 과태료 등이 부과될 수 있다. 또한 새로이 과징금제도를 신설하여 행정상 책임을 강화시키고 있다.

3. 형사상 책임

이는 형법이 적용되는 책임으로서 행정형벌이다. 또한 감정평가법인등이 공적평가업무를 수행하는 경우에는 공무원으로 의제하여 알선수뢰죄 등 가중처벌을 받도록 규정하고 있다. 그리고 형사상 책임은 법인의 대표자, 법인 또는 개인의 대리인이나 사용인 기타의 종업원이 위반행위를 한 경우에 그 행위자를 벌하는 외에 그 법인이나 개인에 대하여도 벌금에 처하도록 하여 양벌규정을 두고 있다. 다만, 법인 또는 개인이 그 위반행위를 방지하기 위하여 해당 업무에 관하여 상당한 주의와 감독을 게을리하지 아니한 경우에는 그러하지 아니하다.

Ⅴ 결

이상에서 살펴본 바와 같이 감정평가법인등에게는 부동산 감정평가의 권리로서 감정평가권이 부여되어 있고, 감정평가권을 적절히 수행할 수 있도록 하기 위하여 그와 관련된 일정한 권리를 인정하고 있으며, 감정평가권을 유효하게 담보하기 위한 보호제도가 인정되고 있다.

그리고 부동산의 감정평가는 그 사회성, 공공성으로 인하여 사회일반에 미치는 영향이 크기 때문에 감정평가법인등에게는 각종 의무가 부과되어 있으며, 감정평가법인등이 그러한 의무를 이행하지 아니한 경우에는 그에 따른 책임을 지거나 처벌을 받아야 한다.

🔻 **사례 3**

갑은 2007.3.경 감정평가사 자격을 취득한 다음 2010.11.1. 금융기관에 상근 계약직으로 입사하여(감정보고서 심사 및 업무협약 담당) 2013.6.30. 퇴사하였는데, 그 기간 중에 '을' 감정평가법인에 감정평가사로 적을 두었다. 감정평가법인에 갑의 사무공간은 별도로 존재하지 않았고, 갑에 대한 출·퇴근도 통상적으로 관리되지 않았으나, 갑은 그 적을 두는 대가로 매월 약 2백만원의 급여를 받고 있었다. 국토교통부장관은 2014.7.20. '갑은 금융기관에 근무하면서도 위 감정평가법인에 등록하여 소속만 유지할 뿐 실질적으로 감정평가업무에 관여하지 아니하는 방법으로 감정평가사의 자격증을 대여하거나 이를 부당하게 행사하였고, 위 감정평가법인이 갑의 자격증을 부당행사하여 그 법인을 유지하는 데에 방조한 책임이 있다'는 이유로 감정평가 및 감정평가사에 관한 법률(이하 '법'이라고 한다) 제27조 제1항, 제32조 제1항 제11호에 따라 갑의 감정평가사 업무를 1년간 정지하는 처분을 하였다.

갑은 감정평가사는 법으로 명시적인 규정을 둔 경우 이외에는 일반적으로 겸직이 제한되어 있지 않고 반드시 상근하여 근무하여야 하는 것도 아니며, 금융기관에 재직하는 동안 감정평가법인에 일주일에 2번 정도는 평일 19:00경에, 한 달에 2번 정도는 주말에 정기적으로(비상근으로) 출근하여 감정평가서 심사기준의 협의, 업무협약서상의 담보평가제한물건에 대한 조언, 금융기관 업무시 유의사항 및 기타 요청사항에 대한 자문 등의 업무를 수행하였으므로, 자격증을 대여하거나 부당하게 행사한 사실이 없을뿐더러 이를 방조한 사실도 없으므로 이와 다른 전제에서 이루어진 처분은 위법하다고 주장한다.

또한 감사원은 2003년경 국가 및 민간자격 관리운영실태를 점검한 후 감정평가사 자격을 가진 일부 공무원 등이 감정평가법인에 겸직한 행위를 지적하면서도 감정평가사 자격증의 대여 또는 부당행사에는 해당하지 않는 것으로 보아 그에 대한 징계요구도 하지 않았고 국토교통부장관도 이를 이유로 징계한 적이 없었다. 갑은 위와 같은 감사원의 감사 결과 및 국토교통부장관의 겸직행위에 대한 묵인을 신뢰하여 금융기관에 근무하면서 감정평가법인에 적을 둔 것이므로 국토교통부장관이 뒤늦게 이러한 겸직행위를 징계사유로 삼아 징계처분을 한 것은 신뢰보호의 원칙에 위배된다고 한다.

설령 처분사유가 인정된다고 하더라도 갑은 허위 감정이나 불성실한 감정평가업무를 한 바가 없는 점, 이 사건 처분의 결과 그 집행이 종료된 이후에도 갑은 관계 법령 등에 따라 여러 부류의 감정평가업무에서 일정 기간 배제되는 점, 과거 유사한 사안에서 다른 감정평가사들이 받은 징계의 수위에 비추어 보아도 처분의 징계 정도가 지나치게 과중한 점 등의 여러 사정을 고려하면, 감정평가사 업무를 1년간 정지한 처분은 징계재량권의 범위를 일탈하거나 남용하여 위법하다고 주장한다. 갑 주장의 타당성에 대하여 논하시오. 40점

Ⅰ 쟁점의 정리

설문은 업무정지처분과 관련된 '갑' 주장의 타당성을 묻고 있다. 처분사유가 '자격증의 대여 및 부당
행사'이므로 갑의 근무행위가 자격증 대여 및 부당행사에 해당되는지를 살펴보고, 만약 부당행사에
해당하는 경우라면 이를 이유로 행한 제재적 처분이 신뢰보호원칙 및 비례원칙 등에 반하여 재량권
행사의 일탈남용이 인정되는지를 검토하여 갑주장의 타당성을 논하고자 한다.

Ⅱ 갑의 행위가 자격증의 대여 및 부당행사에 해당하는지 여부

1. 자격증 대여와 부당행사의 의미

자격증·등록증을 '대여'하거나 '부당하게 행사'한다는 것은, 자격증·등록증 자체를 타인에게 대여
하거나 이를 본래의 용도 외에 행사하는 것을 의미한다(대판 1988.1.12, 87누975).

(1) 자격증 '대여'의 의미

'자격증 대여'는, 자격증·등록증 자체를 타인에게 대여하거나 이를 본래의 용도 외에 행사하게
하는 것을 의미하고(대판 1995.6.13, 95도641), 다른 사람이 자격증·등록증을 이용하여 자격자
로 행세하면서 그 업무를 행하려는 것을 알면서도 자격증·등록증 자체를 빌려주는 것을 의미
한다(대판 2007.3.29, 2006도9334).

(2) 자격증 '부당행사'의 의미

'자격증 등을 부당하게 행사'한다는 것은 감정평가사 자격증 등을 본래의 용도가 아닌 다른 용도로 행사하거나, 감정평가사가 감정평가법인에 적을 두기는 하였으나 해당 법인의 업무를 수행하거나 운영 등에 관여할 의사가 없고 실제로도 업무 등을 전혀 수행하지 않았다거나 그가 수행한 업무의 양, 내용, 정도 등을 종합적으로 검토하여 해당 소속 감정평가사로서 업무를 실질적으로 수행한 것으로 평가하기 어려울 정도라면 이는 감정평가법 제27조 제1항에서 정한 자격증 등의 부당행사에 해당한다(대판 2013.10.24, 2013두727; 대판 2013.10.31, 2013두11727).

2. 갑의 행위가 자격증의 대여행위에 해당하는지 여부

설문상 다른 사람이 마치 갑 본인인 것처럼 자격자로 행사하는 등의 행위는 보이지 않으며, 갑도 그러한 행위를 알면서 허락하는 등의 행위가 없는 바, 자격증 대여행위는 없는 것으로 판단된다.

3. 갑의 행위가 자격증 부당행사에 해당하는지 여부

(1) 실직적인 업무수행이 있었는지 여부

1) 비상근 형태의 근무가 가능한지 여부

감정평가법은 감정평가사가 토지의 매매업을 직접 영위하거나, 2 이상의 감정평가법인 또는 감정평가사사무소에 소속되는 것을 금지하나, 그 이외에는 겸직과 관련하여 별다른 제한 규정을 두고 있지 않다. 여기에 감정평가사가 행하는 구체적인 업무의 내용 및 업무수행의 방법, 업무 수임의 형태 등이 개별적이고 독자적으로 이루어지는데다가 전문적인 판단을 해야 하는 업무의 특수성을 더하여 살펴보면 특별한 사정이 없는 이상 감정평가법인에 소속된 감정평가사가 반드시 상근하여야 한다고 보기는 어려울 것이다.

2) 실질적인 업무수행이 있었는지 여부

갑은 일주일에 2번 정도는 평일 19:00경에, 한 달에 2번 정도는 주말에 정기적으로 출근하여 사무실에서 자료수집, 감정평가서의 검토·교정 등의 업무를 수행하였다고 주장하나 근무장소가 따로 마련되지 않은 점과 갑의 출·퇴근을 통상적으로 관리한 바가 없었다는 점 등에 비추어 실질적인 업무수행이 있었다고 객관적으로 납득하기 어려운 것으로 보인다. 따라서 갑이 감정평가법인에 적을 둔 기간 동안 매월 약 2백만원의 급여를 받은 것은 업무수행과의 대가관계가 인정되지 않는다고 볼 것이다.

(2) 법인 업무를 수행하거나 운영 등에 관여할 의사가 있었는지 여부

감정평가사가 감정평가법인에서 겸직·비상근의 형태로 근무하는 것이 가능하다고 하더라도 감정평가법인 소속 감정평가사라고 하기 위해서는 감정평가사가 해당 법인에 적을 둔 것만으로는 부족하고 그 업무수행 또는 감정평가법인의 운영 등에 상당한 정도로 관여할 것이 요구된다고 할 것이다.

설문상 갑은 감정평가서 심사기준의 협의, 업무협약서상의 담보평가제한물건에 대한 조언, 금융기관 업무시 유의사항 및 기타 요청사항에 대한 자문 등의 업무를 수행하였다고 하나, 이는 금융기관에서의 통상의 업무범주에 해당하는 것으로서 법인 자체의 감정평가업무를 위한다거나, 법인의 운영 등에 상당한 정도로 관여한 것이라고 볼 수 없다.

4. 사안의 경우

갑이 금융기관에 상근직으로 근무하면서 감정평가법인 소속으로 감정평가사 본연의 업무를 거의 수행하지 아니하였음은 물론 위 법인의 운영에도 전혀 관여하지 아니한 채 형식적으로 법인에 적을 둔 것에 불과하거나 관련 업무를 실질적으로 수행하지 아니하였다고 인정되므로 갑이 감정평가법인에 가입하여 적을 둔 행위는 법 제27조 제1항에서 정한 자격증 등의 부당행사에 해당된다고 할 것이다.

Ⅲ 신뢰보호의 원칙 및 재량권 행사의 일탈·남용 여부

1. 신뢰보호의 원칙 위반 여부

(1) 신뢰보호원칙의 의의 및 근거

행정청은 공익 또는 제3자의 이익을 현저히 해칠 우려가 있는 경우를 제외하고는 행정에 대한 국민의 정당하고 합리적인 신뢰를 보호하여야 한다는 원칙이다. 행정절차법 제4조 제2항 및 국세기본법 제18조 제3항에 실정법상 근거를 두고 있다. 행정기본법 제12조에서 이를 명문화하고 있다.

(2) 신뢰보호원칙의 요건 및 한계

일반적으로 행정상의 법률관계에 있어서 행정청의 행위에 대하여 신뢰보호의 원칙이 적용되기 위해서는, 첫째 행정청이 개인에 대하여 신뢰의 대상이 되는 공적인 견해표명을 하여야 하고, 둘째 행정청의 견해표명이 정당하다고 신뢰한 데에 대하여 그 개인에게 귀책사유가 없어야 하며, 셋째 그 개인이 그 견해표명을 신뢰하고 이에 상응하는 어떠한 행위를 하였어야 하고, 넷째 행정청이 그 견해표명에 반하는 처분을 함으로써 그 견해표명을 신뢰한 개인의 이익이 침해되는 결과가 초래되어야 하며, 마지막으로 위 견해표명에 따른 행정처분을 할 경우 이로 인하여 공익 또는 제3자의 정당한 이익을 현저히 해할 우려가 있는 경우가 아니어야 한다(대판 2002.11.8, 2001두1512).

(3) 사안의 경우

국토교통부장관이 종전에 금융기관에 상근하면서 감정평가법인에 형식적으로 적을 두었던 감정평가사들에 대하여 징계처분을 한 바 없었다는 사정만으로 감정평가사 자격증의 부당행사에 대한 공적인 견해표명이 있었다고 보기 어려우므로 갑의 주장은 인정되지 않을 것이다.

2. 재량권의 일탈·남용 여부

(1) 자기구속법리 위반 여부

1) 자기구속법리 원칙의 의의 및 근거(효력)

행정의 자기구속의 원칙이란 행정관행이 성립된 경우 행정청은 특별한 사정이 없는 한 같은 사안에서 행정관행과 같은 결정을 하여야 한다는 원칙을 말한다. 평등의 원칙에 근거하며, 자기구속의 원칙에 반하는 행정권 행사는 위법한 것이 된다.

2) 요건(내용)

① 동일한 상황에서 동일한 법적용인 경우(동종사안), ② 기존의 법적 상황을 창출한 처분청일 것(동일행정청), ③ 행정관행이 있을 것, 이에 대해 선례불필요설은 재량준칙이 존재하는 경우 재량준칙 자체만으로 '미리 정해진 행정관행(선취된 행정관행 또는 예기관행)'이 성립되는 것으로 보고, 자기구속의 법리를 인정한다. 선례필요설은 재량준칙이 존재하는 경우에 1회의 선례만으로 자기구속의 법리가 인정될 수도 있다는 견해도 있지만, 대체로 선례가 되풀이되어 행정관행이 성립된 경우에 한하여 인정된다고 본다.

3) 한계

특별한 사정이 있는 경우(사정변경으로 다른 결정을 할 공익상 필요가 심히 큰 경우)에는 자기구속의 법리의 적용이 배제될 수 있다. 또한 불법에 있어서 평등대우는 인정될 수 없으므로, 행정관행이 위법한 경우에는 행정청은 자기구속을 당하지 않는다. 관행이 위법한 경우에는 신뢰보호의 원칙의 적용 여부가 문제될 수 있을 뿐이다.

4) 사안의 경우

과거 유사한 사안은 동종사안이 아니므로 자기구속의 법리가 적용될 여지가 없으며, 설사 그 유사성이 동종사안으로 인정될 만큼 크다고 해도 과거보다 감정평가 업무의 효율적·조직적 수행과 공신력을 높이기 위한 인식이 강화되고 있으므로 이는 선례와의 합리적 차별사유로 인정될 수 있을 것이다.

(2) 비례원칙 위반 여부

1) 비례의 원칙 의의 및 근거(효력)

비례의 원칙이란 행정목적과 행정수단 사이에는 합리적인 비례관계가 있어야 한다는 원칙을 말한다. 헌법 제37조 제2항 및 행정기본법 제10조에 근거한다.

2) 요건(내용)

① 적합성의 원칙이란 행정은 추구하는 행정목적의 달성에 적합한 수단을 선택하여야 한다는 원칙을 말하며, ② 필요성의 원칙이란 적합한 수단이 여러 가지인 경우에 국민의 권리를 최소한으로 침해하는 수단을 선택하여야 한다는 원칙을 말한다. ③ 협의의 비례원칙이란 행정조치를 취함에 따른 불이익이 그것에 의해 달성되는 이익보다 심히 큰 경우에는 그 행

정조치를 취해서는 안 된다는 원칙을 말한다. 적합성의 원칙, 필요성의 원칙, 그리고 좁은 의미의 비례원칙은 단계구조를 이룬다. 즉 많은 적합한 수단 중에서도 필요한 수단만이, 필요한 수단 중에서도 상당성 있는 수단만이 선택되어야 한다.

3) 사안의 경우

① 부동산을 적정하게 평가함으로써 부동산의 적정한 가격형성을 도모하고 나아가 국토의 효율적인 이용과 재산권의 적정한 보호, 공공복리의 증진에 이바지하는 등 감정평가사 업무의 중요성, 공익성 등에 비추어 갑의 비위행위의 정도가 결코 가볍지 아니한 점, ② 갑이 감정평가법인에 형식상 적을 둠으로써 자격증을 부당행사한 기간이 1년을 넘고 그 기간 동안 별다른 업무수행 없이 법인으로부터 매월 2백만원의 급여를 받은 점 등에 비추어 보면, 갑이 주장하는 사정들을 모두 고려하더라도 처분이 그 공익상의 필요에 비하여 갑에게 지나치게 가혹한 것으로서 징계재량권을 일탈·남용한 것이라고 보기 어렵다. 따라서 갑의 위 주장 역시 이유 없다고 할 것이다.

Ⅳ 사안의 해결

갑은 국토교통부장관의 업무정지처분은 위법하다고 주장하나, 갑의 자격증 부당행사행위는 감정평가사 업무의 중요성과 공익성에 비추어 볼 때, 부동산의 적정한 가격형성을 도모하여 공공복리 증진에 이바지하는 행위로 볼 수 없으므로 신뢰보호원칙에 반한다거나 재량권 행사의 일탈·남용이라는 갑의 주장은 받아들여지기 어려울 것이다.

✎ **대판 2013.10.31, 2013두11727[징계(업무정지)처분취소]**

[판시사항]

감정평가사가 자신의 감정평가경력을 부당하게 인정받는 한편, 소속 법인으로 하여금 설립과 존속에 필요한 감정평가사의 인원수만 형식적으로 갖추게 하거나 법원으로부터 감정평가 물량을 추가로 배정받을 수 있는 자격을 얻게 할 목적으로 자신의 등록증을 사용한 경우, 부동산 가격공시 및 감정평가에 관한 법률 제37조 제2항이 금지하는 자격증 등의 부당행사에 해당하는지 여부(적극)

[판결요지]

부동산 가격공시 및 감정평가에 관한 법률(이하 '법'이라 한다) 제37조 제2항에 의하면, 감정평가법인 등(감정평가법인 소속 감정평가사를 포함한다)은 다른 사람에게 자격증·등록증 또는 인가증(이하 '자격증 등'이라 한다)을 양도 또는 대여하거나 이를 부당하게 행사해서는 안 된다. 여기에서 '자격증 등을 부당하게 행사'한다는 것은 감정평가사 자격증 등을 본래의 용도가 아닌 다른 용도로 행사하거나, 본래의 행사목적을 벗어나 감정평가법인등의 자격이나 업무범위에 관한 법의 규율을 피할 목적으로 이를 행사하는 경우도 포함한다. 따라서 감정평가사가 감정평가법인에 가입한다는 명목으로 자신의 감정평가사 등록증 사본을 가입신고서와 함께 한국감정평가협회에 제출하였으나, 실제로는 자신의 감정평가경력을 부당하게 인정받는 한편, 소속 감정평가법인으로 하여금 설립과 존속에 필요한 감정평가사의 인원수만 형식적으로 갖추게 하거나 법원으로부터 감정평가 물량을 추가로 배정받을 수 있는 자격을 얻게 할 목적으로 감정평가법인에 소속된 외관만을 작출하였을 뿐 해당 감정평가법인 소속 감정평가사로서의 감정평가업무나 이와 밀접한 관련이 있는 업무를 수행할 의사가 없었다면, 이는 감정평가사 등록증을 그 본래의 행사목적을 벗어나 감정평가법인등의 자격이나 업무범위에 관한 법의 규율을 피할 목적으로 행사함으로써 자격증 등을 부당하게 행사한 것이라고 볼 수 있다.

✎ 대판 2013.10.24, 2013두727[징계처분취소]

[판시사항]

부동산 가격공시 및 감정평가에 관한 법률 제37조 제2항에서 정한 '자격증 등을 부당하게 행사'한다는 의미 및 감정평가사가 감정평가법인에 적을 두었으나 당해 법인의 업무를 수행하거나 운영 등에 관여할 의사가 없고 실제 업무 등을 전혀 수행하지 않았다거나 소속 감정평가사로서 업무를 실질적으로 수행한 것으로 평가하기 어려운 경우, 자격증 등의 부당행사에 해당하는지 여부(적극)

[판결요지]

부동산 가격공시 및 감정평가에 관한 법률(이하 '법'이라고 한다) 제37조 제2항에 의하면, 감정평가업자(감정평가법인 소속 감정평가사를 포함한다)는 다른 사람에게 자격증·등록증 또는 인가증(이하 '자격증 등'이라고 한다)을 양도 또는 대여하거나 이를 부당하게 행사해서는 안 된다. 여기에서 '자격증 등을 부당하게 행사'한다는 것은 감정평가사 자격증 등을 본래의 용도 외에 부당하게 행사하는 것을 의미하고, 감정평가사가 감정평가법인에 적을 두기는 하였으나 당해 법인의 업무를 수행하거나 운영 등에 관여할 의사가 없고 실제로도 업무 등을 전혀 수행하지 않았다거나 당해 소속 감정평가사로서 업무를 실질적으로 수행한 것으로 평가하기 어려울 정도라면 이는 법 제37조 제2항에서 정한 자격증 등의 부당행사에 해당한다.

손해배상책임 및 징계

 사례 4

금융기관 갑은 감정평가법인 을에게 서울시 00구 00동 100-1외 4필지 지상 해피드림타워 제2층 제201호 (소유자 병)의 담보대출을 위한 시가감정평가를 의뢰하였다. 을은 2014년 12월 30일 현장조사를 수반하여 담보평가액을 30억으로 결정하였다. 갑은 이를 신뢰하여 내부 규약에 따라 60%의 담보비율을 적용하여 병에게 18억을 대출하였다. 이후 병이 원리금의 지급을 연체하자 갑은 서울남부지방법원 2014타경24567호로 병 소유의 점포에 대하여 임의경매 신청을 하였고, 경매평가액 20억이 7회에 걸쳐 유찰되다가 2015년 6월 경 8억에 매각되었다. 이에 따라 갑은 점포의 매각대금 등에서 집행비용을 공제한 7억을 배당받고 대출금액과의 차액인 11억의 손해가 발생하였다. 갑은 을이 감정평가를 할 당시에 시세조사 등을 소홀히 하고, 통상 2층의 경우 1층 점포보다 층별효용비율이 낮음에도 불구하고 1층보다 높은 효용비율을 적용한 것에 기인하여 손해가 발생한 것이므로 감정평가법 제28조에 따라 민사법원에 11억의 손해배상을 청구하였으며, 법원감정인의 감정결과 2014.12.30. 당시의 적정가격은 20억으로 결정되었다. 을에게 손해배상책임이 인정되는지를 논하시오(서울지역 상가의 경우 통상 2층보다 1층의 층별효용비율이 높음). 25점

(구분건물) 감정평가표

감정평가사 : 을

조사시점 : 2012.12.30.
기준시점 : 2012.12.30.
작성일 : 2012.12.30.
발송일 : 2012.12.30.

Ⅰ. 평가개요(생략)

Ⅱ. 가격산출근거 및 의견

  1. 사례 선정(최근 선례)

    경매평가선례 : 평가대상과 동일 건물내 위치하는 제1층 제101호 선정

                평가액 23억

  2. 요인비교치

    (1) 기준시가(국세청 고시 제10035호)

        제1층 제101호 : 면적100제곱미터, 기준시가 15억 원.

        제2층 제201호 : 면적100제곱미터, 기준시가 19억5천만 원.

(2) 요인비교치 결정

동일건물 내에 소재하며 사례와 대상은 해당 층에서의 위치도 동일하여 제반 요인이 유사하나 층별효용비율에서 대상이 30% 우세함.(1.3)

3. 가격결정

23억 × 1 × 1 × 1.3 × 1 = 30억

Ⅲ. 감정평가명세표 및 구분건물요항표(생략)

Ⅳ. 위치도(생략)

Ⅰ 쟁점의 정리

Ⅱ 감정평가법 제28조 손해배상
1. 손해배상책임의 의의 및 취지
2. 감정평가법 제28조와 민법 제390조 및 제750조와의 관계
3. 손해배상책임의 요건
  (1) 타인의 의뢰
  (2) 고의 또는 과실
  (3) 부당한 감정평가
    1) 적정가격과의 현저한 차이
    2) 거짓의 기재

(4) 의뢰인 및 선의의 제3자에게 손해가 발생할 것
(5) 위법성이 필요한지 여부
4. 손해배상책임의 범위
5. 보고의무

Ⅲ 사안의 해결(을이 손해배상을 해야 하는지 여부)
1. 손해배상요건 충족여부
  (1) 사실관계 검토
  (2) 소결
2. 을의 손해배상액 범위 결정(과실상계)

Ⅰ 쟁점의 정리

갑은 을의 부실감정으로 인하여 발생한 손해를 배상할 것을 주장하고 있으며, 을에게 손해배상책임이 인정되기 위해서는 감정평가법 제28조의 요건이 충족되어야 한다. 설문의 해결을 위하여 을에게 과실이 인정되는지 등 감정평가법 제28조의 요건충족 여부를 검토한다.

Ⅱ 감정평가법 제28조 손해배상

1. 손해배상책임의 의의 및 취지

손해배상이란 고의, 과실로 감정평가 당시의 적정가격과 현저한 차이가 있는 경우 이를 배상하는 것을 말하며 ① 선의의 평가의뢰인이 불측의 피해를 입지 않도록 하기 위함이며, ② 또한 토지 등의 적정가격 형성으로 국토의 효율적 이용과 국민경제의 발전을 도모하기 위함에 그 취지가 있다.

2. 감정평가법 제28조와 민법 제390조 및 제750조와의 관계

을과 금융기관의 감정평가업무에 대한 관계는 일정한 사무처리를 위한 통일적 노무의 제공을 목적으로 하는 사법상 유상특약의 위임계약이라고 볼 수 있다. 판례는 감정평가법상 손해배상책임과 민법상의 손해배상책임을 함께 물을 수 있다고 하나, 감정평가의 존립목적을 고려할 때 감정평가사법상 손해배상규정은 민법상 특칙으로 보는 것이 합당하다.

3. 손해배상책임의 요건

(1) 타인의 의뢰

감정평가법 제28조에서는 '타인의 의뢰에 의할 것'이라고 하여 타인의 의뢰를 요건으로 규정하고 있다.

(2) 고의 또는 과실

① 고의란 부당한 감정평가임을 알고 있는 것을 말하며, ② 과실이란 감정평가를 함에 있어서 통상 주의의무를 위반한 것을 말한다. 입증책임은 주장하는 자에게 있다.

(3) 부당한 감정평가

1) 적정가격과의 현저한 차이

판례는 부당감정에 이르게 된 업자의 귀책사유를 고려하여 사회통념에 따라 탄력적으로 판단하여야 하므로 현저한 차이는 고의와 과실의 경우를 다르게 보아야 한다고 한다.

2) 거짓의 기재

물건의 내용, 산출근거, 평가액의 거짓 기재로써 가격변화를 일으키는 요인을 고의, 과실로 진실과 다르게 기재하는 것을 말한다.

(4) 의뢰인 및 선의의 제3자에게 손해가 발생할 것

손해라 함은 주로 재산권적 법익에 관하여 받은 불이익을 말한다. 또한 부당한 감정평가가 없었더라면 손해가 발생하지 않았을 인과관계가 요구된다.

(5) 위법성이 필요한지 여부

① 긍정설은 민법상 채무불이행의 경우도 별도의 규정은 없으나 위법성을 요구하고 있으므로 감정평가법상 손해배상에서도 위법성이 요구된다고 한다. ② 이에 부정설은 고의과실에 포함되거나 부당감정에 포함되어 있다고 본다. ③ 〈생각건대〉 감정평가법 제28조는 민법에 대한 특칙으로 보는 것이 타당하므로 위법성 요건은 불필요하다고 보며 이는 부당감정개념에 포함된 것으로 봄이 합당하다.

4. 손해배상책임의 범위

불법행위로 인한 재산상 손해는 위법한 가해행위로 인하여 발생한 재산상 불이익, 즉 위법행위가 없었더라면 존재하였을 재산 상태와 위법행위가 가해진 현재의 재산 상태와의 차이가 되며, 계약의 체결 및 이행경위와 당사자 쌍방의 잘못을 비교하여 종합적으로 판단하여야 한다(과실상계인정).

5. 보고의무

감정평가법인등은 감정평가 의뢰인이나 선의의 제3자에게 법원의 확정판결을 통한 손해배상이 결정된 경우에는 국토교통부령으로 정하는 바에 따라 그 사실을 국토교통부장관에게 알려야 한다.

Ⅲ 사안의 해결(을이 손해배상을 해야 하는지 여부)

1. 손해배상요건 충족여부

(1) 사실관계 검토

을은 국세청장의 기준시가를 참고하여 평가대상의 층별효용비율을 1층보다 30% 높게 적용한 것으로 보인다. 기준시가는 과세 등 행정목적 달성을 위한 참고자료로 활용하기 위한 것에 불과하므로 각 점포의 기준시가가 통례(서울시 상가의 효용비율)와 반대로 되어 있음에 대한 객관적이고 합리적인 정당성을 입증하여야 할 것이다. 그러나 을의 보고서는 조사일·작성일·발송일이 단 1일만에 완료된 것을 확인할 수 있으며 구체적인 주변시세나 시장동향의 설명 또한 적시되지 않고 있다.

(2) 소결

따라서 상기의 제 요인을 종합적으로 고려할 때 을이 점포에 대한 현황조사를 제대로 하지 아니하였거나 그 층별효용비율을 잘못 평가한 과실로 당시의 적정가격과 현저한 차이가 있게 하여 갑에게 손해를 끼치게 한 것으로 볼 수 있다.

2. 을의 손해배상액 범위 결정(과실상계)

판례의 태도에 따를 때, 갑이 배상하여야 하는 손해배상액은 부당감정평가액과 적정감정평가액과의 차액을 한도로 하여 실제발생한 손해액 6억원이 될 것이다. 만약 18억원의 대출과정상 대출기관이 갖추어야 할 통상의 주의를 다하지 않은 과실이 인정되는 경우에는 과실상계법리에 따라 감액될 수 있을 것이다.

사례 5

최근 경기침체로 인하여 가계대출이 급증하고 있다. 그중 주택을 담보로 하는 주택담보대출의 비중이 전체 가계대출의 80%를 차지하고 있었다. 감정평가법인 갑은 금융기관과의 담보대출 협약을 체결하고 이에 따라 주택담보평가를 시행하고 있었다. 협약내용 중에는 담보물에 결부된 권리관계를 상세히 조사해줄 것과 임대차관계에 대한 조사내용도 포함되어 있었다. 갑은 금융기관의 의뢰에 따라 을부동산의 담보평가액을 산정하기 위하여 현장조사를 하고 있었다. 그런데 갑은 을부동산에 거주하고 있는 사람이 으레 집주인인 을이라고 생각하고 특별한 조사 없이 감정평가서에 '임대차 없음'이라고 기재하고 감정평가액을 3억으로 결정하였다. 그러나 사실 을부동산에 거주하고 있는 사람은 을이 아니라 보증금 1억의 확정일자를 받은 임차자 병이었다. 금융기관은 갑의 평가액을 신뢰하여 을에게 2억5천만원을 대출하였으나, 경기침체로 인하여 을은 대출금을 갚지 못하였고 이에 따라 을부동산은 대출금상환을 위하여 경매로 넘어가게 되었다. 그런데 경매평가액은 3억원으로 결정되고 확정일자를 받은 병의 보증금 1억원을 제외한 2억원만이 금융기관의 배당금으로 결정되었다. 이에 금융기관은 갑이 임대차 조사의무를 성실하게 수행하지 않아서 손해가 발생하였으므로 갑에게 5천만원의 손해를 배상해줄 것을 청구하였다. 감정평가법인 갑은 5천만원의 손해를 배상해야 하는가? 30점

① 문제제기

갑과 금융기관과의 협약내용에는 임대차조사의 내용도 포함되어 있으나 갑은 이에 대한 특별한 조사를 하지 않았다. 따라서 협약내용의 이행을 게을리한 갑에게 손해배상의 책임이 인정되는지가 문제된다. 이와 관련하여 갑과 금융기관의 법률관계가 사법상 계약관계인지, 사법상 계약관계라면 위임계약인지를 검토하여 감정평가법 제28조의 손해배상규정과의 관계를 살펴본다.

감정평가법 제28조가 민법상 손해배상규정의 특칙인 경우, 제 요건을 모두 갖추었는지 검토하여 5천만원의 손해를 배상해야 하는지를 해결한다.

② 손해배상책임의 의의 및 취지

손해배상이란 고의, 과실로 감정평가 당시의 적정가격과 현저한 차이가 있는 경우 이를 배상하는 것을 말하며 ① 선의의 평가의뢰인이 불측의 피해를 입지 않도록 하기 위함이며, ② 또한 토지 등의 적정가격 형성으로 국토의 효율적 이용과 국민경제의 발전을 도모하기 위함에 그 취지가 있다.

③ 갑과 금융기관 사이의 감정평가 법률관계

1. 논의의 실익

공법관계인지 사법관계인지에 따라서 법체계상 소송절차의 선택 및 적용법규 등에 있어서 차이가 있을 수 있다.

2. 공법관계인지 사법관계인지

감정평가의 의뢰는 상호 대등한 관계로 사법관계의 성질을 갖는다고 볼 수 있다. 다만 감정평가의 사회성 공공성에 비추어 공법적 성질도 내포하고 있다고 볼 수 있다. 단, 공적업무를 위탁받은 경우는 공법상 관계이다. 사법관계로 보는 경우 어떠한 계약관계인지가 문제된다.

3. 도급계약인지 위임계약인지

① 일의 완성을(감정평가) 목적으로 수수료지급을 약정하는 도급계약이라는 견해와 ② 일정한 사무처리를 위한 통일적 노무의 제공을 목적으로 하는 유상특약의 위임계약이라는 견해가 있다. ③ 〈생각건대〉 업무수행 시 독립성이 인정되고 업무중단 시 수행부분의 보수청구가 인정되므로 위임계약으로 봄이 타당하다.

④ 감정평가법 제36조와 민법 제390조 및 제750조와의 관계

1. 논의의 실익

위임계약으로 보면 선관의무에 따라 사무를 처리할 채무를 지게 된다. 따라서 감정평가결과가 부당하고 의뢰인이 그 결과 손해를 본 경우 ① 의뢰인에 대하여는 채무불이행 중 불완전이행의 법리에 따라 손해배상책임을 지고, ② 선의의 제3자에게는 민법 제750조의 불법행위책임을 지게 된다. 따라서 위임계약으로 보면 감정평가법 제28조의 규정이 없어도 손해배상책임이 인정되므로 감정평가사법 제28조 규정이 특칙인지가 문제된다.

2. 견해의 대립

(1) 특칙이라는 견해(면책설)

감정평가의 경우 적정가격 산정이 어렵고 수수료에 비해 배상의 범위가 넓으므로 감정평가법 제28조를 감정평가법인등을 보호하기 위한 특칙으로 보는 견해이다.

(2) 특칙이 아니라는 견해(보험관계설)

감정평가법 제28조 제1항은 제2항의 보험이나 공제에 관련하여 처리되는 감정평가법인등의 손해배상책임의 범위를 한정한 것이므로 특칙이 아니라고 한다.

3. 판례

'감정평가법인등의 부실감정으로 인하여 손해를 입게 된 경우 감정평가의뢰인이나 선의의 제3자는 지가공시법상의 손해배상책임과 민법상의 불법행위로 인한 손해배상책임을 함께 물을 수 있다.'고 판시하여 특칙이 아니라고 보았다.

4. 검토

① 적정가격의 산정이 어려움에도 손해배상책임을 널리 인정하면 평가제도가 위태로울 수 있고, ② 특칙이 아니라고 보면 감정평가법 제28조 제1항 규정의 의미가 무색해지므로 특칙으로 봄이 타당하다.

Ⅴ 손해배상책임의 요건

1. 타인의 의뢰

감정평가법 제28조에서는 '타인의 의뢰에 의할 것'이라고 하여 타인의 의뢰를 요건으로 규정하고 있다.

2. 고의 또는 과실

① 고의란 부당한 감정평가임을 알고 있는 것을 말하며, ② 과실이란 감정평가를 함에 있어서 통상 주의의무를 위반한 것을 말한다. 입증책임은 주장하는 자에게 있다.
〈판례〉는 ③ 임대차사항을 상세히 조사할 것을 약정한 경우, 업자로선 협약에 따라 성실하고 공정하게 주택에 대한 임대차관계를 조사하여 금융기관이 불측의 손해를 입지 않도록 협력하여야 할 의무가 있다고 판시한 바 있다. 단순히 다른 조사기관의 전화조사로만으로 확인된 실제와는 다른 임대차관계 내용을 기재한 임대차확인조사서를 제출한 사안에서 협약에 따른 조사의무를 다하지

아니한 과실이 있다고 판시한 바 있다. ④ 금융기관의 신속한 감정평가요구에 따라 그의 양해 아래 건물소유자를 통해 임대차관계를 조사한 경우에는 과실이 없다고 판시한 바 있다.

3. 부당한 감정평가

(1) 적정가격과의 현저한 차이

판례는 공시지가결정(1.3배), 보상액결정(1.3배 : 현행 1.1배)의 1.3배가 유일한 판단기준이 될 수 없고 부당감정에 이르게 된 업자의 귀책사유를 고려하여 사회통념에 따라 탄력적으로 판단하여야 하므로 현저한 차이는 고의와 과실의 경우를 다르게 보아야 한다고 한다.

(2) 거짓의 기재

물건의 내용, 산출근거, 평가액의 거짓 기재로써 가격변화를 일으키는 요인을 고의, 과실로 진실과 다르게 기재하는 것을 말한다.

4. 의뢰인 및 선의의 제3자에게 손해가 발생할 것

손해라 함은 주로 재산권적 법익에 관하여 받은 불이익을 말한다. 선의의 제3자 범위와 관련하여 〈판례〉는 ① 선의의 제3자는 감정내용이 허위 또는 적정가격과 현저한 차이가 있음을 인식하지 못한 것뿐만 아니라 타인이 사용할 수 없음이 명시된 경우에도 그러한 사용사실까지 인식하지 못한 제3자를 의미한다. 다만, 입증책임은 선의의 제3자에게 있으며 입증하지 못한 경우에는 상당한 인과관계에 있다고 할 수 없다고 한다. ② 사용주체가 달라도 동일한 목적에 사용된 경우에는 상당한 인과관계를 인정한 바 있다.

5. 인과관계

부당한 감정평가가 없었더라면 손해가 발생하지 않았을 것을 요한다. 〈판례〉는 감정평가의 잘못과 낙찰자의 손해 사이에는 상당인과관계가 있는 것으로 보아야 한다고 판시한 바 있다.

6. 위법성이 필요한지 여부

① 긍정설은 민법상 채무불이행의 경우도 별도의 규정은 없으나 위법성을 요구하고 있으므로 감정평가사법상 손해배상에서도 위법성이 요구된다고 한다. ② 이에 부정설은 고의과실에 포함되거나 부당감정에 포함되어 있다고 본다. ③ 〈생각건대〉 감정평가법 제28조는 민법에 대한 특칙으로 보는 것이 타당하므로 위법성 요건은 불필요하다고 보며 이는 부당감정개념에 포함된 것으로 봄이 합당하다.

7. 보고의무

감정평가법인등은 감정평가 의뢰인이나 선의의 제3자에게 법원의 확정판결을 통한 손해배상이 결정된 경우에는 국토교통부령으로 정하는 바에 따라 그 사실을 국토교통부장관에게 알려야 한다.

Ⅵ 손해배상책임의 내용

1. 손해배상범위

불법행위로 인한 재산상 손해는 위법한 가해행위로 인하여 발생한 재산상 불이익, 즉 위법행위가 없었더라면 존재하였을 재산 상태와 위법행위가 가해진 현재의 재산 상태와의 차이가 되며, 계약의 체결 및 이행경위와 당사자 쌍방의 잘못을 비교하여 종합적으로 판단하여야 한다(과실상계인정).

〈판례〉는 ① 부당한 감정가격에 의한 담보가치와 정당한 감정가격에 의한 담보가치의 차액을 한도로 하여 실제로 정당한 담보가치를 초과한 부분이 손해액이 된다고 판시한 바 있다. ② 대출금이 연체되리라는 사정을 알기 어려우므로 대출금이 연체되리라는 사정을 알았거나 알 수 있었다는 특별한 사정이 없는 한 연체에 따른 지연손해금은 부당한 감정으로 인하여 발생한 손해라고 할 수 없다.

2. 임대차조사내용

〈판례〉는 ① 금융기관의 양해 아래 임차인이 아닌 건물소유자를 통해 임대차관계를 조사한 경우는 과실이 없으므로 손해배상책임을 인정하지 않는다. ② 임대차조사내용은 감정평가범위는 아니지만 고의과실로 임대차관계에 관한 허위의 기재를 하여 손해를 발생케 한 경우에는 손해를 배상할 책임이 있다고 판시한 바 있다.

Ⅶ 사안의 해결(갑이 손해배상을 해야 하는지 여부)

1. 손해배상 요건충족 여부

① 감정평가법인 갑은 금융기관의 의뢰에 의하여 주택담보평가액을 산정하게 되었으며, ② 금융기관과의 협약에도 불구하고 임대차 사실관계를 성실하게 조사하지 않은바 과실이 인정된다. ③ 이러한 과실로 인하여 임차보증금을 고려하지 않고 산정한 감정평가액은 대상 부동산 가치를 적정하게 반영하지 못한 것으로 부당한 감정평가에 해당한다고 볼 수 있다. ④ 이로 인하여 금융기관은 대출채권을 전액회수하지 못하는 손해가 발생하였으며, 이는 감정평가법인 갑의 부당감정평가에 기초한 것이므로 인과관계가 인정된다. ⑤ 위법성의 경우 부당감정평가의 개념에 포함된 것으로 보므로 문제되지 않는다. 따라서 감정평가법 제28조의 제 요건을 모두 충족한다.

2. 손해배상액의 결정

판례의 태도에 따를 때, 갑이 배상하여야 하는 손해배상액은 부당감정평가액과 적정감정평가액과의 차액이 될 것이다. 설문의 경우 손해배상액의 한도 임대차 보증금을 고려하지 않은 3억원에서 임대차 보증금을 고려한 2억원의 차액이 될 것이다.

3. 갑이 5천만원의 손해를 배상해야 하는지

갑은 과실에 의해 주택의 담보가치를 높게 평가하였는바, 이는 부당한 감정평가에 해당한다. 따라서 갑은 보증금을 고려하지 못함으로 발생한 5천만원을 금융기관에 배상해야 할 것이다.

사례 6

감정평가 및 감정평가사에 관한 법률 제4조는 "감정평가사는 타인의 의뢰를 받아 토지 등을 감정평가하는 것을 그 직무로 한다"라고 규정하고, 동법 제10조는 "감정평가법인등은 다음 각 호의 업무를 행한다"라고 하여 업무범위를 열거하고 있다. 여기서 감정평가사의 직무와 감정평가법인등의 업무에 관하여 다음 사항을 설명하시오.

(1) 감정평가사의 직무상 법률관계 및 업무상 법률관계 [15점]

(2) 감정평가법인등의 업무 중 감정평가 이외의 업무 및 수탁업무 [15점]

(설문 1)의 해결	(설문 2)의 해결
Ⅰ 감정평가사의 직무상 법률관계	Ⅰ 감정평가 이외의 업무
1. 직무의 의의	1. 개별공시지가의 검증
2. 공법관계	2. 감정평가와 관련한 상담 및 자문
3. 법적 효과	3. 토지 등의 이용 및 개발 등에 대한 조언이나
Ⅱ 감정평가법인등의 업무상 법률관계	정보 등의 제공
1. 업무의 의의	Ⅱ 수탁업무
2. 사법관계	1. 근거규정
3. 법적 효과	2. 수탁업무

⊕ **(설문 1)의 해결**

Ⅰ 감정평가사의 직무상 법률관계

1. 직무의 의의

직무라 함은 행정법상의 용어로서 일반적으로 사무의 범위, 관할 또는 권한이라고 하며, 그 범위가 권한인 점이 강조될 때에는 직권이라고 하지만 의무인 점이 강조될 때에는 직무라고 한다.

2. 공법관계

토지 등의 감정평가주체는 감정평가평가법인 등이 아니라 감정평가사이며, 토지 등을 감정평가함에 있어서 감정평가사는 의뢰자와 어떤 타협이나 동의를 요하는 대등관계가 아니라 법률의 규정에 의하여 일반적, 우월적 지위에서 일반적으로 시장가치를 결정하게 된다. 감정평가사의 이러한 결정은 타인의 사무를 대리, 대행 또는 대서하는 성질이 아니라 독자적, 선언적 판단작용이며, 감정평가의 특성상 의뢰자에 대해 사실상의 구속력이 잠재하여 있다는 점에서 공법관계라고 할 수 있다. 이러한 관계에서 감정평가사의 감정평가권을 공권이라고 한다.

3. 법적 효과

감정평가사가 정상가격을 감정평가함으로써 오는 법적 효과는 자신에게 귀속되는 것이 아니라 의뢰자 국가나 사회에 귀속된다. 그리고 의뢰자는 후행 법률행위나 행정행위가 있기 전 위법, 부당한 감정평가에 대하여는 감정평가법 제8조 규정에 의하여 타당성조사요구권을 가진다.

Ⅱ 감정평가법인등의 업무상 법률관계

1. 업무의 의의

감정평가법인등의 업무는 감정평가 및 그 외의 일을 말한다. 즉 감정평가는 감정평가사의 직무이지만, 그것을 영업목적으로 하는 것은 감정평가법인등의 일이다. 그리고 감정평가 이외의 일도 영업범위로 할 수 있다.

2. 사법관계

감정평가업은 감정평가서의 교부와 수수료 지급을 내용으로 하는 감정평가법인등과 의뢰자 간의 사법관계이다.

감정평가업은 서로 대등한 관계에서 감정평가계약을 매개로 하며, 감정평가계약의 법적 성질은 도급계약설과 위임계약설로 나누어 논의되고 있다. 감정평가의뢰가 중도에 중지되는 경우에도 일의 진행률을 감안한 수수료청구가 발생하므로, 감정평가계약의 목적은 감정평가에 대한 노무를 제공하는 위임사무로 보는 것이 타당하다. 따라서 위임계약의 관계를 갖는다고 본다.

3. 법적 효과

감정평가법인등은 법령의 규정에 따라 감정평가서를 의뢰자에게 교부할 의무가 있고, 의뢰자에 대하여 수수료청구권을 가진다. 이는 원칙적으로 동시이행관계라 할 수 있다. 감정평가의뢰인 또는 감정평가를 믿고 거래한 선의의 제3자가 손해를 입은 때에는 감정평가법 제28조의 규정에 의하여 감정평가법인등에게 손해배상을 청구할 수 있고, 손해배상을 한 감정평가법인등은 그 감정평가서를 작성한 감정평가사에게 구상권을 행사할 수 있다 할 것이다.

⊕ (설문 2)의 해결

Ⅰ 감정평가 이외의 업무

1. 개별공시지가의 검증(부동산공시법 제10조 제5항)

감정평가법인등이 시·군·구청장이 산정한 개별공시지가의 타당성에 대하여 전문가적 입장에서 검토하는 것으로 부동산공시법 제10조 제5항에 근거한다. 이는 개별공시지가 산정의 전문성을 보완하고 개별공시지가의 신뢰성과 객관성을 확보함에 취지가 있다. 검증 자체로는 법률효과 발생이 없어, 산정의 적정성을 단순확인하고 의견을 제시하는 사실행위이다.

2. 감정평가와 관련한 상담 및 자문(감정평가법 제10조 제1항 제6호)

감정평가사는 담보, 과세기준 등 감정평가와 관련된 업무를 수행하기에 앞서서, 감정평가의 결과가 상이해짐에 따라 달라질 수 있는 결과 등에 대해서 상담이나 자문을 제공할 수 있다.

3. 토지 등의 이용 및 개발 등에 대한 조언이나 정보 등의 제공(감정평가법 제10조 제1항 제7호)

① 정보제공 등의 목적, ② 정보제공 등의 업무범위, ③ 대상물건 및 자료수집의 범위, ④ 정보제공 등의 의뢰조건 및 시점을 고려하여 토지 등의 이용 및 개발 등에 대한 조언이나 정보를 제공한다. 이 경우, 정보제공 등과 관련한 모든 분석은 합리적이어야 하며 객관적인 자료에 근거하여야 한다.

Ⅱ 수탁업무

1. 근거규정

감정평가법 제46조에서는 감정평가 타당성조사, 감정평가사시험의 관리, 감정평가사 등록 및 등록의 갱신, 감정평가사 또는 사무직원의 신고 및 그 밖에 대통령령으로 정하는 업무에 대해서 한국부동산원, 한국산업인력공단 및 협회에 위탁할 수 있다고 규정하고 있다.

2. 수탁업무(감정평가법 시행령 제47조 업무의 위탁)

국토교통부장관은 ① 한국부동산원에 감정평가 정보체계의 구축·운영, 타당성조사를 위한 기초자료 수집 및 감정평가 내용 분석을, ② 협회에 감정평가서의 원본과 관련 서류의 접수 및 보관, 감정평가사의 등록 신청과 갱신등록 신청의 접수 및 갱신등록의 사전통지, 감정평가사사무소의 개설신고, 변경신고, 휴업신고 또는 폐업신고의 접수, 소속 감정평가사 또는 사무직원의 고용 및 고용관계 종료 신고의 접수, 보증보험 가입 통보의 접수, ③ 한국산업인력관리공단에 감정평가사시험의 관리업무를 위탁한다.

사례 7

국토교통부장관은 2014년 4월 평창동계올림픽 유치에 필요한 예정부지의 매입을 위해서 매입가격 평가를 서울에 소재하는 감정평가법인 갑에게 의뢰하였고, 갑은 성실하게 토지를 평가하고 감정평가보고서를 지체 없이 발송하였다. 그 후, 갑은 2014년 11월에 경기도 안양시 석수동에 소재하는 A토지의 2015년 표준지공시지가 조사평가 업무를 충청남도에 소재하는 감정평가법인 을과 맡게 되었다. 갑은 사전조사를 위해서 거소를 경기도로 옮겼으나 이 과정에서 2014년 동계올림픽과 관련된 보고서 원본 및 관련자료를 분실하였다. 갑은 이에 개의치 않고 표준지 조사평가를 위해서 소속평가사 병과 함께 가격자료 수집을 하고 표준지공시지가를 평가하였다. 병은 관련자료를 수집하는 과정에서 불성실한 태도를 보였다. 이 업무를 마치고 병은 독립하여 개인사무소를 운영하기로 결심하고 사무소를 개설하였다.

표준지공시지가를 공시하기 위해서 갑과 을의 보고서를 검토하던 국토교통부장관은 갑과 을의 보고서에는 거래사례비교법, 원가법 및 수익환원법 등의 가격란은 공란으로 되어있으며 전년도의 공시지가와 세평가격만이 참고가격으로 적시되어있고, 별다른 요인별 참작내용은 없는 것을 보았다. 이에 국토교통부 장관은 갑과 을에게 보고서의 타당성을 인정할 수 없으므로 다시 평가하여 줄 것을 의뢰하였다. 이 당시 법인에 소속된 대부분의 평가사가 4대강과 관련된 대운하 보상사업에 투입되었고 마땅한 대체 평가사는 부족한 상황이었다.

동시에 국토교통부장관은 다시 평창올림픽 유치와 관련하여 부지매입과 관련된 보고서를 재검토하다가 의문점을 발견하고 갑에게 보고서를 다시 보내줄 것을 요청하였으나 갑은 이를 이행하지 않았고, 이로 인해 갑의 감정평가보고서원본 및 관련서류의 분실 사실을 알게 되었다.

이에 따라 갑에게는 업무정지 6개월의 처분을 하였다. 병에게는 표준지공시지가 평가를 위한 가격자료 수집 시에 불성실한 태도를 보였으므로, 사무소를 개설하여 업무를 수행한다면 불공정한 평가를 할 우려가 있다고 판단하여 사무소개설신고의 수리를 거부하였다.

갑은 업무정지 6개월의 처분을 하게 되면 표준지 조사, 평가업무의 정상적인 수행에 지장을 초래하는 등 공익을 해칠 우려가 있으므로 업무정지처분 대신에 과징금을 부과해야 한다고 주장한다. 이러한 갑의 주장은 타당한가? 20점

1. 감정평가법 제6조(감정평가서)
   ③ 감정평가법인등은 감정평가서의 원본과 그 관련 서류를 국토교통부령으로 정하는 기간 이상 보존하여야 하며, 해산하거나 폐업하는 경우에도 대통령령으로 정하는 바에 따라 보존하여야 한다.

2. 감정평가법 시행규칙 제3조(감정평가서 등의 보존)
   감정평가서의 원본 : 발급일부터 5년
   감정평가서의 관련 서류 : 발급일부터 2년

3. 감정평가법 시행령 제29조 [별표 3]

해당사항	해당법 조문	처분기준
바. 법 제6조에 따른 감정평가서의 작성·발급 등에 관한 사항을 위반한 경우 5) 감정평가서의 원본과 그 관련 서류를 보존기간동안 보존하지 아니한 경우	법 제32조 제1항 제6호	(3차 이상 위반) 업무정지 6월

4. 감정평가법 제41조(과징금의 부과)

① 국토교통부장관은 감정평가법인등이 제32조 제1항 각 호의 어느 하나에 해당하게 되어 업무정지처분을 하여야 하는 경우로서 그 업무정지처분이 「부동산 가격공시에 관한 법률」 제3조에 따른 표준지공시지가의 공시 등의 업무를 정상적으로 수행하는 데에 지장을 초래하는 등 공익을 해칠 우려가 있는 경우에는 업무정지처분을 갈음하여 5천만원(감정평가법인인 경우는 5억원) 이하의 과징금을 부과할 수 있다.

② 국토교통부장관은 제1항에 따른 과징금을 부과하는 경우에는 다음 각 호의 사항을 고려하여야 한다.

1. 위반행위의 내용과 정도
2. 위반행위의 기간과 위반횟수
3. 위반행위로 취득한 이익의 규모

Ⅰ 쟁점의 정리(제도의 취지 및 근거)

Ⅱ 과징금제도의 개관
  1. **과징금의 개념 및 구별개념**
    (1) 과징금의 의의 및 구별개념
    (2) 감정평가법상 과징금의 의미(변형된 의미의 과징금) 및 취지
  2. **법적 성질**
  3. **요건(공익을 해칠 우려가 있는 때)**
  4. **과징금 부과절차(법 제41조)**

Ⅲ 사안의 해결(갑주장의 타당성)
  1. **업무정지사유의 유무판단**
    (1) 근거규정
    (2) 사안의 경우
  2. **공적 업무에 영향을 미치는지**
    (1) 표준지공시지가의 공적 효력
    (2) 사안의 경우
  3. **갑주장의 타당성**

Ⅰ 쟁점의 정리(제도의 취지 및 근거)

과징금제도는 공적업무수행 시에(표준지, 표준주택 가격조사 등) 업무정지처분을 받는다면, 공적 업무에 지장을 초래할 수 있으므로 이를 개선하기 위한 제도이다.

설문에서는 갑이 업무정지처분에 갈음하는 과징금을 부과해야 한다고 주장하고 있으므로, 감정평가사법 제41조의 요건을 검토하여 갑 주장의 타당성을 살펴본다.

Ⅱ 과징금제도의 개관

1. 과징금의 개념 및 구별개념

(1) 과징금의 의의 및 구별개념

과징금은 행정법상 의무위반 행위로 얻은 경제적 이익을 박탈하기 위한 금전상 제재금을 말한다. 과징금은 의무이행확보수단으로 가해지는 점에서 의무위반에 대한 벌인 과태료와 구별된다.

(2) 감정평가법상 과징금의 의미(변형된 의미의 과징금) 및 취지

감정평가법상 과징금은 계속적인 공적업무수행을 위하여 업무정지처분에 갈음하여 부과되는 것으로 변형된 과징금에 속한다. 이는 인가, 허가 및 철회나 정지처분으로 인해 발생하는 국민생활 불편이나 계속적인 공적업무 수행의 공익을 고려함에 취지가 인정된다.

2. 법적 성질

과징금 부과는 금전상의 급부를 명하는 〈급부하명〉으로서 처분에 해당한다. 또한 "할 수 있다"는 규정에 비추어 재량행위로 판단된다.

3. 요건(공익을 해칠 우려가 있는 때)

① 감정평가법 제32조의 업무정지처분을 할 경우로서, ② 표준지 및 표준주택가격 조사 평가 등 공적업무수행에 영향을 미칠 우려가 있을 것을 요건으로 한다.

4. 과징금 부과절차(법 제41조)

① 위반행위의 내용과 정도, 위반행위의 기간과 횟수, 위반행위로 취득한 이익의 규모를 고려하여 5천만원 이하를 부과한다. ② 또한 시행령 제43조에서는 1/2 범위 내에서 가중, 감경할 수 있다고 규정하고 있다. ③ 이에 위반행위의 종별과 과징금의 금액을 명시하여 납부할 것을 서면으로 통지한다.

Ⅲ 사안의 해결(갑주장의 타당성)

1. 업무정지사유의 유무판단

(1) 근거규정

갑은 감정평가법 제6조 제3항 및 동법 시행규칙 제3조 규정에 의해 ① 평창 동계올림픽 예정부지를 위한 감정평가보고서의 원본은 5년 이상 보존하여야 하고, ② 관련 서류는 2년 이상 보존하여야 할 의무가 있다.

(2) 사안의 경우

〈설문에서는〉 2012년 4월에 평가보고서를 작성한 것으로 보이므로 분실 시까지의 기간이 상기 기간을 충족하지 못한 것으로 판단된다. 따라서 갑은 감정평가서 보존의무를 위반하여 감정평가사법 제32조 제1항 제6호의 업무정지사유에 해당한다고 볼 수 있다.

2. 공적 업무에 영향을 미치는지

(1) 표준지공시지가의 공적 효력

갑은 현재 표준지공시지가의 재평가 업무를 수행하고 있으며, 표준지공시지가는 토지시장의 지가정보를 제공하고 일반적인 토지거래의 지표가 되며, 국가·지방자치단체 등의 기관이 그 업무와 관련하여 지가를 산정하거나 감정평가법인등이 개별적으로 토지를 감정평가하는 경우에 기준이 되는 효력을 갖는다.

(2) 사안의 경우

〈설문에서는〉 현재 대운하사업으로 인하여 마땅한 대체인력이 없음에도 갑에게 업무정지를 부과하는 것은 ① 표준지 조사평가업무의 정상적인 수행에 지장을 초래하고, ② 상기의 표준지공시지가와 결부된 후행작용에 영향을 미칠 수 있으므로, 이는 공적업무의 정상적인 수행에 지장을 초래하는 등 공익을 해칠 우려가 있는 경우에 해당한다고 볼 수 있다.

3. 갑주장의 타당성

갑은 평창 동계올림픽 예정부지에 대한 감정평가보고서를 분실하여 감정평가서 보존의무를 다하지 못하였지만, 현재 표준지공시지가의 재평가 업무를 수행하고 있으므로 공익을 고려하여 업무정지에 갈음하는 과징금을 부과하여야 할 것이다. 이 경우 구체적인 금액은 위반행위의 내용과 정도 등을 고려하여 결정하여야 할 것이다.

사례 8

감정평가법상 과징금 부과 절차에 대해서 설명하시오. 10점

Ⅰ 과징금의 의의 및 법적 성질

과징금은 행정법상 의무위반 행위로 얻은 경제적 이익을 박탈하기 위한 금전상 제재금을 말한다. 감정평가법상 과징금은 계속적인 공적업무수행을 위하여 업무정지처분에 갈음하여 부과되는 것으로 변형된 과징금에 속한다. 과징금 부과는 금전상의 급부를 명하는 급부하명으로서 처분에 해당되며 "할 수 있다"는 규정에 비추어 재량행위로 판단된다.

Ⅱ 과징금 부과절차

1. 과징금 부과(제41조 제1항)

① 위반행위의 내용과 정도, 위반행위의 기간과 횟수, 위반행위로 취득한 이익의 규모를 고려하여 5천만원 이하를 부과한다. ② 또한 시행령 제43조에서는 1/2 범위 내에서 가중, 감경할 수 있다고 규정하고 있다. ③ 이에 위반행위의 종별과 과징금의 금액을 명시하여 납부할 것을 서면으로 통지한다.

2. 과징금의 승계(제41조 제3항)

국토교통부장관은 감정평가법인이 합병을 하는 경우 그 감정평가법인이 행한 위반행위는 합병 후 존속하거나 합병으로 신설된 감정평가법인이 행한 행위로 보아 과징금을 부과·징수할 수 있다.

3. 과징금의 징수 및 체납(제44조)

국토교통부장관은 과징금납부의무자가 납부기한까지 과징금을 납부하지 아니하였을 때에는 기간을 정하여 독촉을 하고, 그 지정한 기간 내에 과징금이나 가산금을 납부하지 아니하였을 때에는 국세 체납처분의 예에 따라 징수할 수 있다.

4. 과징금 불복방법(제42조)

과징금의 부과에 이의가 있는 자는 이를 통보받은 날부터 30일 이내에 사유서를 갖추어 국토교통부장관에게 이의를 신청할 수 있고 국토교통부장관은 이의신청에 대하여 30일 이내에 결정을 하여야 한다. 이에 대해 이의가 있는 자는 행정심판 및 행정소송을 제기할 수 있다.

🔊 **사례 9**

甲은 2018.11.1.부터 A시 소재의 3층 건물의 1층에서 감정평가법인을 운영해 왔는데, 국토교통부장관 乙은 2019.12.26. 甲이 미신고직원을 고용하여 영업을 했다는 이유로 甲에 대하여 3개월의 영업정지처분을 하였다. 이에 대하여 甲은 문제가 된 직원은 신고된 직원이라는 점을 주장하면서 3개월의 영업정지처분의 취소를 구하는 행정심판을 청구했다. 관할 행정심판위원회는 2020.3.6. 甲에 대한 3개월의 영업정지처분을 1개월의 영업정지처분으로 변경하라는 일부인용재결을 하였고, 2020.3.10. 그 재결서 정본이 甲에게 도달하였다. 乙은 행정심판위원회의 재결내용에 따라 2020.3.17. 甲에 대하여 1개월의 영업정지처분을 하였고, 향후 같은 위반사유로 제재처분을 받을 경우 감정평가법 시행령 별표의 행정처분기준에 따라 가중적 제재처분이 내려진다는 점까지 乙은 甲에게 안내했다. 행정심판을 통해서 구제를 받지 못했다고 생각한 甲은 2020.6.15. 취소소송을 제기하고자 한다. 다음 물음에 답하시오. 50점

(1) 甲이 제기하는 취소소송의 대상적격, 피고적격, 제소기간에 대하여 논하시오. 30점

(2) 甲은 乙의 영업정지처분 1개월이 경과한 후에도 그 처분의 취소를 구할 소의 이익이 있는지 논하시오. 20점

(설문 1)의 해결

Ⅰ 쟁점의 정리

Ⅱ 변경된 내용의 당초처분이 소의 대상이 되는지 여부
  1. 원처분주의와 재결주의
    (1) 원처분주의와 재결주의의 의의
    (2) 재결이 취소소송의 대상이 되는 경우
  2. 상대방에게 유리한 변경명령재결이 있는 경우 취소소송의 대상
    (1) 학설
    (2) 판례(변경된 원처분)
    (3) 검토
  3. 사안의 경우

Ⅲ 제소기간의 기산점
  1. 제소기간의 의의 및 취지
  2. 행정심판을 거친 경우의 제소기간
  3. 관련판례의 태도
  4. 사안의 경우

Ⅳ 피고적격
  1. 피고적격의 의의
  2. 사안의 경우

Ⅴ 사안의 해결

(설문 2)의 해결

Ⅰ 쟁점의 정리

Ⅱ 제재적 처분기준의 법적 성질
  1. 법적 성질
    (1) 학설 및 판례의 태도
    (2) 검토 및 사안의 경우

Ⅲ 처분의 효력이 소멸한 경우의 협의의 소익 인정 여부
  1. 협의의 소익 의의 및 원고적격과의 구별
  2. 회복되는 법률상 이익의 의미
  3. 제재적 처분기준(가중처벌)에 관한 판례
    (1) 법규명령형식으로 규정된 경우
      1) 종전 판례
      2) 최근 판례
        가. 다수견해
        나. 소수견해
    (2) 행정규칙으로 규정된 경우
    (3) 검토

Ⅳ 사안의 해결

합격까지 박문각

⊕ (설문 1)의 해결

I 쟁점의 정리

1. 사안에서와 같이 행정심판의 재결을 거쳐 취소소송을 제기하는 경우에 그 취소소송의 대상은 당초 처분인지 아니면 재결에 따른 변경처분인지가 문제된다. 따라서 취소소송의 대상인 처분의 의미를 파악하고 취소소송의 대상인 처분이 어느 것인지를 검토한다.

2. 또한 출소기간의 계산도 당초처분 시 부터인지 변경된 처분 시부터인지 문제될 수 있으며, 소의 대상에 따라 피고도 달라질 수 있는바 이에 대해서 논하고자 한다.

II 변경된 내용의 당초처분이 소의 대상이 되는지 여부

1. 원처분주의와 재결주의

(1) 처분주의와 재결주의의 의의

① 원처분주의란 취소소송의 대상을 원처분으로 하되 재결 자체에 고유한 위법이 있는 경우에 한하여 예외적으로 재결을 취소소송의 대상으로 하는 것을 말한다. ② 재결주의는 재결을 대상으로 취소소송을 제기하되 원처분의 위법도 주장할 수 있다. ③ 행정소송법 제19조는 원처분주의를 택하고 있다.

(2) 재결이 취소소송의 대상이 되는 경우

재결이 취소소송의 대상이 되는 경우는 재결 자체에 고유한 위법이 있는 경우에 한하는 바, ① 주체상 하자로는 권한 없는 기관의 재결, ② 절차상 하자로는 심판절차를 준수하지 않은 경우 등, ③ 형식상 하자로는 서면으로 하지 않거나, 중요기재사항을 누락한 경우, ④ 내용상 하자의 경우 견해대립이 있으나 판례는 '내용의 위법은 위법 부당하게 인용재결을 한 경우에 해당한다'고 판시하여 내용상 하자를 재결고유의 하자로 인정하고 있다.

2. 상대방에게 유리한 변경명령재결이 있는 경우 취소소송의 대상

변경명령재결에 따라 행정청이 상대방에게 유리하게 행한 변경된 처분은 원처분과 다른 형태의 변경처분이라 할 수 있다. 이 경우 당사자는 원처분이 아니라 이처럼 변경된 처분을 다투고자 하는 경우에 변경처분을 소의 대상으로 할 수 있는지 문제된다.

(1) 학설

① 변경명령재결과 그에 따른 변경처분을 재결내용의 고유한 위법이 있는 것이라고 할 수 없는 바, 원처분을 다투어야 한다는 원처분설과 ② 변경처분은 원처분과 다른 새로운 처분이므로 변경처분을 다투어야 한다는 변경처분설, ③ 변경된 처분은 새로운 처분이 아니라 당초부터 유리하게 변경된 내용의 처분이라 할 것이므로 변경시킨 원처분을 다투어야 한다는 견해가 대립된다.

Chapter 03 손해배상책임 및 징계 859

(2) 판례(당초부터 유리하게 변경된 원처분)

판례는 일부취소 또는 적극적 변경재결로 인하여 감경되고 남은 원처분을 상대로 원처분청을 피고로 하여 소송을 제기하여야 하는 것으로 보고 있다. 또한 처분명령재결의 경우에도 변경된 내용의 당초처분을 소의 대상으로 보고 있다(대판 2007.4.27, 2004두9302).

(3) 검토

수정재결도 제재적 처분의 강도를 감경한 것에 지나지 않는다는 점에서 감경되고 남은 원래의 처분을 소의 대상으로 함이 타당하다고 판단된다.

3. 사안의 경우

사안에서는 1개월의 영업정지처분으로 변경되었다. 이는 제재적 처분의 강도가 감경된 것이므로 당초부터 유리하게 변경된 1개월의 영업정지처분이 소송의 대상이 된다.

Ⅲ 제소기간의 기산점

1. 제소기간의 의의 및 취지

제소기간이란 소송을 제기할 수 있는 시간적 간격을 의미하며 제소기간 경과 시 "불가쟁력"으로 소를 제기할 수 없다. 행정소송법 제20조에서는 처분이 있은 날로부터 1년, 안 날로부터 90일을 규정하고 있다. 제소기간은 행정의 안정성과 국민의 권리구제를 조화하는 입법정책과 관련된 문제이다.

2. 행정심판을 거친 경우의 제소기간

행정심판을 거쳐 취소소송을 제기하는 경우 취소소송은 재결서의 정본을 송달받은 날부터 90일 이내에 제기하여야 한다(행정소송법 제20조 제1항). 이는 불변기간이다.

3. 관련판례의 태도

판례는 일부인용의 처분명령재결에 따라 당초처분을 유리하게 변경한 경우, 제소기간의 준수 여부는 변경처분이 아닌 변경된 내용의 당초처분을 기준(재결서 정본의 송달을 받은 날)으로 판단해야 한다고 한다.

4. 사안의 경우

설문은 행정심판을 제기한 경우에 해당되기 때문에 재결서를 송달받은 날인 2020년 3월 10일부터 90일 이내에 취소소송을 제기하여야 할 것이다.

Ⅳ 피고적격

1. 피고적격의 의의

피고란 소송당사자로서 원고가 아닌자를 말한다. 행정소송법 제13조에서는 '처분 등을 행한 행정청'을 피고로 규정하고 있다.

2. 사안의 경우

해당 취소소송의 대상은 당초부터 유리하게 변경된 원처분이므로 처분청인 을이 피고가 될 것이다.

Ⅴ 사안의 해결

갑은 당초부터 유리하게 변경된 1개월의 영업정지처분에 대해서 처분청인 을을 피고로 하여 2020년 6월 9일까지 취소소송을 제기할 수 있다. 이에 대해 갑은 3월 17일에서야 비로소 1개월의 영업정지처분을 통지받았으므로 이를 기준하여 영업정지처분의 효력이 변경되는 것으로 인지할 수 있는 바, 이를 기준하여 제소기간을 기산하여야 한다는 견해(변경된 처분설)에 따를 경우 6월 16일까지 취소소송을 제기할 수 있을 것이다.

⊕ (설문 2)의 해결

Ⅰ 쟁점의 정리

설문은 1개월의 영업정지처분의 효력이 소멸한 이후에 가중처벌의 불이익을 제거하기 위하여 취소를 구할 소의 이익이 인정되는지에 대하여, ① 해당 제재적 처분기준인 감정평가법 시행령 별표가 법규성을 갖는지를 살펴보고, ② 처분의 효력이 소멸했음에도 갑에게 취소소송의 본안판결을 받을 현실적 필요성이 인정되는 지를 협의의 소익과 관련하여 검토한다.

Ⅱ 제재적 처분기준의 법적 성질

1. 법적 성질

(1) 학설 및 판례의 태도

① 규범의 형식과 법적 안정성을 중시하여 법규명령으로 보는 견해와 ② 규범의 실질과 구체적 타당성을 중시하여 행정규칙으로 보는 견해가 있으나 대법원은 ① (구)식품위생법 시행규칙상 제재적 처분기준은 행정규칙으로 보며, ② (구)청소년보호법 시행령상 과징금처분기준을 법규명령으로 보면서 그 처분기준은 최고한도로 보아 구체적 타당성을 기한 사례가 있다.

(2) 검토 및 사안의 경우

국민의 시각에서 형식에 따라 대외적 구속력을 예측하는 것이 일반적일 것이므로 법규명령으로 봄이 타당하며, 감정평가법 시행령 별표 규정도 형식이 법규명령인바, 법제처의 심사 등 법규명령으로서의 제반 절차를 거치므로 법규명령으로 봄이 타당하다.

Ⅲ 처분의 효력이 소멸한 경우의 협의의 소익 인정 여부

1. 협의의 소익 의의 및 원고적격과의 구별

협의의 소익은 본안판결을 받을 현실적 필요성을 의미한다(행정소송법 제12조 제2문). 동 규정을 원고적격으로 보는 견해가 있으나 통상 협의의 소익 규정으로 보는 것이 판례 및 다수의 견해이다.

2. 회복되는 법률상 이익의 의미

판례는 처분의 근거 법률에 의해 보호되는 직접적이고 구체적인 이익을 말하며, 간접적이고 사실적인 이익은 해당하지 않는다고 한다. 이에 명예, 신용 등의 이익도 포함된다고 보는 견해도 있다.

3. 제재적 처분기준(가중처벌)에 관한 판례

(1) 종전 판례

제재적 처분기준이 대통령령 형식인 경우에는 소의 이익이 있다고 보았으나 부령 형식의 경우에는 소의 이익이 없다고 보았다.

(2) 최근 판례

1) 다수견해

① 법규명령 여부와 상관없이 행정청은 처분기준을 준수할 의무가 있으므로, 상대방이 장래에 받을 수 있는 가중처벌규정은 구체적이고 현실적인 것이므로 "그 불이익을 제거할 필요가 있다"고 하여 제재적 처분이 부령 형식이라도 협의의 소익을 인정한다. 또한 ② 후에 동일내용을 다투는 경우 이중의 노력과 비용이 소모되고, ③ 시간의 경과로 인한 증거자료의 일실의 문제가 발생할 수 있는 측면에서도 협의의 소익을 인정한다.

2) 소수견해

제재적 처분기준을 정한 부령인 시행규칙은 헌법 제95조에 의한 위임명령이므로 이의 법규성을 인정하는 이론적 기초위에서 그 법률상 이익을 긍정함이 합당하다고 한다.

(3) 검토

부령 형식으로 제정된 경우에도 법규성을 인정하는 논리적 기초 위에서 가중처벌에 따른 불이익의 위험을 제거함이 타당하다고 판단된다.

Ⅳ 사안의 해결

갑에 대한 1개월의 영업정지처분의 효력은 기간의 경과로 효력이 소멸하였지만, 후에 갑이 업무정지 사유에 해당하게 되면 제재적 처분기준의 법적 성질을 어느 것으로 보더라도 가중처벌을 받을 위험이 존재한다. 따라서 갑은 이러한 가중처벌의 위험을 제거할 현실적 필요성이 인정된다.

◢ 사례 10

감정평가 및 감정평가사에 관한 법률 제41조에서 규정하고 있는 과징금에 대해서 설명하시오.
20점

Ⅰ 서(제도의 취지 및 근거)

Ⅱ 개념 및 구별개념
 1. 과징금의 의의 및 구별개념
 2. 감정평가법상 과징금의 의미 및 취지

Ⅲ 법적 성질

Ⅳ 요건 및 절차
 1. 요건(공익을 해칠 우려가 있는 때)
 2. 절차
  (1) 과징금 부과기준(법 제41조)

 (2) 과징금 부과
 (3) 과징금징수 및 체납
 (4) 과징금의 승계(법 제41조 제3항)

Ⅴ 권리구제
 1. 이의신청(법 제42조)
 2. 행정심판(법 제42조)
 3. 행정소송
 4. 부당이득반환청구소송

Ⅵ 결(개선안)

Ⅰ 서(제도의 취지 및 근거)

감정평가의 업무영역이 확대되고 면적사업이 증대되는 등, 공공성이 강화됨에 따라 공적업무 수행 역할의 중요성도 증대하였다. 따라서 공적업무 수행 시에(표준지, 표준주택 가격조사 등) 업무정지처분을 받는다면 공적업무에 지장을 초래할 수 있으므로 이를 개선하기 위하여 과징금제도를 도입하였다(감정평가법 제41조).

Ⅱ 개념 및 구별개념

1. 과징금의 의의 및 구별개념

과징금은 행정법상 의무위반 행위로 얻은 경제적 이익을 박탈하기 위한 금전상 제재금을 말한다. 과징금은 의무이행의 확보수단으로서 가해진다는 점에서 의무위반에 대한 벌인 과태료와 구별된다.

2. 감정평가법상 과징금의 의미(변형된 의미의 과징금) 및 취지

감정평가법상 과징금은 계속적인 공적업무수행을 위하여 업무정지처분에 갈음하여 부과되는 것으로 변형된 과징금에 속한다. 이는 인허가 철회나 정지처분으로 인해 발생하는 국민생활 불편이나 공익을 고려함에 취지가 인정된다.

PART · 06

Ⅲ 법적 성질

과징금 부과는 금전상의 급부를 명하는 급부하명으로서 처분에 해당한다. 또한 "할 수 있다"는 규정에 비추어 재량행위로 판단된다.

Ⅳ 요건 및 절차

1. 요건(공익을 해칠 우려가 있는 때)

① 감정평가법 제32조에 의한 업무정지처분을 할 경우로서, ② 업무정지처분을 하게 되면 표준지 및 표준주택가격 조사평가 등 공적업무수행에 영향을 미칠 우려가 있어야 할 것을 요건으로 한다.

2. 절차

(1) 과징금 부과기준(감정평가법 제41조)

① 위반행위의 내용과 정도, ② 위반행위의 기간과 횟수, ③ 위반행위로 취득한 이익의 규모를 고려하여 5천만원 이하의 과징금을 부과한다. ④ 시행령 제43조에서는 1/2 범위 내에서 가중 또는 감경할 수 있다고 규정하고 있다.

(2) 과징금 부과

위반행위의 종별과 과징금의 금액을 명시하여 이를 납부할 것을 서면으로 통지한다.

(3) 과징금징수 및 체납

통지일부터 60일 이내에 납부하여야 하며 가산금징수에 관하여는 국세체납처분에 의해 징수할 수 있다.

(4) 과징금의 승계(감정평가법 제41조 제3항)

국토교통부장관은 감정평가법인이 합병을 하는 경우 그 감정평가법인이 행한 위반행위는 합병 후 존속하거나 합병에 의하여 신설된 감정평가법인이 행한 행위로 보아 과징금을 부과·징수할 수 있다.

Ⅴ 권리구제

1. 이의신청(감정평가법 제42조)

① 제41조에 따른 과징금의 부과처분에 이의가 있는 자는 그 처분을 통보받은 날부터 30일 이내에 사유를 갖추어 국토교통부장관에게 이의를 신청할 수 있다(제1항). ② 국토교통부장관은 이의신청에 대하여 30일 이내에 결정을 하여야 한다. 다만, 부득이한 사정으로 그 기간 이내에 결정을 할 수 없는 경우에는 30일의 범위 내에서 기간을 연장할 수 있다(제2항).

2. 행정심판(감정평가법 제42조 제3항)

이의신청에 대한 결정에 이의있는 자는 행정심판을 청구할 수 있다.

3. 행정소송

과징금 부과는 급부하명으로서 소송의 대상이 되므로, 위법성 정도에 따라 취소소송 또는 무효등확인소송을 제기할 수 있다.

4. 부당이득반환청구소송

잘못 부과된 과징금은 부당이득반환청구소송을 제기할 수 있을 것이다. 다만 현실적으로 거의 드물 것으로 보인다.

Ⅵ 결(개선안)

과징금은 공적업무수행의 확보를 목적으로 하므로 공적업무에 영향을 미치는지를 객관적 기준에 의해 판단해야 할 것이다. 따라서 공적업무에 영향을 미치는지에 대한 객관적인 기준이 입법적으로 제정되어야 할 것이다.

🔖 사례 11

서울시 한남동에 소재한 임대분양전환 아파트의 분양전환 시점이 도래하여 감정평가법인 A에 소속된 평가사 K는 분양가격 산정을 위한 감정평가를 진행하였다. 그런데 K의 감정평가액은 불성실한 감정으로서 잘못된 평가로 밝혀졌고(법인 A에 대한 심사도 평가과정을 면밀하게 검토하지 못하였다), 이에 따라 K감정평가사는 업무정지 6개월의 징계처분을 받게 되었고, 법인 A에 대해서도 업무정지 3개월의 징계처분이 내려졌다.

K평가사는 업무정지처분으로 인해 공시지가 업무를 더 이상 수행할 수 없게 되어 공익을 해칠 우려가 발생되므로 업무정지처분에 갈음하는 과징금 부과처분으로의 변경을 요구하였으나 국토교통부장관은 K에 대한 징계는 그대로 유지하였으나 법인 A에 대해서는 5천만 원의 과징금부과처분으로 변경하였다.

법인 A는 K에 대한 지도감독 의무를 성실하게 수행하여 법인에 대한 징계사유는 존재하지 않는다는 점 및 설사 성실의무 위반의 징계사유가 인정된다 하더라도 다수의 법인이 이처럼 지도감독 의무의 이행을 못한 경우에도 과징금 부과처분을 내리지 않은 관행이 있음에도 이를 이유로 과징금부과처분을 하는 것은 부당하다는 점(이에 대한 관련 자료는 제출하지 못하였다)과 과징금부과처분 절차에 있어서 징계위원회의 의결절차를 거치지 않은 점이 존재하므로 과징금부과처분은 위법하다고 주장한다.

(1) 성실의무를 설명하고 감정평가법인이 부담하는 성실의무의 의미에 대해서 논하시오. [5점]

(2) 감정평가법인에 대한 징계처분 기준 및 과징금부과 기준의 법적 성질을 논하시오. [10점]

(3) 제재적 행정처분이 재량권의 범위를 일탈·남용하였는지 판단하는 방법에 대해서 논하시오. [5점]

(4) 법인 A의 주장이 타당한지 논하시오. [20점]

(설문 1)의 해결

Ⅰ 성실의무의 내용(감정평가법 제25조)
  1. 품위유지의무
  2. 불공정 감정의 금지
  3. 겸업제한
  4. 금품수수 등
  5. 중복소속 금지
  6. 기타
Ⅱ 감정평가법인등이 부담하는 성실의무의 의미

(설문 2)의 해결

Ⅰ 쟁점의 정리
Ⅱ 법규명령형식의 행정규칙의 법적 성질(제재적 처분기준의 법적 성질)
  1. 학설
  2. 판례
  3. 검토
Ⅲ 사안의 해결

(설문 3)의 해결

Ⅰ 법치행정의 원칙과 재량행위

Ⅱ 재량권의 범위를 일탈·남용하였는지 판단하는 방법
  1. 영업정지(업무정지) 처분과 과징금 부과처분
  2. 행정소송법 제27조 및 행정기본법 제21조
  3. 재량권의 범위를 일탈·남용하였는지 판단하는 방법

(설문 4)의 해결

Ⅰ 쟁점의 정리

Ⅱ 성실의무 위반유무
  1. 성실의무 위반여부
  2. 자기구속위반 여부
    (1) 의의 및 근거
    (2) 요건 및 한계
    (3) 사안의 경우
  3. 과징금부과처분의 절차상 하자 여부
    (1) 과징금부과처분의 절차(감정평가법 제41조 제2항)
    (2) 사안의 경우

Ⅲ 사안의 해결

⊕ (설문 1)의 해결

Ⅰ 성실의무의 내용(감정평가법 제25조)

1. 품위유지의무

감정평가법인등(감정평가법인 또는 감정평가사사무소의 소속 감정평가사를 포함)은 감정평가업무를 하는 경우 품위를 유지하여야 하고, 신의와 성실로써 공정하게 하여야 하며, 고의 또는 중대한 과실로 업무를 잘못하여서는 아니 된다.

2. 불공정 감정의 금지

감정평가법인등은 자기 또는 친족 소유, 그 밖에 불공정하게 감정평가업무를 수행할 우려가 있다고 인정되는 토지 등에 대해서는 그 업무를 수행하여서는 아니 된다.

3. 겸업제한

감정평가법인등은 토지 등의 매매업을 직접 하여서는 아니 된다.

4. 금품수수 등

감정평가법인등이나 그 사무직원은 수수료와 실비 외에는 어떠한 명목으로도 그 업무와 관련된 대가를 받아서는 아니 되며, 감정평가 수주의 대가로 금품 또는 재산상의 이익을 제공하거나 제공하기로 약속하여서는 아니 된다.

5. 중복소속 금지

감정평가사, 감정평가사가 아닌 사원 또는 이사 및 사무직원은 둘 이상의 감정평가법인(같은 법인의 주·분사무소를 포함한다) 또는 감정평가사사무소에 소속될 수 없으며, 소속된 감정평가법인 이외의 다른 감정평가법인의 주식을 소유할 수 없다.

6. 기타

감정평가법인등이나 사무직원은 특정한 가액으로 감정평가를 유도 또는 요구하는 행위에 대해서 따라서는 아니 된다.

Ⅱ 감정평가법인등이 부담하는 성실의무의 의미

감정평가법인등은 감정평가업무를 행함에 있어서 품위를 유지하여야 하고, 신의와 성실로써 공정하게 감정평가를 하여야 하며, 고의 또는 중대한 과실로 잘못된 평가를 하여서는 아니 된다.
한편 감정평가법인등이 감정평가법인인 경우에 실질적인 감정평가업무는 소속감정평가사에 의하여 이루어질 수밖에 없으므로, 감정평가법인이 감정평가의 주체로서 부담하는 성실의무란, 소속감정평가사에 대한 관리·감독의무를 포함하여 감정평가서 심사 등을 통해 감정평가 과정을 면밀히 살펴 공정한 감정평가결과가 도출될 수 있도록 노력할 의무를 의미한다고 보아야 한다.

⊕ (설문 2)의 해결

Ⅰ 쟁점의 정리

감정평가법인에 대한 징계처분 및 과징금부과 처분 기준(제재적 처분기준)이 법규명령의 형식으로 제정되었으나 그 실질이 행정규칙의 내용을 갖는 경우 대외적 구속력이 문제된다.

Ⅱ 법규명령형식의 행정규칙의 법적 성질(제재적 처분기준의 법적 성질)

1. 학설

① 규범의 형식과 법적 안정성을 중시하여 법규명령으로 보는 견해, ② 규범의 실질과 구체적 타당성을 중시하여 행정규칙으로 보는 견해, ③ 상위법의 수권유무로 판단하는 수권여부기준설이 대립한다.

2. 판례

대법원은 ① (구)식품위생법 시행규칙상 제재적 처분기준은 행정규칙으로 보며, ② (구)청소년보호법 시행령상 과징금처분기준을 법규명령으로 보면서 그 처분기준은 최고한도로 보아 구체적 타당성을 기한 사례가 있다.

3. 검토

대통령령과 부령을 구분하는 판례의 태도는 합리적 이유가 없으므로 타당성이 결여된다. 또한 부령의 경우에도 법규명령의 형식을 갖는 이상 법제처의 심사에 의해 절차의 정당성을 확보하고, 공포를 통한 예측가능성이 보장된다는 점에서 부령인 경우도 법규성을 긍정함이 타당하다. 국민의 시각에서 형식에 따라 대외적 구속력을 예측하는 것이 일반적일 것이므로 법규명령으로 봄이 타당하다.

Ⅲ 사안의 해결

감정평가법인에 대한 징계규정 및 과징금 부과 기준은 형식이 대통령령이며, 상위 법률인 감정평가사법의 처분기준을 각 사유마다 세분화하여 규정하였으며 가감규정을 두어 개별사안에서 구체적 타당성을 기여하고 있다. 따라서 법규명령의 성질을 갖는 것으로 볼 수 있다.

⊕ (설문 3)의 해결

Ⅰ 법치행정의 원칙과 재량행위

법치행정의 원칙이란 행정권도 법에 따라서 행하여져야 하며, 만일 행정권에 의하여 국민의 권익이 침해된 경우에는 이의 구제를 위한 제도가 보장되어야 한다는 것을 의미한다.

행정행위는 법에 기속되는 정도에 따라 기속행위와 재량행위로 나누어진다. 재량행위는 행위의 요건이나 효과의 선택에 관하여 법이 행정권에게 판단의 여지 내지 재량권을 인정한 경우에 행해지는 행정청의 행정행위를 말한다. 재량권이 인정되는 경우에는 행정권의 행사는 일정한 한계를 넘지 않는 한 위법한 것으로 되지 않으며 사법적 통제의 대상이 되지 않는다.

Ⅱ 재량권의 범위를 일탈·남용하였는지 판단하는 방법

1. 영업정지(업무정지) 처분과 과징금 부과처분

영업정지처분에 갈음하는 과징금이 규정되어 있는 경우 과징금을 부과할 것인가 영업정지처분을 내릴 것인지는 통상 행정청의 재량에 속하는 것으로 본다(대판 2015.6.24, 2015두39378). 다만, 과징금부과처분을 하지 않고 영업정지처분을 한 것이 비례의 원칙, 평등의 원칙 등 법의 일반원칙에 반하는 등 재량권의 일탈·남용이 있으면 위법하다. 예를 들면, 과징금부과처분을 하지 않고 영업정지처분을 한 것이 심히 공익을 해하고, 사업자에게도 가혹한 불이익을 초래하는 경우에는 비례원칙에 반한다.

2. 행정소송법 제27조 및 행정기본법 제21조

행정청의 재량행위도 행정소송의 대상이 된다. 재량행위도 재량권의 일탈·남용이 있는 경우에는 법원이 재량권의 일탈·남용 여부에 대하여 심리·판단할 수 있음을 명백히 하였다.

3. 재량권의 범위를 일탈·남용하였는지 판단하는 방법

제재적 행정처분이 재량권의 범위를 일탈하였거나 남용하였는지는, 처분사유인 위반행위의 내용과 그 위반의 정도, 그 처분에 의하여 달성하려는 공익상의 필요와 개인이 입게 될 불이익 및 이에 따르는 제반 사정 등을 객관적으로 심리하여 공익침해의 정도와 처분으로 인하여 개인이 입게 될 불이익을 비교·교량하여 판단하여야 한다.

재량권의 일탈이란 재량권의 외적 한계(즉, 법적·객관적 한계)를 벗어난 것을 말하고, 재량권의 남용이란 재량권의 내적 한계, 즉 재량권이 부여된 내재적 목적을 벗어난 것을 말한다. 다만, 판례는 재량권의 일탈과 재량권의 남용을 명확히 구분하지 않고 재량권의 행사에 '재량권의 일탈 또는 남용'이 없는지 여부를 판단한다. 어떠한 재량권의 한계이든지 위반하게 되면 그 재량권 행사는 위법하게 된다.

재량권의 한계를 넘은 재량권 행사에는 일의적으로 명확한 법규정의 위반, 사실오인, 평등원칙 위반, 자기구속의 원칙 위반, 비례원칙 위반, 절차 위반, 재량권의 불행사 또는 해태, 목적 위반 등이 있다.

⊕ (설문 4)의 해결

Ⅰ 쟁점의 정리

갑은 성실의무위반이 없다는 점, 자기구속 원칙에 반한다는 점 및 과징금부과시 징계위원회의 의결이 없었다는 점을 주장하고 있다. 각 사유에 대해서 판단한다.

Ⅱ 성실의무 위반유무

1. 성실의무 위반여부

감정평가법인이 소속감정평가사의 감정평가 과정에 공정성을 의심할 사정이나 오류 등이 없는지 면밀히 확인하지 않은 채 만연히 이를 채택하여 잘못된 감정평가 결과를 도출하였다면, 이는 소속 감정평가사가 자신이 부담하는 성실의무를 준수하지 않은 것과는 별개로 법인 스스로가 부담하는 성실의무로서 공정한 감정평가를 하여야 할 의무를 위반한 것이라고 봄이 타당하다. 그러므로 이러한 경우에는 소속감정평가사를 징계하는 것과 함께 감정평가법인에게도 과징금 부과처분을 할 수 있다고 보아야 한다.

2. 자기구속위반 여부

(1) 의의 및 근거

행정의 자기구속의 법리란 행정청은 동일 사안에 대해서는 특별한 사정이 없는 한 동일한 결정을 하여야 한다는 원칙을 말한다. 일반적으로 평등의 원칙을 근거로 행정의 자기구속의 원칙을 인정한다.

(2) 요건 및 한계

① 동일한 상황에서 동일한 법적용인 경우(동종사안), ② 기존의 법적 상황을 창출한 처분청일 것(동일행정청), ③ 행정관행이 있을 것(판례는 대체로 선례가 되풀이 되어 행정관행이 성립된 경우에 한하여 인정된다고 본다)을 요건으로 하며, 특별한 사정이 있는 경우(사정변경으로 다른 결정을 할 공익상 필요가 심히 큰 경우)에는 자기구속의 법리의 적용이 배제될 수 있다.

(3) 사안의 경우

감정평가법인이 소속감정평가사의 관리·감독 의무를 소홀히 하였을 경우에도 국토교통부장관이 이에 대한 제재처분을 하지 않는 지침을 되풀이 시행함으로써 이에 관한 행정관행이 이룩되었다고 보기에는 부족한 점 등에 비추어 보면, 과징금 부과처분이 그 공익상의 필요에 비하여 법인A에게 지나치게 가혹한 것으로서 재량권을 일탈·남용하였다고 보기 어렵다.

3. 과징금부과처분의 절차상 하자 여부

(1) 과징금부과처분의 절차(감정평가법 제41조 제2항)

업무정지처분을 하여야 하는 경우로서 그 업무정지처분이 공익을 해칠 우려가 있는 경우에는 ① 위반행위의 내용과 정도, ② 위반행위의 기간과 위반횟수, ③ 위반행위로 취득한 이익의 규모를 고려하여 위반행위의 종별과 과징금의 금액을 명시하여 이를 납부할 것을 서면으로 통지하도록 규정되어 있다.

(2) 사안의 경우

과징금부과처분의 경우 징계위원회의 의결을 거쳐야 한다는 규정이 없으므로 국토교통부장관은 징계위원회의 의결 절차 없이 과징금을 부과할 수 있다고 보아야 한다.

Ⅲ 사안의 해결

법인 A는 감정평가사 K의 감정평가보고서의 심사를 면밀히 하지 못한 성실의무 위반이 인정되고, 다른 법인의 경우 성실의무 위반이 있었음에도 이를 징계하지 않은 사실에 대한 주장도 어려울 것이다. 또한 감정평가법상 과징금부과처분에 있어서 징계위원회의 의결이 요구되지 않으므로 갑의 주장은 타당성이 인정되지 않는다.

> **✱ 성실의무 보충**
>
> 감정평가법인은 감정평가사를 통해 업무수행을 하는 구조이다. 감정평가법상 성실의무의 대상은 법인 등과 소속평가사 모두를 포함한다. 이는 감정평가법인이 소속감정평가사가 일차적으로 수행한 감정평가에 법인이 준수해야 할 감장평가준칙을 위반하는 등의 잘못이 없는지 성실하게 확인한 다음 이를 법인의 감정평가결과로 삼음으로써 감정평가결과의 공정성과 객관성을 최대한 확보해야 한다는 취지로 볼 수 있다.

✐ 대판 2021.10.28, 2020두41689[과징금부과처분취소청구]

[판시사항]

[1] 감정평가업자가 감정평가법인인 경우, 감정평가법인이 감정평가 주체로서 구 부동산 가격공시 및 감정평가에 관한 법률 제37조 제1항에 따라 부담하는 성실의무의 의미

[2] 제재적 행정처분이 재량권의 범위를 일탈·남용하였는지 판단하는 방법

[판결요지]

[1] 구 부동산 가격공시 및 감정평가에 관한 법률(2016. 1. 19. 법률 제13796호 부동산 가격공시에 관한 법률로 전부 개정되기 전의 것) 제37조 제1항에 따르면, 감정평가업자(감정평가법인 또는 감정평가사사무소의 소속감정평가사를 포함한다)는 감정평가업무를 행함에 있어서 품위를 유지하여야 하고, 신의와 성실로써 공정하게 감정평가를 하여야 하며, 고의 또는 중대한 과실로 잘못된 평가를 하여서는 아니 된다. 한편 감정평가업자가 감정평가법인인 경우에 실질적인 감정평가업무는 소속감정평가사에 의하여 이루어질 수밖에 없으므로, 감정평가법인이 감정평가의 주체로서 부담하는 성실의무란, 소속감정평가사에 대한 관리·감독의무를 포함하여 감정평가서 심사 등을 통해 감정평가 과정을 면밀히 살펴 공정한 감정평가결과가 도출될 수 있도록 노력할 의무를 의미한다.

[2] 제재적 행정처분이 재량권의 범위를 일탈하였거나 남용하였는지는, 처분사유인 위반행위의 내용과 그 위반의 정도, 그 처분에 의하여 달성하려는 공익상의 필요와 개인이 입게 될 불이익 및 이에 따르는 제반 사정 등을 객관적으로 심리하여 공익침해의 정도와 처분으로 인하여 개인이 입게 될 불이익을 비교·교량하여 판단하여야 한다.

[이유]

1. 상고이유 제1, 3점에 관하여

구 「부동산 가격공시 및 감정평가에 관한 법률」(2016. 1. 19. 법률 제13796호로 전부 개정되기 전의 것, 이하 '구 부동산공시법'이라고 한다) 제37조 제1항에 의하면, 감정평가업자(감정평가법인 또는 감정평가사사무소의 소속감정평가사를 포함한다)는 감정평가업무를 행함에 있어서 품위를 유지하여야 하고, 신의와 성실로써 공정하게 감정평가를 하여야 하며, 고의 또는 중대한 과실로 잘못된 평가를 하여서는 아니 된다. 한편 감정평가업자가 감정평가법인인 경우에 실질적인 감정평가업무는 소속감정평가사에 의하여 이루어질 수밖에 없으므로, 감정평가법인이 감정평가의 주체로서 부담하는 성실의무란, 소속감정평가사에 대한 관리·감독의무를 포함하여 감정평가서 심사 등을 통해 감정평가 과정을 면밀히 살펴 공정한 감정평가결과가 도출될 수 있도록 노력할 의무를 의미한다고 보아야 한다.

원심은 위와 같은 취지에서 판시와 같은 이유를 들어, 원고 소속감정평가사 소외인의 이 사건 감정평가는 구 부동산공시법 제37조 제1항의 '잘못된 평가'에 해당하고, 원고가 이 사건 감정평가와 관련하여 소속감정평가사 소외인을 관리·감독할 의무를 성실히 이행하였다거나, 이 사건 감정평가서의 심사단계에서 기울여야 할 주의의무를 다하였다고 볼 수 없으므로, 원고는 구 부동산공시법 제37조 제1항의 성실의무를 위반하였다고 판단하였다.

앞서 본 법리와 기록에 비추어 살펴보면, 원심의 위와 같은 판단은 정당하고, 거기에 상고이유 주장과 같이 구 부동산공시법 제37조 제1항의 성실의무의 적용범위에 관한 법리를 오해하거나 필요한 심리를 다하지 않은 채 논리와 경험칙에 반하여 자유심증주의의 한계를 벗어나는 등으로 판결에 영향을 미친 잘못이 없다.

2. 상고이유 제2점에 관하여

원심은 판시와 같은 이유를 들어, 구 부동산 가격공시 및 감정평가에 관한 법률(2013. 8. 6. 법률 제12018호로 일부 개정되기 전의 것, 이하 '구 부동산공시법'이라고 한다) 제42조의3에 따라 감정평가법인에 대하여 과징금을 부과하는 경우에는 징계위원회의 의결을 반드시 거칠 필요가 없다고 보아, 징계위원회의 의결을 거치지 않은 이 사건 처분에 절차적 하자가 있다는 원고의 주장을 배척하였다.

관련 법리와 기록에 비추어 살펴보면, 원심의 위와 같은 판단은 정당하고, 거기에 상고이유 주장과 같이 구 부동산공시법 제42조의2 제1항의 적용범위에 관한 법리를 오해하는 등으로 판결에 영향을 미친 잘못이 없다.

3. 상고이유 제4점에 관하여

제재적 행정처분이 재량권의 범위를 일탈하였거나 남용하였는지 여부는, 처분사유인 위반행위의 내용과 그 위반의 정도, 그 처분에 의하여 달성하려는 공익상의 필요와 개인이 입게 될 불이익 및 이에 따르는 제반 사정 등을 객관적으로 심리하여 공익침해의 정도와 처분으로 인하여 개인이 입게 될 불이익을 비교·교량하여 판단하여야 한다(대법원 2015. 12. 10. 선고 2014두5422 판결 등 참조).

원심판결 이유에 의하면, 원심은 채택 증거들에 의하여 인정되는 판시와 같은 사정들, 즉 ① 원고는 신의성실의무에 위반하여 불공정한 이 사건 감정평가를 하였고, 이 사건 감정평가의 규모, 감정평가의 잘못된 정도 및 그 경위, 이에 대한 원고의 귀책 정도 등에 비추어 보면, 원고에 대하여 과징금을 부과할 필요성이 충분한 점, ② 피고는 과징금의 액수 산정에 있어 원고가 주장하는 여러 유리한 사정들을 참작하여 과징금의 액수를 이미 상당 부분 감액한 점, ③ 감정평가법인이 소속감정평가사의 관리·감독 의무를 소홀히 하였을 경우에도 피고가 이에 대한 제재처분을 하지 않는 지침을 되풀이 시행함으로써 이에 관한 행정관행이 이룩되었다고 보기에는 부족한 점 등에 비추어 보면, 이 사건 처분이 그 공익상의 필요에 비하여 원고에게 지나치게 가혹한 것으로서 재량권을 일탈·남용하였다고 보기 어렵다고 판단하였다.

앞서 본 법리와 기록에 비추어 살펴보면, 원심의 위와 같은 판단은 정당하고, 거기에 상고이유 주장과 같이 재량권 일탈·남용에 관한 법리를 오해하는 등으로 판결에 영향을 미친 잘못이 없다.

4. 결론

그러므로 상고를 기각하고, 상고비용은 패소자가 부담하도록 하여, 관여 대법관의 일치된 의견으로 주문과 같이 판결한다.

◢ 사례 12

"감정평가 및 감정평가사에 관한 법률"상 감정평가관리·징계위원회에 대하여 약술하시오. 10점

I 서[징계위원회의 도입배경]

징계위원회는 기존에 감정평가협회에서 운영해 왔으나 징계위원회를 형식적으로 운영하여 실효성에 대한 문제가 제기되었다. 따라서 ① 감정평가사에 대한 징계의 공정성을 확보하고 ② 엄격한 절차에 따라 징계처분을 하여 공신력을 제고하기 위해 징계위원회 제도를 신설하였다.

II 징계위원회의 의의 및 법적 성격

1. 의의 및 근거

징계위원회는 감정평가사의 징계에 관한 사항을 의결하는 기관으로 감정평가법 제40조 및 시행령 제37조를 근거로 한다.

2. 법적 성격

① 징계 시 반드시 설치해야 하는 필수기관이다. ② 또한 징계내용에 관한 의결권을 가진 의결기관 이다.

III 징계위원회의 내용

1. 설치 및 구성

징계위원회는 국토교통부에 설치한다. 징계위원회는 위원장 1인 및 부위원장 1인을 포함한 13명의 위원으로 구성하고, 위원장은 국토교통부 장관이 지명한다.

2. 위원의 임기 및 제척·기피

위원의 임기는 2년으로 하되 1차에 한하여 연임할 수 있다. 당사자와 친족, 동일법인 및 사무소 소속의 평가사는 제척되고 불공정한 의결을 할 염려 있는 자는 기피될 수 있다.

Ⅳ 징계의 절차

1. 징계의결 요구

국토교통부장관은 위반사유가 발생한 경우 징계의결을 요구할 수 있다. 위반사유가 발생한 날부터 5년이 지난 때에는 할 수 없다.

2. 의결

① 의결이 요구되면 요구일로부터 60일 이내에(부득이 시 30일 연장) ② 당사자에게 구술 또는 서면으로 의견진술 기회를 주어야 한다. ③ 위원회의 회의는 과반수 출석으로 개의하고 과반수 찬성으로 의결한다.

3. 징계사실의 통보

서면으로 당사자와 협회에 통보한다.

Ⅴ 징계의결의 하자

1. 의결에 반하는 처분

징계위원회는 의결기관이므로 징계위원회의 의결은 국토교통부장관을 구속한다. 따라서 징계위원회의 의결에 반하는 처분은 무효이다.

2. 의결을 거치지 않은 처분

국토교통부장관은 징계위원회의 의결에 구속되므로 징계위원회의 의결을 거치지 않고 처분을 한다면 권한 없는 징계처분이 되므로 무효이다.

Ⅵ 징계의 종류

징계위원회는 자격의 취소, 등록취소, 2년 이내의 업무정지, 견책을 징계할 수 있다.

Ⅶ 결(개선점 : 조사위원회의 필요성)

징계위원회제도는 대외적으로 공정성 확보에 기여한다. 징계위원회가 사실관계의 명확한 파악과 공정하고 객관적인 징계를 위해서는 별도의 "조사위원회"를 신설하여 개별적, 구체적인 사실관계를 확정할 필요가 있다. 따라서 조사위원회를 설치하여 내부적인 감사를 진행하는 것이 보다 공정성과 신뢰성을 확보할 수 있다.

불공정감정과 과태료

사례 13

한국토지주택공사는 택지개발사업이 시행될 지역의 토지에 대한 보상평가를 감정평가법인 갑에게
의뢰하였다. 갑은 평소 친분관계가 있는 을 소유의 토지에 대해 인근 유사토지에 비해 약 20% 높
게 평가하였고, 이는 다른 감정평가법인의 감정평가액에 비해서도 약 20% 높은 것이었다. 이에
주변 토지소유자들은 평가가 잘못 이루어졌다는 불만을 토로하면서 재평가를 요구하고, 한국토지
공사의 협의에 불응하였다. 이 사안과 관련하여 다음 물음에 답하시오.

(1) 감정평가법인 갑의 보상평가가 타당하게 이루어진 것인가에 대하여 논하시오. 15점

(2) 이 사안과 관련하여 사업시행자인 한국토지공사는 재평가를 의뢰해야 하는지를 설명하시오. 10점

(설문 1) 감정평가법인 갑의 평가가 타당한 것인지
여부

Ⅰ 문제제기

Ⅱ 친분관계에 있는 사람의 토지를 평가하는 것이
불공정평가에 해당하는지 여부
　1. 감정평가법의 규정
　2. 사안의 경우 불공정한 평가에 해당하는지
　　여부

Ⅲ 인근 유사토지 및 다른 감정평가사의 평가금액
과 20% 차이가 나는 것이 타당성이 없는 평가
인지 여부
　1. 판례의 태도
　2. 사안의 경우 타당성 없는 평가인지 여부

Ⅳ 문제해결

(설문 2) 한국토지주택공사가 재평가를 의뢰해야 하
는지 여부

Ⅰ 문제제기

Ⅱ 재평가 사유(토지보상법 시행규칙 제17조)
　1. 해당 감정평가법인등에게 재평가를 요구
　　하는 경우
　2. 다른 2인 이상의 감정평가법인등에게 재
　　평가를 요구하는 경우
　3. 사안의 경우

Ⅲ 문제해결

⊕ (설문 1) 감정평가법인 갑의 평가가 타당한 것인지 여부

Ⅰ 문제제기

　사안에서 감정평가법인 갑의 평가가 타당한 것인지 여부를 검토하기 위해서는 ① 친분관계가 있는 사
람의 토지를 평가하는 것이 감정평가 및 감정평가사에 관한 법률상의 불공정한 감정평가에 해당하는

가를 검토하여야 하며, ② 인근 유사토지의 평가금액 및 다른 감정평가법인의 평가금액과 비교하여 평가가액이 20%의 차이가 있는 경우에 이를 타당성이 없다고 할 수 있는지 여부를 검토하여야 한다.

Ⅱ 친분관계에 있는 사람의 토지를 평가하는 것이 불공정평가에 해당하는지 여부

1. 감정평가법의 규정

감정평가법은 제25조 제2항에서 '감정평가법인등은 자기 또는 친족 소유, 그 밖에 불공정한 감정평가를 할 우려가 있다고 인정되는 토지 등에 대하여는 이를 감정평가하여서는 아니 된다'고 규정하고 있다.

2. 사안의 경우 불공정한 평가에 해당하는지 여부

감정평가법인 갑과 토지소유자 을은 평소의 친분관계가 있으므로, 을 소유의 토지는 감정평가법 제25조 제2항의 '기타 불공정한 감정평가를 할 우려가 있다고 인정되는 토지'에 해당한다고 볼 수 있다. 따라서 갑은 비록 평가의뢰를 받았다고 하여도 이를 반려했어야 하며, 이를 평가함은 정당성을 결여한 것이라고 판단할 수 있다.

Ⅲ 인근 유사토지 및 다른 감정평가사의 평가금액과 20% 차이가 나는 것이 타당성이 없는 평가인지 여부

1. 판례의 태도

판례는 감정평가법인등의 손해배상책임 성립요건과 관련하여 1.3배의 격차율이 적정가격과 현저한 차이가 있는가의 유일한 판단기준이 될 수 없고, 부당감정에 이르게 된 감정평가법인등의 귀책사유가 무엇인가 하는 점을 고려하여 사회통념에 따라 탄력적으로 판단해야 한다고 판시한 바 있다 (대판 1997.5.7, 96다52427).

2. 사안의 경우 타당성 없는 평가인지 여부

감정평가법인 갑이 20% 고가로 평가한 것에 대해서 평가금액 자체만으로는 부당하다고 단정할 수는 없다. 다만, 갑은 을과 친분관계가 있기 때문에 불공정한 감정평가를 할 개연성을 가지고 있고, 갑이 자신과 친분관계가 있는 자의 토지를 평가한 귀책사유를 고려하여 사회통념에 따라 판단하여 볼 때, 20%의 차이가 있는 평가는 타당성이 없는 평가에 해당한다고 판단할 수 있다.

Ⅳ 문제해결

감정평가법인 갑의 평가는 감정평가법 제25조 제2항의 기타 불공정한 평가를 할 우려가 있는 평가에 해당하며, 을 소유의 토지에 대한 평가금액이 인근 유사토지 및 다른 감정평가사의 평가금액과 20% 고가로 평가된 것은 타당하지 못하여 정당성을 결여한 평가에 해당한다.

✚ (설문 2) 한국토지주택공사가 재평가를 의뢰해야 하는지 여부

Ⅰ 문제제기

감정평가법인 갑이 을 소유의 토지를 인근 유사토지에 비하여 20% 높게 평가하여 인근 토지소유자들은 재평가를 요구하고 있으며, 한국토지공사와의 협의에 불응하고 있다.

이러한 경우에 한국토지주택공사가 취하여야 할 조치로는 재평가를 통한 재협의가 가능하다. 따라서 설문과 같은 경우가 공익사업을 위한 토지 등의 취득 및 보상에 관한 법률(이하 '토지보상법')상 재평가 사유에 해당하는지 검토하여 판단하여야 한다.

Ⅱ 재평가 사유(토지보상법 시행규칙 제17조)

1. 해당 감정평가법인등에게 재평가를 요구하는 경우

사업시행자가 보상평가서를 검토한 결과 그 평가가 관계법령에 위반하여 평가되었거나 합리적 근거 없이 비교 대상이 되는 표준지의 공시지가와 현저하게 차이가 나는 등 부당하게 평가되었다고 인정하는 경우에는 해당 감정평가법인등에게 그 사유를 명시하여 다시 평가할 것을 요구하여야 한다(토지보상법 시행규칙 제17조 제1항).

2. 다른 2인 이상의 감정평가법인등에게 재평가를 요구하는 경우

① 평가가 관계법령에 위반하여 평가되었거나 부당하게 평가된 경우에 해당 감정평가법인등에게 다시 평가를 요구할 수 없는 특별한 사유가 있는 경우, ② 평가액 중 최고평가액이 최저평가액의 110%를 초과하는 경우, ③ 평가를 한 후 1년이 경과할 때까지 보상계약이 체결되지 아니한 경우(토지보상법 시행규칙 제17조 제2항)에는 다른 2인 이상의 법인 등에게 재평가를 요구하여야 한다.

3. 사안의 경우

(설문 1)에서 감정평가법인 갑의 평가는 부당한 평가임을 검토하였다. 또한 다른 법인과의 평가액과도 1.1배 이상 차이가 나므로 다른 감정평가법인등에게 재평가를 요구하여야 한다.

Ⅲ 문제해결

사안은 감정평가법인 갑 이외에 다른 감정평가법인등에게 재평가를 요구하여야 하는 사유에 해당한다. 따라서 다른 감정평가법인등에게 재감정을 의뢰하여 주민들과 재협의에 나서야 하며, 불공정한 감정평가를 한 갑을 국토교통부장관에게 통지하여야 하며, 국토교통부장관은 해당 감정평가가 관계법령이 정하는 바에 따라 적법하게 행하여졌는지 여부를 조사하여야 한다.

감정평가사 갑은 감정평가사사무소의 개설을 위하여 국토교통부에 감정평가사사무소 개설신고서를 제출하였다. 그러나 업무 종료시 담당공무원의 실수로 동 신고서가 분실되었다. 이러한 사실을 모르는 갑은 감정평가업무를 영위하고 있었는데, 국토교통부장관은 갑의 의견청취를 거쳐 사무소개설신고를 하지 않았다는 이유로 과태료 100만원을 부과하였다. 갑은 의견진술에서 담당공무원의 실수로 인하여 신고서가 분실된 것이므로 자신은 아무런 잘못이 없다고 주장하였다. 이에 국토교통부장관은 과태료는 의무위반이라는 객관적 사실이 있으면 과할 수 있고 행위자의 고의·과실은 요하지 않는다고 하며 갑의 주장을 이유 없다고 하였다. 이 경우 갑의 불복수단에 대해서 설명하시오. 20점

관련
규정

[질서위반행위규제법]

제20조(이의제기)
① 행정청의 과태료 부과에 불복하는 당사자는 제17조 제1항에 따른 과태료 부과 통지를 받은 날부터 60일 이내에 해당 행정청에 서면으로 이의제기를 할 수 있다.
② 제1항에 따른 이의제기가 있는 경우에는 행정청의 과태료 부과처분은 그 효력을 상실한다.

제21조(법원에의 통보)
① 제20조 제1항에 따른 이의제기를 받은 행정청은 이의제기를 받은 날부터 14일 이내에 이에 대한 의견 및 증빙서류를 첨부하여 관할 법원에 통보하여야 한다.

제25조(관할 법원)
과태료 사건은 다른 법령에 특별한 규정이 있는 경우를 제외하고는 당사자의 주소지의 지방법원 또는 그 지원의 관할로 한다.

Ⅰ 쟁점의 정리

Ⅱ 과태료의 의의 및 법적 성질
  1. 과태료의 의의
  2. 과태료의 성질
  3. 과태료부과 행위가 행정소송의 대상인 처분인지 여부

Ⅲ 과태료부과에 대한 구제수단
  1. 이의제기(질서위반행위규제법 제20조)
  2. 과태료 재판
  3. 행정소송의 가능성

Ⅳ 사안의 해결

Ⅰ 쟁점의 정리

국토교통부장관의 과태료 부과처분은 갑에게 금전납부의무를 부과시키는 하명이므로, 이를 대상으로 행정심판이나 항고소송이 가능한지를 검토한다.

Ⅱ 과태료의 의의 및 법적 성질

1. 과태료의 의의

통상 과태료라 함은, 국가 또는 지방자치단체가 일정한 행정상의 질서위반행위에 대하여 과하는 금전벌로서의 행정질서벌을 말한다. 과태료는 행정법상의 의무위반의 정도가 비교적 경미하여 직접적으로 행정목적을 침해하지 않는다 하여도 간접적으로 행정목적에 장애를 줄 위험성이 있는 정도의 의무위반에 과하는 일종의 금전벌이다.

2. 과태료의 성질

과태료는 행정형벌과 구별된다. 행정형벌은 행정법규위반이 직접적으로 행정목적과 사회법익을 침해하는 경우에 과하여지나, 과태료는 간접적으로 행정상의 질서에 장해를 줄 위험이 있는 정도의 의무태만에 과하여진다는 점에서 구별된다. 과태료와 행정형벌은 그 성질이나 목적·내용이 다르기 때문에, 과태료는 형법총칙의 적용이 없고 형사소송법이 아니라 개별행정법규나 질서위반행위규제법에 따른다.

3. 과태료부과 행위가 행정소송의 대상인 처분인지 여부

질서위반행위규제법에 따르면 과태료의 1차 부과처분을 행정청이 하고 이의제기시 법원이 비송사건절차법에 따라 재판하도록 되어 있다. 따라서 과태료처분의 당부는 최종적으로 비송사건절차법에 의해 판단되어야 한다고 보므로, 과태료처분은 행정소송의 대상이 되는 처분이라고 볼 수 없다.

Ⅲ 과태료부과에 대한 구제수단

1. 이의제기(질서위반행위규제법 제20조)

이의제기란 행정청의 과태료 부과에 불복하여 그 과태료부과의 재심사를 청구하는 것을 말한다. 행정청의 과태료부과에 불복하는 당사자는 과태료부과통지를 받은 날부터 60일 이내에 해당 행정청에 서면으로 이의제기를 할 수 있다. 이 경우 행정청의 과태료부과처분은 그 효력을 상실한다.

2. 과태료 재판

이의제기를 받은 행정청은 이의제기가 인정되지 않는 한, 이의제기를 받은 날부터 14일 이내에 이에 대한 의견 및 증빙서류를 첨부하여 관할 법원에 통보하여야 한다. 이와 같이 당사자의 의견제기를 수용하지 않을 경우 법원에 통보하여 재판으로 과태료를 정하도록 하였다. 과태료재판은 당사자의 주소지의 지방법원이 비송사건절차법에 따라 재판한다.

3. 행정소송의 가능성

과태료 부과처분에 대해 불복하는 당사자는 이의제기를 함으로써 과태료부과처분의 효력이 상실되기 때문에 항고소송의 대상적격으로서 처분성이 부정된다 할 것이다.

Ⅳ 사안의 해결

갑은 부동산공시법 제47조에 따라 과태료를 부과받은 경우이므로 질서위반행위규제법의 적용을 받는다. 따라서 갑은 과태료부과통지를 받은 날부터 60일 이내에 국토교통부장관에게 서면으로 이의제기를 할 수 있고, 국토교통부장관이 이의제기를 받아들이지 않는다면 관할 지방법원에 과태료재판을 청구하여 비송사건절차법에 의한 재판절차가 이루어질 것이다.

🔊 사례 15

성실의무를 위반한 감정평가사 갑에게 감정평가법상 벌금과 과태료를 병과할 수 있는지 논하시오. 20점

Ⅰ 쟁점의 정리

Ⅱ 관련행위의 검토
  1. 행정형벌(벌금)의 성립과 절차
  2. 행정질서벌(과태료)의 성립과 절차

Ⅲ 행정형벌과 행정질서벌의 병과 가능성

1. 견해의 대립
  (1) 부정설
  (2) 긍정설
2. 판례
3. 검토

Ⅳ 사안의 해결

Ⅰ 쟁점의 정리

갑의 행위가 감정평가법에 위반된 경우 행정형벌인 벌금과 행정질서벌인 과태료를 중복부과할 수 있는지가 과잉금지 및 일사부재리의 원칙과 관련하여 문제된다.

Ⅱ 관련행위의 검토

1. 행정형벌(벌금)의 성립과 절차

벌금은 행정상 중한 의무를 위반한 경우에 주어지는 행정형벌을 말한다. 행정형벌은 행정목적을 달성하기 위해 행정법규가 의무를 정해놓고 이를 위반한 경우의 제재수단이다. 행정형벌은 특별한 규정이 없는 한 형법총칙이 적용되고 법원에 의한 형사소송법절차에 의하여 부과한다.

2. 행정질서벌(과태료)의 성립과 절차

행정질서벌이란 행정상 경미한 의무를 위반한 경우에 주어지는 벌로서 그 내용은 과태료 처분이다. 행정질서벌도 법치행정의 원리와 죄형법정주의의 원칙상 법률에 의하지 아니하고는 부과하지 못하며, 고의 또는 과실이 없는 질서위반행위는 과태료를 부과할 수 없다.

Ⅲ 행정형벌과 행정질서벌의 병과 가능성

1. 견해의 대립

(1) 부정설

동일한 사안에 대해서 과징금과 벌금을 중복부과하는 것은 모두 금전적 제재라는 점에서 동일하며, 동일한 사안에 대하여 2번의 제재를 가하는 것이므로 이는 과잉금지(최소침해) 및 일사부재리에 비추어 정당하지 못하다는 견해이다.

(2) 긍정설

과징금과 벌금의 취지가 적정한 행정의무이행과 공익보호에 있으므로 과징금과 벌금의 중복부과는 정당하다는 견해가 있다.

2. 판례

판례는 벌금과 과태료는 그 성질과 목적을 달리하는 것이므로 양자를 병과할 수 있으며 일사부재리의 원칙이 적용되지 않는다고 판시한 바 있다.

3. 검토

과징금과 벌금이 법적으로는 그 목적 및 성격이 구분되지만 위반행위에 대한 금전적 제재라는 점에서 형식 및 기능이 유사하며 중복 부과할 경우 국민의 입장에서는 이중의 제재를 받게 돼 과도한 제재로 볼 수 있다고 판단된다. 따라서 과징금과 벌금의 중복부과처분은 정당하지 않다고 사료된다.

Ⅳ 사안의 해결

갑에게 부과하려는 벌금은 행정형벌이고 과태료는 행정질서벌이라 할 것이다. 이는 동일한 질서위반행위에 대한 제재처분인바, 양자를 병과하여 부과할 수 없다.

 사례 16

갑은 2009.1.13, 2014.6.18, 2014.6.18. 같은 건물 6층에 소재한 601호, 602호 및 603호를 연이어 취득하였다. 2016.11.22. 기준으로 교회의 부속시설로서 601호 부동산을 소예배실, 소회의실, 탁구장으로, 602호 부동산을 성경공부방으로, 603호 부동산을 휴게실로 각 이용하고 있으나, 각 부동산은 실질적인 구분건물로서 구조상 독립성과 이용상 독립성이 유지되고 있다.

이러한 상황에서 해당 건물이 소재한 아파트 단지가 재건축되었고 재건축사업이 진행되는 과정에서 현금청산을 하게 되었다. 이에 감정평가사 을은 각 부동산을 교회의 부속시설로 이용하고 있다는 이유로 각 부동산(대지사용권 포함하여)을 일괄평가하면서, 각 부동산의 총전유면적 542.4㎡(= 601호 부동산의 전유면적 319.68㎡ + 602호 부동산의 전유면적 141.39㎡ + 603호 부동산의 전유면적 81.33㎡)와 비교거래사례의 전유면적 66.18㎡를 비교하여 규모 면에서 601호 내지 603호 각 부동산이 비교거래사례보다 열세라고 평가하였고, 이를 개별요인에 반영하였다.

그런데 평가대상 각 부동산에 대하여 개별적으로 평가가 이루어질 경우에는 규모 면에서도 비교거래사례의 전유면적과 개별적인 비교가 이루어지게 되고 이는 평가대상 각 부동산의 각 개별요인에 반영될 것이다. 이 경우 각 개별요인 수치는 각 부동산을 일괄하여 평가할 경우의 개별요인 수치보다는 각 부동산의 평가에 유리하게 작용할 것으로 보이고 따라서 이때의 평가금액의 합계액은 각 부동산을 일괄적으로 평가한 금액보다 많을 가능성이 있다.

각 부동산은 실질적인 구분건물로서 구조상 독립성과 이용상 독립성이 유지되고 있을 뿐 아니라 갑이 앞서 본 바와 같이 순차적으로 각각의 소유권을 취득하였던 것처럼 개별적으로 거래대상이 된다고 보이고 나아가 개별적으로 평가할 경우의 가치는 앞서 본 바와 같이 일괄적으로 평가한 경우의 가치보다 높을 수 있다. 그러므로 을이 각 부동산을 교회의 부속시설로 이용하고 있다는 등의 사정만으로 각 부동산이 일체로 거래되거나 용도상 불가분의 관계에 있다고 단정하기 어렵다.

상기와 같은 경우 감정평가 기준(개별감정평가의 원칙과 예외)에 대해서 논하고, 일괄평가가 타당한지 판단하시오. 20점

 참고
조문

[감정평가법]
제3조(기준)
① 감정평가법인등이 토지를 감정평가하는 경우에는 그 토지와 이용가치가 비슷하다고 인정되는 「부동산

가격공시에 관한 법률」에 따른 표준지공시지가를 기준으로 하여야 한다. 다만, 적정한 실거래가가 있는
경우에는 이를 기준으로 할 수 있다.
② 제1항에도 불구하고 감정평가법인등이 「주식회사 등의 외부감사에 관한 법률」에 따른 재무제표 작성
등 기업의 재무제표 작성에 필요한 감정평가와 담보권의 설정·경매 등 대통령령으로 정하는 감정평가
를 할 때에는 해당 토지의 임대료, 조성비용 등을 고려하여 감정평가를 할 수 있다.
③ 감정평가의 공정성과 합리성을 보장하기 위하여 감정평가법인등(소속 감정평가사를 포함한다. 이하 이
조에서 같다)이 준수하여야 할 세부적인 원칙과 기준은 국토교통부령으로 정한다.

[감정평가에 관한 규칙]
제7조(개별물건기준 원칙 등)
① 감정평가는 대상물건마다 개별로 하여야 한다.
② 둘 이상의 대상물건이 일체로 거래되거나 대상물건 상호 간에 용도상 불가분의 관계가 있는 경우에는
일괄하여 감정평가할 수 있다.
③ 하나의 대상물건이라도 가치를 달리하는 부분은 이를 구분하여 감정평가할 수 있다.
④ 일체로 이용되고 있는 대상물건의 일부분에 대하여 감정평가하여야 할 특수한 목적이나 합리적인 이유
가 있는 경우에는 그 부분에 대하여 감정평가할 수 있다.

Ⅰ 개설
Ⅱ 개별감정평가의 원칙과 예외
  1. 개별감정평가의 원칙
  2. 개별감정평가 원칙의 예외
    (1) 일괄감정평가
    (2) 구분감정평가
    (3) 부분감정평가

Ⅲ 일괄평가의 타당성 판단
  1. 일괄평가의 전제조건(용도상 불가분 관계)
  2. 일괄평가의 타당성 판단

Ⅰ 개설

감정평가에 관한 규칙 제7조에서는 대상 물건은 개별로 감정평가하는 것을 원칙으로 규정하고 있
다. 다만, 개별감정평가하는 것이 불합리하거나 특수한 목적 또는 합리적인 이유가 있는 경우에는
개별감정평가 이외에 일괄감정평가, 구분감정평가 및 부분감정평가를 할 수 있도록 명시하고 있다.
이렇게 함으로써 가치형성요인을 전제하여 감정평가의 공정성과 객관성을 확보할 수 있다.

Ⅱ 개별감정평가의 원칙과 예외

1. 개별감정평가의 원칙

감정평가는 대상물건을 각각 독립된 개별 물건으로 취급하고 이에 대한 경제적 가치를 평가하는 것

을 원칙으로 한다. 토지와 건물을 각각의 부동산으로 보는 법과 제도로 인하여 실제 관행상으로는 일체로 거래됨에도 토지와 건물을 별개의 부동산으로 감정평가하는 것을 기본원칙으로 하고 있다.

2. 개별감정평가 원칙의 예외

(1) 일괄감정평가

2개 이상의 토지 등에 대한 감정평가는 개별평가를 원칙으로 하되, 예외적으로 2개 이상의 토지 등에 거래상 일체성 또는 용도상 불가분의 관계가 인정되는 경우에 일괄평가가 허용된다. 일괄평가의 예로는 둘 이상의 획지 또는 필지를 일단지로 평가할 필요가 있는 경우, 대지와 지상물이 일체로 거래되는 경우, 용도상 불가분의 관계에 있는 아파트, 다세대 연립주택, 아파트형 공장, 주거용 오피스텔 등, 임지와 입목을 일체로 하는 임야 등이 있다. 일괄평가하는 경우에도 합리적인 기준에 따라 토지가액 및 건물가액 등으로 구분하여 표시할 수 있다.

(2) 구분감정평가

구분감정평가는 1개의 물건이라도 가치를 달리하여 서로 다르게 가치가 형성되는 경우에는 이를 구분하여 감정평가하는 것을 말한다. 가치를 서로 달리하는 부분을 구별하는 점에서 부분감정평가와 차이가 있고, 가치를 달리 하더라도 면적 등이 과소하여 그 영향이 미미한 경우에는 주된 가치를 기준으로 감정평가해야 한다. 한 필지의 토지라도 용도지역, 이용상황 등이 서로 달라 가치를 달리하는 경우에는 구분감정평가를 할 수 있다.

(3) 부분감정평가

부분감정평가는 본래 대상물건의 일부만을 감정평가하는 것을 말한다. 부분감정평가를 하지 않는 것이 원칙이지만, 특수한 목적 또는 합리적인 이유가 있어 부분감정평가의 필요성이 인정되는 경우 대상물건의 일부만을 감정평가할 수 있다. 토지의 보상평가 시 1개 필지의 일부만이 편입되어 그 편입부분만을 평가하는 경우나 토지, 건물 일체로 구성된 복합부동산 그 상태에서 토지만의 가액을 구하는 경우가 이에 해당한다.

Ⅲ 일괄평가의 타당성 판단

1. 일괄평가의 전제조건(용도상 불가분 관계)

'용도상 불가분의 관계'에 있다는 것은 일단의 토지로 이용되고 있는 상황이 사회적·경제적·행정적 측면에서 합리적이고 그 토지의 가치 형성적 측면에서도 타당하다고 인정되는 관계에 있는 경우를 뜻한다.

2. 일괄평가의 타당성 판단

상기 부동산들은 구조상 독립성과 이용상 독립성이 유지되고 있으며, 각각 독립하여 거래될 수 있는 구분건물이다. 현재 시점에서는 일괄하여 교회의 부속시설로 이용되고 있다는 사정이 각 구분건물을 독립하여 거래하지 못한다거나 다른 용도로의 전환이 불가한 것으로 보이지 않으므로, 각각의 구분건물이 을 교회의 부속시설로 이용하고 있다는 등의 사정만으로 위 부동산들이 일체로 거래되거나 용도상 불가분의 관계에 있다고 단정하기 어려울 것이다.

✎ **대판 2020.12.10, 2020다226490[소유권이전등기등]**

[판시사항]

[1] 둘 이상의 대상물건에 대한 감정평가는 개별평가가 원칙인지 여부(적극) 및 예외적으로 일괄평가가 허용되기 위한 요건

[2] 갑 아파트 재건축정비사업조합의 매도청구권 행사에 따라 감정인이 갑 아파트 단지 내 상가에 있는 을 교회 소유 부동산들에 관한 매매대금을 산정하면서 위 부동산들을 일괄하여 감정평가한 사안에서, 을 교회가 위 부동산들을 교회의 부속시설로 이용하고 있다는 등의 사정만으로 위 부동산들이 일체로 거래되거나 용도상 불가분의 관계에 있다고 단정하기 어려운데도, 이와 같이 단정하여 위 부동산들을 일괄평가한 감정인의 감정 결과에 잘못이 없다고 본 원심판단에는 법리오해 등의 잘못이 있다고 한 사례

[판결요지]

[1] 감정평가 및 감정평가사에 관한 법률 제3조 제3항은 "감정평가의 공정성과 합리성을 보장하기 위하여 감정평가법인등이 준수하여야 할 세부적인 원칙과 기준은 국토교통부령으로 정한다."라고 규정하고 있다. 그 위임에 따른 감정평가에 관한 규칙 제7조 제1항은 "감정평가는 대상물건마다 개별로 하여야 한다."라고, 제2항은 "둘 이상의 대상물건이 일체로 거래되거나 대상물건 상호 간에 용도상 불가분의 관계가 있는 경우에는 일괄하여 감정평가할 수 있다."라고 규정하고 있다. 따라서 둘 이상의 대상물건에 대한 감정평가는 개별평가를 원칙으로 하되, 예외적으로 둘 이상의 대상물건에 거래상 일체성 또는 용도상 불가분의 관계가 인정되는 경우에 일괄평가가 허용된다.

[2] 갑 아파트 재건축정비사업조합의 매도청구권 행사에 따라 감정인이 갑 아파트 단지 내 상가에 있는 을 교회 소유 부동산들에 관한 매매대금을 산정하면서 위 부동산들을 일괄하여 감정평가한 사안에서, 위 상가는 집합건물의 소유 및 관리에 관한 법률이 시행되기 전에 소유권이전등기가 마쳐진 것으로 현재까지 위 법률에 따른 집합건물등기가 되어 있지 않고 각 호수별로 건물등기가 되어 있는데, 을 교회가 위 부동산들을 교회의 부속시설인 소예배실, 성경공부방, 휴게실로 각 이용하고 있으나 위 부동산들은 실질적인 구분건물로서 구조상 독립성과 이용상 독립성이 유지되고 있을 뿐 아니라 개별적으로 거래대상이 된다고 보이고, 나아가 개별적으로 평가할 경우의 가치가 일괄적으로 평가한 경우의 가치보다 높을 수 있으므로, 을 교회가 위 부동산들을 교회의 부속시설로 이용하고 있다는 등의 사정만으로 위 부동산들이 일체로 거래되거나 용도상 불가분의 관계에 있다고 단정하기 어려운데도, 이와 같이 단정하여 위 부동산들을 일괄평가한 감정인의 감정 결과에 잘못이 없다고 본 원심판단에는 일괄평가 요건에 관한 법리오해 등의 잘못이 있다고 한 사례

🔻 사례 17

> 감정평가법인 갑은 의뢰인으로부터 기준시점 2015.8.31.로 하는 감정평가를 하였다(이하 '1차 감정평가'). 이후 1차 감정평가의 의뢰인은 2015.12.21. 기준시점을 2014.5.21.로 하는 감정평가를 재의뢰하였다(이하 '2차 감정평가'). 2차 감정평가는 1차 감정평가 기준시점(2015.8.31.)보다 기준시점을 소급하는 감정평가에 해당하는 사실을 알 수 있다.
>
> 이러한 사실관계를 보면 갑이 같은 의뢰인으로부터 같은 물건을 다시 의뢰받은 날로부터 6월 이상 기준시점을 소급하는 2차 감정평가는 1차 감정평가보다 기준시점을 소급하는 감정평가에 해당하게 되어 감정평가보수기준에 따라 할증률이 적용되어야 한다. 그런데 의뢰인은 1차 감정평가와 비교하여 2차 감정평가는 시점에 따른 시점수정치만 상이할 뿐, 비교표준지 선정 및 개별요인 비교치 등 모든 수치가 1차 감정평가와 동일하므로 감정평가 수수료에 대한 할증은 부당하고 오히려 할인을 받아야 한다고 주장한다.
>
> (1) 감정평가법인등의 보수에 관한 기준이 대외적 구속력을 갖는지에 대해서 논하시오. [15점]
>
> (2) 보수기준의 내용이 물가상승률 등을 고려할 때 부당하게 낮은 것으로 판단되는 경우에 감정평가법인등은 어떠한 구제수단을 강구할 수 있는지 논하시오. [15점]

감정평가법인등의 보수에 관한 기준

[시행 2023.9.11.] [국토교통부공고 제2023-1120호, 2023.9.11. 일부개정]

제1조(목적)

이 기준은 「감정평가 및 감정평가사에 관한 법률」 제23조에 따라 감정평가법인등이 업무 수행에 관하여 감정평가 의뢰인으로부터 받는 수수료의 요율 및 실비의 범위와 적용방법을 정함을 목적으로 한다.

제5조(수수료의 할증)

① 일반적인 평가대상 물건의 감정평가에 비해 평가 난이도가 높고, 시간이 많이 소요되는 감정평가에 대해서는 감정평가수수료에 할증률을 적용한다.

② 제1항에 따라 다음의 각 호에 대해서는 제4조에 따른 감정평가수수료에 100분의 150의 할증률을 적용하여 산정한다.

   1. 감정평가 의뢰일로부터 6개월 이상 기준시점을 소급하는 감정평가(제6조 제2항 제1호에 해당하는 경우는 제외한다)

제6조(수수료의 할인)

① 평가대상 물건의 감정평가를 반복하는 등의 사유로 평가에 소요되는 시간 등이 줄어드는 감정평가에 대해서는 감정평가수수료에 할인율을 적용한다.

② 제1항에 따라 다음 각 호의 감정평가를 하는 경우에는 제4조에 따른 감정평가수수료에 해당 할인율의 금액을 감하여 산정한다. 다만, 하나의 물건이 둘 이상의 할인 적용 대상에 해당하는 경우에는 할인액이 큰 하나만 적용한다.

   1. 같은 의뢰인(같은 소유자를 포함한다. 이하 이 항에서 같다)으로부터 같은 물건을 다시 의뢰받은 경우(여러 건으로 나누어 의뢰받은 경우를 포함한다) 아래의 할인율을 적용. 이 경우 재의뢰일은 당초 감정평가서

발급일로부터 기간을 계산하고, 기준시점은 당초 기준시점부터 기간을 계산하며, 재의뢰일과 기준시점으로 계산한 기간이 다른 경우에는 기간이 긴 것을 기준으로 하되, 당초 감정평가보다 기준시점을 소급하는 감정평가에는 적용하지 아니할 것

재의뢰일	기준시점	활인율
3개월 이내	동일	100분의 90
3개월 이내	3개월 이내	100분의 70
6개월 이내	6개월 이내	100분의 50
1년 이내	1년 이내	100분의 30
2년 이내	2년 이내	100분의 10

⊕ (설문 1)의 해결

Ⅰ 쟁점의 정리

감정평가법인등의 보수에 관한 기준은 상위법령의 위임을 받아 행정규칙의 형식으로 제정된바, 실질은 법령의 내용을 보충하나 형식은 행정규칙이기에 대외적 구속력이 인정될 수 있는지가 문제된다.

Ⅱ 법령보충적 행정규칙의 대외적 구속력 인정논의

1. 법령보충적 행정규칙의 의의 및 인정 여부

법령보충적 행정규칙이란 법률의 위임에 의해 법령을 보충하는 법규사항을 정하는 행정규칙을 말한다. 헌법 제75조 및 제95조와 관련하여 이러한 행정규칙의 인정 여부에 대하여 견해의 대립이 있으나, 다수견해 및 판례는 법령의 수권을 받아 제정되는 것을 논거로 하여 긍정한다.

2. 법적 성질에 대한 견해의 대립

(1) 학설

1) 행정규칙설

법규명령은 의회입법원칙의 예외이므로 법령보충적 행정규칙도 행정규칙에 불과하다고 한다.

2) 법규명령의 효력을 갖는 행정규칙설

법령보충적 행정규칙에 법규와 같은 효력(구속력)을 인정하더라도 행정규칙의 형식으로 제정되었으므로 법적 성질은 행정규칙으로 보는 것이 타당하다고 한다.

3) 법규명령설

해당 규칙이 법규와 같은 효력을 가지므로 법규명령으로 보아야 한다고 한다.

4) 수권여부기준설

법령에 근거가 있는 경우와 없는 경우로 구분하여, 법령의 수권이 있는 경우에 한해서 법규성을 가질 수 있다고 본다.

(2) 판례

① 국세청장훈령인 재산세제사무처리규정은 상위법인 소득세법 시행령과 결합하여 법규성을 가진다고 판시한 바 있다. ② 토지가격비준표는 집행명령인 개별토지가격합동조사지침과 더불어 법령보충적 구실을 하는 법규적 성질을 가지고 있는 것으로 보아야 한다고 판시한 바 있다. ③ 감정평가에 관한 규칙에 따른 '감정평가실무기준'이나 한국감정평가사협회가 제정한 '토지보상평가지침'은 일반 국민을 기속하지 않는다고 판시한 바 있다(대판 2014.6.12, 2013두4620).

(3) 검토

상위법령의 위임이 있는 경우에는 그와 결합하여 법령을 보충하므로 법규성을 인정하는 것이 행정현실상 타당하다고 판단된다. 다만, 일반적인 법규명령절차를 거치지 않기 때문에 '국민의 예측가능성'을 고려하여 고도의 전문적 영역에 한정되어 최소한도로 인정해야 할 것이다.

Ⅲ 감정평가법인등의 보수에 관한 기준의 대외적 구속력 인정여부(사안의 해결)

감정평가법인등의 보수에 관한 기준은 감정평가법 제23조에 따라 감정평가법인등이 업무 수행에 관하여 감정평가 의뢰인으로부터 받는 수수료의 요율 및 실비의 범위와 적용방법을 정함을 목적으로 하므로 이는 법령보충적 행정규칙으로서 대외적 구속력이 인정된다고 볼 것이다.

⊕ (설문 2)의 해결

Ⅰ 쟁점의 정리

보수기준은 직접적인 행정청의 매개행위 없이 감정평가법인등의 수수료와 관련된 법률관계에 직접적인 영향을 미치므로, 이러한 보수기준이 행정소송법상 처분개념에 해당되는지를 검토하여 사안을 해결한다.

Ⅱ 불복수단에 대한 검토

1. 불복수단

(1) 법원에 의한 통제

1) 직접적 통제

법령보충적 행정규칙은 법규명령의 효력을 가지므로 그 자체로 국민의 권리와 의무를 제한하는 경우에는 항고소송으로 직접 그 위법성을 다툴 수 있을 것이다.

2) 간접적 통제(구체적 규범통제)

구체적인 집행행위를 매개로 하여 국민의 권리와 의무에 영향을 미치는 경우에는 구체적 규범통제의 대상이 될 것이다. 구체적 규범통제란 구체적인 소송사건에서 해당 처분의 위법성 사유로 법규명령의 위헌·위법을 주장하는 것을 말한다.

(2) 헌법재판소에 의한 통제

법령보충적 행정규칙이 항고소송의 대상이 되지 않으면서 국민의 권리와 이익에 직접적인 침해를 가하는 경우에는 권리구제형 헌법소원을 통한 구제가 가능할 것이다.

2. 보수기준의 처분성 여부

(1) 행정소송법 제2조 처분개념

"처분등"이라 함은 행정청이 행하는 구체적 사실에 관한 법집행으로서의 공권력의 행사 또는 그 거부와 그밖에 이에 준하는 행정작용(이하 "處分"이라 한다) 및 행정심판에 대한 재결을 말한다.

(2) 관련판례의 태도(2003무23 결정)

어떠한 고시가 일반적·추상적 성격을 가질 때에는 법규명령 또는 행정규칙에 해당할 것이지만, 다른 집행행위의 매개 없이 그 자체로서 직접 국민의 구체적인 권리의무나 법률관계를 규율하는 성격을 가질 때에는 행정처분에 해당한다고 할 것이라고 판시한 바 있다.

(3) 보수기준의 처분성 인정여부

보수기준은 별도의 행정처분을 요하지 않으며 감정평가법인등은 감정평가 업무를 수행하고 보수기준에 따른 수수료를 청구할 수 있으며 보수기준은 대외적 구속력을 갖는 법규명령의 성질을 가지므로 보수기준 그 자체로 국민의 권리와 의무에 영향을 미친다고 볼 수 있을 것이다.

Ⅲ 사안의 해결

보수기준은 별도의 매개행위 없이 감정평가법인등의 수수료청구와 관련된 법률관계에 영향을 미치므로 이를 대상으로 직접 항고소송을 제기할 수 있을 것이다.

✒ **대판 2020.6.11, 2018다259145[용역비등]**

[판시사항]

같은 의뢰인으로부터 같은 물건을 다시 의뢰받은 감정평가가 구 감정평가업자의 보수에 관한 기준 제3조 제4항 제1호 단서에 해당하는 경우, 그 수수료를 산정할 때 같은 조 제3항 제1호에 따른 할증률이 적용되는지 여부(적극)

[이유]

상고이유(상고이유서 제출기간이 지난 후에 제출된 원고의 상고이유보충서의 기재는 상고이유를 보충하는 범위 내에서)를 판단한다.

1. 원고의 상고이유 제1점에 대하여

　가. 원심은, 원고가 수행한 2차 감정평가가 같은 의뢰인이 같은 물건을 다시 의뢰하여 이루어진 경우에 해당하므로 구 감정평가업자의 보수에 관한 기준(2014.11.17. 국토교통부공고 제2014-1441호로 개정된 것, 이하 '구 감정평가보수기준'이라고 한다) 제3조 제3항 제1호의 괄호 규정(제4항 제1호에 해당하는 경우는 제외한다)이 적용되어 2차 감정평가수수료를 산정함에 있어 위 제3조 제3항 제1호의 괄호 외 규정(감정평가 의뢰일로부터 6월 이상 기준시점을 소급하는 감정평가)에 따른 할증률이 적용되지 않는다고 판단하였다.

　나. 그러나 원심의 위와 같은 판단은 다음과 같은 이유로 수긍하기 어렵다.

　　1) 구 감정평가보수기준 제3조 제3항은 같은 조 제1항, 제2항에 따른 감정평가수수료에 100분의 150의 할증률을 적용하여 산정하는 특수평가의 유형에 관하여, 그 제1호 본문에서 '감정평가 의뢰일로부터 6월 이상 기준시점을 소급하는 감정평가'라고 규정하면서도, 괄호 안에 '제4항 제1호에 해당하는 경우는 제외한다'고 규정하고 있다.

　　한편 구 감정평가보수기준 제3조 제4항은 같은 조 제1항, 제2항에 따른 감정평가수수료에 해당 할인율의 금액을 감하여 산정하는 감정평가의 유형에 관하여, 그 제1호에서 "같은 의뢰인(같은 소유자를 포함한다. 이하 이 항에서 같다)으로부터 같은 물건을 다시 의뢰받은 경우(여러 건으로 나누어 의뢰받은 경우를 포함한다) 감정평가수수료의 할인율은 다음과 같다. 이 경우 재의뢰일은 당초 감정평가서 발급일로부터 기간을 계산하고, 기준시점은 당초 기준시점부터 기간을 계산하며, 재의뢰일과 기준시점으로 계산한 기간이 다른 경우 긴 기간을 기준으로 한다. 다만 당초 감정평가보다 기준시점을 소급하는 감정평가에는 적용하지 아니한다."라고 규정하고 있다.

재의뢰일	기준시점	할인율
3개월 이내	동일	100분의 90
3개월 이내	3개월 이내	100분의 70
6개월 이내	6개월 이내	100분의 50
1년 이내	1년 이내	100분의 30
2년 이내	2년 이내	100분의 10

　　이러한 구 감정평가보수기준 제3조 제4항 제1호는 감정평가업자가 같은 의뢰인으로부터 같은 물건을 다시 의뢰받은 경우 해당 할인율이 적용되도록 하는 규정 중 하나라는 점에

비추어 보면, 같은 조 제3항 제1호 괄호 안의 '제4항 제1호에 해당하는 경우'란 감정평가업자가 같은 의뢰인으로부터 같은 물건을 다시 의뢰받은 날로부터 6월 이상 기준시점을 소급하는 감정평가에 대하여 제3조 제4항 제1호 소정의 해당 할인율이 적용되는 경우를 의미한다고 해석된다. 따라서 구 감정평가보수기준 제3조 제3항 제1호 괄호 안의 '제4항 제1호에 해당하는 경우는 제외한다'는 것은, 감정평가업자가 같은 의뢰인으로부터 같은 물건을 다시 의뢰받은 날로부터 6월 이상 기준시점을 소급하는 감정평가에 대하여 제3조 제4항 제1호 소정의 해당 할인율이 적용되는 경우 제3조 제3항 제1호 소정의 할증률이 적용되지 않음을 뜻한다. 그런데 구 감정평가보수기준 제3조 제4항 제1호 단서는 "다만 당초 감정평가보다 기준시점을 소급하는 감정평가에는 적용하지 아니한다."라고 규정하고 있으므로, 감정평가업자가 같은 의뢰인으로부터 같은 물건을 다시 의뢰받은 날로부터 6월 이상 기준시점을 소급하는 감정평가가 당초 감정평가보다 기준시점을 소급하는 경우에까지 해당한다면, 위와 같이 다시 의뢰받은 감정평가에 대해서는 제3조 제4항 제1호 소정의 해당 할인율이 처음부터 적용될 여지가 없는 것이기 때문에, 이때의 감정평가의 수수료를 산정함에 있어서는 제3조 제3항 제1호소정의 할증률이 원래대로 적용되어야 한다.

2) 기록에 의하면 2차 감정평가는 원고가 같은 의뢰인인 피고로부터 같은 물건을 다시 의뢰받은 날인 2015.12.21.로부터 6월 이상 기준시점(2014.5.21. 내지 2015.5.1.)을 소급하는 감정평가에 해당하는 사실, 2차 감정평가는 1차 감정평가의 기준시점(2015.8.31.)보다 기준시점을 소급하는 감정평가에 해당하는 사실을 알 수 있다.

이러한 사실관계를 앞서 본 법리에 비추어 보면 원고가 같은 의뢰인인 피고로부터 같은 물건을 다시 의뢰받은 날로부터 6월 이상 기준시점을 소급하는 2차 감정평가는 1차 감정평가보다 기준시점을 소급하는 감정평가에 해당하게 되어 구 감정평가보수기준 제3조 제4항 제1호 소정의 해당 할인율이 적용되지 않으므로(즉 2차 감정평가가 제3조 제4항 제1호 자체에 해당하지 않으므로), 2차 감정평가수수료를 산정함에 있어서는 제3조 제3항 제1호 소정의 할증률이 적용되어야 한다.

3) 그런데도 원심은 판시와 같은 이유로 2차 감정평가수수료를 산정함에 있어 구 감정평가보수기준 제3조 제3항 제1호 소정의 할증률이 적용되지 않는다고 판단하였다. 이러한 원심판결에는 구 감정평가보수기준에 관한 법리를 오해하여 판결에 영향을 미친 잘못이 있다. 이를 지적하는 상고이유 주장은 이유 있다.

2. 피고의 상고이유에 대하여

가. 원심은 다음과 같은 이유로 원고에게 이행지체책임이 있음을 전제로 하는 피고의 예비적 주장이 이유 없다고 판단하였다.

1) 원고가 감정평가계약에 따라 이행기 내에 의무이행을 다하지 못한 것은 피고의 자료제공 지연 등의 사유에 기인하므로, 이를 원고의 귀책사유로 인한 것이라고 볼 수 없다.

2) 피고가 제출한 증거들만으로는 원고의 감정평가서 납품 지연으로 인하여 피고가 계약의 목적을 달성하지 못하게 되었다고 보기 어렵다. 원고가 감정평가서를 이행기보다 늦게

납품하였다고 하더라도, 원고의 감정평가서 납품 전에 피고가 자신의 채무인 보수지급의무를 이행하였다거나 적법하게 이행제공하였다는 점에 관한 주장과 증명이 없다면, 피고는 원고에게 감정평가서 납품 지연을 이유로 한 이행지체책임을 물을 수 없는데, 피고가 원고의 감정평가서 납품 전에 원고에게 적법하게 보수지급의무에 관한 이행 또는 이행제공을 하였음을 인정할 증거가 없다.

나. 원심판결 이유를 관련 법리와 기록에 비추어 살펴보면 원심의 위와 같은 판단에 상고이유 주장과 같이 논리와 경험의 법칙을 위반하여 자유심증주의의 한계를 벗어나거나 동시이행 항변권 등에 관한 법리를 오해하는 등의 잘못이 없다.

3. 결론

그러므로 원고의 나머지 상고이유에 대한 판단을 생략한 채 원심판결 중 61,624,604원(원고가 청구하고 있는 184,874,800원과 원심이 인용한 123,250,196원의 차액) 및 이에 대한 지연손해금에 관한 원고 패소 부분을 파기하고, 이 부분 사건을 다시 심리·판단하도록 원심법원에 환송하며, 피고의 상고는 이유 없어 이를 기각하기로 하여, 관여 대법관의 일치된 의견으로 주문과 같이 판결한다.

 **사례 18**

갑은 공인회계사로서 회계법인A의 의뢰에 의하여 일정한 보수를 받고 토지에 대한 감정을 행하였다. 을은 심마니로서 수원지방법원의 의뢰에 따라 일정한 보수를 받고 산양삼에 대한 손실보상액을 감정하여 법원에 제출하였다. 이와 관련하여 감정평가 제도의 취지와 감정평가법인등의 업무에 대해 약술하고, 갑과 을의 행위가 감정평가법에 반하여 벌칙 적용 대상이 되는지를 검토하시오. 10점

관련 규정

감정평가법 제49조(벌칙)

다음 각 호의 어느 하나에 해당하는 자는 3년 이하의 징역 또는 3천만원 이하의 벌금에 처한다.

2. 감정평가법인등이 아닌 자로서 감정평가업을 한 자

형법 제20조(정당행위)

법령에 의한 행위 또는 업무로 인한 행위 기타 사회상규에 위배되지 아니하는 행위는 벌하지 아니한다.

민사소송법 제335조(감정인의 지정)

감정인은 수소법원·수명법관 또는 수탁판사가 지정한다.

공인회계사법 제2조(직무범위)

공인회계사는 타인의 위촉에 의하여 다음 각 호의 직무를 행한다.

1. 회계에 관한 감사·감정·증명·계산·정리·입안 또는 법인설립 등에 관한 회계
2. 세무대리
3. 제1호 및 제2호에 부대되는 업무

Ⅰ 감정평가제도의 취지 및 업무범위
  1. 감정평가의 의의 및 제도적 취지
  2. 감정평가법인등의 업무범위

Ⅱ 갑과 을의 행위가 감정평가법 위반인지 여부
  1. 갑의 경우
  2. 을의 경우

① 감정평가제도의 취지 및 업무범위

1. 감정평가의 의의 및 제도적 취지

감정평가란 토지 등의 경제적 가치를 판정하여 그 결과를 가액으로 표시하는 것을 말하고, 감정평가제도는 감정평가업무의 전문성, 공정성, 신뢰성을 확보해서 재산과 권리의 적정한 가격형성을 보장하여 국민의 권익을 보호하기 위한 것이다.

2. 감정평가법인등의 업무범위

감정평가법인등은 「부동산 가격공시에 관한 법률」에 따라 감정평가법인등이 수행하는 업무 및 「자산재평가법」에 따른 토지 등의 감정평가, 법원에 계속 중인 소송 또는 경매를 위한 토지 등의 감정평가, 금융기관·보험회사·신탁회사 등 타인의 의뢰에 따른 토지 등의 감정평가, 감정평가와 관련된 상담 및 자문 등의 업무와 이와 부수되는 업무를 수행한다.

② 갑과 을의 행위가 감정평가법 위반인지 여부

1. 갑의 경우

'회계에 관한 감정'은 기업이 작성한 재무상태표, 손익계산서 등 회계서류에 대한 전문적 회계지식과 경험에 기초한 분석과 판단을 보고하는 업무를 의미한다고 보아야 하므로 공인회계사가 행한 토지감정은 이에 해당되지 않는다고 보인다. 따라서 감정평가법 제49조 제2호에 의하여 처벌되는 행위에 해당하고, 특별한 사정이 없는 한 이를 형법 제20조가 정한 '법령에 의한 행위'로서 정당행위에 해당한다고 볼 수는 없다.

2. 을의 경우

소송의 증거방법 중 하나인 감정은 법관의 지식과 경험을 보충하기 위하여 특별한 학식과 경험을 가진 제3자에게 그 전문적 지식이나 이를 구체적 사실에 적용하여 얻은 판단을 법원에 보고하게 하는 것이며 감정인을 지정하거나 단체 등에 감정촉탁을 하는 권한은 법원에 있다.

따라서 법원 감정의 경우는 감정평가법인이 아닌 사람이더라도 그 감정사항에 포함된 토지 등의 감정평가를 할 수 있고, 이러한 행위는 법령에 근거한 법원의 적법한 결정이나 촉탁에 따른 것으로 형법 제20조의 정당행위에 해당하여 위법성이 조각된다고 보아야 한다. 따라서 을에게는 감정평가사법에 의한 벌칙이 적용되지 않는다.

대판 2021.10.14, 2017도10634

[부동산가격공시 및 감정평가에 관한 법률위반] 〈감정평가업자가 아닌 피고인들이 법원 행정재판부로부터 수용 대상 토지상에 재배되고 있는 산양삼의 손실보상액 평가를 의뢰받고 감정서를 작성하여 제출한 사건〉

[판시사항]
구 부동산 가격공시 및 감정평가에 관한 법률에서 감정평가사 자격을 갖춘 사람만이 감정평가업을 독점적으로 영위할 수 있도록 한 취지 / 민사소송법 제335조에 따른 법원의 감정인 지정결정 또는 같은 법 제341조 제1항에 따른 법원의 감정촉탁을 받은 경우, 감정평가업자가 아닌 사람이더라도 그 감정사항에 포함된 토지 등의 감정평가를 할 수 있는지 여부(적극) 및 이러한 행위가 형법 제20조의 정당행위에 해당하여 위법성이 조각되는지 여부(적극)

[판결요지]
구 부동산 가격공시 및 감정평가에 관한 법률(2016. 1. 19. 법률 제13796호 부동산가격공시에 관한 법률로 전부 개정되기 전의 것, 이하 '구 부동산공시법'이라고 한다) 제2조 제7호 내지 제9호, 제43조 제2호는 감정평가란 토지 등의 경제적 가치를 판정하여 그 결과를 가액으로 표시하는 것을 말하고, 감정평가업자란 제27조에 따라 신고를 한 감정평가사와 제28조에 따라 인가를 받은 감정평가법인을 말한다고 정의하면서, 감정평가업자가 아닌 자가 타인의 의뢰에 의하여 일정한 보수를 받고 감정평가를 업으로 행하는 것을 처벌하도록 규정하고 있다. 이와 같이 감정평가사 자격을 갖춘 사람만이 감정평가업을 독점적으로 영위할 수 있도록 한 취지는 감정평가업무의 전문성, 공정성, 신뢰성을 확보해서 재산과 권리의 적정한 가격형성을 보장하여 국민의 권익을 보호하기 위한 것이다(구 부동산공시법 제1조 참조).
한편 소송의 증거방법 중 하나인 감정은 법관의 지식과 경험을 보충하기 위하여 특별한 학식과 경험을 가진 제3자에게 그 전문적 지식이나 이를 구체적 사실에 적용하여 얻은 판단을 법원에 보고하게 하는 것으로, 감정신청의 채택 여부를 결정하고 감정인을 지정하거나 단체 등에 감정촉탁을 하는 권한은 법원에 있고(민사소송법 제335조, 제341조 제1항 참조), 행정소송사건의 심리절차에서 공익사업을 위한 토지 등의 취득 및 보상에 관한 법률상 토지 등의 손실보상액에 관하여 감정을 명할 경우 그 감정인으로 반드시 감정평가사나 감정평가법인을 지정하여야 하는 것은 아니다.
법원은 소송에서 쟁점이 된 사항에 관한 전문성과 필요성에 대한 판단에 따라 감정인을 지정하거나 감정촉탁을 하는 것이고, 감정결과에 대하여 당사자에게 의견을 진술할 기회를 준 후 이를 종합하여 그 결과를 받아들일지 여부를 판단하므로, 감정인이나 감정촉탁을 받은 사람의 자격을 감정평가사로 제한하지 않더라도 이러한 절차를 통하여 감정의 전문성, 공정성 및 신뢰성을 확보하고 국민의 재산권을 보호할 수 있기 때문이다.
그렇다면 민사소송법 제335조에 따른 법원의 감정인 지정결정 또는 같은 법 제341조 제1항에 따른 법원의 감정촉탁을 받은 경우에는 감정평가업자가 아닌 사람이더라도 그 감정사항에 포함된 토지 등의 감정평가를 할 수 있고, 이러한 행위는 법령에 근거한 법원의 적법한 결정이나 촉탁에 따른 것으로 형법 제20조의 정당행위에 해당하여 위법성이 조각된다고 보아야 한다.

[이유]
상고이유를 판단한다.

1. 이 사건 공소사실의 요지는 다음과 같다.

   피고인 1은 산삼, 인삼, 장뇌삼 감정업 등을 주목적으로 설립한 피고인 2 주식회사(이하 '피고인 2 회사'라고 한다)의 실질적 대표로서, 2015.4.8. 수원지방법원 제2행정부로부터 2014구합 59550호 계고처분취소소송과 관련되어 시흥시 (주소 생략) 임야에 재배되고 있는 공소외 1 소유 산양삼(이하 '이 사건 산양삼'이라고 한다)의 보상 평가액 산정을 의뢰받고, 2015.5.26.경부터 2015.5.28.경까지 심마니인 공소외 2, 공소외 3, 공소외 4와 함께 이 사건 산양삼에 대하여 표본 조사를 한 후 "감정평가액(손실보상금) 300,000,000원, 평가업자 피고인 2 회사, 감정인 피고인 1, 공소외 2, 공소외 3, 공소외 4"라고 기재한 '손실보상금감정서'를 작성하여 법원에 제출함으로써 감정평가업자가 아닌 자로서 감정평가업을 영위하였고, 피고인 2 회사는 대표인 피고인 1이 위와 같이 피고인 2 회사의 업무에 관하여 감정평가업자가 아닌 자로서 감정평가업을 영위하였다.

2. 원심은 그 판시와 같은 이유로 피고인들에 대한 공소사실을 유죄로 판단한 제1심판결을 그대로 유지하였다.

3. 그러나 원심의 위와 같은 판단은 받아들이기 어렵다.

   가. 구「부동산 가격공시 및 감정평가에 관한 법률」(2016.1.19. 법률 제13796호로 전부 개정되기 전의 것, 이하 '구 부동산공시법'이라고 한다) 제2조 제7호 내지 제9호, 제43조 제2호는 감정평가란 토지 등의 경제적 가치를 판정하여 그 결과를 가액으로 표시하는 것을 말하고, 감정평가업자란 제27조에 따라 신고를 한 감정평가사와 제28조에 따라 인가를 받은 감정평가법인을 말한다고 정의하면서, 감정평가업자가 아닌 자가 타인의 의뢰에 의하여 일정한 보수를 받고 감정평가를 업으로 행하는 것을 처벌하도록 규정하고 있다. 이와 같이 감정평가사 자격을 갖춘 사람만이 감정평가업을 독점적으로 영위할 수 있도록 한 취지는 감정평가업무의 전문성, 공정성, 신뢰성을 확보해서 재산과 권리의 적정한 가격형성을 보장하여 국민의 권익을 보호하기 위한 것이다(구 부동산공시법 제1조 참조).

   한편 소송의 증거방법 중 하나인 감정은 법관의 지식과 경험을 보충하기 위하여 특별한 학식과 경험을 가진 제3자에게 그 전문적 지식이나 이를 구체적 사실에 적용하여 얻은 판단을 법원에 보고하게 하는 것으로, 감정신청의 채택 여부를 결정하고 감정인을 지정하거나 단체 등에 감정촉탁을 하는 권한은 법원에 있고(민사소송법 제335조, 제341조 제1항 참조), 행정소송사건의 심리절차에서 「공익사업을 위한 토지 등의 취득 및 보상에 관한 법률」상 토지 등의 손실보상액에 관하여 감정을 명할 경우 그 감정인으로 반드시 감정평가사나 감정평가법인을 지정하여야 하는 것은 아니다(대법원 2002.6.14, 2000두3450 판결 등 참조).

   법원은 소송에서 쟁점이 된 사항에 관한 전문성과 필요성에 대한 판단에 따라 감정인을 지정하거나 감정촉탁을 하는 것이고, 감정결과에 대하여 당사자에게 의견을 진술할 기회를 준 후 이를 종합하여 그 결과를 받아들일지 여부를 판단하므로, 감정인이나 감정촉탁을 받은 사람의 자격을 감정평가사로 제한하지 않더라도 이러한 절차를 통하여 감정의 전문성, 공정성 및 신뢰성을 확보하고 국민의 재산권을 보호할 수 있기 때문이다.

   그렇다면 민사소송법 제335조에 따른 법원의 감정인 지정결정 또는 같은 법 제341조 제1항에 따른 법원의 감정촉탁을 받은 경우에는 감정평가업자가 아닌 사람이더라도 그 감정사항에 포함된 토지 등의 감정평가를 할 수 있고, 이러한 행위는 법령에 근거한 법원의 적법한 결정이나 촉탁에 따른 것으로 형법 제20조의 정당행위에 해당하여 위법성이 조각된다고 보아야 한다.

나. 기록에 따르면 다음과 같은 사실이 인정된다.

1) 공소외 1은 2014.10.24. 수원지방법원에 2014구합59550호로 한국토지주택공사를 상대로 토지 등의 수용에 따른 손실보상금 증액 청구를 하였는데, 그 사건의 주된 쟁점은 이 사건 산양삼의 손실보상액을 산정하는 것이었다.

2) 공소외 1은 2015.3.13. 이 사건 산양삼의 손실보상액 등에 관한 감정신청을 하면서 법원에 위촉된 산양삼 분야 전문 감정인이나 산림청 산하 한국임업진흥원에서 추천하는 감정인을 선정해 달라고 하였고, 법원은 2015.4.8. 감정을 채택하면서 법원행정처 특수분야 전문가 명단에 등재되어 있던 피고인 1을 감정인으로 지정하였다.

3) 법원은 2015.5.21. 피고인 2 회사에 감정촉탁을 하였는데, 구체적인 감정사항은 ① 이 사건 산양삼에 대한 가격시점 당시 수량, ② 이 사건 산양삼의 품종, 원산지 등, ③ 이 사건 산양삼이 적정 수확기에 달할 경우 예상총수입의 현가액 등, ④ 이 사건 산양삼의 정당한 손실보상액이었다.

4) 한편 피고인 1은 2013.3.14. 법원행정처 특수분야 전문가 명단에 농업 분야 전문가로 등재되어 있었고, 그 무렵부터 법원으로부터 감정인으로 지정되어 2~3회 산양삼 등에 대한 감정을 수행한 적이 있었다.

5) 피고인 1은 공소사실 기재와 같이 표본 조사를 한 후 2015.7.15. 법원에 이 사건 산양삼에 대한 감정서를 제출하였다.

사실관계가 위와 같다면, 피고인들은 법원의 감정인 지정결정 및 감정촉탁을 받고 이 사건 산양삼의 수량, 품종, 원산지, 적정수확기 및 손실보상액에 대한 감정을 한 것으로, 그 실질적인 내용 중에 토지 등의 감정평가 행위가 포함되어 있더라도 이는 법령에 근거한 법원의 적법한 결정 및 촉탁에 의한 것으로 형법 제20조의 정당행위에 해당하여 위법성이 조각된다고 봄이 타당하다.

그럼에도 원심은 그 판시와 같은 이유만으로 피고인들의 행위가 정당행위에 해당하지 않는다고 판단하였는바, 이러한 원심판단에는 형법 제20조 정당행위에 관한 법리를 오해하여 판결에 영향을 미친 위법이 있다.

4. 결론

그러므로 원심판결을 파기하고 사건을 다시 심리·판단하도록 원심법원에 환송하기로 하여, 관여 대법관의 일치된 의견으로 주문과 같이 판결한다.

✎ **대판 2015.11.27, 2014도191**

[부동산 가격공시 및 감정평가에 관한 법률위반] 〈공인회계사 토지 감정평가사건〉

[판시사항]

공인회계사법 제2조에서 정한 '회계에 관한 감정'의 의미 및 타인의 의뢰를 받아 '부동산 가격공시 및 감정평가에 관한 법률'이 정한 토지에 대한 감정평가를 행하는 것이 공인회계사의 직무범위에 포함되는지 여부(소극) / 감정평가업자가 아닌 공인회계사가 타인의 의뢰에 의하여 일정한 보수를 받고 '부동산 가격공시 및 감정평가에 관한 법률'이 정한 토지에 대한 감정평가를 업으로 행하는 것이 같은 법 제43조 제2호에 의하여 처벌되는 행위인지 여부(적극) 및 위 행위가 형법 제20조가 정한 '법령에 의한 행위'로서 정당행위에 해당하는지 여부(원칙적 소극)

[판결요지]

공인회계사법에 의한 업무범위는 회계정보의 정확성과 적정성을 담보하기 위하여 공인회계사의 직무범위를 정하고 있는 공인회계사법 제2조의 취지와 내용 등에 비추어 볼 때, 위 규정이 정한 '회계에 관한 감정'이란 기업이 작성한 재무상태표, 손익계산서 등 회계서류에 대한 전문적 회계지식과 경험에 기초한 분석과 판단을 보고하는 업무를 의미하고, 여기에는 기업의 경제활동을 측정하여 기록한 회계서류가 회계처리기준에 따라 정확하고 적정하게 작성되었는지에 대한 판정뿐만 아니라 자산의 장부가액이 신뢰할 수 있는 자료에 근거한 것인지에 대한 의견제시 등도 포함된다. 그러나 타인의 의뢰를 받아 부동산 가격공시 및 감정평가에 관한 법률(이하 '부동산공시법'이라 한다)이 정한 토지에 대한 감정평가를 행하는 것은 회계서류에 대한 전문적 지식이나 경험과는 관계가 없어 '회계에 관한 감정' 또는 '그에 부대되는 업무'에 해당한다고 볼 수 없고, 그 밖에 공인회계사가 행하는 다른 직무의 범위에 포함된다고 볼 수도 없다.

따라서 감정평가업자가 아닌 공인회계사가 타인의 의뢰에 의하여 일정한 보수를 받고 부동산공시법이 정한 토지에 대한 감정평가를 업으로 행하는 것은 부동산공시법 제43조 제2호에 의하여 처벌되는 행위에 해당하고, 특별한 사정이 없는 한 형법 제20조가 정한 '법령에 의한 행위'로서 정당행위에 해당한다고 볼 수는 없다.

사례 19

공정한 감정평가에 대한 감정평가사의 책무를 명시하고, 감정평가의 신뢰를 제고하기 위하여 징계 이력을 공개하도록 하는 등 감정평가사의 책임과 의무도 강화하려는 취지로 징계 정보에 대한 규정이 신설되었다. 징계의 공고에 대해서 설명하시오. 10점

I 징계 공고(법 제39조의2)의 의의 및 취지

국토교통부장관이 징계사실을 대외적으로 공표하는 것으로서 명단공표행위에 해당한다. 명단공표는 행정법상의 의무 위반 또는 의무불이행이 있는 경우에 그 위반자의 성명, 위반사실 등을 일반에게 공개하여 명예 또는 신용에 침해를 가함으로써 심리적인 압박을 가하여 행정법상의 의무이행을 확보하는 간접강제수단을 말한다. 이는 공정한 감정평가에 대한 감정평가사의 책무를 명시하고, 감정평가의 신뢰를 제고함에 취지가 인정된다.

II 법적 성질

징계공고는 일반 대중에게 징계사실을 공표함으로써 그의 명예를 훼손하고 그에게 수치심을 느끼게 하여 감정평가사의 책무를 간접적으로 강제하려는 조치로서 감정평가법에 근거하여 이루어지는 공권력의 행사에 해당한다.

III 절차

① 국토교통부장관은 징계를 한 때에는 지체 없이 그 구체적인 사유를 해당 감정평가사, 감정평가법인등 및 협회에 각각 알리고, 통보일부터 14일 이내에 징계를 받은 감정평가사의 성명, 생년월일, 소속된 감정평가법인등의 명칭 및 사무소 주소, 징계의 종류, 징계 사유(징계사유와 관련된 사실관계의 개요 포함), 징계의 효력발생일(징계의 종류가 업무정지인 경우에는 업무정지 시작일 및 종료일)을 관보에 공고해야 하고 감정평가 정보체계에도 게시해야 한다(시행령 제36조 제2항).

② 협회는 국토교통부장관으로부터 통보받은 내용을 협회가 운영하는 인터넷홈페이지에 3개월 이상 게재하는 방법으로 공개하여야 한다.

IV 게시기간

자격의 취소 및 등록의 취소의 경우에는 3년, 업무정지의 경우에는 업무정지 기간(업무정지 기간이 3개월 미만인 경우에는 3개월), 견책의 경우에는 3개월의 기간까지로 한다.

Ⓥ 징계정보의 열람

협회는 감정평가를 의뢰하려는 자가 해당 감정평가사에 대한 징계 사실을 확인하기 위하여 징계
정보의 열람을 신청하는 경우에는 그 정보를 제공하여야 한다. 정보를 열람하게 한 경우에는 지체
없이 해당 감정평가사에게 그 사실을 알려야 한다. 열람가능 정보는 신청일부터 역산하여 자격의
취소 및 등록의 취소의 경우에는 10년, 업무정지의 경우에는 5년, 견책의 경우 1년까지 공고된
정보로 한다.

박문각
감정평가사

도승하
감정평가 및 보상법규

2차 | 개별법 사례해설

제4판 인쇄 2024. 8. 20. | **제4판 발행** 2024. 8. 26. | **편저자** 도승하
발행인 박 용 | **발행처** (주)박문각출판 | **등록** 2015년 4월 29일 제2019-0000137호
주소 06654 서울시 서초구 효령로 283 서경 B/D 4층 | **팩스** (02)584-2927
전화 교재 문의 (02)6466-7202

저자와의
협의하에
인지생략

이 책의 무단 전재 또는 복제 행위를 금합니다.

정가 60,000원
ISBN 979-11-7262-136-0

MEMO